LA GÉOGRAPHIE

APPLIQUÉE

A LA MARINE, AU COMMERCE, A L'AGRICULTURE, A L'INDUSTRIE
ET A LA STATISTIQUE

LA GÉOGRAPHIE

APPLIQUÉE

A LA MARINE, AU COMMERCE, A L'AGRICULTURE
A L'INDUSTRIE ET A LA STATISTIQUE

PAR

P.-F. BAINIER

LICENCIÉ ÈS SCIENCES,
SOUS-DIRECTEUR DE L'ÉCOLE SUPÉRIEURE DE COMMERCE DE MARSEILLE ET SECRÉTAIRE GÉNÉRAL
DE LA SOCIÉTÉ DE GÉOGRAPHIE DE LA MÊME VILLE, ANCIEN PROFESSEUR AU GYMNASE PROTESTANT DE STRASBOURG ET A L'ÉCOLE
SUPÉRIEURE DE COMMERCE DE MULHOUSE,
MEMBRE DE LA SOCIÉTÉ DE GÉOGRAPHIE DE PARIS, MEMBRE CORRESPONDANT DES SOCIÉTÉS DE GÉOGRAPHIE DE PARIS
ET DE BORDEAUX, DE LA SOCIÉTÉ DE GÉOGRAPHIE DE LISBONNE ET DE LA SOCIÉTÉ CLIMATOLOGIQUE D'ALGER.

GÉOGRAPHIE GÉNÉRALE. — FRANCE

EB

PARIS
LIBRAIRIE CLASSIQUE D'EUGÈNE BELIN
RUE DE VAUGIRARD, N° 52

1877

SAINT-CLOUD. — IMPRIMERIE DE Mme Ve EUG. BELIN.

A MESSIEURS JULES ET JACQUES SIEGFRIED, FRÈRES,

AU HAVRE,

FONDATEURS DE L'ÉCOLE SUPÉRIEURE DE COMMERCE DE MULHOUSE.

C'est à vous, Messieurs, que je dédie cet ouvrage, à vous qui avez contribué si largement et si généreusement à l'organisation de l'enseignement commercial en France.

Veuillez accepter cette dédicace comme un faible hommage de ma reconnaissance.

P.-F. BAINIER.

PRÉFACE

Un heureux réveil s'est produit en France dans l'étude de la géographie; on s'occupe davantage de cette science si attrayante et si utile, qu'on aime d'autant plus qu'on la comprend mieux. L'école du malheur a des enseignements profonds pour les hommes que l'égoïsme n'aveugle pas et qui savent les comprendre, et ce sera, il faut l'espérer, l'honneur de notre temps de les avoir compris. Nos immenses revers, loin de nous abattre, doivent réveiller chez nous l'ardeur du travail, le sentiment du droit, l'amour de la justice et nous guérir de notre indolence et de notre présomption; si nos désastres ont été très-grands, nos qualités, secondées par de virils efforts, peuvent guérir nos blessures et replacer notre patrie bien-aimée au rang d'où elle n'aurait pas dû descendre. Mais pour cela, il nous faut beaucoup d'initiative et d'énergie, et imiter un peu les peuples qui nous avoisinent pour l'ardeur qu'ils mettent à connaître, visiter, décrire et exploiter le globe. L'éducation géographique des Anglais prépare, en effet, tous les jeunes gens à devenir un jour voyageurs, navigateurs, commerçants, missionnaires. Nous avons les mêmes aptitudes à sillonner les mers, à explorer les terres nouvelles, mais nous ne le voulons pas parce que notre pays est trop beau pour le quitter, et que nous ne connaissons pas assez les ressources immenses qu'offrent les autres pays de la terre. La géographie, cette science qui inspire de si beaux dévouements, qui a produit tant de victimes, n'est réellement féconde que lorsqu'elle est un instrument de progrès et de productions; la science abstraite ne suffit pas à l'activité humaine, et le grand mobile des peuples civilisés dans leurs entreprises consiste surtout dans l'accroissement des transactions commerciales; aussi la géographie, pour ne pas rester une stérile nomenclature bonne à consulter comme un dictionnaire, doit-elle être logiquement enchaînée à l'étude des intérêts et des besoins de la grande famille humaine. C'est en comprenant ainsi la science géographique qu'on est parvenu à créer, dans ces dernières années, la géographie commerciale et économique, qui pourra devenir l'une des sciences les plus utiles et les plus intéressantes à mesure qu'elle se perfectionnera. On doit comprendre facilement que la géographie ainsi entendue est indispensable surtout à tous ceux qui veulent étendre les relations commerciales d'un pays. Ce qui entrave et arrête souvent l'initiative des négociants et qui leur interdit nombre d'affaires fructueuses, c'est l'ignorance où ils sont des ressources et des besoins des peuples étrangers; or, la géographie appliquée au commerce, à l'agriculture et à l'industrie, doit donner des notions précises sur les productions de toutes sortes des divers pays du monde, sur les rapports commerciaux qui les lient entre eux, sur les débouchés existants ou à créer; elle doit étudier le mouvement commercial et industriel de chaque pays; elle doit éclairer le commerçant ainsi que les producteurs sur les produits pouvant trouver leur placement à l'étranger, et sur la manière dont ces produits sont employés; elle doit faire connaître le climat et l'hygiène, les divers moyens de communications et les institutions propres à développer le commerce des divers pays du globe; les aptitudes des peuples à faire le commerce et leurs systèmes douaniers; elle doit être, en un mot, le bilan ou l'inventaire des richesses de l'humanité, l'histoire actuelle des ressources et des relations de chaque pays ou l'histoire contemporaine de l'activité humaine. Nous n'avons pas la prétention de croire que nous ayons rempli un pareil programme, mais nous avons tenté, malgré nos faibles forces, de nous en rapprocher le plus possible et de faire un ouvrage utile aux personnes qui désirent connaître les nombreux produits que les divers pays de la terre mettent à la disposition de ses habitants.

Les progrès de notre commerce dépendent beaucoup de la valeur du personnel commercial, auquel il faut des notions pratiques éclairées par la théorie et surtout par la connaissance des langues vivantes. La connaissance de la géographie et des langues vivantes donne le goût des voyages et les voyages poussent vers le commerce international; les peuples se rencontrant sur le terrain de la lutte pacifique du commerce apprennent à se connaître et à s'estimer mutuellement. L'ignorance de la jeunesse française sous le rapport de la géographie et des langues vivantes, et son peu de goût pour les carrières commerciales et industrielles sont une des causes de l'infériorité de notre commerce à l'étranger. Mais le jeune homme est-il le seul coupable? Notre système d'enseignement n'y entre-t-il pas pour beaucoup? Nos mœurs, nos habitudes et nos préjugés ne poussent-ils pas trop fatalement le jeune homme vers le fonctionnarisme? les parents ne sont-ils pas, la plupart du temps, les auteurs inconscients ou les complices de ce fâcheux entraînement? trop souvent, quand vient le moment d'embrasser une carrière, le désir de l'adolescent est une fonction publique, un titre officiel; dans le commerce ou l'industrie, il faut lutter pour se faire une place au soleil et de grandes responsabilités pèsent sur le négociant; tandis que dans les fonctions publiques, on exerce assez facilement l'autorité. Il faut que les hommes qui aiment véritablement leur pays luttent énergiquement contre ces tendances si profondément enracinées. Grâce à l'initiative de deux négociants philanthropes d'une haute capacité et d'une grande énergie, MM. *Jules* et *Jacques Siegfried*, de Mulhouse, maintenant au Havre et à Paris, et au généreux don de *cent mille francs* mis par eux à la disposition de la Société industrielle de Mulhouse, la France a été dotée, en 1866, à Mulhouse, d'une Ecole supérieure de commerce semblable à celles qui existaient depuis longtemps à l'étranger.

Plusieurs années se sont écoulées depuis cette époque, et des années si douloureuses qu'elles peuvent compter double pour ceux qui ont vécu en Alsace. Le grain a germé depuis lors parce que l'idée était bonne; au modeste début de Mulhouse ont succédé, après la néfaste guerre de 1870-1871, les grandes Ecoles de commerce de Lyon, du Havre, de Rouen, de Marseille, de Lille et de Bordeaux, dont les programmes sont à peu près identiques parce qu'ils ont tous été calqués, avec quelques variantes, sur celui de l'Ecole de Mulhouse, dont je m'honore d'avoir été l'un des ouvriers de la première heure. C'est en effet à cette école que le présent ouvrage a été conçu, alors que j'étais chargé de l'enseignement géographique commercial dans cet établissement et qu'il n'existait en France aucun ouvrage sur la matière. MM. Jules et Jacques Siegfried, qui s'intéressaient vivement à l'école qu'ils avaient contribué à créer, encourageaient les professeurs par leurs fréquentes visites et conféraient avec eux pour les aider à créer leurs cours tout nouveaux. C'est, éclairé par les conseils de ces hommes éminents, que je suis arrivé à concevoir le plan de cet ouvrage, qui parut à Mulhouse, en 1866, sous la forme de notes autographiées. Je suis heureux de remercier aujourd'hui publiquement ces hommes de cœur et d'action, pour le concours qu'ils m'ont prêté, et il m'est bien doux de reporter ma pensée au moment où j'unissais mes efforts aux leurs pour implanter en France l'enseignement commercial supérieur; aussi je les prie d'accepter la dédicace de mon ouvrage, comme un faible hommage de ma reconnaissance envers eux.

A Marseille, j'ai développé mon premier travail, mais j'ai eu garde d'en changer le plan. Je dois des remerciements tout particuliers à M. Ch. Bargmann, directeur des docks et entrepôts de Marseille, aujourd'hui directeur de l'exploitation des chemins de fer de Paris-Lyon-Méditerranée, qui fit autographier, à ses frais, en 1872, à l'autographie même des docks de Marseille, les premières livraisons de l'ouvrage; l'administration de l'Ecole supérieure de Commerce continua le travail et fit autographier les deux premiers volumes. C'est sous cette forme que l'ouvrage parut à l'exposition géographique internationale du congrès de Paris, en 1875, où il fut très-favorablement apprécié par le jury d'examen, qui lui décerna une médaille. L'ouvrage paraît aujourd'hui sans modification dans le plan, mais considérablement augmenté et amélioré; il comprend, en effet, quatre volumes, et sera accompagné d'un Atlas qui, sous une forme commode et peu volumineuse, renfermera tous les noms compris dans le texte.

Le premier volume contient les généralités sur la géographie commerciale et la France; un coup d'œil jeté sur la table des matières en dira beaucoup plus sur le contenu du volume qu'une trop longue préface. Le second volume traite des pays d'Europe autres que la France ; le troisième décrit l'Afrique, ce continent mystérieux et colossal, attaqué aujourd'hui de tous côtés par des voyageurs audacieux qui restreignent de jour en jour le cercle inconnu de cette vaste terre, qui pourra devenir l'un des grands marchés producteurs de matières premières de l'industrie européenne. Le quatrième comprend l'Asie, l'Océanie et l'Amérique.

Chaque pays est divisé méthodiquement en six chapitres, excepté la France, qui en comprend sept, à cause de l'abondance des matières du chapitre II, qui a été subdivisé en deux parties. Le premier chapitre donne un aperçu général du pays ; le second traite de la production et de la consommation et est divisé en trois paragraphes : la production minérale, la production végétale et la production animale. Pour chaque État, j'ai constamment suivi le même ordre dans l'énumération de ses richesses naturelles. Le troisième chapitre est consacré à l'industrie, subdivisée en quatre groupes : les industries dérivant du règne minéral, celles dérivant du règne végétal et du règne animal et enfin les industries diverses dépendant à la fois de plusieurs règnes. Les différentes industries sont toujours classées dans le même ordre afin d'éviter toute confusion dans l'esprit du lecteur et de venir sans cesse en aide à sa mémoire par un classement méthodique et invariable. Le quatrième chapitre s'occupe du commerce intérieur et comprend les voies et moyens de communication par terre, par chemins de fer, par eau et par la télégraphie. Les institutions commerciales, industrielles, agricoles et financières, les systèmes de poids et mesures, les foires et principaux marchés, la description détaillée des ports de chaque nation trouvent leur place dans cette partie de l'ouvrage. Le cinquième chapitre comprend le commerce extérieur et le sixième, l'état politique, social et financier de chaque peuple. J'ai ainsi adopté un plan invariable pour tous les pays afin de permettre au lecteur de retrouver sur-le-champ une question qu'il aurait intérêt à connaître ou à revoir. Je me suis longuement étendu sur la France, parce que pour pouvoir comparer son pays aux autres et tirer d'utiles enseignements de cette comparaison, il est de toute nécessité de le bien connaître, et on l'aime d'autant plus qu'on le connaît davantage. J'ai apporté un soin tout particulier à la description de ses richesses agricoles, parce que, selon moi, l'avenir de la fortune de la France réside surtout dans le développement et le perfectionnement de son agriculture. J'ai cherché à faire une description assez complète des ports de notre beau pays et des principaux marchés, en puisant les renseignements aux sources originales et sûres, dans les rapports des chambres de commerce et dans une foule d'autres publications officielles ou officieuses et dans des documents précieux dont plusieurs ont été mis à ma disposition par M. Joseph Mathieu, très-connu à Marseille par ses travaux de statistique, et dont la modestie et l'obligeance égalent le mérite. Je me fais un devoir de le remercier publiquement pour la grande bienveillance avec laquelle il m'a aidé dans mes recherches.

M. le colonel Denfert-Rochereau, député et questeur, a aussi droit à mes remerciements pour les renseignements qu'il m'a si gracieusement donnés concernant l'administration de la France, et je dois lui en témoigner ici toute ma reconnaissance. J'aurais quelques remords à laisser sans mention deux hommes qui m'ont aidé de leurs précieux conseils et ont contribué aussi pour une bonne part à rendre cet ouvrage pratique et utile au commerce; je veux parler de M. *Alfred Rabaud,* l'éminent président de la Société de géographie de Marseille, et de M. *E. Gigandet,* négociant. Je suis aussi heureux d'avoir l'occasion de témoigner toute ma gratitude à M. *E. Levasseur,* membre de l'Institut, pour le jugement si favorable qu'il a porté sur mon ouvrage, alors qu'il n'était qu'autographié, en le présentant à l'académie des sciences morales et politiques. « *Ce livre*, a dit M. Levasseur, *est un résumé très-bien divisé, très-complet et très-exact de géographie économique, agricole, industrielle, avec tous les renseignements relatifs aux voies de communications, au commerce extérieur, à la navigation, à la population,* etc. Il est regrettable que cet ouvrage n'ait eu jusqu'ici qu'une publicité très-restreinte : il serait à désirer, dans l'intérêt de l'instruction, que de pareils ouvrages fussent *largement répandus.* » Cette appréciation si flatteuse de mon ouvrage autographié par un juge si compétent dans ces matières m'a encouragé à faire mieux ; le public appréciera si j'ai réussi. M. Eugène Belin, mon excellent éditeur, a aussi droit à ma reconnaissance pour le soin qu'il a apporté à l'impression de l'ouvrage; il n'a pas reculé devant les dépenses pour en faire un livre commode et facile à consulter; les notes marginales rendent les recherches faciles et promptes. Onze plans de ports et une planche intitulée le monde de la mer illustrent le premier volume. Je dois encore une mention à M. Louis Béguin, professeur, qui a eu l'obligeance de corriger les épreuves avec moi; je le remercie du précieux concours qu'il m'a prêté.

Les sources de ce travail sont nombreuses. J'ai consulté la plupart des publications se rapportant à la géographie, à la marine, à l'industrie, au commerce, à l'agriculture, à l'économie politique et à la statistique. Il serait trop long d'énumérer ici tous les ouvrages, brochures, revues et cartes où j'ai puisé des renseignements; qu'il me suffise d'en indiquer quelques-uns, me réservant d'en donner la liste complète à la fin du quatrième volume. Les *Annales du commerce extérieur*, le *Journal Officiel*, le *Recueil consulaire belge*, le *Bulletin consulaire français*, m'ont fourni une ample moisson. L'*Economist anglais*, le *British Trade journal*, le *Journal of applied science*, le *Journal des Économistes*, l'*Économiste français*, le *Journal de statistique de Paris*, le *Tour du Monde*, les *Annales des voyages*, le *Bulletin de la Société de géographie de Paris*, et celui de la *Société de Bordeaux*, la *Revue maritime et coloniale*, l'*Explorateur* et l'*Exploration*, la *Revue géographique internationale*, la *Revue de géographie*, la *Revue des Deux-Mondes*, la *Revue pratique du commerce et de l'industrie*, de M. Havard, la *Revue britannique*, le *Bulletin de la Société d'acclimatation*, le *Journal d'agriculture*, l'*Année géographique* de M. Vivien de Saint-Martin, l'*Almanach de Gotha*, l'*Annuaire de l'Économie politique* de M. Block, le *Dictionnaire de la politique*, le *Sémaphore* de Marseille, le *Journal du Havre*, la *Gironde* de Bordeaux, les *Reports from her Majesty's consuls*, sont les publications périodiques ou quotidiennes les plus importantes dans lesquelles j'ai puisé des renseignements. Les excellents ouvrages de MM. Cortambert, L. Dussieux, Levasseur, Élisée et Onésime Reclus m'ont utilement servi; j'ai également mis à profit les *géographies* de Malte-Brun, Balbi, Lavallée, Jules Duval, Grégoire et Pigeonneau. L'*Histoire du commerce et de l'industrie*, par Legoyt et Wogt, les ouvrages de M. L. Reybaud de l'Institut, les *Métaux précieux*, par Roswag, la *Statistique de la France*, par M. Block, le *Commerce du globe*, par Muller, les *Ports*, par Urquhart, le *Manuel des banquiers*, par J.-M. Deschamps, les *Vignes*, par le docteur Guyot, l'*Agriculture* de Gossin et de Moll, les publications de Joanne, l'*Atlas des chemins de fer* de Chaix, l'*Atlas des départements* de Migeon et de Joanne, un grand nombre de rapports des chambres de commerce de France et de l'étranger, diverses publications faites au sujet des expositions universelles de Londres, de Paris et de Vienne, l'*Industrie contemporaine*, par Audiganne, les *Populations ouvrières* et les *industries de la France*, par le même, le *travail des laines et du coton*, par Alcan, le *Dictionnaire du commerce et de la navigation*, le *Dictionnaire géographique* de M'culloch, de nombreuses circulaires commerciales françaises et anglaises et un assez bon nombre d'autres volumes et brochures ont été consultés pour faire de cet ouvrage un guide utile et sûr aux jeunes gens qui se disposent à entrer dans la carrière commerciale et aux négociants eux-mêmes, ainsi qu'aux industriels et aux agriculteurs.

Je pense qu'il est inutile de m'appesantir sur l'utilité de la géographie, qui a été malheureusement trop négligée en France jusqu'à ces dernières années. Et cependant, comme l'a dit si spirituellement M. A. Rabaud, dans son discours d'ouverture des cours populaires de géographie créés par la Société de géographie de Marseille, « faire de la géographie, c'est courir le monde à prix réduits; c'est voyager sans sortir de sa ville natale, c'est faire la connaissance de notre planète sans ressentir le froid glacial de ses pôles, les feux brûlants de ses zones torrides, sans s'exposer aux tempêtes de ses océans. » La grande facilité et la multiplicité des communications, qui sont un des signes distinctifs de la civilisation de notre temps, ont amené entre les hommes de tous pays et de toutes professions un contact plus fréquent, qui nécessite des connaissances géographiques plus précises et plus étendues. La vapeur, l'électricité, ont créé des relations inconnues jusqu'alors, non-seulement entre les provinces d'un même pays, mais de nation à nation, et, à travers les mers, de continent à continent, et rendent plus nécessaire à notre époque la vulgarisation des notions de géographie. Il est devenu indispensable aux peuples qui ne veulent pas déchoir d'avoir une connaissance approfondie et exacte de la terre, cette nourricière commune de l'espèce humaine; il y a péril pour un peuple de rester indifférent aux conditions d'existence des autres peuples et d'ignorer les ressources offertes par les contrées lointaines à son activité commerciale et colonisatrice. Il doit, au contraire, prévoir, calculer, pondérer les besoins d'un pays, l'importance des productions d'un autre; comparer, rapprocher la production et la consommation des contrées même les plus lointaines, et en tirer par induction des conséquences sur le mouvement probable des marchandises. Mais pour cela, il faut, avec de l'expérience, des connaissances étendues en géographie. Il est donc de toute nécessité, dans la paix comme dans la guerre, de connaître le théâtre où s'exerce l'activité humaine. C'est ce théâtre que j'ai essayé de décrire au point de vue surtout des nombreuses richesses qu'il renferme.

Je terminerai cette trop longue préface en ajoutant que la sympathie et la bienveillance que mes travaux précédents sur l'Europe et l'Afrique m'ont attirées de la part de nombreuses personnes très-haut placées et dans le monde savant, et dans le monde commercial, et dans la presse, sont la plus douce récompense de mes veilles et de mes nombreuses recherches. J'ai voulu faire un travail de bonne foi et non une œuvre mercantile; c'est au public à se prononcer et à décider si j'ai réussi. Je serai heureux si son jugement m'est favorable et je profiterai de ses critiques pour améliorer plus tard mon travail.

Marseille, le 16 avril 1877.

P.-F. Bainier.

LA GÉOGRAPHIE

APPLIQUÉE

A LA MARINE, AU COMMERCE, A L'AGRICULTURE, A L'INDUSTRIE
ET A LA STATISTIQUE

LIVRE PREMIER

DESCRIPTION GÉNÉRALE DU GLOBE

CHAPITRE PREMIER

DÉFINITIONS DE LA GÉOGRAPHIE ET DU COMMERCE

Définition de la géographie. — Sa division. — Définition de la géographie commerciale. — Du commerce. — Division du commerce. — Commerce intérieur et étranger. — Commerce général et commerce spécial.

Définition de la Géographie.

La géographie a pour objet la connaissance de la terre ; elle étudie et décrit sa forme extérieure, les accidents de sa surface, les eaux qui la couvrent à l'état de mers, comme celles qui constituent les fleuves, rivières et ruisseaux ; les chaînes de montagnes, l'atmosphère, les courants d'air ou vents, les terrains qui peuvent être l'objet de la grande variété des travaux de l'agriculture. Elle fait connaître les richesses minérales, végétales et animales des divers pays ; elle apprend à distinguer les diverses races d'hommes et les usages que font ces races des ressources naturelles mises à leur portée. Elle indique les moyens de communication qui unissent entre elles les populations, le commerce et l'industrie des différents peuples ; elle décrit la forme des gouvernements, les mœurs, les lois actuelles des diverses nations, etc. Il n'est personne qui n'ait intérêt à la connaissance de cette science, l'une des plus utiles, des plus instructives et des plus intéressantes.

La géographie a beaucoup de relations avec les autres sciences, telles que l'astronomie, la physique, l'histoire naturelle, l'ethnographie, la statistique, la télégraphie et l'économie politique.

Division de la Géographie.

On peut diviser la géographie en trois parties distinctes : la géographie *mathématique,* la géographie *physique* et la géographie *politique.*

La *géographie mathématique* s'occupe de la position relative des lieux sur le globe, et des rapports de notre planète avec les autres astres.

La *géographie physique* décrit les aspects naturels du globe, sans avoir égard aux traits que la main de l'homme y a imprimés ; elle s'occupe des parties solides du globe, des eaux, fleuves, mers, courants et marées; elle étudie aussi la topographie ou configuration des terres et des mers, et indique leur étendue relative. Elle décrit les chaînes de montagnes et les hauteurs moins élevées, les bassins des principaux cours d'eau que déterminent les arêtes des pentes les plus importantes, les bassins secondaires et tertiaires qui forment les versants ou régions. Elle traite des phénomènes de l'atmosphère, des conditions climatériques et hygiéniques des diverses régions du globe ; elle trace la distribution des plantes, des animaux et des races humaines sur la surface terrestre.

La *géographie politique* décrit les États, leur situation, leurs limites, leurs divisions, le nombre, les mœurs et coutumes, la religion et les arts de leurs habitants, les formes de gouvernement des différents pays, leurs lois et institutions, leurs revenus et leurs forces, les constructions dont les hommes ont couvert le sol, etc., etc.

Définition de la Géographie commerciale.

La *géographie commerciale* a pour objet l'étude des rapports qui existent entre la géographie et le commerce.

Elle décrit la topographie d'un pays, son climat, sa population, les mœurs et coutumes de ses habitants, leurs caractères au point de vue du commerce ; ses productions naturelles et industrielles, son commerce intérieur, ses marchés, ses institutions commerciales et de crédit, ses poids et mesures, ses voies et moyens de communication, ses ports, son commerce extérieur, ses traités de commerce et ses tarifs douaniers, etc.

Du commerce.

Considéré d'une manière générale, le commerce a pour but l'échange d'une *valeur* contre une autre *valeur* équivalente aux yeux des deux parties contractantes et de leur libre consentement. On ne regarde généralement comme faisant le commerce que ceux dont la profession est d'acheter des marchandises pour les revendre dans le but de faire un bénéfice, et non pour les faire servir à leur usage particulier.

Ces commerçants ou négociants se partagent en deux grandes classes: les *industriels* et les *négociants proprement dits.*

Les *industriels* ne revendent les marchandises qu'après les avoir modifiées par un travail spécial, pour les approprier immédiatement aux besoins de ceux qui les leur achètent.

Les *négociants* vendent les marchandises dans le même état qu'ils les ont achetées. Néanmoins ils ajoutent à ces marchandises une valeur provenant des frais de transport, des primes d'assurance contre les sinistres et avaries, des droits à payer aux commissionnaires chargés de l'achat sur les lieux de production, de la part afférente au loyer et de la patente du négociant, de l'intérêt des sommes avancées pour faire le commerce et du bénéfice sur lequel tout négociant a le droit de compter pour la rémunération de son temps, de son intelligence et de son travail.

Si le monde entier ne consommait que la nourriture, n'usait que le vêtement, et si chaque famille produisait ce qui lui est nécessaire, il n'y aurait ni échange, ni commerce. Mais le commerce dépend en grande partie de la variété des produits et des besoins que la civilisation a créés aux hommes. Ce sont les latitudes moyennes du globe qui offrent les conditions les plus favorables à la variété du travail industriel et par conséquent aux échanges; c'est entre les parallèles de 40° et 60° en Europe et de 40° et 50° en Amérique qu'on trouve les pays les plus commerçants et ceux où l'on travaille le plus. Les habitants de la zone intertropicale n'ayant pour ainsi dire qu'à étendre la main pour trouver leur nourriture dans un pays si favorable, au sol si fécond, travaillent beaucoup moins que ceux des autres zones.

Le mouvement et la nature des échanges se divisent en *commerce intérieur* et *commerce extérieur.* Division du commerce.

Le *commerce intérieur* comprend les relations commerciales existant entre les habitants d'un même pays dans le pays même.

Le *commerce extérieur* ou *étranger* comprend les relations commerciales entre les habitants de pays différents.

Le commerce extérieur se partage en deux sections: le *commerce général* et le *commerce spécial.*

A l'*importation,* le *commerce général* se compose de toutes les marchandises qui arrivent de l'étranger, des colonies et de la grande pêche, par terre ou par mer, tant pour la consommation que pour l'entrepôt, le transit, la réexportation ou les admissions temporaires.

A l'*exportation*, le *commerce général* se compose de toutes les marchandises nationales ou étrangères qui sortent d'un pays.

Le *commerce spécial*, à l'*importation*, comprend les marchandises destinées à entrer dans la consommation intérieure, c'est-à-dire la totalité des marchandises exemptes de droit, et, quand il s'agit de marchandises tarifées, les quantités qui ont été soumises au droit.

Pour les marchandises tarifées, les chiffres du commerce spécial d'importation peuvent quelquefois être supérieurs à ceux du commerce général, quand les marchandises extraites des entrepôts pour la consommation ont déjà figuré dans le commerce général d'une des années précédentes.

Le *commerce spécial*, à l'*exportation*, comprend la totalité des marchandises nationales exportées et les marchandises étrangères qui sont renvoyées à l'étranger après avoir été admises en franchise ou nationalisées par le paiement des droits d'entrée. Les chiffres du commerce spécial d'exportation ne dépassent jamais ceux du commerce général.

Le *commerce de transit* consiste dans les marchandises de provenance étrangère qui ne font que traverser le pays ou séjournent dans les entrepôts spécialement affectés à cet usage. Le *transit* est donc le passage des marchandises qui traversent un territoire étranger pour se rendre à une destination plus éloignée, que ces marchandises viennent directement d'une provenance étrangère ou qu'elles soient tirées des entrepôts. Le commerce spécial augmenté du commerce de transit constitue le commerce général.

CHAPITRE II

GRANDES DIVISIONS DE LA SURFACE DU GLOBE

Forme et dimensions de la terre. — Surface du globe. — Division du globe en deux hémisphères et en cinq zones. — Latitude et longitude. — Lieues et milles. — Les continents. — Superficie et population des cinq parties du monde. — Superficie et population des différents États de la terre. — Densité de leur population.

Forme et dimensions de la terre.

La terre a la forme d'une sphère renflée à l'équateur et aplatie aux pôles ; sa surface présente en outre de vastes ondulations qui en rendent le niveau inégal. La valeur de l'aplatissement, ou, en d'autres termes, la différence entre le rayon polaire et le rayon équatorial est estimée à 1/300 du rayon de l'équateur. Cet aplatissement, qui est de 21,318 mètres, ou environ 5 lieues, n'équivaut pas au triple de la hauteur de la plus grande montagne du globe, comme par exemple le Gaurisanka, qui a 9 kilomètres de haut. Sur une sphère de 6 décimètres de diamètre, il serait représenté par un millimètre. Nous résumons en un tableau les données numériques les plus importantes actuellement adoptées, relatives à la forme et aux dimensions du globe terrestre.

Rayon équatorial.........	6,377,398^m	Degré à l'équateur..........	111,307^m
Rayon polaire...........	6,356,080	Degré du parallèle à 45° lat. N.	78,838
Différence (aplatissement)..	21,318	Degré moyen du méridien....	111,121
Quart de l'équateur.......	10,017,594	Minute....................	1,852
Quart du méridien........	10,000,856	Seconde...................	31

La distance entre deux degrés de latitude est donc de 111 kilom., et se mesure du nord au sud ; la distance entre deux degrés de longitude est variable et décroît lorsqu'on s'avance de l'équateur, où elle est de 111 kilom., vers le pôle où elle est nulle ; sous le 45° de latitude elle est de 78 kilom. environ.

Surface du globe.

La surface totale du globe est de 509,941,000 kilom. carrés d'après certains auteurs et de 510,050,000 kilom. carrés d'après d'autres.

	D'après les uns		D'après d'autres
Les océans et les glaces occupent	375,127,950^{Kmq}	ou	375,420,000^{Kmq}
et les terres habitables. . . .	134,813,050		134,630,000,
	509,941,000		510,050,000

ce qui réduit la superficie réellement habitable au quart de la surface terrestre, tandis que la mer recouvre les trois quarts du globe.

Division du globe en deux hémisphères.

L'*équateur,* appelé encore *ligne équinoxiale* ou simplement *ligne,* est un grand cercle dont tous les points se trouvent à égale distance des pôles. Son plan divise la terre en deux moitiés égales ou *hémisphères,* dont l'un est l'*hémisphère boréal,* et l'autre l'*hémisphère austral.* Les terres sont réparties très-inégalement entre les deux hémisphères ; l'hémisphère boréal en renferme environ 100 millions de kilom. carrés, tandis que celles de l'hémisphère austral ne sont évaluées qu'à 34,630,000 kilom. carrés. L'hémisphère boréal, qui a à peu près le tiers de sa superficie en terres fermes, pourrait être appelé *hémisphère continental,* et on réserverait la dénomination d'*hémisphère marin* à l'hémisphère austral dont les terres n'occupent pas la septième partie.

Division de la terre en cinq zones.

Tous les petits cercles qu'on peut tracer parallèlement à l'équateur se nomment parallèles ; parmi eux il faut distinguer les *tropiques* et les *cercles polaires,* actuellement situés, les premiers à 23°27′28″ de l'équateur, et les seconds, à la même distance des pôles et par suite à 66°32'32" de l'équateur.

Les tropiques marquent les points extrêmes où le soleil paraît vertical quand il s'écarte le plus de l'équateur; celui de l'hémisphère nord s'appelle *tropique du Cancer,* et celui de l'hémisphère sud, *tropique du Capricorne.*

Les cercles polaires indiquent les points où commencent les jours et les nuits de vingt-quatre heures; celui de l'hémisphère nord s'appelle *cercle polaire arctique*, et celui de l'hémisphère sud, *cercle polaire antarctique.* Ces quatre parallèles servent à diviser la terre en cinq zones : deux zones glaciales, deux zones tempérées et une zone torride. La *zone torride* est formée par la partie de la surface terrestre comprise entre les deux tropiques et traversée à son milieu par l'équateur; la *zone tempérée septentrionale* et la zone *tempérée méridionale* comprennent les terres qui s'étendent entre les tropiques et les cercles polaires. La *zone glaciale arctique* et la zone *glaciale antarctique* comprennent les calottes circonscrites par les cercles polaires, et dont le centre est occupé par le pôle, ou extrémité de l'*axe* terrestre, qui est une ligne imaginaire autour de laquelle la terre tourne sur elle-même. Sur la surface totale, chaque zone glaciale occupe 21,073,300^{Kmq} ce qui donne . . . . . . 42,146,600^{Kmq}
pour les deux zones glaciales; chaque zone tempérée occupe 132,398,000^{Kmq}, ou 264,796,000
pour les deux zones tempérées; et la zone torride compte 202,998,400^{Kmq} 202,998,400

509,941,000^{Kmq}

Les deux zones glaciales occupent un peu moins de la dixième partie de la surface des terres, soit. 0,082;
les deux zones tempérées en comprennent un peu plus de la moitié ou. 0,520,
et la zone torride occupe presque les quatre-dixièmes. . . . 0,398

1,000

Latitude et longitude.

La *latitude* d'un lieu est l'éloignement de ce lieu à l'équateur mesuré en degrés du cercle. Lorsque le lieu est dans l'hémisphère boréal, la latitude se compte de l'équateur, où elle est nulle ou égale à zéro, vers le pôle nord, et lorsque le lieu est dans l'hémisphère austral, de l'équateur vers le pôle sud. On dit *latitude septentrionale, latitude méridionale,* suivant que le lieu considéré occupe l'un ou l'autre hémisphère. Les *hautes latitudes* sont les plus voisines des pôles, et les *basses latitudes* les plus rapprochées de l'équateur. Tous les points d'un même parallèle ont la même latitude, et sans tenir compte de la petite irrégularité dans la sphéricité de la terre, on peut dire qu'à la surface de la terre tous les degrés de latitude sont égaux.

Les *méridiens* sont des grands cercles terrestres passant par les pôles. On les trace sur le globe à des distances égales, mais en prenant pour point de départ un *premier méridien,* qui passe par une localité choisie à volonté, et à partir duquel on les numérote, à droite et à gauche, en degrés du cercle. Le plan prolongé d'un méridien quelconque divise le globe en deux moitiés égales ou hémisphères dont l'un, situé du côté du soleil levant, est appelé *oriental,* et dont l'autre, situé du côté du soleil couchant, est appelé *occidental.*

La longitude d'un lieu est la distance, estimée en degrés du cercle, de ce lieu à un premier méridien. On la dit *orientale* ou *occidentale,* suivant que le lieu considéré se trouve à l'est ou à l'ouest par rapport à ce méridien.

La longitude d'un lieu se compte sur le parallèle passant par ce lieu ou sur l'équateur, entre le pied du méridien de ce lieu et celui du premier méridien ; on la mesure de 0° à 180° à l'est ou à l'ouest depuis le pied de ce premier méridien.

En France, on compte en général les longitudes à partir du méridien de l'observatoire de Paris ; en Angleterre et dans beaucoup d'autres pays, on les rapporte au méridien de *Greenwich,* près de Londres, qui est à 2°20′14″ à l'ouest de celui de Paris.

Le méridien de l'île de Fer, l'une des Canaries, qui a été longtemps en usage, et dont se servent encore très-souvent les cartographes allemands, est à 20° à l'ouest du méridien de Paris. Ce défaut d'entente pour le choix d'un premier méridien fait qu'il faut compléter l'indication de la longitude d'un lieu par celle du premier méridien d'où on la compte : ainsi il faut dire la longitude de Pékin est de 114°51′ Est de Paris ou de 117°11′ Est de Greenwich.

Les longitudes peuvent s'évaluer en heures aussi bien qu'en degrés et il suffit de connaître pour un lieu donné la différence entre l'heure de son méridien et celle du premier méridien pour connaître sa longitude. Le soleil semblant parcourir les 360° de l'équateur en 24 heures, parcourt 15° par heure; il mettra donc à parcourir le nombre de degrés ou l'arc de cercle qui sépare différents lieux du premier méridien, un temps proportionné aux distances angulaires ou longitudes qui séparent ces lieux du premier méridien. C'est ainsi que le soleil paraissant d'abord à Pékin, puis à Calcutta, ensuite au cap de Bonne-Espérance, puis plus tard à Paris et enfin à Boston, passera au méridien de Pékin d'abord, de Calcutta ensuite et ainsi de suite. Le soleil ne passant au méridien de Londres que 9′44″ après avoir passé à celui de Paris, la longitude de Londres sera occidentale et de 9′44″ ou 2°26′, puisque 24 heures valent 360°.

On appelle *position géographique d'un lieu* celle que déterminent sur la terre, par leur intersection, le méridien et le parallèle de longitude et de latitude de ce lieu. On détermine la latitude d'un lieu en mesurant la hauteur du pôle au-dessus de l'horizon de ce liéu. On détermine les différences de longitude de deux lieux par la différence des heures observées au même instant dans les deux lieux. Pour cela on a construit des montres appelées chronomètres, d'une telle régularité, qu'elles conservent pendant un assez grand nombre de jours avec beaucoup d'exactitude l'heure du premier méridien.

Lieues et milles. Nous donnons ici les longueurs de quelques mesures très-employées :

Mille géographique de 15 au degré de l'équateur.	= 7,420	mètres.
Lieue de 18 *au degré* du méridien.	= 6,173	—
Lieue de 25 *au degré* du méridien.	= 4,445	—
Lieue marine ou géographique de 20 au degré.	= 5,556	—
Mille marin de 60 au degré, ou arc du méridien d'une minute, ou tiers de lieue marine. . .	= 1,852	—

Les continents. La portion de surface de l'écorce solide du globe qui s'élève au-dessus des mers constitue les *terres fermes;* elles sont enveloppées de tous côtés par les océans et constituent de grands lambeaux appelés *continents* ou de petits lambeaux appelés îles. En général, les terres fermes sont élargies du côté du nord et terminées en pointe du côté du sud ; cette disposition doit être regardée comme accidentelle, puisque l'étendue et la configuration des terres fermes dépendent des mouvements de l'écorce solide.

Les terres fermes constituent trois massifs principaux ou continents, l'*ancien,* le *nouveau,* et le continent *Australien.* Les continents et les îles forment les cinq parties du monde. L'ancien continent comprend l'*Europe,* l'*Asie* et l'*Afrique ;* l'*Amérique du Nord* et l'*Amérique du Sud* sont formées par le nouveau continent et sont considérées à tort comme ne faisant qu'une seule partie du monde, car l'isthme qui les réunit est moins large que celui de Suez; enfin la cinquième partie du monde est l'*Océanie,* formée de l'Australie, à laquelle on a réuni arbitrairement un grand nombre d'îles et d'archipels du Grand-Océan et de la mer des Indes.

D'illustres géographes groupent les parties du monde de la manière suivante :

Premier groupe : l'*Amérique du Nord* formant un *continent boréal* réuni par un isthme et une chaîne d'îles à l'*Amérique du Sud* qui constitue un *continent austral;*

Deuxième groupe : l'Europe, continent boréal, et l'*Afrique, continent austral;*

Troisième groupe : l'*Asie,* continent boréal et l'Australie, continent austral, réunies par une chaîne d'îles qui forment la Malaisie.

D'après Cordier, toutes les îles ne forment que le 1/23 de la superficie des continents, l'Australie non comprise.

Les trois continents de l'hémisphère austral sont terminés en pointe au sud et offrent des côtes peu découpées et par suite peu propres au commerce maritime; les continents de l'hémisphère boréal, au contraire, sont fortement échancrés par des mers intérieures, des golfes, des baies et des détroits, qui sont favorables au commerce maritime. L'étendue des côtes maritimes des continents n'est donc pas toujours en rapport avec leur superficie. L'Afrique, l'Australie et l'Amérique du Sud ont une forme massive et ramassée, tandis que l'Europe a des côtes très-découpées. Cette configuration des côtes, en facilitant les rapports entre les peuples, a sans doute exercé une certaine influence sur l'état des diverses civilisations, sur la direction et le succès des voyages d'exploration, sur le choix des établissements, sur les relations extérieures et sur la condition des sociétés. De Humboldt prétend que les articulations nombreuses, la forme richement accidentée d'un continent, exercent une grande influence sur les arts et la civilisation des peuples qui l'occupent. C'est de concert avec le climat, qui en dérive même partiellement, la cause qui a le plus aidé, après le génie naturel de la race blanche, à la suprématie de l'Europe et qui en a fait la tête de l'humanité. Une terre au contour entier, continu, sans échancrure, est difficile à aborder, difficile à quitter, faute d'abri pour les navires. Le commerce et la civilisation y pénètrent malaisément ; c'est, avec les ardeurs de son climat, l'une des principales causes du retard de l'Afrique dans le progrès social. Si l'intérieur du pays était plus rapproché du rivage par des coupures profondes, il livrerait au commerce des produits qui se perdent faute de débouchés ; les hommes, stimulés par cette vente, prendraient le goût du travail agricole et industriel. Rendus par l'échange plus intelligents, plus civilisés, plus laborieux, les noirs auraient été moins aisément réduits en esclavage par une minorité de forts et d'habiles. Il ne faut cependant pas exagérer les effets des découpures des côtes sur la civilisation d'un pays, car l'Égypte, qui appartient à l'Afrique, a été très-florissante dans les temps anciens. Le degré de perfection relative des familles humaines paraît dépendre des aptitudes et des facultés naturelles de chacune, et en admettant pour notre espèce un point de départ unique, il est probable que les races ont été formées peu à peu sous l'influence prépondérante des conditions climatériques. L'étendue des côtes maritimes est de 20,000 milles géographiques pour l'Europe, de 33,000 milles pour l'Asie, de 16,500 milles pour l'Afrique, de 28,000 milles pour l'Amérique septentrionale et de 16,500 milles pour l'Amérique du Sud.

L'Europe compte. .	1	kilom. de côte	pour	289^{Kmq}	de superficie;
L'Amérique du Nord	1	—	—	407	—
L'Australie	1	—	—	534	—
L'Amérique du Sud .	1	—	—	689	—
L'Asie	1	—	—	763	—
Et l'Afrique. . . .	1	—	—	1420	—

Nous avons déjà dit que les terres paraissent se grouper en masses serrées autour du pôle nord; mais dans l'hémisphère austral les terres ne s'avancent guère au delà de 40° de latitude sud pour l'Australie et du 55e de latitude sud pour l'Amérique.

On rencontre des terres australes granitiques, montagneuses, couvertes de glaces et inhabitées au sud de l'Amérique, à 800 kilom. de distance, comme la terre de Sandwich, celle de Louis-Philippe; à 1,600 kilom. au sud de l'Afrique, on rencontre la terre d'Enderby, et à 1,200 kilom. au sud de l'Australie, apparaît la Terre Adélie. On ignore jusqu'où s'étendent ces terres.

Étendue et population de la terre et des différents pays qu'elle renferme.

Depuis deux siècles on essaye de supputer la population de la terre, et pendant longtemps les évaluations ont été purement arbitraires, fondées sur de simples conjectures sans base méthodique.

En 1661, Riccioli, de Ferrare, attribuait un milliard d'habitants à la terre, dont 100 millions pour l'Europe, 500 pour l'Asie et la Malaisie, 100 millions pour l'Afrique, 100 millions pour l'Océanie et 200 millions pour l'Amérique.

En 1685, Isaac Vossius réduisait arbitrairement ce total de moitié et, sur les 500 millions d'habitants qu'il donnait à la terre, il n'en accordait que 30 millions à l'Europe et 300 millions à l'Asie.

En 1740, Nicolas Struyck donne à notre globe la même population, tandis qu'en 1761 Süssmilch la porte à 1,080 millions d'habitants. Volney, en 1804, évalue la population de la terre à 437 millions d'habitants, dont 142 millions pour l'Europe, 240 millions pour l'Asie, 30 millions pour l'Afrique, 20 millions pour l'Amérique et 5 millions pour l'Océanie ; ces chiffres étaient beaucoup trop faibles. Malte-Brun, en 1810, accorde seulement 640 millions d'habitants à la terre, et Balbi, en 1838, n'évalue pas le nombre au-dessus de 737 millions.

En 1843, Henri Berghaus donne 1,272 millions d'habitants, dont 296 millions en Europe, 652 millions en Asie, 275 millions en Afrique, 47 millions en Amérique et 2 millions en Océanie.

En 1866, M. E. Behm l'a fixée à 1,350 millions; il l'a trouvée avec

M. Wagner, de 1,377 millions en 1872; en 1873, ces statisticiens l'évaluent à 1,391,030,000 personnes, et en 1874 l'Institut de Gotha la porte à 1,396,842,000 individus. Cette population dépassera probablement un milliard et demi à la fin du siècle.

PARTIES DU MONDE.	SUPERFICIE ET POPULATION DES CINQ PARTIES DU MONDE — D'APRÈS BEHM ET WAGNER. Kilomètr. carrés.	Habitants en 1873.	Population par kilom. carré.	D'APRÈS L'INSTITUT DE GOTHA. Kilomètr. carrés.	Habitants en 1874.	Population par kilom. carré.	D'APRÈS E. CORTAMBERT. Kilomètr. carrés.	Habitants.
Europe continentale. . . .	—	—	—	—	—	—	9,030,000	300,000,000
Europe, avec les îles. . .	9,849,586	300,530,000	30,5	9,904,940	302,973,000	30,6	10,180,000	
Asie, avec Malaisie. . . .	44,796,760	798,220,000	17,8	44,806,340	798,907,000	17,8	—	
Asie continentale	—	—	—	—	—	—	41,200,000	700,000,000
Asie, avec les îles.	—	—	—	—	—	—	42,160,000	
Afrique continentale . . .	—	—	—	—	—	—	29,100,000	100,000,000?
Afrique, avec les îles. . .	29,928,450	203,300,000	6,8	29,933,665	206,007,000	6,9	29,700,000	
Amérique continentale. .	—	—	—	—	—	—	37,980,000	85,000,000
Amérique, avec les îles. .	41,367,700	84,542,000	2,0	41,320,742	84,392,000	2,0	42,480,000	
Océanie, sans la Malaisie.	8,870,554	4,438,000	0,5	8,870,555	4,563,000	0,5	—	
Australie	—	—	—	—	—	—	7,660,000	35,000,000?
Australie, avec les îles, ou Océanie	—	—	—	—	—	—	10,850,000	
Total	134,813,050	1,391,030,000	10,2	134,836,242	1,396,842,000	10,4	135,370,000	1,220,000,000

Les Allemands ont adopté pour la Russie d'Europe sa division politique plutôt que ses limites naturelles. Certaines provinces, à cheval sur la chaîne de l'Oural ou celle du Caucase, sont portées comme appartenant entièrement à l'Europe. De même l'Espagne et le Portugal comprennent dans l'étendue qui leur est assignée les possessions qui font partie de ces monarchies. Dans l'Asie, la statistique allemande introduit la Malaisie qui fait plus logiquement partie de l'Océanie. En tenant compte de ces différences, M. E. Levasseur assigne à l'Europe 9,995,741 kilomètres carrés ou en chiffres ronds 10 millions : l'Asie en compte 42,690,000 et l'Océanie 10,893,167.

Ces surfaces ont été déterminées de trois façons : dans toute l'Europe, sauf la Turquie, on s'est servi du cadastre et des cartes d'état-major ; dans les pays où ces documents n'existent pas, mais qui sont néanmoins civilisés, les statisticiens ont utilisé tous les renseignements qu'ils ont pu se procurer et ont déterminé les surfaces d'une façon moins certaine, mais cependant avec de grandes garanties de certitude. Enfin, dans les pays inconnus ou peu explorés, comme par exemple l'Afrique, on a dû se contenter de se servir des cartes à grande échelle, ce qui ne peut donner qu'un résultat approximatif.

Distribution des races humaines sur la surface du globe, d'après M. E. LEVASSEUR, *de l'Institut.*

PARTIES DU MONDE	RACES (EN MILLIONS)						
	BLANCHE	JAUNE	FINNOISE et BORÉALE	NOIRE	MALAISO POLYNÉSIENNE.	ROUGE	TOTAL
Europe.	291,5	4	7,5	»	»	»	303,0
Asie	222,5	543	0,5	»	0,5	»	766,5
Afrique.	50	»	»	151,4	4,5	»	205,9
Amérique.	52	»	0,2	5,2	»	27	84,4
Océanie . . . . . , .	2,5	0,5	»	»	34	»	37,0
Totaux. . . .	618,5	547,5	8,2	156,6	39	27	1,396.8
	1,396,800,000 habitants.						

Nous donnons ci-dessous en tableau l'étendue et la population des divers États du monde.

Étendue, population et densité de la population des divers États du Monde.

1° EUROPE

ÉTATS	ÉTENDUE en kilomètres carrés.	HABITANTS.	POPULATION au kilomètre carré.
EUROPE CENTRALE	**1.246.460,9**	**83.557.931**	67,8
Empire d'Allemagne	540.625	41.060.846	76
Lagunes de la Baltique	4.405	»	»
Autriche-Hongrie.	624.045	35.904.435	58
Lichtenstein	178,4	8.060	47
Suisse	41.241	2.669.147	64
Lac de Constance.	539	»	»
Pays-Bas	32.840	3.716.002	112
Luxembourg.	2.587	197.528	76
Helgoland	0,5	1.913	»
NORD-EST DE L'EUROPE	**6.209.791**	**81.485.090**	11,1
Russie d'Europe	4.999.688	71.730.980	14,3
Mer d'Azof	36.822	»	»
Finlande	373.536	1.832.138	4,9
Suède.	444.814	4.297.972	9,6
Norvége.	316.694	1.763.000	5,5
Danemark.	38.237	1.861.000	47
EUROPE OCCIDENTALE	**976.732,5**	**74.211.142**	76
Belgique	29.455	5.253.821	173
France	528.577	36.102.921	68,3
Iles Britanniques.	314.951	32.773.000	104
Iles Feroë.	1.332,5	10.500	7,5
Islande	102.417	70.900	0,7

EUROPE (*Suite*)

ÉTATS	ÉTENDUE en kilomètres carrés.	HABITANTS.	POPULATION au kilomètre carré.
EUROPE MÉRIDIONALE	**1.471.955,3**	**63.718.560**	43,2
Espagne (sans les Canaries) . .	499.763	16.551.647	
République d'Andorre.	385	12.000	33
Gibraltar	5	25.216	
Portugal.	89.355	3.990.570	44
Açores	2.581	258.933	100
Italie.	296.305	26.801.154	
Monaco.	15	5.741	90
Saint-Marin	61,8	7.816	
Turquie d'Europe.	364.037	8.500.000	23
Roumanie.	120.973	4.500.000	37
Serbie	43.555	1.338.505	30
Montenegro	4.427	120.000	27
Grèce.	50.123	1.457.894	29
Malte.	369.5	149.084	406
Total pour l'Europe. . .	9.904.940	302.972.700	30,6

2° AFRIQUE

ÉTATS	ÉTENDUE en kilomètres carrés.	HABITANTS.	POPULATION au kilomètre carré.
Maroc	672.300	6.000.000	9
Algérie	669.000	2.414.218	4
Tunis.	118.400	2.000.000	17
Tripoli et Fezzan.	732.900	848.000	1
Barka (ou Cyrénaïque).	159.150	302.000	2
Sahara	6.310.200	3.700.000	0,5
Egypte	550.630	5.200.000	9
Nubie.	873.300	1.000.000	1
Soudan égyptien	283.070	2.200.000	8
Territoire de Habab.	6.222	68.000	11
Territoire de Kumana.	16.078	150.000	9
Abyssinie	410.200	3.000.000	7
Pays des Galas.	715.800	7.000.000	10
Péninsule de Sômal.	825.900	8.000.000	10
Région à l'est du Nil-Blanc . .	770.900	7.840.000	10
Etats mahométans du Soudan .	1.634.300	38.800.000	24
Savoir : Darfour.	275.300	5.000.000	18
Ouaday.	260.450	5.000.000	19
Baghirmi	146.470	1.500.000	10
Bornou	133.250	5.000.000	38
Sokoto et Adamaoua. . .	438.300	12.000.000	27
Gando	213.640	5.800.000	27
Massina.	166.840	4.500.000	27
Sénégambie et Soudan occidental.	1.385.700	17.600.000	13
Haute-Guinée	734.000	26.000.000	35
Savoir : Libéria	24.780	718.000	29
Aschanti	27.500	1.000.000	36
Dahomey	10.350	180.000	17
Joruba	48.180	3.000.000	62
Lagos (Ang.)	»	115.000	»
Côte-d'Or (Ang.)	43.059	528.000	12
Sierra-Leone.	1.212	55.373	46
Autres pays	579.000	20.404.000	»

AFRIQUE (*Suite*)

ÉTATS	ÉTENDUE en kilomètres carrés.	HABITANTS.	POPULATION au kilomètre carré.
Afrique équatoriale	4.130.000	45.500.000	11
Côte orientale d'Afrique	1.376.500	3.500.000	2,5
Possessions portugaises de la côte est	991.100	330.000	0,3
Possessions portugaises de la côte ouest	809.400	9.000.000	11
Pays de Balunda	1.302.200	4.780.000	3,6
Terre de Damara	110.100	30.000	0,3
Terre des grands Namaquois	258.800	20.000	0,07
Territoire des Betchouanas de l'ouest	517.600	160.000	0,3
République de Transwaal	296.175	275.000	1
— du Fleuve-Orange	110.000	57.000	0,5
Cafrerie indépendante	41.530	210.000	5
Terre de Kaffern	162.990	1.000.000	6
Natal (emp. brit.)	46.104	289.773	6
Colonie du Cap (emp. brit.)	572.279	662.582	1,5
Savoir : Terre des Bassoutos	21.886	40.000	2
Terre des Griquas de l'ouest	43.076	40.000	1
Cafrerie britannique	8.970	86.201	10
Colonie du Cap	498.347	496.381	1

Iles d'Afrique.

ÉTATS	ÉTENDUE en kilomètres carrés.	HABITANTS.	POPULATION au kilomètre carré.
Iles du Cap-Vert (Portugal)	4.271	67.347	16
San Thomé et Prince (d°)	1.176	19.295	16
Iles Madère. (d°)	815	118.379	145
Iles Canaries (Espagne)	7.273	283.859	39
Fernando Po, Annobon, Corisco, Morisco (Espagne)	2.104	35.000	17
Ascension (emp. brit.)	99	»	»
Sainte-Hélène (d°)	121	6.444	53
Tristan de Cunha (emp. brit.)	116	53	0,5
Zanzibar	1.600	200.000	125
Comores	2.731	64.960	24
Madagascar	591.981	4.000.000	7
Maurice (emp. brit.)	1.137	318.584	272
Seychelles (d°)	204	12.836	63
Réunion (France)	2.316	212.536	91
Autres îles de l'océan Indien	5.413	5.095	»
Total pour l'Afrique	20.928.254	203.301.000	6,8

3° ASIE

ÉTATS	ÉTENDUE en kilomètres carrés.	HABITANTS.	POPULATION au kilomètre carré.
Sibérie (emp. russe)	12.500.083	3.429.000	0,3
ASIE CENTRALE	**5.790.214**	**8.941.600**	»
Russie d'Asie	3.240.955	3.800.000	»
Mer d'Aral	66.998	»	»
Turkomanie	206.500	175.000	»
Khiva	57.800	700.000	»
Boukharie	217.500	2.286.000	10

ASIE (*Suite*)

ÉTATS	ÉTENDUE en kilomètres carrés.	HABITANTS.	POPULATION au kilomètre carré.
Kokand ou Kokan.	73.215	800.000	11
Karategin.	21.535	100.000	5
Turkestan oriental (Kashgar). .	1.118.713	580 000	3
Dzoungarie	347.530	500.000	1,6
Mer Caspienne (sans les îles) . .	439.418	»	»
ASIE OCCIDENTALE.	**7.579.143**	**32.109.377**	»
Caucasie	447.645	4.893.332	11
Turquie d'Asie	1.927.152	13.186.315	7
Haute-Arabie ou Arabie indépendante	2.507.390	3.700.000	1,5
Aden	20	29.730	»
Perse	1.647.070	5.000.000	3
Afghanistan.	721.664	4.000.000	5
Kafiristan.	51.687	300.000	19
Beloutchistan	276.515	1.000.000	4
CHINE ET JAPON.	**10.693.425**	**457.956.762**	»
Chine proprement dite	4.024.690	404.950.000	100
Pays annexes	6.265.852	19.700.000	»
Savoir: Mandchourie.	950.000	3.187.286	3
Mongolie	377.283	2.000.000	0,6
Thibet	1.687.898	6.600.000	4
Corée.	236.784	9.000.000	38
Territoire neutre	13.882	»	»
Hong-Kong (emp. brit.).	83	124.198	»
Macao (Portugal).	3	71.739	»
Japon	402.799	33.110.825	82
INDES SUPÉRIEURES.	**3.937.842**	**238.445.000**	»
Possessions anglaises dans la Birmanie anglaise	2.187.689	188.844.747	»
États indépendants	1.673.453	46.245.888	28
Inde française.	509	265.171	»
Inde portugaise.	4.158	527.517	127
Ceylan (emp. brit.)	63.333	2.405.287	38
Laquedives (d°)	1.927	6.800	4
Maldives	6.773	150.000	22
INDES INFÉRIEURES	**2.274.576**	**25.555.262**	»
Birmanie anglaise.	242.580	2.562.323	»
Birmanie indépendante	493.419	4.000.000	8
Siam	800.339	5.750.000	7
Annam	512.911	10.500.000	21
Cochinchine française.	56.244	1.335.842	21
Cambodge.	83.861	890.000	10
Malacca.	82.099	209.000	3
Gouv. des Détroits ou Straits Settlements.	3.173	308.097	97
Savoir: Singapore	580	97.111	167
Penang et Wellesley. . .	888	133.230	150
Malacca	1.704	77.756	46
Asie continentale	42.765.660	767.755.000	»

ASIE (*Suite*)

ÉTATS	ÉTENDUE en kilomètres carrés.	HABITANTS.	POPULATION au kilomètre carré.
INDES ORIENTALES OU MALAISIE.	**2.031.100**	**30.465.000**	15
Iles Andaman (emp. brit.). . . .	6.608	13.500	2
Iles Nicobar (d°)	1.878	5.000	3
Iles Keelings (d°)	22	400	»
Labouan.	116	4.898	42
Java et Madura (Pays-Bas). . . .	134.607	16.891.068	125
Sumatra.	442.430	2.000.000	4,5
Bornéo	748.690	1.758.122	2
Célèbes (Pays-Bas)	172.848	473.963	3
Autres iles de la Sonde et Moluques	228.317	1.871.949	13
Philippines et îles Soulou. . . .	295.585	7.450.000	15
Savoir: A l'Espagne	170.600	6.000.000	»
Indépendants.	124.985	1.450.000	»
Total pour l'Asie. . .	44.796.760	798.220.000	17,8

OCÉANIE (Australie et Polynésie)

ÉTATS	ÉTENDUE en kilomètres carrés.	HABITANTS.	POPULATION au kilomètre carré.
Queensland (Terre de la Reine).	1.730.720	125.146	0,08
Nouvelle-Galles du Sud.	799.138	519.163	0,7
Victoria.	229.079	760.672	3
Australie méridionale.	985.719	189.018	0,2
Australie septentrionale et population indigène de tout le continent.	1.355.890	55.201	»
Australie occidentale	2.527.281	25.353	0,01
Total pour **L'AUSTRALIE.**	**7.627.827**	**1.674.500**	0,02
Tasmanie	67.894	102.925	1,5
Nouvelle-Zélande	275.200	303.211	1,1
AUSTRALASIE	**7.970.921**	**2.080.636**	»
Autres îles au sud du Tropique du Capricorne.	4.500	1.110	»
Nouvelle-Guinée	710.972	1.000.000	1
Iles Fidji	20.807	148.040	7
Nouvelle-Calédonie et dépendances	19.721	59.200	5
Iles Marquises (France).	1.239	10.000	8
Iles Tuamotou, Gambier (France)	6.837	9.611	»
Iles Tahiti (d°) .	1.197	13.847	12
Autres îles situées entre l'équateur et le tropique du Capricorne	104.126	974.649	»
Iles Hawaii.	19.757	56.897	3
Iles Carolines, Mariannes, Pelew	3.360	33.610	»
Autres îles au nord de l'équateur.	7.117	50.400	»
Total pour l'Océanie. . . .	8.870.554	4.438.000	0,5

5° AMÉRIQUE

ETATS	ÉTENDUE en kilomètres carrés.	HABITANTS.	POPULATION au kilomètre carré.
Groënland	1.967.830	10.300	0,07
AMÉRIQUE DU NORD	**20.697.421**	**51.969.185**	»
Saint-Pierre et Miquelon	210	4.750	22
Terre-Neuve (emp. brit.)	104.114	146.536	1,4
Canada (emp. brit.)	9.099.100	3.718.745	0,4
Savoir: Territoire du Nord-Ouest	7.599.000	85.000	0,01
Colombie britannique	551.650	42.000	0,07
Manitoba	36.061	11.963	0,16
Ile du Prince-Edouard	5.628	94.021	16,7
Nouvelle-Ecosse	56.280	387.800	6,9
Nouveau-Brunswick	70.762	285.594	4
Québec (Bas-Canada)	500.769	1.191.516	2,4
Ontario (Haut-Canada), moins les baies du lac Huron	264.888	1.620.851	5,8
Baies du lac Huron	14.251	»	»
Lacs du Saint-Laurent	238.971	»	»
États-Unis	9.333.680	38.925.598	4,2
Savoir : Alaska, ou Amérique russe	1.495.380	70.461	»
Reste des Etats-Unis	7.838.300	38.855.137	»
Mexique	1.921.240	9.158.247	4,6
Iles Bermudes (emp. brit.)	106	15.309	144
AMÉRIQUE CENTRALE	**569.632**	**2.831.410**	»
Guatémala	105.612	1.194.000	11
Honduras	121.963	351.700	3
Honduras anglais	34.964	24.710	0,7
San-Salvador	18.997	600.000	32
Nicaragua	150.657	250.000	1,6
Costa-Rica	55.669	185.000	2,9
Panama	81.770	226.000	2,7
INDES OCCIDENTALES	**245.589**	**4.194.672**	17,08
Grandes Antilles	216.674	3.238.600	14.95
Groupe de Bahama (anglais)	15.580	43.900	2,8
Iles Vierges	694	47.700	6,8
Petites Antilles	11.365	833.356	73,3
Iles sous le Vent	1.276	31.116	24,3
République d'Haïti	26.430	572.000	22
République Dominicaine	46.170	136.500	3
Jamaïque (emp. brit.)	11.007	506.154	46
Antilles anglaises	9.761	519.184	»
Cuba (Espagne)	118.883	1.400.000	12
Porto-Rico (Espagne)	9.314	625.000	67
Antilles françaises	2.833	327.498	116
Antilles danoises	359	37.821	105
Antilles suédoises	21	2.898	137
Antilles hollandaises	1.130	36.161	32
Antilles vénézuéliennes	231	»	»

AMÉRIQUE (*Suite*)

ÉTATS	ÉTENDUE en kilomètres carrés.	HABITANTS.	POPULATION au kilomètre carré.
AMÉRIQUE DU SUD	**17.840.235**	**25.369.105**	1,4
Colombie (moins Panama)	748.944	2.774.000	3,7
Vénézuéla	1.044.443	1.784.194	1,5
Equateur	643.300	1.300.000	2
Iles Galapagos	7.643	»	»
Guyane	461.977	282.291	0,6
Savoir: Guyane française	121.413	28.800	0,2
Guyane hollandaise	119.321	60.000	0,5
Guyane anglaise	221.243	193.491	0,8
Brésil	8.515.900	10.196.238	1
Pérou	1.303.702	2.500.000	1,9
Bolivie	1.297.255	2.000.000	1,4
Chili	326.455	2.074.000	6
République argentine	2.171.911	1.812.500	0,9
Patagonie et Terre-de-Feu	974.600	24.000	0,02
Uruguay	180.865	400.000	2,2
Paraguay	146.886	221.079	1,5
Iles Falkland (emp. brit.)	12.279	803	0,06
Ile Géorgie du Sud	4.075	»	»
Total pour l'Amérique	41.320.727	84.374.672	2,05

Possessions des États européens à l'étranger.

Iles Britanniques	20.683.950	203.907.300	»
Turquie	5.189.179	33.258.000	»
Pays-Bas	1.713.000	24.400.000	»
Russie	16.255.680	12.123.000	»
Espagne	311.573	8.361.400	»
France	966.300	5.766.000	»
Portugal	1.827.978	3.635.400	»
Danemark	192.209	128.900	»
Suède	21	2.900	»
Total	47.139.890	291.582.900	»

Les statistiques ci-dessus sont empruntées, comme on l'a vu, aux plus éminents statisticiens ; cependant notre confiance est d'autant moins entière dans ces chiffres que les mêmes auteurs, dans certains de leurs ouvrages, donnent déjà, pour certains pays, des nombres un peu différents. Néanmoins il résulte de ce travail que la terre est encore loin d'être peuplée comme elle pourra l'être un jour, si les guerres et les épidémies cessent désormais de ravager l'humanité. L'Europe même n'est pas trop peuplée, si ses habitants savent donner à leur activité un utile emploi, car ils créeront par leur travail une richesse qui engendrera elle-même de nouvelles richesses. Les peuples sont comme l'homme ; ils ne sont pauvres que lorsqu'ils ne travaillent pas, c'est-à-dire lorsqu'ils ne produisent pas ou produisent pour se détruire. C'est par le progrès dans la civilisation et la moralité qu'on peut espérer que la population du globe s'accroîtra de beaucoup, et l'instruction répandue parmi les masses fera que l'augmentation de la population terrestre, qui pourrait être un péril redoutable, deviendra un bienfait dont profitera toute l'humanité.

La densité de la population est loin d'être la même dans les différents pays, attendu que tout ce qui modifie la production, c'est-à-dire la prospérité publique, modifie cette densité. On voit la population se raréfier sur les hauts plateaux et les flancs des montagnes, froids et dépouillés par les pluies de terre végétale ; les déserts sont presque inhabités ; les parties froides et inhospitalières des pôles offrent de rares habitants ; au contraire la population se presse au bord de la mer, qui partout ouvre des débouchés commerciaux ; elle se condense également sur les rives des cours d'eau offrant voie de transport, puissance motrice ; elle devient considérable dans les pays industriels de la zone tempérée.

La population humaine est assez éparpillée pour que seulement le vingtième de la population totale habite les villes de cinquante mille habitants et au-dessus. Les villes de cinq cent mille habitants sont peu nombreuses sur toute la terre, qui ne compte que vingt-huit agglomérations urbaines renfermant au moins un demi-million d'habitants, dont neuf en Europe, dix-sept en Asie et deux en Amérique. Nous citerons seulement les suivantes :

Londres	3.445,000	en 1875
Liverpool	516,000	en 1875
Glasgow	535,000	en 1875
Paris	1.852,000	en 1872
Berlin	826,000	en 1871
Vienne	674,000	en 1875
Saint-Pétersbourg	667,000	en 1869
Moscou	612,000	en 1871
Constantinople	600,000	en 1873
New-York	1.060,000	en 1875
Philadelphie	644,000	en 1870
Yeddo	674,000	en 1872
Calcutta	892,000	en 1871
Bombay	644,000	en 1871
Bangkok	500,000	
Pékin	1.649,000	
Canton	1.000,000	
Tientsin	930,000	
Han-Keou	800,000	
Fou-Tcheou	600,000 etc.	

(Ces chiffres pour la Chine sont peu sûrs.)

CHAPITRE III

L'ATMOSPHÈRE ET LES VENTS

Atmosphère. — Sa composition. — Vapeur d'eau et humidité de l'air. — Son influence sur le rayonnement. — Degré hygrométrique de l'air. — Particules solides en suspension dans l'air. — Substances organiques. — Couleur et transparence de l'atmosphère. — Pesanteur de l'air. — Propriétés de l'atmosphère. — Des vents. — Vents constants. — Alizés inférieurs et alizés supérieurs ou contre-alizés. — Leurs causes. — Courant équatorial. — Région des alizés. — Zones des calmes équatoriaux et tropicaux. — Leurs variations. — Vents périodiques : moussons, brises et vents étésiens. — Brises de montagne. — Vents variables ou accidentels. — Vents particuliers. — Tempêtes tropicales ou cyclones. — Ouragans des latitudes élevées. — Vitesse des vents. — Action des vents.

Atmosphère.

L'atmosphère est la masse d'air transparente et incolore qui enveloppe la terre et dans laquelle vivent les animaux et les plantes. Elle est le siége de phénomènes très-nombreux : elle infléchit les rayons du soleil pour nous donner le crépuscule et l'aurore, car sans elle nous passerions subitement du jour à l'obscurité ; elle reçoit les vapeurs qui s'élèvent de la terre et des eaux, s'en charge ou les suspend dans les nuages pour les abandonner sous forme de rosée ou de pluie ; par le déplacement de ses molécules, elle produit les vents.

La hauteur de l'atmosphère est inconnue ; l'observation des étoiles filantes oblige à reculer ses limites au delà de 380 kilomètres, chiffre donné par M. Liais, mais on ne sait ni où ni comment se termine l'atmosphère. Quoi qu'il en soit, les phénomènes multiples dont l'atmosphère est le siége et dont on ressent les effets à la surface du sol se produisent dans une couche de 10 kilomètres d'épaisseur ; au delà, la densité de l'air est tellement faible que l'ensemble des couches supérieures n'est qu'une imperceptible fraction de la masse totale. La densité des couches atmosphériques va en diminuant à mesure qu'on s'élève, de sorte qu'on peut considérer l'atmosphère comme composée de couches concentriques superposées, d'autant moins denses qu'elles sont plus éloignées de la surface de la terre. Les dernières couches doivent avoir une très-faible densité. D'après M. Liais, la loi de Mariotte cesserait d'être applicable à un certain niveau, à partir duquel les gaz atmosphériques se comporteraient comme des liquides, leurs molécules étant aussi espacées que possible. On a trouvé que si l'atmosphère était liquide et qu'elle eût la densité de l'eau, elle formerait autour du globe une couche continue de 11 à 12 mètres d'épaisseur; son poids équivaut à peu près au millionième de celui de la planète et aux 350 millièmes de celui des mers.

Composition de l'atmosphère.

L'atmosphère est formée d'oxygène et d'azote simplement mélangés, d'un peu d'acide carbonique et de vapeur d'eau en quantité variable; il s'y dégage, dans certaines circonstances, de l'acide carbonique, de l'acide chlorhydrique, de l'acide sulfureux, de l'acide sulfhydrique, de l'oxyde de carbone, de l'hydrogène carboné et de l'hydrogène pur; on y rencontre quelquefois de très-faibles quantités d'azotate d'ammoniaque, et enfin elle contient en suspension de la poussière et des corpuscules organiques assez divers, désignés autrefois sous le nom de miasmes.

Sa composition en volume est de 79,07 d'azote et 20,93 d'oxygène, ou quatre cinquièmes du premier gaz et un cinquième du second. Ces proportions d'oxygène et d'azote sont sensiblement les mêmes sur tous les points du globe et à toutes les hauteurs, tandis que les proportions des autres substances sont très-variables. L'air contient d'ordinaire de quatre à six dix-millièmes en poids, ou deux à trois dix-millièmes en volume d'acide carbonique. La proportion de ce gaz est plus forte la nuit que le jour parce que les plantes ne le décomposent que sous l'action de la lumière; elle augmente pendant les mois froids; elle s'annule complétement pendant les pluies abondantes et prolongées, parce que l'eau dissout le gaz et le dépose sur le sol. Mais le sol en dégage par lui-même, les animaux en produisent, les couches d'air non lavées en fournissent et le gaz carbonique reparaît bientôt. L'air des villes en contient plus que celui des campagnes. La végétation est favorisée par l'acide carbonique quand sa quantité augmente, car les parties vertes des plantes décomposent l'acide carbonique sous l'influence de la lumière, s'assimilent le carbone et rejettent l'oxygène. La combustion du charbon, les fermentations, les émanations souterraines, la respiration animale tendent à rétablir l'équilibre et à restituer à l'air son acide carbonique enlevé par les plantes à l'état d'oxyde de carbone.

Vapeur d'eau et humidité de l'air.

L'air contient toujours en dissolution une certaine quantité de vapeur d'eau qui varie d'une manière sensible suivant l'état de l'atmosphère; il en contient quelquefois très-peu, mais rarement tout ce qu'il peut en contenir. A toutes les températures l'atmosphère en renferme, en moyenne, la moitié, au minimum le quart de la quantité nécessaire à sa saturation, et cette quantité varie de 0,0033 à 0,0166 du poids de l'air, suivant les circonstances. Dans la zone torride, le mètre cube d'air en renferme de 20 à 25 grammes; en France, à la latitude du 45e degré, il n'en renferme plus que 10 à 12 grammes; au sommet des montagnes, la proportion est 10 à 12 fois moindre qu'à la surface des plaines. C'est la vapeur d'eau qui donne à l'atmosphère son humidité, mais cette humidité n'est point en rapport avec la quantité absolue de vapeur aqueuse. Les variations de la quantité de vapeur d'eau contenue dans l'atmosphère dépendent surtout de la température, car la vapeur d'eau, comme tous les gaz, possède une force expansive appelée force élastique, tension ou pression, qui varie avec la température. Si l'on considère un espace déterminé contenant de la vapeur d'eau, et qu'on abaisse graduellement la température de cet espace, il arrivera un moment où une petite quantité de la vapeur passera à l'état liquide. On dit alors que l'espace est arrivé au point de saturation, c'est-à-dire qu'il contient toute la quantité de vapeur qu'il peut renfermer à la température indiquée par le thermomètre à l'instant où l'état liquide commence à apparaître. Si l'on voulait saturer le même espace à une température plus élevée, il faudrait y introduire une nouvelle quantité de vapeur. Le poids de la vapeur nécessaire pour saturer un mètre cube d'air sera donc d'autant plus grand que la température sera plus élevée, mais un espace donné de l'atmosphère ne peut contenir qu'un poids de vapeur déterminé par la température de l'espace. Il en est de même pour la tension, que l'on exprime ordinairement en millimètres de mercure.

Tableau de la tension de la vapeur d'eau contenue dans l'air à l'état de saturation et du poids de la vapeur contenue dans un mètre cube d'air saturé.

DEGRÉS de température.	TENSION maximum de la vapeur d'eau en millimètres.	POIDS de la vapeur contenue dans 1m cube d'air saturé (en grammes).	DEGRÉS de température.	TENSION maximum de la vapeur d'eau en millimètres.	POIDS de la vapeur contenue dans 1m cube d'air saturé (en grammes).
degrés.	mm.	gr.	degrés.	mm.	gr.
— 10	2.078	2.302	+ 13	11.162	11.383
— 9	2.261	2.495	+ 14	11.908	12.103
— 8	2.456	2.701	+ 15	12.699	12.860
— 7	2.666	2.921	+ 16	13.536	13.621
— 6	2.890	3.156	+ 17	14.421	14.504
— 5	3.131	3.406	+ 18	15.357	15.393
— 4	3.387	3.672	+ 19	16.346	16.327
— 3	3.662	3.956	+ 20	17.391	17.311
— 2	3.955	4.281	+ 21	18.495	18.448
— 1	4.267	4.575	+ 22	19.659	19.437
0	4.600	4.915	+ 23	20.888	20.581
+ 1	4.940	5.260	+ 24	23.184	21.785
+ 2	5.302	5.623	+ 25	23.550	23.067
+ 3	5.687	6.010	+ 26	24.988	24.374
+ 4	6.097	6.420	+ 27	26.505	25.767
+ 5	6.534	6.845	+ 28	28.101	27.226
+ 6	6.998	7.316	+ 29	29.782	28.762
+ 7	7.492	7.804	+ 30	31.548	30.368
+ 8	8.017	8.322	+ 31	33.405	32.054
+ 9	8.574	8.869	+ 32	35.359	33.812
+ 10	9.165	9.445	+ 33	37.410	35.655
+ 11	9.792	10.055	+ 34	39.565	37.583
+ 12	10.457	10.696	+ 35	41.487	39.281
			+ 40	54.910	

Humidité relative.

Il ne faut pas confondre l'humidité de l'air avec la tension de la vapeur d'eau que l'air contient; un volume déterminé d'air dont on abaisse peu à peu la température devient de plus en plus humide quoique la tension et la quantité de vapeur d'eau restent les mêmes. Lorsque la vapeur commence à passer à l'état liquide, l'air atteint son maximum d'humidité. L'humidité de l'air se mesure par le rapport $\frac{f}{F}$, f étant la tension de la vapeur contenue dans l'air et F la tension que l'on observerait si l'air était saturé à la température indiquée par le thermomètre dans les circonstances où l'on se trouve. F est donnée par la table précédente et les hygromètres font connaître la valeur de f.

Le *degré hygrométrique* ou état hygrométrique de l'air ou degré d'humidité relative est donc le rapport de la quantité de vapeur contenue dans un volume d'air donné à la quantité que ce volume pourrait contenir à la même température, s'il était saturé ; c'est ainsi que de l'air à 15° contenant 6 gr. 42 de vapeur d'eau aura pour état hygrométrique $\frac{6.42}{12.860} = \frac{1}{2}$ environ. Mais si l'on refroidit graduellement cet air sans lui enlever ni lui donner de vapeur, son degré hygrométrique montera par le seul fait de l'abaissement de la température ; à la température de 4° il sera saturé, car il renfermera 6 gr. 420 de vapeur d'eau et son degré hygrométrique sera 1 ou 100 ; si la température descend encore, l'air sera sursaturé et la vapeur se déposera sous forme de rosée ou de brouillard. Le degré hygrométrique de l'air fait donc connaître sa fraction de saturation, mais ne donne pas directement la quantité de vapeur qu'il renferme.

Les variations dans la quantité de vapeur d'eau que l'air contient sont donc intimement liées avec celles de la température et par suite avec la marche du soleil ; ainsi de l'air saturé à 15° paraîtrait très-sec à 35°. Ces considérations expliquent les faits suivants. L'air ne contient généralement pas plus de vapeur le soir ou le matin que durant le jour, et très-souvent il en contient moins ; mais, comme il est plus froid, il paraît plus humide puisqu'il est plus près de son point de saturation. Le degré hygrométrique d'un lieu variera en général en sens inverse de la marche de la température : il est à son maximum vers le lever du soleil, au moment le plus froid de la journée ; il atteint son minimum vers deux ou trois heures, à l'instant le plus chaud du jour.

De même la quantité absolue de vapeur d'eau contenue dans l'air est à son minimum en janvier ; en juillet elle atteint son maximum ; l'humidité relative $\frac{f}{F}$ est au contraire maximum en janvier et minimum en juillet, et comme c'est seulement l'humidité relative que nos sens peuvent apprécier, nous trouvons qu'en hiver l'air est plus humide qu'en été, quoique dans cette dernière saison l'air renferme une quantité de vapeur d'eau beaucoup plus considérable qu'en hiver.

La distribution de la vapeur d'eau à la surface de la terre dépendant de la température, la quantité réelle de vapeur contenue dans l'air va en diminuant depuis l'équateur jusqu'aux pôles, c'est-à-dire depuis les régions les plus chaudes jusqu'aux régions les plus froides. Dans les basses latitudes, une zone épaisse de nuages entoure le globe comme d'une ceinture et déverse quotidiennement sur la terre des torrents de pluie. La chaleur devient humide et étouffante et la transpiration insensible s'opère difficilement dans un milieu presque saturé de vapeur ; d'où résulte, pour les Européens, une transpiration continuelle fort incommode, qui redouble au moindre travail ; les provisions sont envahies par la moisissure, et le fer et les métaux polis se ternissent et se couvrent de rouille.

En pleine mer, quelle que soit la latitude, le degré hygrométrique de l'air est assez uniforme et l'air y est toujours très-près de son point de saturation; mais ce même degré hygrométrique est très-variable à la surface du sol qui n'évapore pas comme la surface de la mer, et sur une même ligne isotherme la quantité de vapeur va en décroissant à mesure qu'on s'éloigne des côtes pour pénétrer dans l'intérieur des continents, où la sécheresse peut devenir extrême par les froids rigoureux. Dans l'intérieur de la Russie, par une température de — 35°, l'air est tellement sec que le moindre frottement sur une étoffe de laine est accompagné d'étincelles électriques; la peau des mains et des lèvres se gerce et se fendille, le toucher des étoffes de soie devient désagréable et l'on ressent une irritation nerveuse et un malaise extrême. On constate ces mêmes phénomènes sur les montagnes élevées, où ils sont, en grande partie, occasionnés par la raréfaction de l'air; assez habituellement le voyageur revient d'une ascension dans les Alpes avec la peau du visage et des lèvres crevassée.

Après la température, ce sont les vents et les courants marins qui exercent la plus grande influence sur l'état hygrométrique de l'air. En général, les îles et les rivages sont plus humides que l'intérieur des continents. Les vents qui ont passé sur les mers apportent dans les contrées qu'ils traversent une plus grande quantité de vapeur d'eau que ceux qui soufflent des continents vers les mers; aussi la sécheresse ou l'humidité d'un climat dépend-elle beaucoup de la direction des vents dominants. C'est ainsi que les vents qui soufflent de l'Ouest de la zone tempérée septentrionale sont fort humides quand ils arrivent sur les rivages occidentaux des deux continents, après avoir traversé l'océan Atlantique et le Grand-Océan, et fort secs quand ils parviennent à l'extrémité orientale des mêmes continents, sur lesquels ils ont abandonné leur humidité.

L'air en montant dans l'atmosphère se refroidit nécessairement et son degré hygrométrique croît avec l'altitude jusqu'à la couche de condensation où se produisent les nuages; mais au-dessus l'air n'est plus saturé et il devient même très-sec dans les hautes régions. L'air, sur les hautes montagnes, sera toujours plus humide sur les versants exposés aux vents régnants que sur les versants opposés; c'est ainsi que le versant N.-O. des Cévennes a son maximum d'humidité sous l'influence des vents d'ouest; leur versant S.-E. aura son maximum d'humidité par les vents du S.-E.

Les plantes et les arbres ont aussi une grande influence sur l'humidité de l'air. Les arbres puisent l'eau par leurs racines dans les couches du sol et la rejettent par leurs feuilles ou leurs troncs dans l'atmosphère, de telle sorte que les forêts sont par là une cause de fraîcheur en été.

Influence de la vapeur d'eau sur le rayonnement.

Nous avons vu que la quantité de vapeur contenue dans l'air est très-petite, puisque l'oxygène et l'azote forment à eux seuls les 99 centièmes et demi de notre atmosphère, tandis que sur l'autre demi-centième 9/10 sont de la vapeur d'eau et le reste de l'acide carbonique. Néanmoins si l'on enlevait à l'air qui recouvre la terre la vapeur d'eau qu'il contient, il se ferait à la surface du sol une déperdition de chaleur semblable à celle qui a lieu à de grandes hauteurs; le grand volume de l'atmosphère se comporte pratiquement comme le vide, relativement à la transmission de la chaleur rayonnante. En considérant la terre comme une source de chaleur, on peut admettre comme certain que 10 p. °/₀ au moins de la chaleur qu'elle tend à rayonner dans l'espace sont interceptés par les 3 premiers mètres d'air humide qui entourent sa surface. Le coucher du soleil, pour une région dont l'atmosphère serait entièrement sèche, serait suivi d'un refroidissement rapide. La seule absence du soleil pendant la nuit produit un refroidissement considérable partout où l'air est sec. Dans le Sahara, où le soleil est de feu et le vent de flamme, le froid de la nuit est très-souvent pénible à supporter. On voit, dans cette contrée si chaude, de la glace se former pendant la nuit, et M. Largeau, dans son voyage à Ghadamès, a vu souvent le thermomètre descendre à — 8°.

Aussi partout où l'air sera sec, l'échelle des températures sera très-considérable. Les montagnes sont aussi froides d'abord à cause de leur élévation, mais encore parce qu'au-dessus d'elles il n'y a plus d'écran d'air saturé, d'une densité suffisante pour arrêter leur chaleur, qui se perd alors dans l'espace sans compensation.

Suivant Tyndall, les rayons calorifiques du soleil passent aussi librement dans l'air sec que dans le milieu éthéré des espaces interstellaires. Si donc la terre était enveloppée d'air tout à fait privé de vapeur d'eau invisible, il n'y aurait pas un seul rayon solaire absorbé dans son trajet à travers les couches atmosphériques, soit pour arriver à la surface du sol, soit pour s'en éloigner par le rayonnement. Dans de telles conditions, la chaleur du jour serait partout excessive et le froid de la nuit insupportable. La surface terrestre serait brûlée par le soleil, aussi bien dans nos latitudes que dans les déserts voisins de l'équateur; la vapeur d'eau contenue dans l'air défend donc la terre contre l'ardente chaleur du soleil pour empêcher l'herbe de se dessécher pendant le jour et d'être détruite par les fortes gelées nocturnes. Cette vapeur d'eau sert aussi de manteau à la terre pendant l'hiver et d'écran pendant l'été, en interceptant et absorbant les rayons solaires dans une proportion relative à sa quantité répandue dans l'air.

L'espèce de manteau formé par l'atmosphère autour de la terre pour la préserver du refroidissement doit donc en très-grande partie son efficacité à l'intervention de la vapeur d'eau, qui d'un côté tempère les ardeurs du soleil, et de l'autre modère le refroidissement de notre planète en retardant la déperdition de sa chaleur.

C'est surtout parce que l'atmosphère contient en Amérique une faible quantité de vapeur d'eau que le soleil d'été réchauffe plus fortement le sol et qu'en hiver le rayonnement est plus actif. Il s'ensuit que le climat de cette contrée est plus chaud en été et plus froid en hiver que celui des latitudes correspondantes dans l'Europe occidentale.

Autres gaz contenus accidentellement dans l'air.

L'atmosphère peut renfermer çà et là et dans des circonstances déterminées des traces d'acide chlorhydrique, d'acide sulfureux, d'acide sulfhydrique, d'hydrogène protocarboné, d'oxyde de carbone et d'hydrogène, qui se dégagent, soit des éruptions volcaniques et des fumerolles, soit des sources minérales, soit des putréfactions et des combustions. Mais ce sont là des accidents locaux qui n'altèrent en rien la composition normale de l'air. Les pluies d'orage contiennent parfois des traces d'azotate d'ammoniaque, sans doute formé sous l'influence de l'électricité, aux dépens des gaz constitutifs de l'air et de la vapeur d'eau. L'air renferme aussi de l'ammoniaque qui se dissout dans l'eau et des produits nitreux dont le rôle en agriculture est des plus importants.

Particules solides en suspension dans l'atmosphère.

L'atmosphère renferme toujours des particules solides suspendues librement au milieu de l'air, où elles flottent en raison de leur petitesse et de leur légèreté. Ce sont des *poussières* et des *corpuscules organiques* longtemps désignés sous le nom de *miasmes*.

Les poussières que les vents soulèvent à la surface du sol et à la surface des mers, et qu'ils transportent à de grandes distances, existent partout, ordinairement invisibles à cause de leur finesse; la masse des corpuscules ainsi entraînés peut être telle que le soleil en soit obscurci. L'air le plus pur en apparence contient encore en suspension des grains de matière minérale. Les meubles et le parquet d'un appartement bien clos et inhabité se recouvrent peu à peu d'une couche de ces matières, et la montre la mieux fermée est pénétrée par le sable fin du désert. Ces parcelles minérales proviennent de la pulvérisation des roches et des matériaux de construction. Les cendres volcaniques et les sables des déserts franchissent quelquefois des distances énormes.

Substances organiques contenues dans l'air.

L'air renferme aussi des détritus organiques, tels que brindilles de coton, de laine et de soie, des grains de fécule et des corpuscules vivants infiniment petits, œufs, spores, animalcules microscopiques. On a vu des pollens de diverses plantes entraînés au loin, retomber en une sorte de pluie colorée : telle est l'origne des *pluies de soufre*, formées par le pollen des pins.

Beaucoup de savants pensent que les fermentations et les prétendues générations spontanées proviennent des germes invisibles; beaucoup de médecins pensent aussi que les maladies épidémiques sont transmises par l'air et doivent être attribuées à des miasmes d'origine organique, animale ou végétale; ces corpuscules consistant en œufs et en spores se développent en animalcules et en plantules microscopiques, envahissant nos organes et se répandant par les déjections des malades.

Couleur et transparence de l'atmosphère.

L'air atmosphérique est le corps le plus transparent pour la chaleur comme pour la lumière qui soit connu, et il laisse voir les objets à de très-grandes distances, surtout lorsqu'il a été balayé et rafraîchi par une pluie d'été.

Cependant la transparence de l'atmosphère n'est pas parfaite et les substances qui viennent en souiller la pureté diminuent beaucoup cette propriété. Vu en grandes masses, l'air est coloré en bleu. C'est la couche d'air interposée entre l'œil et les montagnes lointaines qui donne à celles-ci leurs teintes azurées. L'intensité de la nuance augmente dans les pays chauds, et l'on a pensé que l'abondance de la vapeur d'eau n'est pas étrangère à ce résultat. Tyndall suppose que la couleur bleue de l'atmosphère est due à la réflexion partielle des rayons de la lumière blanche sur les particules cosmiques, infiniment petites, en suspension dans l'atmosphère; les rayons bleus et les rayons violets, marchant moins vite que les autres, seraient réfléchis par ces corpuscules très-ténus; de là la teinte bleue du ciel quand il est pur; sans cette réflexion, la voûte céleste serait noire, et le soleil nous paraîtrait comme un disque lumineux nettement circonscrit. Au lever et au coucher du soleil, la couche atmosphérique traversée par la lumière étant à son maximum d'épaisseur, la séparation des couleurs est le plus tranchée, et on voit à l'horizon un ciel orangé, couleur qui représente la teinte blanche dont on a enlevé le bleu.

La vapeur d'eau joue probablement le principal rôle dans la production de ces phénomènes de coloration, et c'est pour cela que le marin et le cultivateur ont établi des rapports entre la couleur du ciel au lever et au coucher du soleil et le temps probable du jour et du lendemain. En quantité modérée, la vapeur d'eau ajoute à la transparence de l'air; en très-grande proportion elle la trouble. Un signe infaillible de pluie, c'est la netteté avec laquelle on aperçoit les montagnes lointaines; quand on distingue les moindres détails, c'est que l'air approche de son point de saturation. Les Alpes deviennent presque invisibles depuis le Jura quand règne le vent du nord.

Si la vapeur d'eau s'est condensée en globules microscopiques appelés *vapeur vésiculaire*, la transparence de l'air diminue beaucoup, et alors on distingue les objets plus difficilement. Il est des cas où l'air, quoique à peu près pur et ne contenant pas de vapeur vésiculaire, ne laisse apercevoir les objets, même à faible distance, qu'à travers un voile bleuâtre. Cet effet se produit surtout quand l'air est calme, le ciel sans nuage ou peu nuageux et la chaleur élevée. Cela est dû à ce que le sol fortement échauffé force de nombreux filets d'air chaud à s'élever à travers des couches plus froides; ces filets dévient de leur direction normale les rayons lumineux qui traversent leurs surfaces; comme ces filets sont très-mobiles dans leur cours, les rayons et les objets d'où ils émanent deviennent ondulants. Ce phénomène d'ondulation est très-marqué lorsqu'on regarde un objet dans une direction rasant un sol frappé par les rayons solaires en été, et surtout dans le voisinage des eaux, soit à cause de la vapeur qui s'en dégage, soit par suite de la différence de température entre le sol et l'eau.

Lorsque la scintillation des étoiles est très-marquée, c'est-à-dire lorsqu'elles subissent des oscillations très-prononcées dans leur position, leur couleur et leur éclat, on dit qu'elles *baignent dans l'eau,* et on peut en conclure que des courants d'air inégalement chauds et chargés de vapeur traversent les régions moyennes et élevées de l'atmosphère et que les pluies sont peu éloignées.

Pesanteur de l'air.

L'air est pesant et il exerce à la surface du niveau de la mer une pression de 10,333 kilogrammes sur chaque mètre superficiel, quand la pression est de 760 millimètres. Cette pression de l'air aide à l'absorption par le sang de certains gaz qu'il tient en dissolution, tels que l'azote, l'oxygène, l'acide carbonique. Lorsque cette pression diminue brusquement, comme cela a lieu dans les grandes ascensions aérostatiques, une partie des gaz dissous devient libre et occupe une place distincte dans le sang, dont le volume apparent semble augmenté; les bulles de gaz enrayent la circulation. On observe alors une turgescence très-marquée des organes, le sang suinte quelquefois à la surface des muqueuses et divers accidents se produisent. D'autre part, l'oxygène devenu plus rare pénètre en moindre quantité dans le sang et l'hématose (conversion du chyle en sang) incomplète amène la prostration des forces, tandis que le froid intense que l'on trouve à ces grandes hauteurs exigerait une production de chaleur plus active. Des effets analogues se remarquent dans les ascensions sur les hautes montagnes, mais ils sont peu durables, si bien qu'on vit sans fatigue sur les hauts plateaux du Mexique, du Pérou et de la Bolivie, comme à Potosi en Bolivie, qui est à 4,061 mètres d'altitude et qui est la ville la plus élevée du globe, à Quito (2,908 mètres), capitale de la République de l'Équateur, à Santa-Fé de Bogota (2,661 mètres), à Mexico (2,277 mètres). A la métairie d'Antisana, en Bolivie, à 4,101 mètres d'élévation, le baromètre marque 428 millimètres et la pression supportée par le corps humain est réduite à 9,800 kilogrammes. Le point le plus élevé du globe habité d'une manière permanente par l'homme est un monastère bouddhique du Thibet, à Hanle, à une altitude de 5,039 mètres.

Propriétés de l'atmosphère.

L'atmosphère est très-dilatable par l'action de la chaleur; elle est éminemment élastique et compressible. La température de l'air est très-différente non-seulement d'une couche à l'autre, mais encore d'un point à l'autre d'une même couche. Les parties les plus chaudes tendent à monter et les plus froides à descendre. L'ombre d'un nuage suffit à troubler l'équilibre de l'atmosphère; cet équilibre n'est jamais atteint, de sorte que l'atmosphère est très-mobile. L'atmosphère empêche la chaleur solaire emmagasinée par le sol de sortir facilement des corps, et c'est la cause du degré moyen de chaleur dont nous jouissons à la surface de la terre, qui voyage au milieu d'espaces célestes dont la température est d'une centaine de degrés au-dessous de zéro; l'atmosphère agit à la façon d'une serre, qui laisse entrer facilement la chaleur, mais la retient fortement.

Des Vents.

Comme l'atmosphère est un gaz très-dilatable par la chaleur et d'une très-grande mobilité, que les plus petites différences de température peuvent mettre en mouvement, il s'établit constamment des courants entre ces points inégalement chauffés. C'est la distribution inégale de la chaleur, la condensation ou la formation brusque de vapeur, le mouvement de rotation de la terre qui sont les causes prédominantes des courants d'air que l'on appelle *vents*. Les *vents* consistent donc dans le déplacement et le transport de l'air suivant une direction déterminée, le plus souvent horizontale, pendant un temps variable, mais toujours assez long, et avec une vitesse également variable. Un exemple fera comprendre la production du vent par l'inégalité de température sur deux points. En effet, si dans un appartement on chauffe très-différemment deux pièces séparées par une porte, qu'on place à la partie supérieure et à la partie inférieure de cette porte une bougie allumée et qu'on entr'ouvre ensuite la porte, on voit par la direction que prend la flamme de chacune des bougies un courant d'air chaud passer à la partie supérieure, dirigé de la pièce chaude dans la pièce froide, et un courant d'air froid dirigé en sens opposé passer à la partie inférieure de l'ouverture. On admet des *vents d'aspiration* et des *vents d'insufflation*. Les premiers proviennent, soit de la dilatation par la chaleur solaire d'une certaine masse d'air, qui devient plus légère et s'élève pour faire place à de l'air plus froid, soit de la condensation de l'air ou de la vapeur d'eau, ce qui tend à déterminer un vide que viennent remplir de proche en proche les couches voisines; dans ces deux cas le vent se propage dans un sens contraire à sa direction : c'est un vent d'aspiration. D'autres fois une grande quantité d'eau qui passe à l'état de vapeur et se mêle rapidement à l'atmosphère, ou quelque brusque dilatation, en refoule les couches loin du lieu où se manifeste le phénomène, et donne naissance à un vent d'insufflation, qui se propage dans le sens de sa direction. On divise les vents en vents *permanents* ou *constants*, en *vents périodiques* et en *vents accidentels*. Les vents constants et les vents périodiques ont été confondus sous la dénomination commune de *vents réguliers*, par opposition aux vents accidentels ou *irréguliers*, qui se manifestent inopinément, et dont la direction n'a rien de déterminé. Les vents constants sont ceux qui soufflent toute l'année dans la même direction, et les vents périodiques ceux qui soufflent alternativement en sens opposé.

Les vents alizés sont des vents constants qui soufflent toute l'année dans la même direction et qui sont produits par la chaleur solaire et la rotation de la terre. Nous allons expliquer ces deux causes. Vents constants. Alizés.

1° *Action de la chaleur solaire*. — L'atmosphère est perméable à un très-haut degré aux rayons solaires et très-peu troublée par leur action directe; mais ces rayons, tombant sur la terre, échauffent sa surface; l'air en contact avec cette surface participe de sa chaleur, se dilate et monte dans les régions supérieures de l'atmosphère. Là où les rayons tombent d'aplomb sur la terre, c'est-à-dire entre les tropiques, la température du globe est à son maximum. Sur toute la longueur de l'équateur thermique, et particulièrement sur les parties des Océans qu'il traverse et où les mouvements aériens sont le plus libres, l'air fortement échauffé s'élève en masse vers les hautes régions atmosphériques et forme ce qu'on nomme la nappe équatoriale ascendante. Parvenu à une hauteur inconnue de plusieurs kilomètres, ce courant ascendant se divise en deux nappes horizontales s'étalant dans la direction des deux pôles. Cette ascension d'air chaud ainsi produite donne lieu à la surface du sol ou de la mer, de chaque côté de l'équateur thermique, à un appel d'air qui forme deux autres nappes horizontales, rasant la surface du globe et se dirigeant des régions tempérées vers l'équateur. Ces courants descendants du pôle vers l'équateur et qui rasent la surface du sol portent le nom de *vents alizés;* ils sont accessibles à nos observations. Les courants contraires qui, dans la partie supérieure de l'atmosphère, vont de l'équateur vers les pôles sont dits *contre-alizés* ou *alizés supérieurs;* ils échappent d'ordinaire aux constatations directes. On a ainsi dans l'atmosphère une circulation incessante qui produit un courant allant de l'équateur vers les pôles dans les régions les plus élevées et un courant allant des pôles vers l'équateur dans les régions plus basses de l'atmosphère. Le circuit se ferme vers les régions tropicales par l'abaissement graduel des contre-alizés supérieurs qui viennent se fondre dans les alizés pour les alimenter.

La principale force motrice de l'ensemble de l'atmosphère réside surtout dans la nappe équatoriale ascendante, dans sa température élevée et dans la grande masse de vapeur qu'elle charrie; comme cette masse est très-bien limitée, et que ses déplacements dans le voisinage de l'équateur sont réguliers comme la marche apparente du soleil, les alizés et les contre-alizés sont aussi très-réguliers dans le voisinage de l'équateur thermique ; mais au delà des tropiques où les contre-alizés et les alizés se rencontrent la régularité disparaît et alors naît la variabilité de nos climats.

2° *Action de la rotation de la terre.* — Si la terre était immobile dans l'espace, et si c'était le soleil qui tournât autour d'elle, les deux courants iraient directement du sud au nord et du nord au sud, comme nous venons de l'expliquer. Mais la rotation diurne de la terre autour de son axe, en 24 heures, et de l'ouest à l'est, modifie un peu la direction des alizés. On sait, en effet, que les parallèles géographiques n'ont pas tous le même rayon et le même développement en longueur ; ils vont en diminuant de l'équateur aux pôles, et la diminution est d'autant plus rapide qu'on s'approche davantage de ces derniers. Comme tous les points de la surface terrestre effectuent une rotation complète dans la même période de 24 heures, leur vitesse doit varier selon leur distance à l'équateur et dans le même rapport que les rayons des cercles qu'ils décrivent. L'air qui environne la planète l'accompagne dans ses mouvements ; il aura donc, comme la terre, des vitesses différentes suivant les parallèles au-dessus desquels il est situé. A l'équateur, la vitesse est de 416 lieues à l'heure dans le sens de l'ouest à l'est, et par conséquent un individu situé à l'équateur est emporté circulairement avec cette vitesse de 416 lieues à l'heure ; mais il ne s'en doute pas et ressemble à une personne qui, se trouvant dans une voiture en mouvement, est animée de la vitesse de la voiture sans le sentir ; aussi lorsqu'elle en sort sans précaution, elle est poussée en avant dans la direction de cette vitesse quand son pied touche la terre ; c'est ce qui rend presque toujours fatal l'acte de sauter d'un wagon sur la berge lorsque le train est en pleine marche.

La vitesse due à la rotation de la terre se ralentit quand on s'éloigne de l'équateur, et elle n'est plus que de 273 lieues sur le 49e degré de latitude, dans le voisinage de Paris ; elle descend à 238 lieues sur le 55e degré, près de Newcastle ; au pôle même elle est nulle. Un corps en repos apparent à Newcastle se meut donc en réalité avec une vitesse de translation de 238 lieues à l'heure dans le sens de l'ouest à l'est, qui est celui du mouvement de la terre ; si l'on imagine qu'on le transporte soudainement à Paris, dont la vitesse de translation dans le même sens est de 273 lieues, il se trouvera en arrière de 35 lieues (273 — 238), puisque dans une heure il n'aura fait que 238 lieues alors que dans le même temps Paris parcourt 273 lieues. Or, comme Paris semble immobile au spectateur, le corps paraîtra marcher en sens inverse de la rotation de la terre, c'est-à-dire de l'est à l'ouest, avec une vitesse de 35 lieues à l'heure. L'inverse aurait lieu pour un corps que l'on supposerait brusquement transporté de Paris à Newcastle ; il semblerait animé d'une vitesse de translation de 35 lieues à l'heure de l'ouest à l'est, c'est-à-dire dans le sens du mouvement terrestre. Par conséquent toute masse d'air qui tend à se rapprocher de l'équateur et à s'éloigner des pôles incline en même temps vers l'ouest, et toute masse d'air qui tend à s'éloigner de l'équateur et à se rapprocher des pôles incline en même temps vers l'est. De sorte que les alizés qui règnent à la surface du globe des deux côtés de l'équateur ne marcheront pas directement du N. au S. dans notre hémisphère, et du S. au N. dans l'hémisphère opposé, mais ils prendront une direction moyenne et se portant à l'ouest, ils produiront des vents du N.-E. dans l'hémisphère boréal et du S.-E. dans l'hémisphère austral. Ces vents alizés inférieurs ont donc tendance à suivre le mouvement de la terre, et ils deviennent de plus en plus vents d'est à mesure qu'ils s'approchent de l'équateur près duquel ces deux courants se rencontrent : là se produit un vent de l'est à l'ouest qu'on appelle *grand alizé de l'est;* c'est dans cette région que l'air commence à prendre son mouvement ascensionnel produisant les contre-alizés. Ces contre-alizés supérieurs, provenant des colonnes d'air qui ont été aspirées vers l'équateur après qu'elles ont été élevées dans la zone tropicale, passent au-dessus des vents alizés ou généraux dont nous venons de parler; ils possèdent, en quittant l'équateur, la vitesse de la terre en ce point, et ils doivent obéir non-seulement à leur tendance vers les pôles, mais aussi à leur tendance vers l'est, puisqu'ils ont un excès de vitesse de rotation de l'ouest à l'est; ils prendront donc une direction moyenne ou résultante et en marchant vers les pôles, ils s'inclineront de plus en plus vers l'est. On aura alors un vent du sud-ouest supérieur dans l'hémisphère nord et un vent de nord-ouest dans l'hémisphère sud. Ces deux vents descendent à la surface du globe dans les zones tempérées, à peu près vers les parallèles de 40° de latitude; celui de l'hémisphère boréal domine dans nos climats; et il est désigné sous le nom de *courant équatorial du sud-ouest,* à cause de sa direction générale et de son origine éloignée.

C'est Halley qui le premier affirma l'existence de l'alizé supérieur comme conséquence de l'alizé ordinaire, car un vent ne peut pas souffler dans une certaine direction sans qu'un déplacement égal d'air ait lieu dans la direction opposée. On comprend parfaitement que le courant supérieur parti de l'équateur devient graduellement plus froid et plus dense à mesure qu'il s'avance vers les pôles et qu'il s'abaisse vers la terre; de plus les méridiens se rapprochant graduellement l'un de l'autre à mesure qu'ils s'avancent vers le nord et se rencontrant au pôle, l'air qui s'élève entre deux méridiens dans les régions équatoriales devrait, s'il allait directement au pôle, se comprimer lui-même dans un lit de plus en plus étroit; mais l'espace qui entoure les pôles étant incapable de contenir l'air parti de l'équateur, cet air refroidi tombe et s'abaisse et le courant de retour s'établit avant que les pôles aient été atteints d'une manière plus ou moins irrégulière.

Le contre-alizé est suffisamment abaissé sur les îles Canaries pour en atteindre les pics élevés; beaucoup de voyageurs ont observé que des vents d'ouest plus ou moins violents règnent à peu près constamment sur le pic de Ténériffe, tandis que les vents du N.-E. soufflent sur la surface de la mer. Les vents des régions O. ou S.-O. s'abaissent graduellement lorsque survient l'hiver; des nuages venus de ces directions enveloppent le sommet du pic dès le mois d'octobre; leur niveau descend de plus en plus et ils donnent lieu entre Orotava et la côte sud à des orages très-violents. Une huitaine de jours après, les vents du S.-O. se font sentir à la surface de la mer et y séjournent pendant plusieurs mois.

Plus loin, au nord des Canaries, le vent de l'équateur finit par atteindre tout à fait la surface de la terre. L'Europe, en très-grande partie, est envahie par ce courant équatorial; à Londres, pendant 8 ou 9 mois de l'année, les vents du S.-O. prévalent.

L'existence des contre-alizés ou vents alizés supérieurs a été prouvée par des pluies de cendres lancées à travers le courant inférieur par des volcans, et du lieu où elles sont tombées plus tard on a pu conclure la direction du vent qui les avait transportées. Le 30 avril 1812, l'éruption du volcan Morne-Garou, dans l'île Saint-Vincent (Petites-Antilles), située à plus de 160 kilomètres à l'ouest de l'île Barbade, lança une forte quantité de cendres dans le courant du vent alizé supérieur, qui vinrent tomber en pluies de cendres qui firent plier et rompre les branches d'arbres de cette dernière île. Or dans les mois d'avril et de mai l'alizé inférieur est dans toute sa force, et il est impossible, dans cette saison, d'aller à la voile de St-Vincent aux Barbades sans faire un grand détour, à cause de la direction contraire des vents. Les cendres ont donc été lancées par la violence de l'éruption jusqu'aux alizés supérieurs à travers les alizés inférieurs.

Circulation verticale de l'air.

C'est à la circulation verticale que nous devons surtout la salubrité de l'air; l'air pur des hautes régions, dit Maury, est amené par cette circulation à la surface de la terre pour y entretenir la vie des êtres organisés, pendant que les émanations méphitiques et les vapeurs des marécages sont transportées au loin et dispersées.

Grand courant équatorial; ses effets.

Nous venons de voir que le contre-alizé supérieur s'abaisse vers le 40e degré de latitude nord et tend à descendre vers la surface du globe où il est attiré par l'alizé inférieur qui a besoin de s'alimenter; du côté de l'Afrique, dans la partie orientale, ce phénomène est à peu près complet; mais sur la partie occidentale, du côté de l'Amérique, le contre-alizé reste plus longtemps soutenu par la chaleur des eaux du Gulf-Stream, et c'est dans cette partie que se détache le courant équatorial; ce courant produit nos vents d'ouest et du sud-ouest, qui, parcourant la surface des eaux chaudes du Gulf-Stream, s'y attiédissent et s'y chargent de vapeurs, de telle sorte que le courant du golfe a une très-grande influence sur la circulation de notre atmosphère. Le courant équatorial aérien traverse l'Atlantique nord dans le sens général de l'ouest à l'est, aborde les côtes de l'Europe à peu près à la hauteur moyenne des Iles Britanniques, et s'élève fréquemment jusqu'aux plus hautes latitudes de l'Europe; il n'est point arrêté par les terres et pénètre sur le continent en s'étendant dans l'est à des distances variables; il est devenu un vent d'ouest à la hauteur de la Suède et de la Finlande. A mesure qu'il a pénétré plus avant sur le continent, et après avoir parcouru sur l'Europe et même l'Asie une trajectoire plus ou moins étendue, il s'est refroidi et il s'incline vers le S.-E. et le sud pour alimenter l'alizé très-loin des points d'où il s'en est détaché; il devient ainsi courant polaire et souffle du nord-est sur l'Europe orientale et sur une partie de l'Asie. Le courant équatorial est très-abondant en automne et quelquefois en hiver, alors que le refroidissement du pôle nord et le réchauffement du pôle sud amène un transport général de l'atmosphère du sud au nord et que la température du Gulf-Stream présente un excès de température plus marqué sur celle des eaux voisines; ce courant s'élève alors très-haut dans le nord et s'étend très-loin dans l'est : c'est la saison des grandes tempêtes du S.-O., par conséquent des forts vents.

A la fin de l'hiver ou au commencement du printemps, alors que l'hémisphère nord se réchauffe et que l'hémisphère sud se refroidit et qu'un transport général de l'atmosphère a lieu du nord au sud, le courant équatorial est moins abondant; il monte moins vers le nord et s'étend moins dans l'est; sa branche descendante ou courant polaire est mieux fournie, elle est plus près de nous et souvent elle traverse l'Allemagne qu'elle aborde par la mer du Nord, ou même la France : c'est la saison des giboulées et des gelées tardives ou printanières. En été, le courant équatorial reprend sa position moyenne, mais il est moins rapide et plus calme parce que la température des eaux du Gulf-Stream diffère moins des températures voisines : c'est la saison des orages.

Il peut arriver quelquefois que le courant équatorial disparaisse presque complétement; alors l'alizé simulant un courant polaire s'étend jusque vers le nord de l'Atlantique et de l'Europe; cela provient de ce que les régions polaires peuvent recevoir de l'air non-seulement par l'Atlantique mais encore par le Pacifique, de telle sorte que nos saisons restent, dans une certaine mesure, subordonnées aux phénomènes produits sur le Grand Océan.

Quand le courant équatorial cesse de régner sur l'Europe en hiver, le Gulf-Stream lui-même semble s'écarter de nous et le froid devient rigoureux; mais au contraire quand le courant-équatorial est actif et persistant, les eaux chaudes sont en même temps poussées plus vivement sur les côtes de l'Europe et l'hiver y est doux et humide.

L'Europe peut être placée soit dans le courant équatorial, soit dans le courant de retour ou courant polaire, soit entre ces deux courants. Si le courant équatorial est bien établi sur l'Europe avec une certaine activité, on peut prédire que l'hiver y sera tiède et humide et l'été froid et pluvieux; si, au contraire, le courant polaire règne sur l'Europe, l'hiver sera froid et sec et l'été sec et brûlant pour les plantes; si le pays est compris entre les deux courants généraux, l'été est humide et chaud, très-favorable à la végétation et les orages sont fréquents; nous subissons alors des alternatives de pluie et de beau temps.

Les changements dans l'état de l'atmosphère en une région déterminée de l'Europe sont donc le résultat direct des déplacements du lit du grand courant aérien venu de l'Atlantique et du passage des mouvements tournants qui s'y produisent. Sans la rotation de la terre, l'Europe recevrait les bouffées chaudes et sèches de l'Afrique; mais par cette rotation, le vent qui, parti du golfe du Mexique, irait au nord est détourné vers l'Europe, qui devient ainsi le récipient de ces provisions de chaleur latente amassées dans l'Atlantique occidental.

Région des alizés.

La région des alizés inférieurs s'étend du 30e degré de latitude nord au 30e de latitude sud; ces vents ne se régularisent qu'à une certaine distance des côtes, car ils sont contrariés par les continents; ils soufflent toute l'année du N.-E. au S.-O. dans l'hémisphère boréal et du S.-E. au N.-O. dans l'hémisphère austral. L'alizé de l'hémisphère boréal marche en moyenne vers le sud-ouest près des côtes d'Afrique, vers l'ouest-sud-ouest au milieu de l'Océan, vers l'ouest-nord-ouest près des Antilles. On voit que les navires qui vont d'Europe en Amérique peuvent s'aider des alizés. Ces vents alizés se font sentir constamment à travers le Grand-Océan, depuis la proximité de la côte d'Amérique jusqu'aux îles Philippines et à l'Australie, dans l'hémisphère nord du 2e au 25e parallèle suivant la direction générale du nord-est au sud-ouest, et dans l'hémisphère sud du 2e au 20e parallèle suivant la direction générale du S.-E. au N.-O. Dans ces deux zones, ces vents soufflent plus souvent fortement que mollement.

Les vents alizés de S.-E. s'étendent sur une surface plus grande que les vents alizés de N.-E.; dans l'Atlantique comme dans le Pacifique, les premiers atteignent et dépassent l'équateur, tandis que les seconds n'arrivent à la zone des calmes qu'aux environs du parallèle de 9° de latitude nord. Les alizés de S.-E., presque toujours plus forts que les alizés de N.-E., sont prépondérants pour l'océan Atlantique et l'océan Pacifique.

Les vents alizés sont les vents d'évaporation par excellence, tandis que les vents allant de l'équateur vers les pôles, vents qu'on nomme tropicaux, sont les agents de la précipitation. Les premiers s'avançant des régions froides vers les régions chaudes, leur capacité pour la vapeur d'eau va sans cesse en s'accroissant et ils absorbent de plus en plus d'humidité en s'approchant de l'équateur. Les seconds, au contraire, passant du chaud au froid, les masses d'air en mouvement abandonnent sous forme de nuages et de pluie la vapeur d'eau qu'elles contiennent.

Le contre-alizé, qui tombe à la surface du sol au nord du 40e degré de latitude nord et devient le courant équatorial, va du S.-O. au N.-E. dans la zone tempérée, porte au sud-est près de l'Espagne, devient vent d'ouest à la hauteur de la Suède et ensuite courant polaire, comme nous l'avons vu précédemment.

Dans l'hémisphère nord, la région des vents d'ouest ou contre-alizés comprend les Iles Britanniques, les côtes ouest de l'Europe, les côtes est de l'Asie, les îles du Japon et les deux côtes de l'Amérique au nord du parallèle de 35 à 40°.

En général, tous les lieux qui sont à plus de 35 ou 40° de l'équateur se trouvent dans la région des vents d'ouest, et les lieux situés à une distance moindre sont dans la région des vents d'est.

Zones des calmes.

On trouve près de l'équateur à la surface du globe, entre le 3e et le 9e degré de latitude nord, une zone dite des *calmes équatoriaux*, parce que l'air ascendant n'y a qu'une vitesse horizontale très-faible et que la force d'ascension neutralise toutes les autres causes du courant; c'est une espèce de barrière qui sépare les vents alizés des deux hémisphères; la largeur de cette barrière ou bande des calmes équatoriaux est en moyenne de 6 degrés environ. Elle forme la zone des brises variables, celle des nuages, des pluies et des orages perpétuels : c'est le *pot au noir* des marins. La chaleur y est étouffante, l'humidité très-grande et le baromètre généralement peu élevé. De chaque côté de la zone des calmes équatoriaux se trouvent les deux zones alizées, à vents réguliers, à ciel presque toujours pur, où les pluies sont à peu près inconnues. La zone des calmes équatoriaux et l'anneau équatorial changent de place suivant les saisons; la zone des calmes se porte tantôt au nord tantôt au sud, suivant que le soleil est dans l'hémisphère nord ou dans l'hémisphère sud; elle peut occuper, dans son déplacement, l'espace compris entre 5° de latitude sud et 15° de latitude nord; mais à la surface de l'Atlantique ces calmes ne franchissent pas l'équateur; en février et mars, mois où ils s'approchent le plus près de l'équateur, l'alizé de N.-E. s'arrête vers le 4e degré de latitude nord en moyenne; en août et septembre, mois où ils s'en éloignent le plus, l'alizé du N.-E. s'arrête vers le 11e degré nord; mais la zone des calmes se relève vers le nord dans le voisinage de la côte d'Afrique, et les calmes se trouvent à la hauteur du cap Vert pendant les mois d'août et de septembre. Les calmes se déplacent peu à la surface des deux océans parce que le maximum de chaleur s'y déplace peu lui-même. Cette zone de calme est étroite sur la moitié occidentale de l'Atlantique pendant l'hiver, alors que les deux alizés sont bien développés; elle est plus large pendant l'été, alors que les alizés du N.-E. sont faibles; aussi, lorsqu'on veut franchir la ligne dans cette saison, on s'écarte un peu moins à l'ouest que pendant l'hiver. L'alizé du N.-E. commence en hiver, dans le voisinage de l'ancien continent, au sud des Canaries, tandis qu'il remonte jusqu'aux Açores pendant l'été.

Quand les vents alizés arrivent à cette bande de calme, ils sont saturés de vapeur d'eau et la plus légère cause amène la précipitation, et c'est pour cela qu'on rencontre des pluies violentes et prolongées dans cette zone des calmes équatoriaux et qu'on y ressent des vents variables, des coups de vent, des orages et de fort mauvais temps. Aussi faut-il autant que possible éviter de traverser cette zone dans sa partie la plus large.

Calmes tropicaux.

Au delà des zones où soufflent les alizés, on trouve deux autres zones dites des *calmes tropicaux* où l'air est descendant et où la pression barométrique est maximum. Le ciel y est généralement nuageux mais sans pluie. Les zones des calmes tropicaux ont une largeur moyenne de 10 à 12 degrés; leur parallèle central oscille avec les saisons aux environs du parallèle de 30° dans chaque hémisphère, c'est-à-dire suivant que le soleil est dans l'hémisphère nord ou dans l'hémisphère sud. En mai, juin et juillet, la zone des calmes du Cancer s'élève jusqu'à 35° ou 37° nord, les zones d'alizés embrassant, sur mer, une étendue de 25 à 30° en latitude. Ces zones sont moins dangereuses que celle des calmes équatoriaux, qui est celle des orages quotidiens et des tornades; cependant les navigateurs feront bien de les traverser le plus rapidement possible. Les zones de calmes des tropiques amènent avec elles la saison sèche dans les contrées où elles arrivent. Cette saison a lieu en mai au Chili, quand la zone du Capricorne atteint sa limite nord, et dans la Californie lorsque celle du Cancer est parvenue à la limite sud.

Les contrées situées entre les parallèles de 30° à 40°, en Europe, en Asie et en Amérique, dans lesquelles il y a peu ou point de pluies, se trouvent dans les mêmes limites que la zone des calmes du Cancer, où l'air est le plus souvent sec.

Variations des zones de calmes.

Le soleil, dont l'action produit les vents et les calmes, se déplaçant à la surface du sol suivant le cours des saisons, se rapprochant du pôle nord pendant le printemps et l'été, et s'en éloignant pendant l'automne et l'hiver, l'équateur thermique, les calmes équatoriaux, les alizés, les calmes tropicaux et le courant équatorial, le suivent de loin dans sa marche et en reçoivent un balancement régulier du nord au sud et du sud au nord; dans ce déplacement du système entier, les calmes et les alizés conservent toujours entre eux la même position relative.

De même que les alizés sont une conséquence de la distribution de la chaleur à la surface de la terre, les *moussons*, les *brises* sont produites par des courants établis entre deux lieux inégalement chauffés. Vents périodiques. — Moussons.

Les *moussons* (du mot arabe *mausim* qui signifie saison) sont des vents réguliers périodiques qui changent de direction avec les saisons et qui soufflent pendant six mois dans un sens et pendant six autres mois dans le sens opposé. Les moussons règnent dans l'océan Indien, dans l'océan Pacifique, dans la mer de Chine, le golfe du Mexique, mais on les rencontre particulièrement dans les mers de l'Inde.

Les Grecs et les Arabes connaissaient les moussons.

Ces vents réguliers annuels sont produits par des masses d'air qui s'élèvent par suite de l'échauffement de l'Indoustan, du nord de l'Inde, de la Chine, des terres du golfe du Mexique, de l'Amérique centrale, de l'Afrique, etc. Ces masses d'air donnent naissance sur la surface de la terre à des vents dirigés vers les parties les plus chauffées.

Les moussons ont pour cause principale les déserts et les surfaces arides de l'intérieur des continents; elles dérivent de l'échauffement de la terre pendant l'été et de son refroidissement pendant l'hiver. On peut considérer les moussons comme des vents alizés du nord-est ou du sud-est, détournés de leur direction. Cette déviation provient de la raréfaction de l'air au-dessus des plaines arides échauffées par le soleil, et, par suite, de l'aspiration qui entraîne l'air de la mer pour rétablir l'équilibre.

Il n'y a pas de fortes moussons dans l'hémisphère sud, parce que cette partie du globe ne renferme que peu de surfaces que le soleil puisse échauffer assez fortement pour donner naissance à de tels courants. Les terres du sud de l'Amérique méridionale et celles de l'Afrique sont couvertes d'une végétation abondante qui les protége contre les ardeurs du soleil. Le peu d'étendue et la faiblesse des moussons en Australie indiquent également qu'il n'y a pas de déserts très-étendus dans les parties centrales de cette contrée.

C'est dans la zone torride qu'il faut observer les moussons et surtout dans la mer des Indes qui forme de vastes golfes.

Au nord de l'équateur, dans la mer des Indes et le golfe du Bengale, le vent souffle du *sud-ouest au nord-est d'avril en août* et forme la mousson du printemps, tandis qu'il souffle du *nord-est au sud-ouest*, c'est-à-dire dans le sens opposé, d'*octobre en mars*, et produit la mousson d'automne.

L'explication des moussons de l'Inde est facile à comprendre; en effet, pendant le printemps et l'été, le soleil est dans l'hémisphère nord et la température des continents de l'Inde est plus élevée que celle de la mer; pendant cette saison, par suite de la nudité du sol, de la sécheresse et de la pureté de l'air, les grands déserts de Cobi et de la Tartarie, ainsi que les steppes de l'Asie, acquièrent une chaleur intense; leurs surfaces échauffent alors l'air qui se trouve au-dessus d'elles, le dilatent et le forcent à s'élever; la chaleur s'accumulant dans ces espaces arides à mesure que les rayons solaires prennent plus de force, l'air chaud s'élève jour et nuit en immenses colonnes. L'air équatorial à rotation rapide est attiré vers les parties échauffées et produit un vent constant du sud-ouest. Le grand appel d'air provoqué par l'excessive chaleur de l'été réagit sur des parties très-éloignées de l'atmosphère et les vents amènent l'air frais de la mer d'une distance de plus de 18,000 kilom. Cet air est chargé de vapeur et dégage par la condensation de grandes quantités de chaleur latente qui s'ajoutent à la chaleur du continent et étendent plus loin encore l'influence des moussons. Les chaînes de montagnes que rencontrent ces vents humides leur enlèvent leurs vapeurs qui tombent en torrents de pluie. La mousson du printemps est donc une mousson pluvieuse, à ciel sombre.

L'énorme quantité de calorique qui se dégage de la condensation des vapeurs en pluie raréfie tellement l'air que les moussons de l'Inde se font sentir au delà de l'équateur et même jusqu'au parallèle de 15° sud.

Lorsque le soleil passe dans l'hémisphère sud, d'octobre en avril, les nuits deviennent plus longues dans l'hémisphère nord, le rayonnement nocturne est plus considérable et la terre perd alors par ce rayonnement plus de chaleur qu'elle n'en reçoit du soleil; les steppes se refroidissent et l'aspiration de l'air humide et frais de la mer diminue; les parties échauffées sont alors celles de la mer des Indes et la mousson nord-est prend naissance; elle est formée par un vent sec venant du plateau central, et il s'ensuit que le ciel est clair et que la saison de la sécheresse succède aux pluies. Les moussons de l'océan Indien divisent ainsi l'année, dans cette région du globe, en saison humide et en saison sèche.

Pendant les équinoxes, la température de la mer et de la terre tendant à s'équilibrer, il n'y a plus de vents constants, mais bien des vents variables alternant avec des calmes et des tempêtes.

Les moussons de la côte occidentale de l'Afrique ont pour cause les déserts brûlants de ce continent. L'action du soleil sur ces grands déserts de l'Afrique du nord amène, pendant les mois d'été et d'automne, une perturbation à peu près générale dans la zone voisine des vents alizés de l'Atlantique, celle qui s'étend de l'équateur au parallèle de 13° de latitude nord. Entre ce parallèle et l'équateur, les vents de N.-E., en été et en automne, sont arrêtés dans leur marche par l'effet de l'échauffement des sables dans l'intérieur de l'Afrique, et au lieu de continuer à faire route vers l'équateur, ils s'élèvent au-dessus de ce sol brûlant. Alors les vents du sud-est ne trouvant plus, au moment où ils arrivent sur l'équateur, les courants opposés qui les forcent d'ordinaire à gagner les couches supérieures de l'atmosphère, poursuivent leur route dans la couche où ils se trouvent et arrivent aux déserts sous le nom de *mousson de sud-ouest.*

Les plaines puissamment échauffées du Mexique et du Texas produisent les moussons du golfe du Mexique. Dès qu'elles soufflent, la saison pluvieuse commence dans les deux pays, pendant qu'à Costa-Rica, dans le Pacifique, se forme une autre mousson par suite du dégagement du calorique qui accompagne la condensation des vapeurs transportées jusqu'aux montagnes de l'Amérique centrale.

Des influences locales modifient les directions des moussons et les époques de leur retour. Dans l'est de Sumatra et de Malacca et sur la côte de Coromandel, les vents sont nord ou sud; l'influence des terres les rapproche de la direction méridienne. Au sud de l'équateur, entre les mêmes méridiens, les vents inclinent vers le S.-E. et le N.-E. sur l'espace qui s'étend depuis Sumatra et Java dans l'ouest jusqu'à la Nouvelle-Guinée dans l'est.

Les moussons des mers de Chine présentent trois périodes :

1° Mousson N.-E. en octobre, novembre, décembre et janvier; changement en février.

2° Mousson E., en mars et avril; changement en mai.

3° Mousson S.-O., en juin, juillet et août; changement en septembre.

La mousson O., dans l'archipel indien et dans la mer de Java, correspond à la mousson N.-E. de la mer de Chine et de l'océan Indien; la mousson E. à la mousson S.-O.

Lorsque les moussons s'établissent, elles ne se font pas sentir partout au même moment. Dans l'océan Indien, on observe que la mousson se propage de la côte vers l'équateur, c'est-à-dire dans le sud, comme les ondulations s'étendent sur l'eau en formant des cercles successifs autour d'un point central troublé. La mousson sud-ouest n'apparaît guère à Bombay avant le 15 mai; en Arabie, la mousson s'établit un mois plus tard qu'à la côte d'Afrique, et 15 ou 20 jours plus tard à la côte de Coromandel que dans la partie septentrionale de l'île de Ceylan.

Pour se rappeler facilement la direction des moussons, il faut se souvenir qu'elles suivent la marche apparente du soleil.

Dans les régions où règnent les moussons, on distingue, en général, deux saisons bien tranchées, la saison sèche et la saison pluvieuse; la première correspond à la mousson qui souffle des continents vers la mer et la seconde, à celle qui souffle de la mer vers les continents. C'est à la fin de la mousson du sud, ou un peu après, sur la côte de Coromandel et pendant les deux derniers mois de cette mousson dans les mers de

Chine que les tempêtes sont le plus fréquentes et le plus violentes et rendent la navigation de ces mers très-dangereuse pendant cette époque; les orages sont incessants le jour et la nuit, et les typhons et les trombes sont très-fréquents à cette époque dans la mer de Chine et dans les mers de Java.

Les moussons ont une très-grande influence sur la navigation; c'est ainsi qu'elles aident à la marche des navires pendant l'été lorsqu'on va aux Indes et pendant l'hiver au retour.

Vents étésiens. Les *vents étésiens* (ἔτος, saison) sont des vents périodiques ou des moussons qui se font sentir sur la surface de la Méditerranée orientale. En été, on reconnaît l'existence à la surface de la Méditerranée orientale de vents dominants soufflant des régions nord ou nord-est et qui s'étendent jusqu'en Italie et même souvent jusqu'au détroit de Gibraltar. Dans ces parages et dans cette saison, la traversée d'Europe en Afrique est plus prompte que le retour; il en est de même dans le bassin occidental de cette mer, où la traversée moyenne de France en Algérie est plus courte d'un quart pour les navires à voiles et d'un dixième pour un navire à vapeur que la traversée de retour. Tout le versant nord des îles Majorque et surtout Minorque est traversé par un vent dominant du nord qui produit dans ces îles un rabougrissement très-sensible de la végétation et une inclinaison de tous les arbres vers le sud.

C'est l'action du Sahara qui produit ce vent du nord au sud sur la Méditerranée; l'air échauffé du Sahara monte et produit un appel à l'est, à l'ouest et au nord. A l'est et à l'ouest, l'aspiration a pour effet de dévier vers le continent africain les moussons et les alizés; au nord, il se produit un vent qui est souvent marqué par les perturbations de l'atmosphère. Pendant l'hiver, l'action du Sahara s'affaiblit, les sommets de l'Atlas et des chaînes qui en dérivent se refroidissent; le nord de l'Afrique devient plus froid que la mer, et la mer Méditerranée rentre sous l'influence générale des courants équatoriaux.

Brises. Les *brises* de terre et de mer sont des vents alternatifs qui soufflent sur les côtes maritimes pendant la journée de la mer vers la terre, et pendant la nuit, de la terre vers la mer. Dans les régions équatoriales, elles existent toute l'année; mais dans les zones tempérées, les causes qui les produisent ne peuvent les faire naître qu'en été. Ces brises sont dues aux variations de température du sol du rivage pendant le jour et la nuit. Le soleil du matin échauffant la terre dilate l'air à son contact et détermine un déplacement vertical d'air que l'air plus froid de la mer vient remplacer en soufflant vers la terre : c'est alors la brise de mer ou *vent de*

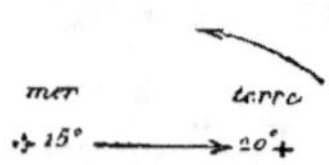

mer ou du large qui souffle de la mer vers la côte. Lorsque l'air est calme auprès d'une côte, la brise de mer s'élève vers 8, 9 ou 10 heures du matin, suivant les parages, et augmente d'intensité jusque vers 2 ou 3 heures de l'après-midi, moment où elle atteint son maximum de force; elle diminue ensuite pour cesser vers le coucher du soleil, ou à peu près à cet instant.

Il y a alors un intervalle de calme; mais comme le soir et pendant la nuit la terre est plus refroidie par le rayonnement que la mer, les conditions sont inverses et l'air pesant de la terre souffle alors vers la mer : c'est la brise de terre qui souffle de la terre jusqu'au jour, moment où il y a un nouvel intervalle de calme, auquel succède la brise du large, comme précédemment.

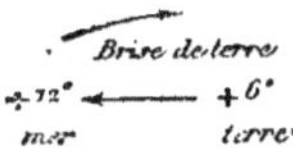

La direction de ces deux brises est perpendiculaire à la direction générale de la côte, quand il n'y a pas d'autre mouvement dans l'atmosphère; mais si le calme n'a pas lieu près de la côte et qu'il règne un vent d'une direction quelconque, les brises de terre et de mer se combinent avec ce vent et la direction devient celle de la résultante des deux courants d'air.

Les brises de terre et de mer, qui sont des vents de beau temps, ne s'étendent qu'à une faible distance des côtes. C'est avec les brises du large ou de mer que les navires à voiles entrent dans certains ports et ils profitent pour en sortir des brises de terre ou de la nuit.

La durée des brises dépend de la longueur des jours et des nuits et elles varient suivant le cours des saisons puisqu'elles proviennent de l'inégalité d'échauffement et de refroidissement de la mer et de la terre sous l'action de la chaleur solaire et par l'effet du rayonnement nocturne. Ce phénomène contribue à adoucir la température des climats marins.

Brises des montagnes.

Il existe également dans les contrées de montagnes des courants d'air alternatifs ou *brises locales*, qui sont dues à l'inégalité des températures. Durant le jour, le sol frappé par les rayons solaires est, à toute hauteur, plus chaud que l'air ambiant. L'air directement en contact avec lui participe de cet excès de température; devenu plus léger, il monte en glissant sur les rampes de la montagne, absolument comme l'eau placée dans un vase exposé au feu glisse en montant sur les parois échauffées du vase : une brise ascendante s'élève ainsi le long des flancs des montagnes. La nuit, il se produit un phénomène inverse; le sol se refroidit plus que l'air; une brise descendante succède à la première et se dirige vers les vallées. Ces courants d'air sont très-variables et prennent différents noms suivant les localités, comme par exemple, les *aloups du vent, pontias, rebats,* qui sont des brises de montagnes parcourant les vallées de la Savoie. Ces courants d'air sont violents dans les gorges étroites, aboutissant par un court trajet à de hauts sommets.

La brise ascendante ou diurne porte dans les hautes régions la chaleur et l'humidité qu'elle a prises au sol dans son parcours, et tend à échauffer les sommités des montagnes; au contraire, la brise descendante ou nocturne apporte à la plaine le froid qu'elle a emprunté durant la nuit, dans les hautes régions, au sol refroidi par voie de rayonnement. De là résultent la fraîcheur subite occasionnée par l'aloup du vent, les congélations printanières qui, à rayonnement égal, atteignent plus particulièrement les végétaux des vallées.

Vents variables ou accidentels.

Au delà des parallèles de 40° environ, les vents dominants sont ceux du S.-O. dans l'hémisphère nord, et ceux du N.-O. dans l'hémisphère sud. Dans l'Atlantique nord, ces vents prévalent dans la proportion de deux à un; dans les latitudes moyennes ou plus élevées, en allant de l'équateur vers les pôles, il ne règne que des vents variables alternant successivement et soufflant tantôt d'une direction, tantôt d'une autre, pendant un temps plus ou moins long.

La prédominance des vents d'ouest est grande dans la zone tempérée boréale; aussi, pour aller à la voile d'Amérique en Europe, on met 20 jours, tandis qu'on en met 35 pour aller d'Europe en Amérique.

Vents particuliers.

Les grands déserts sont les causes de quelques vents particuliers qui sont très-chauds et secs, et que l'on désigne en Egypte sous le nom de *khamsin*, au Sénégal sous le nom de *harmattan*, en Algérie et en Italie sous celui de *sirocco*, et en Espagne sous celui de *solano*. Ces vents sont extrêmement agressifs et doivent leurs qualités nuisibles à leur température très-élevée, à leur sécheresse, qui est très-grande, à l'extrême raréfaction de l'air et à sa surcharge électrique. Le *khamsin*, qui arrive de la fin d'avril en juin et souffle généralement trois jours, sévit dans toute la vallée du Nil et y apporte une impression de chaleur étouffante. Chargé d'une poussière impalpable, ce vent produit sur les êtres vivants une influence des plus pénibles.

Les hommes et les animaux en éprouvent un abattement extrême. Dans le Sahara on l'appelle *simoun* ou l'empoisonné. Le *solano* et le *sirocco*, qui soufflent du désert en Algérie et en Italie, exercent une influence analogue, mais considérablement affaiblie. Le *harmattan*, qui se fait sentir deux ou trois fois par saison sur la côte de la Sénégambie et de la Guinée, et qui souffle de l'intérieur, brûle et détruit la végétation, disjoint et fait éclater les panneaux des meubles, et fendille la peau du visage et des mains, tant il est sec et chaud.

On pense que pendant ces vents chauds les échanges gazeux dans le poumon sont entravés, et qu'alors le sang, moins riche en oxygène, se surcharge d'acide carbonique. Mathieu et Urbain ont montré, en effet, que dans un milieu chaud l'oxygène se dissout moins, et qu'il y en a une moins grande quantité dans le sang artériel. On s'explique alors facilement leur influence sur les êtres vivants.

Le *foehn* est un vent du sud-ouest que l'on ressent sur les versants nord des Alpes. Il s'est dépouillé d'une grande partie de sa vapeur d'eau sur les versants méridionaux qu'il a arrosés pendant sa montée; à la descente il se trouve surchargé d'une grande partie de la chaleur latente rendue libre par cette condensation. C'est un vent bienfaisant pour la Suisse. Foehn.

Les montagnes sont donc fréquemment une cause de chaleur en même temps que de sécheresse pour leurs versants opposés aux vents pluvieux, une cause de chaleur et de pluie pour les versants exposés à ces vents.

La *bora* de l'Adriatique, qui se fait sentir à Venise et à Trieste, est un vent froid du nord venant des hauts sommets des Alpes. Bora.

Le *mistral* est un vent froid du nord-ouest qui règne sur la partie inférieure du bassin du Rhône et en Provence. On pense que les plaines basses et sablonneuses de la Crau, de la Camargue et des Bouches-du-Rhône, échauffées par le soleil ardent de l'été, sont la cause de ce vent; dans ces plaines, les couches d'air chauffées au contact du sol s'élèveraient dans les hautes régions et produiraient un appel continu de l'air des régions voisines; cet air ne pouvant venir de l'est à cause de la trop grande élévation de la chaîne des Alpes, arriverait du nord et de l'ouest, et en particulier du plateau central de la France. Ces masses d'air ayant traversé les hauteurs du Cantal et de l'Auvergne où elles se sont refroidies et ont abandonné une partie de leur humidité, arrivent alors dans des régions plus chaudes et se trouvent ainsi très-éloignées de leur point de saturation : d'où le vent desséchant appelé *mistral*, qui dissipe tous les nuages et produit un temps sec et beau en même temps que très-sain. — La *bise* ou vent du nord-est, que l'on ressent dans le nord de l'Europe, amène toujours un froid et une sécheresse désagréable; elle fait tourbillonner la neige dans les plaines glacées de la Russie et des pays du Nord et l'accumule en véritables collines. Mistral.

Le *pampero*, qui vient de la Patagonie, refroidit de son souffle glacial les bassins du Rio-Negro et du Rio-Colorado. Il sévit sur les côtes de la Plata sous forme de bourrasques qui sont annoncées par de gros nuages sombres, paraissant rouler les uns sur les autres, ou par une immense voûte noire qui semble envahir tout le ciel depuis l'ouest jusqu'à l'est avec une éclaircie dans la direction d'où viendra le vent, c'est-à-dire dans le S.-O. Pampero.

Tempêtes tropicales ou cyclones. Ouragans.

Les perturbations atmosphériques sont rares et peu durables dans les régions intertropicales; mais quand elles s'y produisent, elles y acquièrent une incomparable violence et prennent le nom de *cyclones* (du grec κύκλος, cercle).

Le *cyclone* est constitué par une masse d'air considérable animée d'un mouvement de rotation très-rapide autour d'un axe à peu près vertical : c'est un gigantesque tourbillon de vent. Les cyclones ont un double mouvement : l'un giratoire, l'autre de translation. Dans l'hémisphère nord, le mouvement giratoire a constamment lieu de *l'ouest à l'est* en passant par le sud, ou de droite à gauche, en passant par le nord, c'est-à-dire en sens inverse du mouvement des aiguilles d'une montre; dans l'hémisphère sud, au contraire, la rotation du disque tournant a lieu dans le sens inverse, de *l'ouest à l'est* ou de *gauche à droite* en passant par le nord, c'est-à-dire dans le même sens que les aiguilles d'une montre.

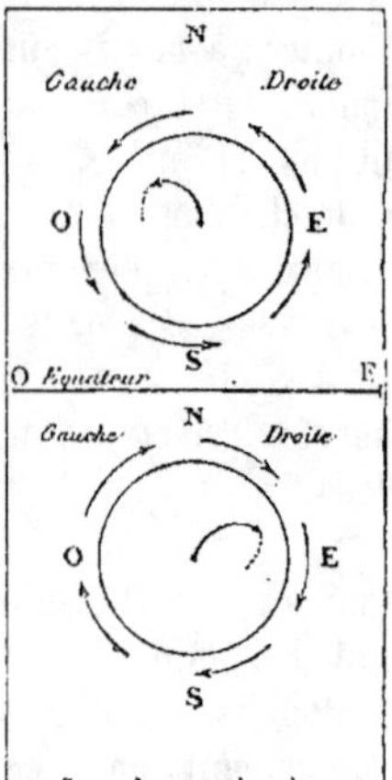

Sens de rotation des cyclones dans les deux hémisphères

Le mouvement de translation a lieu sur une courbe parabolique dont le sommet est toujours tourné vers l'ouest et dont les branches s'écartent du côté de l'est. Le sommet de cette courbe est tangent au méridien vers la latitude de 30° dans l'hémisphère nord, et vers celle de 26° dans l'hémisphère sud, c'est-à-dire que le sommet se trouve à peu près à la limite polaire des vents alizés. L'ouragan, ou tempête à type rotatoire, se meut sur cette courbe, en s'écartant de l'équateur; autrement dit, le point de départ de l'ouragan est toujours à l'extrémité est de la courbe de parcours la plus voisine de l'équateur; le cyclone, dans la première moitié de sa course, se dirige vers le sommet de la parabole ou vers l'ouest; il suit ce sommet tangentiellement au méridien, pour s'infléchir ensuite graduellement vers l'est, en suivant la moitié de la courbe de parcours la plus éloignée de l'équateur.

Dans l'océan Atlantique du nord, l'étendue présumée de la zone des ouragans est comprise entre les parallèles de 10° et de 50° de latitude nord; dans l'océan Indien, la zone est comprise entre les parallèles de 6° et de 22° de latitude sud. Les typhons de la mer de Chine se font sentir entre les parallèles de 10° et de 30° de latitude nord, et, en général, ils ne dépassent pas à l'est le méridien de 143° de longitude est.

Les cyclones prennent naissance entre l'équateur et les tropiques à une latitude sensiblement égale à celle du soleil, à l'époque où il commence à retourner sur ses pas vers l'hémisphère opposé. Une fois formés ils vont presque toujours en s'éloignant de l'équateur.

Le diamètre initial des cyclones varie de 250 à 400 kilomètres; vers la fin de leur course, après 8 ou 10 jours de durée, ils s'étalent sur une superficie de 1500 à 2000 kilomètres de diamètre, mais leur énergie s'est affaiblie en raison de leur accroissement d'étendue.

Leur vitesse de translation varie de 15 à 45 kilomètres par heure; leur vitesse de rotation est aussi très-variable d'un tourbillon à l'autre. Au centre même règne souvent un calme complet interrompu quelquefois par de violentes rafales avec sautes brusques du vent. La force du vent augmente graduellement à mesure qu'on s'éloigne du centre jusqu'à une certaine distance où elle est à son maximum et au delà de laquelle elle décroît de nouveau.

Le cyclone a deux côtés : le *côté ou demi-cercle dangereux* et le *côté ou demi-cercle maniable*. Le *côté dangereux* est la partie des cyclones dans laquelle les vitesses de rotation et de translation sont de même sens et s'ajoutent, ce qui a lieu sur la moitié du disque tournant située sur la droite de la route suivie par le centre dans l'hémisphère nord, c'est-à-dire à l'est. Le *côté maniable* se trouve dans la moitié opposée, où les deux vitesses sont de sens contraires et se retranchent. La vitesse du vent est très-considérable sur le côté dangereux, mais elle est faible sur le côté maniable. C'est au centre que le mercure du baromètre est le plus bas.

L'époque des ouragans varie beaucoup suivant les localités où ils se produisent. Dans l'océan Indien, les cyclones ont lieu de décembre en avril; dans l'océan Atlantique, ils se produisent le plus souvent entre le mois d'août et le mois d'octobre; dans l'océan Pacifique, de novembre à avril. Ainsi, dans la mer des Indes, les ouragans ont lieu à peu près à l'époque des changements des moussons; dans l'océan Atlantique, au contraire, au moment où les moussons de la côte d'Afrique et celles de l'Amérique sont dans toute leur vigueur.

Quelques savants pensent que l'origine des tempêtes tournantes de la zone intertropicale, qu'on appelle cyclones, ouragans, typhons ou tornades suivant les pays où elles se produisent, réside probablement dans la rencontre des deux alizés du N.-E. et du S.-E. qui se rencontrent avec des vitesses différentes et de direction inclinée un peu au nord de l'équateur. En effet, dans les régions équatoriales, l'alizé du N.-E. a franchement cette direction générale du N.-E.; mais l'alizé du S.-E. en franchissant la ligne pour pénétrer dans l'hémisphère du nord, gagne des parallèles plus étroits et animés d'une vitesse moindre de l'ouest vers l'est; il tend donc à se redresser vers le nord. Or quand deux cours d'eau se rencontrent ainsi avec deux vitesses différentes, des tourbillons naissent à leurs points de jonction.

Le passage des cyclones est toujours accompagné par une épaisse voûte de nuages couvrant le ciel, par des torrents de pluie souvent accompagnée de grêle. Au centre même, ou à une petite distance autour de lui, on entend un continuel grondement de tonnerre, un bruit formidable ressemblant à des décharges d'artillerie. Ces météores sont très-redoutables à terre, où ils exercent des effets destructeurs terribles, mais ils le sont davantage à la mer, et ils font tous les ans de nombreuses victimes. Dans un rayon rapproché du centre, où le vent a toute sa violence, la pluie se précipite par torrents, la mer tourmentée dans tous les sens s'élance verticalement et retombe en cataractes de tous les côtés. A terre, le vent balaye tout, moissons, vignes, cannes à sucre, forêts et maisons. A la fin de septembre 1874, le navire qui transportait la mission du Japon pour l'observation du passage de Vénus, fut assailli en mer à deux jours de Hong-Kong, et trois jours plus tard, dans la rade de ce port, par deux cyclones formidables.

Le dernier, qui eut lieu dans la nuit du 23 au 24 septembre, causa de graves ravages dans la ville qui fut inondée; les toits furent enlevés, les maisons écroulées en partie, les quais brisés, les rues jonchées d'arbres, de débris de toutes sortes. Plus de 1500 Chinois disparurent avec leurs sampans, petites embarcations où vit toute la famille; 12 navires furent perdus et un grand nombre éprouvèrent des pertes considérables. Un navire espagnol perdit 90 passagers et son équipage.

Les Antilles, les îles Maurice et de la Réunion, les Indes, la Chine et le Japon, sont les pays où les ouragans exercent le plus souvent leurs ravages.

Les navires qui se trouvent englobés dans les cyclones de l'hémisphère nord sont surtout maltraités quand ils sont sur la lisière de droite parallèle au parcours du centre de l'ouragan; le danger le plus terrible se trouve au centre ou près du centre.

Ouragans des latitudes élevées.

En dehors des régions tropicales, il existe de terribles coups de vent appelés aussi tempêtes. Dans ces tempêtes, le vent acquiert parfois une vitesse de 45 mètres par seconde; elles causent alors de grands désastres. La plupart de nos tempêtes d'Europe naissent sur la rive gauche ou septentrionale du Gulf-Stream, dans les parages des États-Unis, de Terre-Neuve, de l'Islande et elles nous arrivent ainsi toutes formées de la surface de l'Atlantique; d'autres naissent dans les parages des Açores; d'autres enfin semblent se former sur l'Europe elle-même, particulièrement dans les golfes de Gênes et du Lion.

La rotation de la terre et un appel d'air en un lieu peuvent produire ces mouvements violents de vent; car l'air qui descend du nord vers ce lieu déviera vers l'ouest par l'effet de la rotation terrestre; l'air qui remonte du midi déviera vers l'est, et la rotation sera la conséquence obligée de cette double influence. Or ces appels d'air sont produits en grand par le

Gulf-Stream, qui est le père des tempêtes de l'Atlantique nord et des côtes de l'Europe.

Dans l'Atlantique nord, les tempêtes sont rares pendant juin, juillet, août et septembre; l'hiver est la saison pendant laquelle on y est le plus exposé. La direction la plus commune des coups de vent est le nord-ouest dans l'Atlantique du nord et le sud-ouest dans l'Atlantique du sud.

Vitesse des vents.

Rien n'est plus variable que la vitesse des vents. Pour la mesurer, on se sert d'un instrument nommé anémomètre, qui n'est autre chose qu'un petit moulinet à ailettes très-mobiles, dont on compte les tours au moyen d'un compteur.

La vitesse des vents dans nos climats est ordinairement d'environ 5 ou 6 mètres par seconde; le vent de 6 mètres par seconde remplit bien les voiles, et celui de 9 mètres est très-favorable pour la marche rapide des navires.

La vitesse moyenne des vents alizés est de $2^m,5$ à $5^m,2$ par seconde.

TABLEAU DE LA VITESSE DES VENTS :

1° D'après le bureau des longitudes en 1817.

	Mètres par seconde.
Vent à peine sensible......	0,5
— sensible............	1
— modéré............	2
— assez fort..........	5,5
— fort................	10
— très-fort..........	20
Tempête.................	22,5
Grande tempête..........	27
Ouragan.................	36
Ouragan renversant les édifices et déracinant les arbres..................	45

2° D'après Coupvent-Desbois, 1865.

	Mètres par seconde.
Calme moyen............	1
Faible brise.............	3
Petite brise..............	5
Jolie brise...............	8
Bonne brise..............	13
Forte brise..............	21
Grand frais..............	33
Tempête................	50
Ouragan................	73

TABLEAU DE LA VITESSE DES VENTS, D'APRÈS LE *Guide du marin.*

NOMS des VENTS.	VITESSE par seconde en mètres.	VITESSE par heure en kilom.	VOILURES que peut porter généralement un grand navire.	NOMS des VENTS.	VITESSE par seconde en mètres.	VITESSE par heure en kilom.	VOILURES que peut porter généralement un grand navire.
Vent calme......	0	0	Toutes les voiles dehors.	Bon frais......	16	57 1/2	Deux ris, les perroquets.
— presque calme.	1	3 1/2					
Légère brise....	2	7		Grand frais....	22	79	Trois ris, basses voiles.
Petite brise.....	4	14 1/2					
Jolie brise......	7	25		Coup de vent..	29	104	A la cape courante
Bonne brise.....	11	39 1/2	Le ris de chasse. Les perroquets.	Tempête......	37	133	A la cape sèche.
				Ouragan......	46	166	A sec de voiles.

On voit que les nombres de ces tableaux sont différents; ce sont ceux de M. Coupvent-Desbois qui sont les plus forts; et ce savant fait remarquer que la vitesse des vents est toujours plus grande qu'on ne l'admet communément; il pense que les chiffres du bureau des longitudes sont beaucoup trop faibles. Il a établi son tableau à la suite d'environ douze mille observations faites sous toutes les latitudes.

Action des vents. Les vents purifient l'atmosphère; ils répartissent également l'oxygène en mêlant avec l'atmosphère générale les atmosphères partielles qui se sont appauvries sous ce rapport; ils distribuent l'humidité enlevée par l'évaporation à toutes les eaux du globe en portant les vapeurs d'eau loin de leur foyer d'évaporation, et procurent ainsi aux continents le bénéfice de pluies sans lesquelles ils seraient voués à une effroyable stérilité; ils exercent de cette manière une très-grande influence sur les climats et on a pu dire que les vents sont les grands arbitres des changements atmosphériques. La circulation atmosphérique produit entre les eaux des mers et celles des continents un échange continuel; aussi les vents exercent-ils une très-grande influence sur la température d'un lieu. Leur caractère varie suivant les contrées : dans les unes, ils apportent l'humidité, dans les autres la sécheresse; tantôt ils échauffent, tantôt ils refroidissent les lieux sur lesquels ils passent. Si les masses d'air glissent près de la surface des eaux, elles se chargent d'humidité et réchauffent et arrosent le pays où elles arrivent; au contraire, elles se dessèchent en passant sur un continent d'une grande étendue. — L'eau qui s'évapore à la surface des mers est transportée par les vents sous forme de vapeur ou de pluie au sommet des montagnes, et cette pluie alimente les sources. On estime que la chute annuelle de la pluie sur la surface totale du globe produirait une couche d'eau d'environ $1^{m},8$. Grâce aux courants atmosphériques, l'atmosphère ressemble à une immense éponge, tantôt sèche, tantôt imbibée d'eau, et qui répartit les eaux de la mer sur les continents. De plus une partie de la chaleur des tropiques est emportée vers les pôles par les vents, et une distribution plus égale de la chaleur terrestre se trouve assurée.

Les vents modérés et légèrement froids exercent sur la peau une action tonique; ils en activent la circulation et favorisent ainsi ses fonctions. En été on supporte bien mieux la chaleur quand le vent souffle, parce que dans un milieu calme et humide la transpiration devient de 5 à 10 fois moins abondante que dans un air sec et agité. Les vents chauds et secs, en desséchant les surfaces, gênent les échanges gazeux. D'une manière générale, et surtout pour les personnes nerveuses, les vents secs excitent, les vents humides dépriment.

CHAPITRE IV

TEMPÉRATURE ET CLIMATS. — PLUIES.

Chaleur solaire. — Température. — Effets de la latitude sur la température. — Variations diurnes. — Variation annuelle. — Influence de l'altitude, de l'exposition du sol, de sa nature et des vents sur la température. — Influence du voisinage des mers, des courants marins sur la température. — Températures extrêmes observées sur le globe. — Températures moyennes diurne, mensuelle et annuelle. — Température moyenne d'un lieu. — Lignes isothermes, isochimènes et isothères. — Leur direction. — Equateur thermique ou thermal. — Climats divers. — Influence de la vapeur, des vents et des montagnes sur les climats. — Influence des climats sur l'homme. — Pluies. — Pluies dans la zone des calmes équatoriaux. — Entre les tropiques. — Pluies des calmes tropicaux. — Pluies extra-tropicales. — Pluies de la zone tempérée boréale. — Région polaire. — Pays où il pleut le plus. — Pays sans pluie. — Influence de causes locales sur la pluie. — Quantités annuelles de pluies tombant sur divers points de la terre. — Rosée. — Action de la rosée sur la végétation. — Brouillards. — Brume. — Nuages. — Electricité atmosphérique et orages. — Feu Saint-Elme. — Grêle. — Trombes. — Grains. — Prévision du temps. — Pronostics du temps prochain.

§ Ier. — Température.

Chaleur solaire.

Le soleil est la première cause des variations de température à la surface du globe, car la chaleur propre de la terre ne peut exercer qu'une influence inappréciable sur la température de cette surface. La température des espaces planétaires a été estimée à —140° par Pouillet; c'est par conséquent le soleil qui réchauffe la terre. Ce même physicien estime que si la chaleur annuellement versée par le soleil à la surface du globe y était uniformément répartie, elle pourrait y fondre une couche de glace d'une épaisseur de 31 mètres environ; cette chaleur correspond à celle qui résulterait de la combustion d'une trentaine de millions de mètres cubes de charbon par seconde de temps. Néanmoins, malgré la chaleur solaire, le froid serait intolérable pour nous sans l'abri que nous fournit l'atmosphère.

La chaleur solaire prise par le globe est très-inégalement répartie à sa surface; pendant le jour, l'ardeur et l'éclat des rayons du soleil nous semblent s'accroître depuis le lever de cet astre jusqu'à son passage au point le plus haut, puis s'affaiblir graduellement sur le soir. Cela provient de ce que les rayons venant frapper plus obliquement la surface de la terre, ils en couvrent une plus grande, étendue et chaque unité de surface reçoit par cela seul une moindre quantité de chaleur ; de plus, les rayons inclinés sur l'horizon parcourant une plus grande portion de l'atmosphère que les rayons perpendiculaires pour arriver en un point de la terre, la perte de chaleur par la diffusion augmente beaucoup avec la longueur du trajet et ils s'éteignent graduellement dans cette traversée. Pour des rayons traversant l'atmosphère dans le sens de sa moindre épaisseur, la diminution de chaleur est seulement de 2/10 ; elle est plus considérable lorsque les rayons sont obliques. Aussi, lorsque les rayons rasent la surface du sol, même dans un ciel sans nuages, on peut, sans fatigue, fixer les yeux sur le soleil près de l'horizon, tandis que la vue n'en pourrait supporter l'éclat dans le milieu du jour. De même, l'atmosphère reçoit, à surface égale, moins de chaleur dans les régions polaires où le soleil est toujours près de l'horizon, que dans les régions équatoriales où il monte chaque jour jusqu'à la verticale. Pouillet a calculé que sur le total de la chaleur solaire arrivant aux limites supérieures de l'atmosphère, les 5 ou 6 dixièmes seulement traversent l'atmosphère pour arriver directement à la terre et échauffer les corps, tandis que seulement 1/10 de la chaleur qui se présente à la sortie peut s'échapper pendant le jour ; mais le rayonnement intervient pendant l'absence du soleil pour rendre la perte de chaleur égale au gain. Au pôle, la présence continue du soleil au-dessus de l'horizon pendant l'été compense, en partie du moins, la grande obliquité de ses rayons ; tandis que pendant l'hiver rien ne vient réparer les pertes dues au refroidissement nocturne.

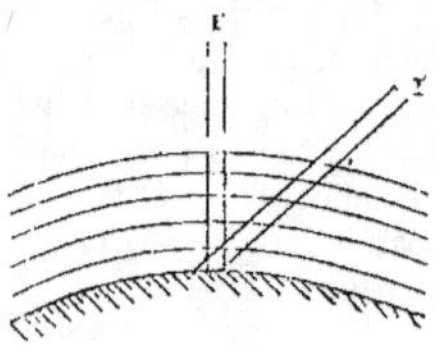

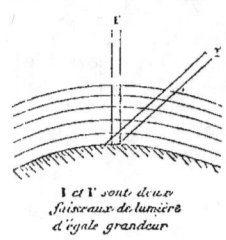

I et I' sont deux faisceaux de lumière d'égale grandeur

La chaleur solaire se perd par la conductibilité de l'air et par le rayonnement dans les espaces planétaires qui ont une température extrêmement basse, de sorte que la terre joue, au milieu de ces espaces, le rôle d'un corps chaud tendant constamment à se refroidir. Si la terre ne se refroidit pas trop, cela est dû à ce que l'atmosphère se laisse traverser difficilement par la chaleur obscure ; nous avons déjà dit que l'atmosphère, comme un manteau, retient la chaleur solaire à la surface de la terre qui a alors une température beaucoup plus élevée que ne le comporterait sans cela le froid des espaces planétaires.

Température. La température de l'air est sous la dépendance directe et prépondérante de la latitude et de l'altitude ; elle varie d'ailleurs dans tous les lieux suivant l'heure et la saison. Les causes générales qui ont le plus d'influence sur la température d'un point du globe sont la latitude, l'altitude, l'exposition du sol, les vents et le voisinage des surfaces liquides.

Effets de la latitude

Les contrées qui reçoivent les rayons du soleil sont d'autant plus éloignées de ce foyer de chaleur que les rayons de cet astre sont plus obliques; or comme cette obliquité augmente de l'équateur vers les pôles, la chaleur doit augmenter en sens inverse de la latitude, c'est-à-dire qu'elle s'accroît à mesure qu'on marche vers l'équateur et qu'elle décroît à mesure qu'on s'en éloigne. A mesure que l'on s'éloigne de l'équateur de 2° de latitude on perd un degré de température. Il y a beaucoup d'irrégularité dans les variations de température suivant la latitude. La position des lieux relativement aux mers, les courants marins et les vents dominants, ont une très-grande influence sur ces variations. L'hémisphère sud, à pareille latitude, est aussi moins chaud que l'hémisphère nord d'une quantité variable, mais qui dépasse plusieurs degrés dans les zones froides. On attribue, en grande partie, ce phénomène à la prédominance des mers dans l'hémisphère austral; l'hémisphère nord reçoit aussi plus de chaleur que l'autre parce que le soleil, dans sa révolution annuelle, reste près de huit jours de plus au nord de l'équateur.

Variations diurnes.

La température de l'air en un même lieu oscille généralement chaque jour entre deux températures extrêmes, le maximum et le minimum, séparés l'un de l'autre par un intervalle plus ou moins grand suivant la saison, l'état du ciel et la position du lieu. Pendant le jour, la surface terrestre reçoit de la chaleur qui lui est envoyée par le soleil, et elle en perd d'une manière permanente par le rayonnement vers les espaces célestes. Lorsque le soleil paraît sur l'horizon, il commence à échauffer la terre; l'échauffement va en augmentant jusqu'à midi, heure où l'action calorifique du soleil est la plus forte. Dans le même temps, la surface de la terre perd du calorique en rayonnant vers les espaces célestes, mais comme elle en abandonne moins qu'elle n'en reçoit du soleil, la température augmente, et bien qu'à partir de midi l'action de cet astre aille en diminuant, le thermomètre doit monter jusqu'au moment où la déperdition par le rayonnement est égale à la quantité de chaleur reçue. Cet équilibre se produit entre une heure et deux heures de l'après-midi dans les mois d'hiver et recule jusque vers trois heures dans les mois d'été : c'est le moment de la *température maximum* du jour. Ainsi la température cesse de monter, non pas lorsque l'intensité des rayons solaires commence à faiblir, mais lorsque l'afflux de chaleur cesse de surpasser la déperdition qui s'en fait, de telle manière que la température de l'air est une sorte de résultante entre l'échauffement direct par la chaleur solaire et le refroidissement provenant de la déperdition de cette même chaleur par le rayonnement. A partir de cet instant la terre commence à perdre plus de chaleur qu'elle n'en reçoit; la température baisse jusqu'au soir et pendant toute la nuit. Lorsque le soleil se lève, il recommence à échauffer la terre, mais la quantité de chaleur perdue par le rayonnement dépasse encore la quantité de chaleur reçue que cet astre lui envoie, et la température continue à diminuer jusqu'à ce que les deux quantités soient égales : c'est le moment du minimum de la température diurne, qui a lieu peu après le lever du soleil. La régularité de cette marche de la température est très-souvent troublée par des causes accidentelles dont les principales sont les vents. Dans le voisinage de la mer les brises marines rapprochent de midi le maximum thermométrique diurne.

Dans les pays et dans les mois à ciel brumeux, l'oscillation diurne est moindre que dans ceux où le ciel est habituellement dégarni de nuages. L'écart moyen entre les maxima et les minima diurnes est d'autant plus grand qu'on s'avance plus avant dans les continents et qu'on se rapproche davantage des contrées juxta-tropicales ; de sorte que les différences entre les températures d'une même journée sont beaucoup plus grandes près des tropiques que près des pôles, où pendant le jour entier le soleil ne se couche pas ou bien ne paraît pas au-dessus de l'horizon. La différence entre le maximum du jour et le minimum du matin peut aller jusqu'à 40 degrés et plus dans l'Inde et le Sahara ; elle ne dépasse pas 5 à 6 degrés dans certains pays intertropicaux. Ces différentes allures du thermomètre correspondent à des changements nécessaires dans les usages des divers pays. Les températures basses mais peu variables pendant la durée du jour dans les climats du nord n'exigent pas les mêmes précautions que la fraîcheur des nuits succédant aux fortes chaleurs du jour dans les pays chauds situées à une certaine distance des océans ; cette fraîcheur des nuits du reste repose d'une chaleur dont la continuité deviendrait difficile à supporter.

Variation de la température pendant l'année.

La variation moyenne annuelle de la température est très-faible dans les régions équatoriales, et augmente rapidement à mesure qu'on s'avance vers les pays froids ; sous l'équateur, l'égalité à peu près constante des jours et des nuits fait que le soleil échauffe la terre d'une manière toujours égale, tandis que dans les régions polaires le soleil reste tantôt au-dessus, tantôt au-dessous de l'horizon pendant plusieurs mois consécutifs, et alors il se produit d'une saison à l'autre de très-grandes différences de température. A latitude égale, la mer agit dans le même sens sur les températures annuelles que sur les températures diurnes ; l'oscillation thermométrique diminue sous son influence ; elle augmente quand on s'en éloigne pour pénétrer dans l'intérieur des grands continents.

Dans la zone tempérée, le minimum de température de l'année a lieu dans les premiers jours de janvier et le maximum dans les premiers jours de juillet. A mesure qu'on s'approche du 21 juin, la quantité de chaleur reçue par la terre en 24 heures augmente et la moyenne du jour s'élève ; mais quoique le maximum d'intensité des rayons solaires tombe en juin, le sol perdant moins de chaleur qu'il n'en reçoit voit encore augmenter sa température, dont le maximum au soleil arrive en juillet; pour l'air ce maximum oscille entre juillet et août; pour le sol à l'ombre il tombe en août. On voit que les solstices ne coïncident pas à la fois avec le moment de la plus grande chaleur dans un hémisphère et avec celui du plus grand froid dans l'autre. Des causes semblables à celles qui président à la répartition de la chaleur diurne exerçant leur influence sur la marche de la température moyenne annuelle, l'équilibre entre l'acquisition et la perte ne s'établit qu'environ un mois après les solstices, de sorte que les plus grandes chaleurs arrivent, dans l'hémisphère nord, vers la fin de juillet, et les plus grands froids, dans la dernière moitié de janvier.

Les *saisons météorologiques* ne coïncident pas avec les saisons astronomiques; d'après la température, les mois de l'*été* comprendraient juin, juillet et août, et juillet serait le milieu de l'été; l'*hiver* comprendrait décembre, janvier et février et janvier serait le milieu de l'hiver. Les deux autres saisons comprendraient les autres mois.

Influence de l'altitude sur la température.

Dans tous les climats et par tous les temps, la température de l'air décroît plus ou moins rapidement à mesure qu'on s'élève plus haut dans l'atmosphère; on évalue, en moyenne, l'abaissement de température à 1 degré pour 180 mètres d'élévation, mais cette quantité varie suivant la configuration du terrain. Cette décroissance de température est due à plusieurs causes; d'abord, parce que l'air est plus dense et plus épais dans les lieux bas que dans les lieux élevés et qu'il peut ainsi s'échauffer davantage en mettant obstacle au rayonnement de la chaleur obscure; la surface du sol absorbe à elle seule une plus grande quantité de chaleur que la couche atmosphérique dans toute son épaisseur; la terre est de plus un très-mauvais conducteur de la chaleur qui pénètre très-difficilement les couches sous-jacentes, mais qui échauffe beaucoup la surface en été. La couche d'air qui la recouvre immédiatement participe de cette température, tandis que la couche limite en contact avec les espaces planétaires ressent de ces espaces un froid très-vif; on comprend donc que la température de l'atmosphère doit décroître nécessairement d'une façon plus ou moins régulière entre ces limites. La chaleur décroît avec la densité de l'air qui est l'une des causes les plus puissantes de cet abaissement; en effet, l'air en s'élevant en hauteur est de moins en moins comprimé par le poids des couches supérieures; son volume augmente donc et une partie de sa chaleur libre, sensible au thermomètre, est employée à effectuer cette augmentation de volume; elle devient latente et la température de l'air diminue. Par conséquent l'air, bien que brassé en tous sens par les vents, sera toujours d'autant plus froid qu'on le prendra à une plus grande hauteur.

Les hautes montagnes ont un climat fort rigoureux à leurs sommets. Dans certaines contrées, le voyageur passe en quelques jours, parfois en quelques heures, du climat et des produits des tropiques à ceux des contrées boréales. La flore d'une montagne se modifie et éprouve des changements successifs, à mesure qu'on s'élève, pareils à ceux qu'on rencontre en allant du pied de la montagne vers les pôles. C'est ainsi que le Chimboraço offre la végétation de toutes les zones et qu'il est recouvert au sommet de neiges éternelles; on admet qu'une ascension de 100 mètres équivaut à un déplacement de 1 à 2 degrés vers les pôles. Ainsi les montagnes ont une série de climats superposés et pour les pays torrides, le voisinage de montagne constitue un bienfait réel en permettant d'échapper à l'action dépressive des chaleurs permanentes ou des chaleurs estivales. Les Anglais ont tiré un très-grand parti de ce fait en établissant dans l'Himalaya des stations pour refaire leurs troupes épuisées par des chaleurs accablantes. Les stations de Salasie à la Réunion et du camp de Jacob aux Antilles rendent à nos troupes des services analogues.

Neiges éternelles.

Si les montagnes ont une élévation suffisante, on arrive à une zone à partir de laquelle l'eau ne peut plus exister à l'état liquide : c'est la limite des *neiges éternelles*, qui commence au niveau où l'alimentation des glaces par la chute de la neige l'emporte sur la perte qu'elles éprouvent par la fusion. Cette limite varie suivant une foule de circonstances, et surtout suivant la latitude. Ainsi en Norvége, à 71° latitude nord, sur le littoral, on trouve les neiges éternelles à 720 mètres d'altitude; en Islande, à 65°, à 936 mètres; dans les Alpes et les Pyrénées à 2700 mètres; à Quito, sous l'équateur, à 4800 mètres; sur le versant nord de l'Himalaya, à plus de 5000 mètres, et seulement à près de 4000 sur le versant sud. Au Caucase, la limite est de 3372 mètres (43° 21′ lat. N.), de 4287 mètres en Abyssinie et de 4500 mètres au Mexique.

En général, on peut dire que les neiges éternelles commencent au niveau de l'Océan, dans l'hémisphère nord, à partir du 78ᵉ degré de latitude, et dans l'hémisphère sud, à partir du 70ᵉ degré environ. Sous l'équateur, leur limite inférieure est, en moyenne, à 4800 mètres; à 4600 mètres au 20ᵉ degré de latitude nord, à 2550 mètres au 45ᵉ degré et à 1500 mètres au 65ᵉ degré.

Les hauts plateaux sont toujours plus froids que les plaines basses. Les bas-fonds sont toujours plus frappés par la gelée que les points plus élevés, parce que l'air refroidi sur ces derniers descend vers les premiers; mais le contraire peut arriver, parce qu'un abaissement trop marqué dans la température de l'air aura fait naître dans le bas-fond une brume qui aura arrêté le rayonnement nocturne des plantes qui y vivent. L'air y sera plus froid que sur le coteau, mais la plante y sera moins froide.

Pendant la nuit, la température décroît des quartiers hauts d'une ville vers les quartiers d'un niveau inférieur, surtout quand le ciel est serein et en l'absence du vent; on estime à 3 degrés centig. la diminution par 30 mètres de hauteur; les couches d'air froid, plus dense, coulent dans les creux à la manière d'un liquide et communiquent leur basse température aux objets qu'elles baignent. Dans une vallée, le climat est plus extrême que sur la colline voisine. Pour les plantes, jamais un bon jardinier ne compromettra une plante délicate en la plaçant dans les bas-fonds.

Les différentes parties d'un végétal ne sont pas non plus exposées aux mêmes températures pendant une nuit sereine. Un grand arbre traverse, pour ainsi dire, plusieurs zones de chaleur relative fort différentes. Les racines plongent dans la terre, dont la température est plus élevée que celle de l'air; la zone la plus froide correspond à la partie inférieure du tronc, tandis que la cime s'élève dans une région de plus en plus tempérée. Il en résulte que les extrémités des branches, qui en sont les parties les plus délicates, en sont aussi les parties les moins exposées. Dans le jour, c'est l'inverse; c'est au pied du tronc, s'il n'est pas ombragé, qu'on constatera la plus forte chaleur, tandis que la cime s'élève dans une région plus tempérée.

Influence de l'exposition du sol et des vents sur la température.

Dans l'hémisphère boréal, les pentes tournées au nord sont plus froides que les pentes inclinées au sud, et, en général, les vallées ouvertes à l'ouest ont une température plus douce que celles qui regardent à l'est. La différence est grande entre les deux versants de l'Himalaya, du Caucase, des Alpes, des Pyrénées, en un mot de toutes les chaînes qui courent de l'ouest à l'est. Il y a aussi une différence de température entre les pentes occidentales et orientales des chaînes dirigées du nord au sud, comme les Vosges et le Jura, mais elle est moins grande. Les contrées basses et les plaines voisines se ressentent également de l'abri des montagnes. Ainsi les côtes de la Provence et la Rivière de Gênes, protégées par les ramifications des Alpes maritimes, ont une température moyenne de 14° à 16° et sont couvertes d'oliviers et d'orangers, tandis que les plaines de la Gascogne, situées à 1 degré plus au sud, n'ont qu'une température moyenne de 12 à 13 degrés, attendu que les Pyrénées les défendent des influences du midi.

La direction et la provenance des vents ont une très-grande influence sur la température. Les vents qui soufflent de la mer sont plus humides que les vents de terre et généralement plus frais dans les zones équatoriales et plus tièdes dans les zones froides, au moins en hiver. Les vents sont arides, brûlants et chargés de poussière, lorsqu'ils ont traversé des déserts de sable; ils arrivent secs et glacés lorsqu'ils ont passé sur des cimes neigeuses. Les vents contribuent à rendre les saisons moins inégales.

C'est en partie à la prédominance des vents de mer que les pays situés à l'ouest de l'Europe et de l'Amérique doivent la douceur de leur climat; c'est à la prédominance des vents de terre qu'il faut attribuer la rigueur de celui de la Russie et du centre de l'Asie.

Influence de la nature du sol sur la température.

La nature du sol, son aridité ou sa surface couverte d'une riche végétation ont une influence qu'il est facile de comprendre. Un sol foncé en couleur, sablonneux, sec, absorbe plus de chaleur qu'un sol blanc, humide, granitique. De plus, les pays granitiques, ceux où dominent les schistes cristallins, les grès et les ardoises sont mieux arrosés, plus humides et plus froids que les pays calcaires, dont le sol s'échauffe davantage et réagit sur la couche d'air en contact, ce qui augmente la température générale. Dans le plateau central de la France, à la latitude moyenne de 45°, on ne peut pas cultiver la vigne sur le granit, tandis qu'elle recouvre même à des altitudes supérieures tous les coteaux calcaires entourant ce grand massif, et qu'elle prospère sur les bords du Rhin jusqu'au 51e degré de latitude.

Un sol stérile absorbe plus de chaleur mais perd plus rapidement ce qu'il en a absorbé qu'un sol couvert de cultures, de prairies ou de forêts. Partout où l'évaporation est active et où la végétation est abondante, il se fait une grande consommation de chaleur et la température s'en trouve abaissée. Les déserts de l'Arabie sont les lieux les plus chauds du globe parce que dans ces déserts la végétation et l'évaporation sont presque nulles, que le terrain sablonneux a une faible capacité calorifique et conduit mal la chaleur. La chaleur y est donc tout entière employée à échauffer le sol et l'air qui le recouvre.

Différence de température entre les villes et la campagne.

Il fait plus chaud en été dans les villes qu'à la campagne, mais il y fait moins froid pendant l'hiver; on a la mesure de cette différence quand, par une soirée chaude, on passe rapidement de la campagne à la ville. Les causes de cette différence sont nombreuses : d'abord la capacité considérable d'absorption pour le calorique des matériaux qui constituent la chaussée et les maisons; les foyers de chaleur artificielle qui ajoutent leurs effets thermiques à ceux de la radiation solaire; l'intensité du rayonnement dans les campagnes et son peu d'énergie dans les villes; la réduction diurne de l'acide carbonique par les végétaux, laquelle constitue pour la campagne une cause de rafraîchissement; l'emploi, pour l'accomplissement des actes de la vie végétale, d'une partie de la chaleur solaire versée sur la campagne; la chaleur que produit la combustion des matières d'éclairage; la chaleur dégagée par les organismes vivants, comme les hommes et les animaux. Pour toutes ces raisons, il ne gèle dans les villes que tardivement et bien après que la campagne environnante a dépassé la température de congélation

Influence du voisinage des surfaces liquides sur la température.

Les eaux s'échauffent à un moindre degré et plus lentement que les terres, mais elles conservent plus longtemps leur chaleur et la transmettent à l'air; en outre l'humidité et les vapeurs, plus fréquentes à leur surface et dans leur voisinage, mettent obstacle au rayonnement. D'un autre côté, comme un litre d'eau donne 1700 litres de vapeur, la grande masse des eaux de la mer fournit de prodigieuses quantités de vapeurs qui, par leur diffusion et leur dispersion sur les contrées voisines, égalisent les températures, fondent les saisons entre elles, nivellent leurs différences et élèvent la moyenne annuelle. Aussi, comme le dit Rochard, la température d'une contrée est-elle d'autant plus uniforme que l'influence de la mer s'y fait plus librement sentir. Il en résulte que les îles et les rivages ont un climat plus doux que l'intérieur des continents, et des saisons moins contrastantes. L'Europe et l'Asie en sont des exemples. Dans les basses latitudes, la proximité de la mer abaisse la température moyenne; elle l'élève au contraire dans les zones froides. C'est ainsi que les îles Féroë, situées sous le 62° parallèle nord, ont une température moyenne supérieure à celle de Kazan, de Tambow, de Québec, qui se trouvent beaucoup plus au sud.

En pleine mer, on ne connaît ni les grands froids ni les fortes chaleurs; on n'y a pas encore observé de températures supérieures à 31 degrés. Les moyennes de l'hiver et de l'été diffèrent beaucoup moins sur mer que dans l'intérieur des terres. En été, l'évaporation refroidit les climats maritimes; en hiver, ils sont réchauffés par la restitution du calorique que les eaux ont absorbé pendant la saison chaude.

Influence des courants marins sur la température.

Les courants marins échauffent et refroidissent les climats selon qu'ils charrient de l'eau chaude ou de l'eau froide. Nous verrons plus tard qu'il y a, entre les courants marins froids et les courants chauds des deux hémisphères, cette opposition que, dans l'hémisphère sud les courants froids baignent les côtes occidentales des continents et les courants chauds les côtes orientales, tandis que c'est précisément l'inverse pour l'hémisphère nord; ainsi le Gulf-Stream élève la température de l'Europe occidentale, tandis qu'au contraire le grand courant polaire austral, dont une des branches longe les côtes du Chili et du Pérou sous le nom de courant de Humboldt, abaisse la température de ces contrées, et son influence se fait sentir jusqu'aux îles Galapagos, situées sous la Ligne. De même le courant polaire boréal refroidit les côtes orientales des États-Unis. Ainsi les parties occidentales de l'Europe et celles de l'Amérique du Nord ont une température moyenne annuelle plus élevée que leurs parties orientales, à cause des courants marins, et la différence est d'autant plus fortement accusée qu'on remonte plus haut vers les pôles. Le Kuro-Siwo attiédit aussi les côtes orientales du Japon et du Kamtchatka, aussi bien que les côtes occidentales de l'Amérique du Nord, et il va échauffer les eaux polaires par la branche qu'il envoie à travers le détroit de Behring. Par conséquent les eaux chaudes et superficielles de l'équateur vont réchauffer les régions glacées des pôles et les eaux froides et plus profondes des pôles vont attiédir les régions équatoriales.

Températures extrêmes observées sur le globe.

La plus grande chaleur absolue de l'air, prise à l'ombre, a été observée dans l'oasis de Mourzouk, par Lyon et Ritchie; elle s'élevait à 56°. M. d'Abbadie a vu 54° centigrades à Massaouah, près de la mer Rouge. Le plus grand froid a été relevé le 25 janvier 1829 à Jakoutsk, en Sibérie; il était de 60° centigrades; on a observé 56°, 7 au Fort Reliance, dans l'Amérique septentrionale. Les températures extrêmes ne s'observent pas aux latitudes extrêmes. Sous l'équateur, un épais rideau de nuages et une humidité excessive entretiennent une température constante dont les plus grands écarts ne dépassent guère 25 et 35 degrés. C'est au delà de cette zone nébuleuse protectrice que règnent les plus fortes chaleurs. Le thermomètre atteint souvent 43 et 44 degrés dans le Bengale, et il s'élève encore davantage en Arabie et dans le Sahara.

L'homme peut supporter sans succomber ces températures excessives de chaud et de froid; il a une souplesse climatérique très-grande.

Températures moyennes diurne, mensuelle et annuelle.

Pour faire des observations avec le thermomètre, il faut placer cet instrument autant que possible au nord, à l'ombre et à l'abri de la pluie. Il est difficile de déterminer la température vraie d'un corps; un thermomètre de verre suspendu dans l'air ne donne pas la température de l'air, parce que son pouvoir propre, comme corps rayonnant ou absorbant, entre en jeu. Par un jour clair, quand le soleil brille, le thermomètre sera plus chaud que l'air; par une nuit claire, au contraire, le thermomètre sera plus froid que l'air. On prend la température moyenne de chaque heure de la journée en l'observant tous les quarts d'heure ou plus souvent. La moyenne de toutes ces observations donne la température moyenne du jour. On peut aussi l'obtenir en prenant la moyenne de trois observations faites, la première au soleil levant, la seconde à 2 heures de l'après-midi, la troisième au coucher du soleil; ou bien en prenant la moyenne de la température maximum et minimum de la journée.

La température moyenne mensuelle est la moyenne de celles de chaque jour. La température moyenne annuelle est la moyenne de celles des 12 mois. On l'obtient en faisant la somme des températures moyennes de chacun des jours de l'année et en divisant cette somme par le nombre des jours; on peut aussi faire la somme des températures moyennes de chacun des douze mois et la diviser par 12.

Température moyenne d'un lieu.

La température moyenne d'un lieu est la moyenne des températures observées pendant le plus grand nombre d'années possibles en ce lieu.

Les températures estivale et hivernale d'un lieu sont les moyennes des trois mois d'été et des trois mois d'hiver, pendant plusieurs étés et hivers consécutifs, l'été comprenant, comme nous l'avons dit, les mois de juin, de juillet et août, et l'hiver, ceux de décembre, janvier et février.

L'agriculture est intéressée à tenir un compte soigneux des oscillations de la température annuelle, c'est-à-dire du plus grand écart entre le maximum et le minimum de l'année, car cette seule condition physique peut être un obstacle à la végétation libre des plantes auxquelles un climat déterminé conviendrait sous d'autres rapports; il suffit, en effet, qu'il y ait, dans l'année, un seul moment de refroidissement susceptible d'anéantir la vie de telle ou telle plante vivace pour qu'elle ne puisse plus s'y montrer. Aussi les températures moyennes annuelles sont loin d'avoir la même importance au point de vue de la végétation que les moyennes mensuelles, diurnes ou les observations directes. Les temps relativement froids ou chauds s'enchevêtrent tellement dans le cours d'une même année qu'ils se compensent à peu près; néanmoins la compensation n'est jamais complète, et on obtient, après une longue série d'années, des moyennes qui ont une grande importance au point de vue de la répartition générale de la chaleur à la surface du globe et de la détermination des causes qui modifient cette répartition.

Lignes isothermes, lignes isothères, lignes isochimènes.

Puisque la chaleur n'est pas rigoureusement proportionnelle à la latitude, tous les lieux situés sous un même parallèle n'ont pas une température moyenne égale. Si donc on réunit par une même ligne, dans chaque hémisphère, les lieux dont la température moyenne est identique, cette ligne décrit une courbe irrégulière qui passe tantôt au nord, tantôt au sud d'un cercle parallèle. De pareilles courbes, tracées sur une sphère, font saisir d'un coup d'œil la distribution des températures à la surface du globe. C'est en 1817 que de Humboldt eut l'idée de faire passer des lignes par les localités qui ont la même température moyenne. On appelle *lignes isothermes* les lignes qui passent par les points de la surface du globe pour lesquels la température moyenne annuelle est la même; ce sont donc des lignes d'égales températures moyennes annuelles. On appelle *lignes isothères* celles qui passent par les lieux qui ont même température moyenne pour la saison d'été et *lignes isochimènes* celles qui passent par les points qui ont même température moyenne pendant les trois mois d'hiver; les isothères sont donc les lignes d'égales températures de l'été et les isochimènes les lignes d'égales températures de l'hiver.

Le tracé de ces lignes est encore bien incomplet, car d'après M. Rochard, nous ne sommes bien renseignés que sur cinq ou six cents localités tout au plus. Nous allons indiquer les conséquences qui découlent du tracé des lignes isothermes et autres.

Direction des isothermes, des isothères et des isochimènes.

Ces lignes sont indiquées par le nombre de degrés indiquant la moyenne annuelle, estivale ou hivernale de la température des points par lesquels elles passent; mais ces lignes ne tiennent aucun compte des conditions purement locales, telles que l'exposition, la pente et la hauteur du lieu au-dessus du niveau de la mer; aussi les isothermes qu'on représente sur les cartes sont des isothermes fictives basées sur la réduction des températures annuelles des lieux d'altitude différente ramenées à un niveau uniforme de 0 mètre, c'est-à-dire au niveau de l'Océan. Il vaudrait mieux prendre les isothermes *réelles*, c'est-à-dire celles qui expriment la température des localités avec leur altitude effective; seulement elles s'enchevêtreraient en un fouillis inextricable.

Les isothermes, en Europe, s'inclinent vers le sud à mesure qu'on se dirige vers l'est; ainsi l'isotherme de + 10° traverse l'Irlande et la partie méridionale de l'Angleterre, puis de là s'incline vers le sud en traversant la Belgique, la Bavière, l'Autriche et le nord de la mer Noire jusqu'à la Crimée et la Caspienne. L'isotherme de + 15° centigrades part de Nantes, sur l'Océan, suit de près en France la ligne des Pyrénées et du littoral de la Méditerranée, s'infléchit de là rapidement vers la Grèce qu'elle atteint un peu au nord de la Morée. Les isothermes de + 5° et 0° atteignent des hauteurs proportionnellement plus grandes encore sur les côtes occidentales de l'Europe que dans l'intérieur du continent.

Les côtes occidentales des continents ont donc un climat plus doux que les côtes orientales, à cause des vents maritimes qu'elles reçoivent, tandis que les côtes orientales reçoivent des vents continentaux et secs. Ainsi Naples et Pékin, placées sous la même latitude, ont, au profit de la première de ces deux villes, une différence de température moyenne de 3°,7, celle de Naples étant de 16°,4 et celle de Pékin de 12°,7.

Équateur thermique.

L'irrégularité des isothermes est d'autant plus considérable qu'on s'éloigne davantage de l'équateur. L'*équateur thermique*, qui est la région du globe où la température moyenne est le plus élevée, ne se confond pas avec l'équateur astronomique; il est situé plus haut que la ligne équinoxiale et réparti vers l'hémisphère boréal; sa position se déplace dans le cours des saisons; elle se relève vers le nord dans l'été, s'abaisse vers le sud en hiver en suivant d'un peu loin la marche du soleil.

L'irrégularité des isothermes est d'autant plus considérable qu'on s'éloigne de l'équateur; les isothermes s'éloignent beaucoup moins des parallèles dans l'hémisphère sud que dans l'hémisphère nord. Plus il y a de mers, plus les isothermes sont régulières et se rapprochent des parallèles; plus il y a de terres, plus les isothermes s'en éloignent. Les isothermes boréales augmentent d'irrégularité à mesure qu'on s'éloigne de l'équateur et les isothermes australes à mesure qu'on s'en rapproche.

Nous avons dit que l'équateur thermique, ou courbe des plus grandes températures moyennes annuelles, est presque complétement dans l'hémisphère nord, ce qui s'explique par ce fait que l'hémisphère boréal a une température plus chaude que l'austral, ce qu'il doit probablement à la prédominance des terres sur les eaux, et à ce que le printemps et l'été sont plus longs dans l'hémisphère du nord; à cause de l'inclinaison de la terre sur son axe, le nombre des heures du jour est plus considérable, au nord de l'équateur, que celui des heures de nuit; au sud, les heures de nuit sont plus nombreuses. Il en résulte, pour les régions boréales, plus de chaleur absorbée pendant la journée, moins de chaleur rayonnée la nuit. C'est le contraire dans l'hémisphère du sud. La distribution des pluies a aussi une influence qu'on ne doit pas négliger; nées sur l'immense surface des mers du sud, les vapeurs se liquéfient dans les régions froides du nord où elles apportent une chaleur et une humidité bienfaisantes. Les courants marins réchauffent aussi l'hémisphère boréal. A latitude égale, l'océan austral est plus froid que les mers boréales, et la température du pôle sud est plus basse que celle du pôle nord.

Position de l'équateur thermique.

L'équateur thermique, qui est l'isotherme de + 28° centigrades, traverse l'Afrique au sud du lac Tchad, passe au-dessous de la mer Rouge, puis à Ceylan, touche à la pointe de la presqu'île de Malacca, croise là l'équateur terrestre, atteint le sud de Bornéo, et après une excursion de peu d'étendue dans l'hémisphère du sud, revient dans le nord de l'équateur au niveau de la pointe septentrionale de la Nouvelle-Guinée, fait une nouvelle incursion dans l'hémisphère austral, puis revient à la hauteur des îles Marquises dans l'hémisphère nord qu'il n'abandonne plus jusqu'au point d'où nous l'avons fait partir et auquel il revient après avoir traversé le continent américain à la hauteur de Panama.

Direction des isothères et des isochimènes.

Les *lignes isothères* en pénétrant sur le continent ont tendance à remonter vers le pôle; au contraire les *lignes isochimènes* s'en éloignent sur le continent. L'explication en est très-simple : c'est que l'intérieur des terres s'échauffe plus fortement en été que la mer et les côtes qu'elle baigne, tandis qu'en hiver c'est la mer qui se refroidit le moins. Les isothères sont toujours plus boréales que les isothermes du même degré, et les isochimènes sont toujours au sud des isothermes du même degré. L'isochimène de 0° passe à une petite distance au sud de l'Islande, arrive avec une assez faible déviation jusque vers les côtes de Norvége, puis descend brusquement vers le midi à travers la Norvége et le Danemark et s'abaisse ensuite plus lentement jusque dans le sud de la Crimée. L'isothère de 10° et l'isochimène de 0° se confondent presque dans les parages de l'Islande, où la température moyenne de l'été et celle de l'hiver ne diffèrent ainsi que d'une dizaine de degrés. Ces deux lignes s'écartent ensuite notablement l'une de l'autre en arrivant près des côtes de la Norvége, et, sur la Russie, le continent presque entier les sépare.

Ce sont les lignes isochimènes et isothères qui ont le plus d'influence sur la végétation ; car les plantes sensibles au froid, sans exiger cependant une grande chaleur en été, pourront s'élever plus haut dans le nord sur les côtes occidentales de l'Europe et de l'Amérique du Nord que dans l'intérieur du continent, tandis que celles qui, sans être aussi impressionnables au froid, ont besoin de beaucoup de chaleur en été pour arriver à maturité, pourront au contraire s'élever plus haut vers le nord dans l'intérieur du continent que sur les côtes. Les lignes isochimènes et isothères sont donc plus en rapport avec la distribution des êtres organisés sur le globe que les isothermes, qui n'indiquent que les températures moyennes.

§ II. — Climats.

Climats.

On nomme *climat* d'un lieu l'ensemble des conditions météorologiques auxquelles ce lieu est soumis dans l'intervalle d'une année. Le climat peut être aussi défini la manière d'être habituelle de l'atmosphère d'un pays, ou bien l'ensemble des variations atmosphériques qui affectent nos organes d'une manière sensible, telles que la chaleur ou le froid, les changements de la pression barométrique, le calme de l'atmosphère, les vents, la tension plus ou moins forte de l'électricité atmosphérique, le degré ordinaire de transparence et de sérénité du ciel, la sécheresse, l'humidité et la salubrité du lieu.

Causes qui influent sur le climat d'un lieu.

La latitude et l'altitude d'un lieu, sa pente générale, la hauteur de ses montagnes et leur orientation, le voisinage des grandes mers, la nature géologique du sol, le degré de culture et de population de ce lieu, les vents qui y règnent sont des causes qui influent sur le climat de ce lieu.

On a fait de nombreuses classifications de climats, attendu qu'un climat est plutôt local que général.

Division des climats.

En général, on distingue trois sortes de climats : le climat *chaud,* de l'équateur au 30e degré de latitude ; le climat *tempéré,* du 30e au 60e ; le climat *froid,* du 60e jusqu'aux pôles. On a aussi divisé les climats en constants, variables ou tempérés et excessifs, d'après la différence des températures moyennes des deux saisons extrêmes. Les *climats uniformes* ou *constants* sont ceux qui ont une différence de température hyberno-estivale peu sensible, qui ne va pas au delà de 6 à 7°. Les *climats tempérés* ou *variables* sont ceux dont la différence moyenne de température d'été et d'hiver varie de 7 à 15°, et où par conséquent on n'a à subir ni grands froids, ni grandes chaleurs. Les *climats excessifs* ont une différence hyberno-estivale beaucoup plus considérable.

A toutes les latitudes, le climat des îles est uniforme et celui de l'intérieur des continents excessif. Le premier est appelé *climat insulaire* ou *marin*, synonyme de climat uniforme; le second, *climat continental*, synonyme de climat excessif. Climat marin et climat continental.

Comme climat constant ou marin, on peut citer celui des îles Canaries, où la différence est de 5°,8, celui des îles Madères où elle tombe à 4°,8 et celui des îles Shetland et des Feroë où elle est de 7°,9 et de 7°,7. Comme climat variable, nous citerons celui de Paris où la différence monte à 18°,01. Le climat de Moscou, où la différence s'élève à 27°,5, est un climat excessif. Le climat de New-York, où cette même différence hyberno-estivale s'élève à 30°,8, est un climat excessif relativement à celui de San-Francisco, où elle ne dépasse guère 10 degrés.

Les divisions que nous venons d'établir sont beaucoup trop générales, et l'état de la science ne permet pas de classer aujourd'hui les différents pays entre eux au point de vue de leur climat; c'est par l'étude des climats de localité qu'on pourra plus tard, si cela est possible, arriver à un classement général des climats; du reste les climats locaux sont beaucoup plus importants à connaître que les autres.

En prenant pour base la température, M. Rochard admet cinq climats : Division des climats d'après M. Rochard.

1° Climats *torrides* de l'équateur thermal à la ligne isotherme de + 25°.
2° Climats *chauds* de la ligne isotherme + 25° à la ligne isotherme de + 15°.
3° Climats *tempérés* de la ligne isotherme + 15° à la ligne isotherme de + 5°.
4° Climats *froids* de la ligne isotherme + 5° à la ligne isotherme de — 5°.
5° Climats *polaires* de la ligne isotherme — 5° à la ligne isotherme de — 15°.

Les *climats torrides* comprennent la zone immense représentant plus du tiers de la surface du globe. C'est un sol vierge, des marais, des bois, des déserts. La chaleur et l'humidité sont très-grandes et rendent ces climats très-insalubres. Climats torrides.

Les *climats chauds* comprennent le midi de l'Europe, le nord de l'Afrique, le centre de l'Asie et le quart de l'Amérique du nord dans l'hémisphère boréal, et l'extrémité sud de l'Afrique, la presque totalité de l'Australie Climats chauds.

et la partie moyenne de l'Amérique méridionale dans l'autre hémisphère. Les saisons commencent à se dessiner, mais l'été conserve la prépondérance. Parmi les climats chauds, on doit distinguer le climat chaud et sec, et le climat chaud et humide.

Climats tempérés

La zone des *climats tempérés* n'est pas même le tiers de la surface terrestre émergée, et cependant elle est habitée par environ les deux tiers de la population du globe. L'Europe, les Etats-Unis et la Chine font partie de cette zone. Les saisons y sont d'une longueur à peu près égale.

Climats froids.

Dans la zone des *climats froids*, qui comprend de vastes contrées dans l'hémisphère boréal, mais la mer, des champs de glace et des terres désertes dans l'austral, les saisons s'effacent et l'hiver prédomine. Ces climats sont salubres. Parmi les climats froids, on doit distinguer le climat froid et sec, et le climat froid et humide.

Climats polaires.

Les *climats polaires* sont habités par quelques tribus d'Esquimaux et de Samoyèdes. La flore en est insignifiante.

Influence de la vapeur, des vents et des montagnes sur les climats.

La chaleur latente de la vapeur a une grande influence sur les climats ; c'est à la vapeur amenée par les vents qui ont pris naissance sur le Gulf-Stream qu'est due la douceur des hivers des Iles Britanniques, de la Norvége et de toute l'Europe occidentale. Le Labrador, qui est sous la même latitude que les Iles Britanniques, est beaucoup plus froid parce que les vents qui soufflent de l'ouest et qui sont dominants, sont continentaux et par conséquent secs. Dans les régions des vents humides, la vapeur condensée en pluie dégage assez de chaleur pour modifier le climat. Les vapeurs et les nuages sont donc de puissants véhicules de chaleur.

Les vents marins étant toujours plus chauds en hiver et plus frais en été que les vents de terre, exercent une influence modératrice sensible sur le climat des contrées baignées par les grandes mers ; l'évaporation de la mer tempère ainsi la chaleur en été et le froid en hiver.

Les montagnes modifient les climats en provoquant la formation des nuages et par suite de la pluie. C'est ainsi que les pluies qui tombent sur un des versants des Andes de l'Amérique du sud forment le fleuve des Amazones ; sur l'autre versant, on trouve le climat du Pérou dépourvu de pluies ; mais les sommets de la chaîne sont toujours couverts de neige et fournissent à Lima, où règne un perpétuel printemps, une abondante provision de glace. Cette différence de climat est produite par la chaîne des Andes ; les vents dominants dans tout le bassin de l'Amazone venant du côté de l'est se déchargent de leur humidité à mesure qu'ils avancent dans l'intérieur du continent, et quand ils atteignent le sommet des montagnes, les nuages se condensent et donnent en quantité des pluies, de la grêle et de la neige sur le pays ; mais après avoir traversé la montagne, les vents sont secs et ne produisent plus de pluie quand ils atteignent les plaines du Pérou. Ainsi le climat d'une contrée est modifié par l'étendue de ses montagnes, leur hauteur, leur éloignement de la mer et leur direction par rapport aux vents régnants. Les montagnes de la Bohême et les Apennins contribuent beaucoup à adoucir le climat de ce premier pays et celui de l'Italie ; ils y rendent possible la culture de la vigne.

Influence des climats sur l'homme.

L'homme, pour vivre sous tous les climats, doit se soumettre à une hygiène raisonnée. Dans les pays chauds, il s'agit pour l'organisme de faire le moins de chaleur possible puisqu'il est dans un milieu où il en perd peu, tandis que dans les climats froids il doit faire le plus de chaleur possible puisqu'il est dans un milieu où il tend à en perdre beaucoup.

L'*innervation* (activité propre à tous les éléments et tissus nerveux) dans les pays chauds est active ; les mouvements sont rapides, la sensibilité plus délicate. L'imagination est vive, la parole facile, le langage brillant et coloré. Les pays chauds favorisent le développement des tempéraments nerveux et bilieux.

Dans les pays froids, l'*innervation* est moins active. Le caractère est tranquille, apte à réfléchir ; il y a peu d'imagination et la sensibilité est obtuse.

L'alimentation de l'homme doit être appropriée au climat ; elle doit être abondante, riche en graisses et en aliments azotés pour résister au froid ; de là, nourriture spéciale de l'homme du Nord et régime particulier de l'habitant des climats tempérés pendant l'hiver.

Dans les pays chauds, il faut manger peu, prendre des aliments féculents et sucrés : riz, sucre, tous aliments faisant peu de chaleur. Dans le Sahara, les Touaregs se nourrissent à peu près exclusivement de dattes, de lait de brebis ou de chamelle.

Quand la température extérieure est basse, les exercices musculaires, la locomotion, les mouvements sont indiqués. Dans les climats chauds, il faut rester immobile pendant les heures chaudes de la journée ; la sieste est utile et nécessaire pendant ce temps. On voit donc que la quantité moyenne d'action varie selon le climat.

L'habillement doit être aussi modifié selon le climat. L'Arabe a un vêtement ample et large : une grande chemise ou gandoura et par dessus le burnous ; en outre, le vêtement est blanc et léger ; l'air le pénètre facilement et vient rafraîchir le corps. L'homme du Nord se met à l'abri du froid par des vêtements de laine et de fourrures de forme étroite et adhérents au corps.

§ III. — PLUIES.

Pluies.

L'évaporation et la condensation sont les deux causes du phénomène de la pluie provenant de la vapeur contenue dans l'air dans lequel elle s'est élevée par l'action des rayons solaires sur l'Océan, la source première de toute humidité sur notre globe. L'évaporation, l'ascension et la liquéfaction de la vapeur contenue dans l'air sont continuelles, et, comme le dit Saigey : « La terre est comme une vaste chaudière, la surface des continents et des mers en compose le fond, les hautes régions de l'air le couvercle, et c'est contre ce couvercle, vrai réfrigérant naturel, que la vapeur élevée du fond vient repasser à l'état liquide. »

La transformation de l'eau en vapeur à la surface de l'Océan consomme beaucoup de chaleur, car on sait que pour réduire en vapeur un litre d'eau, il faut autant de chaleur que pour élever d'un degré 537 litres d'eau; mais toute cette chaleur ainsi acquise par cette vapeur est intégralement restituée quand celle-ci repasse à l'état liquide, et c'est pourquoi on l'appelle chaleur latente ou cachée. « L'évaporation des eaux à la surface du globe et dans les régions chaudes, dit Marié-Davy, est donc une cause permanente de rafraîchissement pour ces régions; la condensation de cette vapeur dans les régions froides les réchauffe au contraire. »

Quand une masse d'air est saturée de vapeur, s'il survient un refroidissement, la vapeur se liquéfie, et il se produit alors, selon les circonstances, de la rosée ou de la gelée blanche, des brouillards ou des nuages, de la pluie ou de la neige, du grésil ou de la grêle.

Causes de la pluie.

Une des causes les plus fréquentes de la pluie est le mélange de deux vents, l'un chaud, l'autre froid, qui ne sont saturés ni l'un ni l'autre, mais qui, tous deux, sont près de l'être. Le plus chaud se refroidit et, par là, devient sursaturé; le plus froid s'échauffe et se dessèche, mais le premier effet l'emporte sur le second, ce qui amène la pluie. Ainsi la vapeur vésiculaire peut être produite de deux manières : par l'introduction de la vapeur chaude dans l'air froid qui produit le phénomène; par l'injection d'air froid dans une atmosphère chargée de vapeur; Tyndall a observé la production instantanée de la neige par l'irruption soudaine de l'air froid dans une chambre chaude et chargée de vapeur à l'état gazéiforme.

La position d'un lieu sur la terre, sa distance à la mer, son altitude et son orientation par rapport aux versants, ont une grande influence sur la quantité d'eau qu'il reçoit annuellement. D'une manière générale, la quantité de pluie varie avec la latitude. Plus un lieu est chaud, plus l'eau s'y vaporise facilement et donne lieu à des pluies. Aussi les pluies donnent-elles une hauteur totale d'eau annuelle d'autant plus grande qu'on est plus rapproché de l'équateur dans la région intertropicale ou qu'on est moins éloigné de la zone des déserts dans les latitudes plus élevées.

Pluies dans la zone des calmes équatoriaux.

Dans la zone des calmes équatoriaux, les alizés entassent toute la vapeur qu'ils ont recueillie à la surface des mers. L'air, accompagné de ces vapeurs, s'élève par suite de la chaleur solaire; l'air et la vapeur d'eau se dilatent en montant, et à 5,000 mètres, ils peuvent occuper un volume double de celui qu'ils occupaient au niveau de la mer. Pour se procurer cet espace, ils doivent, par leur force élastique, refouler l'air dans toutes les directions autour d'eux, et ce travail ne peut s'effectuer qu'aux dépens de la chaleur qu'ils possédaient en partant; les vapeurs parvenues dans les hautes régions de l'air rayonnent avec 16 mille fois autant d'énergie que l'air et répandent ainsi la chaleur dans l'espace; elles se refroidissent, se condensent et forment des nuages; le nuage descend en pluie, et dans les régions de calme, que les rayons du soleil frappent d'aplomb, là où l'air se décharge pour la première fois de son fardeau aqueux, la quantité de pluie qui tombe est énorme; des nuages énormes et noirs obscurcissent le ciel et laissent tomber des pluies tellement torrentielles que les marins ont appelé cette région le *Pot-au-Noir*. Les averses sont telles que souvent les matelots ont pu puiser à la surface de l'Océan l'eau douce dont ils avaient besoin.

La chaleur est molle et accablante, les orages nombreux et violents, le bruit du tonnerre presque incessant. Cependant, le ciel est assez souvent clair le matin et souvent il ne pleut pas la nuit. En mer, où la pluie tombe en plus grande quantité, c'est de 4 heures du matin à 4 heures du soir qu'il pleut le plus; sur terre, la pluie et l'orage surviennent plus tard, mais se prolongent plus avant dans la nuit. Ces fortes pluies sont donc attribuées au refroidissement qui accompagne l'expansion de l'air ascendant et surtout à la radiation des vapeurs tropicales contenues dans l'air, alors que dans les hautes régions elles ne sont plus entourées d'air saturé et qu'elles cèdent leur chaleur sans obstacle ou sans compensation aux espaces planétaires.

Lorsque l'anneau de nuages équatorial, qui s'étend au-dessus de la zone des calmes et l'accompagne dans son oscillation annuelle, couvre telle ou telle contrée, il y amène la saison des pluies. A Panama, situé par 9° de latitude nord, cette saison arrive en été et en automne, tandis qu'à Guayaquil, par 3° de latitude sud, elle arrive au mois de mars et d'avril; Bogota, situé à 4° de latitude nord, a deux saisons pluvieuses par an, l'une à l'époque où la zone des calmes de l'équateur avec son anneau de nuages se transporte vers le nord, c'est-à-dire en juin et juillet, et l'autre en janvier, à l'époque du passage inverse de cette zone.

Pluies entre les tropiques.

Les pluies sont très-rares dans la région des vents alizés et n'y surviennent que dans certaines parties marquées par le passage des ouragans. Il en est ainsi parce que l'air progresse régulièrement d'une partie moins chaude vers une partie plus chaude et que sa capacité de saturation va en croissant, puisqu'il devient plus chaud en même temps que sa vapeur augmente.

La zone torride n'a que deux saisons : la saison sèche et la saison humide ; cette dernière, pendant laquelle les pluies sont très-fréquentes, correspond au passage du soleil au zénith de la localité que l'on considère, de sorte que dans les pays situés très-près de l'équateur, il y a deux saisons sèches et deux saisons humides, puisque le soleil passe deux fois au zénith de ces localités. La saison humide est la plus malsaine et celle où se produisent les coups de vent.

Aux limites de la zone des calmes équatoriaux, les pays n'ont qu'une saison pluvieuse alternant avec une saison sèche. C'est pendant notre été qu'a lieu cette saison pluvieuse unique près du tropique du Cancer, et pendant notre hiver près du tropique sud; la saison sèche correspond à notre hiver près du tropique nord, alors que le soleil est dans l'hémisphère austral. La chaleur est beaucoup plus forte pendant la saison des pluies que pendant la saison sèche, quoique encore très-forte pendant cette dernière.

Région des pluies d'été tropicales.

La région des pluies d'été tropicales comprend les bassins du Sénégal, du Niger, du lac Tschad, du Nil supérieur, de l'Indoustan, de l'Indo-Chine. Dans les régions intertropicales, les côtes orientales des continents placées sous le vent des alizés ou des moussons sont copieusement arrosées, ainsi que les côtes de l'Inde pendant la mousson pluvieuse. Dans l'Inde, la quantité d'eau annuelle varie de 2 à 3 mètres suivant les localités; il en est à peu près de même dans l'Amérique centrale et la Sénégambie.

Dans ces régions où il ne pleut que pendant un petit nombre de mois et seulement pendant une partie du jour, les gouttes d'eau sont énormes, très-serrées et arrivent avec une grande vitesse. Une seule averse peut donner 4 centimètres d'eau, ce qui produirait dans nos pays de véritables désastres. Mais dans l'intérieur des terres l'abondance des pluies diminue beaucoup.

Pluies des calmes tropicaux.

En dehors des tropiques, dans les deux zones de calmes tropicaux formées par les contre-alizés supérieurs qui s'abaissent vers la surface du globe pour alimenter les alizés, la masse d'air descendante se contracte et s'échauffe, et les pluies sont très-rares, surtout dans la partie où les vents soufflent du N. au N.-E. Aussi, trouve-t-on une longue zone de déserts où il ne pleut presque jamais dans une partie de l'Afrique, dans le Sahara et dans l'Arabie, le sud de la Perse, la Boukharie et la Mongolie jusqu'aux monts Kingham; le climat reste chaud et sec; la terre brûle, le ciel est d'airain et l'eau extrêmement rare; les plantes languissent faute d'aliments. Les hommes et les animaux y sont nerveux, mais en petit nombre; la température s'y élève jusqu'à 47° c. à l'ombre.

La zone torride renferme des îles et des côtes battues par les alizés qui ont une chaleur douce; des contrées élevées où l'on ressent du froid, comme à Quito.

Pluies extra-tropicales.

On retrouve deux nouvelles zones de pluies au delà des tropiques, dans les parties du globe où souffle le courant équatorial, qui, allant vers le nord et gagnant par conséquent des latitudes de plus en plus froides, ne peut plus contenir toute sa vapeur qui se condense alors en nuages et en pluies.

Ces zones de pluies se déplacent dans le cours des saisons comme la zone des pluies équatoriales; c'est ainsi que dans notre hémisphère, la zone des pluies extra-tropicales marche vers le nord en été et descend au sud en hiver. A la limite de son excursion hivernale, il n'existe plus qu'une saison pluvieuse qui correspond à l'hivér, comme, par exemple, à l'île Madère. Les pluies deviennent plus fréquentes sous les tropiques quand les vents viennent à changer de direction et soufflent de la mer à la terre. La région des pluies d'hiver en dehors des tropiques comprend le nord de l'Afrique et l'Asie centrale. La quantité de pluie qui tombe en hiver dans cette zone est considérable.

Pluies de la zone tempérée boréale.

Au-dessus du 40e parallèle jusqu'au 60e, la succession des quatre saisons se fait régulièrement sentir avec des variations particulières dues à l'altitude, à l'exposition et à la nature du sol.

Les vents humides de l'Europe sont ceux du sud-ouest produits par le courant équatorial qui apporte vers le nord-est les vapeurs dont il s'est chargé sur l'Atlantique. Ce courant marchant du sud-ouest vers le nord-est gagne des régions de moins en moins chaudes, et la vapeur qu'il contient se condense de plus en plus; à mesure qu'il s'infléchit vers l'est, la condensation se ralentit, et dans sa branche descendante vers le sud-est ou le sud, il devient plus sec parce qu'il gagne des régions de plus en plus chaudes. En automne, les eaux de l'Atlantique du nord sont encore très-près de leur maximum de température qu'elles atteignent à la fin de septembre, tandis que la température de l'Europe s'est déjà notablement abaissée; pendant l'hiver, la température de la terre diminuera beaucoup plus rapidement que celle de la mer qui s'abaisse lentement; le courant équatorial arrivera alors très-humide sur les côtes occidentales de l'Europe, et produira des pluies et des nuages à peu près continus sur les régions où il aura établi son cours; abandonnant la plus grande partie de sa vapeur à mesure qu'il s'avance vers l'est, il ne porte que peu d'eau dans les régions orientales. Les *pluies d'automne et d'hiver* seront dominantes en

Norvége, en Irlande et sur la France occidentale, par conséquent sur les côtes occidentales de l'Europe. Au contraire pendant l'été, la terre étant plus chauffée que la mer, le courant équatorial conservera sa vapeur en arrivant sur le continent et la transportera au loin dans les terres ; les *pluies d'été* domineront en Russie, en Suède et en Allemagne. Les mouvements tournants qui se produisent dans l'atmosphère changent souvent la direction générale du vent dont nous venons de parler et par suite les pluies ou le chaud et le froid.

Région polaire.

Au delà du 60e parallèle jusque vers le 78°, on n'éprouve en général que deux saisons, un long et rigoureux hiver auquel succèdent brusquement des chaleurs excessives. Dans les régions polaires, il tombe beaucoup moins de pluie en hiver qu'en été.

Pays où il pleut le plus.

Les pays où il pleut le plus sont l'Amérique intertropicale, la côte N.-O. et la côte orientale des Etats-Unis, le Sénégal, la Guinée, l'Afrique orientale, les côtes de l'Asie orientale et les parties maritimes de l'Europe occidentale.

Pays sans pluie.

On trouve sur la surface du globe de vastes étendues où il ne pleut jamais ou presque jamais.

En Asie, le désert de Cobi, au nord de la Chine et du Thibet, ne reçoit jamais l'eau du ciel. Dans la saison climatologique des pluies, ce désert se trouve au nord de la limite des circulations polaire et tropicale de l'hémisphère boréal ; les vapeurs qui descendent à cette époque par le canal des calmes tropicaux, et qui devraient suivre la circulation polaire, sont arrêtées par les sommets des montagnes du Khorassan, du Thibet et de la Chine ; elles s'y attachent et s'y condensent en neiges qui, en se fondant en été, produisent les débordements des immenses cours d'eau issus de l'Himalaya et du Thibet ; l'air qui passe par-dessus ces montagnes et balaie les déserts de Cobi, est donc absolument dépouillé de vapeur d'eau. Une partie de la Perse est aussi sans pluie.

L'Arabie et la mer Rouge sont également des régions sans pluie. La mer Rouge se trouve dans le domaine des alizés du nord-est, et dans celui des moussons.

Les alizés arrivant de l'Asie sont secs et ne peuvent donner aucune humidité à l'Arabie, qui, par suite, est une contrée brûlée. Les vapeurs dont ils se chargent en traversant la mer Rouge sont transportées par eux en Afrique et condensées sur les montagnes de ce continent pour alimenter le Nil. La mer Rouge ne reçoit pas de pluie, et c'est la seule mer du globe dans laquelle ne se jette aucun cours d'eau.

En Afrique, le Sahara se trouve dans la zone d'évaporation pendant la saison chaude ou dans celle des alizés dans la saison froide; voilà pourquoi il ne peut recevoir aucune pluie. Il en est de même de la partie nord et du centre du continent australien. Il pleut aussi très-rarement en Egypte et dans la régence de Tripoli.

Il n'y a pas non plus de pluies sur la côte occidentale de l'Amérique du sud, depuis le Pérou jusqu'à l'Equateur. Dans la saison froide, cette région se trouve sous les alizés du sud-est, vent sec et de beau temps dans cette saison; dans l'autre saison, elle est dans la bande du maximum thermal, et les vents du sud-est, provenant de l'océan Atlantique méridional, sont arrêtés dans leur course par la barrière des Andes péruviennes, qui ne les laisse passer qu'après les avoir presque entièrement dépouillés de leur humidité. Aussi le ciel est-il toujours bleu sur le littoral du Pérou et la population s'assemble étonnée quand il lui arrive de pouvoir contempler un nuage.

Le Chili est au contraire sous l'influence des vents de nord-ouest ou d'ouest, qui sont des vents marins et humides, et les pluies sont abondantes sur les côtes de ce pays. Ces vents humides, desséchés à leur tour par les Andes du Chili, ne fournissent que peu de pluie aux pampas de la Plata et au désert de la Patagonie. La pluie est remplacée dans ces pays par des brouillards et de la rosée.

Influence des causes locales sur la pluie.

Les causes locales ont une influence très-grande sur la pluie. D'après M. Jules Maistre, les plus fortes pluies tombent en été dans les pays déboisés, en automne et en hiver dans les régions boisées. Les déboisements augmentent la sécheresse d'un pays. M. Mathieu, sous-directeur à l'Ecole forestière de Nancy, estime que la quantité de pluie qui tombe dans une région boisée est de 6 pour 100 supérieure à celle qui tombe dans une région dénudée.

D'après M. Belgrand, les pluies de mai à octobre, dans nos climats, influencent peu le régime des cours d'eau, tandis que celles des mois froids, en pénétrant dans les couches profondes du sol, alimentent les rivières. Donc, même quand l'été aura été sec, si la saison froide est pluvieuse, on peut être sûr qu'il y aura abondamment de l'eau dans les rivières pendant toute l'année; au contraire, les cours d'eau seront bas, si l'hiver a été sec avec l'été pluvieux.

Quantités annuelles de pluie tombant sur divers points de la terre.

On évalue les quantités de pluie qui tombent annuellement sur les différents points de la terre au moyen de l'udomètre ou pluviomètre.

Les quantités annuelles de pluie varient dans les différents points du globe de 7 mètres, maximum, à $0^{m}50$, en faisant abstraction des régions sans pluie.

Les chiffres suivants, empruntés à M. Ch. Martins, donnent une idée de la quantité annuelle de pluie qui tombe en moyenne sous différentes latitudes :

Mathouba.	$7^m,14$	Rome.	$0^m,70$
Bombay.	$2^m,08$	Strasbourg. . . .	$0^m,69$
Bergen.	$2^m,25$	Bordeaux.	$0^m,65$
Gênes.	$1^m,40$	Londres.	$0^m,63$
Lyon.	$0^m,89$	Marseille.	$0^m,47$
Lille.	$0^m,76$	Saint-Pétersbourg. .	$0^m,46$

Rosée. La *rosée* est le résultat de la condensation de la vapeur d'eau des couches inférieures de l'atmosphère sur les substances qui ont été suffisamment refroidies par le rayonnement nocturne. C'est donc l'effet du refroidissement par rayonnement; lorsque la température est inférieure à 0°, la rosée se transforme en *gelée blanche* ou givre. La rosée se produit pendant les nuits sereines par suite du rayonnement nocturne de la terre et des objets qui sont à sa surface; ces corps se refroidissent plus rapidement que l'air, de même qu'ils s'échauffent plus rapidement pendant le jour.

La vapeur, dont la puissance de radiation est si grande, ne se refroidit pas elle-même aussi vite que l'herbe par la raison que la vapeur n'a pas seulement sa propre chaleur à dissiper par radiation, mais aussi celle de la grande masse d'air dont elle est environnée. Plus l'air sera humide, moins le corps aura besoin d'être froid pour que la rosée s'y dépose; plus le ciel est clair et l'horizon étendu, plus les objets terrestres se refroidissent par le rayonnement nocturne, et plus aussi le dépôt de rosée tend à devenir abondant. Il faut une nuit tranquille, avec un air modérément agité et un temps clair pour la formation d'une rosée abondante. Le peu d'agitation de l'air renouvelle autour des corps l'air qui y a déposé sa vapeur en excès et contribue à l'augmentation de la rosée; quand le vent souffle, de l'air nouveau circule continuellement et trop rapidement entre les tiges d'herbe et empêche que le refroidissement par rayonnement puisse devenir considérable. Le dépôt de rosée est proportionnel au pouvoir rayonnant du corps; les métaux ayant un faible pouvoir rayonnant ne se recouvrent pas ou difficilement de rosée.

Tout obstacle au rayonnement nocturne entrave le dépôt de rosée en s'opposant au refroidissement des corps, et voilà pourquoi les nuages empêchent la formation de la rosée. Dans les pays méridionaux, où le ciel est généralement très-pur, le rayonnement est très-grand et la rosée est abondante, même dans le désert; la rosée supplée alors à la pluie dans les régions où celle-ci fait à peu près complétement défaut.

En mer, où l'air est toujours très-près du point de saturation, on voit apparaître la rosée bien avant que le soleil ne soit sous l'horizon, et elle est souvent tellement abondante que toutes les parties du navire paraissent mouillées comme après la pluie.

La gelée blanche, qui arrive lorsque la rosée se forme au-dessous de 0°, est plus redoutable après la pluie que par un temps sec bien établi, parce que la plante est plus tendre et plus délicate et qu'elle supporte d'autant moins l'action du froid qu'elle y a été moins préparée.

Le rayonnement nocturne est tellement fort dans les pays chauds que les Indiens se procurent de la glace en déposant la nuit des jattes d'eau peu profondes sur un lit de paille dans un lieu bien découvert.

Action de la rosée sur la végétation.

L'action efficace de la rosée sur la végétation tient surtout à l'acide carbonique, à l'ammoniaque et aux composés nitreux qu'elle renferme ; la plante reçoit peu d'eau de la rosée par ses feuilles, mais un sol ameubli peut condenser durant les nuits claires et humides des pays méridionaux beaucoup de rosée et l'eau qui en provient profite aux racines par lesquelles elle pénètre utilement dans l'organisme végétal avec toutes les substances qu'elle tenait en dissolution et qu'elle dissout dans le sol. C'est à cette hygroscopicité de la terre qu'il faut attribuer la persistance de la végétation dans les terres qu'aucune pluie ne mouille pendant de longs mois et qui semblent complétement dépourvues d'eau.

Brouillards.

Les brouillards sont dus au refroidissement de l'air et à ce que l'eau moins refroidie continue à donner des vapeurs que l'air ne peut conserver à cet état. Le nuage et le brouillard ne diffèrent l'un de l'autre que par la distance d'où on les observe; l'observateur est placé au milieu du brouillard ou à la même hauteur, tandis que le nuage est à distance. Dans les lieux naturellement humides, les brouillards pourront se former presque toutes les nuits; dans les lieux plus secs, ils n'apparaîtront qu'au moment où l'humidité de l'air sera accrue par l'influence des vents ou de la saison. Les vents d'entre sud et ouest sont favorables en France à la production des brouillards, parce que ces vents sont humides; les vents du nord et nord-est les produisent très-souvent à leur début en hiver en refroidissant l'air humide et tiède dans lequel ils entrent; s'ils persistent, le brouillard disparaît. Les vallées entourées de hauts plateaux sont plus fréquemment couvertes de brouillards que les vallées largement ouvertes, parce que le refroidissement nocturne étant plus rapide sur les lieux élevés, l'air s'y refroidit plus vite, devient plus lourd et glisse le long des pentes vers les lieux les plus bas. L'effet est surtout marqué dans les vallées arrosées par les cours d'eau.

Action des brouillards sur les plantes.

Les brouillards sont utiles aux plantes auxquelles ils fournissent de l'ammoniaque ; mais ils sont considérés comme malsains à cause de l'excès d'humidité qu'ils renferment et parce qu'ils maintiennent les émanations terrestres et industrielles condensées dans une couche basse au milieu de laquelle nous respirons; dans les saisons froides, ils constituent un milieu doué d'une conductibilité calorifique considérable et deviennent ainsi une cause de refroidissement pour nos organes.

Action des brouillards sur la santé.

On accuse les brouillards du soir de donner des fièvres dans les pays marécageux à ceux qui s'y exposent. Menton n'a pas de brouillards; ils sont très-rares à Venise, à Pise et à Pau. C'est au calme de l'atmosphère de Pau et de Venise qu'il faut attribuer une bonne partie des avantages reconnus à ces stations d'hiver.

Le drainage diminue les brouillards en diminuant l'humidité du sol.

Brume.

La *brume* est le brouillard maritime. Les brouillards sont épais et persistants sur les mers du nord de l'Atlantique et rendent la navigation très-laborieuse et les atterrages du Canada dangereux. Ces brouillards produits par le courant du golfe s'étendent jusque sur l'Irlande et l'Angleterre.

Nuages.

Les nuages sont des amas de vapeur vésiculaires ou d'aiguilles de glace formés dans un air dont la température est descendue au-dessous du point de saturation. On peut distinguer trois sortes de nuages : les *cirrus*, les *cumulus* et les *stratus*; on y rattache quatre formes de transition : les *cirro-cumulus*, les *cirro-stratus*, les *cumulo-stratus* et les *nimbus*.

Cirrus.

Les *cirrus* ou *queues de chat* des marins sont des nuages légers, floconneux ou striés qui se composent de filaments déliés et transparents dont l'aspect ressemble à des barbes de plume ou à un réseau léger et inégal. Ce sont les nuages les plus élevés; on pense qu'ils sont formés par des aiguilles de glace; ce sont ceux qui produisent les halos et les parhélies.

L'existence des cirrus, dans l'atmosphère, est, après un beau temps, le premier indice du vent et de la pluie; ces nuages, dans nos climats, accompagnent le retour des vents du sud-ouest débutant par les hautes régions de l'atmosphère.

Cumulus.

Les *cumulus*, *balles de coton* des marins, sont des nuages blancs, caractéristiques des jours d'été et du ciel des vents alizés; ils sont produits par des courants ascendants. Quelquefois ils paraissent entassés les uns sur les autres, et ressemblent à des montagnes dont le sommet est couvert de neige; ils indiquent un temps incertain; mais lorsqu'ils se montrent bien formés pendant trois ou quatre jours, le temps est bien établi.

Stratus.

Les *stratus* sont de longues bandes de nuages s'étendant à l'horizon le soir au coucher du soleil et quelquefois à son lever. Ils comprennent les brouillards, et toutes ces vapeurs légères, qui dans les soirs d'été couvrent le fond des vallées, les lieux humides, et disparaissent le matin.

Nimbus.

Les *nimbus* sont des nuages très-bas, d'un gris foncé ou noirâtre, à bords frangés qui, le plus souvent, se résolvent en pluie.

Cirro-cumulus.

Les *cirro-cumulus* sont des nuages très-légers donnant au ciel un aspect pommelé; on les appelle vulgairement nuages pommelés. Ils sont généralement produits par une élévation de la température concordant avec une baisse barométrique. Ils sont si souvent des avant-coureurs du mauvais temps ou des tempêtes qu'ils en sont regardés comme l'un des pronostics.

Cirro-stratus.

Le *cirro-stratus* est composé de masses de petits nuages horizontaux ou doucement inclinés, ondulés ou séparés par groupe. Il est en général accompagné d'une baisse barométrique, avec du vent, de la pluie ou de la neige.

Cumulo-stratus.

Les *cumulo-stratus* sont des cumulus dont l'assemblage s'étend en ligne horizontale; on peut regarder ces nuages comme des avant-coureurs de la pluie. Les cumulo-stratus qui donnent de la grêle, de la pluie ou de l'orage, sont extrêmement noirs avant la chute de la pluie ou de la grêle.

Les nuages sont fréquents dans les pays de l'Asie et de l'Afrique où il ne pleut presque jamais. Les plus petits îlots des mers intertropicales s'échauffant plus dans le jour que les eaux voisines sont recouverts d'une couronne de nuages épais formés au-dessus d'eux. Les nuages, pendant la nuit, ralentissent le rayonnement nocturne et tempèrent le froid des nuits; tandis que pendant le jour ils interceptent les rayons du soleil et abaissent la température du jour.

Electricité atmosphérique et orages.

Les orages sont produits par l'électricité que l'air atmosphérique renferme toujours suivant les lieux et les saisons. Les sources de l'électricité atmosphérique sont nombreuses, comme le frottement des masses d'air entre elles, l'évaporation, les décompositions et recompositions chimiques, les actes de végétation, etc. Les quantités d'électricité contenues dans l'atmosphère varient suivant une foule de conditions : elles augmentent au fur et à mesure qu'on s'élève au-dessus du sol, diminuent de l'équateur au pôle.

Distribution géographique des orages.

La distribution géographique des orages indique qu'ils vont en décroissant de fréquence et d'intensité de l'équateur au pôle. C'est entre les tropiques, où l'évaporation est la plus active, et la condensation la plus abondante, que les orages se font surtout remarquer par leur fréquence et leur intensité. Ils ont lieu principalement pendant la saison humide et aux changements des moussons; dans la région des calmes, les orages sont presque continuels; sur la côte d'Afrique et surtout dans l'Inde, il y a des saisons où un seul jour ne se passe pas sans orages : ils éclatent ordinairement le soir après le coucher du soleil et durent une partie de la nuit. Dans les régions où les vents alizés sont bien établis, les orages sont aussi rares que la pluie. A mesure qu'on s'avance vers les pôles, le nombre des orages va en diminuant; dans les latitudes élevées, ils n'ont lieu généralement que pendant la saison chaude. En Islande, c'est tout au plus s'il tonne une fois tous les deux ans.

Les orages sont plus fréquents sur les continents et sur les îles que sur mer; l'humidité dont l'atmosphère est imprégnée au-dessus des océans donne à l'air une conductibilité qui lui permet de se décharger sans secousse de son électricité.

L'orage éclate lorsque les nuages parvenus à un certain degré d'électrisation se trouvent à proximité d'autres nuages ou des objets terrestres sur lesquels ils peuvent se décharger de leur excès d'électricité. Sur terre, le bruit du tonnerre peut être entendu à 6 ou 7 lieues de distance au plus du point où jaillit l'éclair; l'éclair lui-même ou l'illumination qu'il produit peut au contraire être aperçu à une distance de 30 ou 40 lieues. De là *les éclairs sans tonnerre* ordinairement appelés *éclairs de chaleur;* ils sont dus à des orages lointains.

C'est à Calcutta que le nombre de jours d'orages, année moyenne, est le plus fort, et au Caire qu'il est le plus faible.

Nombre de jours d'orages en année moyenne dans les diverses régions du globe.

Calcutta......	60	Abyssinie.....	38	Berlin........	18,3	Athènes	11
Patna (Inde)..	53	Guadeloupe...	37	Strasbourg....	17	Pétersbourg.	9,1
Rio de Janeiro.	50,6	Québec (Canada).	23,3	Toulouse.....	15,4	Londres. ...	8,3
Maryland.....	41	Buénos-Ayres.	22,5	Utrecht......	15	Pékin......	5,8
Martinique....	39	Smyrne......	19	Paris.........	13,6	Le Caire....	3,5

Feu Saint-Elme. Le feu *Saint-Elme* est produit par un violent dégagement d'électricité, qui forme des flammes apparaissant au-dessus des mâts des navires ; ces flammes qui jaillissent de l'extrémité des mâts sont ordinairement accompagnées d'un sifflement aigu et ne brûlent pas les objets qu'elles touchent; on peut s'en approcher sans danger.

Grêle. La *grêle* est plus rare sous les tropiques que dans nos climats. Elle n'y tombe presque jamais dans les plaines; elle devient plus commune lorsqu'on s'élève à 500 ou 600 mètres au-dessus du niveau de la mer. En Europe, c'est au printemps et dans l'été que la grêle se forme le plus souvent aux heures les plus chaudes du jour; il est rare, malgré quelques exemples, qu'il en tombe la nuit. La grêle tombe avant les pluies d'orage et parfois elle les accompagne; il est rare qu'elle tombe après.

Trombes. Les *trombes* sont des météores animés d'un mouvement rapide de rotation et de translation, ayant le plus ordinairement la forme d'un cône renversé, dont la base est dirigée vers le ciel. Les trombes sont des phénomènes presque uniquement électriques, tandis que les cyclones sont des phénomènes surtout mécaniques.

Le sens de la rotation des trombes est indifférent, et il y en a autant tournant dans un sens que dans l'autre, tandis que la rotation des cyclones est invariable. La colonne ascendante est *extérieure*, tandis qu'elle est intérieure dans les cyclones. Les vitesses ascendantes extérieures des trombes arrachent les voiles des navires; sur terre, elles tordent et arrachent les arbres, les plantes, soulevant la poussière, desséchant en un instant les mares, dont elles dispersent l'eau et les habitants dans l'espace. En même temps, des décharges électriques illuminent toute la hauteur de la colonne et y sont suivies d'averses torrentielles.

Grains.

Les marins appellent *grains* des pluies de courtes durées, accompagnées ordinairement par des bourrasques, d'autant plus dangereuses pour la navigation qu'elles surprennent les navires au milieu des calmes ou de faibles brises. On distingue en général trois espèces de grains : les grains arqués, les grains descendants et les grains blancs.

Grains arqués.

Les grains arqués sont très-fréquents; généralement ils s'élèvent au-dessus de l'horizon en traçant à la partie inférieure des masses de nuages un arc de couleur sombre et très-noir lorsqu'ils doivent donner beaucoup de pluie ou quand ils sont chargés de beaucoup d'électricité. La tornade est le plus redoutable des grains arqués.

Grains descendants.

Les grains descendants donnent en général beaucoup de pluies et de rafales; ces grains sont fréquents surtout dans le golfe du Mexique.

Grains blancs.

Les grains blancs sont rares ; ils sont violents et de courte durée, et on en rencontre quelquefois entre les tropiques, surtout près des terres élevées. Ils ont lieu avec un ciel très-clair et sans que rien dans l'atmosphère puisse les indiquer.

Prévision du temps.

La prévision du temps a pour objet la recherche des lois qui régissent la variation des vents; le but de cette science, qui n'est encore qu'à ses débuts, est d'une immense utilité, car l'agriculture et la navigation retireraient de grands avantages de la possibilité de prévoir le temps, la direction et la force des vents. On n'a encore fait que peu de progrès, car la multiplicité et l'extrême variété des causes de perturbation de l'atmosphère sont si nombreuses qu'on n'a pu saisir encore aucune loi régissant la marche des températures annuelles, et on n'ose guère espérer un meilleur résultat dans l'avenir. La surface solide de la terre changeant sans cesse, les conditions de la distribution de la chaleur et de l'évaporation changent aussi sans cesse, et rendent un peu vaines les prédictions du temps longtemps à l'avance.

Dans toute l'Europe, chaque jour, chaque mois, chaque année, ont leur caractère propre, tant sous le rapport de la chaleur que sous celui des autres éléments atmosphériques. Les inégalités de chaque jour ne se reproduisent pas aux mêmes dates; des jours froids viennent s'ajouter à des jours chauds de même date pris dans des années différentes et diminuent leur influence dans les moyennes; voilà ce qui rend impossible pour le moment de découvrir la loi des changements de température dans l'atmosphère.

Tous les systèmes imaginés à l'avance pour prédire le temps sont empiriques, et reposent sur des illusions, ou bien n'envisagent qu'un nombre infiniment insuffisant des mille aspects de la question. La réussite dans la prédiction du temps serait le dernier mot de la météorologie. Néanmoins on possède quelques indices précurseurs des changements de temps qu'a donnés l'expérience et qui ne trompent guère, mais qui cependant ne donnent que des renseignements un peu trop vagues. Les observations télégraphiques annoncent aujourd'hui plusieurs jours à l'avance une tempête à des régions fort éloignées et rendent ainsi d'importants services à la navigation. La télégraphie fera progresser beaucoup la météorologie.

Pronostics du temps prochain.

A l'approche de la pluie, les hirondelles rasent la terre de leur vol, les lézards se cachent, les mouches piquent plus fortement, les poules se grattent et se couvrent de poussière, les oiseaux aquatiques battent des ailes et se baignent.

En général, quand on voit les mouettes et les autres oiseaux de mer, qui se tiennent ordinairement au large de la côte, voler avec inquiétude, se croiser dans leur vol comme s'ils étaient effrayés par quelque danger et se diriger vers la terre en poussant des cris répétés, on peut s'attendre à une tempête qui sera presque toujours violente.

Au coucher du soleil, lorsque les nuages se colorent d'une teinte vive de carmin ou de rouge pourpre, et qu'à son lever, au contraire, l'horizon est blanchâtre et sans nuages, c'est une marque de beau temps avec du vent frais. Une teinte verdâtre de l'horizon au lever du soleil annonce aussi du beau temps et l'arrivée des vents de N.-E. frais dans nos climats. Lorsque le soleil est pâle à son lever, ou s'il est caché derrière les nuages, ou bien s'il est rouge, on peut s'attendre en général à du mauvais temps. Si le soleil à son coucher est couvert de nuages, et si, au travers de ces nuages ou dans leur intervalle, on distingue des rayons bien prononcés, d'une couleur pâle ou d'un rouge vif, disposés en éventail, c'est un indice de pluie prochaine.

Si le soleil se lève brillant à l'horizon, s'il dissipe les vapeurs et les nuages de la nuit, on peut compter sur une belle journée.

Quand le soleil paraît avec un disque tranché et bien net lors de son lever et de son coucher, c'est une marque de beau temps et de vent de la partie de l'est. Un lever de soleil rose annonce du beau temps; un lever de soleil rougeâtre annonce du mauvais temps. Il en est de même des dimensions exagérées que le soleil et la lune semblent prendre quelquefois à l'horizon, de l'auréole lumineuse qui s'étend autour de la lune, des ondulations présentées par les étoiles et qui font dire que ces astres *baignent*. Une transparence exceptionnelle de l'air est un signe de pluies prochaines.

Lorsqu'on est près des côtes, si le matin on voit du brouillard ou de la brume dans les vallées, c'est un signe de beau temps. Si au contraire le brouillard paraît au sommet des terres élevées, on doit craindre la pluie.

Lorsque après la pluie les nuages paraissent s'abaisser et marchent lentement, c'est un indice de beau temps; au contraire, si des nuages bas et légers se forment près de la terre après une petite pluie et ressemblent à de la fumée, on peut s'attendre à voir tomber sous peu une pluie abondante et forte.

Lorsque les formes des nuages sont douces, mal définies et semblables à celles du duvet, on peut croire au beau temps; si leurs bords sont tranchés nettement, déchirés, aigus, c'est un présage de mauvais temps.

En général, lorsque les vapeurs du matin se dissipent vers neuf ou dix heures, on a du beau temps.

On observe souvent qu'après une belle nuit claire en hiver, on a le jour suivant un ciel sombre et couvert, et qu'au contraire à une nuit sombre succède fréquemment un beau jour.

Lorsque, pendant le printemps, on a de la gelée blanche, on doit presque toujours craindre de la pluie pour le jour même ou pour le lendemain.

Dans un temps de pluie, si le soleil ne dissipe pas les nuages dans la matinée et si la pluie persiste, on peut craindre d'en avoir toute la journée.

Avec un temps de pluie ou avec un temps couvert, si le soleil, à son coucher, montre tout son disque, ou s'il y a des espaces clairs entre les nuages, c'est un signe de beau temps. Il en est de même lorsqu'il y a un espace clair entre les nuages et l'horizon.

Les grosses pluies durent toujours moins que les pluies fines, parce qu'elles déchargent plus promptement l'atmosphère de ses vapeurs. Quand une pluie fine succède à une grosse pluie, on peut s'attendre à du mauvais temps plus ou moins prolongé.

Une grosse et forte pluie avec un grand vent le fait en général diminuer de force. Il en est de même pour une pluie fine et légère; d'où le proverbe : *petite pluie abat grand vent*.

La baisse des minima thermométriques, lorsque le vent souffle de la région chaude et humide, est un signe presque assuré de pluie le jour même ou le jour suivant; si le minimum monte avec les vents froids et secs, ils sont près de leur fin, et il peut y avoir pluie par l'entrée des vents du sud, sans abaissement de température. La fixité des minima annonce la continuation du même temps.

Les minima haussant graduellement annoncent que l'air devient moins sec, qu'il se sature de vapeur et marche vers la pluie.

Voilà quelques pronostics très-connus des cultivateurs ou des marins au moyen desquels ils prévoient le temps qu'il fera le lendemain ; mais il ne faut jamais perdre de vue, en prédisant le temps, le proverbe suivant : « Qui veut mentir n'a qu'à parler du temps. »

CHAPITRE V

L'OCÉAN ET LES COURANTS MARINS.

§ 1. Superficie de l'Océan. — Niveau des mers. — Profondeur de la mer. — Température de la mer. — Salure des mers. — Densité de l'eau de mer. — Couleur et transparence de la mer. — Phosphorescence de la mer. — Obscurité du fond des mers. — Marées.

§ 2. Divisions de l'Océan. — Océan Glacial boréal et austral. — Océan Atlantique. — Mer de Sargasse. — Productions de l'Atlantique ; — ses ports. — Mer du Nord ; — ses productions ; — ses ports. — Mer Baltique. — Manche. — Mer d'Irlande. — Mer de France. — Méditerranée et les mers qu'elle forme ; sa navigation ; ses productions ; éponges, corail ; — ses ports. — Mer Noire. — Mer d'Azof. — Pêche du saumon et de l'esturgeon. — Grand Océan : les mers qu'il forme ; ses productions et ses ports. — Mer des Indes ; ses productions ; nacre et perles ; — ses ports.

§ 3. Les courants marins. — Courants divers : courants généraux, courants périodiques et courants temporaires. — Vitesse des courants ; causes des courants. — Trajets des courants constants. — Courants du Grand Océan. — Courant de la mer des Indes. — Courants de l'Atlantique : courant du Brésil ; courant équatorial ; Gulf-Stream ; courant de la baie d'Hudson. — Courant de la Méditerranée. — Courant de la mer Baltique. — Courants périodiques : de la mer Rouge, de Manaar, de la mer de Chine. — Détermination des courants. — Courants accidentels. — Vagues. — Courant de Malstroëm. — Raz-de-marée. — Résultat pratique de l'étude des courants.

§ 4. Des principales routes de navigation. — Routes de New-York à la Manche *et vice versâ*. — Routes des ports d'Europe à l'Equateur. — Routes des ports des États-Unis à l'Equateur. — Routes d'Europe ou des Etats-Unis en Australie. — Route pour aller au cap de Bonne-Espérance. — Route pour la Chine. — Route d'Australie au cap Horn. — Difficile navigation du cap Horn. — Route des navires à vapeur.

§ Ier. — Océan et marées.

Superficie de l'Océan.

La mer recouvre un peu moins des trois quarts de la surface de la terre, environ les 735 millièmes ; son étendue est évaluée approximativement à 375 millions de kilomètres carrés, qui baignent plus de 184,000 kilomètres de côtes, éclairées, pour la plupart, par des phares et des feux qui rendent de grands services à la navigation. De Humboldt donne le tableau suivant de l'étendue comparée des terres et des mers dans les deux hémisphères :

	Terres.	Mers.		Terres.	Mers.
Hémisphère nord. . .	0,40	0,60	Ancien continent. . .	0,36	0,64
— sud. . .	0,12	0,88	Nouveau continent. .	0,17	0,83

On voit que dans l'hémisphère boréal, la superficie des mers est environ 1 1/2 fois, et dans l'hémisphère austral 7 1/3 fois celle des terres. Les mers sont principalement groupées autour de l'hémisphère austral, qu'on a appelé pour cela hémisphère marin.

Niveau des mers.

Les mers qui communiquent facilement entre elles ont sensiblement le même niveau ; elles forment une surface sensiblement sphérique qui est le point de départ duquel on compte les élévations verticales des différents lieux du globe, désignées en géographie par le mot d'*altitudes*. Les mers qui sont complétement isolées au milieu des terres peuvent avoir des niveaux très-différents de celui de l'Océan ; ainsi la mer Caspienne offre une dépression de 20 mètres, le lac d'Aral de 70 mètres, et la mer Morte de 400 mètres au-dessous du niveau général des eaux des grandes mers.

Les mers intérieures sont tantôt plus élevées, tantôt plus basses que les océans avec lesquels elles communiquent. C'est ainsi que les eaux de la mer Baltique se déversent dans la mer du Nord, et celles de la mer Noire dans la Méditerranée, qui reçoit, au contraire, les eaux de l'océan Atlantique, et se trouve ainsi à un niveau inférieur. Ces différences, toujours très-minimes, proviennent de ce que la mer Baltique acquiert plus d'eau par les rivières, les pluies et les contre-courants qu'elle n'en perd par l'évaporation ; il en est de même de la mer Noire, mais le contraire a lieu pour la Méditerranée.

Profondeur de la mer.

La profondeur des mers est très-mal connue ; les sondages sont encore trop peu nombreux et pour la plupart imparfaits ; dans ces dernières années on en a opéré de très-remarquables pour l'immersion des câbles télégraphiques sous-marins ; on en fait encore tous les jours pour l'avancement des sciences naturelles et la pose de nouveaux câbles ; le *Challenger*, vaisseau anglais, continue ses études dans l'océan Pacifique.

On a constaté que le fond des mers est accidenté comme la surface du continent, et qu'il présente par conséquent une succession de vallées, de montagnes, de collines et de plateaux analogues à celle de la partie émergée des terres.

Près des rivages, on a observé que la forme du terrain se continuait sous l'eau, et que la valeur des dépressions égalait à peu près celle des hauteurs. Ainsi, les côtes les plus abruptes sont en même temps les côtes près desquelles la mer est le plus profonde ; près des terres plates et basses, l'augmentation de la profondeur est au contraire lente et graduelle.

Les mers intérieures sont moins profondes que les océans. Entre Mémel et l'île d'Aland, le fond de la Baltique se rencontre partout à 100 mètres au plus ; il ne dépasse nulle part 240 mètres. Entre Toulon et Philippeville, la Méditerranée atteint 2600 mètres. Le bassin occidental de cette mer a une profondeur maximum de 3200 mètres entre l'Afrique et la Sicile, et le bassin oriental de la même mer a une profondeur maximum de 4600 mètres entre Malte et l'île de Candie. Elisée Reclus évalue à 5000 mètres la profondeur extrême de la Méditerranée. Dans le golfe du Mexique, la profondeur maximum obtenue est de 1800 mètres.

Les fonds de l'océan Atlantique sont très-variables ; loin des terres, la profondeur de cet océan varie de 3000 à 5500 mètres ; à peu de distance de Saint-Thomas, le Challenger a trouvé une dépression de 6975 mètres de profondeur ; elle atteint jusqu'à 8000 mètres dans un gouffre au sud de Terre-Neuve. Entre Rio-de-Janeiro et le cap de Bonne-Espérance, M. Denham a fait descendre la sonde à 14,020 mètres, et M. Parker, à 15,239 mètres ; ces sondages sont sujets à caution. Entre l'Irlande et Terre-Neuve s'étend un plateau dont la profondeur ne dépasse pas 3000 mètres ; on l'appelle le plateau télégraphique, et c'est sur ce plateau qu'a été établi le câble de Valentia. La profondeur moyenne de l'Atlantique est de 4 à 5,000 mètres environ.

Dans la partie occidentale de l'océan Pacifique, la profondeur varie de 4 à 6000 mètres. On a constaté que la profondeur de la mer atteint jusqu'à 14 kilomètres au sud des îles de la Sonde, dans le Grand Océan.

Près des côtes, le fond de la mer remonte promptement à quelques centaines de mètres.

Température de la mer.

La température de la mer est naturellement différente suivant la profondeur de la couche d'eau que l'on considère. Les mers fermées paraissent conserver jusqu'au fond une température à peu près uniforme ; mais dans l'Atlantique, au contraire, on distingue trois couches d'eau, une supérieure chaude, une intermédiaire et une inférieure froide. La température décroît régulièrement entre 200 à 1400 mètres, de 0°,84 par 200 mètres ; entre 1400 et 2000 mètres, de 2° 1/2 par 200 mètres ; et au-dessous de 2000 mètres, de quantités insignifiantes. Il ne faut pas oublier que les expériences sur la température de la mer à une certaine profondeur offrent de nombreuses difficultés, et que les données que nous avons sont encore peu certaines.

La température du fond de l'Atlantique nord se maintient généralement entre 1°,7 à 2°,2 avec un abaissement vers le nord, sous l'action du flux glacial provenant du bassin arctique, et un autre abaissement vers l'équateur où l'on rencontre le flux antarctique. Toute la masse d'eau de l'Atlantique nord, depuis une profondeur de 1,620 mètres jusqu'au fond, se maintient à une température de 1°,7 à 4°,4.

La température à la surface est mieux connue, quoiqu'elle soit sujette à beaucoup de variations locales dues à des causes très-diverses. Les eaux acquérant et perdant difficilement leur chaleur, les variations horaires sont toujours très-peu sensibles à la surface de la mer. Entre les tropiques, la chaleur des eaux se maintient de 25 à 29 degrés; elle dépasse 31° dans le golfe de Guinée et atteint 32° degrés dans la mer Rouge et l'océan Indien; dans la Méditerranée, elle atteint de 24° à 26°,7 pendant le mois de septembre. Jamais elle ne descend au-dessous de 20 degrés. Elle demeure assez uniforme jusqu'au 27e parallèle, puis elle va en diminuant à mesure qu'on s'approche des pôles. Dans chaque hémisphère, en été, elle est encore de 4 à 8 degrés jusqu'aux approches de la zone glaciale. Dans les mers polaires, elle dépasse rarement 0 degré, même en été, car elle est constamment maintenue par la fusion des glaces, qui est d'autant plus active que la chaleur s'élève davantage. Auprès des cercles polaires, la mer est gelée et offre à l'œil d'immenses champs de glace hauts de quelques mètres seulement au-dessus du niveau de la mer, et en d'autres endroits des blocs ou îles de glace, qui s'élèvent jusqu'à près de 200 mètres dans certaines régions. Il est fort douteux qu'il existe une mer libre au pôle arctique.

Les couches d'air à la surface des mers participent de la constance relative des températures de l'océan. Les surfaces des mers étant unies, les inégalités locales de température observées sur les continents disparaissent ici, et alors les courants d'air deviennent plus réguliers sur mer que sur terre, et éprouvent pendant la journée des variations moins grandes. L'évaporation qui s'opère à la surface des eaux est une cause continuelle d'abaissement de température, dont l'effet est de diminuer l'amplitude des variations diurnes. Dans les mers équatoriales, la différence entre le maximum et le minimum du jour ne va pas pour l'air au delà de 1° ou 2°, tandis que sur les continents elle atteint 5°, 6° et même plus. Dans les régions tempérées, entre les parallèles de 25° à 50° de latitude, la différence en mer dépasse rarement 2 ou 3°, et sur les terres elle arrive à 12 et à 15°. Le minimum de la température a lieu en mer comme sur terre, au moment où le soleil se lève, tandis que la température maximum a lieu vers midi au lieu d'être à 2 ou 3 heures.

D'après Maury, mars est le mois du plus grand froid et septembre le mois de la plus grande chaleur à la surface des eaux de l'Atlantique nord.

Près des côtes, à la surface de la Méditerranée, la température est notablement plus élevée qu'au large pendant le jour et plus basse quelquefois pendant la nuit. La température moyenne de l'année à la surface de cette mer est à peu près égale à celle de l'air. Au printemps et en été, la température moyenne de la mer est inférieure à celle de l'air et supérieure en automne et en hiver. Jamais en hiver la température de la surface ne descend au-dessous de 10°; en été, elle monte jusqu'à 26°,7. On estime que la variation diurne de la température cesse d'être sensible à 16 ou 18 mètres.

Les mers, par leur constance dans la température, tempèrent à la fois la chaleur des régions tropicales et les froids excessifs de certaines régions polaires, car la chaleur reçue en un point, dans les régions intertropicales, est entraînée par les courants de surface à de grandes distances vers les régions polaires.

Glaces polaires.

On estime que l'étendue des glaces australes est à peu près six fois plus grande que celle des glaces boréales.

Champs de glace.

On rencontre dans les mers polaires des *champs de glace* et des *montagnes de glace*. Les champs de glace sont formés par l'eau de mer congelée; ils ont une grande étendue, mais leur épaisseur est peu importante et ne dépasse jamais 5 mètres; ils présentent quelquefois une surface très-unie. L'étendue des champs de glace augmente par le froid et diminue par le dégel et l'agitation de la mer. Dans l'océan Arctique, les plus vastes ont 400 et même 500 kilomètres dans toutes les directions. Les champs de glace du pôle austral sont plus étendus et plus épais que ceux du pôle nord, qui sont souvent rompus et séparés par des espaces libres et des passages navigables, qu'on pourra peut-être franchir un jour. Dans l'hémisphère septentrional, les champs de glace ne commencent guère qu'à partir du 78e degré de latitude, mais dans l'hémisphère opposé, ils s'avancent de 10 à 12 degrés de plus vers l'équateur. Malgré son origine, la glace de ces champs, après la fusion, ne produit que de l'eau douce, car l'eau de mer, en se congelant, abandonne les sels qu'elle tenait en dissolution.

Montagnes de glace ou icebergs.

Les montagnes de glace, appelées aussi *icebergs,* sont formées d'eau douce congelée et proviennent d'immenses glaciers formés sur les côtes et qui, s'avançant lentement, glissent à la mer et se brisent par leur propre poids en donnant naissance à une énorme masse flottante. Le glacier formé sur la côte pénètre dans la mer par sa partie inférieure, qui y plonge de plus en plus en s'avançant au large; or, comme la glace est plus légère que l'eau, l'extrémité immergée du glacier tend à se relever, et quand la force qui la relève, agissant en sens contraire du poids du glacier à terre, est assez grande pour briser le glaçon près du point où il quitte la terre, la partie du glacier immergée se brise et forme la montagne de glace, qui est alors libre dans la mer.

Les montagnes de glace atteignent quelquefois de grandes dimensions; on en a vu qui avaient 1 kilomètre de diamètre et 500 à 600 mètres de hauteur, dont les 7/8 plongeaient dans la mer. Généralement la partie émergée n'est que le huitième environ de la hauteur totale; aussi voit-on fréquemment ces masses poussées par le courant s'avancer contre le vent. On rencontre une grande quantité de ces montagnes de glaces entre le Groënland et l'Amérique.

Glaces flottantes à la surface des mers.

Les glaces flottantes ou montagnes de glace quittent, pendant l'été, les parages où elles ont pris naissance, et, entraînées par les courants de la mer, ou poussées par les vents, elles vont vers les régions tempérées, diminuant peu à peu de volume jusqu'au moment où elles se sont transformées complétement en eau. Les glaces flottantes ne dépassent guère le 45e degré de latitude dans l'hémisphère nord, et elles s'y concentrent dans des régions peu étendues où les amène la dérive superficielle des eaux polaires. On les rencontre dans les parages de Terre-Neuve où elles arrivent soit des côtes du Groënland ou du nord-est de l'Amérique ou du bassin polaire. Il y a moins de glaces flottantes dans le Pacifique nord; les masses y sont aussi moins volumineuses et sont fournies seulement par les mers d'Okhotsk et du Kamtchatka.

Les glaces se rencontrent sur tous les méridiens dans l'océan austral, plus froid que le boréal; elles pénètrent jusqu'au 35e degré, jusqu'au cap de Bonne-Espérance, et c'est surtout du mois de novembre au mois d'avril, l'été de ces régions du sud, que l'on est exposé à en rencontrer et qu'elles deviennent un danger pour les navigateurs. C'est en juin et juillet que ces masses de glace descendent dans l'hémisphère boréal, du nord vers le sud.

Les glaces flottantes à la surface des mers sont souvent des causes de grands périls pour les navigateurs pour lesquels elles forment de véritables écueils mobiles; elles sont toujours une source de froid pour les régions qu'elles traversent.

Salure des mers.

L'eau de la mer a une saveur salée, amère, âcre et saumâtre; elle contient, moyennement, sur 100 parties, 95 d'eau, 3 de chlorure de sodium et 2 de très-petites quantités de sels de diverses natures. Très-vraisemblablement la salure des mers est le résultat de l'action première des eaux liquides sur la surface consolidée de la planète. C'est le chlorure de sodium qui donne à l'eau de mer sa saveur salée, mais la saveur amère provient du chlorure de magnésium.

La salure des eaux de l'Océan varie suivant les localités, suivant la profondeur à laquelle l'eau est recueillie, suivant les quantités d'eau douce que reçoivent certaines mers, suivant la saison dans les mers polaires et suivant l'évaporation, etc.

Degré de salure des mers.

Les océans ont à peu près le même degré de salure; à peine signale-t-on un millième en moins pour le Grand Océan et la mer des Indes, relativement à l'océan Atlantique; l'eau de la Méditerranée est un peu plus salée que celle de l'Océan et celle de la mer Rouge plus que celle de la Méditerranée. La mer Noire, la mer Blanche, la mer Jaune, la mer Baltique, la mer du Nord et les mers Glaciales renferment moins de sel. L'eau de la Baltique ne renferme pas 5 millièmes de résidu; l'eau de la mer Noire n'a qu'une densité de 1,013; celle de la mer d'Azof est encore plus faible.

D'après Maury, la salure des eaux de la mer, dont la cause n'est pas connue, empêcherait leur corruption; cependant l'eau pure se conserve parfaitement à cet état. La salure des eaux, en augmentant leur densité, facilite la marche des navires, et c'est une des principales forces qui déterminent les courants marins réguliers; si la mer était d'eau douce, il n'y aurait pas de Gulf-Stream.

L'eau de mer est absolument impropre à la boisson; mais on est parvenu à la rendre potable et salubre par la distillation. Les sels de la mer sont extraits en grande quantité dans plusieurs pays.

Densité de l'eau de mer.

Despretz a trouvé par l'expérience que, dans les conditions ordinaires, l'eau de mer gèle à — 2°,5, mais qu'elle peut rester à l'état liquide jusqu'à — 3°, à condition qu'elle soit dans un état de tranquillité parfaite. Dans le fond des mers, où la pression est énorme et le calme souvent absolu, on a trouvé une température de — 3°,47 dans l'eau liquide. Le point de congélation paraît être — 3°,9. La densité de l'eau de mer va en croissant avec l'abaissement de la température jusqu'à la limite de la congélation, la dilatation ne commençant que lorsqu'elle passe à l'état solide; il y a donc une très-grande différence entre la manière d'être de l'eau salée et celle de l'eau douce aux basses températures, puisque le maximum de densité de cette dernière est d'environ + 4°.

La densité de l'eau de mer est de 1,02886; un mètre cube d'eau de mer à 20°, pèse 1,027 kilogrammes, tandis que, dans les mêmes conditions, le mètre cube d'eau douce ne pèse que 998 kilogr. L'eau de mer change de densité par suite de sa plus ou moins grande salure; la densité de l'eau prise à la surface de l'Atlantique augmente lentement depuis l'équateur jusqu'au 30e ou 35e degré de latitude; c'est au 66e degré nord, et entre les 50e et 55e degrés sud, qu'on a observé le plus grand maximum de densité pour l'Atlantique; la densité diminue au delà. De l'équateur aux latitudes moyennes, le poids d'un mètre cube d'eau de mer augmente de 5 kilogr. environ, tandis que celui d'eau pure diminue de 20 kilogr. dans la zone tropicale, ce qui donne une différence assez considérable entre le poids d'un mètre cube d'eau salée et celui d'un mètre cube d'eau pure. C'est pour cela que les fleuves, à leur embouchure, coulent, non sur leur propre lit, mais sur un lit artificiel formé par l'eau salée; on peut même suivre leur cours très-loin au large par les tons verdâtres que les eaux douces communiquent à la mer. Les glaces en fondant forment de même à la surface de la mer une nappe d'eau d'une densité faible, quoiqu'elle soit refroidie par la température, et qui se dirige des pôles vers les latitudes moyennes, en sens inverse des eaux équatoriales.

Couleur et transparence de la mer.

En petite quantité, l'eau de mer est sans couleur; près des terres et par les petites profondeurs, elle a une teinte bleu-vert; au large, dans les grandes profondeurs, elle est d'une belle teinte bleue, bleu d'azur. Les causes de cette coloration sont inconnues. La nature du fond de la mer, lorsqu'elle a peu de profondeur, ou des corps flottants, donne souvent à certaines portions de mer des couleurs bien différentes. Elle affecte quelquefois une couleur jaunâtre, comme entre la Chine et le Japon, verdâtre à l'ouest des Canaries et des Açores; elle est blanchâtre dans le golfe de Guinée, rouge dans la mer Rouge et la mer Vermeille, et noire aux environs des Maldives. Ces différentes nuances sont probablement dues aux substances colorées que contient l'eau de mer ou à des animalcules et à des végétaux microscopiques qui s'accumulent à la surface.

Phosphorescence de la mer.

La *phosphorescence de la mer* consiste dans un éclat lumineux produit par les molécules de l'eau agitée; la cause de ce phénomène est due aux myriades d'animalcules microscopiques ou infusoires qui pullulent dans toutes les mers à toutes les latitudes, mais surtout dans les mers équatoriales. On peut priver l'eau de mer de sa phosphorescence en la passant au travers d'un tissu très-fin qui retient les infusoires.

Obscurité du fond de la mer.

La lumière diminue au fur et à mesure qu'on descend dans les profondeurs de la mer, et l'on arrive toujours à une limite où règne l'obscurité la plus absolue. Cette limite, qui varie suivant le degré de pureté des eaux et suivant l'incidence de la lumière, paraît atteinte, dans la plupart des cas, à la profondeur de 500 mètres.

Des marées.

Les *marées* sont des oscillations régulières et périodiques qu'éprouvent les eaux de la mer et qui sont produites par l'attraction de la lune et du soleil et la rotation de la terre. Chaque jour, après le passage de la lune au méridien, on voit les eaux de l'Océan s'élever, puis se retirer peu à peu quand la lune se couche; elles remontent de nouveau lorsque la lune passe au méridien inférieur et s'abaissent six heures après. On appelle *flux* ou *flot* ou *marée montante* le mouvement qui fait monter la mer jusqu'à ce qu'elle soit *pleine* ou *haute*, et on appelle *reflux* ou *jusant* ou *marée descendante* le mouvement contraire qui la fait descendre jusqu'à ce qu'elle soit *basse*. La *pleine mer* est le moment où la marée atteint son maximum d'élévation ; le moment contraire s'appelle la *basse mer*. En vertu de l'inertie, le moment où la mer est haute ou basse dure quelque temps avant que le niveau ne recommence à baisser ou à monter ; les marins nomment *étale* le moment pendant lequel la mer reste haute ou basse.

Marée totale.

On appelle *marée totale* la différence de niveau entre une pleine mer et la basse mer qui la suit, ou plus exactement entre la moyenne de deux hautes mers consécutives et la basse mer intermédiaire.

Mer moyenne.

On donne le nom de *mer moyenne* au niveau moyen entre la haute et la basse mer ; il est à peu près constant, et c'est à ce niveau qu'on rapporte les *altitudes* dans les opérations géodésiques. Dans tous les ports il existe des *échelles de marée* qui donnent la hauteur de la mer au-dessus du niveau moyen.

Explication des marées.

Ce sont les actions simultanées du soleil et de la lune sur les eaux de la mer qui produisent la marée composée qu'on observe dans les ports de l'Océan. L'effet le plus sensible est celui de l'attraction de la lune qui, à cause de sa proximité de la terre, produit sur la mer une marée qui est moyennement deux fois et demie celle qui résulte de l'action du soleil. L'effort unique qui résulte des attractions du soleil et de la lune sur les eaux de la mer varie chaque jour avec les positions relatives de ces deux astres. A la nouvelle lune, alors que la lune est, par rapport à la terre, du même côté que le soleil, ces deux astres agissent dans la même direction ; la marée est la somme des deux marées partielles. Il en est de même à la pleine lune. Ainsi, vers les syzygies, la haute mer lunaire correspond à la haute mer solaire, mais vers les quadratures, c'est-à-dire, lorsque la lune est aux quartiers, l'effet du soleil contrarie celui de notre satellite, et ces astres agissant dans des directions rectangulaires, la haute mer lunaire correspond à la basse mer solaire et la marée est la différence des deux marées partielles.

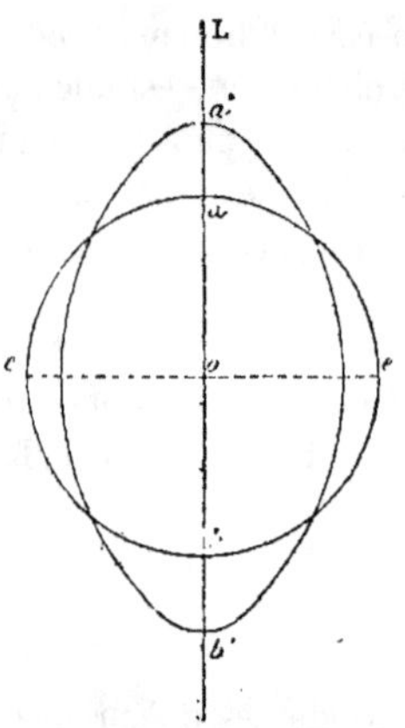

Voici comment on peut expliquer l'action lunaire sur l'Océan ; supposons pour un moment la terre entièrement recouverte par la mer, et, par la position actuelle de la lune, menons le diamètre L*o* qui rencontre la surface de la mer en *a* et *b*. La lune agit par attraction sur chacune des molécules qui composent la terre, et cette attraction s'exerce en raison inverse du carré de la distance ; si nous considérons les molécules liquides qui se trouvent entre les deux points *a* et *b*, nous voyons qu'elles sont inégalement éloignées de la lune L ; par conséquent, cet astre attire davantage le point *a* que le centre *o*, et le centre *o* plus que le point *b*. Si nous appelons *d* la distance du centre de la lune au centre de la terre, et *r* le rayon terrestre, l'attraction que la partie solide de la terre éprouvera de la part de la lune pourra être considérée comme s'exerçant à la distance *d*, tandis que l'attraction sur les parties liquides situées en *a* s'exercera à une distance $d - r$. L'attraction sur les parties liquides sera donc plus forte que sur la masse solide, et comme ces parties, en raison de leur fluidité, peuvent obéir séparément à la force qui les sollicite, il se produira en *a* une protubérance des eaux. La distance à laquelle l'attraction de la lune s'exerce sur les molécules situées en *b* est $d + r$; ces molécules seront donc moins attirées que la partie solide ; la pesanteur sera par conséquent diminuée en *b*, comme elle l'est en *a*, et par suite, pour rétablir l'équilibre, les eaux viendront affluer en *b*; il se produira donc en ce point une seconde protubérance.

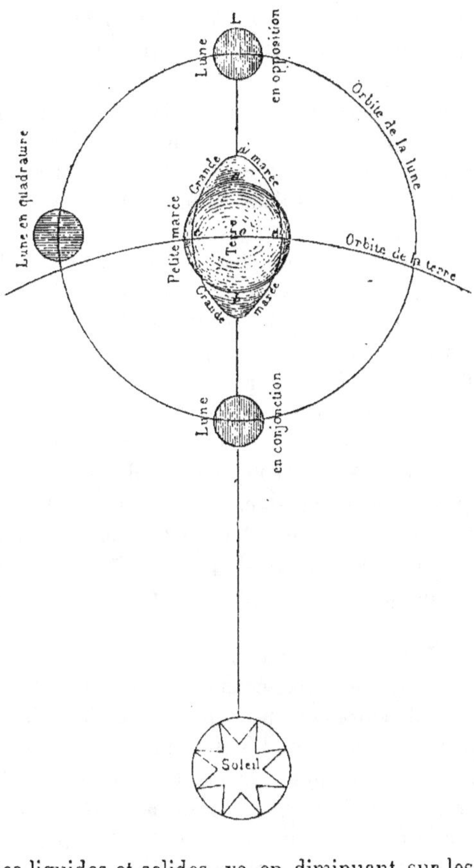

A partir des points *a* et *b*, la différence des attractions exercées sur les parties liquides et solides, va en diminuant sur les deux hémisphères jusqu'au méridien (*c e*) perpendiculaire à la direction *a b*, où ces attractions deviennent égales. La masse liquide prendra donc, sous l'influence de l'action lunaire, la forme d'un ellipsoïde allongé dans la direction *o* L de la lune. La mer sera haute en *a* et en *b*; elle sera basse sur l'équateur à 90° de ces points, en *c* et en *e*.

Le soleil produit des effets analogues, quoique moins considérables à cause de sa très-grande distance à la terre; on a calculé que l'attraction de la lune était égale à peu près à deux fois et demie celle du soleil.

Les actions du soleil et de la lune ne se produisent pas séparément, mais en même temps, se composent et il en résulte une seule marée dont la grandeur dépend de la position réciproque des deux astres, de la déclinaison et de la parallaxe de chacun d'eux. Comme la lune ne conserve pas la même position relativement à la terre, et que son mouvement apparent s'exécute de l'est à l'ouest en $24^h\ 50^m\ 1/2$, il est facile de comprendre que la direction *a' b'* du renflement ou de la marée suivra la lune dans ce mouvement, faisant ainsi le tour du globe en un jour lunaire. La mer doit s'élever partout où la lune est au méridien supérieur ou inférieur, et s'abaisser là où la lune est à l'horizon; or cela arrive deux fois dans chaque période de $24^h\ 50^m\ 1/2$; donc il y aura deux hautes mers et deux basses mers dans cet intervalle.

Influence de la configuration des côtes sur les marées.

Si l'eau recouvrait tout le globe terrestre, la marée serait presque insensible : elle devient, au contraire, très-appréciable au voisinage des continents ou des îles, parce qu'elle y couvre ou découvre plus ou moins les côtes. La configuration des côtes exerce aussi une très-grande influence sur la hauteur de la marée; cette hauteur est d'autant plus considérable, toutes choses égales d'ailleurs, que la direction de la côte approche davantage de la direction perpendiculaire au courant produit par la marée. Sur la côte occidentale du département de la Manche, qui présente à peu près cette direction, la haute mer s'élève beaucoup plus haut que sur les autres points du littoral français; à Granville, par exemple, la haute mer s'élève de plus de 12 mètres au-dessus de la basse mer, tandis qu'à Cherbourg la différence n'est que de $5^m,60$ environ.

Retard journalier des marées.

L'intervalle moyen entre deux pleines mers consécutives est de $12^h\ 25^m$, temps qui est précisément la moitié du jour lunaire, ou du temps qui s'écoule entre deux passages consécutifs de la lune au méridien; par suite, dans l'espace de $24^h\ 50^m\ 1/2$ la mer monte et descend deux fois. La durée moyenne du jour lunaire étant de $24^h\ 50^m\ 1/2$, le passage de la lune au méridien retarde chaque jour de 50 minutes 1/2, de telle sorte que les marées retardent en moyenne de la même quantité d'un jour à l'autre; elles arriveront donc successivement à toutes les heures du jour ou de la nuit; par exemple, si la haute mer arrive un jour à 2 heures du matin, celle du lendemain matin aura lieu à $2^h\ 50^m\ 1/2$. On a observé que la mer n'emploie pas le même temps à monter et à descendre. Ainsi, par exemple, au Havre, la mer met $2^h\ 8^m$ de plus à descendre qu'à monter; la même chose a lieu à Boulogne; à Brest, la différence est seulement de 16 minutes.

Époques des hautes et des basses marées.

La hauteur des marées est d'autant plus grande que la lune et le soleil sont plus près de la terre et plus rapprochés du plan de l'équateur. Aussi les marées les plus fortes arrivent aux équinoxes, quand la lune est au périgée et très-voisine de l'équateur; et les plus faibles aux solstices, quand la lune est à l'apogée avec une grande déclinaison.

Les plus grandes marées ont lieu vers les syzygies, ou les nouvelles et pleines lunes, et les plus petites marées vers les quadratures, ou les premiers et derniers quartiers. Les marées des syzygies ne sont pas toutes également fortes; elles sont d'autant plus considérables que la lune et le soleil sont plus rapprochés de la terre et du plan de l'équateur.

On a pu s'assurer que les marées ne sont pas égales, en mesurant la grandeur d'une marée par la différence entre le niveau d'une basse mer et celui de la haute mer suivante.

Dans tous les ports de l'Océan, la plus haute marée n'a pas lieu le jour même de la syzygie, mais un jour et demi après; de sorte que la haute mer qui arrive au moment de la syzygie est celle qui résulte des attractions du soleil et de la lune 36 heures auparavant. La marée observée un jour quelconque est précisément celle qui est déterminée par les positions du soleil et de la lune 36 heures auparavant.

Marées de quartier ou mortes-eaux. Marées de syzygies ou vives-eaux.

Les marées minima qui arrivent aux époques des quadratures sont désignées sous le nom de *mortes-eaux* ou *marées de quartiers;* dans plusieurs petits ports, les bâtiments d'un tonnage un peu élevé, ne peuvent pas sortir à ce moment. Les marées maxima qui arrivent aux époques des syzygies, c'est-à-dire quand la lune est nouvelle ou qu'elle est pleine, s'appellent *vives-eaux* ou *marées des syzygies*. Ces marées maxima et minima ne se produisent, comme nous venons de le dire, que 36 heures environ après le moment où les actions combinées du soleil et de la lune ont atteint leurs plus grandes et leurs plus petites valeurs.

Unité de hauteur d'un port.

L'*unité de hauteur* d'un port est la moitié de la hauteur moyenne d'une marée totale à l'époque d'une syzygie équinoxiale, ou plutôt celle qui arrive un jour et demi après la syzygie; c'est par conséquent la quantité dont la haute mer dépasse, en moyenne, le niveau moyen de la mer. On peut donc dire que l'unité de hauteur d'un port est la quantité dont la mer s'élève ou s'abaisse relativement au niveau moyen qui aurait lieu sans l'action du soleil et de la lune.

Cette unité de hauteur se déduit d'un grand nombre d'observations de hautes et basses mers équinoxiales; la moyenne de ces observations donne un nombre qui indique la différence entre les hautes et basses mers; la moitié de ce nombre est ce qu'on appelle l'*unité de hauteur;* c'est un élément qu'on a déterminé pour chaque port.

TABLEAU DE L'UNITÉ DE HAUTEUR DE DIVERS PORTS.

	Unité de hauteur.		Unité de hauteur.		Unité de hauteur.		Unité de hauteur.
Dunkerque......	2^m68	Entrée de l'Orne.	3^m65	Saint-Malo.....	5^m68	Saint-Nazaire...	2^m68
Calais..........	3.12	Port-en-Bessin..	3.20	Ile Bréhat......	5.01	La Rochelle....	2.67
Boulogne.......	3.96	La Hougue.....	3.04	Brest...........	3.21	Cordouan.......	2.35
Dieppe.........	4.40	Barfleur........	2.82	Audierne.......	2.00	Arcachon.......	1.95
Fécamp........	3.86	Cherbourg......	2.82	Lorient.........	2.24	Entrée de l'Adour.	1.40
Le Havre.......	3.57	Granville.......	6.15	Le Croizic......	2.50		

On obtiendra la hauteur d'une grande marée dans un port en multipliant l'unité de hauteur de ce port par la hauteur de la marée de la syzygie; cette dernière hauteur est obtenue par la formule de Laplace et on la trouve toute calculée dans un tableau publié chaque année par la *Connaissance des temps* ou par l'*Annuaire du bureau des longitudes.*

Etablissement du port.

Des circonstances locales et la configuration des côtes font varier d'une quantité constante pour chaque lieu l'instant de la haute mer, qui devrait se produire au moment où la lune passe au méridien; on observe un retard qu'on appelle l'établissement du port. L'*établissement du port* est donc le retard constant de la marée ou de la pleine mer sur le passage de la lune au méridien du lieu, le jour d'une syzygie équinoxiale.

Voici la valeur de cet établissement en heures et minutes pour un certain nombre de localités:

	h. m.		h. m.		h. m.		h. m.
Hambourg.....	5 0	Calais.........	11 49	Brest...........	3 46	Gibraltar......	0 0
Cuxhaven......	0 40	Boulogne......	11 26	Lorient.........	3 32	Londres.......	2 15
Delfzill (Ems)..	0 15	Dieppe........	11 8	La Loire (embouchure).........	3 45	Douvres.......	11 10
Groningue.....	11 15	Le Havre......	9 53	Rochefort........	3 48	Portsmouth....	11 40
Amsterdam....	3 0	Honfleur.......	9 30	Tour de Cordouan.	3 53	Plymouth......	5 30
Rotterdam.....	3 0	La Hougue.....	8 48	Royan..........	4 1	Bristol.........	7 12
Flessingue.....	1 0	Cherbourg.....	7 58	Bordeaux.......	7 45	Liverpool......	11 23
Anvers........	4 25	Jersey.........	6 25	Bayonne........	4 5	Dublin.........	11 30
Ostende.......	0 20	Guernesey.....	6 28	Lisbonne........	4 40	Waterford.....	5 20
Nieuport.......	0 15	Saint-Malo.....	6 10	Cadix...........	1 15	Cork..........	4 20
Dunkerque.....	12 13	Morlaix........	5 15			Limerick......	6 0

Grandeur des marées.

Il est probable qu'au large la hauteur de la marée ne dépasse guère $0^m,74$; mais sur les côtes de certains continents, au contraire, les marées sont quelquefois considérables; ainsi dans la baie de Saint-Malo et dans celle de Fundy (Amérique du Nord) les différences entre la haute et la basse mer atteignent jusqu'à $14^m,4$ et $19^m,2$.

La direction des vents influe dans chaque localité sur la hauteur de la marée; la mer s'élèvera plus haut lorsque les vents souffleront du large que lorsqu'ils viendront de terre.

Les marées sont régulières et peu considérables sur les côtes des îles du Grand Océan comprises entre l'Asie et l'Amérique; mais elles sont très-fortes et sujettes à beaucoup de variations sur les côtes orientales de l'Asie et sur les côtes occidentales de l'Europe.

Les mers intérieures n'ont pas de marées.

Les marées sont à peine sensibles dans les mers intérieures ou fermées, telles que la mer Caspienne, la mer Morte, la mer Noire, etc. Cela résulte de la faible distance qui sépare les deux extrémités de ces nappes d'eau, car les différences des actions exercées par les astres sur les particules liquides ne peuvent pas y devenir sensibles et produire comme dans l'Océan la déformation de la surface.

Mesures dont on se sert sur mer.

Le mille marin de 60 au degré, ou minute d'un degré à l'équateur, vaut 1852 mètres. La lieue marine de 20 au degré vaut 3 milles ou 5556 mètres. Le mille marin vaut 10 encâblures, de sorte que les encâblures sont comptées pour 185 mètres. Le *nœud* est le 1/120 du mille marin et vaut $15^m,432$. Un nœud parcouru en 30 secondes donne une marche d'un mille marin par heure; 9 nœuds filés en 30 secondes indiquent une marche de 9 milles ou 3 lieues marines par heure.

La brasse vaut en France.............	$1^m,624$
» » en Angleterre..........	$1^m,829$
» » en Hollande...........	$1^m,883$
» » en Espagne............	$1^m,696$.

§ II. — Divisions de l'Océan.

Divisions de l'Océan.

L'Océan comprend cinq grandes parties qui sont : 1° l'*océan Glacial arctique* ou *boréal*, depuis le pôle jusqu'au cercle polaire boréal; 2° l'*océan Glacial antarctique* ou *austral*, qui s'étend du pôle au cercle polaire austral; 3° l'*océan Atlantique,* qui s'étend entre les deux cercles polaires au nord et au sud et de l'est à l'ouest entre l'ancien et le nouveau continent; il se divise en trois parties : l'*océan Atlantique boréal,* entre le cercle polaire et le tropique du Cancer, l'*océan Atlantique austral,* entre le cercle polaire et le tropique du Capricorne et l'*océan Atlantique équinoxial*, entre les deux tropiques; 4° le *Grand Océan,* appelé improprement *océan Pacifique*, s'étendant entre l'Amérique à l'est, l'Asie et l'Australie à l'ouest, et entre les deux cercles polaires, du N. au S.; il se divise aussi en trois parties : le *Grand Océan boréal,* l'*équinoxial* et l'*austral;* 5° enfin l'*océan Indien* ou mer des Indes, entre l'Afrique à l'O., l'Asie au N., l'Australie à l'E., et le cercle polaire austral au S.

OCÉAN GLACIAL BORÉAL.

Cet océan, dont la superficie est de 35 millions de kilomètres carrés, s'étend au nord de l'ancien et du nouveau continent; il baigne les côtes septentrionales de la Norvége, de la Russie, de la Sibérie, de l'Alaska et de la Nouvelle-Bretagne. Ces côtes sont presque partout basses et unies, à l'exception des côtes de la Norvége et du Groënland. C'est une mer remplie de glace formant soit des champs de glace, dont les bords s'appellent *banquises,* ou des montagnes de glace ; la température y descend à —40° et —50° et cette mer gèle tous les ans de septembre à juin. Au mois de juin, le soleil toujours sur l'horizon pendant quelques semaines produit des chaleurs d'un été brûlant, et alors les champs de glace se brisent et se dispersent; c'est à cette époque jusqu'au mois d'août qu'on se hasarde à la poursuite des baleines. Le soleil reste plus d'un jour sur l'horizon au delà des cercles polaires; au 70e parallèle, il luit pendant 65 jours, mais disparaît ensuite pour 60 jours; au 80e, il reste sur l'horizon pendant 134 jours, et au-dessous pendant 127 jours. La lumière crépusculaire peut, dans ces régions, se prolonger pendant des jours entiers. Dès le mois d'août, la neige commence à tomber, et ces contrées inhospitalières ont un hiver de 9 à 10 mois pendant lequel l'obscurité de la nuit n'est atténuée que par les vives lueurs des aurores boréales, qui sont très-fréquentes dans ces régions. Les rares habitants de ces contrées restent dans des huttes où ils ont du feu constamment allumé pour se préserver du froid intense et pour dégeler leurs provisions alimentaires. Les courants marins font flotter du bois en abondance dans ces régions désolées.

Les montagnes de glace descendent dans l'Atlantique par le grand canal situé entre le Groënland et la Norvége, puis par le détroit de Davis; le détroit de Behring en laisse très-peu passer dans le Grand Océan à cause d'un courant chaud qui se dirige du Grand Océan à l'océan Glacial par ce détroit. On connaît le passage du nord-ouest, qui fait communiquer l'océan Atlantique au Grand Océan, mais il n'est pas navigable. On prétend que le climat de ces terres polaires est plus froid qu'autrefois; mais les phénomènes de congélation diminuent en s'approchant du pôle, ce qui a fait supposer l'existence d'une *mer Polaire libre;* elle reste encore à découvrir.

Productions de l'océan Glacial

Ces mers polaires sont riches en poissons et en animaux utiles; on y rencontre en effet des oiseaux, des légions d'oies, des canards, des pluviers qui déposent leurs œufs dans les îles. On y rencontre des phoques ou veaux marins qui fournissent une huile abondante, ressource précieuse pour les pauvres habitants de ces pays. Les Esquimaux se nourrissent de leur chair et se servent de leur peau pour recouvrir leurs huttes et leurs canots; leur graisse sert à les éclairer et à les chauffer ou est transformée en huiles vendues aux Européens. On fait aussi avec les peaux de phoque des havre-sacs et des couvertures de malles de voyage, et avec l'huile des savons de qualité inférieure, ou bien on l'emploie à la préparation de certains cuirs. Les morses ou vaches marines, avec leurs longues défenses, qui donnent de l'ivoire; les licornes de mer ou narvals, armés d'une dent de 2 à 3 mètres; les baleines de 20 à 25 mètres de longueur, pesant de 80,000 à 100,000 kilogrammes et pouvant fournir 68 à 80 quintaux d'huile chacune, se rencontrent dans cette mer. Des ours blancs immenses fournissent à l'homme, dans ces régions, d'excellentes fourrures.

Océan Glacial austral.

L'océan Glacial austral présente les mêmes caractères que le précédent; mais il paraît beaucoup plus froid et beaucoup plus embarrassé par les glaces. Il a été beaucoup moins visité que celui du Nord et on n'est pas allé au delà du 78e dégré de latitude sud.

OCÉAN ATLANTIQUE.

C'est l'océan le plus fréquenté et le plus important au point de vue commercial; les peuples qui bordent ses rivages sont les plus civilisés. C'est l'océan le mieux étudié et le plus utilisé pour la navigation. Sa superficie est de 70 millions de kilomètres carrés; sa profondeur est partout au-dessus de 1800 mètres; c'est entre les 50e et 70e degrés de longitude ouest et vers le 37e parallèle que se trouve la région la plus profonde; les sondes y ont accusé plus de 9,000 mètres. Du cap Raze, sur l'île de Terre-Neuve, au cap Clear, en Irlande, s'étend un vaste plateau remarquablement égal et uni, qui a reçu le nom de *Plateau télégraphique*, parce que c'est là qu'eut lieu le premier essai pour la pose d'un câble destiné à relier l'Amérique à l'Europe; ce plateau a 3,000 kilomètres de largeur et est environ à 3,000 mètres au-dessous des eaux.

Profondeurs de l'Atlantique.

Les plus grandes profondeurs sont entre le banc de Terre-Neuve et les Bermudes, sur le trajet du Gulf-Stream; aux environs de Sainte-Hélène, la sonde a atteint 9,000 mètres et 10,000 mètres plus au nord. Le grand banc de Terre-Neuve n'est qu'à 40 mètres de profondeur et est formé de sable fin et de vase; il est remarquable par ses grandes pêcheries.

L'océan Atlantique offre passablement de dangers à la navigation; les ouragans des Antilles, les calmes du golfe de Guinée et ses tornades, les coups de vent du cap Horn et du cap de Bonne-Espérance sont à redouter. On trouve peu de bas-fonds dans cette mer, où les marées sont très-fortes, surtout au nord de l'Amérique, dans la baie de Fundy et à l'ouest de l'Europe. La navigation est facilitée par les alizés et le courant du golfe.

Mer de Sargasse. Au centre du grand circuit océanique dont le Gulf-Stream fait partie, entre les 17e et 38e degrés de latitude N. et les 50e et 80e degrés de longitude O., sur une étendue de plusieurs milliers de lieues carrées, la mer est couverte d'une végétation abondante et d'herbes flottantes en si grande quantité que la marche des navires en est souvent retardée. On appelle cet espace *mer de Sargasse* ou mer de varech. Ces varechs sont sans racines, mais n'en végètent pas moins avec activité et portent même des fruits. La couleur de ces herbes est brune ou jaunâtre, ce que l'on attribue au défaut de renouvellement de l'eau autour de la plante. Cette mer de Sargasse a à peu près la superficie de la France.

Lorsque les compagnons de Christophe Colomb l'aperçurent, ils se crurent parvenus aux limites des mers navigables; depuis ce temps, cette mer n'a pas changé de place.

L'océan, dans ces parages, a plus de 2,000 mètres de profondeur, et les plantes qui le recouvrent naissent et vivent à la surface de l'eau. Dans l'Atlantique sud, deux parages sont également abondants en végétaux, l'un au nord des Malouines, l'autre à l'ouest du cap de Bonne-Espérance, entre les méridiens 2° et 15° ouest.

Productions de l'océan Atlantique. L'océan Atlantique, dont les côtes sont très-découpées dans le nord, est la grande route du commerce européen vers l'Océanie et l'Amérique occidentale par le cap Horn et le détroit de Magellan.

L'océan Atlantique est très-riche en poissons : les harengs, les sardines, les anchois, les maquereaux, les thons, les saumons, les torpilles, les morues y sont nombreux; on y rencontre des requins, des exocets ou poissons volants et des dauphins; mais les baleines ne s'y rencontrent qu'accidentellement et les phoques y sont peu nombreux. Les tortues y sont en grand nombre; on rencontre dans les îles de cette mer la tortue franche ou verte, estimée à cause de sa chair, qui est moins nourrissante que celle du bœuf, mais qui néanmoins est fort appréciée des marins; on en voit qui pèsent jusqu'à 400 kilogrammes, surtout aux environs des îles Sainte-Hélène et de l'Ascension. La tortue caret, plus petite, est estimée à cause de son écaille employée pour peignes ou tabatières.

Les oiseaux de mer s'y rencontrent en grand nombre, comme les canards, les plongeons, les pétrels, les frégates, les albatros ou moutons du Cap, les ennemis des poissons volants.

Principaux ports de l'Atlantique : en Europe : Stavanger, Bergen, Christiansund, Drontheim ou Trondheim, Hammerfest (Norvége); Glascow (Ecosse); Cork, Queenstown, Wexford (Irlande); Bristol, Pembroke, Swansea (Angleterre); Brest, Lorient, Saint-Nazaire, Nantes, Paimbœuf, le Croisic, la Rochelle, Rochefort, Bordeaux, Bayonne (en France); le Ferrol, la Corogne, Vigo, Huelva; Cadix (Espagne); Porto et Lisbonne, Sétubal (Portugal). *En Afrique :* Tanger, Mogador, Saint-Louis, Gorée, Dakar, le Cap. *En Amérique :*

Buenos-Ayres, Montevideo, Rio-de-Janeiro, Santos, Bahia, Pernambuco, Para, Carthagène des Indes; Aspinwal, Vera-Cruz (Mexique); New-Orléans, Mobile, Savannah, Charleston, Norfolk, New-York, Portland, Baltimore (Etats-Unis); Halifax (Nouvelle-Ecosse); Québec (Canada).

L'océan Atlantique forme trois mers intérieures : 1° la *mer du Nord*, qui forme la *Baltique*, 2° la *Manche* et 3° la *Méditerranée*.

Mer du Nord.

La *mer du Nord*, dont la superficie est d'environ 600,000 kilom. carrés, est peu profonde et sablonneuse; elle est plus profonde au nord qu'au sud, surtout près des côtes de Norvége. Cette mer s'étend au nord jusqu'au parallèle des caps Duncansby et Lindesnœss. Ses rivages sont formés par une ligne de dunes sablonneuses de 1100 kilomètres de longueur, s'étendant du détroit du Pas-de-Calais au cap Skagen; mais ils sont rocheux le long des côtes de l'Ecosse et de la Norvége. La navigation de cette mer est dangereuse, à cause des bancs de sable très-nombreux, dont le plus grand est le *Dogger-Bank* (54° à 55° lat.) de 14 à 30 mètres d'eau. Les vents très-variables et les marées très-fortes de cette mer contribuent à la rendre dangereuse; ses eaux, moins salées que celles de l'Atlantique proprement dit, entraînent souvent des glaçons qui arrivent des mers septentrionales.

Productions de la mer du Nord.

La pêche est très-productive dans cette mer : on y trouve des harengs en grande quantité sur les côtes de l'Ecosse et sur celles de la Norvége, des soles, des turbots, des maquereaux et des morues. Les harengs ne viennent pas des régions glaciales, mais des profondeurs de l'océan; la pêche aux harengs se fait de juin en janvier, et le télégraphe électrique, signalant immédiatement aux pêcheurs les endroits où le poisson apparaît, rend de grands services à cette pêche, qui était autrefois entre les mains des Hollandais, mais qui est faite aujourd'hui principalement par les Anglais et les Norvégiens. Le merlan est aussi abondant dans la mer du Nord; le merlan salé constitue le *stokfish*.

Ports principaux : Londres, Yarmouth, Hull, Sunderland, Newcastle, Leith, Dundee, Aberdeen (Grande-Bretagne); Frederikstadt, Christiania, Arendal, Drammen, Christiansand (Norvége); Gothenbourg, Helsingborg, Marstrand (Suède); Hambourg, sur l'Elbe, Brême, sur le Wéser, Emden, Norden, Wilhemshaven, Altona (Allemagne); Amsterdam et Rotterdam (Pays-Bas); Anvers, sur l'Escaut, Ostende, Nieuport (Belgique); Dunkerque, Gravelines (France).

Mer Baltique

La *mer Baltique* a 400,000 kilomètres carrés de superficie; on y pénètre par les détroits du Skager-Rak, d'une profondeur de 810 mètres, du Cattégat, profond de 80 mètres, et dont les homards sont remarquables; on entre ensuite dans le passage du Sund, large de 4 kilomètres 1/2 et embarrassé de bancs de sable dangereux, ou dans le Grand-Belt, large de 16 kilomètres, et le Petit-Belt, de 650 mètres. Le passage du Sund est peu sûr et offre, vers la côte orientale, des écueils, qu'on évite de jour par un bon vent et des pilotes du pays; 15 à 20,000 vaisseaux traversent ce détroit chaque année.

Abolition des droits de passage du Sund.

L'abolition des droits de passage du Sund date du 14 mars 1857; les états maritimes payèrent au Danemark une indemnité de 86 millions 1/2 de francs. La navigation des deux Belt est très-dangereuse à cause du grand nombre d'îlots et de bancs de sable qui se trouvent dans ces parages. Cette mer forme des golfes très-considérables, peu profonds, bordés d'écueils et très-poissonneux. Les eaux de la Baltique sont moins salées que celles de l'océan à cause des grands fleuves qu'elle reçoit et de sa faible évaporation; aussi elle gèle facilement et les glaces interrompent la navigation pendant 3 à 4 mois de l'année. Cette mer, peu profonde, n'a presque pas de marée; sa plus grande profondeur, qu'on évalue à 216 mètres, se trouve vers le centre; près de l'île Bornholm, la profondeur n'atteint pas 50 mètres. Les eaux sont à 3 mètres au-dessus du niveau de l'Atlantique et déterminent de forts courants qui se dirigent vers la mer du Nord et qui, au printemps, entraînent les glaces vers les détroits et rendent la navigation difficile et dangereuse. C'est donc une mer assez périlleuse, où les brouillards sont souvent tellement intenses que les pilotes doivent y suivre des directions bien connues pour ne pas toucher les écueils malgré les phares. Les baies, passages de l'est, de l'ouest et du sud sont gelés jusqu'en avril; les golfes de Finlande et de Bothnie sont gelés jusqu'à fin mai. C'est une mer riche en poissons, surtout en maquereaux, en été; on trouve de l'ambre sur la côte de l'Allemagne. Cette mer est très-fréquentée par les navires.

Profondeur de la Baltique.

Ports : Elseneur, Copenhague, Aalborg, Aarhuus (Danemark); Kiel (Holstein); Lubeck, Travemünde, Wismar, Rostock et Warnemunde, Stralsund, Greifswald, Colbert, Stettin et Swinemunde, Dantzig, Pillau, Mémel, Kœnigsberg (Allemagne); Libau, Windau, Riga, Pernau, Port-Baltique, Révol, Cronstadt, Saint-Pétersbourg, Wiborg, Frederikshham, Helsingfors, Abo, Uléaborg, Tornéa (Russie et Finlande); Landskrona, Malmo, Trelleborg, Ystad, Carlskrona, Calmar, Wisby (île Gothland); Norrkoping, Stockholm, Gèfle, Hernosand, Uméa (Suède).

La Manche.

La *Manche* (83,000 kilomètres carrés de superficie), qui doit son nom à sa forme, est dirigée du sud-ouest au nord-est et a une longueur de 520 kilomètres environ avec une largeur moyenne de 150 kilomètres; elle est largement ouverte sur l'Atlantique où sa largeur est estimée à 160 kilomètres, tandis qu'elle est de 220 entre Cancale et la baie d'Exeter; cette mer se rétrécit vers l'est jusqu'au pas de Calais, qui la fait communiquer à la mer du Nord. Ce détroit n'a que 34 kilomètres de largeur; sa profondeur n'est que de 54 mètres, mais elle s'élève de 55 à 62 mètres dans sa partie médiane; on ne trouve que 2 à 5 mètres d'eau dans quelques endroits, surtout sur les bancs du Varne, à 51° lat. et du Colbart, que le pilote doit éviter, à cause des remous et des vagues qu'ils occasionnent; ce détroit est l'un des passages les plus fréquentés du monde.

Profondeur de la Manche.

La Manche est peu profonde et le fond s'incline de l'E. à l'O.; sa plus grande profondeur est de 162 mètres; à l'est, elle n'est que de 64 mètres et de 127 mètres à l'ouest. C'est l'une des mers les plus fréquentées, mais les plus dangereuses et les plus tourmentées du globe; sa direction de l'O. à l'E., son resserrement entre les côtes un peu élevées d'Angleterre et de France, tendent à orienter dans le même sens de l'O. ou de l'E. les vents qui soufflent à sa surface et à leur donner plus d'énergie; ils soufflent d'ouest ou du sud-ouest pendant les deux tiers de l'année, surtout de novembre à mars. Cette mer est aussi placée dans la direction moyenne des mouvements tournants de l'Europe; aussi des tempêtes subites et violentes éclatent-elles sur elle avec beaucoup d'intensité. La Manche est exposée à de hautes et violentes marées, parce que le flot qui vient de l'ouest va se rétrécissant de plus en plus à cause des rivages de plus en plus étroits et alors il se gonfle démesurément; dans le golfe de Saint-Malo, la marée est très-haute et très-rapide; c'est la plus forte du continent européen; ainsi au mont Saint-Michel la marée monte de 16 mètres en s'avançant sur la plage avec la vitesse d'un cheval au galop. Le flot des marées dans le pas de Calais vient de la Manche et se fait sentir jusqu'à South-Foreland, en Angleterre, et à Calais, où il rencontre un autre flot venu dans un sens opposé, à travers la mer du Nord. Cette mer est traversée par de forts courants venant de l'ouest et des sous-courants qui suivent la direction des côtes en sens opposés; ainsi, au milieu de cette mer, le courant renverse suivant que la marée monte ou descend; entre le Havre et l'île de Wight le renversement est immédiat et le courant passe de l'est à l'ouest. Les brouillards sont fréquents sur la Manche.

Vents et courants de la Manche.

Les rades très-sûres et les ports des côtes crayeuses de l'Angleterre ne s'ensablent pas, tandis que les ports de la côte de France s'ensablent. La Manche est très-poissonneuse : on y pêche des maquereaux, des mulets, des soles, des raies, des turbots, des merlans, des harengs; les huîtres de Cancale sont renommées.

Ports : Plymouth, Southampton, Portsmouth, Brighton, Newhaven, Douvres (Angleterre); Alderney (île d'Aurigny); Calais, Boulogne, Dieppe, le Havre, Harfleur, Honfleur, Isigny, Cherbourg, Granville, Saint-Malo, Saint-Servan, Saint-Brieuc, Paimpol, Tréguier et le port de refuge de l'île de Batz (France).

Mer d'Irlande.

La *mer d'Irlande,* entre la Grande-Bretagne et l'Irlande, d'une superficie de 6,300 kilomètres carrés, a les plus hautes marées de l'Europe, et des côtes très-découpées favorables à la navigation. Elle abonde en poissons, tels que harengs, maquereaux, morues, et en saumons, dont la pêche est très-productive; on prend généralement les saumons au pied d'une chute d'eau.

Les oiseaux de mer y sont aussi en grand nombre ; l'eider fait son nid sur les rochers découpés des bords de cette mer.

Ports : Bristol, Liverpool, Whitehaven (Angleterre) ; Belfast, Dublin (Irlande).

Mer de France ou de Biscaye ou golfe de Gascogne.

Brumes du golfe de Gascogne.

La *mer de France,* ou *golfe de Gascogne,* appelée *mer de Biscaye* par les Espagnols, est presque aussi dangereuse que la Manche, mais bien plus dénuée de bons ports. Elle est très-profonde à fort peu de distance des côtes. Des brumes règnent fréquemment dans le golfe de Gascogne ; elles sont dues à la condensation de la vapeur d'eau et sont très-redoutées par les pêcheurs de nos côtes et par les marins bordelais ; elles envahissent tout à coup l'horizon sans que rien les annonce, et presque simultanément il s'élève une houle énorme qui vient se briser avec furie sur les côtes et sur les barres de la Gironde et du bassin d'Arcachon. Les côtes de la Bretagne sont très-exposées à l'action des mauvais temps qui traversent l'Atlantique ; elles reçoivent généralement les premières atteintes des tourmentes venues de l'ouest, mais elles échappent plus promptement que la Manche à leur action, et souvent elles sont déjà rentrées dans le calme que la tempête sévit encore sur la partie orientale de la Manche. Les côtes ouest de la France, de Nantes à Bayonne, sont moins exposées aux mauvais temps que les côtes de Bretagne ; des bourrasques néanmoins abordent la France directement par les côtes de Gascogne. A Bayonne, les plus forts coups de vent sont à peu près parallèles à la chaîne des Pyrénées, et sont d'autant plus violents que les Pyrénées font obstacle à leur expansion dans le sud. Les vents d'O. sont les plus dangereux sur toute la côte à cause du petit nombre d'abris qu'elle présente et des bas-fonds qui la bordent. On pêche beaucoup de sardines dans cette mer ; la pêche commence en mai et finit en novembre ; en automne, la sardine quitte les profondeurs de l'océan et vient déposer ses œufs sur les côtes. Nantes est le grand port de salaison des sardines. Les torpilles, poisson électrique, à chair molle et désagréable, y sont aussi en grand nombre, ainsi que le germon, dont la chair blanche est fort estimée.

Ports : Nantes, Bayonne, Saint-Jean de Luz (France) ; Passages, Saint-Sébastien, Portugalète et Bilbao, Santander, Gijon (Espagne).

Méditerranée.

La *Méditerranée* est la mer la plus importante pour l'Europe et la France ; c'est le centre du commerce du monde. Cette mer fut abandonnée pendant trois siècles par le commerce comme route des Indes, mais elle a repris son ancienne splendeur depuis le percement de l'isthme de Suez. Le commerce de la Méditerranée, qui va sans cesse en se développant, peut être évalué actuellement à près de 9 milliards de francs, sans compter le transit par Gibraltar et Suez.

Étendue de la Méditerranée.

L'étendue de la Méditerranée, du détroit de Gibraltar à la mer Noire, peut être évaluée à 2,500,000 kilomètres carrés ; si l'on y comprend la mer Noire et la mer d'Azof, on peut estimer cette surface à 2,987,000 kilomètres carrés, surface équivalant à un peu moins de six fois celle de la France et au 1/47e de celle de l'océan Pacifique. Elle a 3,200 kilomètres de longueur du détroit de Gibraltar aux Dardanelles ; sa plus grande largeur est de 1000 kilomètres, et sa plus petite, entre la Sicile et l'Afrique, de 120 kilomètres. Sa profondeur moyenne varie de 1000 à 1500 mètres ; à l'orient de Malte, on a trouvé 4,500 mètres de profondeur ; sa profondeur extrême a été trouvée de 5,000 mètres.

On peut diviser la Méditerranée en deux bassins : le *bassin occidental,* commençant au détroit de Gibraltar, qui a 20 kilomètres de largeur avec un fond de 912 mètres, et finissant au canal de Malte dont l'ouverture est de 160 kilomètres ; le *bassin oriental,* compris entre le canal de Malte, les Dardanelles et l'isthme de Suez. L'Italie, la Sicile et une longue ligne d'îles et de bas-fonds se reliant à la presqu'île tunisienne, au cap Bon, séparent ces deux bassins. On estime à 920,000 kilomètres carrés la superficie de la Méditerranée occidentale, à 1,587,000 kilomètres carrés l'étendue du bassin oriental, comprenant la mer Adriatique (130,000 kilomètres carrés) et l'Archipel ou mer Égée (157,000 kilomètres carrés). Les quatre clefs de la Méditerranée sont le détroit de Gibraltar, le canal de Malte, l'isthme de Suez et les Dardanelles ; les trois premières sont aujourd'hui entre les mains des Anglais.

La mer Méditerranée n'a pas de marées ou du moins elles y sont insensibles ; ainsi sur les côtes de France, la marée ne s'élève guère que de 30 centimètres ; sur les rivages de la Sicile occidentale et dans la mer Adriatique, elle peut s'élever à plus d'un mètre ; dans le golfe de Gabès, la marée est régulière. Le détroit de Messine, de 30 kilom. de largeur, celui de l'Euripe de l'Eubée, ont aussi leurs alternances régulières de flux et de reflux. Il y a au détroit de Gibraltar un courant supérieur assez fort, qui vient de l'océan Atlantique et un courant inférieur qui emporte le surplus des eaux de la Méditerranée. Comme cette dernière mer est alimentée par l'océan Atlantique qui n'y trouve accès que par le détroit de Gibraltar, dont le fond se rencontre à 912 mètres au-dessous de la surface, il n'y a que l'eau superficielle de l'océan, toujours assez chaude à cette latitude, qui puisse pénétrer dans la Méditerranée ; voilà pourquoi la température de cette mer, refroidie seulement par les eaux bien moins abondantes de la mer Noire, ne descend jamais au-dessous de 12°,2, même dans les profondeurs.

Vents de la Méditerranée.

Les deux grandes directions des vents qui soufflent sur la côte française sont celles du nord-ouest et du sud-est, la première variant de l'ouest au nord, la seconde du sud à l'est ; le vent du nord-ouest ou *mistral* grossit beaucoup la mer et quelquefois il est si fort, surtout en automne, que les navires ne peuvent pas quitter le port de Marseille.

Les vents du sud-est sont aussi très-redoutés des marins; ils poussent les eaux vers l'ouest et ont une grande influence sur les courants. L'été, les vents soufflent rarement avec violence; ceux du sud-est reprennent vers le mois de septembre, alternant avec ceux du nord-ouest qui sont plus froids et plus secs.

Les vents du nord dominent une grande partie de l'année sur la Méditerranée; mais il n'y a pas de vents réglés favorables à la navigation. Le golfe de Lion est seul accessible aux vents du nord-ouest; le golfe de Gênes en est abrité par les contre-forts des Alpes-Maritimes. Le golfe de Lion est particulièrement redouté des marins à cause des vents violents qui s'y font sentir et des tempêtes soudaines qui s'y déchaînent, sur une côte basse, sans abris, peu visible et souvent cachée par la brume qu'amènent les vents du large.

Les variations des vents dans le bassin occidental méditerranéen sont très-sensibles, surtout en approchant du détroit de Gibraltar. Ainsi, quand il souffle un coup de vent de N.-O. dans le golfe de Lion, le vent est Nord aux îles Baléares, N.-N.-E. sur les côtes de l'Algérie, N.-E. dans le golfe de Valence, E.-N.-E. au cap de Palos, sur les côtes de Murcie, et E. au cap de Gata et dans le détroit de Gibraltar. Les vents d'O. dominent pendant l'année dans le détroit de Gibraltar et sur la côte nord d'Afrique; les vents d'E. sont les plus constants dans le golfe de Valence et dominent d'octobre à janvier inclusivement dans le golfe de Lion. Les vents d'O. dominent à Toulon. En été, de mai à septembre, les vents d'E. dominent entre le détroit de Gibraltar et le méridien du cap Fegalo.

Les vents du S. et du S.-E. sont humides et pluvieux sur la Méditerranée; on les confond souvent avec le sirocco, vent des déserts d'Afrique, bien qu'ils aient une origine beaucoup moins méridionale. A terre, ou en mer à une faible distance des côtes, les directions du vent sont considérablement modifiées, surtout vers Hyères, Nice, Menton, par les saillies du sol, et le marin doit tenir compte des conditions locales au milieu desquelles il se trouve.

La Méditerranée est plus rarement envahie par les tempêtes tournantes que les côtes nord ou nord-ouest de l'Europe ; ces tourmentes y arrivent quelquefois par le sud de l'Espagne, et le nord-est de l'Afrique ; le plus ordinairement, elles y parviennent après avoir traversé la France, l'Allemagne et même la Russie. Les violents coups de vents sont fréquents dans cette mer de novembre à avril ; les coups de vent de N.-O. sont très-violents sur la côte d'Afrique, dans le golfe de Valence et particulièrement dans le golfe de Lion ; les coups de vent d'E. et de S.-E. sont très-gênants, parce qu'ils sont toujours accompagnés de brumes et de pluie ; les coups de vent de nord ne soufflent guère qu'à l'entrée de la mer Adriatique et dans l'Archipel; les coups de vent de sud sont très-rares dans le bassin occidental.

Les trombes sont assez fréquentes dans la Méditerranée à toutes les époques, mais surtout aux changements de saisons et principalement en automne. Les orages accompagnés de tonnerre sont fréquents dans la Méditerranée; ils sont quelquefois très-violents, surtout quand changent les saisons; sur la côte d'Afrique, ils sont le plus fréquents de juillet à septembre et surtout pendant le dernier mois, et sur la côte d'Espagne en septembre et octobre.

Navigation de la Méditerranée.

La navigation de la Méditerranée est difficile, peu sûre, et sujette à de grands coups de vent venant de l'intérieur des terres; elle est exposée à des tempêtes violentes, à des trombes d'eau fréquentes et à des calmes profonds, qui nécessitent sur cette mer la navigation à vapeur plus que sur toute autre mer. Les mois les plus favorables à la navigation sont: depuis le mois de mai, juin, juillet et août jusqu'au 15 ou 20 septembre; ces mois sont appelés par les marins les meilleurs ports de la Méditerranée; si à cette époque un mauvais temps survient, il dépasse rarement 24 heures. En juillet, août, jusqu'en mi-septembre, les vents du nord diurnes peu violents règnent presque sans relâche dans une bonne partie de la Méditerranée. Les tempêtes ont lieu en hiver, notamment en février.

A l'époque des équinoxes, du 21 au 30 mars et du 21 au 30 septembre, il est rare que la mer ne soit pas agitée par quelque violente tempête. La mer est ordinairement assez calme pendant les grandes pluies de printemps et d'automne.

La traversée de la Méditerranée vers l'Atlantique est souvent contrariée par les vents d'ouest et par le courant qui entre dans le détroit de Gibraltar; les vents qui soufflent dans une certaine direction dans le golfe de Lion et dans une autre sur les côtes de l'Espagne contrarient aussi la marche des navires à voiles.

De nombreux écueils rendent d'une navigation difficile le détroit de Bonifacio, large de 20 kilomètres; les contre-courants rendent aussi difficile le passage du phare de Messine, d'une largeur de 30 kilomètres. On voit beaucoup moins dans la Méditerranée que dans l'Océan les grandes lames de fond déroulant leurs immenses ondulations; mais on remarque surtout des vagues courtes, saccadées, se brisant vite et fatiguant davantage les navires.

Mer Adriatique.

Le *bassin oriental* de la Méditerranée forme un grand nombre de mers particulières; la mer *Adriatique*, formant les golfes de Venise, de Trieste et de Fiume, est encombrée au nord-ouest par des dépôts vaseux; sa profondeur est de 900 mètres; le canal d'Otrante, qui la fait communiquer à la

Méditerranée, n'a que 115 mètres de profondeur. A Venise on voit des marées de 65 à 97 centimètres. La mer *Ionienne* forme le golfe de Tarente et celui de Patras ou Lépante ; dans ce golfe, des brises régulières soufflent en sens inverse deux fois en 24 heures et poussent les navires de l'ouest à l'est de 10 heures du matin à minuit, et de l'est à l'ouest pendant la nuit et le matin. L'*Archipel*, ou mer Egée, d'une superficie de 157,000 kilomètres carrés, est une mer toute parsemée d'îles, qui unissent la Grèce aux rivages de l'Asie; c'est une mer dangereuse, sujette à de violentes tempêtes.

Mer Ionienne.

Archipel.

Mer de Marmara.

La *mer de Marmara* a un bassin paisible et tranquille et ses rives, bordées de maisons de plaisance, offrent des sites délicieux; elle tire son nom d'une de ses îles dans laquelle se trouvent de grandes carrières de marbre blanc ; elle produit de l'écume de mer pour têtes de pipes.

Productions de la Méditerranée.

Pêches de la Méditerranée.

De toutes les mers, la moins poissonneuse est certainement la Méditerranée ; l'Adriatique semble un peu plus riche que le reste de la Méditerranée, qui nourrit 440 espèces de poissons dont 320 sont représentées dans l'Adriatique. Les espèces utiles sont les maquereaux, les thons, les espadons, les esturgeons, les sardines, les anchois, et l'espèce de hareng appelé *sardoni* en italien. La vie animale est très-abondante aux environs de la Sicile et de l'ancien royaume de Naples. Les *requins* voyageurs parcourent les mers de Sicile et on les rencontre jusque dans l'Adriatique et sur les côtes d'Egypte et de Syrie. Les baleines et les cachalots n'y apparaissent que par accident et rarement. Les *thons* de la Méditerranée, d'après certains auteurs, sont aussi des voyageurs venus de l'Atlantique; ces poissons, nageurs de première force, y entrent au printemps par le détroit de Gibraltar, remontent entièrement cette mer, font le tour de la mer Noire et reviennent en automne dans l'Atlantique. Ils voyagent en troupes et les dauphins les poursuivent avec rage.

D'autres savants pensent que les thons restent toujours dans les mêmes parages, changeant seulement d'altitude avec les saisons ; cependant on a observé que les bancs de thons qui se montrent au printemps sur les rivages de la Provence se dirigent tous vers l'Orient, tandis qu'à la fin de l'été, ils suivent une direction opposée. Quoi qu'il en soit, le thon, dont le corps est en forme de fuseau et peut atteindre deux mètres de longeur, est pêché en grande quantité sur les côtes de la Sicile, de la Sardaigne, de la province de Naples et de la Provence. Il aime les côtes rocheuses, est très-carnassier; il est friand surtout de sardines et de maquereaux; sa chair est très-estimée.

Les espadons sont très-nombreux dans la Méditerranée et leur chair est très-agréable: Ce poisson, l'ennemi des thons, peut avoir une longueur de plus de cinq mètres; son nom lui vient d'une espèce d'épée large, tranchante, acérée, dure comme l'acier et souvent longue de 3 mètres, qu'il porte à plat devant lui : c'est un prolongement osseux de la mâchoire supérieure. La mer Ionienne abonde en espadons; la pêche de ce poisson, dans le détroit de Messine, commence vers la mi-avril et se fait jusqu'à la fin de juin le long des rivages de la Calabre, que suit alors ce poisson entré par le détroit. Passé cette époque, elle se fait jusqu'au milieu de septembre où elle prend fin, sur la rive opposée, sur les côtes de la Sicile que longe alors l'espadon entré par la bouche du sud.

On pêche les anchois et la sardine sur les côtes de l'Italie, de la Provence et de l'Algérie; il en paraît de grandes bandes d'avril à fin juillet dans les eaux toscanes; les meilleurs sont ceux de Provence, entre le golfe de Lion et celui de Gênes.

Pêche de l'Adriatique.

On pêche, dans la mer Adriatique, des anchois, des thons, des maquereaux, des sardines, des esturgeons; l'anguille, dans les étangs d'eau saumâtre, principalement dans les lagunes de Comacchio, et plusieurs espèces de muge de mer; le homard, la langouste et le crabe de Norvége. On y trouve aussi le corail rouge et l'éponge de Dalmatie, ainsi que d'énormes huîtres et des *seiches*, poissons qui possèdent auprès du foie une poche dans laquelle s'amasse une matière noire que l'animal lance au dehors lorsqu'on l'inquiète; cette substance d'abord à demi liquide s'étend dans l'eau comme un nuage dont l'animal s'entoure pour se soustraire à la poursuite de ses ennemis. Ce liquide fournit la couleur appelée *sépia*.

Le golfe de Tarente renferme un mollusque bivalve, la *pinne-marine*, qui donne une espèce de longue soie rougeâtre, douce et fine, avec laquelle on fait en Italie des étoffes remarquables.

Éponges.

La Méditerranée, surtout l'Archipel, produit des éponges communes et des éponges fines. On sait que les éponges utiles se trouvent dans l'Atlantique, le golfe du Mexique, dans la Méditerranée, dans les mers des Indes, dans les mers Australes et dans les mers du nord. Elles sont communes, grossières et de grande taille dans les eaux chaudes (golfe du Mexique, mer Rouge), moins abondantes, plus petites, mais de qualité bien supérieure dans les régions tempérées et surtout dans la Méditerranée. La pêche des éponges se fait principalement dans l'Archipel où l'on rencontre les plus fines, surtout sur les côtes de la Syrie, de l'Asie Mineure, des Cyclades et des Sporades; les éponges habitent des profondeurs de 5 à 50 mètres et leur pêche est plus facile que celle du corail. Le golfe de Gabès et l'Adriatique en renferment aussi.

La pêche des éponges dans le Levant, depuis Beyrouth jusqu'à Alexandrette, est exploitée par les Syriens et les Grecs; elle commence en mai et dure pour les Syriens jusqu'à la fin de septembre, tandis qu'elle finit en août pour les Grecs désireux de rentrer chez eux avant la mauvaise saison. Chaque barque de pêche porte quatre ou cinq hommes, qui plongent à tour de rôle; chacun d'eux est armé d'un couteau à forte lame, à l'aide duquel il sépare du rocher l'éponge qui y adhère. Immédiatement après la pêche, on presse les éponges, on les foule même aux pieds, on les lave un grand nombre de fois dans l'eau de mer et dans l'eau douce fréquemment renouvelée jusqu'à l'entière disparition du mucus gélatineux; on les passe ensuite à l'eau chaude dans le but de les débarrasser autant que possible d'une odeur de chlore qui leur est particulière et que leur communique la matière animale renfermée dans le tissu fibreux. L'éponge, ainsi débarrassée de la mucosité qui l'enveloppait et des particules siliceuses ou calcaires qu'elle contenait, se trouve réduite à un tissu fibreux et feutré percé d'une multitude de pores, et est employée pour les usages domestiques. Au bout de trois ans, on peut faire un récolte nouvelle d'éponges dans les lieux qu'une pêche antérieure avait épuisés.

Corail. La pêche du corail se fait aussi dans la Méditerranée dans plusieurs endroits, mais surtout sur le littoral oriental de l'Algérie, entre Bône, La Calle et Tunis; les marchés les plus importants sont Bône, La Calle et Naples.

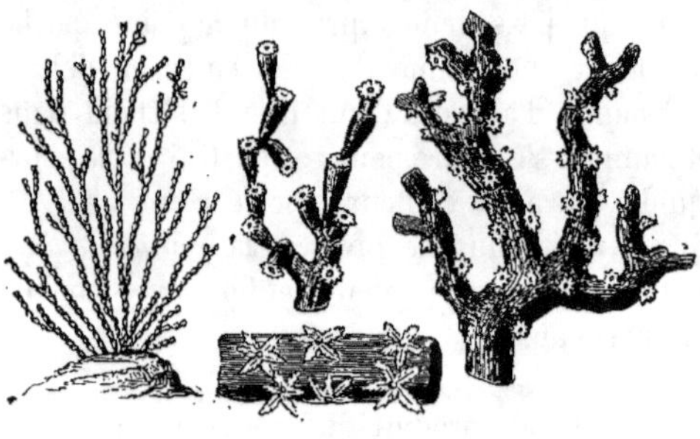

Madrépores et Corail.

Les oursins et les poulpes contribuent aussi à l'alimentation des riverains de la Méditerranée. La vie animale cesse presque entièrement dans la Méditerranée au-dessous de 540 mètres, tandis que la faune est encore abondante dans l'Atlantique à des profondeurs plusieurs fois plus grandes.

La Méditerranée produit beaucoup de sel marin.

Ports de la Méditerranée : (Bassin occidental.) Algésiras, Marbella, Malaga, Velez-Malaga, Motril, Adra, Alméria, Carthagène, Alicante, Denia, Valence, Tarragone, Barcelone, Palamos (Espagne); Port-Mahon (île Minorque); Palma (Majorque); Port-Vendres, la Nouvelle, Agde, Cette, Marseille, Toulon, Cannes, Nice, Bastia (France); Port-Maurice, Savone, Gênes, Sestri, Spezia, Livourne, Porto-Ferrajo (île d'Elbe); Civita-Vecchia, Naples, Castellamare, Sorrento, Amalfi, Salerne, Reggio (Italie); Messine, Milazzo, Termini, Palerme, Trapani, Marsala (Sicile); Cagliari, Porto-Torres (Sardaigne); La Calle, Bône, Stora et Philippeville, Djidjelly, Bougie, Alger, Cherchell, Tenez, Mostaganem, Arzew, Oran, Nemours (Algérie).

Ports du bassin oriental méditerranéen : Catanzaro, Tarente, Gallipoli, Brindisi, Bari, Malfetta, Barletta, Manfredonia, Ancône, Venise (Italie); Trieste, Capo d'Istria, Rovigno,

Pola, Fiume, Zara, Spalatro, Raguse, Cattaro (Autriche); Parga, Vonitza, Argostoli, Corfou, Patras, Lépante, Calamata, Pirée, Nauplie, Syra, Négrepont, Zeitoun (Grèce); Scutari, Dulcigno, Durazzo, Prevesa, Volo, Salonique, Orphano, Calamata, Cavalla, Port-Lagos, Dédéagh, Enos, Rodosto (Turquie); La Canée (Candie); Smyrne, Scala-Novo, Gallipoli, Mersina, Alexandrette, Rhodes, Larnaca (Chypre); Lattaquié, Tripoli (Asie-Mineure); Beyrouth, Saïda, Jaffa (Syrie); Port-Saïd, Alexandrie, Damiette (Egypte); Bengazi, Tripoli de Barbarie, Sfax, Mehediah, Monastir, Souze ou Susa, Tunis, Bizerte (Afrique); Girgenti, Licata, Terranova, Syracuse, Catane et Taormina (Sicile).

Mer Noire.

La *mer Noire*, qui doit son nom aux brouillards épais dont elle est souvent couverte, a une étendue de 480000 kilomètres carrés; cette mer sans îlots n'est pas aussi noire qu'on l'a faite ; les vents y règnent comme partout ailleurs ; dans l'année, on y compte ordinairement en novembre, décembre et mars quelques tempêtes terribles; mais elles dépassent rarement 12 à 24 heures. Cette mer est noire à cause des brouillards et de la brume qui, la moitié de l'année, pèsent sur elle comme un manteau de plomb, et empêchent souvent de voir les terres et l'entrée du Bosphore ; elle est habituellement moins mauvaise que l'Archipel et le golfe de Lion. Les différentes rades d'Anatolie, depuis Sinope jusqu'à Trébizonde, sont très-sûres et les vents du nord n'y entrent pas. La mer Noire a près de 2000 mètres de profondeur dans les endroits les plus bas. Les tempêtes soudaines, surtout quand souffle le mauvais vent du nord, y sont toujours redoutées des marins; les vents du N.-E. qui glissent à la surface de cette mer la refroidissent et les glaces y gênent la navigation dans les hivers rigoureux ; cette mer a gelé complétement en quelques années exceptionnelles. La mer Noire, recevant les eaux douces de plusieurs fleuves considérables, est beaucoup moins salée que la Méditerranée; la différence est de près de moitié. Cette mer, qui reçoit deux fois et demie autant d'eaux pluviales que tout le reste de la Méditerranée, déverse par un fort courant le trop plein de ses eaux dans l'Archipel, par le Bosphore de Thrace et le détroit des Dardanelles, dont la longeur est de 50 kilomètres et la largeur de 5 à 6 kilomètres. Des contre-courants profonds et des remous latéraux apportent de la Méditerranée dans la mer Noire une certaine quantité d'eau salée, car sans cela elle se transformerait en mer d'eau douce.

Ports de la mer Noire : Constantinople, Bourgas, Varna, Kustendje, Galatz et Ibraïla (Turquie); Odessa, Nicolaïef, Eupatoria, Théodosia ou Caffa, Sébastopol, Kertch; Anacria, Anapa, Redoute-Kaleh, Poti (Russie); Batoum, Trébizonde, Kérassounde, Samsoum, Sinope, Panderma (Asie Mineure).

Mer d'Azof.

La mer d'Azof communique à la mer Noire par le détroit d'Iénikalé ou de Kertch; c'est une mer peu profonde, ayant dix mètres au plus et seulement 2m,33 dans la partie nord ; la partie occidentale, appelée mer *Putride*, a un fond formé de fange ou de vase laissée à découvert en été et répandant des odeurs malsaines. La navigation de cette mer est dangereuse à cause des hauts-fonds. La mer d'Azof gèle de novembre en avril;

Pêche du saumon.

elle est très-poissonneuse et il y a beaucoup d'esturgeons et de saumons. Le saumon, qui est un poisson du nord, est poisson d'eau douce pendant la belle saison et poisson de mer pendant le reste de l'année. Les saumons quittent la mer au printemps pour frayer et voyager par troupes immenses. Ni les digues, ni les petites cataractes ne les arrêtent; ils s'avancent jusqu'aux sources des fleuves, cherchant dans les plus petits ruisseaux des endroits tranquilles, à fond de sable et de gravier et propices à la ponte. Ils restent dans les rivières et dans les lacs jusque vers la fin de l'automne, et, à cette époque, décimés, amaigris, regagnent l'océan où ils passent l'hiver. Comme les hirondelles, les saumons reviennent chaque année aux lieux qu'ils ont habités l'année précédente. L'accroissement du saumon est très-rapide ; à deux ans, il pèse déjà 3 à 4 kilog. On en a pêché de 2 mètres de long pesant de 40 à 50 kilog. La pêche du saumon s'ouvre vers le mois d'octobre ; elle est dans son fort vers la fin de janvier; elle diminue en mai et cesse entièrement au mois de juillet.

Pêche de l'esturgeon.

Les *esturgeons* vivent indifféremment dans les eaux douces et dans les eaux salées, dans les fleuves et dans les lacs. L'esturgeon ordinaire a une chaire très-délicate; les œufs d'esturgeon, choisis, lavés, pétris avec le sel et d'autres assaisonnements, constituent le *caviar*, aliment dont les Grecs et les Russes, astreints chaque année à trois carêmes, rigoureusement observés, font une énorme consommation. Le grand esturgeon, qui peut atteindre une longeur de $13^{m},33$ et un poids de 1400 kilog., se rencontre surtout dans la mer Noire, la mer d'Azof et aussi dans la mer Caspienne et dans les fleuves qui s'y versent. On le pêche en hiver et au printemps ; la pêche d'hiver a lieu en janvier. Tout dans ce poisson est utile, la peau, la chair, les œufs, la vessie natatoire, la graisse ; la plus grande partie du caviar qui se trouve dans le commerce provient du grand esturgeon et l'ichthyocolle ou colle de poisson se fabrique avec la vessie natatoire.

Ports de la mer d'Azof : Berdiansk, Mariopol ou Marianopoli, Taganrog, Rastof-sur-Don.

GRAND-OCÉAN.

Grand-Océan.

Le Grand-Océan excède en superficie toutes les terres du globe; on évalue son étendue à 140 millions de kilom. carrés. Nunez de Balboa, qui l'aperçut le premier, en 1513, à l'isthme de Panama, l'appela *mer du Sud*. Magellan, en 1520, découvrit le passage au sud de l'Amérique et traversa toute cette mer de l'est à l'ouest, poussé par des vents et des courants favorables : il la nomma *océan Pacifique*, nom qu'elle mérite peu. Cet océan est en général très-profond ; sa profondeur atteint 6 kilom. et bien au delà ; il renferme des volcans sous-marins, et des écueils cachés sous les ondes rendent la navigation difficile et dangereuse ; mais elle est facilitée par le courant équatorial qui, poussé par l'alizé, se meut vers l'ouest; aussi le voyage d'Amérique en Chine par navires à voiles s'effectue en 50 à 60 jours, tandis que le retour de Chine en Amérique nécessite de 90 à 100 jours. Cet océan a ses alizés comme l'Atlantique : l'alizé du N.-E. souffle entre 2° et 25° lat. N.; l'alizé du S.-E. entre 2° et 20° lat. S.; entre les deux alizés est la région des calmes, dont nous avons déjà parlé.

La végétation, dans cet océan, prend des proportions gigantesques; on y trouve des fucus de 500 mètres de longueur. Les *madrépores*, ou zoophytes infiniment petits, vivent dans les parties peu profondes du Grand-Océan, dans la zone torride; ils donnent naissance à d'énormes bancs de corail et quelques-unes des plus belles et des plus riantes îles de l'Océanie sont l'œuvre de ces imperceptibles architectes. On trouve sur la côte orientale de l'Australie un récif dangereux entièrement formé par le travail incessant de ces madrépores : c'est la *mer de Corail* qui a 1800 kilomètres de longueur sur 1000 kilomètres de largeur. Parmi les mammifères, on trouve, surtout dans la partie équatoriale, le cachalot, dont la tête est si énorme qu'elle fait à elle seule plus de la moitié de la longueur totale du corps; le cachalot a une rangée de dents cylindriques ou coniques de chaque côté de la mâchoire inférieure, mais la supérieure n'en a pas; les cavités de sa tête contiennent une huile qui se fige et forme le *blanc de baleine* ou *spermaceti* employé pour faire des bougies; la couche de lard qui s'étend sous la peau donne aussi de l'huile comme celle de la baleine. Le cachalot donne aussi l'ambre gris, qu'on trouve par masse de 1 à 15 kilog. flottant sur la mer ou échoué sur les côtes où la mer l'a jeté; l'ambre gris est l'excrément du cachalot malade. Le cachalot atteint jusqu'à 35 mètres de long; sa nourriture se compose principalement de mollusques. Le Grand-Océan renferme aussi des baleines, surtout dans la mer de Behring et près du détroit de Behring, passage obstrué une grande partie de l'année par les glaces descendant de l'océan Glacial boréal. Les baleines n'ont pas de dents; leur mâchoire supérieure, au lieu de dents, porte des *fanons*, ou grandes lames cornées de texture fibreuse, très-élastiques, à bords effilés, fixées par leur base à la machoire supérieure, et serrées les unes contre les autres comme les dents d'un peigne. La baleine se nourrit de petits animaux, surtout de crustacés; la taille de la baleine franche ne paraît pas excéder 26 à 27 mètres. On calcule que le poids d'une baleine longue de 20 mètres seulement est d'environ 70 tonnes, et qu'il équivaut à peu près à celui de 300 bœufs gras. Sa tête forme à peu près le tiers de sa longueur. Une couche de lard d'une énorme épaisseur revêt tout son corps et donne une immense quantité d'huile.

Mer de corail.

Pêche du cachalot.

Baleines.

Le Grand-Océan forme différentes mers : la *mer d'Okhotzh*, qui présente peu de bancs de sable et d'écueils et dont la navigation est sûre; elle

Mer d'Okhotzh.

Mer du Japon. gèle de novembre à avril. *La mer du Japon* est sombre, embrumée et orageuse ; les ports de ce pays sont difficilement abordables.

Mer de Chine. La *mer de Chine* est mauvaise et comprend le golfe de Tonquin à l'ouest et celui de Siam au sud, ravagé souvent par des typhons. La seiche, qui donne une liqueur noire, se trouve en grande quantité dans cette mer.

L'océan Pacifique est la grande route du commerce entre l'Amérique et l'Asie d'une part, et entre l'Europe, l'Océanie et l'Asie orientale d'autre part.

Ports principaux : en Amérique : San-Francisco (Californie); Panama, Guayaquil (Equateur); Callao, Islay, Mollendo, Arica, Iquique (Pérou); Cobija, Caldera, Coquimbo, Valparaiso (Chili); *en Asie :* Nagasaki, Yokohama, Hakodade, Hiogo et Osaka (Japon); Shangaï, Ning-Po, Amoy, Hong-Kong, Canton (Chine); Saïgon (Cochinchine); Singapour (Malacca); *en Océanie :* Manille (ile Luçon); Batavia (Java); Sydney, Melbourne, Port-Adélaïde, Port-Albert, Port-Augusta, Port-Darwin (Australie); Hobart-Town, Launceston (Tasmanie); Otago, Nelson, Port-Lyttelson, Wellington, Auckland (Nouvelle-Zélande); Honolulu (Sandwich); Papeïti (Taïti).

OCÉAN INDIEN.

Océan Indien ou mer des Indes. L'*océan Indien,* situé entre l'Afrique, l'Asie, l'Australie et l'océan Glacial du S., occupe la position la plus chaude du globe ; il a 45 millions de kilom. carrés de superficie ; c'est la grande route commerciale des Indes, de l'Océanie et de l'Asie orientale. La navigation de cette mer est tour à tour gênée et facilitée par les moussons et les courants marins ; des ouragans terribles appelés tornades ou typhons s'y forment trop souvent. Il n'y a de grandes profondeurs qu'au sud de l'embouchure du Gange. La végétation est active dans cette mer dans laquelle on rencontre beaucoup de fucus ou d'algues qui fournissent une matière gélatineuse que les habitants de certaines côtes utilisent pour leur nourriture ; c'est avec ces algues que les hirondelles salanganes, plus petites que nos hirondelles de France, brunes en dessous et blanchâtres en dessus, font leurs nids dans les diverses contrées situées au nord de l'Australie et à Java ; ces nids,

Hirondelle salangane.

placés dans les rochers sont construits avec des fucus à moitié digérés et imprégnés d'un suc digestif fourni par l'estomac de l'hirondelle; ils sont très-chers et coûtent, dit-on, 150 francs pièce. Ils sont exportés surtout chez les Chinois qui les apprécient beaucoup, et en font des potages d'une digestion facile, qui relèvent les forces des malades et excitent l'appétit des individus bien portants.

Le fameux *trépang*, qui est une holothurie ou grosse masse charnue, allongée, de forme cylindrique ou fusiforme, s'attachant aux rochers par des suçoirs rétractiles, est l'objet d'une grande pêche et d'un grand commerce dans les mers dépendant de cet océan; les Malais font cette pêche. L'océan Indien est remarquable pour la production des perles et de la nacre; l'aronde perlière se rencontre dans les environs de Ceylan, où elle forme des bancs de plusieurs lieues de longueur, surtout dans le détroit de Manaar. La pêche aux perles de Ceylan est beaucoup moins importante actuellement qu'autrefois, alors qu'elle produisait par an près de 4 millions de francs; elle ne rapporte pas le 1/10 aujourd'hui. C'est le gouvernement qui exploite lui-même les fonds d'huîtres perlières, quand il ne les afferme pas en tout ou en partie. On trouve aussi l'aronde perlière à l'entrée du golfe Persique, autour de l'île Bahrein et dans la mer Rouge.

Trépang.

Nacre et perle.

La pêche des huîtres perlières commence, à Ceylan, dans les premiers jours de février et finit en avril. Le commerce des perles d'Orient trouve ses principaux débouchés en Perse, dans l'Inde, l'Indo-Chine et la Chine; il s'en importe aussi d'assez grandes quantités en Europe. Les tortues font aussi l'objet d'une pêche importante dans les petites îles de la côte orientale de l'Afrique et au nord de l'Australie.

Ports principaux. — En Afrique : Algoa-Bay, Port-Alfred, Port-Elisabeth, Port-Natal, Lorenzo-Marquez, Quillimane, Mozambique, Zanzibar, Mombaza, Lamoo, Magadoxo, Brava, Tamatave (Madagascar); Port-Victoria (Mahé); Port-Louis (île Maurice); Saint-Denis (Réunion); Berbera, Tadjoura, Zeyla, Cosseir, Souakim, Massaouah, Suez, Djeddah, Hodeida, Moka (mer Rouge); Aden, Périm, Bushire, Gwadur, Kurrachee, Surate, Bombay, Mangalore, Tellicherry, Calicut, Cochin, Goa, Tuticorin (Hindoustan); Colombo, Pointe-de-Galle (Ceylan); Trinquemale, Pondichéry, Madras, Masulipatam, Cocanadah, Chandernagor, Calcutta, Chittagong, Akyab, Bassein, Rangoon, Moulmein, Penang.

§ 3. — Les courants marins.

De Humboldt définit les courants marins de la manière suivante : « Les courants, dit-il, sont des fleuves marins circulant au milieu d'eaux tranquilles qui en forment les rives. » Les courants sont superficiels ou profonds, et quelquefois deux courants superposés se croisent ou même cheminent dans des directions contraires, comme sur la côte orientale des États-Unis, à l'entrée de la Baltique et de la Méditerranée.

Courants divers.

On connaît des *courants constants ou généraux*, des *courants périodiques* et des courants *temporaires*. Les *courants constants* sont ceux qui circulent sur tout le globe sans jamais se ralentir ou s'interrompre. Les *courants périodiques*, soumis à l'influence des saisons, alternent suivant la direction des vents auxquels ils doivent leur origine : tels sont les courants produits par les moussons dans l'océan Indien. Les *courants temporaires* sont ceux qui peuvent se manifester à chaque instant dans tous les lieux et dans toutes les orientations; ces vents persistent tant que durent les vents irréguliers qui leur ont donné naissance.

Il y a aussi dans la mer des courants *fluvio-marins* qui sont produits par l'écoulement des grands fleuves dans la mer; ils ne peuvent exister qu'à l'embouchure des grands fleuves, tels que le Mississipi, l'Orénoque et l'Amazone; celui du fleuve des Amazones s'étend à plus de 100 lieues en mer, et l'on peut recueillir de l'eau douce à une grande distance du rivage.

Vitesse des courants.

La vitesse des courants dépasse en général celle des fleuves. Dans les hautes mers, elle se maintient entre 3 et 4 kilomètres à l'heure, mais elle peut augmenter beaucoup au milieu des détroits.

Causes des courants.

Les courants marins sont dus à la différence de température et à l'inégalité de salure des mers, combinées avec la rotation de la terre et avec l'impulsion donnée aux eaux superficielles par les vents généraux.

Dans la zone torride, la chaleur produit sans cesse une grande évaporation de la masse liquide et par suite un abaissement continuel du niveau de la mer, qui, en vertu des lois générales de l'équilibre, doit sans cesse être comblé; de là deux grands courants d'eaux froides qui viennent des mers polaires vers l'équateur à l'encontre l'un de l'autre.

La rotation de la terre produit aussi sous l'équateur un courant de l'est à l'ouest, en sens inverse du mouvement de la terre, car les molécules d'eau n'obéissent pas complétement, comme la partie solide du globe, au mouvement d'ouest vers l'est; elles sont alors en retard et forment un courant d'est qui va à l'ouest et qu'on appelle courant équatorial; s'il n'y avait pas de continent, ce courant serait régulier autour du globe, mais l'Amérique l'arrête dans l'Atlantique comme l'Asie dans le Pacifique et le font dévier.

Trajets des courants constants.

Les eaux du pôle austral affluent à l'équateur sur tout le pourtour du globe, tandis que les eaux du pôle boréal ne peuvent se déverser que par les détroits. C'est du pôle et surtout du pôle austral que partent les courants constants; le pôle austral est le point de départ de trois grands courants, semblables à d'immenses fleuves entrant dans l'océan Pacifique, l'océan Atlantique et la mer des Indes.

Courants du Grand Océan.

Les eaux débouchent entre les 75° et 140° degrés de long. O. ; ce grand courant froid marche au nord jusqu'au 60° de lat. sud ; il frappe la côte occidentale de la Patagonie et se divise en deux branches inégales, à cause des vents d'ouest qui soufflent avec violence dans les parages du cap Horn ; la plus faible double le cap Horn et entre dans l'Atlantique ; la principale remonte au nord le long des côtes du Chili et du Pérou et forme le *courant du Pérou* ou *Chilien* ou de *Humboldt,* dont on évalue la profondeur à 1740 mètres ; ses eaux sont de 5 à 6° plus froides que celles de l'océan. Ce courant, qui produit une brise fraîche au Pérou et abaisse la température de ce pays, arrivé aux îles Gallapagos, près de l'équateur, se joint au grand courant équatorial du sud, qui traverse dans toute sa largeur l'océan Pacifique en passant, pour la plus grande partie, entre 0° et le 20° degré de lat. sud.

Courant du Pacifique nord.

Arrivé dans les parages de l'Australie et de l'Archipel de la Malaisie, il trouve une région incomplétement fermée et une partie de ses eaux passe entre l'Australie et les îles de la Sonde pour entrer dans l'océan Indien et se fondre dans le courant de cette mer ; une autre partie passe entre la côte orientale de l'Australie et la Nouvelle-Zélande qu'elle contourne : c'est le courant de la Nouvelle-Hollande, qui, après avoir atteint le 50° degré de lat. sud, parcourt de l'O. à l'E. le long de ce parallèle l'océan Pacifique et se confond avec le courant traversier de cet océan, qui se divise en deux branches vers le 160° degré de long. O. : la branche du sud qui se perd dans le courant de Humboldt, et la branche du nord ou courant du Mentor.

La 3° branche, la plus importante, passe au nord de la Nouvelle-Guinée, contourne l'île de Bornéo, se réfléchit sur les côtes de Sumatra et de Java et se dirige au nord-est le long des côtes de la Chine et du Japon pour former le Gulf-Stream du Pacifique, appelé par les Japonais *Kuro-Siwo,* ou *de Tessan,* ou courant noir, à cause de la couleur foncée de ses eaux. Ce courant prend donc son origine dans le courant équatorial, s'en sépare à l'extrémité sud de Formose par 22° N. et 120° E., près du tropique du Cancer ; il s'infléchit vers le nord, suit la côte orientale de Formose, et, arrivé par 30° N., il s'arrondit vers le N.-E. et va baigner les côtes S.-E. et E. du Japon, jusqu'à la hauteur du détroit de Sangar ; il a environ 200 kilomètres de largeur au sud de Formose, près de son origine, mais il atteint 1000 kilom. au nord de Loutchou et de Bonin-Sima. Au nord du détroit de Sangar, le courant s'éloigne de la côte et on rencontre le contre-courant froid venant du nord entre lui et la côte de Yesso ; ce courant froid longe la côte d'Asie, entre la Chine et le Japon et se continue plus au sud ; c'est dans ses eaux froides que se trouvent les fameuses pêcheries de la Chine, que l'on peut comparer à celle de l'Amérique septentrionale. Ce courant froid, venant du Kamtchatka et des Kouriles, est analogue à celui qui est interposé entre le Gulf-Stream et la côte des États-Unis ; il a une température de 9° à 11° plus basse que celle du Kuro-siwo, de sorte que la limite des deux courants est facile à constater par le changement brusque de couleur et de température des eaux. Il en résulte également des remous, des mauvais temps et des brumes persistantes, comme dans l'Atlantique. Vers le 40° degré N. le courant du Japon se sépare en deux branches : l'une, qui remonte au Nord, longe les côte du Kamtchatka, passe à l'ouest des îles Aléoutiennes et pénètre dans le détroit de Behring. Les habitants des Aléoutiennes, qui ne possèdent aucune espèce d'arbre, n'ont pour construire leurs canots et pour leurs usages domestiques d'autres bois que ceux jetés par la mer sur leurs côtes ; parmi ces bois se rencontrent souvent des débris de camphriers et d'autres arbres de la Chine et du Japon. L'autre branche va à l'est-sud-est et atteint au 40° degré la côte N.-O. de l'Amérique sur laquelle elle se réfléchit et où elle prend vers le sud une direction parallèle à cette côte ; elle dérive lentement vers le courant équatorial du nord du Pacifique, qui traverse aussi cet Océan entre le 10° et le 20° degré de lat. N. Le courant du Japon, dont la température est de 30°, mais qui n'a seulement que 5 à 6° de plus que la mer, adoucit singulièrement le climat de la partie méridionale de cette contrée ; le trajet de ce courant est remarquable par ses brouillards et ses orages, et il rend les parages des îles Aléoutiennes aussi brumeux que ceux de Terre-Neuve ; il réchauffe aussi la côte occidentale de l'Amérique du Nord, la Colombie anglaise et la Californie. La Colombie anglaise, grâce à ce courant, peut cultiver le maïs. Les deux courants équatoriaux de l'océan Pacifique sont séparés par un contre-courant équatorial dirigé de l'O. à l'E. et compris entre l'équateur et le 10° degré de lat. N.

Vers le milieu du circuit, un peu plus à l'est, on rencontre une mer de Sargasse servant de réceptacle aux bois de dérive et aux herbes flottantes du Pacifique nord ; sur les îles Johnston, qui sont situées à sa limite méridionale, viennent atterrir des bois de la Colombie et des cèdres rouges de la Californie ; il y a également une mer de Sargasse dans le Pacifique sud, entre les 50° et 60° parallèles sud et les méridiens 142° et 180° ouest.

Courant de la mer des Indes.

Le *courant de la mer des Indes* se forme dans la partie orientale de cette mer, entre le 10° et le 20° degré de lat. sud et entre Java et l'Australie ; c'est un courant d'eau chaude qui se dirige de l'est à l'ouest, mais au lieu d'être situé sur l'équateur, il se trouve sur le parallèle de 20° de lat. sud et prend le nom de courant équatorial ; il se divise en deux branches vers le 70° degré de long. E. en formant la branche N.-E. du courant équatorial, puis la branche S.-O., qui enveloppent au nord et au sud l'île de Madagascar ; la branche N.-E. contourne le nord de cette île et forme le courant de Mozambique, qui est très-fort entre la côte d'Afrique et Madagascar ; il prend le nom de courant des Aiguilles ou de Lagullas à partir de Port-Natal; il contourne la colonie du Cap sans toucher la côte et se dirige vers le cap de Bonne-Espérance et entre dans l'océan Atlantique en suivant la côte occidentale d'Afrique où il se confond avec le courant polaire sud de la même côte. La seconde branche arrose les îles Maurice et de la Réunion et vient rejoindre le courant des Aiguilles à la hauteur du 32e parallèle; ce courant revient, à partir du 20e degré de longitude en suivant de l'O. à l'E. le parallèle de 40°, sous le nom de contre-courant du Cap ou courant traversier de l'océan Indien, vers les côtes de l'Australie, qu'il prolonge pour retourner vers son point de départ; ce contre-courant, qui suit le 40e parallèle et arrose les îles d'Amsterdam et de St-Paul, pourrait être considéré comme la continuation du courant traversier de l'océan Atlantique. Une dérivation du courant indien à son entrée dans la mer des Indes longe la côte de Sumatra jusqu'au fond du golfe du Bengale et d'Oman.

Le courant polaire de l'Atlantique méridional vient du cap Horn et traverse en ligne droite cet océan en s'avançant sur le cap de Bonne-Espérance où il se dédouble; une branche entre dans la mer des Indes vers le 39e degré pour former le contre-courant du Cap dont nous avons parlé et l'autre remonte au nord, le long de la côte d'Afrique, et prend le nom de courant polaire sud de la côte d'Afrique. Arrivé dans le golfe de Guinée, il se confond avec le courant équatorial près de la côte O. d'Afrique, par 3° de longitude E.; il court parallèlement à l'équateur, sans dépasser le parallèle de 2° 1/2 de latitude nord. Parvenu au 22e degré de long. O., il jette dans l'hémisphère nord une branche considérable connue sous le nom de branche N.-O. du courant équatorial, et qui se fait sentir quelquefois jusqu'au 30e degré de latitude. Il arrive, en poursuivant sa route à l'O., jusqu'au cap Saint-Roque, après avoir parcouru, depuis la côte d'Afrique jusqu'à ce cap, une étendue de 2500 milles. La largeur du courant qui était d'abord de 160 milles s'accroît ensuite jusqu'à 360 milles et atteint en dernier lieu 450 milles. Le courant équatorial acquiert sa plus grande vitesse en été; l'hiver est l'époque où il marche le plus lentement. Sa vitesse va en augmentant à mesure qu'il s'approche de l'Amérique; elle peut atteindre jusqu'à 75 milles par jour. La température moyenne de ses eaux est de 23° 9; cette température est de 2° ou 3° plus basse que celle des eaux voisines entre les tropiques.

Courant de l'Atlantique.

Courant équatorial.

Près du cap Saint-Roque, le courant se divise en deux branches; l'une se dirige vers le sud parallèlement à la côte du Brésil et forme le courant du Brésil; ce courant règne depuis le parallèle de 6 ou 7° sud jusque vers le 30e degré de latitude sud, et sur une largeur moyenne de 200 lieues en longitude, dans la zone comprise entre 50 et 250 lieues de la côte du Brésil. Ce courant se divise un peu au sud du tropique du Capricorne, sur

Courant du Brésil.

le 40° de long. O., en deux branches; la plus faible continue sa route vers le sud-ouest, le long de la côte, comme nous venons de le dire, mais la plus importante tourne à l'est vers le 30° degré de lat. S., finit par atteindre le 40° et forme le courant traversier de l'océan Atlantique, qui se dirige le long de ce parallèle.

La seconde branche du courant équatorial, qui forme le courant principal, remonte un peu au nord en suivant la côte de Guyane et prend le nom de courant de la Guyane; il court le long de la côte basse de la Guyane vers l'île de la Trinité. Aux environs de l'équateur, il est traversé par les courants de l'Amazone, dont les eaux, en rencontrant celles du courant marin, forment avec lui de vastes tourbillons; la barre de l'Amazone, appelée *pororoca,* est formée par ce courant et se fait sentir à 800 kilomètres dans l'intérieur du fleuve.

Plus loin, il reçoit les eaux de l'Orénoque qui augmentent sa vitesse, puis il pénètre dans la mer des Antilles et forme le courant de la mer des Antilles; une partie passe au nord de ces îles; l'autre passe au midi, contourne le cap Catoche et fait le tour du golfe du Mexique, sans cependant s'approcher des côtes le long desquelles il y a des courants variables dépendant des vents. Dans ce trajet, la température des eaux du courant s'est élevée jusqu'à 27 et 29°. Arrivé sur les côtes américaines, il les contourne en s'infléchissant vers le nord et prend le nom de *Gulf-Stream* (rivière du golfe), nom qu'il doit à son trajet autour du golfe du Mexique; ce courant, qui n'est que la continuation du courant équatorial, sort du golfe par le détroit de Bahama de 60^{km} de largeur, semblable à un fleuve majestueux dont le courant dépasse en rapidité ceux du Mississipi et de l'Amazone; sa vitesse atteint souvent 7 kilom. à l'heure, malgré un vent fort du nord qui souffle constamment dans ces parages. Il se trouve renforcé par des branches dérivées du courant équatorial et passant au nord des Antilles; sa direction est d'abord du sud-ouest au nord-est en suivant d'un peu loin les côtes d'Amérique dont il est séparé par un courant inverse à température beaucoup moins élevée. A partir des États-Unis, il court franchement à l'est, passe au-dessous de Terre-Neuve et, sur le parallèle du 40° degré de latitude N., il déborde en quelque sorte sur l'océan et occupe un espace de plusieurs mille lieues carrées, couvrant de ses eaux chaudes les eaux froides de cette mer.

Gulf-Stream.

Au nord de l'Archipel des Açores, et à peu près sur le parallèle du cap Finistère, le Gulf-Stream se divise en quatre branches; la première, sous le nom de courant polaire N. de l'Afrique, puis sous celui de courant de Guinée du N., va rejoindre le courant équatorial et fermer le circuit. Les eaux du courant polaire de l'Afrique sont, à la hauteur des îles du cap Vert, plus froides de 4 ou 5 degrés que les eaux adjacentes; elles se réchauffent en se rapprochant de l'équateur.

Une seconde branche du Gulf-Stream, nommée courant de la côte du Portugal, se dirige vers le détroit de Gibraltar et forme le courant qui porte les eaux de l'océan dans la Méditerranée.

Courant de Rennel.

La troisième branche pénètre dans le golfe de Gascogne, à la hauteur du 46e parallèle environ, court le long de la côte nord de l'Espagne, contourne ce golfe et remonte au nord le long de la côte de France pour reprendre, sous le nom de courant de Rennel, une direction vers le N.-O. contraire à sa direction primitive.

La quatrième branche, ou branche N.-E. du Gulf-Stream, est la plus considérable ; c'est le Gulf-Stream lui-même, continuant sa course dans sa direction primitive; une partie contourne l'Irlande et l'Angleterre pour redescendre par le canal Saint-Georges et la mer du Nord ; le reste pénètre jusque dans les mers polaires, enveloppe les îles Féroë et passe entre l'Islande et la côte de Norvége, dont il adoucit le climat. Ce grand courant d'eau tiède se divise en deux branches à la hauteur de la Scandinavie; l'une remonte vers le Spitzberg dont elle adoucit le rude climat, et dégage les abords de cette île en fondant les glaces qui l'entourent; l'autre branche pénètre dans l'océan Glacial par les rivages de la Sibérie, et forme le courant polaire arctique. Pendant son long trajet, le courant équatorial est soumis à une évaporation très-active que ne peuvent compenser ni les pluies équatoriales, ni les eaux que lui versent les fleuves; son degré de salure est plus élevé dans le golfe du Mexique qu'à son origine; sa température augmente aussi à mesure que ses eaux sont restées plus longtemps exposées à l'ardeur d'un soleil presque vertical, et c'est pourquoi le golfe du Mexique possède la température la plus élevée de tout l'Atlantique. Les eaux du Gulf-Stream diffèrent des eaux voisines par leur température, leur densité, leur degré de salure, leur couleur et leur transparence ; l'œil peut parfaitement saisir la ligne de démarcation de ce courant sur son bord N.-O. sur les côtes des États-Unis ; jusqu'aux côtes de la Caroline, les eaux du Gulf-Stream paraissent d'un bleu indigo, à cause de ses eaux plus salées, tandis que celles qui l'entourent sont verdâtres ; elles opposent par suite une plus grande résistance aux bâtiments qui les traversent. Les eaux de ce courant n'ont pas le même degré de chaleur sur toute leur largeur, car on doit considérer le courant principal comme se composant de courants parallèles dont les températures sont inégales. Le Gulf-Stream coule, jusqu'à Terre-Neuve, entre des eaux froides dont la température est quelquefois de 15° plus basse que celle du courant; de chaque côté de ce courant, l'air est souvent à 0°, tandis que ses eaux ont une température de 26° à 27° c. ; sa température maximum est de 30° à sa sortie du golfe du Mexique et près du cap Hatteras, et elle dépasse de 5° la température de l'océan à latitude égale. Pendant l'hiver, vers le 35e degré de latitude

Eaux du Gulf-Stream.

Température des eaux du Gulf-Stream.

nord, sa température à la surface est encore de 26 à 27°; à une profondeur de 900 mètres, elle n'est plus que de 14°. On a calculé qu'un changement de 10° en latitude ne produit guère qu'un abaissement de 1°, en sorte qu'après avoir parcouru près de 5,000 kilomètres dans le nord, ce courant conserve encore en hiver la chaleur de l'été; on le voit, sur le 40e parallèle, recouvrir les eaux froides de cette région sur une surface de plusieurs milliers de lieues carrées et étendre de la sorte sur l'océan un véritable manteau d'eau chaude. Sa marche est plus lente et il abandonne alors à l'air une plus grande quantité de chaleur. Ce courant se déplace aussi un peu suivant les saisons; il atteint à peine en hiver le 41e degré de latitude nord, tandis qu'il monte jusqu'au 46e degré en septembre, époque où la température de l'Atlantique nord est à son maximum. Maury prétend que si la chaleur transportée par ce courant pouvait être utilisée, elle serait suffisante pour maintenir en constante activité un fourneau cyclopéen, capable de donner un courant de fer fondu d'un volume égal à celui du plus grand fleuve, et que le volume des eaux du Gulf-Stream est à lui seul plus considérable que celui de tous les fleuves du globe réunis.

Déplacement du Gulf-Stream suivant les saisons.

Profondeur du Gulf-Stream.

La profondeur du Gulf-Stream est de plusieurs centaines de mètres près de son origine; on l'évalue à près de 400 mètres; mais à mesure qu'il avance dans sa route, il s'étale sur une plus large surface et son épaisseur diminue; elle n'est plus que de 220 mètres en face du cap Hatteras, mais sa largeur est de 125 kilomètres.

Etendue du Gulf-Stream.

On estime que le courant du Gulf-Stream a 3,800 lieues de développement et que ses eaux mettent environ trois ans à parcourir ce vaste circuit; savoir: dix mois pour faire le tour du golfe du Mexique, deux pour remonter la côte d'Amérique, dix à onze pour revenir par la côte d'Europe à la côte d'Afrique, et le reste pour regagner le golfe du Mexique.

Les atterrissements du courant du golfe ont formé les bancs sous-marins sur lesquels reposent les îles Lucayes; ce courant a aussi contribué à la formation du banc de Terre-Neuve. Il transporte des troncs, des branches d'arbres, des bois flottants et des débris de végétation des côtes du Mexique sur les rivages des contrées septentrionales, où on les recueille en grande quantité, particulièrement sur les côtes de la Norvége, de l'Islande et du Spitzberg. Ce courant apporta autrefois sur le rivage des Açores le cadavre d'un Peau-rouge et des débris de pirogue qui eurent une certaine influence sur les projets de Christophe Colomb.

La vie pullule dans les tièdes eaux de ce courant; dans les nuits orageuses ce grand courant apparaît lumineux sur la sombre mer, y traçant comme une voie lactée plus étincelante que celle qui éclaire la voûte céleste.

Des brouillards intenses recouvrent la mer en hiver sur ce courant du golfe, dont la température a une très-grande influence sur les mauvais temps de l'Atlantique et les coups de vent violents qui éclatent sur son parcours. Ce qui rend surtout dangereux les ouragans dans le Gulf-Stream, c'est la mer terrible produite par la lutte du courant et du vent, qui ont des directions à peu près opposées. Mais si cette zone du Gulf-Stream est dangereuse par ses tempêtes, elle est quelquefois d'un grand secours pour les navires que des bourrasques de neige et des coups de vent violents empêchent d'atterrir sur les côtes des États-Unis. Dans ces circonstances, le Gulf-Stream peut être regardé comme un lieu bienfaisant de refuge, où l'équipage se repose de ses fatigues sous l'influence d'une douce température succédant tout à coup à un froid rigoureux et où le navire peut attendre des moments plus favorables pour continuer sa navigation.

Influence du courant du golfe sur le climat de l'Europe.

Les vents de l'ouest, qui parcourent la surface du courant du golfe, s'y attiédissent et s'y chargent de vapeur ; aussi grâce à ce courant, les côtes occidentales et N.-O. de l'Europe ont une température relativement douce, alors que les côtes du Labrador sont emprisonnées par une barrière de glaces. La rade de Saint-Jean à Terre-Neuve est encore gelée au mois de juin, tandis que Liverpool, situé à 2° plus au nord, ne gèle jamais. La rivière d'Hudson, située sous la latitude de Rome, est prise pendant trois mois de l'année, et en janvier, on rencontre la même température de Boston en Islande. La différence de température, à latitude égale, entre l'Europe occidentale et l'Amérique orientale, est due au courant du golfe. Le port d'Hammerfest, à 73° de latitude N., n'est jamais fermé par les glaces dans les plus froids hivers.

Les eaux du Gulf-Stream circulant ainsi dans l'Atlantique enlèvent la chaleur en excès aux régions chaudes pour la transporter dans les régions froides et appellent des courants frais pour tempérer l'ardent climat des tropiques. Ces courants froids viennent de l'océan Glacial boréal. En effet, un courant, connu sous le nom de courant arctique, descend le long de la côte orientale du Groënland jusqu'au cap Farewell, double ce cap et remonte le long de la côte occidentale dans une direction opposée à celle du courant de la baie d'Hudson ; ce dernier courant vient de la mer de Baffin, du détroit de Davis, de la baie d'Hudson et se perd dans le Gulf-Stream au 45° degré de lat. N. ; une partie étroite file le long de Terre-Neuve et suit les contours de la côte des États-Unis qu'elle refroidit. Il est probable que les bancs de Terre-Neuve sont formés, à la rencontre de ce courant avec le courant du golfe, par l'accumulation des débris de toute sorte apportés par les montagnes de glace qui arrivent du nord dans ces parages.

Courant froid du nord ou arctique.

Ce courant froid accroît la rigueur du climat du nord-est de l'Amérique et du Groënland. Entre Terre-Neuve et le cap Hatteras, et surtout au commencement de l'hiver, la température à la surface de ce courant est souvent de 17° plus basse que celle des eaux du Gulf-Stream, et la différence de température, dans les autres saisons, est d'environ 8 à 14°. L'existence de ce courant est constatée par le transport des glaces qui, après la débâcle des mers Polaires, viennent s'accumuler et fondre dans les parages de Terre-Neuve.

Mer de Sargasse.

C'est au centre du grand circuit de l'océan Atlantique du nord qu'on rencontre un espace immense couvert d'herbes marines, que les Portugais ont nommées Sargaças et que l'on désigne communément sous le nom de mer de *Sargasse* ou de *varech;* nous en avons déjà parlé.

Courants secondaires ou des mers intérieures.

Il existe dans la mer des Antilles un contre-courant qui porte les eaux de l'isthme de Panama vers le Vénézuela.

Courants de la Méditerranée.

Dans la Méditerranée, il existe au détroit de Gibraltar un courant de surface parfaitement défini, allant de l'Atlantique à la Méditerranée. Il est causé par l'évaporation plus grande de cette mer qui perd plus d'eau qu'elle n'en reçoit par les pluies ou les fleuves, en sorte que son niveau général est inférieur au niveau moyen de l'océan; il existe un courant sous-marin allant de la Méditerranée à l'océan et restituant à celui-ci les sels introduits par le courant de surface. La profondeur du détroit de Gibraltar étant d'environ 300 à 400 mètres, les deux courants peuvent facilement coexister. Les eaux de la Méditerranée surchargées de sel par l'évaporation, tombent au fond et y forment une couche d'une densité relativement élevée, qui tend à les faire écouler vers l'océan. Le contre-courant sous-marin a été découvert en 1718 par l'examen d'un navire échoué à Ceuta et dont les débris, nageant entre deux eaux, se dirigeaient du côté de l'Atlantique, en sens inverse du courant supérieur. Le courant supérieur du détroit de Gibraltar est animé d'une vitesse considérable dans la partie la plus resserrée du détroit, c'est-à-dire entre Tarifa et la pointe Ciris; il peut atteindre une vitesse de 7 milles à l'heure; mais, entre Ceuta et Gibraltar, cette vitesse ne dépasse pas 2 milles 1/2. Ce courant parcourt la Méditerranée en se rapprochant plus de l'Afrique que de l'Espagne et fait le tour du bassin occidental; c'est ainsi qu'il longe les côtes de France en allant de Marseille à Cette; aussi, tandis que l'entrée du port de Marseille conserve sa profondeur, les sables que le Rhône charrie dans la mer vont se déposer sous le courant et ensabler le port de Cette et les petits ports voisins. Une branche pénètre par le canal de Malte, avec une vitesse de 2 milles à l'heure, dans le bassin oriental, suit les sinuosités des côtes en passant par les Syrtes, la côte d'Égypte et de Syrie et forme un vaste circuit qui vient se fermer au canal de Malte.

Il existe dans la mer Baltique un courant à la surface d'eau peu salée qui se dirige vers la mer du Nord, tandis qu'un contre-courant du fond, à eaux salées, va de la mer du Nord à la Baltique. Courant de la mer Baltique.

Les *courants périodiques* sont ceux qui se produisent à certaines époques de l'année pour disparaître ensuite ou se reproduire en sens contraire; ils sont presque toujours engendrés par des vents périodiques; on les rencontre surtout dans la zone de l'océan Indien où règnent les moussons, dans la mer de Chine, dans une partie du Grand-Océan, dans la mer Rouge, dans le golfe Persique, etc. Courants périodiques.

Dans la mer Rouge, où l'évaporation est très-active, où il pleut rarement et où ne se rend aucun fleuve, un courant de surface apporte de l'océan Indien les eaux nécessaires pour compenser l'évaporation; un courant sous-marin doit restituer à l'océan une quantité de sel correspondante. Johnston prétend que le niveau des eaux près de Suez est de $0^{m}6$ plus bas de mai en octobre que dans le voisinage du détroit de Babel-Mandeb. Courant de la mer Rouge.

Dans le golfe de Manaar, il y a un courant qui se dirige au nord de mai en octobre et au sud-ouest d'octobre en mai; dans la mer de Chine, un courant va du sud-ouest au nord-est du 15 mai au 15 août et en sens contraire d'octobre en avril. Courant de Manaar. Courant de la mer de Chine.

Les courants marins de surface qui intéressent directement les navigateurs ont été soumis à des études suivies depuis plusieurs années; mais les courants sous-marins sont encore presque entièrement ignorés. Il n'y a probablement pas de courants au fond des mers et la masse des eaux y est dans un état parfait de repos. La carte des courants marins dressée par Maury pour l'Atlantique nord est fondée sur des observations nombreuses et assez précises; on peut la regarder comme suffisamment exacte; les cartes des autres océans sont moins avancées. Détermination des courants.

Les courants accidentels sont des courants variables dus à des causes variables, comme des vents qui soufflent avec une grande persistance dans une certaine direction, ou à des ouragans, ou à de grandes pluies, ou à une évaporation inégale des eaux. Courants accidentels.

On appelle *vagues* ou *lames* de longues crêtes ou collines d'eau qui s'avancent en s'élevant et s'abaissant successivement; ces ondulations sont produites par les vents à la surface de la mer, et leur hauteur varie suivant la force du vent, les fluctuations de sa direction et les obstacles Vagues.

qu'elles rencontrent au développement de leur mouvement. Les vagues sont animées de deux mouvements : l'un horizontal de translation, et l'autre vertical d'élévation. Quand elles se heurtent contre un obstacle, falaise, rocher, elles s'élancent en gerbes immenses dans les airs, mais en pleine mer, leur hauteur se maintient dans des limites assez modérées, même au milieu des plus fortes tempêtes. Les vagues, par une grosse mer, peuvent atteindre $8^{m},7$ de hauteur. La longueur maximum des vagues ne dépasse pas 500 mètres; on en a mesuré de 400 mètres de longueur dans le golfe de Gascogne. On signale les parages du cap Horn, ceux du cap de Bonne-Espérance et le golfe de Gascogne comme des régions où les vagues atteignent une grande élévation; on en voit de plus de 10 mètres de haut au cap de Bonne-Espérance, dans les tempêtes violentes. L'agitation produite par les vagues reste près de la surface; elle diminue rapidement avec la profondeur et cesse complétement à quelques centaines de mètres; elle ne s'étend pas au delà de 40 mètres dans la rade d'Alger, et au delà de 188 mètres dans la baie de Saint-Paul (île Bourbon). Les vagues ont une très-grande action sur les côtes des continents.

Courant de Malstroëm.

Le gouffre de Malstroëm (courant qui moud) se trouve dans l'Atlantique nord sur la côte de Norvége, entre les îles Vœroë et Moskenœsoë de la chaîne des Loffoden, parallèle à la côte. Ce courant est dû à des causes locales; il pousse les eaux dans un sens opposé à celui de la marée, pendant six heures vers le nord et pendant six heures vers le sud; son lit est de 35 mètres au maximum et il est tapissé de roches et de sable. Lorsque le vent souffle en opposition avec la direction de la marée descendante, les eaux y sont agitées avec tant de violence que le fracas qu'il produit s'entend à plusieurs kilomètres au large. Il est alors effrayant et dangereux et il engloutit les navires qui s'y laissent entraîner.

Raz de marée.

On appelle raz de marée une vague d'une amplitude exceptionnelle et par conséquent une agitation très-grande de la mer qui a lieu près du rivage, tandis qu'au large on ressent à peine de la houle. Ces convulsions ont lieu le plus souvent par un calme complet de l'atmosphère, la tempête qui en est la cause première ayant éclaté souvent à des distances considérables. Ce phénomène se produit principalement sur les côtes de la Guyane, aux Antilles, sur la côte ouest d'Afrique, à l'île de la Réunion et sur la côte de Coromandel; il a lieu à l'époque des ouragans dont il est probablement une conséquence. On a observé que dans tout le bassin de l'océan Atlantique les raz de marées se reproduisaient périodiquement pendant les mois compris entre octobre et mars. Ces raz de marées emportent les navires sur les écueils et détruisent les digues les plus solides.

Les cartes des vents et courants de l'Atlantique dressées par Maury, en 1860, ont eu des résultats très-importants pour le commerce et la navigation en abrégeant beaucoup les traversées; l'usage de ces cartes procurait déjà au seul commerce des États-Unis à cette époque une économie annuelle de 30 millions de francs; on estime que l'économie réalisée par l'ensemble des marines et des diverses traversées dépasse aujourd'hui 100 millions de francs par année moyenne. Résultat pratique de l'étude des courants.

La traversée de New-York à Rio-de-Janeiro par navires à voiles a été réduite de 40 à 45 jours à 30 jours. La traversée de New-York en Californie exigeait en moyenne plus de 180 jours; les études de Maury la ramenèrent à 135 jours et aujourd'hui les clippers la font en 100 jours et même quelquefois en 92 jours. D'Angleterre à Sydney, un navire, guidé par les anciennes instructions, mettait 125 jours au moins; le retour durait autant, ce qui faisait 250 jours pour le voyage. Maury indiqua qu'il fallait faire du voyage d'Australie un véritable voyage de circumnavigation du globe, c'est-à-dire doubler le cap de Bonne-Espérance en venant d'Europe et opérer son retour par le cap Horn; l'ensemble de ces deux traversées s'effectue en 130 jours et même moins au lieu de 250 nécessaires auparavant.

§ 4. DES PRINCIPALES ROUTES DE NAVIGATION.

Le marin doit non-seulement connaître la mer, mais aussi s'intéresser à l'atmosphère dans laquelle se forment les vents, à la météorologie dont la connaissance peut lui donner des indications utiles sur les changements du temps. L'ensemble de ces études a conduit à la connaissance et à la détermination des routes les plus avantageuses pour traverser les divers océans. Les routes les plus avantageuses ne sont pas toujours les routes les moins longues en distance, mais bien celles qu'on mettra le moins de temps à parcourir; c'est ce qu'on appelle les routes les plus courtes. Principales routes maritimes.

Pour déterminer les routes maritimes, on fait un grand nombre d'observations sur les traversées, on groupe ensemble les navires dont les traversées entre deux mêmes points se rapprochent le plus par la durée, en tenant compte autant que possible de leurs qualités nautiques. Les latitudes et longitudes inscrites dans les premières colonnes des registres d'observations permettent de tracer sur la carte la route qu'a suivie le navire. La comparaison de ces routes et de leur durée indique celles qui sont les plus avantageuses.

Nous n'avons pas la prétention de donner ici une description complète des routes à suivre à travers les océans; nous nous bornerons seulement Préceptes généraux de navigation.

à quelques idées générales sur les traversées principales pour faire comprendre aux jeunes gens l'importance des études nautiques et nous renverrons les marins aux excellents ouvrages de F. Labrosse, l'*Indicateur des routes maritimes*, *au Guide du marin*, par Kerhallet, aux *Sailing Directions* de Maury *et aux cartes marines*.

D'une manière générale, si l'on veut aller avec *la voile* dans le sens de *l'est à l'ouest*, il faut se placer dans la zone où règnent les vents alizés ou atteindre le plus promptement possible cette zone ; quand on va de *l'ouest à l'est*, on doit se tenir en dehors de cette zone ou en sortir le plus promptement possible quand on s'y trouve. On doit éviter surtout les régions des calmes où soufflent des brises faibles et irrégulières, et quand on est obligé de les traverser, il faut le faire le plus rapidement possible en les prenant par leur plus faible largeur et perpendiculairement à leur direction.

Quand le marin traverse la zone des vents alizés, il doit faire une route oblique et ne jamais chicaner le vent.

Dans la navigation des navires à voiles près des côtes, près de celles où les brises alternatives sont fraîches et régulièrement établies, il est avantageux de louvoyer à petite distance de la terre en se rapprochant de la côte vers le soir pour utiliser les brises de terre qui règnent pendant la nuit, et en s'en éloignant vers le matin pour utiliser la brise du large soufflant dans la journée ; mais si les brises alternatives ne sont pas bien établies, s'il y a des courants contraires et si les vents sont défavorables à la route, on doit louvoyer en faisant de longues bordées au large et de courtes bordées à terre, quelle que soit la distance qui sépare les deux ports de la même côte.

Routes de New-York à la Manche et à Liverpool.

La route la plus prompte de New-York à la Manche consiste à suivre le Gulf-Stream en profitant du courant favorable dont la direction, dans son ensemble, ne s'écarte pas sensiblement de l'arc de grand cercle; mais on doit s'attendre à des mauvais temps exceptionnels aux équinoxes et de juillet en octobre. Les navires à voiles qui ne sont pas forts feront bien de faire route plus au nord, en se maintenant en dehors du Gulf-Stream pendant les mois indiqués ci-dessus.

La distance à parcourir pour atteindre l'entrée de la Manche est de 3200 milles environ qui seront franchis en 23 jours, en moyenne, par les navires à voiles d'une marche ordinaire. Les plus belles traversées seront effectuées généralement pendant le mois de juin.

Routes de la Manche et de Liverpool à New-York.

La traversée entre la Manche et New-York est difficile et rude, surtout en hiver. La route la plus directe, qui est favorable pour les navires partant des États-Unis, se trouve naturellement très-contraire lorsqu'on veut y retourner. Il faut alors lutter contre le vent, le courant, et les difficultés sont encore augmentées par les brumes, les glaces et les tempêtes que l'on est exposé à rencontrer lorsqu'on approche de Terre-Neuve et du continent américain. Les navires peuvent suivre deux routes : celle *par le nord* et celle *par le sud*.

La route *par le nord* sera suivie principalement en hiver, d'octobre à mars, et la route *par le sud* sera choisie surtout dans la belle saison, d'avril à octobre. La première convient en toute saison aux navires à voiles solides et de bonne marche ; la seconde sera préférée par les navires qui craignent le mauvais temps. La route par le nord monte, au commencement de l'année, jusqu'au 50e parallèle vers le 30e degré de longitude ouest; la même route, à la fin de l'année, monte jusqu'au 55e parallèle à la même longitude ; ces deux routes se réunissent à la sortie du banc de Terre-Neuve. La route *par le sud* passe au large du cap Finistère (Espagne), à l'O. de l'île Madère, et suit le 25e parallèle, tout près du tropique du Cancer, entre le 40e et le 60e degré de long. O. ; elle remonte ensuite vers le nord en passant à l'O. des Bermudes.

Routes des ports d'Europe à l'Équateur.

Les navires à voiles qui partent d'Europe pour se rendre dans l'hémisphère sud suivent à peu près la même route jusqu'à l'équateur et jusqu'à ce qu'ils aient dépassé la limite sud des vents alizés du sud-est, soit qu'ils se rendent à des ports de l'Amérique du Sud, soit qu'ils aillent dans les Indes ou en Australie ou sur la côte occidentale de l'Amérique. Ils doivent couper l'équateur à l'*ouest* du méridien de 25° de longitude ouest, surtout entre le 25e et le 30e degré à l'ouest ; quand les marins coupent la ligne dans l'est du méridien de 25° O., ils demeurent quelquefois dans les calmes pendant trois semaines et en moyenne pendant 10 jours ; tandis que le temps employé pour traverser cette même zone est seulement en moyenne de trois ou quatre jours quand on passe à l'ouest du méridien de 27° O. Entre les méridiens de 25 et de 30°, la zone des vents variables de l'équateur est bien moins large qu'elle ne l'est vers la côte d'Afrique, et souvent entre ces méridiens on passe des vents alizés du N.-E. à ceux du S.-E. sans éprouver de calmes ; leur changement à souvent lieu par un grain.

Il faut aussi s'efforcer de couper le parallèle de 30° de lat. N. entre les méridiens de 25° et de 30° de longitude O. ; courir de là au sud aussi directement que le vent le permettra pour couper l'équateur entre les mêmes méridiens. En été et en automne, on est souvent obligé de couper l'équateur dans les environs des méridiens de 30 et même 32°, mais on n'est pas porté aussi loin dans l'ouest pendant le reste de l'année. On peut, en coupant l'équateur par les méridiens de 30 ou 32°, doubler presque toujours le cap Saint-Roque sans difficultés.

En sortant de la Manche ou des ports situés au nord sur la côte d'Europe, on devra s'efforcer de couper le parallèle de 40° N. par les méridiens de 22 à 27° de longitude O. ; on trouvera d'ordinaire les vents plus favorables et l'on sera dans la position la plus convenable pour prendre le bord qui fera traverser le plus promptement possible la zone de calme qui existe près du tropique du Cancer.

Routes des ports des Etats-Unis à l'Equateur.

Les navires allant des États-Unis au delà de la ligne doivent s'efforcer de couper l'équateur entre les méridiens de 29 à 34° de longitude O., et en prenant les limites extrêmes entre ceux de 27 et de 37°; dépasser le cap Saint-Roque est la partie difficile de la traversée. Quand on part de New-York ou de Boston avec un vent frais et favorable et qu'on se rend dans l'hémisphère sud, on doit toujours faire route vers l'est tant que le vent est bon et ne courir vers le sud qu'après avoir atteint un des méridiens compris entre le 67° et le 62° degré de longitude O.

Les traversées varient suivant les mois ; la traversée de New-York à Rio-de-Janeiro, en décembre, se fait dans l'espace de 31 à 36 jours ; celle de janvier dure de 30 à 35 jours ; le mois de février est le plus favorable pour cette traversée qui se fait alors quelquefois en 17 jours, mais qui peut durer en moyenne de 19 à 27 jours ; juillet et août sont des mois peu favorables et l'on met en août 37 jours à aller de New-York à Rio-de-Janeiro. Pour la moyenne de l'année on a 31 jours, tandis que par l'ancienne route la moyenne était de 41 jours ; on gagne donc 10 jours par cette nouvelle route.

Routes d'Europe ou des Etats-Unis en Australie.

La distance qui sépare l'Australie des ports de l'Europe, comptée par le cap de Bonne-Espérance ou par le cap Horn varie entre 12000 et 13000 milles (22,000 et 24,000 kilom.) Quand on va d'Europe ou des Etats-Unis en Australie, la meilleure route à suivre est celle qui fait doubler le cap de Bonne-Espérance.

Au contraire, quand on revient d'Australie en Europe ou aux États-Unis, la meilleure route est celle qui contourne le cap Horn. On coupera l'équateur entre 27 et 32° de longitude O. et autant que possible dans les environs du méridien de 30° ; on fera ensuite route pour traverser la zone des vents alizés du S.-E. en gouvernant bon plein de façon à venir autant que possible couper les parallèles de 25° ou de 30° de latitude sud par un des méridiens compris entre 30 et 32° de longitude O. Pendant l'été et l'automne de l'hémisphère nord on perdra, en général, les alizés du S.-E. vers les parallèles de 25° de latitude S. ; pendant l'hiver et le printemps du même hémisphère, on les quittera d'ordinaire entre les parallèles de 35 à 40° de latitude S. ; on trouvera le plus souvent les vents d'O. de l'hémisphère sud vers 22° de longitude O., entre les parallèles de 35° et de 40° de latitude sud, tandis que plus à l'est, on ne les rencontrerait qu'entre ceux de 45° et de 55° de latitude S., selon la saison de l'année; ces vents soufflent avec force et avec régularité. Dès que le marin a perdu les vents alizés du sud-est, il doit courir au sud autant qu'il se pourra pour atteindre promptement les vents d'ouest, et doit venir couper le méridien de 22° de longitude O. entre les parallèles de 35° et de 40° de latitude S.; de ce point, il ira couper le méridien de 20° de longitude E. sur le parallèle de 45° et le méridien de 40° de longitude E. sur le parallèle de 55° de latitude S.; il ira encore un peu plus au sud jusqu'à ce qu'il soit arrivé sur les méridiens de 88° à 90° de longitude E.; alors il commencera à revenir graduellement vers le nord. On peut dire, en général, que plus on atteindra une latitude élevée en faisant cette route, plus on diminuera la distance à parcourir.

Route pour aller au cap de Bonne-Espérance

La route pour aller au cap de Bonne-Espérance diffère beaucoup de la précédente; ces deux routes se séparent au point où l'on coupe le parallèle de 30° de latitude S.; par suite, les navires qui vont en Australie perdront beaucoup de temps s'ils vont relâcher au Cap. Quand on va au Cap, après avoir perdu les vents alizés, on pourra faire route à l'est et couper le méridien de 22° de longitude O. entre les parallèles de 34° et de 35° de latitude S.; on ira ensuite couper le méridien de 2° de longitude O. ou le premier méridien par les parallèles de 37° ou de 38° de latitude S.; ensuite on reviendra graduellement vers le nord afin de gagner Table-Bay ou False-Bay.

Route pour la Chine.

La route pour la Chine est la même route que celle que l'on suit pour doubler le cap de Bonne-Espérance quand on se rend en Australie; on y va par l'est de l'Australie, par les grands passages de l'est.

Route d'Australie au cap Horn

Les navires partant de l'Australie doivent se diriger vers le sud-est afin d'atteindre promptement un des parallèles compris entre 45° et 50° de latitude S.; il sera, dans tous les cas, avantageux de passer au sud de la Nouvelle-Zélande. Les îles de ce groupe doublées, on se dirigera directement sur le cap Horn. Si dans cette route, l'on se tient entre les parallèles de 45° et de 60° de latitude S., on ressentira plus ou moins fortement l'effet du courant chaud, qui passe au sud de l'Australie, et qui contribue à former le courant traversier du Grand-Océan dirigé de l'ouest vers l'est; il faut s'attendre à du mauvais temps dans cette route, par suite de ce courant chaud dans lequel on se trouvera; mais le vent étant toujours fort et favorable dans cette zone du Grand-Océan, cette traversée se fera facilement et rapidement. On peut aussi en quittant l'Australie, quand on est trop contrarié par les vents pour passer au sud de la Nouvelle-Zélande, traverser le détroit de Cook et faire ensuite la route indiquée ci-dessus.

Difficultés que présente le cap Horn à la navigation.

Avec un grand navire à voiles, il est toujours facile de doubler le cap Horn lorsqu'on vient de l'ouest ; les principales difficultés qu'on rencontre sont les temps sombres, une grosse mer et les glaces flottantes ; on rencontre souvent, en effet, des glaces dans le passage du cap Horn en juillet, août et septembre, l'hiver de ces contrées ; c'est en août et septembre que les plus mauvais temps règnent au cap Horn ; les coups de vent sont violents aux environs de l'équinoxe ; le mois d'octobre est orageux ; novembre et décembre sont plus doux et pluvieux. En avril et mai, les coups de vent sont violents de N.-O. et S.-O. jusque vers le milieu de mai ; ensuite le temps est plus maniable et l'on a quelque chance de vent de la partie de l'est. Cette saison est la meilleure pour doubler le cap de l'est à l'ouest.

Si l'on double facilement le cap Horn lorsqu'on vient de l'ouest, on le double au contraire difficilement quand on vient de l'est, les vents et les courants étant contraires.

La meilleure saison pour doubler le cap Horn, au point de vue de la rapidité des traversées, est de décembre en avril inclusivement, et la plus mauvaise, de juin en novembre.

Route des navires à vapeur.

Les routes que nous venons d'indiquer pour les navires à voiles pourront être abrégées par les navires à vapeur qui n'ont pas à éviter les zones de calme qui leur sont au contraire favorables. Toutes les fois qu'on le pourra, on doit, avec un navire à vapeur, se rapprocher de la route par l'arc de grand cercle, car l'on raccourcira d'autant plus la distance à parcourir que l'on suivra cette route plus exactement. C'est ainsi que pour aller des ports de la Manche au cap de Bonne-Espérance, on traverse par une route oblique le golfe de Gascogne, on passe à quelques milles du cap Finistère, on file le long de la côte du Portugal à une certaine distance ; on gouverne ensuite pour passer à l'est de Madère, puis au milieu des îles Canaries ; on suit la côte d'Afrique et on passe entre cette côte et les îles du cap Vert ; on atteint l'île de Gorée et de là, on continue à naviguer près de la côte d'Afrique en la suivant dans ses grandes inflexions et on coupe l'équateur entre les 6e et 3e méridiens de longitude O. ; on prolonge la côte d'Afrique de cap en cap jusqu'à destination. La route est beaucoup plus courte que celle que suivent les navires à voiles, qui sont forcés d'aller loin dans l'ouest pour éviter la zone des calmes et trouver des vents favorables.

CHAPITRE VI

MARINE MARCHANDE ET LIGNES DE NAVIGATION.

§ I. Navigation transatlantique à voiles. — Statistique des navires à voiles en 1870 et 1875. — Pays dont la marine à voiles a diminué ou augmenté. — Etat de la marine à voiles de divers pays. — Principaux ports d'expédition de la France par navires à voiles. — Ports anglais d'expédition. — Quelques services réguliers par navires à voiles. — Lignes françaises de navires à voiles. — Lignes anglaises. — Lignes belges. — Service régulier à voiles pour l'Algérie, l'Egypte et la Turquie.

§ 2. Navigation transatlantique à vapeur — Historique de l'invention des navires à vapeur. — Le marquis de Jouffroy. — John Fitch. — Robert Fulton, l'inventeur des bateaux à vapeur en Amérique. — Premier transport à vapeur régulier de New-York à Albany établi par Fulton. — Bateaux à vapeur introduits en Angleterre par Henry Bell et Dawson, en 1812. — Nouveaux essais de navigation à vapeur en France. — Navigation à vapeur au long cours : le *Savannah*, en 1819. — Le *Great-Western* et le *Sirius* résolvent pleinement en 1838 le problème de la navigation à vapeur. — Perfectionnement du navire à vapeur. — La navigation à vapeur tend à pénétrer partout. — Obstacles qui l'arrêtent encore. — La vapeur occupe une place prépondérante dans le bassin de la Méditerranée. — Effectif de la marine marchande à vapeur en 1870 et 1875. — Transformation des conditions du commerce par la marine à vapeur. — Marine à voiles et à vapeur de chaque nation en 1876, d'après le bureau *Veritas*. — Les plus grands navires du monde.

§ 3. Grandes lignes de navigation à vapeur. — Lignes du Canada et de Terre-Neuve. — Lignes des Etats-Unis. — Lignes des Antilles et de Colon. — Lignes du Brésil et de la Plata. — Lignes se dirigeant sur la côte d'Afrique. — Lignes de l'Inde, Cochinchine, Chine et Japon. — Lignes de l'océan Pacifique. — Lignes du Levant, de la Méditerranée et de la mer Noire. — Lignes de l'Algérie. — Lignes d'Espagne. — Lignes d'Italie et de Corse. — Lignes du Languedoc. — Tableau de la durée de la traversée de Marseille à plusieurs ports. — Durée du trajet entre divers ports de la Méditerranée. — Lignes de la Manche, de la mer du Nord, de la Baltique, etc. — Durée de la traversée entre les divers ports du globe.

§ 4. Le cabotage.

§ 5. Echelles du Levant et de la Barbarie.

§ Ier. — Navigation transatlantique a voiles.

Les développements que le commerce du monde a pris depuis un demi-siècle et les progrès de la navigation ont permis d'établir des communications fréquentes et des services réguliers entre les grands ports de l'Europe et ceux des autres parties du monde. Ces services sont faits par des bâtiments à voiles ou par des bâtiments à vapeur ; les premiers servent surtout

Navigation transatlantique à voiles.

au transport des marchandises et des matières premières; mais depuis quelques années les navires à vapeur ont produit une révolution dans les transports par mer et font une rude concurrence à la marine à voiles.

D'après les relevés du bureau *Véritas,* il existait dans le monde,

en 1870,	59 518	navires à voiles jaugeant	16 042 498	tonneaux, et
en 1875,	56 289	— — —	14 523 630	—
Perte en 5 ans,	3 229	navires à voiles jaugeant	1 518 868	tonneaux.

De 1870 à 1875, il y a diminution pour le matériel des navires à voiles sur l'effectif des marines anglaise, américaine, allemande, hollandaise, espagnole, suédoise, danoise, belge et française, comme le montre le tableau suivant :

PAVILLONS.	en 1870		en 1875		DIMINUTION		AUGMENTATION
	navires	tonnage	navires	tonnage	navires	tonnage	tonnage
Anglais.......	23.165	6.993.153	20.538	5.383.763	2.627	1.609.390	
Américain....	7.025	2.400.607	6.869	2.181.659	156	218.948	
Hollandais....	1.690	444.111	1.418	385.301	272	58.810	
Suédois......	1.930	340.188	1.905	361.368	25	»	21.180
Danois.......	1.415	183.510	1.239	173.480	176	10.030	
Belge........	72	26.148	51	17.158	21	8.990	
Allemand.....	4.320	1.046.044	3.483	852.789	837	193.255	
Espagnol.....	3.036	545.607	2.674	509.767	362	35.840	
Français......	4.968	891.828	3.780	736.326	1.188	155.502	

On voit par ce tableau que le nombre des marines à voiles dont le matériel est l'indice d'une situation médiocrement satisfaisante est de neuf y compris celle de la France.

Voici les marines dont le matériel a augmenté et sont en apparence réputées prospères :

PAVILLONS.	en 1870		en 1875		AUGMENTATION en 5 ans		DIMINUTION
	navires	tonnage	navires	tonnage	navires	tonnage	tonnage
Norvégien....	3.652	989.882	4.464	1.349.138	812	359.256	
Italien.......	3.395	907.570	4.343	1.227.816	948	320.246	
Grec.........	1.860	375.680	2.063	406.937	203	31.257	
Russe........	1.306	346.176	1.428	331.368	122	»	14.808
Autrichien....	852	317.780	955	327.742	103	9.962	
Portugais.....	368	87.018	410	92.808	42	5.790	

Donc, pour la navigation à voiles en 1875, six marines sont en voie de développement et neuf marines en voie de décroissance.

La marine marchande de la France n'est donc pas seule à souffrir, et l'assimilation complète des pavillons qui date de 1869, ne peut pas être la seule cause des souffrances de l'industrie de l'armement. L'augmentation de la marine à vapeur, comme nous le verrons bientôt, est l'élément perturbateur incontestable de l'industrie maritime.

Les armateurs anglais se plaignent du manque de fret de sortie et un très-grand nombre de bâtiments quitte aujourd'hui les ports de la Grande-Bretagne sans avoir pu compléter un chargement, beaucoup même s'en vont sur lest. Les steamers font concurrence aux voiliers pour les transports de charbon, et ceux qui vont dans les mers lointaines emportent, quand ils le peuvent, à l'aller, le combustible nécessaire au retour. Etat de la marine à voiles de divers pays.

La marine des États-Unis, qui a été longtemps célèbre par ses voiliers, les voit aujourd'hui en quête d'un fret comme les bâtiments des autres nations. La marine à voiles allemande s'est réfugiée en nombre dans les mers de la Chine, y faisant l'intercourse, envahissant tous les marchés secondaires, courant au loin à la recherche d'un fret qui lui manque dans les mers d'Europe.

L'armement italien a un avantage sur l'armement français ; il a l'instrument à bon marché. Les Italiens s'associent pour l'achat du navire, pour son armement, pour la conduite de l'entreprise commerciale ; ils pratiquent les combinaisons de la mutualité en matière d'assurances. L'esprit d'entreprise s'y combine avec une rare énergie et une aptitude particulière pour les choses de la mer ; néanmoins l'Italie a produit trop de grands bâtiments à voiles.

On voit qu'il y a partout des souffrances plus ou moins vives et qu'il y a surtout, avec la concurrence si active qui s'exerce en tout lieu, une diminution très-sensible des profits que donnait autrefois l'industrie de l'armement. L'industrie maritime traverse actuellement une période de révolution profonde qui est loin d'être terminée.

Les principaux ports d'expédition de la France, par navires à voiles, sont : *Nantes*, qui est l'un des grands centres de l'armement à voiles, le Havre, Bordeaux et Marseille. Le Havre est notre principal port d'expédition pour l'Amérique ; Nantes, pour la Réunion, Maurice et Canton, et Saint-Nazaire, pour les Antilles, les ports de l'Amérique du Sud, la Chine et le Japon. Principaux ports d'expédition par navires à voiles.

Les principaux ports de partance des Iles Britanniques, sont : Glascow, Liverpool, Londres, Southampton, Bristol et Cork.

Nous indiquons ici quelques services réguliers par navires à voiles :

Services réguliers par navires à voiles.

Lignes françaises et espagnoles.

Du *Havre* à *New-York*, en 20 à 25 jours, par l'*Union Line*, *Ligne régulière de Paquebots à voiles ;*

Du *Havre* à *New-York* et *New-Orléans*, en 40 jours, par la *Nouvelle ligne régulière de Paquebots à voiles ;*

Du *Havre* à la *Vera-Cruz*, en 40 jours, départ toutes les 6 semaines;

Du *Havre* à la *Havane*, en 25 à 30 jours, départs le 15 de chaque mois, par navires espagnols ;

Du *Havre* à *Porto-Rico, Saint-Jean, Mayaguez* et Ponce, par la ligne régulière des navires espagnols ;

Du *Havre* à la *Martinique*, la *Guadeloupe* et Saint-Thomas, départs très-fréquents ;

Du *Havre* à *Port-au-Prince*, un départ à la fin de chaque mois ;

Du *Havre* à *Trinidad*, service régulier ;

Du *Havre* au *Cap Haïtien*, un départ tous les 20 jours ;

Du *Havre* à *San-Francisco* (viâ Liverpool), en doublant le cap Horn, deux départs par mois, par la ligne régulière de paquebots à voiles *White Star Line*. La même compagnie a établi un service entre le Havre, New-York, le Brésil, la Plata, Melbourne et l'Australie.

Du *Havre* à la *Côte-Ferme* (Sainte-Marthe, Savanilla et Carthagène), en 35 à 40 jours, départs mensuels par voiliers ;

Du *Havre* à *Rio-de-Janeiro*, en 55 jours, départs le 1er et le 16 de chaque mois, par la ligne régulière l'*Union des chargeurs ;*

Du *Havre* à *Buénos-Ayres et Montevideo*, par les Açores et les îles du Cap-Vert, départs le 10 et le 20 de chaque mois par la *Ligne régulière de la Plata ;*

Du *Havre* à *Lima*, départs tous les mois ;

Du *Havre* à *Valparaiso*, en 90 jours, départs tous les 20 jours ;

Du *Havre* à *Porto*, Ligne régulière de bateaux à voiles.

Il y a aussi des services du *Havre* à Marseille, à la Réunion, Maurice, Calcutta, Batavia, Manille, Saïgon, la Chine et le Japon ; de *Nantes* à la Réunion, Maurice et Canton ; de *Saint-Nazaire* pour la Martinique, Sainte-Marthe, Colon, La Guayra, Porto-Cabello, la Guadeloupe, Trinidad, Demerara, Surinam, Cayenne, le Callao, Valparaiso, San-José, San-Francisco, la Chine et le Japon.

Lignes anglaises de navires à voiles.

Les lignes anglaises de navires à voiles partant de Glascow, Liverpool, Londres, Southampton, Bristol, Cork, etc., vont à Québec, Halifax, New-York, la Vera-Cruz, Balize, Aspinwal, la Havane, la Jamaïque, Bahia, Rio-de-Janeiro, Buénos-Ayres, Montevideo, Valparaiso, Lima, Guayaquil, San-Francisco, *en Amérique ;* Sierra-Leone (40 jours), cap de Bonne-Espérance (2 mois), Port-Natal et Maurice (3 mois), *en Afrique ;* Bombay, Madras, Calcutta (100 à 120 jours), Singapour (120 jours), Hong-Kong, Canton,

Shanghaï (4 à 5 mois), *en Asie;* Manille (4 à 5 mois), Batavia (100 jours), Sydney, Melbourne, Hobart-Town (80 à 90 jours), Auckland et Nelson, (3 mois et demi), *en Océanie,* en doublant le cap de Bonne-Espérance.

Une ligne belge va d'*Anvers* à Singapour, Hong-Kong et Shanghaï.

Le service régulier de navires à voiles pour l'Algérie, l'Égypte et la Turquie, E. Caillol et H. Saintpierre, de Marseille, part de *Marseille* toutes les semaines pour *Oran*, *Alger*, *Philippeville*, *Bône* et *La Calle.* Il y a deux départs par mois pour *Tenez;* également deux départs par mois pour *Alexandrie* et *Port-Saïd*, et deux pour *Constantinople.*

Services réguliers pour l'Algérie, l'Égypte et la Turquie.

§ II. — NAVIGATION TRANSATLANTIQUE A VAPEUR.

Navigation transatlantique à vapeur.

Historique de l'invention des navires à vapeur.

Le marquis de Jouffroy.

C'est le marquis de Jouffroy, originaire de la Franche-Comté, qui le premier conçut l'idée que la machine à vapeur pourrait remplacer l'action des rames, et que l'application de la vapeur à la navigation était loin d'offrir des obstacles insurmontables. Il fit construire sur les bords du Doubs, à Baume-les-Dames, un petit bateau, qui navigua sur le Doubs pendant les mois de juin et de juillet de l'année 1776. Le marquis de Jouffroy, en 1783, put remonter le cours de la Saône, à Lyon, avec un autre bateau plus perfectionné que celui qu'il avait fait naviguer dans le Doubs et qu'il avait abandonné. Mais cette nouvelle expérience resta sans fruit pour l'inventeur et sans résultat pour le pays qui en avait été le théâtre; des rivaux jaloux surent agir sur le ministre, de Calonne, et celui-ci ne voulut accorder à Jouffroy le privilége de 30 ans qu'il sollicitait de l'État que s'il répétait à Paris, sur la Seine, devant l'Académie des Sciences, l'expérience qu'il avait faite avec succès à Lyon; n'ayant pas de fonds pour construire un nouveau bateau, Jouffroy abandonna l'affaire. C'est à l'Amérique du Nord qu'était réservée la gloire de réussir dans cette entreprise. John Fitch, en 1785, présenta à la société philosophique de Philadelphie un bateau à rames mu par une machine à vapeur; il l'essaya sur la Delaware, pendant l'été de 1787; Washington et Franklin, les deux immortels fondateurs de la république américaine, étaient à bord du bateau, ainsi que plusieurs membres du Congrès. Le bateau de Fitch remonta parfaitement le cours du fleuve, contre la marée et marcha à raison de cinq milles et demi par heure. Fitch fit construire un plus grand bateau qui avait une vitesse de 8 milles à l'heure; mais les dépenses étant très-fortes, les actionnaires se découragèrent et Fitch, arrêté dans ses projets par le manque d'argent, abandonna sa patrie et vint en France, où il débarqua en 1792. A cette époque, notre pays, qu'il fallait songer à défendre, était peu disposé à s'occuper d'inventions industrielles. Fitch retourna en Amérique; ruiné

John Fitch.

et découragé, il s'abandonna à l'ivresse et se précipita un jour dans les flots de la Delaware où il périt. Triste fin d'un célèbre inventeur!

Fulton, inventeur des bateaux à vapeur.

Un autre américain, *Robert Fulton*, fut amené à s'occuper de la navigation par la vapeur à la suite de l'intimité qui s'était établie, à Londres, entre lui et son compatriote *Rumsey,* qui avait fait des expériences en Amérique, en même temps que Fitch, mais qui, méconnu aussi dans sa patrie, était venu en Angleterre pour offrir son invention à ce pays. Robert Fulton, l'inventeur des bateaux à vapeur, était né en 1765, à Little-Britain, dans le comté de Lancastre, État de Pensylvanie. D'abord peintre, il jeta les pinceaux pour s'adonner à l'étude de la mécanique. C'est en 1788 que le hasard le mit en rapport avec James Rumsey; n'ayant pas trouvé d'encouragement en Angleterre, Fulton se rendit, en 1796, à Paris, où il s'occupa de la construction de bateaux sous-marins ou torpilles; mais ses essais ne réussirent pas. S'étant associé avec Livingston, consul des États-Unis à Paris, il s'occupa de la navigation à vapeur, et après quelques essais faits pendant l'hiver de 1802 à 1803 sur la Seine, à l'île des Cygnes, Fulton se mit à construire le grand bateau qui devait servir à juger définitivement la question pratique de la navigation par la vapeur. Le bateau de Livingston et de Fulton fut terminé au commencement de l'année 1803, mais la veille de l'essai sur la Seine, au milieu de Paris, le bateau s'étant trouvé trop faible pour supporter le poids de la machine à vapeur que l'on y avait installée, se rompit en deux et coula. Fulton ne se découragea pas et, à la fin du mois de juin 1803, un bateau, construit avec les soins et la solidité convenables, était prêt à naviguer. Le 9 août, ce bateau navigua sur la Seine en présence d'un nombre considérable de spectateurs, et marcha contre le courant avec une vitesse de $1^m, 6$, par seconde ou une lieue et demie par heure. L'expérience avait pleinement réussi; il s'agissait alors d'obtenir certains priviléges du gouvernement. Mais Bonaparte, alors premier consul, que ses préjugés rendaient opposé aux innovations, rejeta les propositions de Fulton, qu'il traita de charlatan ou d'imposteur, et cette belle invention échappa à la France, que Fulton quitta en 1804 pour aller séjourner en Angleterre jusqu'en 1806; il s'embarqua à Falmouth pour son pays, et arriva à New-York le 13 décembre de la même année. En même temps arrivait dans cette ville la machine à vapeur que Livingston, son associé, avait commandée à l'usine de Boulton et Watt à Soho. Dès son arrivée à New-York, Fulton s'occupa, de concert avec Livingston, de faire construire le bateau qui devait recevoir la machine à vapeur envoyée d'Angleterre et leur assurer le privilége promis par le Congrès des États-Unis au premier bateau à vapeur. Ce bateau, appelé le *Clermont*, fut construit à New-York, dans les chantiers de Charles Brown; il avait 50 mètres de long, sur 5 de large, et jaugeait 150 tonneaux. Le diamètre de ses roues à aubes était de 5 mètres, et sa machine à vapeur de la force de 18 chevaux.

Le 11 août 1807, le *Clermont* fut essayé à New-York; Fulton modifia en quelques jours les roues dont le diamètre était trop grand, et établit un transport régulier de New-York à Albany, distants de 60 lieues, sur les bords de l'Hudson. Le *Clermont* fit la traversée en 32 heures et revint en 30 heures. Aucun passager n'avait osé accompagner Fulton dans son premier voyage de New-York à Albany; il s'en présenta un pour le retour, un Français, nommé Andrieux, habitant New-York. Dès le commencement de l'année 1808, le *Clermont* faisait un service quotidien sur l'Hudson avec une vitesse constante de 5 milles à l'heure. Le 11 février 1809, Fulton obtint du gouvernement américain un brevet qui lui assurait le privilége de ses découvertes concernant la navigation par la vapeur. Pendant l'année 1811, il construisit 4 magnifiques bateaux. Fulton eut ainsi l'honneur de créer aux États-Unis la marine à vapeur, qui imprima au génie américain une activité nouvelle et contribua beaucoup à l'avancement de la culture des districts de l'Ohio, du Missouri, de l'Illinois et de l'Indiana. Fulton, âgé de 50 ans, mourut d'une fièvre violente, le 24 février 1815.

Premier transport à vapeur régulier de New-York à Albany.

Ce n'est qu'en 1812 que les bateaux à vapeur commencèrent à s'introduire dans la Grande-Bretagne; un mécanicien écossais, Henry Bell, construisit, à cette époque, un bateau à vapeur, la *Comète*, qui fit un service de transports sur la Clyde, entre Glascow et Greenock. En 1811, un constructeur irlandais, M. Dawson, fit construire un bateau d'essai, du port de 50 tonneaux, mis en mouvement par une petite machine à vapeur. Une ligne régulière, desservie par deux bateaux à vapeur, fut établie entre Holyhead et Dublin; c'était pour la première fois, en Europe, que les bateaux à vapeur osaient naviguer en mer, pour un service continu. En 1818, M. Dawson établit un paquebot à vapeur sur la Tamise, pour faire le service entre Gravesend et Londres. Ce fut le premier bateau à vapeur de la Tamise.

Bateaux à vapeur introduits en Angleterre en 1812. Dawson, constructeur irlandais.

En France, le marquis de Jouffroy reprit, sous la Restauration, ses travaux interrompus pendant la guerre, et le 20 août 1816, il lança à Bercy le bateau à vapeur du nom de *Charles-Philippe;* mais le privilége de Jouffroy fut contesté judiciairement et une compagnie nouvelle, la société Pajol, obtint un brevet et commença une exploitation rivale; cette concurrence fut fatale aux deux entreprises. La compagnie du marquis de Jouffroy fut ruinée et cet inventeur retomba dans l'oubli; en 1830, il entra aux Invalides, comme ancien capitaine d'infanterie, et y mourut du choléra, en 1832, à l'âge de 82 ans. La compagnie Pajol, au lieu de construire ses

Nouveaux essais de navigation à vapeur en France.

navires, alla en acheter un à Londres; ce bateau à vapeur arriva à Paris après une traversée sur la Manche des plus mouvementées. Ce n'est que de 1825 à 1830 que nos rivières et nos grands ports de mer ont commencé à recevoir presque tous un service régulier de bateaux à vapeur pour le remorquage ou le transport des marchandises.

Navigation à vapeur au long cours.

En 1819, un navire américain, le *Savannah*, eut l'audace d'entreprendre un voyage entre l'ancien et le nouveau monde. Il partit de Savannah le 26 mai 1819 et arriva à Liverpool après une traversée de 25 jours, sur lesquels la machine fonctionna 18 jours seulement; on avait employé la voile pendant le reste du temps. En 1825, un steamer anglais, l'*Entreprise*, partit de Falmouth et fit le voyage des Indes en se servant alternativement des voiles et de la vapeur; il resta 47 jours à aller du cap de Bonne-Espérance à Calcutta. En 1836, les Anglais formèrent le projet de traverser l'Atlantique avec un navire à vapeur, ne se servant plus des voiles; en 1838, le 4 avril, le *Great-Western*, jaugeant 1,340 tonneaux, avec deux machines à vapeur de 450 chevaux et portant 4 mâts à voiles, destinés à suppléer, si cela était nécessaire, à l'action de la vapeur, partait de Bristol pour New-York. Le *Sirius*, navire à vapeur jaugeant 700 tonneaux, et muni d'une machine de la force de 320 chevaux, se disposa à essayer, en même temps que le *Great-Western*, le voyage transatlantique; il partit le 5 avril 1838 de la rade de Cork, en Irlande, et fit la traversée en 17 jours. Les deux navires revinrent en Europe après avoir résolu pleinement par ces deux remarquables voyages le problème de la navigation transatlantique par la vapeur. C'est à partir de cette époque que s'est développée la marine à vapeur, qui a produit une révolution dans les transports par mer. Elle a d'abord été employée exclusivement pour le transport des dépêches, des voyageurs et des marchandises précieuses; on a cru qu'elle stimulerait la navigation à voiles pour laquelle il resterait toujours un fret suffisant; en cela, on s'est trompé, car l'augmentation de la marine à vapeur est l'élément perturbateur incontestable de l'industrie maritime. Peu à peu, le navire à vapeur a été pourvu de moteurs plus économiques, de machines moins encombrantes, laissant de plus vastes espaces utilisables pour les transports; les moyens de le ravitailler en combustibles ont aussi grandi et les moyens de réparation sont plus nombreux; aujourd'hui, docks et ateliers sont établis un peu partout, à Bombay, à Calcutta, à Hong-Kong, au Japon même. La navigation à vapeur a pénétré à peu près partout, au grand profit du commerce qui en retire une augmentation de vitesse et d'activité très-considérable par l'abréviation de la durée des opérations et par la régularité certaine des départs et des traversées, par le transport rapide des ordres, des billets et des traites, des capitaux et des produits de grande et moyenne valeur.

Marginal notes: Le *Great-Western* en 1838. — Le *Sirius* en 1838. — Perfectionnement du navire à vapeur. — La navigation à vapeur tend à pénétrer partout.

Deux obstacles arrêtent encore le navire à vapeur : il ne pénètre pas là où les ports sont de difficile accès, où il ne saurait séjourner sans danger, où les conditions de commerce l'obligeraient à des stationnements prolongés sur les rades, arrêts entraînant des pertes de temps, des dépenses, des frais de loyer du capital beaucoup trop considérables pour un instrument de très-grand prix.

Obstacles qui arrêtent encore le navire à vapeur.

Malgré cela, la marine à vapeur chasse la marine à voiles en réduisant sa part dans les transports, en la refoulant peu à peu, de proche en proche, dans un domaine de plus en plus étroit. Il ne faut donc pas s'étonner que la marine à vapeur augmente tandis que la marine à voiles décroît. Le navire à vapeur occupe dans le bassin de la Méditerranée une place prépondérante ; il y transporte les grains, les cotons, les minerais, les produits les plus divers ; il cueille le fret dans les ports d'Italie, de Grèce et d'Espagne ; il draine toute la côte asiatique et notre côte d'Algérie. Chaque navire à vapeur remplace bien près de trois voiliers pour la masse des transports de grains, par exemple, et, par la rapidité du voyage, il en remplace trois autres. Alors, les navires à voiles repoussés de la Méditerranée, sont allés, comme les Grecs, sur la côte occidentale de l'Afrique, ou bien ont fréquenté les ports de l'Amérique du Nord ou ceux du continent du sud, et ont ainsi contribué à l'abaissement des frets. Le commerce par navires à vapeur se fait aussi dans la Baltique et les mers du Nord, dans les ports de l'Atlantique, en Amérique, où le bois et le pétrole et quelques grains restent encore aux voiliers.

La vapeur occupe une place prépondérante dans la Méditerranée.

La marine à vapeur est bien près d'être maîtresse partout ; aussi depuis 1870, il n'y a diminution nulle part pour le nombre des navires à vapeur. En effet, la marine à vapeur du globe était réprésentée par les chiffres suivants :

Effectif de la marine marchande à vapeur en 1870 et en 1875.

en 1870 : 4132 vap. jaug. 2.793.432 tonneaux (tonnage brut), et
en 1875 : 5365 — — 5.226.888 — ou 3.471.079 de tonnage net; soit 1233 vapeurs et 2.433.456 tonneaux d'augmentation en 5 ans.

Pratiquement un tonneau-vapeur rendant des services triples d'un tonneau-voile, pour établir une comparaison entre les pertes de la marine à voiles et les augmentations de la marine à vapeur, il serait nécessaire de tripler l'excédant de la vapeur en 1875, ce qui donnerait pour 1.500.000 tonneaux perdus par la voile plus de 7 millions de tonneaux en remplacement, soit un excédant de plus de 5 millions 1/2 de tonneaux.

Nombre des navires à vapeur en 1870 et en 1875.

Tableau des navires à vapeur de chaque pays.

PAVILLONS.	1870		1875			1880	
	NAVIRES.	TONNAGE.	NAVIRES.	TONNAGE BRUT	TONNAGE NET.	NAVIRES.	TONNAGE.
Anglais	2.426	1.651.767	3.002	3.015.773	1.990.955		
Américain	597	513.792	613	768.724	503.701		
Français	288	212.976	315	318.757	205.491		
Allemand	127	105.131	220	268.828	187.996		
Espagnol	148	72.845	212	155.417	105.044		
Autrichien	74	44.312	81	83.039	55.951		
Hollandais	82	39.405	107	93.723	69.749		
Italien	86	36.358	110	91.011	60.811		
Russe	62	28.422	144	111.072	70.030		
Suédois	83	18.633	195	77.440	54.091		
Portugais	18	13.126	23	18.452	12.958		
Danois	44	12.085	67	38.976	26.422		
Belge	14	10.442	39	40.536	28.425		
Norvégien	26	7.321	112	51.103	36.705		
Grec	8	3.267	9	5.329	3.502		

Ce tableau indique que le nombre des navires à vapeurs a partout augmenté dans la période de 1870 à 1875; l'année 1876 a continué ce mouvement.

Transformation des conditions du commerce par la marine à vapeur.

Cet accroissement excessif, trop rapide même, de la marine à vapeur a transformé les conditions du commerce avec certains pays; il faudra un temps assez long avant que l'équilibre se soit rétabli, que la vapeur ait pris son domaine et que la voile ait le sien. Les transports par la vapeur sont trop chers et ceux par la voile ne sont pas assez rapides. Ne serait-il pas opportun de construire des bateaux mixtes allant à la voile et renfermant une petite machine à vapeur pour suppléer la voile quand les vents sont contraires ou n'existent pas? De cette façon, on économiserait le combustible et la machine tiendrait peu de place sur le navire qui aurait alors une capacité utile beaucoup plus grande que le navire à vapeur: de plus on marcherait beaucoup plus vite qu'avec un simple voilier; économie et vitesse sont ici réunies, et c'est peut-être le seul remède propre à relever la marine marchande, dont le tonnage est trop considérable aujourd'hui relativement à la quantité de marchandises à transporter à travers les mers.

Nous empruntons au *Répertoire général de la marine marchande de tous les pays,* publié par le bureau *Véritas* le tableau suivant indiquant le relevé des navires à voiles et à vapeur de toutes les marines du monde, en 1876; les navires de mer sont seuls mentionnés.

PAVILLONS.	NAVIRES A VOILES.		NAVIRES A VAPEUR.			
	NOMBRE de navires.	TONNEAUX.	NOMBRE de navires.	TONNAGE brut.	TONNAGE net.	RANG des marines à vapeur.
Anglais	19.709	5.543.567	3.152	3.190.922	2.088.026	1er
Américain	7.312	2.387.876	578	692.575	493.097	2e
Norvégien	4.718	1.360.063	117	48.322	34.598	12e
Italien	4.469	1.222.832	111	92.209	61.630	8e
Allemand	3.477	853.290	232	287.610	198.911	4e
Français	3.877	751.854	301	312.418	202.109	3e
Espagnol	2.888	551.201	216	144.859	103.627	5e
Grec	2.092	418.689	11	6.689	4.369	17e
Hollandais	1.471	403.788	115	114.625	80.444	6e
Suédois	2.018	389.062	207	83.930	59.160	9e
Russe	1.759	383.841	145	112.252	75.115	7e
Autrichien	980	329.970	77	79.370	54.411	10e
Danois	1.291	176.941	76	47.840	31.369	13e
Portugais	444	107.194	25	19.372	13.888	16e
Américains du Sud	288	110.246	77	55.310	37.196	11e
— du Centre	99	31.674	6	4.462	3.056	18e
Turc et Egyptien	281	43.695	29	28.430	19.174	15e
Belge	51	19.555	38	38.950	27.572	14e
Asiatiques	34	13.513	6	4.347	2.643	19e
Ensemble	57.258	15.099.001	5.519	5.364.492	3.590.395	

Ainsi, en 1876, près de 63,000 navires à voiles et à vapeur, jaugeant plus de 18 millions 1/2 de tonneaux, sillonnent les mers dans tous les sens. Les petits navires qui ne vont pas sur les mers ne sont pas mentionnés dans le tableau ci-dessus, ce qui explique la grande différence qui existe entre les relevés du *Répertoire général* et les listes officielles de chaque pays.

Les plus grands navires du monde.

Les plus grands navires du monde sont au nombre de sept, savoir :

1° Le *Great-Eastern,* appartenant à l'*International Telegraph construction and maintenance Company;* il mesure 306 mètres de long et 24 mètres de large.

2° La *City of Pekin,* appartenant à la *Pacific Mail steamship Company;* il mesure 130 mètres de long sur 15 de large et jauge 6000 tonneaux.

3° La *Liguria,* appartenant à la *Pacific steam navigation Company;* il mesure 140 mètres de long, sur 14 de large et jauge 4900 tonneaux.

4° La *Britannia,* appartenant à la *White star Line;* il mesure 139 mètres de longueur sur 13m,75 de largeur et jauge 4800 tonneaux.

5° La *City of Richmond,* appartenant à l'*Inman Line;* il mesure 138 mètres de longueur sur 13 mètres de largeur et jauge 4700 tonneaux.

6° La *City of Berlin,* appartenant à la même compagnie, est plus grande encore et jauge 5500 tonneaux.

7° La *Bothnia,* à la compagnie *Cunard,* a 130 mètres de long sur 13 de large et jauge 4600 tonneaux.

§ III. — Grandes lignes de navigation a vapeur.

Grandes lignes de navigation à vapeur.

Les grandes lignes de navigation à vapeur établies par des compagnies maritimes très-nombreuses et très-puissantes sont dirigées d'Europe sur les points suivants :

1° Sur le Canada et Terre-Neuve ;
2° Sur les État-Unis ;
3° Sur les Antilles, le Mexique, l'Isthme de Panama et la Guyane ;
4° Sur le Brésil et la Plata ;
5° Sur la côte d'Afrique ;
6° Sur l'Inde, l'Indo-Chine, la Chine, le Japon et l'Australie ;
7° Sur les ports de l'océan Pacifique ;
8° Sur les ports de la Méditerranée ;
9° Et sur les ports des mers de l'Atlantique du Nord.

1. — Lignes du Canada et de Terre-Neuve.

Lignes du Canada.

De *Liverpool* et *Glascow* à *Québec* et *Montréal* (en été), *Portland* (Maine) en hiver, escale à Londonderry (Irlande), par les paquebots-poste de la *ligne Allan.*

De *Galway* à *Saint-Jean de Terre-Neuve.*

2. — Lignes des Etats-Unis.

Lignes des Etats-Unis.

Du *Havre* à *New-York,* avec escale à Plymouth, chaque semaine, par les paquebots-poste de la *Compagnie générale transatlantique;* trajet en 11 jours.

Du *Havre* à *New-York,* départs tous les samedis par les paquebots à vapeur de la *Compagnie américaine-hambourgeoise.*

Du *Havre* à *New-York,* directement et voie de Liverpool, tous les mardis et vendredis par la *Compagnie nationale* (limited).

Du *Havre* à *New-York* (directement), départs du Havre tous les 14 jours, par *Norse American Line.*

Du *Havre* à *New-Orléans* touchant à la Havane (directement), départs du Havre tous les samedis par *North German Lloyd.*

De *Southampton* à *Baltimore,* départs le samedi, par *North German Lloyd de Brême* (12 jours).

De *Marseille* à *New-York,* par le service régulier des vapeurs de l'*Anchor-Line.*

De *Southampton* à *New-York,* départs tous les mardis de Southampton par *North German Lloyd de Brême.*

De *Liverpool* à *New-York,* départs de Liverpool, tous les 8 jours, par la *Ligne Guion;* tous les jeudis par *White Star Line,* et par *Inman Steam Ship Company limited;* durée du trajet : 10 jours 1/2 à 11 jours.

De *Liverpool* à *Philadelphie,* départs de Liverpool tous les mercredis, touchant à Queenstown, par *Inman Line.*

De *Liverpool* à *Boston,* départs bi-mensuels, par *Dominion Line.*

De *Liverpool* à *Norfolk et Baltimore,* avec escale à Queenstown (Irlande), St-Jean (Terre-Neuve), Halifax (Nouvelle-Ecosse), départs tous les 15 jours, le mardi.

De *Liverpool* à *New-York* et *Boston,* postes Britanniques partant tous les mardis et tous les samedis par la *ligne Cunard* (*The British and North American Royal Mail Steamer*).

De *Liverpool* à *New-Orléans,* départs bi-mensuels de Liverpool, par *Mississipi Line.*

De *Liverpool* au *Texas,* départs tous les mois.

De *Hambourg* à *New-York,* vià Plymouth, un départ chaque semaine, par la *Compagnie hambourgeoise-américaine du nord;* durée du trajet : 13 jours 1/2.

De *Hambourg* à *New-York,* service hebdomadaire direct, en 13 jours 15 heures par l'*Adlerline* (ligne de l'Aigle).

De *Hambourg* à *New-Orléans,* vià Santander et la Havane, 8 traversées par an, par la même compagnie; durée de la traversée : 18 jours 1/2.

De *Brême* à *New-York,* escale à Southampton, départs de trois en trois jours, par le *Lloyd de l'Allemagne du Nord*; durée du trajet, environ 13 jours.

De *Brême* à *Baltimore,* avec escale à Southampton, 4 départs par semaine, par le *Lloyd de l'Allemagne du Nord.*

De *Brême* à *New-Orléans,* avec escale au Havre et à la Havane, pendant les mois d'août et de septembre ; par la même compagnie.

De *New-York* à *Aspinwal,* Nassau, la *Havane* et *New-Orléans.*

3. — Lignes des Antilles, du Mexique, d'Aspinwall, de l'isthme de Panama, de la Guyane.

Lignes des Antilles et de Colon.

De *Southampton* aux *Antilles,* le *Mexique,* la *Côte-Ferme,* l'*Amérique centrale,* les *Mers du Sud,* la *Californie,* la *Colombie anglaise,* le *Japon* et la *Chine,* départs de Southampton les 2, 10 et 17 de chaque mois pour Colon et les Antilles, par *Royal Mail Steam Packet Company;* retours à Southampton les 14, 25 et 30 de chaque mois.

Les paquebots de la première quinzaine du mois apportent les malles des Antilles, de la Côte-Ferme (excepté Carthagène, Sainte-Marthe, Havane, Tampico, Vera-Cruz), des mers du Sud, de la Californie et de l'Amérique centrale.

Les paquebots de la seconde quinzaine apportent les malles des Antilles (excepté Blewfields, Greytown), de la Côte-Ferme, des mers du Sud, de la Californie, de l'Amérique centrale.

Les paquebots du 2 emportent les malles des Antilles anglaises et étrangères, y compris la Havane, Carthagène, Sainte-Marthe, Tampico, Vera-Cruz, de la Côte-Ferme, des mers du Sud, de la Californie, de l'Amérique centrale.

Les paquebots du 17 emportent les malles des Antilles, de la Côte-Ferme (excepté la Havane, Carthagène, Sainte-Marthe, Tampico, Vera-Cruz), Blewfields, Greytown, des mers du Sud, de la Californie, de l'Amérique centrale, du Japon et de la Chine.

De *Brême* à *Saint-Thomas* et *Colon*, avec escale à Southampton, service mensuel par le *Lloyd de l'Allemagne du Nord;* voyage intermédiaire de Colon à Savanilla, Curaçao, Puerto-Cabello, La Guayra ; escale à Cherbourg au retour.

De *Hambourg* aux *Antilles*, *Côte-Ferme* et *Pacifique*, avec escale à Grimsby et au Havre, deux départs mensuels par la *Compagnie hambourgeoise-américaine;* elle dessert Saint-Thomas, La Guayra, Puerto-Cabello, Curaçao et Colon. Après un voyage intermédiaire entre Colon et Savanilla, les paquebots de cette compagnie font leur traversée de retour en faisant escale à Curaçao, Puerto-Cabello, La Guayra, Trinidad et Southampton.

De *Liverpool* aux *Antilles*, *Mexique*, *Amérique centrale*, la Chine, le Japon et le Pacifique, départs les 5, 10, 20 et 25 de chaque mois par les lignes régulières de steamers, *West Indian and Pacific Steam Ship Company*, *limited.*

Ces steamers effectuent leur retour directement au Havre vers le 6 de chaque mois (départ de Colon le 7, de Kingston le 14 et de Port-au-Prince le 16).

De *Liverpool* au *Mexique,* par Saint-Thomas, Port-au-Prince, Kingston, Vera-Cruz et Tampico, départs mensuels par *Liverpool and Mexico Steamers.*

Du *Havre* à *Colon*, par Bordeaux, Saint-Thomas, Saint-Jean de Porto-Rico, Cap-Haïtien, Port-au-Prince, Santiago-de-Cuba, Kingston (Jamaïque), Colon, Savanilla, Sainte-Marthe, Kingston, Santiago (Cuba), etc., départs le 18 de chaque mois, par la *Compagnie générale transatlantique*, et le 23 de Bordeaux ; escale à Santander au retour.

De *Saint-Nazaire* à la *Vera-Cruz* et de *Saint-Nazaire* à *Colon*, départs mensuels par la *Compagnie générale transatlantique ;* la durée du trajet de Saint-Nazaire à la Vera-Cruz est de 26 jours ; l'aller et retour est de 54 jours ; la durée du trajet de Saint-Nazaire à Colon est de 21 jours, et l'aller et retour de 47 jours environ.

ITINÉRAIRE
DE LA LIGNE DU MEXIQUE.

Saint-Nazaire................			Départ le	20
Santander.......	Arrivée le	21	—	21
Saint-Pierre.....	—	5	—	5
Fort-de-France..	—	5	—	6
Pointe-à-Pitre...	—	6	—	6
Saint-Thomas...	—	8	—	8
La Havane......	—	12	—	12
La Vera-Cruz...	—	16	—	»
La Vera-Cruz ...	—	»	—	18
La Havane......	—	21	—	22
Saint-Thomas...	—	26	—	26
Pointe-à-Pitre...	—	27	—	28
Fort-de-France..	—	28	—	29
Saint-Pierre	—	29	—	29
Santander......	—	12	—	13
Saint-Nazaire ...	—	14	—	»

ITINÉRAIRE
DE LA LIGNE DE L'ISTHME DE PANAMA.

Saint-Nazaire................			Départ le	7
Pointe-à-Pitre...	Arrivée le	20	—	21
Saint-Pierre.....	—	21	—	21
Fort-de-France..	—	21	—	22
La Guayra......	—	24	—	24
Porto-Cabello ...	—	25	—	25
Savanilla	—	27	—	27
Colon	—	28	—	1
Savanilla	—	3	—	3
Porto-Cabello...	—	5	—	5
La Guayra......	—	6	—	7
Fort-de-France..	—	9	—	10
Saint-Pierre.....	—	10	—	10
Pointe-à-Pitre...	—	10	—	11
Saint-Nazaire...	—	24	—	»

L'embranchement de Fort-de-France à Cayenne relie Sainte-Lucie, Trinidad, Demerari, Surinam ou Paramaribo et Cayenne.

Cette compagnie a des correspondances régulières à Colon-Panama avec les compagnies anglaises la *Pacific Steam Navigation Company*, desservant les ports du Sud Pacifique, Buonaventura, Guayaquil, Payta, Callao, Islay, Arica, Iquique, Cobija, Caldera, Coquimbo, Valparaiso, et la *Pacific Mail Steam Ship Company* desservant les ports de l'Amérique centrale et du Nord Pacifique, savoir : Punta-Arenas, San-Juan, La Union, La Libertad, San-José, Champerico, Acapulco, San-Lucas, Mazatlan, Manzanillo et San-Francisco.

De *Bordeaux* à *Porto-Rico* et la *Havane*, escale à Santander, par les paquebots espagnols de A. Lopez et Cie, subventionnés par le gouvernement.

4. — Lignes du Brésil et de la Plata.

Lignes du Brésil et de La Plata.

Du *Havre* à *Rio-de-Janeiro*, *Montevideo*, *Buenos-Ayres* et *Rosario*, un départ le 16 de chaque mois, par la compagnie française de navigation à vapeur « *Chargeurs Réunis.* »

Du *Havre* à *Lisbonne, Pernambuco, Bahia, Rio-de-Janeiro, Santos*, un départ le 1er de chaque mois, par la même compagnie.

Du *Havre* à *Montevideo* et *Buenos-Ayres*, départs tous les mois, par *Norse American Line*.

De *Liverpool* à *Bordeaux* et l'*Amérique du Sud*, pour Santander, La Corogne, Lisbonne, Pernambuco, Bahia, Rio-de-Janeiro, La Plata et le Pacifique, par *Pacific Steam Navigation Company;* service postal entre Liverpool, Bordeaux et l'Amérique du Sud.

De *Liverpool* au *Brésil* et à *La Plata*, ligne régulière de steamers entre Liverpool, Pernambuco, Bahia, Rio-de-Janeiro, Santos, Montevideo, Buenos-Ayres, Rosario et San-Nicolas. Touchant à Lisbonne.

De *Southampton* au *Brésil* et à *La Plata*, départs le 9 et le 24 de chaque mois, retour à Southampton vers le 15 et le 30, par *Royal Mail Steam Packet Company ;* ces paquebots touchent à Lisbonne, le Cap-Vert, Pernambuco, Bahia, Rio-de-Janeiro, Montevideo et Buenos-Ayres.

Du *Havre* à *Para*, *Maragnan, Ceara* et *Manaos*, ligne bi-mensuelle.

Du *Havre* ou de *Liverpool* à *Para, Maragnan, Ceara,* ligne bi-mensuelle « *Red Cross Line.* »

De *Bordeaux* à *La Corogne*, *Lisbonne, Dakar*, *Montevideo, Buenos-Ayres* et *Rosario*, départs le 5 de chaque mois, par la *Compagnie des Messageries maritimes.*

De *Bordeaux* à *Lisbonne*, *Dakar*, *Pernambuco*, *Bahia*, *Rio-de-Janeiro, Montevideo* et *Buenos-Ayres*, départs le 20 de chaque mois, par la même compagnie. Le voyage dure 64 jours environ ; il faut 27 jours environ pour aller de Bordeaux à Buenos-Ayres.

De *Marseille* à *Montevideo* et *Buenos-Ayres*, départs réguliers de Marseille le 16 de chaque mois, par la *Société générale des transports maritimes à vapeur.* Cette ligne de la Méditerranée à La Plata touche à Barcelone, Gibraltar et Saint-Vincent. Durée du trajet : 25 jours.

5. — Lignes se dirigeant sur la côte d'Afrique.

Lignes se dirigeant sur la côte d'Afrique.

De *Lisbonne* à *Angola* (Congo), touchant aux Açores.

De *Liverpool* à la *côte de Guinée et Clarence*, touchant à Madère, Ténériffe, Gambie, Sierra-Leone, Liberia, Cape-Coast et Lagos, service bi-mensuel de la côte occidentale d'Afrique, par *The American Steamship Company.*

De *Londres* au *cap de Bonne-Espérance*, par la ligne bi-mensuelle de steamers entre Londres, Cape-Town, Algoa-Bay et East-London.

De *Plymouth* à *Cape-Town* (cap de Bonne-Espérance), départs les 6, 16 et 27 de chaque mois par *The Union Steam Ship Company Steamers.*

De *Londres* à *Natal*, escale à Darmouth, départs le 4 et le 20 de chaque mois, par *The London Line of Mail Steamers.*

De *Southampton* à *Cape-Town* et au cap de Bonne-Espérance, faisant escale à Plymouth, départs les 5, 15 et 25 de chaque mois par *The Union Steam Ship Company Steamers.* Le steamer du 5 porte des passagers pour Cape-Town, Algoa-Bay, Mossel-Bay, East-London, Natal, Mozambique et Zanzibar ; celui du 15 va à Sainte-Hélène, l'Ascension, Cape-Town et Algoa-Bay, et celui du 25 à Cape-Town, Algoa-Bay et Natal.

De *Marseille* au *Maroc* et aux *îles Canaries*, touchant à Gibraltar, par la *Compagnie de navigation marocaine, N. Paquet aîné et Cie.*

6. — Lignes de l'Inde, Cochinchine, Chine, Japon, Australie, Réunion et Maurice.

Lignes de l'Inde, Chine et Japon.

De *Londres* à *Bombay*, viâ Suez, départs tous les 15 jours, par *T. Wilson Sons et Co's Steamers.*

De *Liverpool* en Chine et au Japon, deux départs par mois; ligne régulière par le canal de Suez, entre Liverpool, Penang, Singapore, Hong-Kong, Shanghaï, Manille, Foo-Choo-Foo, Amoy, Yokohama, Hiogo, Nagasaki, Batavia, Samarang, Sourabaya, Macassar et Padang.

De *Liverpool* aux *Indes Orientales*, par *City Line,* ligne régulière entre Liverpool, Calcutta, Chittagong, Rangoon, Akyab et Moulmein, par le canal de Suez.

De *Southampton* à *Gibraltar*, *Malte*, *Alexandrie*, *Suez*, *Aden*, *Bombay*, *Pointe-de-Galle*, *Madras*, *Calcutta*, *Penang*, *Singapore* (avec correspondance sur Batavia), *Hong-Kong*, *Shanghaï*, *Yokohama, King-Georges-Sound, Melbourne*, *Sydney*, départs de Southampton tous les jeudis, par *Peninsular and Oriental Steam Navigation Company* (paquebots-poste anglais; durée de la traversée : 52 jours.

De *Marseille* à *Naples*, *Port-Saïd*, *Ismaïlia*, *Suez*, *Aden*, *Pointe-de-Galle*, *Singapore*, *Manille*, *Batavia*, *Saïgon*, *Hong-Kong*, *Shanghaï* et *Yokohama*, un départ de Marseille tous les deux dimanches, par la *Compagnie des Messageries maritimes*, paquebots-poste français.

De *Marseille* à *Naples*, *Port-Saïd*, *Ismaïlia*, *Suez*, *Aden*, *Pointe-de-Galle, Pondichéry*, *Madras* et *Calcutta*, un départ toutes les quatre semaines de Marseille, le dimanche, par la même Compagnie.

De *Marseille* à *Naples*, *Port-Saïd*, *Ismaïlia*, *Suez*, *Aden*, *Mahé*, *la Réunion* et *Maurice*, un départ de Marseille toutes les quatre semaines, le dimanche, par la même Compagnie.

DURÉE DU TRAJET.

De Marseille à Naples.........	2 jours.	D'Aden à Mahé...............	7 jours.
De Naples à Port-Saïd.........	4 »	D'Aden à St-Denis (Réunion)....	12 »
De Port-Saïd à Suez..........	1 »	D'Aden à Port-Louis (Maurice)..	13 »
De Suez à Aden..............	6 »	De Pointe-de-Galle à Pondichéry..	2 »
D'Aden à Pointe-de-Galle......	10 »	De Pondichéry à Madras........	1 »
De Pointe-de-Galle à Singapore..	7 »	De Madras à Calcutta..........	4 »
De Singapore à Saïgon........	4 »	De Singapore à Batavia........	2 »
De Saïgon à Hong-Kong.......	5 »	De Hong-Kong à Yokohama....	7 »
De Hong-Kong à Shanghaï.....	6 »	De Marseille au Japon.........	46 »
Total.......	45 jours.		

DURÉE DE LA TRAVERSÉE DE MARSEILLE AUX PORTS SUIVANTS :

	Jours.		Jours.		Jours.
A Port-Saïd	6	A Calcutta	30	A Shanghaï	45
A Suez	7	A Singapore	30	A Yokohama	46
A Aden	13	A Saïgon	34	A Batavia	32
A Pointe-de-Galle	23	A Hong-Kong	39	A Maurice	26

Pour les voyages effectués d'octobre en mars, pendant la mousson de N.-E., il est tenu compte d'un délai supplémentaire de quatre jours pour la traversée de Marseille au Japon.

A Pointe de-Galle, un paquebot stationnaire attend les passagers à destination de l'Inde; il quitte Pointe-de-Galle après les opérations de transbordement avec le paquebot venant de Marseille; il fait escale à Pondichéry et à Madras, et arrive à Calcutta, son port de stationnement. Le voyage de Marseille à Calcutta se fait normalement en trente jours.

Le paquebot venu de Marseille continue son voyage vers Singapore, où il arrive le trentième jour après son départ de Marseille; de là vers Saïgon, où il arrive le trente-quatrième jour; de là vers Hong-Kong, où il arrive le trente-neuvième jour, puis vers Shanghaï, point extrême de la ligne principale, où il arrive le quarante-cinquième jour après le départ de Marseille.

Les passagers à destination de Yokohama s'embarquent à Hong-Kong, sur un paquebot stationnaire spécialement affecté au service de la ligne du Japon, entre Hong-Kong et Yokohama. Ce paquebot, expédié peu de temps après l'arrivée du bateau de la ligne principale, met normalement sept jours pour se rendre à Yokohama, où il arrive vers le quarante-sixième jour après le départ de Marseille.

Les passagers pour Batavia s'embarquent à Singapore sur un paquebot spécial qui prend la mer quelques heures après l'arrivée du bateau venant de Marseille. Le voyage de Marseille à Batavia se fait en trente-deux jours.

De *Marseille* à *Gênes*, *Naples, Messine*, *Port-Saïd, Suez*, *Aden*, *Ceylan* et *Calcutta*, voyages périodiques à 30 ou 45 jours d'intervalle, par la société de navigation à vapeur *Lloyd Italien*. De *Marseille, de Gênes et de Naples* à *Bombay*, avec escales à Port-Saïd, Suez et Aden, départs mensuels réguliers, le 20 de chaque mois de Marseille, le 24 de Gênes, et le 27 de Naples, par la *Société R. Rubattino et Cie de Gênes.*

La traversée de Naples à Bombay s'effectue en 18 jours, et de Marseille en 25 jours.

De *Trieste* à *Bombay,* viâ Suez, départ le 1er de chaque mois par le Lloyd Austro-Hongrois; retour de Bombay à Trieste, le 10 de chaque mois.

De *Brindisi* à *Alexandrie*, départ chaque lundi à cinq heures du matin, par *The Peninsular and Oriental;* arrivée à Alexandrie le jeudi suivant : durée du passage : 75 heures.

De *Barcelone* aux *îles Philippines,* avec escales à Naples, Aden, Pointe-de-Galle, Singapore et Hong-Hong, deux départs chaque mois par une ligne directe de vapeurs espagnols, subventionnée par le gouvernement espagnol.

Une ligne de paquebots hollandais partant de Batavia et reliant Sourabaya, Macassar, Ternate, Amboine, se raccorde à Singapore aux lignes anglaises et françaises de l'Inde.

Les Messageries maritimes ont un service sur Bombay par correspondance en Égypte avec les paquebots de la *Compagnie péninsulaire et orientale*. Les départs de Marseille ont lieu le jeudi de chaque semaine.

De *Bordeaux* à *Bombay*, viâ Suez, tous les deux mois.

De *Southampton* à *Gibraltar* (5 jours), *Malte* (8 jours), *Port-Saïd* (13 jours), *Aden* (21 jours), et *Bombay* (28 jours), chaque jeudi, par la *Compagnie péninsulaire et orientale*.

De *Southampton* à *Pointe-de-Galle* et *Calcutta*, tous les 15 jours, le jeudi, par la même compagnie.

De *Southampton*, à *Penang*, *Singapore*, *Hong-Kong*, (50 jours), *Shanghaï* (56 jours), tous les 15 jours le jeudi, par la même compagnie, qui dessert aussi Batavia et Yokohama.

De *Southampton* à *Batavia*, *Padang*, *Samarang* et *Sourabaya*, départ chaque mois, par *The Nederland Steamship Company Steamers*.

Ligne de paquebots entre *San-Francisco* (Californie), le *Japon* et la *Chine*, par la compagnie *China Transpacific*.

Service entre *Yokohama* et *Wladiwostok*, par une compagnie russe.

Service régulier par vapeurs entre l'*Australie* et *San-Francisco*, 13 voyages par an, les départs ayant lieu dans chaque sens tous les 28 jours. Les bateaux ont pour port d'attache, en Australie, Melbourne et Sydney et desservent la Nouvelle-Zélande.

7. — Lignes de l'océan Pacifique.

Lignes de l'océan Pacifique.

De *Liverpool* à *Valparaiso*, *Arica*, *Islay*, *Mollendo*, *Callao* et tous les ports du Chili, du Pérou et de la Bolivie, avec escales à Bordeaux, Lisbonne, Saint-Vincent, Rio-de-Janeiro, Montevideo, départs tous les 15 jours, le mercredi, par *Pacific Steam Navigation Company*.

Du *Havre* à *Valparaiso*, *Arica*, *Islay*, *Callao*, et tous les autres ports du Chili, de la Bolivie et du Pérou, (touchant à Montevideo, et traversant le détroit de Magellan), par la *Compagnie Kosmos*.

8. — Lignes du Levant, de la Méditerranée et de la mer Noire.

Lignes du Levant, de la Méditerranée et de la mer Noire.

De *Marseille* pour l'*Égypte*, touchant à Naples et Alexandrie (Bombay), départs de Marseille tous les jeudis, à midi, par les *Messageries maritimes*.

De *Marseille* pour le *Levant et la Syrie*, touchant à Palerme, Messine, Syra, Smyrne, Rhodes, Mersina, Alexandrette, Lattaquié, Tripoli, Beyrouth, Jaffa, Port-Saïd et Alexandrie, tous les vendredis, par la même compagnie.

De *Marseille* pour le *Levant*, touchant à Naples, le Pirée, Dardanelles, Constantinople, Odessa, Inéboli, Samsoum, Ordou, Kerassunde, Trébizonde, Batoum, Poti, Varna, Kustendje, Soulina, Tulscha, Galatz et Ibraïla, départs tous les samedis, par la même compagnie. Cette ligne dessert aussi Salonique, Cavala ou Cavalle, Dédéagh et Rodosto.

De *Marseille* à *Constantinople*, touchant à Naples, Pirée, Volo, Salonique, Dédéagh, Dardanelles, Gallipoli, Rodosto, (et en transbordement Galatz, Ibraïla, Varna, Kustendje, Samsoum, Kerassunde, Trébizonde et Odessa), départs tous les jeudis, par la *Nouvelle compagnie marseillaise de navigation à vapeur*, *A. et L. Fraissinet et Cie*.

De *Marseille* pour l'*Égypte,* touchant à *Malte*, *Alexandrie* et *Port-Saïd*, départs le 1er et le 15 de chaque mois, à 9 heures du matin, par la même compagnie.

De *Marseille* à *Constantinople* et *Poti*, service régulier de bateaux à vapeur français, par la *Compagnie de navigation marocaine, N. Paquet aîné et Cie*.

De *Marseille* à *Galatz* et *Ibraïla* et de *Marseille* à *Poti et Taganrog*, départ chaque mois, par la ligne régulière de bateaux à vapeur de *William Jonhston et Cie*.

De *Marseille* à *Odessa*, service régulier et ligne directe, par la *Compagnie russe de navigation à vapeur* de commerce et du chemin de fer d'Odessa.

D'*Odessa* à *Kherson*, tous les jours, excepté le samedi, départ à 8 heures du matin, arrivée à 5 heures du soir, par la même compagnie.

D'*Odessa* à *Nicolaïeff*, tous les jours excepté le samedi, même compagnie.

D'*Odessa* à *Smyrne*, *Rhodes*, *Alexandrette*, *Lattaquié*, *Beyrouth*, *Jaffa* et *Alexandrie*, tous les 15 jours le samedi, par la même compagnie.

D'*Odessa* à *Constantinople*, le mardi et le samedi, par la même compagnie.

D'*Odessa* à *Constantinople*, *Smyrne*, *Malte* et *Londres*, tous les 15 jours, par *Smith*, *Sundius et Cie*.

De *Taganrog*, et tous les ports de la mer d'Azof, à *Kertch*, départ chaque vendredi, par la *Compagnie russe de navigation à vapeur de commerce*.

De *Taganrog* à *Berdiansk*, *Kertch* et *Odessa,* départ chaque mercredi et vendredi, par la même compagnie.

De *Trébizonde* à *Constantinople*, départ chaque lundi, par la même compagnie.

De *Poti,* aux *ports du Caucase*, de la *Crimée* et à *Odessa,* chaque dimanche, par la même compagnie.

Du *Pirée* à *Smyrne* et *Constantinople,* chaque mardi, par la même compagnie.

Du *Pirée* à *Beyrouth*, *Jaffa* et *Alexandrie* (viâ Syra et Smyrne), tous les 15 jours, le mardi, par la même compagnie.

Du *Havre* à *Malte, Syra, Constantinople*, *Odessa* et *Nicolaïeff*, départs du Havre tous les 20 jours, par la *Compagnie royale néerlandaise de navigation à vapeur*.

De *Gênes* à *Bombay*, touchant à Livourne, Naples, Messine, Port-Saïd, Suez et Aden, départs le 24 de chaque mois, à 9 heures du soir, par la *Société Rubattino*, paquebots-poste italiens.

De *Gênes* à *Alexandrie*, départs les 5, 15 et 25 de chaque mois, avec escale à Livourne, Naples et Messine, par la même compagnie.

De *Portoferrajo* (île d'Elbe) à *Piombino*, chaque jour, par la même compagnie.

De *Gênes* à *Tunis*, tous les jeudis, à 9 heures du soir, touchant à Livourne et Cagliari, par la même compagnie.

De *Marseille* à *Odessa*, sans transbordement, touchant à Gênes, Livourne, Naples, Palerme, Messine, le Pirée, Salonique, Dardanelles, Constantinople, Odessa et en transbordement à Messine pour Catane et Syracuse et au Pirée, pour Corfou, Brindisi, Venise et Trieste, service régulier par la *Compagnie de navigation à vapeur, la Trinacria*, service postal italien pour le Levant.

De *Trieste* à *Constantinople*, départ chaque samedi par le *Lloyd austro-hongrois*.

De *Trieste* à *Alexandrie*, vià Corfou, départ chaque vendredi à minuit, par la même compagnie; durée du trajet : 5 jours. Cette ligne est en concordance avec la *Péninsulaire et Orientale*.

De *Trieste* à *Smyrne*, départs 2 fois par semaine, par la même compagnie; le mardi, elle fait escale à Ancône, Brindisi, Corfou et Syra et arrive en 9 jours ; le samedi, elle fait escale à Corfou et Syra et arrive en 5 jours.

De *Trieste* à *Venise*, départs les mardi, jeudi et samedi à minuit, par la même compagnie ; durée du trajet : 7 heures.

De *Venise* à *Ancône* et *Brindisi*, départ chaque vendredi matin, par la *Compagnie Péninsulaire et Orientale*.

9. — Lignes de l'Algérie.

De *Marseille* à *Alger* et *Oran*, (par chemin de fer), départs tous les samedis, à 5 heures du soir, par les *Messageries maritimes*. Lignes d'Algérie.

De *Marseille* à *Alger* (et *Oran* par chemin de fer), départs tous les mardis, à 5 heures du soir, par la *Compagnie Valéry*, *frères et fils*, paquebots-poste français à grande vitesse ; transports des dépêches ; traversée en 33 heures.

De *Marseille* à *Stora* (*Philippeville*), départs tous les vendredis à 5 heures du soir, par la même compagnie.

De *Marseille* à *Alger*, *Dellys*, *Bougie*, *Djidjelly* et *Collo*, départs tous les samedis, par la même compagnie.

De *Marseille* à *Oran*, touchant à Carthagène (Espagne), départs tous les jeudis, par la même compagnie.

De *Marseille* à *Ajaccio*, *Bône* et *Tunis*, départs tous les mercredis, par la même compagnie.

De *Marseille* à *Oran* et par transbordement pour Nemours, Gibraltar et

Tanger, départs tous les mercredis, par la *Compagnie de navigation mixte* (*Touache et Cie*).

De *Marseille* à *Alger*, *Bougie*, *Djidjelli*, départs tous les jeudis, par la même compagnie.

De *Marseille* à *Philippeville* et *Bône*, départs tous les vendredis, par la même compagnie.

De *Marseille* à *Mostaganem* et *Arzew*, départs toutes les deux semaines, le mercredi, par la même compagnie.

De *Cette* à *Oran*, départs tous les mardis, par la même compagnie.

De *Cette* à *Alger*, *Bougie*, *Djidjelli*, départs tous les mardis, par la même compagnie.

De *Cette* à *Philippeville* et *Bône*, tous les jeudis, par la même compagnie.

De *Cette* à *Mostaganem* et *Arzew*, toutes les deux semaines, le mardi, par la même compagnie.

De *Philippeville* au *Havre* et à *Liverpool*, tous les 15 jours, par la *Ligne péninsulaire et algérienne* de steamers anglais, faisant escale à Bône, Alger et Oran.

La Compagnie générale de bateaux à vapeur à hélice du Nord a établi un nouveau service régulier entre *Dunkerque*, *Marseille* et *Bône*, et Marseille, Bône et Dunkerque.

De *Marseille* à *Alger*, départs tous les samedis, à 8 heures du matin, par la *Société générale de transports maritimes à vapeur*.

De *Marseille* à *Philippeville* et *Bône*, tous les mercredis et dimanches, par la même compagnie.

De *Marseille* à *Alger*, départ chaque mercredi, par le service régulier de bateaux à vapeur de E. Caillol et H. Saintpierre, armateurs.

De *Marseille* à *Bône* directement, tous les deux jours, par la même compagnie.

Service régulier entre *Cette*, *Marseille* et l'*Algérie*, par les *bateaux à vapeur de Cyprien Fabre et Cie*; départs de Cette tous les vendredis ; de Marseille, tous les samedis ; d'Oran, tous les samedis.

10. — Lignes d'Espagne.

Lignes d'Espagne.

De *Marseille* à *Barcelone*, *Valence*, *Malaga*, *Cadix* et *Séville*, départs fixes le mercredi soir de chaque semaine, par la *Compagnie de Navigation fluviale et maritime de MM. Vinuesa et Cie*, de Séville.

De *Marseille* à *Barcelone*, *Valence*, *Alicante*, *Carthagène*, *Alméria*, *Malaga*, *Cadix* et *Séville*, service régulier et départ chaque mercredi à 8 heures du soir, par la *Compagnie Segovia Cuadra et Cie*, de Séville.

De *Marseille* à *Barcelone*, départs chaque dimanche, à 10 heures du matin par les *Messageries maritimes*.

De *Marseille* à *Valence*, par les *Transports maritimes*.

De *Barcelone* à *Cadix*, le 17 et le 22 de chaque mois, par la *Compagnie à vapeur, A. Lopez*.

De *Barcelone* à *Palma* (Majorque), chaque vendredi ; arrivée à Palma le samedi à 8 heures du matin.

De *Cette* à *Barcelone*, *Valence* et *Carthagène*, départs les 10, 20 et 30 de chaque mois, par les steamers *Martin Fuster et Cie*.

Du *Havre* à *Bilbao, Santander, la Corogne, Vigo, Cadix, Malaga* et *Séville*, départs tous les 15 jours par steamers espagnols.

Du *Havre* à *Carthagène*, *Alicante* et *Barcelone*, départs tous les 25 jours, par steamers espagnols.

Du *Havre* à *Porto*, *Lisbonne*, *Cadix*, *Séville*, *Gibraltar*, *Malaga* et *Carthagène*, départs les 1er, 10, 15 et 25 de chaque mois, par la *Ligne péninsulaire*.

Du *Havre* à *Lisbonne* et *Porto* (directement), départs les 1er, 10 et 20 de chaque mois, par steamers portugais, *Thetis Companhia portugueza de transportes maritimos*.

11. — Lignes de l'Italie et de la Corse.

Lignes d'Italie et de Corse.

De *Marseille* à *Gênes*, *Livourne*, *Naples*, *Palerme*, *Messine*, *Trieste* et *Venise*, départ régulier par la *Compagnie de navigation à vapeur, La Trinacria*.

De *Marseille* à *Gênes*, *Livourne*, *Civita-Vecchia* et *Naples*, départ chaque mercredi et dimanche, par la *Compagnie Valéry*.

De *Marseille* à *Bastia* et *Livourne*, départ chaque dimanche, par la même compagnie.

De *Marseille* à *Nice* et à *Gênes*, départ chaque samedi, par la même compagnie.

De *Marseille* à *Porto-Torres* (Sardaigne), départ chaque samedi, par la même compagnie.

De *Marseille* à *Ajaccio* et *Propriano* (Corse), chaque vendredi, par la même compagnie.

De *Marseille* à *Nice*, *Bastia* et *Livourne*, départ chaque mardi, par la *Compagnie A. et L. Fraissinet*.

De *Marseille* à *Gênes*, *Livourne*, *Civita-Vecchia* et *Naples*, départ tous les mercredis et tous les dimanches, par la même compagnie.

De *Marseille* à *Naples*, trajet direct, départ tous les jeudis, par la même compagnie.

De *Marseille* à *Ajaccio*, *Bonifacio* et *Porto-Torres*, départ chaque vendredi, par la même compagnie.

De *Marseille* à *Bastia* et *Livourne*, départ chaque dimanche, par la même compagnie.

De *Marseille* à l'*Ile-Rousse* (Corse), départ chaque lundi, par la même compagnie.

De *Gênes* à *Cagliari*, tous les lundis et jeudis, touchant à Livourne, Terranova et Tortoli, par la *Société Rubattino*.

De *Gênes* à *Porto-Torres*, tous les mercredis et samedis, touchant à Livourne, et le bateau du samedi à Bastia, Maddalena, par la même compagnie.

De *Gênes* à *Bastia*, tous les samedis, touchant à Livourne, par la même compagnie.

De *Londres* à *Gênes, Livourne, Civita-Vecchia, Naples, Messine* et *Palerme*, départs le 1er et le 15 de chaque mois, par *The London, Italian and Adriatic Steam Navigation Company Steamers*.

12. — Lignes du Languedoc.

Lignes du Languedoc.

De *Marseille* à *Cette*, départs les mardi, jeudi et samedi de chaque semaine, par la *Compagnie Valéry*.

De *Marseille* à *Cette*, trois départs par semaine, par la *Compagnie de navigation mixte*.

De *Marseille* à *Cette*, départs tous les jours à 7 heures du soir, par la *Compagnie A. et L. Fraissinet*.

De *Marseille* à *Agde*, départs tous les lundis, mercredis et vendredis, à 7 heures du soir, par la même compagnie.

De *Cette* à *Marseille*, mêmes services que de Marseille à Cette.

DURÉE DE LA TRAVERSÉE DE MARSEILLE AUX PORTS SUIVANTS :

	Jours.	Heures.		Jours.	Heures.		Jours.	Heures.
A Ajaccio.....	»	22	A Cadix......	7 à 8 (avec stations)		A Messine.....	3	»
A Alexandrie..	6 à 7	»	A Cette........	»	9	A Naples.......	»	48
A Alger.......	»	33 à 38	A Constantinople.	7	»	A Nice.........	»	12
A Barcelone...	»	20	A Gênes.......	»	24	A Oran.........	»	60
A Bastia......	1	»	A Ile Rousse...	»	24	A Palerme.....	2	12
A Bône.......	»	60	A Livourne....	»	50	A Stora........	»	48
A Cadix......	4 1/4 (direct).		A Malte........	3	»	A Tunis.......	3	12

DURÉE DU TRAJET ENTRE DIVERS PORTS DE LA MÉDITERRANÉE.

Durée du trajet entre divers ports de la Méditerranée.

	Jours.	Heures.		Jours.	Heures.
De Malte à Messine...........	»	18	De Mételin à Gallipoli.........	»	17
— Gênes à Livourne...........	»	8	— Gallipoli à Constantinople....	»	12
— Livourne à Civita-Vecchia...	»	18	— Constantinople à la mer Noire.	»	2
— Civita-Vecchia à Naples.....	»	20	Du Bosphore à Varna..........	»	20
— Naples à Messine...........	»	21	De Constantinople à Odessa.....	»	32
— Malte à Alexandrie.........	4	»	D'Odessa à Constantinople......	»	36
— Trieste à Alexandrie........	6	»	De Constantinople à Trébizonde.	3	»
— Venise à Trieste...........	»	7	— Smyrne à Rhodes...........	1	8
D'Alger à Bône...............	1	6	— Rhodes à Mersina..........	1	21
D'Alger à Oran..............	»	22	— Mersina à Alexandrette......	»	12
De Stora à Tunis.............	»	22	D'Alexandrette à Lattaquié.....	»	21
— Gibraltar à Tanger.........	»	4 à 5	De Lattaquié à Tripoli.........	»	8
— Malte à Athènes...........	3	»	— Tripoli à Beyrouth.........	»	6
— Trieste au Pirée...........	4	12	— Beyrouth à Jaffa...........	»	15
D'Athènes à Syra............	»	10	— Jaffa à Alexandrie..........	1	12
De Syra à Smyrne............	»	12	— Malte à Tripoli de Barbarie...	»	23
— Smyrne à Mételin..........	»	9			

13. — Lignes de la Manche, de la mer du Nord, de la Baltique, etc.

Lignes de la Manche, de la mer du Nord, etc.

De *Marseille* à *Londres*, départs de Marseille tous les 15 jours, par les *Messageries maritimes.*

De *Marseille* au *Havre* et à *Dunkerque*, par le service régulier de la *Ligne franco-algérienne.*

De *Marseille* à *Londres*, par vapeurs anglais.

De *Marseille* à *Amsterdam* et *Rotterdam*, touchant à Lisbonne, par la *Compagnie royale hollandaise de navigation à vapeur*, ligne régulière entre Marseille et la Hollande.

De *Marseille* à *Hambourg*, départ tous les 10 jours, par la *Ligne régulière entre Marseille et Hambourg.*

De *Marseille* à *Liverpool,* service par vapeurs anglais, *Ligne Z.*

Du *Havre* à *Liverpool,* par la Compagnie *British and North American Royal Mail.*

Du *Havre* à *Southampton, Portsmouth* et *Londres*, départs chaque semaine les lundi, mercredi et vendredi, par la *The London and South Western Railway Compagny Steamers.*

Du *Havre* à *Londres*, départ chaque dimanche.

Du *Havre* à *Dublin*, *Glascow*, *Belfast* et *Cork*, départs tous les 8 jours.

Du *Havre* à *Swansea* et *Bristol,* service régulier, départs tous les 10 jours.

Du *Havre* à *Leith,* départs tous les 15 jours.

Du *Havre* à *Rotterdam,* départs tous les 3 ou 4 jours; durée du trajet : 32 heures.

Du *Havre* à *Saint-Pétersbourg*, ligne régulière, *Société Maritime franco-russe.* Le service d'hiver s'arrête à Rével ou Libau.

Du *Havre* à *Saint-Pétersbourg-ville*, *Rével,* transport spécial et direct pour Moscou, départs du Havre tous les 10 jours.

Les steamers de cette Compagnie sont construits pour la navigation de la Néva.

Du *Havre* à *Christiansand, Arendal* et *Christiania,* service direct tous les 14 jours du 1er mars au 30 novembre.

Du *Havre* à *Anvers,* départs tous les 8 jours, par la *ligne franco-belge.*

Du *Havre* à *Gothembourg* et les principales villes de Suède et de Norvége, départs tous les 15 jours.

Du *Havre* à *Stockholm,* départs tous les 20 jours.

Du *Havre* à *Dunkerque,* départs tous les mercredis et samedis, par la

Compagnie générale des bateaux à vapeur à hélice du Nord; durée du trajet : 20 heures.

Du *Havre* à *Morlaix,* départs tous les samedis, par la *Compagnie anonyme des vapeurs du Finistère.*

Du *Havre* à *Honfleur,* à *Caen,* à *Trouville,* à *Deauville,* départs tous les jours, par la *Compagnie des paquebots à vapeur entre le Havre, Caen, Honfleur et les ports de la Normandie.*

Du *Havre* à *Saint-Nazaire* et *Nantes,* départs 2 fois par mois.

Du *Havre* à *Bordeaux,* départ chaque semaine.

Du *Havre* à *Hambourg,* id. id.

D'*Amsterdam* à *Londres, par la Diane,* départs le mardi et le samedi.

D'*Anvers* à *Glascow,* chaque samedi, par la *Compagnie de navigation à vapeur, la Clyde.*

D'*Anvers* à *Hull* (22 heures), chaque mercredi et samedi.

D'*Anvers* à *Leith,* 1 fois par semaine, par *George Gibson et Company Steamers.*

D'*Anvers* à *Liverpool,* chaque mercredi et samedi par *Fletcher, Parr and Co's steamers.*

D'*Anvers* à *Newcastle-sur-Tyne,* chaque mercredi, par la *Compagnie de navigation à vapeur, la Tyne.*

D'*Anvers* à *Londres,* chaque mardi, vendredi et dimanche, par la *Compagnie générale de navigation à vapeur.*

D'*Anvers* à *Grimsby,* chaque mercredi et samedi, par la *Compagnie des steamers du chemin de fer de Manchester, Sheffield,* etc.

De *Boulogne* à *Folkestone;* durée du passage : 2 heures.

De *Calais* à *Douvres,* tous les jours ; durée du trajet : 1 heure 40 minutes.

De *Christiania* à *Londres,* escale à Christiansand, départ le vendredi soir, par *Vilson Line of steamers.*

De *Copenhague* à *Newcastle-sur-Tyne,* chaque vendredi, par *Tyne Steam Shipping Co's Steamers.*

De *Douvres* à *Ostende,* service matin et soir, en 4 heures, par la *Compagnie royale de navigation à vapeur belge.*

De *Flessingue* (Hollande) à *Sheerness,* tous les jours, excepté le samedi ; trajet en 7 heures 1/2.

De *Hambourg* à *Londres,* tous les deux jours, par la *Compagnie générale de navigation.*

De *Hambourg* à *Newcastle-sur-Tyne,* le mardi et le vendredi.

De *Kiel* à *Korsoer,* tous les jours.

De *Liverpool* à *Rotterdam,* chaque mercredi et samedi.

De *Plymouth* à *Cherbourg,* chaque semaine.

De *Weymouth* à *Guernesey* (6 heures 1/2) et *Jersey* (9 heures), chaque mardi et vendredi.

Durée de la traversée entre divers ports.

Nous donnons ci-dessous, en tableau, la durée de la traversée entre divers ports du globe, que nous avons disposés par ordre alphabétique pour plus de facilité dans les recherches.

PORTS DE DÉPART ET D'ARRIVÉE.	DURÉE de la TRAVERSÉE. Jours.	Heures.
D'Amsterdam à Londres	»	36
D'Aarhuus à Copenhague	»	10
D'Alboroug à Copenhague	»	18
D'Anvers à Hull	»	22
D'Anvers à Londres	»	5
D'Aden à Port-Louis (Maurice)	13	»
De Bonny (côte d'Afrique) à Liverpool	30 à 38	»
De Bordeaux à Arica (Pérou)	47	»
— à Bahia	21	»
— à Buenos-Ayres	27	»
— à Buenos-Ayres (par Pernambuco)	32	»
— à Callao	51	»
— au cap Haïtien	18	»
— à Dakar (Sénégal)	10	»
— à Nantes	»	28
— à Pernambuco	18	»
— à Rio Janeiro	20 et 25	»
De Boulogne à Folkestone	»	2
— à Londres	»	8
De Calais à Douvres	»	1 2/3
— à Londres	»	8
De Casablanca à Mogador	1	»
De Colon à Savanilla	3	»
De Constantinople à Ibraïla	4	»
— à Odessa	»	50
De Christiania à Copenhague	2	»
De Dieppe à Brighton	»	6
De Dublin à Bristol	»	24
— à Liverpool	»	13
De Dunkerque à Rotterdam	»	12
— à Londres	»	10
D'Edimbourg à Hambourg	»	65
— à Londres	»	40
De Fort-de-France à Cayenne	7	»
— à Surinam	5	»
De Gênes à Bombay	23	»
De Gibraltar à Tanger	»	4 à 5
— à Marseille	3 1/2 à 4	»
— à Southampton	5	»
— au Havre	5	»
Du Havre au cap Haïtien	23	»
— à Constantinople	20	»
— à Kingston (Jamaïque)	26	»
— à New-York	9 à 11	»
— à Santiago (Cuba)	25	»
— à Savanilla	27	»
— à Saint Thomas	20	»
De Hull à Brême	»	36
— à Dunkerque	»	22
— à Hambourg	»	42
— à Rotterdam	»	22
De Liverpool à Acra (Côte-d'Or)	22	»
— à Ambriz	36	»
— à Benin	31 à 38	»
— à Bonny (côte d'Afr.)	28	»
— au Callao	53	»
— au cap Coast-Castle	20 à 21	»

PORTS DE DÉPART ET D'ARRIVÉE.	DURÉE de la TRAVERSÉE. Jours.	Heures.
De Liverpool à Colon	28 à 29	»
— au Congo	32	»
— à Fernando-Pô	36	»
— au Gabon	29	»
— à Grand-Bassam	19	»
— à Jellah-Coffée	23	»
— à Madère	6 à 8	»
— à Loanda	37	»
— à Monrovia	18	»
— à Montevideo	27	»
— à Sierra-Leone	15	»
— à Ténériffe	9	»
— à Saint-Thomas	17	»
— à Valparaiso	42	»
— à Whydah	23	»
De Londres à Hambourg	»	60
— à Harlingen	»	36
— à Saint-Pétersbourg	8	»
— à Rotterdam	»	18
De Lubeck à Riga	»	55
De Marseille à Beyrouth	13	»
— aux Dardanelles	6	»
— à Ismaïlia	6	12
— au Pirée	5	»
— à Pointe-de-Galle	23	»
— à St-Denis (Réunion)	27	»
De Mogador à Ténériffe	2	»
De Saint-Nazaire à Colon	21	»
— à Fort-de-France	14 à 18	»
— à la Guayra	17	»
— à la Havane	22	»
— à Pointe-à-Pitre	15	»
— à Puerto-Cabello	18	»
— à St-Pierre (Martinique)	14 à 15	»
— à Savanilla	20	»
— à St-Thomas	18	»
— à la Vera-Cruz	26	»
De Panama au Callao	8	»
— à Guayaquil	3	»
— à Iquique	10	»
— à Valparaiso	14	»
De Pointe-de-Galle à Calcutta	7	»
— à Melbourne	23	»
De Southampton au cap de Bonne-Espérance	29	»
— à Colon	21	»
— à Malte	8	»
— à Port-Saïd	13	»
De Stockholm à St-Pétersbourg	3	»
De Suez à Bombay	14	»
— à Calcutta	23	»
De St-Thomas au cap Haïtien	3	»
— à la Havane	7	»
— à Porto-Rico	»	15
— à la Vera-Cruz	10	»
De Tanger à Casablanca	»	20
De Trieste à Venise	»	7
De Trieste à Alexandrie	5	»

§ IV. — Le Cabotage.

Le cabotage.

Le *Cabotage* signifie la navigation le long des côtes par opposition à la navigation au long cours.

D'après l'administration des Douanes, le cabotage est la navigation qui se fait d'un port français à un autre. Le petit cabotage est celui qui se fait entre les ports de la même mer, tandis que le grand cabotage est celui qui relie l'Océan à la Méditerranée.

Les voyages de long cours sont ceux qui se font aux Indes orientales et occidentales, dans le Pacifique, au Canada, Terre-Neuve, le Groënland, aux Açores, aux Canaries, à Madère. Sont réputés de long cours les voyages au delà de Gibraltar et du Sund.

Les chemins de fer ont exercé une grande influence sur le cabotage en lui enlevant les marchandises qui demandent à être transportées rapidement. Le cabotage est généralement réservé aux nationaux. En Angleterre, les navires étrangers sont admis dans une certaine limite; le cabotage est libre sur les côtes de Norvége. En France, les Espagnols sont assimilés aux Français et vice versa.

§ V. — Echelles du Levant et de la Barbarie.

Echelles du Levant.

On appelle *Echelles,* dans la Méditerranée, les ports et les places de commerce de la Turquie et de ce qu'on nommait autrefois les États Barbaresques (Tripoli, Tunis et Maroc), où les Européens ont des comptoirs et résident sous la protection de leurs consuls. Les places de commerce de la côte occidentale de l'Afrique s'appellent des *comptoirs.* Les Européens trafiquant ou résidant dans les Echelles sont appelés Francs. Les principales échelles sont au nombre de 25, savoir :

Six dans la Turquie d'Europe : *Constantinople, Salonique, Belgrade, Bucharest, Iassy et Galatz;*

Cinq dans la Turquie d'Asie et dans les îles qui en dépendent : *Trébizonde, Erzéroum, Smyrne, Larnaca* (Chypre), la *Canée* (Candie);

Six en Syrie : *Alep, Beyrouth, Jérusalem, Damas, Bagdad et Mossoul;*

Trois en Arabie et en Egypte : *Djeddah, Le Caire et Alexandrie;*

Cinq dans les pays Barbaresques : *Tripoli, Tunis, Sousa, Tanger* et *Mogador.*

Chacune de ces places est le siége d'un tribunal consulaire, excepté le Caire et Alexandrie, où les Européens ne sont plus soumis à la juridiction de leurs consuls, les puissances européennes ayant autorisé le Khédive à instituer des tribunaux mixtes.

Les communications entre les diverses échelles du Levant sont desservies par la compagnie péninsulaire et orientale, qui a son siége à Southampton, par le Lloyd austro-hongrois de Trieste, les Messageries maritimes de Marseille, la Compagnie A. et L. Fraissinet et la Compagnie de navigation à vapeur russe de la mer Noire.

CHAPITRE VII

RÉSEAU TÉLÉGRAPHIQUE DU MONDE.

§ 1. Télégraphe aérien. — Télégraphe électrique. — Câbles sous-marins. — Câbles de Douvres à Calais. — Câbles de Valentia à Terre-Neuve, — essais en 1857, 1858, 1865 et 1866. — Pose du câble de Brest en 1869. — Pose des câbles de la Méditerranée, en 1870 et 1874. — Câbles de l'Archipel, de la mer Noire et de Lisbonne au Brésil. — Longueur des lignes télégraphiques du globe. — Nombre des dépêches. — Société des télégraphes du Nord.

§ 2. État du réseau télégraphique du globe. — Communications du réseau français avec les réseaux des pays étrangers. — Tableau des câbles immergés dans chaque mer : Manche, mer d'Irlande, mer du Nord, mer Baltique, océan Atlantique, Méditerranée, océan Indien et Grand-Océan. — Lignes projetées. — Grandes lignes de terre.

§ 3. Correspondance télégraphique. — États signataires de la convention de Saint-Pétersbourg, en 1875. — Pays compris dans le régime européen. — Pays compris dans le régime extra-européen. — Base de la taxe. — Texte. — Langues admises dans la correspondance télégraphique. — Dépêches secrètes. — Compte des mots. — Dépêches réponse payée — recommandée. — Accusés de réception. — Dépêche à faire suivre, — multiple. — Adresses des dépêches. — Correspondance avec l'Amérique, — avec le Cap. — Service sémaphorique. — Liste des États qui ont un service sémaphorique. — Taxe des dépêches sémaphoriques. — Tableau des taxes télégraphiques, au 1er janvier 1876. — Indication de l'heure aux principaux points du réseau rapportée à l'heure de Paris.

§ 1er. — Invention de la télégraphie et pose des cables sous-marins.

Avant l'invention de la télégraphie électrique, on correspondait rapidement par le moyen du télégraphe aérien inventé par Claude Chappe et inauguré en 1794 ; une dépêche mettait en moyenne 20 minutes pour aller de Toulon à Paris (900 kil.) et 8 min. de Brest à Paris. Malgré les grands services rendus par ce moyen de transmission des dépêches, l'incertitude des signaux, l'impossibilité de correspondre par tous les temps, surtout pendant la nuit et par le brouillard, les erreurs d'interprétation, constituaient de graves défauts. Télégraphe aérien.

La découverte de l'électro-aimant, en 1820, par Arago, facilita celle du télégraphe électrique ; c'est en 1838 que fonctionna le premier télégraphe Télégraphe électrique.

de ce genre; il fut construit dans le but de faciliter l'exploitation des chemins de fer, par le savant physicien anglais Wheatstone, mort en 1875. L'Américain Morse découvrit en même temps de son côté la télégraphie électrique en Amérique; ses essais datent de 1838, mais ce n'est qu'en 1845 que le télégraphe fut livré au public aux États-Unis. La première ligne télégraphique fut établie en France, en 1845, de Paris à Rouen, mais ce n'est que le 1er mars 1851 que le public fut autorisé à se servir de ce nouveau moyen de correspondance; les Français étaient en retard de six ans sur les Américains, et déjà depuis un an (1850) les Anglais, qui se servaient du télégraphe électrique depuis 1841, avaient relié leur pays avec le continent à travers le détroit.

Câbles sous-marins

C'est en 1850 que Valker Breit, inventeur des câbles transatlantiques, immergea le premier câble sous-marin entre la France et l'Angleterre à travers le détroit du Pas-de-Calais; ce câble se rompit au bout de 11 minutes, mais il avait prouvé la possibilité d'établir des communications électriques à travers les mers. Crampton en posa un autre de 45 kilomètres de longueur, et le 13 novembre 1851, la ligne de Douvres à Calais était inaugurée. Deux autres lignes sous-marines, de Douvres à Ostende et d'Oxford à Scheveningen (Hollande), furent établies en 1853.

En 1854, MM. Cyrus Field et Gisborne s'occupèrent de la pose d'un câble transatlantique pour faire communiquer ensemble les deux mondes; il s'agissait de franchir une distance de 3650 kilomètres. En 1857, une compagnie anglaise se forma pour la pose d'un câble transatlantique entre Valentia (Irlande) et Terre-Neuve; la compagnie fit charger environ 2,500 milles de câble sur l'Agamemnon et sur le Niagara; mais une rupture arrêta l'expédition à son début; à une distance de 380 milles de Valentia, le câble fut brisé; la même compagnie recommença l'année suivante et fut assez heureuse pour relever le câble qui échoua encore; ce n'est qu'à la troisième tentative qu'on réussit, et le 5 août 1858, la communication était établie entre les deux mondes. A New-York, la joie approcha du délire et M. Cyrus Field, l'un des promoteurs de l'entreprise, fut porté en triomphe par plus de cent mille personnes et si vigoureusement que plusieurs semaines après, on désespérait encore de sa vie. Le câble de 1858 ne dura que 21 jours.

Au mois de mai 1864, une compagnie, au capital de 25 millions de francs, se forma de nouveau en Angleterre pour la pose d'un nouveau câble entre l'Irlande et Terre-Neuve. Au printemps de 1865, un câble neuf se trouva prêt; sa longueur était de 4260 kilom. et il pesait 24,000 tonnes; il sortait de l'usine Henley, à Woolwich. On le chargea sur le Léviathan ou Great-Eastern, grand navire de 306 mètres de long et 24 de large, qui peut emporter en même temps le chargement de 20 trains de marchandises et de 10 trains de voyageurs, avec tout le charbon nécessaire pour aller en Australie. Le capitaine Anderson commandait le navire et MM. Cyrus Field, l'Américain, et Canning, un Anglais, directeur de la partie technique de l'entreprise, étaient à bord du navire. Aux 2/3 du trajet parcouru, le câble se rompit, le 2 août 1865, et disparut dans les flots; on essaya en vain de le repêcher pendant une dizaine de jours. On réunit de nouveaux fonds, on fabriqua un nouveau câble, et le vendredi, 13 juillet 1866, le Léviathan recommençait la pose d'un nouveau câble; le 27 juillet le câble atterrissait à Terre-Neuve. On repêcha ensuite le câble de 1865, à 4 kilom. de profondeur et on le compléta; dès lors, il y eut deux câbles entre Valentia et l'Amérique.

Ces diverses opérations ont englouti dans l'Océan environ 45 millions de francs qui ont été fournis par trois compagnies; celle de 1857-1858 ne touche rien, tandis que celles de 1865 et 1866 touchent de beaux intérêts.

En 1869, une compagnie française réussit aussi à poser un câble transatlantique de Brest à St-Pierre-Miquelon et de là à New-York, d'une longueur de 4600 kilomètres.

C'est en 1870, après bien des essais infructueux, que Marseille fut reliée à Bône; du 13 au 17 juin, on posa le câble entre Marseille et Alger; au mois d'août, 1874, on immergea le câble de Marseille à Barcelone.

Aucune communication directe n'a pu réussir encore entre la France et la Corse, comme entre la Sardaigne et la Sicile.

En 1874, on a établi un câble de Candie à Chio et à Tschesmé, et de Candie à Alexandrie; pendant la même année, un câble direct est immergé entre Constantinople et Odessa et aboutit par ligne de terre et câbles à Poti.

La pose du câble de Lisbonne au Brésil s'est effectuée pendant l'année 1874, de même que celle des câbles côtiers du nord de l'Amérique du Sud.

Les 3 années 1869, 1870 et 1871 ont aussi suffi pour immerger 28,000 kilom. de câbles et tendre 8,000 kilom. de ligne aérienne, constituant dans leur ensemble ce grand courant électrique de 36,000 kilom. qui passe de Londres à Adélaïde, en Australie.

La pose des lignes télégraphiques en Australie a été très-difficile, tant à cause des pluies qu'à cause des incursions des indigènes qui détruisaient souvent les lignes. L'année 1876 a vu la pose du câble de Sydney à Wellington (Nouvelle-Zélande).

Grande société des télégraphes du Nord.

La grande compagnie des Télégraphes du Nord, qui a son siége à Copenhague, a été fondée dans cette capitale le 1er juin 1869 dans le but d'exploiter diverses lignes télégraphiques sous-marines établies entre la Grande-Bretagne, le Danemark, la Suède, la Norvége et la Russie.

Le 11 octobre de la même année, le gouvernement russe fit un contrat avec des concessionnaires qui s'engagèrent à relier, par des câbles sous-marins, le port russe de Wladiwostock au Japon et à la Chine, le gouvernement russe s'engageant, de son côté, à compléter sa ligne aérienne jusqu'à Wladiwostock. Les promoteurs de l'entreprise fondèrent à Copenhague, vers la fin de 1869, la grande compagnie des Télégraphes du Nord pour la Chine et le Japon, qui se fusionna avec la première au mois de février 1872, dès que les câbles sous-marins entre la Russie, la Chine et le Japon, ainsi que le réseau télégraphique aérien russe, furent achevés et prit le nom de Grande Compagnie des Télégraphes du Nord. Les travaux furent achevés vers la fin de 1873; le capital total de cette compagnie est de 37,500,000 francs à peu près entièrement absorbé par les travaux. Le réseau complet se compose des câbles en Europe et des câbles dans l'extrême Orient, qui servent à la transmission de toutes les correspondances télégraphiques échangées entre les pays importants qu'ils relient; ce réseau embrasse presque la moitié du globe, et la longueur de tous les câbles de la Société est de 7,920 kilomètres, dont 3,760 en Europe et 4,160 en Asie; on compte 8 câbles en Europe et 4 câbles en Asie; celui qui fait communiquer la France au Danemark est celui de Calais à l'île de Fano, de 725 kilom. de longueur. Hong-Kong, Amoy, Shanghaï, Nagasaki et Wladiwostock sont reliés entre eux par 4 câbles dont la plupart sont doubles et posés dans des mers peu profondes, ce qui, en cas d'interruption, facilite considérablement les travaux de réparation. La transmission des dépêches entre l'Europe et l'extrême Orient, sur cette voie, ne demande que quelques heures, et le public s'en sert de plus en plus. La Société jouit d'une subvention permanente des gouvernements russe et français, subvention qui varie de 50 centimes à 1 franc par dépêche circulant sur les câbles danois-russes et danois-français; de plus, la société a obtenu, pour tous ses câbles en Europe, des monopoles dont la durée varie de 25 à 30 ans et rendent toute concurrence impossible. Au Japon et en Chine, la Société est également en possession d'un monopole pour la correspondance échangée entre ces deux pays et la Russie, car elle a le droit exclusif de relier ses câbles aux lignes aériennes russes. Le gouvernement chinois a reconnu officiellement les câbles de la compagnie, le 11 janvier 1875, et leur a accordé sa protection, et les autorités chinoises ont conclu, en mai 1875, avec la Société, un traité pour la construction, aux frais du gouvernement, d'une ligne aérienne reliant Foochow et Amoy, dont l'exploitation sera confiée à la Compagnie. Pour mettre les négociants chinois à même de se servir de la télégraphie électrique, M. Viguier, inspecteur divisionnaire du service des ports à Shanghaï, a inventé un système très-ingénieux pour représenter au moyen de chiffres l'écriture chinoise; on peut de cette façon taxer les télégrammes chinois au même prix que les télégrammes européens.

Les recettes totales sur les câbles de cette compagnie ont été de 2,708,520 francs en 1872; de 3,352,581 fr. en 1873 et de 4,411,721 fr. en 1874. C'est une société de beaucoup d'avenir.

Ainsi, la télégraphie, cette invention toute moderne, qui permet de communiquer à distance des ordres, des nouvelles, des instructions d'une façon détaillée et précise, cet art contemporain, qui sert à transmettre la pensée avec la vitesse de la foudre pour les besoins du commerce, de la politique, de la science, aussi bien que pour les correspondances privées, a entouré le globe d'un réseau de fils métalliques d'une prodigieuse longueur qui ne couvrent pas seulement les continents, mais qui traversent les mers en unissant toutes les nations du monde.

Longueur des lignes télégraphiques du globe.

La longueur des lignes télégraphiques du monde entier est de plus de 710,000 kilom. et la longueur des fils de plus de 2 millions de kilom. c'est-à-dire 50 fois la longueur de la circonférence de la terre (en 1874).

Nombre des dépêches.

La télégraphie sous-marine compte 100,000 kilom. répartis entre plus de 231 câbles, de longueurs fort inégales. Le nombre des dépêches dépasse 80 millions chaque année.

§ 2. — Etat du Réseau télégraphique du globe.

Le réseau télégraphique dont les lignes françaises font partie relie par des communications continues :

En Europe, tous les États;

En Afrique, l'Algérie, la Tunisie et l'Égypte, les îles Madère et Saint-Vincent (cap Vert);

En Asie, les provinces asiatiques de la Russie et de la Turquie, Aden, la Perse, les Indes britanniques, la Birmanie, la Cochinchine, la Chine et le Japon;

En Amérique, les îles Saint-Pierre et Miquelon, les possessions anglaises et les États-Unis de l'Amérique du Nord, les Antilles et Panama, la Guyane anglaise et la Guyane française, le Brésil, l'Uruguay, la République argentine, le Chili et le Pérou;

En Océanie, les Indes néerlandaises (Java et Sumatra), l'Australie et la Tasmanie.

Communication du réseau français avec les réseaux étrangers.

Le réseau français communique :

Directement, avec :

Les Iles Britanniques, par six câbles......
- De Calais à Douvres.
- De Boulogne à Folkestone.
- De Dieppe à Beachy-Head.
- Du Havre à Beachy-Head.
- De Coutances aux îles de la Manche et à Plymouth.
- De l'anse de Poulizan à Salcombe (Plymouth). Ce câble est réservé aux correspondances d'Amérique.

Le Danemark.......	par un câble.......	De Calais à Fano.
La Belgique........	par neuf lignes aériennes..........	Mouscron, Tournai, Quiévrain, Jeumont, Feignies, Fourmies, Givet, Sedan et Arlon.
Le Luxembourg.....	par une ligne.......	Longwy.
L'Allemagne........	par huit lignes.....	Andun-le-Roman, Briey, Pagny, Nancy, Avricourt, Saint-Dié, Bussang, Belfort.
La Suisse..........	par six lignes......	Delle, Pontarlier, Gex, Bellegarde, Saint-Julien, Annemasse.
L'Autriche..........	par une ligne.......	Voie de Suisse (Bregenz), fil direct entre Paris et Bregenz.
L'Italie............	par six lignes, dont quatre aériennes..	Mont-Cenis, Mont-Genèvre, Col de Tende, Menton.
	et deux câbles....	Câble de Maccinaggio (Corse) à Livourne. Câble de Bonifacio à Santa-Theresa (Sardaigne).
L'Algérie..........	par deux câbles.....	De Marseille à Bône. De Marseille à Alger.
L'Espagne..........	par cinq lignes, dont trois aériennes...	La Jonquière, Canfranc, Irun.
	et deux câbles...	Câble de Marseille à Barcelone. Câble d'Ondaraizu à Saint-Sébastien.
Les Etats-Unis......	par un câble.......	De Brest à Saint-Pierre-Miquelon et de Saint-Pierre-Miquelon à Duxbury (Massachussetts).

Par intermédiaire, en Europe, avec :

Les Iles Britanniques..	par la Belgique......	Câbles de la Panne à Douvres et d'Ostende à Ramsgate.
	par les Pays-Bas......	Câbles de Zandwort, près de La Haye, à Lowestoft et à Yarmouth.
	par l'Allemagne......	Câbles d'Emden à Borkum et de Borkum à Lowestoft. Câbles d'Emden à Norderney et de Norderney à Lowestoft.
	par le Danemark.....	Câble de Hjorring à Newcastle. Câble de Ringkjobing à New-Biggen.
	par la Norvége......	Câble d'Ekersund à Peterhead.
	par le Portugal......	Câble de Lisbonne à Falmouth.
	par l'Espagne.......	Câble de Vigo à Falmouth. Câble de Bilbao au cap Lizard.
Les Pays-Bas........	par la Belgique......	Voie de terre.
Le Danemark........	par l'Allemagne......	Voie du Sleswig (Sonderburg).
	par l'Angleterre......	Câble de Newcastle à Hjorring. Câble de New-Biggen à Ringkjobing
La Norvége..........	par le Danemark.....	Câble d'Hirtshals à Arendal.
	par la Suède.........	Voie de Berby.
	par l'Angleterre......	Câble de Peterhead à Ekersund.
La Suède............	par l'Allemagne......	Câble d'Arcona à Trelleborg.
	par le Danemark.....	Câble de Skagen à Marstrand. Câble d'Elseneur à Helsingborg.
	par l'Angleterre et le Danemark ou la Norvége..............	par les câbles de ces pays.
	par l'Autriche et la Russie............	Câble de Nystadt à Grisselhamm ou voie de Tornéa.
La Russie...........	par le Danemark.....	Câble de Fano, Danemark, câble de Libau.
	par l'Allemagne, par l'Autriche et par la Roumanie, voies de terre.	
	par la Suède........	Câble de Grisselhamm à Nystadt et voie de Tornéa.
	par la Turquie.......	Câble de Constantinople à Odessa.
L'Autriche...........	par l'Allemagne, par la Suisse, par l'Italie.	
Le Monténégro......	par l'Autriche.	
La Roumanie........	par l'Autriche et par la Turquie.	
La Serbie..........	id.	
La Turquie..........	par l'Italie..........	Câble d'Otrante à Vallona.
	par l'Autriche........	Voies de terre.
	par la Turquie d'Asie.	Voie de Rhodes (câbles d'Otrante, Zante, Candie, Rhodes). Voie de Tschesmé (câbles d'Otrante, Grèce, câble de Grèce à Tschesmé).
	par la Russie........	Câble d'Odessa à Constantinople.
La Grèce............	par la Turquie.......	Voie de Volo.
	par l'Italie..........	Câbles d'Otrante à Zante (directement ou par Corfou) et de Zante en Grèce.
Malte...............	par l'Italie..........	Câble de Modica (Sicile) à Malte.
	par l'Algérie.........	Câble de Bône à Malte.
Gibraltar............	par Malte...........	Câble de Malte à Gibraltar.
	par le Portugal......	Câble de Lisbonne à Gibraltar.
	par l'Angleterre......	Câbles de Falmouth à Lisbonne et de Lisbonne à Gibraltar.

L'Espagne..........	par Malte	Câble de Malte à Gibraltar. Câble de Malte à Lisbonne et à Vigo.
	par l'Angleterre......	Câble de Falmouth à Vigo. Câble de Falmouth à Lisbonne et de Lisbonne à Vigo. Câble de Lizard à Santander.
Le Portugal	par l'Espagne........	Voie de Badajoz.
	par l'Angleterre......	Câble de Falmouth à Lisbonne. Câbles de Falmouth à Vigo et de Vigo à Lisbonne.
	par Malte	Câbles de Malte à Gibraltar et Lisbonne.

En Afrique, avec :

L'Egypte............	par Bône, l'Italie et Malte.	Câbles de Malte à Alexandrie.
	par la Turquie d'Asie.	Voie d'El-Arich.
	par l'Italie et Candie.	Câbles d'Otrante, Zante, Candie, Alexandrie.
L'Algérie et la Tunisie.	par l'Italie et Malte..	Câble de Malte à Bône.

En Asie, avec :

La Russie d'Asie.....	par la Russie d'Europe.	
	par le Japon.........	Câble de Nagasaki à Wladiwostock.
La Turquie d'Asie....	par la Turquie d'Europe	
	par l'Italie et la Grèce.	Voie d'Otrante, Zante, Tschesmé et d'Otrante, Zante, Candie, Rhodes.
	par la Russie........	Voie de Poti.
	par l'Egypte.........	Voie d'El-Arich.
Aden................	par l'Egypte.........	Câble de Suez à Aden.
	par les Indes........	Voie Faô, Bombay, câble de Bombay à Aden.
La Perse............	par la Russie (Caucase).	Voie de Djoulfa.
	par la Turquie d'Asie.	Voie de Hannequin (Kirmanchah).
	par les Indes.........	Voie de Faô (câble de Faô à Bushire)

Les Indes et la Birmanie......	Faô........	par la Turquie d'Asie.......	Câble de Faô à Bushire..........		Câbles de Bushire à Kurrachee.
	Djoulfa.....	par la Russie du Caucase..	Voie de Djoulfa..................		
	Malte.......	par Malte, l'Egypte.......	Câbles de Suez à Aden et d'Aden à Bombay.		
La Cochinchine....	Faô........	par la Turquie d'Asie.......	Câble de Faô à Bushire...	Câbles de Bushire à Kurrachee.....	Les Indes, les câbles Madras à Penang, Penang à Singapore, au cap St-Jacques.
	Djoulfa.....	par la Russie du Caucase..	Voie de Djoulfa.........		
	Malte.......	par Malte, l'Egypte.......	Câbles de Suez à Aden et à Bombay.		
	Wladiwostock.	par la Russie d'Asie.......	Câbles de Wladiwostock au Japon (Nagasaki), Nagasaki à Shanghaï, Shanghaï à Amoy, Amoy à Hong-Kong, Hong-Kong au cap St-Jacques.		
La Chine..	Faô........	par la Turquie d'Asie.......	Câble de Faô à Bushire...	Câbles de Bushire à Kurrachee.....	Les Indes, les câbles de Madras, Penang, Singapore, Hong-Kong.
	Djoulfa.....	par la Russie du Caucase..	Voie de Djoulfa.........		
	Malte.......	par Malte, l'Egypte.......	Câbles de Suez à Aden et Bombay.		
	Wladiwostock.	par la Russie d'Asie.......	Câble de Wladiwostock à Nagasaki, Shanghaï.		
Le Japon..	Wladiwostock.	par la Russie d'Asie.......	Câble de Wladiwostock à Nagasaki.		
	Faô........	par la Turquie d'Asie.......	Câble de Faô à Bushire...	Câbles de Bushire à Kurrachee.....	Les Indes, les câbles de Madras, Penang, Singapore, Hong-Kong, Amoy, Shanghaï, Nagasaki.
	Djoulfa.....	par la Russie du Caucase..	Voie de Djoulfa.........		
	Malte.......	par Malte, l'Egypte.......	Câbles de Suez à Aden et à Bombay.		

En Océanie, avec :

Les Indes néerlandaises (Java et Sumatra)...............	par les Indes.........	Câble de Singapore à Batavia.
	par Wladiwostock....	Câbles de Wladiwostock à Singapore, Batavia.
L'Australie..........	par Java............	Câble de Banjoewangie (Java) à Port-Darwin.
La Nouvelle-Zélande..	par l'Australie.......	Câble de Sydney à Wellington.

En Amérique, avec :

Les Etats-Unis.......	par l'Angleterre......	Câbles de Valentia.
Les Possessions anglaises de l'Atlantique (Canada, etc.), du Pacifique (Colombie anglaise).......	par les Etats-Unis....	

Les Antilles..........	par les Etats-Unis et les câbles de Punta-Rassa (Floride) à Key-West; de Key West à la Havane; de la Havane à Batabano, par une ligne terrestre, et de Batabano par des câbles successifs touchant à Cienfuegos, Sagua et Santiago (Cuba), Kingston (Jamaïque) Porto-Rico, St-Thomas, St-Christophe (St-Kitts), Antigoa, la Guadeloupe, la Dominique, la Martinique, Sainte-Lucie, St-Vincent, la Barbade, Grenade, la Trinité. Des câbles relient Sainte-Croix au nord à Kingston et à St-Thomas, au sud à la Trinité. par le Portugal, Lisbonne, Pernambuco, Para, Cayenne, Demerari, Trinité.
Panama.............	par les Etats-Unis et les Antilles. Câble de Kingston (Jamaïque) à Colon (Aspinwal). par le Portugal, Lisbonne, Pernambuco, Para, Cayenne, Demerari, Antilles, Kingston.
La Guyane anglaise..	par les Etats-Unis et les Antilles. Câble de la Trinité à la Guyane. par le Portugal, Lisbonne, Pernambuco, Para, Cayenne. Câble de Cayenne à Demerari.
La Guyane française..	par les Etats-Unis, les Antilles et la Guyane anglaise. Câble de Demerari à Cayenne. par le Portugal, Lisbonne, Pernambuco, Para, Cayenne.
Le Brésil............	par le Portugal. Câbles de Lisbonne, Madère, St-Vincent, Pernambuco. par les Etats-Unis, les Antilles, les Guyanes anglaise et française. Câble de Cayenne à Para.
L'Uruguay..........	par le Portugal, Lisbonne, Pernambuco. Câbles côtiers du Brésil jusqu'à Rio-Grande-du-Sud, et de là à Montevideo.
La République Argentine...............	par le Portugal, Lisbonne, Pernambuco, Brésil, Uruguay. Câble de Montevideo à Buenos-Ayres.
Le Chili.............	par le Portugal, Lisbonne, Pernambuco, Brésil, Uruguay, République argentine.
Le Pérou............	par le Portugal. Lisbonne, Pernambuco, Brésil, Uruguay, République argentine, Chili. Câble du Chili à Iquique.

Tableau des câbles immergés dans les différentes mers.

CABLES		
DE LA MANCHE.	DE LA MER D'IRLANDE.	DE LA MER DU NORD.
De Calais à Douvres. De Boulogne à Folkestone. De Dieppe à Beachy-Head. Du Havre à Beachy-Head. De Coutances aux îles de la Manche et à Plymouth. De l'anse de Poulizau à Salcombe (Plymouth).	De Pointe-Patrick à Donaghadée (Belfast). De Holyhead à Dublin. De Pembroke à Wexford. De Whitehaven à l'île de Man.	De la Panne à Douvres. D'Ostende à Ramsgate. De Zandwoort à Lowestoft et à Yarmouth. D'Emden à Borkum et de Borkum à Lowestoft. D'Emden à Norderney et de là à Lowestoft. De Hjorring à Newcastle. De Ringkjobing à New-Biggen. D'Ekersund à Peterhead. D'Hirtshals à Arendal. De Calais à Fano. De Helgoland à Tonning. De Skagen à Marstrand. D'Elseneur à Helsingborg.

CABLES DE LA MER BALTIQUE.

Câbles de la mer Baltique.

D'Arcona à Trelleborg.
De Grisselham (Suède, 60°) à Nystad (Russie).
De Westervik (Suède) à Wisby (île Gottland).
De Seeland à Libau (Russie), en touchant à l'île de Moën et à Bornholm.

Câbles de l'océan Atlantique, de la Méditerranée.

CABLES

DE L'OCÉAN ATLANTIQUE.

Deux câbles de Valentia (Irlande) à St-Jean de Terre-Neuve et de là à Boston, puis à New-York.
Un cable, de Brest à St-Pierre-Miquelon et de là à Duxbury (Massachussetts).
De Falmouth à Brest.
De Falmouth à Lisbonne.
De Falmouth à Vigo.
De Lisbonne à Vigo.
De Lisbonne à Gibraltar.
Du cap Lizard (Angleterre) à Santander.
D'Ondaraizu (France) à S.-Sébastien.
De Lisbonne à Pernambuco, par Madère, St-Vincent (cap Vert).
De Pernambuco aux ports du Brésil par câbles côtiers jusqu'à Rio-Grande du sud, et par câble de Montevideo à Buenos-Ayres.
De Buenos-Ayres à Rosario, Mendoza, Santiago et Valparaiso par lignes de terre.
De Valparaiso (Chili) à Iquique, à Islay et au Callao (Pérou).

CABLES DES ANTILLES.

De Punta-Rassa (Floride) à Key-West.
De Key-West à la Havane; de Batabano à Cienfuegos, Sagua et Santiago (Cuba), à Kingston (Jamaïque), Porto-Rico, St-Thomas, St-Christophe (St-Kitts), Antigoa, la Guadeloupe, la Dominique, la Martinique, Ste-Lucie, St-Vincent, la Barbade, Grenade, la Trinité, Demerari, Cayenne, Para, Pernambuco.
De Kingston (Jamaïque) à Colon (Aspinwal).
De Ste-Croix à Kingston, à St-Thomas et la Trinité.

DE LA MÉDITERRANÉE.

De Marseille à Alger.
De Marseille à Bône.
De Marseille à Barcelone.
De Livourne à Maccinaggio (Bastia).
De Bonifacio (Corse) à Santa-Theresa (Sardaigne).
De Malte à Bône.
De Gibraltar à Malte.
De Malte à Alexandrie (Egypte), il y a deux câbles jumeaux.
De Malte à Modica (Sicile).
D'Otrante à Vallona.
D'Otrante à Zante, de Zante à Candie, de Candie à l'île de Rhodes, de Candie à Alexandrie.
D'Otrante à Corfou, de Corfou au Pirée, à Syra, de Syra à Chio, de Chio à Tschesmé (Asie-Mineure).
De Barcelone à Mahon (Minorque), à Palma (Majorque), à Iviça et au cap de la Nao (Espagne).
De Constantinople à Odessa.

Câbles des Antilles. Câbles de l'océan Indien.

DE L'OCÉAN INDIEN ET DU GRAND OCÉAN.

De Suez à Aden, d'Aden à Bombay, de Madras à Penang, de Penang à Singapore, de Singapore au cap St-Jacques, du cap St-Jacques à Hong-Kong, de Hong-Kong à Amoy, d'Amoy à Shanghaï, de Shanghaï à Nagasaki, de Nagasaki à Wladiwostock.
Câble de Faô à Bushire, de Bushire à Kurrachee.
Câbles de Singapore à Batavia, de Benjoëwangie (Java) à Port-Darwin; de Port-Darwin, par une ligne de terre à travers l'Australie à Adélaïde, d'Adélaïde à Melbourne; de Melbourne à Sydney et de Sydney, par une ligne de terre le long de la côte orientale à Normanton.
De Sydney à Wellington (Nouvelle-Zélande).
De Melbourne à Hobart-Town.
De l'Hindoustan à Ceylan.

LIGNES PROJETÉES.

Lignes projetées.

Les lignes projetées sont : de Hong-Kong à Manille; de Brisbane à la Nouvelle-Calédonie; du cap de Bonne-Espérance à la Réunion, Maurice et Pointe-de-Galle; de la Havane à la Vera Cruz (Mexique); de New-York aux Bermudes; de l'île Saint-Thomas à Bermude; de Panama à Buonaventura, Guayaquil et Callao; de San-Francisco à Honolulu et à Yeddo, etc.

Grandes lignes de terre.

Une ligne télégraphique par terre unit Paris à Saint-Pétersbourg et va à Moscou, Nijni-Novogorod, Kazan, Perm, Omsk, Tomsk, Irkoutsk et Kiatcha, où elle se bifurque : l'une va à Nertchinsk, au Kamtchatka, à Nicolaïewsk, et l'autre à Ourga, Pékin, Wladiwostock et de là à Nagasaki, par câble. Ainsi, Américains, Anglais, Français, Allemands, Russes, Chinois, Japonais et Malais sont reliés entre eux par le télégraphe, depuis San-Francisco à Nagasaki et Batavia.

Ligne de Faô.

De Constantinople, les dépêches peuvent partir pour l'Orient par trois directions : la ligne de Faô, celle de Hannequin ou Téhéran et celle d'El-Arich. Par la ligne de Faô, les dépêches passent de Constantinople en Asie-Mineure, à Angora, Diarbékir et Bagdad pour atteindre Faô au fond du golfe Persique. De Faô, un câble plonge dans le golfe et suit le littoral de la mer d'Oman jusqu'à Kurrachee, avec des points d'atterrissement à Bushire, Jask et Gwadur. A partir de Kurrachee, la correspondance emprunte le réseau terrestre indien jusqu'à Bombay, où cette ligne se rattache au câble venant d'Aden.

Ligne d'Hannequin.

La *ligne d'Hannequin ou Téhéran* n'est qu'une déviation de la précédente : elle sort de la Turquie d'Asie à Hannequin, point frontière entre la Turquie et la Perse, entre en Perse à Kirmanchah, passe à Téhéran et se rattache à la ligne de Faô à Bushire sur le golfe Persique.

Ligne d'El-Arich.

La *ligne d'El-Arich* part de Diarbékir, suit la direction d'Alep et El-Arich, frontière de la Turquie et de l'Egypte, traverse l'Egypte jusqu'à Suez où elle se joint au câble de la mer Rouge.

Les dépêches, par la voie de Russie, peuvent emprunter la voie de Djoulfa, frontière du Caucase, pour, de ce point, emprunter les lignes de Perse par Téhéran et Bushire.

§ 3. — Correspondance télégraphique.

Les tarifs et les règles de la correspondance télégraphique sont déterminés, dans le service intérieur, par les lois, décrets et règlements, et, dans le service international, par des conventions avec les États étrangers et les compagnies privées.

Régime intérieur.

Le régime intérieur s'applique à l'intérieur de la France, en Corse, en Algérie et en Tunisie et entre l'Algérie et la Tunisie.

Régime international.

Le régime international s'applique à toute correspondance échangée avec l'étranger; la Corse y est soumise pour le compte des mots.

La taxe applicable à la dépêche simple est déterminée, dans le service international, pour la correspondance avec tous les pays d'Europe, à l'exception des pays limitrophes de la France et du Portugal, et hors d'Europe avec la Russie et la Turquie d'Asie, la Perse, le golfe Persique et les Indes anglaises et néerlandaises et la Cochinchine, par la convention de Saint-Pétersbourg, du 22 juillet 1875.

États signataires de la convention de St-Pétersbourg en 1875.

Les Etats signataires de cette convention sont les suivants : Allemagne, Autriche-Hongrie, Belgique, Danemark, Espagne, France avec Algérie et Tunisie, Grèce, Iles Britanniques avec les Indes anglaises et les lignes du golfe Persique, Italie, Luxembourg, Norvége, Pays-Bas avec les Indes néerlandaises, Perse, Portugal, Roumanie, Russie (d'Europe et d'Asie), Serbie, Suède, Suisse, Turquie (d'Europe et d'Asie).

Les compagnies sous-marines qui relient ces Etats, soit entre eux, soit avec l'Orient, suivent aussi les règles de cette convention. Les compagnies transatlantiques et américaines suivent encore un régime spécial.

Pays compris dans le régime européen.

Le *régime européen* s'applique à toute l'Europe, à l'Algérie et à la Tunisie et en Asie, à la Russie, à la Turquie et à la Perse.

Le *régime extra-européen,* c'est-à-dire le régime spécial que la convention admet pour la correspondance à grandes distances, s'applique aux relations avec l'Égypte, Aden, le golfe Persique, le Beloutchistan, les Indes anglaises et néerlandaises, l'Indo-Chine, la Cochinchine, la Chine, le Japon et l'Australie.

Pays compris dans le régime extra-européen.

L'Amérique est soumise à des règles spéciales; nous ne doutons pas qu'un jour ce pays n'entre dans la convention, car si les Etats ne s'étaient pas entendus par des règlements internationaux, l'usage de la télégraphie ne se serait pas généralisé comme nous le voyons.

Catégories de télégrammes.

Les télégrammes sont classés en trois catégories : 1° télégrammes de l'État ; 2° télégrammes de service ; 3° télégrammes privés. — Dans la transmission, les télégrammes d'Etat jouissent de la priorité sur les autres télégrammes.

Chaque gouvernement peut arrêter la transmission de tout télégramme privé qui paraîtrait dangereux pour la sécurité de l'État, ou qui serait contraire aux lois du pays, à l'ordre public ou aux bonnes mœurs.

Base de la taxe.

A l'intérieur et avec les pays soumis au régime européen (toute l'Europe, l'Algérie et la Tunisie, la Russie et la Turquie d'Asie et la Perse), la dépêche simple à laquelle s'applique l'unité de taxe est de vingt mots. L'unité de taxe s'accroît de moitié par série ou fraction de série supplémentaire de 10 mots.

Avec les pays soumis au régime extra-européen, la taxe s'établit par mot, avec ou sans minimum de 10 mots. Au-dessus de 10 mots, la taxe est toujours établie par mot isolé

La longueur du mot simple est fixé dans la correspondance européenne à 15 caractères selon l'alphabet Morse, le *ch* étant compté pour un seul ; dans la correspondance extra-européenne, à 10 caractères du même alphabet ; dans l'un et l'autre cas l'excédant compte pour autant de mots qu'il contient de séries ou de fractions de série de 15 ou de 10 caractères. Exemple : responsabilité (14 caractères) compte pour un mot dans la correspondance européenne et pour 2 mots dans l'extra-européenne.

Les mentions suivantes, mises sur des dépêches spéciales en formules abrégées, sont comptées chacune pour un mot : D, télégramme privé urgent ; R P, réponse payée ; T C, télégramme collationné ; T R, télégramme recommandé ; C R, accusé de réception ; F S, télégramme à faire suivre ; P P, poste payée ; X P, exprès payé.

Texte.

Les dépêches peuvent être rédigées en langage ordinaire ou en langage secret.

Dépêches en langage ordinaire.

Les langues admises dans la correspondance télégraphique sont au nombre de 27, savoir : les langues allemande, anglaise, arménienne, bohême, croate, danoise, espagnole, flamande, française, grecque, hébraïque, hollandaise, hongroise, illyrique, italienne, latine, norvégienne, polonaise, portugaise, roumaine, ruthène, russe, serbe, slovaque, slovène, suédoise, et turque. Les bureaux français ne reçoivent que des caractères français.

Dépêches secrètes.

Dépêches secrètes. — Le texte de la dépêche secrète peut être soit entièrement chiffré, soit en partie chiffré et en partie clair. Le texte chiffré doit être composé exclusivement de lettres de l'alphabet ou exclusivement de chiffres arabes.

Dépêches en langage ordinaire.

Compte des mots.

SERVICE EN FRANCE.	SERVICE INTERNATIONAL.
Les mots composés compris à ce titre au Diction. de l'Acad. franç., les noms de départements, communes, rues et les désignations relatives au numéro des habitations ne sont comptés que pour un seul mot. Ex. : 15 *bis*, un mot ; de Grenelle-Saint-Germain (rue), un mot ; Bar-sur-Seine, un mot. Toutes les autres expressions composées sont comptées pour le nombre de mots employés à les formuler. Ex. : c'est à-dire, quatre mots.	Toutes les expressions composées réunies ou non par un trait d'union, sont comptées pour le nombre des mots employés à les former ; de même pour les expressions géographiques et les désignations de rue, de numéro, de titres, de qualifications, etc.

Les nombres écrits en chiffres et les groupes de lettres exprimant des marques de commerce ou de fabrique comptent pour autant de mots qu'ils contiennent de fois cinq caractères, plus un mot pour l'excédant, s'il y a lieu. Ex. : 985,179 compte deux mots ; BCA, un mot ; A3MBC/2, deux mots.

Les nombres écrits en lettres comptent pour autant de mots qu'il en faut pour les exprimer. Ex. : soixante-sept, deux mots.

Tout chiffre ou lettre isolé compte pour un mot.

Les signes de ponctuation, trait-d'union, apostrophes, guillemets, parenthèses, alinéas, ne sont pas comptés.

L'expression °/₀ est toujours comptée pour un mot. Ex. : 3 °/₀, deux mots.

Les groupes secrets doivent être séparés par des points, des virgules ou des traits.

Tous les chiffres, lettres ou signes employés dans le texte chiffré, sont additionnés ; le total divisé par 5 donne pour quotient le nombre de mots à taxer ; l'excédant est compté pour un mot ; on ajoute à cette somme le nombre des mots écrits en langage ordinaire, comme l'adresse, la signature et ceux du texte, s'il y en a.

Dépêche réponse payée.

L'expéditeur d'une dépêche peut en affranchir la réponse ; mention R P en est faite immédiatement avant l'adresse.

Dépêche recommandée.

L'expéditeur de toute dépêche a la faculté de la recommander ; mention en est faite avant l'adresse.

La taxe de recommandation est égale à celle de la dépêche. Le télégramme recommandé est collationné intégralement de bureau à bureau, et l'accusé de réception en est transmis d'office à l'expéditeur. En cas de perte, altération ou retard notable, il est alloué, en outre de la taxe qui est remboursée, une somme fixe de 50 francs.

La recommandation est obligatoire pour les dépêches secrètes. Les pays avec lesquels la recommandation est admise, sont : l'Autriche-Hongrie, l'Espagne, le Portugal, la Roumanie et la Suisse.

Accusé de réception.

L'expéditeur de toute dépêche peut demander que l'indication de l'heure à laquelle elle sera remise à son correspondant lui soit transmise par la voie télégraphique ; mention en est faite avant l'adresse.

La taxe de l'accusé de réception est celle d'une dépêche simple dans la correspondance européenne et celle d'une dépêche de 10 mots dans la correspondance extra-européenne.

Dépêche à faire suivre.

Le service des dépêches à faire suivre ne se fait qu'en Europe.

Si la mention *faire suivre* est accompagnée d'adresses successives, la dépêche est transmise à chacune des destinations indiquées, jusqu'à la dernière, s'il y a lieu ; s'il n'y a que l'indication *faire suivre*, le bureau de destination, après l'avoir présentée à l'adresse indiquée, la réexpédie immédiatement, s'il y a lieu, à la nouvelle adresse qui lui est désignée au domicile du destinataire ; si aucune indication ne lui est fournie, il garde la dépêche en dépôt. Dans le service intérieur le destinataire doit acquitter autant de fois la taxe qu'il y a eu de réexpéditions ; cette taxe est de 0 f. 60 ou de 1 f. 40 suivant que la réexpédition a eu lieu dans le même département ou en dehors.

La taxe internationale des dépêches à faire suivre est celle du premier parcours, l'adresse complète entrant dans le compte de mots. Chaque réexpédition donne lieu à la perception, sur le destinataire, de la taxe de réexpédition.

Dépêche multiple.

On peut adresser des dépêches dans une même localité à plusieurs destinataires, ou à un seul destinataire à plusieurs domiciles. Elles acquittent : 1° la taxe principale, calculée sur le nombre total des mots du texte, y compris celui de toutes les adresses ; 2° un supplément de taxe de 50 centimes répété autant de fois qu'il y a de destinataires ou de domiciles moins un.

Adresses des dépêches.

Les dépêches peuvent être adressées à domicile, poste restante ou bureau télégraphique restant. Celles qui sont adressées au bureau télégraphique restant sont détruites quand elles n'ont pas été réclamées dans un délai de 45 jours.

Avis télégraphiques.

On admet des avis télégraphiques qui sont des dépêches réduites comme longueur à 10 mots et comme taxe aux trois cinquièmes de la taxe ordinaire. Ces dépêches ne peuvent être rédigées ni en langage chiffré, ni en langage de convention. Les nombres n'y sont admis qu'en toutes lettres, même dans l'adresse. L'avis télégraphique ne peut être adressé et remis qu'à domicile ou à bureau restant, dans le lieu d'arrivée. Il ne peut être réexpédié par la poste ou par exprès. En cas de perte, altération ou retard, les avis télégraphiques ne donnent lieu à aucune indemnité, ni à aucun remboursement de la taxe. L'expéditeur doit écrire en marge de l'original la mention : *avis télégraphique*. On peut correspondre en France, par avis télégraphique, avec les pays suivants : Autriche-Hongrie, Belgique, Espagne, Pays-Bas, Portugal, Russie.

Télégrammes privés urgents.

L'expéditeur qui veut assurer l'urgence à sa dépêche doit y inscrire le mot *urgent* avant l'adresse et payer *triple taxe*. Le mot *urgent* entre dans le compte des mots taxés. Si la dépêche urgente est en outre recommandée, la taxe est égale à 6 fois la taxe ordinaire. On peut demander accusé de réception d'une dépêche privée urgente ; cet accusé de réception n'est sujet qu'à la taxe de *dépêche simple ordinaire*.

Les télégrammes privés urgents sont admis dans les relations avec l'Allemagne, la Belgique, l'Espagne, la Grèce, l'Italie, les Pays-Bas, le Portugal, la Roumanie et la Russie.

Correspondance avec l'Amérique, par les voies transatlantiques de Brest, Valentia et de Lisbonne.

Correspondance avec l'Amérique.

Les dépêches secrètes sont admises moyennant une taxe et demie, excepté pour Cuba.

Taxation.

La taxe s'applique par mot. — Le nom du lieu d'origine est transmis d'office par les voies de Brest et de Valentia, mais il ne l'est point par la voie de Lisbonne.

La correspondance du gouvernement français avec ses agents jouit d'une réduction de moitié sur le câble de Brest.

A moins d'une demande formelle de l'expéditeur, les dépêches pour l'Amérique doivent être expédiées par Brest.

Les expressions géographiques, les noms de contrées, de principautés, d'États, d'îles, de villes, ne sont comptés que pour un seul mot, quel que soit le nombre de mots qui les forme. Le souligné, les guillemets, les parenthèses, sont comptés chacun pour deux mots par la voie Valentia ; le souligné n'est compté que pour un mot, et les guillemets et parenthèses ne sont pas comptés par voie Brest. La mention °/₀ doit être remplacée par les mots (*pour cent*) écrits en toutes lettres et taxés pour deux mots.

Les dépêches à destination des localités de la Colonie du Cap où il existe un service télégraphique, sont expédiées par poste de Plymouth (Angleterre), de Madère ou de Saint-Vincent à la ville du Cap, et delà par télégraphe jusqu'à destination. Les départs de Plymouth sont fixés aux 5,15 et 25 de chaque mois ; les dépêches doivent arriver avant 8 heures du matin ces jours-là pour profiter du courrier. Correspondance avec le Cap.

Le service sémaphorique est celui qui se fait entre la côte et un navire. Service sémaphorique.

Liste des États qui ont un service sémaphorique.

Allemagne.....	Un seul bureau à Wangeroog.
Autriche.......	Un seul bureau à Lissa (Phare).
Danemark.....	Bureaux à Skagen, Hammershus et Hirtshals.
Espagne.......	Un seul bureau à Tarifa.
France:.......	Sur toutes les côtes.
Italie..........	Sur toutes les côtes
Norvége.......	Un bureau à Oxoe.
Portugal.......	Sur toutes les côtes.

Les dépêches sémaphoriques peuvent être rédigées en langage ordinaire ou en caractères secrets. Dépêches sémaphoriques.

La taxe d'une dépêche échangée entre un navire en mer et un sémaphore est fixée ainsi qu'il suit :

En France, pour l'intérieur....	1 fr.
— pour l'étranger....	2 »
De l'étranger pour la France....	2 »

Ces taxes sont perçues : au départ, quand il s'agit d'une dépêche à transmettre à un navire en mer; à l'arrivée, quand il s'agit d'une dépêche émanant d'un bâtiment.

Tableau des taxes télégraphiques du monde en 1876.

ABRÉVIATIONS. — v. M. (voie Malte). — v. F. (voie Faô). — v. W. (voie Wladiwostock). — v. B. (voie Brest). v. V. (voie Valentia). — v. L. (voie Lisbonne). — v. D. (voie directe).

ÉTATS SOUMIS AU RÉGIME EUROPÉEN.	TAXE de la dépêche de 20 mots
France (même départ.)...	0 60
France (entre 2 départ.)..	1 40
France (Corse).........	1 40
Alsace-Lorraine.........	2 »
Algérie et Tunisie......	4 40
Allemagne, à l'ouest du Weser et de la Werra (Bade, Bavière, Wurtemberg, Hohenzollern).	3 »
Allemagne, à l'est du Weser et de la Werra....	4 »
Autriche-Hongrie.......	6 50
Belgique...............	3 »
Corfou.................	9 »
Danemark...............	6 50
Espagne................	4 »
Gibraltar. v. D.........	6 50
— v. M.........	21 50
Grèce continentale......	10 »
Iles (a) Céphalonie, Ithaque, Ste-Maure, Zante, Spezzia, Hydra.......	11 50
Iles (b) Syra...........	13 »
— (c) Andros, Kythnos, Tynos..............	12 »
— (d) Chio, Metelin, Samos et Rhodes........	16 »
— (e) Chypre.........	17 »
— (f) Candie.........	18 »
Iles Britanniques (excepté Londres).............	6 »
Londres................	4 »
Iles de la Manche.......	4 »
— Orcades...........	14 50
Iles Shetland, 1re région.	14 50
— 2e région..	16 »
Ile Helgoland...........	8 50
Italie..................	4 »
Luxembourg.............	2 50
Malte..................	9 »
Monaco.................	2 »
Monténégro.............	7 »
Norvége................	8 50
Pays-Bas...............	4 »
Perse..................	23 »
Portugal...............	5 »
Roumanie...............	7 »
Russie d'Europe.........	11 »
Russie du Caucase......	15 »
Russie d'Asie, 1re région à l'O. de Werkne-Oudinsk.	26 »
Russie d'Asie, 2e région à l'E. de Werkne-Oudinsk.	41 »
Serbie.................	7 »
Suède..................	8 »
Suisse.................	3 »
Turquie d'Europe.......	10 »
Turquie d'Asie, 1re région.	14 »
— 2e région.	18 »
SERVICE SÉMAPHORIQUE.	
La taxe d'une dépêche échangée entre un navire en mer et un sémaphore, est fixée ainsi qu'il suit :	
En France, p. l'intérieur.	1 »
En France, p. l'étranger.	2 »
De l'étranger p. la France.	2 »

ÉTATS SOUMIS AU RÉGIME EXTRA-EUROPÉEN où à des règles spéciales.	TAXE par MOT.
Aden. v. M..............	4 30
Australie (a) Port-Darwin, Victoria, Australie méridionale, Tasmanie. v. F...............	12 50
— v. M................	12 75
Australie (b) Nouvelle-Galles du sud et Queensland. v. F..........	12 75
— v. M..........	13 »
Béloutchistan. v. F......	4 10
Birmanie. v. F..........	5 45
— v. M........	5 95
Chine. v. F............	9 75
— v. M. et W......	10 »
Cochinchine. v. F.......	8 25
— v. M......	8 50
Egypte : Alexandrie.....	1 70
— autres bureaux.	1 95
Golfe Persique, v. F....	4 10
Indo-Chine : Ile Penang. v. F..............	6 25
— v. M..............	6 50
— Singapore. v. F......	7 25
— — v. M.....	7 50
Indes : région à l'ouest de Chittagong. v. F......	5 »
— — v. M.....	5 50
— Région à l'est de Chittagong et Ceylan. v. F.	5 25
— — v. M.	5 75
Japon : Nagasaki. v. W.	10 »
— autres bureaux : taxes de 20 mots à partir de Nagasaki, savoir, pour Hakodade, 21 fr. et 11 fr. pour les autres bureaux.	
Java, Batavia et Sumatra, v. D...............	7 75
— v. M...............	8 »
Nouvelle-Zélande : à la taxe de Sydney, il faut ajouter 10 fr. 50 par dépêche de dix mots et 1 fr. 05 par chaque mot en sus..............	
Mahé, Seychelles, Maurice et Réunion : Taxe d'Aden, plus 2 fr. de poste.	
AFRIQUE.	
Madère. v. L...........	2 65
Saint-Vincent. v. L......	5 55
ÉTATS SOUMIS A DES RÈGLES spéciales.	
AMÉRIQUE DU NORD.	
Iles Saint-Pierre et Miquelon, Terre-Neuve..	2 50
Colombie anglaise et île Vancouver...........	5 65

ÉTATS SOUMIS A DES RÈGLES spéciales.	TAXE par MOT.
Cap Breton, New-Brunswick, Nouvelle-Ecosse, île du prince Edouard, le Canada...........	3 75
Etats-Unis.	
Arizona, Arkansas, Californie, Colorado, Dakotah, Idaho, Indian, Iowa, Kansas, Manitoba, Minnesota, Missouri (excepté Saint-Louis), Montana, Nebraska, Nevada, New-Mexico, Orégon, Texas, Utah, Washington (territoire), Wyoming....	4 80
Alabama, Caroline du N. et du S., Floride, Georgie, Illinois, Indiana, Kentucky, Louisiane, Michigan, Mississipi, Saint-Louis (Missouri), Ohio, Tennessée, Virginie, Wisconsin.....	4 60
Colombie, Delaware, Maryland, New-Jersey, New-York (territoire), Pensylvanie.........	3 95
Connecticut, Maine, Massachusetts, New-Hampshire, New-York (ville), Rhode-Island, Vermont..............	3 75
Mexique.	
Matamoros.............	5 »
Autres bureaux.........	7 50
(La taxe par mot commence à partir de Brest ou de Londres, et l'on doit payer le prix d'une dépêche de 20 mots jusqu'à ces deux villes).	
AMÉRIQUE DU SUD (v. M. L.)	
Brésil.	
Bahia et Para..........	15 60
Pernambuco............	11 60
Rio-Janeiro............	17 10
Rio-Grande-do-Sul, Santos et Ste-Catherine...	19 60
Autres bureaux.........	20 10
Uruguay.	
Montevideo............	19 60
Autres bureaux.........	20 10
République argentine.	
Buenos-Ayres..........	20 45
Autres bureaux.........	20 95
Chili.	
Tous les bureaux.......	26 70
Pérou.	
Iquique................	31 70
Arica..................	34 20
Aréquipa, Islay, Mollendo...............	36 70
Callao et Lima.........	41 70

Amérique centrale, Antilles et Guyanes. (*Voie Brest.*)

La taxe totale se compose de la somme des taxes indiquées ci-après :

1° Jusqu'à New-York. 3 fr. 75 par mot.

2° De New-York à destination, taxes du tableau suivant qui s'appliquent à la dépêche simple de 10 mots avec augmentation par mot additionnel.

DESTINATION.	TAXE de la dépêche de 10 mots.	TAXE par mot au-dessus de 10 mots.	DESTINATION.	TAXE de la dépêche de 10 mots.	TAXE par mot au-dessus de 10 mots.
	fr. c.	fr. c.		fr. c.	fr. c.
Antigoa	68.35	6.45	St-Christophe (St-Kitto)	67.10	6.25
Barbade.........	79.40	7.60	Sainte-Lucie	74.80	7.10
Cuba : Santiago..	35.00	3.05	Saint-Thomas....	62.50	5.85
Cienfuegos.	31 25	2.60	Saint-Vincent....	76.05	7.20
autres bureaux.	28.15	2.50	Trinité	81.25	7.70
Dominique........	72.20	6.80	Colon...........	67.10	6.25
Grenade.........	78.75	7.50	Panama	77.50	7.30
Guadeloupe......	70.35	6.55	Guyanes.........		
Jamaïque........	41.25	3.75	Berbice.........	91.60	8.75
Martinique.......	73.45	7.00	Demerari	91.60	8.75
Porto-Rico......	60.65	5.65	Cayenne.........	117.30	11.25
Sainte-Croix	64.70	6.05			

Indication de l'heure des principales villes du monde

rapportée à l'heure de Paris.

(Le signe + indique l'*avance*, sur l'heure de Paris; le signe —, le *retard*.)

		h. min.
Aden........	+	2.51
Agen........	—	0.7
Ajaccio......	+	0.26
Alençon.....	—	0.9
Alexandrie (Egypte)....	+	1.50
Alger........	+	0.2.57
Amiens......		0.00
Amsterdam..	+	0.10
Angers......	—	0.12
Angoulême ..	—	0.09
Athènes	+	1.26
Arles........	+	0.9
Aix	+	0.12.27
Arras........	+	0.2
Auckland (N[lle]-Zélande)....	+	11.30
Auxerre	+	0.5
Avignon......	+	0.10
Bagdad (Turquie d'Asie)	+	2.48
Bagnères-de-Bigorre	—	0.9
Bahia	—	2.43
Baltimore....	—	5.16
Bar-le-Duc...	+	0.11
Barcelône....	—	0.0.39
Basse-Terre (Guadeloupe).	—	4.16
Batavia......	+	6.58
Bayonne.....	—	0.15
Beaune......	+	0.10
Beauvais	—	0.1
Bade........	+	0.24
Belgrade (Serbie)........	+	1.13
Berlin.......	+	0.44
Berne	+	0.20
Besançon....	+	0.15
Blois........	—	0.4
Bombay.....	+	4.42
Bordeaux....	—	0.12
Boston	—	4.54
Boulogne....	—	0.3
Brest........	—	0.27
Bruxelles....	+	0.8
Bucharest (Roumanie).....	+	1.35
Buenos-Ayres	—	4.3
Behring	+	12.37
Caen.........	—	0.11
Le Caire.....	+	1.56
Calais.......	—	0.2
Calcutta.....	+	5.44
Candie	+	1.27
Canton (Chine).........	+	7.24
Cayenne.....	—	3.39
Cette........	+	0.5
Châlons-sur-Marne......	+	0.08
Châlon-sur-Saône......	+	0.10
Chanderna-gor	+	5.44
Chartres.....	—	0.3
Chambéry ...	+	0.14
Cherbourg...	—	0.16
Christiania...	+	0.34
Constantinople.........	+	1.47
Copenhague..	+	0.41
Colmar......	+	0.20
Corfou.......	+	1.10
Dieppe	—	0.3
Dijon........	+	0.11
Douai	+	0.5
Draguignan..	+	0.17
Fort-de-France (Martinique)	—	4.14
Francfort-sur-Mein.......	+	0.25
Fontainebleau	+	0.1
Gênes	+	0.26
Grenoble	+	0.14
Genève......	+	0.15
Gibraltar	—	0.31
Greenwich...	—	0.9
Honolulu....	—	10.41
Hong-Kong..	+	7.27
La Haye.....	+	0.8
Hobart-Town.	+	9.40
Jérusalem ...	+	2.11
Lille	+	0.3
Lima........	—	5.58
Lisbonne	—	0.46
Liverpool....	—	0.21
Londres	—	0.10
Limoges.....	—	0.4
Lorient......	—	0.23
Lyon........	+	0.10
Madère......	—	1.17
Madras......	+	5.12
Madrid......	—	0.24
Malte	+	0.49
Le Mans.....	—	0.9
Mâcon.......	+	0.10
Melbourne...	+	9.31
Marseille	+	0.12.10
Mexico	—	6.46
Montauban ..	—	0.4
Montevideo ..	—	3.54
Moscou......	+	2.21
Montpellier..	+	0.6
Munich......	+	0.37
Nagasaki	+	8.30
Nancy.......	+	0.15
Naples	+	0.48
Nevers	+	0.3
New-York....	—	5.5
Nice.........	+	0.20
Nimes.......	+	0.8
Orléans......	—	0.2
Padang......	+	6.32
Panama	—	5.27
Paris........		»
Pau	—	0.11
Peking	+	7.37
Périgueux ...	—	0.6
Pernambuco..	—	2.29
Perpignan ...	+	0.2
Philadelphie .	—	5.10
Plombières...	+	0.16
Poitiers......	+	0.8
Pondichéry ..	+	5.10
Porto-Rico...	—	4.34
Reims.......	+	0.7
Rennes......	—	0.16
Rio-Janeiro..	—	3.1
Rome	+	0.40
Rochefort....	—	0.13
La Rochelle..	—	0.14
Rouen.......	—	0.5
Saïgon	+	6.57
St-Étienne...	+	0.8
Saint-Pétersbourg......	+	1.52
Saumur......	—	0.10
San-Francisco	—	8.19
St-Domingue.	—	4.49
St-Pierre	—	4.14
Shanghaï....	+	7.57
Singapore ...	+	6.46
Smyrne......	+	1.39
Stockholm...	+	1.3
Strasbourg...	+	0.22
Sedan.......	+	0.10
Stuttgard....	+	0.27
Sydney......	+	9.56
Syra (Grèce).	+	1.30
Taïti........	—	10.7
Téhéran (Perse).........	+	3.16
Toulon......	+	0.14.22
Toulouse	—	0.4
Tours	—	0.7
Troyes......	+	0.7
Tunis	+	0.31
Turin........	+	0.21
Valparaiso (Chili)......	—	4.56
Varsovie.....	+	1.15
Venise.......	+	0.40
Versailles....	—	0.1
Vienne (Autriche)	+	0.56
Washington..	—	5.17
Yedo (Japon).	+	9.10
Zanzibar.....	+	2.27

LIVRE II

PRINCIPALES PRODUCTIONS DU GLOBE

CHAPITRE PREMIER

PRODUCTIONS MINÉRALES DU GLOBE

Répartition des matières minérales du globe. *Combustibles :* Houille, sa formation, ses variétés; — étendue du terrain houiller. — Anthracite. — Lignite. — Tourbe. — Historique du charbon de terre. — Tableau de la production et de la consommation de la houille dans les quatre grands pays producteurs. — Bitume. — Asphalte. — Malthe. — Pétrole. — Naphte. — Schistes bitumineux. — Ozokérite. — Soufre. — *Minerais :* Filons, gangue, amas, mine. — Minerais de fer : fer magnétique, oligiste, oxyde de fer hydraté, fer carbonaté, fer spathique, fer des houillères. — Production totale du minerai de fer. — Principaux centres de fabrication de la fonte et du fer. — Acier Bessemer. — Or, argent. — Production des métaux précieux. — Platine. — Mercure. — Cuivre. — Plomb. — Bismuth. — Étain. — Antimoine. — Zinc. — Nickel. — Cobalt. — Manganèse. — Arsenic. — Mispickel. — Différents minerais de ces métaux. — *Sels :* Sel gemme et sources salées. — Chlorure de potassium. — Azotate de potasse et azotate de soude. — Sulfate de soude. — Natron. — Borax. — *Terres :* Kaolin, feldspath. — Tripoli. — Alunite. — Argile. — Terre à foulon. — Marnes. — Ocres. — *Pierres :* Marbres. — Albâtre calcaire. — Onyx. — Travestin. — Craie — Pierres lithographiques. — Granite, mica, syénite, amphibole. — Porphyre. — Grès et pierres meulières, molasse, sable, pierres à meules. — Émeri. — Ardoises. — Pierres à rasoir. — Écume de mer. — Talc, stéatite, terre de Vérone. — Plâtre, albâtre gypseux. — Pierres précieuses : Diamant, corindon, topaze, émeraude, turquoise, opale, agates, jaspe, zircon, grenats, péridot, jade, lapis-lazuli, malachite.

Les métaux, les minerais et les matières premières nécessaires à l'industrie des peuples européens sont répartis entre toutes les contrées ; il semble que le Créateur ait adopté cette disposition pour obliger les hommes aux échanges et au commerce. Les minéraux n'ont aucun rapport avec le climat ; la constitution géologique détermine seule leur présence dans un terrain. Les filons métalliques se rencontrent surtout dans les régions montagneuses et les roches très-anciennes. Nous donnons ici un tableau succinct des principales productions minérales du globe, en commençant par les combustibles.

1. Combustibles.

La houille est un combustible fossile formé par l'action de la chaleur, jointe à une grande pression, sur des masses de végétaux cryptogames enfouis dans les plus anciens terrains de sédiment. C'est une roche amorphe, en grande partie métamorphique, plus ou moins compacte, presque toujours noire, formée de carbone associé à des composés hydrogénés et azotés et à des matières terreuses. La houille se trouve dans les terrains de transition, et il n'est pas douteux qu'elle ne provienne de végétaux enfouis. On fait plusieurs hypothèses sur la formation de ce combustible : les uns pensent que pendant la période houillère la croûte terrestre, à peine consolidée et encore très-mince et très-élastique en raison de son immense étendue, subissait de fréquents affaissements qui enfouissaient sous les eaux de grandes masses de végétaux ; le poids des végétaux et des terres accumulées en certaines parties pouvait, à la rigueur, suffire pour déterminer ces affaissements. Ces végétaux subissaient alors au milieu de l'eau un phénomène de décomposition analogue à celui qui donne naissance à la tourbe de nos jours. La houille ne s'est pas formée d'une manière continue ; dans l'intervalle de temps qui séparait les affaissements, se déposaient, au milieu des eaux, des roches sédimentaires plus tard recouvertes par de nouvelles couches de houille ; car après la submersion, de nouvelles forêts se développaient dans le même lieu et sur le même sol. Par un nouvel affaissement, ces forêts s'enfonçaient à leur tour sous les eaux. C'est ainsi qu'on explique la superposition de veines quelquefois très-nombreuses en un même lieu et séparées par des roches sédimentaires. Ce serait donc par la succession de ce double phénomène, l'enfouissement des plantes et la formation sur le même terrain de masses végétales nouvelles, que les énormes amas de plantes à demi décomposées qui constituent la houille se seraient accumulés pendant une longue série de siècles, qu'on n'évalue pas à moins de 5,000.

Houille.

Formation de la houille.

Il est difficile d'admettre que toute la houille ait cette origine, car, d'après les calculs de M. Élie de Beaumont, on doit admettre que le bois transformé en charbon de terre fournit à peine la moitié de son volume de houille. On estime également qu'une masse compacte de bois, d'un poids déterminé, convertie en houille, diminue de volume dans la proportion de 1 à 0,4235, et que l'épaisseur d'une couche de bois sans interstices serait réduite de 1 à 0,2280 après sa transformation en houille. Il faudrait donc de nombreuses forêts pour produire seulement une couche de houille de 30 mètres. Des géologues ont pensé que les dépôts carbonifères peuvent résulter de l'enfouissement des plantes qui auraient été amenées de loin et transportées par les fleuves ou les courants maritimes, en formant comme des radeaux immenses qui seraient venus s'échouer en différents lieux et auraient été plus tard recouverts par des terrains nouveaux. Cette hypothèse pourrait être soutenue pour la formation des petits filons de houille, mais manque de vraisemblance pour les amas de houille. Il faudrait supposer à ces radeaux une hauteur énorme pour en faire des couches de houille aussi épaisses que celles dont les lits successifs composent nos mines de charbon; car, en considérant la densité du bois et son contenu en carbone, on trouve que les dépôts houillers actuels ne peuvent être que les sept centièmes environ du volume primitif du bois et autres matières végétales qui leur ont donné naissance. En tenant compte des vides résultant nécessairement d'un entassement irrégulier de débris dans le radeau supposé, on arrive à voir que la houille ne peut guère représenter que les cinq centièmes de l'épaisseur du radeau hypothétique qui aurait produit cette même houille. Une couche de charbon de terre de 5 mètres d'épaisseur exigerait un radeau de 95 mètres d'épaisseur. De tels radeaux ne pourraient pas flotter sur des rivières, ni sur la plupart de nos mers, comme la Manche, etc. De plus ces accumulations de bois n'auraient jamais pu s'arranger assez régulièrement pour former ces couches de charbon parfaitement stratifiées; il y aurait aussi beaucoup de limon au milieu de la houille. Une pareille hypothèse est inadmissible. Il est naturel, au contraire, d'imaginer que les bois flottés n'ont pas formé de radeaux, mais qu'ils ont échoué un à un dans chaque bassin houiller, où les mêmes courants les ont transportés et accumulés pendant un grand nombre de siècles. Cette supposition, qui explique le mode de formation de certains amas de bois fossiles, ne doit pas être absolument écartée.

Selon toute probabilité, les végétaux entassés dans les forêts où ils avaient vécu et les bois charriés dans les lacs et les estuaires, isolément ou par radeaux naturels, n'ont contribué que pour une bien faible part à la formation du charbon de terre. Il faut donc chercher une autre hypothèse qui explique la conservation, puis la carbonisation des plantes de la houille. La plus simple et la plus naturelle, c'est de supposer que les houillères ne sont que d'anciennes tourbières. Comme la tourbe se forme incessamment, on peut imaginer des couches tourbeuses très-épaisses; les alternances de houille, de grès et d'argile et l'irrégularité d'allures de certaines assises s'expliquent par des affaissements subits et des débordements, qui ont jeté des sables et des limons sur les couches de combustibles, ce qu'on voit encore dans nos tourbières actuelles. Le parallélisme des différents lits de houille, la belle conservation des empreintes des parties végétales les plus délicates, démontrent que ces formations se sont opérées avec une tranquillité parfaite. Il est donc probable que la houille n'a pas été produite par de grands végétaux, par exemple, par les grands arbres des forêts de cette époque. Plusieurs dépôts houillers ne contiennent aucun vestige des grands arbres de la période houillère, mais seulement des fougères et autres plantes herbacées, de sorte que la grande végétation a été à peu près étrangère à la formation de la houille.

L'expérience et l'observation montrent que la transformation des végétaux en charbon de terre s'effectue aisément en présence de l'eau et à l'aide de la chaleur accompagnée d'une forte pression ; ces végétaux, composés principalement d'herbes se développant sur des plaines marécageuses, pour se transformer en houille, ont dû subir, dans le sein de la terre, une fermentation, une décomposition, accompagnée de production de beaucoup de carbures d'hydrogène gazeux ou liquides, qui ont imprégné la houille. Les actions ignées qu'a subies la houille après sa formation expliquent sa compacité ; c'est la pression et le poids des terrains qui ont donné à la houille sa densité considérable et son état de forte agrégation.

La variété des houilles est aussi due à la différence d'intensité de toutes ces actions : celles qui sont de formation plus ancienne et qui se trouvaient plus voisines du centre, ont subi davantage l'action de la chaleur centrale et ont été modifiées dans leur composition plus que celles qui se trouvaient à des étages supérieurs. Ainsi l'*anthracite*, espèce beaucoup plus compacte, plus dure que la houille ordinaire, de formation plus ancienne, a dû être soumis à des actions ignées beaucoup plus intenses, qui ont plus profondément modifié sa nature primitive. Le *lignite*, au contraire, serait un intermédiaire entre la houille et la tourbe ; d'une origine plus récente que la houille, il a subi dans une plus faible proportion l'action du feu central. Le charbon minéral comprend donc : 1° l'*anthracite*, de couleur noire, très-compacte, renfermant peu de matières étrangères et donnant peu de produits volatiles ; il diffère de la houille en ce qu'il ne renferme pas de matière bitumineuse ; 2° la *houille* ou *charbon de terre,* noire, moins compacte, plus friable, moins riche en carbone et plus chargée de principes volatiles ; 3° le *lignite*, combustible minéral le plus récent après la tourbe, se présentant sous des aspects très-différents, tantôt noir et compacte comme le *jais* ou *jayet*, tantôt brun foncé, à poussière toujours brune, souvent à texture ligneuse, qui en fait reconnaître l'origine végétale ; il est moins riche en charbon et plus hydrogéné que la houille. On appelle *tourbe* une substance noire ou brune, spongieuse, composée de débris de mousses et de végétaux herbacés enchevêtrés et en partie décomposés. C'est une roche contemporaine qui se forme dans les tourbières. Tourbe.

Il est certain qu'à l'époque houillère l'humidité était extrême et qu'une température élevée et uniforme régnait sur toute la surface du globe, puisqu'on connaît des dépôts de houille formée des mêmes végétaux, depuis le Spitzberg jusqu'aux îles de la Sonde, à la terre de Van-Diémen et à la Nouvelle-Zélande. La chaleur n'était donc pas excessive à l'équateur ; et, puisque le règne végétal y montre les mêmes types que dans le voisinage des pôles, c'est qu'il y avait une grande uniformité dans la flore sur tout le globe. La nature de ces plantes, dont les analogues ne vivent aujourd'hui que dans les forêts les plus sombres et les plus humides des contrées équatoriales, fait supposer une atmosphère lourde et nébuleuse qui renfermait encore une forte proportion d'acide carbonique. La chaleur, l'humidité et la richesse de l'atmosphère en acide carbonique favorisaient, sous un ciel toujours nébuleux, le développement d'une végétation luxuriante sur les terres fermes sans cesse inondées par des torrents de pluies et coupées de vastes fondrières en même temps que couvertes de lacs et d'étangs. Les stigmaires croissaient dans les marécages et les dépressions et formaient une tourbe épaisse au-dessus de laquelle s'élevaient les tiges énormes des sigillaires et des lépidodendrons; des prêles, grandes comme des arbres, et des fougères herbacées se mêlaient à cette végétation singulière. Dans les lieux plus secs, d'autres fougères très-hautes, des cycadées semblables aux palmiers et des arbres résineux, s'ajoutaient au tableau. Les plantes à fleurs colorées n'existaient point encore.

En résumé, la houille, qui alimente nos usines et nos fourneaux, qui est l'agent fondamental de notre production industrielle et économique, la houille, qui sert à chauffer nos demeures, qui fournit le gaz pour nous éclairer et qui apporte à l'art actuel de la teinture des agents précieux et variés, la houille, en un mot, qui produit la lumière, la chaleur, la couleur et la force, est la propre substance des plantes qui composaient les forêts, les herbages et les marécages de l'ancien monde à une époque que la chronologie humaine ne saurait fixer et qui est excessivement éloignée de nous.

Disposition des couches de houille.

Les couches de houille sont très-souvent sinueuses et sont rarement dans la position où elles ont été produites, qui est l'horizontalité. Elles sont, en général, très-tourmentées, par suite des nombreuses dislocations qu'elles ont subies; on les voit rompues par des failles et des crains ou rejettement de couches, contournées, parfois repliées sur elles-mêmes en zig-zag. Ces accidents de stratification sont dus à des dislocations postérieures à la formation; souvent un puits creusé verticalement peut rencontrer plusieurs fois la même couche. La puissance totale du terrain houiller est très-variable; en Angleterre, elle oscille entre 1200 et 3600 mètres; dans les Asturies elle paraît dépasser 5000 mètres, et dans les monts Apalaches, elle atteint 5600 mètres. Dans presque toute l'Europe, les couches de houille n'existent qu'au-dessus du terrain carbonifère marin, qui est ordinairement de nature calcaire. Elles en sont quelquefois séparées par les puissantes assises du grès meulier de l'Angleterre. La houille elle-même se trouve intercalée au milieu de couches d'eau douce, qui forment des bassins circonscrits, entièrement indépendants, tantôt recouverts plus tard par des sédiments marins, tantôt laissés définitivement à sec, comme, par exemple, les dépôts houillers du plateau central de la France qui affleurent à la surface du sol.

La houille est inégalement répandue dans les différents pays du globe. La superficie du terrain houiller peut être évaluée à plus de 550,000 kilomètres carrés; 500,000 appartiennent aux États-Unis et forment ainsi les onze douzièmes de la surface du terrain houiller du monde entier; on en rencontre plus de 30,000 kilomètres carrés en Europe et les Iles Britanniques à elles seules en possèdent plus de la moitié, la France, plus du 1/6 (5500 kilomètres carrés), la Belgique environ le 1/20 et l'Allemagne le 1/5. Les bassins de l'Europe les plus considérables sont concentrés entre le 49e et le 56e degré de latitude N. L'Europe occidentale et la région orientale de l'Amérique du Nord possèdent, entre autres privilèges, celui d'être exceptionnellement bien partagées en houille. Les principaux gisements sont : en *Europe :* dans les Iles Britanniques, à Newcastle et dans le pays de Galles; en France, à Anzin, le département du Pas-de-Calais, Blanzy, le Creuzot, Saint-Étienne et le bassin d'Alais; en Belgique, à Mons, Liége et Charleroi; en Allemagne, à Sarrebruck, Dortmund, Zwichau (Saxe); en Bohême, à Aussig, Töplitz, Pilsen et Rakonitz; en Russie, à Toula, dans le gouvernement de Perm et dans le bassin du Donetz, principalement à Bakhmont et à Ekaterinoslaw; en Espagne, dans les Asturies, la Catalogne, à Espiel et Belmez, au nord de Cordoue, dans l'Andalousie.

Étendue du terrain houiller du globe.

En *Amérique :* l'Amérique anglaise, les Etats-Unis, dans le bassin de l'Ohio et du haut Mississipi, en Pensylvanie, dans la Virginie, les Carolines, la Géorgie, le Tennessee, le Kentucky, le Texas, la Californie et la Colombie anglaise. L'Amérique du Sud est peu riche en houille; on en trouve quelques gisements dans le Vénézuéla, le Brésil et le Chili.

L'*Afrique* est très-pauvre en houille; Madagascar, Natal, Mozambique et le bassin du haut Nil en renferment.

L'*Asie* en possède beaucoup dans l'Inde, le delta de l'Indus, dans l'Assam, en Chine, à Formose, au Japon, en Sibérie et dans l'Asie Mineure.

L'*Océanie,* encore mal connue et mal exploitée comme l'Asie, présente des gisements houillers en Australie, dans la Nouvelle Galles du Sud, dans la Tasmanie, dans la Nouvelle-Zélande, à Java, Sumatra, Bornéo, Luçon et Labouan.

On rencontre l'anthracite dans les Alpes du Dauphiné, la Savoie, le midi de la France, sur les bords de la Loire, dans la Saxe et la Bohême et aux Etats-Unis, où ce combustible joue un très-grand rôle et où il est répandu avec une profusion extraordinaire. La Pensylvanie, le Connecticut et la Virginie en font une abondante consommation et lui doivent une grande partie de leur prospérité.

Anthracite.

Lignite.

En France, on trouve d'importantes mines de lignite dans le département des Bouches-du-Rhône, telles que les mines de Valdonne, de Gréasque et de Belcodène, de Saint-Savournin et d'Auriol; à Lobsann, près Wissembourg; en Suisse, près de Vevey, de Lausanne et sur la rive gauche du lac de Zurich. Bonn et Halle, en Allemagne, la province de Saxe et la Bohême, sont très-riches en lignite.

Historique du charbon de terre.

L'histoire de la houille commence avec celle du monde civilisé. Les Chinois connaissaient le charbon de terre de temps immémorial. Ils l'emploient notamment pour cuire la porcelaine. Les Grecs ont connu la houille; Théophraste, le disciple favori d'Aristote, dans son traité des pierres précieuses, cite le charbon fossile. Quelques forgerons employaient le charbon minéral à défaut de bois; quelques fondeurs en bronze en usaient également, mais la consommation en était très-faible.

Chez les Romains, l'extraction est plus restreinte encore. Dans les Gaules, à plusieurs reprises, les ingénieurs romains, dans leurs travaux hydrauliques, traversent des bassins houillers en Provence et dans le bassin de la Loire; mais les Romains ayant du bois ne font pas attention à la houille. Au moyen âge on dédaigne ce combustible de la même façon; cependant déjà au commencement du XIIIe siècle, on exploitait à Newcastle (Angleterre) du charbon de terre, que consommaient les forgerons, les brasseurs et plusieurs autres industriels de Londres.

Les Flamands prétendent que l'usage du charbon de terre fut inauguré chez eux en 1049 par un pauvre forgeron des environs de Liége, du nom de Halloz ou Hullos (d'où le mot houille), qui lui-même reçut la révélation de ce précieux combustible d'un vieillard mystérieux qu'il ne revit jamais.

La consommation du charbon de terre en Angleterre, comme dans les autres pays, eut à lutter contre l'ignorance des habitants. Le bruit se répandit que la fumée et l'odeur de la houille nuisaient à la santé de la population, et la clameur publique arriva à ce point qu'en 1306 le parlement s'adressa au roi pour le prier de défendre l'usage d'un produit si pernicieux. Edouard Ier publia dans la même année une proclamation conforme aux désirs des pétitionnaires, dans laquelle il prononçait des amendes très-fortes contre ceux qui se serviraient à l'avenir de la houille dont il proscrivait l'usage comme une incommodité publique. Plus tard, sous le règne d'Élisabeth, un édit défendit de brûler à Londres du charbon de terre pendant les sessions du parlement, de peur que la santé des chevaliers des comtés n'eût à en souffrir. Malgré ces édits et ces amendes, la rareté et la cherté du bois rendirent la houille indispensable; on s'aperçut que la fumée n'avait rien de nuisible et que le nouveau combustible fournissait beaucoup plus de chaleur que l'ancien, et, à partir du règne de Charles Ier, en 1630, l'usage de la houille devint général, et depuis lors le plus riche comme le plus pauvre habitant de la Grande-Bretagne ne se chauffe qu'avec ce combustible.

L'Angleterre exploitait depuis longtemps ses mines de houille que ce produit n'était en France qu'un objet de curiosité minéralogique, car il n'y a guère plus d'un demi-siècle que la houille est devenue chez nous un combustible de grande importance.

Sous Henri II (1547), en France, les maréchaux ferrants qui employaient à Paris le charbon de terre étaient condamnés, comme à Londres, à l'amende ou à la prison. L'exploitation de la houille en France apparaît pour la première fois dans des lettres patentes du 30 septembre 1548, par lesquelles Henri II concède à un sieur Roberval le monopole de toutes les mines du royaume ; les houilles figurent dans l'énumération des substances minérales que comprend cette concession exorbitante.

Louis XIV fait en 1689 une concession générale au duc de Montausier de toutes les mines de charbon de terre du royaume, excepté celles du Nivernais concédées au duc de Nemours pour 40 ans.

Au XVIIIe siècle, les choses changent. On amène à Paris, en 1774, quelques bateaux de charbon de pierre qui se débitent d'abord assez bien aux ports de l'École et de Saint-Paul. Les académies de médecine et des sciences sont consultées et donnent un avis favorable à l'emploi du charbon de terre, que le public néanmoins repousse encore en l'accusant de mille défauts imaginaires ; on prétend qu'il vicie l'air, qu'il jaunit le linge dans les armoires, qu'il provoque des maladies de poitrine et altère la fraîcheur du visage, etc.

Un siècle plus tard, Londres consomme par an plus de six milliards de kilogrammes de houille et Paris un milliard. Ce n'est qu'en 1822 que l'usage de la houille fut définitivement adopté en France ; mais ce combustible n'y est encore qu'incomplétement répandu pour le chauffage domestique, tandis que l'industrie en fait une consommation considérable. On peut dire qu'aujourd'hui la houille est la matière fondamentale du travail industriel et que la prospérité manufacturière d'un pays se mesure à la quantité de houille qu'il consomme. La houille est la matière première de tout travail manufacturier et il n'y a pas d'industrie qui n'use de ce combustible. Routes, canaux, chemins de fer, navigation, production du fer, éclairage, travail de la laine, du coton, etc., etc., tout aboutit à la houille, qui est le pain de l'industrie, à qui l'industrie doit la plus grande partie de ses progrès. Sa production et sa consommation vont sans cesse en augmentant et de sérieux esprits craignent que nous n'arrivions forcément, en France comme ailleurs, à l'épuisement du combustible minéral. Les statistiques suivantes permettront d'étudier la marche de la production et de la consommation de la houille dans les quatre grands pays houillers de l'Europe et aux États-Unis.

TABLEAU

de la production et de la consommation de la houille en tonnes de 1000 kilogr.

ANNÉES	ANGLETERRE		BELGIQUE		FRANCE		ZOLLWEREIN		ÉTATS-UNIS	
	PRODUCTION	CONSOMMATION	PRODUCTION	CONSOMMATION	PRODUCTION	CONSOMMATION	PRODUCTION	CONSOMMATION	PRODUCTION anthracite et substance bitumineuse.	PRODUCTION d'anthracite seule.
1830	20.000.000		1.914.000		1.597.000		1.200.000			
1832				1.974.000		2.520.000				
1835	25.578.000		2.902.000		2.506.000	3.278.000	1.900.000			
1840	35.600.000		3.930.000		3.002.000		2.700.000			
1842		33.000.000		3.127.000		5.203.000		2.700.000		
1845	38.083.000		4.919.000		4.202.000		4.100.000			
1850	55.600.000		5.821.000		4.434.000	7.225.000	8.220.000			
1852		62.000.000		4.692.000	4.904.000	7.959.000		7.000.000		
1855	68.584.000	63.342.000	8.409.000	5.435.000	7.453.000	12.294.000	8.950.000			
1860	85.390.000	81.484.000	9.711.000	6.161.000	8.304.000	14.270.000	12.348.000	15.675.000		
1865	104.707.000	94.644.000	11.841.000	8.273.000	11.600.000	18.528.000	21.795.000	19.922.000	24.400.000	10.783.000
1869	115.614.000	100.276.000	12.944.000	8.575.000	13.464.000	21.432.000	26.774.000	24.646.000	33.761.000	16.376.000
1871	117.090.000	104.252.000	13.733.000	9.751.000	13.259.000	18.879.000(1)	29.250.000	27.945.000	37.861.000	17.370.000
1872	125.473.000	114.554.000	15.629.000	10.251.000	15.803.000	22.935.000(1)			42.749.000	22.032.000
1873	128.000.000				17.479.000				44.924.000	22.850.000
1874	125.019.000				16.908.000				41.925.000	21.516.000
1875					16.773.000					
1876										
1877										

(1) Déduction faite de la consommation de l'Alsace-Lorraine.

On estime la production houillère actuelle du monde entier à plus de 250 millions de tonnes; l'Angleterre à elle seule en produit plus de la moitié. En vingt ans la production de la houille a doublé en Angleterre, en Belgique, en France et elle a presque quadruplé dans le Zollwerein. En supposant que ces quantités puissent être augmentées d'ici quinze ans de 40 à 50 °/₀ pour l'Angleterre et la Belgique, qui sont les principaux approvisionneurs de la France, c'est-à-dire portées à 195 millions de tonnes pour le premier pays et à 20 millions pour le second, elles représenteront probablement la production maxima que peuvent réaliser ces deux nations; il reste à savoir si cette progression peut être obtenue en Angleterre et en Belgique, où la majeure partie du terrain houiller exploitable est en cours d'extraction. L'Angleterre, la Belgique et la France doublent leur consommation tous les quinze ou seize ans, et le Zollwerein dans un temps plus court. Sur cette base, l'Angleterre atteindra, de 1872 à 1888, une consommation de 229 millions de tonnes, la Belgique de 20 millions, la France de 44 millions, d'ici 13 ans. Si les choses arrivent ainsi, l'Angleterre et la Belgique devront consacrer aux besoins de leurs nationaux les charbons que ces deux pays exportent actuellement; il faudra donc en France remplacer les 7,600,000 tonnes fournies par l'étranger et satisfaire au développement naturel de la consommation par une augmentation de 22 millions de tonnes, pour obtenir le total de 44 millions de tonnes nécessaires à notre pays en 1888. Pour cela, il sera nécessaire d'exploiter de nouveaux bassins houillers afin d'accroître d'ici quinze ans notre production houillère de 30 millions de tonnes. La solution est-elle aisée?

On désigne sous le nom de *bitumes* les hydrocarbures solides ou liquides essentiellement composés de carbone et d'hydrogène et contenant aussi un peu de sable et de calcaire; ils occupent les gisements les plus divers dans des terrains de toute nature et se divisent en trois classes : 1° les bitumes solides, comme l'asphalte ou bitume de Judée; 2° les bitumes mous ou goudron minéral; 3° les bitumes liquides ou huiles minérales, comme le naphte et le pétrole. Bitumes.

Les bitumes sont plus riches en hydrogène que la houille. L'*asphalte*, d'un noir foncé, brillant, qui brûle avec une flamme claire, mais en donnant beaucoup de fumée, et qui se distingue de la houille par sa cassure plus parfaitement conchoïdale, se trouve principalement en Judée à la surface des eaux de la mer Morte, qui en contient des quantités immenses que les flots rejettent sur le rivage; comme les eaux de ce lac sont très-denses à cause de leur grande salure, elles ont la propriété de laisser surnager l'asphalte, qui s'élève continuellement du fond à la surface. Une autre source d'asphalte est le lac de Poix, dans l'île de la Trinité. Asphalte.

Malthe. Le *malthe*, ou bitume glutineux, appelé aussi goudron minéral, est visqueux et paraît un mélange d'asphalte et de pétrole. Il est glutineux et presque solide dans les temps froids ; sa consistance varie suivant la température. Le malthe sort de terre par des fissures formées dans les roches de terrains tertiaires, surtout à Orthez, à Gabian près de Pézénas; à Seyssel (Ain), à Aniche (Nord), à Lobsann (Alsace). L'asphalte du Val-de-Travers, dans le canton de Neuchâtel, se trouve dans des terrains de sédiment.

Le malthe sert principalement au dallage des places et des promenades publiques. On trouve aussi du goudron minéral dans les îles de la Barbade (Antilles) ; on l'emploie pour enduire les cordages et les agrès des navires.

Pétrole. Le *pétrole* est un bitume liquide, huileux et noirâtre qui brûle comme la houille et que les Américains appellent charbon liquide. C'est peut-être le charbon de terre qui est la source des huiles minérales. Il serait possible que des masses de charbon fossile, chauffées dans les profondeurs du sol, au foyer central, aient émis des vapeurs, dont la condensation se serait faite dans des crevasses ou des cavernes supérieures. Une autre opinion soutient, au contraire, que les bitumes ont été formés directement dans le sein de la terre aux dépens des éléments inorganiques ; cela est possible, car M. Berthelot a réussi à produire des composés organiques, notamment l'acétylène, en combinant directement le carbone et l'hydrogène. Le pétrole, dont la densité est de 0,85, a une odeur pénétrante et tenace et est très-combustible ; exposé à l'air, il s'épaissit et passe peu à peu à l'état de malthe ; il abandonne par la distillation du naphte et de l'asphalte. Le pétrole, peut être regardé comme un mélange naturel de différents carbures d'hydrogène et ne contient comme éléments constituants que du carbone et de l'hydrogène. Le pétrole brut peut être employé comme combustible et pour l'éclairage, mais on ne l'emploie guère qu'après l'avoir raffiné.

Le pétrole est connu depuis longtemps; on en trouve des gisements en différentes contrées ; on le rencontre dans les mêmes lieux que le malthe, dans les terrains silurien, dévonien et carbonifère inférieur. On ne l'a pas encore trouvé en Amérique dans les couches qui comprennent la houille. On en trouve, en France, à Gabian (Hérault) et au Puy de la Poix, près de Clermont-Ferrand; il sert à graisser les charrettes et les machines à engrenage. On cite en Asie la ville de Rainangboun, située au centre d'un petit district de l'empire Birman, renfermant plus de 500 sources de pétrole exploitées et d'un grand revenu. Le pétrole exsude aussi des parois des roches autour de la mer Caspienne. L'Italie, à Teco, Zante (îles Ioniennes), la Roumanie et la Bukowine, en renferment des sources productives ; mais les plus importantes sont en Amérique à l'est du Mississipi dans une vaste zone dirigée du nord-est au sud-ouest parallèlement aux Alléghanis, et qui s'étend du lac Ontario à la Virginie ; là, le pétrole découle des roches du silurien inférieur et se rassemble dans des cavités souterraines, d'où il remonte en sources jaillissantes. Au Canada, à Oil-Springs, au milieu de magnifiques forêts, la source paraît dans le dévonien inférieur. On suppose, d'après M. Dana, que l'huile de Pensylvanie, de l'Ohio, du Michigan, a sa source dans le dévonien moyen. Le haut Canada, la Pensylvanie, la Virginie occidentale et l'Ohio sont les centres principaux des exploitations. L'Alabama, la Géorgie, le Tennessee, le Kentucky, le Maryland, New-York, l'Illinois, le Texas en ont aussi des sources abondantes. Les découvertes les plus importantes ont été faites de 1860 à 1862, dans le district d'Enniskillen et ont donné lieu à de grandes fortunes ; car tel puits peut produire deux fûts de 180 litres en une minute et demie. Il y a en Pensylvanie des puits dont le débit journalier se monte à 220,000 litres d'huile, valant 50,000 francs. Dans toute la contrée oléifère il suffit de creuser le sol à une profondeur qui varie de 10 à 150 mètres. Le pétrole y est emmagasiné dans des fentes et des crevasses verticales ouvertes dans les terrains de sédiments inférieurs, siluriens et dévoniens. C'est surtout à partir du terrain silurien supérieur qu'il devient abondant, et les riches gisements se trouvent dans les couches disloquées. On attribue l'ascension de l'huile, dans les forages, à la pression exercée par sa vapeur à la surface des réservoirs souterrains ; quand la pression a cessé et que le jet s'est déprimé, il faut extraire le pétrole avec des pompes. La production totale du pétrole est évaluée, en 1874, à 3,500,000 kilogr. par jour, soit plus de 1,200,000 tonnes par année, et ce chiffre pourrait être doublé si la consommation l'exigeait.

Le *naphte* ($C^3 H^5$) est un bitume ou hydrogène carboné liquide, très-fluide, transparent, d'un jaune clair, d'une odeur forte, non désagréable. Il est très-inflammable, même à distance, par l'approche d'un corps embrasé et donne un flamme bleuâtre et une fumée épaisse ; il est léger ($D = 0,836$), soluble dans l'alcool et dissout lui-même les résines et l'asphalte. Il contient 88 de charbon et 12 d'hydrogène. Lorsqu'on le distille à plusieurs reprises, il devient incolore et très-fluide et a une odeur faible et fugace ; il brûle alors avec une flamme blanche en déposant beaucoup de charbon. Naphte.

Le naphte est très-abondant dans certains pays, et notamment auprès de Bakou (Caspienne) ; dans cette contrée, la terre consiste en une marne argileuse imbibée de naphte. On y creuse des puits, jusqu'à 10 mètres de profondeur, dans lesquels le naphte se rassemble, comme l'eau dans nos puits. Dans quelques endroits, le naphte s'évapore en si grande quantité par des ouvertures naturelles du terrain qu'on peut l'enflammer et qu'il continue à brûler en produisant une chaleur considérable que les habitants utilisent pour leurs usages domestiques. Ces dégagements d'hydrogène carboné constituent les *sources inflammables,* les *fontaines ardentes,* les *feux éternels,* etc. Ils sont utilisés, notamment en Chine, pour le chauffage, l'évaporation des eaux des salines et même l'éclairage. On en connaît à Madère, à Parme, à Bologne, en Crimée, en Caramanie ; au Bengale, en Chine, à Java, dans l'Etat de New-York, etc. En Europe, on recueille du naphte près d'Amiano (duché de Parme), dans une vallée auprès du mont Zibio (environs de Modène) et sur le monte-Ciaro (près de Plaisance).

Schistes bitumineux.

Les *schistes* sont des roches feuilletées essentiellement formées de silicates d'alumine qui renferment ordinairement de 4 à 5 °/₀ d'eau ; les schistes ardoisés et les schistes bitumineux sont les plus importants ; ces derniers contiennent 5 à 6 °/₀ de produits bitumineux. Les schistes s'enflamment facilement et brûlent avec une flamme épaisse. Ils sont d'un noir de poix ou bruns. Ils se trouvent plus particulièrement dans le terrain houiller : en France, à Decize, à Commentry ; en Ecosse, à Bathgate, entre Edimbourg et Glasgow ; dans le terrain permien : aux environs de Muse, près d'Autun (France) ; dans le dévonien : aux îles d'Orknay ; dans le lias du Wurtemberg, à Boll. Les schistes de l'Allier, d'Autun, de Saône-et-Loire ne renferment que 4 à 5 °/₀ de produits bitumineux. Le charbon de Bathgate ou *Bogheadkohle,* qui est d'un noir ardoisé avec un aspect gras et dont la schistosité n'est pas très-apparente, contient 77 °/₀ de matières bitumeuses avec 20 °/₀ de silicate d'alumine et donne à la distillation de 30 à 36 °/₀ d'huile minérale, appelée *huile de pierre* ou *huile brute* de schiste ; cette huile brute distillée donne l'huile de schiste ($D = 0,810$), qui est diaphane, d'un jaune verdâtre opalescent et douée d'une odeur particulière. Le Boghead d'Ecosse brûle avec une flamme fuligineuse et est employé pour produire de l'huile et du gaz ; on estime qu'il donne 350 litres de gaz éclairant par kilogramme.

Ozokérite.

L'*ozokérite* ou cire odorante est un hydrogène carboné assez abondant en Gallicie, en Angleterre, à la mine d'Urpeth, près de Newcastle, en Allemagne, etc. Cette substance, rougeâtre à la lumière transmise, est presque molle et fond vers 60° ; quand on la presse entre les doigts, elle a une odeur bitumineuse, mais agréable ; elle brûle avec une flamme éclairante et sert à la fabrication des bougies.

Soufre.

Le *soufre* est un des corps les plus répandus dans la nature. Pur ou mêlé à des matières terreuses, il se présente en couches, en amas, en veines, dans des terrains divers. On le trouve cristallisé ou en petits grains et en poussière. C'est auprès des volcans en activité qu'il est le plus abondant. Le Vésuve, l'Etna, les volcans de l'Islande, de Java, de la Guadeloupe, de l'Amérique méridionale, des îles Sandwich, etc., en vomissent constamment. Il y a certains volcans éteints dont les environs sont tellement imprégnés de soufre, jusqu'à des profondeurs de 10 mètres et au delà, qu'on leur a donné les noms de *terres de soufre*, de *solfatares* ou *soufrières :* telle est la solfatare de Pouzzoles, vaste cratère elliptique mesurant un kilomètre dans sa plus grande longueur, dans le golfe de Baies, non loin de Naples ; celles de la Sicile, de l'Islande, des Antilles, l'Azufral de Quindiu, au nord de Quito, dans les Andes ; les dépôts de soufre, qui s'accumulent dans cette dernière solfatare en quantité souvent assez grande pour donner lieu à des exploitations régulières, proviennent toujours de la décomposition de l'hydrogène sulfuré, qui se transforme en eau et en acide sulfureux. C'est presque uniquement la Sicile qui alimente de soufre le commerce européen. Les mines sont situées dans les provinces de Palerme, de Girgenti, de Catane et de Caltanisetta ; leur profondeur varie de 50 à 100 mètres ; elles sont constituées par des calcaires ou des gypses injectés de soufre en proportions plus ou moins fortes, variant de 80 % dans les minerais les plus riches à 10 % dans les plus pauvres. Cette exploitation occupe environ 14,000 ouvriers et a fourni plus de 195,000 tonnes de soufre brut, en 1872, valant 23 millions de francs. Le centre minier de la Sicile est la province de Caltanisetta, où les *calcarones* (amas conique de minerai de soufre) marchent toute l'année, tandis que dans les provinces de Girgenti et de Palerme, on ne peut fondre le soufre que de juillet à janvier pour ne pas endommager les récoltes par les vapeurs sulfureuses. La Romagne (20,000 tonnes en 1872), et la Toscane (6,000 tonnes) fournissent aussi du soufre. La solfatare de Pouzzoles est épuisée ou abandonnée. Le produit des soufrières de la Sicile arrive à Marseille, à Cette, au Havre, à Rouen, à Dunkerque, etc., en blocs ou pains du poids de 30 à 60 kilogr., ayant la forme d'une pyramide tronquée ; mais, pendant le transport, ces pains se brisent et alors le soufre se présente en morceaux irréguliers de grosseurs diverses. L'Italie, en 1872, en a exporté 183,000 tonnes (21,627,000 francs). L'Islande, la Guadeloupe, les îles Lipari, au nord de la Sicile, l'Espagne à Huelva, la régence de Tripoli et les Antilles possèdent du soufre qui n'est pas exploité.

2. Minerais et Métaux.

On appelle *minerai* toute roche dont on peut retirer un métal ou même une substance utile. Les métaux se rencontrent dans la nature sous quatre états différents, savoir : 1° à l'*état natif*, c'est-à-dire libres de toute combinaison, comme l'or, le platine, l'iridium, l'argent, le mercure, le cuivre, Minerai.

le bismuth, qui ont peu d'affinité pour l'oxygène ; 2° à l'état d'*oxydes*, soit libres, soit mélangés ou combinés les uns aux autres ; tous les métaux dont l'affinité pour l'oxygène est prononcée, notamment le manganèse, le fer, l'étain et les autres métaux de la 3°, de la 4° et de la 5° section sont dans ce cas; 3°, à l'*état de combinaisons* avec les métalloïdes ou alliés entre eux, comme le zinc, le fer, l'antimoine, le plomb, le cuivre, le mercure, l'argent, et constituant alors des sulfures, des chlorures, des iodures, et des alliages ; 4° à l'état de *sels*, principalement de carbonates, comme le zinc, le fer et le cuivre et à l'état de silicates, comme le zinc. Les sulfures natifs de fer, de cuivre, d'antimoine, de plomb, de zinc, de mercure, d'argent, sont très-abondants et exploités.

Filons. Les métaux se rencontrent souvent en *filons* ; on appelle *filons* des masses minérales aplaties provenant de l'intérieur du globe, injectées dans des terrains plus anciens, dont elles remplissent les fissures, en formant des lames planes ou ondulées et plus ou moins ramifiées. Leur épaisseur varie beaucoup, mais, en général, elle augmente avec la profondeur. Les filons s'amincissent à leur partie supérieure, et se terminent ordinairement en coin ou en bizeau, par suite du rapprochement des surfaces. L'étendue du filon est bien plus grande en longueur et en hauteur qu'en épaisseur. L'*inclinaison* du filon est l'angle formé par le plan du filon avec la verticale, et sa *direction* est l'angle formé par son affleurement ou sa section horizontale avec le méridien du lieu. Les *filons injectés* sont formés par des substances minérales massives et homogènes, injectées dans les fissures à l'état de fusion ignée ; ils consistent surtout en roches plutoniques ne renfermant que rarement des substances métalliques ; les *filons concrétionnés* sont formés de matières apportées par les sources minérales et placardées en couches parallèles contre les parois des épontes, c'est-à-dire les parois de la roche encaissante.

Gangue. On donne le nom de *gangue* aux substances accessoires qui accompagnent les métaux à l'état de filons, comme le carbonate de chaux, le sulfate de baryte, le cristal de roche, le fluorure de calcium, etc. Dans l'état actuel des procédés d'extraction, il suffit que la richesse d'un filon soit de 1/3 en fer, 1/20 en zinc, 1/30 en plomb, 1/50 en cuivre, 1/1000 en argent, 1/10000 en or, pour que l'exploitation en devienne avantageuse. On remarque presque toujours une telle relation entre la nature de la gangue et celle du minerai, qu'ordinairement l'une annonce l'autre. Ainsi l'or natif accompagne fréquemment les gangues quartzeuses et ferrugineuses.

Filons stannifères. Les *filons stannifères* sont les plus anciens et on les rencontre à partir des couches les plus anciennes de l'écorce solide, mais ils ne semblent pas dépasser l'époque paléozoïque ; ils sont caractérisés par l'étain à l'état d'oxyde et de sulfure, mais ils renferment aussi du zinc, du cadmium, du tungstène, etc. ; on ne les rencontre pas à l'état natif.

Les *filons plombifères* sont postérieurs aux précédents et s'étendent jusque dans les terrains tertiaires ; on y rencontre, avec le plomb sulfuré, l'antimoine, le bismuth, le cuivre, le mercure, l'argent, etc. On commence à trouver ces métaux à l'état natif. Les *filons aurifères* sont extrêmement récents et datent de l'époque tertiaire ; on y trouve l'or, l'iridium, le platine, le rhodium, à l'état natif ou alliés entre eux. Le fer, le manganèse, le nickel, le cobalt et le chrome se montrent à toutes les époques et semblent à peu près uniformément répartis dans toute l'épaisseur de la croûte terrestre.

Filons plombifères

Filons aurifères.

Les *amas* sont des masses minérales, de forme irrégulière, qui se trouvent enveloppées au milieu des roches et dont la nature est différente ; ces amas sont en général de dimensions à peu près égales en tous sens. La plupart des mines de Suède et de Norvége offrent cette disposition.

Amas.

Les amas ou les filons, compris dans une étendue de terrains plus ou moins considérable, constituent ce qu'on appelle une *mine*. Les mines sont le plus habituellement situées dans les montagnes, notamment dans celles de moyenne hauteur qui forment chaîne.

Mine

Le *fer* est le plus utile et le plus abondant des métaux ; il joue le principal rôle dans toutes les industries. Ses composés sont variés et abondants dans le sein de la terre, mais on ne le rencontre jamais à l'état natif ; les espèces minérales principales dont il est la base sont les oxydes, les sulfures, les carbonates, les phosphates, silicates et sulfates de fer. Les minerais de fer que l'on exploite pour l'extraction du métal sont principalement les oxydes et le carbonate.

Fer.

On exploite trois oxydes : l'*oxyde de fer magnétique* (Fe^3O^4) ou fer oxydulé ou *aimant naturel*, qui est un oxyde salin formé par la combinaison de 31 °/₀ de protoxyde et de 69 °/₀ de peroxyde ; il est noir ou gris noir et donne une poussière noire ; il cristallise dans le système cubique, surtout en octaèdres ; on le trouve aussi en masses compactes, d'un gris d'acier, sans éclat métallique, mais dans tous les cas pourvu de propriétés magnétiques très-prononcées. C'est le minerai de fer le plus riche et qui fournit le fer le plus pur ; il en renferme 71,8 °/₀. Il appartient exclusivement aux terrains granitiques, dans lesquels il forme des amas stratiformes, quelquefois d'une étendue considérable, et souvent des mon-

Fer magnétique.

tagnes entières ; c'est ainsi qu'on le rencontre dans les gneiss et dans les schistes cristallisés en Suède (à Dannemora), en Norvége (à Arendal) et dans l'Erzgebirge ; on le trouve aussi dans le Piémont, en Hongrie et dans l'Oural, où ses massifs énormes accompagnent des mélaphyres ou porphyres noirs qui traversent des schistes chloriteux. L'Algérie (près de Bône), les monts Altaï, les États-Unis, le Canada et le Brésil produisent aussi ce minerai.

Fer oligiste.

Le *fer oligiste* (Fe^2O^3) ou l'*hématite* est un sesquioxyde de fer anhydre gris noir ou rougeâtre, quelquefois rouge, quelquefois irisé des plus brillantes couleurs et doué d'un vif éclat métallique, mais donnant toujours une poussière rouge. Il n'est point magnétique, mais il le devient après réduction au chalumeau et donne alors une poudre noire. Cristallisé dans le système rhomboédrique, il forme des amas, des montagnes entières dans les terrains d'ancienne formation, au Brésil, en Suède, en Laponie, à l'île d'Elbe, en Corse, en Espagne, en Saxe, en Bohême et en Hongrie. C'est encore le fer oligiste, appelé *fer spéculaire,* qui recouvre de ses brillants cristaux gris d'acier, sous forme de lamelles ou d'écailles, les roches volcaniques de Stromboli et de l'Auvergne. Il renferme, quand il est pur, 69,34 % de fer métallique. Le sesquioxyde de fer anhydre se présente aussi en masses amorphes et compactes, rouges et sans éclat ; c'est alors l'*oxyde rouge de fer* qui constitue quelquefois à lui seul des gîtes plus ou moins considérables dans la partie inférieure des terrains de sédiment, comme à la Voulte, dans l'Ardèche, dans la Biscaye, au Brésil, au Hartz et à l'île d'Elbe. Quand il a une apparence fibreuse, on l'appelle *hématite rouge,* ou pierre à brunir, parce qu'on s'en sert pour polir les métaux.

Sesquioxyde de fer hydraté.

Le *sesquioxyde de fer hydraté* ou *fer hydroxydé* (Fe^2O^3,HO) est brun ou jaune terne, donnant une poussière jaune ; on le trouve soit en petits grains disséminés dans des argiles éruptives, ou en concrétions stalagmitiformes, ou en masses terreuses sans consistance, d'une couleur jaune brunâtre plus ou moins foncée, formant des dépôts superficiels ou occupant le fond de certains marais ; il est presque toujours mélangé de sable, d'argile, de calcaire ; quand il est pur, il contient 59,15 % de fer métallique. On trouve ce minerai à peu près dans tous les terrains, en amas puissants, surtout dans les masses de calcaire compacte et oolithique du terrain jurassique, et plus fréquemment encore dans les terrains tertiaires et d'alluvion. Il est connu sous les noms de *fer en grains* ou *fer oolithique*, de *limonite* ou fer limoneux et d'*hématite brune;* il est sédimentaire ou éruptif et provient alors d'éruptions aqueuses. C'est le minerai qui alimente la plupart des nombreuses usines de la France, dans la Normandie, le Berry, la Bourgogne, la Franche-Comté et la Lorraine.

Le *fer carbonaté* ($FeO\,CO^2$) ou *sidérose* est du carbonate de fer isomorphe avec le calcaire; presque incolore quand il est pur, ce minéral se présente ordinairement en cristaux ou en masses jaunâtres et donne une poussière grise. On le trouve en filons dans les terrains anciens ; en rognons argilifères stratifiés ou en couches dans certains terrains de sédiment. Quand le minerai se présente en cristaux rhomboédriques d'un blanc jaunâtre ou d'un jaune chamois, à l'éclat nacré, vif, identiques à ceux du spath d'Islande, on l'appelle fer *spathique, mine d'acier;* il se trouve sous cette forme en couches assez considérables dans les terrains anciens de la Saxe, de la Bohême, du Tyrol; en filons dans le terrain silurien de la Styrie, où il forme la masse de l'Erzberg; il y en a dans les Alpes du Dauphiné à Vizille, à Allevard, dans les Basses-Pyrénées à Baigorry et dans l'Ille-et-Vilaine.

Sidérose.

Fer spathique.

Lorsqu'on rencontre ce minerai en masses compactes et terreuses d'un gris noirâtre dans le terrain houiller, on l'appelle *fer des houillères,* fer *carbonaté lithoïde.* Il est moins pur que le fer spathique, mais il offre l'inappréciable avantage d'être auprès du combustible qui convient le mieux à son traitement. On le rencontre en grande quantité en Angleterre; en France, on le trouve dans les bassins houillers de Saint-Étienne, d'Anzin et de l'Aveyron.

Fer des houillères

L'Angleterre occupe le premier rang dans l'industrie du fer. En 1872, la quantité de minerais extraits de la terre avait atteint 35 millions de tonnes, et le Royaume-Uni en avait fondu 16,859,000 tonnes, c'est-à-dire près de la moitié. Les États-Unis viennent ensuite, puis l'Allemagne, qui occupe le troisième rang, la France, la Belgique, l'Autriche, la Russie et la Suède.

Principaux centres de fabrication de la fonte et du fer.

La production de la fonte en Europe et en Amérique est estimée par quelques statisticiens pour diverses années, depuis 1864, aux nombres suivants, exprimant des millions de quintaux métriques :

Production totale du minerai de fer.

En 1864 : 100	En 1871 : 130
» 1866 : 115	» 1873 : 150
» 1868 : 120	

Les grands centres de fabrication de l'acier sont Sheffield (Angleterre), Essen et Siegen (Prusse rhénane et Westphalie), Saint-Étienne, Rive-de-Gier, le Creuzot (France), la Suède, la Styrie et les monts Ourals.

La production de l'acier Bessemer dans le monde devient considérable et dépasse les besoins de la consommation.

Acier Bessemer.

Les aciéries Bessemer de la Grande-Bretagne sont au nombre de 21 avec

105 convertisseurs; celles de la Prusse, de 14 avec 61 convertisseurs; de l'Autriche, de 12 avec 30 convertisseurs; de la Bavière, de 2 avec 4 convertisseurs; de la Saxe, de 1 avec 4 convertisseurs; de l'Alsace, de 1 avec 2 convertisseurs; de la France, de 8 avec 25 convertisseurs; des États-Unis, de 8 avec 16 convertisseurs. C'est un total de 67 usines avec 247 convertisseurs.

En calculant à raison d'une production de 50 tonnes seulement, par jour et par convertisseur, sur les deux tiers du nombre indiqué ci-dessus et à raison de 300 jours de travail, on arrive à une production totale possible de 2,469,000 tonnes, laquelle est bien au-dessous de la réalité. L'Europe entière n'en consomme actuellement guère que de 5 à 600,000 tonnes. C'est à peine le quart de la production.

Or. L'or est certainement l'un des métaux les plus répandus. L'or natif est le plus commun, mais il renferme toujours de l'argent qui lui communique une teinte verdâtre, ou du cuivre qui exalte sa couleur ou du fer qui le rend bleuâtre. On rencontre l'or soit en filons dans les roches cristallines, ayant ordinairement le quartz pour gangue, mais surtout dans certains terrains d'alluvion ou dans des sables de transport, qui proviennent de la désagrégation de roches cristallines. C'est habituellement sous forme de paillettes ou de petits grains arrondis que l'or est disséminé dans les sables; souvent ces grains ont la grosseur d'une noisette; plus rarement ils ont un volume plus considérable et on les appelle alors *pépites*.

On rencontre l'or en *Asie :* en Sibérie, sur le versant oriental de l'Oural et dans le nord de l'Altaï, dans le Thibet, en Chine, dans le delta de l'Iraouaddy, le royaume de Siam, la presqu'île de Malacca.

Dans l'*Océanie :* en Australie, dans la Nouvelle-Galles du Sud, dans toute la province de Sydney et dans la terre de Victoria, à Ballarat et au mont Alexandre, dans la Tasmanie, la Nouvelle-Zélande, les îles de la Sonde, Bornéo, les îles Philippines.

En *Amérique :* en Californie, depuis 1848, au Mexique, notamment dans les provinces de Sonora et de Sinaloa, au Brésil, au Chili, au Pérou, en Colombie, dans les Andes de l'Équateur, à la Guyane française, dans la Colombie anglaise, au Cariboo sur les bords du Frazer.

En *Afrique :* on rencontre des sables aurifères dans l'intérieur de l'Afrique, dans la Haute-Égypte, au Kordofan, l'Abyssinie, le Soudan, au Sénégal, dans la Guinée, la république du Transwaal et le Mozambique.

En *Europe :* en Hongrie (Schemnitz, Kremnitz), dans la Transylvanie, au Tyrol, en Italie et en Espagne.

Il y a des rivières et des fleuves qui charrient de l'or : ce sont ceux qui sortent des terrains cristallins, ou qui roulent leurs eaux sur une grande étendue de ces terrains. En France, on cite surtout le Rhône et l'Arve.

puis le Rhin, qui descendent des Alpes; l'Ariége, la Garonne et le Salat qui descendent des Pyrénées; l'Ardèche, la Cèze, le Gardon et l'Hérault qui ont leurs sources dans les Cévennes. Il y a aussi des cours d'eau aurifères en Espagne, en Portugal, en Piémont, en Allemagne, en Transylvanie, au Japon et en Chine, entre autres le Yang-tse-Kiang.

Nous donnons plus loin la production de l'or dans le monde, en la comparant à la production de l'argent.

Argent.

On rencontre l'argent à l'état natif, mais très-souvent à l'état de sulfures simples et doubles, de chlorure, de bromure, d'iodure, d'alliages avec l'or, l'antimoine, le mercure. Le sulfure d'argent est le minerai le plus abondant, principalement en Europe; viennent ensuite l'argent natif, le chlorure d'argent et le sulfure dans l'Amérique espagnole. Les principales mines d'argent sont :

En *Amérique :* au Mexique (Guanaxuato), les Andes du Chili, au Pérou, en Bolivie, à Buenos-Ayres, aux États-Unis, dans l'Utah occidental, le Névada, l'Arizona, l'Idaho, etc., aux environs du lac supérieur où il y a de l'argent natif, et en Colombie.

En *Asie :* dans les monts Altaï, à Nertchinsk, en Sibérie et en Chine.

En *Europe :* en Saxe (Schneeberg et Freyberg), dans le Hartz, en Norvége (Kongsberg), en Suède, en Hongrie, en Transylvanie, en Russie et en Espagne.

Les principaux marchés d'or et d'argent sont Londres, Liverpool, New-York et Paris.

Nous donnons ci-dessous, en millions de francs, la production de l'or et de l'argent pendant la période 1857-1871, d'après les savantes recherches de M. Roswag.

PRODUCTION DES MÉTAUX PRÉCIEUX, OR ET ARGENT.

ARGENT.						OR.	
Europe.	Russie	48	Asie	Turquie	34	Californie	2.241
	Espagne	155	Océanie	Australie	14	Australie	4.491
	Autriche	92	Amérique.	Mexique	2.006	Russie	1.240
	Saxe	66		Pérou	328	Autres pays d'Europe.	102
	Angleterre	49		Chili	300	Amérique (moins Californie)	693
	Hartz (Dict. de Saxe).	31		Etats-Unis	24	Asie	784
	Prusse	22		Nouvelle-Grenade.	18	Afrique	168
	Etats scandinaves	19		Brésil	1		9.719
	France et Algérie	11		Divers	146		
	Italie et autres pays	3			3.367		

Le Mexique représente près de 60 °/₀ de la production de l'argent; le Pérou, le Chili et l'Espagne viennent ensuite, représentant respectivement

10 à 5 % de la production totale. En prenant pour base le tableau de M. Roswag, on voit que le fonds commun se serait enrichi, de 1857 à 1871, de 3 milliards 367 millions de francs en argent et de 9 milliards 719 millions de francs en or.

Le même auteur évalue le stock d'or et d'argent existant en 1871, par les nombres suivants, indiquant des millions de francs :

PRODUCTION A DIVERSES ÉPOQUES.	ARGENT.	OR.	TOTAL.
Production avant l'an 1500..........	700	300	1.000
De 1500 à 1848......................	29.452	14.126	43.578
De 1848 à 1857......................	2.170	6.004	8.174
De 1857 à 1871......................	3.367	9.719	13.086
Totaux..........	35.689	30.149	65.838

Toutes les mines du globe auraient donc produit jusqu'en 1871 de 65 à 66 milliards de francs de métaux précieux, capital dont l'or tend à atteindre la moitié. En 1848, ce capital s'élevait à 44,600 millions et en 1857 à 52,700 millions de francs. Ce capital, fonds commun des nations, est loin d'être resté intact ; le frai et l'usure des monnaies, leur enfouissement, la dégradation des bijoux, les sinistres et les naufrages, ont dû le diminuer de beaucoup, de sorte qu'il est très-difficile, je voudrais oser dire impossible, d'en déterminer la valeur. De plus, depuis 1871, ce capital a bien changé et la production de l'argent a considérablement augmenté comme nous allons le voir.

Un auteur anglais estime que plus de 160,000 tonnes anglaises d'argent pur ont été exportées du Pérou et du Mexique depuis la découverte de l'Amérique ; cette quantité suffirait pour former un globe d'argent massif de plus de 30 mètres de diamètre ; il avance, en outre, que la production totale de l'argent dans le monde, de 1850 à 1875, peut être évaluée à 205 millions de liv. sterl. (5,760 millions de francs), et que les États-Unis ont fourni le 1/20 de cette quantité. Les mines du Mexique en produisent à présent chaque année 4 millions de livres sterling (101 millions de fr.), et le Pérou, 600,000 liv. sterl. (15 millions de francs environ). Les mines du Chili et de la Bolivie se sont aussi rapidement développées.

Avant 1848, on estimait la production annuelle de l'argent dans le monde entier à 200 millions de francs ; aujourd'hui cette production totale annuelle est évaluée à 4 ou 500 millions de francs, grâce aux mines d'argent américaines qui ont accru considérablement leur production. Ainsi, d'après les calculs du directeur de la monnaie de Washington, l'argent produit par les États-Unis, qui était évalué à 250,000 francs par année, avant

1858, a atteint 178 millions en 1873, 235 millions en 1874, dans lesquels le seul État de Névada entre pour 175 millions; le reste provient de l'Utah (30 millions de francs), du Colorado (5 millions), de l'Arizona, du New-Mexique, de la Californie et de l'Idaho (15 millions de francs). La production des États-Unis, en 1875, est évaluée à 280 millions de francs; une seule mine d'argent du Névada a fourni cette année-là 85 millions de francs. Le minerai, contenant or et argent, a pu payer à ses actionnaires 60 millions de dividendes, les frais d'exploitation de toute nature n'ayant pas atteint 30 °/₀. On calcule que l'argent métallique ne coûte à la Compagnie que 60 francs le kilogramme. Depuis 1859, la production de l'argent n'a pas cessé une seule année sa marche ascendante, surtout dans l'État du Névada et de l'Utah, et dans une période de 25 ans, cette production a doublé, puisqu'elle n'était que de 202 millions et demi de francs en 1852 et qu'elle dépasse 400 millions en 1875. Celle de l'or au contraire a diminué et est loin d'être normale, ayant passé en Australie et en Californie par des phases diverses. En général, les gisements d'alluvion superficiels, les *placers* en un mot, sont épuisés. Les centres de production sont devenus de véritables exploitations de mines à grande profondeur, exigeant des installations coûteuses.

C'est en 1849 qu'on a commencé à exploiter les gisements aurifères en Californie; dans la période de 1849 à 1873, la production annuelle de l'or a été en moyenne d'une valeur de 254 millions de francs. C'est dans les années comprises entre 1852 et 1866 que cette production a atteint les chiffres les plus élevés : elle a dépassé 350 millions de francs par an. En 1875, l'extraction de l'or aux États-Unis n'a donné que 200 millions de francs. La production de l'Australie diminue aussi beaucoup; elle n'est plus, en 1875, le tiers de ce qu'elle était en 1852.

Platine.

On trouve le *platine* à l'état natif ou à l'état d'alliage avec le fer, le rhodium, l'iridium, le palladium. On le rencontre dans des sables ou des terrains d'alluvion, comme l'or en grains et les diamants, et aussi en paillettes minces ou en grains irréguliers, le plus souvent aplatis, dont les plus gros sont comme un petit pois. Le platine est exploité sur le versant oriental des monts Ourals (à Nijni-Tagilsk, Goro-Blagodat), dans l'Amérique du Sud, à Barbacoas dans la Colombie, à Matto-Grosso au Brésil, à Carthagène dans la Nouvelle-Grenade, au Mexique, dans la rivière d'Yaki à Saint-Domingue et dans les sables aurifères et diamantifères de Bornéo.

Mercure.

Le minerai de *mercure* est le sulfure de mercure ou *cinabre* (HgS), au milieu duquel on trouve du mercure natif en petits globules et en faible quantité; le cinabre se rencontre en masses d'une couleur rouge ou brunâtre, rarement en cristaux ; on le trouve dans les parties inférieures des terrains de sédiment et près des dépôts de cristallisation : il est alors en filons plus ou moins puissants. Le mercure est exploité surtout en Espagne, à Almaden, près de Cordoue, en Italie, en Toscane, à Wolfstein et à Morsfield dans le Palatinat ; en Amérique, au Pérou, à San-José en Californie ; au Japon et en Chine. Les mines de mercure de New-Almaden, dans le comté de San-José, sont les plus riches qui existent. On en extrait par mois environ mille tonnes de minerai brut qui est du cinabre dont le rendement est de 10 à 12 %. Les mines de New-Almaden ont produit près de 315,000 kilogrammes de mercure en 1874, et plus de 473,000 kilogrammes en 1875.

La production annuelle du mercure peut s'élever à 5 millions et demi de kilogrammes.

Londres et San-Francisco sont les deux grands marchés de ce métal.

Cuivre. Le *cuivre* est l'un des métaux les plus communs à la surface du globe et s'offre sous des formes très-variées ; on le rencontre très-souvent à l'état natif ; il n'est jamais pur ; il contient du fer, de l'or ou de l'argent et il accompagne les autres minerais de cuivre, mais on le voit aussi en masses isolées dans des sables, au Brésil, au Chili, au Canada. Les mines de Corocoro, situées dans les montagnes de la Bolivie, à plus de 300 kilomètres de la côte, fournissent un minerai d'une grande richesse, consistant en un mélange de petits grains de cuivre natif et de quartz sableux. Ce minerai arrive en Europe et est exploité à Romilly (Eure), et à la Villette, près Paris. Il y a des mines considérables de cuivre natif très-pur sur la rive méridionale du lac Supérieur aux États-Unis ; le métal est disséminé, en fragments irréguliers et de volumes très-divers, au milieu d'un vaste terrain de porphyre ; à l'extrémité du dépôt, on trouve de l'argent natif en très-petits fragments. C'est surtout à l'état de cuivre pyriteux ($Cu^2S + Fe^2S^3$), ou sulfure double de fer et de cuivre qu'il est abondant. Presque tous les pays en possèdent des mines dans lesquelles on trouve aussi du carbonate de cuivre ou malachite, du cuivre oxydulé, des arséniates et des sulfures plus ou moins argentifères, appelés *cuivre gris*.

C'est dans les terrains anciens, granitoïdes, que se trouvent surtout les minerais de cuivre en filons ou en amas puissants. Les pays les plus riches en cuivre sont l'Angleterre (Cornouailles, Devonshire, Anglesey, pays de Galles), la Suède (Fahlun), la Saxe, la Thuringe, la Bohême, la Hongrie, la Transylvanie, la Russie, l'Espagne, en *Europe ;* le Chili, le Mexique, la Bolivie, le Pérou, les bords du lac supérieur aux États-Unis, en *Amérique ;* la Perse, le Japon, la Chine, la Sibérie, en *Asie ;* l'Australie (Bora-Bora), en *Océanie ;* l'Algérie (Mouzaïa au nord de Médéah, Ténez, Aïn-Barbar), Natal et le Cap (Okiep), en *Afrique*. Dans les monts Ourals, les mines d'Ourinski sont constituées, non par du cuivre pyriteux, mais par un sulfure simple (Cu^2S) appelé *cuivre sulfuré* ou *chalkosine*, qui renferme 80 °/₀ de métal et qui est plus riche que le cuivre pyriteux ou *chalkopyrite*, qui n'en contient que 35 °/₀.

Le sulfure de *plomb* ou *galène* (PbS), d'une couleur gris d'acier nuancé de bleuâtre, cristallisant en cubes, fournit à lui seul plus des 999 millièmes du plomb livré au commerce ; il contient souvent de l'argent et, dans ce cas, est traité comme minerai d'argent. Les potiers se servent du sulfure de plomb, sous le nom d'*alquifoux*, pour vernir les poteries grossières. Les pays d'Europe les plus riches en mines de plomb sont l'Espagne (Andalousie), l'Angleterre (Cumberland, Northumberland, Cornouailles, Derby, Devon), l'Allemagne (Hartz, Erzgebirge, grand-duché de Bade, Bavière rhénane et Silésie), le Piémont, la Toscane, la Sardaigne. La France a des mines de sulfure de plomb à Pontgibaud (Puy-de-Dôme), à Vialas (Lozère). Les deux Amériques sont très-riches en mines de plomb (Potosi, dans l'Amérique du Sud ; États du Missouri, de l'Illinois, du Wisconsin, aux États-Unis) ; en Afrique, l'Algérie et la Tunisie en ont aussi d'importantes. Plomb.

On rencontre le *bismuth* principalement à l'état natif, non dans des gîtes séparés, mais dans les mines de cobalt et d'argent, notamment dans celles de la Saxe, de la Bohême, du Hanau, de la Carinthie, de la Suède, de la Norvége ; on ne l'exploite guère qu'aux environs de Schneeberg, dans l'Erzgebirge, et à Meymac, dans la Corrèze. Bismuth.

Le minerai *d'étain* est l'oxyde d'étain (SnO^2) appelé *acide stannique* ou *cassitérite*, qui se montre en filons ou en amas puissants dans des roches graphitoïdes, ou sous forme de grains, de morceaux roulés dans des sables d'alluvion, comme celui de la Malaisie ; c'est sous cet état qu'il est le plus pur. Les principales mines d'étain sont, en Angleterre, celles des comtés de Devon et de Cornouailles, qui semblent inépuisables, celles de la Bohême et de la Saxe, celles du Mexique et du Chili ; mais les plus riches sont celles de Banca (île de la Sonde), de la presqu'île de Malacca, de Billiton et de l'archipel Malais. On en trouve en France à Piriac, à l'embouchure de la Vilaine et de la Loire, et à Vautry, près de Limoges. Étain.

On extrait *l'antimoine* du sulfure d'antimoine (SbS^3), nommé *stibine*, que l'on rencontre dans les terrains anciens, en Angleterre, en Suède, en Saxe, en Bohême, en Hongrie, au Hartz, dans plusieurs départements de la France et à Bornéo. Antimoine

Zinc. Les minerais de *zinc* les plus répandus sont le sulfure de zinc appelé *blende* (ZnS), le silicate et le carbonate de zinc que l'on confond sous le nom de *calamine*. On les trouve principalement avec les minerais de plomb et de cuivre ; mais ils forment aussi des amas et même des couches dans les terrains de sédiment. La blende est ordinairement jaune ou brune et souvent noire. Les mines les plus remarquables sont celles de la Vieille et de la Nouvelle-Montagne, en Belgique, depuis Aix-la-Chapelle jusqu'à Liége et Namur et dans le pays de Juliers ; les usines de cette exploitation fournissent la plus grande partie du zinc consommé annuellement. Tarnowitz, en Silésie, la Carinthie, l'Angleterre (Derby), l'Espagne (Santander), l'Italie, la France, à Saint-Laurent-le-Minier près de Ganges, à Montalet près d'Uzès, à Clairac et Robiac (Gard), et l'Algérie, possèdent aussi des mines de zinc.

Nickel. Le *nickel* se rencontre en Saxe, en Suède, dans le Dauphiné et en Italie.

Cobalt. Le *cobalt*, en Norvége, dans les mines de Modum, en Saxe, en Bohême, en Hongrie et en Italie.

Manganèse. Le *manganèse* se rencontre à l'état de bioxyde de manganèse (MnO^2) ou *pyrolusite ;* on ne le trouve que dans les terrains primitifs, en rognons, en filons, quelquefois même en couches, avec une gangue de sulfate de baryte. On l'exploite dans le Hartz, la Saxe, la Bohême, le Piémont, l'Écosse, et à Creťnick, près de Saarbruck. L'*acerdèse* ou sesquioxyde de manganèse hydraté (Mn^2O^3, HO) se rencontre plus particulièrement dans les terrains de transition et secondaires. On en trouve des gîtes considérables à Thiviers, près Périgueux (Dordogne), à Saint-Jean-de-Gardonèche, dans les Cévennes, à la Voulte, dans l'Ardèche, à Romanèche, près Mâcon, à Vallauris (Alpes-Maritimes). On en trouve aussi en Belgique, en Espagne, en Bohême et en Sibérie.

Arsenic. On trouve l'*arsenic* en Souabe, en Saxe, en Silésie, en Hongrie, dans la Transylvanie, en Perse et en Chine ; on trouve de l'arsenic natif, en gros mamelons, à Sainte-Marie-aux-Mines (Alsace). On trouve le *sulfure jaune* d'arsenic appelé *orpiment* (AsS^3) dans les filons d'argent, de plomb et de cobalt des terrains cristallisés de la Hongrie, de la Transylvanie, de la Valachie, de l'Anatolie. On le tire surtout, pour les besoins du commerce, de la Perse et de la Chine. Le *sulfure rouge* d'arsenic, appelé *réalgar* (AsS^2), se trouve aussi dans les gîtes argentifères, plombifères et cobaltifères de la Saxe, de la Bohême, de la Transylvanie. Le réalgar est plus riche en arsenic que l'orpiment ; le premier en renferme plus de 70 %, tandis que le second n'en renferme pas 61 %. Tous les deux sont employés dans la peinture à l'huile.

Le *mispickel* est du fer arsenical provenant d'un mélange de sulfure et d'arséniure de fer (FeAs, FeS^2), qu'on exploite à Altemberg et à Reichenstein, en Silésie. Mispickel.

3. Sels.

Le sel *gemme* est du chlorure de sodium parfaitement transparent, souvent coloré par diverses substances, quelquefois irisé ; les matières organiques ou les sels de cuivre le colorent en vert, le fer oligiste en rouge brique et les infusoires en rouge orangé. On le trouve en amas ou lentilles intercalées dans les terrains de sédiment ; c'est le corps le plus abondamment répandu dans la nature. Il s'y montre sous deux états : en couches plus ou moins considérables dans le sein de la terre, et en dissolution dans certaines eaux, telles que celles de la mer, des lacs et des fontaines salées. Sel gemme.

Le sel gemme apparaît déjà en dépôts dans le terrain silurien de l'Ohio, de la Virginie, de la Pensylvanie, de l'État de New-York, si riches en sources salées. Il est assez abondant aussi dans le terrain permien du Mansfeld, du gouvernement de Perm ; dans le zechstein de la Thuringe ; puis dans le trias inférieur du Tyrol, dans le muschelkalk du Wurtemberg ; il forme des amas étendus et puissants dans les marnes irisées ou keuper en Angleterre, en Allemagne, à Stassfurt, près de Magdebourg, où il est accompagné de sels de potasse et de magnésie, à l'état de chlorures, de sulfates et de borates ; dans le même étage, en Suisse, à Bex et en France (Lorraine et Jura) ; dans le terrain crétacé d'Algérie, dans le terrain tertiaire de Wieliczka, de Pologne, de Cardona en Catalogne ; il se rencontre aussi parmi les masses rejetées par les volcans actuels.

Il y a, comme on le voit, des mines de sel gemme dans toutes les contrées ; mais les plus considérables sont celles de l'Allemagne méridionale, de la Hongrie, de la Pologne, de l'Angleterre, de la France, de la Toscane, de l'Algérie, du Pérou et du Chili, dans l'Amérique du Sud, de l'État de New-York et de New-Iberias en Louisiane, pour l'Amérique du Nord.

On exploite le sel gemme en Angleterre, à Nortwich et Nantwich ; en Espagne, à Cardona en Catalogne. Les salines d'Hallein, près de Salzbourg, celles de Bex, du canton de Vaud (Suisse), celles de la Souabe, de la Bavière et du Wurtemberg, celles de Salins, dans le Jura, celles de Salies-de-Béarn et de Brescou, dans les Basses-Pyrénées, renferment du sel impur ; on l'obtient en faisant séjourner dans les galeries des mines de l'eau qui se sature de sel et que l'on soutire ensuite au moyen de pompes pour en obtenir le produit solide par évaporation.

Les mines les plus célèbres en Europe sont celles de Wieliczka et de Bochnia, près de Cracovie. Elles s'étendent jusqu'en Moldavie, au pied septentrional des monts Karpathes. Elles ont été découvertes, vers le milieu du XIIIe siècle, sous le règne de Boleslas V, roi de Pologne. Elles ont une longueur de plus de 200 lieues ; leur largeur est quelquefois de 40 lieues ; elles sont actuellement exploitées à une profondeur de plus de 400 mètres, et à 65 mètres environ au-dessous du niveau actuel des mers. C'est une succession de vastes souterrains, une ville immense, avec ses rues, ses places publiques et ses cabanes pour les mineurs et leurs familles. La première couche de sel pur est à 300 mètres environ au-dessous de la surface du sol. Une autre mine, non moins remarquable, se trouve à 80 kilomètres d'Orenbourg (Russie); le sel y forme un banc de 10 kilomètres de longueur et de plus de 160 mètres d'épaisseur ; il n'est recouvert que de quelques décimètres de sable qu'on enlève facilement avec une pelle. En France, on connaît des dépôts de sel gemme dans le Jura, la Haute-Saône, la Meurthe-et-Moselle, l'Ariége et les Basses-Pyrénées. Les plus remarquables sont ceux de la vallée de la Seille (Meurthe), où se trouvent les célèbres gîtes de Dieuze et de Vic qui, dans une épaisseur de 68 mètres, offrent jusqu'à 13 couches superposées et distinctes de sel. La Roumanie est aussi riche en sel.

Les lacs salés sont nombreux et on les rencontre principalement dans les grandes plaines de nos continents. Ils sont communs dans la Russie d'Europe et d'Asie, la Sibérie, la Perse, la Hongrie, l'Afrique.

Les sources salées se trouvent dans presque tous les pays ; le sel marin y est toujours associé à d'autres sels, principalement aux sulfates de soude, de chaux et de magnésie. Ces sources, qui proviennent de terrains salés qu'elles ont lavés sur leur passage, sont très-nombreuses en Allemagne et en France ; on en connaît plusieurs qui sont exploitées dans la Meurthe-et-Moselle, le Doubs et les Basses-Pyrénées.

Les eaux de la mer tiennent en dissolution des sels dont la quantité varie depuis 3 jusqu'à 4 °/$_0$ du poids de l'eau et dont le chlorure de sodium fait la plus grande partie, quoiqu'il s'élève rarement à plus de 3 °/$_0$. Toutes les mers ne sont pas également salées ; c'est ainsi que la Méditerranée renferme 29,4 °/$_{00}$ de sel marin, la Manche 26, l'océan Atlantique 25, la mer du Nord 23,5, la mer Noire, 14, celle d'Azoff 9,6, la mer Baltique 4, la mer Caspienne 3,6 et la mer Morte 65 °/$_{00}$. On extrait des eaux de la mer le sel qu'elles contiennent dans presque tous les pays maritimes, principalement en France, dans le Portugal, en Espagne, dans la Sicile et la Sardaigne, en Russie, etc.

On exploite le *chlorure de potassium* à Stassfurt, près de Magdebourg et dans le duché d'Anhalt-Bernbourg ; c'est le chlorure double de potassium et de magnésium hydraté appelé *carnallite* qui s'exploite dans les mines et qui donne le chlorure de potassium ; les mines de sel marin de Kalutz, en Galicie, renferment aussi du chlorure de potassium ayant les mêmes qualités que celui de Stassfurt ; la production journalière de ce gisement dépasse 81,000 kilogrammes. On emploie ce corps à la fabrication du salpêtre. Chlorure de potassium.

On rencontre le *salpêtre* tout formé dans la nature dans beaucoup de localités différentes, comme à la surface des plaines ou des roches calcaires, sous la forme d'efflorescences blanches, d'une saveur piquante et un peu amère. Il se forme dans les pays chauds, dans les grandes plaines de l'Inde, de l'île de Ceylan, de la Chine, de la Perse, de l'Arabie, de l'Égypte, de la mer Caspienne, de la basse Hongrie, de l'Ukraine, de la Podolie, de l'Espagne, etc. Le sol de ces contrées se recouvre d'abondantes efflorescences semblables au givre ou à de la neige ; on ramasse le sel avec des balais et on a le *salpêtre de houssage ;* quand il est trop impur, on le lessive et on évapore les lessives au soleil dans de grandes bassines. Salpêtre ou azotate de potasse.

Le *nitrate de soude* se trouve en efflorescences à la surface du sol au Pérou, au Chili et dans la Bolivie. C'est en 1821 que le naturaliste Mariano de Rivero découvrit des gisements considérables d'azotate de soude dans les districts d'Atacama et de Tarapaca, près du port Yquique, au Pérou. C'est dans la pampa de Tamaruyal que sont situées les nitrières les plus riches ; les dépôts d'azotate de soude ont souvent une étendue de 100 à 600 mètres sur une épaisseur de 2 à 3 mètres, sous une mince couche d'argile ; le minerai ou caliche contient de 25 à 64 °/₀ d'azotate. Il est exporté par le port d'Yquique, sous le nom de *salpêtre du Pérou ou du Chili*, *salpêtre des Mers du Sud*. Nitrate de soude.

Le *sulfate de soude* anhydre ou *thénardite* se rencontre en cristaux aux salines d'Espartine (environs de Madrid) et sur les collines d'Aranjuez, en Espagne. Le sulfate de soude hydraté se montre en efflorescences dans les mines de sel gemme, les terrains houillers, à la surface de plaines souvent très-étendues, comme à Marienberg, en Allemagne, sur les laves récentes du Vésuve et de l'Etna, à la solfatare de Pouzzoles. Il forme des dépôts considérables en Espagne, dans les vallées de l'Èbre, près de Lodosa, où on l'exploite sous le nom de *Reussin*. On le trouve aussi en dissolution dans plusieurs sources salées, comme à Dieuze et à Château-Salins, dans plusieurs lacs qui fournissent le natron. Le sulfate de soude Sulfate de soude.

ou sel de Glauber entre dans la préparation du verre à vitres, et est employé aussi comme purgatif pour les animaux.

Natron. Le *natron* ou *trona*, qui est un carbonate de soude hydraté, se forme dans plusieurs lacs de l'Afrique, principalement en Égypte, en Tunisie, en Algérie et en Hongrie. Il a pour formule chimique $NaO\,CO^2 + 10\,HO$ et $(NaO)^2\,3\,CO^2 + 4\,HO$.

Borax. Le *borax* ou *tinkal*, qui est du borate de soude hydraté ($NaO\,2\,BoO^3 + 10\,HO$), est grisâtre ou bleuâtre à l'état naturel. On le trouve en dissolution dans certains lacs salés de Perse, de Chine, de Ceylan, de la Tartarie méridionale, de la Saxe, du Pérou, mais surtout de l'Inde, du Thibet et de la Californie. Le borax arrive de l'Inde en petits cristaux agglomérés, d'un jaune verdâtre, recouverts d'un enduit terreux et imprégnés d'une matière grasse qui leur donne un toucher onctueux. On le raffine en Europe. Le borax demi-raffiné vient principalement de la Chine. Le borax est employé dans la bijouterie pour la soudure des métaux, dans la docimasie pour déterminer la nature des minerais métallifères.

4. Terres.

Kaolin. Le *kaolin* ($Al^2O^3\,2\,SiO^2 + 2\,HO$) est une argile blanche très-pure ou silicate d'alumine qu'on appelle aussi terre à porcelaine. Ce corps résulte de la décomposition de plusieurs silicates alumineux, principalement du feldspath, des granites, des pegmatites, des porphyres, du gneiss, etc. Feldspath. Les *feldspaths* sont des silicates doubles chez lesquels l'une des deux bases est toujours l'alumine, tandis que l'autre base, qui est variable, est tantôt alcaline, comme la potasse ou la soude, tantôt alcalino-terreuse, comme la chaux et la magnésie. Les feldspaths sont donc des silicates alumino-alcalins ou alumino-terreux, plus durs que l'acier. On en distingue cinq sortes : l'*orthose* où domine la potasse ($KO,\ Al^2O^3\,6\,SiO^2$), l'*albite* ($NaO,\ Al^2O^3\,6\,SiO^2$) à base de soude, l'*anorthite* ($CaO,\ Al^2O^3\,2\,SiO^2$) à base de chaux, l'*oligoclase* $(NaO, CaO, KO)^2\,[(Al^2O^3)^2\,9\,SiO^2]$, à base de soude, de chaux et de potasse et le *labrador* ($3/4\,CaO,\ 1/4\,NaO,\ Al^2O^3\,3\,SiO^2$) à base de chaux et de soude. La kaolinisation consiste dans la décomposition des feldspaths et leur transformation en argiles ; sous l'action des agents extérieurs, les feldspaths se décomposent et le silicate primitif se dédouble en deux silicates indépendants l'un de l'autre. Le silicate alcalin ou alcalino-terreux est dissous et entraîné par les eaux pluviales, tandis que le silicate d'alumine, plus ou moins pur, plus ou moins mélangé à du quartz, à du mica et à d'autres minéraux, selon la nature de la roche, étant le plus abondant et complétement insoluble, reste habituellement isolé sur place et forme des couches de matières d'apparence terreuse qu'on appelle *argiles*. Le feldspath orthose, qui constitue la base de toutes les roches granitiques, est ainsi décomposé : le silicate de potasse qu'il renferme est dissous par l'eau et le silicate d'alumine reste isolé sous la forme d'une argile blanche, qui n'est autre chose que la terre à porcelaine ou le kaolin. La kaolinisation, qui est le plus souvent superficielle, pénètre cependant quelquefois à d'assez grandes profondeurs, notamment à Saint-Yrieix et à Marcognac, dans la Haute-Vienne, où l'on exploite de vastes carrières d'argile à porcelaine. Il existe aussi de vastes dépôts de kaolin en Chine, en Saxe (mont Schneeberg), en Russie et en Angleterre (Cornouailles). Le kaolin a un éclat nacré ou terreux et happe légèrement à la langue.

Le *tripoli* est une roche éminemment schisteuse et pulvérulente consistant presque entièrement dans l'agglomération de carapaces d'infusoires siliceux; on en trouve en Bohême, à Bilin, et dans l'île Mayotte. Tripoli.

Ce minéral est un sulfate d'alumine et de potasse hydraté ($KO, SO^3 + Al^2O^3, 3SO^3 + 3(Al^2O^3, 3HO)$) qui résulte de l'altération des roches trachytiques par des émanations d'acide sulfureux ; c'est une combinaison d'alun de potasse anhydre et d'hydrate d'alumine. Cette roche compacte, de couleurs assez claires tirant sur le gris, le jaune ou le rosé, est infusible et donne de l'alun par la calcination suivie d'une lévigation. L'alunite est très-commune à Édesse ou Rocca, près de Smyrne, à Alep, en Italie, à la Tolfa, près de Civita-Vecchia, à Volterra, à Montioni en Toscane, au Mont-Dore, au pied du pic de Sancy, près de Clermont-Ferrand. L'alunite fournit l'alun de Rome ($KO, SO^3 + SO^3, 3Al^2O^3 + 9HO$) qui est très-estimé et préféré par les teinturiers parce qu'il est bien plus riche en alumine que l'alun ordinaire. Alunite ou pierre d'alun

L'*argile* est un silicate d'alumine hydraté très-répandu. Rarement pure, et alors parfaitement blanche, l'argile est presque toujours colorée en rouge, en jaune, en vert, en bleu, en gris ou même en noir par des oxydes métalliques ou des matières charbonneuses. C'est une roche sédimentaire et quelquefois éruptive. On partage les argiles en quatre grandes divisions : 1° l'*argile plastique* renfermant au plus 12 % d'eau et faisant pâte avec ce liquide ; elle est infusible et comprend le kaolin et l'argile plastique proprement dite avec laquelle on fabrique la faïence fine ; 2° les *argiles figulines*, plus ou moins fusibles, comprenant l'*argile smectique* ou *terre à foulon*, qui renferme de 20 à 25 % d'eau et se délite dans ce liquide, l'*argile figuline* et la *terre glaise;* 3° les Argile. Division des argiles.

marnes, qui sont des argiles renfermant du calcaire dans des proportions qui peuvent varier de 10 à 60 °/₀; 4° les argiles *ferrugineuses* ou *ocres*.

Terre à foulon.

Les terres à foulon, les marnes, les ocres, rendent de précieux services à l'industrie, à l'agriculture et à l'économie domestique. Les terres à foulon, qui ont un pouvoir absorbant considérable à l'égard des corps gras, servent principalement au dégraissage des draps et autres étoffes de laine, parce qu'elles ont la propriété, étant délayées dans l'eau, d'absorber les huiles dont on a imprégné ces tissus. Les terres à foulon les plus renommées en France sont celles d'Issoudun (Indre), de Villeneuve et de Septême (Isère), de Flavin (Aveyron), de Rittennau, en Alsace; on en rencontre beaucoup en Angleterre et en Allemagne.

Marnes.

Les *marnes* qui sont des mélanges naturels d'argile et de carbonate de chaux se délitent par le simple contact de l'air humide et sont employées en agriculture pour améliorer la qualité des terres; la meilleure pour cet objet est celle qui contient de 60 à 70 °/₀ de carbonate de chaux. On la trouve répandue presque partout. Les marnes à excès de calcaire sont propres à l'amendement des sols argileux, et les marnes à excès d'argile sont plus favorables aux sols sablonneux.

Ocres.

Les *ocres*, qui sont des argiles dans lesquelles l'alumine est en partie remplacée par du sesquioxyde de fer rouge, dont la proportion s'élève à 15 ou 20 °/₀, servent dans la coloration des papiers peints, dans les peintures communes en détrempe et les peintures extérieures à l'huile; si l'oxyde de fer est anhydre, les ocres sont d'un rouge plus ou moins foncé, comme la *sanguine* ou *craie rouge* de la Bohême et de la Thuringe, avec laquelle on fait des crayons, le *rouge d'Almagra*, des environs de Murcie, en Espagne, qui sert pour polir les glaces et les grosses pièces de fer. Quand l'oxyde de fer est hydraté, les ocres sont jaunes et ne deviennent rouges que par la calcination; elles sont beaucoup plus communes que les premières. On en trouve en France aux environs de Vierzon (Cher), à Bitry, près de Saint-Amand (Nièvre), à Toucy, près Auxerre (Yonne). La Saxe est riche en ocres. C'est avec les ocres jaunes naturelles qu'on fabrique les diverses ocres rouges employées comme couleurs, sous les noms de *brun rouge*, *terre rouge d'Italie*, *rouge de Nuremberg*, *rouge à polir*, *rouge d'Angleterre*, *rouge de Prusse*, rouge de Venise, etc. La *terre d'ombre* et la *terre de Sienne*, qu'on trouve en Italie, sont des ocres brunes qui doivent leur couleur à un mélange d'hydrates d'oxyde de fer et de manganèse.

5. Pierres et matériaux de construction.

On appelle communément *marbres* une pierre calcaire compacte, d'une structure cristalline, d'un grain assez fin et susceptible de se laisser polir ; c'est ce qui permet de l'employer pour la confection des objets d'art et l'ornementation des habitations. Les marbres sont blancs ou colorés ou veinés ; leur coloration dépend des substances qui accompagnent le carbonate de chaux et se trouvent disséminées dans sa masse. On peut diviser les marbres en deux classes, suivant que leur cassure est cristalline ou terne ; ceux dont la cassure est cristalline, grâce à leur demi-translucidité, prennent plus d'éclat que les autres par le poli et sont plus recherchés. Les *marbres blancs* ou *statuaires* sont en masses saccharoïdes, c'est-à-dire formées de grains brillants comme le sucre, d'un beau blanc, à peine colorées. Les marbres blancs sont quelquefois légèrement colorés en gris, jaune ou roux par du bitume ou du fer oxydé ; les marbres saccharoïdes ont été amenés à cette structure par une action métamorphique, car ils dépendent des formations jurassiques et crétacées. Les marbres de toutes couleurs destinés à la décoration et à l'ameublement des édifices appartiennent à une variété de calcaire qui est en masses compactes, à tissu serré, sans aucun indice de cristallisation ; le peroxyde de fer colore en rouge, l'oxyde de fer hydraté en jaune, le talc et la malachite colorent en vert, le bitume et les matières charbonneuses en noir. Le marbre *lumachelle* est parsemé de taches dues à la présence de fragments de coquillages diversements colorés ; il est composé de coquilles brisées enveloppées dans une pâte calcaire ; c'est un marbre très-répandu, comme le *petit granite*, le *granite de Flandre* ou marbre des Ecaussines exploité près de Mons (Belgique). Les *marbres brèches* sont des marbres formés de fragments anguleux ou arrondis, de diverses formes, de diverses grosseurs et de diverses teintes, réunis ou agglutinés par un ciment calcaire, comme la brèche d'Alet (Bouches-du-Rhône), la brèche du Tholonet (près d'Aix), la brèche violette de Serravezza. On appelle *brocatelles* les variétés qui ne contiennent que des fragments de petites dimensions ; ce marbre est jaune, moucheté d'une multitude de fragments de coquillages. On trouve des brèches et des brocatelles dans le Jura, l'Ariège, l'Aude, les Basses-Pyrénées, l'Andalousie.

Marbres.

Marbres de couleur.

Lumachelle.

Brèches.

Brocatelle.

On trouve des marbres dans presque toutes les chaînes de montagnes. Les plus connus et les plus employés sont ceux d'Italie, de Belgique et de France. La France est un des pays les plus riches en marbre ; on en trouve dans les Pyrénées, la Provence, la Corse, le Languedoc, le Maine, le Jura, les Alpes, le centre et le nord du pays. L'Italie est aussi très-riche en marbres de toutes espèces : le marbre statuaire de Carrare est le plus célèbre ; viennent ensuite ceux de Massa, de l'île d'Elbe, de Serravezza, de la Rivière de Gênes, etc. L'Espagne et le Portugal sont riches en marbres. La Belgique fournit des marbres rouges (à Franchimont), des marbres noirs (Dinant) et des marbres gris mélangés (Ste-Anne). La Grèce possède de nombreuses variétés de marbres. L'Algérie en renferme aussi beaucoup et les Etats-Unis viennent d'en découvrir des carrières importantes.

Albâtre oriental.

L'*albâtre oriental* ou égyptien est le calcaire concrétionné des *stalactites* et des *stalagmites* des grottes, lorsqu'il est bien translucide et incolore. On ne trouve guère les stalactites et les albâtres que dans les terrains calcaires, parce que c'est seulement dans ces terrains qu'on rencontre des cavernes d'une grande dimension. Lorsque des eaux saturées de carbonate de chaux dissous à la faveur d'un excès d'acide carbonique s'infiltrent dans les fissures des pierres situées à la voûte des cavités souterraines, et viennent à suinter à travers le tissu lâche et poreux de cette voûte, elles laissent, par leur évaporation, les molécules de calcaire à sec. Celles-ci se recouvrent sans cesse de nouvelles molécules qui finissent par constituer au plafond de la voûte des colonnes terminées en pointe qu'on appelle *stalactites;* le liquide en tombant sur le sol et en s'évaporant complétement abandonne le calcaire qu'il contenait encore et forme des dépôts composés de couches ordinairement ondées, ou des protubérances, qu'on appelle *stalagmites*.

Les grottes d'Antiparos dans l'Archipel grec, d'Adelsberg en Carniole, d'Auxelles en Franche-Comté, de Caumont aux portes de Rouen, du Han près de Givet, de Saint-Maurice dans le canton de Vaud, etc., sont célèbres par leur colonnes formées de stalactites et de stalagmites qui se sont rencontrées et soudées ensemble. L'albâtre calcaire est en couches parallèles, mais ondoyantes, d'un tissu grenu, fibreux ou lamellaire ; ses couleurs varient entre le jaunâtre et le rouge brun ; elles sont très-souvent distribuées par bandes ondulées, par couches concentriques ou par taches.

C'est une pierre précieuse pour la décoration des édifices ; on la taille en coupes, en vases, etc.

Il y a de belles carrières d'albâtre dans les provinces de Grenade et de Malaga en Espagne, à l'île de Malte, à Trapani en Sicile, etc.

Onyx.

Le marbre *onyx* ou albâtre veiné est un calcaire fibreux dont les fibres droites ou sinueuses, d'un jaune de miel ou verdâtres, diffèrent les unes des autres par la nuance, la teinte, ou le degré de translucidité ; on en trouve dans la province d'Oran, en Algérie.

Travertin.

Le *travertin* est un calcaire compacte, à texture homogène, d'un blanc grisâtre ou d'un gris jaunâtre, qui est formé par des dépôts de calcaires abandonnés par des sources pétrifiantes. Il est léger et solide et prend bien le mortier à cause des cavités dont il est criblé et qui ont été produites par le dégagement de l'acide carbonique devenu libre en même temps que le calcaire se déposait dans les eaux qui l'avaient apporté à l'état de bicarbonate. Ce calcaire forme une grande partie de la plaine située entre Rome et Tivoli. Les eaux de l'Anio ou Teverone (affluent du Tibre), très-riches en carbonate de chaux, ont formé ce vaste banc qui s'accroît encore. On le rencontre autour de Tivoli, dans les Abruzzes et en Toscane, dans la vallée de l'Elsa, où il alterne avec les *tufs calcaires,* qui ont la même origine, mais qui sont plus légers et à cavités plus grandes. La coupole de St-Pierre, à Rome, est construite en travertin.

La *craie* est un carbonate de chaux naturel excessivement abondant et non cristallisé ; elle est formée par l'accumulation d'une immensité de coquillages microscopiques ou foraminifères enfouis sous les eaux aux époques du monde antérieures à la nôtre. Elle constitue des masses considérables qui forment le sol de contrées entières, comme en Pologne, en Angleterre, en Espagne, en France (Champagne, Côtes de la Manche. environs de Rouen, etc.). Craie

Les *pierres lithographiques* sont fournies par un calcaire compacte, susceptible de poli, d'un grain fin, très-homogène, qu'on ne peut discerner qu'à l'aide de très-forts grossissements. Il faut que ce calcaire soit susceptible de s'humecter jusqu'à un certain point et doit être homogène dans toute son étendue, car le moindre défaut dans la pierre suffirait pour compromettre le dessin que l'on y aurait déposé. Les pierres lithographiques les plus remarquables sont celles de Bavière, aux environs de Munich, celles de Pappenheim, sur les bords du Danube ; en France celles des environs de Châteauroux (Indre), Marchamp, Pielle, Belley (Ain), des environs de Dijon, de Périgueux et d'Avèze, près le Vigan. Cette dernière localité fournit des pierres du plus grand format que l'on connaisse et dont la qualité peut rivaliser avec la pierre de Munich. Les pierres de Châteauroux sont d'une qualité inférieure et ne sont utilisées que pour l'écriture à la plume. Pierres lithographiques

Le *granite* est une roche essentiellement formée de cristaux juxtaposés de trois corps différents connus sous les noms de quartz, de feldspath et de mica, à peu près également disséminés et étroitement mélangés et accolés les uns contre les autres. Il est d'origine ignée et a été formé aux époques les plus anciennes ; il n'est jamais stratifié. Il est d'une dureté et d'une inaltérabilité qui le rendent précieux pour les constructions monumentales et le font employer pour dalles et bordures des trottoirs, marches d'escaliers, jetées de port, meules, colonnes, etc. Il est plus ou moins dur, suivant Granite.

qu'il est plus ou moins quartzeux; on éprouve de grandes difficultés pour le travailler et le polir. Il est de couleurs variables parce que le feldspath et le mica sont sujets à s'y montrer avec des teintes fort diverses. Les nuances tendres, comme le rouge, le fauve, l'incarnat, sont données par le feldspath rouge, qui est le principe fondamental du granite ; les nuances foncées, comme le gris ou le vert, par le mica ou l'amphibole ; le granite est gris lorsque le feldspath est blanc, le quartz gris et le mica noir. Si le mica est trop abondant, la roche cesse d'être susceptible d'un beau poli, et elle se désagrége assez facilement. Le mica est un silicate alumineux à base de potasse, d'oxyde de fer et de magnésie, de composition très-complexe. Quand l'amphibole (silicate de chaux, de magnésie et d'oxyde de fer) remplace le mica, le granite prend le nom particulier de *syénite,* du nom de la ville de Syène, en Egypte, où sont de très-beaux granites de cette espèce ; la *syénite* est donc une roche composée de feldspath laminaire, d'amphibole et de quartz ; le feldspath de cette roche est blanc ou rougeâtre et l'amphibole hornblende d'un vert foncé. Le Limousin, la haute Auvergne, la Bretagne sont entièrement formés de granite. Les granites de Normandie et de Bretagne sont homogènes et compactes ; on en exploite à Vire et à St-Brieuc. Le plus beau granite rouge est celui que l'on trouve en Egypte, dans la partie supérieure du cours du Nil, près de la 1re cataracte ; il est composé de cristaux translucides et légèrement nacrés de feldspath rose, de quartz parfaitement diaphane et d'aiguilles clair-semées d'amphibole vert foncé. Bien poli, on dirait un assemblage de pierres précieuses. Les principaux monuments de l'Egypte, les sphynx, des statues, des colonnes, l'obélisque de Louqsor, etc., sont construits avec cette pierre.

Mica.

Syénite.

Le granite rouge des Vosges, à Saint-Maurice, au pied du ballon d'Alsace, est analogue à celui d'Égypte ; les Vosges sont riches en granite. Le granite orbiculaire de Corse, dans lequel l'amphibole, groupé par circonférence concentriques autour de noyaux feldspathiques, produit un effet fort singulier, est employé dans les constructions.

Les beaux granites sont chers parce que les carrières qui les renferment sont situées à de grandes distances des centres habités et peu accessibles ; le travail de main-d'œuvre et les transports sont alors fort coûteux.

Porphyre.

Le *porphyre* est une roche massive formée par une pâte composée à peu près des mêmes éléments que le granite, mais indistinctement fondus l'un dans l'autre et dans laquelle nagent des cristaux isolés, soit de quartz, soit de feldspath, de mica ou d'amphibole. Le porphyre a pour base un feldspath à l'état amorphe ; la pâte est quelquefois extrêmement dure, ce qui arrive toutes les fois qu'elle renferme beaucoup de quartz ; mais la plupart du temps elle est presque uniquement constituée par du feldspath compacte, et alors sa dureté n'a rien d'extraordinaire et lui permet de recevoir un beau poli sans trop de difficulté.

La couleur du porphyre résulte de la combinaison de celle des cristaux disséminés, avec celle de la base, couleurs qui sont ordinairement différentes; les cristaux sont en général blancs et la base d'une teinte plus ou moins vive, ou plus ou moins foncée. On se sert des porphyres comme des granites pour la décoration des édifices, la construction des vases et des colonnes de prix. Le porphyre est une roche d'origine souterraine expulsée à diverses reprises du sein de la terre par des commotions à travers des crevasses formées dans les terrains supérieurs. Le porphyre rouge, dont la pâte est rouge et parsemée de petits cristaux blancs, se rencontre en Egypte dans les Vosges, dans le département de la Loire. On trouve aussi des porphyres en Corse, dans les Pyrénées, en Grèce, en Suède.

Grès et pierres meulières.

Le *grès* est un sable siliceux agglutiné par un ciment qui est en général de même nature et qui transforme le sable en une pierre souvent fort dure. La consistance du grès est très-variable; quand il est dur, compacte, il sert aux constructions, au pavage, au dallage des trottoirs. Les variétés de grès sont innombrables. Les grès de Fontainebleau, dont le ciment est du calcaire plus ou moins mêlé de mica, sont employés au pavage dans tout le nord de la France et à Paris. Le *grès rouge*, à ciment argilo-ferrugineux, à grain grossier; le *grès bigarré*, qui renferme de l'argile; le *grès vosgien*, dont les grains de quartz incolores ou translucides, souvent assez gros, mêlés de quelques grains de feldspath d'un blanc mat, sont agglutinés d'une pâte rouge, violâtre, sont très-abondants dans l'est de la France; ils donnent des pierres d'excellente qualité pour la construction des édifices (cathédrale de Strasbourg), pour le dallage des trottoirs, le pavage des rues. Les *grès bigarrés* (grès psammite) sont un assemblage de grains de quartz hyalin, de paillettes de mica, plus ou moins mêlé de grains de feldspath, agglutinés mécaniquement par un ciment de nature argileuse, et le plus souvent très-schisteux. Le ciment est coloré en jaune, en rouge par des oxydes de fer, en vert, en bleu par des carbonates de cuivre, dans la plupart de ces roches. On trouve des grès houillers gris à Saint-Etienne et à Carcassonne. La *molasse* ou grès des Alpes est un grès à grain fin et verdâtre, qui est en usage en Suisse. Le ciment calcaire ou marneux qui en réunit les éléments lui conserve cette friabilité exprimée par son nom. Molasse.

Le grès sert à la fabrication des meules employées pour user ou pour polir les corps durs.

Sable.

Le *sable* est un grès sans ciment et dont les grains sont mobiles et incohérents; ces grains isolés et indépendants les uns des autres sont formés de différentes substances minérales, mais plus particulièrement de quartz. Le sable est l'élément principal, souvent unique, du sol mouvant des dunes et des déserts ; c'est la matière principale des alluvions déposées par les rivières ; c'est l'un des éléments nécessaires des terres arables, qu'il ameublit. On l'appelle *gravier* quand il renferme des galets de quartz, des cailloux de silex. Les sables du Sénégal servent à polir le marbre.

Pierres à meules.

Les *pierres meulières* sont des pierres siliceuses d'un blanc grisâtre, criblées de cavités, de trous, de pores vides ou remplis d'argile ; celles de la Ferté-sous-Jouarre sont formées par un calcaire siliceux ou caverneux présentant toutes les qualités d'une bonne meule à moudre le grain ; il y en a aussi des carrières à Bergerac, en Saxe et à Andernach.

Emeri.

L'*émeri* est du corindon ou de l'alumine anhydre et cristallisée en grains irréguliers mêlé à beaucoup d'oxyde de fer. Il est surtout très-abondant dans l'île de Naxos, au cap Emeri, à Gumuch-Dagh, près d'Ephèse (Asie-Mineure), à Ochsenkopf près de Schwartzenberg, en Saxe, dans les îles de Jersey et de Guernesey, dans les environs de Chester en Massachussetts (Amérique du Nord) et dans les Indes. On l'emploie pour polir les métaux, les glaces, les cristaux, les marbres et les aciers.

Ardoises.

On appelle *ardoise* ou *phyllade* une roche feuilletée composée de limon argileux et talqueux ordinairement mélangé de diverses substances, telles que le quartz, le mica, le calcaire, etc. ; l'ardoise est donc un schiste argileux qui se trouve dans les terrains de transition ; elle est ordinairement de couleur gris violet plus ou moins foncé ou d'un gris pâle et quelquefois d'un gris roux, teinte due à l'oxyde de fer ; sa structure lamelleuse et feuilletée permet de la diviser en plaques plus ou moins grandes, qu'on peut employer pour la couverture des édifices. Son inaltérabilité à l'air et à l'humidité la rend propre à cet usage.

L'ardoise est abondamment répandue dans la nature. En France, les gisements les plus importants sont ceux des environs d'Angers et ceux du département des Ardennes (à Fumay, Rimogne). Le Dauphiné, la Corrèze, la Seine-Inférieure en produisent. Le pays de Galles, le Comté de Cornouailles, l'Ecosse sont remarquables par leurs carrières d'ardoises. Les ardoises d'Angers ont le grain plus fin que celles des Ardennes, mais ont moins de solidité et durent beaucoup moins longtemps. L'ardoise est employée avec succès pour les carrelages et revêtements de salles de bains, de laiteries, de lampisterie, pour la fabrication des tables de billard, pour tableau à écrire, pour couvertures de toits ; un toit d'ardoise bien fait ne pèse que 12 à 15 kilogrammes par mètre carré : c'est donc une toiture légère. Pour l'enseignement de l'écriture, on choisit des ardoises compactes et à grain fin, dont on adoucit la surface avec la pierre ponce.

La *pierre à rasoir* ou *novaculite* peut être considérée comme une phyllade ou ardoise imprégnée de silice qui en augmente la dureté, qui la rend moins fissile et qui lui donne une cassure un peu conchoïdale; elle est à peine feuilletée, très-compacte et très-homogène. On rencontre ces pierres en quantité considérable en Belgique, aux environs d'Ottrez (Ardennes belges). Pierre à rasoir.

L'*écume de mer* est un hydrosilicate de magnésie ($MgO\ SiO^2$, HO), d'un blanc mat, légèrement rosé, happant à la langue, faisant pâte avec l'eau ; elle est difficilement fusible et sa densité est de 1, 2. On en trouve en Asie-Mineure, à l'île de Négrepont, en Crimée, en masses ou en rognons compactes; elle sert depuis longtemps à fabriquer des pipes très-estimées. Écume de mer.

Le *talc* ($MgO\,2SiO^2$), nommé improprement, dans le commerce de la droguerie, *craie de Briançon* quand il est en petites écailles, et *talc de Venise* quand il est en belles lames transparentes, est un silicate de magnésie hydraté, blanc et légèrement teinté de verdâtre, d'éclat argentin ou nacré, ordinairement un peu gras; le talc est très-doux et onctueux au toucher; il est toujours disposé en feuillets minces, flexibles, mais non élastiques; il résiste aux acides et ne peut se fondre au chalumeau. C'est la moins dure de toutes les substances minérales et se raie avec l'ongle. Il est employé comme fard pour adoucir la peau, pour faire les crayons pastels, pour satiner le papier, apprêter les tissus de coton, dégraisser la soie, composer certaines couleurs ; les tailleurs se servent de fragments de cette craie pour tracer sur le drap la coupe des habits et les cordonniers ont recours à sa poudre onctueuse pour faciliter l'introduction des pieds dans les bottes. On exploite le talc à Briançon. Talc.

La *stéatite* ou *pierre de lard* ($3MgO\,4SiO^2$, HO) est une variété de talc compacte, amorphe, plus riche en magnésie et plus hydratée ; on l'emploie pour la faïence anglaise, dans le Staffordshire. Stéatite.

La *terre de Vérone*, qui est un silicate de magnésie et de fer, fournit à la peinture de paysage et de marine une belle couleur verte d'une grande solidité. Il en vient de Vérone, de l'île de Chypre et de Pologne. Terre de Vérone.

L'*amiante*, qui est un composé de silicate de magnésie, et qui jouit de la propriété d'être incombustible, se rencontre en Italie, dans les Alpes et dans la vallée d'Aoste. On fait avec l'amiante du papier et des cartons incombustibles, à un prix assez bas. Amiante.

Le *plâtre* ou sulfate de chaux hydraté, ou *gypse* ($CaO\ SO^3$, 2HO) con- Plâtre.

stitue des amas importants dans les terrains de sédiment, surtout dans les terrains tertiaires. Il se présente en bancs plus ou moins épais séparés les uns des autres par des couches de marne et d'argile. Le bassin de Paris est très-riche en gypse, sur la rive droite de la Seine, à Paris. Les buttes Chaumont, Montmartre, de Pantin, de Belleville, de Ménilmontant, ont été dès avant le XIVe siècle et sont encore aujourd'hui le siége d'exploitations importantes de cette matière ; elles fournissent de la pierre à plâtre non-seulement à presque toute la France, mais même à l'Angleterre et à l'Amérique. Les gypses du Puy-de-Dôme, de la Côte-d'Or, de Saône-et-Loire, des environs d'Aix en fournissent beaucoup à la consommation. Le sulfate de chaux anhydre ($CaO\ SO^3$) appelé *Karsténite,* minéral légèrement siliceux et de couleur gris bleuâtre assez agréable, est employé en Italie pour tables et cheminées sous le nom de *marbre de Bergame* ou de *Bardiglio;* on le tire de Vulpino, à 66 kilom. de Milan.

Albâtre gypseux.

L'*albâtre blanc* ou *gypseux* est en masses saccharoïdes d'un blanc de neige ; il a l'apparence du marbre statuaire, et sa forte translucidité lui donne un aspect particulier. On le travaille et on le polit pour en faire des objets d'ornement, des flambeaux, des vases, des pendules, des statuettes ; son défaut de dureté est fort peu avantageux pour la conservation des produits dans lesquels on le transforme. Il est beaucoup plus tendre et fragile que l'albâtre calcaire et ne fait pas effervescence avec les acides comme ce dernier. Les albâtres de Volterra (Toscane), près de Florence, sont exploités et mis en œuvre de toute antiquité ; ils sont uniques au monde. On les trouve à l'état de noyaux ou d'amandes d'une grande pureté, disséminés dans le sein des couches de gypse gris ou noirâtre et cristallin.

L'albâtre de la carrière de Dammard, près de Lagny (Seine-et-Marne), que sa teinte fauve à veines fondues fait nommer albâtre gris, est très-employé maintenant pour former des carreaux, des chambranles, des socles de pendules, des vases, des fûts, etc., ornés de sculptures en albâtre blanc rapportées.

Pierres précieuses.

Les pierres fines sont celles qui sont employées dans la joaillerie et la bijouterie à cause de leur éclat brillant, de leur grande dureté et de leurs vives couleurs. Elles n'ont aujourd'hui en Europe d'autre usage que celui de servir à la parure et de fournir quelques instruments à l'industrie. Le charbon, l'alumine et la silice sont les trois substances qui fournissent aux pierres précieuses la presque totalité de leurs principes constituants. Au point de vue de la constitution chimique de ces pierres, on pourrait les diviser en trois groupes : le premier groupe ne comprendrait qu'une seule pierre, le carbone cristallisé ou *diamant;* le second groupe renfermerait les pierres à base d'alumine, comme le corindon, les saphirs, les rubis, l'améthyste, les topazes, les émeraudes, les turquoises; le troisième groupe comprendrait les pierres à base de silice, comme les opales, les agates, le jaspe, les grenats, le jade.

Le *diamant* se rencontre au Brésil, au nord de la colonie du Cap, dans les Indes et à Bornéo. La taille du diamant se fait à Amsterdam, à Anvers, à Paris et à Birmingham. Diamant.

Le *corindon* est formé d'alumine cristallisée à peu près pure et prend différents noms suivant la couleur que lui donnent certains oxydes : le rouge cramoisi est le *rubis oriental* que l'on trouve à Ceylan, dans les Indes et la Chine; le corindon bleu d'azur appelé *saphir oriental*, qui était pour les anciens la pierre sacrée par excellence, se rencontre à Ceylan, aux Indes, dans la Perse et le Brésil; le corindon violet ou *améthyste orientale*, qui est une substance rare d'un éclat magnifique, d'une couleur violette légèrement nuancée de rouge, se rencontre à Ceylan, en Arabie, en Chine et en Egypte. C'est la pierre religieuse qui orne la croix et l'anneau pastoral des évêques. L'*améthyste occidentale*, qui est violette et se compose de quartz hyalin coloré par une faible proportion d'oxyde de manganèse, se trouve en France aux environs de Brioude, dans le Puy-de-Dôme, en Prusse, en Hongrie, dans la Sibérie, en Arabie, à Ceylan, au Kamtchatka et à Monticello aux Etats-Unis. Les environs de Carthagène, en Espagne, fournissent de très-beaux échantillons d'améthyste, mais c'est surtout le Brésil qui fournit aujourd'hui au commerce les améthystes occidentales. La *topaze*, qui est jaune, se divise en topaze orientale, qui est un corindon coloré en beau jaune d'or par une faible quantité d'oxyde de fer, et en topaze occidentale, qui est un fluosilicate d'alumine de couleur jaune plus ou moins foncée et variable. La topaze orientale est très-rare dans les Indes et au Brésil; la topaze occidentale se rencontre en Saxe, au Brésil, au Mexique et en Sibérie. La couleur de la topaze de Saxe varie du jaune orangé au jaune paille; la couleur de celles du Brésil comprend toutes les nuances entre le jaune orangé et le jaune de vin; elles sont bleuâtres, verdâtres ou même tout à fait incolores. Corindon. Topaze.

L'*émeraude*, qui est composée d'alumine avec 12 à 15 °/₀ de glucine et 8 à 9 °/₀ d'oxyde de chrome auquel elle doit sa belle teinte verte, constitue l'une des pierres les plus rares et les plus précieuses quand elle est entièrement hyaline; elle est au contraire assez commune à l'état de cristaux demi-transparents et d'un vert d'eau; il est peu de montagnes granitiques dans lesquelles on n'en observe. En France, on en connaît dans la Bretagne, la Vendée, l'Auvergne et le Limousin. Les émeraudes viennent de l'Inde orientale, de l'Égypte, de la vallée de l'Harrach à Emeraude.

15 kilom. de Blidah, de la Nouvelle-Grenade, du Pérou et aussi de Salzbourg.

Turquoise.

La *turquoise* orientale est une pierre alumineuse dans laquelle l'alumine n'entre plus que pour moitié à peine dans la constitution ; sa couleur bleue si caractéristique est due en grande partie à une combinaison dans laquelle entre toujours l'acide phosphorique, le cuivre, le fer et probablement l'eau dont elle renferme 18 à 19 °/₀. Les turquoises se trouvent dans les Indes, la Perse et la Sibérie.

Opale.

L'*opale*, qui est formée de silice et renferme toujours une quantité plus ou moins considérable d'eau, qui peut varier de 5 à 12 °/₀ de son poids, avec une matière organique bitumineuse, est traversée dans tous les sens par une multitude de fissures remplies d'air et d'humidité ; ces fissures se dirigeant dans tous les sens, les lames minces d'air et d'eau interposées empêchent la lumière de se propager régulièrement et donnent lieu à des phénomènes particuliers de coloration, qui sont d'un très-bel effet. L'opale se rencontre en Arabie, à Ceylan, en Hongrie, en Saxe, en Irlande, en Islande, en Ecosse et au Mexique. C'est la Hongrie et le Mexique qui fournissent aujourd'hui la plus grande partie de celles qui existent dans le commerce européen ; l'*opale orientale* vient surtout de Hongrie et l'*opale feu* du Mexique.

Agates.

Les *agates* sont des variétés de quartz compactes, demi-transparentes, d'une pâte fine, susceptibles d'un beau poli et parées de couleurs très-vives ; on les trouve presque toujours à l'état de concrétion. La matière constituante s'est déposée par feuilles minces, absolument comme des couches successives de colle. Les agates se divisent naturellement en deux variétés : les agates à une seule teinte et les agates à plusieurs teintes. *La Calcédoine*, qui est une agate à une seule teinte et une pierre assez commune, toujours nébuleuse et d'un blanc mat ou blanc de lait, se rencontre en Angleterre, en Irlande, en Allemagne, en Italie, en Egypte et en Syrie.

Les *Onyx* sont des agates rubanées formées de couches concentriques ou superposées horizontalement et offrant des couleurs très-variées. On en trouve en Allemagne, en Algérie, etc. Les agates sont employées pour en fabriquer des objets d'art, d'ornementation, de bijouterie ; on en fait des cachets, des tabatières, des breloques, etc.

Jaspe.

Le *jaspe* est une pierre où l'élément siliceux domine complétement ; mais il est associé à certaines bases comme l'alumine, l'oxyde de fer, etc., dont la proportion est suffisante pour que le tout devienne fusible au feu du chalumeau ordinaire. Le jaspe est opaque, à fond brun, présentant de larges bandes de diverses couleurs généralement rouges et vertes.

Le *zircon,* formé de silice et d'oxyde de zirconium, et dont les cristaux sont incolores ou verdâtres et quelquefois d'un rouge brunâtre, ou rouge hyacinthe, se rencontre à Ceylan, en Europe près de Lisbonne, dans le comté de Galloway et en France près de la ville du Puy, dans le ruisseau d'Expailly. Zircon.

Les *grenats,* qui sont des silicates doubles de chaux et d'alumine (*grossulaire*) ou d'alumine et de fer (*almandin*) se rencontrent, les premiers en Norvége, au Mexique, dans le Tyrol, dans l'Oural, à Ala, en Piémont, et les seconds, en Bohême, en Saxe, à Ceylan et au Brésil. Grenats.

Le *péridot,* $(MgO\ FeO)^2\ SiO^2$, qui est un silicate double de magnésie et de fer, avec des proportions variables de manganèse, d'alumine et quelquefois de nickel, est une pierre jaune verdâtre ou vert olive ou vert clair (olivine) qui nous vient du Levant par Constantinople. Péridot.

Le *Jade* est un silicate de chaux et de magnésie contenant des traces d'oxyde de fer et quelquefois d'oxyde de manganèse, d'un blanc plus ou moins verdâtre, à cassure un peu esquilleuse. On en trouve des mines en Chine, en Turquie et en Pologne. Jade.

Le *Lapis-lazuli* est un minéral d'une belle couleur bleue plus ou moins intense composé de silice, d'alumine, puis de soude, de chaux et de soufre. Cette substance prend un poli remarquable et présente, réduite en plaques minces, des effets très-agréables ; le lapis-lazuli sert à préparer la magnifique couleur désignée sous le nom d'*outre-mer,* que l'air n'altère pas. La Chine, la Perse, les environs du lac Baïkhal en Sibérie et le Chili fournissent cette matière. Lapis-lazuli.

La *malachite* ou vert de montagne $(2\ CuO\ CO^2,\ HO)$ qui est un carbonate de cuivre hydraté, se rencontre en Norvége, en Saxe, en Hongrie, dans le Tyrol et surtout aux monts Ourals. Ce corps est déposé en rognons remplis de cristaux ou aiguilles donnant à la masse un aspect fibreux et châtoyant ; la malachite sciée et polie présente un très-bel aspect. Son principal usage est de servir à la confection de boîtes, tabatières, breloques, statuettes, serre-papiers, vases, etc. Malachite.

CHAPITRE II

PRODUCTIONS VÉGÉTALES DU GLOBE.

Influences des agents physiques sur la végétation. — Limites imposées aux cultures. — Influence de l'altitude sur la végétation. — Division de la Flore du globe en quatre grandes zones. — I. *Flore de la zone torride.* — *Fruits :* Ananas, bananier, palmiers. — Cocotier et ses produits. — *Tubercules et fécules :* Arrow-root. — Sagou. — Tapioca. — Salep. — Igname. — Pomme de terre. — *Graines :* Coracan, maïs, millet, riz, sorgho. — *Épices :* Poivre, maniguette, piment, cannelle, muscade, clous de girofle, gingembre. — *Denrées coloniales :* Vanille, cacao, café, thé, maté, canne à sucre. — *Plantes oléagineuses :* Huile de coco et de palme, arachides, sésames, arbre à suif, touloucounas. — *Sucs végétaux, gommes, résines :* Caoutchouc, gutta-percha, gomme arabique, baumes, laque, copal, gomme-gutte, cachou, sang-dragon. — *Matières tinctoriales :* Indigo, cochenille, kermès, orseille, rocou. — *Drogueries médicinales :* Aloès, camphre, cubèbe, gomme adragante, ipéca, jalap, manne, noix vomique, quinquina, rhubarbe, salsepareille, séné, tamarin. — *Matières textiles :* Coton. — Grands centres de production et de consommation. — Jute. — Phormium tenax. — China grass ou ortie blanche. — Ramie. — Chanvre de manille. — *Bois :* Acajou, ébène, palissandre, bois de teinture. — *Narcotiques :* Tabac, opium, haschich, coca. — II. *Flore de la zone tempérée boréale.* — *Céréales.* — *Tubercules et racines :* Betteraves. — *Plantes oléagineuses :* Colza, navette, pavot, cameline, ricin. — *Plantes textiles :* Lin, chanvre. — *Plantes tinctoriales.* — Plantes à aromates. — *Vigne :* Vins des différents pays. — *Arbres fruitiers :* Oranger, olivier. — Prairies naturelles et pâturages. — Arbres forestiers et forêts. — III. *Flore de la zone tempérée australe.* — IV. *Flore de la zone glaciale boréale.*

Influences des agents physiques sur la végétation.

Les végétaux varient suivant les zones et obéissent à la loi des climats; leurs limites ne sont pas réglées par les lignes isothermes. La végétation change suivant la latitude et l'altitude des lieux et est modifiée par le voisinage de la mer. Chaque espèce végétale ayant une patrie déterminée, son existence actuelle est due à sa propagation et à son extension ; mais tout végétal a sa place fixée par des limites qu'il ne peut franchir sans s'exposer à périr, mais entre lesquelles il trouve toutes les conditions physiques nécessaires à son développement.

La chaleur, la lumière et l'eau ont une grande influence sur la qualité des produits du règne végétal ; les vents ont aussi leur action sur la végétation.

En général, le plus grand nombre des plantes ne commencent à végéter que lorsque la température est de plusieurs degrés au-dessus de zéro et cessent de vivre au delà de 50° centigr. ; quelques plantes font exception, comme, par exemple, les pervenches, les pâquerettes, les ellébores noirs, qui commencent à montrer leurs boutons sous la neige, parce que ces plantes ont fait pendant la saison chaude une provision de principes organisés mis en réserve dans les parties souterraines.

Effet de la lumière sur les plantes.

La lumière est aussi indispensable aux plantes que la chaleur, car c'est sous l'influence de la lumière favorisée par une température convenable que s'effectue le travail de la fixation dans la plante du carbone, de l'hydrogène et de l'azote pris à l'acide carbonique, à l'eau et aux produits azotés par le végétal. C'est à l'influence de la lumière ou plutôt des radiations solaires et à leur inégale répartition sur les diverses régions, soit par l'effet de l'inégale durée des jours, soit par suite du degré variable de nébulosité du ciel, qu'il faut rattacher les faits caractéristiques de leur agriculture. Ainsi l'olivier improductif à Agen avec 14° de température moyenne est fertile en Dalmatie avec 13°. La vigne s'arrête à 12° sur les bords de la Loire et atteint 10° sur les bords du Rhin. La moisson se fait à Londres avec une température estivale de 17°, 1 en même temps qu'à Upsal, qui n'a pourtant que 15°,1. C'est à la même influence de la lumière qu'est due la richesse de la végétation alpine comparée à celle des climats du Nord dans lesquels l'atmosphère a la même température moyenne. Il faut donc aux plantes pour mûrir une certaine somme de chaleur et de lumière; si elle n'est pas atteinte, la plante ne mûrit pas. Ainsi le maïs mûrit mal à Paris, mais il mûrit bien en Alsace parce que le climat de l'Alsace est moins nébuleux en été que celui de Paris. La durée du jour, très-variable suivant les latitudes, doit donc exercer une grande influence sur les progrès de la végétation, et il existe une relation évidente entre la durée de la végétation sous les climats les plus divers et la somme de chaleur et de lumière qui est départie à chacun d'eux.

L'eau est indispensable à la plante.

L'eau est indispensable à toute plante vivante et si, à mesure que la température monte, on fournit au végétal une humidité correspondante, la végétation s'accélère et devient plus luxuriante. Dans ces conditions, les parties herbacées et la tige se développent largement; de nouveaux bourgeons ne cessent de se former et d'éclore; si quelques-uns fleurissent, ils donnent peu de fleurs, la séve étant sans cesse appelée vers le haut par l'éclosion et l'élongation de ces nouveaux bourgeons. L'accroissement en hauteur ne se ralentit qu'à mesure que, la température restant la même ou croissant encore, l'humidité diminue et cesse d'être surabondante; alors les bourgeons fleurissent plus complétement et finissent par fructifier.

Dans les pays les plus chauds, c'est moins la chaleur que le manque d'eau qui entrave la végétation. En effet, dans les régions intertropicales où les pluies sont nettement groupées sur une ou deux saisons humides alternant avec une ou deux saisons sèches, la végétation subit de semblables intermittences. Le sommeil des plantes y correspond à la saison sèche au lieu de l'hiver qui n'y existe point. La zone des déserts sans pluie n'est pas infertile par elle-même, mais à cause du manque d'eau, car les oasis se développent partout où les eaux souterraines peuvent être ramenées à la surface pour suppléer par les irrigations à l'extrême rareté des eaux pluviales.

Le sol ne reçoit pas seulement l'eau des pluies, mais dans un air humide, il peut condenser directement de la vapeur sans que celle-ci ait passé à l'état d'eau pluviale ; un sol ameubli peut condenser ainsi beaucoup d'humidité durant les nuits claires et humides des pays méridionaux, et cette humidité profite aux racines. De là l'effet remarquable des rosées dans les pays chauds ; elles n'agissent pas surtout comme eau, mais bien par l'acide carbonique, l'ammoniaque et les produits nitreux qu'elles contiennent. On prétend aussi que les vents modérés sont utiles aux plantes en les agitant et en favorisant de cette manière l'évaporation foliacée et la circulation de la séve ; ils aident évidemment à la dispersion du pollen, car la fécondation paraît plus complète pour les plantes qui ne sont pas entièrement abritées que pour celles qui le sont. La plante s'alimente dans l'air par ses feuilles comme dans le sol par ses racines ; elle puise dans l'atmosphère le carbone de l'acide carbonique et l'azote de l'ammoniaque et des acides azotique et azoteux. Le renouvellement de l'air amenant en même temps le renouvellement de la provision d'azote assimilable qui y est contenu, on comprend qu'un vent modéré ait de l'influence sur la végétation, mais il est certain que les qualités des différents vents importent plus que leur vitesse.

Effet des rosées dans les pays chauds.

Influence de la neige sur les plantes.

La répartition des neiges est aussi d'une grande importance pour la végétation dans les régions du Nord ou sur les sommets des massifs montagneux ; elles constituent un abri pour le sol et les plantes herbacées contre le refroidissement en hiver et de plus elles renferment des quantités appréciables d'ammoniaque et de produits nitrés ; elles empêchent la gelée de pénétrer aussi profondément en terre et garantissent les plantes d'un dégel trop rapide, qui est plus à craindre que la gelée.

Influence du dégel trop prompt sur la plante.

Souvent les plantes ne périssent pas par le froid, et, d'après Sachs, le dégel serait plus à redouter par les plantes que la gelée ; ce savant pense que les cellules des plantes gelées sont dans un état particulier qui les rend beaucoup plus perméables aux liquides ; les matières albuminoïdes dont elles sont tapissées, la cellulose dont leur membrane est formée, se concrètent par le froid et l'eau de constitution s'en séparant, les plantes ont une grande tendance à se vider. La plupart perdent cet état anormal quand survient un dégel très-lent ; mais si la température se relève au point de rétablir le mouvement vital avant que les cellules aient repris leur état normal, elles se vident et meurent. Le danger final est d'autant plus grand que la plante est plus gorgée d'eau et a un plus faible volume. C'est ainsi que le bourgeon baigné de rosée se détruit facilement.

Les bas-fonds gèlent plus souvent que les points les plus élevés, parce que l'air refroidi sur ces derniers descend vers les premiers ; mais le contraire peut arriver, parce qu'un abaissement trop marqué dans la température de l'air aura fait naître dans le bas-fond une brume qui aura arrêté le rayonnement nocturne des plantes qui y vivent ; l'air y sera plus froid que sur le coteau, mais la plante y sera moins froide. On a observé que par un ciel pur la température des plantes peut s'abaisser à 7 ou 8 degrés au-dessous de la température de l'air, et par conséquent la température de l'air à 1 ou 2 mètres au-dessus du sol peut ne pas descendre au-dessous de + 5 ou 6 degrés sans empêcher les plantes de geler.

La fertilité d'une terre n'a rien d'absolu ; elle change de base suivant les climats, et même d'une année à une autre, suivant la somme de lumière, de chaleur et d'eau qu'elle reçoit. La quantité d'eau nécessaire pour produire une récolte donnée n'a rien non plus d'absolu ; elle dépend de la somme de matières minérales utiles dont l'eau peut se charger. Dans une certaine mesure l'eau supplée aux engrais, et dans une certaine mesure aussi l'engrais peut suppléer à l'eau. Si l'on dispose de beaucoup d'eau pour dissoudre les matières minérales rebelles à l'action du liquide, de beaucoup de chaleur pour favoriser leur dissolution et de beaucoup de lumière pour hâter l'excrétion de l'eau qui a fourni son contingent à la plante et pour l'assimilation de ces matières, il sera possible de tirer d'un sol pauvre de gros produits.

Des pluies fréquentes avec peu de lumière et de chaleur exigeront une solubilité plus grande des matières minérales nécessaires et par suite un sol plus riche.

Limites imposées aux cultures.

L'agriculture est de plus en plus dominée par deux ordres de faits distincts ; les uns se résument dans les prix auxquels atteignent dans chaque région les produits similaires nés dans d'autres régions ; ces prix peuvent changer par la création de moyens rapides de transports et par des variations dans la législation des pays ; les autres se résument dans le prix de revient de chaque produit local eu égard à sa qualité. A mesure que la liberté des échanges prévaudra, il faudra de plus en plus ne demander au sol que ce qu'il pourra donner dans les conditions les plus avantageuses d'après sa nature et son climat. Pour qu'une plante puisse être cultivée avec profit dans un pays, il faut qu'elle puisse parcourir toutes les phases de sa végétation sans exiger des soins spéciaux hors de proportion avec la valeur du produit ; il faut de plus que la récolte ne soit pas trop souvent compromise, ni rendue trop laborieuse par les intempéries.

L'agriculteur habile doit connaître les produits moyens de ses cultures, les prix que ces produits obtiennent sur les marchés et les dépenses que la culture exige. En multipliant le produit moyen par sa valeur moyenne, on obtient le rendement en argent, et en comparant ce rendement à la somme des frais de culture et du loyer de la terre on en déduit le bénéfice de l'exploitation. Si le même calcul est fait pour chaque plante, on arrive aisément à déterminer le genre de culture le plus favorable à une région. Dans cette comparaison, le prix de la main-d'œuvre et des engrais et le prix des produits qui dépendent de l'extension des cultures similaires et de l'abaissement des frais de transport peuvent varier suivant le temps.

On doit donc rechercher dans chaque région les plantes qui fournissent les récoltes les meilleures, les plus abondantes et les plus assurées; puis quelles sont les plantes accessoires dont la réussite moins certaine présente cependant encore une somme suffisante d'avantages. Les plantes qui aiment le soleil réussiront mal sur les versants nords des massifs montagneux; celles qui prospèrent à l'exposition du midi sur les hauts plateaux dépérissent rapidement dans la plaine où la lumière est moins vive, même en plein soleil, tandis que les plantes qui aiment l'exposition du nord dans la montagne s'acclimatent très-bien dans la plaine.

Influence de l'altitude sur la végétation.

La végétation d'une haute montagne située sous l'équateur varie en altitude comme celle de la surface du globe varie en latitude. A mesure qu'on s'élève sur la montagne, les plantes des tropiques disparaissent et sont remplacées par celles des zones tempérées, qui cèdent leur place à de plus grandes hauteurs aux plantes des régions polaires. C'est ainsi qu'en s'élevant sur les montagnes ou en s'approchant des régions polaires, la végétation diminue et finit par descendre jusqu'aux mousses et aux lichens qui disparaissent aussi à leur tour.

On peut diviser la flore du globe en quatre grandes zones; celle de la zone torride, celle de la zone tempérée boréale, la flore de la zone tempérée australe et celle de la zone glaciale du nord.

I. FLORE DE LA ZONE TORRIDE.

Flore de la zone torride.

La végétation de la zone torride est luxuriante à cause de la chaleur constante et de l'humidité qui y règnent; c'est la zone la plus remarquable par la puissance de sa végétation. Aussi rencontre-t-on de magnifiques forêts vierges au Brésil, des fourrés impénétrables ou jungles dans l'Inde. Les fougères arborescentes, les grandes graminées, des lianes gigantesques ornent la végétation des pays tropicaux. Nous diviserons en plusieurs sections les produits de cette zone ayant un intérêt commercial.

1. Fruits.

Fruits de la zone torride. Ananas.

L'*ananas,* qui existe aussi à l'état sauvage, est cultivé en grand aux Antilles et dans l'Amérique équinoxiale.

Bananier.

Le *bananier* est cultivé dans la partie intertropicale de l'Asie, de l'Afrique, de l'Amérique, de la Malaisie, et en Algérie.

Palmier.

Cocotier.

Les *palmiers* occupent la zone intertropicale et le nord de l'Afrique; le palmier-dattier se rencontre surtout dans les oasis du Sahara algérien. Le *cocotier* (cocos nucifera), de la famille des palmiers, est indigène en Asie et dans quelques parties de l'Afrique; il croît aussi à l'état libre dans les régions tropicales de l'Amérique; il croît en grande quantité à Ceylan, entre Colombo et Mattura; il abonde sur la côte de Malabar et dans plusieurs parties de l'Indoustan. Le cocotier ne prospère pas sous une latitude bien éloignée des régions tropicales; dans l'hémisphère septentrional, on le trouve végétant jusque par le 28e degré, et près de l'équateur, on le rencontre depuis la plaine jusqu'à la hauteur de 1364 mètres au-dessus du niveau de la mer. Les plus beaux arbres se trouvent dans une terre molle, mais non marécageuse, ou dans un sol sablonneux; il réussit mieux près du littoral que dans l'intérieur des terres, et c'est dans le voisinage de la mer qu'il acquiert le plus de vigueur et produit le plus abondamment. La durée de l'arbre est de 80 à 85 ans; sa croissance est prompte jusqu'à ce qu'il atteigne l'âge de 35 ou 40 ans, époque à laquelle il est le plus productif; il commence à produire à six ans. Le sommet de l'arbre est indispensable à sa vie; c'est ce qu'on appelle le chou du palmier, qui croît au-dessus des feuilles et se compose de feuilles non encore développées mais très-sucrées. Le cocotier ne se reproduit que par son fruit et a besoin d'irrigation dans les premières années de sa croissance. Un arbre adulte peut donner de 50 à 60 noix par an et même 100, d'après de Humboldt.

Produits du cocotier.

Les produits du cocotier sont nombreux. Il fournit le *vin de palme* (toddy), liqueur fermentée, et le *callou* (mirra), plus doux que le vin de palme, n'ayant ni acidité, ni force; ils sont tous deux tirés de la spathe ou spadice floral, pendant 7 à 8 mois de l'année. Le vin de palme donne par la distillation l'arack d'orient, et du callou on obtient une espèce de sucre qui s'appelle jagre. Le vin de palme fait également d'excellent vinaigre qui gagne avec l'âge. L'arack constitue l'un des principaux articles d'exportation de Ceylan. Du brou fibreux, ou enveloppe extérieure de la noix, on fabrique des cordages très-forts et qui ne souffrent point de l'immersion dans l'eau de mer; ils sont généralement employés pour câbles en Asie, à cause de leur légèreté, de leur élasticité et de leur longue durée.

Ces filaments du brou de la noix de coco sont appelés *cair* quand ils sont rouis et ne sont pas altérés par l'eau de mer. L'amande de la noix et l'eau qu'elle renferme sont toutes deux également nutritives et agréables. L'amande contient une forte proportion d'huile fixe, dont on fait un grand usage en Orient et dans l'Amérique du Sud ; Ceylan en exporte en Angleterre plus de 12 millions et demi de kilogrammes (11 millions de francs). L'huile s'extrait soit de la noix toute fraîche, après en avoir brisé la coque, soit de l'amande, coupée par tranches et exposée à l'action du soleil jusqu'à ce que les parties aqueuses en soient évaporées et qu'il ne reste plus que les parties huileuses ; l'amande, dans cet état, est désignée sous le nom de *coprah* et constitue à Ceylan un article d'exportation. L'huile extraite du coprah a une forte odeur rance qui la rend bien inférieure à celle que l'on tire de l'amande fraîche.

On se sert des feuilles entières du cocotier comme de *nattes* pour dormir dessus. Quand elles sont dépouillées de leurs pétioles, on les tresse en nattes pour couvrir les hangars et les maisons ; sur la côte de Malabar, on fait usage de ces nattes même pour les plus grands édifices. Les arêtes ou nervures des folioles sont tressées en nattes pour les parquets des personnes riches. Le bois de cocotier n'est pas assez dur et compacte pour être employé comme bois de charpente, mais comme il est composé de fortes fibres ligneuses s'entrecroisant comme un ouvrage en filet, il est très-élastique.

Tubercules et fécules.

2. Tubercules et Fécules.

Arrow-root.

L'*arrow-root* est une fécule très-fine que l'on extrait des rhizomes du *maranta indica* et du *maranta arundinacea*, plantes monocotylédonées de la famille des cannées. Ce sont des herbes à tiges quelquefois un peu frutescentes, qui habitent les régions tropicales de l'Amérique, aux Antilles, à la Jamaïque, dans les États-Unis du Sud, dans les Indes et à l'île Maurice. Les rhizomes de la plante donnent de 7 à 20 °/₀ de fécule qu'on extrait de la même façon que celle de pomme de terre ; mais elle est plus fine, plus douce au toucher et plus compacte, et elle absorbe plus d'eau.

Sagou.

Le *sagou* est une fécule alimentaire préparée avec la moelle contenue dans le tronc d'arbres de la famille des cycadées et des palmiers, appelés sagouiers ou sagoutiers ; ce sont des arbres peu élevés qui produisent un fruit arrondi, couvert entièrement d'écailles imbriquées. On connaît trois espèces principales de sagoutiers : le *roufia* ou *sagus vinifera*, qui croît dans les Indes orientales et en Afrique, dans le royaume de Benin ; le *sagouier pédonculé*, qui habite Madagascar, d'où il a été transporté d'abord dans les îles Mascareignes, puis à Cayenne; le *sagouier* de *Rumph* (sagus Rumphii) originaire des Moluques; ce sagoutier atteint quelquefois 10 mètres de hauteur. Les sagoutiers croissent aux Moluques et aux Philippines, dans la Malaisie, la Nouvelle-Guinée, les Indes, Madagascar, Réunion, Maurice, la Guinée et le Mexique. Pour préparer le sagou, on fend les tiges et on en retire la moelle qui s'y trouve et qui présente la consistance pulpeuse d'une pomme. La moelle est pétrie avec de l'eau et l'amidon est entraîné par le lavage. Le sagou des Moluques passe pour le meilleur.

Le *tapioca* est une fécule alimentaire que l'on retire de la racine du *manioc* ou *jatropha manihot*, genre de plante de la famille des euphorbiacées, tribu des crotonées. On en connaît deux espèces principales : le *manioc très-utile* (M. utilissima), et le *manioc doux* (M. aipi). Le premier a une racine jaunâtre à suc laiteux vénéneux (CyH), mais très-volatil, et le second a une racine rougeâtre à suc non vénéneux. Ces deux plantes sont originaires du Brésil, où on les cultive en grand, ainsi qu'aux Antilles, pour leurs racines qui sont grosses comme le bras. On râpe grossièrement les tubercules et on obtient de la fécule de manioc qui est un mélange de fécule proprement dite, de fibres végétales et d'une faible quantité de matière extractive. On prépare avec cette fécule le *couaque*, la *cassave*, la *moussache* et le *tapioca*. Le *couaque* est retiré de la racine râpée et exprimée; on le sèche sur des claies exposées à la vapeur; on le crible, on le met dans des chaudières de fer et on lui fait subir un commencement de torréfaction. La *cassave* est la même fécule, mais non séchée, que l'on étend sur des plaques chaudes et dont on fait un gâteau mince et solide très-recherché, qui remplace le pain chez les indigènes du pays. La *moussache* ou *cipipa* est la fécule pure, lavée et séchée à l'air. La moussache se compose de granules très-petits, d'une égalité de volume remarquable. Le *tapioca* se fait avec de la moussache humide qu'on place sur des plaques chaudes où elle se cuit en partie; un certain nombre de granules se crèvent, et la fécule s'agglomère en grumeaux irréguliers, durs et un peu élastiques. Tapioca.

Le *salep* est une fécule extraite du bulbe desséché de plusieurs orchis, et dont les Orientaux font un grand usage. Il est fourni par la Perse, l'Asie-Mineure et l'Andalousie. Pour l'obtenir, on dépouille les bulbes de leurs fibres, de leur enveloppe, et on les sépare de ceux qui sont desséchés dans l'année; on les lave à l'eau froide et on les passe ensuite un moment à l'eau bouillante; égouttés, enfilés et séchés, ces bulbes ou tubercules con- Salep.

stituent de petits corps ovoïdes de grosseurs variables : c'est le salep, qu'on pulvérise lorsqu'on veut en faire des bouillies.

Igname. L'*igname* est un tubercule farineux produit en Chine, au Japon, dans la Malaisie, les Indes, les îles de l'océan Indien, dans les Antilles et dans l'Afrique intertropicale.

Pomme de terre. La *pomme de terre* est originaire de l'Amérique équinoxiale et s'est répandue de là dans les zones tempérées.

3. Graines.

Graines. Le *Coracan*, graminée des Indes orientales, fournit des graines qui nourrissent les classes inférieures de ces contrées.

Maïs. Le *maïs*, ou blé de Turquie, est cultivé dans la zone intertropicale, mais aussi dans les zones tempérées. Il réussit sous les latitudes et les climats les plus divers et peut être cultivé partout où la température est de 16 à 20° c. pendant cinq mois ; les plus chaudes régions de la zone tropicale donnent du maïs en abondance ; les courts étés du Canada en produisent d'excellentes récoltes. Quoiqu'on le trouve depuis l'équateur jusque vers le milieu des zones tempérées, il est surtout productif entre les parallèles de 20° et 45° de latitude. Les pays de production sont : en Amérique, les parties littorales de la Nouvelle-Grenade, le Vénézuéla, la Guyane, le Brésil, le Rio de la Plata, l'Amérique centrale, le Mexique, les Antilles, les États-Unis du sud (Louisiane, Floride, etc.), la Colombie anglaise, le Canada ; on le cultive jusqu'en Patagonie ; en *Afrique*, l'Algérie, le Maroc, le Cap ; en *Asie*, l'Asie-Mineure, la Syrie et l'Asie orientale ; en *Océanie*, l'Australie, la Malaisie, Java et les îles Philippines ; en *Europe*, la Turquie, la Grèce, la Roumanie, la Russie, la Hongrie, l'Italie, l'Espagne et la France.

Millet. Le *millet* est cultivé en grand dans les Indes orientales, la Tartarie et l'Afrique équinoxiale.

Riz. Le *riz*, plante annuelle, originaire des Indes orientales ou de la Chine, spéciale aux climats méridionaux, est cultivé en grand dans la Chine orientale, le Japon, la Malaisie, à Java, dans l'Indo-Chine (Siam), les Indes, en Égypte dans le delta du Nil, à Madagascar, dans la vallée inférieure du Zambèze, au Sénégal, dans la Guinée et le Congo ; dans le S-E. des États-Unis (Carolines), au Brésil ; dans l'Europe méridionale, en Espagne, en Italie, dans la vallée du Pô, en Piémont et en Lombardie, en

Corse, en Hongrie et en Turquie. On voit que cette plante s'est naturalisée dans les parties méridionales des zones tempérées.

Le *sorgo ou dourah*, graine nourrissant le quart de la population du globe, est cultivé en abondance en Chine, dans l'Indo-Chine, l'Inde, le Hedjaz, dans presque toute l'Afrique; les Antilles, à Cuba, et les États-Unis le cultivent aussi. Sorgho.

4. Épices.

Les principales épices sont le poivre, le piment, la cannelle, la muscade, le clou de girofle et le gingembre. Épices.

Le *poivre* est le fruit d'un arbrisseau appelé poivrier, appartenant à la famille des pipéracées. Les poivriers sont des arbustes aromatiques, sarmenteux, à rameaux articulés et noueux, et à inflorescence axillaire appelée spadice ou chaton; les fruits sont des baies sessiles ou non, selon l'espèce, car le poivrier comprend plusieurs espèces, renfermant une graine à téguments membraneux, ou épais et coriaces. Les graines du poivre aromatique sont réunies au nombre de vingt à trente sur une même grappe, et chaque pied en donne environ sept kilogrammes et demi. Le poivrier commence à produire vers la troisième année de sa plantation, et peut fournir d'abondantes récoltes pendant près de vingt années consécutives; on fait deux récoltes par an. Le poivrier croît spontanément dans les Indes orientales; mais c'est surtout à Sumatra, sur la côte occidentale de cette île, à Java, sur la côte occidentale de Bornéo, dans la presqu'île de Malacca, sur la côte de Siam, en Cochinchine, à Ceylan, à Malabar, qu'il est cultivé avec le plus de succès. C'est Sumatra qui en produit le plus. Poivre.

Le *poivre malaguette* ou *maniguette* ou *graines de paradis*, est la semence de l'*amomum paradisi*, plante qui croît sur la côte occidentale d'Afrique, à Madagascar et à Ceylan. Le fruit est une capsule contenant des grains qui sont de couleur rouge-brun à l'extérieur, et blancs à l'intérieur. Maniguette.

Le *piment* de la Jamaïque, ou anglais, provient du *myrtus pimenta*, arbre de la famille des myrtacées, de 10 mètres de haut, qui croît particulièrement à la Jamaïque sur des terres où la canne à sucre ne réussirait point. L'arbre commence à porter des fruits à sept ans; ce sont des baies d'un brun rougeâtre de la grosseur d'un petit pois, et qu'on a nom- Piment mées *toute épice* (all spice), parce que leur arome rappelle celui du poivre, de la cannelle et des girofles.

Cannelle. La cannelle est la seconde écorce des jeunes branches du cannellier (*laurus cinnamomum*), arbre de la famille des laurinées, qui croît surtout dans l'île de Ceylan, et qui atteint 7 à 8 mètres de hauteur ; ses feuilles ressemblent à celles du laurier commun. La cannelle se tire des branches de trois ou quatre ans, et sa qualité dépend de l'âge, de la culture et de l'exposition des cannelliers. La cannelle de Ceylan est la plus estimée. La cannelle de Cayenne provient du même arbre que celle de Ceylan. La côte de Malabar produit aussi de la cannelle. La *cannelle de Chine* est l'écorce du *laurus cassia* qui croît au Japon, dans la Cochinchine, l'Indo-Chine et dans les provinces méridionales de la Chine ; cette cannelle est moins estimée que la cannelle proprement dite, et elle s'en distingue par son odeur, par sa couleur brunâtre et par sa richesse beaucoup plus grande en principe mucilagineux. La *cannelle de Java et Sumatra*, fournie comme celle de Chine par une variété de *laurus cassia*, a une couleur fauve et est toujours en partie recouverte de sa pellicule. La *cannelle blanche,* ou fausse écorce de Winter, est produite par le *cannella alba* qui croît au Mexique, à la Jamaïque et aux Antilles. C'est une écorce épaisse ressemblant à la cannelle vraie par son odeur et sa saveur, et rappelant par ses propriétés le girofle et le gingembre.

Muscade. La *muscade*, ou noyau du fruit du muscadier, est produite par les Moluques, Gilolo, Banda, Amboine, la Nouvelle-Guinée, les Mascareignes, Cayenne et les Antilles ; Java, Sumatra et le Bengale en produisent aussi.

Girofle. Les *clous de girofle* sont les boutons floraux du giroflier, grand arbrisseau toujours vert de la famille des myrtacées, originaire des îles Moluques, et cultivé aujourd'hui dans les Mascareignes, à Pemba, à Cayenne, aux Antilles, à Java, à Poulo-Pinang et à Malacca. Le giroflier est un arbre qui atteint souvent la hauteur de 6 mètres, et qui ne produit qu'après six ou sept ans d'âge, mais ce n'est que vers sa dixième année qu'il entre en pleine production. Sa durée est très-longue dans les Moluques, où il atteint communément soixante-quinze ans ; mais dans les colonies où il a été transporté, le giroflier ne vit pas plus de vingt à trente ans.

Gingembre. Le *gingembre*, qui n'est autre chose que le rhizôme d'une plante appelée gingembre officinal, est produit au Mexique, à la Jamaïque, aux Antilles, à Cayenne et dans les Indes sur la côte de Malabar.

5. Denrées coloniales.

Denrées coloniales.

Vanille.

La *vanille* est le fruit du vanillier officinal, arbrisseau muni de tiges sarmenteuses et grimpantes qui s'attachent par des vrilles ou racines adventives aux arbres qu'elles rencontrent.

Le vanillier croît spontanément dans les contrées chaudes du Mexique, de la Colombie, de la Guyane, du Brésil à la Jamaïque, la Trinité, Maurice et la Réunion. — Le vanillier ne donne des fruits qu'au bout de trois ou quatre ans; planté dans de bonnes conditions, il peut produire jusqu'à 40 capsules par an. Ce n'est que six à sept mois après la fécondation que le fruit est mûr. La cueillette de la vanille à la Réunion commence vers la seconde quinzaine de mai, et se continue jusqu'en août; la récolte de la vanille se fait en décembre au Mexique. Les bonnes vanilles se recouvrent de givre formé par la vaniline ($C^{20}H^6O^4$) qui est la substance odorante de la vanille.

Cacao.

Le *cacao* est la semence d'un arbre peu élevé de l'Amérique appelé cacaoyer (*theobroma cacao*), qui appartient à la famille des malvacées ou plutôt à celle des byttnériacées; il est originaire du Mexique et de plusieurs autres parties de l'Amérique méridionale; il n'a été importé dans les colonies françaises que vers le XVIIe siècle. Le cacaoyer, auquel il faut un soleil ardent, un sol humide, l'ombre et l'abri d'arbres plus grands que lui, une chaleur qui ne soit jamais moindre de 20°, a pour véritable centre de production l'Amérique tropicale, et sa culture s'étend jusqu'au 20e degré de latitude S.; il pousse à l'état sauvage quand il n'est pas l'objet d'une culture très-soignée.

La véritable patrie du cacaoyer est la région qui s'étend depuis l'isthme de Tehuantepec, à l'extrémité méridionale du Mexique, jusqu'à la terre de Darien; les côtes maritimes du Nicaragua, le Guatémala, le San-Salvador, Costa-Rica, l'isthme de Darien où il forme d'immenses forêts, le Vénézuéla, la Nouvelle-Grenade, l'Equateur, les Guyanes, le Chili, le Pérou, la Bolivie, le Brésil (Maragnan, Para et Bahia) produisent beaucoup de cacao; c'est le Vénézuéla qui est la principale région de culture de cette plante, et dont les plantations, soigneusement entretenues, fournissent le cacao le plus estimé du commerce. L'espèce la meilleure et la plus chère est celle de Caracas, qui se débite surtout dans le midi de l'Europe. La production totale du cacao dans le Vénézuéla était estimée au commencement du siècle à 10 millions de kilogrammes; elle est à peu près la même aujourd'hui.

L'exportation par la Guayra et Puerto-Cabello, en 1871-1872, s'est élevée à 2,300,000 kilogrammes, dont la plus grande partie a passé en

Espagne, car les Espagnols et leurs descendants en Amérique ne peuvent se passer de cette boisson. L'Equateur en livre plus encore au commerce ; mais l'espèce la plus estimée du pays, l'*Esméraldas*, ne vient pas en Europe ; c'est l'espèce Guayaquil qui est la plus répandue dans le commerce d'Europe, et celle qu'emploient le plus les fabriques de chocolat de nos contrées ; le produit est inférieur à celui du Vénézuéla, mais meilleur marché. L'exportation totale de l'Equateur, en 1869, s'est élevée à 7,820,000 kilogrammes, dont 6,670,000 kilogrammes à destination d'Europe. Les cacaos du Pérou et de la Bolivie se consomment sur place. La Guyane en produit à Surinam, mais de qualité très-inférieure.

La culture du cacao a rétrogradé dans les Antilles. Saint-Domingue livre au commerce beaucoup moins de cacaos qu'autrefois. Cuba, la Jamaïque, Grenade n'en livrent également que fort peu ; c'est le contraire pour Trinidad, dont l'espèce est fort estimée. La Martinique et la Guadeloupe en produisent à grosses fèves. En Afrique, la culture du cacao est surtout répandue dans les îles du cap Vert, celle de San-Thomé, aux Canaries et à la Réunion, où le cacaotier a été introduit au commencement du siècle, et dont la production annuelle est évaluée à 400,000 ou 500,000 kilogramm.

En Océanie, les îles Philippines cultivent le cacaotier depuis la seconde moitié du XVIIe siècle ; son fruit est excellent, et l'espèce Albay vaut, dit-on, celle de Caracas. Java, Célèbes, Amboine et Bornéo se livrent aussi à la culture du cacao.

Le Nicaragua, le Guatémala et le Vénézuéla fournissent à l'Europe la plus grande partie du cacao dont elle a besoin.

Le cacaoyer est un arbre du port d'un cerisier qui atteint quelquefois de 10 à 15 mètres de hauteur ; sa durée moyenne est de 30 ans et l'extrême de 50 ans ; sa période de plus grande production est de huit à vingt-cinq ans. Chaque cacaoyer peut produire au maximum de 2 à 3 kilogrammes de graines fraîches.

Le cacaoyer réclame, pour réussir, un climat chaud et humide, de l'ombre, des terres riches en détritus organiques et profondes d'au moins deux mètres pour que ses racines pivotantes puissent se développer librement. La bonne qualité du cacao dépend surtout des soins plus ou moins assidus et plus ou moins habiles apportés dans sa culture et dans sa préparation ; le cacaoyer, comme la vigne, subit à un point très-sensible les influences du climat, du terroir et de l'exposition, et on peut dire qu'il y a en Amérique des crus pour les cacaos, comme il y en a en Europe et surtout en France pour le raisin et pour les vins. Les cacaoyers donnent des fleurs et des fruits durant la plus grande partie de l'année, mais néanmoins on procède généralement deux fois par an à une cueillette principale, en juin et en décembre ; la dernière récolte est la plus considérable, et celle du cacao sauvage ne se fait qu'au mois de décembre.

Le *café* est la semence renfermée dans le fruit ou cerise d'un petit arbre de la famille des rubiacées, nommé *coffea arabica* ou caféier d'Arabie. Il paraît être originaire d'Abyssinie et aurait été transporté, vers le milieu du XVe siècle, dans les montagnes de l'Yémen où il s'est comme naturalisé. Café.

Ce sont les Hollandais qui, les premiers, importèrent le caféier en Europe vers la fin du XVIIe siècle ; en 1690, le Hollandais van Horn en acheta quelques pieds à Moka et les fit transporter à Batavia où ils réussirent à merveille, et en 1710, cette culture avait pris assez d'extension pour permettre d'envoyer à la mère-patrie une quantité assez notable de fèves de café. Witsen, bourgmestre d'Amsterdam, reçut par le même envoi quelques jeunes caféiers que l'on cultiva dans les serres du jardin botanique où ils donnèrent des fruits féconds; on les multiplia. M. Besson, consul de France à Amsterdam, en ayant obtenu un pied en fit cadeau au Jardin des Plantes de Paris; un second pied offert en 1714 à Louis XIV donna plusieurs caféiers. En 1720, le capitaine Desclieux transporta, avec beaucoup de soin, un pied de café à la Martinique, et c'est de ce pied que sont sortis tous les caféiers qui font une des principales richesses des Antilles. C'est en 1717 que le caféier fut introduit à l'île de la Réunion par les soins de la Compagnie française des Indes.

Les quatre grands centres producteurs du café sont, par ordre d'importance, le Brésil, Java, Ceylan et Saint-Domingue ou Haïti; les autres pays sont l'Arabie méridionale, qui produit le fameux Moka, d'une odeur suave, mais faible de ton, la côte de Malabar, qui produit les cafés Mysore, Wynard plantation ou natifs, le Mangalore, plus pelliculé que le Ceylan; la Cochinchine, Singapour; en Océanie, Java, Sumatra, Célèbes, Manille, Sandwich, Taïti, la Nouvelle-Calédonie et les îles Fidji; en Afrique, à Maurice, à la Réunion, à Mayotte et Nossi-Bé, à Sainte-Marie de Madagascar, l'Abyssinie, Natal, le Congo, San Thomé et Rio-Nunez, sur la côte occidentale; en Amérique, le Vénézuela, où l'on récolte les cafés la Guayra, Maracaïbo; à Costa-Rica, Cuba, la Jamaïque, Porto-Rico, la Guadeloupe et la Martinique, où la culture du café a été remplacée en grande partie par celle de la canne à sucre.

Le caféier commence à fructifier à deux ans, mais il n'entre en pleine production que vers trois ou quatre ans, suivant la latitude. Les caféiers fleurissent presque pendant toute l'année, de sorte que l'on peut rencontrer sur le même arbre des fleurs, des fruits non mûrs et des fruits mûrs. La récolte se fait au Brésil aux mois de juillet, août et septembre, et en mai et septembre à Ceylan et dans les Indes.

Production totale du café. On estime que sur 345 millions de kilogr. de café, chiffre moyen de la production totale, le Brésil seul en donne 175 mil- Production totale du café.

lions, Haïti, 17, Guayra 17, Cuba et Porto-Rico 14, Costa-Rica et Guatemala 12,5, les Antilles anglaises, françaises et hollandaises 4, Ceylan 50, Java 40, Sumatra 9, et Moka 2 millions et demi de kilogr.

On consomme actuellement 6 kilogr., 3 de café par tête en Hollande, 4 kilogr., 7 en Belgique, 4 kilog. aux États-Unis, 3 kilogr., 3 dans le Danemark, 3 kilogr. en Suisse, 2 kilogr., 22 en Allemagne, 2 kilogr. dans la péninsule Scandinave, 0 kilogr., 8 en Autriche, et 0 kilogr., 5 en Angleterre. En France, vers 1820, la consommation n'excédait pas 250 grammes par tête ; en 1850, 1 kilogr., et en 1869, 1 kilogr., 373.

Thé.

Le *thé* est un arbrisseau rameux, toujours vert, de la famille des camelliacées, atteignant de 1 à 2 mètres de hauteur et présentant quelque ressemblance avec le myrte ; ses feuilles sont l'objet d'un des grands commerces du monde. Le grand centre de production du thé est la partie de la Chine comprise entre le fleuve Bleu, au nord, et le tropique au sud ; néanmoins la culture du thé s'étend jusqu'au parallèle de Pékin. Cinq provinces de la Chine donnent des sortes supérieures : ce sont Fou-Kien et Canton pour les thés noirs ; Kiang-si, Che-kiang et Kiang-nan pour les thés verts. C'est de cette dernière province que viennent les produits les plus recherchés. Les coteaux peu propres à la culture des céréales sont en Chine consacrés surtout à la culture du thé ; le voisinage des ruisseaux et des rivières est une circonstance bien favorable, car l'arbre à thé se plaît dans les plaines basses, sur les collines et les revers des montagnes qui jouissent d'une température douce. La Chine exporte son thé par Shang-haï, Foutcheou et Canton pour Londres, Marseille et New-York. Le meilleur thé du Japon croît dans les environs de la petite ville d'Ursi (Odsi), près de la mer. Il y a une quinzaine d'années on a transporté le thé dans les Indes orientales, dans les montagnes des Neilgherries, sur la côte de Malabar, où il a parfaitement réussi. C'est aux Indes anglaises, dans le Turkestan et au Thibet que se développent les nouvelles plantations de thé. A Java, la culture du thé date de 1828 ; elle s'est améliorée depuis que les Chinois le cultivent dans l'île et qu'on a choisi des terrains favorables. La culture y est entièrement libre, et le thé de Java s'écoule principalement en Hollande.

Enfin, le Brésil en cultive dans diverses provinces, dans celles de San Paolo, Minas, Parana et Rio de Janeiro. Le thé brésilien ressemble au thé japonais et possède un fin arome, mais il ne fournit aucun contingent à l'exportation. Le thé du Japon est destiné surtout à l'Amérique du Nord.

On ne commence à recueillir les *feuilles* de l'arbre à thé qu'après trois ou quatre ans de plantation, et la récolte cesse après huit ou dix ans ; elle se fait trois ou quatre fois par an, vers le 15 avril, le 15 mai, et vers la fin de juin et en juillet.

Les pays de consommation du thé sont l'Angleterre, les États-Unis, la

Russie, l'Allemagne et la Hollande. L'Angleterre en a consommé plus de 65 millions de kilogr. en 1875; elle n'en consommait que 46 millions en 1866, et 28 millions en 1856.

Le *maté,* ou *le thé du Paraguay* est une infusion que l'on prépare au Paraguay avec les feuilles du houx du Paraguay, nommé vulgairement herbe du Paraguay ou maté. Cet arbrisseau atteint la grosseur d'un oranger ordinaire ; mais dans les endroits où on le cultive et qu'on appelle *Yerbales,* on ne lui laisse atteindre que la hauteur d'un buisson, en le taillant tous les deux ou trois ans. La feuille est elliptique et a de 10 à 12 centimètres de long sur 4 à 5 de large ; les branches sont droites et verticales. Il faut trois ans aux feuilles pour arriver à une bonne maturité. Les branches et les feuilles constituent le *coa* ou la *yerba.* On torréfie cette herbe que l'on réduit ensuite en poussière ; quand cette poussière est refroidie, on l'entasse dans un magasin, on la couvre de peaux sèches et on la charge de poids ; elle subit un certain degré de fermentation qui y développe plus d'arome. C'est cette poussière grossière mêlée de petits fragments de branches et de couleur vert foncé qui constitue le thé du Paraguay. Maté.

Cette plante croît dans les vallées humides et marécageuses, et se trouve en grande abondance sur les versants du Maracayou, à 250 ou 300 kilomètres au nord de l'Assomption, sous le tropique du Capricorne ; la plus renommée croît dans les districts de Conception, de San-Pedro, de Rosario et de Villa-Rica. Quoique le maté vienne presque sans culture, son exploitation est assez pénible. On n'arrive au bois d'yerba qu'à travers de très-grandes difficultés ; les Indiens travaillent dans les grandes plantations de la yerba, sous un soleil brûlant, torturés par les moustiques et nourris seulement de fruits sauvages et de quelques tranches de bœuf séché.

L'usage du maté est très-répandu dans l'Amérique méridionale, et le Paraguay seul en exporte chaque année 3 millions de kilogrammes. C'est un monopole de l'État, qui est propriétaire des plus grandes *yerbales* et qui achète la récolte des particuliers auxquels il fait quelquefois des avances de fonds. Ce monopole est un des principaux revenus du trésor public.

Les yerbales du Brésil sont situées sur la rive gauche de l'Uruguay.

La *canne à sucre* (saccharum officinarum) est une plante vivace de la famille des graminées, cultivée en grand dans les colonies espagnoles de Cuba, Porto-Rico, dans les Antilles, à Haïti, la Jamaïque, la Guadeloupe, la Martinique, les Guyanes, les États-Unis (Louisiane, Texas et Floride), le Brésil ; en *Afrique,* la Réunion, Maurice, la colonie de Natal, Libéria et l'Égypte ; en *Asie,* les Indes anglaises, l'Indo-Chine, la Cochinchine ; en Canne à sucre.

Océanie, Java, Manille, les îles Sandwich, etc.; en *Europe*, la Sicile et l'Andalousie cultivent cette plante.

La canne ne peut être cultivée que dans les contrées où la température moyenne ne descend pas, pendant le printemps et l'été, au-dessous de $+19$ à $+20^{\circ}$c. Plus la température est élevée et plus le jus est riche en parties saccharines. En général, la canne à sucre est cultivée comme le coton, soit dans les îles, soit dans les localités voisines de l'Océan ou de la Méditerranée, attendu qu'elle demande une température presque régulière et à la fois chaude et humide et une lumière très-vive. La canne à sucre doit être cultivée sur des terrains profonds, frais et plutôt argileux que siliceux. Cultivée dans les conditions ordinaires, elle contient 90 °/₀ de jus qui renferment de 10 à 20 °/₀ de sucre cristallisable, qu'on n'obtient qu'en partie, à cause des procédés imparfaits de fabrication.

Plantes oléagineuses.

6. Plantes oléagineuses.

L'*huile de coco et de palme* se récoltent en Guinée, dans les Indes et à Ceylan.

L'huile de palme est extraite du fruit de l'avoira de Guinée (*elæis guineensis*), de la famille des palmiers ; ce fruit est de la grosseur d'un œuf de pigeon, de couleur jaune doré ; il est pulpeux et renferme un noyau à trois valves. L'huile de palme, telle que le commerce la fournit, est solide, jaune orangé, de la consistance du beurre ; la saveur est douce et parfumée et son odeur rappelle l'iris ou la violette. Elle fond à 27° quand elle est fraîche.

Arachides.

Les *arachides* ou *pistaches de terre* qui sont les fruits de l'*arachis hypogea*, plante de la famille des légumineuses, s'offrent sous la forme de gousses cylindriques pointues de la grosseur du petit doigt, renfermant une ou deux graines tronquées du côté où elles se touchent et contenant chacune une amande de la grosseur d'une petite noisette ; l'enveloppe externe est de couleur rougeâtre.

En Amérique on trouve l'arachide : aux États-Unis, dans le Maryland, la Caroline du Sud ; au Mexique, dans la Colombie, la Bolivie, le Pérou, le Brésil, au Chili, dans l'Uruguay et aux Antilles. Dans l'Asie, on la cultive au Japon, en Chine, dans les provinces de Fo-Kien, de Kiang-Se et de Canton, dans la Cochinchine, la Birmanie, la partie sud de l'Indoustan.

En Afrique, l'arachide est l'objet d'une exploitation considérable sur toute la côte de la Sénégambie et de la Guinée supérieure, au Sénégal, dans le Congo ; en Europe, on la cultive en Espagne principalement.

Le terrain qui convient à l'arachide est un sol essentiellement meuble, car cette plante mûrit ses graines dans la terre ; on récolte au mois d'octobre dans les pays chauds. L'arachide fournit ordinairement, pour 100 kilogrammes de graine, 30 kilogrammes d'huile, dont la saveur rappelle un peu celle des haricots verts. Dans beaucoup de pays on mange la graine de l'arachide comme fruit comestible. Crue, sa saveur est un peu âcre, mais la cuisson enlève toute âcreté. Torréfiée et mélangée avec du cacao et du sucre, elle forme un chocolat commun qui constitue la nourriture journalière et presque exclusive des Espagnols des classes les plus pauvres.

Sésame.

La *graine de sésame* provient du fruit du *sésame d'Orient,* qui est cultivé dans les Indes, sur les côtes de Malabar et de Coromandel et aux environs de Calcutta, dans l'Indo-Chine, le royaume de Siam, la Chine, Formose, la côte occidentale et la côte orientale d'Afrique, en Égypte et les pays Barbaresques, dans le Levant, en Syrie, en Asie-Mineure, en Roumélie et en Sicile.

On distingue dans l'Inde trois variétés de sésame : les sésames blancs, les sésames noirs et les sésames bigarrés. Les sésames du Levant sont préférables aux sésames de l'Inde, attendu qu'ils rendent plus d'huile et d'une qualité meilleure. Les plus belles qualités du Levant sont celles de Roumélie, celles des terres situées au bord du Danube et celles de Volo et des diverses contrées des Dardanelles. La graine de sésame du Levant rend 50 kilogrammes d'huile pour 100 kilogrammes de graines ; les sésames de Calcutta et de Bombay ne rendent que 47 °/₀ d'huile.

Arbre à suif.

L'*arbre à suif* ou *croton sebiferum*, de la famille des euphorbiacées, est assez abondant en Chine. On le cultive dans toute la province de Tche-Kiang et dans plusieurs districts de Fo-Kien et du Kiang-Si, principalement dans le département de Lin-Kiang. Le croton sebiferum porte des baies formées d'une petite drupe qui, lorsqu'elle est mûre, s'ouvre en trois valvules et montre les noisettes qu'elle contient enveloppées d'une couche de matière blanche et cireuse. On en retire par expression une huile concrète qu'on emploie pour l'éclairage et qu'on appelle *suif végétal* ou *cire végétale*. On en fait des chandelles en Chine, principalement à Ting-haï, Canton et Ning-po. Le Japon possède aussi l'arbre à suif.

Carapa guyanensis.

Le *carapa guyanensis,* de la famille des malvacées, constitue des forêts considérables dans la Guyane, et fournit un fruit appelé *carapa* qui s'offre sous la forme d'une capsule à quatre valves, ovoïde, de la grosseur du poing ; il s'ouvre en quatre parties et présente alors plusieurs amandes irrégulières, anguleuses et réunies en une seule masse qui occupe toute la capacité intérieure de la capsule ; ces amandes sont roussâtres extérieurement, blanches intérieurement, douces et onctueuses et fournissent une huile excessivement amère.

Carapa touloucouna.

Le *carapa touloucouna* est un grand arbre de la famille des malvacées qui croît dans la Sénégambie et sur la côte de Guinée. L'amande de touloucouna, qui est de couleur rosée, contient en proportion considérable une huile amère, de couleur jaune pâle et ayant la consistance de l'huile d'olive figée.

Sucs végétaux gommes et résines. Caoutchouc.

7. Sucs végétaux, gommes et résines.

Le *caoutchouc* ($C^8 H^7$), nommé vulgairement *gomme élastique* et *India-rubber*, par les Anglais, est une substance particulière, composée de carbone et d'hydrogène, qui se trouve en suspension, à la faveur de l'albumine, dans le suc laiteux d'un grand nombre de plantes équatoriales appartenant à diverses familles, telles que les orties, les euphorbes, les asclépias, etc., et dans un état analogue à celui où se trouvent les globules graisseux dans le lait. C'est particulièrement le *siphonia cahuchu* ou *hevea guyanensis* de l'Amérique méridionale, le *ficus elastica* et *indica* des Indes orientales qui produisent presque exclusivement le caoutchouc. Parmi les euphorbiacées, la siphonie élastique ou l'hevea, bel arbre qui s'élève jusqu'à 20 mètres de hauteur, donne le caoutchouc au Mexique, à Para et dans le bassin inférieur de l'Amazone au Brésil, à la Guyane, la Nouvelle-Grenade, le Vénézuéla et l'Amérique centrale. Dans les Indes orientales, notamment à Java, à Singapour, à Assam, on l'extrait de différents figuiers, particulièrement du figuier des Indes (*ficus indica*) et du figuier élastique (*ficus elastica*), de la famille des artocarpées, qui forment d'immenses forêts. Parmi les apocynées, on l'obtient de l'*urceola elastica* de Bornéo, plante grimpante gigantesque, croissant dans les îles de l'archipel Indien, surtout à Penang, et dont chaque pied peut donner environ 25 kilogrammes de caoutchouc par an. Le *vahée porte-gomme* de Madagascar donne le caoutchouc de cette île, et l'*hancornie pompeuse* donne celui du Brésil.

Le caoutchouc de Para et de la Guyane est le plus estimé; celui de Java l'est moins; viennent ensuite par décroissance de valeur ceux de Carthagène, de Madagascar, de Guayaquil, de Guatémala et du Gabon; ce dernier a une consistance glutineuse et on n'en obtient d'assez bons produits qu'en le travaillant tout frais.

Gutta-percha.

La *gutta-percha* est contenue dans la séve descendante d'un grand arbre de la famille des sapotées, l'*isonandra-percha*, qui abonde dans l'Asie méridionale, à Singapour, la presqu'île de Malacca, le royaume de

Lahore, dans les îles de la Malaisie, à Bornéo, à Java, à Sumatra, ainsi que dans la Guyane hollandaise. Son nom est formé de deux mots malais : *gutta*, gomme, *percha*, désignant l'arbre d'où elle s'écoule.

L'*isonandra percha* est un bel arbre qui s'élève à 12 ou 15 mètres et qui atteint fréquemment une hauteur de 20 mètres et un diamètre de 1 mètre.

La *gomme arabique* ($C^{12}H^{11}O^{11}$), caractérisée par une cassure vitreuse, une transparence à peu près complète, une couleur blanche quelque peu jaunâtre, jaune ou même rousse, est fournie par divers acacias ; elle est récoltée dans le sud-ouest du Sahara, le Sénégal, la Sénégambie, la Guinée, le Soudan, l'Egypte, l'Arabie, Ceylan et le bassin intérieur du Gange. L'*acacia vera* ou gommier rouge donne la gomme en Arabie, et est aussi commun dans toute l'Afrique, depuis l'Egypte jusqu'au Sénégal ; l'*acacia verek*, très-abondant le long du fleuve du Sénégal et formant la forêt de Sahel, donne la *gomme du Sénégal* ou du *bas du fleuve*, qui est en larmes rondes d'une teinte jaunâtre ; l'*acacia vera* fournit la *gomme de Galam* ou du haut du fleuve ; l'*acacia arabica*, qui croît en Arabie et surtout dans l'Inde donne la variété connue sous le nom de *gomme de l'Inde ; l'acacia Adansonii* de la Sénégambie produit une gomme rougeâtre que les Maures mêlent avec celle du Sénégal. L'*acacia gummifera*, qui croît au Maroc, donne la gomme de Barbarie, qui nous vient de Mogador et qui a de grandes analogies avec la gomme du Sénégal ; l'*acacia decurrens* fournit la gomme d'Australie. Gomme arabique

Les *baumes* ou matières résineuses contenant de l'acide cinnamique ($C^{18}H^{8}O^{4}$) ou de l'acide benzoïque ($C^{14}H^{6}O^{4}$) comprennent le *benjoin*, les *storax*, qui contiennent ce dernier acide, et le baume du Pérou, le styrax liquide, le baume de Tolu, qui contiennent le premier. Le *benjoin* découle d'incisions que l'on pratique au tronc ou aux branches du *styrax benjoin*, qui croît à Java, à Sumatra, dans la presqu'île de Malacca, au Bengale, dans l'Indo-Chine, au Brésil et à la Réunion. Baumes. Benjoin.

Le *styrax liquide*, qui possède la consistance du miel, est fourni par le *liquidambar oriental*, arbre de l'Ethiopie et de l'Arabie ; le styrax, de couleur gris-brunâtre, a une odeur forte et aromatique. Styrax liquide.

Le *baume du Pérou* découle d'incisions que l'on pratique au tronc du *myroxylon peruiferum*, arbre qui croît à San-Salvador et dans toute l'Amérique équinoxiale. Ce baume possède la consistance d'un sirop épais, de couleur brun foncé, à saveur âcre et amère et à odeur balsamique. Baume du Pérou.

Le *baume de Tolu* est extrait du *myroxylon toluiferum*, qui croît dans l'Amérique centrale. Il a une couleur rousse, une saveur âcre et une odeur très-suave.

Laque. La *laque* ou *gomme laque* est une matière résineuse que l'on trouve en couche épaisse, solidifiée autour des rameaux de divers arbres de l'Inde, de l'Annam, de la Chine et du Japon, comme le figuier des Indes, le figuier des pagodes, le jujubier cotonneux, le croton porte-laque.

La laque du commerce est due à la présence sur les rameaux porte-laque d'un insecte du genre cochenille, le *coccus lacca*, insecte de la famille des hémiptères.

La récolte de la laque se fait simplement en brisant les branches qui portent la précieuse résine et en les faisant sécher au soleil; dans les Indes, cette opération se fait deux fois par an, en mars et en octobre. La résine qui provient des figuiers et du croton est la plus foncée en couleur et la plus estimée.

Elle sert à faire des vernis solides et la cire à cacheter.

Copal. Le *copal* est une résine extraite du sumac copal, arbre croissant dans les Indes orientales, le Brésil, le Mexique et le plateau de la haute Afrique.

Gomme-gutte. La *gomme-gutte*, qui donne une belle couleur jaune, s'écoule par des incisions de divers arbres (garcinia) qui croissent à Ceylan, à Malabar, dans l'Indo-Chine, la Chine méridionale et Bornéo.

Cachou. Le *cachou* est un suc végétal fourni par l'*acacia catechu*, qui croît dans les Indes orientales; il est employé dans la teinture et en médecine.

Sang-dragon. Le *sang-dragon* est une résine solide, d'un brun-rougeâtre, employée en teinture et que l'on tire de plusieurs végétaux différents, comme le calamus draco (palmier) dont le fruit est imprégné d'une résine rouge que l'on extrait soit en secouant pendant longtemps ces fruits dans un sac de toile rude à travers laquelle passe la résine en poudre, soit en les soumettant à l'eau bouillante. L'Amérique méridionale, l'Inde, Bornéo, et Sumatra en produisent.

Matières tinctoriales.

8. Matières tinctoriales.

Indigo. L'indigo est une substance colorante bleue que l'on retire de diverses plantes légumineuses connues sous le nom commun d'*indigotiers* ou d'*indigofères* (indigofera). Le genre indigofera renferme plus de soixante espèces, parmi lesquelles six seulement sont cultivées de préférence pour l'extraction de l'indigo, ce sont : l'*indigotier bâtard* ou *anil*, l'*indigotier franc* ou des *teinturiers*, *l'indigotier argenté*, *l'indigotier de la Caroline*, l'*indigotier de la Jamaïque* et l'*indigotier bleu*. Les feuilles de ces divers végétaux contiennent un principe qui, dépourvu de couleur tant qu'il est emprisonné dans le tissu végétal, devient bientôt vert, puis bleu, lorsqu'on écrase les feuilles au contact de l'air ; il s'isole alors du liquide dans lequel il ne peut plus rester en dissolution ; cette nouvelle substance insoluble constitue l'*indigo* du commerce.

Les pays de production sont les Indes orientales, dans le Bengale, à la côte de Coromandel et de Malabar, à Ceylan, à Java, à Manille, en Chine, au Japon, dans l'Arabie du Sud, à l'île Maurice, en Egypte et dans l'Afrique presque entière, dans l'Amérique septentrionale, au Mexique, au Guatémala, dans le Honduras et le Vénézuéla.

Les indigos d'Asie sont ceux du Bengale, d'Oude ou de Coromandel, de Madras, de Manille et de Java. Les indigos du Bengale sont les plus nombreux et d'excellente qualité ; les indigos d'Oude valent les qualités moyennes du Bengale ; les indigos Manille ne conviennent qu'à l'azurage du linge. Les indigos Madras sont bien inférieurs à ceux du Bengale et sont employés seulement dans quelques teintureries de coton, mais servent plus particulièrement pour l'azurage du linge. Les indigos Java sont moins colorants que les Bengale. Les indigos de Guatémala sont très-estimés ; ceux de Caraque viennent après et sont surtout employés dans la teinture des cotons.

On estime à près de 4 millions 1/2 de kilogrammes la production moyenne de l'indigo de tous les pays.

La *cochenille*, insecte vivant sur le nopal, est produite par le Mexique, le Guatémala, le Honduras, les Canaries, principal centre de production, Java et l'Espagne méridionale. On distingue dans le commerce quatre sortes de cochenille, dont quelques-unes offrent plusieurs variétés, ce sont : les cochenilles du Honduras, les cochenilles de Vera-Cruz, celles des Canaries et celles de Java, qui sont les moins estimées. La cochenille du Honduras comprend la cochenille noire ou *zacatille*, qui est la meilleure, la cochenille *grise* ou *argentée* et la cochenille rougeâtre, la moins estimée des trois. Cochenille.

L'emploi de la fuchsine et surtout de l'aniline a diminué la consommation de la cochenille de plus d'un tiers et a avili les prix. Aussi les Canaries abandonnent-elles peu à peu la culture de la cochenille, les prix n'étant plus rémunérateurs, pour celle du tabac.

Les Canaries ont exporté en 1873 plus de 2,598,000 kilogrammes de cochenille et environ 2,341,000 en 1874, principalement en Angleterre, en France et aux Etats-Unis. La cochenille des Canaries parvient à destination ensachée par quantité de 150 livres espagnoles, de 460 grammes l'une. — Marseille est le principal port d'importation de la cochenille en France; il en a importé 12,340 balles (863,800 kilogrammes) en 1873 et 11,810 balles en 1875.

Kermès.

Le *kermès* est le corps desséché du *coccus ilicis* qui vit et se développe comme la cochenille sur les feuilles et les tiges d'une espèce de chêne-vert (*quercus coccifera*), dont la hauteur varie de 1 mètre à 1^m,50. Cet arbrisseau croît dans les lieux arides et pierreux du Levant, des îles de l'archipel Grec, principalement à Candie, des parties méridionales de la France, en Espagne, en Italie, en Algérie, en Tunisie et au Maroc. Le kermès est la seule récolte abondante qui se fasse régulièrement dans le Maroc, la seule à peu près qui ne manque jamais et puisse être considérée comme la vraie richesse des populations montagnardes. Les teinturiers marocains savent en extraire une couleur rouge très-solide.

Orseille.

L'*orseille* est une pâte molle, d'un rouge violet très-foncé qui est préparé avec différents lichens qui croissent sur les rochers, au bord de la mer, principalement aux îles Canaries, aux Açores, au Cap-Vert, à Madère, au Congo, à Madagascar, à Mozambique, dans l'archipel Grec, en Corse, en Sardaigne, etc.

Rocou.

Le *rocou* est une matière tinctoriale qui, sous la forme d'une pulpe gluante, d'un rouge de vermillon, entoure les graines du rocouyer (*bixa orellana*), arbrisseau des contrées méridionales de l'Amérique, principalement du Mexique, du Brésil, des Antilles (Guadeloupe) et surtout de Cayenne.

Le rocou est une pâte homogène, d'une consistance butyreuse, d'un toucher gras et onctueux et d'une couleur rouge terne. Il sert à la teinture et à la coloration des vernis.

9. — Drogues médicinales.

Drogues médicinales. Aloès.

L'*aloès* est un suc épaissi gommo-résineux qu'on retire de plusieurs plantes exotiques, de la famille des liliacées, appartenant au genre *aloe*, et habitant les pays chauds. Les aloès, qui se font remarquer par leurs feuilles épaisses, charnues, cassantes et imbriquées à leur origine, comprennent l'*aloès succotrin*, qui croît en Arabie et dans l'île de Socotora; l'*aloès ordinaire* et l'*aloès à épi* qui se rencontrent au cap de Bonne-Espérance, et l'*aloès linguiforme* qui habite la Barbade et la Jamaïque.

L'aloès a l'aspect d'une résine; il est en morceaux d'un brun foncé, mais sa poudre est d'un jaune plus ou moins franc ; sa saveur est très-amère et son odeur forte et aromatique. Il est tonique, purgatif, antiseptique et vermifuge; on l'emploie en teinture.

Le *camphre* ($C^{20}H^{16}O^{2}$) vient de Bornéo, de Sumatra, de Formose, de la Chine orientale et du Japon ; c'est un produit immédiat concret qui exsude par certaines plantes de la famille des laurinées, et en particulier par le *laurus camphora* et le *dryobalane*. Le laurier camphrier, qui croît en abondance au Japon et en Chine, est un arbre qui atteint de 10 à 15 mètres, et qui a un peu le port du tilleul. Sa culture n'est pas difficile; elle se réduit à des arrosements rares en hiver mais fréquents en été et à une taille modérée. Le camphre de Bornéo est produit par le *dryobalane camphrier* (dryobalanops camphora), arbre d'une hauteur considérable et d'un port majestueux qui croît à Sumatra et à Bornéo. Camphre

Le *cubèbe* ou *poivre à queue* est le fruit desséché du cubèbe officinal qui croît naturellement à Java, mais où on le cultive aussi. Le poivre cubèbe est plus gros que le poivre noir, et est muni d'un prolongement semblable à un pédicelle qui l'attache à la tige. Cubèbe.

La *gomme adragante* provient de petits arbrisseaux, nommés *astragales*, de la famille des légumineuses, qui contiennent dans leurs vaisseaux un suc gommeux très-épais, qui a peine à se faire jour à travers leur écorce ; il apparaît au-dehors sous forme de fils minces, contournés et vermiculés, blancs et opaques, qui constituent la gomme adragante. L'*astragale verus* abonde en Perse, dans l'Asie-Mineure, en Arménie et dans le Kurdistan. Gomme adragante.

L'*ipécacuanha* est la racine de plusieurs plantes, particulièrement de la *céphélide ipécacuanha*, de la famille des rubiacées, qui habite les forêts ombragées du Brésil central, et qui produit l'ipécacuanha annelé. La racine est de la grosseur d'une plume à écrire, allongée, formée de petits anneaux saillants, et présente trois variétés principales de couleur : l'*annelé brun*, l'*annelé gris* et l'*annelé rouge*. Ipécacuanha.

Le *jalap* est la racine d'une convolvulacée appelée *exogone officinal* ou *tubéreux*, qui croît en abondance au Mexique; le nom de jalap vient de *Xalapa*, ville du Mexique. Cette racine a été apportée en Europe vers 1570. Elle est tubéreuse, arrondie, plus ou moins irrégulière, blanche, charnue, remplie d'un suc lactescent et résineux. Son odeur est nauséabonde, Jalap.

sa saveur âcre et très-irritante; c'est une substance purgative, qui agit principalement sur les intestins grêles.

Manne.

La *manne* est une matière concrète et sucrée qui découle de deux espèce de *frênes,* le *frêne à feuilles rondes* et *l'orne*, qui sont cultivés dans la Sicile et dans la Calabre. Depuis le mois de juillet jusqu'au mois de septembre, on pratique des incisions sur les troncs de ces arbres; il en découle un suc qui se concrète en sortant et qu'on recueille. La manne est solide, granuleuse, d'un blanc jaunâtre et très-sucrée. Celle qu'on obtient pendant les mois de juillet et d'août est la plus pure et la plus blanche et s'appelle manne en larmes; celle des mois de septembre et octobre, se desséchant moins vite, coule le long du tronc et se salit; c'est la *manne en sortes.* La manne est un purgatif doux.

Noix vomique.

La *noix vomique* est produite par le *vomiquier officinal* (*strychnos nux-vomica*), arbre de la famille des loganiacées, qui croît dans l'Inde, particulièrement à Ceylan, au Malabar, sur la côte de Coromandel et en Cochinchine.

La noix vomique n'a pas d'odeur, mais elle présente une amertume très-prononcée; elle contient de la strychnine, alcaloïde très-redoutable, qui abolit les fonctions des nerfs du sentiment et laisse intacts les nerfs moteurs et le système musculaire.

Quinquina.

Le *quinquina* est une écorce provenant d'arbres du genre *quinquina* ou *cinchona,* qui fait partie de la famille des rubiacées. Les quinquinas sont de grands arbres ou des arbrisseaux, à fleurs disposées en panicules thyrsiformes, blanches, rosées ou rougeâtres, qui croissent sur le versant oriental des Andes de la Nouvelle-Grenade, dans l'Équateur, le Pérou et la Bolivie, entre 10° de latitude N. et le tropique du Capricorne. On a acclimaté ces arbres dans l'Indoustan, aux Neilgherries, à Ceylan et à Java. Les principales espèces de quinquina sont : le *quinquina calisaya,* le *quinquina La Condamine,* le *quinquina à petites fleurs* et le *quinquina ovale.* La première habite la Bolivie et le midi du Pérou; la seconde aux environs de Loxa (Équateur), et d'Ayabaca (nord du Pérou); la troisième et la quatrième se trouvent dans la Bolivie et le Pérou.

La récolte des écorces des quinquinas forme une branche d'industrie très-importante; elle a lieu dans les mois de septembre, d'octobre et de novembre, et on nomme *cascarilleros* les hommes chargés de cette exploitation. L'écorce du *calisaya* est supérieure à toutes les autres. Les propriétés des quinquinas sont toniques, fébrifuges et antipériodiques.

Rhubarbe.

La *rhubarbe* est une racine fournie principalement par la *rhubarbe palmée,* plante de la famille des Polygonées, originaire de la Chine et de la Tartarie. On la récolte en Perse, en Boukharie, en Tartarie, en Mongolie et en Chine.

La rhubarbe est une substance purgative et tonique.

La *salsepareille* est un ensemble de racines dépuratives provenant d'une plante qu'on appelle la *salsepareille de la Jamaïque* (smilax salsaparilla), qui appartient à la famille des smilacées, et qui croît au Pérou, au Mexique, dans le Honduras, la Guyane et au Brésil. La racine de cette plante est très-longue, très-grêle, de l'épaisseur d'une plume, flexible, entortillée, difficile à rompre; l'intérieur est blanc, mais l'écorce est d'un roux cendré. L'odeur est nulle, la saveur est faible, un peu amère et laissant dans la bouche une impression comme visqueuse. La salsepareille provoque les sueurs et la sécrétion urinaire. Salsepareille.

Le *séné* appartient au genre *casse* (cassia), de la famille des légumineuses; le fruit est très-comprimé, déhiscent et dépourvu de pulpe; il diffère des casses proprement dites en ce que ces dernières ont le fruit cylindrique, indéhiscent et à loges remplies de pulpe, comme, par exemple, le *canéficier*, qui a le port d'un noyer, et qui est originaire de l'Inde et de l'Égypte, d'où il a été importé dans les Antilles et dans l'Amérique méridionale; on l'élève dans le voisinage des habitations et il produit une gousse qui porte le nom de *casse;* ces gousses ou fruits sont pendants, longs d'environ 30 centimètres et même plus, étroits, cylindriques, lisses, noirs; on trouve à l'intérieur un grand nombre de loges séparées par de minces cloisons transversales. Dans chaque loge, est une graine entourée d'une pulpe d'un brun rougeâtre, dont la consistance approche de celle du miel. La pulpe de la casse est douce, sucrée et légèrement acidulée; c'est un purgatif assez doux. On compte trois espèces de *casses sénés :* la *casse à feuilles obovées*, petit arbuste qui se trouve dans la Thébaïde et dans d'autres parties de l'Égypte ; la *casse à feuilles aiguës*, qui croît en Égypte et en Nubie. C'est un petit arbuste un peu plus grand que le premier. La *casse à feuilles lancéolées* qui habite l'Arabie. Les gousses des sénés s'appellent *follicules;* elles sont fortement comprimées et présentent plusieurs loges contenant chacune une graine presque cordiforme. Les *follicules de séné* jouissent de propriétés purgatives ; on les associe souvent à la manne. Séné. Canéficier.

Le *tamarin* est le fruit du *tamarinier indien,* qui est un arbre originaire de l'Égypte, de l'Asie occidentale et des Indes; on l'a transporté en Amérique. Le fruit du tamarinier est long de 10 à 14 centimètres, épais, un peu recourbé, présentant des étranglements de distance en distance, Tamarin.

d'un fauve brun et terminé par une très-petite pointe. Il est rempli d'une pulpe rougeâtre qui devient d'un brun noir par la dessiccation et au milieu de laquelle se trouvent de 8 à 12 graines. Cette pulpe est rafraîchissante ou laxative, suivant la dose.

Matières textiles.

10. — Matières textiles.

Coton.

Le *coton* est une espèce de laine végétale plus ou moins fine, soyeuse et blanche qui enveloppe les graines du cotonnier, plante de la famille des malvacées, qui prospère généralement dans les pays chauds des deux continents, entre le 30e degré et la ligne et dans les contrées dont la température ne descend pas au-dessous de 16 à 17° c. La limite extrême en Europe est le 45e degré lat. N. et le 41e degré en Chine, au Japon et en Amérique; au sud de l'équateur, il atteint, en Amérique, le 30e degré de lat. S. sur les côtes orientales et le 33e degré sur les côtes occidentales.

Le cotonnier est indigène de l'Inde et de l'Amérique, et croît spontanément dans presque tous les climats chauds de l'Asie, de l'Afrique et de l'Amérique, d'où on l'a transplanté au sud des Etats-Unis et de l'Europe; il a une importance universelle et embrasse dans ses limites les deux tiers de la surface du globe.

Le cotonnier est naturellement vivace : dans certaines contrées, il est triennal ou biennal; mais l'immense exploitation à laquelle sa bourre donne lieu résulte d'une culture annuelle. On distingue le *cotonnier herbacé*, le *cotonnier arbuste* et l'*arbre à coton*.

Le *cotonnier herbacé*, qui est généralement une plante annuelle dont la hauteur varie de 0m,50 à 1m,50, est cultivé aux Etats-Unis, dans les Indes, en Chine et dans plusieurs autres pays.

Le *cotonnier arbuste*, qui atteint une hauteur de 1 à 5 mètres, croît dans presque toutes les contrées où se trouve le cotonnier herbacé annuel; sa durée varie selon les climats; il est biennal ou triennal dans les Antilles; dans l'Inde, en Egypte et au Brésil, il vit de six à dix ans.

L'*arbre à coton* croît dans l'Inde, en Chine, dans l'intérieur et sur les côtes occidentales de l'Afrique, ainsi que dans quelques contrées de l'Amérique.

Le cotonnier veut un terrain fertile, profond, médiocrement humecté. Il a besoin d'être abrité du nord et exposé au sud et à l'est. Cette culture épuise le sol et réclame une fumure abondante. Le sel paraît contribuer à la belle qualité du coton, car c'est sur les côtes de la mer que le cotonnier fleurit le mieux et donne les meilleurs produits, c'est-à-dire la soie la plus fine, la plus nerveuse, la plus longue et la plus égale.

L'époque de la maturité et de la récolte du coton varie nécessairement avec les contrées. Le cotonnier herbacé se sème au printemps en Amérique et dans la saison des pluies aux Indes. Il se développe rapidement et arrive à maturité au bout de trois à quatre mois ; la capsule qui contient les graines et les fibres du coton s'ouvre alors, et la récolte se fait et se prolonge jusqu'aux premières gelées qui tuent la plante. En Algérie, on sème au mois de mai et de juin, et l'on récolte en octobre. La cueillette a lieu aux Etats-Unis du 1er octobre au 30 novembre suivant la plus ou moins grande précocité de la saison ; en Egypte, la première récolte a lieu de la fin d'août au commencement de septembre.

Les climats des parties de l'Inde où se cultive le coton sont très-variables, et les époques des semailles et des récoltes diffèrent sensiblement suivant les localités. Les *Broach, Dhollerah, Oomrawutte,* semés en juillet, après le détrempage des terres par les pluies et les moussons, sont récoltés, suivant les saisons, à partir de décembre à janvier, et arrivent alors à Bombay de janvier et février à juin, et le reste, après la mousson, de septembre à janvier. Les *Dharwar* et les *Compta*, semés en septembre et octobre, parviennent en petite quantité à Bombay avant la mousson (juin); le reste de la récolte se rend dans ce port de septembre à février.

La récolte du coton est une cueillette de capsules que peuvent effectuer même des femmes et des enfants ; elle exige les plus grands soins, car la manière dont elle est faite influe beaucoup sur la qualité des produits ; cependant c'est au sol et à la nature de la graine qu'est due surtout la qualité réelle du coton.

On a remarqué aux Etats-Unis, d'après trente-trois années d'observations, que les récoltes sont d'autant plus abondantes dans ce pays que la floraison est plus précoce ; que, toutes choses égales d'ailleurs, celle de mai a été suivie d'excellents résultats. La récolte subit encore d'autres influences : une saison trop pluvieuse développe la feuille aux dépens du fruit ; trop sèche, au contraire, la végétation souffre jusqu'à la destruction. Après la maturité même, la pluie a quelquefois l'inconvénient de faire refermer la silique, de jaunir ou d'altérer le coton. Comme les fortes gelées tuent la plante, l'époque plus ou moins précoce ou tardive de ces gelées est une des causes prédominantes du chiffre plus ou moins élevé des récoltes aux Etats-Unis.

Dans chaque pays la culture est faite différemment, suivant la nature de la plante, du terrain, de la température, et chaque qualité a un rendement différent qui varie encore suivant le degré d'avancement de la culture ; ainsi aux Etats-Unis un acre de terre produit environ 1200 livres de coton avec graines ou 300 livres sans graines, tandis que dans les Indes un acre ne produit que 300 livres avec graines et 75 livres graines enlevées (1 livre $=$ 453gr,5 et 1 acre $=$ 40 ares).

Les grands centres de production de coton sont : les Etats-Unis du sud, l'Inde, l'Egypte, la Chine et le Brésil. Les autres pays producteurs moins importants sont :

En *Amérique :* le Mexique, le Yucatan, l'Amérique centrale, les Antilles (Haïti, Cuba, la Jamaïque, la Guadeloupe), le Vénézuéla, la Guyane et le Pérou.

En *Asie :* le Pégu, la haute Birmanie, Siam, la Perse, l'Asie-Mineure, Chypre et la Syrie.

En *Afrique :* l'Algérie, le Soudan, le Sénégal, la Guinée, le Gabon, Angola, Natal et le bassin du Zambèze.

En *Océanie :* l'Australie occidentale, le Queensland, la Nouvelle-Galles du sud, Bornéo, Java et Manille.

En *Europe :* la Turquie, la Grèce, la Calabre, la Sicile, Malte, l'Andalousie et les Algarves.

Production du coton.

La production du coton aux Etats-Unis était en 1800 de 40,000 balles, et de 4,860,000 balles en 1860 ; de 2,097,000 en 1867, 4,347,000 balles en 1871, 2,974,000 balles en 1872, 3,930,000 balles en 1873, 4,200,000 balles en 1874, et 4 millions de balles en 1875 (balles de 460 livres.)

Les *Géorgie longue soie* sont cultivés dans de petites îles entre Savannah et Charleston ; ils s'exportent par ces deux ports. En 1860, la production était de 50,000 balles.

Le *coton Louisiane* comprend tous les cotons des États riverains du Mississipi et de ses affluents (la Louisiane, le Mississipi, l'Arkansas, le Tennessee) ; ils s'exportent par la Nouvelle-Orléans.

Les *Mobile* comprennent tous les cotons s'embarquant à Mobile (Alabama, partie orientale du Mississipi et occidentale de la Floride, Géorgie).

Les *cotons Géorgie courte soie et Floride* se cultivent dans les États de la Géorgie, de la Caroline du sud et de la Floride et s'exportent par Charleston, Savannah et Apalachicola (golfe du Mexique).

La culture du coton dans les Antilles et le Brésil va en se développant. Les principaux ports d'exportation sont : Fernambouc, Paraïba, Rio-Grande, Maceios, Bahia et Maragnan.

La culture du coton ne fut introduite largement en Égypte qu'en 1820 par Méhémet-Ali et le français *Jumel* qui y naturalisa les Géorgie longue soie dont il fit venir des graines d'Amérique. En 1823, l'Égypte n'exportait que 10,000 balles de coton par an, 130,000 balles en 1856 ; mais la guerre d'Amérique eut sur le développement de cette culture une influence immense et en 1866 ce pays exporta environ 300,000 balles de 250 kilogrammes chacune ; en 1873, l'exportation a été de 385,000 balles et de 415,000 en 1874.

La culture du coton en Algérie ne date que de 1850 ; on le cultive dans la province d'Oran et dans le Sahara algérien.

La culture du coton dans *la Méditerranée et le Levant* s'est grandement developpée par suite de la guerre d'Amérique. Marseille est le principal port d'arrivée de ces cotons. Les importations dans ce port sont les suivantes, à partir de 1866 :

En	balles.	En	balles.	En	balles.	En	balles.	En	balles.
1866 :	80,000	1870 :	99,000	1872 :	104,000	1874 :	121,000	1876 :	
1869 :	150,000	1871 :	99,000	1873 :	124,000	1875 :	104,000	1877 :	

Malgré les différences de température et de climat, la culture du coton s'est étendue sur toute l'Inde, depuis Lahore, au pied de l'Himalaya, jusqu'à Tuticorin, à l'extrémité du cap Comorin.

Les quinze districts cotonniers forment trois régions : la région de Bombay, les provinces de nord-ouest dont la récolte passe par Calcutta, et la région du sud représentée par Madras, Cocanadah et Tuticorin. C'est la présidence de Bombay qui produit les meilleurs cotons et la plus forte quantité. On évalue en moyenne l'exportation totale des cotons par Bombay, Calcutta et Madras à 1,400,000 balles.

La Chine est un pays de grande culture pour le coton, mais elle consomme elle-même sa matière première.

Les centres de consommation du coton sont : les États-Unis, l'Europe, principalement l'Angleterre, qui est le plus grand marché cotonnier du monde, la France, l'Allemagne et la Suisse. L'importation du coton, en Europe, s'élevait en 1816 à 450,000 balles ; à 900,000 balles en 1826 ; 1,500,000 balles en 1836 ; 2,700,000 balles en 1856 ; 4,200,000 balles en 1866 et à   en 1876.

Jute.

Le *jute* du commerce est produit par deux espèces de tiliacées : le *corchorus olitorius* et le *C. capsularis*, qui diffèrent simplement par le fruit, qui est globulaire, avec une surface ridée chez le *capsularis*, tandis que la capsule de l'*olitorius* est lisse comme un tuyau de plume et longue de 5 centimètres. Les deux plantes sont annuelles et atteignent de 1^{m},65 à 3^{m},30 de haut, avec une tige de la grosseur du doigt, rarement branchue, sauf vers le sommet.

Le jute est cultivé aux Indes, dans la partie orientale, depuis un temps immémorial, mais l'exportation de ce textile n'a commencé à se faire sur une grande échelle que depuis quelques années seulement.

Dans le Bengale inférieur, on cultive indifféremment les deux espèces textiles ; mais dans le centre et les districts de l'est, on donne la préférence au *capsularis,* tandis que c'est au contraire l'*olitorius* qui domine aux environs de Calcutta. Le jute se plaît surtout dans les terres d'alluvion, sous un climat chaud et humide. On sème à la volée, du milieu ou de la fin de mars au commencement de juin, et l'arrachage se fait du 15 août au 15 octobre. On estime la superficie des terres cultivées en jute à 872,000 acres, dont 564,000 acres pour les districts du nord du Bengale, 229,000 acres pour ceux de l'est et 79,000 acres pour les environs de Calcutta. La Birmanie produit aussi beaucoup de jute.

Les possessions anglaises de l'Inde recueillent 300,000 tonnes de jute par an.

L'Écosse travaille le jute, et Dundee, principal centre de fabrication, tire ses approvisionnements de Liverpool et de Glascow.

Phormium tenax ou chanvre de la Nouvelle-Zélande.

Le *phormium tenax* ou *chanvre de la Nouvelle-Zélande* est une liliacée qui croît dans la Nouvelle-Zélande jusqu'à 46° 30′ S.; elle est vivace; ses feuilles, qui ont de $1^m,65$ à $3^m,30$ de longueur, atteignent leur entière longueur la troisième année; la plante produit tous les trois ans une hampe de près de 3 mètres toute chargée de fleurs.

On cultive cette plante avec succès à la Réunion, aux Açores, en Algérie, etc.

Le phormium peut se cultiver sur tout terrain perdu, soit sur les berges de la mer, soit sur une déclivité de rocher; on peut l'abandonner à lui-même, aucun animal n'y touchera.

Les cordes en phormium sont excellentes, mais elles n'absorbent pas facilement le goudron. On peut préparer du papier avec les feuilles de cette plante et de la toile avec les fibres extraites des feuilles grosses et fines.

China-grass ou ortie blanche.

Le *china-grass* ou *ortie blanche* abonde, cultivée ou à l'état sauvage, en Chine, au Japon, dans l'Indo-Chine, à Java et aux Moluques. Cette plante a été introduite en Europe en 1809, et on la cultive en Espagne et en Algérie. En Chine, on coupe les tiges trois fois par an; la dernière coupe se fait en octobre ou novembre, lorsque les feuilles ont été flétries par les froids. La filasse que fournit cette urticée sert à fabriquer des étoffes très-solides, des cordes et des cordages. Les toiles qu'on en obtient ont l'apparence et l'éclat des étoffes de soie. Le fil de china-grass est importé en Angleterre et en Hollande où l'on en fait des étoffes damassées.

Ramie ou ortie utile.

La *ramie* ou *ortie utile* (urtica tenacissima) est originaire des Indes orientales. On la cultive en Algérie, en Chine, dans l'Inde et au Japon, comme plante textile.

Cette ortie a des tiges hautes de 1 à 2 mètres, très-rameuses, à branches étalées.

La ramie est cultivée en Chine sur des terrains un peu frais, voisins des rivières et ombragés ; à Calcutta, elle fournit 4 à 5 récoltes par an. On coupe les tiges lorsqu'elles commencent à fleurir. La filasse de la ramie est blanc nacré, très-douce au toucher et très-nerveuse. A Java, les naturels l'emploient pour fabriquer des étoffes d'une extrême finesse ; à Sumatra, elle sert à faire une étoffe d'une très-longue durée.

Le *chanvre de Manille* est produit par le *musa-textilis* à Manille. Chanvre de Manille.

11. — Bois. Bois.

La zone torride est très-riche en bois de toute sorte.

L'*acajou* se rencontre à Saint-Domingue, à Cuba, au Mexique, dans l'Amérique centrale, le Honduras, Balize, la Guyane et le Sénégal.

L'*ébène* se trouve aux Indes, en Cochinchine, aux îles Philippines, à Java, et dans l'Afrique équinoxiale.

Le *palissandre*, au Brésil et dans la Guyane.

Les bois de teinture sont en grand nombre :

Le *bois du Brésil,* au Brésil et à Haïti.

Le *bois de Campêche*, au Mexique, dans le Honduras et aux Antilles.

Le *bois jaune de Cuba*, à Cuba.

Et le *bois de sapan rouge,* à Siam, au Japon, Java, Manille et aux Moluques.

12. — Narcotiques. Narcotiques.

Les principaux narcotiques en usage chez les différents peuples de la terre, sont :

Le *tabac*, en usage chez 900 millions d'hommes dans le monde entier.

L'*opium*, en usage parmi 400 millions d'hommes en Chine, au Japon, dans la Malaisie, l'Inde et la Turquie.

Le *haschich*, employé par 2 à 300 millions d'individus en Perse, en Turquie, dans l'Inde et l'Afrique.

Le *bétel* est en usage chez 100 millions de personnes dans l'Inde, en Chine et dans la Malaisie.

Le *coca* est employé par 10 millions d'individus au Pérou et en Bolivie.

On estime à 3 milliards de kilogrammes la quantité de ces narcotiques consommés annuellement.

La consommation du *tabac* sur le globe est estimée à 2 milliards de kilogrammes cultivés sur une étendue de 2,225,000 hectares. Les principaux Consommation du tabac sur le globe.

centres producteurs sont : les Etats-Unis (Virginie, Kentucky, Maryland), Cuba, Manille, l'Asie-Mineure, la Perse, le Bengale, la Chine, le Levant, le Brésil, le Pérou, l'Australie, la haute Egypte, l'Algérie, la Réunion, l'Europe (France, Suisse, Hongrie, Italie, Espagne, Grèce, Turquie, Palatinat).

La production des Etats-Unis s'élève au moins à 130 millions de kilogrammes ; Baltimore en est le principal port d'exportation. La production de la Hongrie est de 80 millions de kilogrammes.

Opium.

L'*opium*, qui est un suc laiteux tiré du pavot, est produit dans l'Hindoustan, et s'exporte surtout en Chine par Bombay et Calcutta.

L'opium se récolte aussi principalement en Egypte, en Perse, en Turquie et dans l'Asie méridionale. C'est à la fin de mars ou au commencement d'avril qu'on procède au Bengale à l'incision des pavots pour obtenir le suc qui constitue l'opium. — C'est à partir de 1840 que les Chinois ont pris la funeste habitude de fumer l'opium comme du tabac. Les fumeurs qui abusent de l'opium perdent avec le temps la mémoire et l'intelligence, s'abâtardissent et meurent dans un état d'ivresse.

L'opium de Patna, de Bénarès et de Malwa est très-goûté des Chinois.

Coca.

Le *coca* est un arbrisseau (erythroxylon du Pérou), qui croît au Pérou, en Bolivie et dans les parties chaudes de la Colombie et du Brésil. C'est un petit arbuste qui peut atteindre 2 ou 3 mètres de hauteur. Ses feuilles, longues de 3 à 7 centimètres et larges de 2 à 3 centimètres, exercent sur le système nerveux une action analogue à celle du vin ; les voyageurs et les mineurs les mâchent en petite quantité, mêlées avec les cendres de l'ansérine quinoa. Elles permettent de supporter la faim et la soif pendant longtemps ; les Indiens ne s'embarquent pas pour la montagne ou pour une longue marche sans coca ; les voyageurs ont constaté que leurs guides dans les Andes faisaient de prodigieuses courses presque sans manger, mais en ne cessant de mâcher le coca ; prises en plus grande quantité, avec des feuilles de tabac, les feuilles de coca déterminent une sorte d'ivresse. Ces feuilles sont l'objet d'un commerce considérable au Pérou. Le coca peut, dans les années humides, produire jusqu'à quatre bonnes récoltes.

Flore de la zone tempérée boréale.

II. — Flore de la zone tempérée boréale.

La végétation de cette zone est moins puissante et moins riche que celle de la zone tropicale. Les plantes les plus importantes de cette zone sont les *céréales*.

La culture des céréales est limitée au nord par une ligne atteignant le cercle polaire en Europe, le 60e degré de latitude N. dans la Sibérie occidentale, et le 51e dans le Kamtchatka ; cette limite atteint le 57e degré sur la côte occidentale de l'Amérique et le 51e sur la côte orientale de ce continent. Céréales.

La zone des céréales se divise en deux parties : la *zone septentrionale* comprenant l'Ecosse, la Scandinavie, la Finlande, le Danemark, l'Allemagne septentrionale, la Russie septentrionale et la Sibérie méridionale. On y cultive l'orge, le seigle, l'avoine et un peu de blé au sud. Le froment s'étend en Norvége jusqu'au 70e degré de latitude ; ainsi dans le Lyngenfiord, la neige ne disparaît que du 15 au 20 mai et cependant ce point très-enfoncé dans les terres et loin de la mer est considéré comme un excellent pays à blé, parce que le ciel y est presque toujours serein, et que le soleil y reste près d'un mois sur l'horizon. Le blé y donne 10 à 12 fois la semence, mais le grain est peu riche en azote. Le froment s'abaisse vers le golfe de Bothnie, puis se relève vers le nord-est en Sibérie.

Dans les pays à neige, le froment passe très-bien l'hiver, et c'est la lumière et la chaleur solaire de l'été qui règlent ses limites.

Le *seigle* mûrissant avec une moindre somme de chaleur, se cultive plus loin et plus haut que le froment. En Ecosse, on le trouve jusque sur les hautes terres, tandis que les basses terres seules y donnent du froment.

Les limites de l'*orge* s'élèvent encore plus vers le nord ; elle est cultivée en Scandinavie, au delà du cercle polaire.

La *zone méridionale* des céréales comprend l'Europe centrale et méridionale, l'Asie-Mineure, la Syrie, le Hedjaz, la Perse, l'Inde septentrionale, la Boukharie, l'Arménie, la Géorgie, l'Afrique septentrionale, la Nubie, les plateaux de l'Abyssinie, les parties centrales de l'Amérique du Nord, les États-Unis du centre, de l'est et de l'ouest.

Le blé ne descend pas plus au sud que le tropique du Cancer et ne reparaît dans la zone tempérée australe qu'au sud du Capricorne. Le blé n'apparaît dans la zone torride que sur les hauteurs, car il pousserait trop dans les plaines et ne produirait pas de grains.

Les grands centres de production du blé pour l'exportation sont : les États-Unis du nord-est, par New-York et New-Orléans ; la petite Russie, par Odessa, la Pologne, par Riga et Dantzick ; la Hongrie, par Trieste ; la Moldo-Valachie, par Galatz et Ibraïla ; l'Égypte par Alexandrie.

La culture du blé dans la zone tempérée australe se rencontre dans l'Afrique méridionale (le Cap, Natal, le Transvaal), l'Australie méridionale, la terre de Van-Diémen, le Chili, le littoral de la Bolivie et du Pérou, la république Argentine et le sud du Brésil.

CULTURE ET PRODUCTION MOYENNES DU FROMENT EN EUROPE ET PRODUCTION MOYENNE DES CÉRÉALES.

PAYS.	HECTARES ensemencés en blé.	RENDEMENT en hectolitres par hectare.	PRODUCTION du froment en hectolitres.	PRODUCTION moyenne des céréales en hectolitres.
		hl.		
France	6.000.000	16,20	97.000.000	250.000.000
Russie d'Europe et Finlande	8.000.000	9,75	78.000.000	636.400.000
Espagne	6.050.000	10,00	60.500.000	90.000.000
Autriche-Hongrie	3.333.500	10,90	36.336.000	215.000.000
Grande-Bretagne et Irlande	1.467.500	24,42	35.849.000	130.000.000
Italie	2.506.000	13,59	34.053.000	74.000.000
Allemagne	2.001.000	14,80	29.615.000	260.000.000
Roumanie, Serbie, Monténégro	837.000	15,00	12.555.000	50.000.000
Turquie d'Europe	1.142.000	9,00	10.278.000	
Belgique	303.250	18,18	5.513.000	24.000.000
Portugal	247.000	8,01	1.980.000	11.000.000
Pays-Bas	85.200	22,80	1.932.000	12.200.000
Grèce	151.000	10,50	1.585.000	4.800.000
Danemark	52.060	17,36	903.000	21.000.000
Suède	80.000	10,76	861.000	30.000.000
Suisse	10.000	14,00	140.000	5.000.000
Norvége	4.800	11,00	52.800	3.800.000
Europe	32.270.310	12,81	407.152.800	

C'est l'Angleterre, les Pays-Bas et la Belgique qui donnent les plus forts rendements ; la Russie, la Turquie d'Europe et le Portugal les plus faibles.

La récolte du blé aux États-Unis, en 1875, est évalué à 246 millions de bushels ou boisseaux (36 litres 35 par bushel), soit 89 à 90 millions d'hectolitres. La production du blé en Californie seulement a dépassé, en 1874, 30 millions de bushels, c'est-à-dire plus de 10 millions d'hectolitres.

Tubercules et racines.

On récolte des pommes de terre, des turneps, des rutabagas dans toute la zone tempérée. Les grands centres de production de la betterave sont la France du nord, l'Allemagne, la Belgique et la Russie. La production du sucre de betterave en Europe par an s'élève à près d'un milliard et demi de kilogrammes.

Production du sucre de betterave.

STATISTIQUE DES SUCRES DE BETTERAVE PRODUITS DANS LES PRINCIPAUX PAYS DE CULTURE DE CETTE PLANTE, EN TONNES DE 1000 KILOG.

CAMPAGNES DE :	1869-70	1870-71	1871-72	1872-73	1873-74	1874-75	1875-76
	tonnes.	tonnes.	tonnes.	tonnes.	tonnes.	tonnes.	tonnes.
France.....	289.324	289.083	335.351	408.000			
Zollverein ...	217.912	262.937	189.166	258.000			
Autriche-Hongrie.......	151.354	182.280	161.526	167.500			
Russie et Pologne.....	132.500	135.000	90.000	135.000			
Belgique	43.552	35.739	72.236	75.000			
Hollande et divers	12.500	17.500	25.000	32.500			
	847.142	922.539	873.279	1076.000			

Plantes oléagineuses.

Les plantes oléagineuses de la zone tempérée sont le colza, l'œillette, la cameline, la navette et le ricin.

Colza.

Le *colza* est cultivé surtout dans le nord et l'est de la France, en Belgique, en Roumanie et en Russie.

Navette.

La *navette* est cultivée en grand dans l'est de la France, les Flandres et la Normandie, dans le Holstein, la Silésie, en Italie, en Angleterre et en Hollande.

Œillette.

Le *pavot-œillette*, originaire de l'Orient, est cultivé maintenant dans presque toutes les contrées du globe ; ses graines noires contiennent beaucoup d'huile. Le pavot-œillette est cultivé principalement dans la Flandre, la Picardie, l'Alsace, la Lorraine, en Carinthie, en Syrie, en Asie-Mineure et dans l'Inde.

Cameline.

La *cameline* est originaire de l'Asie, mais on la rencontre aujourd'hui indigène dans toute l'Europe. On la cultive dans le nord, le nord-ouest et l'est de la France. La graine de cameline contient en moyenne 35 °/₀ d'huile.

Ricin.

Le *ricin,* de la famille des euphorbiacées, est originaire de l'Égypte ; il croît aussi dans la Turquie d'Asie, l'Indoustan, la Chine et l'Amérique. On le cultive également en Algérie, en Sicile, en Italie dans les environs de Vérone et de Legnano, en Espagne et dans le midi de la France. La naturalisation de cette plante en Europe l'a rendue annuelle, de vivace et ligneuse qu'elle était dans sa patrie.

Plantes textiles.

Les *plantes textiles* de la zone tempérée sont le chanvre et le lin. Le *chanvre* originaire d'Orient, est très-cultivé en France, dans le Piémont, l'Ukraine, la Livonie, la Belgique et le grand-duché de Bade.

Lin.

Le *lin,* originaire de la haute Asie, est cultivé en grand dans la Flandre, l'Artois, la Bretagne, le Maine et l'Anjou; en Belgique, dans la vallée de la Lys; en Irlande, dans la Lombardie, la Courlande, la Lithuanie, la Zélande, la Westphalie, terre classique du lin, et la Silésie. Le lin est aussi cultivé en Italie, dans les environs de Naples, de Salerne, de Palerme et Lodi, de Crémone, en Sicile, en Algérie et dans les Indes. Néanmoins il est principalement cultivé dans les localités septentrionales, où l'atmosphère et le sol sont toujours un peu humides.

Plantes tinctoriales.

Les *plantes tinctoriales* comprennent la *garance* récoltée en Perse, dans l'Europe méridionale, l'Afrique méditerranéenne, les îles de la Méditerranée (Chypre), en Hollande, en France, en Saxe, en Silésie, etc. Sa culture va en diminuant. Le *safran* se récolte en Espagne et en France.

Plantes à aromates. Houblon.

Le *houblon* est cultivé en Angleterre, en Belgique, en Hollande, dans la France septentrionale, en Alsace, dans la Bavière, la Saxe, la Silésie, la Poméranie, le Mecklembourg, le grand-duché de Bade, l'Amérique du Nord (États-Unis et Canada). Pour produire abondamment et fournir des cônes de bonne qualité, il faut que le houblon, qui est une plante dioïque, végète dans un climat à la fois chaud et humide et qu'un beau ciel et un air pur favorisent en automne leur maturité. Les localités très-humides ou chargées en septembre de brumes épaisses, comme les contrées trop sèches, lui sont très-contraires : elles arrêtent son développement ou l'obligent à produire des cônes peu développés ou peu aromatiques. Le climat de la Bavière ou de la Bohême est en général excellent. Le climat brumeux de l'Angleterre convient très-bien au houblon. Cette plante a besoin d'une notable quantité d'eau pendant l'été; c'est pourquoi les orages fréquents ne lui sont pas nuisibles.

Les Vosges, la Lorraine et l'Alsace sont, en France, les localités les plus favorables au houblon.

Vigne.

Vigne. — La vigne semble originaire de l'Asie, mais la proscription absolue dont les liqueurs fermentées ont été l'objet de la part de Mahomet, l'a exilée des contrées où règne l'islamisme, et l'on ne produit guère de vin que dans les parties de l'Asie les plus voisines de l'Europe.

La culture de la vigne a pour limites, au midi, celles de la région des oliviers; mais souvent ces deux régions se superposent dans une étendue variable suivant les pays. La vigne exige moins de chaleur que l'olivier, mais elle a besoin de plus d'humidité pour développer ses feuilles et ses fruits. Ses produits plus encombrants exigent aussi des moyens de communication plus faciles. Elle pénètre donc plus ou moins avant, suivant les lieux, dans la région des oliviers.

La vigne exige de la chaleur, mais son produit s'altère quand elle en reçoit trop. La région des vignes embrasse une grande partie du plateau central de l'Espagne et toutes ses côtes ouest et nord ; en France, la limite peut être indiquée par une ligne droite qui, se dirigeant du sud-ouest au nord-est, part de Guérande et passe par Senlis et Coucy ; elle dépasse cette limite naturelle vers le nord, car on trouve quelques vignes sur des points bien exposés des côtes méridionales de la Bretagne. La limite se relève un peu au nord de Paris, traverse le Rhin et s'arrête aux environs de Dresde pour descendre ensuite vers le sud-est ; mais sur la partie centrale de l'Europe, elle éprouve des inflexions considérables dues aux massifs montagneux qui s'y développent sur une large échelle. De Dresde où elle s'arrête, la ligne limite rétrograde le long des frontières de la Bohême pour venir reprendre le Rhin au nord de Coblentz ; elle suit ce fleuve et enferme les bords du lac de Constance ; elle retourne alors vers l'ouest à l'approche des hautes montagnes de la Suisse, comprend dans son enceinte les parties inférieures des vallées de l'Aar, de la Thièle, le lac de Genève et le Valais. Elle traverse les Alpes vers le milieu du canton du Valais, dont elle suit les pentes méridionales, pour embrasser la Vénétie, traverser de nouveau les Alpes pour envelopper la basse Autriche, la Hongrie, la Valachie et s'étendre en Orient jusqu'en Crimée. Les pays montagneux, la Serbie et la Bulgarie, sont seuls exceptés.

Toute cette vaste étendue n'est pas également propre à la culture de la vigne pour le vin ; dans la partie méridionale, la vigne peut être cultivée en plaine, sans abris ; mais dans la partie septentrionale, il faut lui choisir des expositions favorables. La culture de la vigne s'étend certainement au nord de la ligne où le vin cesse d'être un produit bon et économique relativement à ce qu'il coûte dans sa véritable région. D'ailleurs les vins aigres du Nord jouent, par leur acide tartrique, un rôle important dans le coupage des vins plus alcooliques du Midi. Dans l'Europe occidentale, le raisin peut mûrir jusque vers le 49e de latitude N., et jusque vers le 27e en Perse.

La vigne est cultivée en France, en Allemagne, en Suisse, en Autriche-Hongrie, dans la Russie méridionale, la Géorgie, la Roumanie, la Turquie, la Grèce, l'île de Chypre, le Portugal, l'Espagne, la Perse méridionale, l'Algérie, le Cap, l'Australie, la Californie et sur la côte du Pérou et du Chili. Nous dirons quelques mots de la production de cet arbuste dans quelques-uns de ces pays.

La péninsule ibérique a des vins remarquables par leur richesse alcoo- Vins d'Espagne.

lique; il en est qui sont presque des liqueurs. La production du vin en Espagne peut être évaluée à 30 millions d'hectolitres, et constitue la principale richesse du pays. C'est l'Espagne qui, après la France, exporte le plus de vins; c'est le Xérès qui s'exporte le plus, surtout à Londres, qui en reçoit chaque année plus de 30,000 fûts, dont le prix varie de 200 à 300 francs, et qu'on consomme en Angleterre sous le nom de *sherry*.

On exporte également en Amérique et pour l'Orient une certaine quantité de vin ordinaire, qui fait concurrence aux vins français du Midi, et des vins de liqueurs qui rivalisent avec ceux d'Italie.

Vins du Portugal.

Le Portugal a, comme l'Espagne, un climat très-favorable à la culture viticole; sa production est estimée à 4 millions d'hectolitres environ. Les crus principaux sont ceux de Porto, de Banaida, de Sétubal et de Madère, que l'on continue à vendre sous ce nom, quoique la maladie ait presque anéanti les vignobles de cette île, qui commence à les cultiver de nouveau.

Vins d'Italie.

Le climat de l'Italie se prête admirablement à la culture de la vigne; aussi ce pays produit-il des vins ordinaires d'excellente qualité, et des vins supérieurs d'un goût exquis, bien que les procédés de vinification laissent encore beaucoup à désirer.

On peut évaluer à 2 millions d'hectares le terrain planté en vigne, et la production s'élève à 33 millions d'hectolitres, soit 13 hectolitres environ par hectare, rendement bien inférieur à celui de la France, de l'Autriche et de l'Allemagne. Ce résultat est dû au mode de culture: en Italie, les plants sont très-espacés, et les grappes sont soutenues par des fils de fer, à une assez grande distance du sol; elles profitent moins de la chaleur de la terre, elles sont plus exposées au vent, et arrivent ainsi à un moindre degré de maturité. Au contraire, dans les pays cités plus haut, le terrain est exclusivement planté en vignes, et on peut évaluer à près de 10,000 le nombre des plants par hectare. Il faut ajouter qu'en Italie la culture de la vigne est plus rationnelle dans les provinces méridionales que dans celles du nord et du centre; mais ce sont alors les procédés de fabrication du vin qui sont arriérés. Néanmoins les conditions naturelles du climat et du sol de l'Italie en feront bientôt un des premiers pays vignobles de l'Europe. L'Italie exporte beaucoup de vin en France.

Vins d'Autriche-Hongrie.

La production moyenne des vins en Autriche-Hongrie est de 30 millions d'*eimer* (56 litres), soit 17,400,000 litres; 2 millions d'*eimer* environ sont exportés principalement en Allemagne et en Russie. Le vin est cher en Autriche, ce qui fait qu'on lui préfère la bière pour la consommation ordinaire.

Les vins autrichiens et hongrois sont bien dépouillés, mais peut-être un peu pâles ; le *tokai* est un vin qui jouit d'une réputation universelle ; c'est la Russie et l'Angleterre qui consomment les vins de Hongrie.

L'Allemagne a entre autres les vins du Rhin, ou plutôt du district de Rhingau. Ce sont non-seulement les meilleurs d'Allemagne, mais peut-être, dans leur genre, ceux du monde entier, excepté les Sauternes. Les vignobles du Rhin produisent peu, et avant d'arriver à la consommation, le vin qu'ils produisent passe par une infinité de manipulations qui corrigent son âpreté naturelle et développent peu à peu les qualités exquises de son arome. Vins d'Allemagne.

Les autres pays allemands qui produisent du vin sont : la Prusse, la Bavière, la Hesse, le grand-duché de Bade et le Wurtemberg.

Ce n'est guère que dans le midi de la Russie qu'on cultive la vigne ; on estime la production à 16,050,000 wedros (1 wedros = 12 litres, 299), soit près de 2 millions d'hectolitres. Ce sont les provinces du Caucase qui en produisent le plus. Vins de Russie.

En Russie, les vignes produisent beaucoup et on cite des terrains d'alluvion où la production dépasse 60 hectolitres par hectare ; mais il s'en faut de beaucoup que ces vins puissent être comparés aux bons crus d'Europe.

L'habitude qu'on a d'immerger les plants est excellente quant à la quantité, mais nuisible à la qualité.

La Grèce est par excellence un pays vignoble et produit quelques crus estimés. Les vins de ce pays sont forts et riches en arome et en substance. C'est l'Angleterre qui absorbe le peu de vin de Corinthe et de Chypre qu'on exporte de ce pays. Vins de la Grèce.

La région de la Roumanie qui produit les meilleurs vins se trouve sur les coteaux des Carpathes que baigne le Danube. La plus grande partie sont des vins blancs assez légers qui se consomment entièrement dans le pays. On estime la production à 600,000 hectolitres, récoltés sur une étendue de 90,000 hectares de vignes. Vins de Roumanie.

Quelques cantons suisses produisent d'assez bon vin, mais simplement pour la consommation locale. Vins de Suisse.

France. — C'est la France qui est, par excellence, le pays du vin, et on peut affirmer que les vrais vins, les vins de table, n'ont encore que la France pour patrie. Les vignobles de notre pays, qui s'étendent depuis les plaines de la Champagne jusqu'aux coteaux du Bordelais, depuis les rives de la Loire jusqu'aux rives du Rhône, tiennent le premier rang parmi tous ceux Vins de la France.

de l'Europe ; ils doivent leur juste renommée à leur vaste étendue et surtout aux qualités supérieures et variées des vins qu'ils fournissent depuis bien des siècles à de nombreuses populations. Grâce à la supériorité de sa culture, la France tient le premier rang aussi bien par sa production que par la qualité de ses vins.

Les vignes couvraient, en 1872, une surface de 2,614,000 hectares, c'est-à-dire le vingtième du territoire, et occupaient plus de 7 millions de travailleurs ; la récolte s'était élevée à 55 millions d'hectolitres de vin ; la production peut s'élever à 70 millions et même à 80 millions d'hectolitres, valant plus de 2 milliards et demi de francs (83 millions d'hectolitres en 1875).

La production annuelle normale de la France correspond à 195 litres par habitant ; une partie de cette production est exportée, et on évalue à 150 litres la consommation moyenne annuelle d'un habitant. Nous donnons ici en tableau, comme comparaison, la consommation moyenne annuelle par habitant pour plusieurs pays.

En	litres.	En	litres.	En	litres.	En	litres.
Italie........	80	Wurtemberg..	18.2	Danemark....	0.96	Belgique.....	0.30
Suisse........	59	Pays-Bas.....	4	Norvége......	0.66		
Autriche......	53	Prusse.......	4.3	Suède........	0.36		
Espagne......	30	Royaume-Uni..	2.1	Russie.......	0.33		

Pendant toute la première moitié du siècle, la récolte moyenne en France était de 30 millions d'hectolitres environ ; les meilleures années dépassaient rarement 40 millions d'hectolitres ; les plus mauvaises ne descendaient guère au-dessous de 20 millions.

En 1854, la maladie de l'oïdium sévissait de tous côtés, et la production totale tomba à 10,800,000 hectolitres. Le rendement moyen, après la maladie, revint en 1859, à 50 millions d'hectolitres.

Le prix de nos vins au lieu de production a doublé de la première moitié du siècle à la seconde ; la cause principale en est aux chemins de fer qui sont venus favoriser l'écoulement de nos vins en rapprochant le consommateur du producteur ; l'industrie vinicole est une de celles qui en a le plus profité et qui, en même temps, leur profite le plus. Les principales régions viticoles de la France sont le Midi, la Bourgogne, le Bordelais et la Champagne. Le Midi produit environ 10 millions d'hectolitres, la Bourgogne autant, les départements de l'Ouest produisent environ 30 millions d'hectolitres, connus sous le titre de vins de Bordeaux, et la Champagne, dans les trois cantons de Reims, d'Epernay et des Vertus, 10 millions de bouteilles, bien que la France exporte plus de 50 millions de bouteilles de vins mousseux, dont plusieurs sont fabriqués non-seulement en Champagne, mais dans la basse Bourgogne à Tonnerre, à Épineuil, à Angers, à Saumur, à Tours, à Vouvray, à Rochecorbon.

La France produit encore de bons vins de liqueurs qui ont beaucoup d'analogie avec ceux de Naples et de Sicile; les principaux sont les crus de Frontignan, de Rivesaltes et de Lunel.

L'Algérie a de fort beaux raisins et commence à fabriquer des vins qui ne sont pas sans mérite et qui feront peut-être concurrence un jour à ceux du Midi. Vins d'Algérie.

La production vinicole de l'Amérique commence à prendre de l'importance, surtout en Californie. Les débuts de l'Australie dans la viticulture promettent beaucoup; les plants du Var y ont parfaitement réussi. Vins d'Amérique. Vins d'Australie.

L'*oranger*, originaire de l'Inde et de la Perse, est cultivé dans l'Espagne méditerranéenne (Andalousie et Valence), aux Baléares, à Malte, en Sicile et en Sardaigne, dans l'Italie méridionale, en Grèce, en Algérie (Blidah), aux Antilles, dans l'Inde, en Chine et au Japon. La culture de l'oranger, partant de la côte ouest de la péninsule ibérique au nord de l'embouchure du Minho, coupe transversalement l'Espagne pour aboutir à la côte est, un peu au nord de Barcelone; de là, traversant le golfe de Lion, elle entame la France vers Toulon et Hyères, longe la côte jusqu'à Parzane, traverse la péninsule, tombe à la pointe de Raguse, embrasse la Grèce et va se perdre dans l'Orient. L'oranger, qui comprend plusieurs espèces, est un arbre qui vit longtemps, car on en connaît qui ont plus de 600 ans. Arbres fruitiers. Oranger.

L'*olivier*, originaire de l'Asie-Mineure, près le mont Taurus, ou de la Grèce, d'où il aurait été importé en Europe par les Romains, est cultivé sur tout le littoral méditerranéen (Espagne, France, Italie, Dalmatie, Grèce, Turquie, Asie-Mineure, Syrie, îles Grecques, Tunis, Algérie). La limite de l'olivier longe les côtes de Biscaye et vient se réunir en France à la ligne tracée par Olette (Pyrénées-Orientales), Carcassonne, Sidobre, Saint-Pons, Lodève, le Vigan, Saint-Jean-du-Gard, Alais, Joyeuse, Aubenas, Donzère (Drôme), Nyons, Sisteron, Digne, Bargemont (Var); elle se prolonge ensuite sur deux lignes parallèles, l'une courant le long des Apennins, l'autre suivant le contour méridional des grandes Alpes et embrassant la Dalmatie pour se diriger vers le nord de la Grèce. Olivier.

La région des oliviers peut se diviser naturellement en deux sous-régions : celle où l'arbre ne gèle jamais; celle où il succombe quelquefois aux froids de l'hiver.

Dans la première, où la température ne descend jamais au-dessous de — 5° et qui n'a annuellement que 10 à 12 jours de gelée, on peut cultiver l'oranger, le coton herbacé, le caroubier, le figuier d'Inde (cactus opuntia).

Dans la seconde sous-région, où l'olivier gèle quelquefois, cet arbre atteint des dimensions moins élevées, mais il est mieux soigné et produit des récoltes qui peuvent encore lutter avec celles de la première, déduction faite des années consacrées à la reproduction des sujets qui ont péri. Cette seconde sous-région comprend le midi de la France à l'exception de quelques cantons bien abrités au bord de la mer. Le caroubier, l'oranger et le figuier d'Inde disparaissent de cette région, où l'on voit encore le pin pignon, le pin d'Alep, etc.

La région des oliviers doit présenter deux caractères principaux et essentiels : la température de l'hiver ne doit pas descendre au-dessous de 7 ou 8 degrés de froid ; si elle y descend accidentellement, ce froid ne doit pas durer plus d'une huitaine de jours; autrement l'olivier perd ses rameaux si le dégel est trop prompt. D'un autre côté, la somme de chaleur lumineuse de l'été doit être assez forte pour que l'arbre puisse mûrir ses fruits.

La côte septentrionale de l'Afrique paraît être la patrie de l'olivier. Cet arbre y acquiert de grandes dimensions; il a une longévité très-grande. Dans la rivière de Gênes, qui abonde en vieux oliviers, il y en a qui sont vieux de plusieurs siècles. Des cantons entiers de la Sardaigne, de la Corse, des îles Baléares sont plantés en oliviers auxquels s'associe la vigne ; en Sicile, l'olivier n'a jamais occupé des espaces bien étendus. La Grèce, la Judée, l'Asie-Mineure sont couvertes de beaux oliviers. L'olivier s'élève en Orient jusqu'en Crimée. L'Algérie, la Tunisie sont remarquables par la production des olives. Sur la côte méditerranéenne de l'Espagne, l'olivier se montre partout au premier rang ; d'abord il est associé à la canne à sucre vers Grenade, puis à la vigne et aux mûriers en avançant vers les Pyrénées.

Les meilleures huiles d'olive comestibles sont celles d'Aix, de la rivière de Gênes, de Lucques, de Bari, du Languedoc et de la Catalogne.

Prairies naturelles et pâturages.

Les prairies naturelles sont un des traits caractéristiques de la géographie de la zone tempérée ; on les trouve dans les vallées ou sur de hauts plateaux. L'Amérique du Nord, dans le bassin du Mississipi et à l'ouest des grands lacs, est remarquable par ses prairies très-étendues.

La région des pâturages comprend les pays où la production spontanée de l'herbe et la nourriture des animaux sont le mode le plus avantageux de tirer parti de la terre. On peut la partager en trois sous-régions :

1° La *sous-région des pâturages pérennes* comprenant les pays où l'herbe est en toute saison si abondante et si assurée que le résultat économique de cette récolte venant sans frais l'emporte sur celui des autres récoltes ; elle comprend en France la partie du Poitou, de la Bretagne, de la Normandie, la plus rapprochée des côtes, et surtout celle qui forme le fond des vallées.

2° La *sous-région des pâturages d'hiver* comprend les pays où l'herbe très-abondante en hiver se dessèche en été, mais où la population est trop rare ou l'air trop malsain pour permettre une culture active, comme certaines parties de l'Afrique, les marennes de la Toscane, les environs de Rome ; des capitaux et des bras changeraient cette région d'une manière complète. Cette seconde sous-région comprend aussi les pays où le sol est aride, trop peu fertile pour que les récoltes paient les cultures, comme les plaines de la Crau, près d'Arles, les Landes, les plateaux caillouteux en Languedoc et en Provence, la basse Carmargue et plusieurs autres espaces attenant à la mer en Languedoc et en Provence, les côtes de Corse, des terrains très-vastes en Algérie.

3° La *troisième sous-région* comprend les pays où pendant l'hiver, la rigueur et la durée du froid, l'abondance des neiges, ne permettent aucune végétation, mais où l'herbe abonde en été : tels sont les pays du Nord et les plateaux montagneux même dans les pays chauds. Cette troisième sous-région appelée *sous-région des pâturages d'été* comprend les cimes et les plateaux des Pyrénées, des Alpes, une partie du plateau central des Cévennes, des Vosges, etc., etc.

Arbres forestiers et forêts.

La région des forêts s'étend au milieu des autres sur des terrains trop pauvres pour passer à l'état de pâture. Elle embrasse au nord une vaste étendue où la longueur des hivers et le peu de développement des herbes pendant l'été, ne permettent pas de nourrir des animaux avec profit. Elle occupe encore les parties escarpées des montagnes où l'élévation produit le même effet que le rapprochement du pôle.

La limite septentrionale des arbres en Europe va du 56e au 60e degré pour la plupart; les conifères arrivent jusqu'au 68e ou 69e degré de latitude N. et le bouleau atteint le 70e ; le bouleau nain va jusqu'au 71°.

Sur les montagnes de l'Europe, le chêne s'élève jusqu'à 800 mètres, le hêtre atteint 1,000 mètres, les conifères vont à 1,800 mètres et le bouleau arrive à 2,000.

Les bois et forêts occupent en France environ le sixième du territoire ou les 16 centièmes, les 18 centièmes en Italie, le tiers en Autriche, où l'on rencontre les massifs boisés des Alpes, des Carpathes de la Silésie, de la Gallicie et de la Bukowine. L'empire allemand est riche en bois. Les forêts de la Russie d'Europe couvrent les 40 centièmes de la surface totale de l'empire, c'est-à-dire une surface quadruple de celle de la France entière. Mais malheureusement elles sont très-inégalement réparties sur le sol de ce vaste pays : surabondantes dans les régions du Nord, elles manquent presque absolument dans les régions du Sud. Le bois est en Russie un objet de première nécessité et la consommation en est extrêmement considérable. Les forêts forment un des éléments principaux de la richesse de la Suède, et elles donnent lieu à un grand commerce d'exportation. Elles couvrent environ les 43 centièmes de la surface du pays ; on les rencontre surtout au nord d'Upsal, de l'autre côté de Dal-cf. Elles deviennent toujours plus abondantes à mesure que l'on approche des latitudes septentrionales.

La Norvége est exactement dans les mêmes conditions forestières que la Suède ; elle a le quart de son sol recouvert de forêts, 8 millions d'hectares, presque uniquement composés de pin sylvestre et d'épicéa.

Flore de la zone tempérée australe.

III. — Flore de la zone tempérée australe.

Les terres de la zone tempérée australe sont peu étendues, excepté en Patagonie ; c'est pourquoi on y rencontre la végétation des tropiques alliée à celle de la zone tempérée boréale. Les contrées africaines et océaniennes de cette zone, colonisées par les Anglais, produisent à la fois les cultures de l'Europe et les végétaux de la zone tropicale. Le blé, le riz, le maïs, le houblon, les arbres fruitiers, l'olivier et la vigne croissent avec la canne à sucre et le café. On y trouve de vastes prairies naturelles qui permettent l'élevage en grand de nos animaux domestiques, surtout des bœufs et des moutons. Les blés du Cap et de l'Australie méridionale sont très-beaux et les vins de ces deux pays sont excellents.

L'Australie, la terre de Van-Diemen et la Nouvelle-Zélande fournissent de beaux bois, principalement des bois noirs, du bois de fer, etc.

Flore de la zone glaciale boréale.

IV. — Flore de la zone glaciale boréale.

La végétation diminue à mesure qu'on s'élève en latitude ; les forêts composées de pins et de bouleaux s'arrêtent sur le cercle polaire ; au delà, on ne trouve plus que des saules, des bouleaux nains, des mousses et lichens formant des pâturages sous la neige pour les rennes, l'animal bienfaisant de ces contrées inhospitalières, où l'homme, très-clair-semé, se nourrit principalement du produit de la pêche.

CHAPITRE III

TABLEAU DES PRODUCTIONS DU RÈGNE ANIMAL.

Généralités sur la faune du globe. — Productions utiles fournies par le règne animal. — Fourrures et commerce des pelleteries. — Laines. — Duvet de Cachemire. — Production de la laine dans les trois grands centres producteurs : Australie, Cap de Bonne-Espérance, La Plata. — Soie. — Production de la soie dans le monde. — Pays d'Europe qui fabriquent la soie. — Cuirs et peaux. — Cornes. — Poils. — Ivoire. — Ivoire végétal. — Ecaille. — Nacre et perles. — Corail, sa composition, sa couleur, sa qualité. — Pêche et commerce du corail. — Eponges fines et ordinaires. — Plumes de parure. — Edredon. — Guano.

Généralités sur la faune du globe.

Les faunes comme les flores varient suivant les latitudes et les climats ; les espèces sauvages sont nombreuses dans la zone torride ; les oiseaux à plumage varié, vif et éclatant, comme les rayons du soleil de ces contrées, les reptiles et les insectes dangereux et incommodes, y abondent.

La zone tempérée boréale a moins d'animaux nuisibles, parce qu'elle est mieux exploitée par l'homme ; c'est la zone des belles races domestiques, chevaux, bœufs et moutons.

Les mers tempérées boréales nourrissent de nombreuses espèces de poissons qui donnent lieu à des pêcheries abondantes : on trouve le *saumon,* l'*alose* et la *morue* à Terre-Neuve, aux îles Loffoden, en Islande et dans la mer du Nord ; le *hareng*, le *turbot*, la *sole,* la *raie* et le *maquereau*, dans la Manche et la mer du Nord et le nord de l'Atlantique ; l'*esturgeon*, dans la mer Caspienne et la mer Noire ; la *sardine,* sur les rivages atlantiques de la France et de l'Espagne et sur les côtes algériennes de la Méditerranée ; le *thon*, sur les côtes de Provence, de la rivière de Gênes et de la Calabre ; l'*anchois*, dans la Méditerranée.

Les huîtres comestibles (Cancale, Ostende, Marennes, Arcachon), les homards et langoustes (Norvége, Cattégat, Cottentin, Bretagne, le Cap), les éponges (Syrie, Archipel, Adriatique), la sangsue (Hongrie, Perse, Algérie), sont au nombre des animaux les plus utiles dans les ordres inférieurs.

Les insectes pullulent dans toute l'Amérique intertropicale ; les moustiques et les cousins sont tellement abondants sur le haut Orénoque que le pays est à peu près inhabitable.

Des troupes immenses de chevaux, de bœufs et de chiens sauvages errent dans les pampas et les llanos du bassin de l'Orénoque.

La faune de l'Australie est toute spéciale.

Dans les pays froids, comme la Laponie, la Sibérie, l'Amérique polaire, on rencontre les animaux à fourrures précieuses, comme la loutre, la martre, la zibeline, l'hermine, le renard bleu, etc. Les reptiles manquent dans les contrées arctiques, mais les cousins sont aussi nombreux en Laponie que dans les pays chauds.

Productions utiles fournies par le règne animal.

Les principales productions utiles fournies par le règne animal sont :

Les fourrures,	Les poils,	Les éponges,
La laine,	L'ivoire,	Les plumes de parure,
La soie,	L'écaille,	L'édredon,
Le cuir et les peaux,	La nacre et les perles,	L'huile de baleine et de phoque.
La corne,	Le corail,	Le guano.

Fourrures et commerce des pelleteries.

La Russie a été longtemps à la tête du commerce des pelleteries sur tous les marchés du monde ; mais actuellement le principal centre de ce commerce est la baie d'Hudson. L'adresse des Sibériens à la chasse des animaux à fourrures est telle que, pour ne pas endommager la peau, la plupart des animaux ne sont touchés qu'à la tête ; on les prend souvent au moyen de trappes et de piéges.

Les fourrures et pelleteries se tirent de plusieurs animaux : le *castor* habite les contrées septentrionales, principalement l'Amérique du Nord ; la *martre*, les parties septentrionales de l'Europe, de l'Asie et de l'Amérique. Cet animal, dont la couleur varie du noir au brun-clair, rougeâtre et jaunâtre, fournit une des principales fourrures de la Sibérie ; c'est la couleur foncée qui est la plus estimée et la plus chère. Les plus belles martres viennent d'Olekma à d'Aldan ; les ordinaires, d'Amoor et Nertschinsk, et les communes, des îles Sagaliennes. On estime à 45,000 peaux le produit annuel de la chasse de cet animal en Sibérie. Le prix d'une fourrure de martre argentée, c'est-à-dire de couleur très-foncée parsemée de poils blancs, atteint facilement 60 roubles, tandis que les ordinaires ne valent en moyenne que 8 à 10 roubles. La martre étant un animal très-petit, et la fourrure du ventre étant mise à part comme de peu de valeur, il n'est pas rare qu'on emploie jusqu'à 80 peaux pour la confection d'une pelisse, qui peut coûter ainsi près de 5000 roubles.

La *martre zibeline* habite la vallée moyenne de la Léna ; l'*hermine*, qui a beaucoup perdu de sa valeur parce qu'elle a passé de mode, vit dans l'Asie septentrionale ; elle donne lieu en Sibérie à un commerce d'environ 200,000 roubles. Le *renard noir* est très-recherché et plus cher que la martre ; le prix moyen de sa peau, en Sibérie, est de 60 à 70 roubles. On rencontre cet animal dans la Sibérie orientale et la Tartarie, dans le Kamtchatka et le bassin de la baie d'Hudson. Le *renard argenté* habite les parties septentrionales de l'Amérique du Nord, et le *renard bleu* ou *isatis*, les contrées polaires. Le *petit-gris* vit en Sibérie ; il constitue une fourrure très-commune, mais d'un prix relativement très-élevé à cause de la grande consommation qu'on en fait. La *loutre* se rencontre dans le Canada et la

Virginie ; la loutre de mer devient très-rare, et on ne la trouve plus que vers le détroit de Behring et le nord-ouest de l'Amérique ; aussi cette fourrure magnifique, très-appréciée, est-elle très-chère. Le *lièvre de la Sibérie,* différent de celui de l'Europe, a de l'importance, car il s'en vend annuellement pour un demi-million de roubles. Les peaux de marmottes, de gloutons, d'ours blancs, de lynx et de loups forment l'objet d'un trafic important en Russie.

Les peaux d'agneau viennent d'Astrakan, de l'Ukraine, de la Crimée, de la Perse et du Piémont.

On voit ainsi que les grands pays de chasse pour les fourrures sont les forêts de la Sibérie et celles du nord de l'Amérique septentrionale.

Les marchands russes font le trafic des pelleteries en échange d'eau-de-vie, de poudre, etc., et viennent ensuite les vendre sur les marchés principaux de Yakoutsk, Nertschinsk, Tobolsk, d'où elles s'expédient en Europe et en Chine.

Les grands centres de consommation de fourrures sont : l'Angleterre, contre l'humidité, la Russie, contre le froid, et Paris, comme articles de haut luxe.

Les grands centres de production de la laine sont : pour les *laines fines,* mérinos et métis-mérinos, les steppes de la Russie méridionale, l'Espagne, la France, l'Allemagne (Saxe, Silésie), la Bohême, la Hongrie, les Etats-Unis, les Indes, la république Argentine, le Cap, l'Australie, la Terre de Van-Diémen ; pour les *laines communes*, l'Asie occidentale (Mésopotamie, Syrie, Asie-Mineure), l'Egypte, Tunis, l'Algérie, le Maroc, la Roumanie, la Turquie et la Plata. Laines.

La *laine d'Alpaga* vient du Pérou, de la Bolivie et du Chili.

Le *duvet de Cachemire* (des chèvres des montagnes de l'Inde septentrionale, vallée de Kachemir), vient de l'Inde septentrionale, du Thibet, et est apporté aux foires de Nijni-Novgorod et de Moscou et de là est dirigé sur la France et l'Angleterre. Duvet de cachemire.

L'Australie, l'Amérique du Sud et le Cap sont dotés de pâturages éminemment propres à l'élève des moutons. L'Amérique du Sud fait une grande concurrence au Cap pour le commerce des laines. Les possessions anglaises (Indes orientales, Australie, cap de Bonne-Espérance) offrent de vastes espaces où l'élève et l'entretien de nombreux troupeaux se font à peu de frais. Aussi l'Angleterre élève-t-elle chez elle le mouton pour la viande et non pour la laine.

Les principaux marchés lainiers sont Londres, pour les laines d'Australie, Anvers, pour les laines de la Plata, le Havre, pour les laines de l'Amérique du Sud, et Marseille, pour les laines du littoral de la Méditerranée.

PRODUCTION DE LAINES DANS LES TROIS GRANDS CENTRES PRODUCTEURS.

	1874	1875	1876	1877
	Balles.	Balles.	Balles.	Balles.
Australie	663.213	699.620		
Cap de Bonne-Espérance	168.617	178.648		
La Plata	260.000	236.728		
	1.091.830	1.114.996		

En laines lavées pures 112,500,000 kilogr. en 1874, et 113,000,000 de kilogr. en 1875.

La Californie, en 1875, a produit près de 18 millions de kilogrammes de laines (39,359,000 livres), et l'Orégon, près de 900,000 kilogrammes (2 millions de livres).

La soie.

Les principaux centres producteurs de la soie provenant du bombyx ou ver à soie du mûrier sont la Chine, le Japon, le Bengale qui fournissent à l'Europe plus de 4 millions 1/2 de kilogrammes de soie grége par an. La Cochinchine, Siam, la Perse, la Géorgie et le Levant (Asie-Mineure, Syrie, Turquie d'Europe, Grèce, îles de l'Archipel, les îles Canaries, l'Espagne, l'Italie, la Dalmatie, la France avec ses dépendances, la Corse et l'Algérie, en produisent aussi. L'Italie et la Chine fournissent à elles seules les quatre cinquièmes de la soie qu'on emploie en Europe.

Voici d'une manière approximative les quantités de soie grége jetées sur les marchés européens par les récoltes de ces dernières années :

Production de la soie dans le monde.

PAYS PRODUCTEURS.	SOIE GRÉGE, EN KILOGRAMMES.				
	en 1872	en 1873	en 1874	en 1875	en 1876
	Kilog.	Kilog.	Kilog.	Kilog.	Kilog.
France	636.800	549.000	731.000		
Italie	3.125.000	2.336.000	2.860.000		
Espagne	171.400	130.000	140.600		
Turquie, Anatolie Brousse.	77.400	100.000	206.000		
— Volo	»	34.000	37.000		
— Salonique	33.300	35.000	63.000		
— Andrinople	»	20.000	63.000		
— Syrie	107.500	150.000	170.700		
Grèce	6.400	18.000	13.000		
Géorgie, Perse, Korassan	110.000	317.000	400.000		
Chine, exportation de Shanghaï.	2.634.000	2.711.900	3.290.000		
— — de Canton.	751.000	388.000	390.000		
Japon, — de Yokohama.	721.000	719.900	550.000		
Indes, — de Calcutta.	574.000	486.000	425.000		
Totaux	8.947.800	7.994.800	9.339.300		

Les soies communes pour les tissus ordinaires proviennent du ver de l'ailanthe, arbre du Japon, du ver du chêne et du ver du ricin.

Londres est le principal marché des soies de l'Asie ; depuis quelques années, Lyon, par l'intermédiaire du port de Marseille, lui fait une sérieuse concurrence.

Cinq pays se partagent aujourd'hui la fabrication européenne de la soie ; ce sont : la France, l'Angleterre, l'Allemagne, la Suisse et l'Autriche. Sur ces pays, deux seulement, la France et l'Autriche, jouissent de la faculté de produire la matière première ; l'Angleterre, l'Allemagne et la Suisse restent, au contraire, forcément tributaires des contrées où s'élève le ver à soie. L'Angleterre se fournit pour la majeure partie de ses besoins au Bengale, en Chine et au Japon ; les soies employées en Allemagne viennent pour 87 % d'Italie, et ce dernier pays alimente en plus presque toute la Suisse et une bonne partie de l'Autriche, qui se livre avec ardeur à l'élève du ver à soie. Pays d'Europe qui fabriquent la soie.

Lyon est la première fabrique de soieries du globe ; en 1875, elle a produit pour 425 millions de francs d'étoffes de soie diverses. Créfeld, en Allemagne, Zurich et Bâle, en Suisse, Manchester et Spittalfields, en Angleterre, Vienne en Autriche, lui font concurrence.

Les grands centres de production des cuirs et des peaux sont le bassin de la Plata, qui les exporte par Buenos-Ayres et Montevideo, le Cap, les Indes et l'Australie. Cuirs et peaux.

Les cornes de bœuf viennent de Buenos-Ayres et du Sénégal ; celles des bœufs d'Irlande sont recherchées. Les cornes de buffle sont fournies à l'Europe par l'Asie-Mineure, les Indes et la Cochinchine ; les cornes d'antilope, par la côte orientale d'Afrique. Cornes.

Les *poils* nécessaires à la brosserie, provenant du blaireau et des soies du sanglier, viennent de Russie, de Pologne, de la Hongrie et de l'Allemagne. Poils.

L'*ivoire* provenant des défenses d'éléphants et des dents d'hippopotame vient de l'Inde, de Ceylan, de Siam, Java, Sumatra, le Cap et Natal, du Sénégal, de la Guinée, du Soudan, de l'Abyssinie et du Mozambique. Les dents de morse viennent des mers arctiques. Bombay et Zanzibar exportent annuellement 160 tonnes d'ivoire, Malte et Alexandrie 180 tonnes, la côte occidentale d'Afrique, 20 tonnes, le Cap, 50 et Mozambique, 14 tonnes. Ivoire.

L'ivoire vient à Bombay de toutes les contrées méridionales de l'Asie et de la côte orientale d'Afrique. Alexandrie et Malte reçoivent l'ivoire de l'Afrique septentrionale et centrale, de l'Egypte et des contrées avoisinant le Nil. Les plus grandes défenses sont fournies par les éléphants d'Afrique, et sont exportées de Zanzibar; elles produisent un ivoire facile à travailler et qui ne se fendille pas. L'ivoire qui vient d'Ambriz, de la rivière du Gabon, est appelé *argent gris,* et ne devient jamais jaune en vieillissant, comme les ivoires de l'Asie et de l'est de l'Afrique.

L'ivoire de Siam est très-demandé pour les ouvrages de ciselure et d'ornement, parce qu'il est tendre, d'un beau grain et translucide. Le poids des défenses varie de 1 à 165 livres anglaises; le poids moyen est de 38 livres. Les défenses qui viennent de Mozambique et du Cap dépassent rarement 30 kilogrammes. On recueille dans les régions arctiques et en Sibérie de l'ivoire fossile, produit des défenses d'éléphants qui sont ensevelis dans la glace où ils se sont conservés depuis des temps inconnus. La quantité d'ivoire importée en Angleterre s'élève actuellement à 650 tonnes, dont 350 sont employées pour la consommation intérieure. Les fabricants de coutellerie de Sheffield en emploient 200 tonnes par an. Cette quantité d'ivoire importée annuellement en Angleterre provient d'au moins 50,000 éléphants tués chaque année.

Ivoire végétal.

L'ivoire végétal, fourni par le noyer à ivoire, se trouve dans l'Amérique du Sud et dans la partie méridionale des États-Unis. Les Indiens font avec la noix des boutons et des ornements de toute sorte, car elle est susceptible d'un beau poli.

Ecaille.

L'*écaille,* fournie par la carapace de tortue, vient des Indes, de la Chine, du Japon, des Antilles, de l'Amérique du Sud, de la Polynésie, de la mer Rouge, de la côte orientale d'Afrique et des îles de l'Archipel.

Nacre et perles.

La *nacre* et les *perles* sont fournies par l'aronde perlière, coquillage formant des bancs dans la mer Rouge, le golfe Persique, le détroit de Manaar, la côte de Coromandel, la mer du Japon, le golfe de Californie et près de plusieurs îles de l'océan Pacifique, surtout des îles Soulous, au nord-est de Bornéo, qui fournissent les plus belles perles du monde.

Les conditions nécessaires à l'existence de l'huître qui produit la nacre et les perles sont de l'eau renouvelée par les courants de marée et un fond de corail vivant, exempt de sable et de débris apportés par les mouvements de la mer. La coquille atteint son entier développement à l'âge de 7 ans, et pèse alors environ 500 grammes; son diamètre moyen est de

25 centimètres et quelquefois on en rencontre de 46 centimètres. Après 7 ans, l'animal périt.

Les huîtres perlières vivent par banc; dès qu'on en trouve une, on est sûr d'en rencontrer un grand nombre dans le voisinage immédiat. Elles se fixent au rocher par un ligament composé d'un grand nombre de filaments de la grosseur d'un fil à voile et dont l'adhérence au rocher est telle qu'il faut toute la force d'un homme robuste pour arracher l'huître. La sécrétion des perles doit être sans doute attribuée à un état morbide de l'huître; toutes les fois que dans un banc les coquilles sont à l'aise, qu'elles peuvent prendre de grandes dimensions, que leur surface extérieure est unie et propre, exempte de nœuds, de bosses et de trous, elles ne contiendront que rarement des perles, mais alors la nacre a une grande valeur. Au contraire, quand les coquilles sont entassées, déformées par la compression, quand elles sont couvertes de verrues, on y trouve un grand nombre de perles. Les pêcheurs expérimentés savent reconnaître, presque avec certitude, la présence des perles dans la coquille. Les huîtres sont ouvertes au couteau dans les pêcheries du Pacifique. Les coquilles vides doivent être empilées dans des hangars, à l'abri des rayons du soleil, pour préserver leurs teintes nacrées. La chair de l'huître perlière est un aliment très-sain, mais dur et grossier. Les perles sont, en général, logées dans les parties charnues de l'animal, près de l'origine du ligament. La chair est à demi transparente et les perles sont signalées par leur éclat.

Les perles sont exposées à de véritables maladies qui altèrent leur éclat. Le meilleur préservatif est de les conserver dans la magnésie.

Le *corail*, produit par des madrépores, est pêché sur les côtes de l'Algérie et de la Tunisie, du Maroc, de la Corse, du golfe de Lion et de la Sardaigne. Corail.

La Calle est le principal centre d'opérations de la pêche du corail, qui s'étend de Bougie à Tunis, principalement à Mansouria (partie est de la baie de Bougie), au cap Bougaroni, aux abords du banc des Kabyles (eaux de Djidjelly); du cap de Garde au cap Rosa jusqu'à 15 milles de la côte; du cap Rosa à La Calle, Tabarque, le cap Nègre, le cap Serrat, Bizerte et aux environs de la Galite. On en trouve aussi à l'ouest, près d'Oran.

Le corail se compose de deux parties distinctes : l'une centrale, dure, cassante, de nature pierreuse, celle en un mot que l'on utilise dans la bijouterie; l'autre, extérieure, semblable à une écorce molle et charnue facile à entamer avec l'ongle quand elle est fraîche, pulvérulente quand elle est sèche; c'est la couche vivante animale formée par les polypes. La Composition du corail.

première partie est appelée *polypier* et la seconde *polypes*. Le *polype* ne fait pas son polypier; il n'agit pas par instinct, mais il produit pour ainsi dire indépendamment de lui, en ne faisant pas plus sa charpente calcaire que l'homme ne fait ses os; c'est son organisme qui la produit comme il produit les autres tissus.

Le corail est vivipare, c'est-à-dire que ses œufs se transforment dans l'intérieur de ses polypes pour devenir de jeunes animaux doués d'une vie propre et indépendante.

Le polypier du corail se trouve toujours au-dessous et non au-dessus des rochers et se fixe indistinctement sur tous les corps durs et solides. Le corail évite de se fixer sur les parties déclives des rochers tournés vers le nord; il se place plus habituellement du côté de la lumière en se mettant à l'abri des rayons trop directs. Il englobe tout ce qui l'approche; aussi n'est-il pas rare de trouver dans son intérieur, en le cassant, des corps étrangers.

Couleurs du corail.

On trouve du corail de couleurs variées, depuis le *corail blanc* jusqu'au *corail noir,* en passant par le *rose* et par le *rouge plus ou moins foncé.*

Les pêcheurs pensent que la couleur blanche est due à une maladie; on ne le pêche d'ailleurs que rarement et par de grandes profondeurs. Le corail noir est sans doute une altération de la couleur due à une transformation résultant d'un séjour plus ou moins prolongé au fond de la mer à l'état de *corail mort* sur ou dans la vase et du dégagement du gaz sulfhydrique produit par la putréfaction qui suit la chute des rameaux. On ne sait pas si la couleur rouge ou rose plus ou moins foncée est due à une petite quantité variable d'oxyde de fer ou à une matière organique.

Qualité du corail.

La forme et la disposition des rameaux dépendent beaucoup des conditions où ils se sont développés. Les coraux de nos côtes algériennes offrent un développement en grandeur relativement considérable; ils sont moins branchus et ramifiés et surtout moins trapus que les coraux des côtes de France et d'Espagne; aussi sont-ils plus estimés. La qualité du corail varie donc suivant les lieux de provenance; le corail de la partie est de l'Algérie, y compris celui de Tabarque, de la Galite et celui des eaux de la Tunisie, est d'une qualité supérieure à celui d'ouest, près d'Oran.

La pêche du corail doit être réglée.

Le repos des bancs est nécessaire pour que le corail puisse prendre un accroissement convenable. Le fond de la mer doit être mis en coupe réglée et aménagée comme une forêt. Encore quelques années de l'exploitation absolument libre de tous les bancs indistinctement, de l'absence de coupes réglées, la pêche du corail aura pris fin sur les côtes de l'Algérie comme sur celles de Naples et de Livourne.

Le corail cassé ne cesse pas de vivre; aussi les engins qui l'arrachent complétement sont-ils plus nuisibles à la conservation des bancs que ceux qui se bornent le plus souvent à en briser les rameaux. Le corail des grands fonds est supérieur à celui de la zone du littoral.

C'est au milieu des rochers qu'il faut chercher le corail; on n'en trouverait pas sur les fonds sablonneux ou vaseux. Aussi une pêche abondante dépend-elle de la connaissance des fonds.

La pêche dure nuit et jour et est très-fatigante. On a essayé de la faire à l'aide du scaphandre; mais elle n'a pas réussi pour plusieurs causes : d'abord la pêche des grandes coralines se pratique en général aujourd'hui par des fonds de 100 à 200 mètres, d'où résultent des pressions de 10 à 20 kilogrammes par centimètre carré de surface qu'un homme ne pourrait supporter dans un scaphandre; ensuite il serait difficile de s'engager avec cet appareil, au milieu de roches inégales, dans une grotte ou sous des rochers, où se trouve le corail; de telle sorte que la grande profondeur et l'irrégularité des fonds sur lesquels se recueille le corail rendront toujours très-périlleux l'emploi des appareils à plongeur actuellement en usage. Manière de pêcher le corail.

Le grand marché de corail est Naples. L'Europe est loin de consommer la plus grande partie du corail façonné; l'Asie tout entière, l'Inde, la Chine, le centre de l'Afrique et l'Amérique en enlèvent la plus grande partie. Chez ces peuples, il est toujours un signe de richesse et un objet de luxe, et il s'en vend à Alger et à Tunis, dans les bazars, pour des sommes importantes. On pêche chaque année sur les côtes de l'Algérie et de la Tunisie pour environ 2 millions de francs de corail donnant lieu à des transactions de 10 à 12 millions de francs. Commerce du corail.

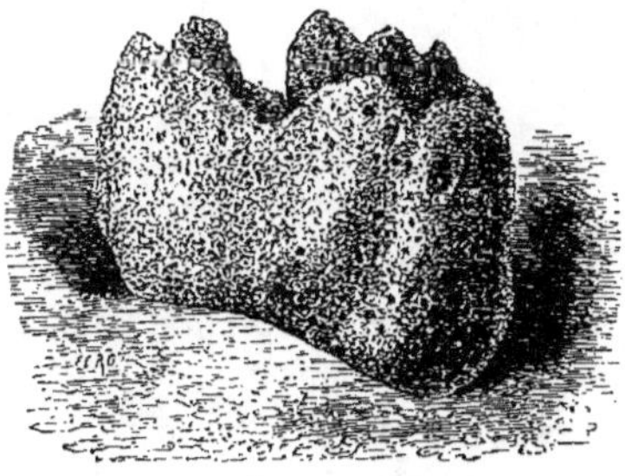

Éponge.

Les *éponges fines* sont pêchées sur les côtes de Syrie et des îles de l'Archipel; les *éponges ordinaires* se rencontrent dans la mer Ionienne, l'Adriatique, sur les côtes de l'Asie-Mineure, de l'Égypte, de Tripoli de Barbarie et dans le canal de Bahama. Éponges.

Plumes de parure.

Les *plumes de parure* (autruche et marabout), viennent de l'Arabie, des Indes, de l'Afrique septentrionale, du cap de Bonne-Espérance et du Sénégal.

Edredon.

L'*édredon,* ou duvet de l'eider se récolte en Norvége, en Islande, en Laponie, au Spitzberg, au Groënland, à Terre-Neuve et au Canada.

Guano.

Le *guano,* engrais formé d'excréments et de débris d'oiseaux, se rencontre en gisements plus ou moins considérables aux îles Chincha (côtes du Pérou), dans la Bolivie, le Chili, la Patagonie, les îles Gallapagos, les îles Falkland, l'île Ichaboe (côte occidentale de la Cimbebasie), en Australie et en Sardaigne. De nouveaux gisements de guano viennent d'être récemment découverts dans un souterrain des îles Bahama.

LIVRE III

L'EUROPE

CHAPITRE PREMIER

DESCRIPTION GÉNÉRALE DE L'EUROPE

Position de l'Europe. — Superficie et population. — Races européennes : races slave, germanique et latine. — Famille celtique. — Langues. — Religions. — Aspect de l'Europe. — Causes de sa supériorité sur les autres peuples. — Plaines de l'Europe. — Partie montueuse ; les plateaux et les steppes. — Constitution géologique de l'Europe. — Son climat.

Position de l'Europe.

L'Europe est comprise entre le 35° degré de latitude N. et le 71°, si on s'arrête au cap Nord, ou le 77° si on comprend la Nouvelle-Zemble ; sa longitude s'étend de 13° ouest à 63° à l'est.

La longueur de l'Europe du nord-est au sud-ouest, de la rivière Kara au cap Saint-Vincent, est de 5,400 kilom. ; sa largeur, du nord au sud, du cap Nord au cap Matapan, est de 4,000 kilom. La largeur entre le golfe de Gascogne et celui du Lion est de 360 kilom.

L'Europe, qui a la forme d'un triangle dont la base est appuyée contre l'Asie le long des monts Ourals, et dont le sommet est le cap Saint-Vincent du Portugal, est bornée au *nord* par l'océan Glacial du Nord, au *sud*, par la Méditerranée, la mer de Marmara, la mer Noire et par la chaîne principale du Caucase ; à l'*est*, par la mer Caspienne, le fleuve Oural, les monts Ourals et les monts Poyas, qui se terminent au cap Waigatz ; à l'*ouest*, par l'océan Atlantique.

La longueur des frontières continentales est de plus de 4,000 kilom. et celle des frontières maritimes d'environ 37,000 kilom.

Superficie et population de l'Europe.

L'Europe, la plus petite des parties du monde, mais la plus importante, compte environ 300 millions d'habitants, soit un peu moins du quart de la population du globe, sur une étendue de 9,904,000 kilom. carrés, le quatorzième environ de la terre habitée ; la densité de la population en Europe est donc de 30 habitants 6/10 par kilomètre carré. La contrée la moins peuplée, la Norvége, a seulement 5,5 hab. par kilomètre carré ; la Suède vient après, avec 9,6 hab. par kilomètre carré, et la Russie avec 14,3. Les contrées qui ont la population la plus dense sont : la Belgique, qui compte 173 hab. par kilomètre carré, les Pays-Bas 112, les îles Britanniques 104, l'Italie 90, l'empire d'Allemagne 76 et la France 68,3.

C'est l'Europe occidentale qui compte la population la plus dense, soit 76 hab. par kilomètre carré, de sorte que c'est sur les bords de l'Atlantique que les peuples de l'Europe se sont le plus groupés.

Le nord-est de l'Europe offre la population la plus clair-semée, soit 11,1 hab. par kilomètre carré ; l'Europe centrale en compte 67,8.

Les pays d'Europe qui ont la population absolue la plus grande sont la Russie, avec près de 72 millions d'habitants, l'empire d'Allemagne, avec 41 millions, la France, avec 36 millions, l'Autriche-Hongrie, avec 35,904,000, les Iles Britanniques, qui comptent près de 33 millions d'habitants et l'Italie 26,801,000. La population de la Russie d'Europe est le double de celle de la France. Les pays qui ont la plus grande étendue sont la Russie, qui a une surface 9 fois 1/2 plus grande que celle de la France, l'Autriche-Hongrie, l'Allemagne, l'Espagne et la Suède. (Voir page 12 l'étendue et la population des divers Etats de l'Europe.)

Races européennes.

Les peuples qui habitent l'Europe appartiennent à trois familles principales qu'on appelle aussi improprement races : la race slave, la race germanique et la race latine. Les caractères de ces familles sont bien différents.

Race slave.

La *race* ou *famille slave,* la plus jeune des trois dans la civilisation, est clair-semée dans les vastes plaines de la Russie, de la Pologne et des rives du Danube. Les Illyriens, les Serviens, les Bosniens, les Dalmates, les Bulgares, les Russes méridionaux, les Croates, les Bohêmes ou Tchèques et les Polonais en sont les principaux membres.

Cette race joint à un caractère hospitalier, une intelligence facile, une rare faculté d'assimilation, l'imagination rêveuse et passionnée des peuples de l'Orient et une extrême mobilité de sentiments. L'avenir lui réserve la gloire et le profit de civiliser le nord et le centre de l'Asie et de servir d'intermédiaire entre l'Europe et l'Orient. Depuis quelques années, elle a fait de grands progrès dans le mouvement industriel des nations.

Race germanique.

La *race* ou *famille germanique* comprend les peuples qui habitent au nord et au centre de l'Europe ; on peut la subdiviser en trois groupes.

Les *Allemands*, race patiente et laborieuse, lente à agir, qui se débat encore contre les restes d'institutions à demi féodales. Les Allemands sont des peuples d'agriculteurs, de soldats et de penseurs, admirant la force et dépourvus de générosité. Allemands.

Leur caractère laisse à désirer sous le rapport des affaires commerciales; on leur reproche leur peu de franchise, et leur système d'espionnage.

Les *Scandinaves* sont des marins intrépides et honnêtes, et des peuples qui aiment les travaux du corps et de l'intelligence. Scandinaves.

Les *Anglo-Saxons*, les premiers en commerce et en industrie, sont doués d'énergie, d'activité et de sens pratique; mais on leur reproche, avec raison, leur égoïsme profond et leur grand orgueil. Ils ont répandu leur langue et leur commerce d'un bout du monde à l'autre.

La *race latine*, qui comprend les Italiens, les Espagnols et les Français, habite au sud et à l'ouest de l'Europe. Il manque à ces peuples très-intelligents et généreux l'initiative individuelle; ils attendent trop de l'Etat ce qu'ils ne devraient demander qu'à eux-mêmes. L'Italie a fait beaucoup de progrès depuis son unification, et la France, après ses malheurs, tend à se relever plus généreuse et plus grande en s'occupant activement de ses affaires. Race latine.

Les *Turcs* ou *Ottomans,* qui occupent une partie de la Péninsule sud-est; les *Hongrois*, qui peuplent une grande partie de la Hongrie et de la Transylvanie; les *Finlandais* et les *Lapons* qui habitent les parties les plus septentrionales de la Péninsule scandinave et les contrées entre le golfe de Bothnie et la mer Blanche; les *Samoyèdes,* qu'on rencontre dans la partie nord-est du continent, le long des rivages de l'océan Glacial arctique, et les *Kalmouks* et autres nations d'origine tartare qui occupent les steppes du sud-est de la Russie, n'appartiennent pas à la race caucasique; ils sont d'origine mongole et se distinguent des autres européens beaucoup plus par les variétés du langage que par la conformation physique. Peuples d'origine mongole.

La *famille ibérienne* ou *basque* comprend encore quelques populations habitant sur les bords de l'Atlantique, comme les Basques en Espagne et en France; la *famille celtique* comprend les *Gallois* ou *Kimris,* dans le pays de Galles, en Irlande, en Ecosse et dans l'île de Man, et les Bretons en France. Basques. Famille celtique.

Les Bohémiens, peuples vagabonds, qu'on rencontre dans tous les pays, sont peut-être originaires de l'Inde.

Les langues appartenant à la *race germanique* sont l'anglais, l'allemand, Langues.

le danois, le suédois, le norvégien et le hollandais. Les langues slaves prévalent en Slavonie, en Bosnie, en Serbie, en Bulgarie, en Roumanie, dans la Bohême, la Moravie, la Pologne et la Russie.

La *race latine* parle les langues française, portugaise, espagnole, italienne et le grec moderne.

Les dialectes celtiques sont à présent confinés chez une partie des habitants de l'Irlande, chez la population montagnarde du nord et de l'ouest de l'Ecosse, chez le peuple de l'île de Man, chez les habitants du pays de Galles et chez les Bretons ou Armoricains, qui occupent la partie la plus occidentale de la Bretagne ; ces dialectes sont remplacés graduellement par les langues qui sont en usage parmi les populations des contrées dans lesquelles on trouve encore des Celtes.

Religions.

Le christianisme est la religion dominante en Europe ; il se divise en trois églises distinctes : l'église latine ou catholique, l'église grecque et l'église protestante.

Les pays purement catholiques sont l'Italie, l'Espagne et le Portugal.

Les pays purement grecs sont la Russie et la Grèce.

Les pays protestants sont l'Angleterre et l'Ecosse, le Danemark, la Suède, la Norvége et la Prusse. Les autres pays sont mixtes.

En Turquie, les Turcs sont musulmans ; le mahométisme est aussi la religion des Turcs du Caucase et des Kalmouks de la Russie. On trouve des idolâtres au nord et au sud de la Russie. Les Israélites sont répandus partout.

Le fanatisme religieux est beaucoup moins fort aujourd'hui en Europe qu'autrefois, et la tolérance religieuse fait chaque jour de plus grands progrès.

Aspect de l'Europe.

On peut regarder l'Europe comme une grande région maritime de climat tempéré, pénétrée dans tous les sens par des méditerranées et des golfes de tout genre très-précieux pour la navigation et le commerce ; elle possède un grand nombre de fleuves, presque tous navigables ; elle n'a point de vastes plateaux, comme l'Asie, ni de vastes déserts comme l'Afrique, ni de hautes montagnes ; au contraire, on les franchit toutes sans peine.

Toutes les parties de l'Europe communiquent facilement avec la mer et nulle part on n'a de grandes distances à parcourir pour y arriver. Aussi l'Europe est-elle présente dans toutes les parties du monde, et l'Océan tout entier est le domaine exclusif des Européens et des colons de l'Europe.

Causes de la supériorité de l'Europe.

Cette partie du monde doit sa supériorité sur les autres nations au mélange des races les mieux douées de l'humanité qui l'habitent, à son climat tempéré très-favorable au plein développement des facultés physiques et intellectuelles de l'homme, à sa configuration et à l'abondance de la houille et du fer qu'elle renferme dans son sein. Le fer et la houille ont créé l'industrie de l'Europe comme ses mers et ses fleuves ont créé son commerce.

Les plaines de l'Europe.

On peut partager l'Europe en deux grandes divisions : les *plaines* et les *parties montagneuses*. La Russie, la Pologne, la Finlande, la Suède méridionale, le Jutland, l'Allemagne septentrionale, la Hollande, la Belgique, l'Angleterre méridionale, l'Irlande, la France septentrionale, forment une immense plaine basse et unie, se rattachant à celle du nord-ouest de l'Asie.

Partie montueuse de l'Europe.

La partie montueuse et élevée comprend la Péninsule espagnole, la France centrale et orientale, l'Allemagne méridionale, la Suisse, l'Italie, le massif des Carpathes et la Péninsule gréco-slave. On rencontre de jolies vallées dans cette partie montueuse, mais beaucoup moins étendues que celles de l'Asie, de l'Afrique et de l'Amérique. La plus grande est celle du Volga, qui ne conduit qu'à la mer Caspienne ; la vallée du Danube, qui s'ouvre largement à partir de la Hongrie, la magnifique vallée du Pô, la vallée de la Maritza et de Larisse, la vallée du Rhin entre Bâle et Mayence, la vallée du Rhône inférieur en France, et celle du Rhône supérieur en Suisse, la vallée de la Saône, celle de la Garonne, celle du Guadalquivir et la vallée de l'Ebre, sont excessivement fertiles au milieu de la partie montagneuse de l'Europe.

Plateaux de l'Europe.

L'Europe renferme quelques plateaux, comme la *Russie centrale*, qui est très-étendue, mais dont l'altitude est au-dessous de 350 mètres ; le plateau de l'*Espagne centrale*, haut de 682 mètres, le plateau de la *Suisse*, entre les Alpes et le Jura, haut de 500 à 1200 mètres ; le plateau de l'*Auvergne*, 700 mètres, celui du *Piémont*, de 200 à 600 mètres ; le plateau du *Jura*, de 500 à 600 mètres ; celui de la *Bavière*, 500 mètres, et celui de la *Thuringe*, de 200 à 250 mètres.

Steppes et landes.

L'Europe ne présente pas de déserts proprement dits, mais elle a sur plusieurs points des terres stériles et incultes, appelées *steppes*, *landes* et *bruyères*. On rencontre des steppes en Russie et en Hongrie, des landes considérables dans le Hanovre et la Poméranie, dans la Terre de Bari, en Italie, et dans quelques départements français.

Constitution géologique de l'Europe.

La constitution géologique de l'Europe n'est pas moins favorable que son climat au développement du commerce et de l'industrie. Les terrains calcaires et les terrains d'alluvion y dominent, et presque toute sa superficie est susceptible d'être cultivée ; aussi ses cultures sont elles très-développées, et ses prairies nourrissent un grand nombre d'animaux domestiques.

Climat de l'Europe.

Le climat de l'Europe est généralement tempéré ; on n'y ressent ni les froids excessifs de la Sibérie, ni les grandes chaleurs de l'Afrique. La partie occidentale, sur les côtes de l'Atlantique, a une température beaucoup plus élevée, à latitude égale, que l'Amérique du Nord, à cause de l'influence du courant du golfe.

Le midi de l'Europe a un climat chaud, qui ressemble beaucoup au climat de l'Afrique septentrionale ; le climat de l'Europe centrale est tempéré, et celui du nord-est est glacial. Les vents qui viennent de l'océan Glacial et de l'Asie boréale et centrale refroidissent la Russie et les plaines du nord-est de l'Europe ; les vents venant d'Afrique produisent la chaleur dans les parties de l'Europe qui y sont exposées, et les vents de l'océan Atlantique produisent des changements brusques dans la température des pays de l'Europe inclinés vers cette mer.

Pluies en Europe.

La chute de la pluie varie beaucoup suivant les localités ; la quantité moyenne de pluie qui tombe annuellement est plus grande dans l'ouest et le sud de l'Europe que dans les autres parties de ce pays et décroît généralement en s'avançant vers le nord. Le nombre de jours de pluie est plus grand à l'ouest qu'à l'est, et, en général, il tombe annuellement plus de pluie dans les contrées au sud des Alpes que dans celles qui sont situées au nord de ces massifs élevés. Les saisons des pluies et des sécheresses sont mieux déterminées dans les parties sud de l'Europe qui touchent à la Méditerranée que dans les autres parties de ce continent ; c'est surtout en hiver qu'il pleut au sud de l'Europe ; les pluies d'automne ont lieu dans les contrées alpines et dans celles qui sont situées le long de l'océan Atlantique ; l'Europe centrale et orientale a des pluies en été.

Les districts maritimes de l'Europe occidentale se distinguent par la prédominance des vents d'ouest, qui sont généralement chauds et humides par suite de leur passage à travers l'océan ; les vents d'est et de nord-est, pour la plupart froids et secs, soufflent souvent avec violence sur les plaines orientales de l'Europe.

CHAPITRE II

PRODUCTIONS NATURELLES DE L'EUROPE

§ 1. Productions minérales : houille, fer, or, argent, platine, cuivre, plomb, zinc, nickel, antimoine, étain, mercure, manganèse, pyrites de fer, acide sulfurique, soufre, sel marin et matériaux de construction ; statistique de la production de ces différents métaux.

§ 2. Productions végétales de l'Europe. — Divisions agricoles de l'Europe : région méditerranéenne, région centrale, région glaciale. — Animaux : animaux domestiques, oiseaux, reptiles, poissons, insectes.

§ Ier. — Productions minérales de l'Europe.

Productions minérales de l'Europe.

Si l'Europe ne possède qu'un très-petit nombre de mines d'or et d'argent et peu de pierres précieuses, elle a en retour de riches mines de minéraux utiles, telles que mines de houille, de fer, de cuivre, de plomb, de zinc, d'étain, de mercure et de sel gemme ; elle a de nombreuses pierres de construction et beaucoup de pyrites de fer et de phosphate de chaux.

Les pays grands producteurs de houille en Europe sont, par ordre d'importance, la Grande-Bretagne, l'Allemagne, la France, la Belgique et l'Autriche-Hongrie ; l'Espagne et la Russie ont aussi des mines de houille qui promettent beaucoup, mais qui sont encore peu exploitées.

En 1872, sur une production totale de 250,000,000 de tonnes de houille extraites dans le monde entier et évaluée à 2 milliards et demi de francs, l'Europe seule en comptait plus de 206,000,000 de tonnes, dont 123,000,000 pour l'Angleterre, 40,000,000 pour l'Allemagne, 15,900,000 pour la France, 15,600,000 pour la Belgique, 10,000,000 pour l'Autriche-Hongrie, 1,000,000 pour l'Espagne et 800,000 pour la Russie. En dehors de l'Europe, les États-Unis produisaient 40,000,000 de tonnes, et les colonies anglaises, la Chine, le Japon et le Chili, près de 4,000,000 de tonnes. En 1865, l'extaction totale ne dépassait guère 180,000,000 de tonnes.

Fer.

L'Europe est très-riche en minerais de fer. L'Angleterre, l'Allemagne, l'Autriche-Hongrie, la Russie, la France, l'Espagne, l'île d'Elbe, la Belgique et la Suède en ont de riches mines d'excellente qualité. Parmi les minerais riches et purs, on peut citer, en Angleterre, les hématites rouges du Cumberland ; en Allemagne et en Autriche, les fers spathiques de Siegen et de

Styrie ; en France, les hématites brunes des Pyrénées, les carbonates manganésifères du Dauphiné et de la Savoie ; en Espagne, les fers magnétiques de Sommorostro ; en Italie, le fer oligiste de l'île d'Elbe, et en Russie, le fer magnétique des monts Ourals.

La production de la fonte, en Europe, en 1872, a été de 11,528,000 tonnes, celle du fer, de 6, 972,000 tonnes et celle de l'acier, de 922,000 tonnes ; si l'on ajoutait à ces nombres la production des État-Unis et celle du Canada et des Indes, on obtiendrait, en 1872, pour la production totale du globe, 14,000,000 de tonnes de fonte, 8,500,000 tonnes de fer doux forgé ou laminé et 1,000,000 de tonnes d'acier et de fer homogène, comprenant environ 700,000 tonnes de rails. L'Europe fournit donc à elle seule plus des 83 centièmes de la fonte produite dans le monde et plus des 8 dixièmes du fer, ainsi que le constate le tableau suivant.

PRODUCTION DE LA FONTE, DU FER ET DE L'ACIER DANS LE MONDE, EN 1872, EN TONNES DE 1000 KILOG.

<table>
<tr><th>PAYS</th><th>FONTE</th><th>FER DOUX non fondu.</th><th>ACIER et fer homogène.</th></tr>
<tr><td></td><td>tonnes.</td><td>tonnes.</td><td>tonnes.</td></tr>
<tr><td>Angleterre</td><td>6.723.387</td><td>3.500.000</td><td>500.000</td></tr>
<tr><td>Etats-Unis d'Amérique</td><td>2.250.000</td><td>1.602.000</td><td>143.000</td></tr>
<tr><td>Allemagne</td><td>1.380.000</td><td>1.000.000</td><td rowspan="2">200.000</td></tr>
<tr><td>Alsace-Lorraine</td><td>220.000</td><td>150.000</td></tr>
<tr><td>France</td><td>1.218.000</td><td>754.000</td><td>138.000</td></tr>
<tr><td>Belgique</td><td>655.565</td><td>502.577</td><td>15.284</td></tr>
<tr><td>Luxembourg</td><td>250.000</td><td></td><td></td></tr>
<tr><td>Autriche-Hongrie</td><td>400.000</td><td>300.000</td><td>49.250</td></tr>
<tr><td>Suède et Norvége</td><td>300.000</td><td>191.800</td><td>12.000</td></tr>
<tr><td>Russie</td><td>360.000</td><td>245.000</td><td>7.204</td></tr>
<tr><td>Espagne</td><td>34.500</td><td>35.600</td><td>250</td></tr>
<tr><td>Italie</td><td>25.000</td><td>24.000</td><td rowspan="2">chiffres insignifiants.</td></tr>
<tr><td>Canada, les Indes, etc</td><td>100.000</td><td>70.000</td></tr>
<tr><td>Total</td><td>13.916.452</td><td>8.374.977</td><td>1.064.988</td></tr>
</table>

La production de l'acier et du fer homogène (fer fondu ou acier Bessemer) a triplé depuis 1865.

Or. La Russie (Perm et Orenbourg), l'Autriche-Hongrie, la Transylvanie, l'Italie (Piémont) renferment quelques mines d'or ; la Russie en a produit pour 115,000,000 de fr. en 1872.

Argent. L'Europe produit pour 35,000,000 de fr. d'argent ; on en trouve en

Allemagne (Saxe), en Autriche (Hongrie, Banat, Bohême, Transylvanie), en Russie, en Angleterre, en Espagne et en France.

La Russie produit environ 2,000 kgr. de platine. Platine.

L'Europe est riche en mines de cuivre; on les rencontre en Angleterre, en Suède, en Allemagne, en Russie, en Autriche-Hongrie et en Espagne. La production totale du cuivre dans le monde entier, qui n'était pas de 100,000 tonnes en 1866, a atteint, en 1872, 125,000 tonnes, dont 102,700 tonnes pour l'Europe seulement, qui va chercher beaucoup de minerais dans les pays étrangers. Cuivre.

La production du plomb en Europe est toujours concentrée en Espagne (Andalousie et Catalogne), en Angleterre (dans le nord), dans l'empire d'Allemagne, en Autriche et en Sardaigne; l'Espagne, l'Angleterre et l'Allemagne sont les trois plus importants pays producteurs de plomb. L'Europe produit 245,000 tonnes de plomb sur un total de 280,000 tonnes que fournit le monde entier, ce qui correspond à peu près à 600,000 tonnes de minerais, valant 77,000,000 de francs, tandis que la valeur du métal est estimée à 112,000,000 de francs. Plomb.

Les deux principaux pays producteurs du zinc sont l'Allemagne et la Belgique. La production du zinc métallique s'élève à près de 130,000 tonnes par an dans ces deux pays. C'est en Silésie, dans les provinces prussiennes du Rhin et en Pologne, qu'elle a atteint le plus grand développement, soit 86,000 tonnes. La Belgique (45,000 tonnes), l'Angleterre (15,000), la France (5,000 en 1872), l'Espagne (2,700 tonnes en 1869) et la Russie (2,800 tonnes en 1871) en forment le complément. Zinc.

La production du zinc métallique dans le monde s'élevait, en 1873, à près de 160,000 tonnes, correspondant à 640,000 tonnes de minerai non grillé ni calciné, valant 35,000,000 de fr.

La Suède, la Norvége et la Hongrie sont, avec l'Amérique du Nord, les contrées où s'extrait le plus abondamment le *nickel,* qui sert aujourd'hui, avec le bismuth, de bases aux alliages si répandus de l'orfévrerie de table, et à la fabrication des monnaies divisionnaires en Suisse, en Belgique, en Allemagne et aux États-Unis. Nickel.

Le maillechort est aussi un alliage de cuivre avec 1/6 ou 1/3 de nickel.

La force de résistance du nickel est presque d'un tiers plus grande que celle du fer; il s'oxyde beaucoup moins facilement que le fer.

La Saxe excelle dans l'affinage du bismuth et du nickel; la production des minerais et des speiss (minerai ayant subi un grillage ou une fusion) de nickel se monte annuellement à 4,000 tonnes environ, produisant 600 tonnes de métal, dont la moitié est consommée par les manufacturiers anglais.

Antimoine.

L'*antimoine* est aussi affiné dans les usines de Freyberg; la quantité de ce métal livré au commerce ne dépasse pas 4,000 tonnes par an.

Étain.

Les plus riches mines d'*étain* de l'Europe se trouvent en Angleterre, dans les comtés de Cornouailles et de Devon; la Saxe, la Bohême et l'Espagne en renferment aussi quelques gisements.

Mercure.

L'Espagne renferme de riches mines de mercure. L'Italie, la Bavière et l'Autriche en ont aussi d'un faible rendement.

Manganèse.

L'Espagne et l'Allemagne produisent la majeure partie des minerais de manganèse consommés en Europe.

On peut évaluer la production totale des minerais de manganèse entre 50,000 et 60,000 tonnes par année valant 3,000,000 de fr. sur le carreau de la mine. L'Espagne en fournit près de 30,000 tonnes et l'Allemagne 17,000.

Pyrites de fer.

Les *pyrites de fer* sont surtout exploitées dans le sud-ouest de l'Europe pour la fabrication de l'acide sulfurique. La production annuelle peut être estimée à près de 850,000 tonnes; c'est l'Espagne et le Portugal, la France et l'Allemagne qui en produisent le plus. La valeur de ces pyrites sur les mines est d'au moins 20,000,000 de fr. L'Angleterre en a importé plus de 450,000 tonnes de l'Espagne et du Portugal, en 1871. Ces pyrites servent à la fabrication de l'acide sulfurique, dont on évaluait la production en Europe, en 1873, au chiffre énorme de 820,000 tonnes, dont 500,000 pour l'Angleterre, 150,000 pour la France, 85,000 pour l'Allemagne, 40,000 pour l'Autriche-Hongrie et 30,000 pour la Belgique.

Production de l'acide sulfurique en Europe.

Soufre.

L'Italie fournit la plus grande partie du soufre consommé en Europe.

Sel marin et Sel gemme.

L'Allemagne, l'Autriche-Hongrie, l'Angleterre, la Russie, la Sardaigne, la France, l'Espagne et le Portugal produisent beaucoup de sel gemme et de sel marin.

Matériaux de construction.

Les matériaux de construction, comme les marbres, les granits, les calcaires et les grès, sont très-répandus en Europe. La chaîne des Apennins, qui consiste principalement en pierres calcaires, fournit en abondance de bonnes pierres à bâtir et du marbre d'excellente qualité, parmi lequel il faut citer celui de Carrare, dans le nord-ouest de l'Italie.

§ II. — PRODUCTIONS VÉGÉTALES ET ANIMALES DE L'EUROPE.

Les productions végétales de l'Europe ne sont pas très-variées, mais elles sont très-utiles. L'Europe, ne dépassant pas le 35e degré de latitude, ne peut produire les plantes de la zone torride ; néanmoins les côtes de la Méditerranée offrent une végétation presque identique avec celle du nord de l'Afrique et du sud-ouest de l'Asie. Les céréales et la vigne sont les plantes caractéristiques de l'Europe ; on estime que les quatre septièmes de l'Europe sont aptes à la culture du froment, les cinq sixièmes à la culture du seigle, de l'avoine et de l'orge, et les trois septièmes environ à la culture de la vigne. Productions végétales de l'Europe.

L'Europe, dans son ensemble, peut être divisée en trois grandes régions agricoles. La *région méditerranéenne* a une physionomie particulière ; dans cette région, située au sud et au sud-est, ce sont des arbres et des arbustes qui tiennent le premier rang parmi les produits du sol : la vigne, le mûrier, l'olivier et l'oranger. Le sol est trop sec à la surface pour que les plantes herbacées puissent y prospérer d'une manière régulière. Le quart de la végétation ligneuse se compose de plantes qui ne perdent jamais entièrement leurs feuilles. Les flancs des montagnes sont couverts par le châtaignier, le houx, le cyprès, le platane, l'orme, le chêne-liége, le laurier, le caroubier et différentes espèces de pins ; au pied, abondent l'olivier, l'amandier, le myrte, le laurier-rose et une grande variété de plantes aromatiques et médicinales. Cette première division présente deux grandes régions bien distinctes par le climat comme par le genre et les procédés de culture : celle où la culture de l'olivier est possible et celle où cette culture n'étant plus possible par suite du manque de chaleur solaire de l'été est remplacée par les cultures plus riches des terres sèches, la vigne et le mûrier. Divisions agricoles de l'Europe. Région méditerranéenne.

La seconde division comprend la *région centrale de l'Europe,* savoir le Danemark, l'Angleterre, la Hollande, la Belgique, l'Allemagne, la Bohême, la Pologne, la Hongrie, une partie de la Russie méridionale, de l'Autriche, de l'Italie et de la France ; cette région a une végétation assez uniforme, à l'exception des parties montagneuses de ces contrées. On peut distinguer également deux régions dans cette seconde division : celle où prédomine la culture des céréales et celle où prédominent les herbages et les racines alimentaires. C'est la véritable zone des céréales. Les forêts sont essentiellement formées de chênes, qui atteignent leur plus grand développement, de hêtres, de charmes, de frênes, de châtaigniers, de tilleuls, de bouleaux, d'aunes, de divers peupliers et d'un certain nombre d'arbres fruitiers à Région centrale de l'Europe l'état sauvage. Dans les Alpes et les Pyrénées, à 500 ou 600 mètres d'altitude, commence la région des sapins qui se continue jusqu'à 1500 mètres environ ; les pins et les mélèzes s'élèvent un peu plus haut, puis on rencontre les pâturages alpestres. Le lin et le chanvre sont cultivés en grand dans les parties centrales et orientales de l'Europe.

Région glaciale

La troisième division comprend l'*Europe septentrionale* et peut se partager en deux sous-divisions ; dans l'une on trouve réunis les arbres verts et les arbres à feuilles caduques ; dans l'autre, les arbres verts n'admettent d'autre mélange que celui du bouleau qui termine la série des végétaux utiles dans le nord.

Les conifères et les amentacées forment à peu près à eux seuls l'essence des forêts des contrées arctiques. Le peuplier disparaît vers le 60° degré ; les chênes s'avancent de deux degrés plus au nord ; le hêtre et le tilleul vont jusqu'au 63° ; au delà, ces arbres sont remplacés par les pins et les sapins jusqu'au 67° degré ; le bouleau blanc est l'arbre qui s'avance le plus vers le nord ; il atteint le 71° parallèle. L'orge et l'avoine sont les seules céréales qui résistent au climat du 70° parallèle. Tous ces végétaux s'avancent un peu moins au nord dans l'est de l'Europe que dans l'ouest.

Animaux.

L'Europe est surtout remarquable par le grand nombre d'animaux domestiques qu'elle nourrit, et dont presque tous sont originaires de cette partie du monde ; les animaux sauvages et malfaisants sont peu nombreux en Europe ; on y trouve encore l'ours, le loup, le renard, le chevreuil, le bouquetin, le chamois, le cerf, le sanglier et quelques autres ; ces animaux disparaissent devant la civilisation. On ne trouve plus le castor que dans les vallées de la péninsule scandinave.

Oiseaux.

L'Europe est très-riche en oiseaux ; les parties septentrionales se distinguent particulièrement par un très-grand nombre d'oiseaux aquatiques, comprenant les échassiers, comme les cigognes, les hérons, les bécasses, les pluviers et les palmipèdes, tels que les oies, les canards, les cygnes, etc. Plusieurs oiseaux de proie, comme les vautours et les aigles, habitent les régions élevées des Alpes et des Pyrénées ; la tribu des hiboux est nombreuse en Europe ; on en rencontre treize espèces différentes, dont quelques-unes sont spéciales aux régions arctiques ; le grand-duc habite les forêts de l'Allemagne et de la Hongrie. Plusieurs espèces de faucons et d'éperviers se rencontrent dans presque toutes les parties de l'Europe. Les gallinacés sont nombreux en Europe et donnent lieu, par leurs produits, à un grand commerce.

Reptiles.

Les *reptiles* ne sont pas nombreux en Europe, soit comme espèce ou comme individus. La vipère, les serpents, les lézards se rencontrent principalement dans le sud de l'Europe. La tortue vit surtout sur le littoral de la Méditerranée et particulièrement dans le sud de l'Italie, en Grèce et en Turquie.

Poissons.

Les *poissons* abondent dans les mers et les cours d'eau de l'Europe et entrent pour une grande part dans l'alimentation des peuples riverains des côtes du continent et des fleuves. Les pêcheries de la mer du Nord, de l'océan Atlantique, de la Méditerranée et de la mer Caspienne sont très-importantes.

Insectes.

Les *insectes* sont assez nombreux en Europe; on trouve des moustiques dans le nord de l'Europe, en Islande et en Laponie, comme dans le Midi. Les insectes sont généralement abondants dans les districts marécageux; les plaines inondées de la Hongrie, adjacentes au Danube, en renferment une telle quantité qu'il est difficile de respirer sans en avaler.

L'abeille est un insecte utile à l'homme qu'on rencontre dans les parties centrales et méridionales de l'Europe. Dans le sud de l'Europe, la sauterelle vient quelquefois en grand nombre de l'Afrique, et dévaste les champs de blés de la Sicile et du sud de l'Italie. Le ver à soie est surtout élevé sur les rivages de la Méditerranée, en Espagne, en France, en Italie, en Grèce et en Turquie. On trouve des scorpions en Sicile. Une immense variété de papillons sont dispersés sur l'Europe; ceux du sud se distinguent par leur grosseur et leurs belles couleurs.

CHAPITRE III

COMMERCE EUROPÉEN ET GRANDES VOIES DE COMMUNICATIONS INTERNATIONALES.

Mouvement général du commerce européen. — Importance commerciale des fleuves de l'Europe. — Grandes voies de communications internationales. — Routes de terre et chemins de fer. — Réseau des chemins de fer du globe.

Mouvement général du commerce européen.

Le mouvement général du commerce européen peut être évalué à près de 58 milliards de francs : 35 milliards 1/2 peuvent-être attribués à la race germanique, dont 18 milliards 1/2 pour l'Angleterre ; les peuples de race latine sont compris dans le mouvement général pour 17 milliards, dont 9 milliards 1/2 pour la France, en 1873, au commerce général. La race slave compte à peine pour un quinzième dans le mouvement général du commerce européen.

Importance commerciale des fleuves de l'Europe.

La plupart des fleuves et un grand nombre de rivières de l'Europe sont navigables. La Tamise est le cours d'eau du monde où circulent le plus de navires.

Les grandes artères de l'Europe sont : le Rhin, dont la navigation est très-importante entre Mayence et Cologne ; le Danube, surtout le Danube inférieur, et le Volga ; ce dernier fleuve, d'Astrakan à Rybinsk, est la plus importante artère navigable de la Russie ; elle est continuée de Rybinsk à Saint-Pétersbourg par des cours d'eau, des lacs et des canaux qui constituent le système Marie, et qui font communiquer, par une voie ininterrompue de 3,736 kilomètres d'eau, Astrakan à Saint-Pétersbourg et la Caspienne à la Baltique. La navigation est possible d'Astrakan à Volsk pendant huit ou neuf mois de l'année, de Volsk à Tcherepovets pendant sept à huit mois, et pendant six à sept mois de Tcherepovets au lac Ladoga. La remontée du fleuve se fait depuis Astrakan par remorqueurs à vapeur. Le total des marchandises transportées par le Volga (entre Astrakan et Rybinsk), et par la voie système Marie, s'élève à 5,012,586 tonnes par année moyenne, d'une valeur totale de 807 millions de francs.

La navigation du cours inférieur de la Seine, de la Loire, de la Gironde, de l'Elbe, du Weser, de l'Oder, de la Vistule, de la Meuse, de l'Escaut, de la Néva et du Tage est très-importante, mais elle serait plus considérable si la plupart des embouchures de ces cours d'eau étaient améliorées.

Grandes voies de communications internationales. Canaux.

On peut communiquer d'un bout de l'Europe à l'autre par la navigation des fleuves et des canaux, ainsi que par les chemins de fer.

L'ensemble des canaux de l'Europe peut se diviser en trois grands systèmes : le système français, le système allemand et le système russe.

Le *système occidental* ou *français* rattache la Méditerranée à la mer du Nord, à la Manche et à l'Atlantique, par les canaux de l'Est, de Bourgogne, du Centre et du Midi ; le canal du Midi unit l'Atlantique à la Méditerranée ; la Seine, la Loire sont unies au Rhin, à la Saône et au Rhône par divers canaux.

Le *système allemand* ou *central* unit la mer Baltique à la mer du Nord et celle-ci à la mer Noire. Le Rhin communique au Danube par le Mein, le *canal Louis* ou *Charlemagne* et unit ainsi la mer du Nord à la mer Noire et l'Allemagne du Nord à l'Allemagne du Sud et à l'Autriche-Hongrie.

La mer Baltique communique avec la mer du Nord par le canal de

Frédéric-Guillaume, unissant l'Oder au bassin de l'Elbe, et par le canal de Kiel (Holstein), puis par le canal de Gothie établi entre les lacs Vener et Vetter, et le Cattégat, en Suède.

Le *système russe* fait communiquer la mer Baltique avec la mer Caspienne et avec la mer Noire par les canaux russes situés entre les lacs voisins du golfe de Finlande et le Volga ; la Dvina méridionale et le Niémen sont réunis par des canaux au bassin du Dnieper ; des canaux unissent aussi le bassin du Volga au bassin de la Dvina septentrionale, et par suite la mer Caspienne à la mer Blanche.

L'Europe méridionale (Espagne, Italie, Grèce), séparée du reste du continent par les Pyrénées, les Alpes et les Balkans, reste en dehors du système de navigation internationale ; mais les routes de terre et les chemins de fer traversent ces massifs.

Routes de terre.

Depuis longtemps l'Europe est sillonnée du nord au sud et de l'est à l'ouest par des routes praticables à tous les moyens de transport. On compte plus de 150,000 lieues de routes, non compris les chemins vicinaux. Cependant il s'en faut de beaucoup que l'Europe soit partout munie de bonnes routes ; le nord-est et le sud et plusieurs régions montagneuses du centre en sont encore en grande partie dépourvus ; dans les péninsules hispanique et hellénique, on effectue la plupart des transports à dos de bêtes de somme. En Scandinavie et dans le nord de la Russie, le mode de transport rapide et économique est le traînage en hiver sur la neige durcie ou sur la glace.

Les routes et chemins carrossables sont le plus nombreux et le mieux entretenus dans le nord-ouest de l'Europe ; l'Angleterre, les Pays-Bas, la Belgique, la France et l'Allemagne sont les pays d'Europe qui ont les plus belles routes.

Chemins de fer

Les routes de terre ne jouent plus comme autrefois le premier rôle dans les moyens de transport ; l'établissement des chemins de fer les a placées au second rang, et plusieurs d'entre elles, qui étaient autrefois très-fréquentées, n'occupent plus aujourd'hui qu'un rang très-secondaire ; ce sont surtout les grandes routes parallèles aux grandes lignes de chemins de fer.

Le réseau des chemins de fer, commencé depuis près d'un demi-siècle, atteignait en Europe, en 1874, un développement de 136,000 kilomètres environ, tandis qu'il n'était que de 64,000 kilomètres en 1864.

Plusieurs grandes lignes font communiquer entre eux les divers points de l'Europe ; cinq vont du nord au sud et quatre de l'ouest à l'est. Les cinq grandes lignes qui font communiquer le nord avec le sud de l'Europe sont les suivantes :

Grandes lignes de chemins de fer de l'Europe du N. au S.

1° La *ligne de la Manche au détroit de Gibraltar;* elle traverse la France et l'Espagne par le Havre, Paris, Orléans, Bordeaux, Irun, Burgos, Madrid, Cadix, Malaga et Alicante. Elle a une longueur de 2,200 kilomètres, qu'on peut parcourir en cinquante-quatre heures.

2° La *ligne des bouches du Rhin aux bouches du Rhône, d'Amsterdam à Marseille;* elle traverse les Pays-Bas, la Belgique et la France, et unit la mer du Nord à la Méditerranée par Rotterdam, Anvers, Bruxelles, Lille, Paris et Lyon; sa longueur est d'environ 1347 kilomètres, qu'on peut parcourir en quarante-quatre heures.

On demande l'établissement d'une ligne directe de Calais à Marseille par Paris et Lyon pour assurer à la France le transit du commerce de l'Orient avec l'Angleterre et le nord de l'Europe occidentale.

3° La *ligne des bouches de l'Elbe à la mer de Sicile et à la mer Ionienne*, de Hambourg à Reggio et Otrante; elle traverse l'Allemagne, la Suisse et l'Italie par Goettingue, Cassel, Francfort-sur-le-Mein, Darmstadt, Heidelberg, Carlsruhe, Rastadt, Offenbourg, Fribourg, Bâle, Lucerne, le mont Saint-Gothard, où l'on perce un tunnel, Milan, Plaisance, Parme, Modène, Bologne, Ancône, Trani, Bari, Brindisi et Otrante; elle passe aussi à Florence, Rome et Naples.

4° La *ligne de la Baltique à l'Adriatique*, de Stettin à Trieste, par Berlin, Dresde, Prague, Vienne, Gratz et Laybach; sa longueur est de 1600 kilomètres, qu'on peut parcourir en trente-neuf heures. Cette ligne traverse la Prusse, la Saxe et l'Autriche.

5° La *ligne de la mer Baltique à la mer Noire,* par Saint-Pétersbourg, Moscou, Orel, Kharkoff, et de là à Odessa et à Taganrog.

Grandes lignes de chemins de fer de l'Europe, de l'O. à l'E.

Les quatre grandes lignes de chemins de fer qui se dirigent de l'ouest à l'est de l'Europe sont les suivantes:

1° La *ligne de l'Europe septentrionale*, de Paris à Saint-Pétersbourg; elle passe à Saint-Quentin, Liége, Cologne, Hanovre, Magdebourg, Berlin, Kœnigsberg, Kowno, Vilna et Saint-Pétersbourg; elle traverse la France, la Belgique, l'Allemagne et la Russie; elle a une longueur d'environ 3,000 kilomètres, qu'on peut parcourir en cinquante-six heures.

2° La *ligne de l'Europe centrale*, de Paris à Moscou et à la frontière de l'Asie; elle passe par Strasbourg ou Forbach, Mayence, Francfort, Nuremberg, Prague, Olmutz, Dresde, Breslau, Varsovie, Smolensk, Moscou, et Nijni-Novgorod; elle se prolongera sur l'Asie par Ekaterinebourg et ira sans doute un jour par le sud de la Sibérie jusqu'en Chine.

Cette ligne va sans interruption de Lisbonne ou de Cadix à Nijni-Novgorod; si on la fait passer par Madrid, Paris, Berlin, Saint-Pétersbourg, elle atteint une longueur de plus de 6,300 kilomètres, qu'une locomotive lancée à la vitesse de 54 kilomètres par heure parcourrait en cent dix-sept heures, c'est-à-dire en moins de cinq jours.

3° La *ligne du Danube*, de Paris à Odessa, est parallèle au cours du Danube et passe par Strasbourg, Carlsruhe, Stuttgart, Augsbourg, Munich, Salzbourg, Vienne, Pesth, Temeswar, Bazias, Bucharest, Galatz, Jassy, Kichenau et Bender. C'est la voie la plus courte pour se rendre à Constantinople, grâce à la navigation du Danube et de la mer Noire.

4° La *ligne de l'Europe méridionale*, ou de Bordeaux, Lyon, Marseille, Constantinople ; elle part de Bordeaux et passe à Toulouse, Cette, Marseille, Lyon, Mont-Cenis, Turin, Milan, Venise, Trieste, Agram, Sisseck, Bosna-Seraï, Uskup, Andrinople, et arrive à Constantinople. Cette ligne n'est pas achevée sur toute son étendue (1876).

Les chemins de fer sont plus rares dans l'Europe orientale, et les péninsules du nord et du sud ; depuis une dizaine d'années, tous les peuples de l'Europe ont donné une vigoureuse impulsion à la construction de leurs chemins de fer; néanmoins, l'Espagne, la Turquie, la Grèce, la Russie, la Suède et la Norvége, ont encore beaucoup à faire pour se mettre au niveau des autres pays d'Europe qui n'ont plus à construire que des réseaux secondaires. C'est en Belgique, en Angleterre, en Allemagne et en France, que le transport kilométrique par chemins de fer est le plus élevé.

On ne peut pas estimer à moins de 50 milliards de francs la valeur des chemins de fer européens.

RÉSEAU DES CHEMINS DE FER DU GLOBE A LA FIN DE 1874.
(*Almanach de Gotha.*)

PAYS	KILOMÈTRES en exploitation. TOTAL	par 1.000 kilom. carrés	PAYS	KILOM. en exploitat. TOTAL	PAYS	KILOM. en exploitat. TOTAL
Belgique	3.433	119	Etats Unis	116.874	Indes anglaises	10.095
Grande-Bretagne	26.472	84	Canada	6.440	Caucasie	309
Pays-Bas	1.586	48	Rép. Argentine	1.584	Turquie d'Asie	274
Luxembourg	269	»	Pérou	1.549	Java	261
Allemagne	25.772	48	Brésil	1.338	Ceylan	132
France	20.771	39	Chili	991	Japon	60
Suisse	1.532	37	Cuba	640		
Danemark	1.025	27	Mexique	577		
Autriche-Hongrie	16.238	26	Uruguay	305	IV. *Asie*	11.131
Italie	7.372	25	Colombie	103		
Portugal	1.033	11	Honduras	90	Egypte	1.528
Espagne	5.426	10	Paraguay	72	Algérie	543
Roumanie	1.236	9	Costa-Rica	47	Ile Maurice	108
Suède	3.600	8	Jamaïque	43	Col. du Cap, Natal	106
Turquie d'Europe	1.536	4	Guyane anglaise	32	Tunis	60
Russie d'Europe	17.733	4				
Finlande	751	2	II. *Amérique*	130.685	V. *Afrique*	2.345
Norvége	502	2				
Grèce	12	0.2				
			Australie	2.226	Total en 1874	283.072
I. *Europe*	136.298	14.	New-Zélande	383		
			Tahiti	4		
			III. *Australie*	2.613		

LIVRE IV

LA FRANCE

CHAPITRE PREMIER

APERÇU GÉNÉRAL SUR LA FRANCE.

« Le rôle de la France, c'est de marcher devant les peuples pour éclairer l'avenir et leur ouvrir un horizon nouveau de progrès et de liberté. » (Jules SIMON.)

Bornes. — Littoral. — Superficie. — Population. — Émigration. — Religion. — Caractère. — Position commerciale. — Climat. — Aspect du pays. — Nature du sol.

Bornes.

La France est comprise entre 42° 20′ et 51° de lat. N., et entre 7° de long. O. et 5° de long. E.; sa forme est celle d'un hexagone irrégulier. Elle a des frontières continentales au nord, à l'est et au sud, et des frontières maritimes sur la Manche, l'océan Atlantique et la Méditerranée.

Dimensions.

Elle a une étendue de 980 kilom. du nord au sud, de 1,100 kilom. de l'ouest au sud-est, de la pointe de Corsen à Menton, et de 900 kilom. de l'ouest à l'est, de la pointe de Corsen à l'Alzette. La Corse est séparée de la France par une étendue de 170 kilom.

Littoral. Côtes de la mer du Nord et de la Manche.

Côtes de la mer du Nord, de la Manche et de l'Océan. — Le littoral de la mer du Nord est très-bas et bordé de dunes qui le protégent contre l'invasion de la mer. De l'embouchure de la Seine à la frontière de la Belgique, la côte de France est l'une des plus mauvaises de l'Europe ; il y a plusieurs ports, mais leurs étroites entrées sont toutes d'un difficile accès, et les gros temps sont fréquents dans ces parages. On ne peut pas entrer en tout temps à pleines voiles dans ces ports et on est obligé d'attendre la marée montante.

Le littoral picard est élevé et montueux, mais il est aussi formé de landes sablonneuses; la mer y est dangereuse.

Ports de la mer du Nord.

Les ports de la mer du Nord sont : *Dunkerque*, port de pêche, qui s'ensable; *Gravelines,* port de cabotage et de pêche, l'un des principaux centres du commerce de denrées agricoles que la France fait avec l'Angleterre.

Ports de la Manche.

Les ports du littoral picard sont : *Calais*, accessible en tout temps et abrité des vents d'ouest, pouvant recevoir des bâtiments de 1500 à 1800 tonneaux; *Boulogne,* port de commerce, de pêche et de relâche, le principal port de passage de France en Angleterre avec Calais; il est d'un accès facile et peut recevoir les plus gros bâtiments de commerce; c'est le centre de la pêche du hareng en France.

Falaises du pays de Caux.

Entre la Somme et la Seine s'élèvent les *falaises du pays de Caux;* la navigation est très-difficile et dangereuse dans ces parages. Les ports principaux de cette côte sont : le *Tréport*, port de pêche; *Dieppe,* qui peut recevoir des bâtiments de 600 tonneaux; Le *Havre,* premier port de commerce de la France sur la Manche et l'Océan. La possibilité d'admettre les plus gros bâtiments, sa position à l'embouchure de la Seine et la grande durée de la haute mer dans ce port, lui ont valu son importance.

Les autres ports son *Honfleur, Quillebœuf* et *Rouen*, sur la Seine.

Les rochers du Calvados.

Depuis la Seine, où les hautes falaises s'arrêtent, la côte reste rocheuse et escarpée sur toute l'étendue du golfe du Calvados. Il y a là une ligne de rochers à fleur d'eau qui laissent à peine quelques passes aux navires qui veulent aborder les petits ports du rivage : ce sont les rochers du Calvados. La navigation est dangereuse et difficile autour de la presqu'île du Cotentin, mais la rade de la Hougue est sûre, vaste et profonde. Les ports de cette côte sont : *Caen*, qui est uni à la mer par un canal de 14 kilom. de longueur; *Cherbourg,* grand port militaire et port de commerce.

Les mielles du Cotentin.

Le littoral du golfe de St-Malo, à l'est, est bas, sablonneux et bordé de dunes; ces dunes pénètrent souvent très-avant dans l'intérieur des terres et s'appellent *mielles;* on y trouve des pâturages et des jardins maraîchers. On recueille sur ces côtes de la tangue qui sert d'engrais, et des varechs qu'on emploie à la fabrication de la soude ou simplement comme engrais. La mer est dangereuse sur cette côte; les vents d'ouest y sont très-violents. Le port de *Granville* qui s'y trouve est sûr et commode, mais petit. A 10 kilom. au nord-ouest de ce port se trouvent les îles *Chausey*, qui renferment des carrières de granit qu'on exploite. On voit, à quelque distance de ces côtes, les îles Anglo-Normandes de Jersey, Guernesey et Aurigny.

Les rochers de Bretagne.

Toutes les côtes de Bretagne sont élevées et hérissées de rochers et d'écueils, excepté dans les anses; la mer y est souvent agitée et les vents y sont violents.

Les ports sont *Saint-Malo* et *Saint-Servan*, l'un de nos principaux ports de construction. La baie de *Saint-Brieuc* est d'une navigation difficile; le *Légué* sert de port à Saint-Brieuc; *Morlaix* est un bon port dont la rade est sûre; *Roscoff* est un port de relâche, remarquable par son doux climat; le port de l'île de Batz est aussi un port de relâche, où plus de 4,000 navires s'abritent chaque année. Sur l'Atlantique, on trouve le port du *Conquet* dont la rade est sûre et offre une bonne relâche, celui de *Brest*, l'un des plus beaux et des plus sûrs de toute l'Europe; il peut contenir 50 bâtiments de haut bord, et sa rade, l'une des plus belles de l'Europe, pourrait abriter toutes les flottes du monde entier. C'est le premier port militaire de la France; on y a établi un port de commerce. La rade renferme plusieurs mouillages excellents parmi lesquels on doit citer la *baie de Landédenec*, et plusieurs ports de commerce, tels que *Landerneau*, à l'embouchure de l'Elorn, *Port-Launay*, à l'embouchure de l'Aulne et le *Faou*.

La presqu'île qui borne au sud la rade de Brest est très-découpée et forme elle-même plusieurs petites péninsules, entre autres la presqu'île de Quélern et celle de Crozon entre lesquelles est l'anse de *Camaret*, qui offre un bon mouillage. Le passage de l'*Iroise*, à eau profonde, est situé entre la presqu'île de Crozon et la chaussée des Pierres-Noires; il donne accès à la rade de Brest.

Passage de l'Iroise.

En continuant de suivre les côtes de la Bretagne, toujours formées de rochers ou de falaises, on arrive à l'*anse* de Dinant et à la baie de *Douarnenez*, où l'on trouve la rade peu sûre de Douarnenez et le port de pêche du même nom. On rencontre ensuite la *baie des Trépassés* à la *pointe du Raz*, haute de 100 mètres et d'un aspect imposant. Les rochers et les falaises, sur lesquels la mer, toujours en fureur, se précipite avec violence, font de ces lieux les passages les plus justement redoutés. A 5 kilom. à l'ouest de la pointe du Raz est l'*île de Sein*, rocher presque stérile, habité par d'intrépides pêcheurs, renommés pour le courage qu'ils mettent à porter des secours aux bâtiments qui sont en danger. L'île de Sein renferme un port de relâche. Le passage du *Raz de Sein* est un détroit extrêmement dangereux par ses courants et ses rochers, mais très-fréquenté par les caboteurs et les bateaux de pêche.

Baie de Douarnenez.

Ile de Sein.

Entre la pointe du Raz et la pointe Penmarch, qui est une haute falaise noire entourée de récifs et surmontée d'un phare, se trouve *la baie d'Au-*

dierne, dont la côte, qui se développe en arc de cercle, est basse, sablonneuse et bordée de dunes. La mer y déferle avec une furie extraordinaire. Baie d'Audierne

A partir de la pointe de Penmarch, la côte, toujours composée de terrains granitiques, tourne brusquement à l'est. Les seuls abris de cette côte jusqu'à Lorient sont les petits ports de relâche ou de pêche de *Pont Labbé, Bénodet*, *Quimper,* sur l'Odet, à 17 kilom. de la mer, *Concarneau*, port d'échouage à l'embouchure du Moreau, *Pontaven* et *Quimperlé*. A 16 kilom. au sud-ouest de Concarneau sont les *îles de Glénan*, au nombre de 9; entourées d'écueils, elles sont habitées par des pêcheurs, et défendues par le fort Cigogne. Iles de Glénan.

Lorient, port militaire et de commerce, est situé au fond de la baie de Saint-Louis; le port de Lorient est grand, sûr et commode, et sa rade offre un mouillage excellent et étendu; à l'entrée de la rade de Lorient, à l'embouchure du Blavet, se trouve le bon port de *Port-Louis,* dont le développement a été arrêté par le voisinage de Lorient, de telle sorte qu'il n'est qu'un port de pêche et de relâche. Lorient.

A 6 kilom. de l'embouchure du Blavet se trouve l'*île de Groix,* rocher peu élevé, couvert de landes et de quelques terres cultivées, et dont les habitants se livrent presque tous à la pêche de la sardine. Toutes ces côtes de la Bretagne abondent en algues. Ile de Groix.

Après l'embouchure du Blavet, la côte prend la direction sud-ouest et devient basse en présentant une alternative de baies sablonneuses, quelquefois bordées de petites dunes et de pointes rocheuses peu élevées. Jusqu'à la presqu'île étroite de Quiberon, la côte est basse et sablonneuse; le rivage septentrional de la baie de Quiberon est formé de grèves sablonneuses; cette baie offre un bon mouillage, mais l'entrée en est dangereuse. Cette presqu'île, rendue célèbre par la défaite des Anglais et des émigrés, qui furent battus en 1795 par Hoche après un sanglant combat, est terminée au sud par *Port-Maria,* petit port d'échouage et de relâche. Au sud de la presqu'île est *Belle-Ile,* la principale île de cette région, avec 40 kilom. de circonférence et des côtes très-découpées et rocheuses formant à l'est la rade et le port du *Palais,* port de commerce et de relâche abrité contre les redoutables vents d'ouest. Le sol de cette île est d'une fertilité remarquable. Marais salants de l'Atlantique. Baie et presqu'île de Quiberon. Belle-Ile.

La presqu'île de Quiberon abrite contre les vents d'ouest la *baie de Quiberon* sur le rivage de laquelle se trouvent les grands monuments celtiques de Carnac et de Locmariaker. Le *Morbihan,* ou petite mer, est un golfe de 20 kilom. de longueur, peu profond, parsemé d'îles fertiles, fermé au sud par la presqu'île de Rhuys et s'ouvrant sur la baie de Quiberon par Golfe du Morbihan.

une entrée assez étroite; la rapidité des courants de marée y rend la navigation difficile.

Presqu'île de Rhuys.

La presqu'île de Rhuys, dont les côtes sont très-découpées et généralement basses et sablonneuses, à l'exception des pointes, est arrosée par un grand nombre de petits cours d'eau; les vallées sont couvertes de marais salants.

A l'est de la presqu'île de Rhuys, on trouve l'embouchure de la Vilaine, avec le port de *Redon*, à 50 kilom. de la mer, et celui de la *Roche-Bernard*, à 12 kilom.

Rade du Croisic.

Le rivage de la rade du Croisic est bordé de dunes où l'on a établi de nombreux marais salants.

Le port du *Croisic*, station de bains de mer fréquentée, est grand et bon. A 10 kilom. de cette ville, est l'écueil redouté appelé le *Four*, plateau rocheux de 4 kilom. de longueur, sur lequel se trouve un phare.

Estuaire de la Loire.

Après avoir doublé la haute et rocheuse pointe du Croisic, on entre dans la Loire, dont l'estuaire est encombré de bas-fonds. On trouve, sur la rive droite du fleuve, la pointe de *Chemoulin*, et *Saint-Nazaire* qui possède une bonne rade; le fort Minden, en face de Saint-Nazaire, se trouve sur la rive gauche du fleuve, ainsi que *Paimbœuf* qui est situé à 12 kilom. de la mer. *Nantes* est à 60 kilom. de l'Océan, sur la Loire.

Pointe de Saint-Gildas.

Ile de Noirmoutier.

La pointe de *Saint-Gildas*, formée de roches basses, sépare l'embouchure de la Loire de la baie vaseuse de Bourgneuf, sur laquelle on rencontre les petits ports de *Pornic* et de *Bourgneuf* et l'île Bouin; depuis Pornic jusqu'au goulet de Fromentine, le littoral de la baie de Bourgneuf est bas, sablonneux et couvert de marais salants. L'île de *Noirmoutier* est à l'ouest de la baie de Bourgneuf; ses côtes sont escarpées et rocheuses au nord et au nord-ouest; partout ailleurs elles sont basses et bordées de sables mouvants et de dunes.

Les Sables-d'Olonne.

Baie de l'Aiguillon.

Les côtes du bas Poitou offrent beaucoup de dunes, et de nombreux marais salants sont établis sur le rivage du département de la Vendée. On rencontre sur la côte de ce département le port de pêche de *Saint-Gilles*, à l'embouchure de la Vie, le port des *Sables-d'Olonne*, petit, mais très-sûr et formant un précieux abri, dans ces redoutables parages, pour les caboteurs de Bordeaux et de Nantes. Toute la côte du quartier des Sables-d'Olonne est encombrée de bancs de sable et partout dangereuse; on y compte beaucoup de naufrages. La baie de *l'Aiguillon*, qui reçoit la Sèvre-Niortaise, est très-ensablée; on y remarque le port de *Marans*. Au sud de cette baie, la côte est presque partout basse et sablonneuse, et la mer est encombrée de vases et de sables.

Au sud de la Rochelle, la côte est aussi basse et sablonneuse ; au delà de la Charente et jusqu'à la Seudre, le rivage est couvert de marais salants. Les salines de la Charente-Inférieure produisent beaucoup de sel, mais la production des marais salants a bien diminué depuis quelques années. *L'île d'Yeu* (22 kilom. c.) rocheuse et pittoresque, *l'île de Ré* (73 kilom. c.), *l'île d'Oléron* (153 kilom. c.), fameuse par ses vignobles et ses marais salants, forment une digue que bat la mer, mais qui abrite les ports de la *Rochelle*, de *Rochefort,* le troisième des cinq ports militaires de la France, situé sur la Charente, à 16 kilom. de son embouchure, *Tonnay-Charente,* sur la rive droite de la Charente, port sûr et commode, qui reçoit des bâtiments de 800 tonneaux, et *Marennes,* près de l'embouchure de la Seudre, renommé pour ses huîtres.

Les dunes des côtes de Gascogne.

De la Seudre à l'Adour (250 kilom.), la côte se développe en ligne droite, sans autres découpures que celles de l'estuaire de la Gironde et du bassin d'Arcachon. Tout ce littoral est bas, sablonneux et bordé de dunes. L'estuaire de la Gironde est encombré de bancs de sable, puis rempli d'îles.

Estuaire de la Gironde.

La *pointe de la Coubre* marque l'entrée de l'estuaire de la Gironde, et se trouve à 19 kilomètres environ de la *pointe de Grave,* située sur la rive gauche du fleuve. Le rocher de *Cordouan* se trouve en avant de l'embouchure de la Gironde, au milieu d'un banc de sable, qui divise en deux passes l'entrée du fleuve ; la passe du nord, entre le banc et la pointe de la Coubre, est profonde, mais elle est rendue dangereuse par les changements fréquents des bancs de sable et par la barre de la Gironde. La passe de Grave, entre le banc et la presqu'île de Grave, est moins profonde que celle du nord, mais plus sûre.

Au sud de l'estuaire de la Gironde, la côte est droite, uniforme, inhospitalière et formée de dunes, dont on a arrêté l'envahissement par des plantations de pins. Les ports des côtes de Gascogne sont :

Ports des côtes de la Gascogne.

Royan, à l'embouchure de la Gironde, *Blaye,* sur la rive droite de la Gironde, *Pauillac,* sur la rive gauche, *Bordeaux*, sur la Garonne, à 120 kilomètres de la mer et *Libourne*, sur la Dordogne, au confluent de l'Isle, port de commerce qui reçoit des bâtiments de 300 tonneaux.

Les côtes de la baie de Biscaye.

De l'Adour à la Bidassoa, sur une longueur de 24 kilomètres, les rivages sont diversifiés et agréables ; le littoral est élevé ; il est formé souvent de falaises calcaires et précédé de bancs de roche. La mer est d'une très-grande violence dans ces parages. Les ports sont : *Bayonne*, à 6 kilomètres de la mer, sur l'Adour, dont l'entrée est rendue difficile par la barre.

Biarritz, port de pêche, formé par une anfractuosité de la côte, et bains de mer renommés. La *rade de Saint-Jean-de-Luz* renferme le petit port du même nom, sur la Nivelle, et celui du *Socoa,* port de relâche sur la côte occidentale de la rade. Le port de Saint-Jean-de-Luz s'ensable peu à peu, et la mer renverse tous les travaux par lesquels on essaie d'arrêter ses ravages. La rade est mal abritée et toujours mauvaise; elle est inabordable quand la mer se brise avec violence sur les fonds de roche qu'il faut traverser pour y arriver. *Hendaye,* sur la Bidassoa, est un petit port de pêche. La Bidassoa, souvent à sec, forme la limite entre la France et l'Espagne.

Côtes de la Méditerranée.

Côtes de la Méditerranée. — Le littoral de la France sur la Méditerranée se compose de deux courbes: l'une rentrante sur le Languedoc, côte basse, sablonneuse et baignée par le golfe du Lion, l'autre saillante, qui est la côte élevée, rocheuse et découpée de la Provence. La côte espagnole entre le cap de Creux et le cap Béar est rocheuse, escarpée, aride et profondément découpée; le massif des Pyrénées-Orientales y forme un rideau de montagnes élevées et sombres qui descendent en pentes relativement douces jusqu'à la mer. Le cap Cerbère, formé par un terrain élevé, est la limite, au bord de la mer, de la côte d'Espagne. Depuis ce cap jusqu'à l'embouchure du Tech, pendant 17 kilomètres environ, la mer baigne le pied de la terrasse qui supporte les Pyrénées; la côte est accore, montueuse, très-découpée et forme plusieurs criques ouvertes au nord et à l'est. L'anse de Cerbère est mauvaise; la baie de Banyuls ne peut être fréquentée que par des caboteurs; elle est au sud du cap Béar, dont le phare et le sémaphore se voient de loin.

Port-Vendres.

L'entrée de *Port-Vendres,* large de 300 mètres, est comprise entre l'extrémité d'un môle d'abri et la pointe du Fanal, qui porte un fort crénelé au milieu duquel s'élève le phare de Port-Vendres. Cette ville a deux ports : le *Port-Vieux* séparé par la Consigne ou Santé du *Port-Neuf*, creusé à 9 mètres et parfaitement abrité de tous les vents. Les courants de la côte et les sables de la mer ne pénètrent pas dans l'avant-port. Lorsque les vents soufflent de l'est, du large, principalement en hiver, la mer est très-grosse en dehors de l'avant-port et déferle avec fureur sur le môle abri, mais elle ne pénètre pas dans le port. Port-Vendres est très-petit, mais il a une position exceptionnelle comme port de refuge. L'entrée du port est difficile avec les vents du sud à l'ouest qui soufflent quelquefois avec violence. Le port naturel de *Collioure* n'est fréquenté que par des pêcheurs et par des bateaux de 50 tonneaux au plus qui viennent charger des vins dans la belle saison et se halent à la plage.

Collioure.

A 2 kilomètres à l'ouest de Collioure, la montagne cesse brusquement; la côte orientée vers le nord n'est qu'une plage basse et uniforme. Au delà du Tech et jusqu'au golfe de Marseille, les côtes du Roussillon, du bas Languedoc et du delta du Rhône sont plates, basses, sablonneuses, malsaines et bordées d'un grand nombre de marais et de lagunes ou étangs, dont les principaux sont ceux de Saint-Nazaire, de Leucate, de la Palme, de Sijean ou de Bages, de Vendres, de Thau, de Maguelonne, de Mauguio et de Repausset. La plage se dirige régulièrement du sud au nord jusqu'à l'Hérault sans présenter d'autres pointes que celles que forment les sables aux embouchures des petites rivières du Tech, de la Tet, et de l'Agly.

La Nouvelle.

Le village de *La Nouvelle* est construit sur le bord de l'étang de Sijean; c'est un port qui ne peut recevoir que de petits bâtiments et dont l'entrée est fort difficile; il communique avec Narbonne par un canal maritime. L'entrée de l'Aude est devenue impraticable aux bateaux de pêche. La brume est fréquente par les vents d'est sur cette côte basse et inhospitalière sur laquelle la mer se brise avec fureur lorsque les vents soufflent du large. Entre l'Aude, qui coule au nord des dernières collines de la Clappe, et l'Hérault, la côte présente à peine quelques légères ondulations et laisse voir, au delà de l'étang de Vendres, la vaste plaine comprise entre l'Aude et l'Orb et limitée au nord par les petites collines de Béziers, dont on aperçoit souvent le gros clocher carré. L'embouchure de l'Orb est impraticable. Les vents dominants sur cette côte en hiver sont ceux du nord-ouest variables au nord; ils sont généralement frais et soufflent en moyenne 20 jours sur 30 par séries qui durent quelquefois 8 jours sans mollir. En été, on a généralement sur cette côte, le matin, des brises de nord-ouest, qui passent au sud et au sud-sud-ouest dans la journée; après le calme du soir les vents du nord reprennent pendant la nuit.

Agde

Agde, sur l'Hérault et à l'embouchure de l'une des branches du canal du Midi, possède un port très-sûr, mais qui ne peut recevoir que des bâtiments de 200 tonneaux. Le fort Brescou, sur la pointe élevée du cap d'Agde, défend ces parages.

Cette

Cette, situé sur une hauteur assez élevée, a un port sûr, commode, dans lequel on entre par deux passes, celle de l'ouest et celle de l'est. Le tirant d'eau des bâtiments entrant à Cette ne doit pas dépasser 5 mètres. L'étang de Thau est mis en communication avec la mer par le canal de Cette. Dans cette région, les vents de terre dominent pendant l'hiver et soufflent en moyenne plus de 200 jours par an, mais les coups de vent du large sont les plus fréquents; en été, le vent du nord-ouest seul est violent.

De Cette au golfe d'Aigues-Mortes, la côte est plate, basse et uniforme et justement redoutée des marins; on y voit la vieille église de Maguelonne et le phare de la pointe de l'Espiguette. On pénètre à *Aigues-Mortes* par le canal du *Grau du Roi*, d'une longueur de 5.770 mètres, et dont la profondeur n'est nulle part inférieure à 3 mètres, *Aigues-Mortes* est sur la rive droite. Du golfe d'Aigues-Mortes au golfe de Foz, on trouve la côte de la Camargue qui n'offre pas un seul point remarquable qui puisse la faire reconnaître du large. Aussi cette côte est-elle chaque année le théâtre d'un grand nombre de naufrages. La mer est dangereuse à l'embouchure du Rhône où il faut manœuvrer avec décision et observer avec soin les indications de la sonde, la couleur de l'eau et le bruit de la mer. Les vents les plus fréquents sur la côte de la Camargue sont ceux du nord-ouest qui soufflent à peu près 140 jours par an ; mais les vents les plus violents et les plus à craindre sont ceux du sud-est, qui dominent surtout à partir du mois de novembre et jusqu'en avril ; ils sont presque toujours accompagnés de brume, rendent la mer très-grosse, et causent chaque année de nombreux sinistres ; l'action des courants vient encore s'ajouter à la violence du vent ; ces courants varient avec la direction et la force des vents.

Aigues-Mortes.

Côte de la Camargue.

La côte du département du Gard est bordée par les marais salants de Peccais qui fournissent beaucoup de sel. Ce sont les apports du Rhône qui forment la pointe occidentale du golfe de Foz. Aussi, une plage basse, accessible seulement aux embarcations plates, borde la plaine de la Camargue jusqu'au canal Saint-Louis, dont l'entrée est marquée par un phare.

La côte orientale du golfe de Foz est rocheuse et indiquée par les collines de *Martigues*, d'ailleurs peu élevées, qui semblent descendre des Alpines en s'abaissant jusqu'au cap Couronne. Dans la partie la plus reculée du golfe, le village de Foz couronne un petit monticule. L'entrée du port de *Bouc* est marquée par une grosse tour carrée qui est le point de reconnaissance de ce port. L'étang de Caronte, détroit sans profondeur, conduit à l'étang de Berre ; mais le canal de Martigues, dont la profondeur normale est de 6 mètres, relie l'étang de Berre à la mer. Les côtes de cet étang sont basses et bordées elles-mêmes de petits étangs, comme celui de l'Olivier, près d'Istres et de Saint-Chamas ; l'étang de Berre a 150 kilomètres carrés d'étendue, et de 7 à 10 mètres de profondeur. Les deux principaux ports de l'étang de Berre sont ceux de Saint-Chamas et de Berre, qui sont très-petits et ne peuvent recevoir que des bâtiments d'un tirant d'eau inférieur à 3 mètres.

Étang de Berre.

A partir du cap Couronne, la côte de la Méditerranée change d'aspect ; elle devient rocheuse, élevée et très-découpée ; elle présente partout des golfes, des rades, des presqu'îles, des caps et des îles. Le littoral de la Provence est aussi abondamment pourvu de ports et d'abris excellents, que la côte languedocienne en est dépourvue. Les principaux golfes qu'on rencontre, en allant de l'ouest à l'est sont celui de Marseille, celui de Cassis, le golfe sablonneux de la Ciotat, la baie de Bandol, celle de Saint-Nazaire, la rade de Brusc, située au nord-est de l'île des Embiez, la rade de Toulon, la presqu'île de Giens, la rade d'Hyères, le golfe de la Napoule, celui de Jouan et la rade de Villefranche.

Le golfe de Marseille est limité à l'ouest par le cap Couronne et à l'est par le cap Croisette; ce golfe a 24 kilomètres de l'ouest à l'est, et 16 kilomètres et demi du sud au nord. Ce grand espace est divisé en deux parties par les îles qui s'étendent à l'ouest de la pointe d'Endoume et séparent la rade de Marseille de celle d'Endoume. Du cap Couronne au cap Pinède, la côte présente un front de falaises irrégulières et découpées qui atteignent leur plus grande hauteur au cap Méjean. Golfe de Marseille.

La baie de l'Estaque, vaste enfoncement que forme la côte depuis le cap Méjean jusqu'au cap Pinède, offre le meilleur mouillage de toute la rade de Marseille. C'est au cap Pinède, de 40 mètres de hauteur, que commencent les nouveaux ports de Marseille fermés du côté du large par une longue jetée continue de 3,600 mètres de longueur, que l'on prolonge jusque près du cap Pinède. Les ports de Marseille.

Le *bassin national,* celui de la *gare maritime,* le *bassin d'Arenc* et celui du *Lazaret*, constituent les bassins du nord; le bassin le plus au sud est celui de la *Joliette*, reservé aux bateaux à vapeur de diverses compagnies maritimes. L'*avant-port sud* offre un abri sûr contre le vent du nord-ouest. L'entrée du *Vieux-Port* de Marseille est entre le fort Saint-Jean, qui porte une haute tour ronde, et la pointe de la *Tête de Maure* qui porte le château du Pharo. Il n'entre dans le Vieux-Port que des navires de commerce à voiles calant moins de 17 pieds (5^{m},60), les bateaux de servitude, les remorqueurs et les petits bâtiments de l'Etat; les autres vont à la Joliette ainsi que les navires à vapeur de commerce. Les navires qui entrent dans le Vieux-Port s'amarrent à quai pour charger et décharger les marchandises; ceux qui attendent leur tour s'amarrent en deuxième ou troisième rang, laissant seulement au milieu un passage pour aller de l'entrée du port au quai de la Canebière. Le Vieux-Port et le port de la Joliette communiquent entre eux par un étroit canal qui passe au pied du fort Saint-Jean, et dans lequel il y a 5 mètres d'eau. Vieux port de Marseille.

Entre la pointe du Pharo et la pointe basse et rocailleuse d'Endoume, la côte, assez élevée et escarpée, est couverte de maisons qui bordent la route; elle fait quelques sinuosités dont les principales sont l'anse des Catalans qui renferme un établissement de bains, et le vallon des *Offes* ou *Auffes* que la route de la Corniche traverse sur un pont élevé. Au nord de la pointe d'Endoume, à 100 mètres de la côte, on voit trois rochers bas nommés les *Pendus*. C'est en rade d'Endoume que viennent mouiller le plus souvent les navires empêchés d'entrer à Marseille par le vent de nord-ouest.

En face d'Endoume, sont les îles de Marseille, savoir : l'*île d'If,* gros rocher de moyenne hauteur entièrement recouvert par un château fort, l'*île Pomègue,* élevée et aride, dont le sommet porte une grosse tour ronde et un sémaphore, et l'*île Ratoneau,* couronnée à son sommet par un vieux château fort qui porte, comme le fort de Pomègue, une grosse tour ronde. Un hôpital domine le passage entre l'ile et le château d'If. Le port du *Frioul,* réservé aux quarantaines, a été formé en reliant les îles Pomègue et Ratoneau par une digue élevée qui l'abrite du côté de l'ouest. Il peut recevoir les plus grands bâtiments, la moindre profondeur à l'entrée étant de 8 mètres ; il est protégé de la mer par un môle qui réduit à 170 mètres la largeur de l'entrée et diminue beaucoup le ressac que l'on ressentait autrefois avec les vents du sud-est. C'est au Frioul que l'on extrait les pierres destinées à l'achèvement des ports de Marseille.

A l'est de la pointe d'Endoume, la côte reste élevée et accore jusqu'à un quart de mille au delà du cap Roucas-Blanc, où se trouve aujourd'hui le magnifique établissement de bains de mer et d'eaux minérales du Roucas-Blanc ; la côte s'abaisse et forme la belle plage du Prado ou de Montredon que traverse la petite rivière de l'Huveaune, mais qu'on ne peut accoster facilement à cause de plusieurs roches sous l'eau qui la bordent à la distance d'une encâblure. La plage se termine à la Pointe-Rouge, un peu au delà du Mont-Redon, butte de 52 mètres de hauteur ; on voit là les îles Maire et Tiboulen ; l'île Maire, séparée du cap Croisette par un étroit passage dans lequel il n'y a que 2 mètres d'eau, est un grand rocher de 135 mètres de hauteur. On trouve aussi l'île basse et plate de *Planier,* environnée de rochers, et sur laquelle on a établi un phare de 40 mètres de hauteur, à feu tournant de 30 secondes en 30 secondes. L'île Riou, haute de 192 mètres, aride, déchirée et sans végétation, est au sud-est de l'île Maire.

La mer n'est grosse dans la baie de Marseille qu'avec les vents de la partie du sud à l'ouest et principalement avec ceux de sud-ouest, qui donnent ce que les pêcheurs appellent la *mer de la baie.* Les coups de vent du sud-ouest ne durent pas longtemps. Le vent de sud-est donne généralement beaucoup d'humidité ; il souffle en coup de vent de fin septembre à fin octobre. C'est en novembre et décembre que les coups de vent de nord-ouest ou mistral sont le plus forts, mais c'est en février et mars qu'ils sont le plus fréquents.

Du cap Croisette à la baie de Cassis, la côte est rocheuse et découpée, et présente de jolies calanques ou petites baies ; le vent du nord-ouest donne en plusieurs points de cette côte de violentes rafales qui sont fort à redouter. La baie de Cassis est ouverte aux vents du large qui y soulèvent une grosse mer; le port de *Cassis*, dominé par les grandes falaises du cap Canaille, est très-sûr et peut recevoir des bâtiments de 4 mètres de tirant d'eau. Il offre une bonne relâche aux bâtiments chassés par des vents de la partie de l'ouest, du nord-ouest et de l'est; mais l'entrée est difficile et même dangereuse avec les grands vents de sud-ouest, de sud et de sud-est à cause de la grosseur de la mer qui se fait sentir à l'orifice de la passe et brise avec violence contre le môle. Cassis.

La *baie de la Ciotat* est comprise entre le Bec-de-l'Aigle, rocher de 155 mètres de hauteur ainsi appelé à cause de sa forme, et le cap d'Alon ou du Deffend; à l'est du cap de l'Aigle est *l'île Verte*. Le port de la Ciotat, sur la côte occidentale de la baie du même nom, est de facile accès et a une entrée de 95 mètres avec une profondeur de 6 à 7 mètres; le port a été creusé à 6 mètres dans une bonne partie de son étendue. Il est presque exclusivement fréquenté par les paquebots de la Compagnie des Messageries Maritimes qui y a ses chantiers de construction et d'armement, ainsi qu'un vaste bassin avancé de 120 mètres de longueur. La baie peu spacieuse de Bandol, entre la pointe Engravier et la pointe basse de la Cride, renferme le port de *Bandol,* qui peut recevoir des bâtiments de 4 mètres de tirant d'eau, et qui est abrité de la mer du large par un long môle coudé. La rade de Bandol offre un bon abri à des bâtiments de toutes grandeurs. La baie de Saint-Nazaire, entre la pointe de la Cride et la pointe Nègre, à couleur sombre, contient le petit port de *Saint-Nazaire*, qui ne peut recevoir que des bâtiments de 3 mètres de tirant d'eau. La Ciotat. Bandol. Saint-Nazaire.

La rade de Brusc, depuis la pointe Nègre jusqu'au village de Brusc, par la facilité de son accès et la sûreté de son mouillage, est un des meilleurs points de relâche de la côte de Provence et peut recevoir une escadre entière; mais elle n'est pas abritée du mistral. Depuis ce point, la côte est très-élevée; on rencontre la presqu'île du cap Sicié et le cap *Sicié*, haute montagne dont les flancs boisés et sombres descendent rapidement jusqu'à la mer, le cap Cépet, qui est l'extrémité de la presqu'île du même nom. La presqu'île du cap Sicié et celle du cap Cépet limitent à l'ouest la belle rade de Toulon. Le cap Sicié marque fréquemment, surtout dans les mois de mars et avril, septembre et octobre, la séparation des vents d'ouest et des vents d'est; le vent de nord-ouest souffle quelquefois avec violence dans l'ouest du cap Sicié, tandis que les vents d'est règnent dans la baie de Toulon et aux îles d'Hyères. Souvent aussi le mistral ou vent du nord-ouest règne au large du cap Sicié, tandis que les bâtiments qui passent près de terre ont des vents d'est ou d'est-nord-est. En hiver les vents du nord-ouest sont d'une grande violence à Toulon. Les vents d'est Rade de Brusc. Presqu'île du cap Sicié.

sont moins violents mais plus tenaces; ils sont dangereux sur toute la côte de Provence et lèvent dans la grande rade de Toulon une mer assez incommode. Les mois de décembre, janvier, février et mars sont la mauvaise saison de ces parages; on doit s'attendre à des coups de vent d'est ou d'ouest; les coups de vent du sud sont rares, mais chauds.

Rade de Toulon.

La baie de Toulon s'ouvre entre le cap Sicié à l'ouest et la presqu'île de Giens, à l'est; elle présente deux grands enfoncements formant l'un la rade de Toulon, l'autre le golfe de Giens. La rade de Toulon est divisée en deux parties: la grande rade qui s'ouvre entre le cap Cépet et la pointe Querquerane, et la petite rade qui s'ouvre entre le fort de la grosse-Tour et celui de l'Éguillette. Les deux rades offrent d'excellents mouillages, et font de Toulon un port de guerre de premier ordre. La Seyne, au sud-ouest de la petite rade, est un chantier de construction appartenant aux forges et chantiers de la Méditerranée.

Rade d'Hyères.

La rade de *Giens* est sûre et d'une bonne tenue. La *baie d'Hyères* est comprise entre le cap Esterel à l'ouest et le cap Bénat à l'est. Le rivage de la rade d'Hyères est sablonneux et couvert de marais, de salines et d'étangs; l'étang de Pesquiero, à l'ouest de la rade d'Hyères, est en partie occupé par des salines. Hyères est bâtie en amphithéâtre à 5 kilomètres de la mer. La rade d'Hyères, en partie abritée de tous les vents par les îles d'Hyères et le continent, sert de rendez-vous aux escadres d'évolution de la Méditerranée. La *baie de Cavalaire*, située entre le cap du même nom et le cap Lardier, a des côtes sablonneuses bordées de hautes montagnes; elle présente un bon mouillage et un abri contre le mistral. Les îles d'Hyères comprennent l'île de Porquerolles, Port-Cros et l'île du Levant. Le golfe de Saint-Tropez ou de Grimaud s'ouvre entre le cap de ce nom et la pointe Alexandre ou des Issambres; il est entouré de hauts rochers.

Golfe de Saint-Tropez.

Le port de *Saint-Tropez* est abrité du côté du nord par une jetée de 320 mètres de longueur; il ne peut recevoir de bâtiment calant plus de 4 mètres, mais il est placé entre les deux excellents mouillages des Canoubiers et des Moulins.

Golfe de Fréjus.

Le golfe sablonneux de Fréjus s'ouvre entre la pointe Alexandre et le cap Drammont, qui porte un sémaphore; *Saint-Raphaël*, petit port, remplace celui de Fréjus qui est comblé par les vases de l'Argens.

Golfe de la Napoule. Cannes.

Le golfe de *la Napoule*, au fond duquel se trouve Cannes, est situé entre la pointe de l'Aiguille et le cap de la Croisette, qui le sépare du golfe Jouan. Le port de Cannes peut recevoir des bâtiments d'un tirant d'eau de 5 mètres; il est protégé contre le vent du sud et du sud-ouest par

Iles Lérins.

un môle élevé, et abrité des autres côtés par les îles de Lérins comprenant les îles Sainte-Marguerite et Saint-Honorat. L'île Sainte-Marguerite est bien boisée, excepté à ses pointes est et ouest qui sont très-basses. C'est à la partie la plus haute, sur la côte nord, que se trouve établie la vaste citadelle qui a servi de prison d'État et d'où s'est évadé le *traître de Metz*. Le golfe Jouan s'ouvre entre le cap de la Croisette et le cap de la Garoupe ou d'Antibes. Le golfe Jouan, qui a une côte bien boisée, offre la meilleure rade des côtes de Provence après celle de Toulon et peut recevoir une escadre nombreuse. La rade d'Antibes s'étend du cap de la Garoupe au cap Ferret. Le port d'Antibes ne peut recevoir que des bâtiments d'un tirant d'eau n'excédant pas 5 mètres. La mer y est toujours calme, quelque temps qu'il fasse. La côte est sablonneuse jusqu'à l'embouchure du Var, mais elle se relève sur le rivage du comté de Nice. Le port de *Nice* est très-petit, mais il peut recevoir des navires d'un tirant d'eau de 6 mètres.

Golfe Jouan.

Rade d'Antibes.

Port de Nice.

La rade de Villefranche offre une relâche précieuse à des bâtiments de tout rang; elle est sûre et peut donner asile à une escadre. *Villefranche*, aux maisons sombres et sales, est bâtie en amphithéâtre à l'extrémité de la côte ouest de la baie. Au delà de la baie de Villefranche, la côte est rocheuse et s'incline vers le nord-est; elle présente la baie de Monaco limitée à l'est par le cap Martin, puis la ville de Menton, avec ses sites délicieux, sa végétation tropicale et son climat enchanteur; la côte française finit au pont de Saint-Louis, qui marque ainsi la limite de la France et de l'Italie, à 2 kilomètres de Menton. Le port de Monaco peut offrir à des bâtiments de tout tonnage un bon abri contre les vents du sud au nord, quoiqu'il ait à peine trois encâblures de profondeur; cependant il n'est fréquenté que par les caboteurs. Le vent de nord-ouest y souffle par rafales très-violentes; le vent d'est est à craindre.

Rade de Villefranche.

Monaco

Il nous reste à dire quelques mots des côtes de la Corse, qui se trouve à 170 kilomètres du cap Martin. Ces côtes rocheuses, découpées et élevées, excepté à l'est, entre Bastia et l'embouchure du Travo, où le rivage est bas, sablonneux et bordé de quelques étangs, ont un développement de 480 kilomètres. La Corse se termine au nord par le promontoire du cap Corse, long d'environ 30 kilomètres depuis Bastia et Saint-Florent. La côte orientale de l'île est peu découpée et on n'y trouve que le port de Bastia au nord, et au sud la rade vaste et sûre du golfe de *Porto-Vecchio*, avec le port du même nom. A l'extrémité sud de la Corse, se trouve la baie de Bonifacio, entre la pointe d'Ecciea et le cap Pertusato et le port de *Bonifacio*. La côte occidentale est rocheuse et élevée avec une mer profonde; cette côte est découpée par de nombreux golfes dont les principaux sont, en allant du sud au nord, celui de *Valinco,* au fond duquel se trouve le petit port de *Propriano*, qui exporte des bois de construction, des charbons de bois, des vins, des huiles d'olive; le golfe d'*Ajaccio*, avec le port du même nom, le golfe de Sagone, celui de Porto avec le port de

Côtes de la Corse.

la Piana, le golfe de Calvi et le port du même nom, puis le port d'Ile Rousse, en face duquel se trouvent les îles Rousses; le port de Saint-Florent se trouve au fond du golfe de Saint-Florent.

Longueur des côtes.

Service sémaphorique.

Les côtes de France, que nous venons de décrire, forment une étendue totale d'environ 2,840 kilomètres, dont 2,100 pour l'océan Atlantique et 740 pour la Méditerranée; elles sont éclairées pendant toute la durée des nuits par plus de 275 phares de diverses espèces. Bien que la France ne soit pas la nation qui pratique le plus l'océan, c'est elle qui met le plus de soin à éloigner de son territoire hospitalier la chance des naufrages. Le littoral de la France est garni de postes sémaphoriques placés sur des promontoires d'où le guetteur peut inspecter une grande étendue de mer et est pourvu d'une communication électrique au moyen de laquelle des secours peuvent être demandés pour les navires en danger. Ces sémaphores qui communiquent avec nos grands observatoires, annoncent par des signaux très-apparents l'approche des tempêtes. Les sémaphores électriques ont été récemment pourvus d'un code commercial de signaux à l'usage de toutes les nations, sorte de langue universelle maritime qui permet à tout capitaine passant en vue de nos côtes d'expédier une dépêche, de recevoir l'annonce du mauvais temps ou de réclamer les secours qui lui seraient nécessaires. La France est aujourd'hui le seul pays qui possède un service sémaphorique complet et qui en ait ouvert l'accès aux navires de toutes les nations.

Nombre des ports français et des baies.

Le nombre des ports grands ou petits, baies, anses, criques, est de 216 pour le golfe de Gascogne, 101 pour la Manche et la mer du Nord, 83 pour la Méditerranée, soit un total de 400.

Superficie de la France.

La superficie de la France était évaluée, avant le traité de 1871, à 543,051 kilomètres carrés ou 54,305,141 hectares. En ce moment la superficie n'est plus que de 528,577 kilomètres carrés; la perte a été de 1,447,000 hectares et le nombre des communes cédées s'élève à 1,689.

En dehors de son territoire européen, la France comprend les possessions suivantes :

Possessions de la France.

1° En *Afrique :* l'Algérie, le Sénégal et les établissements de la Sénégambie, les comptoirs de Guinée, le Gabon, les îles de la Réunion, de Sainte-Marie-de-Madagascar, de Mayotte et de Nossi-bé, l'île Dhalak et Obock ;

2° En *Asie* : Mahé, Pondichéry, Karikal, Yanaon, Chandernagor et la Cochinchine ;

3° En *Océanie :* les îles Marquises, la Nouvelle-Calédonie, Taïti, les îles Gambier etc. ;

4° En *Amérique* : la Martinique, la Guadeloupe, Marie-Galante, les Saintes, la Désirade, la Guyane française, Saint-Pierre et Miquelon.

La France, par sa superficie, est le cinquième état de l'Europe ; la Russie a une étendue presque égale à neuf fois et demie celle de la France, la Suède et la Norvége à une fois et demie ; la superficie de l'Autriche-Hongrie dépasse de un cinquième celle de la France et celle de l'Allemagne la dépasse de un trente-troisième.

Population de la France.

Avant 1871, la population de la France était estimée à 38,067,094 habitants, soit 69 habitants par kilomètre carré ; après le traité de 1871, la statistique officielle l'évaluait à 36,102,921 habitants, soit 68,3 habitants par kilomètre carré. La perte, par suite du démembrement, a été de 1,597,000 habitants. La France est le troisième pays de l'Europe par sa population ; la Russie et l'Allemagne sont les deux États qui comptent plus d'habitants que la France.

La population des colonies françaises peut s'élever à 5,000,000 d'habitants. La population est loin d'avoir la même densité dans toutes les parties de la France. Les départements les plus peuplés sont la Seine, le Nord, la Seine-Inférieure et le Rhône ; les moins peuplés sont : les Basses-Alpes, les Hautes-Alpes, la Lozère, le Cantal, la Corse et les Landes. 20 départements seulement comptent chacun plus d'un demi-million d'habitants.

On compte en France environ 3,300,000 hommes de 21 à 35 ans et 300,000 de 20 à 21 ans. On évalue la population agricole à 19,000,000 et la population rurale à 24,900,000 âmes. La durée de la vie moyenne est de 40 ans ; ce chiffre est supérieur à celui de la plupart des États de l'Europe. Le nombre des naissances par an est d'environ 1,000,000 et l'excès des naissances sur les décès varie de 100,000 à 170,000. Le nombre des mariages est d'environ 300,000 par an. La population de la France s'accroît lentement et ne pourra être doublée qu'en 183 ans, tandis qu'il ne faut que 50 ans à la Grande-Bretagne pour doubler la sienne.

Néanmoins la population française est douée aujourd'hui d'une plus forte vitalité qu'au commencement du siècle. Les sociétés protectrices de l'enfance pourront un jour avoir une très-grande influence sur l'augmentation de la population, en préservant de la mort par de bons soins un grand nombre de jeunes enfants pauvres que les parents ne soignent pas. Aussi ne peut-on assez encourager ces sociétés humanitaires au premier chef.

Origine et nationalité.

La population de la France, au point de vue de l'origine et de la nationalité, comprend 35,362,000 Français, dont 126,243 Alsaciens-Lorrains ayant opté pour la nationalité française et 15,000 étrangers naturalisés Français.

Le nombre des étrangers s'élève à 731,000, dont 347,000 Belges, 113,000 Italiens, 43,000 Suisses, 53,000 Espagnols et 26,000 Anglais.

Émigration.

L'émigration est l'acte, volontaire ou forcé, par lequel un individu, une famille, une fraction de peuple, quelquefois même une nation entière, quitte le sol natal et va s'établir sur un autre sol. L'émigration française, en proportion quelque peu forte, date du 17e siècle ; elle fonda et peupla nos colonies du Canada et de la Louisiane, celles des Antilles et de la mer des Indes. La révocation de l'édit de Nantes provoqua une émigration religieuse et la révolution française, une émigration politique. Aujourd'hui le nombre des émigrants français à l'étranger est de 10,000 environ par an. Les deux foyers principaux où se développe l'émigration sont le pays Basque et le littoral de la Méditerranée. L'Alsace a fourni un grand nombre d'émigrants qui sont allés retrouver une nouvelle France en Algérie. Les émigrants français vont aux États-Unis, à la Plata et en Algérie. La plupart des émigrants s'en vont avec l'esprit de retour, car l'expatriation en France n'est qu'une exception.

L'émigration en France devrait être surtout alimentée par les jeunes gens de famille qui, au lieu de perdre leurs jeunes années dans la dissipation et les plaisirs, les consacreraient à l'étude et à l'exploitation des ressources des pays étrangers où, avec leurs capitaux, ils pourraient fonder des comptoirs qui représenteraient dignement à l'extérieur le commerce français. Mais pour cela, il faut réformer nos habitudes.

Religions.

Les 98 centièmes des Français appartiennent à la religion catholique, 1, 6 % sont protestants et 1, 4 ‰ sont Israélites. Le nombre des Israélites est évalué à 49,000 dont 24,000 dans le département de la Seine, et le nombre des protestants est de 580,000. Ce sont les départements de la Drôme, du Doubs, des Deux-Sèvres, de l'Ardèche, de la Lozère et du Gard qui en ont le plus ; plus de 10 % de la population de ces départements est protestante.

Caractère.

Le caractère général de la nation est la vivacité ; le Français embrasse avec chaleur et enthousiasme les projets les plus hardis ; il est léger et mobile se refusant à douter du succès, ou bien croyant tout perdu, car il est inconstant et se rebute aisément ; il a une préférence marquée pour les carrières libérales. Le jugement du Français est naturellement sain et son intelligence est ouverte ; dans les affaires, il est honnête et a le sens pratique. Ce qui manque en France, ce n'est pas l'intelligence et le bon sens, c'est une éducation sérieuse et scientifique qui fasse bien comprendre à la bourgeoisie qu'il y a une vérité en politique comme en toute chose, qu'il faut la chercher, qu'il faut la trouver et l'appliquer.

Puissance continentale avant tout, la France est en outre, militairement du moins, la plus grande puissance maritime après l'Angleterre. Elle a une admirable situation pour le commerce; elle est baignée par quatre mers, et limitrophe, sur le continent, des contrées les plus peuplées, les plus industrieuses, les plus commerçantes et les plus riches. Elle est beaucoup mieux placée que l'Angleterre pour le commerce de la Méditerranée. Ses ports lui offrent beaucoup de facilités pour ses opérations avec le nord de l'Europe et les pays transatlantiques. La France n'a pas besoin de recourir à l'entremise d'un port étranger pour l'embarquement de ses propres produits à quelque destination que ce soit. Notre pays est le quai naturel d'embarquement et de débarquement pour la plupart des marchandises qui passent d'un continent à l'autre. L'excellence des produits du sol et de l'industrie, d'éminentes qualités particulières au génie de la nation ont décidé de sa fortune commerciale. Position commerciale de la France.

La France réunit et résume pour ainsi dire tous les climats européens; aussi a-t-elle un climat très-varié. Climat.

On peut diviser la France en cinq régions climatologiques : le climat *vosgien*, le climat *séquanien*, le climat *girondin*, le climat *rhodanien* et le climat *méditerranéen*.

Le *climat vosgien* ou *du nord-est* (Alsace et Lorraine) est un climat continental analogue à celui de l'Allemagne centrale. Les hivers sont très-rudes et les étés très-chauds. La température moyenne est de 9°,6. La moyenne hivernale de Mulhouse est de 5° plus basse que celle d'Angers. Climat vosgien.

Le *climat séquanien* ou *du nord-ouest* (bassin de la Seine et presqu'île de Bretagne) est un climat constant analogue à celui de la Belgique et de l'Angleterre, et très-favorable aux herbages. Les hivers sont doux et humides. La température moyenne est de 10°,9. Climat séquanien.

Le *climat girondin* ou *du sud-ouest* (pays entre la Loire, les Cévennes, les Pyrénées et le golfe de Gascogne) est un climat continental modéré, des plus propices à la culture de la vigne et du maïs. Les étés sont plus chauds que ceux du climat séquanien; la température moyenne est de 12°,7. La grêle est fréquente dans le bassin de la Garonne. Climat girondin.

Le *climat rhodanien* ou *du sud-est* (bassin du Rhône et de la Saône) est un climat continental dont les étés sont assez chauds et les hivers assez froids; la température moyenne est de 11°. Climat rhodanien.

Le *climat méditerranéen* ou *du sud* ou *provençal* (littoral de la Méditer- Climat méditerranéen.

ranée) est un climat marin, mais le plus chaud de la France, à cause de la position méridionale du pays. La température moyenne est de 14°,8 à 15°; il pleut rarement en été. C'est à peu près le climat de l'Italie et de l'Espagne. Le mistral y souffle du nord-ouest et le marin blanc du sud-est. La région méditerranéenne est remarquable par son ciel pur et son air sain ; son principal défaut est la sécheresse.

Climat des hautes montagnes.

Il faut encore distinguer le climat des hautes montagnes qui se ressemble sur les principales hauteurs de la France, et qui est très-froid, mais très-sain.

On estime qu'en France il y a une différence d'un demi-degré de température par degré de latitude. La température moyenne à Dunkerque est de 10°; celle de Paris de 11°, celle de Lyon de 12°, celle de Marseille de 14° et celle d'Hyères de 15°. La côte de Bretagne est celle qui jouit du climat le plus constant; aussi la moyenne de la température de Brest est de 14°,5.

Lignes d'égale température.

Les *lignes isothermes* remontent vers le nord à l'ouest et descendent vers le sud à l'est; la ligne isotherme de 12°,5 passe par Saint-Brieuc, Poitiers, Guéret, Nevers, Semur, Dijon, Chambéry. Les courbes de température sont donc inclinées du nord-ouest au sud-est, c'est-à-dire qu'à la même latitude la température est plus élevée à l'ouest qu'à l'est; ce qui est dû au courant du Gulf-Stream.

Les *lignes isothères* vont du sud-ouest au nord-est; la ligne isothère de 20° passe près de l'île d'Oléron, de Guéret, de Nevers, de Langres et de Colmar. La température est donc plus élevée en été, à latitude égale, à l'est qu'à l'ouest; ce phénomène est dû aux souffles chauds de la Méditerranée remontant la vallée du Rhône.

La *ligne isochimène* de 5° se dirige du nord-ouest au sud-est, en passant par l'extrémité de la Bretagne, l'île d'Oléron, Aurillac et Digne. Il fait donc beaucoup plus froid en hiver, à latitude égale, à l'est qu'à l'ouest.

Répartition des pluies sur la France.

En général, les pluies en France sont moins nombreuses, plus abondantes et moins disséminées dans le midi que dans le nord. Il pleut davantage et plus souvent dans le voisinage des côtes que dans l'intérieur des terres.

Le midi de la France reçoit donc en général plus d'eau pluviale que le nord, mais les pluies y sont moins fréquentes; l'évaporation y étant aussi très-active, les périodes de sécheresse sont longues et quelquefois très-intenses.

Les côtes baignées par l'Océan et par la Manche sont plus souvent mouillées que l'intérieur des terres.

L'eau pluviale s'élève annuellement à $0^m,80$ sur ces côtes; mais la hauteur n'est que de $0^m,60$ sur les côtes françaises de la Méditerranée, attendu que les vents pluvieux pour le centre de la France n'arrivent dans le bassin méditerranéen qu'après avoir franchi les Cévennes sur lesquelles ils perdent la plus grande partie de leur eau. Les pluies ne surviennent guère sur les côtes françaises méditerranéennes que par les vents du sud ou sud-est; aussi c'est en automne que les pluies y sont le plus abondantes; elles y sont très-rares en été.

A mesure qu'on s'éloigne des côtes, la hauteur annuelle des eaux pluviales diminue; mais elle commence à croître de nouveau quand on s'approche des massifs montagneux. Les Alpes, les Pyrénées, les Cévennes, les Vosges, le Jura, les Ardennes et le versant occidental du plateau central sont les parties de la France qui reçoivent le plus de pluie. Les versants occidentaux de toutes nos chaînes de montagnes reçoivent une quantité de pluie beaucoup plus considérable que les versants orientaux.

Influence des conditions climatologiques de la France.

De ce système si complexe de conditions climatologiques dérive la physionomie générale et locale de notre agriculture : c'est la nature elle-même qui nous invite à associer sur notre territoire les herbages aux forêts, le blé à la vigne, le maïs à l'olivier, les arbres aux herbes. La France peut élever tous les animaux domestiques de l'Europe et cultiver la plupart des plantes qui réussissent dans la zone tempérée.

Aspect général.

La France, qui est plutôt un pays de plaines qu'un pays de montagnes, possède des aspects très-variés ; les parties est, sud-est et centrales sont montagneuses ; on trouve de belles plaines dans le nord et le nord-ouest.

Nature du sol.

Le sol de la France comprend un grand nombre de terrains, et il résulte de cette variété dans la nature du sol une extrême différence d'aspects et de produits.

Cette variété du sol et du climat, que nous étudierons plus à fond quand nous décrirons les produits de l'agriculture française, et l'étendue peu considérable des terres complétement stériles, font de la France l'une des plus belles contrées de l'Europe et l'une de celles qui se prêtent le mieux à tous les genres de culture. Nous allons décrire les différentes productions de la France, tout en indiquant la consommation de ses divers produits. Nous commencerons par les productions minérales, qui sont loin d'être aussi importantes que les productions végétales et animales, que nous étudierons successivement. Nous passerons ensuite en revue l'industrie française, puis le commerce intérieur et extérieur de notre beau pays, que l'on aime d'autant plus qu'on le connaît mieux.

CHAPITRE II

PRODUCTION MINÉRALE DE LA FRANCE.

Importance de la production minérale de la France. — Retard éprouvé par l'exploitation des mines. — Accroissement du travail des mines. — Valeur du revenu minéral. — Nombre d'ouvriers employés à l'exploitation minérale. — Houille : gisements répartis en cinq groupes. — Étendue du terrain houiller. — Concessions inexploitées. — *Groupe du nord :* bassins du Nord et du Pas-de-Calais; leur production; leur rayon d'approvisionnement. — *Groupe de l'est.* — *Groupe du centre :* bassins de Saône-et-Loire et de la Loire. — Bassin de Decize (Nièvre). — Bassin de Commentry (Allier). — Bassin d'Ahun (Creuse), de Brassac (Puy-de-Dôme) et de Mauriac (Cantal). — Bassin houiller de la Loire : sa production à diverses époques; les cinq grandes concessions des mines de la Loire. — Concession de Montrambert-la-Béraudière, — de Roche-la-Molière et Firminy, — de Rive-de-Gier. — Société anonyme des houillères de Saint-Étienne. — Compagnie de la Loire. — Mines de la Chazotte et du Montcel. — *Groupe du midi :* bassin du Gard; mines de la Grand'Combe, de Portes et Sénéchas, du Vigan. — Bassin de l'Aveyron : Decazeville, Aubin. — Bassin de Carmaux (Tarn). — Bassin de l'Hérault : Graissessac et Saint-Gervais. — Bassin houiller de la Haute-Dordogne. — *Groupe de l'ouest :* Anthracite. — Charbonnages des Bouches-du-Rhône. — Lignite. — Tourbe. — Production et consommation des combustibles minéraux. — Les métaux. — Minerais de fer : sa production. — Variétés de minerais de fer. — Douze groupes principaux de production. — Pyrites de fer. — Départements les plus riches en minerais de fer. — Plomb et argent. — Cuivre. — Zinc. — Manganèse. — Antimoine. — Sel gemme et marais salants. — Production du sel en France. — Quatre centres producteurs de sel. — Exploitation des carrières. — Pierres de taille. — Craie. — Marbres. — Pierres lithographiques. — Granit. — Basalte. — Porphyre. — Ardoises. — Mica, amianthe, bitume, schiste. — Pierre meulière. — Silex. — Grès à aiguiser. — Grès ordinaire. — Albâtre. — Plâtre. — Alun. — Ciment. — Argile à foulon. — Kaolin. — Argile plastique. — Phosphate de chaux. — Eaux minérales.

Importance de la production minérale de la France.

A mesure que le rôle de l'industrie grandit, l'importance de la production minérale d'un pays augmente et l'agriculture seule ne suffit plus à la prospérité d'une nation. Les découvertes modernes ont fait de la houille et du fer les deux plus puissants agents de la civilisation et du progrès; notre pays contient une abondante variété de ces produits minéraux; néanmoins la nature a été moins prodigue envers la France de ses richesses minérales que des richesses agricoles; de plus l'exploitation des trésors minéraux de la France a été retardée par la situation même des principaux gisements, par la difficulté des transports, par les frais d'extraction, et elle est loin d'avoir atteint tout son développement. Cependant le revenu minéral de la France a plus que doublé en un quart de siècle : en 1852, le nombre des concessions de mines de toute espèce n'était que de 824; en 1864, il s'élevait à 1273, dont 327 mines de charbon et 797 de fer; le nombre des ouvriers employés à l'extraction des produits minéraux, qui n'était que de 64,000 en 1852, dépassait 100,000 en 1864. Aujourd'hui, le revenu minéral de la France s'élève à près de 300,000,000 de francs (265,000,000 d'après le rapport de la commission d'enquête parlementaire sur les conditions du travail en France, en 1872), et la population ouvrière employée à notre exploitation minérale dépasserait 178,000 individus, dont 164,000 ouvriers et près de 15,000 patrons.

Développement du travail des mines.

Valeur du revenu minéral.

Nombre d'ouvriers employés à l'exploitation minérale.

L'exploitation de la houille, de l'anthracite et du lignite occuperait à elle seule 97,000 ouvriers, avec 42,000 chevaux vapeur et celle du fer près de 9,600 ouvriers avec plus de 1,000 chevaux vapeur. Les mines de houille seules emploient 90,000 ouvriers. On voit ainsi que les deux principales richesses minérales de la France sont la houille et le fer.

Houille.

La *houille* abonde sur plusieurs points de la France, mais trop souvent loin des lieux où son emploi est le plus nécessaire, et, par la difficulté ou la cherté des transports, on n'en tire pas tout le parti possible. On compte 71 bassins houillers exploités, répartis dans 24 départements; on peut les classer en 5 grands groupes principaux, savoir : les *groupes du nord, du nord-est* ou *de la Sarre,* le *groupe du centre*, *celui du sud* et *celui de l'ouest.*

Etendue du terrain houiller concédé.

Le terrain houiller concédé a une étendue de 2,700 kilomètres carrés; la surface du terrain houiller de la France est de 5,500 kilomètres carrés, de sorte que le terrain houiller concédé ne représente pas la moitié de celui qu'on pourrait exploiter.

D'autre part, toutes les concessions accordées ne sont pas exploitées; les mines éloignées des chemins de fer, des canaux, des rivières navigables sont momentanément abandonnées, les frais de transport étant beaucoup trop élevés; un certain nombre de mines bien situées sont aussi laissées improductives par leurs propriétaires. Les concessions inexploitées de houille, d'anthracite et de lignite sont au nombre de 277 avec une étendue de 1,690 kilomètres carrés; 29 °/₀ de la surface totale inexploitée et concédée sont tout à fait improductifs; les concessions inexploitées par suite du manque de débouchés comprennent 66 mines dont 14 de houille, et une étendue de 32,000 hectares. Les concessions inexploitées faute de moyens de transports en comprennent 10 de houille et 7 de lignites. Le nombre des mines exploitées, en 1873, était de 322.

Concessions inexploitées.

La plupart des dépôts houillers de la France sont principalement accumulés au pied du massif central, excepté dans la partie nord-ouest, et dans le nord et le nord-est de la France.

Groupe du nord.

Bassins du Nord et du Pas-de-Calais.

L'extrémité occidentale des gisements de la Sambre constitue le *groupe du nord,* qui comprend le *bassin du Nord* (Anzin, Valenciennes, Denain, Condé) et le *bassin du Pas-de-Calais;* ce groupe a plus de 1,080 kilomètres carrés de superficie, dont 61,000 hectares pour le bassin du Nord et 47,000 pour celui du Pas-de-Calais; il fournit à lui seul près des quatre dixièmes de la production de la France; il alimente en partie les immenses manufactures de la France septentrionale. Les bassins du Nord et du Pas-de-Calais ont produit 4,732,000 tonnes de houille en 1870, 5,927,000 en 1872, 6,050,000 en 1873, dont 3,072,000 pour le Nord et 2,978,000 pour le Pas-de-Calais. La production va sans cesse en augmentant; en 1874, elle dépasse 6,264,000 tonnes, dont 3,280,000 pour le Nord et 2,984,000 pour le Pas-de-Calais, et en 1875, elle arrive à 7,000,000 de tonnes. En 1860, la production n'était que de 2,189,000 tonnes. L'avenir des charbonnages du Nord et du Pas-de-Calais est très-grand, car ils sont d'une abondance exceptionnelle.

Mines d'Anzin.

Les mines de houille d'Anzin comprennent les concessions d'Anzin (118 kilomètres carrés), de Raismes, de Vicoigne, de Vieux-Condé, de Fresnes, de Saint-Saulve, de Denain, d'Odomez, d'Hasnon, d'Aniche, etc.; elles sont contiguës et présentent une surface de 28,000 hectares. Elles produisent de la houille grasse dite maréchale, de la houille grasse à coke, de la houille grasse à gaz, de la houille demi-grasse à longue flamme, de la houille dure et de la houille maigre anthraciteuse. En 1874, la production a été de 22,000,000 d'hectolitres de houille (1,760,000 tonnes); elle représente les deux tiers de l'extraction du département du Nord. La compagnie d'Anzin fabrique environ 250,000 tonnes de coke et 140,000 tonnes d'agglomérés et occupe près de 15,000 ouvriers.

Le bassin du Pas-de-Calais a ses mines presque toutes situées dans l'arrondissement de Béthune; les principales sont à Lens, Nœux, Liévin et à Hardinghem, au nord de Boulogne. Le bassin d'Hardinghem a 5,200 hectares d'étendue et a produit 53,000 tonnes en 1874. Le bassin du Pas-de-Calais, qui occupait 4,600 ouvriers en 1859, en possédait 20,000 en 1874; celui du Nord en avait aussi 20,000.

Rayon d'approvisionnement des houilles du bassin du Nord.

Les bassins du Nord et du Pas-de-Calais approvisionnent de houille, concurremment avec la Belgique et l'Angleterre, les départements suivants : Aisne, Aube, Eure-et-Loir, Indre-et-Loire, Marne, Haute-Marne, Meurthe-et-Moselle, Nord, Pas-de-Calais, Sarthe, Seine, Somme, Yonne.

Groupe de l'est.

Le *groupe de la Sarre ou de l'est,* continuation des houillères de Saarbruck, est situé sur le versant oriental des Ardennes; quoique connu depuis peu il produit déjà beaucoup; malheureusement la France l'a perdu en partie à la suite de la guerre. Il ne nous reste que Norroy, dans les Vosges, près de Neufchâteau (1,641 tonnes) et Ronchamp, dans la Haute-Saône (210,000 tonnes en 1874); qui fournit de la houille grasse à Belfort, à Mulhouse et aux départements de la Haute-Marne, de la Haute-Saône et des Vosges. Gouhenans (Haute-Saône) possède aussi 2 mines de houille (20,000 tonnes en 1874). Le département de la Haute-Saône a produit, en 1874, plus de 230,000 tonnes de houille. Il faut aussi citer le petit bassin de Sincey (Côte-d'Or) (2,000 tonnes).

Groupe du centre.

Le *groupe du centre* est très-considérable et a surtout deux bassins d'une grande richesse : celui de Saône-et-Loire et celui de la Loire.

Bassin de Saône-et-Loire.

Le *bassin de Saône-et-Loire,* qui comprend les mines du Creuzot, de Blanzy, d'Epinac, de Montchanin, de Saint-Bérain, etc., produit 1,320,000 tonnes par an et approvisionne de ses houilles maigres près de 20 départements. Blanzy et Montceau produisent environ 450,000 tonnes, le Creuzot 700,000, Epinac et Autun 170,000. La Chapelle-sous-Dun possède deux mines de houille (27,000 tonnes). Au bassin de Saône-et-Loire, nous rattacherons les petits bassins isolés du plateau central, savoir : le *bassin de Decize,* dans la Nièvre, dont la production s'élève à 154,000 tonnes, qui s'écoulent dans le Cher, la Côte-d'Or, la Nièvre et l'Yonne; le *bassin de Commentry,* dans l'Allier, qui possède des mines de houille et d'anthracite à Commentry et à Montvicq, arrondissement de Montluçon. La production des mines de houilles de Commentry a été, en 1874, de 1,088,000 tonnes; la production du département de l'Allier était, en 1874, de 1,186,000 tonnes. *Ahun,* dans la Creuse (300,000 tonnes en 1874), Brassac, dans le Puy-de-Dôme (242,000 tonnes), Saint-Eloy (Puy-de-Dôme) (163,000 tonnes), Mauriac, dans le Cantal (2,000 tonnes), ont des bassins houillers qui se développent et qui fournissent de la houille aux départements du plateau central.

Bassin de Decize.

Bassin de Commentry.

Bassins d'Ahun, de Brassac et de Mauriac.

Bassin houiller de la Loire.

Le *bassin houiller de la Loire* est le plus vaste et le plus riche de nos bassins français; sa superficie est de 27,000 hectares. Il s'étend de Givors à Rive-de-Gier, et de Firminy à Andrézieux; il approvisionne 50 départements, dans le centre, le sud et l'est de la France et Paris. Le bassin houiller de la Loire produisait 290,000 tonnes de houille au commencement du siècle et 1,540,000 en 1850; en 1857, sa production est de 2,400,000 tonnes et de 3,262,000 tonnes en 1867 ; elle arrive à 3,930,000 tonnes en 1873, dont 3,820,000 tonnes pour le département de la Loire. Le bassin houiller de la Loire, qui produit la meilleure houille du continent, compte une trentaine de couches ayant ensemble 50 mètres environ d'épaisseur. On estime que ce bassin possède encore plus de 600,000,000 de tonnes de houille ; il mesure près de 40 kil. de long sur 12 de large.

Grandes concessions des mines de la Loire.

Les mines de la Loire comprennent 5 groupes principaux : les mines de Montrambert et de la Béraudière, les mines de Roche-la-Molière et Firminy, les houillères de Rive-de-Gier, les houillères de Saint-Étienne et les houillères de la compagnie de la Loire. Les mines du Montcel, de la Chazotte et de Ricamarie, appartenant à de petites sociétés, sont enclavées dans les grandes concessions.

Concession de Montrambert-la-Béraudière.

La concession de *Montrambert* s'étend sur les communes de Roche-la-Molière, le Chambon et la Ricamarie, au sud-ouest de Saint-Étienne ; sa surface est de 466 hectares. La concession *de la Béraudière*, à l'est de la précédente, s'étend sur les communes de Roche-la-Molière, la Ricamarie et Saint-Étienne ; sa superficie est de 680 hectares, dont 8 environ pour la réserve de Montcel-Ricamarie et 21 pour celle de la Ricamarie, qui n'en font pas partie. La surface concédée à la société est donc de 1,117 hectares, sur une longueur de 7 kilomètres avec une largeur moyenne de 1,640 mètres. Les mines de Montrambert et de la Béraudière sont très-heureusement desservies par le chemin de fer de Saint-Étienne au Puy, par l'embranchement de la Béraudière au Clapier et par la route nationale de Saint-Étienne au Puy. Les principales exploitations ont eu lieu dans une couche très-puissante dite *grande couche*, d'une épaisseur de houille variant de 10 à 40 mètres ; c'est la plus grande agglomération de combustible du bassin. Cette compagnie qui, en 1855, ne produisait que 146,000 tonnes de houille, en extrait actuellement plus de 550,000 tonnes ; la production a été quadruplée en 20 ans.

Mines de Roche-la-Molière et de Firminy.

La compagnie des *mines de Roche-la-Molière et Firminy* est l'une des plus importantes du bassin de la Loire ; c'est celle qui comprend la plus grande surface concédée, car l'unique concession qu'elle possède s'étend sur 5,586 hectares dont 4,500 de surface utile, tandis que la compagnie de Montrambert n'a que 1,117 hectares, celle de Saint-Étienne 1,200, et celle de la Loire 1,942. Cette concession se répartit entre les communes de Roche-la-Molière, à 6 kilom. au nord-ouest de Saint-Étienne, Saint-Just-sur-Loire, Saint-Victor-sur-Loire, Saint-Genest-Lerpt, Villars, Le Chambon, Firminy, Unieux, Fraisse, Chazeaux et Saint-Just-Malmont. L'exploitation est concentrée dans les trois divisions de *Roche-la-Molière,* où se trouve le puits Dolomieu, qui a produit 115,000 tonnes de houille en 1874, de la *Malafolie,* dont les charbons à gaz sont de qualité tout à fait hors ligne et analogues à ceux de la grande couche de Montrambert et la division de Latour ou Firminy. Le puits Monterrad n° 2, situé dans la division de la Malafolie, a produit 153,000 tonnes de houille en 1874.

Rayon de vente des charbons de Firminy.

Les charbons de Firminy ont un rayon de vente très-étendu ; outre le midi et l'Italie, ils arrivent jusqu'à Paris pour l'alimentation des usines à gaz; ils concourent avec ceux de Montrambert à l'approvisionnement des usines à gaz de toute la région du sud-est, et à la consommation domestique de Lyon et des villes environnantes; une très-grande partie est absorbée par les grandes usines locales. La production de ces mines était, en 1860, de 237,000 tonnes, de 495,000 tonnes en 1870, et de 520,000 en 1874.

Le nombre des ouvriers est de 2,600.

Houillère de Rive-de-Gier.

Les *houillères de Rive-de-Gier* sont exploitées depuis le 15e siècle et donnent depuis plusieurs années une production régulière de près de 300,000 tonnes. En 1855, le bassin de Rive-de-Gier a donné 489,000 tonnes de houille; il n'en fournissait plus que 365,000 en 1860, 309,000 en 1865, 278,000 en 1870, et 221,000 en 1875; sa production va en diminuant depuis 1867; on estime que Rive-de-Gier a encore de la houille pour 25 années.

Société anonyme des houillères de Saint-Étienne.

Les mines de la Loire, de *la société anonyme des houillères de Saint-Étienne*, comprennent cinq concessions avec 10 puits : les puits du Grand-Treuil et de Saint-Louis comptent parmi les centres principaux d'extraction du bassin de la Loire. Les houilles de la Compagnie de Saint-Étienne sont des houilles pour la forge et pour le chauffage domestique; une partie considérable est transformée en coke aux ateliers de carbonisation de la Compagnie à Aveise, Côte-Thiollière et Méons, qui fournissent d'excellents cokes métallurgiques; la fabrication des agglomérés se fait à l'usine de la Compagnie à Méons. Les principaux débouchés de ces charbons sont Lyon et les villes et usines de la vallée du Rhône, la région qui s'étend de Lyon à Genève, le Creuzot et les nombreuses usines de la Loire. Les charbons des mines de Beaubrun ne trouvent nulle part de concurrents pour la forge et sont expédiés très-loin dans l'est, dans le centre, dans le sud et même à Paris. Cette concession fournit plus de 300,000 tonnes de houille par an.

Compagnie de la Loire.

Les charbons de la Compagnie de la Loire, qui exploite quatre concessions au quartier Gaillard, à Villars, à Dourdel et Montsalson et au Cluzel, ont à peu près le même rayon de vente que ceux de la compagnie de Saint-Étienne; une partie notable des charbons de Villars, houille à longue flamme, est consommée par les verreries de la Loire et du Rhône. La production dépassait 306,000 tonnes en 1874.

Mines de la Chazotte.

La concession des *mines de la Chazotte*, au nord-est de Saint-Étienne, à égale distance de Saint-Étienne et de Saint-Chamond, comprend un périmètre de 606 hectares et produit plus de 260,000 tonnes de houille;

Mines du Montcel. elle n'en produisait que 176,000 en 1865. Les mines du Montcel, enclavées dans celles de la Chazotte, fournissent plus de 102,000 tonnes (1875) de houille maigre de très-bonne qualité, contenant 82 % de carbone.

Groupe du midi. Le *groupe du midi* s'étend dans les départements du Gard, de l'Aveyron, du Tarn et de l'Hérault.

Bassin du Gard. Le *bassin du Gard*, où sont les mines d'Alais, de Grand'Combe, de Bessèges, de Portes et Sénéchas, de la Levade, est le mieux placé par son voisinage de la Méditerranée, où il expédie facilement à la marine française ses abondants produits. Il approvisionne la région du sud-est et quelques départements du centre; il exporte en Italie et en Espagne. La production des mines du Gard a été de 1,721,000 tonnes en 1874; c'est le 4e département de la France pour sa production houillère. La superficie totale des concessions houillères de la Grand'Combe est de 92 kilomètres carrés; les centres principaux de production sont le groupe de la montagne Sainte-Barbe, sur la rive gauche de la vallée de la Grand'Combe, les puits du Gouffre, de Trescol, etc., et à Champclauson, dans la vallée du Gardon. En 1836, les mines de la Grand'Combe produisaient 34,000 tonnes de houille; en 1845, la production s'élève à 295,000 tonnes; elle arrive à 359,000 tonnes en 1855, à 512,000 en 1865 et à 613,000 en 1874.

Grand'Combe.

Les charbons de la Grand'Combe consistent en charbons gras et en charbons maigres, qui se livrent dans un rayon assez étendu, mais ne remontent pas, en quantités notables, plus haut que Montélimar, dans la vallée du Rhône. Ils trouvent un écoulement jusqu'à Nice, Toulon, Marseille, Cette, le Vigan et Langogne (Lozère), sur le chemin de fer d'Alais à Brioude. Les houillères de la Grand'Combe desservent, à Marseille et à Cette, les Compagnies des bateaux à vapeur, notamment les paquebots des Messageries Maritimes; elles exportent aussi de la houille dans la haute Italie. Le nombre des ouvriers employés à l'exploitation est de 4,000.

Mines de Portes et Sénéchas. Les mines de Portes et Sénéchas produisent annuellement de 200,000 à 220,000 tonnes de houille.

Bassin du Vigan. Le bassin houiller du Vigan est divisé en deux petits bassins dits de Cavaillac et de Sounalou près Sumène; on les exploite depuis peu.

Bassin de l'Aveyron. Le *bassin de l'Aveyron* entoure Aubin, Decazeville, Villefranche-de-Rouergue, Cransac et Millau. Le département de l'Aveyron a produit 725,000 tonnes de houille en 1874. Ce bassin fournit de la houille aux départements du sud-ouest.

Le gîte houiller le plus important de Decazeville est celui de Bouran, dont l'exploitation est souterraine. Une immense exploitation de houille à ciel ouvert a lieu à Lavaisse ; 600 ouvriers exploitent par étages ou gradins droits le charbon que l'on conduit à Decazeville par un tunnel d'un kilomètre de longueur percé dans la montagne qui sépare Lavaisse de Decazeville. La production du ciel ouvert de Lavaisse est d'environ 160,000 tonnes de houille par an ; mais cette quantité pourrait être notablement augmentée. A Ruhle, dont les houillères sont à 12 kilomètres de Decazeville, on exploite le meilleur charbon de tout le bassin de l'Aveyron ; il peut être comparé aux meilleures qualités de Carmaux et de l'Angleterre ; la production est seulement de 12.000 à 15,000 tonnes. La mine de houille de Firmy, à 4 kilomètres de Decazeville, produit une houille de bonne qualité, mais généralement menue et employée principalement à la fabrication du coke. La houille de Decazeville est généralement grasse, éminemment propre à la fabrication du coke ; mais elle n'est pas très-pure et est mélangée de schistes ; elle a besoin d'être triée avec soin. La plus grande partie des charbons livrés au commerce, et qui consiste surtout en houille en gros morceaux, est vendue au chemin de fer de Paris à Orléans. Le reste s'écoule dans les départements de l'Aveyron, de la Corrèze, du Lot, du Tarn, du Tarn-et-Garonne, de la Haute-Garonne, de la Dordogne, de la Gironde, de l'Ariége, de l'Aude, des Pyrénées-Orientales, de la Haute-Vienne, de la Charente, de la Charente-Inférieure, etc.

Gîte houiller de Decazeville.

Qualités de la houille de Decazeville.

Le *bassin de Carmaux*, dans le Tarn, se trouve circonscrit dans la vallée du Céron, et les couches de houille y sont au nombre de six à sept, intercalées entre les bancs de grès et de schistes ; la concession comprend une superficie de 80 kilomètres carrés. En 1865, la production de la houille de ce bassin était de 117,000 tonnes ; elle était de 232,000 tonnes en 1874. 1,500 ouvriers sont employés à l'exploitation et à la carbonisation de la houille de ce bassin, qui se déverse dans un rayon qui s'étend jusqu'à Périgueux, Limoges, Angoulême, Bordeaux, Tarbes, Perpignan, Narbonne, Béziers et Montpellier.

Bassin de Carmaux.

L'Hérault possède les bassins de Saint-Gervais et de Graissessac. La compagnie des quatre mines réunies de Graissessac, dont le siége social est à Montpellier, comprend les concessions du Bousquet, de Boussagues, du Devois et de Saint-Gervais, dont la superficie totale est de 6,230 hectares. Elles sont situées dans les Monts d'Orb, chaîne qui relie les Cévennes à la montagne Noire. La compagnie emploie 1,700 ouvriers, et la production, qui n'était que de 139,000 tonnes de houille en 1864, est arrivée à dépasser 298,000 tonnes en 1874. Les charbons de Graissessac sont

Mines de Graissessac.

de la variété appelée demi-gras flambants; ils sont propres aux chemins de fer et surtout à la navigation à vapeur. Le charbon de Graissessac est recherché pour la forge et la briqueterie. Son rayon de vente s'étend à l'ouest jusqu'à Toulouse, à l'est jusqu'à Montpellier, au nord jusqu'à Millau; au sud, il s'embarque à Agde, la Nouvelle et surtout à Cette, d'où les charbons de Graissessac se répandent sur tout le littoral de la Méditerranée.

Bassin houiller de la haute Dordogne.

Le *bassin houiller de la haute Dordogne*, situé entre Montluçon, Commentry et Aubin-Decazeville-Carmaux, est divisé par une nappe basaltique en deux parties de richesse inégale. La partie nord comprend trois concessions : Messeix, Singles et la Burande, dans le Puy-de-Dôme. La concession de Messeix fournit un charbon maigre de bonne qualité (40,000 à 50,000 tonnes), et est desservie par la ligne principale de Clermont à Tulle. Les concessions de Singles et de la Burande, situées un peu plus au sud, peuvent fournir de la houille maréchale excellente (20,000 à 30,000 tonnes). La partie sud comprend quatre concessions réunies entre les mains de la société de Champagnac (Cantal). Le bassin de Meimac, dans la Corrèze, est aussi exploité. Le bassin de la haute Dordogne pourra fournir 4 à 500,000 tonnes de charbon chaque année quand il sera exploité, et il le sera quand il y aura des chemins de fer dans le rayon d'exploitation. Le Puy-de-Dôme a produit 207,000 tonnes de houille en 1874, la Corrèze 4,300, et le Cantal, 1,340.

Groupe de l'ouest.

Le *groupe de l'ouest* comprend le bassin de la Vendée, de la Loire-Inférieure, du Maine et du Cotentin. Le bassin de la Vendée, qui produit 55,000 tonnes de houille, possède des gisements houillers à Vouvant (33,000 tonnes) et à Chantonnay (Deux-Sèvres) (22,000 tonnes, en 1874). Le bassin houiller de la Loire-Inférieure est exploité à Montrelais (14,000 tonnes) et à Mouzeil (10,000 tonnes), dans l'arrondissement d'Ancenis; ce bassin est condamné à une extraction très-restreinte à cause de la houille anglaise qui lui fait concurrence. On exploite les mines de Layon-et-Loire, dans Maine-et-Loire; le petit bassin de Littry, près de Bayeux (Calvados), fournit par année 13,300 tonnes de houille; il a une étendue d'un hectare.

Anthracite.

Les mines d'*anthracite* et de lignite ne sont pas considérables en France. où l'on ne compte que 180 exploitations produisant ces combustibles et occupant moins de 7,000 ouvriers. Ces exploitations se répartissent dans trente départements; ceux qui en produisent le plus sont le Nord (400,000 tonnes), les Bouches-du-Rhône (360,000 tonnes), l'Isère (90,000 tonnes), la Mayenne (84,000 tonnes), Maine-et-Loire, la Sarthe, les Basses-Alpes, la Loire-Inférieure et le Gard. La Motte-d'Aveillans (Isère) est le centre des mines d'anthracite du bassin de la Mure. Le bassin de Saint-Pierrela-Cour, près de Laval (Mayenne), a 600 hectares de superficie et a produit, en 1874, 7,600 tonnes de charbons anthraciteux ou de purs anthracites.

Charbonnages des Bouches-du-Rhône.

Les Bouches-du-Rhône offrent le bassin de lignite le plus considérable de France ; il est compris entre l'Arc, l'étang de Berre, les chaînes de l'Estaque, de l'Etoile, de la Gardelaban et l'Huveaune ; il s'étend sur les communes de Gardanne, de Fuveau, Peynier, Gréasque, Roquevaire, Belcodène, Mimet, d'Auriol, etc., et a une étendue de 140 kilomètres carrés. Le bassin houiller des Bouches-du-Rhône constitue un dépôt lacustre fournissant exclusivement des lignites de qualité supérieure d'une formation antérieure au calcaire. Ces produits s'écoulent en France, dans les départements des Bouches-du-Rhône, du Var et des Alpes-Maritimes; à l'étranger, en Italie, et principalement en Turquie. En 1860, la production était de 90,000 tonnes; en 1870, elle est arrivée à 176,000 tonnes, à 205,000 en 1872, à 360,000 en 1873 et à 366,000 en 1874.

Le Gard, le long du cours du Tave, renferme de nombreux gisements de lignite.

Lignite.

On rencontre aussi du lignite à Fréjus (Var) (3,600 tonnes), à Sisteron, Manosque et Forcalquier (Basses-Alpes) (48,000 tonnes), à la Tour-du-Pin (2,000 tonnes), de l'anthracite à la Mure (Drac) (104,200 tonnes), à Oisans (Isère) (810 tonnes), à Briançon, dans la Maurienne et la Tarentaise (28,000 tonnes en 1874). Laon et Soissons (Aisne), Barjac (Gard) (4,000 tonnes), Dixmont (Yonne), sont aussi remarquables par leur lignite.

L'Anjou et le Maine, dans les environs de Chalonnes et de Sablé, le Calvados, la Loire-Inférieure renferment des mines d'anthracite.

Tourbe.

La production de la tourbe, qui sert presque exclusivement aux usages domestiques, tend depuis longtemps à diminuer ; son exploitation peut être évaluée à 295,000 tonnes valant 3 millions et demi de francs. Ce sont les bassins de la Somme et de l'Escaut et celui de la Loire-Inférieure qui en produisent le plus ; la vallée de l'Ourcq (Aisne), celle d'Essonne (Seine-et-Oise), le Doubs, l'Isère et la Marne en ont aussi beaucoup. Les neuf dixièmes de la production totale sont fournis par huit départements, savoir : Somme, Oise, Pas-de-Calais, Loire-Inférieure, Isère, Seine-et-Oise, Marne et Doubs. 25,000 ouvriers, habitants de la campagne, sont occupés seulement pendant la saison de l'été à l'extraction de la tourbe.

Production et consommation des combustibles minéraux.

La consommation de la houille en France dépasse sa production (voir page 185); cette consommation est naturellement très-inégalement répartie sur la surface du pays, car elle se lie intimement au développement de l'industrie. Le département qui consomme le plus de houille est celui du Nord, qui en emploie à lui seul plus de 4 millions de tonnes; viennent ensuite la Seine, avec 2 millions de tonnes, la Loire avec 12 millions de quintaux métriques, le Pas-de-Calais 8 millions et demi, Saône-et-Loire 8 millions, le Rhône 8 millions, la Seine-Inférieure 6 millions, etc. On peut évaluer la production des combustibles minéraux, en 1875, à plus de 17 millions de tonnes, et la consommation à plus de 24 millions de tonnes. La France est donc obligée d'en importer 6 à 7 millions de tonnes, qu'elle va chercher en Angleterre, en Belgique et en Allemagne, pour une somme supérieure à 180 millions de francs.

La France exporte néanmoins des houilles, quoiqu'elle ne puisse pas en assez fournir à sa consommation; la cause de cette exportation est due à la disposition géographique de ses bassins houillers. La France septentrionale importe des houilles de la Belgique et de l'Angleterre parce que cette région très-industrielle consomme plus de houille qu'elle n'en produit, bien que le bassin du Nord fournisse plus qu'aucun bassin français. Sur toute la côte occidentale, de l'embouchure de la Somme à l'embouchure de l'Adour, la mer place, en réalité, nos ports plus près des bassins de Newcastle et surtout du pays de Galles, que de ceux de France. Nantes et Bordeaux s'alimentent surtout de houille en Angleterre. La houille anglaise ne pénètre guère à l'intérieur, à l'est, au delà de Tours, Poitiers, Périgueux et Toulouse. La houille anglaise se rencontre encore sur la côte française de la Méditerranée, mais le bassin de la Loire et celui d'Alais la repoussent et il en arrive beaucoup moins aujourd'hui sur cette côte qu'autrefois. Le bassin du midi exporte des houilles en Italie et en Espagne, celui de la Loire, en Italie et en Suisse, et celui de Saône-et-Loire en exporte aussi dans ce dernier pays.

L'amélioration des voies fluviales, le dégrèvement des droits de navigation, l'extension du réseau des chemins de fer industriels mettant les zones charbonnières actuelles à la portée des consommateurs, seront des mesures qui auront pour résultat de développer l'exploitation de plusieurs de nos gisements à peine effleurés, car la production des matières lourdes et encombrantes s'accroît toujours avec la facilité et le bon marché des voies de transport. Seulement, il ne faut pas oublier que les compagnies houillères ne peuvent pas développer rapidement la production de leurs bassins, à cause de l'impossibilité d'improviser des ouvriers mineurs; car il faut, pour cette profession, qui s'apprend jeune et en famille, une longue période d'apprentissage; il faut aussi assurer les ouvriers mineurs contre les chômages, les fixer au sol par la propriété, le logement, les institutions de prévoyance, les écoles, etc.; tout cela demande du temps.

Les métaux. Les gisements métallifères de la France ne le cèdent en rien aux meilleurs d'Europe ni pour la richesse ni pour l'étendue; et si l'industrie métallurgique n'a pas pris chez nous autant de développement qu'ailleurs, la faute en est à deux obstacles qu'il faut vaincre : la distance fréquente entre les combustibles et les minerais, et la situation forcée des établissements au cœur de pays accidentés et éloignés de la mer, servis par une viabilité peu perfectionnée.

Minerais de fer.

La France est moins riche en fer que l'Angleterre. L'extraction et le travail du fer constituent la branche de beaucoup la plus importante de la métallurgie française ; mais comme le combustible est assez éloigné des minerais, et que ce combustible consommé est l'un des éléments les plus importants, on comprend de suite l'une des causes principales de l'infériorité de la France vis-à-vis de certaines autres nations, de l'Angleterre, par exemple, quant au travail du fer.

Production du minerai de fer.

En 1873, le nombre des concessions exploitées était de 523, ayant occupé près de 10,000 ouvriers. La quantité de minerai de fer extraite des mines et minières s'élevait en 1869 à 3,462,000 tonnes et seulement à 2,574,000 tonnes en 1873, valant près de 17 millions et demi de francs. La production représente les sept huitièmes de la consommation, qui était estimée à 2,942,000 tonnes en 1873. La France importe d'Algérie, de l'île d'Elbe et d'Espagne du minerai de fer, et elle en exporte à d'autres pays ; elle en importe le double de ce qu'elle exporte.

Variétés de minerais de fer.

Les minerais qui alimentent nos usines sont très-variés. On peut les diviser en trois classes : la *première classe comprend les minerais d'alluvions*, répandus dans les Ardennes, la Haute-Marne, le Jura, la Nièvre, la Moselle, la Haute-Saône, le Cher, la Dordogne et les Landes ; la *deuxième classe* comprend *les minerais oolithiques en roche,* qu'on rencontre dans la Côte-d'Or, la Haute-Marne, l'Ain, le Rhône, l'Ardèche, le Gard et l'Aveyron ; la *troisième classe* se compose de *minerais de montagnes ou minerais en filons et en amas*, répandus dans la Bretagne, les Vosges, les Alpes et les Pyrénées.

Douze groupes principaux de production de minerais de fer.

On peut diviser en douze groupes les centres producteurs du minerai de fer :

Groupe du nord

1° Le *groupe du nord* (1re classe) se rencontre dans les terrains accidentés de Maubeuge et de Trelon et dans les minières du Boulonnais (Pas-de-Calais). Ce groupe fournit un minerai peu riche.

Groupe de Champagne et de Bourgogne.

2° Le *groupe de Champagne et de Bourgogne* (1re et 2e classe) comprend les gisements des Ardennes, le riche gisement de Vassy, dans la Haute-Marne, qui produit plus de 328,000 tonnes de minerais en grains, et celui de Chatillon-sur-Seine. La Haute-Marne est le département qui fournit le plus de minerai de fer après la Meurthe-et-Moselle.

Groupe du nord-est.

3° Le *groupe du nord-est,* ou de Lorraine et des Vosges (2e classe), se développait beaucoup dans le département de la Moselle et de la Meurthe, lorsque la plus importante partie nous a été enlevée à la suite de la guerre de 1870-1871, qui nous faisait perdre les mines d'Ottange, de Hayange et Moyeuvre. Malgré ces pertes, le département de Meurthe-et-Moselle est encore au premier rang avec une production qui dépassait 744,000 tonnes en 1873. On exploite du minerai oolithique principalement aux environs de Nancy, de Longwy, etc. En 1869, le département de la Moselle avait produit un million de tonnes et celui de la Meurthe, 430,000.

Groupe de Franche-Comté.

4° Le *groupe de l'est ou de la Franche-Comté* (1re et 2e classe) renferme de riches dépôts dans trois départements, entre Langres, Vesoul, Besançon et Dijon. On exploite le fer, dans ce groupe, aux environs de Vesoul, de Besançon, à Fraisans, à Champagnole, à Audincourt, qui fournit un minerai oolithique d'excellente qualité.

Groupe du centre.

5° Le *groupe du centre* (1re classe) comprend les gisements de Saône-et-Loire, à Mazenay et à Change, qui alimentent en partie le Creuzot, et les dépôts du Cher, qui s'étendent sur un vaste espace au nord-ouest et au sud-ouest de Bourges; on les exploite à Mehun-sur-Yèvre. Azy-le-Vif, dans la Nièvre, a une mine de fer.

Le département du Cher vient après celui de la Haute-Marne pour la production du minerai de fer, qui s'élève à 275,000 tonnes; celui de Saône-et-Loire en produit plus de 175,000 tonnes.

Groupe des houillères du sud.

6° Le *groupe des houillères du sud* (2e classe) comprend le Gard, l'Aveyron, le Vivarais, pays riches en minerais. Aubin, Decazeville, où furent établies en France les premières forges dites à l'anglaise, au combustible minéral, la Grand'Combe, où l'on exploite les mines de fer de Trescol, de la Trouche, de Champclauson, de l'Affenadou, etc., Privas, la Voulte (Ardèche), qui fournit les seuls gisements de fer oligiste exploités en France, sont les principaux centres miniers de ce groupe. L'Ardèche produit près de 260,000 tonnes de minerai de fer; c'est le quatrième département pour cette production.

Groupe des Alpes.

7° Le *groupe des Alpes ou du sud-est* (2e et 3e classe de minerai) produit du fer spathique, qui n'est pas abondant, mais qui est de qualité supérieure pour acier; les principaux minerais se trouvent dans l'Isère, à Allevard, à Allemont, à Vizille et à Bourg-d'Oysans. La Savoie renferme des minerais de fer spathique à Saint-Georges-des-Hurtières, à Bonneval, à Saint-Julien, etc.; des mines de fer hydraté à la montagne du Mont-du-Chat, à Lucey, et dans la Haute-Savoie à Cuvat, Ferrières et Annecy.

Groupe des Pyrénées.

8° Le *groupe des Pyrénées* (3e classe), comprenant les minerais des Cévennes, des Pyrénées-Orientales et de l'Ariége, qui produisent l'hématite brune manganésifère fournissant un fer très-estimé, n'est pas très-abondant. Les gîtes de Raucié, à Vic-Dessos, du mont Canigou et les mines de Fillols, près de Prades, sont les exploitations les plus remarquables du groupe.

Groupe du sud-ouest.

9° Le *groupe du sud-ouest ou des Landes* (1re classe) produit un minerai abondant donnant un fer médiocre; il est exploité dans les départements des Landes et du Lot-et-Garonne, à Labouheyre (Landes), à Dax, etc.

Groupe du Périgord.

10° Le *groupe du Périgord* (1re classe) comprend les minerais de fer de la Dordogne, qui sont très-riches et donnent de bons fers.

Groupe de l'Indre.

11° Le *groupe de l'Indre et de la Vendée* (1re classe) offre peu de minerais; on en exploite à Brives et dans l'Indre.

Groupe du nord-ouest.

12° Le *groupe du nord-ouest* est l'un des moins importants; il s'étend dans la Bretagne, le Maine, autour de Laigle (Orne) et jusque dans le département de l'Eure.

Pyrites de fer.

Les pyrites de fer sont exploitées en France, pour la fabrication de l'acide sulfurique, dans l'Ardèche, le Gard et le Rhône.

La production, en 1873, était estimée à 160,000 tonnes, provenant principalement de Saint-Bel et du Gard.

Départements les plus riches en minerais de fer.

Les départements les plus riches en minerais de fer sont les suivants : la Meurthe-et-Moselle (745,000 tonnes), la Haute-Marne (328,000 tonnes), le Cher (275,000 tonnes), l'Ardèche (260,000 tonnes), Saône-et-Loire (175,000 tonnes), le Pas-de-Calais (133,000 tonnes). Ces 6 départements fournissent à eux seuls les trois quarts de l'extraction de toute la France.

Les exploitations sont réparties dans 42 départements, de sorte que 45 ne donnent lieu à aucune extraction.

Plomb et argent.

Le plomb et l'argent se trouvent souvent ensemble et constituent des minerais argentifères, dont on extrait le plomb et l'argent; l'alquifoux, ou minerai de plomb seul, est employé pour le vernissage des poteries quand son rendement est pauvre. La France possède 32 mines de plomb, réparties dans 16 départements et produisant près de 90,000 quintaux métriques de minerai, ce qui équivaut à la moitié de la consommation. Le Puy-de-Dôme, l'Ille-et-Vilaine, la Lozère, l'Aveyron, l'Ariége, le Var, l'Isère et le Gard sont les départements qui produisent le plus de minerai de plomb. *Pontgibaud* (Puy-de-Dôme), *Vialas* (Lozère), *Largentière* (Hautes-Alpes), sont les mines de plomb les plus importantes. On extrait de la galène argentifère à Argentella, en Corse, sur le bord de la mer, près de la petite ville de l'île Rousse. Les mines de Poullaouen et de Huelgoat (Finistère) sont épuisées aujourd'hui.

La France importe du plomb de l'Espagne, de l'Italie, de l'Algérie et de l'Angleterre.

Cuivre.

Le *cuivre* est rare dans notre pays, qui n'en produit que le cinquième de sa consommation. La production est estimée à 12,000 quintaux métriques et la consommation à 60,000. L'Aude et le Var sont les deux départements qui produisent le plus de minerai de cuivre ; les Alpes-Maritimes, la Loire, les Basses-Pyrénées, la Corse et la Savoie en produisent aussi. On compte 9 mines de cuivre exploitées. On exploite près de Castifao, à Saint-Augustin (Corse), une mine de cuivre composée de très-beaux rognons de cuivre pyriteux au contact de la serpentine, et présentant de grandes analogies avec les dépôts cuivreux si productifs de Montecatini, en Toscane. Nous importons du cuivre de l'Angleterre, du Pérou, du Chili, des États-Unis, de l'Espagne et de la Russie.

Zinc.

On ne trouve de minerai de zinc que dans le Gard, à Saint-Laurent-le-Minier près de Ganges, à Montalet, à Clairac et à Robiac, au Bousquet d'Orb, dans l'Hérault, et dans le département d'Ille-et-Vilaine. Les mines du Bousquet-d'Orb ont pris un très-grand développement. La France importe du zinc des Pays-Bas, de la Belgique et de la Prusse.

La valeur totale des minerais de plomb, de cuivre et de zinc, qui occupent 2,500 ouvriers environ, s'élève à 3,500,000 francs par an.

Manganèse.

On rencontre le manganèse dans plusieurs départements, principalement à Romanèche (Saône-et-Loire), au Suquet (Dordogne), qui renferme aussi des mines de cobalt et de nickel, à Vallauris près d'Antibes (Alpes-Maritimes), dans les Hautes-Pyrénées, l'Ariége, l'Aude, l'Allier, la Haute-Saône, etc. Production en 1872 : 103,000 quintaux métriques.

Antimoine.

L'antimoine est exploité dans le Vivarais, le Velay, la Lozère, le Gard, l'Auvergne et le Bourbonnais. La production, en 1872, était évaluée à 173 tonnes valant 36,000 francs.

Valeur totale des minerais autres que ceux de fer.

La valeur totale des diverses productions minières de plomb, argent, cuivre, zinc, antimoine et manganèse ne dépasse pas 5,250,000 francs, dont 2,500,000 francs pour le plomb. La France importe pour 100,000,000 de francs de cuivre, de plomb, d'étain et de zinc, qu'elle va chercher dans les pays producteurs de ces métaux.

Sel gemme et marais salants.

Le sel, dont l'exploitation n'a lieu qu'en vertu de concessions du gouvernement, est à la fois indispensable à l'alimentation humaine et à celle du bétail.

La production, en 1860, était de 614,000 tonnes de sel marin ou autre ; en 1870, elle arrive à 784,000 tonnes et en 1874, à 738,000 ; en 1868, elle a atteint 871,000 tonnes. La consommation intérieure est de 400,000 tonnes ; elle s'est accrue de 55 % depuis 1848. Production du sel en France.

Le sel offre, en France, quatre groupes principaux d'exploitation : les salines de l'est, celles de l'ouest, celles du sud-ouest et celles du midi. Quatre groupes principaux d'exploitation du sel.

Dans l'est, on trouve des mines de sel gemme dans la Meurthe, la Moselle, le Jura, et la Haute-Saône. Il y a des sources salées à Varangéville (près Nancy) et à Saint-Nicolas ; les salines de Vic, de Moyenvic, de Dieuze et de Château-Salins, nous ont été enlevées en 1871. La Franche-Comté a des salines très-importantes à Salins, Lons-le-Saulnier, Gouhenans, Arc et Senans. Mines de sel gemme de l'est. Salines de la Franche-Comté.

Les salines de l'ouest sont des marais salants répandus dans la Charente-Inférieure, la Vendée, la Loire-Inférieure et le Morbihan. Les marais les plus étendus sont ceux de la Charente-Inférieure. On estime l'étendue des marais salants de l'ouest à 18,000 hectares ; ceux de la Loire-Inférieure correspondent au septième de cette étendue et produisent de 40,000 à 43,000 tonnes de sel. Les aires ou œillets salants ne forment que la dixième partie à peine de la surface totale des marais salants. En 1874, la production des marais salants de l'ouest a été de 254,000 tonnes de sel ; elle n'était que de 108,000 en 1872 et elle n'avait été que de 13,000 en 1866. On voit que cette production est très-variable. Les salines de l'ouest sont sur le point de périr parce qu'elles sont possédées par 15 ou 20,000 propriétaires qui se font concurrence entre eux sur les lieux mêmes de la production, tandis que leurs concurrents de l'est et du midi forment de grandes associations qui possèdent la production tout entière et la livrent aux consommateurs à des prix différentiels, très-chers auprès des salines, très-bon marché au loin, pour détruire la concurrence de l'ouest. Le commerce préfère les sels de l'est et du midi qui ne perdent pas de poids pendant les transports, parce qu'ils sont à peu près secs ; au contraire, ils augmentent de poids par l'humidité qu'ils absorbent au contact de l'air ou qu'on leur donne artificiellement. Les sels de l'ouest perdent de leur poids dans les transports parce qu'ils sont déliquescents et contiennent de 12 à 15 % d'humidité. Marais salants de l'ouest.

Le sud-ouest offre surtout les sources salées de Salies-de-Béarn (Basses-Pyrénées) et de Salies-du-Salat (Haute-Garonne). Salines du sud-ouest.

Les salines du midi sont des marais salants situés dans les départements de l'Aude, de l'Hérault, du Gard, des Bouches-du-Rhône et du Var ; les plus renommées sont celles de Peccais, de Pérols, de l'étang de Berre et d'Hyères. Salines du midi.

La production du sel, en 1874, a été de 738,500 tonneaux métriques, dont 255,300 pour les marais salants du midi, 253,800 pour ceux de l'ouest et 229,400 pour les salines.

Exploitation des carrières.

La France est très-riche en pierres de construction de toutes sortes. La pierre de taille est particulièrement abondante et n'a pas peu contribué à l'embellissement de nos grandes villes. La création des chemins de fer a activé l'exploitation des carrières. Nous ne citerons ici que les plus importantes.

Dans les environs de Paris, on trouve les carrières de Nanterre, de Vanves, de Bagneux, d'Yvry, d'Arcueil, sur la rive gauche du fleuve; d'Alfort, de Carrières-Saint-Denis, sur la rive droite. Vernon (Eure), Château-Landon (Seine-et-Marne), Saint-Leu, Senlis, Chantilly (Oise), fournissent de belles pierres de taille. La Normandie possède des carrières importantes, notamment près de Caen, puis à Saint-Waast (Manche), et à Marigny (Calvados).

Dans le Soissonnais, Crouy et Saint-Gobain (Aisne), et dans les Ardennes, Givet, ont de belles carrières de pierres dures.

La pierre de Bourgogne est très-renommée, surtout celle de Tonnerre, qui est exportée en Belgique, en Angleterre et aux Etats-Unis. La Lorraine et l'Alsace possèdent aussi de nombreuses carrières, principalement à Châtillon-sous-les-Côtes, à Euville (Meuse), à Contrexéville (Vosges), à Wasselonne; c'est en pierre de Wasselonne que la cathédrale de Strasbourg a été construite.

Le Jura, les Alpes, les Pyrénées et les Cévennes ont aussi des carrières importantes. Tournus (Saône-et-Loire), fournit des pierres à Lyon; l'Echaillon, dans l'Isère, commune de Veurey, près de Grenoble, a des carrières de pierres calcaires très-recherchées et de marbre à teinte rosée.

Les principales carrières de pierre de taille dans les Bouches-du-Rhône sont celles d'Aix, de Calissanne, de Rognes, de la Couronne et celles de Fontvieille qui sont exploitées depuis le xve siècle, et dont les produits connus sous le nom de pierre d'Arles sont exportés jusqu'en Algérie; les pierres de Cassis, formées d'un calcaire coquillier susceptible d'un beau poli et semblable à du marbre, sont très-renommées et approvisionnent en partie Marseille, surtout pour les soubassements des édifices. Des collines de la Ciotat s'extraient des pavés expédiés à Marseille pour Alger. Dans la Gironde, les carrières de Bourg, du Fronsadais, fournissent des pierres estimées.

Craie.

La *craie* est exploitée près de Rouen, à Meudon (Seine-et-Oise), à Bougival, à Troyes, à Gien, etc., et en Touraine.

Les marbres.

La France est riche en carrières de marbre. Les exploitations les plus connues sont :

1° *Au nord : Boulogne* (Pas-de-Calais) qui produit un marbre gris-brunâtre ; *Maubeuge* (Nord), qui donne des lumachelles grises ; *Givet* (Ardennes), qui possède la principale carrière des marbres de l'Argonne.

2° *A l'ouest :* le *Mans*, le centre du commerce des marbres de la Sarthe et de la Mayenne ; *Sablé* (Sarthe), qui produit de beaux marbres noirs, des marbres veinés de blanc, appelés marbres de Sainte-Anne, des marbres rouges et roses. Regneville, sur la Manche (Manche), près de Coutances, possède aussi des carrières de marbres.

3° *Au centre :* les exploitations de marbres de cette région enveloppent le massif central. On en trouve des carrières à Chomérac (Ardèche), mais le marbre grisâtre qu'elles fournissent est trop terreux ; Châtillon-sur-Loire, dans le Loiret, a aussi une carrière de marbre et de pierres de taille.

4° *Dans les Pyrénées*, qui possèdent les carrières les plus nombreuses et les marbres les plus beaux de la France, la vallée de *Campan* (Hautes-Pyrénées), produit des marbres de toutes couleurs, appelés marbres de Campan. Beyrède-Jumet et Ilhet, à 6 kilomètres d'Arreau, sur la Neste, produisent des marbres très-beaux dits marbres de *Sarrancolin*, parce que cette ville en fait le commerce. Bagnères-de-Bigorre est le centre du travail et du commerce des marbres des Hautes-Pyrénées. Saint-Béat (Haute-Garonne) a une belle carrière de marbre blanc, inférieur à celui de Carrare. *Caunes*, dans l'Aude, fournit un beau marbre incarnat. *Castera-Verduzan* (Gers), à 19 kilomètres de Condom, a une carrière de beaux marbres jaunes.

5° *Dans les Alpes*, on rencontre principalement des marbres noirs ou des marbres noirs veinés de vert, spécialement dans les Hautes-Alpes, les Basses-Alpes, l'Isère et la Savoie. L'Isère et la Savoie sont très-riches en marbres, qui ne sont pas encore exploités à cause du manque de voies de communications. Grenoble est le centre du commerce des marbres de l'Isère. La Savoie commence à exploiter quelques carrières de marbres, dont les principales sont à *Bessans*, carrière très-abondante, qui produit un marbre vert cristallin, connu sous le nom de vert de Maurienne, à Lanslebourg ; on exploite la brocatelle rouge de Beaune dans une carrière située sur le versant oriental du Bonnant, à 10 kilomètres de Saint-Michel ; il y a une carrière de marbre vert à 4 kilomètres de Modane, une carrière très-abondante de marbre noir aussi beau que celui de Belgique à Grésy-sur-Isère, qui renferme aussi du marbre portor. Les environs de Chambéry, d'Albertville, etc., renferment aussi beaucoup de marbres. Le Jura possède quelques gisements de marbres jaunes à bon marché.

6° *Dans la Corse*, riche en marbre, on rencontre les carrières de Bévinco, aux environs de Corte, où se trouvent les principales exploitations.

Pierres lithographiques.

On exploite la pierre lithographique, en France, à Châteauroux (Indre), au Vigan (Gard), à Saint-Péray (Ardèche), à Marchamp, aux environs de Belley (Ain), à Dijon et à Thisy (Yonne).

Granit.

On exploite le granit en Bretagne, dans les îles Chausey, qui approvisionnent en partie Paris, à Vire, dans le Cotentin, où l'on trouve un granit gris à grain fin, dans la Vendée, l'Anjou, à Cholet, où l'on exploite un beau granit noirâtre, dans le Limousin, le Bourbonnais, les Vosges, les Alpes et la Corse. La carrière de granit de Miséry, à Nantes, exploite le granit sur une très-vaste proportion et le livre à la ville.

Basalte. Porphyre.

Le *basalte* s'exploite en Auvergne, principalement à Volvic, et le *porphyre*, à Epinal, dans les Vosges, à Galéria en Corse, et à Agay, près de Saint-Raphaël, dans le Var.

Ardoises.

Les ardoises sont exploitées à ciel ouvert dans de vastes carrières près d'Angers, à Trélazé; ces carrières s'étendent sur une superficie de 10 kilomètres carrés et jusqu'à une profondeur de 150 mètres. Renazé, dans la Mayenne, Châteaulin (Finistère), Brives-la-Gaillarde, dans la Corrèze, le Cotentin, la Savoie, les Pyrénées, ont aussi des ardoisières; mais les plus importantes après celles d'Angers sont celles des Ardennes, à *Rimogne* et Harcy, *Fumay*, Héville et Monthermé.

La Savoie renferme aussi beaucoup d'ardoises. L'ardoisière de Cevins, arrondissement de Saint-Jean-de-Maurienne, produit les meilleures ardoises de la Savoie; elles ne contiennent pas de carbonate de chaux, sel que l'eau de pluie désagrége lentement, mais infailliblement, de telle sorte que les ardoises sont d'autant meilleures qu'elles en contiennent moins. Les qualités des ardoises de Cevins permettent de les rapprocher des ardoises d'Angers, des Ardennes et de celles du nord du pays de Galles. Les ardoises de Doucy ne valent pas celles de Cevins, mais elles sont supérieures à celles de Saint-Julien (à 6 kilomètres de Saint-Jean-de-Maurienne). Les ardoises de la Chambre sont de très-bonne qualité.

Labassère (Hautes-Pyrénées), près de Bagnères-de-Bigorre, a de riches ardoisières.

La production des ardoises est estimée à 5 millions de francs.

Mica et amiante.

Le *mica* et l'*amianthe* se trouvent dans les roches primitives de la Corse, des Alpes et des Pyrénées.

Bitume.

Le bitume ou asphalte, dont on se sert pour garnir les trottoirs, s'exploite à *Aniche* (Nord), à *Seyssel* (Ain), à Pont-du-Château (Puy-de-Dôme), à 14 kilomètres de Clermont, à Orthez (Basses-Pyrénées), à Dax (Landes), à

Autun, dans Saône-et-Loire, et à Lobsann (Alsace). Le *schiste* s'exploite en Bourgogne, à Autun et à Epinac. Schiste.

La pierre meulière est exploitée à la *Ferté-sous-Jouarre* (Seine-et-Marne), à Lésigny (Vienne), rivale de la Ferté-sous-Jouarre, à Bergerac (Dordogne), qui approvisionne les moulins de la vallée de la Garonne, à Brives-la-Gaillarde (Corrèze), à Châlon-sur-Saône, qui fournit des meules pour la mouture du maïs, à Longjumeau, qui produit des meules de grès et de cailloux. Les gisements de pierres meulières de la Ferté-sous-Jouarre ont une superficie de plus de 3,000 hectares et s'étendent jusqu'à Montmirail et Epernay; la production est estimée à 3,500 meules par an, qu'on exporte en partie en Angleterre, en Allemagne et en Amérique. Pierre meulière.

On trouve à Meusnes, à 10 kilomètres de Saint-Aignan (Loir-et-Cher), une carrière de silex pyromaque ou pierre à fusil; il y en a aussi à Aix, en Provence. Silex.

On rencontre des grès à aiguiser près de Langres, dans la Haute-Saône, dans la Charente et dans la Haute-Loire. Grès à aiguiser.

Le grès ordinaire est très-commun dans les Vosges et en Alsace, à Wasselonne; le grès de Fontainebleau fournit les pavés de Paris. Grès ordinaire.

L'albâtre, carbonate de chaux blanc-jaunâtre à demi transparent, se rencontre dans les Pyrénées et dans la Franche-Comté. L'albâtre gypseux, ou sulfate de chaux beaucoup moins transparent, mais d'une grande blancheur, se rencontre à Lagny (Seine-et-Marne). Albâtre.

Le plâtre est très-commun en France; on en trouve de riches gisements sur la rive droite de la Seine, à Montmartre, Argenteuil, Pantin, Noisy, Clamart, aux environs de Paris. Les départements de Saône-et-Loire, de Seine-et-Marne, de la Haute-Saône et du Doubs renferment des gisements de plâtre gris. Le Mont-Cenis, Modane, la Maurienne, la Haute-Savoie, la Tarentaise, le Faucigny et le Chablais renferment du gypse en abondance; la plâtrière d'Armoy est remarquable; il y a une grande fabrique de plâtre à Saint-Jean-de-Maurienne et de sulfate pour papeterie. Dans le département de la Savoie, les vallées riches en gypse de toute nature sont celles de l'Arc, de la haute Isère et du Gelon. Dans la vallée de l'Arc, se trouve répandue en grande abondance la belle pierre alabastrite (gypse anhydre), qui fait l'objet d'un commerce d'exportation considérable. Plâtre.

On vient de découvrir un riche gisement d'*alun* sur la commune d'Olmeto (Corse); on en connaît une mine à Saint-Geniez d'Olt (Aveyron). Alun.

Ciment.

Le *ciment* se rencontre principalement à Boulogne (Pas-de-Calais), à Vassy (Yonne), à Saint-Dizier (Haute-Marne), à Pouilly (Côte-d'Or), à Grenoble, à Nîmes, à Roquefort, à la Valentine (Bouches-du-Rhône), à Moissac (Tarn-et-Garonne).

Argile à foulon.

L'*argile à foulon* se trouve dans le Calvados.

Kaolin.

Le *kaolin* est exploité à Saint-Yrieix (Haute-Vienne), dans l'Allier, aux Pieux (Manche), près de Bayonne et en Bretagne (Clohars, dans le Finistère).

Argile plastique.

Forges (Seine-Inférieure), Dreux (Eure-et-Loir), Beauvais, Montereau (Yonne), Sarreguemines (Moselle), et beaucoup d'autres points exploitent l'*argile plastique*.

Phosphates de chaux.

Les *phosphates de chaux* sont exploités comme engrais dans les Ardennes, la Meuse, dans les départements du Lot, du Lot-et-Garonne, de l'Aveyron, etc.

Eaux minérales et thermales.

Les *sources minérales* et *thermales* de la France sont nombreuses et importantes et sont une grande richesse pour notre pays. On donne le nom d'eaux minérales à toutes les eaux qui par leur richesse en composés salins dissous, par la nature de ces composés, ou par la température à laquelle elles sortent à la surface du sol, peuvent servir comme eaux médicamenteuses.

On les divise généralement en deux grandes classes : les *eaux minérales froides* et les *eaux thermales*. Les eaux thermales, qui viennent sourdre généralement des profondeurs des terrains primitifs ou des terrains volcaniques, sont celles qui doivent leurs propriétés, sinon en totalité, du moins en partie, à leur température propre. Sont réputées thermales les eaux dont la température, au moment de l'émergence, est supérieure à 15 ou 20° environ ; leur température offre de grandes variations et parcourt tous les degrés de l'échelle entre 25 et 100°. Les eaux de Chaudes-Aigues (Cantal) ont 81°. Le plus souvent les eaux thermales tiennent en dissolution certains principes dont l'action s'ajoute à celle de la chaleur.

Cinq classes d'eaux minérales.

Les eaux minérales sont très-diverses par la nature et les proportions des principes qu'elles contiennent. On connaît les *eaux gazeuses* ou *acidules*, eaux froides caractérisées par la présence de l'acide carbonique libre dissous comme élément prédominant ; les *eaux alcalines*, caractérisées par la présence d'une proportion plus ou moins notable de bicarbonate de soude ou de silicate alcalin, et contenant aussi de l'acide carbonique; les *eaux ferrugineuses*, contenant le fer à l'état de carbonate de fer dissous dans un excès d'acide carbonique, ou bien à l'état de sulfate, ou enfin à l'état de crénate de protoxyde de fer; les *eaux salines*, renfermant en solution certains sels neutres, parmi lesquels on comprend aussi les combinaisons binaires formées par le chlore, le brome et l'iode; les eaux chlorurées, les eaux bromurées, iodurées et bromo-iodurées font partie de cette classe; les *eaux sulfureuses*, caractérisées par la présence de l'hydrogène sulfuré ou d'un sulfure soluble.

Les *eaux gazeuses* ou *acidules*, qui facilitent la disgestion, sont, en France : les eaux de Saint-Galmier (Loire), froides (8°), bicarbonatées-calcaires; les eaux de Pougues (Nièvre), à 12 kilomètres de Nevers, recommandées pour la gravelle, les maux d'estomac, les fièvres intermittentes rebelles, les engorgements lymphatiques; ces eaux sont froides (12°), gazeuses, chargées d'acide carbonique, de muriate et de carbonate de soude, de carbonate de magnésie, de fer et de chaux; les eaux de *Soultzmatt* (Haut-Rhin); les eaux d'*Évian* (Haute-Savoie), qui sont bicarbonatées sodiques et gazeuses. Toutes les eaux gazeuses sont froides, car, à chaud, l'acide carbonique s'échappe de l'eau. Eaux gazeuses.

Les principales *eaux alcalines* sont : les eaux de *Vichy* (Allier), qui sont des eaux thermales contenant principalement du bicarbonate de soude, de potasse, de chaux et de magnésie, avec du sulfate de soude et de l'acide carbonique libre; ces eaux sont le type des eaux antiplastiques et dépressives de la force sanguine; il y a aussi des eaux bicarbonatées sodiques et ferrugineuses, qui sont toniques et analeptiques, en même temps qu'elles agissent comme alcalines. Vichy a 14 sources : la source de la Grande-Grille (41° 8) est efficace dans les douleurs hépatiques, les engorgements du foie et de la rate, la pesanteur d'estomac et l'inappétence; le puits Chomel (43° 8) est fréquenté par les personnes affectées de maladies des voies digestives; la fontaine de l'Hôpital (30° 8) agit dans les affections des voies digestives, inappétence, gastralgie; les sources des Célestins (14° 2 et 12°) sont fréquentées par les goutteux, les calculeux et les diabétiques; les eaux du puits Lardy (23°) sont favorables aux personnes scrofuleuses ou chlorotiques. Les eaux de *Cusset* (Allier) sont bicarbonatées sodiques, ferrugineuses, de même nature que les eaux de Vichy; celles de *Vals* (Ardèche), à 6 kilomètres d'Aubenas, sont efficaces dans les maladies des voies digestives, les affections calculeuses, les obstructions du foie; la source la *Marquise* a les mêmes propriétés que les eaux de Vichy. Les eaux de *Saint-Nectaire* (Puy-de-Dôme), de *Hauterive* (Allier), sont dans le même cas. Les eaux de *Plombières* (Vosges) sont rendues alcalines par un silicate de potasse. Les eaux de *Royat* (Puy-de-Dôme), sur la Tiretaine, à 4 kilomètres de Clermont, dans une situation délicieuse au Eaux alcalines.

fond d'une gorge couverte d'arbres magnifiques, sont chlorurées sodiques, bicarbonatées sodiques et calcaires, ferrugineuses, gazeuses (27° à 35°). Elles sont excitantes, toniques et reconstituantes, diurétiques et ont sur la muqueuse des voies aériennes une action bienfaisante, qu'elles doivent à l'arsenic et aux iodo-bromures qu'elles renferment.

Eaux ferrugineuses.

Les *eaux ferrugineuses* sont généralement froides, excepté la source ferro-manganifère de Luxeuil (Haute-Saône), qui possède une température de 35°. La plupart des eaux ferrugineuses se troublent au bout de quelque temps, et laissent déposer un précipité ocreux. Les eaux ferrugineuses comprennent trois classes : les eaux ferrugineuses carbonatées, les eaux ferrugineuses sulfatées et les eaux ferrugineuses crénatées, selon que le fer y est à l'état de bicarbonate, de sulfate ou de crénate. Les eaux ferrugineuses carbonatées sont les plus abondantes. Les eaux d'*Orezza*, en Corse, renferment 0gr,128 de carbonate ferreux ; les eaux de *Soultzbach* (Haut-Rhin), la source des Célestins de Vichy contiennent, outre le carbonate de fer, des bicarbonates alcalins ; aussi ces eaux sont-elles beaucoup plus fixes que celles qui ne renferment que le carbonate de fer, le carbonate alcalin retenant l'acide carbonique. Les eaux ferrugineuses sont d'une conservation difficile. Les eaux de *Condillac* (Drôme) sont froides (13°), carbonatées calcaires, ferrugineuses, gazeuses.

Les eaux de *Forges* (Seine-Inférieure) sont des eaux ferrugineuses crénatées ; celles de *Bussang* (Vosges), de *Provins* (Seine-et-Marne), appartiennent au même type. Une source de Luxeuil est ferrugineuse thermale, ainsi que les eaux d'*Évaux* (Creuse). *Passy* et *Auteuil* (près Paris), *Cransac* (Aveyron), ont des sources d'eaux ferrugineuses sulfatées. La *Malou* (Hérault) a aussi des eaux ferrugineuses, efficaces contre la chlorose, la névralgie, les maladies nerveuses, la gastralgie, la diabète, les maladies de la peau.

Eaux salines.

Les *eaux salines* renferment généralement des sels de soude, de magnésie, de chaux. On peut les diviser en trois groupes : les eaux chlorurées, où les chlorures prédominent ; les eaux salines sulfatées, où prédominent les sulfates ; et les eaux bromo-iodurées, qui renferment une petite quantité de brome ou d'iode, ou ces deux éléments.

Les eaux chlorurées, qui contiennent des chlorures de sodium, de potassium, de calcium et de magnésium, associés à des proportions notables de carbonates alcalins, sont nombreuses ; les plus importantes sont celles de *Bourbon-l'Archambault* (Allier), qui sont chloro-carbonatées ; c'est une eau tonique, diurétique et laxative ; les eaux de *Bourbonne-les-Bains* (Haute-Marne), eaux chlorurées sodiques, iodo-bromurées, très-excitantes, activant les fonctions digestives, efficaces dans les cas de fièvres intermittentes, d'hydropisies commençantes, de rhumatismes chroniques, de plaies d'armes à feux, contre les ulcères ; celles de *Dax* (Landes), sulfatées calcaires, gazeuses, (de 25° à 62°), agissant principalement sur le système nerveux et sur le tissu fibreux, efficaces contre les rhumatismes; celles de *Balaruc* (Hérault), eaux thermales chlorurées, sodiques, magnésiennes, de 47°, efficaces contre certaines paralysies, les scrofules, les rhumatismes chroniques, etc.; celles de *Bourbon-Lancy* (Saône-et-Loire), 47° à 57°, chlorurées sodiques, ferrugineuses, efficaces contre les affections rhumatismales, les névroses, les névralgies; celles de Lamotte-les-Bains (Isère), près de la Mure, très-efficaces pour la guérison des rhumatismes, des fractures, des caries, des inflammations du foie et de l'estomac; celles de Néris (Allier), 49°, employées contre les dartres, la paralysie; celles de Luxeuil (Haute-Saône), modérément excitantes; celles de Niederbronn (Bas-Rhin), qui sont chloro-sodiques (17°,8); celles de Montbrun (Drôme), sulfatées, calcaires, qui sont employées dans les maladies cutanées. Bains-du-Mont-Dore (Puy-de-Dôme) a des eaux thermales ou froides, bicarbonatées sodiques, ferrugineuses, arsénicales, qui sont excitantes, toniques, reconstituantes, agissant spécialement sur la peau et la muqueuse des voies aériennes. *Bains,* dans les Vosges, a une eau thermale (49°) sulfatée, sodique, qui a une action doucement stimulante; on l'emploie dans les affections nerveuses, les maladies chroniques de l'estomac, les rhumatismes, les sciatiques, etc. Les eaux minérales froides (10°) de *Contrexéville* (Vosges), près d'Épinal, sont sulfatées calcaires, ferrugineuses et gazeuses; elles sont diurétiques et très-purgatives à haute dose; on les emploie contre la gravelle, la goutte; elles dissolvent les concrétions phosphatiques et muqueuses et agissent comme toniques et reconstituantes. La source des Sarrasins à *Sermaize* (Marne) a de l'analogie avec les eaux de Contrexéville; elle est sulfatée magnésienne, bicarbonatée calcaire, ferrugineuse et bonne contre les affections calculeuses et la chlorose; elle est très-diurétique et très-purgative.

Les eaux bromo-iodurées renferment des bromures et des iodures en dissolution; l'eau de *Challes,* en Savoie, près de Chambéry, renferme du bromure de sodium, de l'iodure de potassium et du sulfure de sodium; *Chaudesaigues* (Cantal) a des eaux thermales (57° à 81° 5) carbonatées sodiques, iodo-bromurées, gazeuses; elles sont excitantes et laxatives et s'emploient dans les affections rhumatismales chroniques.

Les eaux thermales (22°) du *Roucas-Blanc,* à Marseille, sont des eaux chlorurées sodiques magnésiennes contenant des traces de brome et d'iode. Elles sont excellentes dans le traitement des affections dont le lymphatisme, la scrofule et la tuberculose sont ou la cause, ou la plus grave complication. L'eau du Roucas-Blanc ne fatigue pas l'estomac et purge aisément à la dose de deux ou trois verres. Les eaux du Roucas-Blanc peuvent être employées pour la guérison de l'anémie, des calculs hépathiques, des rhumatismes et des scrofules, etc.

Eaux sulfureuses.

La France est très-riche en eaux sulfureuses naturelles, qui s'échappent des terrains primaires ; elles sont rarement froides, comme la source de Labassère (12°) (Hautes-Pyrénées), près de Bagnères-de-Bigorre, le plus ordinairement thermales ; telles sont les eaux sulfureuses des Pyrénées : *Bagnères-de-Luchon* (Haute-Garonne), Baréges, Cauterets, Saint-Sauveur (Hautes-Pyrénées), Eaux-Bonnes, Eaux-Chaudes, (Basses-Pyrénées), Ax (Ariége), le Vernet, Amélie-les-Bains, Olette (Pyrénées-Orientales), Bagnols (Lozère).

Les eaux sulfureuses naturelles, dont la densité diffère peu de celle de l'eau pure, sont limpides, tantôt incolores à leur point d'émergence, tantôt légèrement colorées en jaune verdâtre.

Ces eaux doivent leur efficacité aux sulfures alcalins ou à l'acide sulfhydrique et principalement au monosulfure de sodium ; les eaux d'Ax et celles de Bagnères-de-Luchon contiennent surtout du sulfure de calcium. Les eaux sulfureuses renferment environ par litre 25 à 35 centigrammes de matériaux solides en dissolution.

Les eaux sulfureuses accidentelles sont à proprement parler des eaux sulfatées transformées en eaux sulfureuses par la réduction de leurs sulfates par les matières organiques des couches relativement récentes du sol. Les eaux sulfureuses accidentelles, qui sont froides, sont beaucoup plus riches en matériaux salins que les eaux des Pyrénées et renferment généralement de l'ammoniaque.

Parmi les matériaux solides, on remarque des sulfates, des chlorures, des carbonates. Le sulfure de calcium et le sulfure de sodium formés par réduction des sulfates correspondants peuvent disparaître à leur tour, en partie ou en totalité, en laissant dégager de l'acide sulfhydrique; c'est l'acide carbonique qui produit cette décomposition, en présence de l'eau, comme ferait un autre acide minéral plus énergique.

Parmi les eaux minéralisées par l'acide sulfhydrique, nous citerons celles d'*Aix-les-Bains* (Savoie), excitantes du système nerveux et de la circulation, toniques et reconstituantes, agissant principalement sur la peau et sur la muqueuse de l'appareil digestif, s'employant surtout contre les rhumatismes, les névroses, les maladies de peau ; celles d'*Uriage* (Isère) (22° à 27°), chlorurées sodiques, sulfureuses, chargées de chlorure de sodium et de sulfates, employées dans les maladies de peau, les maladies articulaires, les maladies des os, les rhumatismes, etc. ; celles d'*Enghien* (Seine-et-Oise) (10° à 14°), agissant surtout sur la peau et sur les muqueuses des voies aériennes.

Les eaux de Guillon (Doubs), de Castera-Verdujan (Gers), d'Allevard (Isère), de Gréoulx (Basses-Alpes), sont aussi des eaux sulfurées calcaires. Les eaux de Gréoulx, analogues à celles de Baréges, mais moins excitantes, agissent surtout sur la peau et ont une puissante action reconstituante; ces eaux thermales (36°) sont chlorurées sodiques, sulfurées sodiques et iodo-bromurées.

Au point de vue géographique, on peut diviser les eaux minérales de la France en cinq groupes : le groupe des Vosges, celui du Jura et des Alpes, le groupe du Centre, le groupe des Pyrénées et le groupe des environs de Paris. Division des eaux minérales en cinq groupes.

Le *groupe des Vosges* comprend les eaux de Bourbonne-les-Bains (Haute-Marne), de Sermaize (Marne), de Bains, Bussang, Contrexéville, Plombières (Vosges), de Niederbronn (Bas-Rhin), de Soultzmatt et de Soultzbach (Haut-Rhin). Groupe des eaux minérales des Vosges.

Le *groupe du Jura et des Alpes* comprend les eaux de Luxeuil (Haute-Saône), de Guillon (Doubs), de Salins (Jura), eaux salines chlorurées, d'Evian, Saint-Gervais (Haute-Savoie), d'Aix-les-Bains, Challes (Savoie), de Lamotte-les-Bains, Allevard, Uriage (Isère), de Condillac, Montbrun et Montélimar (Drôme), de Gréoulx (Basses-Alpes), d'Aix et Marseille (Provence). Il faut joindre à ce groupe les eaux d'Orezza, en Corse. Groupe des eaux minérales du Jura et des Alpes.

Le *groupe du centre* comprend les eaux de Bourbon-Lancy (Saône-et-Loire), de Néris, Cusset, Hauterive, Bourbon-l'Archambault et Vichy (Allier), de Pougues (Nièvre), d'Évaux (Creuse), de Saint-Galmier (Loire), de Vals (Ardèche), de Royat, le mont Dore, Saint-Nectaire, la Bourboule (Puy-de-Dôme), de Chaudesaigues (Cantal), de Cransac (Aveyron), de Bagnols (Lozère), de la Malou et de Balaruc (Hérault). Groupe des eaux minérales du centre.

Le *groupe des Pyrénées* comprend les eaux de Vernet, Amélie-les-Bains, Olette (Pyrénées-Orientales), d'Ax, Ussat (Ariége), de Bagnères-de-Luchon (Haute-Garonne), de Baréges, Bagnères-de-Bigorre, Labassère, Saint-Sauveur et Cauterets (Hautes-Pyrénées), des Eaux-Bonnes et Eaux-Chaudes (Basses-Pyrénées), de Castéra-Verdujan (Gers), Dax (Landes). Groupe des eaux minérales des Pyrénées.

Le groupe des environs de Paris possède Enghien (Seine-et-Oise), Passy et Auteuil; il faut y joindre les eaux de Forges (Seine-Inférieure). Eaux minérales des environs de Paris.

CHAPITRE III

AGRICULTURE DE LA FRANCE.

§ 1er. — Production végétale de la France.

Agriculture. — Cinq grandes zones de culture. — Zone de l'oranger, de l'olivier, du maïs, de la vigne, des arbres à cidre et pâturages. — Nature des cultures. — Valeurs brutes créées par l'industrie agricole. — Tableau des revenus agricoles de la France. — Nature des exploitations. — Petites, moyennes et grandes exploitations. — Cultures alimentaires. — *Céréales :* Blé, méteil, seigle, orge, avoine, maïs, millet, alpiste, sarrasin, sorgho. — *Légumes secs :* haricots, pois, lentilles, fèves, lupin. — Tableau de la récolte des céréales et des légumes secs. — Insuffisance des céréales dans quelques départements. — Principaux marchés de céréales. — *Légumes verts :* Pomme de terre, betterave. — Culture maraîchère. — Cultures industrielles. — *Plantes oléagineuses :* colza, navette, pavot noir ou œillette, pavot blanc, cameline, moutardes. — *Plantes textiles :* chanvre, lin, ortie blanche et ramie. — *Plantes tinctoriales :* garance, safran, gaude, pastel, orcanète, carthame, tournesol. — *Plantes à produits divers :* tabac, houblon, chardons à foulon, chicorée. — Plantes aromatiques et médicinales. — Fleurs. — *Arbres fruitiers et autres.* — Pommiers, poiriers; cidre. — Figuier, oranger. — Fruits à noyaux : Pruneaux, cerises, kirsch, groseilles, pêcher, abricotier, jujubier. — Arbres à fruits oléagineux : olivier, amandier, noyer, noisetier, pistachier. — Arbres à fruits farineux : châtaignier, truffes. — Arbres cultivés pour divers produits industriels : mûrier, câprier, osier, micocoulier, sumac. — *Vignes :* étendue de sa culture à diverses époques. — Rendement par hectare de vignes. — Qualités des vins français. — Classification des départements d'après l'étendue des vignobles. — Les sept principaux groupes de production. — *Groupe de Bourgogne :* Côte-d'Or, Saône-et-Loire, Rhône et Beaujolais. — Vins de la basse Bourgogne. — Groupes secondaires de l'est : Savoie, Ain, Jura, Doubs, Haute-Saône, Alsace et Lorraine. — *Groupe de Champagne :* Marne, Haute-Marne et Aube. — Commerce des vins de Champagne. — *Groupe du sud-ouest :* Médoc, Bordelais, vins de Graves, Entre-deux-mers, les Palus et le Libournais. — Cépages de la Gironde. — Vignobles de la Dordogne, du Lot, de l'Aveyron, de la Lozère, du Tarn, du Tarn-et-Garonne, du Lot-et-Garonne, du Gers, de la Haute-Garonne, des Landes, des Hautes-Pyrénées. — *Groupe des Charentes :* Eaux-de-vie de Cognac. — *Groupe du midi :* Vins du Roussillon, du Languedoc, de la Corse et de la Provence. — *Groupe du Rhône :* Vaucluse, Ardèche, Drôme, Isère, Rhône. — *Groupe du centre :* Vins d'Auvergne, de la Nièvre, du Cher, de la Touraine, du Poitou, de l'Anjou, des environs de Paris. — Tableau de la production vinicole par départements. — Production des vins en France depuis 1788. — Eaux-de-vie de vin. — Commerce des vins français. — *Prairies et pâturages.* — Prairies artificielles. — Forêts, sapins et épicéas. — Production du bois.

Agriculture. Le principal élément de la richesse nationale, dans un grand pays surtout, c'est la production agricole, qui va croissant avec les progrès de l'industrie. Aussi l'agriculture, qui est la science qui recherche les moyens d'obtenir les produits des végétaux et des animaux de la manière la plus parfaite et la plus économique, a-t-elle toujours été en honneur de tout temps et en tout pays; c'est la première industrie d'une société et la principale d'une grande nation; c'est par elle que la France, avec son sol fertile et varié et son climat tempéré, peut devenir très-riche et se placer à la tête des autres peuples. Avec le concours et les lumières de la science, l'agriculture progressera dans notre France bien-aimée, qui est le plus beau pays du monde; mais il ne faut pas que l'industrie manufacturière se développe au détriment de l'industrie agricole, à laquelle elle enlève un trop grand nombre de travailleurs; il est nécessaire que les campagnes soient pourvues d'une population très-dense, car plus les campagnes seront peuplées relativement, plus les produits des villes et des industries se placeront facilement et avantageusement, plus les aliments et les matières premières seront à bon marché, sans ruiner personne. Au contraire, plus les villes et les industries occuperont de bras aux dépens des campagnes, plus les vivres seront chers et moins les produits de l'industrie se placeront facilement et avantageusement. La ruine d'une nation dont toutes les populations courent aux grandes agglomérations est assurée; mais la richesse d'une nation dont toutes les populations s'étendent dans les campagnes n'est pas moins certaine. La prospérité est d'autant plus grande et plus stable que les champs l'emportent plus sur les villes en population.

La France est une contrée plus essentiellement agricole que l'Angleterre; mais si l'agriculture anglaise l'emporte beaucoup sur la nôtre par la puissance de ses moyens de production, l'intensité de l'exploitation et l'abondance relative des récoltes, la France a une supériorité incontestable sous le rapport de la variété des produits et de leurs qualités.

Depuis une trentaine d'années, l'agriculture a fait de grands progrès en France, le rendement des récoltes s'est accru, grâce à une meilleure culture et à l'emploi plus fréquent et mieux entendu des engrais.

Cinq grandes zones de culture.

La France se prête à presque toutes les cultures. Quatre végétaux précieux, la vigne, le maïs, l'olivier et l'oranger servent à diviser le territoire français en cinq grandes zones de culture, qui le coupent obliquement du sud-ouest au nord-est. La première zone, la plus petite, est celle de l'oranger, dans laquelle cet arbre croît en pleine terre; elle occupe le littoral de la Méditerranée depuis Menton jusqu'à Cannes, une partie des territoires d'Hyères, de Toulon et d'Ollioules et la région maritime du Roussillon, depuis Perpignan jusqu'à Port-Vendres. La Corse cultive aussi en grand l'oranger et le cédratier.

Zone de l'oranger.

Zone de l'olivier.

La seconde zone est celle des oliviers : sa limite au nord part d'Olette, passe par Carcassonne, Saint-Pons, Lodève, le Vigan, Alais, Aubenas, Nyons et Digne. Au nord de cette ligne on ne trouve plus d'oliviers. La vigne, le figuier et le mûrier sont aussi très-répandus dans cette zone, qui cultive également beaucoup le pistachier, l'amandier, le jujubier, l'abricotier, le grenadier, le câprier et le cognassier. Le laurier-rose est indigène dans les forêts du Var.

Zone du maïs.

La troisième zone est celle du maïs : la ligne au nord de laquelle cette plante ne se cultive plus va de l'embouchure de la Gironde à Spire; cette limite n'est pas absolue, car on cultive du maïs en Bretagne; mais, comme le maïs exige, pour arriver à maturité, de 2,500 à 3,000 degrés de chaleur accumulée, le climat de Paris et d'Aurillac n'offre pas ordinairement, depuis le mois de mai jusqu'à fin septembre, une somme de chaleur assez élevée pour que cette céréale puisse y mûrir.

Zone de la vigne.

La quatrième zone est celle de la vigne; la ligne au nord de laquelle cette plante n'est plus cultivée pour la production du vin réunit Savenay (Loire-Inférieure) à Soissons (Aisne), à la Meuse vers Mézières et à Coblentz, sur le Rhin, en passant un peu au nord d'Angers et de Paris. Sur tous les points de cette zone, où l'altitude du sol ne dépasse pas 500 à 600 mètres, cet arbrisseau mûrit bien ses raisins dans les années ordinaires.

Zone des arbres à cidre.

La cinquième zone est celle des pâturages et des arbres à cidre; elle s'étend jusqu'à la mer et comprend la Bretagne, la Normandie, la Picardie, l'Artois et la Flandre. C'est la région par excellence des prairies naturelles ou herbages.

Nature des cultures.

Si l'on envisage les 53 millions d'hectares du sol français, relativement aux diverses cultures, on trouve la moitié du territoire ou 26 millions et demi d'hectares de terres de labour, dont trois cinquièmes ou 15 à 16 millions donnent des céréales, dont un cinquième ou 5 millions sont en jachères, et un cinquième ou 5 à 6 millions en prairies artificielles et plantes industrielles ou fourragères. Plus du cinquième du territoire ou 12 millions environ d'hectares sont en prairies naturelles, en pâturages et landes; environ un vingtième ou 2 millions et demi d'hectares en vignes; un cinquième ou 11 millions environ en arbres fruitiers, bois et forêts. Le reste est en routes, maisons, eaux, etc.

Les quatre cinquièmes du sol de la France sont productifs; environ 5 millions d'hectares appartiennent à l'Etat et le reste aux particuliers.

L'ensemble des propriétés agricoles représente une valeur d'environ 100 milliards de francs.

Valeurs brutes créées par l'industrie agricole.

La valeur brute de la production agricole française est évaluée de la manière suivante par les statistiques officielles :

1° Près de 5 milliards de francs pour les céréales, dont plus de la moitié pour le froment et près d'un quart pour l'avoine ;

2° Près de 2 milliards pour les prairies naturelles, les pâturages et les prairies artificielles ;

3° Environ 1 milliard et demi pour les cultures diverses, industrielles ;

4° Près d'un milliard et demi pour la vigne, cidre et poiré ;

5° Près de 2 milliards pour les forêts et arbres fruitiers et 6 milliards pour les revenus des animaux domestiques ou 4 milliards et demi d'après des statistiques plus récentes.

TABLEAU DES REVENUS AGRICOLES DE LA FRANCE EN MILLIONS DE FRANCS.

	millions.			millions.
Froment (y compris la paille).....	2.917	4.875	*Report*..........	9.234
Autres céréales (472 millions pour seigle........................	1.958		Betterave........................	84
Fourrages........................	1.890		Soie........................	78
Vigne........................	1.387		Plantes textiles et oléagineuses....	283
Légumes........................	548		Autres cultures et produits divers..	100
Pommes de terre et autres farineux........................	534		Total..............	9.779
A reporter..........	9.234		Revenu annuel des animaux de ferme........................	4.500

Nature des exploitations.

La France est un pays de moyenne et de petite culture ; la moyenne des exploitations rurales est de 10 hectares et demi. Le nombre des cotes foncières était, en 1865, de 14,027,996 et celui des parcelles de 126,079,558. On estimait le nombre des exploitations à 3,225,877 dont 2,435,401 de petites, 636,309 moyennes et 154,167 grandes.

Petites exploitations

Les petites exploitations constituant la *petite propriété* ou la *petite culture* sont ordinairement composées de parcelles peu étendues et souvent isolées les unes des autres et sont exploitées par leurs propriétaires.

Les petites propriétés dominent dans les contrées très-accidentées, dans les montagnes des Vosges, des Alpes, des Pyrénées et des Cévennes, dans les Alpes-Maritimes, la Savoie, l'Alsace, le Dauphiné, l'Auvergne, dans les vallées où le sol est fertile et dans les localités où la vigne a une grande importance. Plus de 80 °/₀ des exploitations appartiennent à la petite culture dans les départements suivants : Alpes-Maritimes, Bas-Rhin, Savoie, Haut-Rhin, Hautes-Pyrénées, Vosges, Puy-de-Dôme, Isère, Haute-Savoie, Ariége, Var, Manche, Aude, Seine, Jura, Rhône, Moselle, Bouches-du-Rhône, Ain, Seine-et-Oise, Gard, Hérault, Pyrénées-Orientales, Vaucluse, Hautes-Alpes, Yonne, Gironde et Lot.

Moyennes exploitations.

Les moyennes exploitations de 10 à 40 hectares forment à peine le cinquième du nombre total des exploitations. Les départements qui en comptent le plus sont la Mayenne, Maine-et-Loire, Haute-Marne, Vendée, Landes, Finistère, Côte-d'Or, Marne et Aube.

Grandes exploitations.

Les grandes exploitations de 40 hectares et au-dessus sont principalement situées dans le Berry, le Bourbonnais, la Touraine, la Champagne, le Gévaudan et les parties du Poitou, du Limousin, des Marches et de la Sologne où les terres ont une valeur foncière moyenne. La Beauce, la Brie, l'Orléanais, la Picardie et la Normandie en renferment aussi un certain nombre dans les plaines granifères.

Les grandes exploitations ont une superficie qui est ordinairement en raison inverse de la valeur foncière des terres ; elles sont nombreuses dans la région des plaines du centre, parce que les terres n'y ont pas une valeur vénale très-élevée.

Les départements du Cher, de l'Indre, de l'Allier, de la Vendée, de la Haute-Vienne, de l'Aisne, des Deux-Sèvres, d'Eure-et-Loir et des Landes, sont ceux qui possèdent le plus de grandes exploitations.

Les propriétaires cultivant par eux-mêmes sont nombreux aux environs des villes, dans les petites vallées et dans les parties accidentées de la région des montagnes du centre, de la région du sud-ouest et dans celle de l'est, ainsi que dans les pays vignobles. Le Puy-de-Dôme, l'Aveyron, l'Isère, la Dordogne, la Haute-Loire, le Gers, la Charente-Inférieure, etc., sont les départements où l'on cultive le plus par soi-même.

TABLEAU DU PERSONNEL DE LA POPULATION AGRICOLE.

	En 1872	En 1876
Propriétaires vivant dans leurs terres ou les cultivant eux-mêmes.	9.097.758	
Colons et métayers	1.428.881	
Fermiers.	3.141.187	
Personnel permanent des fermes (aides agricoles).	940.311	
Journaliers employés temporairement	3.255.618	
Bûcherons et charbonniers.	270.734	
Jardiniers, maraîchers, pépiniéristes.	378.827	
Total.	18.513.316	

Les travaux exclusivement agricoles occupent et nourrissent en France 18,513,316 habitants, soit 52 % de la population.

Le métayage a lieu surtout dans le sud-ouest. La Dordogne, les Landes, les Basses-Pyrénées et l'Allier sont les départements où ce genre d'exploitation est le plus en usage.

1° Cultures alimentaires.

Les cultures alimentaires forment en France une série aussi nombreuse que variée; l'une des principales est celle des *céréales*. Cultures alimentaires.

La culture dominante en France a toujours été celle des céréales; l'étendue consacrée à cette culture, en 1815, était de 13,279,000 hectares, de 14,888,000 en 1835, de 16,909,000 en 1855 et de 15,621,000 en 1862; en 1871, la statistique l'évaluait à 14,897,000 hectares. Céréales.

La production moyenne des céréales peut être évaluée à 260 millions d'hectolitres, chiffre supérieur aux besoins de la consommation. Nous donnons ici un tableau indiquant la distribution des différentes cultures des céréales et leur production.

NATURE DES CÉRÉALES	SUPERFICIE CULTIVÉE	PRODUCTION
	Hectares	Hectolitres.
Froment	6.900.000 hectares.	90 à 120 millions.
Méteil	502.000 —	6 à 10 —
Seigle	1.910.000 —	20 à 30 —
Orge	1.284.000 —	20 à 29 —
Avoine	3.397.000 —	71 à 86 —
Sarrasin	707.000 —	8 à 13 —
Maïs et Millet	698.000 —	9,5 à 11 —
Légumes secs	350.000 —	4 à 5,5 —

La moyenne de la production du froment de 1857 à 1873 a été de 98 millions d'hectolitres; la moyenne de la consommation varie entre 86, 90 et 92 millions d'hectolitres. Il y a disette quand la production est inférieure à 86 millions d'hectolitres, mais il y a excédant quand elle dépasse 92 millions. Les années les moins productives pour la France depuis trente ans ont été les suivantes : en 1846, la production n'a été que de 60 millions d'hectolitres, de 73 millions en 1855, de 75 millions en 1861, de 69 millions en 1871 et de 82 millions en 1873. Moyenne de la production du froment.

En 1846, il est arrivé de l'étranger 14 millions d'hectolitres de blé à 32 francs 80 l'hectolitre; en 1855, 10 millions d'hectolitres à 31 francs 10; en 1861, 12 millions à 24 francs 25; en 1867, 12 millions, en 1868, 16 millions et en 1869, 12 millions d'hectolitres.

On a reconnu que la quantité de grains récoltés suffit à la consommation de toute la France pour 12 mois et demi dans les années ordinaires, pour 14 mois dans les bonnes récoltes et pour 15 mois dans les années abondantes.

Les plus fortes récoltes de froment en France ont eu lieu pendant les années 1863, 1864, 1868 et 1872, alors qu'elles se sont élevées respectivement à 116, 111, 116 et 120 millions d'hectolitres. La valeur du froment peut être évaluée à 2 milliards et demi de francs, et celle de toutes les céréales à 5 milliards.

Le nombre d'hectares ensemencés en froment s'est augmenté de 50 % de 1820 à 1872 ; la production a plus que doublé, et le rendement moyen par hectare est monté de 9 hectolitres à 14 et demi ; il oscille entre 20 et 30 hectolitres dans le Nord et le Bas-Rhin. Il est de bonnes terres qui, abondamment fumées, produisent 40 hectolitres par hectare. Il faut ajouter que si le rendement moyen s'élève à 14 hectolitres et demi, c'est grâce à huit ou dix départements du nord, car si on en faisait abstraction, la moyenne tomberait à 10 hectolitres tout au plus ; les deux tiers du territoire français se trouvent dans cette situation. Dans ces conditions, le prix de revient du blé est de 17 à 18 francs l'hectolitre, prix qu'il est aisé de faire descendre à 10 ou 12 francs, par une culture bien entendue et par l'emploi des engrais chimiques.

En 1815, la France n'ensemençait que 4 millions et demi d'hectares en froment rendant 40 millions d'hectolitres, soit 9 hectolitres par hectare ; en 1872, elle en a ensemencé 6,938,000 hectares qui ont rapporté 120,803,000 hectolitres, soit 17^{hl},41 par hectare. Des champs de blé moins vastes, mais mieux cultivés et mieux engraissés, voilà ce qu'il faut à la France pour qu'elle soit comme les Gaules jadis en état de vendre un excédant habituel.

Culture du blé.

Les terrains de prédilection du blé sont argilo-calcaires et limoneux-calcaires avec sous-sol perméable ; si le principe calcaire fait défaut, la paille peut atteindre une certaine hauteur, mais le grain n'est ni lourd ni abondant. Les blés poulards et les épeautres peuvent donner de bons produits sur les terres acides, d'où les blés fins doivent être exclus. Les quantités de grain à employer pour les semailles à la volée varient généralement de 200 à 250 litres par hectare.

Ce sont les régions du nord-ouest, de l'ouest, des plaines du centre et du sud-ouest qui produisent le plus de froment. Le Nord, la Somme, le Pas-de-Calais, l'Aisne, l'Oise, Seine-et-Marne (Brie), Seine-et-Oise, Loiret, Eure-et-Loir (Beauce), Eure et Seine-Inférieure (pays de Caux) sont des départements producteurs de blé ; la région de la basse Loire, comme Maine-et-Loire, Loire-Inférieure et la Vendée, est aussi très-renommée pour cette culture. La Limagne, Saône-et-Loire, l'Allier sont de même remarquables. On estime la récolte dans chacun de ces départements à plus de 3 millions et demi d'hectolitres. La région du midi comprend, comme départements producteurs de blé, la Dordogne, le Gers, le Lot-et-

Garonne, la Haute-Garonne, le Tarn-et-Garonne et l'Aude. Dans la Camargue, territoire d'Arles, on récolte les saissettes d'Arles (80,000 hectolitres) si recherchées ; cette terre pourrait en produire dix fois plus malgré les ravages des sauterelles. Dans la région de l'est, la Meurthe, l'Isère et l'Alsace produisent beaucoup de blé.

On peut donc citer comme excellents pays à froment, la *Flandre*, l'*Alsace*, le *Soissonnais*, la *Limagne* d'Auvergne, la *Beauce*, la *Brie*, le *Vallage* en Champagne, la *Voèvre* en Lorraine, le *Santerre* en Picardie.

Départements produisant le moins de blé.

Ce sont les départements du massif central et ceux de la région des Alpes et des Pyrénées qui produisent le moins de froment. Ainsi la Haute-Loire, la Lozère, le Cantal, la Corrèze, la Creuse, les Hautes-Pyrénées, les Alpes-Maritimes, les Hautes-Alpes et la Savoie, récoltent chacun moins de 400,000 hectolitres ; la plupart n'en produisent que 300,000.

Variétés de blé cultivées en France.

La région du nord-ouest, celle des plaines du nord et celle des plaines du centre cultivent principalement des blés sans barbes à grains tendres, d'origine anglaise, comme le blé rouge d'Ecosse, le blé Chiddam. Les régions du sud-ouest et du sud ont adopté généralement le blé bladette de Toulouse, le blé fin de Nérac, le blé saissette d'Arles et les blés poulards. L'épeautre ou blé vêtu, excellent pour les pâtisseries, croît dans le nord et le nord-est. Le blé de printemps entre environ pour un centième dans la culture du froment en France. Il faudrait à la France moins d'emblavures et plus d'herbages.

Cours des blés suivant les saisons.

Toutes choses égales d'ailleurs, c'est en hiver que les marchés sont le plus abondamment fournis, et que, par suite, le cours des blés tend le plus à s'abaisser ; au contraire, à l'époque des moissons et de la semaille d'automne, les marchés sont ordinairement peu approvisionnés, ce qui détermine la hausse. Au printemps, les accidents de température, qui semblent compromettre l'avenir des blés, déterminent toujours la hausse. Un agriculteur habile tient compte de ces circonstances et suit avec attention le mouvement général du commerce des céréales.

CULTURE, PRODUCTION ET PRIX MOYENS DU FROMENT EN FRANCE.

ANNÉES	HECTARES ensemencés.	NOMBRE d'hectolitres récoltés.	PRODUIT par hectare en hectolitres.	PRIX MOYEN de l'hectolitre.	ANNÉES	HECTARES ensemencés.	NOMBRE d'hectolitres récoltés.	PRODUIT par hectare en hectolitres.	PRIX MOYEN de l'hectolitre.
				fr.					fr.
1815	4.591.677	39.460.971	8.59	24.42	1862	6.881.613	99.292.224	14.43	23.24
1820	4.683.788	44.347.720	9.47	19.36	1863	6.918.768	116.781.794	16.88	19.78
1825	4.854.169	61.035.177	12.57	15.90	1864	6.889.073	111.274.018	16.15	17.58
1829	5.024.488	64.285.521	12.79	21.99	1865	6.904.892	95.571.609	13.85	16.41
1830	5.011.700	52.782.098	10.53	22.99	1866	6.915.565	85.131.455	12.33	19.61
1832	5.159.759	80.089.016	15.52	17.88	1867	6.960.425	83.005.739	11.92	26.18
1835	5.338.043	71.697.484	13.43	15.90	1868	7.062.241	116.783.000	16.53	26.65
1840	5.531.782	80.880.401	14.62	18.64	1869	7.034.087	107.741.553	15.34	20.32
1845	5.743.135	71.963.280	12.57	22.05	1870	»	»	»	»
1846	5.093.908	60.696.968	10.23	30.77	1871	6.422.883	69.276.419	10.78	25.65
1850	5.951.344	87.986.788	14.78	14.37	1872	6.937.922	120.803.459	17.41	23.15
1857	6.593.530	110.426.462	16.75	23.83	1873	6.825.948	81.892.667	12.00	25.62
1858	6.639.688	109.989.747	16.56	16.44	1874	6.874.186	133.130.000	19.36	25.11
1859	6.709.278	87.545.960	13.05	16.69	1875				
1860	6.711.298	101.573.625	15.13	20.41	1876				
1861	6.754.227	75.116.287	11.20	24.25	1877				

PRODUCTION MOYENNE DU FROMENT DANS LES 9 RÉGIONS AGRICOLES DE LA FRANCE.

Production moyenne du froment par régions.

Région du nord-ouest.	18 à 20	millions d'hectolitres.
Région de l'ouest.	15	—
Région des plaines du centre.	10	—
Région du sud-ouest	18 à 20	—
Région des montagnes du centre	3	—
Région du sud	6 à 7	—
Région de l'est.	12	—
Région des plaines du nord	15	—
Région du nord-est.	6	—
Total.	103	millions d'hectolitres.

Méteil.

Le *méteil,* mélange naturel de froment et de seigle, produit de bons résultats dans les terrains de qualité médiocre qui ne seraient pas susceptibles d'être exclusivement cultivés en froment. Cette culture a diminué à mesure que l'agriculture a fait des progrès : en 1815, on cultivait en méteil 916,000 hectares, tandis qu'en 1873 on n'en cultivait plus que 500,000 environ.

La production varie de 6 à 10 millions d'hectolitres, et le rendement moyen à l'hectare s'élève à 15 hectolitres et demi. On sème le méteil dans la Somme, la Sarthe, l'Oise, la Charente, les Hautes-Pyrénées, la basse Bretagne, le Poitou, l'Auvergne, la Bresse, le Jura et l'Alsace.

Seigle.

Le *seigle*, la céréale la plus précieuse après le froment, a surtout le mérite d'être très-rustique et de s'accommoder des sols pauvres ; il aime principalement les terres légères, sablonneuses ou calcaires, granitiques et schisteuses, qui se dessèchent facilement. Cette plante redoute beaucoup l'humidité qui la fait jaunir et périr pendant l'hiver. C'est le blé des terres légères et des climats froids. On ne le cultive pour la nourriture des habitants que dans le massif central; le Morvan, la Bourgogne méridionale, la Bretagne, la Sologne et la Champagne Pouilleuse le cultivent encore beaucoup. Le Vivarais et le Dauphiné cultivent le seigle de mars. Les départements les plus importants pour la culture du seigle sont les suivants : Haute-Loire, Puy-de-Dôme, Loire, Creuse, Lozère, Corrèze, Cantal, Saône-et-Loire, Allier, Marne, Aube, Haute-Vienne et Morbihan.

L'étendue cultivée en seigle est évaluée, en 1873, à 1,890,000 hectares, et la récolte à 20,320,000 hectolitres; elle varie du reste de 20 à 30 millions d'hectolitres suivant les années. Le rendement du seigle, en bonne terre, atteint facilement de 30 à 36 hectolitres par hectare; le rendement moyen est estimé à 22 hectolitres.

On cultive le seigle comme fourrage dans les régions où l'agriculture est avancée. L'emploi des engrais calcaires ou phosphates permet de substituer de plus en plus le blé au seigle. La France produit assez de seigle pour suffire aux besoins de sa consommation.

En 1815, la culture de l'*orge* comprenait 1,100,000 hectares environ, et aujourd'hui l'étendue est encore à peu près la même, soit 1,283,000 hectares. La production peut être estimée à 20 millions d'hectolitres, tandis qu'elle n'était que de 14 millions de 1815 à 1820; le rendement moyen dépasse 19 hectolitres et demi. Orge.

Les orges d'hiver donnent un rendement de 38 hectolitres par hectare dans les bonnes terres et celles du printemps, 26. La terre qui convient le mieux à l'orge tient le milieu entre les sols légers et les sols consistants; cette plante n'aime ni le sable ni l'argile, mais elle croît bien dans une terre de consistance moyenne, courte, plutôt légère que forte, et c'est en terrain pourvu de calcaire qu'elle donne les meilleurs produits et les plus abondants; elle s'accommode même des terres calcaires à l'excès, car la Champagne produit beaucoup d'orges. La Bretagne, la Normandie, le Maine, le Poitou, la Beauce, la Champagne, la Flandre, l'Artois, la Côte-d'Or, la Lorraine et l'Alsace cultivent cette céréale pour la fabrication de la bière et la nourriture des volailles et des porcs.

L'*escourgeon* d'automne, qu'on appelle aussi orge carrée ou quadrangulaire, est principalement cultivé dans la région du nord-ouest; en Flandre, il produit de 40 à 50 et même 60 hectolitres par hectare.

L'*orge chevalier*, à deux rangs, et du printemps, est très-productive et très-estimée pour la brasserie; la Brie la cultive beaucoup.

Avoine. L'*avoine* croît principalement dans les pays producteurs de blé; c'est dans le nord de la France qu'on la cultive abondamment; le midi la cultive peu parce qu'elle craint la sécheresse; elle craint aussi les grands froids; aussi ne la sème-t-on guère en automne que dans les pays où l'on n'est pas exposé à un froid continu de — 10° à — 12°. Il lui faut des hivers doux et pluvieux, comme ceux de la Bretagne, de toute la côte ouest et de la région du sud-ouest; aussi l'avoine d'hiver n'est cultivée que dans ces régions et dans le sud, où les hivers sont tempérés.

L'avoine de printemps est en général très-rustique et supporte bien les froids qui, dans les pays de montagnes et dans les contrées du nord, l'atteignent fréquemment, tant au début qu'à la fin de sa végétation. Les avoines se plaisent généralement dans les terres argileuses ou argilo-calcaires et craignent la sécheresse du sol et du climat. Les départements du Nord, du Pas-de-Calais, de la Somme, de la Marne, d'Eure-et-Loir, de l'Aisne, de la Haute-Marne, de Seine-et-Marne, de la Côte-d'Or, de Meurthe-et-Moselle, c'est-à-dire, la Flandre, la Picardie, la Beauce, la Brie, la Champagne et la Lorraine, sont les grands centres de culture de l'avoine. Dans les départements du Nord et du Pas-de-Calais, on cultive l'*avoine jaune* du Nord, très-productive, mais à écorce épaisse; dans les plaines du nord, on lui préfère l'*avoine noire de Brie*, d'excellente qualité, ayant le grain noir à écorce fine et pesant de 50 à 52 kilogrammes à l'hectolitre; dans les montagnes du Forez et dans beaucoup de terrains médiocres, on cultive l'*avoine courte*, dont le grain est très-petit, mais très-abondant et très-précoce. Partout ailleurs on cultive l'*avoine rousse*.

En 1815, il y avait 2,500,000 hectares cultivés en avoine, tandis qu'aujourd'hui il y en a plus de 3,396,000 produisant de 70 à 85 millions d'hectolitres d'avoine. La production en 1815 n'était que de 36,580,000 hectolitres, et le rendement de 15 hectolitres à l'hectare, tandis qu'il atteint maintenant de 20 à 25 hectolitres; même dans le nord on le voit s'élever à 50, 60, 70 et même 80 hectolitres de grain, et 4 à 6,000 kilogrammes de paille, et cette paille est l'une des plus aromatiques et des meilleures qu'on puisse donner au bétail à cornes.

La cause de l'extension donnée à la culture de l'avoine dans le nord et le centre est son emploi à la nourriture du cheval sur lequel elle exerce une action supérieure à ce qu'on devrait attendre de sa faculté nutritive, en soutenant sa vivacité, surtout dans les climats froids et tempérés, où nul autre grain ne peut produire sous ce rapport d'aussi bons résultats. Le principe aromatique et excitant que contient l'avoine stimule l'ardeur du cheval.

La France exporte rarement des avoines; Paris en est un grand centre consommateur et l'armée en est un autre très-important. L'avoine, renfermant une forte proportion de substance grasse, est favorable à l'engraissement des animaux, et entre dans la nourriture des bestiaux et de la volaille. Elle sert aussi à faire le gruau.

Le maïs, qui exige pour arriver à maturité de 2400 à 2800 degrés de chaleur continue dans une période de quatre à cinq mois, est cultivé dans le Béarn, la Gascogne, la Bresse, la Bourgogne, la Franche-Comté, l'Alsace et la Bretagne. Maïs.

Les bassins de l'Adour et de la Garonne et les bords du canal du Languedoc sont la terre classique de la culture française du maïs ; c'est là que la nature des terres et du climat s'associe à une culture bien entendue pour donner de riches produits. Le maïs a été pour ces contrées ce que la betterave a été pour le nord, un immense élément de richesse et de fécondité. Les terres riches en humus, ayant du calcaire, sont les plus convenables pour la culture du maïs, qui est moins difficile sur le choix du terrain que sur celui de l'exposition. En Bourgogne, sur les bords de la Saône et dans la Bresse, le maïs réussit parfaitement dans les argiles bien travaillées. Dans le centre, l'est et l'ouest de la France, le maïs est cultivé sur des terres légères ou ameublies, profondes, de nature calcaire, fraîches sans être humides, riches en vieux terreau. Dans le midi, on doit préférer les terres fraîches et profondes, qui résistent à la sécheresse ; mais plus on monte vers le nord, plus l'on doit chercher les terres saines et s'échauffant facilement. Il est cultivé à l'arrosage dans la plaine de Tarbes et dans celle du Roussillon.

Le produit du maïs est extrêmement variable ; il peut s'élever à 71 hectolitres par hectare, en grains ; il peut aussi tomber à 21 hectolitres ; avec une bonne culture le rendement s'élève très-souvent à 60 hectolitres.

Les départements les plus remarquables pour la culture du maïs sont les suivants : Dordogne, Landes, Basses-Pyrénées, Hautes-Pyrénées, Haute-Garonne, Tarn-et-Garonne, Tarn, Gers, Lot, Ariége, Aude, Gironde, Charente, Charente-Inférieure, Saône-et-Loire. Les environs de Lons-le-Saulnier, de Bourg, de Grenoble, de la Tour-du-Pin et de Dijon le cultivent aussi beaucoup.

Les variétés de maïs sont très-nombreuses ; ce sont les tardives qui donnent les plus riches produits. Le midi en cultive une à grains blancs dans les Landes, et ailleurs une autre à grains jaunes, qui rendent par hectare 35 à 50 hectolitres de grain. En Alsace et en Franche-Comté, on cultive un maïs jaune plus précoce et moins haut, qui donne 25 à 35 hectolitres de grain.

Le climat des départements du nord-ouest ne convient pas à cette plante, dont la culture s'est peu étendue depuis 1815 ; elle couvrait 514,000 hectares à cette époque, tandis qu'on n'en comptait que 674,000 en 1873. La production totale a passé de 5,630,000 hectolitres en 1815 à 11,358,000 hectolitres en 1871, et 9,522,000 en 1873. — Le maïs, contenant en certaine proportion des principes gras, a un peu plus de valeur que le seigle pour l'engraissement des animaux. C'est avec le maïs que la Bresse nourrit ses délicieuses volailles; Toulouse et Strasbourg, leurs oies énormes; Bayonne, ses cochons aux jambons si renommés.

Millet. Le *millet* est cultivé dans le Roussillon, la Gascogne, le Languedoc, la Provence, le Morbihan, la vallée du Rhône, la Bourgogne, l'Alsace et la Lorraine. Il demande un sol sec et léger, fertile et propre. Les graines de millet servent à nourrir la volaille et les petits oiseaux; on en fait aussi de la farine que l'on mange cuite en bouillie le plus souvent avec du lait.

Alpiste. L'*alpiste* ou *graine longue des Canaries*, qui ressemble à l'avoine pour le feuillage et la hauteur des tiges, est cultivé depuis deux ans en Provence et dans la région du sud. La culture de cette plante annuelle, qui offre un gracieux épi ovale ou cylindrique, panaché de vert et de blanc, est la même que celle du millet; on la sème à la volée, au mois de mai, sur une bonne terre fumée et très-ameublie, en employant 25 litres de graines par hectare. Elle donne un excellent fourrage pour les bestiaux et les chevaux; ses graines sont comestibles et renferment une farine très-nourrissante avec laquelle on peut faire du pain; c'est avec cette même farine que les fabricants de tissus fins préparent un empois meilleur que tous les autres pour l'encollage des étoffes. Les semences d'alpiste servent aussi à nourrir les oiseaux de volière. C'est une graine qui a acquis des prix exorbitants depuis 1873; on la vendait à cette époque 24 à 25 francs les 100 kilogrammes, tandis qu'en 1876 les prix s'élevèrent à 75 et à 85 francs.

Sarrasin ou blé noir. Le *sarrasin* ou *blé noir*, plante de la famille des polygonées, nous est venu de la haute Asie par la Pologne au XVIe siècle; il est cultivé soit en vue de l'alimentation des habitants, soit pour la nourriture des animaux, soit pour l'enfouir comme engrais en vert. On connaît le sarrasin ordinaire ou commun et le sarrasin de Tartarie, qui est plus rustique et plus hâtif, mais dont les produits sont de qualité inférieure. Le sarrasin ordinaire comprend le sarrasin à petits grains, qui sert à la nourriture de l'homme, et le sarrasin à gros grains; ces grains sont plats et unis sur chaque face et servent à la nourriture des animaux.

Le sarrasin se plaît dans les terres siliceuses et granitiques ou schisteuses, ainsi que dans les terres argilo-siliceuses ou silico-argileuses; il végète mal sur les sols très-calcaires et est improductif dans une argile tenace.

Le sarrasin sera encore longtemps une récolte précieuse dans les sols pauvres, sablonneux, froids et dans les terrains meubles montagneux. C'est une plante peu épuisante, qui tire de l'atmosphère une partie de sa nourriture, c'est-à-dire l'azote; il importe que le sol sur lequel on le cultive soit riche en magnésie, car on a remarqué que sa paille en contient une forte proportion. Trois mois d'été suffisent au sarrasin pour qu'il opère sa végétation complète. Il redoute la grande chaleur, la sécheresse persistante, les variations brusques de température, les temps orageux, qui font couler les fleurs; la température qui convient le mieux à cette plante est une alternative de beaux jours et de temps couvert, légèrement pluvieux, car elle aime beaucoup un climat un peu brumeux ou une altitude de 500 à 600 mètres.

On cultive le sarrasin dans les départements les plus pauvres; il réussit très-bien dans la Bretagne, qui présente un climat doux, uniforme, suffisamment humide, avantages unis à un sol médiocrement fertile; dans la basse Normandie, dans les terrains maigres du Morvan, dans les terres pauvres de la partie occidentale du massif central, la Marche et le Limousin, où il alterne avec le seigle; dans la Bresse et dans les départements voisins (Saône-et-Loire, Ain, Isère, Rhône). Les départements qui le cultivent le plus sont les suivants : Ille-et-Vilaine, Côtes-du-Nord, Manche, Morbihan, Finistère, Haute-Vienne, Loire-Inférieure, Loir-et-Cher, Creuse, Mayenne, Corrèze, Cantal, Orne, Ain et Calvados. L'étendue des terres cultivées en sarrasin reste à peu près stationnaire depuis 40 ans; elle n'a guère varié que de 600,000 à 700,000 hectares; elle était de 707,000 en 1871. Le rendement moyen est très-variable; il tombe rarement au-dessous de 15 hectolitres par hectare et peut s'élever jusqu'à 45 hectolitres et plus; 25 hectolitres est une bonne moyenne. La production totale peut s'élever de 10 à 13 millions d'hectolitres.

Le sarrasin sert à faire des galettes, des bouillies et des crêpes très-nourrissantes dans les pays où on le cultive et surtout en Bretagne; il engraisse très-bien les animaux et les volailles et excite la ponte des poules. Quant à la paille, elle ne peut servir que de litière. Il vaut l'orge pour les qualités nutritives.

Sorgho.

Le *sorgho* ou *grand millet d'Inde* est cultivé dans la Bresse, dans le bassin inférieur du Rhône et de la Garonne; ses panicules servent à faire des balais, ses feuilles sont un bon fourrage, et ses graines nourrissent la volaille, mais peuven[illegible]rvir d'aliment à l'homme. Le sorgho à sucre se cultive en Proven[illegible]

Légumes secs.

Les légumes secs, comprenant les haricots, les pois, les lentilles, les fèves, etc., fournissent un fort contingent à l'alimentation humaine. La récolte est estimée de 4 à 5 millions d'hectolitres; en 1815, elle n'était que de 1,876,000 hectolitres. Les haricots, auxquels il faut une terre légère, saine, sans acidité, sont cultivés en grand principalement dans les terres légères de l'Aisne, de l'Oise, dans l'Orléanais, aux environs de Soissons, Laon, Noyon, Montlhéry, Liancourt, Chartres, Nogent-le-Rotrou, Saintes et Bordeaux. C'est aux environs de Soissons, sur les territoires des communes de Sermoise, Augy, Vasseny, Chassemy, qu'on récolte les meilleurs haricots dits de Soissons. Les haricots de Chartres, désignés sous le nom de *haricots du pays,* proviennent de la Seine, de Seine-et-Oise et de Seine-et-Marne.

La Franche-Comté et la Bourgogne cultivent beaucoup entre les rangées de maïs et dans les vignes de petits haricots blancs nommés haricots de Châlon.

Pois secs.

Les *pois* font l'objet de cultures étendues en Picardie, en Lorraine, en Normandie; la Provence les cultive surtout pour la consommation en vert. Les pois de Noyon, ceux du Poitou, des environs de Lille et d'Isigny sont les meilleurs; ceux de Lorraine et de Saint-Brieuc sont les moins chers.

Le rendement est très-irrégulier à cause de l'influence de la température sur la floraison et varie de 11 à 35 hectolitres de grain par hectare et 2 à 3,000 kilogrammes de paille, l'une des meilleures que l'on puisse donner aux animaux. Les pois chiches sont cultivés en Provence et dans le Languedoc, où ils sont consommés par les habitants; ils servent aussi à falsifier le café en poudre.

Lentilles.

Les *lentilles* sont cultivées dans l'est, le centre et le midi de la France; Vaucluse, la Haute-Loire, l'Ardèche, le Gard, sont remarquables pour cette culture propre aux terres légères, aux terrains sablonneux, aux sols quartzeux et volcaniques et aux terrains sablo-calcaires; aussi la grande lentille croît-elle très-bien dans les sables quartzeux des environs de Rambouillet et sur les terres calcaires et légères du Soissonnais. Le rendement à l'hectare varie de 10 à 25 hectolitres. La lentille est très-nourrissante et contient en azote 4,5 % de son poids; elle fournit une nourriture saine et très-nutritive, mais un peu indigeste. Sa paille est la première de toutes celles des légumineuses pour l'alimentation des bestiaux.

Fèves.

La *fève*, originaire de la Perse, comprend [illegible]ommune ou *fève des marais,* dont la semence est très-grosse, et la [illegible] champs ou *féverole*, dont les grains sont plus petits et presque cylindriques. La culture de la fève demande, en général, une terre substantielle, argilo-calcaire, fraîche, non exposée au grand soleil, amendée et bien divisée. Cette plante craint les sécheresses et les fortes gelées. En général, on la sème en automne dans le midi et au printemps dans le nord.

Les fèves sont cultivées dans le nord, le nord-est, la Vendée, le Gers, le Gard, etc.

Lupin.

Le *lupin blanc* est cultivé en Corse et dans le midi de la France, comme dans la Gironde, le long de la Dordogne, de Libourne à Sainte-Foy, et dans le Lot-et-Garonne. Le lupin demande un sol très-meuble; il réussit très-bien dans les terrains maigres, pierreux et sablonneux et les sols graveleux les plus mauvais, pourvu qu'ils ne soient pas calcaires et qu'ils présentent de la profondeur. On le sème en avril et on le récolte en septembre. Les graines de lupin fournissent une nourriture assez grossière et indigeste; elles sont d'une excessive amertume et les bestiaux refusent quelquefois de les manger; mais ils s'y habituent facilement et les recherchent ensuite avec beaucoup d'avidité. Sous leur influence, les bœufs, les moutons et les porcs prennent un embonpoint rapide; elles fortifient leur santé délabrée par l'usage d'une nourriture trop rare ou malsaine, mais elles ne conviennent pas aux vaches laitières. Les bêtes à laine consomment les graines et la paille avec plaisir et avidité. Le lupin est souvent cultivé pour l'enterrer en vert comme engrais.

TABLEAU DE LA RÉCOLTE DES CÉRÉALES ET DES LÉGUMES SECS EN FRANCE.

(Quantités produites en hectolitres.)

ANNÉES	MÉTEIL	SEIGLE	ORGE	AVOINE	MAÏS	SARRASIN	LÉGUMES SECS
1861	6.791.282	24.009.113	20.096.529	70.301.208	9.162.789	10.149.107	3.801.621
1862	9.694.131	26.877.269	21.975.879	82.848.269	9.379.187	11.821.989	4.437.781
1863	10.040.227	29.554.776	21.509.591	76.478.361	10.064.273	9.263.733	4.183.774
1864	9.497.698	28.436.283	22.555.854	79.589.551	7.760.684	8.838.221	4.081.342
1865	8.526.044	25.878.514	20.135.412	69.493.112	9.787.022	12.658.000	4.293.082
1866	8.044.230	24.374.093	17.986.208	66.906.756	10.358.551	13.092.324	4.987.132
1867	7.212.108	21.945.594	18.178.932	59.560.703	10.599.574	12.430.789	4.106.486
1868	9.593.917	28.924.418	19.972.690	72.845.965	10.961.589	11.288.555	4.597.778
1869	8.596.715	26.925.000	20.544.000	76.300.000	10.304.000	6.658.000	3.973.000
1870	»	»	»	»	»	»	»
1871	5.909.689	26.462.623	25.614.014	85.893.297	11.358.653	9.671.707	4.789.871
1872	8.972.075	29.868.575	20.866.140	81.127.003	11.301.202	10.629.343	5.461.332
1873	6.355.423	20.320.023	18.965.077	76.772.124	9.521.885	9.222.047	4.465.078
1874	9.894.447	28.369.818	19.675.921	68.337.410	10.778.645	12.017.703	4.256.500
1875							
1876							

NOTA. L'Alsace-Lorraine n'est pas comprise dans ce tableau depuis 1871.

Insuffisance de céréales dans quelques départements.

Les départements où la récolte des céréales est insuffisante sont principalement ceux des régions montagneuses, tels que les Vosges, le Doubs, le Jura, les Basses-Alpes, les Hautes-Alpes, les Alpes-Maritimes, la Lozère, le Cantal, l'Ardèche, l'Aveyron, la Creuse, les Hautes-Pyrénées, les Landes, ceux de la Bretagne, la Corse, le Rhône et la Seine.

Principaux marchés de céréales.

Les principaux marchés de céréales sont Paris, Lille, Rouen, le Havre et Montivillers, Dijon, Gray, Metz, Strasbourg, Lyon, Toulouse, Marseille, Bordeaux et Nantes.

Dans les années abondantes, la France a un excédant à exporter, qu'elle écoule facilement dans les pays voisins, surtout en Angleterre, en Belgique et en Suisse; mais dans les années de mauvaises récoltes elle a, au contraire, un déficit à combler. Les principaux pays d'où nous tirons le froment nécessaire à nos besoins en cas d'insuffisance des récoltes indigènes, sont la Russie, la Pologne, la Prusse, la Roumanie et la Turquie, les États-Unis, l'Espagne, l'Italie, l'Égypte, l'Algérie et Bombay, etc.

Légumes verts. Racines et tubercules.

2° Légumes verts. — Racines et tubercules.

Pomme de terre.

La *pomme de terre* est l'un des produits les plus précieux que possède notre agriculture. Originaire de l'Amérique méridionale, où elle est cultivée de temps immémorial, la pomme de terre fut introduite en Europe par les Espagnols, après la conquête du Pérou. Cultivée d'abord en Italie, dans les Pays-Bas, la Franche-Comté, la Bourgogne, elle se répandit lentement en France, le bruit s'étant accrédité qu'elle constituait un aliment dangereux.

En 1778, un homme devenu célèbre, Parmentier, commença une série de travaux sur la pomme de terre, tendant à prouver que cette matière alimentaire pouvait être d'un secours immense, surtout en temps de disette des céréales. Il consacra plusieurs années de sa vie en efforts pour faire entrer cette plante dans la culture française, et il y réussit complétement. En 1793, on ne comptait encore que 35,000 hectares plantés en pommes de terre, tandis qu'en 1815 le nombre s'élevait à 558,000; de 1815 à 1840, la culture de cette plante prit une très-grande extension, et de 560,000 hectares qu'elle occupait en 1817, elle s'éleva à 920,000 hectares en 1840. La maladie de la pomme de terre s'étendit comme une épidémie, en 1845, et dura plusieurs années; aujourd'hui l'étendue cultivée en pommes de terre est évaluée à 1,250,000 hectares et la production, qui est très-variable d'une année à l'autre, peut être estimée de 100 à 140,000,000 d'hectolitres; les années 1843, 1868 et 1871 ont donné respectivement 163, 142 et 128,000,000 d'hectolitres de pommes de terre. De 1815 à 1830, la production a varié entre 21,500,000 et 55,000,000 d'hectolitres.

La pomme de terre est un aliment sain et agréable, mais moins nourrissant que le blé : c'est le pain du pauvre. Dans la consommation ménagère, 6 kilogammes de pommes de terre de bonne qualité équivalent à 1 kilogramme de blé.

Elle forme la base de la nourriture de la plupart des animaux domestiques. La pomme de terre ne réussit bien que dans les climats tempérés froids; elle préfère en général les sols légers, sablonneux, calcaires et argilo-calcaires; les terrains compactes, humides, riches en humus, ne lui conviennent pas. Le rendement par hectare peut être évalué, en moyenne, à 170 hectolitres; avant l'invasion de la maladie, on pouvait obtenir 500 hectolitres de pommes de terre par hectare dans un sol riche, bien ameubli et bien fumé et 200 hectolitres dans un bon sol médiocrement fumé. Au-dessous de 120 à 150 hectolitres par hectare la culture de la pomme de terre cesse d'être profitable. Les pommes de terre les plus fortement fumées sont les plus riches en fécule; mais on a constaté que celles qui sont récoltées dans un sol pauvre, et particulièrement dans les terres légères, rendent plus d'eau-de-vie que celles récoltées dans les terres fortement fumées et dans les terres argileuses. On estime que l'hectolitre de pommes de terre, mesuré ras, pèse de 60 à 67 kil., et de 75 à 80 kil., mesuré comble.

L'industrie retire des pommes de terre de la fécule, du sirop de glucose et de l'alcool.

La culture des pommes de terre est répandue dans toute la France, mais les parties qui en cultivent le plus sont la région du nord-est, dans les Ardennes, la Lorraine (Vosges, Meurthe-et-Moselle), l'Alsace, Saône-et-Loire; la région du nord, surtout dans la Flandre et la Beauce; la région de la basse Loire, dans Maine-et-Loire et Loiret; dans le massif central (Puy-de-Dôme, Aveyron, Ardèche), la vallée du Rhône, principalement dans les départements de l'Ain et de l'Isère, etc. Etendue cultivée : 1,150,000 hectares, ayant produit 110,322,000 hectolitres (1872).

Il faut 25 hectolitres de pommes de terre en moyenne pour en ensemencer un hectare. On calcule que les féculeries et les distilleries absorbent au moins 15,000,000 d'hectolitres de pommes de terre et qu'il en reste environ 75,000,000 pour l'alimentation des habitants et des animaux.

Les betteraves à sucre et fourragères, de la famille des chénopodées, sont originaires, dit-on, de l'Europe méridionale et notamment de l'Espagne et du Portugal. C'est à la fin du XVIe siècle que la betterave rouge fut importée d'Italie en France. C'est aujourd'hui l'une de nos principales cultures alimentaires et fourragères. Betteraves.

En 1842, la superficie cultivée en betteraves était évaluée à 58,000 hectares; à 136,000 hectares en 1862 et à plus de 369,000 en 1872. La récolte peut être évaluée à près de 118,000,000 de quintaux métriques, d'une valeur brute de 254 millions de francs. La betterave est employée à la fabrication du sucre et de l'alcool et à la nourriture du bétail. Elle aime un sol de consistance moyenne, pourvu de calcaire, sain, profond, riche en potasse ainsi qu'en sels azotés et phosphorés, très-ameubli et très-abondamment fumé. Dans les régions du nord, du nord-ouest, du nord-est, de l'ouest, du centre et de l'est, les betteraves trouvent en été assez de fraîcheur pour former rapidement leurs racines, qui, dès le mois de septembre, peuvent être livrées aux sucreries; le principe sucré s'affaiblit ensuite en elles depuis novembre jusqu'au printemps; cependant il se conserve assez longtemps pour que la fabrication puisse durer cinq mois. Sous le climat du midi, semées au printemps, les betteraves sont bientôt arrêtées par la sécheresse; puis elles ne grossissent qu'en automne et elles sont moins sucrées; on a remarqué qu'elles sont d'autant plus riches en sucre qu'elles croissent dans les pays les plus septentrionaux. La betterave est aussi plus riche en sucre dans la partie cachée en terre que dans celle qui se présente au jour; aussi choisit-on pour les sucreries la betterave *blanche de Silésie* à collet vert, qui a une racine oblongue, presque totalement enterrée, celle à collet rose et la *blanche de Magdebourg* la plus riche en sucre, qui est cultivée surtout en Allemagne; ces racines, de forme conique et régulière, ne s'élèvent pas au-dessus du sol. L'époque la plus favorable pour l'ensemencement paraît être du 10 au 25 avril.

Pour la nourriture des animaux, on choisit des variétés plus rustiques et plus grosses, comme la betterave champêtre ou *disette,* rose hors de terre, qui présente une racine très-volumineuse, longue, à moitié sortie de terre, ayant une chair blanche veinée de rose; la *jaune grosse*, dont la racine à peau jaune est très-cylindrique et offre une chair d'un jaune pâle et zonée de blanc; elle est très-estimée des nourrisseurs des environs de Paris. La betterave *globe-jaune,* dont la racine est grosse, arrondie et pousse presque entièrement hors de terre, paraît être la plus riche en matière azotée et se trouve la plus nourrissante de toutes les variétés connues. La betterave rouge cerise, qui a une racine longue, cylindrique, sortant aux deux tiers de terre, est principalement employée pour l'alimentation des hommes.

Les lignes des betteraves cultivées pour sucre sont moins espacées que celles des betteraves qui doivent servir à la nourriture des animaux, afin que le principe sucré se développe à la faveur du sol très-ombragé. Cultivé pour les sucreries, l'hectare produit, en bonnes conditions, 30 à 50,000 kilogrammes de racines du prix de 18 à 20 francs les 1,000 kilogrammes; le quintal métrique fournit de 80 à 85 kilogrammes de jus, et 15 à 20 kilogrammes de pulpe, que la sucrerie revend généralement au cultivateur 12 francs les 1,000 kilogrammes. Cette pulpe équivaut à la moitié de son poids du meilleur fourrage. Le rendement en fabrique devra être au moins de 4^{kgr},112 de sucre pour 100 kilogrammes de racines; rarement il dépasse 8 kilogrammes, bien que la betterave renferme jusqu'à 13 °/₀ de sucre. Le rendement varie de 5,66 à 5,91 °/₀ depuis trois ans.

Cultivée pour les animaux, cette plante rend par hectare 40 à 60,000 kilogrammes équivalents au quart de ce poids de bon foin.

Les betteraves sont cultivées pour la fabrication du sucre dans les départements du Nord, du Pas-de-Calais, de la Somme, de l'Oise, de l'Aisne, de Seine-et-Oise, des Ardennes et de Seine-et-Marne, que l'industrie sucrière a enrichis; la Bretagne et la Limagne d'Auvergne se livrent aussi à cette culture dans le même but; une dizaine de départements environ en sont dépourvus. L'arrondissement de Valenciennes a été en France le berceau et l'école de cette branche d'industrie agricole et il se conserve au premier rang. La fabrication de la campagne de 1870-1871 a dépassé 289 millions de kilogrammes de sucre de betterave, celle de 1871-1872 a été de 336 millions de kilogrammes, celle de 1872-1873 de 408 millions, celle de 1873-1874 de 416 millions et celle de 1874-1875 de 438 millions de kilogrammes. En 1860-1861, elle n'avait été que de 108 millions de kilogrammes. Dans le midi, les habitants des environs de Gardanne cultivent en grand la betterave comme plante alimentaire.

Culture maraîchère.

Les légumes frais, comme les carottes, les panais, les navets, les choux, les oignons, les asperges, les artichauts, les melons, etc., étaient autrefois cultivés aux environs des marchés et avaient fait naître la culture maraîchère près des grandes villes; mais les transports rapides par chemin de fer permettent cette culture loin des villes. La Flandre, l'Artois, la Picardie, l'Ile-de-France, la Touraine, l'Orléanais, la Loire-Inférieure, la Limagne produisent beaucoup de légumes frais; le midi, principalement le Var et l'Algérie fournissent des primeurs à Paris. Les jardiniers d'Amiens, de Roscoff, d'Angers, de Niort, de Bordeaux fournissent en abondance de beaux produits. Au moyen de l'arrosage, Cavaillon, Perpignan, Saint-Remy, Pézenas, cultivent beaucoup les légumes, principalement l'artichaut, l'ail, l'aubergine, la tomate, le melon, la pastèque, le haricot dolique, etc.

La *carotte* vient bien dans le nord, le nord-ouest, le nord-est et l'ouest; elle ne peut réussir en pleine culture dans nos régions méridionales, parce qu'elle est très-sensible aux sécheresses. Les champs légers ou peu consistants et sans pierres lui conviennent; elle peut rapporter par hectare, en bonnes conditions, 25 à 30,000 kilogrammes de racines qui équivalent au tiers de ce poids du meilleur foin.

Le *panais* se cultive en grand aux environs de Brest et de Morlaix; ses racines sont aromatiques, sucrées et plus nourrissantes que les carottes. Les Bretons en donnent à tous leurs animaux. On cultive les *navets*, qui aiment les temps brumeux, dans nos régions occidentales; on les sème dans le midi après les sécheresses d'été, mais au milieu de l'été dans les montagnes et le nord. Le navet proprement dit, qui sert à la nourriture de l'homme, se sème en plein champ dans les terres de Freneuse (Seine-et-Oise), et la plaine des Sablons près de Paris ; dans la Marne, sur le territoire crayeux de Courtisols, et dans la Meuse, sur les coteaux pierreux de Verdun. Les terrains qui produisent ces excellents légumes sont secs, légers, calcaires et peu engraissés.

La *rave,* plus grosse, mais d'un goût moins fin que le navet, se cultive en grand et sert surtout à la nourriture des animaux. La rave du Limousin et celle d'Auvergne sont larges, aplaties et presque entièrement développées à la surface du sol auquel elles ne tiennent que par un fil ; la variété d'Alsace est allongée et s'élève au-dessus de terre.

Le *chou-rave* est cultivé en Alsace et aux environs de Lyon. L'Alsace pratique la culture du *chou d'été* sur une grande échelle pour la fabrication de la choucroute ; elle cultive aussi avec succès le *chou-rouge* et le *chou de Bruxelles.* Près de Saint-Brieuc, en Bretagne, les champs de blé sont travaillés aussitôt après la moisson et plantés en *choux-pommés* destinés à l'approvisionnement de plusieurs villes.

L'*artichaut*, végétal vivace de la famille des composées, se dressant comme un grand chardon, exige un terrain frais et riche ; Laon et Chauny sont remarquables pour la bonne variété qui y croît ; le *violet hâtif* et le *vert de Provence* conviennent au midi.

Les *asperges* de Laon et de Dunkerque sont renommées et celles d'Argenteuil sont magnifiques ; on en exporte en Angleterre.

La *citrouille* se cultive en grand dans l'Anjou, le Maine, la Touraine et la Franche-Comté ; la culture du *melon* se fait en plein champ dans le midi ; dans le nord, il faut se servir des couches, des vitraux et des cloches. La culture de l'*oignon* est très-étendue dans le midi ; l'hectare de grande culture produit en moyenne de 9 à 10,000 kilogrammes de bulbes, du prix de 10 à 15 francs les 100 kilogrammes. L'*ail* se cultive dans le midi sur de très-grandes étendues, notamment sur les bords sablonneux de la Durance.

Autour de Paris, à Clamart et à Fontenay-aux-Roses, à Plougastel près Brest, le *fraisier,* plante vivace et fructifère de la famille des rosacées, fait l'objet de cultures très-étendues ; il en est de même aux environs de Bordeaux et d'Angers, et dans la plaine d'Hyères dans le Var ; la Valette, près Toulon et Hyères en alimentent Marseille.

3. — Cultures industrielles.

Cultures industrielles.

Les cultures industrielles ne sont ni moins riches ni moins variées que nos cultures alimentaires.

Plantes oléagineuses.

La culture des plantes oléagineuses, qui s'étend sur près de 300,000 hectares, est principalement répandue dans le nord, le nord-ouest et l'est; le midi en est presque entièrement dépourvu. Le colza, qui se plaît sous un ciel humide, par conséquent dans les régions occidentales, réussit aussi dans le nord, le nord-est, l'est et le centre; mais dans le sud et le sud-est, il serait souvent égrené par les vents secs et violents qui se font sentir dans ces régions. Le colza d'automne, qui se sème à la fin de juillet et mûrit à la fin de juin, préfère à toute autre terre les limons calcaires et les terrains argilo-calcaires perméables; il peut produire de 25 à 35 hectolitres de graines par hectare. Le colza est cultivé dans la Flandre, l'Artois, la Picardie, la Normandie et surtout dans le Calvados. Dans le sud-ouest, la vallée de la Garonne; dans l'est, la Lorraine et la Bourgogne (Saône-et-Loire et Ain), et la plaine de Champagne le cultivent aussi. Les colzas de Cambrai, de Douai, d'Hazebrouck, d'Arras, de Péronne, de Saint-Quentin et des plaines de Caen sont les plus estimés. On évalue à 4 millions d'hectolitres de graines de colza la récolte annuelle de cette plante; près de trois millions et demi d'hectolitres sont employés à la fabrication de l'huile et en produisent environ 84 millions et demi de kilogrammes avec 133 millions et demi de kilogrammes de tourteaux, d'une valeur totale de 111 millions de francs, dont 89 millions pour les huiles. Colza.

La *navette* d'automne, qui se sème un mois plus tard que le colza, se plaît surtout dans les terrains calcaires et n'exige pas un sol aussi riche que le colza; elle rend par hectare de 18 à 20 hectolitres d'une graine qui vaut un peu moins que celle du colza; on la cultive surtout dans l'est; le département de la Meuse cultive la *navette de printemps ou d'été.* Les navettes de Caen et de Rouen sont les plus renommées. Navette.

Le *pavot* comprend deux variétés principales : le *pavot noir* ou *œillette* dont la culture ne s'est développée que vers la fin du XVIIIe siècle, et le *pavot blanc* servant en médecine. Pendant longtemps l'huile de pavot passa pour un poison et cette croyance empêcha le développement de la culture du pavot; c'est en 1775 qu'on en autorisa la libre fabrication et que la culture de la plante se développa. Aujourd'hui le pavot œillette est cultivé en Flandre, en Picardie, dans l'Artois, en Lorraine et en Alsace. C'est une plante qui craint la sécheresse et les grands froids et qui exige un terrain perméable, friable ou peu consistant, pourvu de calcaire, d'engrais azoté et phosphoré et riche en humus; elle peut donner de 25 à 30 hectolitres de graines par hectare. Le *pavot blanc,* donnant des capsules grosses comme le poing, est cultivé dans la plaine des Vertus (Seine) et à Clermont-Ferrand. Pavot.

La *cameline*, qui accomplit sa végétation en trois mois, peut être cul- Cameline.

tivée dans les diverses parties de la France, excepté sous le ciel du midi; elle se plaît sur les sols calcaires, friables et bien ameublis; on la sème en mai ou juin et elle produit de 12 à 20 hectolitres de graines par hectare. En Flandre, on la met surtout à la place de colza, de chanvre, de lin dont la semaille a manqué; l'est et le nord-ouest cultivent aussi cette plante, surtout la Normandie.

Moutardes. On cultive la *moutarde noire* et la *moutarde blanche* appelée *moutardon* dans les terrains calcaires et fertiles des départements du Nord, de la Marne, de la Lorraine et de l'Alsace.

Plantes textiles. Les deux seules plantes textiles importantes de la France sont le chanvre et le lin; en 1862, l'étendue du chanvre était de 100,000 hectares et celle du lin de 105,000; en 1872, celle du chanvre s'élève à 128,000 hectares, tandis que celle du lin n'est plus que de 83,000. La production totale de la filasse de chanvre, qui était, en 1862, de 700,000 quintaux métriques, n'est plus actuellement que de 688,000, avec 922,000 hectolitres de chènevis; en 1862, le lin produisait 370,000 quintaux métriques de filaments valant 57 millions de francs et 550,000 hectolitres de graines; en 1872, la production en filasse de lin dépasse 487,000 quintaux métriques.

Chanvre. Le chanvre est beaucoup plus cultivé en France que le lin; il est répandu à peu près dans tous les départements, tandis que le lin, d'une nature plus délicate et exigeant plus de soin, se concentre particulièrement dans le nord et le nord-ouest; cependant on en rencontre une assez grande étendue dans le sud-ouest.

Le chanvre, qui ne se plaît qu'en terre friable parfaitement ameublie et riche en engrais azoté, donne par hectares 800 à 1,200 kilogrammes de filasse et 6 hectolitres de graine. Les chanvres les plus estimés sont ceux de Picardie, de Champagne, d'Anjou, du Maine, de Bourgogne, de la Touraine et d'une partie de l'Alsace. C'est dans les vallées de la Loire, de la Garonne, de l'Allier, de l'Isère, du Rhin, qu'on rencontre les plus belles cultures de chanvre. Le chanvre de Bologne est cultivé dans les terres fécondes et fraîches de la vallée du Graisivaudan et atteint 4 à 5 mètres; cette même variété modifiée par le climat est cultivée dans la vallée de la Loire et fournit les belles filasses de l'Anjou et de la Touraine. La Limagne et la Bretagne en produisent aussi beaucoup. Les départements qui en produisent le plus sont Maine-et-Loire, Sarthe, Indre-et-Loire, Ille-et-Vilaine et Côtes-du-Nord.

Lin. Le *lin*, plante textile par excellence des pays brumeux et froids, est surtout cultivé dans les régions du nord-ouest, de l'ouest et du sud-ouest, où il occupe annuellement les plus grandes surfaces. Il redoute les sols secs et les grandes sécheresses, ainsi que les grands froids et les vents violents. Aucune variété ne convient au sud-èst, à cause des vents secs qui, dans cette partie de la France, agitent constamment la plante et en rendent la fibre par trop grossière. Les terrains de prédilection du lin sont les limons pourvus de calcaire, à sol profond, riches en humus et perméables. Le lin se récolte dans la Flandre, l'Artois, la Picardie, la Normandie, la Bretagne, le Maine, l'Anjou, la Vendée, la Gascogne, le Béarn et l'Alsace. Le lin de la vallée de la Lys, celui de Bernay (Eure), de la Bretagne et du Maine, sont très-estimés. Les belles cultures de la Flandre, de l'Artois et de la Picardie produisent jusqu'à 800 et 900 kilogrammes de filasse par hectare. Les départements qui produisent le plus de lin sont : Pas-de-Calais, Nord, Somme, Finistère, Vendée, Seine-Inférieure, Manche, Côtes-du-Nord, Landes, Eure, etc.

La production du chanvre et du lin en France, estimée à 140 millions de francs, n'est pas suffisante pour les besoins de la consommation du pays.

Ortie blanche et ramie.

L'*ortie blanche de la Chine* donne de bons produits dans l'Hérault; l'*ortie ramie,* comme l'ortie blanche, donne une filasse très-soyeuse et pourrait être cultivée seulement dans le midi, car elle redoute le froid. Le genêt croît dans le Larzac.

Plantes tinctoriales.

Les principales *plantes tinctoriales* cultivées en France sont la garance, le safran, la gaude, le pastel, l'orcanète, le carthame et le tournesol.

Garance.

La *garance* est une plante de la famille des rubiacées, qui a une tige quadrangulaire et rampante, des feuilles verticillées rugueuses et de nombreuses et longues racines vivaces dans lesquelles se trouve le principe colorant. La culture de cette plante, qui occupe le sol pendant dix-huit mois ou trois ans, selon qu'elle a été propagée par racine ou par graines, exige un terrain argilo-calcaire profond, meuble, frais, perméable, exempt d'acidité, riche en sels azotés et phosphorés. Le produit, par hectare, des garances de deux ans et demi est de 3,500 kilogrammes de racines sèches. Les bas prix de la garance, provenant de la concurrence que lui font les teintures minérales, compromettent gravement la culture de cette plante. La garance est cultivée en Alsace, où elle fut introduite par Charles-Quint; au milieu du siècle dernier, Jean Althen, originaire de Perse, l'a portée directement d'Orient dans les paluds de Vaucluse, d'où elle s'est étendue en Languedoc et en Auvergne. Les départements qui se livrent à cette culture sont : Vaucluse, aux environs de Carpentras, d'Orange et d'Avignon; mais ce département tend à abandonner cette culture ; les Bouches-du-Rhône, aux environs d'Arles, à Saint-Andiol, aux Cabannes (canton d'Orgon), à Saint-Remy, etc.; le Gard, près de Nîmes et d'Uzès ; la Drôme, près de Montélimar. Le Bas-Rhin (Strasbourg et Saverne), l'Hérault (Montpellier), les Basses-Alpes (Forcalquier), l'Ardèche (Viviers) la Flandre et la Seine-Inférieure cultivent aussi cette plante dont la production varie de 28 à 30,000,000 de kilogrammes, qui dépassent les besoins de la consommation nationale. Etendue cultivée en 1872 : 11,541 hectares.

Safran. Le *safran,* végétal bulbeux qui produit à la fin de l'été une jolie fleur lilas dont le style est surmonté de stigmates ou filets odorants, de couleur orange, qui procurent un principe aromatique très-fin et une teinture jaune, exige une terre perméable pourvue de calcaire, peu consistante, riche et sans grosses pierres. Comme la plante occupe le sol plusieurs années et qu'elle craint les gelées rigoureuses, on ne peut la cultiver avec succès dans les parties froides des régions du nord et du nord-est; sous le ciel brumeux du nord-ouest, les fleurs seraient de qualité médiocre. On comptait, en 1862, 1,115 hectares ensemencés en safran, dont 1,000 dans le Gâtinais (Loiret) et le reste dans Seine-et-Marne et Vaucluse (Carpentras). C'est dans l'arrondissement de Pithiviers que sont situées les safranières du Gâtinais, et c'est dans les communes de Mormoiron et de Pernes, près de Carpentras, que le safran est cultivé dans le Comtat. Les safranières durent trois ans dans le Gâtinais; les fleurs, qui paraissent en automne, sont récoltées tous les deux jours et, le soir même, dépouillées de leurs stigmates, qu'on fait sécher au soleil ou plutôt sur un tamis au-dessus d'un feu vif. L'hectare, dans des conditions favorables, en produit, la première année, 12 kilogrammes, et 26 kilogrammes chacune des années suivantes. La production totale peut être évaluée à plus de 25,000 kilogrammes. La France en importe d'Espagne. La safran donne lieu à Marseille à un commerce très-important; en 1874, cette ville importait plus de 45,000 kilogrammes de safran, dont 44,000 d'Espagne.

Le safran donne une belle couleur d'un jaune vif; il est aussi employé en médecine, en parfumerie et dans l'art culinaire.

Gaude. La *gaude,* de la famille des résédacées, croît sauvage dans les terrains calcaires et sur les murs ; cette plante annuelle a deux variétés ; l'une automnale, la plus productive, peut être cultivée partout; l'autre printanière souffrirait de la sécheresse du midi et la culture n'en est appropriée qu'au nord et à l'ouest. La gaude est cultivée sur 113 hectares dans l'Hérault, la Somme, le Doubs, l'Eure, la Seine-Inférieure et Seine-et-Oise (Pontoise). Toute la plante contient une teinture jaune très-pure et d'une grande solidité.

Pastel. Le *pastel,* plante bisannuelle de la famille des crucifères, se plaît dans les terrains calcaires; mais il est peu cultivé; on le rencontre dans le Tarn, dans les environs d'Alby, à Marmande, à Blaye et dans le Calvados. Il fournit une couleur bleue très-solide.

Orcanète.

Carthame.

L'*orcanète,* qui fournit une couleur rouge, est cultivée en Provence et dans le Languedoc. Le *carthame* ou *safran bâtard,* dont les fleurons constituent la partie tinctoriale, est cultivé sur quelques points du midi et autour de Lyon. Un hectare produit 150 à 200 kilogrammes de fleurs. Le *tournesol* ou maurelle, plante annuelle et dioïque de la famille des Euphorbiacées, exigeant une terre sèche et calcaire, croît à l'état sauvage sur plusieurs points du midi. On le cultive en Auvergne, dans le Gard, à Grand-Gallargues, et en Provence. Les feuilles se récoltent à la fin de l'été lorsqu'elles vont tomber; on les réduit sous la meule en une pâte qu'on presse et dont on recueille le suc.

Tournesol.

Plantes à produits divers.

Tabac.

La culture du *tabac* est soumise au contrôle de l'Etat et est l'objet d'un privilége pour certains départements; le tabac est aussi l'objet d'un monopole de fabrication et de vente pour l'État. Cette plante peut réussir en France sous tous les climats; mais plus les étés sont chauds, plus les feuilles sont douces et aromatiques. Aussi les tabacs de Flandre et d'Alsace seront toujours moins bons que ceux de la Havane, de Virginie, de Maryland et d'Égypte. La régie fixe le nombre de pieds de tabac à planter par hectare à 25,000 pour le nord et à 40,000 pour le midi. Dans le nord, l'hectare produit généralement 1,500 à 2,500 et quelquefois 3,800 kilogrammes de feuilles sèches, que la régie paie environ 75 fr. les 100 kilogrammes; dans le midi, on récolte 800 à 1,300 kilogrammes du prix de 80 à 130 fr. les 100 kilogr. On évalue l'étendue cultivée à 20,000 hectares dans plus de 19 départements et la production varie de 16 à 24,000,000 de kilogrammes; elle était de 16,500,000 kilogrammes en 1874, valant 14,000,000 de fr. Le nombre des planteurs approche 45,000. La consommation étant de 32,000,000 de kilogrammes, la France est obligée d'en importer 8 à 10,000,000 de kilogrammes de l'Amérique, des Antilles, de la Hongrie, de l'Algérie et de la Turquie. Le tabac fournit au Trésor une recette brute de près de 300,000,000 de francs (1876), et un bénéfice net de plus de 234,000,000 (en 1873).

Les principaux départements qui cultivent le tabac sont ceux de Lot-et-Garonne, du Bas-Rhin, du Lot, de la Dordogne, du Nord, d'Ille-et-Vilaine, du Pas-de-Calais, du Haut-Rhin, de la Meurthe, de la Gironde. La Moselle, la Haute-Saône, la Haute-Savoie et la Savoie, les Bouches-du-Rhône, les Alpes-Maritimes, le Var, les Hautes-Pyrénées, les Landes, la Corse, la Lozère, le Rhône, Maine-et-Loire et l'Orne le cultivent aussi. Des essais sont tentés dans le Puy-de-Dôme, l'Isère, la Meuse et les Vosges.

La régie n'achète pas toujours tout le tabac récolté en France; celui qu'elle n'accepte pas, parce qu'il est de mauvaise qualité, doit être exporté ou détruit. Il faut au tabac une terre fraîche, substantielle, profonde et riche en potasse. Le meilleur tabac de France est celui de Tonneins (Lot-et-Garonne); le Nord ne produit que des tabacs corsés.

Houblon.

Le *houblon*, plante dioïque et vivace de la famille des urticées, demande une terre meuble, en plein soleil, abritée des vents du nord et du nord-est; on ne cultive que les pieds femelles qui produisent les cônes dont on se sert pour aromatiser la bière. Une houblonnière dure de 15 à 20 ans. Le houblon est cultivé dans les régions du nord et du nord-est, surtout en Flandre, dans l'Artois, en Lorraine et principalement en Alsace et jusqu'en Bourgogne. Les départements qui se livrent à cette culture sont les suivants : Nord, Pas-de-Calais, Somme, Seine-Inférieure, Aisne, Ardennes Moselle, Meurthe, Bas-Rhin, Vosges et Côte-d'Or. La production était estimée, en 1870, à 66,000 quintaux métriques, et à 40,000 en 1872. Etendue cultivée, en 1872 : 3,300 hectares. Bischwiller et Haguenau, Dijon et Lyon sont de grands marchés de houblon.

Chardon à foulon.

Le chardon à foulon ou *cardère* (Dipsacus fullonum), dont les têtes sont employées dans la fabrication des étoffes de laine, comprend deux variétés : une forte, pour les draps grossiers et une petite employée pour la confection des tissus fins; la cardère est cultivée çà et là dans nos diverses régions du nord et du midi, autour des centres de fabrication de draperies qui en achètent le produit.

Le département des Bouches-du-Rhône en cultive beaucoup à Tarascon et à Saint-Remy; Carcassonne, Louviers, Elbeuf et Mézières (Oise), cultivent également cette plante bisannuelle, qui occupe le sol pendant deux années, et qui exige une terre forte, profonde et modérément riche.

Chicorée.

La culture de la *chicorée* se fait dans le département du Nord; les racines nettoyées sont fendues dans leur longueur et divisées en petits tronçons qu'on fait torréfier. L'hectare produit de 12 à 20,000 kilogrammes et quelquefois jusqu'à 30,000 kilogrammes de racines fraîches.

Plantes aromatiques et médicinales.

La France cultive quelques centaines d'hectares de plantes aromatiques et médicinales. L'*anis*, plante annuelle de la famille des ombellifères, est cultivé sur quelques points du centre, du midi (Gaillac) et de l'est pour ses graines aromatiques. La *coriandre*, remarquable par sa forte odeur de punaise, est cultivée à Gaillac, en Touraine et près de Saint-Denis. Le *fenugrec*, de la famille des légumineuses, convient au centre et au midi; il est cultivé dans l'arrondissement de Bourgueil (Indre-et-Loire); l'*angé-*

lique est cultivée près de Niort, et le *fenouil*, plante vivace, se cultive en Provence pour ses graines. On cultive l'*absinthe* près de Pontarlier et dans le midi, comme à Gaillac.

Fleurs.

Les fleurs sont l'objet de grandes cultures en Provence pour la fabrication des essences; le réséda, la tubéreuse, la jonquille, la lavande, le jasmin d'Espagne, le géranium, la menthe poivrée, se cultivent en grand dans le Var, les Alpes-Maritimes, principalement aux environs de Grasse et de Nice, pour l'essence de leurs fleurs; la menthe poivrée se cultive aussi à Sens; l'immortelle d'Orient est l'objet de grandes cultures à Bandol et à la Ciotat. L'iris de Florence est cultivé pour ses rhizomes charnus et contournés qui exhalent une odeur de violette dans l'Ain (Anglefort), les Bouches-du-Rhône et le Var. On cultive en grand le rosier pour essence à Cannes, Grasse, ainsi qu'à Provins (Seine-et-Marne) et à Fontenay-aux-Roses près Paris. Cette culture exige un terrain léger, riche, sans humidité permanente.

4.— Arbres fruitiers et autres.

Arbres fruitiers.

La culture des arbres fruitiers a pris depuis 1835 des développements considérables. Beaucoup de localités cultivent en grand certains arbres fruitiers, et leurs produits donnent lieu à un commerce fort étendu avec Paris, l'Angleterre et la Russie.

Arbres à cidre.

Les départements voisins de Paris cultivent beaucoup les variétés de pommes et de poires pour la table. La Bretagne, la Normandie, le Perche, l'Anjou, la Picardie, l'Artois, le Maine et la Limagne, cultivent les pommiers et les poiriers, surtout pour la fabrication du cidre. Ces arbres sont plantés en lignes et espacés les uns des autres de 10 à 20 mètres, soit en bordures, soit à l'intérieur des terres labourables ou des prairies naturelles ou pâtures. On estime qu'il faut 5 hectolitres de pommes de bonne qualité pour faire deux hectolitres de jus.

Les meilleurs cidres sont ceux du pays d'Auge, de Bayeux, du Cotentin, du Bessin et du Bocage; par dessus tout, on estime le cidre de Lolif, près d'Avranches et celui de Montigny, près de Rouen; aussi la Normandie occupe-t-elle le premier rang pour la production du cidre. Le pays normand produit environ 5 millions d'hectolitres de cidre valant 50 millions de francs; la Bretagne en fournit environ 2 millions d'hectolitres, et occupe le deuxième rang pour cette production, puis viennent la Picardie et l'Artois. Les départements les plus forts producteurs sont la Manche (1,300,000 hectolitres), l'Ille-et-Vilaine (1,200,000 hectolitres), la Seine-Inférieure (1,100,000), l'Orne (1,000,000), le Calvados (900,000) et les Côtes-du-Nord (600,000).

Le *poiré*, qui est plus capiteux et plus enivrant que le cidre, mais qui se conserve moins longtemps, est très-estimé dans l'Orne et dans la Manche. On en produit à peine 1 million d'hectolitres.

Les poires de Niort et d'Angers s'expédient jusqu'en Angleterre; Granville et Dinan sont des ports d'exportation de pommes. Dijon et Angers ont des pépinières renommées.

Figuier. Le *figuier* redoute les froids de 8 à 10 degrés; aussi ne peut-on dans le nord et le nord-est le cultiver sans le couvrir en hiver. Dans l'ouest, il n'exige, sous ce rapport, aucun soin, mais ses fruits trop aqueux ne peuvent être ni séchés ni conservés. Le figuier se cultive dans l'Agénois, le Bordelais, le Finistère, la Haute-Garonne, le Rhône et la Provence. La petite figue de Marseille est très-estimée; celles d'Ollioules sont considérées comme les meilleures; celles de Bordeaux sont aussi très-remarquables. A Argenteuil, près Paris, on produit beaucoup de figues à manger fraîches.

Oranger. L'*oranger* est cultivé à Cannes, à Hyères, à Nice et dans le Roussillon. Le *citronnier* se cultive dans la région de l'oranger et en Corse, où l'on voit aussi de grandes cultures de cédratiers, qui enrichissent l'île.

Fruits à noyaux. Pruneaux. Tours, Metz, Agen, Brignoles (Var), jouissent d'une grande réputation pour la production des pruneaux. Metz cultive la prune ronde appelée mirabelle. Comme prunes longues, la *prune d'Agen* ou *d'Ente*, grosse prune à peau violette et à chair jaune, cultivée sur les coteaux de l'Agénois et dans l'arrondissement de la Réole (Gironde); la *prune de Brignoles*, à peau jaune lavé de rouge; la *Sainte-Catherine* de Tours, grosse prune jaune très-sucrée, qui croît dans les environs de Chinon; la *quetsche*, prune moyenne et violette, cultivée en Lorraine et en Alsace, donnent les fameux pruneaux d'Agen, de Brignoles, de Tours et l'eau-de-vie de quetsche.

Cerises. La Lorraine, la Champagne et la Picardie cultivent le cerisier; le merisier est répandu dans les Vosges et la Franche-Comté, où l'on fabrique d'excellent kirsch, surtout à Fougerolles, Clairegoutte, etc. (Haute-Saône). 100 kilogrammes de cerises rendent en moyenne 12 litres de kirsch à 53 degrés.

Groseilles. Le *groseillier à grappes*, non épineux, dont les fruits sont en grappes rouges ou blanches; le *groseillier épineux* ou *à maquereau* dont les fruits sont isolés ou deux à deux; le *cassis*, dont les baies en grappes sont d'un noir foncé, fructifient bien sous le climat de l'ouest, du centre et du nord; mais la sécheresse du midi les fait souffrir. Le groseillier à grappes fait l'objet de cultures d'une certaine étendue près de Paris et aussi dans les environs de Bar-le-Duc, où ses fruits servent à faire de délicieuses confitures. A Dijon, on cultive le cassis en grand pour la fabrication de la liqueur du même nom, qui est justement renommée.

Pêcher.

Le *pêcher* est cultivé en espalier à Montreuil, près Vincennes, où sa culture fut introduite par un officier des mousquetaires de Louis XIV, nommé Girardot, qui avait dissipé sa fortune et qui la refit par cette culture. Montreuil récolte les plus beaux fruits qu'on puisse voir et en exporte beaucoup en Angleterre. Le midi cultive le pêcher en plein vent, de même que la Gironde, la Bourgogne et l'Alsace.

Abricotier.

La culture de l'*abricotier* réussit très-bien en Auvergne, dans le Bourbonnais, l'Agénois et le Lyonnais. On le cultive en grand en Auvergne pour la fabrication des confitures et des pâtes d'abricot très-estimées, dont le commerce se fait à Clermont. Le midi et l'Alsace le cultivent aussi beaucoup.

Jujubier.

Le *jujubier*, qui produit la jujube, fruit pectoral et sucré ressemblant à la cornouille, est cultivé depuis longtemps dans le midi de la France, dans la région de l'olivier et surtout dans les Bouches-du-Rhône ; cet arbre, qui aime une terre fraîche ou irrigable, sans humidité permanente, calcaire et bien exposée, croît lentement et n'est en plein rapport qu'à l'âge de vingt-cinq ans. On cueille les jujubes à la fin de l'été lorsqu'elles sont très-mûres, et on les sèche au soleil ; un arbre peut en produire jusqu'à 10 kilogrammes.

Arbres à fruits oléagineux. Olivier.

L'*olivier*, apporté d'Orient par les Grecs qui fondèrent Marseille, est cultivé surtout dans la région méditerranéenne ; il aime les terrains pierreux et très-perméables, et cesse de végéter à l'altitude de 550 mètres. L'olivier est cultivé en France, sur une étendue de 150,000 hectares dans 12 départements, dont les principaux sont : le Var (51,000 hectares), les Alpes-Maritimes (47,000), les Bouches-du-Rhône (19,000), la Corse (10,000), l'Hérault (6,000), le Gard (5,000) et les Pyrénées-Orientales (5,000). Les Basses-Alpes (2,800), l'Aude (1,400), la Drôme (800) et l'Ardèche (360) en ont peu. Dans les Bouches-du-Rhône, les oliviers sont une des principales sources de la richesse agricole. Les huiles d'olive d'Aix et d'Arles sont très-renommées ; les plus estimées du Gard sont celles de St-Bonnet, de Saint-Gervasy, d'Aramon et d'Uzès. Nice, Grasse, Draguignan, Brignoles, Toulon, Bandol, en produisent aussi d'excellente qualité. Malheureusement il est très-difficile d'en trouver dans le commerce qui soit pure de tout mélange, car on la falsifie en grand avec les huiles de sésame, d'arachide et de coton. On estime qu'il faut de 720 à 900 litres d'olives pour donner 100 litres d'huile. Les magnifiques oliviers de Villefranche, de Menton (Alpes-Maritimes), et de Balogna, près de Vico (Corse), produisent, dans de très-bonnes années, assez d'olives pour qu'on puisse obtenir par chaque arbre 50, 100 et même 150 kilogrammes d'huile; ceux des environs de Nice en donnent de 9 à 10 kilogrammes par pied et ceux du Languedoc, 2 à 3 kilogrammes.

La production totale de l'huile d'olive en France est estimée à 260,000 quintaux métriques valant plus de 36,000,000 de francs. A Marseille et près de l'étang de Berre, la plus grande partie de la récolte des olives est réservée pour la salaison.

Amandier. L'amandier n'est avantageux que dans les régions du sud et du sud-ouest, où même sa floraison trop précoce souffre souvent de la gelée; cet arbre, très-productif sur les sols calcaires et perméables, ne doit pas être planté en lieu bas et humide. On le cultive dans l'Agénois, le Bordelais, le bas Languedoc, le Roussillon, Vaucluse, l'Aveyron et surtout en Provence; les vergers de la Crau fournissent beaucoup d'amandes. Les meilleures variétés sont les amandes dites *princesses* qui ont la coquille tendre et la saveur douce; les amandes à la *dame* du Languedoc ont une grosse coque, arrondie et pointue par un bout. La Provence cultive une petite variété dite *Molière*, très-recherchée des confiseurs, parce qu'elle est tendre, bien faite, agréable au goût et à pellicule très-fine.

Noyer. Le *noyer*, originaire des montagnes d'Orient, aime l'atmosphère vive et pure des lieux élevés, mais il fructifie mal sous le climat brumeux de l'ouest et du nord-ouest; d'un autre côté, la sécheresse méridionale compromet sa fructification. On le rencontre surtout en grand nombre dans les montagnes du centre et du midi, où il peut végéter jusqu'à 1,000 mètres de hauteur. La Dordogne, la Corrèze, la Charente, l'Ardèche, l'Isère, la Savoie, la Drôme, le Jura, l'Alsace, le Cher et la Sarthe en ont beaucoup.

Noisetier. La culture des variétés perfectionnées de noisetiers, à fruits ronds appelés *avelines*, se fait en grand sur certains points du Languedoc et de la Provence; les avelines de la Cadière (Var) sont les plus estimées. Le noisetier commence à porter vers l'âge de 5 ans et est en plein rapport de 12 à 15 ans.

Pistachier. Le *pistachier*, arbre dioïque originaire d'Asie, de 6 mètres de haut, est cultivé dans les Bouches-du-Rhône pour son fruit très-recherché des confiseurs.

Arbres à fruits farineux. Châtaignier.

Le châtaignier ne fructifie abondamment que dans la région de la vigne ; c'est au sud du 46e degré, à une altitude de 5 à 600 mètres, que les châtaignes acquièrent toute leur qualité. La zone du châtaignier considéré comme arbre fruitier est très-étendue ; elle occupe la partie comprise entre les rives de la Méditerranée et une ligne qui réunirait Saint-Brieuc (Côtes-du-Nord) et Reims, en passant au sud d'Evreux. Au delà de cette ligne, le châtaignier ne produit plus de bons fruits, et au-dessus de 7 à 800 mètres d'altitude ils ne mûrissent plus. Le châtaignier se plait dans les terres granitiques, schisteuses, sablonneuses ou volcaniques ou argilo-sableuses ; il végète difficilement dans les sols calcaires.

Il commence à produire à l'âge de 12 ans, mais il n'est en plein rapport qu'à 40 ans. Les châtaigniers croissent spécialement sur les montagnes du centre et du midi. La Corse, le Limousin, l'Auvergne, la Marche, la Bretagne, l'Anjou, le Périgord, le Dauphiné, la Provence récoltent beaucoup de châtaignes, qui sont la principale ressource alimentaire des habitants des Cévennes, du Quercy, du Gévaudan et des départements du massif central et de la Corse. Les châtaigneraies occupent une étendue de 431,000 hectares et produisent environ 5,988,000 quintaux métriques de châtaignes ou 7,485,000 hectolitres, valant 35,000,000 de francs. (L'hectolitre de châtaignes dépouillées de leur brou pèse 80 kilogrammes). Les marrons de Lyon, qui sont des châtaignes améliorées, et les marrons du Luc sont les plus estimés ; les premiers sont récoltés dans le Vivarais et le Dauphiné et sont vendus à Lyon, qui en est l'entrepôt et qui leur a donné son nom ; les marrons du Luc sont récoltés dans la basse Provence, dans les montagnes des Maures, dans le département du Var et dans la commune du Luc.

Le bois de châtaignier, combustible médiocre, donne d'excellents cercles, des échalas, du merrain et des charpentes qui valent celles du chêne.

Truffes.

La truffe se forme sous terre, au pied de certains chênes truffiers, en masse charnue fongoïde arrondie ; elle croît surtout dans les sols secs, calcaires ou siliceux, peu fertiles, à exposition chaude et sur la lisière des bois éclairés. Elle s'engendre surtout près des chênes blanc et yeuse ; le cryptogame commence à naître au bout de 4 ans que l'on a planté les glands recueillis sur les chênes truffiers.

Les truffes sont abondantes dans le Vaucluse (Carpentras, Apt), le Lot (Cahors), les Basses-Alpes, la Dordogne (truffes du Périgord), la Drôme et l'Isère. La production est évaluée à 15,000,000 de francs.

Arbres cultivés pour divers produits industriels. Mûrier.

Le mûrier est venu d'Italie en France ; le premier arbre de cette espèce fut planté, en 1494, à Allan, près de Montélimar, par Guy-Pape de Saint-Auban, seigneur d'Allan ; 25,000,000 de mûriers descendent de l'arbre d'Allan et couvrent près de 52,000 hectares dans le bassin du Rhône. Les départements qui renferment le plus de mûriers sont : le Gard (20,000 hectares,) l'Ardèche (14,000), la Drôme (6,000), Vaucluse, les Bouches-du-Rhône. L'Hérault, l'Aude, le Var, la Lozère, l'Isère et le Rhône en cultivent beaucoup moins. On estime qu'un mûrier moyen produit 50 kilogrammes de feuilles et qu'un hectare peut contenir 200 mûriers. La plantation totale de la France suffit pour la production de 30,000,000 de kilogrammes de cocons, chiffre atteint en 1850 ; depuis 1852 la production a varié de 8 à 16,000,000 de kilogrammes de cocons. On comptait, en 1872, 2,245 communes séricicoles appartenant à 104 arrondissements.

Câprier. La culture du câprier, dont le bouton floral constitue la câpre, existe en grand dans la plaine de Cuges près d'Aubagne, sur les coteaux de Roquevaire (Bouches-du-Rhône) et à Ollioules près Toulon.

Les myrtes, les cyprès, les cistes, les lauriers croissent aussi spontanément en Provence ; le thym, le romarin, la lavande, la gentiane, le lotus, le térébinthe, le tamarin, les genêts odorants y croissent de même sans culture.

Osier. La Gironde, l'Aisne à Vervins, les Ardennes, l'Ardèche, les Basses-Alpes, les Bouches-du-Rhône et les Landes cultivent l'osier, plante utile qui fournit des panniers d'emballage, des caisses de voiture à la carrosserie, des liens solides à la tonnellerie, au jardinage et à la viticulture.

Micocoulier. Le *micocoulier* est cultivé spécialement dans le Roussillon et donne soit des fourches, soit des manches de fouet.

Sumac. Le *sumac* des corroyeurs est cultivé avec succès dans le midi.

5° — Vignes.

Vignes. Après les céréales, la *vigne* a été de tout temps l'une des sources les plus importantes de la richesse agricole de la France ; c'est elle qui joue le rôle le plus important dans notre commerce intérieur et extérieur après les céréales. Aussi, de tout temps, la vigne a-t-elle été cultivée sur le sol français. César trouva la culture de la vigne, en Gaule, à peu près sur tous les points où elle existe aujourd'hui et, sous les premiers empereurs romains, l'Italie tirait du territoire gaulois de grandes quantités de vin. En l'an 92, Domitien ordonna la destruction de la vigne par toutes les Gaules ; Probus révoqua cet édit absurde en 282 et fit replanter des vignes par ses légions. Des plants, apportés de la Sicile, de la Grèce, de l'Archipel, et de l'Afrique, devinrent le type des cépages qui couvrent aujourd'hui une grande partie de la France. Depuis cette époque la France s'est adonnée à cette culture, qui forme aujourd'hui un des plus beaux fleurons de l'agriculture nationale. C'est à ce titre que nous nous étendrons un peu sur la production du vin en France. Le vin est, en effet, comme le pain, un aliment de grande consommation et ses effets sont bienfaisants sur l'organisation humaine. Avec du pain et du vin, l'homme est plus fort, plus actif, plus entreprenant, plus courageux, plus bienveillant, plus franc et plus homme, en un mot, qu'avec toutes les nourritures possibles. On a remarqué que l'usage habituel et alimentaire des vins porte essentiellement à la conciliation.

L'étendue des vignobles en France a subi, depuis 1788, des oscillations dont les documents officiels permettent de constater l'importance et que nous donnons dans le tableau suivant :

Nombre d'hectares cultivés en vignes à différentes époques.

NOMBRE D'HECTARES CULTIVÉS EN VIGNES A DIFFÉRENTES ÉPOQUES, EN FRANCE.

1788......	1.567.000	hectares.	1862......	2.321.000	hectares.
1808......	1.614.000	—	1865......	2.293.000	—
1829......	2.005.000	—	1866......	2.424.000	—
1835......	2.119.000	—	1867......	2.314.000	—
1849......	2.193.000	—	1868......	2.500.000	—
1851......	2.169.000	—	1869......	2.643.000	—
1852......	2.159.000	—	1871......	2.417.000	—
1859......	2.173.000	—	1872......	2.614.000	—
1860......	2.205.000	—	1876......		—

Les vignobles de la Moselle et de l'Alsace que la guerre nous a enlevés avaient une étendue de 29,500 hectares et avaient produit 1,512,000 hectolitres en 1869.

On voit que la France compte environ 2,500,000 hectares de vignobles, c'est-à-dire le vingtième de l'étendue du territoire et la seizième partie du sol cultivable ; mais la vigne pourrait occuper 8,000,000 d'hectares en France sans nuire aux autres cultures. En 50 ans, l'espace occupé par la vigne a augmenté d'un tiers tandis que la production a doublé.

La vigne croît bien en général dans toutes les espèces de terrains ; elle se plaît surtout dans les terrains montueux, pierreux, et aux expositions chaudes de l'est et du sud. Ses racines aiment à pénétrer dans les fentes des rochers. Sans culture, elle ne porte que peu de fruits ; mais elle vit des siècles, et son tronc devient d'une grosseur considérable. La culture, en la rendant plus fertile, abrége la durée de sa vie.

Le produit moyen de la vigne par hectare peut être estimé de 21 à 25 hectolitres et la récolte moyenne de 50 à 60 millions d'hectolitres dont la valeur s'élève de 1 milliard à 1 milliard et demi de francs et même davantage. En général, le nombre d'hectolitres qu'on récolte par hectare est toujours en raison inverse de la qualité du vin. Ainsi, les vignes qui fournissent les grands vins du Bordelais et de la Bourgogne ne produisent pas ordinairement au delà de 15 à 20 hectolitres par hectare, alors que les cépages communs en donnent, dans le bas Languedoc, la Lorraine et la Brie, de 40 à 80 hectolitres. Il y a même dans le département de l'Hérault des vignobles dont le produit moyen dépasse 200 hectolitres par hectare.

Le docteur Guyot calcule que la culture de la vigne occupe et entretient 1,500,000 familles de vignerons, c'est-à-dire de 6 à 7 millions d'habitants; que le produit brut de la vigne constitue le quart du produit total agricole (abstraction faite du bétail) réalisé sur la seizième partie du sol cultivable ; ce produit est donc quatre fois plus grand, à surface égale, que celui de toutes les autres cultures prises ensemble.

Qualités des vins français.

Les vins français jouissent d'une juste réputation et peuvent répondre à tous les goûts. La France, en effet, tant par son heureux climat que par le choix des cépages et les soins donnés à la vinification, produit la presque totalité des vins vraiment alimentaires, c'est-à-dire n'offrant que de 7 à 11 °/₀ d'élément spiritueux, et s'associant largement aux aliments solides de tous les repas. Elle est la seule contrée qui produit les vins de luxe de Champagne, de Bourgogne, de Bordeaux, etc., vins inimitables, qui resteront éternellement son splendide monopole. Elle n'a de concurrence sérieuse à craindre que celle des vins forts d'entremets et des vins de liqueur, dont la consommation est restreinte; elle en produit d'ailleurs d'excellentes variétés. Comme le vin est la boisson alimentaire la plus précieuse et la plus énergique, la consommation normale de ce liquide devrait être égale à celle du pain et de ses suppléants, ce qui exigerait une consommation de plus de 100 millions d'hectolitres par an pour notre pays, qui n'en produit encore que de 50 à 75 millions d'hectolitres. La France a donc encore de grands progrès à réaliser dans la culture de la vigne; elle n'y parviendra qu'en adoptant des méthodes de culture et de taille qui permettent d'obtenir des ceps de vigne assez robustes pour ne pas succomber aux attaques des insectes destructeurs de ce précieux arbuste et surtout du *phylloxera vastatrix*, qui, depuis 1870, fait d'affreux ravages dans nos vignobles du midi. On plante depuis un an beaucoup de ceps américains qui sont moins exposés aux ravages de ce terrible insecte.

Chaleur exigée par la vigne.

La vigne se cultive au sud du 49ᵉ degré de latitude, et ne mûrit plus ses fruits au delà de 600 mètres d'altitude. La somme minimum de chaleur qu'elle exige pour mûrir ses raisins est de 3,000 degrés; l'Ile-de-France lui en offre 3,200, la Guyenne 3,800 et le bas Languedoc 4,100.

Neuf départements ne produisent pas de vin, ce sont ceux du littoral de la Manche, savoir : le Nord, le Pas-de-Calais, la Somme, la Seine-Inférieure, le Calvados, la Manche, l'Orne, les Côtes-du-Nord et le Finistère. La Creuse en produit fort peu.

Départements ne cultivant pas la vigne.

Les régions méridionales, entre les monts du Limousin et les Pyrénées, entre les Cévennes et la Méditerranée, et depuis les Alpes jusqu'au golfe de Gascogne, sont le centre de la grande culture viticole. On la retrouve dans le bassin de la Saône, de la Loire, dans le bassin supérieur et moyen de la Seine et dans le bassin du Rhin. La Bourgogne, la Champagne et le Bordelais brillent entre toutes les provinces par leurs excellents produits. Les principaux cépages sont la Syra de l'Hermitage, le carbenet sauvignon du Médoc, le pineau de la Bourgogne, le gamay du Beaujolais, la mondeuse de la Savoie, les plants dorés de la Champagne, qui sont et seront toujours la base et l'honneur des vins de France.

Par rapport à l'étendue cultivée en vignes on peut classer les départements de la manière suivante :

Classement des départements d'après l'étendue des vignes.

1re classe :	100,000 hectares et au-dessus	(8)	Hérault, Aude, Gard, Gironde, Charente-Inférieure, Gers, Charente, Dordogne.
2e classe :	80,000 à 100,000 hectares		Néant.
3e classe :	40,000 à 80,000 hectares	(9)	Lot-et-Garonne, Var, Lot, Vendée, Haute-Garonne, Pyrénées-Orientales, Indre-et-Loire, Saône-et-Loire, Tarn-et-Garonne.
4e classe :	20,000 à 40,000 hectares	(17)	Côte-d'Or, Rhône, Vienne, Yonne, Loire-Inférieure, Tarn, Isère, Maine-et-Loire, Loiret, Bouches-du-Rhône, Puy-de-Dôme, Ardèche, Loir-et-Cher, Basses-Pyrénées, Aube, Deux-Sèvres, Meurthe-et-Moselle.
5e classe :	10,000 à 20,000 hectares	(23)	Indre, Jura, Drôme, Corse, Corrèze, Loire, Haute-Marne, Landes, Aveyron, Ain, Cher, Vaucluse, Haute-Saône, Hautes-Pyrénées, Meuse, Basses-Alpes, Marne, Ariége, Allier, Alpes-Maritimes, Savoie, Nièvre, Seine-et-Marne.
6e classe :	2,000 à 10,000 hectares	(9)	Sarthe, Seine-et-Oise, Doubs, Haute-Loire, Haute-Savoie, Vosges, Hautes-Alpes, Aisne, Haute-Vienne.
7e classe :	2,000 hectares et au-dessous	(11)	Eure-et-Loir, Seine, Ardennes, Lozère, Eure, Morbihan, Oise, Mayenne, Cantal, Ille-et-Vilaine, Creuse.
	Total........	77	

Les sept principaux groupes de production sont : la *Bourgogne*, la *Champagne*, le *Bordelais*, les *Charentes*, le *midi*, le *Rhône* et le *centre;* des groupes secondaires se rattachent à ces groupes principaux que nous allons passer en revue :

Sept groupes principaux de production de la vigne.

I. **Groupe de Bourgogne.** — Les terrains les plus propres à la vigne en Bourgogne sont ceux où dominent le calcaire et la silice, terrains pierreux souvent colorés en rouge par de l'oxyde de fer. Les vignobles sont situés sur de petites collines exposées, en général, au midi ou au soleil levant. Les plus renommés sont situés sur toute la pente des Cévennes et de la côte d'Or, jusqu'à la plaine de la Saône, depuis Lyon

Groupe de Bourgogne.

jusqu'au plateau de Langres. Le meilleur plant est le *pinot* ou *pineau*, qui rapporte peu, mais fait l'honneur de la Bourgogne, puis le *gamay*, plus productif, surtout le petit gamay à grains ronds qui est la seule base des meilleurs vins rouges du Mâconnais et du Beaujolais. On peut diviser les vins de la Bourgogne en vins de la *haute Bourgogne*, de qualité supérieure, et en vins de la *basse Bourgogne*, de qualité ordinaire. Les grands vins de Bourgogne sont souvent appelés *vins fins de la haute Bourgogne, grands vins de la côte de Nuits*, *grands vins de la côte de Beaune, grands vins du Mâconnais;* les autres vins sont nommés vins de Bourgogne, vins de Mâcon. Les vignobles de la haute Bourgogne s'étendent sur trois départements : la Côte-d'Or, Saône-et-Loire et le Rhône.

Côte-d'Or. Le premier rang appartient au département de la Côte-d'Or qui doit son nom à une chaîne de riches coteaux abrités contre le nord-ouest par des montagnes plus élevées, dont ils constituent les contre-forts et les rampes inférieures : cette chaîne s'étend depuis Dijon, par Nuits et Beaune, jusqu'à Santenay, de la vallée de l'Ouche à celle de la D'heurre ; elle a plus de 60 kilomètres de longueur avec une largeur moyenne de 450 mètres environ : elle est exposée au sud-est et est presque toute couverte de vignes fines ; on l'a appelée côte d'Or à cause de la richesse de ses produits. C'est surtout dans l'arrondissement de Beaune et un peu dans celui de Dijon qu'on récolte ces vins célèbres connus sous le nom de *grands vins de la haute Bourgogne*. La côte d'Or, proprement dite, se divise en deux parties principales : la *côte de Nuits* et la *côte de Beaune*. La côte de Nuits comprend, parmi ses communes ou crus les plus célèbres : *Gevrey* qui produit le *Chambertin;* Morey, Chambolle qui donne le *Musigny; Vougeot,* avec le *Clos-Vougeot* (48 hectares), *Vosne* où sont situés les crus de la *Romanée-Conti* et de *Richebourg; Nuits* dont le territoire en vins fins est très-étendu. — La côte de Beaune compte parmi ses communes les plus renommées : *Aloxe* qui donne le *Corton,* vin rouge dont le prix est le plus élevé ; *Savigny, Beaune, Pomard, Volnay* dont les vins excellent par leur finesse ; *Meursault, Puligny* qui produit le grand vin blanc de *Montrachet,* qui est, sans contredit, le vin le plus exquis de la côte de Beaune ; *Chassagne* et enfin *Santenay*. Les *vins fins* rouges, qui sont légers, délicats, et qui ont de la séve et du bouquet, sont le *Nuits,* le *Volnay*, le *Pomard,* le *Saviyny,* le *Meursault*, la côte *Saint-Jacques* et le *Beaune*. Parmi les grands vins blancs de la Bourgogne, il faut citer le *Montrachet*, le *Meursault* et la *Goutte-d'Or ;* Corton produit des vins fins blancs, qui ont de la délicatesse et du bouquet.

Les grands vins rouges de la Côte-d'Or joignent à une belle couleur beaucoup de finesse et de parfum, un goût délicieux, un bouquet très-suave et une séve vineuse qui embaume la bouche : ils sont à la fois corsés, fins, délicats et spiritueux, sans être fumeux. Bus avec modération, ils donnent du ton à l'estomac et facilitent la digestion. Ils donnent la force du corps, la chaleur du cœur et la vivacité de l'esprit au plus haut degré. C'est en ces trois points que les grands vins de Bourgogne l'emportent de beaucoup sur les grands vins de Médoc, lesquels se distinguent surtout par les qualités digestives, sensuelles et hygiéniques. Les vins de la côte de Nuits sont plus fermes et exigent plus d'âge pour acquérir toutes leurs qualités; ce sont des vins de garde. Les vins de la côte de Beaune sont plus légers, plus délicats et plus tôt prêts pour la consommation. Les plus grands crus de la côte de Nuits se vendent un tiers au-dessus des premières cuvées de Beaune. Les prix des vins de la Côte-d'Or s'établissent chaque année, après la récolte : la vente qui a lieu, dans les premiers jours de novembre aux enchères publiques, des vins des hospices de Beaune, provenant de divers crus situés sur Beaune, Pomard, Volnay, Savigny et Aloxe, donne aux cours une sorte d'authenticité.

L'essence des vins fins de la Côte-d'Or, c'est le cépage surtout, qui est le pineau noir ou noirien pour les vignes rouges et le pineau blanc ou chardenet pour les vins blancs; c'est donc au choix de son cépage d'abord et à son unité ensuite que la Côte-d'Or doit sa grande réputation. Les gamays constituent spécialement les vignes de la plaine et des bas de la côte ; malheureusement les vendanges en gamay se font toujours trop tôt : aussi les vins de Marsannay, de Cissey, de Couchey, très-droits, très-sains et se gardant bien, sont-ils toujours un peu verts. Les vignerons de toutes les localités à gamay des arrondissements de Beaune et Dijon sont extrêmement riches. La Côte-d'Or compte environ 38,000 hectares de vignes, sur lesquels 3,000 environ donnent les trois classes de vins fins, qui sont le cachet distinctif de ce département (80 francs l'hectolitre en moyenne); les 35,000 autres hectares produisent les vins communs. La récolte en vins fins de la Côte-d'Or ne s'élève guère, année moyenne, au-delà de 50,000 hectolitres.

Le département de Saône-et-Loire, qui compte 43,000 hectares de vignes, offre les meilleurs types des vins ordinaires de table, en rouge et en blanc, toujours agréables, toujours sains et très-nourrissants. Saône-et-Loire.

Les plus riches, les plus beaux et les plus fins vignobles du Mâconnais sont installés dans l'arrondissement de Mâcon, dans les cantons de la Chapelle-de-Guinchay, de Mâcon, de Saint-Sorlin, de Lugny et de Tournus. Le petit gamay à grains ronds est la seule base des meilleurs vins du Mâconnais, les vins de Romanèche comprenant les *Thorins* (91 hectares) et son fameux *Moulin-à-Vent*, qui en est le type le plus distingué. Les terrains granitiques et porphyriques de Romanèche, des Thorins et de la Chapelle-de-Guinchay, sont très-favorables au développement des qualités des petits gamays. Tout le canton de la Chapelle-de-Guinchay, comprenant Romanèche, les Thorins et son Moulin-à-Vent, Saint-Amour, Pruzilly, Saint-Vérand, Leynes, Chasselas, produisent les vins les plus délicats du Mâconnais et font suite au Beaujolais. Le pineau blanc ou *chardenet* est la seule base des vins blancs de Pouilly, de Solutré, de Fuissé, de Davayé et autres bons crus à vins blancs du département de Saône-et-Loire ; c'est ce qui soutient la réputation légitime des vins blancs de ces pays ; Pouilly est l'honneur des vins blancs du Mâconnais ; les terrains qui les produisent sont argilo-calcaires.

Dans l'arrondissement de Châlon-sur-Saône, à Buxy, Givry, Mercurey, Touches et Chagny, les vignes situées sur des coteaux calcaires ont moins à redouter les gelées de printemps et les brumes à coulure que les vignes des rampes inférieures et des plaines de Châlon et de Verdun. Les vins des côtes châlonnaises, très-réputés, sont produits par le pineau noir. C'est donc à trois cépages, le petit gamay, le pineau noir et le pineau blanc, que le département de Saône-et-Loire doit sa réputation et sa belle position dans le commerce du vin.

Vins du Beaujolais.

Le département du Rhône, qui compte 35,000 hectares de vignes, c'est-à-dire le neuvième de sa superficie, comprend deux régions viticoles tout à fait différentes quant aux cépages et à la nature des vins, celle des *Côtes du Rhône* et celle du *Beaujolais*, qui est la plus étendue ; nous reparlerons de la première plus tard. Dans tout le Beaujolais et dans une grande partie du Lyonnais, les cépages sont presque exclusivement les différentes variétés de gamays, et le petit gamay est la base des meilleurs vins rouges du Beaujolais, comme les vins de *Chenas*, de *Fleurie*, de *Juliénas*, de *Moulin-à-vent*, de *Morgon*, de *Chiroubles* (vins corsés de Grille-Midi), de Saint-Etienne-la-Varenne, de Saint-Lager et de Regnié, qui sont des vins fins plus légers que ceux de la Côte-d'Or, mais fort agréables. La plus grande partie des vignes, en Beaujolais, sont exploitées à moitié fruits entre le propriétaire et le vigneron, sans autre contrat que la coutume et la bonne foi. Aussi le Beaujolais est un des pays les plus riches et les mieux peuplés de France, et c'est de la bonne culture de la vigne qu'il tire sa grande richesse et sa bonne population.

Beaune, Châlon-sur-Saône et Mâcon sont les centres principaux du commerce des vins de Bourgogne.

Vins de la basse Bourgogne.

Les vins de la basse Bourgogne, située au nord-ouest des Cévennes, proviennent des départements de l'Yonne et de l'Aube, qui en produisent une grande quantité ayant moins de bouquet que ceux de la haute Bourgogne, mais dont plusieurs sont recherchés. Les vins de l'Yonne jouissent depuis un temps immémorial d'une légitime réputation, surtout les vins rouges et blancs du Tonnerrois, de l'Auxerrois, de Chablis, de Joigny, de l'Avallonnais et d'Irancy. Les vins d'Irancy, canton de Coulanges-la-Vineuse, sont généreux, corsés, colorés et sont connus pour leurs qualités alimentaires.

Les vins de Joigny sont des vins bourgeois ; ceux des trois quarts du reste de l'arrondissement sont des vins communs, comme à Villeneuve, Montvallon, etc.

Vins de Chablis.

Les vins de Chablis, qui proviennent du morillon blanc, occupent un des premiers rangs parmi les vins blancs de France et viennent se placer tout près des vins de Meursault; spiritueux, sans que l'esprit se fasse sentir, ils ont du corps, de la finesse et un parfum charmant ; leur blancheur et leur limpidité sont remarquables. Il se distinguent surtout par leurs qualités hygiéniques et digestives, et par l'excitation vive, bienveillante et pleine de lucidité qu'ils donnent à l'intelligence.

Les principaux vignobles du Tonnerrois sont échelonnés le long de la riante vallée de l'Armançon. Les vins blancs de Tonnerre des côtes de Vaumorillon et des Grisées se conservent parfaitement et sont pleins de finesse et de spirituosité; ils rivalisent avec les meilleurs vins de Chablis. On fait à Tonnerre des vins mousseux.

Epineuil, à côté de Tonnerre, produit aussi d'excellents vins. Le vignoble des *Riceys*, dans l'Aube, est remarquable ; ses vins très-connus et justement estimés proviennent du pineau.

Les vins ordinaires sont produits surtout dans l'arrondissement de Bar-sur-Seine ; les coteaux de la vallée de l'Aube sont garnis de vignes, mais les vins rouges, très-cuvés, de Bar-sur-Aube se gardent peu ; ceux dans lesquels les fins cépages dominent sont fort agréables.

Les groupes secondaires de l'est comprennent la Savoie, le Jura (Ain, Jura, Haute-Saône, Doubs), la Lorraine et l'Alsace.

Groupes secondaires de l'est.

Vignobles de la Savoie.

On voit, dans le département de la Savoie, beaucoup de vignes en arbres autour de Chambéry et surtout aux environs d'Aix-les-Bains; l'érable ou le merisier porte les ceps isolés. La *mondeuse* est le cépage producteur et caractéristique des vins rouges de ce département. Les vins de Saint-Jean-de-la-Porte, ceux de Cruet, de Montmélian, d'Arbin, de Saint-Pierre-d'Albigny, de Challes, de Grésy, de Montailleur, de Ruffieux, etc., doivent tous leur origine et leurs qualités précieuses à la mondeuse ; ce sont des vins digestifs, ne portant point à la tête et n'agitant pas le système nerveux ; ils ont les qualités des vins légers du Médoc. C'est comme vins rouges et non comme vins blancs que les vins de Savoie méritent leur classement élevé. Les vignobles de la Chautagne, près Culoz, sont renommés.

Le cépage le *persan*, à grains noirs serrés, produit le vin de Saint-Jean-de-Maurienne et de quelques vignobles environnants : c'est un vin exceptionnel et d'une rare qualité, que l'on récolte surtout dans la contrée appelée Prinsens. Le vin de Prinsens a un riche bouquet, une saveur chaude et généreuse et une action physiologique stimulante comme celle des vins de Bourgogne. Dans les premières années, le vin de persan est âpre et astringent au point d'être désagréable à boire ; il faut attendre ce vin 12 ou 15 ans pour le boire dans toute sa saveur ; 25 ans font mieux encore.

Vignobles de la Haute-Savoie.

Les principaux points vignobles de la Haute-Savoie sont les bords du lac Léman, d'Evian à Thonon, de Thonon à Douvaine, puis d'Annemasse à Bonneville, d'une part ; de Saint-Julien à Frangy et à Seyssel, de l'autre ; puis les bords du lac d'Annecy. A Evian, on cultive la vigne en crosses, constituées par de grands arbres avec toutes leurs branches, revêtus de haut en bas par les ramifications et les pampres de la vigne, qui présentent à l'œil de véritables futaies vignobles, avec autant de fruits que l'on voit de glands sur les chênes des forêts. Chaque arbre est un châtaignier de 30 à 50 centimètres de diamètre au tronc, de 8 à 12 mètres de hauteur, que l'on a dépouillé avec soin de son écorce, mais qui possède ses branches, et que l'on a coupé sur les pentes voisines difficiles à aborder. Les vins des crosses d'Evian sont blancs et légers et sont aussi sains qu'agréables ; ceux des vignes basses sont un peu plus alcooliques et un peu plus corsés que ceux des hautes vignes.

Les vins rouges de Thonon, de Frangy, de Menthon, de Veyrier, de Talloires et de certains coteaux de Bonneville à Annemasse, sont très-bons, se conservent bien et se transportent de même.

Les principaux vignobles de l'arrondissement d'Annecy occupent la rive nord-est du lac ; les vignobles de Veyrier, de Menthon et de Talloire y sont étagés au-dessous de la Tournette et leurs vignes descendent jusqu'à l'eau du lac. Les vins rouges du lac d'Annecy, qui proviennent de la mondeuse, sont très-sains et très-bons. Les vins blancs de Bonneville de l'année, ceux d'Ayse, sont légers, agréables et coulants ; à mesure qu'ils vieillissent, ils prennent du spiritueux et rappellent un peu le pouilly. Aujourd'hui Ayse est un des plus riches pays de la contrée, grâce à ses vignes et à ses vins blancs très-estimés. Les vins de Saint-Julien et de Thonon sont bons ; ceux de Musiége, près de Frangy, récoltés sur l'asphalte pur, sont très-fins et très-agréables ; ceux de Frangy sont beaucoup plus forts et peuvent entrer en ligne avec les vins blancs secs de liqueur. La Haute-Savoie peut faire de bons vins de consommation ordinaire.

Vignobles de l'Ain.

Les vins des bons coteaux du haut Bugey ont la plus grande analogie avec ceux de Montmélian, et ont en partie le bouquet, la saveur et les effets bienfaisants des petits vins du Médoc; ces vins se récoltent dans l'arrondissement de Belley, à Culoz, Artemare et Virieu.

Les vignes d'Ambérieu (bas Bugey) et de Jujurieux sont très-productives : elles rendent 60 hectolitres à l'hectare; il y a un grand nombre d'hectares où l'on récolte 200 hectolitres en certaines années. Les vins de Jujurieux sont généralement sains, mais ils sont moins bouquetés et moins agréables que ceux d'Ambérieu. Cerdon est le vignoble le plus considérable du canton de Jujurieux. Lagnieu, à côté d'Ambérieu, est le plus riche vignoble de l'Ain. Le raisin du gros plant de Montluel, qui est le gamay, se vend en partie à Lyon pour faire de la piquette aux familles d'ouvriers.

Les coteaux du Revermont sont couverts de vignes basses exposées à l'ouest et sans échalas; Treffort, chef-lieu de canton, est le plus fort vignoble du Revermont; les vins de Treffort sont plus délicats que ceux de Jujurieux. A Seyssel, on trouve de bons vins blancs de roussette et de bons vins rouges de mondeuse et de negret. La vigne, au dire du docteur Guyot, viendrait à merveille dans la Dombes.

Vignobles du Jura.

La vigne est la principale richesse des arrondissements de Lons-le-Saulnier, de Poligny et de Dôle. Les deux tiers des vignes sont sur des pentes rapides et un tiers est en plaine.

Les cépages du Jura sont, pour les vins blancs, le savagnin jaune, le melon et le gamay blanc; le savagnin jaune, qui fait la base des vins de garde, de paille, de demi-paille de Château-Chalon, est surtout remarquable par son parfum et la richesse alcoolique de ses vins. Pour les vins rosés, c'est le pulsart, que l'on joint aux raisins blancs; pour les vins rouges fins, le pulsart, le trousseau, le noirien ou savagnin noir et le béclan. Les raisins à vins rouges ordinaires sont l'enfariné et la mondeuse; les raisins à vins rouges grossiers sont le troussais et le gamay. Le pulsart est le cépage spécial au Jura, dont les vins sont généreux, vifs et brillants.

Le trousseau et le noirien donnent aussi des vins rouges très-distingués, dont le meilleur type est fourni par les Arsures.

Le Jura produit des vins communs et des vins fins rouges, des vins blancs ordinaires, des vins secs, des mousseux, des vins rosés ordinaires, des vins de pulsart, des vins jaunes secs de demi-liqueur ou de garde. Les vins rouges du Jura n'ont point de goût de terroir.

Salins, l'Étoile, Arbois, Poligny, Voiteur, Ménétru-le-Vignoble, Frontenay, Château-Chalon, Lons-le-Saulnier, Beaufort, Saint-Amour, Dôle sont remarquables par leurs vins. Les moyennes des récoltes sont généralement très-élevées dans le Jura; on compte 30 hectolitres par hectare à Arbois; 30 hectolitres en coteau et 60 en plaine à Poligny; 40 en coteau et 70 à 80 hectolitres en plaine à Lons-le-Saulnier.

Vignobles du Doubs.

La demi-montagne possède de magnifiques vignobles d'Ornans à Mouthier, sur les flancs des coteaux que baigne la Loue. La plaine comprend tous les vignobles qui environnent Besançon, ceux de Miserey, de Châtillon, de Pouilley, de Jallerange; les vignobles moins étendus des environs de Baume-les-Dames, Quingey, Byans et des environs de Montbéliard, tiennent plus à la plaine qu'à la demi-montagne. Les vins d'Ornans sont alimentaires et sains, mais très-ordinaires; ils proviennent principalement du gamay. Les vins de Quingey, en fins cépages, sont fort bons. Il y a dans la banlieue de Besançon d'excellents vignobles à fins cépages, tels que le pineau, le bregin et le trousseau qui sont les meilleurs; les vignes sont au pied des forts et sur les flancs des coteaux qui bordent le Doubs. Beurre, commune de la banlieue de Besançon, produit de bons vins. Les vins de bons cépages des environs de Besançon sont assez fins, assez délicats, souvent d'une belle couleur et d'une générosité suffisante; ils peuvent rester 4 et 5 ans en tonneau et se garder 12 à 15 ans. Les vins de gros cépages sont peu agréables, mais les vins mixtes constituent de bons vins ordinaires. Les vins blancs sont fort agréables, et quand ils sont de garde, ils approchent ceux d'Arbois et de Château-Chalon. Les vins de Baume-les-Dames, de Laissey et de Rougemont, provenant du gamay, sont très-communs et faibles en couleur. On en trouve d'excellents à Cuse près Rougemont. Bondeval et Mathay près de Montbéliard ont quelques vignes dont le vin rouge est très-estimé dans le pays où il est consommé entièrement. Autechaux-les-Blâmont, Écurcey, Mandeure, la côte de la Chaux, près Sochaux et Montbéliard, produisent des vins blancs légers qui sont consommés dans le pays par les propriétaires mêmes.

Vignobles de la Haute-Saône.

La vigne est cultivée avec soin aux environs de Vesoul, sur les flancs de la Motte de Vesoul et sur les jolis coteaux de Chariez, Vaivre, Noidans et au pied des coteaux, à Navenne et Quincey; ces vignobles présentent à l'ouest et au sud de Vesoul, sur la rive gauche du Drugeon, les sites les plus pittoresques. La plupart des vignes de l'arrondissement de Vesoul sont cultivées à moitié fruits; cet arrondissement possède des vins rouges et de fins cépages d'une grande délicatesse et de beaucoup d'agrément. A Vesoul, le pineau n'entre guère que pour un dixième dans le vignoble; c'est le gamay qui prédomine.

Champlitte est surtout le pays vignoble de l'arrondissement de Gray; les vignobles de Gy sont bien entretenus et produisent des vins, provenant du pineau, qui sont de bonne consommation et de garde suffisante. Les vins d'Arc-et-la-Maison-du-Bois, à 1 kilomètre de Gray, se conservent de 20 à 30 ans. Les vins de Courchaton, canton de Villersexel, sont renommés dans le pays; les meilleurs proviennent du noirien; les ordinaires, du gamay.

L'Alsace produit des vins blancs très-estimés, aussi bons que les vins du Rhin, et qui sont exportés en Allemagne ou consommés dans la province; elle produit aussi quelques bons crus de vins rouges. Vignobles d'Alsace.

Le Haut-Rhin (11,000 hectares de vignes) produit plus particulièrement des vins blancs, en majeure partie communs, provenant des chasselas blancs, rosés et musqués. C'est au-dessus des vins suisses et un peu au-dessous des vins du Rhin que viennent se classer toutes les nuances de vins blancs du Haut-Rhin, qui produit peu de vins rouges. L'Olwer donne à Guebwiller et dans quelques communes environnantes un vin à bouquet spécial, le *Kitterle*, qui a du corps, un goût de noisette fort agréable et qui est très-capiteux. Le terrain de *Riquewihr* est le plus fertile de tous et le meilleur pour la vigne. Les vins blancs de Riquewhir, appelés Riesling, sont pleins de finesse et d'agrément, ont un excellent parfum, mais sont trop capiteux; ceux de Ribeauvillé, très-estimés pour leur délicatesse, sont d'un goût agréable, mais trop spiritueux et attaquent les nerfs. Les crus les plus remarquables de Ribeauvillé sont le *Zahnacker* et le *Trotacker*, qui sont des vins très-estimés pour leur délicatesse et leur bouquet très-développé. Saint-Hippolyte, Rouffac, Ollwiller produisent aussi des vins provenant de plants nobles et qui se conservent longtemps. Ammerschwir, Kaisersberg, Kientzheim, Sigolsheim, Beblenheim, Hunawihr, Ingersheim et Colmar produisent des vins fort agréables; les vins de la Harth ont un arôme délicieux; ceux de Thann, Cernay, Habsheim, Sierentz, Landser, Rixheim, sont agréables et légers avec un goût de pierre à fusil. Les vins de Mulhouse et de Sentheim sont légers et assez agréables quand le raisin parvient à une maturité parfaite; ceux d'Altkirch et des environs sont assez agréables dans les années favorables à la vigne, mais sans beaucoup de force. Vins du Haut-Rhin.

Turckheim produit un vin rouge très-agréable, mais capiteux. Le vin du cru de *Geisbourg*, à Kaisersberg, a de l'analogie avec les bons vins ordinaires de Bourgogne. Riquewihr, Ribeauvillé, Ammerschwir et Kientzheim produisent aussi des vins rouges délicieux avec un arôme agréable, mais très-capiteux, et qui se conservent bien.

On fait aussi dans le Haut-Rhin, surtout à Colmar, avec les fins cépages, des *vins de paille* qui constituent des vins de liqueur remarquables ayant de l'analogie avec le Tockay de Hongrie; plus ils sont vieux, plus ils acquièrent de finesse et d'agrément.

La production du vin dans le Haut-Rhin est estimée à 444,000 hectolitres dans une bonne année.

Les vins du Bas-Rhin, (13,000 hectares de vignes), quoique agréables et de salutaire consommation, sont moins appréciés que ceux du Haut-Rhin. Les vins blancs dits Riesling sont très-remarquables par leur bon Vins du Bas-Rhin.

goût, leur force, leur parfum et leur longévité; ils sont moins spiritueux et mûrissent moins promptement que les bons vins gentils de Ribeauvillé et de Riquewihr, mais ils ont plus de bouquet; les autres vins blancs ne sont bons que pendant 5 à 6 ans. Les vins du Bas-Rhin se placent entre les vins suisses et ceux de la Bavière Rhénane.

Wolxheim, Molsheim, Neuwiller, Ottrot, Saint-Nabor, Heiligenstein et Scherwiller produisent des vins rouges agréables et très-réputés. Schwindratzheim, Bouxwiller, Wissembourg, Schlestadt, Scherwiller, Barr, Mutzig, Obernai, Mommenheim, Rosheim et Andlau produisent des vins blancs. Le vin du clos de Kastelberg, à Andlau, est assez spiritueux et plein de séve et de bouquet. Le vin dit *Klœvner*, du plant qui le produit est très-agréable.

Vins de Lorraine.

La production du Bas-Rhin peut être évaluée au delà de 800,000 hectolitres.

Vignobles des Vosges.

Il y a de très-beaux vignobles à Charmes, dont les vins sont estimés dans le pays. Mirecourt, Dompaire et Neufchâteau ont quelques vignobles; les vins de pineau de Neufchâteau sont-très-délicats, mais les vins communs s'y gardent peu. Les vins des Vosges sont ordinaires, légers, sains et alimentaires.

C'est à l'est et au nord-ouest de Nancy que se trouvent les plus importants et les plus fins vignobles de la Meurthe : Toul, Pont-à-Mousson, Thiaucourt et Pagny-sur-Moselle, sont remarquables par leurs vins. Ceux de Thiaucourt, provenant du pineau, sont fort bons, généreux, vifs, brillants et solides et se gardent bien. Les vins de Pagny, de fins cépages, sont aussi bons que ceux de Thiaucourt; ceux de cépages grossiers sont fermes, corsés et de bonne consommation. Les vins de Toul, où l'on cultive beaucoup la vigne, sont bons, mais ordinaires et faibles; ils sont très-recherchés et s'enlèvent rapidement pour Paris surtout. Les vins blancs sont souvent achetés par des maisons de la Marne, qui en font des champagnes mousseux. On rencontre de jolis vignobles dans la riche vallée du ru de Made, à Jaulny, Rembercourt, Vandelainville, Bayonville et Arnaville.

Vins de la Moselle.

Les vins du département de la Moselle sont de petits vins ordinaires, sains et alimentaires. Ce département en produisait plus de 268,000 hectolitres.

Vins de la Meuse.

Dans la Meuse, les vins de l'arrondissement de Bar-le-Duc sont légers, délicats et fort agréables et constituent des vins d'ordinaire de bonne qualité, mais ils supportent difficilement les transports et passent en peu d'années. Ceux d'Apremont, de Saint-Agnant, de Liouville, de Varneville, de Woinville, de Loupmont, dans l'arrondissement de Commercy, moins fins et moins légers, sont plus corsés, plus colorés, de fort bonne consommation et se conservent bien dans le pays, mais supportent difficilement le transport.

Groupe de Champagne.

II. **Groupe de Champagne.** — Le climat, le sol et les cépages de la Marne concourent à la production du vin de Champagne; tous les bons vins de Champagne sont produits par trois variétés de pineaux noirs, le plant vert, le plant doré, et le plant vert doré, puis l'épinette blanche. Les vignes à vins fins de la Marne sont renfermées dans les deux seuls arrondissements de Reims et d'Épernay; elles s'étendent pourtant encore au canton de Vertus. Ces vignobles sont situés sur des coteaux crayeux dont le sol est composé pour les quatre cinquièmes de carbonate de chaux et pour un cinquième de silice et d'argile plus ou moins ferrugineuse; la craie forme partout le sous-sol immédiat. Ces coteaux s'étendent sur les deux rives de la Marne, depuis Cumières jusqu'à Vertus et sont exposés au midi et au levant, et sur les flancs de la montagne de Reims, depuis la Marne jusqu'à l'Aisne. Ce sont les arrondissements de Reims et d'Épernay, qui comptent près de 14,000 hectares de vignes, et le canton de Vertus, qui produisent les vins de Champagne les plus distingués; chaque hectare produit en moyenne 30 hectolitres de vin. Les raisins noirs sont préférés de beaucoup aux blancs pour faire les vins blancs mousseux de Champagne et la presque totalité des raisins noirs sert aujourd'hui à faire les vins blancs de Champagne. Aussi les vins rouges de Champagne sont maintenant presque introuvables et il ne s'en fabrique plus que dans les années d'une exceptionnelle abondance. Avant de mettre le vin en bouteilles, on fait les cuvées, c'est-à-dire qu'on mélange les différents crus de la Marne, en diverses proportions, de façon à obtenir le meilleur vin possible en réunissant les diverses qualités attribuées à chaque vignoble. Ainsi on accorde plus de corps et plus de solidité aux vins de la montagne de Reims, comprenant principalement Sillery, Verzenay, Mailly, Verzy, Ambonnay, Bouzy, etc.; plus de douceur et de moelleux aux vins de la rivière de la Marne, comprenant Mareuil, Aï ou Ay, Hautvillers, Dizy, etc.; enfin plus de légèreté et de finesse aux vins des montagnes d'Épernay, de Pierry, de Cramant, d'Avize, du Mesnil, etc. Dans les années d'abondance, on fait d'excellents vins rouges, dont la saveur, le bouquet et la chaleur tiennent le milieu entre les meilleurs vins de Bourgogne et ceux du Médoc. Le vin de Bouzy rouge est vraiment un des grands vins de France.

La chambre de Commerce de Reims évalue la production des vins mousseux de Champagne à plus de 22 millions de bouteilles, en 1873, dont près de 19 millions ont été exportées, les autres ayant été consommées en France. En 1845, la production n'était que de 6 millions et demi de bouteilles; elle arrive à 12 millions en 1864, et à près de 16 millions en 1869. On sait que la bouteille de Champagne contient 0lit,80.

Les vins de Champagne s'exportent dans tous les pays du monde; les débouchés les plus importants sont l'Angleterre, l'Allemagne et la Russie, les Etats-Unis d'Amérique, l'Amérique du Sud et les Indes.

On ne peut évaluer à moins de 60 millions de francs le chiffre des ventes, et ce commerce enrichit les maisons qui s'y adonnent, et les propriétaires de vignobles; l'hectare de vignes a quadruplé de prix au moins depuis trente ans.

L'exportation des vins a lieu par des négociants dont les celliers et les comptoirs sont surtout à Reims et à Epernay; Châlons, Aï, Mareuil-sur-Aï, Pierry, Avize, Ludes, Rilly-la-Montagne, comptent aussi un grand nombre de maisons d'expédition. Reims et Epernay possèdent des caves immenses, qui sont un objet de curiosité pour les visiteurs.

Vignobles de la Haute-Marne.

Dans la Haute-Marne, la vallée de l'Amance cultive la vigne. Les vins gris ou rosés de la Haute-Marne sont des plus remarquables pour leur agrément et leurs qualités; ils se conservent longtemps, de même que les vins blancs de ce département; mais les vins rouges ne durent pas. Les vins d'Aubigny, canton de Prauthoy, ont beaucoup de délicatesse et un bouquet fort agréable; ils sont très-estimés.

Il y a environ 1,200 à 1,500 hectares de vignes à Vouziers et à Réthel, dans les Ardennes; mais les vins des Ardennes manquent en général de corps, de couleur et de spiritueux.

Groupe du sud-ouest.

III. **Groupe du sud-ouest.** — Le vin de Bourgogne a pour rival le vin de Bordeaux, qui est moins capiteux, mais a plus de bouquet et de finesse. Les vins de Bordeaux se divisent en *Médoc, Bordelais, vins de Graves*, *Entre-deux-Mers,* les *Palus* et le *Libournais*, tous produits par la Gironde, qui est le premier département viticole de la France, moins pour l'étendue de ses vignobles (153,000 hectares) que pour la variété et la perfection de ses cultures, pour la bonne confection de ses vins, pour leur caractère et leurs qualités remarquables, et par le vaste commerce dont ils sont l'objet tant à l'intérieur qu'à l'extérieur du pays.

On peut estimer à 150 millions de francs par an le produit net, et à 225 millions le produit brut des 153,000 hectares de vignes de ce département. La vigne, qui n'occupe que le sixième du territoire, pourrait seule nourrir dans ce département une population double de celle qu'il possède. La production de la vigne dans la Gironde dépasse du triple la plus riche production du sol en bois, en céréales, en racines et en prairies; sans la vigne, le haut Médoc et les Graves, qui produisent en moyenne 2 à 3,000 francs bruts et 1 à 2,000 nets à l'hectare, ne pourraient donner que de misérables récoltes à 2 ou 300 francs bruts et à 25 ou 50 francs nets. La production du Bordelais est d'environ un tiers en vins de qualité supérieure; les deux autres tiers se composent de vins ordinaires.

Le sol de la Gironde, calcaire et silico-calcaire dans ses côtes et dans ses alluvions ou palus, est argilo-siliceux dans ses terres fortes. Il est sablo-siliceux et mêlé de gravier et de cailloux roulés dans les graves et le Médoc, et silico-sableux dans les Landes. Le climat de la Gironde est un des plus favorables à la végétation de la vigne; il est doux et régulier dans sa température; les gelées de printemps et les orages à grêle y sont moins fréquents et moins destructeurs que dans les autres départements de la même région.

Les collines de la rive gauche de la Gironde et de la Garonne, et les plateaux graveleux dont elles se détachent, sont couverts de pampres qui produisent les crus célèbres du *Médoc* et les vins de *Graves*, ainsi que les vins blancs non moins renommés de Sauternes.

Le Médoc vinicole est compris dans cette étroite langue de terre qui s'avance entre la Gironde et la mer, depuis Blanquefort jusqu'à la pointe de Grave. Le haut Médoc s'arrête après Saint-Seurin-de-Cadourne et le bas Médoc le continue.

Les vins de *Graves* proviennent de vignes rouges plantées dans les terrains qui forment une ceinture autour de Bordeaux par Blanquefort, Mérignac, Pessac et Talence. Les vins *de Côtes* se récoltent sur la rive droite de la Dordogne et sur la rive droite de la Garonne; ils comprennent les vins récoltés sur les coteaux qui s'étendent d'Ambarès à Sainte-Croix-du-Mont, sur la rive droite de la Garonne, et ceux récoltés sur la rive droite de la Dordogne, de Bourg à Fronsac et le célèbre vignoble de Saint-Emilion. Au pied des coteaux, près des bords des deux rivières, les riches alluvions donnent les vins de *Palus;* les vins dits d'*Entre-deux-Mers* proviennent de terrains situés entre la Dordogne et la Garonne, ayant la Palu au nord au confluent des deux fleuves.

Cépages du Médoc.

Les cépages du Médoc sont, avant tous et le premier, le cabernet-sauvignon, qui forme le fond de la plupart des grands crus de Pauillac, Saint-Julien et Saint-Estèphe; c'est le cépage le plus fertile, le meilleur et le moins gélif de tous les fins noirs de la Gironde; il débourre le dernier et mûrit le premier. Le fruit en est fort doux et très-agréable à manger. Il donne un vin qui dépasse tous les autres en parfum et en bouquet, dont la couleur est brillante et qui se conserve très-longtemps; le gros cabernet ou carmenet, dont le fruit est très-savoureux et très-agréable à manger, mais n'est pas très-doux, produit aussi un vin plein de délicatesse et de bouquet, se conservant très-longtemps, ayant beaucoup de corps et d'alcool. Les cépages blancs de Sauternes, de Barsac, etc., sont principalement le *sémillon*, le sauvignon, qui produisent un vin d'une belle couleur dorée, de beaucoup de limpidité, de finesse, de saveur et de moelleux; le cépage la muscadelle produit un vin très-parfumé, surtout employé pour donner un léger goût de muscat aux précédents cépages.

Dans le Médoc, le côté qui borde la Gironde est seul complanté en vignes sur une largeur moyenne de 8 kilomètres environ; il présente quelques coteaux sur les croupes desquels mûrissent les vins si célèbres du Médoc. Tout le reste de cette presqu'île est plat, sablonneux et n'offre que des landes ou des forêts de pin maritime. Les collines des bords du fleuve sont toutes couvertes d'une couche de gravier mêlé de sablon, de sable et de plus ou moins de terre; mais le terrain du Médoc est très-varié de qualité, de telle sorte que cette grande diversité dans la nature des terrains fait que les produits sont de qualités très-différentes. Le Médoc comprend 42 communes vinicoles que le commerce divise en haut et bas Médoc, par rapport au cours du fleuve; 27 communes font partie du haut Médoc, qui se divise en communes supérieures et communes secondaires. Les communes supérieures sont, en partant de Bordeaux : Cantenac, Margaux, Saint-Julien, Pauillac, puis Saint-Estèphe, qui est un peu au-dessous. Dans le bas Médoc, les meilleures communes sont Valeyrac et Saint-Christoly.

Production du vin du Médoc.

On évalue à 50,000 tonneaux la quantité de vin récoltée, année moyenne, en Médoc. 5,000 tonneaux peuvent être attribués aux crus classés; 20,000 tonneaux aux crus bourgeois, qui font encore de très-bons vins, et que le commerce divise en bourgeois supérieurs, bons bourgeois et bourgeois ordinaires, et enfin 25,000 tonneaux aux crus artisans et paysans qui, dans les communes supérieures, fournissent encore de 4 à 5,000 tonneaux de bons vins. (Le tonneau vaut 4 barriques bordelaises de chacune 225 litres, soit 900 litres).

Vins du Médoc.

On a divisé les vins de Médoc en crus paysans, crus artisans, crus bourgeois et grands crus, suivant leurs qualités; les grands crus sont divisés à leur tour en cinq catégories, auxquelles est spécialement réservée la dénomination de *vin classé* ou de *cru classé*. Les crus bourgeois, malgré leur mérite réel, ne sont pas appelés *crus classés*. Les grands crus classés sont des vins qui ont une belle couleur de rubis, du corps, une finesse et un moelleux très-prononcés et très-agréables; une séve délicate, un arôme et un bouquet qui leur donnent un cachet unique, et qui, en se développant avec les années, les font gagner énormément; ils ont de l'alcool et du tannin en proportions convenables pour leur permettre de vieillir sans sécher, sans perdre leur belle couleur et leur influence fortifiante sur l'organisme humain; ils renferment aussi un élément ferrugineux sous la forme de tartrate de fer ou d'autres sels de fer, qui est un principe fortifiant et tonique qui en fait des vins hygiéniques, que la médecine recommande aux convalescents. On trouve, dans cette contrée vinicole privilégiée, des vins depuis 300 francs jusqu'à 800 francs le tonneau de 4 barriques pour les crus bourgeois. Quant aux prix des grands crus, ils peuvent varier de 1500 à 3800 francs le tonneau.

Les premiers crus de vins rouges sont le *Château-Lafite*, le *Château-Latour*, dans la commune de Pauillac, le *Château-Margaux*, à Margaux et le *Château Haut-Brion*, à Pressac. Ce sont des vins fort rares dans le commerce et fort chers. Il y a aussi des crus estimés à Pauillac, à *Saint-Julien* et à *Saint-Estèphe*. Les vins de Pauillac sont corsés, moelleux, pleins de séve, de bouquet, de délicatesse et de distinction. Outre les crus célèbres de Lafite et La Tour, on y trouve les deuxièmes crus de Mouton et de Pichon-Longueville. Les vins de Saint-Julien se font remarquer par une belle couleur, un parfum délicieux, du corps et un bouquet particulier. Les vins de Saint-Estèphe sont agréables, fort aromatisés, un peu plus légers que ceux de Pauillac, et jouissent, à juste titre, d'une réputation universelle.

Les vins paysans et bourgeois du Médoc sont produits dans toutes les communes, principalement à Blanquefort, dont les vins sont d'une bonne qualité intermédiaire, Ludon, dont les vins ont une séve particulière, qui les fait estimer des Hollandais, Arsac, Macau, Cantenac, Avensan, Soussans, Castelnau, Moulis, dont les vins moelleux, colorés et très-bouquetés sont recherchés par les Allemands. Cussac, Saint-Laurent, Saint-Sauveur, Cissac, Verteuil, Saint-Seurin-de-Cadourne, Lesparre, Civrac, Valeyrac produisent aussi beaucoup de vins ordinaires.

Vins rouges de Graves.

Les vins rouges de Graves qui sont récoltés dans les vignobles graveleux, qui s'étendent depuis Bordeaux jusqu'à 20 kilomètres environ, du côté sud, et 8 kilomètres du côté ouest de la ville, ont du corps, une belle couleur, de la finesse et une séve très-prononcée et très-agréable dans les meilleurs crus.

Les meilleures communes de Graves sont Pessac, qui renferme le Château Haut-Brion, Talence, Mérignac, Gradignan et Villenave-d'Ornon. Les vins de Pessac ont une belle couleur vive et brillante, beaucoup de finesse et plus corsés que ceux du Médoc, dont ils diffèrent par le bouquet et le moelleux. Les vins de Talence sont corsés, chauds et parfumés et ont une très-grande réputation; ceux de Mérignac sont très-estimés. Villenave-d'Ornon, outre ses vins rouges, produit des vins blancs brillants, parfumés et pleins de séve et d'une grande finesse; ceux du Château-Carbonnieux jouissent d'une réputation plus que séculaire. Les petits graves, comme à Bègles, Cadaujac, Castres, dans le canton de la Brède, Brède, Podensac,

Cérons, Langon, produisent beaucoup de vins blancs bourgeois et artisans et des vins rouges ordinaires.

Vins de Sauternes.

Le pays de Sauternes, dont le sol est argilo-calcaire, commence sur les coteaux de la rive droite du Ciron et comprend les communes de Sauternes, Bommes, Barsac et une partie des communes de Preignac et Fargues, qui produisent les plus grands vins blancs du monde. La Gironde fait de bons vins blancs parce qu'elle vendange très-tard et qu'elle attend, pour ainsi dire, que le raisin soit arrivé au delà de sa maturité par une espèce de fermentation de sa pellicule; elle laisse ensuite fermenter naturellement et doucement; c'est ainsi qu'elle obtient ces vins qui se vendent de 6 à 12,000 francs le tonneau.

C'est sur des collines situées sur la rive droite du ruisseau appelé Ciron, que se trouvent les fameux vignobles qui produisent les vins blancs de Sauternes, qui sont des vins fins, délicats, doux, moelleux et onctueux, savoureux et parfumés, réchauffant l'estomac sans porter à la tête, animant l'esprit et faisant éprouver un sentiment de bien-être très-agréable. On y récolte le vin blanc dit *Château-Yquem*, le premier vin du monde, dans un domaine de 148 hectares dont 90 hectares sont des vignes blanches. On trouve le *Château-Vigneau*, également très-renommé, dans la commune de Bommes. *Barsac* et *Preignac* produisent aussi des vins de Sauternes; ceux du Haut-Barsac sont fins, chauds, parfumés, capiteux et très-renommés.

Vins de palus.

On trouve dans l'arrondissement de Libourne les palus, l'Entre-deux-Mers, le Haut-Fronsadais, Sainte-Foy et le groupe de Saint-Emilion, qui produisent des vins très-renommés. L'arrondissement de Libourne est une des plus riches circonscriptions de France. Les coteaux de Saint-Emilion, parallèles à la Dordogne, courent de l'ouest à l'est sur une longueur de près de 8 kilomètres, et sur une largeur moyenne de 3 kilomètres et demi. Les vins de Saint-Emilion sont chauds et corsés; ils ont une belle couleur étincelante et pleine d'éclat dans le cristal, une séve agréable, de la générosité, de la finesse et un bouquet tout particulier; ce sont, dit-on, les *Bourgogne de la Gironde*. Ils sont généralement rangés en trois classes par le commerce et les propriétaires, sous les désignations de première, deuxième et troisième marques ou crus. Les vins de Pomerol sont des vins exquis, dont les premiers et les seconds crus possèdent toutes les qualités constitutives des grands vins de table; ils sont plus moelleux, plus coulants et plus vite buvables que ceux de Saint-Emilion, mais ils sont moins capiteux et alcooliques que ces derniers. Il y a beaucoup d'analogie entre le Pomerol et le Médoc.

Vins de Saint-Emilion.

Les *petits Pomerol* de Lalande-Pomerol sont bons; ceux de Saint-

Georges, de Lussac et de Puisseguin sont des crus distingués. Libourne n'a que des vignes de palus qui produisent un vin corsé, coloré et assez coulant. Les seuls vins renommés du Fronsadais ou canton de Fronsac sont les vins de côtes des communes de Fronsac et de Saint-Michel, où le beau coteau de Canon produit un vin corsé, ferme, chaud, coloré, parfumé, très-fin et de premier choix, et que le commerce paie très-cher. Le vin des côtes de Fronsac est corsé, ferme et coloré ; il a beaucoup de fermeté et supporte vaillamment l'addition de l'eau. Le Fronsadais produit aussi beaucoup de vins de palus de qualité ordinaire.

Le canton de Saint-André-de-Cubzac produit des vins rouges et des vins blancs ; ses vins rouges se divisent en vins de palus et vins de côtes, qui sont de bons vins ordinaires. Le vin de Bourg, dont la réputation est si ancienne, mûrit sur les côteaux du Bourgeais, du côté du sud-ouest. Les vins de Bourg se rapprochent beaucoup des vins de Bourgogne et s'en distinguent par plus de finesse. Ils gagnent très-longtemps en bouteille, et se conservent très-bien vingt, trente et quarante ans. Le Blayais (canton de Blaye), situé sur la rive droite de la Gironde, produit des vins qui sont classés parmi les meilleurs ordinaires du Bordelais ; ils ont une belle couleur et de la maturité ; ils sont tendres, d'une nature souple et coulante ; ils sont vite buvables, ce qui les fait rechercher et apprécier comme bons vins d'ordinaire ; ils possèdent plus de 10 $^{2}/_{3}$ % d'alcool, et ils contiennent une certaine quantité de fer et de tannin, ce qui les rend hygiéniques. Blaye, Saint-Martin-Lacaussade, où l'on remarque les deux excellents crus de *Charron* et de *La Barre*, Plassac, qui produit les meilleurs vins du Blayais, Saint-Paul, Cartelègue, avec ses vins des plus colorés, Anglade, avec des vins colorés, coulants, vifs et nerveux, Saint-Christoly, produisant autant de vins blancs que de vins rouges, sont les communes viticoles du Blayais les plus remarquables. Vins du Blayais.

Les vins blancs les plus renommés de l'Entre-deux-Mers sont ceux de Sainte-Croix-du-Mont, de Langoiran, de Beaurech, qui sont des vins de côtes. Les vins blancs de Beaurech sont remarquables par leur jolie couleur, leur corps et leur finesse, mais ils sont un peu liquoreux ; ses vins rouges de côtes et de palus sont très-appréciés des Allemands ; ils sont corsés, tendres, moelleux, nourrissants et ne fatiguent pas l'estomac. Les vins blancs de Sainte-Croix-du-Mont sont d'excellents vins d'entremets ayant un bouquet tout particulier et très-agréable ; ceux de Loupiac sont assez recherchés. Les vins blancs de Langoiran et ceux de Paillet sont semblables à ceux de Beaurech ; leurs vins rouges sont fins et alcoolisés. Rions, Cadillac et Beguey produisent des vins blancs ordinaires, de même que des vins rouges corsés et colorés, souples et coulants, qui constituent de bons vins d'ordinaire. Vins de l'Entre-deux-Mers.

Les communes de Quinsac et de Camblannes, sur la rive droite de la Garonne, produisent les meilleurs vins rouges de côtes de l'arrondissement de Bordeaux. Les vins de Queyries, récoltés entre Bordeaux-la-Bastide et la base des beaux coteaux de ce nom, sont les premiers vins rouges de palus du département; ils ont beaucoup de corps, une belle couleur et acquièrent en vieillissant de la finesse et un charmant bouquet de violette. Bouillac et Florac produisent des vins classés au rang de seconde palus du département, de même que Bassens et Montferrand. Les vins de palus de Bassens sont corsés, colorés, longs à se faire, comme ceux de Montferrand et constituent des vins de cargaison; les vins de côtes sont plus tôt faits et sont expédiés à l'intérieur comme à l'étranger. Floirac et Bouliac donnent des vins de palus et des vins de côtes; Izon donne des vins de palus corsés et colorés; Vayres produit des vins blancs et des vins rouges, et les vins d'Ambarès sont de bons ordinaires.

Vins de Queyries.

Groupes secondaires.

Nous placerons dans un premier groupe secondaire les vins de la Dordogne, ceux du Quercy, dont le commerce se fait à Cahors, les vins de l'Albigeois, dont ceux de Gaillac servent pour les mélanges; les vins de Toulouse et les vins épais des Pyrénées qui sont, en général, expédiés sur Bordeaux et soumis dans les caves de cette ville à divers coupages; enfin les vins de l'Armagnac récoltés dans le Gers et le Lot-et-Garonne et ceux des Landes convertis en eaux-de-vie. Les vins paillets du Béarn sont renommés.

Vignobles de la Dordogne.

Les grands et bons vignobles de la Dordogne sont du côté d'Excideuil, de Saint-Pantaly et d'Hautefort, au nord-est de l'arrondissement de Périgueux. Les arrondissements de Bergerac et de Sarlat produisent des vins rouges secs, fins, légers et pourvus d'un bouquet agréable, quoique faible.

Les *vins de Bergerac* sont les vins blancs de Montbazillac et de Saint-Nexans, qui ont un bon goût et sont très-spiritueux. Brantôme, Bourdeilles, Chancelade, Saint-Pantaly (arrondissement de Périgueux), Mareuil (arrondissement de Nontron), donnent des vins de deuxième classe. La Dordogne donne, en général, des vins blancs et rouges, qui sont vifs, légers et spiritueux, mais dont le bouquet est peu prononcé. La Dordogne a dans les arrondissements de Nontron et de Ribérac, sur la frontière de la Charente et notamment à la Roche-Beaucourt, à Verteillac, à Ponteyraud et à Saint-Aulaye, des vins à eaux-de-vie de très-grande qualité. On fait dans le Quercy des vins noirs de commerce et des vins rouges et blancs spiritueux et assez agréables qui sont de consommation directe. Les vins noirs de Cahors sont destinés aux coupages, et sont livrés au commerce de Bordeaux pour donner de la couleur et du

Vignobles du Lot.

corps aux vins du Médoc et des Graves. Il y a de belles vignes aux environs de Luzech.

Vignes de l'Aveyron.

On cultive la vigne à Villefranche, Espalion et Marcillac, dans l'Aveyron; les vins de ce département sont légers, délicats, assez agréables comme vins d'ordinaire, mais ont en général un goût de terroir désagréable pour les personnes qui n'y sont pas habituées, excepté ceux de Marcillac. Les vins de la Lozère, qu'on récolte à Florac et à Marvejols, se gardent peu et sont en général verts et acides, par défaut de maturité ou par vendange trop précoce.

Vins de la Lozère.

Vignobles du Tarn.

Le Tarn ayant un climat moins chaud que celui de Montpellier, mais plus chaud que celui de Bordeaux, produit les meilleurs vins d'ordinaire de tout le Languedoc; malheureusement les grêles sont fréquentes dans ce département. Le vin forme la principale richesse du territoire de Gaillac; ce vin, ayant une couleur très-foncée, beaucoup de corps et de spiritueux et un bon goût, est fort employé par les négociants de Bordeaux pour soutenir et relever les vins faibles. Les vins blancs de Gaillac ne manquent ni de corps ni de générosité; ils ont de la douceur et un goût fort agréable; ils supportent très-bien le transport.

Les vignes du Roc, près d'Albi, fournissent des vins très-renommés, qui se distinguent par leur bouquet et leur moelleux; les vignobles de Cambon, de Cunac et de Rouffiac constituent les meilleurs crus d'Albi. Les vins de Cordes sont bons; ils constituent des vins de table et non de coupage. Les vins rouges de Cunac ont quelque ressemblance avec les bons vins ordinaires du Mâconnais. Les vins blancs de Saurs ou de Lisle, près d'Albi, sont préférés à la blanquette de Limoux.

Vignobles du Tarn-et-Garonne.

La viticulture a une grande importance dans le département du Tarn-et-Garonne qui produit de bons vins et de très-bons vins; mais, en les buvant, on les trouve beaucoup trop chauds pour une large consommation courante, et souvent trop faibles et trop peu caractérisés pour en faire des vins de coupage. Le défaut des vins de ce département provient de la multiplicité des espèces cultivées dans les vignes, et surtout de l'alliance des cépages du Languedoc à ceux de la Gascogne. Montauban cultive des chasselas ambrés; ces excellents raisins produisent un vin peu agréable à boire.

Vignobles du Lot-et-Garonne.

La vigne prospère à peu près partout dans le département du Lot-et-Garonne, où le sol cultivable est fort riche et convient à tous les genres de culture; mais il y a peu de crus et de vins distingués. Les vins blancs de Clairac et de Buzet en première ligne, et ceux de Pujols et de Soumensac en seconde ligne sont des vins liquoreux faits à la façon du Sauternes et connus sous le nom de *vins pourris*. Les vins rouges de Buzet, de Castelmoron et de la Chapelle, etc., sont remarqués pour leur couleur foncée, leur corps et leur spiritueux, ce qui les fait ressembler aux gros vins du Roussillon. Les autres vins, rouges ou blancs, sont très-ordinaires et se consomment dans le pays ou sont absorbés dans les mélanges du commerce.

Vins du Gers.

Les vins du Gers fournissent les meilleures eaux-de-vie de France après celles des Deux-Charentes; ces eaux-de-vie, connues sous le nom d'Armagnac, sont d'un mérite réel; celles qui proviennent des sables siliceux sont les plus délicates et les plus estimées; celles qui proviennent des argiles se placent ensuite; enfin, les moins bonnes sortent des terrains calcaires; c'est le climat qui, dans cette circonstance, détermine la principale différence et l'emporte sur l'influence du sol, car les bonnes eaux-de-vie de Cognac sont produites dans le calcaire pur. Plus aussi les vins sont alcooliques, moins les eaux-de-vie qu'on en extrait sont délicates. Près de 90,000 hectares de vignes sont consacrées à la production du vin pour eau-de-vie.

Vignobles de la Haute-Garonne.

Les vins rouges des coteaux de Fronton et Villaudric sont de bonne qualité et de consommation directe. A Muret et à Toulouse, les vignes sont généralement plantées dans des terrains riches et profonds; aux environs de Saint-Gaudens, elles sont dressées sur des arbres, érables ou merisiers, soit en bordures de routes et de champs, soit en quinconces et en champs de grande étendue. Ces vignes, à trois, quatre et cinq mètres de terre, forment de véritables forêts ou des avenues. La Haute-Garonne produit des vins très-agréables, mais les gelées y sont pernicieuses et il y grêle trop souvent.

Vins de l'Ariége.

Pamiers, Saint-Girons et Saverdun cultivent la vigne dans l'Ariége, mais les vins ne sont pas bons.

Vins des Landes.

Les vins de Capbreton ont le bouquet et la saveur des vins de Bordeaux, et la générosité du bourgogne. On fait aussi à Capbreton des vins blancs excellents. Les vins rouges et blancs de la Chalosse, croissant entre l'Adour et le Gave d'Oléron, sont légers et de médiocre qualité. Les vignobles de Mugron, de Roquefort et de Gabarret produisent des vins très-ordinaires.

Vins des Hautes-Pyrénées.

Les vins blancs de Peyriguères, près de Tarbes, et des environs sont généreux, droits et francs, d'un bouquet et d'un goût analogues aux vins de Chablis, quoique moins fins et plus spiritueux; ils moussent pendant un ou deux ans; ils se conservent bien et supportent bien les transports. Madiran et Maubourguet produisent aussi des vins de qualité supérieure.

Vins de Jurançon.

Les principaux vignobles des Basses-Pyrénées sont ceux de Jurançon, au midi de Pau et près de cette ville et ceux de Vicbille, au nord; ces vignobles sont assis sur des terrains tertiaires, riches et profonds, à terres rouges et jaunes et à cailloux roulés. Le climat est excellent pour la vigne, car il gèle très-peu à Pau et dans ses environs, et il grêle encore plus rarement. La plus grande partie des vignes de Jurançon sont semblables aux vignes hautes de Madiran, c'est-à-dire élevées à $1^m,80$ sur poteaux de 3 mètres. Les vins rouges de Jurançon sont très-colorés, d'une robe magnifique, très-généreux, d'un bouquet et d'une saveur propres, mais délicieux. Les vins blancs de Jurançon ressemblent beaucoup aux vins du Rhin, mais ils sont plus généreux et moins liquoreux. Le Vicbille donne des vins plus doux et plus liquoreux que le Jurançonnais, mais ils sont de moindre qualité.

Groupe des Charentes.

IV. Groupe des Charentes. — Le groupe de la Charente comprend la Charente et la Charente-Inférieure; le premier département est un des plus riches de la France par ses vignes et leurs produits. On y cultive surtout la vigne pour transformer le vin en eau-de-vie. L'arrondissement de Cognac est à la tête de la production viticole pour les eaux-de-vie, surtout dans sa petite Champagne, dont Segonzac est le canton central en même temps qu'il en est le modèle. Les eaux-de-vie de Cognac, ainsi appelées du nom de la ville qui est le centre le plus important de ce commerce, sont les meilleures du monde entier, et jouissent d'une supériorité incontestable sur toutes les liqueurs analogues; elles se distinguent des eaux-de-vie de toute autre provenance par la délicatesse et la puissance de leur arôme et par la persistance de cet arôme malgré l'addition d'une notable quantité d'eau-de-vie commune, pourvu que celle-ci n'ait aucun goût qui lui soit propre. L'énergie de cet arôme est telle qu'il est très-dificile de distinguer les eaux-de-vie de Cognac pures de ces eaux-de-vie mélangées avec une certaine dose d'alcool étranger; mais les eaux-de-vie une fois mélangées, tout en conservant leur parfum caractéristique, ne peuvent plus supporter un mélange sans un affaiblissement notable de ce parfum. C'est pourquoi les négociants étrangers attachent une importance capitale à recevoir pures les eaux-de-vie de Cognac destinées à des mélanges; le commerce de Cognac est aussi intéressé à ne pas être trompé lui-même par les propriétaires et les distillateurs. Il ne faut pas que ces derniers les falsifient avec des

Eaux-de-vie de Cognac.

alcools rectifiés de grains ou de betteraves, car si les maisons de Londres, de Genève, de New-York et de Saint-Pétersbourg ne recevaient plus des eaux-de-vie pures de tout mélange, les prix exceptionnels n'auraient plus raison d'être, et la riche et florissante industrie des deux Charentes serait frappée au cœur; malheureusement ces falsifications ont déjà discrédité à l'étranger ce produit national.

Classification des eaux-de-vie de Cognac.

Les eaux-de-vie de Cognac comprennent la *fine* ou *grande champagne*, la *moyenne champagne*, la *petite champagne*, les *eaux-de-vie de bois*, le *moyen* et le *petit bois*. Toutes ces eaux-de-vie proviennent des deux cépages fondamentaux de la Charente, la folle blanche et le balzac, mais de terrains différents. M. Coquand, savant géologue de Marseille, a trouvé le premier qu'il existe certainement des rapports entre les diverses qualités d'eaux-de-vie de Cognac et celles du sol, et il a prouvé que la différence de qualité dans les produits correspond au changement dans la composition du sol. C'est la région méridionale de l'arrondissement de Cognac, c'est-à-dire les coteaux qui, entre Segonzac et Barbezieux, courent parallèlement à la Charente, qui jouit seule de la réputation de crus de premier ordre; cette région est désignée par le commerce sous le nom de Grande-Champagne. Or, les vignobles de la Grande-Champagne sont placés dans des calcaires crayeux très-friables appartenant à la partie supérieure de la formation crétacée, comme les vignes de la Marne; les terres blanches des cantons de Blanzac, de la Valette, de Montmoreau et d'Aubeterre, ainsi que les coteaux d'Archiac, d'Echebrune et de Pérignac, dans la Charente-Inférieure, sont de la même formation; mais le recouvrement par les dépôts sablonneux des coteaux les mieux exposés, en altérant la qualité des terres sur une foule de points, a fait supposer à tort que dans ces contrées les calcaires blancs ne pouvaient fournir des eaux-de-vie aussi fines que celles de la Champagne de Cognac.

On donne le nom de *Petite-Champagne* à la plaine crayeuse qui, depuis Cognac jusqu'à Châteauneuf, forme une dépression limitée, au sud, par les coteaux de la Grande-Champagne, et au nord, par le bourrelet rocheux qui domine la Charente et la borde jusqu'au delà de Châteauneuf. Les vignobles de la Petite-Champagne se trouvent dans des calcaires un peu moins crayeux que ceux de la Grande-Champagne; ils sont durs et appartiennent à un étage inférieur dans lequel les bancs offrent une pierre plus solide, moins crayeuse, mais encore un peu friable : c'est sur ce terrain que poussent les vignobles qui fournissent les eaux-de-vie de Petite-Champagne.

Enfin, on appelle *Pays-de-Bois* les contrées rejetées sur la rive droite du fleuve, et dont le sol est formé par des calcaires durs donnant naissance à un sol très-maigre, ou par des sables et des argiles; ce sont des dépôts tertiaires ou silico-argileux. Ces contrées, d'abord complantées en bois, furent défrichées successivement à mesure que le prix de plus en plus élevé des eaux-de-vie incitait les propriétaires à substituer la vigne à toutes les autres cultures ; d'où le nom d'*Eaux-de-vie des Bois* donné aux esprits provenant des vignes qui poussent dans ces terrains calcaires durs et solides, ou bien dans les dépôts sableux de l'époque tertiaire. Les qualités *moyenne-champagne*, *moyen* et *petit-bois* représentent des produits intermédiaires que l'on obtient surtout aux points de contact ou vers les limites des terrains que nous avons indiqués. On voit donc que la vigne, pour donner de bonnes eaux-de-vie, sera placée dans des conditions d'autant plus avantageuses qu'elle trouvera un sol calcaire plus léger et plus friable. Or, comme la valeur des eaux-de-vie est basée sur la qualité et que cette qualité est subordonnée à une question de composition du sol, il s'ensuit que les prix varient suivant les lieux de provenance, et alors la composition du terrain des lieux de provenance pourra indiquer la qualité de l'eau-de-vie tout aussi bien que le plus habile dégustateur.

Il faut, pour obtenir un hectolitre d'eau-de-vie, neuf hectolitres de vin. Presque toutes les eaux-de-vie de Cognac sont enlevées au sortir de l'alambic, par l'Angleterre, la Russie et l'Amérique du Nord, et les cinq sixièmes des vins des Charentes sont distillés. L'eau-de-vie de Cognac donne lieu à un mouvement d'affaires que l'on évalue à 90 millions de francs, année commune. L'eau-de-vie de Petite-Champagne vaut en général cinq francs de plus que les *bons Bois;* le prix de la *Grande-Champagne* est souvent une affaire de caprice, et l'eau-de-vie de ce cru, reconnue comme très-bonne et très-fine, se paie souvent 25 et 30 francs de plus par hectolitre que celle de la Petite-Champagne.

La Charente-Inférieure pourrait ajouter à ses bonnes eaux-de-vie de la Saintonge et de la Rochelle la ressource de la production de bons vins de table, car la plupart des ceps de la Champagne et de la Bourgogne pourraient y prospérer sur des terrains jurassiques et crétacés; ceux de la Gironde y sont déjà acclimatés.

Angoulême, Cognac, Jarnac, la Rochelle, Tonnay-Charente, Saint-Jean-d'Angély, sont les principaux centres du commerce des eaux-de-vie.

V. **Groupe du midi.** — La production du vin dans le midi a singulièrement augmenté depuis l'établissement des chemins de fer qui permettent de l'exporter dans toute la France, tandis qu'avant cette époque, il fallait le consommer sur place en grande partie ou le distiller. Le midi produit des vins ordinaires de table, des vins de liqueur, des vins de coupage et des vins pour la distillation. Les vins du midi sont produits par quatre provinces : le *Roussillon*, le *Languedoc*, la *Corse* et la *Provence*. Vins du midi.

Vins du Roussillon.

Le climat du Roussillon est très-favorable à la vigne, même plus que celui de l'Hérault, parce qu'il est plus chaud et plus abrité des vents de l'ouest, mais le sol plus tourmenté de cette province est moins favorable que celui de l'Hérault.

Les vignes en terrasses et dans les terrains pierreux de Collioure, de Port-Vendres, de Banyuls, de Perpignan, de Rivesaltes et de Salses sont les plus remarquables. On fait à Banyuls un vin de grenache seul, qui est un vin exceptionnel et très-recherché. Rivesaltes produit, en dehors des vins ordinaires du Roussillon, des vins muscats supérieurs à ceux de l'Hérault, des vins de Malvoisie et de Macabéo, extraits des cépages de même nom. Les vins muscats se tirent des raisins desséchés au cep ou sur des claies, sans ébullition, ni addition d'alcool; c'est ce qui assure au muscat de Rivesaltes, qui se rapproche en vieillissant du vin de Chypre, une supériorité marquée. Pour fabriquer le malvoisie et le macabéo, on fait écumer le moût auquel on ajoute, lorsqu'il est refroidi et mis en tonneau, du trois-six de vin.

Les vins ordinaires et de commerce du Roussillon ont une couleur naturelle très-intense. Les vins fins du Roussillon sont à juste titre renommés pour leur corps, leur esprit, leur solidité, leur vinosité; ils supportent admirablement les transports et les variations de température les plus extrêmes. Les vins du Roussillon, très-colorés, très-spiritueux et très-solides, ne peuvent convenir à la boisson ordinaire et courante; leurs véritable emploi est d'être bus comme vin de liqueur ou de prêter leur qualités à des vins trop faibles, en s'y mêlant pour une fraction de un cinquième à un dixième.

Les vins du Roussillon, bus très-vieux et en petite quantité, valent autant que le meilleur vin de Porto; ce sont les plus chauds de tous les vins de France, c'est-à-dire qu'ils produisent une douce chaleur dans l'estomac.

Les vins du Roussillon sont conservés en grands fûts de 50 à 200 hectolitres, placés dans des celliers, comme dans l'Hérault; mais ces vins sont tellement solides qu'ils supportent très-bien ces mauvaises conditions de garde et de vente.

Vignobles de l'Aude.

La vigne est la plus grande richesse de l'Aude; le carignan est le plant caractéristique de l'arrondissement de Narbonne, mais l'aramon tend à s'y propager. Les vins de Narbonne sont plus légers, quoique très-forts en couleur et en esprit, que ceux des Pyrénées-Orientales; ils sont plus aptes à la consommation directe et immédiate, quoiqu'ils soient généralement très-propres aux coupages. Limoux donne des vins rouges d'une grande qualité, s'approchant de ceux de Saint-Georges-d'Orques (Hérault), mais plus légers, et pouvant rivaliser avec de bon bourgogne. Ces vins sont produits par le picpoule, le carignan et le téret noir. La blanquette de Limoux, vin blanc doux et crémant, est faite avec la blanquette et la clairette; mais c'est par ses vins rouges, et non par sa blanquette, que Limoux figure parmi les crus à bons vins. Le vignoble de Limoux est entièrement planté sur les rampes les plus élevées de ses coteaux, dans des terrains tertiaires jaunâtres, sablo-argileux, sur roches et marnes irisées, très-propres à la culture de la vigne; mais les rampes moyennes et inférieures, aujourd'hui livrées à la culture des céréales, sont encore plus favorables; car, en tout pays, ce sont les rampes moyennes et inférieures des montagnes qui donnent les meilleurs vins; les sommets et les plaines ne viennent jamais qu'en seconde ligne.

Le commerce des vins de l'Aude est concentré à Narbonne, à Carcassonne et à Limoux.

Vignobles de l'Hérault.

L'Hérault, dont le climat est excellent pour la vigne, est le premier département viticole de la France par l'abondance de ses produits et par la variété de ses liquides, comprenant depuis les vins de chaudière, les vins ordinaires, les grands vins, les vins de liqueur, jusqu'aux eaux-de-vie et aux trois-six. Les deux tiers des vignes sont en coteaux et un tiers en plaine; la production moyenne est évaluée à 9 millions d'hectolitres valant près de 135 millions de francs. L'Hérault produit des vins de consommation directe dont quelques-uns sont très-renommés; les crus de *Saint-Georges-d'Orques*, à quelques kilomètres de Montpellier, et ceux de *Saint-Christol* sont des vins rouges de table de premier ordre; ceux d'Assas, de Pérols et de Bouzigues sont aussi estimés. Ses vins rouges et blancs de montagne constituent des vins ordinaires très-agréables, très-sains et très-hygiéniques.

L'Hérault produit des vins de liqueur naturels, comme les excellents vins muscats de *Frontignan*, de *Lunel* et de *Maraussan* (près Béziers), qui sont produits par les raisins muscats blancs, jaunes et rouges; ce sont des vins qui se distinguent par leur douceur, beaucoup de spiritueux, un parfum suave et un goût de fruit très-prononcé. Marseillan produit des vins dits de *Picardan*, nom du plant, qui, sans être muscats, sont liquoreux et ont un très-bon goût. Les vins de Sauvian, à 6 kilomètres de Béziers, sont très-corsés et spiritueux, foncés en couleur et ont de l'analogie avec les vins de Collioure.

Vins de Cette.

La ville de Cette fabrique toute espèce de vins de liqueur à l'aide de vin du pays, de vins importés, d'alcool et de quelques aromates; les vins de Cette imitent parfaitement les vins d'Italie, d'Espagne, du Portugal, de Madère et d'autres pays produisant des vins de liqueur. Cette ville compte deux cents marchands de vins en gros. Une partie des vins de l'Hérault est distillée dans les années où ils ne pourraient se conserver que difficilement.

Les principaux marchés de trois-six et d'eaux-de-vie sont *Montpellier*, *Pézenas*, *Béziers* et *Cette*. Le marché des vins, eaux-de-vie et spiritueux qui se tient à Pézenas le samedi sert de mercuriale à toutes les autres places de France et d'Europe. Béziers est aussi le marché régulateur des trois-six. *Mèze* fait un grand commerce de vins de l'Hérault.

Vignobles du Gard.

Le Gard est un des départements vignobles les plus importants de la France; son climat sec et chaud est le meilleur qu'on puisse désirer pour les vignobles. Toutes les côtes du Rhône, très-accidentées, et les vastes plateaux qui les surmontent offrent de très-bons vignobles, depuis Saint-Gilles jusqu'à Beaucaire, Aramon, Villeneuve, Roquemaure, Bagnols, Pont-Saint-Esprit, dont les vins sont très-généreux et très-solides; la plupart sont très-foncés en couleur, très-connus et très-appréciés pour l'amélioration des vins moins bien doués de couleur et de spiritueux. Quelques-uns, comme ceux de Chusclan, Tavel, Lirac, Saint-Geniès-de-Comolas, Sauveterre, sont à juste titre très-estimés dans la consommation comme grands ordinaires et même comme vins d'entremets. Les vins de Lédénon (canton de Marguerittes) et de Langlade, aux environs de Nîmes, sont d'excellents vins de table, de fort bon goût et d'un bouquet agréable. Saint-Gilles, qui compte parmi les grands vignobles de la France (5,000 hectares), fait, avec le plant de furmint, le *tokay-princesse*, qui ressemble au véritable tokay de Hongrie, et qui est susceptible d'une longue conservation. Chusclan donne un des meilleurs vins du pays, peu coloré, fin, léger, spiritueux et agréable.

L'espar, qui fait la base des vins de Provence, sous le nom de morved, est le cépage le plus précieux du Gard pour donner des vins alimentaires, droits, solides et désaltérants. Les aramons se plantent et se cultivent maintenant beaucoup pour produire des quantités énormes de vin, surtout à Calvisson, à Sommières et aux environs.

Vignobles de la Corse.

La Corse possède environ 17,000 hectares de vignes, un peu plus de la cinquantième partie du sol; mais 100,000 hectares de vignes pourraient y être créés à peu de frais, y remplacer 100,000 hectares de maquis ou de mauvais pacages et donner facilement, en moyenne, 5 millions d'hectolitres de vin valant cent millions de francs.

La vigne vient à merveille en Corse, au cap Corse, à Bastia, à Vescovato, à Cervione, à Corté, à Ajaccio, à Sartène et à Calvi; elle y pousse avec une vigueur remarquable et un cinquième de la Corse l'admettrait dans les meilleures conditions. Si les cépages correspondaient aux différents climats de la partie occidentale de la Corse, non-seulement cette île pourrait produire des vins analogues aux vins d'Espagne, de Portugal, d'Italie et de l'extrême midi de la France, mais aussi elle produirait des vins de Vaucluse, des côtes du Rhône, de l'Hermitage, du Beaujolais, de la Bourgogne et du Médoc, en un mot, tous les vins alimentaires et de grande consommation courante du centre et même du nord de la France.

L'arrondissement de Bastia est le plus riche en vignes.

Les vins de Corte sont légers et faciles à boire. Au cap Corse, on ne fait que des vins blancs, très-fins et très-renommés, façon malaga, madère et muscat; ils sont excellents et se gardent longtemps.

Vignobles de Provence.

Le climat et le sol sont favorables à la vigne dans le département des Bouches-du-Rhône, mais il n'y a pas assez d'habitants pour la cultiver; l'arrondissement d'Aix compte plus de la moitié des vignes du département. Plus de 60,000 hectares incultes, qui ne produisent presque rien, sont éminemment propres à la vigne à bons vins dans la Crau. Les crus les plus estimés sont les vins de *Cassis*, de Saint-Louis, de Séon-Saint-André, de Séon-Saint-Henry et de Roquevaire. Cassis, Roquevaire et la Ciotat produisent des vins muscats; Cassis fournit le meilleur vin blanc de la Provence et en produit de 500 à 600 hectolitres qui sont livrés annuellement à la consommation; c'est un vin liquoreux, d'un goût fort agréable, corsé et spiritueux, qui vaut presque le double du vin rouge. Le territoire de Cassis produit des vins rouges classés en première ligne parmi les vins fins du département. Les crus de Séon-Saint-André, Séon-Saint-Henry, qui sont situés sur le territoire de Marseille, sur la ligne de Paris, sont des vins légers en couleur, généreux et d'un parfum assez agréable. Les vins des environs de Tarascon sont très-colorés, très-forts et très-généreux; ils sont moins délicats que ceux de Marseille. Les vins d'Aubagne et des environs sont moins forts, mais plus agréables à l'usage ordinaire que ceux des environs de Tarascon; les vins des environs de Marseille sont plus légers et plus délicats que ceux d'Aubagne. En général, les vins des Bouches-du-Rhône ont une belle couleur, une saveur agréable, sont alcooliques, mais sans goût de rancio ni de chaleur altérante après qu'on les a bus. Roquevaire fabrique 1500 hectolitres de *vin cuit* par année commune.

Vins du Var.

La vigne joue le premier rôle dans l'agriculture du département du Var; le cépage le plus répandu est le *morved*, qui fournit des vins rouges désaltérants, agréables et salutaires; l'ugni blanc est le cépage blanc le plus estimé et le plus considérable du Var. Les vins du Var sont généralement bien colorés, suffisamment alcooliques et plus agréables à la consommation que ceux du Languedoc : aussi sont-ils recherchés par le commerce.

Le Var possède les vignobles renommés de Lamalgue à Toulon, du Beausset, de Saint-Cyr, du Castellet et de Pierrefeu. Ces vignobles produisent de très-bon vin, très-coloré, spiritueux, se conservant longtemps; plusieurs sont de bons vins de coupage.

Vignobles des Alpes-Maritimes.

Les Alpes-Maritimes cultivent la vigne, principalement dans l'arrondissement de Grasse ; on voit cet arbuste se développer sur de grandes superficies dans les cantons de Vence, d'Antibes et de Cannes, le long de la Méditerranée. *La Gaude*, à 5 kilomètres de Vence, est le vignoble le plus distingué et le plus renommé de ce département ; le vin de la Gaude est très-remarquable par sa couleur, par sa force, par sa saveur en même temps que par son bouquet et par son action tonique et bienfaisante après cinq à six ans ; il désaltère parfaitement et supporte l'eau sans perdre sa saveur franche. Les vins de la banlieue de Nice, quand ils ne sont pas avariés, sont sains et bons ; ils désaltèrent parfaitement et sont bien supérieurs à ceux du Languedoc. Saint-Paul, la Colle, Cagnes, Saint-Laurent-du-Var (canton de Vence) et Bellet, ont des vignobles renommés.

Vins des Basses-Alpes.

Dans les Basses-Alpes, on trouve la vigne au sud et à l'ouest de Digne, le long de la Durance, à Manosque, Valensole, Riez, Forcalquier, Sisteron, aux Mées et dans la vallée de la Bléone. Les vins des cantons de Manosque et de Valensole ont de bonnes qualités : ils sont chauds, colorés et solides ; les vins des Mées sont particulièrement remarquables par leur riche couleur, leur force, leur générosité et leur bouquet ; quand ils sont bien faits, ils ressemblent un peu au porto.

Vins du Rhône.

VI. **Groupe du Rhône.** — Les vins des *Côtes du Rhône* sont des vins généreux rouges et blancs, qui gagnent en vieillissant et supportent bien le transport. Nous avons déjà indiqué ceux de la rive droite du Rhône, au nord d'Avignon, dans le Gard ; Tavel et Roquemaure sont les centres du commerce de ces vins.

Vins de Vaucluse.

Sur la rive gauche du Rhône, dans le département de Vaucluse, on trouve les bons crus de *Châteauneuf-du-Pape* ou Châteauneuf-Calcernier et de Sorgues. Les vins de Vaucluse sont d'une belle couleur, solides, corsés, très-droits, d'un excellent goût, et désaltérants avec de l'eau quand ils n'ont pas trop de grenache ; mais ils sont trop forts. Vaucluse serait le vrai pays de la syra et donnerait des vins aussi bons que ceux de Tain et des environs ; le carbenet-sauvignon et la mondeuse n'y réussiraient pas moins que la syra et placeraient les vins de Vaucluse parmi les premiers vins de France. Vaucluse est l'un des départements les plus éprouvés par le phylloxera.

Vins de l'Ardèche.

L'arrondissement de Tournon produit les meilleurs vins de l'Ardèche ;

Saint-Péray est remarquable par ses vins blancs mousseux qui sont délicats, spiritueux avec un goût particulier de parfum de violette. Cornas et Tournon donnent des vins supérieurs rouges, riches en couleur, ayant beaucoup de corps, mais pas de bouquet. Les vins de Largentière et de Privas sont de bons vins ordinaires; les vins d'Alissas, de Chomérac et de Privas ont bien plus de corps, de force et de couleur que les vins d'Aubenas et de Largentière. Les vins les plus communs de l'Ardèche sont sains, bons à l'alimentation et d'une consommation courante agréable.

Vins de la Drôme.

Le climat de la Drôme est un des plus favorables à la production des vins de consommation courante et des vins de première qualité : ses vins rouges de l'*Hermitage* ou Ermitage (140 hectares de vignes), commune de Tain, sont placés depuis des siècles en tête des premiers vins de France; la petite syra est le cépage qui les produit; ils sont d'une solidité et d'une longévité remarquables et rivalisent avec les plus grands crus de Bourgogne et de Bordeaux. Les vins blancs de l'Hermitage et de Tain, provenant du cépage appelé la roussane, sont aussi très-remarquables et très-estimés et sont considérés comme des premiers entre les vins blancs. Les vins de Crest sont de bonne consommation locale, mais ils ne se conservent pas. Le vin de paille de l'Ermitage est un produit rare très-recherché, qui atteint le prix de 7 à 8 fr. la bouteille, pris chez le propriétaire.

Les vins de Montélimar, provenant des plants de picpoule et de molleron, ne se gardent pas longtemps et ne sortent pas des vins très-ordinaires de consommation; le vin de Géry, près de Montélimar, est l'un des bons vins du pays. Les vins de *Mercurol,* près de Tain, sont un peu inférieurs à ceux de l'Hermitage; les vins de Croze sont aussi moins fins et moins moelleux que ces derniers. Les vins de Saillans sont corsés, spiritueux et d'une couleur foncée. Les vins blancs de Die, connus sous le nom de *clarette de Die,* sont doux, assez spiritueux, d'un goût fort agréable et de fort bonne qualité. Les environs de Die produisent des vins muscats rouges et blancs d'assez bonne qualité.

Vins de l'Isère.

La vigne est une culture de première importance dans l'Isère. La vallée de l'Isère, celle de la Bourbre et la rive gauche du Rhône sont bien garnies de vignes, mais les plateaux en sont presque entièrement privés. Les vins de l'arrondissement de Grenoble sont sains et alimentaires; ceux des coteaux se gardent peu et sont très-bons à boire au bout de quatre mois; le mois de juillet leur est souvent fatal : c'est à cette époque qu'ils se piquent et qu'ils tournent. Les vins de treillage et de la rive droite se gardent beaucoup plus longtemps, mais ils sont plus verts et moins délicats. L'arrondissement de Saint-Marcellin produit des vins de très-bon ordinaire, droits, d'une belle couleur et d'une saveur agréable; ils gagnent en qualité et en bouquet en vieillissant et sont solides à la garde et aux voyages.

Les vins blancs de la *Côte-Saint-André*, provenant d'un très-beau vignoble, sont plus légers et se gardent moins que ceux de l'arrondissement de Saint-Marcellin, mais ils sont de bonne consommation ordinaire. Les vins de l'arrondissement de Vienne sont les meilleurs et les plus prisés de l'Isère. La Tour-du-Pin produit aussi des vins ordinaires, principalement à Bourgoin.

Les vignes des environs de Roanne, dans le département de la Loire, sont cultivées comme dans le Beaujolais.

Vignobles du Rhône.

Les pentes des côtes du Rhône, dans le département du Rhône, sont tellement escarpées que la plupart sont cultivées en terrasses, soutenues par des murailles, dont les matériaux de construction proviennent du défonçage des terres, qui toutes reposent immédiatement sur la roche. Les vins blancs de *Condrieu*, produits par le vionnier qu'on vendange très-tard et souvent après la Toussaint, ont un goût spécial agréable, mais singulier; ces vins, qui moussent légèrement, sont fort bons et bus de très-bonne heure. Les vins de *Côte-Rôtie* jouissent d'une très-grande réputation ; ils ont beaucoup de corps, de spiritueux, une couleur foncée de grenat, un bouquet très-développé et très-suave, une saveur analogue à celle du cep qui les produit, la sérine, et se gardent un temps indéfini en s'améliorant. Trois montagnes d'Ampuis fournissent surtout ces bons vins : la côte Turque, la moins estimée, la côte Blonde et la côte Brune, la plus au sud d'Ampuis, qui donne les premières cuvées de Côte-Rôtie.

Les vignobles de la banlieue de Lyon et des environs, notamment Sainte-Foy-lès-Lyon et Saint-Julien, produisent des vins aussi bons que ceux du haut Beaujolais. Les vins supérieurs des Côtes du Rhône sont, en grande partie, vendus en primeur à des négociants de Tain, Valence et Saint-Péray, qui les expédient, lorsqu'ils ont acquis la qualité voulue, à l'étranger, surtout en Angleterre, en Allemagne et en Belgique.

Vignobles des Hautes-Alpes.

Les principaux vignobles des Hautes-Alpes sont à Jarjayes, à Valserres, à Remollon, à Ventavon, à Tallard, Châteauvieux et à Neffes ; le cépage caractéristique est le *mollard*, raisin noir à grains ronds et clairs très-sucrés. Le vin de mollard est frais et plat, il a de 9 à 11 degrés d'alcool ; il est d'une bonne couleur grenat, facile à digérer et très-alimentaire : c'est un vin de bonne consommation courante. La clairette fournit le vin blanc dit *clairette de Saulce*, vin parfumé, généreux, liquoreux et très-agréable, s'il est bu la première année, mais qui devient sec et fort si on le conserve longtemps.

La plupart des cuves et des tonneaux des Hautes-Alpes sont faits en mélèze, bois qui donne au vin un petit goût de résine pendant un ou deux ans; mais ensuite les vaisseaux vinaires de mélèze se comportent bien et durent des centaines d'années.

VII. **Groupe du centre et de l'ouest.** — Le centre de la France n'a pas de grands crus; il produit des vins de coupage et pour la consommation journalière. Le Puy-de-Dôme et la Corrèze produisent des vins de consommation et de commerce estimés. Vins du centre.

Les vins d'Auvergne se rattachent au genre des vins de Bordeaux; ils n'ont ni le feu ni la générosité vineuse des vins de Bourgogne. Les vins du Puy-de-Dôme sont bons et les vignes y sont cultivées avec beaucoup d'intelligence. Les vignes des arrondissements de Clermont, d'Issoire et de Riom sont en grande partie sur les coteaux, sur les rampes inférieures des montagnes, et les relèvements en croupes et en mamelons, plus ou moins saillants, qui surgissent dans la vaste et riche plaine de la Limagne. Le sol de ces vignes est généralement argilo-calcaire; les cépages dominants sont les gamays. Les vins de Chanturgue, le meilleur cru des environs de Clermont, peuvent acquérir toutes les qualités et même le goût des vins de troisième classe du Bordelais. Vins d'Auvergne.

La Corrèze cultive la vigne aux environs de Brives et de Tulle. Le Cantal a peu de vignes et la Haute-Vienne est un pays trop humide pour cette culture. Dans la Haute-Loire, l'arrondissement de Brioude a 4,700 hectares de vignes. Les vignes du Puy donnent un vin rouge ordinaire très-sain, très-droit, peu alcoolique (6 à 8 %), mais très-alimentaire et très-bon à boire couramment. Toutes les vignes du Puy sont groupées au nord et à l'ouest de la ville et échelonnées sur des coteaux peu élevés, à gradins et à terrasses. Elles sont très-divisées et constituent de très-jolies propriétés de campagnes nommées les vignettes. Chaque bourgeois du Puy tient à avoir sa vigne et sa petite maison de campagne : c'est son amusement et son luxe. Vins du Puy.

Dans la Nièvre, on cite les vins blancs de *Pouilly-sur-Loire* et ceux de Riousse, qui sont d'assez bonne qualité; le vignoble de Pouilly-sur-Loire est le plus étendu et le plus important de la Nièvre. Les vins de la Nièvre sont durs et verts et se gardent peu, excepté ceux de Saint-Père et de Saint-Loup (canton de Cosne), qui sont bons, se gardent et se transportent. Vins de la Nièvre.

Dans l'Allier, les vins rouges de Cusset, Saint-Pourçain et Chantelle sont très-bons et se gardent parfaitement. Vins de l'Allier.

Les centres vignobles du département du Cher sont Bourges, Vierzon, Vins du Cher.

Dun-le-Roi, Saint-Amand, Châteaumeillant et Sancerre. Le pineau noir fait le fond de toutes les bonnes vignes et de tous les bons vins du Sancerrois. Les environs de Sancerre fournissent de très-bons vins rouges de table, ayant de la couleur, de l'esprit et un goût fort agréable. Les vins de Saint-Amand sont solides et se gardent bien. Dans le Loir-et-Cher, Romorantin est un centre viticole. La côte des Grouets donne d'excellents vins rouges, comme bons vins ordinaires de table ; la côte des Noëls produit de bons vins blancs avec le gros pineau blanc de la Loire. Les vins du Cher sont corsés, colorés, spiritueux et de garde ; ils sont aussi désignés sous le nom de vins frais par le commerce, qui les associe avec grand avantage à des vins moins solides, moins corsés et moins colorés ; ces vins sont produits par les cots rouges et verts à Selles-sur-Cher, à Villefranche, à Mennetou, à Châtillon, à Saint-Aignan, à Montrichard, à Saint-Georges et à Monthou, le long du Cher.

Les vins de Romorantin et de la Sauldre, ou plutôt les vins du cépage meunier, sont vendus aussi sous le nom de vins du Cher et de vins frais; ces vins sont plus agréables à consommer dans la première et la deuxième année que les vins de cot, mais ils sont moins corsés, moins colorés et moins durables. La plupart des vins blancs de l'arrondissement de Vendôme sont fournis par le pineau blanc de la Loire, et quelques-uns par le sémillon blanc ou par le surin; les vins de surin sont excellents, et ce sont ces vins qu'aimait tant Henri IV, et non les vins de Suresnes, comme quelques-uns le croient; on les récolte entre Vendôme et Montoire. Gien, Montargis, Pithiviers et Orléans cultivent la vigne dans le Loiret. Les vins du Gâtinais, surtout ceux de Pithiviers, sont agréables, très-peu spiritueux et se gardent bien; les vins de Jargeau et de Beaugency sont délicats et agréables. Les vins de basse qualité de Loury (8 kilomètres de Neuville-au-Bois) servent ordinairement à la fabrication du vinaigre d'Orléans.

Vins du Loiret.

Vins de la Touraine.

Les vins de la Touraine sont excellents. Dans l'Indre-et-Loire, c'est à *Saint-Avertin*, près de Tours, qu'on trouve le vignoble le plus riche et le mieux cultivé de la province. Les vins du *clos de Saint-Nicolas de Bourgueil* et des environs, produits par le cépage breton, ont moins de finesse et moins de bouquet que les vins de Médoc; ils sont moins moelleux, mais ils en ont toutes les qualités hygiéniques. Leur bouquet et leur goût de framboise les rendent d'ailleurs fort agréables : ce sont d'excellents ordinaires, dignes d'être recherchés et bien payés. Les vins fins rouges de *Joué-lès-Tours* sont bons à boire en deux ans; leur couleur, leur franchise, leur vinosité délicate, en font de très-bons ordinaires, aussi sains qu'agréables.

Les vins blancs de *Vouvray,* quand ils sont bien faits et bien soignés dans les bonnes années, sont au premier rang des vins blancs fins; ils sont très-solides, très-durables et toujours très-salutaires: les vins de *Rochecorbon* leur sont un peu inférieurs.

Vignobles de l'Indre.

Les principaux vignobles de l'Indre, ceux d'Issoudun surtout, sont en plein oolithe; un seul, au nord, celui de *Vicq-sur-Nahon*, qui donne le meilleur vin du département, repose sur le terrain crétacé inférieur qui suit les cours d'eau du canton de Valençay. Les vins d'Issoudun et de Châteauroux sont de bonne garde et de fort bonne consommation courante; les vins de la Châtre sont plus tôt prêts à la consommation, ainsi que ceux d'Argenton; ils sont plus coulants dès la première année, mais ils se gardent peu; ils proviennent des cépages appelés le lyonnais et le liverdun; le genoilleré et le cot rouge sont la base de ceux d'Issoudun.

Vins du Poitou.

Le sol du département de la Vienne est essentiellement propre à la vigne. Châtellerault, Loudun et Poitiers produisent des vins spiritueux et de bon goût. Saint-Julien, Saint-Georges et Neuville, dans les environs de Poitiers, produisent d'assez bons vins. Il y a à Neuville une importante fabrique de vinaigres naturels et de pur vin.

Vins des Deux-Sèvres.

Niort, Frontenay, Mauzé, Beauvoir et Melle, dans les Deux-Sèvres, cultivent la vigne et produisent des vins de bonne consommation dans l'année, mais qui ne se gardent pas. Bressuire n'a pas de vignes; elles sont, pour la plupart, concentrées dans les cantons de Thouars et d'Argenton-le-Château.

Vignobles de la Vendée.

Dans la Vendée, il y a beaucoup de vignes à Sainte-Hermine, à Mareuil, aux Sables-d'Olonne et à Challans; les vins rouges et les vins blancs s'y font exactement comme dans les deux Charentes. Ils sont généralement d'un degré alcoolique peu élevé et ils ne se gardent pas longtemps; du reste, ils sont bus sur place et sont tout à fait insuffisants pour la consommation locale.

Vins de l'Anjou.

Le département de Maine-et-Loire produit de temps immémorial des vins blancs principalement, qui jouissent d'une réputation méritée; et quelques vins rouges, surtout à Champigny, aux environs de Saumur.

Les *vins distingués d'Angers* sont recueillis sur la rive droite de la Loire, à Savennières, à la Roche-aux-moines; la Pointe et Epiré produisent des vins rouges et blancs; mais le vin le plus renommé est celui de la *Coulée de Serrant*. La Poissonnière, la Rousselière, donnent aussi de fort bons vins. C'est sur la rive gauche de la Loire que sont produits les bons vins blancs corsés et spiritueux de Saumur. Distré, Chacé, Tur-

Vins de Saumur.

quant, Varrains et la plupart des vignobles environnant Saumur donnent, avec ceux de Rablay, Martigné-Briand, Beaulieu, Faye et la plupart des crus échelonnés le long de la rivière du Layon, de très-bons vins blancs, qui ont fait et soutiennent la réputation de Maine-et-Loire. Champigny et Nueil donnent de bons vins rouges. *Saumur* est à juste titre en possession du nom et du marché principal des vins du département, attendu que l'étendue de ses fins crus est plus considérable que celle des fins crus d'Angers. La mise en bouteilles, en mars, donne les vins mousseux naturels de Maine-et-Loire, mais si les vins de Saumur sont gardés un an en pièces, ils sont secs et très-capiteux.

Vins de la Loire-Inférieure.

Le département de la Loire-Inférieure produit surtout des vins blancs, dont les deux cépages sont le *gros plant* et le *muscadet,* qui font la base traditionnelle de ses vignobles. Le muscadet donne un vin fort agréable, légèrement musqué, le plus généralement consommé par la bourgeoisie. Les vins de gros plant sont enlevés par Bordeaux pour les coupages et la fabrication des vins rouges, parce qu'ils sont neutres et frais ; il s'en consomme aussi beaucoup sur place ; mais la consommation bourgeoise surtout préfère les vins blancs de muscadet, qui sont en effet bien meilleurs et souvent fort délicats ; mais ils sont délaissés par le commerce à cause de leur petit goût musqué qui les rend moins propres à se mêler aux vins de fabrique.

Depuis Ancenis jusqu'à Ingrandes, à l'extrême nord et à l'est du département, sont des terrains de transition où se produisent les meilleurs vins blancs du département.

La Mayenne, l'Ille-et-Vilaine et le Morbihan cultivent fort peu la vigne ; c'est à Sarzeau, dans la presqu'île de Ruis, que l'on trouve les vignes du Morbihan ; celles d'Ille-et-Vilaine sont à Redon et à Bains, et c'est Saint-Denis-d'Anjou, arrondissement de Château-Gontier, qui possède presque tous les vignobles de la Mayenne. Les vins produits sont médiocres.

Vins de la Sarthe.

Les bons vins de Château-du-Loir et de la Chartre sont d'excellents vins de rôti et leur durée est indéfinie ; les vins de Marçon, dans le canton de la Chartre, ceux de Vouvray-sur-Loir, de Malicorne, de Montabon, de Château-du-Loir, valent mieux que leur réputation. Le Mans, la Flèche et Saint-Calais cultivent la vigne. Les deux principaux cépages de la Sarthe sont le breton ou carbenet-sauvignon pour le vin rouge, et le pineau de la Loire pour le blanc ; les raisins de ces cépages ne mûrissent que dans les années de chaleur exceptionnelle ; il faudrait à la Sarthe d'autres cépages, comme les pineaux de Bourgogne et les gamays du Beaujolais ; ce département pourrait être alors, d'après le docteur Guyot, un des meilleurs vignobles de France.

Vins des environs de Paris.

Les environs de Paris produisent une grande quantité de vins pour la consommation de la capitale. Les vins de Suresnes sont en général de mauvaise qualité. On cultive aussi la vigne à Puteaux, Courbevoie, au mont Valérien et à Pierrefitte. Argenteuil, dans Seine-et-Oise, produit en abondance de gros vins rouges, qui sont sains et alimentaires. Les vins de Seine-et-Marne sont verts et froids, ou bien plats et grossiers; à Saint-Fargeau, à Boissise et à Héricy, près de Melun, les vins se gardent trois et quatre ans; partout ailleurs ils sont bus dans l'année. Les vins de l'Aisne sont sains, légers et parfois très-agréables à boire dès la première année, qui est leur meilleur temps de consommation. La vigne est cultivée dans les cantons de Meru, Creil, Liancourt, Compiègne et Noyon, dans l'Oise, mais les vins sont mauvais, faibles et peu susceptibles de conservation. Les vins d'Eure-et-Loir sont très-sains et très-alimentaires et sont d'une consommation agréable dès la première année; ceux de Marsauceux, de Bû, d'Abondant, de Rouvres et d'Anct sont les meilleurs; ils sont colorés, généreux, corsés et se gardent fort longtemps. Le meunier domine à Châteaudun et à Chartres et produit des vins légers, mais agréables, sains et propres à être bus dans l'année; ils ne passent guère deux ans. Le morillon noir occupe la moitié des vignes de Dreux et fournit un vin plus généreux, plus corsé et de meilleure garde; le mélange des deux donne un bon vin de famille.

Vins de l'Aisne.

Vins de l'Oise et d'Eure-et-Loire.

Vins de l'Eure.

Dans l'Eure, on cultive quelque peu la vigne dans la vallée de l'Avre et de l'Eure, à Nonancourt, à Ezy et à Vernon; les vins de Vernon, qui marquent 9 à 10 degrés, fournissent une boisson aussi saine qu'agréable, mais ils doivent être bus la première ou la seconde année.

Chasselas de Fontainebleau.

Les chasselas ou raisins dorés de Fontainebleau sont récoltés en grande partie à Thomery. Toutes les maisons de ce petit pays et les coteaux environnants sont couverts de treilles fournissant annuellement près de 300,000 kilogrammes de raisin. Paris à lui seul en consomme plus de 200,000 kilogrammes.

TABLEAU DE LA CONTENANCE DES FUTS DE VIN DE DIVERSES PROVENANCES.

	litres		litres		litres
Bourgogne blanc, Chablis, etc.	272	Roussillon	100	Anjou	218
Bourgogne (de Joigny à Sens).	272	Saint-Gilles, Narbonne, Tavel.	100	Sologne, Beaugency	230
Bourgogne (de Sens à Auxerre)	272			Orléans, Nantes	230
				Chinon	220
Côtes chalonnaises	228	Marseille	215	Touraine	250
Mâconnais et Beaujolais	212	Cahors	215	Vouvray	250
Auvergne	210	Bordeaux	228	Cher	250

PRODUCTION VINICOLE DE LA FRANCE, DANS UNE BONNE ANNÉE MOYENNE (1869), ET EN 1875.

DÉPARTEMENTS	NOMBRE d'hectares plantés en vignes en 1872.	NOMBRE d'hectolitres récoltés. dans une bonne année moyenne.	NOMBRE d'hectolitres récoltés. par hectare.	RÉCOLTE des vins en 1875.
Ain	15.518	487.960	31.44	778.183
Aisne	4.380	152.900	34.90	229.830
Allier	11.491	286.290	24.97	511.750
Alpes (Basses)	12.248	212.000	17.30	121.429
Alpes (Hautes)	4.843	114.336	23.60	107.549
Alpes-Maritimes	11.575	132.139	11.41	88.967
Ardèche	25.710	316.690	12.32	220.436
Ardennes	1.132	55.539	49.5	39.870
Ariége	12.620	168.490	13.35	155.688
Aube	20.250	800.307	39.52	1.468.863
Aude	190.416	3.109.974	16.33	3.719.049
Aveyron	15.221	319.641	21.00	517.949
Bouches-du-Rhône	28.897	573.204	19.84	289.092
Cantal	290	8.800	30.34	11.705
Charente	115.653	3.207.049	27.72	5.439.757
Charente-Inférieure	152.800	4.724.800	30.92	8.694.334
Cher	14.161	334.550	23.62	730.566
Corrèze	17.500	430.500	24.60	384.444
Corse	17.326	300.336	17.30	»
Côte-d'Or	38.040	1.425.450	37.47	2.088.814
Creuse	4	41	10.25	258
Dordogne	107.000	886.000	8.74	1.347.496
Doubs	7.523	248.259	33.00	534.828
Drôme	18.632	372.640	20.00	237.048
Eure	687	24.305	35.37	25.300
Eure-et-Loir	1.978	59.915	30.29	82.639
Gard	174.738	3.851.836	22.04	943.966
Garonne (Haute)	54.000	775.000	14.35	1.078.009
Gers	125.840	2.534.175	20.13	1.195.033
Gironde	152.959	5.161.189	33.74	5.279.410
Hérault	207.190	11.065.815	53.40	9.423.193
Ille-et-Vilaine	118	1.770	15.00	775
Indre	19.292	376.999	19.54	586.718
Indre-et-Loire	44.770	895.400	20.00	2.171.086
Isère	30.050	861.900	28.68	789.133
Jura	19.340	625.230	32.32	849.126
Landes	15.009	399.112	26.59	387.378
Loir-et-Cher	23.246	795.479	34.22	1.969.496
Loire	16.444	636.100	38.68	443.427
Loire (Haute)	6.126	137.892	22.59	102.000
Loire-Inférieure	33.130	1.414.570	42.69	2.695.499
Loiret	29.268	810.599	27.70	1.515.274
Lot	68.400	777.400	11.36	591.433
Lot-et-Garonne	70.895	1.225.760	17.38	1.393.800
Lozère	807	12.720	15.76	6.976
Maine-et-Loire	30.930	525.040	16.97	1.163.371
Marne	12.308	458.810	37.27	987.243
Marne (H^te)	16.056	561.960	35.00	1.190.000
Mayenne	400	7.200	18.00	560
Meurthe-et-Moselle	20.425	1.269.580	62.15	1.483.878
Meuse	12.199	558.412	45.77	805.720
Morbihan	480	8.160	17.00	21.082
Nièvre	10.395	266.245	25.61	595.317
Oise	405	13.154	32.48	8.686
Puy-de-Dôme	27.190	708.002	26.03	1.300.997
Pyrénées (Basses-)	21.449	288.770	13.46	159.245
Pyrénées (Hautes-)	12.829	256.580	20.00	148.725
Pyrénées-Orientales	54.236	1.064.275	19.62	1.452.173
Rhône	35.979	1.441.684	40.07	1.291.883
Saône (H^te)	12.910	370.495	28.69	966.463
Saône-et-Loire	43.865	1.316.679	30.02	2.220.872
Sarthe	8.988	162.340	18.62	189.867
Savoie	10.000	252.800	25.28	279.662
Savoie (H^te)	5.871	227.734	38.78	196.896
Seine	1.310	65.616	50.08	62.125
Seine-et-Marne	10.740	341.021	31.75	664.225
Seine-et-Oise	8.010	348.849	43.55	412.155
Sèvres (Deux-)	20.180	320.600	15.88	520.580
Tarn	32.938	594.440	18.04	817.390
Tarn-et-Garonne	40.191	590.656	14.65	456.877
Var	70.200	3.066.000	43.67	1.403.754
Vaucluse	13.891	195.533	14.07	68.220
Vendée	63.610	1.885.148	29.63	1.015.982
Vienne	35.756	656.294	18.35	1.536.756
Vienne (H^te)	2.550	24.199	9.48	24.233
Vosges	5.258	258.901	49.23	320.606
Yonne	34.448	1.131.630	32.85	3.862.857
Total	2.613.614	70.348.543	26.92	83.836.391

Mouvement de la production des vins.

Le mouvement de la production des vins est loin d'être aussi régulier que le mouvement de la superficie, attendu que des causes multiples nuisent à sa régularité; les influences atmosphériques, l'oïdium, le phylloxera font varier très-irrégulièrement la production, qui offre néanmoins un développement continu, comme on peut s'en convaincre par le tableau suivant :

PRODUCTION DES VINS EN FRANCE, DEPUIS 1788 JUSQU'À NOS JOURS.

ANNÉES	HECTOLITRES	ANNÉES	HECTOLITRES	ANNÉES	HECTOLITRES	ANNÉES	HECTOLITRES
1788	25.000.000	1852	28.636.500	1862	37.110.000	1872	50.154.000
1808	28.000.000	1853	22.662.000	1863	51.372.000	1873	35.715.000
1827	36.819.000	1854	10.824.000	1864	50.653.000	1874	63.146.000
1829	39.973.000	1855	15.175.000	1865	68.943.000	1875	83.836.000
1830	15.282.000	1856	21.294.000	1866	63.838.000	1876	
1835	25.476.000	1857	35.410.000	1867	39.128.000	1877	
1840	45.486.000	1858	53.919.000	1868	52.098.000	1878	
1845	30.140.000	1859	29.891.000	1869	70.000.000	1879	
1847	54.316.000	1860	39.558.000	1870	53.537.000	1880	
1850	45.266.000	1861	29.738.000	1871	56.901.000		

A partir de l'année 1871, le contingent de l'Alsace-Lorraine ne figure plus dans les chiffres de la production, qui peut être évaluée pour cette province à 1,500,000 hectolitres, dont 800,000 pour le Bas-Rhin, 444,000 pour le Haut-Rhin et 269,000 pour la Moselle.

La période critique de la viticulture commence en 1852, alors que le règne de l'oïdium arrive. Le soufrage a à peine détruit cette maladie que le phylloxera lui succède. Les pertes occasionnées, en 1873, aux vignobles, pour le département de l'Hérault seul, par le fait des insectes nuisibles, s'élèvent à 60 millions, dont 45 millions pour le phylloxera, et 10 millions pour la pyrale.

Eaux-de-vie de vin.

La production de l'eau-de-vie de vin se concentre dans quelques départements, dont les principaux sont la Charente-Inférieure, la Charente, l'Hérault, le Lot-et-Garonne, le Gers, le Gard et la Côte-d'Or. La production de l'eau-de-vie de vin dépasse un million d'hectolitres.

Commerce des vins français.

Les trois quarts de la production des vins se concentrent dans trente départements. Les exportations se font en Suisse, en Allemagne, en Angleterre, en Algérie, en Belgique et dans les Pays-Bas, en Russie et en Italie. En dehors de l'Europe, les pays vers lesquels nous dirigeons le plus de vins sont la Plata, l'Uruguay, les Etats-Unis et l'Egypte.

La Suisse achète presque tous ses vins en France; mais les produits expédiés sont en général de qualité médiocre. Ils sortent principalement du Doubs, du Jura, de la Savoie, et depuis quelque temps des cépages du midi. Le vin de Bordeaux n'y pénètre que par exception. L'exportation en Allemagne, qui a presque doublé depuis la guerre, se compose en très-grande partie de vins de Champagne. L'Angleterre ne nous achète guère que des vins de grand prix; l'Algérie en demande en moyenne de 250 à 270,000 hectolitres. La Belgique et les Pays-Bas importent en majorité des vins de Bordeaux. L'Italie vient très-peu chercher de vins chez nous. La Russie importe de 40 à 45,000 hectolitres de nos vins, soit de Bordeaux, soit de Champagne; les droits d'entrée des vins dans ce pays sont fort élevés, ce qui nous prive d'un précieux débouché.

En dehors de l'Europe, le pays vers lequel nous dirigeons le plus de vins est le Rio-de-la-Plata. Il y a été expédié, en 1874, 262,528 hectolitres, dont la majeure partie provient de la Gironde. Ces vins sont adressés à des commissionnaires qui les distribuent ensuite, avec de larges bénéfices, dans les différentes républiques du Sud. L'Uruguay à lui tout seul consomme 141,000 hectolitres. Les Etats-Unis achètent, en moyenne, de 215,000 à 230,000 hectolitres. Le Brésil importe environ 20,000 hectolitres de vins ordinaires de la Gironde et de 50,000 à 58,000 d'autres produits. L'Egypte nous achète surtout des vins de Bourgogne et des bouteilles de Champagne ; les achats se montent à 35,000 ou 40,000 hectolitres.

Les principaux débouchés pour les vins de la Gironde sont : l'Angleterre, l'Allemagne, la Belgique, les Etats-Unis et la Plata. Les vins de liqueur se placent en Angleterre et en Belgique.

Valeur de l'exportation des vins français.

La valeur de l'exportation des vins français peut varier de 230 à 280 millions de francs. On voit ainsi que la production du vin en France est l'une de nos plus précieuses richesses naturelles, celle qui peut le plus sûrement amener chez nous les capitaux voisins. Les vins français défient toute concurrence, et quand on n'entravera pas leur expédition à l'étranger par des droits fiscaux trop forts, ils s'y répandront de plus en plus, au grand profit de nos viticulteurs.

6° Prairies et pâturages.

La culture des plantes fourragères se rattache à la plus importante de nos industries agricoles : l'élève du bétail. L'étendue des prairies naturelles dépasse 5 millions d'hectares, et celle des prairies artificielles s'approche de 3 millions d'hectares.

La production des prairies naturelles est estimée à 160 millions de quintaux métriques de foin et regain, et celle des prairies artificielles à 75 millions de quintaux métriques.

Les prairies naturelles comprennent les *prés secs* qui sont à une coupe, les prairies arrosables, qui sont à deux coupes, et les prairies qui bordent les cours d'eau. L'irrigation en France est trop peu répandue et n'est pas assez bien entendue; deux cinquièmes seulement des prairies sont irrigués. Le drainage est introduit en France depuis plus de trente ans, mais il est loin d'y être répandu comme en Angleterre. Le rendement moyen des prairies par hectare qui est de 28 quintaux métriques peut s'élever par l'irrigation à 37 quintaux et même au delà.

Les plus grandes surfaces irriguées sont situées dans les Vosges, la Haute-Vienne, les Hautes-Alpes, la Savoie, les Pyrénées-Orientales, les Hautes-Pyrénées, le Puy-de-Dôme et l'Eure.

C'est dans les contrées riveraines de l'Océan, en Normandie, en Bretagne et dans la Flandre que se trouve la région des herbages; la vallée d'Auge est remarquable entre toutes. Dans le centre, dans l'est et un peu partout, les prairies occupent les flancs des vallées et des hautes montagnes. Des prairies très-riches occupent les terrains peu élevés du Charollais et du Nivernais et les basses plaines de la rive gauche de la Saône. Les herbages de la Gascogne, de la Camargue, du Limousin, de la Marche, des Vosges, de la Moselle, de la Franche-Comté sont également estimés. Dans les Bouches-du-Rhône, les prairies les plus vastes sont comprises dans les plaines d'Arles; à l'ouest de la Crau, depuis l'arrivée des eaux du canal de Craponne, on remarque sur la lisière de vastes prairies évaluées de 6 à 8,000 francs l'hectare; dans la vallée de l'Huveaune, aux environs d'Aubagne, se trouvent de belles prairies dont les plus productives se vendent jusqu'à 18,000 francs l'hectare. Les bords de l'Aube et de la haute Saône font de grandes récoltes de foin destiné à l'approvisionnement de Paris.

Prairies artificielles.

Les pays les plus avancés dans la culture sont ceux qui possèdent le plus de prairies artificielles; aussi sont-elles beaucoup plus répandues dans le nord et l'est que dans le midi. Les plus riches départements en cultures fourragères sont: Eure-et-Loir, Oise, Aisne, Somme, Seine-Inférieure, Nord, Seine-et-Marne, Marne, Pas-de-Calais, Yonne, Cher, Eure, Loiret, Manche et Sarthe. Les départements qui cultivent le plus la luzerne sont ceux du Gard, de l'Hérault et de Vaucluse; le Poitou cultive beaucoup le trèfle. Le trèfle et le sainfoin sont aussi cultivés dans les communes de Nîmes, de Saint-Laurent, d'Aigues-Mortes et sur les bords du Rhône. Les ajoncs abondent en Bretagne.

Le principal consommateur de nos fourrages est l'armée, puis le département de la Seine, qui a pour marchés Charenton, la Chapelle-Saint-Denis et la barrière d'Enfer.

Pâturages.

Les pâturages secs ou naturels comprenant les landes, les garrigues et maquis, les pelouses des montagnes et les pâturages maritimes, occupent en France de 6 à 7 millions d'hectares (6,467,000 hectares en 1870);

ce sont surtout des terrains communaux ; leur rendement est de 2 quintaux métriques et demi par hectare.

La Sologne, la Brenne, les départements des Landes et de la Gironde, la Provence, dans la Crau et la Camargue, pour les pays de plaines ; la Bretagne, la Manche, parmi les contrées un peu montueuses, et enfin les régions plus élevées, le Jura, les Cévennes, les monts d'Auvergne, les Pyrénées, les Alpes, la Corse, sont les parties où il y a le plus de pâturages secs. Ils disparaissent de jour en jour, car l'administration encourage les reboisements et les gazonnements.

Les *landes* produisent des bruyères, des ajoncs, des graminées et offrent des pâturages d'un ordre inférieur. Les *garrigues* et les *maquis* sont des terres incultes occupées par les cistes, le lentisque, l'arbousier, la bruyère en arbre, etc. ; il y en a beaucoup dans le Languedoc, la Provence et la Corse. Les bêtes à laine y pâturent pendant l'automne et l'hiver. Les pâturages montagneux sont situés entre 800 et 900 mètres d'altitude dans les Alpes, le Jura, les Pyrénées, les Cévennes, l'Auvergne et la Corse ; ceux de la Franche-Comté et de la Savoie vont même jusqu'à 1500 mètres.

Ces pelouses, composées de plantes nombreuses et variées, dont la végétation est favorisée par des rosées abondantes, occupent les plateaux, les vallons ou les versants des pics. On les utilise à l'aide des bêtes bovines ou ovines; dans la région du sud, elles assurent pendant l'été l'existence des troupeaux transhumants. Les pâturages maritimes sont situés çà et là sur le rivage de la Manche et de l'Océan.

7° Forêts.

Le sol forestier occupe environ 8 millions et demi d'hectares, c'est-à-dire près du sixième du territoire français. Près de 6 millions d'hectares appartiennent aux particuliers, 992,000 à l'Etat et près de 2 millions à des communes et à des établissements publics. Les forêts de l'Alsace-Lorraine sont estimées à 451,000 hectares, dont 151,000 sont des forêts domaniales, que l'Etat français à perdues en 1871. Le produit des forêts domaniales est estimé à 32 millions de francs.

La France a beaucoup plus de forêts que les Iles-Britanniques et que tous les pays riverains de l'Océan et de la Méditerranée, mais elle en a moins que l'Allemagne.

Les régions les plus favorisées pour les forêts sont celles du nord-est et de l'est et des Pyrénées ; les grandes masses forestières se rencontrent dans les Vosges, l'Ardenne, l'Argonne, le Jura, la Côte-d'Or, le Morvan, l'Autunois, les Alpes du Dauphiné et les Pyrénées. Les départements les plus riches en bois sont : les Landes, la Gironde, le Var, la Nièvre, la

Côte-d'Or, la Dordogne, l'Isère, la Haute-Marne, la Drôme, le Bas-Rhin, la Haute-Saône, le Haut-Rhin, le Doubs, les Vosges, les Alpes-Maritimes, les Basses-Pyrénées, l'Yonne et la Meuse. La Seine, le Finistère, la Manche et la Vendée possèdent très-peu de bois.

Un million d'hectares sont à reboiser ou à gazonner dans les Pyrénées, les Cévennes, dans le massif central et dans les Alpes.

Plus de 50,000 hectares sont déjà reboisés.

Les forêts les plus remarquables sont celles de Dabo (Meurthe), 11,000 hectares, de Chaux (Jura), 11,500 hectares, de Tronçais (Allier) 10,500 hectares, d'Orléans, 37,600 hectares; c'est la plus grande. Les forêts de la Grande-Chartreuse (Isère), de Breteuil (Eure), de Compiègne (14,600 hectares), de Villers-Cotterets (11,500 hectares), de Chantilly, de Saint-Tropez, de l'Esterel (Var), de Saint-Germain, de Rambouillet (13,000 hectares), de Sénart, de Fontainebleau (17,000 hectares) et de Dreux, sont aussi très-importantes.

La forêt de Grésigne, dans l'Albigeois, est remarquable par ses futaies de chênes.

Les forêts des Pyrénées sont très-remarquables par leur étendue et la beauté des arbres qui les composent.

Production du bois.

La France produit des bois durs, des bois blancs et des bois résineux. Les bois durs sont le chêne, le chêne-liége, dans le midi; le chêne-vert, dans le midi et le centre, et le chêne rouvre partout. Le hêtre, dans le centre, les Vosges et le Jura; l'orme, le frêne et le charme, dans l'est. Comme bois blancs, nous citerons l'aune, le peuplier, le tremble, le bouleau et le saule. Comme bois résineux, le sapin et le pin dans les Vosges et le Jura, le mélèze dans les Alpes et le Jura, au-dessus du sapin; le pin sylvestre dans le nord et le centre, le pin maritime sur les dunes et dans les forêts du sud, le pin laricio en Corse.

Forêts résineuses.

En France, les forêts résineuses les plus importantes, les plus précieuses, au moins au point de vue de la production du bois d'œuvre, sont les forêts de sapin proprement dit et d'épicéa. Le sapin pectiné ou argenté, dont l'écorce est blanchâtre, est répandu dans les Pyrénées, les monts d'Auvergne, les Cévennes, les Alpes, le Jura et les Vosges. C'est exclusivement un arbre de montagne; il ne descend pas dans les plaines. Le bois connu dans le commerce sous le nom de *sapin du Nord* n'est pas du sapin, mais de l'épicéa ou du pin. Les forêts de sapin occupent les hauteurs des Vosges, à partir de 400 mètres, celles du Jura, à partir de 600 mètres, celles des Alpes du Dauphiné à partir de 800 et celles des Pyrénées à partir de 1000 mètres, et s'élèvent à 600 mètres au moins au-dessus de ces différents niveaux. Nous avons en France quelques belles sapinières aux environs de Gérardmer dans les Vosges, à la Grande-Chartreuse près de

Grenoble, aux sources de l'Ardèche dans les Cévennes, et surtout dans les Pyrénées et le Jura. Au-dessus du bourg de Quillan dans l'Aude, les forêts de la plaine de Sault, couvrant les montagnes qui entourent le bassin du Rebenty, élevé à 900 mètres, produisent les meilleurs sapins du monde ; celles de la Joux qui s'étendent entre Arbois et Pontarlier sur les premières croupes du Jura, donnent les plus beaux de l'Europe. Dans ces dernières forêts, le massif peut comprendre jusqu'à 200 arbres sur chaque hectare à l'âge de maturité, deux fois autant qu'un massif de chênes. Les forêts du Mont-de-la-Croix et de la Fuvelle, à 20 kilomètres au-dessus de Pontarlier, sont au nombre de nos plus belles sapinières. La forêt communale de Mandray, dans les Vosges, entre Saint-Dié et Fraize, est une de nos sapinières les plus régulières. Nos meilleurs sapins sont ceux de la forêt d'Hérival ou du bois du Bosson, sur le territoire du Val-d'Ajol, dans les Vosges, ceux des forêts d'Arc et de Maublin, entre Levier et Villers-sous-Chalamont dans les montagnes du Jura, ceux enfin de Come-Froide et de Callong, entre Espezel et Bélesta, dans les Pyrénées-Orientales ; ces excellents sapins sont recherchés pour les mâtures des navires de commerce. Le principal port d'embarquement des bois de sapin du Jura se trouve sur la Loue, à Chamblay (Jura) ; de là le nom de *bois de Chamblay*, donné dans les ports aux sapins du Jura.

L'*épicéa*, qui fournit un bois plus léger et plus blanc, mais moins fort, et plus doux au travail que le bois de sapin, n'est abondant que dans les contrées riches en eau ; il semble aimer le voisinage des lacs. C'est dans le Doubs qu'on voit nos plus belles forêts d'épicéa ; on en trouve un beau massif dans la forêt de Gilley, aux environs de Morteau, non loin du saut du Doubs.

L'épicéa, qui est l'arbre de la Suisse et de la Norvége, abonde sur les hauts plateaux du Jura, à partir de 800 mètres d'altitude, et en Savoie, il commence à 1000 mètres. On fait avec le bois d'épicéa et le bois de tremble de grandes quantités de pâtes à papier, surtout dans les Vosges.

La sapinière est la plus délicate de toutes nos forêts. Il faut deux générations d'arbres pour la constituer ; il suffit d'une exploitation aventureuse pour la détruire en y donnant accès au soleil ou au vent.

C'est une des grandes richesses de nos montagnes, mais à la condition qu'on n'y puise qu'avec ménagement. La France a encore 200,000 hectares bien peuplés de sapins et d'épicéas, dont plus de 60,000 hectares dans le Jura, et les autres dans les Vosges, les Alpes et les Pyrénées ; les montagnes du centre de la France ne renferment plus que quelques lambeaux de sapinières. L'Etat possède 80,000 hectares de forêts de sapin, dont 40,000 dans les Vosges ; les communes en possèdent 120,000.

La France récolte annuellement sur son territoire 800,000 mètres cubes de bois de sapin, dont la valeur, en quarante ans, a plus que doublé dans notre pays.

L'écorce de chêne produit le tan; le pin des Landes, la résine ou térébenthine.

La France produit annuellement 35 millions de stères de bois de construction et de chauffage, valant sur pied 200 millions de francs et 500 millions sur les lieux de consommation. Cette production est insuffisante, et la France est obligée d'importer de grandes quantités de bois de toutes sortes, pour une somme variant de 130 à 180 millions de francs selon les années.

Le revenu des bois a quintuplé depuis Louis XIV; il a doublé depuis 1789, et il est d'un tiers plus grand aujourd'hui qu'en 1825. On pense que les forêts de la France représentent un capital de 8 milliards de francs.

§ 2. — Production animale. — Animaux domestiques.

Effectif des chevaux et du bétail en France. — Chevaux. — Variétés de chevaux : chevaux boulonnais, flamands, normands, bretons, poitevins, limousins, navarrins, de la Corse, de la Camargue, de la Franche-Comté, etc. — Anes et mulets. — Races bovines : races bretonne, normande, flamande, mancelle, parthenaise, charollaise, auvergnate, limousine et franc-comtoise. — Races ovines. — Fromage de Roquefort. — Mérinos et métis-mérinos. — Races porcines. — La chèvre. — Volailles et gibier. — Abeilles. Vers à soie. — Production des cocons en France. — Élevage des sangsues. — Revenu agricole.

La richesse de l'agriculture dépend du nombre des bestiaux, car le bétail fournit au cultivateur les deux éléments indispensables à toute amélioration de la terre : l'argent et l'engrais. Mais le bétail ne peut être abondant qu'autant que le pays produit beaucoup de fourrages. Nous donnons ici la statistique des chevaux et du bétail en France, à différentes époques.

EFFECTIF DES CHEVAUX ET DU BÉTAIL EN FRANCE.

		Année 1866	Année 1872	Année 1876
Races	Chevaline	3.313.232	2.882.851	
	Mulassière	345.243	299.129	
	Asine	518.837	450.025	
	Bovine	12.733.188	11.284.414	
	Porcine	5.889.624	5.377.231	
	Ovine	30.386.233	24.589.647	
	Caprine	1.679.938	1.791.725	
	Totaux	54.866.295	46.675.622	

Chevaux.

L'élevage des chevaux acquiert de jour en jour plus d'importance. Ils sont beaucoup plus nombreux dans la région septentrionale que dans la zone méridionale, où ils sont remplacés en grande partie par des bêtes mulassières. On élève les chevaux principalement dans les régions du nord-ouest, de l'ouest, du nord-est et du sud-ouest. Les deux régions du nord-ouest et du nord possèdent environ la moitié des chevaux de la France. La Flandre, la Normandie, la Bretagne, l'Ile-de-France, l'Artois, la Picardie, le Maine et l'Anjou sont au premier rang pour l'élève du cheval. La Lorraine, la basse Bourgogne, la Champagne et l'Orléanais sont au second rang. Les départements qui ont le plus de chevaux par kilomètre carré sont la Seine, la Meuse, la Manche, la Mayenne, le Finistère, le Nord, la Seine-Inférieure, la Somme, les Côtes-du-Nord et le Calvados.

On reconnaît encore en France diverses variétés de chevaux; nous citerons les plus remarquables.

Chevaux boulonnais.

Les *chevaux boulonnais*, énormes chevaux de trait, à croupe et poitrail très-larges, à corps court et à robe presque toujours gris-rouan, peuplent surtout le Pas-de-Calais, la Somme, l'Oise, l'Aisne et le Nord; les plus belles juments se trouvent surtout dans les arrondissements de Dunkerque, de Saint-Omer, de Boulogne, de Montreuil, d'Abbeville et de Neufchâteau. C'est aux environs de Bourbourg qu'on trouve la plus belle variété boulonnaise. Le département du Nord emploie aussi beaucoup de chevaux de la race dite *flamande*, qui est une race de gros trait, analogue à la boulonnaise, mais d'une stature encore plus puissante, d'une couleur ordinairement baie et d'un tempérament lymphatique.

Chevaux normands.

Les *chevaux normands* sont des chevaux de gros trait et de trait léger, de grands carrossiers et des chevaux de selle de diverses tailles, qui naissent en Normandie, cette terre si favorable à toute espèce d'élève. Le carrossier normand actuel, appelé *anglo-normand,* résulte du croisement de l'ancienne race de Normandie avec le pur sang anglais; les deux centres de production sont l'arrondissement de Valogne, pays à pâturages très-fertiles, et le Merlerault (Orne), contrée plus accidentée et moins riche; on en entretient un grand nombre dans la plaine d'Alençon et dans les environs de Caen.

Les chevaux normands de gros trait sont élevés dans le pays de Caux, la vallée d'Auge, aux environs de Lisieux, de Pont-l'Évêque; ils sont de très-forte taille : $1^{m},55$ à $1^{m},68$. Les *augerons* ont souvent une robe blanche ou gris clair; les *cauchois* ont le poil noir, gris et blanc. Les *bidets du Cotentin*, dits chevaux de la Hague, sont élevés dans la Manche et très-appréciés par les marchands de bestiaux à cause de leur allure rapide.

Les *chevaux percherons*, à robe gris pommelé, à forte encolure, à taille grande ou moyenne, doivent surtout leurs fortes qualités à leur genre d'élevage. La Beauce et le Perche, c'est-à-dire Eure-et-Loir, partie du Loiret, de Loir-et-Cher, de la Sarthe et de l'Orne, possèdent ces chevaux. Les juments les mieux caractérisées se trouvent aux environs de Mortagne, de Mondoubleau et d'Illiers. Les agriculteurs du Perche et de la Beauce achètent hors de leur pays une multitude de poulains gris pommelé, qui, sous l'influence d'un excellent régime, prennent dans leurs fermes à peu près tous les caractères de la race percheronne. L'avoine leur est constamment prodiguée. Dans le département de l'Aisne, on retrouve le percheron élevé de même. Ce cheval est recherché particulièrement par les administrations des omnibus et des chemins de fer de Paris.

Chevaux bretons.

La race bretonne comprend plusieurs variétés. Les chevaux bretons de trait léger naissent, pour la plupart, sur le littoral nord du Finistère et diffèrent peu des percherons de petite taille; beaucoup d'entre eux font le service des voitures publiques aux environs de Paris et dans l'ouest de la France.

On élève des chevaux *de gros trait*, à robe souvent blanche, sur tout le littoral des Côtes-du-Nord, principalement à Fougères; on voit à Paris et dans les environs beaucoup de chevaux de cette race.

Les *chevaux de selle bretons* peuplent les parties montagneuses de la presqu'île; ils sont sobres et infatigables, et ce sont ces chevaux et les normands de Domfront, de race analogue, qui font à Paris le service des fiacres. Les environs de Corlay (Côtes-du-Nord), et de Carhaix (Finistère), en produisent d'une taille et d'un prix supérieurs, qui sont souvent achetés pour les remontes. La race bretonne *carrossière* est élevée au Conquet, dans le Finistère. Les chevaux des îles d'Ouessant ont à peine 1 mètre de haut et servent de montures aux enfants.

Race poitevine.

La race poitevine, grosse et lourde, fournit de grosses juments employées à la production des plus beaux mulets du monde; elles sont élevées dans les pâturages des marais de la Sèvre-Niortaise ou des marais de Luçon et de Fontenay. Cette race, croisée avec le pur sang anglais, produit des chevaux fort distingués, connus sous les noms de *chevaux de Saint-Gervais*, de *Rochefort* et du *Médoc*. Le Bocage vendéen produit beaucoup de chevaux de cavalerie légère.

Chevaux limousins.

La Haute-Vienne fournit aux remontes d'excellents chevaux de ligne, la Corrèze, de bons chevaux de cavalerie légère; ceux de la Creuse sont moins distingués.

Race navarrine.

Les chevaux qu'on élève en grand nombre dans les Pyrénées appartiennent, pour la plupart, à l'ancienne race navarrine, qui descend elle-même de l'arabe. Cette race, petite et étroite de formes, mais rustique, pleine de feu et à robe grise, fournit beaucoup de sujets à la remonte de la cavalerie légère et quelques carrossiers ou chevaux de ligne, appelés *bigourdans* améliorés. Les plus beaux sont élevés dans la plaine de Tarbes, et vendus 1,000 à 2,000 francs.

Chevaux de la Camargue et de la Corse.

Dans la Camargue, vivent, presque à l'état sauvage, de petits chevaux de selle très-rustique, à tête allongée, à membres fins, qu'on emploie surtout au foulage des grains. La Corse a une race plus petite encore.

Chevaux franc-comtois, ardennais et lorrains

Les parties basses de la Franche-Comté, de la Bourgogne, de l'Alsace, produisent un cheval de gros trait, lourd et peu distingué. Le *cheval ardennais,* sobre et rustique, à encolure et corps courts, à robe bai ou gris de fer, et le *cheval lorrain,* sont élevés dans les départements de la Meuse, de Meurthe-et-Moselle, des Vosges, des Ardennes et de la Haute-Marne.

On voit par ce rapide aperçu que les chevaux de *gros trait* appartiennent aux races boulonnaise, cauchoise et augeronne, bretonne des Côtes-du-Nord et poitevine; les chevaux de *trait léger* aux races percheronne, bretonne de Léon, ardennaise, de Lorraine; les *grands chevaux de selle et carrossiers*, aux races anglo-normande, du Conquet, bigourdane améliorée. Les *petits et moyens chevaux de selle* sont fournis par les races du Bocage, du Limousin et du Béarn.

Le revenu brut annuel des chevaux est estimé à 1,066 millions de francs. Le commerce des chevaux avec les pays étrangers donne lieu à un mouvement assez considérable. Nos importations dépassent un peu nos exportations jusqu'en 1872; mais en 1873, c'est le contraire qui se produit. Les pays qui nous envoient le plus de chevaux sont : l'Angleterre, la Belgique, l'Allemagne et l'Espagne.

Anes et mulets.

L'âne, très-rustique et sobre, se rencontre principalement dans les régions de petite culture; en pays de montagnes, les vignerons et les petits cultivateurs tirent de l'âne de grands services. Plus on avance vers le midi, plus on constate que les ânes sont nombreux et estimés. A taille et à poids égaux l'âne est plus fort que le cheval, principalement pour le bât. Docile et doux lorsqu'il est bien traité, il devient rétif par l'effet des mauvais traitements. On distingue en France l'âne du Poitou, l'âne des Pyrénées et le petit âne commun, appelé souvent âne du Berry. L'âne du Poitou est d'une taille remarquable : 1m,46 à 1m,65 pour les baudets. Le Poitou conserve cette race pour la production des mulets; les baudets les plus distingués ne se vendent pas moins de 5 à 8,000 francs; on les rencontre dans la plaine de Niort, entre Saint-Maixent et Melle. L'âne des Pyrénées est plus gracieux et est répandu non-seulement sur la frontière d'Espagne, mais encore dans tout le midi; les plus beaux sont aux environs de Bagnères et de Tarbes. Le petit âne existe dans tout le centre et le nord de la France; sa taille est souvent de moins d'un mètre.

Le *mulet* réunit la taille du cheval et les qualités de l'âne; il résiste à la chaleur, est facile à nourrir, a un pied sûr, un pas allongé, une grande puissance de trait et une force de bât exceptionnelle. Les mulets rendent d'immenses services à l'agriculture du centre et du midi de la France et dans les pays de montagnes, à cause de leur rusticité et de la sûreté de leur pied. C'est la France qui tient le premier rang entre toutes les nations pour la production de cet animal précieux.

Les quatre centres principaux de production mulassière en France sont : le *Poitou*, qui fournit des mulets très-estimés, larges et de forte taille; les *Pyrénées*, qui fournissent des mulets de même taille mais moins étoffés; les montagnes du centre, qui en produisent de taille plus petite, à corps léger et svelte, et les montagnes de l'est, où l'on voit des mulets de taille inférieure encore, avec un corps large et trapu.

L'Espagne tire directement du Poitou les mules légères pour le carrosse et la selle; mais elle en achète beaucoup plus dans le midi. La France en exporte de 12,000 à 20,000 têtes valant de 8 à 12 millions de francs. Le revenu brut annuel pour les ânes et mulets est évalué à 128 millions de fr.

L'*espèce bovine* rend à l'homme trois services principaux : du lait, de la viande et du travail; aussi compte-t-on quatre fois plus d'individus de cette espèce que de l'espèce chevaline. La France possède les races de boucherie, les races laitières et les races de travail. Races bovines.

Au nord, dans le versant de la Manche, sont les races laitières de Bretagne, de Normandie et de Flandre. C'est dans le bassin de la Mayenne, sur le plateau de la Vendée et dans le Charollais que sont les races les plus précoces; c'est dans le sud-ouest de la France et sur le plateau central que se trouvent les races de travail.

Les principales races sont : la *race bretonne*, la *race normande*, *la race flamande*, la *race mancelle*, la *race parthenaise*, la *race charollaise*, la *race auvergnate* ou de *Salers*, la *race limousine*, la *race franc-comtoise* et la *race savoyarde*.

La *race bretonne* est rustique et d'une très-petite taille; elle a les facultés laitières très-prononcées, donne un lait très-butyreux et une viande excellente; mais c'est une race trop faible pour le travail, qui s'entretient bien sur les pâtures les plus maigres. Portée dans la Gironde, elle s'y est multipliée et elle fournit beaucoup de lait à l'approvisionnement de la ville de Bordeaux. Le beurre de Bretagne est très-bon; on le vend à demi salé; celui de la *Prévalaye* est le beurre qu'on fabrique dans tous les environs de Rennes; il ne se conserve frais que quelques jours.

La *race normande*, de grosse taille et très-bonne laitière, peuple la Manche, le Calvados, l'Orne, l'Eure, la Seine-Inférieure et fournit un grand nombre de vaches aux environs de Paris. Elle produit de très-gros bœufs qu'on engraisse dans les gras pâturages de la Normandie, et qui alimentent en partie Paris et l'Angleterre. Cette race laitière produit dans les départements du Calvados, de la Manche et de l'Orne, le *beurre d'Isigny et du Bessin* réputé pour sa saveur, sa finesse et sa fermeté. Le beurre de *Gournay* est aussi très-estimé, mais il n'a pas autant de finesse que celui d'Isigny et de Bayeux; on le prépare dans les départements de Seine-Inférieure, de l'Eure, de l'Oise et de la Somme.

La *race flamande* est une race laitière de premier ordre, qu'on rencontre dans le Nord et le Pas-de-Calais, surtout dans les riches pâtures de l'arrondissement de Dunkerque.

La *race mancelle*, qui peuple la Mayenne, la Sarthe, une partie de Maine-et-Loire, de la Loire-Inférieure et de l'Ille-et-Vilaine, a peu d'aptitude pour le travail, des facultés laitières de troisième ordre, mais a une disposition prononcée à l'engraissement précoce, ce qui la fait rechercher beaucoup par les engraisseurs de Normandie. Sablé, près du Mans, est le centre de cette race.

La *race parthenaise* ou *choletaise*, de grosse taille, est une forte race de travail très-propre à l'engraissement; elle s'étend sur tout le Poitou, mais principalement au milieu des collines du Bocage vendéen. Elle a peu d'aptitude pour la production du lait, mais sa viande est très-estimée; les bœufs de Cholet sont bien connus dans le commerce. La sous-race maraîchine, qu'on rencontre sur les terrains marécageux du littoral de la Vendée et de la Loire-Inférieure, fournit des bœufs très-répandus dans l'ouest et vendus en grand nombre aux marchés de Paris.

La *race charollaise* est une grande race propre au trait et à la boucherie, mais mauvaise laitière. Aptitude prononcée pour le travail chez les bœufs. Un grand nombre sont engraissés dans les sucreries du nord de la France, après avoir servi aux labours et aux charrois pendant quelque temps. La race charollaise améliorée a moins d'aptitude pour le travail, mais beaucoup plus de disposition à la croissance rapide et à l'engraissement précoce; les animaux de cette variété excitent toujours l'admiration aux concours agricoles. Cette race est répandue aujourd'hui dans la Nièvre, l'Allier, Saône-et-Loire, dans une partie de la Côte-d'Or, de l'Yonne et du Cher.

La *race de Salers* ou *auvergnate*, qui s'engraisse facilement, a beaucoup d'aptitude au travail, est vigoureuse et rustique; elle est élevée dans les pâturages fertiles et montagneux de l'arrondissement de Mauriac. Les vaches vivent l'été sur les montagnes. La *race d'Aubrac* ou de *Laguiole*, élevée dans les montagnes du Cantal, de l'Aveyron et de la Lozère, est de petite taille, croît lentement, a une grande aptitude pour le travail, beaucoup de force, de rusticité et de patience à supporter la chaleur. Un grand nombre de bœufs d'Aubrac traînent la charrue sous le soleil ardent du Languedoc et de la Provence.

La *race limousine* peuple la Haute-Vienne, les deux Charentes, la Dordogne, la Corrèze, la Creuse, l'Indre et la Vienne et comprend diverses variétés qui produisent des bœufs vendus à Paris sous le nom de bœufs limousins, périgourdins, angoumois et marchois; c'est une race grande et forte, qui fournit beaucoup de bœufs à Marseille.

La *race garonnaise* est de forte taille et élevée sur les bords fertiles de la Garonne; c'est une mauvaise race laitière, mais forte et travailleuse et de bon rendement à la boucherie.

La *race comtoise* femeline, qui est bonne laitière et a une grande aptitude à l'engraissement, est élevée dans les parties basses de la Franche-Comté, c'est-à-dire dans les vallées de la Saône, de l'Oignon et du Doubs; la variété *tourache* se trouve sur les plus hautes montagnes de la Franche-Comté; mais aujourd'hui le Jura est peuplé presque partout de la race laitière suisse, et principalement de celle de l'Emmenthal.

La race de la *Tarentaise* vit en Savoie et paraît être une variété de la race Suisse de Schwitz; elle a une petite taille, mais elle est bonne laitière.

La race hollandaise est répandue dans le nord de la France.

La race Durham, à courtes cornes, importée en France vers 1825, est aujourd'hui complétement naturalisée dans notre pays et est essentiellement une race de boucherie.

Le nord-ouest de la France est beaucoup plus productif en races bovines que toutes les autres régions. La région du midi est la moins riche. Les bœufs de boucherie sont surtout fournis par la région du nord-ouest et aussi par le Charollais, le Nivernais et le Limousin. Les vaches laitières les plus renommées sont celles de la Flandre, de la Normandie, de la Bretagne, de l'Auvergne et de la Franche-Comté.

Le nombre des bêtes bovines a presque doublé depuis 1812; il était à cette époque de 6,681,000 bêtes; il arrive à 9,936,000 en 1840, à 10 millions en 1852, et à 10,955,000 en 1862. Aujourd'hui, on compte plus de 6 millions de vaches.

La Vendée, le Finistère, le Morbihan, le Calvados, l'Ille-et-Vilaine, la Manche, la Mayenne et le Nord, sont les départements qui possèdent le plus de bêtes à cornes; c'est la Provence et le Languedoc qui en ont le moins.

On estime qu'il naît, année moyenne, 4 millions de veaux, dont 400,000 sont enlevés par les maladies ou les accidents dans le cours de la première année; 1,200,000 sont livrés à la boucherie et 2,400,000 sont réservés à l'élevage.

La consommation de la viande est beaucoup plus considérable aujourd'hui qu'au commencement du siècle, parce que l'homme travaille beaucoup plus et qu'il est plus à son aise; ainsi, en 1815, on estimait à 18 kilogrammes par tête la consommation de la viande en France, qui s'élève aujourd'hui à plus de 30 kilogrammes. Aussi la France est-elle obligée d'importer beaucoup de bêtes bovines, tandis qu'elle n'en exporte pas le quart du chiffre qu'elle importe.

Les épizooties et les sécheresses ont une grande influence sur le commerce des bestiaux. La rareté des fourrages fait baisser momentanément le prix de la viande, car le cultivateur vend les animaux qu'il ne peut plus nourrir, ce qui plus tard fait hausser sensiblement la valeur du bétail. Une bonne récolte de fourrage a l'effet opposé.

Le revenu annuel brut des bêtes à cornes est évalué à 2,410 millions de francs.

Races ovines

L'*espèce ovine* rend à l'homme d'importants services : elle lui donne de la chair, du lait et de la laine et produit un excellent fumier. En France, on exploite le mouton surtout au point de vue de la production de la laine, tandis qu'en Angleterre, on l'élève au point de vue de la boucherie. On distingue parmi les races ovines les grandes et les petites; les grandes races se trouvent dans les pays voisins de la mer.

Les principales grandes races sont : la race flamande, qui habite la Flandre, l'*artésienne,* dans l'Artois et la Somme, et la *cauchoise.*

La race flamande est très-forte et donne une laine longue et grossière; la race *barbarine*, importée d'Afrique, est assez commune dans le bas Languedoc et la Provence; elle est de forte taille et résiste bien aux grandes chaleurs du midi.

Les petites races vivent dans les landes de l'ouest, du sud, du centre et de l'est de la France.

La race solognote, répandue dans la Sologne et le Berry, à tête et à pattes rousses, est sobre et très-rustique et produit une laine blanche. La race *des bruyères* ou *des landes* est petite, mais très-rustique, et donne une laine roussâtre ou brune. Elle est répandue en Bretagne, en Guyenne, en Corse et dans les localités où la terre est couverte de bruyères.

La plupart des moutons de bruyères donnent une chair très-succulente, ce qui est dû surtout à la nature aromatique des plantes dont ils se nourrissent. On estime encore davantage la chair des moutons qui paissent sur les prés salés du bord de la mer; celle des moutons souvent nourris à l'étable est médiocre. En général, les petites races fournissent la viande la plus succulente, et la même somme de nourriture produit un poids égal de viande chez les races étrangères et les petites races du pays.

Le midi de la France et la Savoie possèdent plusieurs races laitières très-estimées, telles que les races de la Maurienne et du Larzac; cette dernière race donne un lait remarquablement riche en parties butyreuses et caséeuses, qui sert à faire les fromages si renommés de Roquefort. Vers la fin du siècle dernier, le nombre de bêtes à laine entretenues dans la région du Larzac était évalué à 15,000 dont 5,000 brebis laitières; aujourd'hui on en compte 600,000, dont 350,000 brebis laitières. C'est en mai et juin que le lait est le plus abondant. Au plus fort de la traite, chaque brebis bien nourrie donne par jour, en moyenne, un à deux litres. La moyenne du rendement annuel d'une brebis s'élève à 15 et 16 kilogrammes de fromage; le produit en argent atteint 34 francs pour une brebis d'une valeur d'achat de 30 francs. La production du fromage de Roquefort est évaluée à 4 millions de kilogrammes; cette industrie, qui profite à 60,000 personnes, donne lieu à un mouvement de fonds d'environ 20 millions de francs; la consommation et l'exportation de ce fromage s'étendent aujourd'hui dans toutes les contrées du monde. La qualité des fromages de Roquefort tient non-seulement à la nature du lait et aux conditions spéciales de l'affinage, mais encore à la poudre de mie de pain moisi qu'on met dans les dits fromages; ce pain est composé de froment et d'orge.

Tout l'arrondissement de Saint-Affrique élève les bêtes ovines pour la fabrication du fromage, qui s'appelle Roquefort, de la ville où l'on fait les meilleurs.

La race mérinos, d'origine espagnole ou plutôt africaine, est précieuse pour la finesse, la douceur, le tassé et la frisure de sa laine. Les mérinos ne se plaisent que sur les terrains sains et calcaires, et ils craignent beaucoup l'humidité. Race mérinos.

Les premiers sujets mérinos furent introduits en France sans succès sous Louis XIV. Louis XVI créa à Rambouillet, en 1786, une ferme expérimentale, où l'on réunit 366 brebis et béliers espagnols du plus beau choix; c'est de ce troupeau que sont sortis les mérinos français, dont le sang transforma peu à peu les anciennes races de la Champagne, de la Lorraine, de la Bourgogne, de la Provence, du Languedoc, du Roussillon et de l'Ile-de-France. La race de *Mauchamps* (Aisne) est une belle race de mérinos qui fournit une laine fine et très-soyeuse d'un dixième plus chère que celle de Rambouillet.

Le troupeau de mérinos de Naz, dans le pays de Gex (Ain), créé en 1798 par le général Girod (de l'Ain), Perrault de Jotemps et Pictet, est une petite race qui produit une laine surfine égale en valeur à celle de Saxe ; cette race, à cause de sa petitesse et de son faible rendement en laine ne s'est pas multipliée en France ; mais le troupeau de Naz existe encore. La *race de Gevrolles* (Côte-d'Or) est plus forte que celle de Mauchamps, et produit une laine frisée qui a plus de longueur, de nerf et d'éclat que celle de Mauchamps.

Les mérinos se trouvent surtout le long des rives de la Seine, de l'Oise, de la Marne, de l'Aisne, dans la Brie, la Beauce, la Champagne, l'Orléanais, le Berry et la Picardie. Le Roussillon, l'Aude, ont beaucoup de métis-mérinos. Les troupeaux transhumants, qui paissent l'été dans les Alpes et l'hiver aux environs d'Arles, appartiennent à ce même genre d'animaux. Leur laine est remarquablement nerveuse.

Les moutons beaucerons, les moutons briards, cauchois, champenois, bourguignons, arlésiens sont aussi des métis-mérinos.

On trouve les races anglaises pures de Dishley et de South-Down ou bien croisées dans le Boulonnais, le Pas-de-Calais et le Nord.

La quantité de bêtes ovines n'a pas augmenté en France pendant un demi-siècle ; ainsi en 1812, Chaptal en évaluait le nombre à 35 millions ; il était de 29 millions en 1829, de 33 millions en 1852, de 29 millions et demi en 1862, de 30 millions en 1866, et de 24,707,000 en 1872, dont près de la moitié sont des brebis ; la guerre est sans doute la cause de cette grande diminution en 1872. Les races perfectionnées comptent pour un sixième environ dans le nombre des bêtes à laine.

On estime que la production de la laine est en moyenne de 2 kilogrammes par animal, et que le poids moyen des moutons abattus est de 18 à 20 kilogrammes. La France est obligée d'importer plus d'un million et demi de bêtes ovines pour sa consommation et plus de 100 millions de kilogrammes de laines en masse. La production indigène de la laine ne peut pas être évaluée à plus de 80 millions de kilogrammes de laine en suint ou lavée à dos.

Le revenu brut annuel des bêtes à laine est estimé à plus d'un demi-milliard de francs.

Races porcines.

L'espèce porcine ne donne que de la viande, mais cette viande, aliment capital pour les cultivateurs, entre pour un tiers dans notre alimentation nationale. On élève en France 5 à 6 millions de porcs, et on évalue leur revenu brut annuel à 240 millons de francs.

Les croisements opérés entre les races françaises et les races anglaises se propagent chaque année de plus en plus dans toutes les régions. Le sud-ouest et l'ouest de la France sont les régions qui élèvent le plus de porcs. La Sarthe, les Côtes-du-Nord, la Haute-Vienne, la Corrèze, la Manche, le Pas-de-Calais, Maine-et-Loire, la Meuse, la Dordogne, les Basses-Pyrénées, l'Ille-et-Vilaine, la Meurthe, le Finistère et le Gers sont les départements qui en comptent le plus.

La chèvre

On doit regretter que la dent de la chèvre soit aussi meurtrière pour les arbres fruitiers et les arbres forestiers; car de tous les animaux domestiques, c'est peut-être le plus utile pour les divers produits qu'il fournit, comme le lait et les fromages, et son aptitude à vivre dans les pays montagneux. La chèvre est l'amie de l'homme, la vache du pauvre; elle se plaît sur les rochers, au bord des précipices, dans les bois, au milieu des buissons. Cet animal vit aussi parfaitement à l'étable, et pour une quantité donnée de nourriture, il produit dans ces conditions beaucoup plus de lait que les vaches. On doit donc s'occuper de son entretien et de son perfectionnement, à condition que, privée de liberté, elle ne puisse ronger les arbres ni errer au gré de son humeur vagabonde. La France compte plus d'un million et demi (1,791,000 en 1872) de ces animaux, estimés à 14 millions de francs. Plus de la moitié de ce nombre se trouve dans la seule région du sud-est; c'est qu'en effet plus on s'avance vers les pays chauds, moins on trouve de bonnes vaches laitières, et plus au contraire les mamelles de la chèvre ont de disposition à s'emplir fortement. Le lait de chèvre est très-recherché; il sert à faire d'excellents fromages, comme le fromage du Mont-d'Or, qui est fabriqué dans les montagnes du Lyonnais et dans l'arrondissement de Trévoux (Ain), avec du lait de chèvre.

La Corse, l'Ardèche, le Rhône, la Loire, l'Indre-et-Loire, la Haute-Saône, les Alpes-Maritimes, sont les départements qui possèdent le plus de chèvres.

Volailles; gibier.

La consommation de la volaille en France a une très-grande importance, principalement dans les grandes villes et particulièrement à Paris. Aussi le commerce des oiseaux de basse-cour et de leurs œufs est-il très-considérable. On évalue à 200 millions de francs le produit des œufs et des volailles en France; nous avons exporté, en 1873, pour plus de 35 millions de francs d'œufs, dont plus de 34 millions pour l'Angleterre. La valeur des œufs et des plumes produits chaque année par la volaille est estimée à près de 52 millions de francs, chiffre certainement trop faible. Le nombre des têtes de volailles était estimé à 58 millions en 1872, dont 45 millions de poules et poulets.

Les races perfectionnées de Crevecœur (Oise) au plumage noir, de Cochinchine, de Brahma-Poutra, se sont répandues sur une large échelle, de même que les poules de Houdan (Seine-et-Oise), qui sont grandes pondeuses et faciles à engraisser.

Les canards sont surtout nombreux dans les localités où il existe de nombreux cours d'eau qui ne s'assèchent pas pendant l'été; le canard de

Rouen est très-remarquable. Les oies de Toulouse et de Strasbourg sont très-développées. La vente du gibier représente un somme de 70 millions de francs.

Abeilles. Avec des soins bien entendus, on porterait sans peine à 100 millions de francs le produit des abeilles, évalué en 1873, à 22 millions. Sur quatre années, dit Roger, les abeilles font une bonne récolte, deux ordinaires et une médiocre. La bonne récolte donne 150 °/₀ de bénéfice, les deux ordinaires 50 °/₀ et la médiocre 5 °/₀, tous frais payés. En moyenne, les bénéfices sont de 40 °/₀ du capital employé. Chaque ruche produit en moyenne, par an, 5kg,730 de miel et 1kg de cire. La production du miel, en 1852, était estimée à 6,272,000 kilogrammes, et celle de la cire à 1,452,000 kilogrammes; en 1873, la production du miel s'élève à près de 11 millions de kilogrammes valant 14 millions de francs et celle de la cire à près de 2,800,000 kilogrammes valant 7 millions de francs. Tous les départements possèdent des ruches en plus ou moins grand nombre; mais ceux où elles sont le plus nombreuses sont : le Morbihan, Ille-et-Vilaine, Côtes-du-Nord et Manche. Ceux où le miel est le plus estimé et atteint le prix le plus élevé sont l'Aude, l'Hérault et la Savoie. Les miels de Narbonne, produits par les abeilles qui butinent sur les Corbières, ceux de Chamounix, du Gâtinais sont de première qualité; ils ont une belle couleur blanc jaunâtre et un agréable parfum. Le miel de la Bretagne est brun-rougeâtre et de qualité ordinaire.

Vers à soie. L'éducation des vers à soie est surtout répandue dans le bassin du Rhône; le Gard, l'Ardèche, la Drôme, Vaucluse, sont les départements qui produisent le plus de cocons; l'Isère, les Bouches-du-Rhône, l'Hérault, le Var, la Lozère, les Basses-Alpes, les Alpes-Maritimes, la Savoie, le Tarn, l'Ain, le Tarn-et-Garonne, l'Aveyron, les Hautes-Alpes et les Pyrénées-Orientales en produisent aussi, mais beaucoup moins. Les huit premiers départements fournissent plus des 95 centièmes de la production totale, qui s'élève, en 1875, à 10,770,563 kilogrammes de cocons. Le climat le meilleur pour l'éducation des vers à soie est celui sous lequel la vigne prospère et donne des vins généreux. On estime qu'il faut 10 à 12 kilogrammes de cocons frais, suivant les races, pour obtenir un kilogramme de soie grège. Les cocons des vers à soie d'Europe sont blancs ou jaunes et ils fournissent de la soie d'un blanc éclatant et d'un jaune doré, tandis que les cocons des vers à soie du Japon sont plus petits et jaune verdâtre. On estime que la longueur du fil qui forme le cocon varie entre 1,000 et 1,500 mètres. L'once de graines des éducateurs équivaut à 25 grammes, et 1 gramme de graines contient de 1,200 à 1,500 œufs, selon leur grosseur et les races qui les ont produits.

Avant la maladie des vers à soie, qui a commencé en 1855, et qui n'a cessé un peu que depuis 1868, le total des récoltes de la soie française était de 28 à 30 millions de kilogrammes de cocons blancs ou jaunes, produisant plus de 2 millions de kilogrammes de soie grège. Les éducateurs français reviennent graduellement aux semences indigènes, lesquelles ont représenté, en 1875, plus de 50 °/₀ des approvisionnements; sur 659,577 onces mises à éclosion, on a compté 337,950 onces de semences indigènes. La récolte de 1876 reposera presque en totalité sur les graines de pays, de sorte que la sériciculture française se trouve dès à présent affranchie du tribut onéreux qu'elle a payé durant de longues années à l'Orient et à l'extrême Asie. L'épidémie appelée pébrine ou gattine continue à décroître, car le rendement général des semences en cocons qui était de $12^{kg},2$ par once en 1872, de $11^{kg},3$ en 1873, de $15^{kg},3$ en 1874, est arrivé à $16^{kg},3$ en 1875. On voit que l'épidémie n'est pas encore vaincue, car nous sommes loin de ces rendements de 35 à 40 kilogrammes de cocons qui étaient des moyennes avant la maladie; l'éducateur est satisfait quand il obtient de 20 à 25 kilogrammes de cocons par once de graines. Les procédés de sélection de M. Pasteur ont été d'un grand secours pour obtenir des vers sains. Les gelées de 1876, en gelant la feuille du mûrier, ont nui considérablement à l'élève du ver à soie en France.

Les marchés de Lyon, Avignon, Aubenas, Valence, Privas, Nîmes, Saint-Etienne et Marseille, sont les plus renommés pour le commerce des cocons et des soies grèges.

PRODUCTION DES COCONS DE SOIE EN FRANCE ET PRIX PAR KILOGRAMME.

ANNÉES	QUANTITÉS de cocons en kilogrammes.	PRIX du kilogr. de cocon.	ANNÉES	QUANTITÉS de cocons en kilogrammes.	PRIX du kilogr. de cocon.	ANNÉES	QUANTITÉS de cocons en kilogrammes.	PRIX du kilogr. de cocon.
1805	4.250.000	»	1859	11.000.000	7.15	1872	9.893.000	6.96
1815	5.200.000	»	1860	11.500.000	7.25	1873	8.333.000	7.10
1825	10.800.000	»	1861	8.500.000	6.20	1874	9.021.000	4.61
1845	17.500.000	»	1862	9.758.000	5.32	1875	10.770.000	4.20
1853	26.000.000	4.60	1866	16.436.000	6.50	1876		
1854	21.500.000	4.55	1867	14.083.000	7.25	1877		
1855	19.800.000	4.80	1868	10.687.000	8 »	1878		
1856	7.500.000	6.75	1869	8.076.000	7.45	1879		
1857	7.500.000	8 »	1870	10.186.000	6.45	1880		
1858	11.500.000	5.30	1871	10.227.000	5.73			

L'élevage des sangsues vertes landaises se fait dans les marais établis dans le canton de Blanquefort (Gironde), où ils occupent une superficie de

Elevage des sangsues.

240 hectares pour les bassins à sangsues et de 400 hectares pour les marais où l'on met les chevaux au pacage. La commune de Blanquefort comprend à elle seule 160 hectares de bassins. Ces marais produisent environ 10 millions de sangsues par an, d'une valeur de 900,000 francs environ.

Revenu agricole.

La production annuelle de l'agriculture française est portée à 9,779 millions de francs, non compris la valeur en revenu du bétail et à 14,279 millions de francs en y comprenant cette dernière. L'agriculture trouve dans l'exportation de ses produits un de ses principaux revenus ; la valeur des produits agricoles exportés en 1854 était de 325 millions de francs ; 10 ans plus tard, en 1864, elle dépassait 661 millions de francs et en 1874, elle atteignait près d'un milliard.

Régions agricoles.

§ III. — Grandes régions agricoles.

Division de la France en neuf grandes divisions agricoles. — *Région du nord-ouest*, Flandre, Artois, Picardie, Boulonnais et Normandie. — Nature des terrains, climat et productions principales. — *Région de l'ouest :* Bretagne, Maine, Anjou et bas Poitou. — Terrains, climat et productions. — *Région des plaines du centre :* Sologne, Berry, Touraine, Blaisois, Nivernais et Bourbonnais. — Terrains, climat et productions. — *Région du sud-ouest :* Guyenne, Angoumois, Saintonge, Périgord, Béarn, Bigorre, Armagnac, Comté de Foix et haut Languedoc. — Aspect, terrains, climat et productions de cette région. — *Région des montagnes du centre :* Auvergne, Velay, Limousin, Rouergue, Gévaudan et les Marches. — Nature des terrains, climat cantalien et productions. — *Région du sud :* Provence, bas Languedoc, Comtat, Vivarais, Roussillon, Comté de Nice et Corse. — Aspect, terrains, climat et productions de cette région. — *Région de l'est :* Dauphiné, Lyonnais, Savoie, Bourgogne, Franche-Comté. — Terrains, climat et productions. — *Région des plaines du nord :* Ile-de-France, Champagne et une partie de la Bourgogne. — Beauce et Brie. — Terrains, climat et productions. — *Région du nord-est :* Ardennes, Lorraine et Alsace. — Terrains, climat et productions.

On a divisé la France en neuf grandes régions agricoles qui sont : la région du *nord-ouest*, celle de l'*ouest,* celle des *plaines du centre,* celle du *sud-ouest,* celle des *montagnes du centre*, la région *du sud*, celle de l'*est,* celle des *plaines du nord,* et la région du *nord-est*.

Nous donnons ici en tableau l'étendue de ces régions agricoles, en 1870. (L'Alsace-Lorraine y est comprise.)

ÉTENDUE EN HECTARES DES RÉGIONS AGRICOLES, EN 1870.

Etendue des régions agricoles.

DÉPARTEMENTS	SUPERFICIE des départements.	TERRES labourables.
RÉGION DU NORD-OUEST		
Nord	568.087	386.571
Pas-de-Calais	660.563	531.477
Somme	616.119	511.911
Aisne	735.800	532.053
Oise	585.506	418.802
Seine-Inférieure	603.550	391.998
Eure	595.764	380.078
Calvados	552.072	317.914
Manche	592.538	393.868
Orne	609.729	352.214
Totaux	6.119.728	4.216.876
RÉGION DE L'OUEST		
Mayenne	517.063	367.010
Ille-et-Vilaine	672.583	415.627
Côtes-du-Nord	688.562	430.442
Finistère	672.112	291.566
Morbihan	679.781	265.420
Loire-Inférieure	627.456	326.930
Maine-et-Loire	712.092	464.116
Vienne	697.037	422.947
Deux-Sèvres	599.988	403.652
Vendée	670.349	430.678
Totaux	6.537.023	3.818.388
RÉGION DES PLAINES DU CENTRE		
Loiret	677.119	443.256
Sarthe	620.668	418.977
Loir-et-Cher	635.092	397.995
Cher	719.934	401.203
Indre-et-Loire	611.369	353.753
Indre	679.530	376.787
Allier	730.837	483.998
Nièvre	581.656	325.911
Totaux	5.366.105	3.201.880
RÉGION DU SUD-OUEST		
Charente-Infér^{re}	682.569	325.006
Charente	594.238	279.535
Dordogne	918.256	343.505
Gironde	974.032	246.200
Lot-et-Garonne	536.396	295.780
Lot	521.373	241.894
Landes	932.130	182.777
Basses-Pyrénées	762.265	162.776
Hautes-Pyrénées	452.949	101.691
Ariége	489.367	147.927
Haute-Garonne	628.988	363.374
Tarn	574.216	323.966
Tarn-et-Garonne	372.016	234.425
Gers	628.031	344.555
Totaux	9.065.845	3.597.411
RÉGION DES MONTAGNES DU CENTRE		
Aveyron	874.338	352.544
Lozère	516.973	192.054
A reporter	1.391.311	544.598
Report	1.391.311	544.598
Cantal	574.547	175.586
Haute-Loire	496.225	226.682
Loire	475.962	252.562
Puy-de-Dôme	795.051	416.762
Corrèze	586.608	201.109
Haute-Vienne	551.658	231.096
Creuse	556.830	265.250
Totaux	5.428.187	2.313.645
RÉGION DU SUD		
Aude	631.324	258.557
Pyrénées-Orient[es]	412.211	89.235
Hérault	619.799	109.758
Gard	583.555	133.173
Ardèche	552.665	148.876
Drôme	652.154	267.414
Vaucluse	354.771	162.113
Basses-Alpes	695.418	163.322
Bouches-du-Rhône	510.487	123.659
Var	722.609	123.092
Alpes-Maritimes	447.917	49.325
Corse	874.745	126.080
Totaux	7.057.655	1.754.604
RÉGION DE L'EST		
Rhône	279.039	143.407
Isère	828.934	316.621
Hautes-Alpes	558.960	93.615
Savoie	638.420	91.296
Haute-Savoie	638.439	133.281
Ain	579.896	257.441
Jura	499.401	191.276
Saône-et-Loire	855.174	464.938
Doubs	522.755	190.692
Haute-Saône	855.174	258.424
Côte-d'Or	876.116	468.857
Totaux	7.222.308	2.609.878
RÉGION DES PLAINES DU NORD		
Yonne	742.804	467.937
Haute-Marne	621.968	344.329
Marne	818.044	624.471
Aube	600.139	406.354
Seine	47.549	27.086
Seine-et-Marne	573.634	415.467
Seine-et-Oise	560.364	378.579
Eure-et-Loir	587.429	479.607
Totaux	4.551.931	3.143.830
RÉGION DU NORD-EST		
Vosges	607.996	257.390
Meurthe	609.004	310.948
Meuse	622.787	357.722
Moselle	536.889	319.692
Ardennes	523.289	308.285
Bas-Rhin	455.344	197.053
Haut-Rhin	410.771	169.949
Totaux	3.766.080	1.921.039

Région du nord-ouest.

I.—La région du *nord-ouest* comprend la Flandre, l'Artois, la Picardie, le Boulonnais et la Normandie ; elle s'étend des frontières de la Belgique à la partie occidentale du Cotentin et de l'Avranchin ; elle est composée pour la plus grande partie du versant de la Manche, et elle est presque partout plate. C'est la plus riche et la plus fertile partie de la France, et c'est aussi la mieux cultivée ; les sept dixièmes de son étendue sont des terres labourables. Elle doit sa fertilité à la nature du sol et à son climat constant; mais les bonnes méthodes de culture, l'emploi des machines, l'abondance des engrais et des amendements, et enfin les capitaux considérables qui sont engagés dans sa culture ont de beaucoup augmenté sa fécondité. Cette région renferme les plaines productives plus ou moins ondulées de la Flandre, de l'Artois, de la Picardie, du Vexin, la plaine de Neubourg et celle de Caen.

Nature des terrains de la région du nord-ouest.

La Picardie, l'Artois, la Flandre, appartiennent à la formation du diluvium de la Bresse et du terrain crétacé ; ces provinces renferment des terrains argilo-siliceux de bonne qualité et perméables; la craie apparaît sur un grand nombre de collines. La partie qui avoisine les dunes de Dunkerque est très-argileuse et d'une grande fertilité : ce sont de riches alluvions marines assainies, que l'on appelle *grandes moères* et *petites moères;* il y a aussi le pays des *Watteringhes* ou terres basses très-fertiles et sillonnées par des canaux.

Moëres et Watteringhes.

Le Boulonnais a un sol argilo-calcaire ou silico-calcaire appartenant au terrain jurassique. La vallée de la Somme est en grande partie tourbeuse; le *Marquentaire*, appartenant à la Picardie, est un ancien lais de mer d'une grande fertilité.

Nature du terrain de la Normandie.

La Normandie appartient au terrain tertiaire supérieur et moyen, au terrain jurassique et aux terrains de transition et granitique. Les terres du pays de Caux et du pays de Bray sont formées par le diluvium des plateaux; la craie se montre sur les versants dans les vallées. Les terres de la plaine de Caen sont argilo-calcaires plus ou moins profondes. Les terres basses sont *mouillantes*, mais celles des vallées de la Touques et de la Dive sont favorables aux herbages. Les alluvions de la Seine sont à la fois sablonneuses et fertiles.

Climat de la région nord-ouest.

Le climat de cette région, appelé *climat neustrien*, est à la fois tempéré et brumeux, sans être humide. Les fortes chaleurs et les froids excessifs y sont rares par suite de l'influence que la mer y excerce et surtout le Gulf-Stream, mais on y redoute en avril des gelées tardives ; les gelées et les neiges y durent peu. C'est le climat des herbages et des pommiers ou des poiriers à cidre. Les brouillards y sont fréquents, surtout pendant l'automne et l'hiver.

Productions principales.

Les vallées de la Normandie sont verdoyantes et fécondes; les herbages couvrent tout le pays compris entre la Manche et une ligne qui passe par la Hougue, Valogne, Saint-Lô, Falaise, le Pin, et suit la Touques jusqu'à son embouchure; le Cotentin, le Bessin, le Bocage, compris dans cette zone, sont riches en herbages et engraissent beaucoup de bœufs tout en produisant du beurre excellent; la vallée d'Auge, très-fertile en herbages, nourrit beaucoup de chevaux et de bœufs, et donne des fromages et des cidres renommés. La vallée de la Touques, où l'on engraisse annuellement des milliers de bœufs achetés dans le Maine, la Bretagne, l'Anjou et la Vendée, fabrique le fromage de Livarot, de Pont-l'Evêque et de Camembert (Orne). On rencontre dans la vallée de Neufchâtel (Pays de Caux) de belles vaches normandes et de grandes laiteries dans lesquelles on fabrique le beurre de Gournay et le fromage de Neufchâtel.

La plaine de Caen est riche en céréales et en colza. La Flandre flamande, surtout aux environs de Dunkerque et dans la vallée de la Lys, est aussi couverte de gras herbages, où l'on élève beaucoup de bêtes à cornes; c'est ainsi que les environs de Lille, d'Hazebrouck et d'Avesnes nourrissent beaucoup de vaches de race flamande et hollandaise dont le lait sert à la fabrication des fromages de Marolles et de Bergues. La Flandre est fertile en céréales, en plantes industrielles et en prairies artificielles; on y cultive en grand le lin, le colza et les betteraves. La Picardie et l'Artois sont des pays de plateaux bien cultivés, où l'on trouve de grandes fermes.

Les campagnes de la Normandie, de la Picardie et de l'Artois sont couvertes de pommiers à cidre.

Région de l'ouest.

II. — La *région agricole de l'ouest* comprend la Bretagne, le Maine, l'Anjou et le bas Poitou, soit 10 départements. Elle est limitée au nord par la Manche, et à l'ouest par l'Océan.

La Bretagne, le Maine, l'Anjou et la Vendée sont accidentés; on y remarque des plateaux, des collines à pente douce ou escarpées et de nombreuses vallées. La zone maritime septentrionale de la Bretagne, appelée *ceinture* dorée, rendue très-productive par les engrais que lui fournit la mer, produit en grand et avec succès, surtout à Roscoff, l'artichaut, le chou-fleur, l'oignon, l'ail, etc., légumes qui sont expédiés au Havre, à Paris, à Plymouth et à Londres. Les arbres sont rares dans cette zone maritime, à cause des vents de mer.

Terrains de la Bretagne.

La Bretagne offre des terres granitiques perméables, plus ou moins profondes et caillouteuses, et des terres schisteuses. Les terres de landes sont argilo-siliceuses à sous-sol perméable ou argileux. Les terres de la ceinture dorée et celles du marais de Dol sont plus argileuses.

Terrains de l'Anjou.

Le terrain de l'Anjou est granitique ou schisteux, mais il y a aussi des terrains tertiaire et jurassique ; le sol de l'arrondissement de Beaugé est siliceux ; celui de l'arrondissement de Saumur est calcaire. Le sol de la vallée de la Loire est alluvionnaire et fertile.

Terrains du Maine.

Dans le Maine, la partie située à l'ouest de Sablé renferme des terrains analogues à ceux de l'Anjou ; toute l'étendue située entre Château-du-Loir et le Mans est sablonneuse, et en grande partie couverte de pins maritimes.

Le sol compris entre le Loir et la Normandie est argilo-siliceux et argilo-calcaire.

Terrains du Poitou.

Les terrains granitiques du Poitou ressemblent à ceux de l'Anjou ; les terres de la plaine sont calcaires, caillouteuses et souvent fortement colorées par l'oxyde de fer. Le sol des marais est très-argileux, mais très-fertile s'il est assaini.

Climat de la région de l'ouest.

Le climat océanien de cette région est à la fois tempéré et humide ; l'hiver y est pluvieux, le printemps doux, l'été sec et l'automne généralement beau. Les brouillards sont souvent épais dans toute la partie du littoral pendant l'hiver. L'influence exercée par le Gulf-Stream est telle qu'on peut à Roscoff, à Niort et à Angers, obtenir des légumes beaucoup plus tôt que dans les régions des plaines du centre et des plaines du nord.

Aussi, grâce à ce doux climat, on rencontre en pleine terre, sur les rivages de l'Océan et jusqu'à Rennes et à Angers, le chêne-vert, le magnolia, l'araucaria, le camélia, le laurier-rose, le grenadier, le myrte, le thé et de vigoureux figuiers. Les forêts et les châtaigneraies sont nombreuses et belles dans le Poitou.

Productions de la région de l'ouest.

Les plaines de Niort, de Fontenay et de Poitiers sont ondulées et monotones, mais elles produisent beaucoup de céréales. La vallée de la Loire et ses îles, dans l'Anjou, renferment des chenevières renommées, et sont verdoyantes et fertiles comme les vallées de la Maine et de la Vienne. Les marais de Dol, ceux de Bourgneuf, ceux de la Vendée ont de riches cultures et de belles prairies. La Bretagne, bien cultivée sur les côtes, présente, au centre, de grandes landes produisant des bruyères et des ajoncs servant de pâturage à des chevaux et à des vaches donnant un lait excellent. La basse Bretagne ne fournit guère que du sarrasin ; le blé et le seigle sont cultivés partout ailleurs ; le nord de la Bretagne a beaucoup d'arbres à cidre, de même que l'Anjou et le bas Maine.

Le Perche, à cause des haies vives qui entourent les champs, a l'aspect d'un pays boisé ; il est très-accidenté et très-pittoresque. Les vallées qu'il renferme ont de belles prairies qui nourrissent la race chevaline percheronne. On voit beaucoup de pommiers, de poiriers et d'autres arbres à fruits dans les terres labourables.

Le chanvre et le lin sont les plantes textiles de la région de l'ouest, qui se distingue surtout par la culture herbagère que favorise son climat marin. Les prairies étendues que l'on y trouve et l'élève des bestiaux donneraient à ces contrées une ressemblance avec la Normandie, si l'état arriéré de l'agriculture, la pauvreté générale du pays et la quantité considérable de bruyères et de terres incultés n'établissaient des différences essentielles entre les deux régions. Néanmoins, l'agriculture a fait depuis quelques années de grands progrès dans cette région, qui élève deux races bovines remarquables : la race bretonne et la race parthenaise. On y élève aussi beaucoup de chevaux, de porcs et d'abeilles et le Poitou produit les plus beaux mulets de l'Europe.

III. La *région des plaines du centre* comprend la Sologne, le Berry, la Touraine, le Blaisois, le Nivernais et le Bourbonnais. Cette plaine renferme un immense plateau sillonné par les vallées de la Loire, de l'Indre, de la Creuse, du Loir et de la Sarthe. Le *val de la Loire* est réputé pour sa productivité et la manière dont il est cultivé; il rivalise avec les grandes vallées du Rhône, du Rhin, de la Seine et de la Garonne. Région des plaines du centre.

La Sologne a 440,000 hectares d'étendue; c'est un pays de landes, en grande partie déboisé, plat, rempli de marécages et d'étangs, malsain et stérile. Les landes s'appellent des brandes; il n'y pousse que des bruyères et des genêts qui servent au pâturage des moutons solognots, petite race à laine grossière, mais d'une chair exquise. Le sol est sablonneux avec un sous-sol argileux et imperméable; mais dans quelques parties on trouve en abondance la marne qui est appelée à transformer le sol argilo-siliceux de cette vaste plaine. On a fait des semis de pins maritimes dans la Sologne, qu'on a déjà beaucoup améliorée par le marnage, le chaulage et le drainage et par les routes agricoles qu'on y a créées; ce pays pourrait être transformé en excellent vignoble et en forêt. La *Brenne* est une ancienne forêt que l'on a essartée et qui s'étend entre la Creuse et l'Indre; c'est une terre humide, marécageuse et pleine d'étangs. On a exécuté de grand travaux pour améliorer son sol. La Sologne. La Brenne.

Le Berry est un pays plat qui appartient au terrain tertiaire moyen, au terrain crétacé et au terrain jurassique; on y rencontre des terres productives, des sols couverts de brandes, des marécages, des contrées bocagères; on y cultive des céréales, du chanvre, la vigne et des fruits. Le Berry.

Les forêts de la partie orientale du Berry (Cher) alimentent de nombreuses usines à fer; le Sancerrois est la meilleure partie de la province; il a des terres arables de bonne qualité, de riantes vallées et de charmants coteaux. Les meilleurs moutons berrichons se rencontrent dans le

Sancerrois. Les terres du val de la Loire sont sablonneuses et fertiles.

Terrains de la Touraine.

Le sol de la Touraine appartient au diluvium des plateaux et au terrain crétacé sur les coteaux des vallées; cette province comprend les *Varennes*, terres fertiles et d'une culture facile, situées entre la Loire et le Cher, la Champeigne ou collines couvertes de vignobles, entre le Cher et l'Indre. La Touraine a été surnommée le *jardin de la France*, à cause de la fertilité de son sol et de la douceur de son climat.

Plateau de l'Orléanais.

Le plateau de la Beauce ou plateau de l'Orléanais est une vaste plaine silico-argileuse, située entre le Loir et la Loire; elle est triste en hiver, mais elle produit beaucoup de céréales dans la Beauce et le Vendômois.

Nivernais.

Le Nivernais est montagneux et boisé, sauf dans le val de la Loire; il cultive principalement le blé et s'adonne à la culture herbagère de même que le Bourbonnais, qui renferme la *Limagne bourbonnaise*, plaine très-fertile, qui est une partie de la vallée de l'Allier. Les herbages ou les prairies entourées par des haies sont très-productives et servent à l'élevage dans la vallée de Germigny de la belle race charollaise.

La *petite Suisse*, dans l'arrondissement de la Palisse, la belle plaine de Gannat, la pittoresque vallée de la Sioule formée par les alluvions de l'Allier et produisant de belles récoltes de blé, de fèves, de trèfle et de chanvre, la vallée du Cher et les terres sablonneuses des environs de Moulins, méritent d'être visitées.

Climat de la région des plaines du centre.

Le climat de cette région est assez tempéré. L'air est pur et vif dans les plaines à sol perméable, mais il est humide et peu salubre dans les localités où il existe encore de nombreux étangs. La vallée de la Loire, depuis Beaugency jusqu'à Tours, est située sous un beau climat; la neige y séjourne peu. La température, vers la fin de l'été, est assez élevée pour que la vigne puisse très-bien mûrir ses raisins sur les coteaux de la Loire, du Cher et du Loir, qui présentent de nombreux vignobles. Le climat de la région des plaines du centre est plus sec et plus chaud durant l'été et plus froid durant l'hiver que le climat de la région de l'ouest.

Productions de la région des plaines du centre.

Le méteil, le seigle, l'orge, l'avoine sont très-cultivés dans cette région, dans laquelle on rencontre de nombreuses prairies artificielles. C'est dans le Sancerrois que commencent les vignobles qui s'étendent de la Loire jusque dans la Touraine et le Vendômois. Les vins du Cher, produits par les vignes situées sur les coteaux baignés par le Cher, sont remarquables par leur couleur foncée, mais ils n'ont pas la qualité des vins du Sancerrois. L'Orléanais et le Gâtinais ont aussi des vignes qui produisent des vins d'une belle couleur et d'un goût franc et assez agréable; le vin de Beaugency, les vins de Pouilly et de Vouvray sont estimés. Les chanvres de la Loire, le safran et le miel du Gâtinais, l'anis et la réglisse de Bourgueil, les pruneaux de Tours, les noix du Berry et du Bourbonnais, les châtaigniers des bords de la Creuse sont renommés.

IV. La *région du sud-ouest,* limitée à l'ouest par l'Océan, au sud par les Pyrénées, à l'est par les montagnes du Rouergue et du Limousin, s'étend sur 14 départements et comprend la Guyenne, l'Angoumois, la Saintonge, le Périgord, le Béarn, le Bigorre, l'Armagnac, le comté de Foix et le haut Languedoc; la Charente, la Dordogne, la Garonne et le Lot, forment de larges et belles vallées. L'Angoumois et la Saintonge sont mouvementés, de même que le Quercy et le Périgord. Cette région est montueuse dans sa partie méridionale; mais les montagnes des Pyrénées sont sillonnées par de nombreuses vallées, comme celles de Campan, de Lourdes, de Barèges et d'Ossau; ces riantes vallées des Pyrénées jouissent, pendant la belle saison, d'une douce température, et l'atmosphère brumeuse qu'on observe dans les hautes vallées des montagnes pyrénéennes favorise la production des prairies naturelles et par suite l'existence des bêtes bovines et des chevaux. Le massif des Pyrénées a une superficie de 2 millions d'hectares, dont plus de 600 mille sont incultes, stériles et rocheux; les bois occupent 400 mille hectares. Région du sud-ouest. Aspect de cette région.

La plaine d'Albi, celle de Castres et celle de Toulouse sont-très-riches; la plaine de Tarbes est belle et fertile, et la riche et magnifique vallée de la Garonne est bordée de coteaux ornés de beaux arbres fruitiers. Les dunes s'étendent depuis l'Aunis jusqu'à l'embouchure du gave de Pau.

La Guyenne a des terrains tertiaires supérieur et moyen; du terrain jurassique dans le Quercy, et du terrain granitique dans le Rouergue. Le sol des *graves* est composé de sable et de cailloux roulés; le sol des côtes est argilo-calcaire; celui des *palus* et des marais est limoneux. Le sol des *landes* est sablonneux et noirâtre et repose sur l'*alios* ou tuf ferrugineux. Les terres fortes sont argilo-calcaires; les *ségalas* ou terre à seigle sont des terres granitiques et graveleuses. Les plateaux calcaires du Rouergue sont appelés *causses*. Terrains de la Guyenne.

Le sol de l'Armagnac est argilo-calcaire plus ou moins pierreux; le Béarn, comme la Gascogne, est formé de terrains tertiaires inférieur et moyen, de terrain crétacé inférieur et de terrain granitique. Les *dunes* sont composées de sable quartzeux plus ou moins fin. Sol de l'Armagnac et du Béarn.

Le climat girondin est suffisamment tempéré pour permettre au chêne-liége, au maïs et à la vigne de végéter facilement; mais l'olivier n'y peut pas produire de fruits. Les orages sont fréquents dans l'Agénois, l'Arma- Climat de la région du sud-ouest.

gnac et la plaine de Toulouse. L'air de la mer assure la réussite du pin maritime dans toutes les dunes qui bordent l'Océan.

Productions de la région sud-ouest.

Cette région produit beaucoup de maïs et les plaines du Toulousain sont fertiles en céréales; la riante vallée de la Garonne possède aussi de riches moissons et cultive le lupin blanc et le trèfle incarnat. Le Béarn a des plaines fertiles en maïs et de belles prairies. Le maïs est avec la vigne la culture la plus caractéristique de cette région, qui cultive le tiers des vignes que renferme la France (près de 800 mille hectares), et fournit environ 15 à 18 millions d'hectolitres de vin sur une récolte totale et moyenne de 50 à 60 millions d'hectolitres. La vigne se trouve partout dans le sud-ouest de la France, mais principalement dans le Bordelais, le Médoc, le Périgord, l'Angoumois, la Saintonge et l'Armagnac. Les quatre derniers pays convertissent presque tous leurs vins en eau-de-vie; l'Angoumois et la Saintonge produisent de 300 à 350 mille hectolitres d'eau-de-vie qui porte le nom général d'eau-de-vie de Cognac. Le Médoc et le Bordelais avec leurs fameux vignobles renommés, le Libournais et le Périgord livrent leurs vins directement à la consommation française et étrangère. C'est dans le Médoc et le Bordelais que se récoltent les grands vins de Château-Laffite, Château-Margaux, Château-Latour, de Haut-Brion et de Sauternes et une énorme quantité de vins ordinaires et communs. Les vins de la Garonne sont abondants, mais de qualité ordinaire. Les Landes, comme les dunes de la Gironde, sont riches en forêts de pins, dont on extrait de la térébenthine et de l'huile de résine. Les légumes, le lin, le tabac et le froment sont cultivés dans les plaines de la Garonne, où l'on élève beaucoup de volaille. Le Périgord est célèbre par ses truffes, qu'on récolte dans le canton de Sarlat.

Il y a de riches pâturages dans les Pyrénées, les vallées de la Garonne et du Lot, dans le Périgord et dans la Saintonge. La luzerne et le trèfle viennent très-bien dans cette région, dont la partie montagneuse nourrit des mulets, des ânes et des moutons.

Aspect de la région du plateau central.

V. — La *région des montagnes du centre* comprend l'Auvergne, le Velay, le Limousin, le Rouergue, le Gévaudan et les Marches; elle s'étend sur neuf départements. Cette région est très-accidentée et sillonnée de vallées étroites et souvent très-profondes. Les montagnes composant cette région, qui s'étend du sud au nord, du Languedoc au Berry, et de l'est à l'ouest, du Forez au Périgord, constituent le plateau central de la France. Les plateaux de l'Auvergne sont trachytiques ou basaltiques; ceux du

Causses du Gévaudan.

Gévaudan et du Rouergue sont calcaires et sont appelés *causses*. Les causses du Gévaudan sont peu habitées, parce qu'elles sont trop froides pendant l'hiver et très-sèches en été, et qu'il n'y a ni eau, ni arbre. Le plateau du

Larzac est une causse d'une grande étendue ; les monts Dore sont granitiques. Les terrains du Limousin sont granitiques avec quelques foyers calcaires.

Les vallées de cette région sont très-belles ; les plus remarquables sont la Limagne ou vallée de l'Allier, la vallée de la Cère, celle du mont Dore, la vallée de la Gartempe et celle de la Creuse. Le sol des vallées de l'Auvergne est formé de débris granitiques et volcaniques ; il est fertile, quoique graveleux.

La Limagne.

La vallée de la Limagne est d'une fertilité proverbiale ; elle est recouverte par le terrain tertiaire moyen. Les flancs des coteaux de la Limagne sont décorés par des vignobles et des arbres fruitiers ; la plaine est aussi couverte de vignes, de noyers, d'abricotiers, de cerisiers, de pommiers, de poiriers, dont les fruits alimentent Paris et Lyon, de prairies et de champs de blé, d'avoine, de seigle, de fèves, de trèfle, de chanvre, etc. On cultive dans la Limagne le blé dur, qui est employé à la fabrication des pâtes de Clermont.

Les plateaux et les montagnes de l'Auvergne ont de beaux pâturages qui nourrissent beaucoup de bœufs, qui font la principale richesse de ce pays.

Le plateau de la Planèze, situé à l'ouest de Saint-Flour, est le grenier de la haute Auvergne ; ailleurs, sauf la vallée de l'Allier, on ne cultive que le seigle. Les meilleures montagnes pastorales sont celles de Salers ; la vallée du mont Dore, arrosée par la Dordogne, est la plus pittoresque des montagnes du centre et a de belles prairies très-productives au-dessus desquelles commencent de belles forêts de hêtres et de sapins. La race de Salers naît dans ces montagnes et fournit des animaux au Berry, au Poitou et au Limousin, et du lait pour le fromage. La partie méridionale de l'Auvergne renferme des châtaigniers qui fournissent de beaux et bons fruits.

Terrains du Limousin.

Les terres arables du Limousin sont argilo-siliceuses, fauves, rougeâtres ou noirâtres et plus ou moins pierreuses. La Marche appartient à la même formation. Le bas Limousin est la véritable zone du châtaignier et renferme de vertes prairies dans lesquelles on élève la belle race bovine limousine et les chevaux limousins ; le haut Limousin est pauvre et produit aussi beaucoup de châtaignes ; il y a des pâturages. La vallée de Tulle, arrosée par la Corrèze, est fertile.

On cultive beaucoup la rave du Limousin dans des champs limités par des haies formées par l'aubépine, le houx, le cornouiller et le buis ; cette rave est employée à l'engraissement des bœufs qui est pratiqué annuellement dans toutes les fermes et métairies.

Productions de la Marche.

La *Marche*, avec ses montagnes et ses plateaux, est peu productive et beaucoup plus pauvre que le Limousin. Les plateaux constituent de petites plaines qui sont froides et souvent glaciales pendant une partie de l'année. C'est sur ces brandes que vivent les bêtes à laine de race marchoise qui fournissent une viande excellente. Les bêtes bovines vivent dans les prairies naturelles; on leur donne des châtaignes pendant l'hiver.

Le Velay.

Le Velay, hérissé de hautes montagnes, est très-pittoresque; on jouit d'un admirable panorama du haut du mont Mézenc. Les vignobles des environs du Puy sont soutenus sur les pentes par des murs en terrasses construits avec des fragments de lave; la lentille verte du Puy est cultivée sur le grand plateau volcanique de Polignac. Le Velay cultive principalement le méteil, la pomme de terre et la châtaigne. De belles forêts de hêtres se trouvent près d'Allègre; la plaine de Brioude, arrosée par l'Allier, est productive et verdoyante.

Rouergue.

La vallée du Forez est marécageuse et insalubre; on y a établi des étangs, et le poisson y est devenu l'un des principaux produits. Le *Rouergue* est une contrée inégale et sillonnée par des vallées et des ravins pittoresques. Les montagnes volcaniques d'Aubrac renferment de très-beaux pâturages et la grande forêt d'Aubrac, sur le revers méridional. Le plateau du *Larzac* est une plaine calcaire, où l'eau est rare et où il y a peu d'habitations et peu d'arbres; il renferme des vallées étroites et profondes, qui sont de véritables précipices. C'est à l'extrémité du Larzac et dans des montagnes isolées et calcaires que sont situées les caves à fromages de Roquefort, présentant des fissures dans lesquelles circule un air vif et froid. Le lait qui sert à fabriquer ce fromage est fourni par des brebis de la race du Larzac et des Causses. On cultive du seigle dans ce pays; le froment n'est cultivé que sur les causses ou terrains argilo-calcaires rougeâtres. Les montagnes sont boisées; les Cévennes renferment de beaux châtaigniers, dont les fruits sont le pain des Cévenols et rendent habitables beaucoup de vallées qui ne le seraient pas sans eux.

Climat cantalien.

Le climat de cette région, qu'on appelle *cantalien* ou *arvernien*, est froid; au sein des montagnes l'hiver dure de cinq à six mois; les étés y sont très-chauds et souvent orageux; quant aux automnes, ils sont généralement beaux, mais courts. Le climat des vallées est moins froid; aussi y cultive-t-on la vigne, l'abricotier et le prunier. Les brouillards sont assez fréquents et intenses sur les pentes et dans les vallons. Le ciel est souvent brumeux et gris dans le Limousin.

Aspect de la région du sud.

VI. — La *région du sud* comprend la Provence, le bas Languedoc, le Comtat, le Vivarais, le Roussillon, le comté de Nice et la Corse, soit 12 départements. Cette région est limitée par la Méditerranée, les hautes montagnes des Alpes, les Cévennes et la chaîne des Corbières; elle présente de belles et vastes plaines sur le pourtour de la Méditerranée, dans le Comtat, la Provence méridionale, le bas Languedoc et le Roussillon. Les deux cinquièmes de la région sont d'une grande fertilité et les trois autres cinquièmes se composent de bois ou de déserts. Cette région comprend la grande vallée du Rhône, celle de la Durance, la verdoyante vallée de l'Huveaune. La plaine de Castelnaudary est productive. La plaine du Roussillon, celle de Narbonne, celle de Nîmes et les plaines de la basse Provence sont occupées par la vigne, l'olivier et le mûrier.

Le midi de la France a un climat, des productions et un aspect qui le distinguent complétement des autres régions agricoles du pays. Les prairies et le gros bétail disparaissent en partie, et la culture arbustive est prédominante. C'est la région de l'olivier, qui comprend deux zones bien distinctes : la première, exposée au *mistral* ou vent du nord-ouest, ou au *tramontane* ou vent du nord, s'étend de Perpignan à Roquevaire ; la seconde, qui s'étend de Roquevaire à Menton, est abritée des vents du nord et nord-ouest. Les neiges y sont rares. C'est le climat le plus chaud de la France.

Terrains de la Provence.

La Provence possède des terrains granitiques, de transition, triasique, jurassique, crétacé inférieur, tertiaire moyen et supérieur. Les montagnes sont généralement calcaires ou crayeuses; mais celles de l'Esterel et des Maures sont granitiques ou schisteuses. Le sol des plaines est argilo-siliceux ou argilo-calcaire et pierreux. Les terres limoneuses de la Camargue, d'Arles, de Saint-Remy, de Tarascon, de Fréjus, etc., sont des alluvions d'une grande fertilité ; les alluvions de la Camargue ne renferment pas de pierres, mais on y rencontre des salans ou terres salifères.

Les sommets des Alpes de Provence forment des plateaux calcaires, couverts de belles pelouses d'herbe et de plantes aromatiques. Ces prairies étant à peu près les seules qui existent en été sous ce climat sec et brûlant, il en est résulté l'usage de la transhumance, c'est-à-dire l'usage de mener pâturer dans les Alpes tous les moutons de la plaine, pendant l'été, et de les ramener passer l'hiver dans les steppes de la Crau et de la Camargue, où l'herbe est alors moins rare. Le pâturage et le déboisement ont absolument transformé et dévasté le massif des Alpes françaises.

La Crau.

La *Crau* est une immense plaine très-caillouteuse, d'une superficie de plus de 35,000 hectares, qui se divise en quatre régions : la *Crau coustière*, la *Crau arrosable*, la *Crau haute* et la *Crau coussoul*. La *Crau coustière* (3,200 hectares) va d'Arles à la Croix-Saint-Hippolyte ; elle se compose pour les deux tiers de marais, pour un tiers de terres à fourrages, de petits jardins et d'olivettes. C'est dans la grande coustière que paissent de nombreux troupeaux de bœufs sauvages. La *Crau arrosable* (6,000 hectares) est riche en prairies artificielles bordées d'oliviers et de mûriers. La *Crau haute* (5,000 hectares) est plantée de vignes, d'amandiers et d'olivettes. La *Crau coussoul* (21,000 hectares) est la vraie Crau ; on n'y distingue que des galets et un horizon sans bornes ; elle est occupée par un millier de bergers provençaux et piémontais qui habitent là une partie de l'année dans des constructions où ils s'abritent, eux et leurs moutons, dont on porte le nombre à 150,000 ou 200,000; puis ils émigrent, eux et leurs troupeaux, pour aller les faire paître sur les hautes montagnes des Cévennes, des Alpes, des Pyrénées, à des distances prodigieuses. Beaucoup de riches négociants et propriétaires de Marseille commanditent ces courageux et étranges bergers, qui sont habiles et honnêtes, et possèdent des troupeaux dans la Crau. Plus de la moitié du sol de la Crau est éminemment propre à la vigne, qui s'y montre très-vigoureuse et très-fertile en plusieurs points; mais la main-d'œuvre est trop chère pour qu'on puisse en ce moment y entreprendre cette culture.

La Camargue.

La *Camargue,* ou delta du Rhône, appartient pour plus de 52,000 hectares à la commune d'Arles et pour plus de 22,000 à celle des Saintes-Maries-la-Mer. La Camargue s'agrandit sans cesse, le Rhône versant à la mer dans les grandes eaux plus de 5 millions de mètres cubes de matières terreuses par 24 heures. La *Grande Camargue* est située entre le grand et le petit Rhône et la *Petite Camargue,* entre le petit Rhône, le canal de Peccais et le Rhône vif. Les deux cinquièmes du delta sont cultivés et produisent du blé d'Arles appelé *saissette;* on y trouve des pâturages et des terres vagues et l'on y aperçoit les effets du mirage comme en Égypte. 200,000 bêtes à laine, des troupes de taureaux noirs et de petits chevaux blancs entièrement sauvages vivent dans ce delta, où poussent des asphodèles, des tamarins, des arbustes d'orient, des lentisques, des térébinthes, des jujubiers, des pistachiers, des lotus, de la gentiane, etc. Le flamant, le col-vert et la macreuse y vivent en grand nombre. On dessèche et on assainit ce delta, et la Camargue, par ce moyen, peut devenir la Hollande de la France, le jardin de la Provence et du bas Languedoc.

Provence.

Le département des Bouches-du-Rhône cultive en grand l'olivier (Aix). Les bassins de l'Argens et de la Siagne (Var), ainsi que le littoral du Var, sont au nombre des plus belles parties de cette région et de l'Europe. On cultive l'oranger et la violette de Parme à Hyères, à Cannes, à Nice, à Menton et à Perpignan. Grasse, Antibes, Cannes et Nice sont les centres d'une grande culture de fleurs destinées à la fabrication des essences, des extraits et des parfums. Le Var joint à la culture de l'olivier celle de la vigne et du châtaignier. L'amandier, le figuier, le jujubier, le grenadier sont, comme l'olivier, très-communs dans la Provence et le bas Languedoc. Le pistachier est cultivé avec succès aux environs de Marseille.

Le Comtat Venaissin (département de Vaucluse) est un pays fertile, bien arrosé par ses rivières et par un bon système d'irrigations. Il y a des terrains crétacé inférieur et tertiaire moyen et des alluvions; les terres des parties accidentées sont calcaires ou argilo-calcaires; le sol des plaines est formé tantôt d'alluvions profondes argilo-calcaires fertiles, tantôt de sable et de gravier ou de cailloux roulés peu productifs. Les *paluds* sont des anciens marais desséchés d'une grande fécondité; ils ne contiennent pas de cailloux. Le sommet des montagnes calcaires est généralement stérile. Ce département cultive l'olivier, la vigne, la garance et le safran. Le Comtat Venaissin.

Dans le bas Languedoc, on trouve de maigres pâturages sur les Cévennes, des mûriers et des vignes sur les pentes et dans la plaine d'immenses champs de vignes entremêlés de quelques cultures de céréales, de mûriers et d'oliviers. L'Hérault cultive la vigne sur la moitié de son sol cultivable et produit plus de 9 millions d'hectolitres de vin. Le mûrier est cultivé principalement dans le Gard et le midi du Vivarais, qui sont les grands centres de la production de la soie. Le Vivarais est planté de vignes et de mûriers sur les flancs des montagnes, mais il est triste et froid sur les hauts plateaux. La culture agricole produit aussi de bon blé, et l'on peut citer au nombre des meilleures parties de la France, les plaines de Nîmes, de Pézenas et de Béziers. Languedoc.

Les plaines du Roussillon bien arrosées produisent en abondance de l'huile d'olive, des fruits, des vins alcooliques et de liqueur, du blé et du miel excellent. La plaine de Perpignan, comme le territoire de Cavaillon et la plaine d'Hyères, cultivent les légumes et les primeurs. Roussillon.

Les montagnes du Roussillon possèdent de beaux chênes-lièges, des forêts de hêtres, de magnifiques taillis de châtaigniers; le massif de l'Esterel, les monts des Maures, dans le Var, renferment des forêts de pins d'Alep ou de chênes-lièges; les montagnes de l'Ardèche présentent de beaux châtaigniers.

La *Corse* a un sol granitique et schisteux dans toute sa partie occidentale, c'est-à-dire sur les deux tiers de la superficie de l'île, qui est estimée à 874,762 hectares. Les calcaires ne se rencontrent qu'au cap Corse et sur le tiers oriental de l'île, où ils sont exploités en quelques points. La plus grande partie de la côte orientale et les plaines les plus fertiles qui la bordent, ainsi que les collines qui y descendent, sont constituées par des détritus de toutes sortes de terrains enlevés aux montagnes et à l'intérieur La Corse.

du pays par les torrents qui les ont stratifiés et entassés avec des cailloux et des galets roulés. Des étangs couvrent une partie de la plaine orientale de l'île et répandent autour d'eux la malaria et la mort. Ces étangs se forment à l'embouchure des rivières ; les sables, poussés par les flots de la mer, s'amoncellent et forment une sorte de digue qui met obstacle à l'écoulement des eaux venant des montagnes. Cette digue est franchie dans les hautes marées ou dans les tempêtes, et les eaux de la mer, se mêlant ainsi aux eaux douces, forment ces étangs saumâtres qui se trouvent à l'embouchure du Bevinco, du Tagnone, du Tavignano, de l'Abatesco et du Travo. Les côtes et les plaines orientales de la Corse, s'étendant de Mariana à Aléria, sont de la sorte inhabitables et pour ainsi dire incultes par suite de l'air empesté qu'on y respire ; les fièvres intermittentes, les maladies paludéennes, sont endémiques dans toute l'étendue de cette plaine et atteignent même les collines voisines pendant l'été ; après les premières pluies d'octobre, les fièvres paludéennes ne sont plus à craindre. La peur inspirée par ces influences endémiques est telle que du 15 juin au 15 octobre personne n'habite plus la plaine ni les premières collines ; tout le monde se réfugie dans les communes situées à plusieurs kilomètres des cultures, qu'on n'ose visiter que pour les opérations urgentes et pour les récoltes pendant le jour ; et même, durant la meilleure saison, peu de familles ont des installations fixes dans les plaines : c'est donc toujours de plusieurs kilomètres de distance, où ils ont leur gîte habituel, que les agriculteurs et ouvriers ruraux doivent se rendre à leur travaux. On assainit le littoral de la Corse en plantant l'eucalyptus globulus ; on évalue à plus de 600,000 les eucalyptus existant en 1876 sur divers points du littoral de l'île.

Le sol de la Corse est d'une fertilité inouïe dans toutes ses parties, et elle pourrait être le plus riche et le plus splendide jardin de la France ; une population d'un million d'âmes y vivrait à l'aise, tandis qu'il n'y a que 258,000 habitants. Aussi la population est-elle insuffisante ; on est obligé chaque année d'employer 22,000 Lucquois qui dépensent peu d'argent et emportent des sommes considérables. Ce n'est que par la colonisation que l'on pourra mettre en valeur le sol qui n'est pas cultivé, et c'est la plus grande partie qui reste sans culture ; il est alors couvert d'un épais taillis, venu rapidement et spontanément, composé d'arbres, et surtout d'arbustes à feuilles persistantes, à végétation luxuriante, offrant presque toujours des fleurs odorantes ou des fruits à couleurs vives. Ces arbrisseaux sont l'arbousier, le lentisque, les myrtes, les alaternes, les cistes, les bruyères, qui acquièrent plusieurs mètres de hauteur. Ces taillis si fourrés, si verts et si fleuris, sont les fameux *maquis* de la Corse, refuge de la fièvre et de nombreux sangliers.

Maquis.

Productions de la Corse.

Les terres, en Corse, ne sont jamais fumées, ce qui n'empêche pas, tant est grande la fertilité, que le froment rend souvent 30 hectolitres par hectare. La production de la Corse en céréales est estimée à 915,000 hectolitres. La Corse cultive le tabac, et son sol et son climat sont favorables à la culture du cotonnier dans la zone maritime que l'on appelle les terres chaudes. Sur les premières pentes de la chaîne des montagnes s'étend la zone des oliviers, puis celle des gigantesques châtaigniers, qui croissent sans soin; l'olivier prospère aussi dans une grande partie de la zone maritime; il n'occupe aujourd'hui qu'une superficie de 4,000 hectares, et il en reste encore plus de 60,000 où cette culture aurait chance de succès. Les territoires d'Ajaccio, de Bonifacio, de Sartène, de Tollano, d'Olmeto, de Vico, de Corté et de Calvi, possèdent sur leurs collines et dans leurs vallées de belles plantations d'oliviers, dont plusieurs sont gigantesques. Ces pays produisent annuellement 150,000 hectolitres d'huile, d'une valeur de 5 millions de francs, dont un cinquième environ est consommé dans l'île et le reste exporté sur le continent. Il y a encore beaucoup d'oliviers sauvages à greffer. Si l'huile d'olive était bien fabriquée, la Corse fournirait la meilleure huile du monde.

Les châtaigniers les plus beaux et les plus fertiles qu'on puisse rencontrer occupent en Corse plusieurs milliers d'hectares. La vigne y vient à merveille et 100,000 hectares de cet arbuste pourraient y être créés à peu de frais et donner facilement, en moyenne, 5 millions d'hectolitres de vin valant 100 millions de francs; mais elle n'occupe qu'une superficie de près de 10,000 hectares produisant, année moyenne, 300,000 hectolitres de vin et une grande quantité de raisins que l'on fait sécher. L'augmentation de la population pourra seule étendre cette culture.

On cultive dans quelques parties l'amandier, le prunier, l'abricotier, le figuier, le noyer, l'oranger, le citronnier et le cédratier. Tous les arbres fruitiers du continent viennent très-bien en Corse et donnent d'excellents fruits; les mûriers y croissent rapidement. Les aloès, les agavés et le figuier d'Inde (Opuntia), poussent merveilleusement en Corse; le figuier d'Inde y est planté en bordures, sur roches, et il y donne des fruits abandants en acquérant un développement de tige extraordinaire; on y voit aussi l'asclépiade de Syrie ou herbe à ouate (Apocin). Des pins et des sapins de toute espèce forment en Corse, ainsi que les chênes-lièges ou autres, de vastes et belles forêts. C'est dans la partie élevée des montagnes, au-dessus de la zone des oliviers et des châtaigniers, que se trouvent ces magnifiques forêts de pins Laricio qui n'ont d'égales que les forêts vierges du Nouveau-Monde. Il existe en Corse 47 forêts domaniales contenant 45,824 hectares et 88 forêts communales dont la contenance est de 65,000 hectares, ensemble 110,824 hectares. Chaque hectare renferme en moyenne 100 arbres de 100 à 150 ans, propres à être exploités, produisant environ 3 mètres cubes de bois équarris, ce qui donne un total de 11 millions d'arbres et de 33 millions de mètres cubes de bois propres aux constructions navales et aux mâtures, valant plus d'un milliard de francs. On voit des pins Laricio qui ont 50 mètres de hauteur. Ces arbres de Corse sont très-résistants et peuvent remplacer les bois du nord ; malheureusement l'exploitation en est très-difficile à cause du manque de routes.

Ajaccio, à cause des différents climats produits par des altitudes différentes, peut devenir une station hivernale et médicale de premier ordre.

Région de l'est.

VII. — La *région de l'est* comprend le Dauphiné, le Lyonnais, la Savoie, la Bourgogne et la Franche-Comté ; elle s'étend le long des frontières de l'Italie et de la Suisse.

Elle est très-montueuse à l'est et à l'ouest, et elle est couverte de bois, de pâturages, de vignes et de vastes espaces incultes.

Cette sévère région est sillonnée par la belle vallée de la Saône, la verdoyante vallée de l'Oignon, la pittoresque vallée du Doubs, la grande vallée du Rhône, la splendide et riche vallée de l'Isère, la vallée de l'Arve, celle de l'Arc, celle du Drac et la vallée de la Durance. La plaine de la Saône et la Bresse forment la partie riche de cette région, et produisent du froment, du maïs, du sarrasin, du colza, du chanvre, des bœufs, des porcs et de la volaille ; il y a beaucoup de prairies naturelles.

Dauphiné.

Le Dauphiné est montagneux ; il possède de vastes forêts et des pâturages, des vallées fertiles, dont le sol est silico-argileux et calcaire, et repose sur des graviers ; la vallée du Graisivaudan, ou vallée de l'Isère, est un pays d'une prodigieuse fécondité qui cultive à la fois le blé, le chanvre, le maïs, le sarrasin, le colza, les légumes, les plantes fourragères, le mûrier, le noyer et la vigne.

Le Graisivaudan.

Le Briançonnais.

Le Briançonnais est très-pittoresque ; on y voit de belles forêts de pins et de mélèzes et de beaux paysages. Le mont Genèvre offre un plateau orné de belles prairies, où la Durance et la Doire prennent naissance. Le col de Lautaret, à la fois riant et sauvage, à 2,070 mètres d'altitude, présente, au commencement de l'été, les plus belles prairies qu'on puisse admirer. La vallée de Gail est aussi très-belle. Le Viennois a des plaines bien cultivées à l'ouest du Rhône.

Le Lyonnais.

Le Lyonnais est accidenté et appartient au terrain granitique et micachiste ; le terrain tertiaire moyen, le terrain jurassique et des alluvions s'y rencontrent aussi. Le sol du Beaujolais est granitique ou calcaire ; les grès et les côtes calcaires sont très-favorables à la vigne, ainsi que les schistes décomposés. Les rives de la Saône et du Rhône sont occupées par le diluvium alpin ; les alluvions modernes de la Saône et du Rhône sont souvent très-fertiles, mais parfois difficiles à cultiver. Le sol de la riche plaine de Roanne est argilo-siliceux. Le Lyonnais a des vignobles sur les coteaux qui dominent la Saône et le Rhône, et les montagnes du Lyonnais, comme celles du Forez, ont des pâturages et des bois de châtaigniers. La Savoie, province montagneuse, appartient aux terrains granitique, jurassique, crétacé inférieur et supérieur et au terrain tertiaire ; elle est traversée par la fertile et riante vallée de l'Isère ; elle renferme la plaine de Chambéry, qui est d'une fraîcheur ravissante ; la *Maurienne* est pittoresque et sauvage. Les alluvions modernes couvrent, en Savoie, de grandes surfaces dans les plaines et les vallées ; elles sont argilo-silico-calcaires et très-favorables à la culture de toutes les plantes agricoles. La Savoie.

La *Tarentaise* offre de beaux paysages, de petites plaines verdoyantes et bien cultivées, d'immenses pâturages, de belles forêts résineuses, des vallées profondes et des glaciers magnifiques. Les *Bauges* possèdent aussi de belles forêts et de riches pâturages. Le *Faucigny* comprend le territoire d'Annecy et son beau lac et renferme la vallée de l'Arve, à l'extrémité de laquelle commence la vallée de Chamounix, dominée par le mont Blanc. Les arbres fruitiers y sont à peine connus. Le *Chablais*, qui a un climat plus tempéré, possède de belles vallées et de très-beaux châtaigniers et noyers. On y fait du fromage. Evian et son territoire jouissent d'un climat très-heureux et très-favorable non-seulement à la vigne, mais encore à tous les arbres fruitiers. Il est exempt des chaleurs et des froids extrêmes ; les figuiers, les lauriers et même les grenadiers y prospèrent en pleine terre, et les deux premiers arbustes y acquièrent de grandes dimensions ; le maïs s'y développe et y mûrit parfaitement ses épis. On voit sur les bords du lac Léman comme sur les rampes et les plateaux assez élevés, des cerisiers, des poiriers, des pommiers, des châtaigniers et des noyers gigantesques.

Le *Bugey* et le *pays de Gex* sont très-accidentés et très-agrestes ; on y remarque des gorges sauvages, des plaines fertiles, des vallons arides, des montagnes dominées par des forêts ou des pâturages. Le Bugey.

La Bourgogne méridionale comprend, dans la partie montagneuse, les beaux pâturages du Charollais avec leurs bœufs renommés, les vignobles du Mâconnais sur les coteaux, et dans la plaine, des prairies, des champs de blé, de maïs d'Auxonne, de chanvre, de houblon, de colza et de sarrasin. Les terres argilo-calcaires du Charollais sont de bons terrains où l'on voit de belles prairies. La Bourgogne.

La Dombes.

Le *pays de Dombes*, situé entre la Saône, le Rhône et l'Ain, est un plateau stérile, marécageux, déboisé et malsain, d'une étendue de plus de 100,000 hectares. On a déjà desséché 5,000 hectares d'étangs; ceux qui ne sont pas desséchés sont très-poissonneux. — Les alluvions anciennes qui couvrent la Bresse reposent sur une couche de cailloux roulés.

La vigne est la principale culture de la Bourgogne, du Mâconnais, du Beaujolais et des coteaux qui bordent la rive gauche du Rhône; on la retrouve aussi en Franche-Comté. La base de la côte d'Or, la côte du Rhône, la plaine de Dijon, la côte Châlonnaise et les versants du Revermont sont surtout couverts de beaux vignobles.

Franche-Comté.

En Franche-Comté, les terres arables sont tantôt argileuses ou siliceuses, tantôt calcaires. Les *chailles* sont des terrains calcaires pierreux qui sont de bonne qualité quand ils ne sont ni trop siliceux, ni trop calcaires. Le département du Jura a beaucoup de vignobles, de forêts et de pâturages.

La Franche-Comté, en général, est remarquable par ses champs bien cultivés, ses prairies, ses forêts de sapins et de mélèzes et ses pâturages; les vaches fournissent du lait dont on fait le fromage de Gruyère; aussi les fruiteries sont-elles nombreuses dans les montagnes du Jura, comme en Savoie. La vallée de la Saône récolte beaucoup de maïs.

Les forêts couvrent de vastes espaces dans le Jura, les Alpes dauphinoises et savoisiennes. La culture herbagère domine dans la Franche-Comté, la Bresse, la vallée de la Saône, le Charollais et la Savoie. De bonnes races bovines sont élevées et engraissées dans ces diverses provinces.

Climat de la région de l'est.

Le climat de cette région, appelé climat rhodanien, comprend deux zones bien distinctes : la première occupe toute la partie comprise entre Dijon et Vienne; la seconde comprend les parties accidentées qui précèdent les monts du Jura. Le climat de la première zone est tempéré, mais il est souvent brumeux dans les vallées de la Saône et du Rhône et dans le pays de Dombes; néanmoins, le maïs y végète bien. Le climat de la seconde zone est plus froid. Dans les hautes montagnes du Jura, du Dauphiné, du Lyonnais et de la Savoie, les hivers sont longs et rigoureux. Les pluies sont abondantes dans la région.

Région des plaines du nord.

VIII. — La *région des plaines du nord* comprend l'Ile-de-France, la Brie, la Champagne et une partie de la Bourgogne. Les vallées de la Seine, de la Marne, de l'Yonne sillonnent l'immense plateau formé par cette région.

Le plateau de Langres, la montagne de Reims, les monts de l'Argonne, les monts Faucilles s'y rencontrent. L'Ile-de-France appartient au terrain crétacé inférieur et au terrain tertiaire inférieur; le diluvium comprend de bons terrains perméables. Les coteaux y sont souvent crayeux et les plateaux renferment aussi souvent des terrains argileux à meulière à sous-sol glaiseux. L'Ile-de-France a des plaines très-fertiles, comme la Beauce, la Brie, le Soissonnais, avec des vallées remarquables par leurs prairies; cette province cultive les céréales, comme le blé, l'avoine et l'orge chevalier, les plantes industrielles, surtout les betteraves et les légumes et les fruits pour l'approvisionnement de Paris. Beauce et Brie.

La Beauce, privée de sources, de bois, même de buissons à l'ombre desquels on puisse reposer, est bien monotone en hiver, en automne et vers la fin de l'été; mais à l'époque des moissons, on voit, dans cette plaine immense, les blés jaunissants onduler comme les vagues sous le vent et former sous le ciel d'azur un véritable tapis d'or à la surface du sol. La *Brie* a des terres de bonne qualité exploitées par des fermiers pouvant y consacrer de grands capitaux; son agriculture est très-productive, et il y a beaucoup de troupeaux. Les agriculteurs emploient de fortes fumures avec des engrais complémentaires, le phosphate de chaux, le guano, etc. qu'ils répandent avant les semailles d'automne ou de printemps; leur matériel agricole est perfectionné et bien choisi. La Brie récolte beaucoup de foin, de luzerne et de sainfoin.

Les plaines de la Brie, de la Beauce et de l'Ile-de-France sont, sans contredit, les localités où l'agriculture rapporte le plus de profits à ceux qui s'y adonnent.

La Champagne, qui possède de beaux vignobles, comprend la plaine de Châlons, la Champagne pouilleuse, plateau crayeux et aride, la plaine de Chaumont et celle de Troyes. Les terres crayeuses arides et incultes s'appellent *savarts;* ces terres crayeuses, qui occupent de grandes surfaces en Champagne, sont peu fertiles; mais le pin sylvestre et le pin noir d'Autriche y végètent si bien que depuis trente ans qu'on a commencé à les planter dans ces plaines, ces plantations ont régénéré le pays, principalement aux environs de Troyes. Ces terres crayeuses nourrissent beaucoup de moutons mérinos dont les laines fines alimentent les manufactures de Reims et de Sedan. Les vins des coteaux de Reims et d'Epernay croissent sur ces terrains crayeux; ces grands vins mousseux qu'on fabrique à Sillery, Reims, Epernay et Avize, plutôt aimables que généreux, et les vins rouges de Bouzy, si remarquables par leur délicatesse et leur bouquet, ont rendu la Champagne célèbre dans le monde entier. Champagne. Plaines crayeuses de la Champagne.

Le *Vallage*, belle contrée riante, a de belles forêts et de nombreux vignobles.

Le *Bassigny* est aussi fertile en grains, en vins et en bois ; le comté de Bar-sur-Seine renferme les vignobles des Riceys, qui produisent des vins rouges ayant beaucoup de séve et un joli bouquet. Il y a beaucoup de cerisaies à Balnot-sur-Laignes. C'est sur les coteaux de Bar-sur-Aube qu'on récolte le chasselas doré, qui s'expédie jusqu'en Angleterre.

De nombreux vignobles se trouvent dans les vallées de la Marne, de la Seine et de l'Yonne. La vallée de l'Yonne est fort belle ; on y admire de riches récoltes et des collines couvertes de vignobles. L'Auxerrois est une belle contrée très-fertile ; il produit des vins renommés qui n'ont pas autant de bouquet et d'alcool que ceux de la haute Bourgogne. Les vins rouges du *clos de la Chaînette*, du coteau de Migraine, de la grande côte d'Auxerre, sont corsés et ont beaucoup de finesse. Les vins blancs de Chablis, très-estimés, ont de la finesse et du parfum ; les vins mousseux de Tonnerre sont assez agréables.

On trouve de grandes forêts sur les plateaux de l'Aube et de la Haute-Marne. En Bourgogne, les argiles jurassiques plus ou moins pierreuses sont favorables à la vigne, ainsi que les marnes oxfordiennes. Le Morvan, l'Autunois renferment des terrains granitiques et des terres argilo-siliceuses plus ou moins perméables et productives.

Climat séquanien.

Le climat séquanien est assez tempéré, mais l'air est sec et vif dans les plaines, et généralement froid et humide dans les vallées. La température est sujette à de brusques variations sur les plateaux. Les orages y sont fréquents en été.

Région du nord-est. Les Ardennes.

IX. — La *région du nord-est* comprend les Ardennes, la Lorraine, l'Alsace et le Barrois ; elle est généralement montueuse, très-boisée et d'une richesse agricole moindre que celle du nord-ouest, excepté en *Alsace*, pays de culture perfectionnée. On voit au nord de cette région le plateau des Ardennes, sur lequel on trouve des terrains marécageux et couverts de bruyères appelés *fagnes*, et l'Argonne, massif assez élevé et boisé. Les Ardennes se divisent en trois régions distinctes : celle du nord-est, montagneuse et boisée ; la zone centrale, qui est la plus productive et où l'on voit des plaines bien cultivées ; la zone du sud-ouest présentant des plateaux ondulés qui manquent de fraîcheur pendant la belle saison. Le sol des Ardennes appartient généralement au terrain schisteux, et les plateaux sont souvent imperméables.

Les Vosges.

Les Vosges, avec leurs ballons, leurs hauts plateaux appelés les *hautes chaumes*, leurs forêts séculaires, leurs beaux lacs, limitent la belle vallée du Rhin qui comprend l'Alsace, et peuvent être comparées aux plus charmants paysages des contrées alpines. Il y a dans les Vosges de charmantes vallées, de magnifiques forêts résineuses, de vertes prairies bien arrosées; la profonde et pittoresque vallée du val d'Ajol est délicieuse lorsque les merisiers sont en fleurs sur les coteaux. La vallée de Massevaux, celle de Munster, les belles prairies de la vallée de Saint-Dié et la plaine de Remiremont sont superbes. Les parties inférieures des Vosges sont couvertes de merisiers dont les fruits servent à la fabrication du kirschwasser.

La Lorraine.

La Lorraine, le pays Messin et le Barrois sont accidentés; la Lorraine a des plaines, une suite de collines plus ou moins élevées, des vallons arrosés par des eaux vives, des contre-forts de la chaîne des Vosges. La plaine de Nancy et celle de Lunéville sont très-belles; la première est encadrée de coteaux qui sont boisés au sommet et sur les versants desquels existent de nombreux vignobles. La *plaine de Lunéville* et la *plaine de Toul* produisent du blé, du maïs, du colza et du houblon. Les vallées de la Meuse et de la Meurthe, qui possèdent de belles prairies, sont bordées de charmants coteaux couverts de vignobles, dont le vin est médiocre. La Lorraine a beaucoup de forêts et de pâturages et nourrit un grand nombre de chevaux et de porcs. Les vallées des Vosges nourrissent beaucoup de bêtes à cornes et fabriquent les fromages si renommés de Gérardmer et de Munster.

Terrains de la Lorraine.

La Lorraine appartient au terrain jurassique, au terrain de trias, au grès vosgien et au terrain granitique. Le sol est siliceux et un peu humide, mais assez productif parce qu'il est profond. Sur divers points s'étend un diluvium jaune qui est très-favorable aux essences forestières. Les alluvions dans les vallées sont très-productives.

Alsace.

L'Alsace appartient au diluvium alpin et aux alluvions modernes; le sol de la plaine est silico-argileux ou sablonneux plus ou moins productif; on y trouve le *loess*, qui est un limon fertile argilo-sableux à grains très-fins ou un limon pulvérulent de couleur jaunâtre; il doit son origine à des dépôts d'eau douce, formés tranquillement, comme la vase qui se dépose au fond des lacs, des marais et des cours d'eau. Les montagnes de l'Alsace font partie du terrain jurassique, du grès vosgien et du terrain granitique. La plaine de l'Alsace est très-fertile et produit céréales, maïs, millet, pommes de terre, tabac, houblon, vins et arbres fruitiers en abondance. C'est un pays très-fertile, que les Allemands nous ont enlevé par la force, mais qui saura rester digne jusqu'au jour où il sera réuni à la mère-patrie.

Climat vosgien.

Le climat vosgien est froid; l'hiver est long et rigoureux, surtout dans les Ardennes et les Vosges; l'été est très-chaud et permet la culture du maïs dans les plaines de la Lorraine et de l'Alsace, et celle de la vigne, qui couvre de nombreux coteaux dans ces deux belles provinces. Le thermomètre descend souvent à — 12° et à — 15° pendant l'hiver; on l'a vu descendre à — 27°. La neige persiste pendant plusieurs mois sur les montagnes. Les pluies sont assez constantes et les brouillards favorisent la végétation des prairies naturelles.

Améliorations à apporter à l'agriculture.

L'étude que nous venons de faire sur l'agriculture de la France prouve assurément que notre production agricole a fait de grands progrès. Les produits nets qui étaient, en 1789, de 2,600 millions de francs, se sont élevés successivement à 3 milliards en 1815, à 4 milliards en 1850 et à 7 milliards en 1870. Les rendements des diverses plantes ont augmenté; les terres incultes ont diminué de près de 5 millions d'hectares, qui ont été transformés en terrains pour plantes alimentaires, industrielles ou fourragères. Nos animaux ont aussi augmenté, et nous pouvons consommer annuellement 654,000 bœufs, 1,130,000 vaches, 3,350,000 veaux, 5,640,000 moutons, 1,290,000 agneaux, 4,290,000 porcs, et exporter pour plus de 100 millions de francs de beurre et d'œufs. Nous produisons aussi beaucoup plus de vin, d'alcool et de sucre; mais nous sommes encore loin d'avoir réalisé tous les progrès que comporte notre agriculture et dont nous sommes capables. Les huit millions de propriétaires du sol ont encore beaucoup à faire pour amener notre agriculture à l'état de celle de l'Angleterre. Pour y arriver, l'agriculture doit chercher de plus en plus à s'approprier les procédés de l'industrie, à se transformer en industrie agricole; elle doit devenir une science fondée sur la raison, ainsi que sur l'observation et l'application des sciences chimiques, physiques et naturelles, qui font connaître tous les éléments de la production. Pour cela, il faut que notre beau pays, qui dispose des ressources et d'un climat qui lui permettent de nourrir aisément 60 millions d'habitants, établisse un système complet d'enseignement à tous les degrés, fortement organisé et largement doté. Il faut que la France fonde des écoles d'agriculture, à l'exemple de l'Autriche ou de l'Allemagne qui en possède 184, dont 8 sont de grandes facultés universitaires, où toutes les branches de la science pure qui se rattachent à l'agriculture, sont enseignées par les professeurs les plus renommés; il nous faut des instituts agronomiques, comme celui de Lille, des écoles moyennes, des fermes-écoles, des écoles d'horticulture et de viticulture. Il faut à Paris un institut agronomique théorique, avec musée renfermant toutes les machines agricoles, toutes les plantes et les divers produits agricoles du monde entier, des dessins représentant les animaux domestiques des diverses parties du globe, des cartes géologiques et autres, etc. Il faut instituer dans chaque département une chaire d'agriculture ou de viticulture ou de sériciculture, selon la région. L'institut agronomique de Paris fonctionne depuis le mois de novembre 1876.

Le professeur chargé de faire des conférences dans les communes rurales, fera connaître la composition des engrais et l'emploi des machines agricoles. — Les instituteurs devraient aussi enseigner l'histoire naturelle plus qu'ils ne l'ont fait jusqu'à ce jour dans les écoles primaires; ils devraient occuper leurs loisirs à réunir des collections de géologie, de botanique et de zoologie; chaque commune devrait posséder l'herbier complet de sa flore et les échantillons minéralogiques de ses terrains; dans chaque chef-lieu de canton, on devrait trouver tous ces échantillons réunis formant le musée agricole du canton auquel on adjoindrait une collection ou plutôt un musée d'insectes nuisibles et utiles à l'agriculture, méthodiquement classé; à côté des insectes, il faudrait mettre des tableaux indiquant les parties des plantes attaquées par eux et leurs dégâts.

Les autres causes de l'infériorité de notre agriculture sont la diminution de la population rurale, l'insuffisance des voies de transport à grande distance et à bon marché, le non-emploi des machines agricoles et la cherté des engrais naturels et artificiels.

Les guerres qui épuisent le pays en hommes contribuent à diminuer la population de la France; nos guerres d'Orient, d'Italie, de Chine, du Mexique, ont pris à la population rurale environ 500,000 hommes parmi les plus jeunes et les plus vigoureux, d'où est résulté un abaissement sensible du chiffre des naissances dans les campagnes.

La dépopulation des campagnes, l'abandon du travail de la terre pour le travail industriel doit être enrayé ou arrêté dans sa marche; et comme un grand nombre d'ouvriers a émigré dans les villes, surtout depuis vingt ans, à cause des grands travaux de construction qu'on y faisait et qui permettaient de donner de bons salaires, il y a un intérêt moral très-grand à faire admettre dans l'agriculture les machines agricoles qui permettent d'employer moins d'ouvriers en les rétribuant davantage tout en ne les assujettissant plus aux travaux les plus durs, dans lesquels le corps a la plus grande part et l'intelligence la plus petite. L'augmentation des salaires dans les campagnes, que l'agriculteur ne peut réaliser qu'en employant des machines et des outils perfectionnés à l'aide desquels on augmente le rendement des cultures, pourrait enrayer l'émigration de la campagne vers les villes, et les hommes valides ne quitteraient plus le pays natal pour s'acheminer vers les grands centres, où les laborieux et les économes trouvent parfois le bien-être, mais où beaucoup ne rencontrent souvent que déceptions, souffrances et misères. Le morcellement de la propriété foncière est un obstacle à l'emploi des machines, obstacle qu'on peut faire disparaître cependant en constituant des dépôts d'outils et de machines agricoles où le petit agriculteur pourrait venir louer les instruments dont il aurait à faire usage, comme cela a lieu pour les machines à battre. On pourrait aussi former des associations ayant pour objet de faucher et de moissonner, à l'aide de faucheuses et de moissonneuses, à tant l'hectare.

Les semoirs devraient être aussi beaucoup plus employés, ce qui produirait une grande économie, puisque pour semer un hectare de blé à la main, il faut employer 220 litres de froment, tandis qu'avec le semoir en ligne la dépense n'est plus que de 130 litres à l'hectare, soit une économie de 90 litres à l'hectare. Or, pour un pays qui cultive sept millions d'hectares de froment, l'économie serait considérable.

L'emploi des machines agricoles permettra au cultivateur de s'affranchir des exigences de la main-d'œuvre et des caprices des saisons, car avec les machines on laboure et on sème en temps utile; on moissonne, on fauche, on fane à son heure, et on réalise des économies.

Les campagnes ne doivent donc plus être si dépourvues des outils ou machines nouvelles, qui font la fortune des exploitations agricoles étrangères, surtout celles des États-Unis, qui réalisent une économie annuelle de 100 millions de francs par l'emploi de la moissonneuse seulement.

L'agriculteur doit aussi faire un plus large emploi des engrais complémentaires et appliquer avec intelligence à la culture les fumiers et les engrais artificiels, ce qui donnera un rendement beaucoup plus fort. Il faut également aménager les eaux pour l'arrosage des terres et l'utilisation complète et méthodique des éléments de fertilité qu'elles charrient, et qui sont généralement perdus aujourd'hui.

Il faut de plus pour que notre agriculture prospère, que nos chemins vicinaux soient achevés dans le plus bref délai et que la navigation de nos canaux et rivières soit grandement améliorée et affranchie de tout péage, pour permettre de transporter à bon marché les marchandises encombrantes employées par l'agriculture, telles que marne, chaux, plâtre, charbons, produits agricoles, etc.; ces transports à bon marché augmenteraient aussi beaucoup le frêt de sortie et la marine marchande en profiterait.

Il faudrait en outre introduire des réformes dans nos codes relativement à l'agriculture et créer un crédit agricole; en agissant de la sorte, on imprimerait une impulsion féconde à l'industrie agricole, qui peut placer la France à la tête de toutes les nations pour les produits nombreux, variés et excellents que l'agriculture française pourrait fournir à tous les pays du monde.

CHAPITRE IV

INDUSTRIE DE LA FRANCE.

Différence entre l'industrie et l'agriculture. — Répartition des établissements industriels sur le sol français. — Qualités distinctives de l'industrie française. — Valeur de la production industrielle de la France. — Puissance motrice utilisée par l'industrie française. — Nombre des travailleurs industriels. — Grande et petite industrie. — Valeur de la production de la grande et de la petite industrie. — Industrie parisienne. — Population vivant de l'industrie.

(a) *Industries dérivant du règne minéral:* Industries métallurgiques. — 12 groupes pour le travail du fer : groupe du nord, groupe de Champagne et de Bourgogne, du nord-est, groupe de l'est, groupe du centre, groupe du sud-est, groupe du sud, groupe des Pyrénées et de la Corse, groupe du sud-ouest, groupe du Périgord, groupe de l'Indre et du Berri et groupe du nord-ouest. — Production de la fonte, du fer et de l'acier en France. — Départements produisant le plus de fonte, de fer et d'acier. — Valeur de la production sidérurgique. — Fabrication des machines à vapeur. — Matériel de chemin de fer. — Machines à filer. — Machines à coudre. — Machines agricoles. — Moteurs hydrauliques. — Quincaillerie. — Clouterie. — Visserie. — Ustensiles de ménage en fer battu. — Taillanderie. — Serrurerie. — Coutellerie. — Armes blanches. — Armes à feu. — Fonderie de canons. — Appareils de chauffage. — Balances. — Aiguilles. — Plumes métalliques. — Fonderies de plomb et de cuivre. — Chaudronnerie. — Métallurgie du zinc. — Aluminium. — Production du plomb, du cuivre et du zinc. — Hôtels des monnaies. — Chantiers de construction. — Bronzes, orfèvrerie. — Horlogerie. — Industries céramiques : tuileries, briqueteries, poteries communes, faïence, porcelaine. — Verrerie et cristallerie. — Produits chimiques. — Poudreries. — Gaz d'éclairage.

(b) *Industries dérivant du règne végétal:* Industries alimentaires. — Minoterie. — Pâtes alimentaires. — Décorticage du riz. — Confiserie. — Chocolaterie. — Condiments. — Huiles d'olive et de graines. — Raffineries de sucre. — Distilleries. — Liqueurs et fruits confits. — Brasseries. — Caoutchouc. — Poudres médicinales et produits chimiques végétaux. — Résine. — Industries textiles. — Filature et tissage du chanvre et du lin. — Filature et tissage du coton. — Toiles peintes.

(c) *Industries dérivant du règne animal:* Laines et draps. — Couvertures de laine. — Châles, tapis. — Teinture des étoffes de laine. — Soieries. — Tanneries. — Ganterie. — Sellerie. — Cordonnerie. — Fourrures. — Colle-forte. — Industries alimentaires : Beurres et fromages, conserves alimentaires.

(d) *Industries mixtes :* Dentelles. — Tulles. — Broderie. — Bonneterie. — Confections. — Industrie des fleurs et des plumes. — Boutons. — Chapellerie. — Tabletterie. — Savonnerie. — Bougies. — Parfumerie. — Papeterie. — Papiers peints. — Imprimerie. — Gravure et lithographie. — Photographie. — Instruments de précision. — Instruments de musique. — Ebénisterie. — Carrosserie.

Résumé de l'industrie par régions industrielles.

Tableau de l'industrie par départements.

Différence entre l'industrie et l'agriculture.

Dans l'agriculture, l'action de la nature vivante s'allie en forte proportion avec le travail de l'homme ; dans l'industrie, au contraire, qui manie la matière inerte, le travail de l'homme prédomine ; aussi le développement industriel est-il le signe et la mesure de la puissance des sociétés. L'industrie manufacturière a réussi à centupler, et bien au delà, la puissance productive de l'homme; elle a fait de plus grands et de plus rapides progrès que l'agriculture parce qu'elle dépend entièrement du travail que commande l'homme et de son intelligence, tandis que la production agricole dépend surtout du travail des agents naturels, comme l'eau, la chaleur, la lumière, etc. C'est par l'action des forces de la nature que le carbone, l'azote, l'eau et les matières minérales de l'atmosphère et du sol se fixent dans les plantes, forment des tissus vivants, et, dans ces tissus, la fécule et le gluten des céréales, l'huile des semences oléagineuses, les principes colorants des plantes tinctoriales, comme la garance, l'indigo et le safran, le sucre des betteraves, la filasse des plantes textiles, le bouquet et l'alcool des vins, etc. C'est la nature qui fabrique la matière utile des plantes et des animaux, et l'homme n'intervient que pour favoriser l'action de la nature, mais non pas pour la diriger et encore moins pour la dominer, car il n'a pas la libre disposition de ces forces gratuites et naturelles.

L'industriel, au contraire, peut accroître à volonté sa production et mieux encore augmenter le rendement de sa fabrication, en employant des machines plus perfectionnées et en installant chez lui l'outillage capable, pour une dépense donnée, du plus grand effet utile. L'industrie agricole ne pouvant pas procéder comme l'industrie manufacturière, on comprend que celle-ci se soit développée beaucoup plus que la première et quelquefois même aux dépens de l'agriculture en la privant d'une partie de ses travailleurs.

Répartition des établissements industriels sur le sol français.

Le territoire de la France est couvert de nombreux établissements, dont les uns animent les campagnes, dont les autres, groupés sur d'étroites surfaces, sont les principaux éléments de la prospérité des villes. Cette répartition s'établit d'après certaines lois qui tiennent à la nature même des matières que l'industrie élabore et transforme. Si les matières sont lourdes et d'un prix médiocre, leur exploitation s'établit au lieu même de production; c'est généralement le cas pour la plupart des substances minérales. D'autres industries sont localisées par la nature des forces motrices qu'elles emploient, comme, par exemple, les scieries et les moulins. Les hauts-fourneaux, les fabriques de poteries et de verreries, consommant une quantité considérable de combustible, se trouvent la plupart près des houillères ou des forêts.

Qualités distinctives de l'industrie française.

L'industrie manufacturière est devenue le principal élément de richesse du commerce extérieur de la France; il en est de même pour l'Angleterre, la Belgique, l'Allemagne et la Suisse. Mais l'industrie française l'emporte sur la fabrication de tous les autres peuples pour la variété, l'élégance, le fini, la richesse et la beauté des produits; elle se distingue partout où il y a place pour le bon goût, pour le dessin et l'excellence de la forme, aussi bien que pour l'invention et l'habileté de la main-d'œuvre, qualités qui distinguent la production industrielle de la France d'une manière spéciale.

Valeur de a production industrielle française.

En 1788, l'ensemble de la production industrielle française était évalué à 1 milliard de francs; en 1847, l'évaluation était de 6 à 7 milliards, et, en 1873, les documents officiels l'évaluaient à 12 milliards 800 millions, savoir 60 %, ou 7 milliards 680 millions de francs pour la valeur de la matière première et 40 %, ou 5,120 millions de francs pour la main-d'œuvre. Des recherches sérieuses semblent indiquer, qu'en 1788, la matière première entrait pour 40 %, et la main-d'œuvre pour 60 % dans la valeur des produits fabriqués. En 1850, la proportion était : matières premières 56 %, main-d'œuvre pour 44 %. La baisse du prix de revient des produits industriels français provient principalement de l'emploi des machines, du perfectionnement de l'outillage et des procédés de fabrication.

Puissance motrice utilisée par l'industrie française.

Le nombre des machines à vapeur existant en France dépasse 34,000, soit ensemble une force de 920,000 chevaux, sur lesquels 338,000 sont employés au travail industriel; il faut y ajouter 260,000 chevaux hydrauliques, ou ensemble 598,000 chevaux mécaniques de 75 kilogrammètres[1] chacun.

Chaque cheval, vapeur ou mécanique, représentant le travail de trois chevaux de trait ou de 21 hommes, attendu que la force du cheval vivant équivaut à celle de 7 hommes de peine, la puissance motrice utilisée par l'industrie française, évaluée à 598,000 chevaux vapeurs, égale le travail mécanique de 1,794,000 chevaux vivants ou de 12 millions et demi d'ouvriers.

Nombre des travailleurs industriels.

Cette force énorme est employée, utilisée, dirigée par 3,132,000 travailleurs industriels, patrons et ouvriers, auxquels elle permet de produire chaque année pour 12 milliards 800 millions de francs de valeurs utiles, en transformant en produits fabriqués 7 milliards 700 millions de francs de matières premières et en y ajoutant une valeur de plus de 5 milliards dans laquelle chacun d'eux a une part proportionnelle à son travail. La grande et la petite industrie ont à peu près la même part dans le travail national.

1. Le kilogrammètre est l'unité de travail nécessaire pour élever par seconde un poids de 1 kilogramme à 1 mètre de hauteur.

Grande industrie.

La grande industrie élabore, prépare et transforme dans ses ateliers, usines ou manufactures, les matières premières en objets utilisables, à l'aide du puissant outillage créé par la science, réuni par les capitaux de l'épargne et mis en œuvre par des chefs intelligents et capables.

Petite industrie.

La petite industrie, répartie sur tout le territoire dans chaque ville, bourg et village, façonne, prépare, ajuste et distribue les produits que la grande industrie lui a livrés aux goûts ou aux besoins des consommateurs.

Valeur de la production de la grande et de la petite industrie.

La grande industrie produit pour 6,360 millions de francs et la petite industrie, pour 6,440 millions. Le nombre des établissements de la grande industrie, en 1872, était de 150,000.

Nous donnons ici un tableau très-intéressant de la population industrielle de la France, en 1872.

Population industrielle de la France.

INDUSTRIES	PATRONS	OUVRIERS	TOTAUX des travailleurs actifs.	RAPPORT des ouvriers aux patrons.
Industries extractives...	14.717	163.819	179.536	11 ouv. p. 1 patron
Grande industrie (usines et fabriques.........	183.227	1.112.006	1.295.233	6 — 1 —
Petite industrie........	596.776	1.060.444	1.657.220	2 — 1 —
	794.720	2.336.269	3.131.989	3 — 1 —

Industrie parisienne

L'industrie parisienne, comprise dans ces chiffres, compte 40,000 patrons et 550,000 ouvriers dont 62,000 travaillent chez eux, seuls, en famille avec un apprenti ou un ouvrier ; ce sont les façonniers ou chefs d'atelier ; il y a donc près de 14 ouvriers pour un patron. En comparant le nombre des patrons au nombre des ouvriers pour toute la France et pour les diverses industries, on voit que l'on compte 3 ouvriers pour un patron. Parmi ces derniers, 80 % sont d'anciens ouvriers et 15 % fils d'ouvriers.

Population vivant de l'industrie.

Les 3,131,989 patrons et ouvriers industriels de toute catégorie forment avec la famille qui vit avec eux et de leur travail une population de 8,400,000 personnes vivant du travail industriel, soit 23 % environ de la population totale de la France.

Pour faciliter l'étude des industries françaises, nous les avons divisées en quatre groupes comprenant : 1° les industries qui dérivent du règne minéral, et transforment les matières minérales en produits fabriqués; 2° celles qui s'appliquent aux produits du règne végétal; 3° celles qui concernent la transformation des produits du règne animal; 4° enfin les industries que nous appellerons mixtes, parce qu'elles emploient à la fois des matières premières de plusieurs règnes. Nous avons déjà parlé de l'industrie extractive, qui fournit les matières premières qu'elle extrait des mines, qui sont situées dans le sol.

(a) Industries dérivant du règne minéral.

Les industries qui mettent en œuvre les produits minéraux ne comptent guère que 15,000 établissements, qui fabriquent des produits pour une valeur de plus de 2 milliards de francs.

Industries métallurgiques.

Industries métallurgiques. — Les industries métallurgiques sont moins favorisées en France par la nature qu'en Angleterre ou en Belgique. En 1873, il existait, en France, 1148 établissements consacrés à la métallurgie du fer, employant près de 82,000 ouvriers et 77,000 chevaux vapeurs, dont 18,000 proviennent de moteurs hydrauliques.

La France comprend douze groupes pour le travail du fer. Groupe du nord.

On peut diviser la France pour le travail du fer en douze groupes principaux :

1° Le *groupe du nord* ou *des houillères du nord* comprend les usines situées dans le Nord, le Pas-de-Calais, l'Oise, la Seine et Seine-et-Oise. Les minerais travaillés proviennent en partie du groupe même, mais beaucoup de la Belgique, de l'Espagne et de l'Algérie. Ce groupe ne produit que des fers au coke et des fontes à la houille; il produit près du septième de la production française. Les centres producteurs sont Lille avec ses faubourgs de Fives, Moulins, Wazemmes et les environs; l'arrondissement de Valenciennes est encore un centre plus important de fabrication du fer : *Anzin, Denain, Douai* sont remarquables sous ce rapport; les ateliers de Dorignies produisent de la fonte, du fer, de la tôle, du bronze et du cuivre. Orchies, Sin, Aniche et Marchiennes ont des fonderies de fer. L'arrondissement d'Avesnes renferme les centres métallurgiques importants de Maubeuge, Haumont, Trelon, Fourmies, etc.

Marquise (Pas-de-Calais), à 13 kilomètres de Boulogne, a des hauts-fourneaux, des forges et fonderies et fabrique de grands tuyaux en fonte; cette usine consomme les minerais de fer de l'Algérie. *Montataire* (Oise) a une importante usine pour le fer, et le département de la Seine, à Saint-Denis, Athis, Ivry et Paris, fabrique de la fonte moulée de deuxième et troisième fusion pour plus de 13 millions de francs, soit le septième de la production totale de la fonte moulée en France. L'usine d'Ermont, près de Paris, fait des pièces en acier fondu moulé.

Groupe de Champagne et de Bourgogne.

2° Le *groupe de Champagne et de Bourgogne*, très-important, comprend le groupe des Ardennes et celui de la Haute-Marne ; Charleville est le centre des hauts-fourneaux et des forges des Ardennes situés à Carignan, Flize, Monthermé. Les hauts-fourneaux et forges de la Haute-Marne, qui produisent plus d'un million de quintaux métriques de fonte, 755,000 de fer et de tôle, constituent les établissements de *Saint-Dizier, Vassy*, le *val d'Osne* et *Sommevoire;* ces deux derniers fabriquent des fontes artistiques et des produits d'art hors ligne. A ce groupe, on peut rattacher les forges de *Châtillon-sur-Seine* et leur annexe, Sainte-Colombe (Côte-d'Or), les hauts-fourneaux dits de Maison-Neuve, à Précy-sous-Thil, sur le Serein, près de Semur.

Groupe du nord-est.

3° Le *groupe du nord-est* comprend la Lorraine ; cette région avait fait de grands progrès dans la période 1850-1870 ; la funeste guerre de 1870 nous a enlevé les forges d'Ottange, de Hombourg, de Styring-Wendel, d'Hayange, de Moyeuvre, d'Ars-sur-Moselle, qui étaient au premier rang pour la production de la fonte au bois et au coke. Il ne nous reste plus que quelques hauts-fourneaux dans l'arrondissement de Briey (Longwy), dans la Meurthe, Frouard et Liverdun, et dans la Meuse, Dammarie. *Stenay, Longwy, Pont-à-Mousson*, Commercy, *Frouard*, Nancy, sont les principaux établissements de ce groupe, qui fabrique la fonte au coke. Le département de Meurthe-et-Moselle conserve encore le premier rang pour cette fabrication (268,000 tonnes de fonte en 1873). On fabrique de grands tuyaux en fonte à Pont-à-Mousson.

Groupe de l'est.

4° Le *groupe de l'est* comprenait, avant 1870, toutes les usines de l'Alsace, de la Franche-Comté, des Vosges et de la partie orientale de la Côte-d'Or. Nous avons perdu les forges de Niederbronn (Forges-du-Rhin), celles de Bitschwiller, de Massevaux, de Mulhouse, de Guebwiller, etc. Le Haut-Rhin comprenait 23 établissements métallurgiques, dont 7 à 8 seulement étaient importants pour la construction des machines et 2 ou 3 fonderies. Le nombre des ouvriers employés par ces industries dans le Haut-Rhin, était, en 1872, de 6,300, touchant un salaire annuel de près de cinq millions et demi de francs. Le Bas-Rhin comptait, en 1872, 25 établissements se rapportant à la métallurgie, employant 7,000 ouvriers et produisant pour 17 millions et demi de francs d'objets fabriqués ; 9 de ces établissements avaient une certaine importance.

Les établissements les plus importants du groupe de l'est sont exploités par la société des forges, fonderies et hauts-fourneaux de la Franche-

Comté. Cette province fournit les fers au bois les plus renommés; ses minerais proviennent de la Haute-Saône et du Doubs, et le bois du pays et des frontières de la Suisse. On estime que la Franche-Comté produit, en nombres ronds, 500,000 quintaux métriques de fonte, et 883,000 quintaux métriques de fer et de tôle, dont 612,000 pour le Jura et 217,000 pour le Doubs. C'est le Jura et la Haute-Saône qui produisent le plus de fonte.

Les principaux centres de fabrication sont : Belfort (Haut-Rhin), Fraisans, Champagnole, Dôle (Jura); Gray, Aillevillers, Loulans (Haute-Saône); Audincourt, siége de la compagnie d'Audincourt, employant 556 ouvriers, Vuillafans, Lods, Buillon, Chenecey-Buillon, sur la Loue, Châtillon-le-Duc (à 15 kilomètres de Marchaux), Gouille, près de Beurre, avec une tôlerie-ferblanterie, Ferrière-sous-Jougne (290 ouvriers), l'Isle-sur-le-Doubs; Bains, dans les Vosges; Cussey-les-Forges, dans la Côte-d'Or. Fraisans, sur le Doubs, est le siége principal de la société des forges et hauts-fourneaux de la Franche-Comté.

La compagnie des forges et dépendances d'Audincourt, qui compte 629 ouvriers dans ses 4 établissements d'Audincourt, Bourguignon, Clerval et Pont-de-Roide, a conservé la spécialité de la fabrication des fontes et fers au charbon de bois. La Franche-Comté fabrique beaucoup de fils de fer très-renommés; la compagnie des forges de Franche-Comté compte, dans le Doubs, 4 tréfileries et 4 clouteries, occupant 675 ouvriers.

Groupe du centre.

5° Le *groupe du centre*, riche en houille et en minerai, a beaucoup de hauts-fourneaux et de forges; dans la Nièvre, à Fourchambault, Nevers, la Pique, Cosne, Imphy, Decize. Imphy est une aciérie fondée sur les procédés Bessemer et Siémens; on y fait aussi des tôles et fers-blancs. L'usine de la Pique fabrique de la ferronnerie. La forge de Fourchambault fait des fontes au coke et des fils de fer avec ces fontes; elle peut produire 24,000 tonnes de rails et fers marchands de tout genre.

Le département de *Saône-et-Loire* occupe le second rang pour la production de la fonte au coke, et le troisième pour la production du fer; il produit plus de 114,000 tonnes de fonte et 83,000 tonnes de fer. Il comprend le Creuzot, qui est, sinon le plus vaste, au moins l'un des plus vastes ensembles miniers et métallurgiques du monde entier. Il occupe, avec ses annexes, 15,500 ouvriers et produit plus de 700,000 tonnes de houille; il compte 17 hauts-fourneaux, produit de la fonte, du fer, de l'acier (60,000 tonnes en 1874), des locomotives (100 en 1874) et des appareils et machines de toutes sortes.

Le Creuzot produit des fers de 7 numéros, le plus doux et le plus malléable étant le numéro 7; il fabrique les aciers doux pour tôles, les essieux, bandages et rails, etc. La fabrication des aciers Bessemer, au Creuzot, est surtout fondée sur l'emploi des minerais de Mokta, dont le Creuzot emploie annuellement plus de 100,000 tonnes. Le Creuzot exploitera en Savoie et dans le Dauphiné ses propres mines de fer spathique, qui remplacera le minerai de Mokta. L'acier Bessemer est fabriqué dans six cornues de 10 tonnes chacune, recevant directement la fonte des hauts-fourneaux; l'usine renferme aussi de nombreuses batteries de fours Martin, et quelques fours pour la fusion de l'acier au creuset.

Dans l'Allier, il faut citer les forges de Châtillon et de *Commentry*, les hauts-fourneaux de Montluçon et les forges et fonderies de Saint-Amand dans le Cher.

Dans le département de la Loire on fait peu de fonte, mais beaucoup de fer au coke, beaucoup de rails, plus de tôle que dans aucun autre département, et près des cinq sixièmes des aciers de France. Voici du reste, pour ces dernières années, les chiffres de la fabrication de cet important département.

PRODUCTION SIDÉRURGIQUE DE LA LOIRE

ANNÉES	FONTE	FERS ET TÔLES	ACIERS				TOTAL DE L'ACIER
			PUDDLÉS	BESSEMER ET MARTIN	DE CÉMENTATION	FONDUS	
	qx mét.	qx mét.	qx mét.	qx mét.	qx mét.	qx mét.	
1873	422.000	1.101.000	»	»	»	»	657.000
1874	715.000	780.000	95.000	775.000	14.000	60.000	944.000
1875	506.000	697.000	96.000	707.000	9.000	49.000	861.000
1876							
1877							

Rive-de-Gier, *Saint-Chamond*, *Saint-Étienne*, *Terre-Noire*, *Chambon*, *Firminy* et la fabrique d'acier d'*Unieux*, sont remarquables pour le travail du fer, des tôles et des aciers. Les forges et aciéries de Saint-Étienne, produisant annuellement 26,000 tonnes de tôles et d'aciers, fabriquent l'acier Bessemer, des tôles et plaques de blindages, des bandages en acier Bessemer et en fer soudé, de belles tôles de chaudière, des frettes en fer, etc. Les usines de MM. Revollier et Biétrix, de Saint-Étienne, fabriquent des machines et des bandages pour chemins de fer; l'usine de M. Verdié, à Firminy, fabrique couramment l'acier Martin (9 fours), et comprend en outre 24 fours à puddler, un grand haut-fourneau, des ateliers pour rails, bandages, ressorts, essieux, etc.; il y a près de 2,000 ouvriers et le chiffre des affaires dépasse 10 millions de francs. *Givors*, dans le Rhône, est un centre important de métallurgie. Le département du Rhône produit environ 900,000 quintaux métriques de fonte et 113,000 quintaux métriques d'acier.

Les quatre départements de l'Allier, de Saône-et-Loire, de la Loire et du Rhône, forment un des groupes les plus importants de la fonte, avec une production de 322,000 tonnes, le groupe le plus important du fer avec une production de plus de 226,000 tonnes et le seul groupe qui fabrique beaucoup d'acier, soit près de 140,000 tonnes.

Les établissements de cette région sont montés sur une très-grande échelle et emploient depuis longtemps les procédés de la méthode anglaise.

Groupe du sud-est.

6° Le *groupe du sud-est* renferme les usines de l'Isère, de la Savoie, de la Drôme, de Vaucluse et des Bouches-du-Rhône. Les forges d'Allevard, Voiron, Bourg-d'Oisans (Isère), Vienne, sont importantes. Il y a des hauts-fournaux à Cran, près d'Annecy, où l'on fait de la fonte moulée. Marseille a des hauts-fourneaux à Saint-Louis, des fonderies et des forges, où l'on traite principalement le minerai de la Sardaigne, de l'île d'Elbe, de l'Espagne et de l'Algérie. Saint-Louis compte 3 hauts-fourneaux et 250 ouvriers.

Groupe du sud.

7° Le *groupe du sud* comprend la région des Cévennes, où l'on voit les hauts-fourneaux de l'Ardèche, l'un de nos départements produisant le plus de fonte au coke, et dont la *Voulte* est un des principaux établissements. Dans le Gard, il y a les importantes aciéries d'*Alais*, de *Bessèges;* Graissessac (Hérault), Decazeville et Cransac (Aveyron) ont aussi des établissements métallurgiques.

Groupe des Pyrénées et de la Corse.

8° Le *groupe des Pyrénées et de la Corse* comprend toute la région des Pyrénées et de la Corse. Vic-Dessos (Ariége), Pamiers, Foix, Ria, près de Prades (Pyrénées-Orientales), traitent le minerai manganésifère par la méthode catalane et produisent de très-bons fers et aciers, surtout l'Ariége, mais en petite quantité. Dans le nord de la Corse sont les hauts-fourneaux de *Toga*, commune de Bastia, qui emploient le minerai de l'île d'Elbe.

Groupe du sud-ouest.

9° Le *groupe du sud-ouest*, comprenant les Landes, la Gironde et les Basses-Pyrénées, est de médiocre importance; on y fait de la fonte au bois. Labouheyre, sur le Cantaloup, dans les Landes, a des forges peu importantes. L'usine de Beaulac, située sur les bords du Ciron, à 7 kilomètres de Bazas, reçoit les minerais d'Espagne et possède deux immenses hauts-fourneaux, quatre feux d'affinerie et deux cubilots.

L'usine de Pont-Nau, à Biganos, fait surtout de la fonte de première fusion avec des minerais venant d'Espagne ou du Périgord. La production de la fonte, dans la Gironde, en 1874, s'est élevée à 10,000 tonnes.

Il y a à Bordeaux trois grands établissements de forges et fonderies pour la marine outillés sur une grande échelle. La fabrication des chaînes-câbles est l'objet de soins tout particuliers à Bordeaux, qui peut lutter avantageusement pour la quantité et surtout pour la qualité avec tous les autres centres de production.

Groupe du Périgord.

10° Le *groupe du Périgord*, en possession de minerais de choix, comprend les nombreuses usines de la Dordogne, de la Charente, de la Charente-Inférieure, du Tarn, du Lot et de la Haute-Vienne. On y trouve les usines de Nontron et d'Excideuil et l'établissement du Saut-du-Sabo (Tarn), qui fabrique des faux pour tout le midi. Les fers aux bois du Périgord sont de première qualité. Ruffec a des forges.

Groupe de l'Indre et du Berry.

11° Le *groupe de l'Indre et du Berry* embrasse la Vendée, le Poitou, la Touraine et le Berry. *Vierzon, Bourges*, Mareuil (Cher), Mézières qui a fabriqué les halles centrales de Paris, Abloux (Indre), ont des fonderies importantes. Pocé (Indre-et-Loire), à 4 kilomètres d'Amboise, fabrique de la fonte moulée artistique. Les fers du Berry sont renommés et viennent en majeure partie du département du Cher.

Groupe du nord-ouest.

12° Le *groupe du nord-ouest*, comprenant la Bretagne, la Normandie, l'Anjou, est peu important. On y remarque les forges de Conches (Eure), et de Pouancé (Maine-et-Loire), et les forges d'Hennebont et du Vaublanc, en Bretagne.

Production de la fonte, du fer et de l'acier en France.

ANNÉES	PRODUCTION		
	DE LA FONTE	DU FER ET DE LA TÔLE	DE L'ACIER
	tonnes	tonnes	tonnes
1860	898.000	532.000	30.000
1869	1.685.000	1.228.000	110.000
1872	1.218.000	754.000	138.000
1873	1.658.000	954.000	198.000
1874	1.400.000	800.000	200.000
1875			
1876			
1877			

Départements produisant le plus de fonte.

Quarante-sept départements participent à la fabrication de la fonte brute ou moulée de première fusion. Les départements qui en produisent le plus sont : Meurthe-et-Moselle, Saône-et-Loire, le Nord et la Haute-Marne ; chacun d'eux a une production de plus de 100,000 tonnes. Viennent ensuite l'Ardèche, le Rhône, l'Allier, le Pas-de-Calais et le Gard, dont chacun fabrique plus de 50,000 tonnes de fonte. Les trois départements qui produisent la plus grande quantité de fonte moulée de deuxième et troisième fusion sont la Seine, le Nord et les Ardennes ; le Pas-de-Calais, la Sarthe, la Haute-Marne et le Rhône viennent ensuite.

Départements produisant le plus de fer et d'acier.

Le Nord, la Loire, Saône-et-Loire, la Haute-Marne, le Jura, les Ardennes, l'Aveyron, la Nièvre, l'Oise, l'Allier, le Gard, le Doubs, la Côte-d'Or et la Dordogne sont les départements qui fabriquent le plus de fer et de tôle. La fabrication de l'acier est restreinte à 16 départements : la Loire et Saône-et-Loire sont à la tête de cette production ; viennent ensuite le Gard, l'Allier et le Rhône.

Valeur de la production sidérurgique.

La valeur totale des produits annuels de cette seule industrie flotte entre 500 et 700 millions de francs ; elle s'élevait à 692 millions en 1873.

La production de la fabrication sidérurgique française dépasse les besoins de notre pays ; aussi l'exportation devient pour la France, comme pour l'Angleterre, la Belgique et l'Allemagne, une des sources les plus fécondes de bénéfices pour l'industrie du fer. La prédominance chaque jour plus sensible de l'acier sur le fer a pour résultats d'abaisser le prix de l'acier, de diminuer pour le moment la quantité de fer consommé, et exigera à bref délai la transformation des nombreuses usines installées exclusivement pour la fabrication du fer.

La guerre de l'Amérique, qui a poussé les États-Unis à se créer, à force de protection, une industrie métallurgique nationale, qui menace déjà très-sérieusement les principaux débouchés de l'Europe, et la guerre de France, qui a fait croire à l'Allemagne que l'argent suffisait à l'industrie et l'a poussée à installer chez elle une production capable, si elle pouvait vivre, de satisfaire aux besoins de tout le continent, sont l'une des causes de la crise que traversent tous les pays métallurgistes ; la prédominance de l'acier sur le fer en est une autre cause. Cette crise se terminera lorsque l'Europe sera stable et qu'elle pourra reprendre les grands travaux de chemins de fer qui sont encore à construire dans les diverses parties du monde.

Nous dirons quelques mots des principales industries mettant en œuvre le fer et l'acier.

Fabrication des machines à vapeur.

Les centres de fabrication de *machines à vapeur* sont le Creuzot, Lyon, Paris (Grenelle, les Batignolles, la Chapelle-Saint-Denis, Pantin), Lille et Fives, Douai, Denain, Saint-Quentin, Rouen, le Havre, Mulhouse, Graffenstaden (Bas-Rhin,) Indret (près Nantes,) Nantes, Bordeaux, Menpenti (Marseille). Les machines à vapeur et les chaudières sont entièrement construites, ajustées et montées à Indret, qui compte 1,050 ouvriers, et qui est l'usine la plus considérable de France, en ce qui concerne la construction des appareils à vapeur de la marine; cette usine, située dans une île de la Loire, appartient à l'État.

5,900 locomotives sont employées en France par les chemins de fer et plus de 34,000 machines à vapeur animent les ateliers de l'industrie française.

Matériel de chemin de fer.

Les villes qui ont les ateliers les plus considérables pour la construction des voitures et wagons sont : Paris, Bordeaux, Mulhouse, Graffenstaden, Lyon et Arles; cette dernière ville compte 1,200 ouvriers dans les vastes ateliers de la compagnie Paris-Lyon-Méditerranée.

Machines à filer.

Les *machines à filer et à tisser* se font à Paris, Lyon, Lille, Rouen, Saint-Quentin, Mulhouse et Guebwiller.

Machines à coudre.

Les *machines à coudre* se fabriquent à Paris, Lyon, Lille, Rouen, Troyes, Audincourt.

Machines agricoles.

Les *machines agricoles* se fabriquent à Paris, Saint-Denis, Liancourt (Oise), Meaux, Nantes, Nancy, Bourges, Orléans, Dijon, Saint-Étienne, Bordeaux et Vic-Fezensac (Gers).

Moteurs hydrauliques.

Les *moteurs hydrauliques* sortent de Paris, Chartres, Essonnes (Seine-et-Oise), Mulhouse, Bourges, etc.

Quincaillerie.

La *quincaillerie* est une industrie des plus complexes; elle comprend la fabrication d'une infinité d'objets, comme les ustensiles de ménage en fer battu, les casseroles, cuillers et fourchettes de fer étamé; les articles en tôle vernie, tels que les plateaux de limonadier, les cassettes, les vases de fonte émaillée; les limes, les marteaux, les enclumes, les serrures, les verroux, les charnières, les scies, les faux, etc., sont aussi produits par cette industrie; la clouterie, la boulonnerie et la visserie sont des branches importantes de la quincaillerie.

Clouterie.

La *clouterie* produit des *clous forgés* fabriqués avec du fer en verge de bonne qualité, des *pointes de Paris* ou *clous d'épingles*, qui se font avec du fil de fer, des *clous à souliers* ou *béquets*, des *clous découpés* fabriqués avec des bandelettes découpées dans la tôle de fer, et des *clous fondus*, qui se font avec de la fonte de fer par coulage dans des moules, et enfin les *clous dorés pour tapissier*, que des machines ingénieuses feront bientôt en grand nombre à Vincennes en fabriquant en même temps la tête et la pointe.

La clouterie s'exerce en grand dans le département des Ardennes, à Charleville, à Bains, dans les Vosges; dans les villes de Valenciennes, Saint-Amand, Condé, Lille, dans le département du Nord; à Saint-Chamond, Firminy, dans la Loire; à la Mure et Yzeaux, dans l'Isère; à Tinchebray et aux environs, dans l'Orne, à Rugles, dans l'Eure et dans l'Ariége. Les clous à souliers se font par quantités énormes, dans la Moselle, les Vosges, le Doubs, le Jura et les Ardennes. Charleville, Vuillafans, Lods, Buillon, Châtillon, Chenecey, la Ferrière-sous-Jougne, Morez (Jura), ont des pointeries et des clouteries.

Boulonnerie.

La *boulonnerie* a atteint en France une très-grande importance; dans le département des Ardennes seul, elle occupe plus de deux mille ouvriers; l'est de la France, le bassin de la Loire et la ville de Paris concourent également pour une très-large part à cette industrie.

Visserie.

La *visserie* est surtout exercée dans l'est et dans le centre. Beaucourt, Morvillars et Grandvillars, près Delle (Haut-Rhin), sont de grands centres de fabrication de vis obtenues par des machines automates. Saint-Hippolyte-sur-le-Doubs a une visserie qui compte 190 ouvriers, et l'Isle-sur-le-Doubs a aussi une fabrique de vis à bois, ainsi que Beaucourt et Dampierre.

La fabrication des *enclumes*, morceaux de fer recouverts d'acier sur lesquels on forge les métaux, est très-développée dans le département des Ardennes à Donchery, dans plusieurs villes du Nord, à Maubeuge, Cambrai; dans le centre, à Nevers et Saint-Etienne. Les mêmes villes fabriquent aussi des étaux.

Ustensiles de ménage en fer battu.

Les *ustensiles de ménage en fer battu et étamé* jouissant d'une grande solidité et mis, par la modicité de leur prix, à la portée de toutes les bourses, ont remplacé en grande partie les ustensiles en cuivre.

La fabrication mécanique de ces objets a été inventée, en 1825, par MM. Japy, de Beaucourt, et a pris une très-grande importance; ces industriels ont leurs fabriques d'ustensiles de fer battu à la Roche, près de Bart (Montbéliard) et à la Feschotte; il faut aussi citer les usines d'Ars-sur-Moselle, près Metz, et celles de Plombières, dont la spécialité principale est la fabrication des cuillers et fourchettes en fer battu.

Taillanderie.

La *taillanderie,* qui comprend la fabrication des scies, des faulx, des limes, etc., est centralisée dans les départements du Haut-Rhin, du Bas-Rhin et du Doubs. Mutzig, Molsheim, Zornhof, dans le Bas-Rhin, Valentigney, Hérimoncourt, Pont-de-Roide (360 ouvriers), dans le Doubs, se distinguent pour la fabrication des scies et outils de menuiserie. Milourd et Maubeuge dans le Nord, Breuvannes dans la Haute-Marne, La Hutte dans les Vosges, Valentigney, Montbéliard et Montécheroux dans le Doubs, Cosne dans la Nièvre, Saint-Etienne et le Chambon, dans la Loire, Amboise, Orléans, Toulouse, Pamiers, Saint-Maur près Paris, sont des localités importantes pour la fabrication et la qualité des limes qu'elles livrent à l'industrie.

Serrurerie.

La *serrurerie* se fait principalement en Picardie, dans l'arrondissement d'Abbeville, dans les communes de Béthencourt, Woincourt, d'Ault, d'Escarbotin, de Fressenneville, etc., dans l'Orne à Laigle, dans le Jura, dans le Doubs, à Etupes (200 ouvriers) ; à Beaucourt (Haut-Rhin), à Saint-Etienne et à Saint-Bonnet-le-Château (Loire). Paris confectionne les serrures pour meubles.

Toiles métalliques.

Les toiles métalliques se font à Paris, Lyon, Rive-de-Gier, Schlestadt, Angers, Angoulême, Avignon, Besançon, Bordeaux, Douai, Toulouse, etc.

Coutellerie.

On distingue deux espèces principales de *coutellerie :* la coutellerie non fermante, dans laquelle figurent les couteaux de table, et la coutellerie fermante, qui comprend les couteaux de poche. La coutellerie française a quatre centres principaux de fabrication : *Thiers*, dans le Puy-de-Dôme ; *Nogent* et Langres, dans la Haute-Marne ; *Châtellerault*, dans la Vienne et *Paris*. Thiers est le centre le plus important de la coutellerie fermante ; sa production annuelle dépasse 12 millions de francs. On y fabrique tous les articles des genres communs et demi-fins. Les fabricants fournissent aux ouvriers les matières premières, soit brutes, soit ébauchées ; sauf quelques ateliers où les ouvriers sont réunis, chacun travaille séparément au milieu de sa famille, à raison d'un prix déterminé par grosse de pièces ou 12 douzaines. Outre la coutellerie commune et la fabrication des couteaux de table, Thiers fait aussi des articles plus fins, qui peuvent rivaliser avec ceux de Nogent ; cette dernière ville fabrique surtout la coutellerie fine et demi-fine.

Les ouvriers, dont le nombre dépasse 5,000, sont disséminés dans 60 à 80 communes aux environs de Nogent. Chacun, après avoir acheté au détail les matières dont il a besoin, façonne lui-même les différentes pièces et les monte. Il vient ensuite, le dimanche, vendre à la ville, à Nogent ou à Langres, le produit de son travail de la semaine. Nogent et Langres possèdent aussi quelques usines où sont réunis des ouvriers se livrant à la fabrication des couteaux et des ciseaux. Courcelles, près de Nogent-Haute-Marne, a une usine où l'on fabrique des ciseaux.

Châtellerault est surtout remarquable pour la fabrication mécanique des couteaux de table ; cette ville fait peu aujourd'hui de coutellerie fermante et de ciseaux, mais elle fabrique des rasoirs par des procédés mécaniques.

A Paris, l'art du coutelier consiste surtout à monter les pièces faites en province, principalement pour ce qui est relatif à la coutellerie de luxe. Cosne et Saint-Etienne fabriquent aussi de la coutellerie; Nontron, dans la Dordogne, fabrique de grossiers couteaux de poche à manche de bois, dits eustaches. Paris est sans rival pour la coutellerie de chirurgie; M. Charrière a tellement perfectionné les instruments de chirurgie qu'il a transformé cette industrie et l'a rendue l'une des plus belles de la France.

Armes blanches.

Les *armes blanches*, comme sabres, baïonnettes, etc., se fabriquent à Châtellerault et à Saint-Etienne, pour le compte de l'Etat. Klingenthal, Mutzig, en Alsace, Metz et Paris en fabriquent aussi.

Armes à feu.

Les *armes à feu*, comprenant les armes de guerre destinées à l'armée, et les armes de luxe, servant pour la chasse, sont fabriquées à Châtellerault, à Saint-Etienne et à Tulle, où l'Etat a des fabriques de fusils pour l'armée. La fabrication des armes de luxe est partagée entre Saint-Etienne et Paris, qui fabrique les meilleures armes de chasse. Charleville fabrique aussi des armes de guerre.

Fonderies de canons.

La fabrication des canons est ordinairement exécutée par l'Etat; la guerre de 1870 a prouvé que l'industrie privée pourrait aussi bien faire que l'Etat. Les principales fonderies sont à Bourges, à Toulouse, à Ruelle (Charente), près d'Angoulême, qui fabrique spécialement les bouches à feu destinées à la marine française. Les ateliers de Menpenti, à Marseille, forent aussi des canons pour l'Etat.

Appareils de chauffage.

Les appareils de chauffage se fabriquent à Paris, à Lille, à Lyon, à Guise (Aisne), à Valenciennes et à Toulouse.

Balances.

Les *balances romaines* se fabriquent à Marseille, et les autres balances à Paris, et à Lyon, à l'usine de la Mulatière.

Aiguilles.

Nos fabriques d'aiguilles en acier se sont fondées à Laigle (Orne), dans le XVIIIe siècle; c'est toujours le centre principal de la fabrication française des aiguilles et des épingles; Rugles, Lyon, Paris, Charny (Côte-d'Or), Mérouvel (Orne), Pont-à-Mousson, Saint-Sulpice-sur-Rille (Orne), Villeneuve-Saint-Georges (Seine-et-Oise), Villers-Bretonneux (Somme), le Fresne-Poret (Manche), ont aussi quelques ateliers.

Plumes métalliques.

Les fabriques *de plumes métalliques* sont à Boulogne et à Laigle; la plus ancienne fabrique et la plus importante de Boulogne produit annuellement 2 millions de grosses de plumes, 120,000 grosses de porte-plumes, dont la valeur dépasse 1 million et demi de francs ; 925 ouvriers sont employés dans cet établissement. Bussy-Saint-Georges (Seine-et-Marne) a aussi une fabrique de plumes métalliques.

Fonderies de plomb et de cuivre.

Il y a des *fonderies de plomb* à Marseille, au Havre et à Rouen.

L'usine de Couëron, située sur les bords de la Loire (Loire-Inférieure), travaille le plomb de la Sardaigne et de Pontgibaud. Bordeaux possède une fabrique de tuyaux de plomb, de plombs laminés, de céruse et de minium.

Trois fabriques de *capsules à bouteilles* produisent annuellement à Bordeaux de 80 à 100 millions de capsules, valant 1,100,000 francs ; ces capsules sont formées d'une lame de plomb centrale recouverte de deux lames d'étain et étirées ensemble.

Il y a des *fonderies de cuivre* à Saint-Denis (Seine), à Arras, Romilly (Eure), Imphy (Nièvre), Toulouse, Marseille, Septêmes (Bouches-du-Rhône). MM. Manhès, de Lyon, fondent, affinent, laminent et martellent le cuivre dans leurs usines de Védènes, près d'Avignon. MM. Laveissière et fils, de Paris, sont à la tête de l'industrie du cuivre.

Il y a des fonderies de cuivre et des fabriques de pompes à incendie et à eau à Chambéry. Chamonix a une fabrique de sonnettes. Biache-Saint-Waast, près Arras, traite des minerais de cuivre venant de l'Amérique et des minerais de plomb. Bordeaux a des usines qui fondent des cuivres ou bronzes bruts ou ouvrés pour la mécanique, pour la robineterie pour l'eau et le gaz et pour les objets d'art. On fond des cloches à Bordeaux et à Saint-Emilion.

Chaudronnerie.

La *chaudronnerie*, qui comprend le travail des métaux en feuilles, s'appliquant surtout à la confection des vases métalliques destinés à chauffer les liquides, se distingue en petite et en grosse chaudronnerie.

La petite chaudronnerie s'exerce à peu près partout en France ; mais les principaux centres de fabrication sont Villedieu (Manche) et Aurillac, dans le Cantal.

Paris fabrique, par des procédés mécaniques, certaines pièces de chaudronnerie, comme les moules destinés à donner à la pâtisserie, aux crèmes, etc., des formes plus ou moins régulières.

La grosse chaudronnerie, qui s'occupe de la fabrication des cuves et des chaudières employées dans les différentes industries, et qui emploie principalement le fer et le cuivre, s'exerce principalement dans tous les centres industriels et dans les grandes usines à fer. Paris, Lille, Amiens, Rouen, Mulhouse, Marseille, Lyon, etc., ont d'importants ateliers de chaudronnerie. Bordeaux possède quatre grands ateliers de chaudronnerie occupant ensemble plus de 500 ouvriers et fabriquant principalement des chaudières pour machines à vapeur, des appareils de distillation, des pompes, des machines hydrauliques.

Métallurgie du zinc.

Le zinc se fabrique principalement dans le département du Nord et dans six autres départements. L'usine à zinc d'Auby, à 6 kilomètres de Douai, appartenant à la Compagnie royale asturienne, dont le siége est à Bruxelles, occupe 300 ouvriers qui travaillent le minerai d'Espagne, et produisent chaque année 3,500 tonnes de zinc. Cette même compagnie a établi des fours considérables pour le traitement du minerai de zinc à Dorignies, près Douai. Des gisements de calamine ont été récemment découverts aux environs du Bousquet-d'Orb et sont exploités par la *Société anonyme des usines à zinc du midi*, qui a son siége à la Tour, près Bédarieux (Hérault); elle a construit au Bousquet-d'Orb, sur un des charbonnages de la Compagnie de Graissessac, un vaste établissement qui renferme une fonderie et un laminoir. Outre ses mines de Sardaigne, elle exploite dans le Gard, à Saint-Laurent-le-Minier, près de Ganges, une concession très-riche de minerais excellents. La société des zincs du midi se propose de mettre en valeur plusieurs autres points métallifères dans l'Hérault, le Gard et les départements voisins. Les usines de Panchot (Aveyron) appartiennent à la Vieille-Montagne. Il y a des ateliers de fabrication de pompes à Pontarlier, Vuillafans et à Morteau (Doubs); cette dernière localité fond aussi des cloches et fabrique des faux ainsi que Maison-du-Bois et La Ferrière (Doubs).

Aluminium.

Tout l'*aluminium* qui est consommé aujourd'hui en France est fabriqué dans l'usine de *Salindres*, à 10 kilomètres d'Alais (Gard), avec la bauxite, qui renferme 50 °/₀ d'alumine, 25 °/₀ d'oxyde de fer, de la silice, etc. Cette usine a produit, en 1872, 1,800 kilogrammes d'aluminium, revenant à 80 francs le kilogramme, et consommés en grande partie par les opticiens.

Production du plomb, du cuivre et du zinc.

On estime que la valeur de la production du plomb, du cuivre et du zinc s'est élevée à 108 millions de francs en 1873 ; elle ne montait pas à 70 millions en 1871. La France produit peu d'argent, peu d'or et peu de nickel. C'est le département des Bouches-du-Rhône qui produit le plus de plomb ; viennent ensuite la Seine, la Loire-Inférieure et la Seine-Inférieure. La Seine, l'Eure, la Seine-Inférieure, les Ardennes, le Pas-de-Calais et Vaucluse sont les départements qui fabriquent le plus de cuivre.

Hôtels des monnaies.

La fabrication de la monnaie n'est pas livrée en France à l'action de la libre concurrence ; elle se fait par des entrepreneurs que le gouvernement nomme Directeurs des hôtels des monnaies et qu'il soumet à un contrôle sévère pour assurer un bon monnayage ; c'est ainsi que la production des monnaies est assurée et que les différentes pièces contiennent exactement la quantité de métal pur indiquée par les lois. La France avait autrefois un grand nombre d'hôtels des monnaies pour la fabrication des espèces d'or, d'argent et de bronze ; chacune avait sa lettre monétaire ; nous n'avons plus que deux hôtels des monnaies, celui de Paris, qui a la lettre A et celui de Bordeaux, qui a la lettre K. Strasbourg, qui avait la lettre BB, n'a plus d'hôtel des monnaies depuis la guerre. L'hôtel des monnaies de Bordeaux ne fabrique que des pièces d'argent et de bronze ; elle possède 2 grandes presses, 2 moyennes et 1 petite ; elle pourrait faire par jour en pièces d'argent de 5 francs et en pièces d'or de 20 francs une somme de plus de 1,200,000 francs. Elle a fabriqué de 1795 à 1875 pour une somme de 256,450,000 francs, dont 10,450,000 francs en monnaie de bronze et 246 millions en argent.

Chantiers de construction.

L'État a des ateliers dans les cinq principaux ports militaires : Cherbourg, Brest, Lorient, Rochefort et Toulon ; l'arsenal de la marine à Toulon occupe 4,000 ouvriers. Indret, près de Nantes, fabrique des locomotives, et la Chaussade (Nièvre) produit des ancres pour la marine de l'État. Les centres les plus importants de construction appartenant à l'industrie privée sont le Havre, Saint-Nazaire, Bordeaux, Marseille et la Ciotat, atelier de construction qui appartient aux Messageries Maritimes et qui compte 1,600 à 1,800 ouvriers. La Seyne, près Toulon, a l'un des plus beaux chantiers de construction de l'Europe ; il compte 3,000 ouvriers et appartient aux Forges et Chantiers de la Méditerranée ; on y construit de beaux bâtiments à vapeur pour tous pays. Les chantiers de construction de Bordeaux comprennent quatre centres principaux : celui de Paludate, celui de Bacalan, occupant en temps ordinaire 600 ouvriers, celui de Lormont, occupant 400 ouvriers, et celui de Queyries, qui en occupe le même nombre. Près du petit port de Bourg (Gironde), il y a aussi deux chantiers de construction de grands navires, occupant en temps ordinaire 200 ouvriers. La construction des barques et petits caboteurs se fait dans différents chantiers. La réparation des navires se fait à Queyries. Dunkerque, Saint-Malo, Saint-Servan, Boulogne, Dieppe, Calais, Bayonne, Cette, font des navires en bois. Le Creuzot et Rive-de-Gier travaillent pour la marine marchande ou militaire.

Bronzes, orfèvrerie.

Les bronzes français sont supérieurs à tous les autres et la fabrique de Paris est sans rivale pour les bronzes d'art et d'ameublement et pour l'orfèvrerie ; elle exerce un véritable monopole par ses fournitures de bronzes d'art au monde entier. La bijouterie, ou fabrication des objets d'or ou d'argent, et la joaillerie, qui consiste dans la monture des pierres précieuses, surtout du diamant, ont leur principal siége à Paris, qui taille aujourd'hui le diamant. Marseille, Lyon, Toulouse et Bordeaux sont aussi renommés, mais sont plutôt des succursales de Paris. Courtalin (10 kilomètres de Coulommiers) a une fabrique de couverts et d'orfévrerie en maillechort extra-blanc, argentés et non argentés.

Horlogerie.

L'*horlogerie* a son principal centre à Besançon, Beaucourt et Montbéliard. La fabrication bisontine, la seule qui existe en France, est en pleine possession du marché national; ce n'est guère qu'à partir de 1854 que la fabrication bisontine a chiffré par 100,000 pièces le résultat de son travail annuel; en 1873, elle produisait 386,961 montres dont 138,846 en or et 248,115 en argent, sur une production totale pour la France de 388,382 montres; ce qui donne pour Besançon 99,63 °/₀ de la production, c'est-à-dire presque la totalité. Paris, le Havre et Chambéry produisent par an un peu moins de 1,500 montres. Il y a une fabrique d'horlogerie et principalement de fournitures détachées, pignons, ébauches, roues, à Cluses (10 kilomètres de Bonneville), dans la Haute-Savoie; il y a dans cette ville une école d'horlogerie. Sallanches et Thônes (Savoie) ont aussi des fabriques d'horlogerie. Besançon a une école d'horlogerie florissante.

La fabrique bisontine tire de divers ateliers répandus des deux côtés de la frontière (des ateliers de Porrentruy), dans les localités de la haute montagne, la plupart des ébauches ou pièces détachées qui servent au travail de la montre. Besançon est tributaire de la Suisse pour la ciselure et la décoration de la boîte de montre. A Montbéliard, la fabrication de la grosse et de la petite horlogerie occupe environ 1,300 ouvriers. Vieux-Charmont, près Montbéliard, et Bethoncourt ont aussi des fabriques d'horlogerie. Badevel compte un atelier de 600 ouvriers pour la grosse horlogerie. Beaucourt fabrique des montres et pendules à bas prix. Seloncourt compte 1,000 ouvriers pour les ébauches, les finissages, la grosse et la petite horlogerie. Vandoncourt et Meslières fabriquent aussi les pièces d'horlogerie. On fabrique de l'horlogerie et des mouvements de pendules à Dieppe et à Saint-Nicolas-d'Aliermont, à 13 kilomètres de Dieppe. La fabrique de Besançon, qui compte 8,000 ouvriers horlogers, fournit à elle seule plus de 86 °/₀ du total des produits vendus en France; la Suisse fournit le reste.

Sainte-Suzanne-les-Montbéliard a la seule fabrique de *boîtes à musique* qu'il y ait en France; elle fait partie d'une fabrique d'horlogerie.

La *lamperie* a son siége à Paris et dans les grandes villes.

Industrie céramique.

Industrie céramique. — La *céramique*, ou l'art de travailler les argiles, les feldspaths, le sable, pour les convertir en vases devant servir, soit aux usages de l'économie domestique, soit à l'ornementation de nos habitations, est une industrie très-ancienne, l'une des premières créées par l'homme, et qui est arrivée à un très-haut degré de perfection en France.

On divise les produits de la céramique en trois grandes classes : 1° les poteries à *pâte tendre* et poreuse après la cuisson, comprenant les terres cuites, les briques, les tuiles, les carreaux, les tuyaux de drainage, de conduite, les pots à fleur, les fourneaux portatifs, etc., qu'on appelle poteries mates; les poteries émaillées ou à couverte opaque, appelées *faïence commune;* les poteries vernissées, comme les poêlons et vases de cuisine; 2° les poteries à *pâte dure et opaque,* comme la faïence fine et les grès cérames; 3° les poteries à *pâte dure et translucide,* comme les différentes espèces de porcelaine. Les matériaux qui entrent dans la composition des pâtes sont de deux sortes : les uns communiquent à la pâte la plasticité qui permettra de la façonner et de lui donner les formes les plus variées; ce sont les *argiles;* les autres, appelés substances *dégraissantes* ou *antiplastiques,* sont destinés à enlever à l'argile l'excès de plasticité qu'elle a quelquefois, de diminuer le retrait de la matière à la cuisson, et d'empêcher le fendillement qui en résulte. Les argiles plastiques et figulines entrent dans la composition des grès cérames fins et communs; les kaolins forment la base des pâtes à porcelaine; les argiles marneuses sont employées dans la fabrication des faïences ordinaires et les marnes argileuses dans les faïences fines; les marnes calcaires, dans les faïences communes.

Trois classes de poteries.

Les briques ordinaires pour les constructions, les tuiles, les carreaux d'appartement et autres terres cuites sans vernis, sont fabriqués avec des argiles figulines, des terres glaises, des marnes argileuses dégraissées avec du sable. On trouve des tuileries par toute la France; les briqueteries et tuileries de Bourgogne à Montchanin et de Saint-Henry, près de Marseille, sont renommées; on fabrique à Auneuil, près de Beauvais (Oise), des carreaux en terre cuite qui imitent les incrustations en mosaïques, et qui servent au carrelage des vestibules, des salles de bains, etc.

Tuileries et briqueteries.

On trouve, dans la Gironde, des tuileries et briqueteries à la Réole, à Virelade et Preignac (canton de Podensac), à Cestas et Canéjan (canton de Pessac); ces deux dernières usines produisent des briques réfractaires et des pavés céramiques employés depuis quelques années pour la construction de tous les trottoirs de Bordeaux.

Les poteries communes employées à la cuisson des aliments sont faites avec des argiles ferrugineuses auxquelles on ajoute une certaine quantité de chaux à l'état de marne et de sable quartzeux; leur couverte est formée par un silicate double d'alumine et d'oxyde de plomb.

Poteries communes.

Paris, Lunéville, Nevers, Tours, Givors, possèdent des établissements importants de poterie. Aubagne, Gardanne, Saint-Remy, dans les Bouches-du-Rhône, en ont aussi.

La fabrication de la *faïence* date, en France, du milieu du XVIe siècle, et fait aujourd'hui l'objet d'une industrie considérable. Le mot *faïence* vient de *Fayence*, bourg de Provence, dans le Var, l'un des premiers endroits du pays où l'on ait fabriqué cette poterie.

Faïence.

Les centres de la fabrication de la *faïence commune*, qui est préparée avec une argile figuline plus ou moins calcaire et dégraissée avec du sable, et dont la couverte est un émail blanc et opaque composé essentiellement d'oxydes de plomb et d'étain, sont Nevers, Tours, Lunéville, Bouchain, Condé, Denain, Saint-Amand (Nord), Paris et ses environs. La faïence commune offre peu de résistance et sa couverte se fendille souvent et se détache en écailles. Il n'en est pas de même de la *faïence fine* à couverte transparente, qui diffère essentiellement de la faïence commune, parce que la pâte en est dure, fine, sonore et préparée avec des argiles plastiques de belle qualité, ne se colorant pas au four, et pouvant supporter une haute température ; sa couverte est plus ou moins dure, transparente ou translucide, et contient peu d'oxyde de plomb. Les pièces sont beaucoup plus minces et légères que celles de la faïence ordinaire. Les principaux centres de fabrication des faïences fines ou de luxe sont Gien (Loiret) et Sarreguemines (Moselle), qui nous a été enlevé. Les faïences de consommation courante sont fabriquées à Montereau (Seine-et-Marne), Creil (Oise), Choisy-le-Roi (Seine) et Bordeaux, qui a une manufacture de porcelaines et de faïences très-importante et bien organisée à Bacalan.

Porcelaine.

La fabrication de la *porcelaine*, qui est la plus belle de toutes les poteries, constitue pour la France l'objet d'une industrie considérable dont le centre principal est *Limoges*, qui emploie environ 4,000 ouvriers. Les matières premières employées à la fabrication de la porcelaine sont le kaolin, argile blanche très-pure, qui constitue la substance plastique de la pâte à porcelaine, le sable quartzeux, qui en est la partie dégraissante, et le feldspath, qui, en faisant éprouver à la porcelaine au moment de sa cuisson un commencement de fusion, la rend translucide. Limoges, dont les articles ont une haute réputation, fut longtemps le siége presque unique de l'industrie de la porcelaine, à cause des carrières de kaolin qui se trouvent aux environs et principalement à St-Yrieix ; mais peu à peu on a transporte cette matière première dans des contrées plus riches en combustible et des établissements importants se sont fondés dans plusieurs départements du centre, à Vierzon, à Saint-Amand-Montrond, à Foécy, à Méhun-sur-Yèvre (Cher), à Champroux (Allier) ; dans l'ouest, à Bayeux (Calvados) ; dans le midi, à Saint-Gaudens (Haute-Garonne). Enfin, Paris étant le centre principal du commerce de la céramique, des fabriques se sont établies dans la ville et dans ses environs, et c'est là surtout que s'est développé l'art de la décoration de la porcelaine. La manufacture nationale de porcelaine de Sèvres n'a pas de rivale en Europe, et le monde entier connaît ses admirables produits.

On fabrique de la porcelaine tendre à Sèvres et à Saint-Amand (Nord); cette porcelaine ne peut supporter une température aussi élevée que la première. Les porcelaines craquelées de la manufacture de Longwy sont fort réussies.

On compte, en France, environ 387 établissements céramiques, dont 76 fabriques de porcelaine, 20 de porcelaine opaque et 291 de faïence. Ces établissements occupent près de 18,000 ouvriers et leur production totale s'élève à près de 45 millions de francs, dont 17 millions et demi de francs de porcelaine ordinaire, 15 millions de porcelaine opaque et 12 millions de faïence. Le département de la Haute-Vienne produit à lui seul pour plus de 10 millions de francs de porcelaine ordinaire, le Nord pour 2 millions, le Cher pour 1 million, et la Seine pour 910,000 francs ; l'Oise produit pour près de 5 millions de francs de porcelaine opaque ; le Loiret et la Gironde en produisent chacun pour plus de 3 millions. Les deux départements qui sont à la tête de l'industrie de la faïence sont l'Oise (2,400,000 francs) et la Meurthe-et-Moselle (2,053,000 francs).

Verrerie et cristallerie.

La *verrerie* et la *cristallerie* fournissent une infinité d'objets employés par l'économie domestique ou servant à orner nos habitations.

La verrerie produit des verres incolores ordinaires, qui sont des silicates doubles de chaux et de potasse, ou de soude, comme les verres à vitres, les verres pour glaces, les verres de Bohême et les verres à gobeleterie ; des verres colorés communs, ou verres à bouteilles, qui sont des silicates multiples de chaux, d'oxyde de fer, d'alumine, de potasse ou de soude ; du cristal, qui est un silicate double de potasse et d'oxyde de plomb.

L'industrie des verres et cristaux s'exerce d'abord dans le Nord et dans la Seine, dont la production dépasse 20 millions de francs, puis dans Meurthe-et-Moselle, la Marne, la Loire et le Rhône, dont la production varie de 4 à 6 millions de francs. Les départements de Saône-et-Loire, de Seine-Inférieure et de l'Aveyron ne viennent qu'en troisième rang, avec une production de 2 millions et demi à 1 million et demi. Le nombre des usines qui fabriquent le verre est de 175, occupant 23,000 ouvriers ; la production totale des 43 départements qui s'occupent de cette fabrication s'élève à 90 millions de francs.

La verrerie s'exerce sur un grand nombre de points.

Les verreries de Rive-de-Gier et de Saint-Etienne (Loire) sont les plus importantes ; il faut aussi citer les usines de Lyon, Givors (Rhône) ; d'Anzin, Aniche, Fresnes (Nord) ; Folembray, Prémontré et Quiquengrogne (Aisne), la plus ancienne verrerie de France, fondée en 1290 ; Forbach (Moselle) ; Vierzon (Cher), Couëron (Loire-Inférieure), Montferrand-sur-le-Doubs (Doubs), Chagny, Blanzy, Epinac (Saône-et-Loire), Alais (Gard), Roquevaire, Géménos (Bouches-du-Rhône). Bousquet-d'Orb (Hérault) a des verreries importantes qui produisent surtout des verres à bouteilles très-estimés. La Seine-Inférieure et l'Orne possèdent aussi des verreries assez considérables. L'arrondissement de Valenciennes (Nord) possède 17 fours à vitres en 9 établissements, et 21 fours à bouteilles en 14 établissements. Abscon, Anzin, Escautpon, Fresnes, Lourches, Neuville, ont des verreries importantes. Dans le sud-ouest, Bordeaux a 7 verreries pour bouteilles. La Gironde produit annuellement plus de 15 millions de bouteilles, qui ne suffisent pas à la consommation locale, obligée d'en aller chercher dans la Loire, le Nord et la Vendée.

La *cristallerie* qui fabrique le cristal, verre incolore composé d'un silicate de potasse et d'oxyde de plomb, a ses centres principaux à Baccarat (Meurthe-et-Moselle), Saint-Louis, que la guerre nous a enlevé, Clichy-la-Garenne et Pantin (Seine), Fourmies (Nord) et Lyon. La *gobeleterie*, qui comprend un ensemble d'objets faits en verre ou en cristal, tels que des verres à boire, des carafes, des buires, des coupes, des bols, des salières, etc., a pour centres, outre ceux que nous venons d'indiquer pour le cristal, Trélon (Nord), Meisenthal, près de Saint-Louis, Vallerysthal, près de Saint-Quirin, dans la Lorraine allemande; Bordeaux renferme aussi quatre verreries principales, fabriquant le verre blanc pour gobeleterie et flacons à conserves, pour environ un million de francs, ce qui ne suffit pas à la consommation locale.

Glaces. L'industrie des *glaces* a pris en France un grand développement : elle est concentrée dans 7 manufactures, savoir : St-Gobain et Chauny, dans l'Aisne; Montluçon, dans l'Allier; Cirey, dans la Meurthe; Jeumont, Recquignies et Aniche, dans le Nord ; les quatre premiers établissements appartiennent à la puissante compagnie de Saint-Gobain. Chauny ne faisant que polir les glaces brutes qu'on fabrique à Saint-Gobain, n'est qu'une succursale de cette dernière manufacture. La beauté des glaces de Saint-Gobain et de Cirey, leur limpidité, leur réputation de solidité, les font partout rechercher. Les manufactures de glaces de la France occupent 3,600 ouvriers et employés et produisent pour une valeur de près de 21 millions de francs, dont 16,250,000 pour la compagnie de Saint-Gobain.

Le verre employé à la fabrication des glaces est en général un silicate double de soude et de chaux, formé par la fusion de 73 parties de silice, 15,5 de chaux et 11,5 de soude.

Trois-Fontaines, dans la Meurthe, a une fabrique de verres de montre. Dingy-Saint-Clair, canton d'Annecy (Haute-Savoie), a une fabrique de verres de montres qui en produit par an 72,000 douzaines, qu'elle exporte dans l'Amérique du Nord et du Sud, en Angleterre, en Russie, en Chine, au Japon, en Egypte, etc.

Produits chimiques.

On classe sous le nom de *produits chimiques* le plus grand nombre des préparations obtenues dans les laboratoires de chimie, comme les acides de toutes sortes, les soudes et les potasses, les sels divers, etc. Cette industrie est répartie dans un certain nombre de centres industriels, dont les principaux sont :

1° *Dans le nord:* Saint-Gobain et Chauny (Aisne), Paris, Javel, Ivry, Vaugirard, Aubervilliers, Saint-Ouen, Saint-Denis, Nanterre, Lille, Aniche, Amiens et Corbehem (Pas-de-Calais; 2° *dans l'ouest :* Rouen, Avranches, Cherbourg, le Conquet (Finistère), qui exploitent la soude des plantes marines ou varechs; 3° *dans le nord-est :* Dieuze (Meurthe), Bouxwiller (Bas-Rhin), Strasbourg, Thann et Mulhouse; ce groupe important nous a été enlevé par la guerre ; 4° *dans l'est, le midi et l'ouest :* Dôle, Dijon, Lyon, Tournus, Avignon, Montpellier, Alais, Marseille et Bordeaux. Le département de l'Hérault est très-important pour la fabrication des produits chimiques; il est devenu le centre le plus considérable de la production de crème de tartre; il en produit plus d'un million de kilogrammes qui sont vendus dans toute l'Europe, mais surtout dans l'Amérique du Nord où ce produit est employé à la panification. Montpellier, Montpeyroux et Gignac, produisent aussi de 300 à 400,000 kilogrammes de verdet au moyen de marc de raisin et de cuivre.

Des fabriques considérables de produits chimiques sont établies autour des étangs de Citis et de Rassuin, à Berre, à Fos, à Fuveau, à Aix, aux Martigues, à Septèmes et à Vitrolles, dans les Bouches-du-Rhône. Auriol possède une fabrique de céruse. L'usine de produits chimiques de Marennes (Charente-Inférieure) appartient à la société de Saint-Gobain. Poussan (Hérault) a une fabrique d'éther sulfurique.

Bordeaux possède une usine de produits chimiques, qui fabrique principalement des acides sulfurique, azotique, chlorhydrique, du sulfate d'ammoniaque, de la chaux vive et divers engrais chimiques, surtout des engrais phosphatés préparés avec les phosphates naturels provenant des carrières de phosphates du Lot, du Lot-et-Garonne et de l'Aveyron. Bordeaux a deux usines ou le pétrole d'Amérique est rectifié ; ces deux raffineries de pétrole sont situées au delà des barrières de la ville. Bordeaux possède aussi deux usines particulières qui produisent 3 millions de kilogrammes de salpêtre et une raffinerie nationale de salpêtre. Les matières premières servant à cette industrie sont les sels de potasse importés des mines de Prusse, et les nitrates de soude venant de l'Inde et des mers du Sud.

Le département de la Gironde possède une dizaine de raffineries de tartre dont quatre sont à Bordeaux. Ces usines produisent environ 1,000 tonnes de cristaux de tartre par an, dont plus de la moitié provient des établissements de la ville; la valeur de ce produit est de 2,500,000 francs.

La France produit environ 150,000 tonnes d'acide sulfurique, soit avec du soufre, soit avec des pyrites de Saint-Bell et de Chessy; les Bouches-du-Rhône, le Gard, l'Hérault (à Montpellier surtout), le Rhône, le Nord, sont remarquables pour la fabrication de l'acide sulfurique.

La France décompose 125,000 tonnes de sel marin pour la fabrication de la soude, dont 12,000 tonnes pour l'Alsace-Lorraine. On fabrique du sel de soude à Couillet, près de Charleroi, par la méthode au bicarbonate d'ammoniaque, qui réagit, au sein de l'eau, sur du chlorure de sodium, en produisant du bicarbonate de soude qui se précipite en poudre cristalline. Ce précipité de bicarbonate de soude, filtré et lavé, passé à la turbine, puis calciné, donne du carbonate de soude et de l'acide carbonique, qui est utilisé pour reconstituer du bicarbonate d'ammoniaque avec l'ammoniaque que l'on retire des liquides filtrés, traités par la chaux, et qui contenaient en dissolution un partie du sel non décomposé, du chlorhydrate d'ammoniaque et un excès de bicarbonate d'ammoniaque. On voit que le gaz carbonique en partie et l'ammoniaque en totalité rentrent constamment dans le courant de la fabrication.

Les départements du Nord et de l'Aisne extraient la potasse des résidus que laisse la distillation des mélasses fermentées qui ont servi à la fabrication de l'eau-de-vie de betteraves. Saint-Saulve et Denain (Nord) ont des fabriques de potasse provenant des salins de betteraves. On évalue à 2,485 tonnes de 1,000 kilogrammes la production de la France en potasses de betteraves. Reims et Elbeuf, où se lavent des quantités considérables de laine, possèdent des usines qui font l'extraction de la potasse des eaux provenant du lavage des laines brutes.

Les neuf usines composant l'Union française des fabricants d'iode et des autres produits extraits des varechs emploient annuellement 12,000 tonnes de soude brute, représentant environ 204,000 tonnes de varechs verts. Les produits principaux sont 50,000 kilogrammes d'iode pur, 4,000 kilogrammes de brôme, etc.

Noisiel (Seine-et-Marne) a une immense usine destinée à la fabrication des poudres médicinales.

Allumettes chimiques.

La fabrication des allumettes chimiques est aujourd'hui l'objet d'un monopole. Les villes où l'on en fabrique le plus sont Paris, Lyon, Marseille, Aix, Angers, etc.

Fabrication de la poudre.

L'Etat s'est réservé le monopole de la fabrication de la poudre; l'usinage est confié à des compagnies de canonniers vétérans. La manufacture de poudre de Saint-Chamas, sur le bord de l'étang de Berre, est l'une des plus considérables de France; elle possède 12 moulins à pilons et produit 700,000 kilogrammes de poudre par an. Le Bouchet (Seine-et-Oise) (700,000 kilogrammes par an), le Ripault, sur l'Indre (Indre-et-Loire) (500,000 kilogrammes), Saint-Médard-en-Jalle près de Bordeaux (600,000 kilogrammes), Vonges (Côte-d'Or) (1,000,000 de kilogrammes), ont aussi des fabriques de poudre.

Gaz d'éclairage. — L'emploi du gaz d'éclairage se répand de plus en plus. La statistique de 1873 porte à 315,815,000 mètres cubes la production du gaz des 478 usines disséminées dans la plupart des villes de France. La distillation de la houille nécessaire pour produire cette immense quantité de gaz a fourni 6,338,000 quintaux métriques de coke et 600,000 quintaux métriques de goudron. La valeur totale de ces produits s'est élevée à 115 millions de francs; le gaz seul entre dans cette somme pour 88 millions de francs. 7,000 ouvriers ont été employés à cette fabrication. Gaz d'éclairage.

Les départements qui consomment le plus de gaz sont la Seine, qui en consomme plus de la moitié de la production totale (175,938,000 mètres cubes en 1875), le Nord, le Rhône, la Seine-Inférieure et les Bouches-du-Rhône.

Deux chefs-lieux de département, Mende et Tarbes, 62 chefs-lieux d'arrondissement dont la population varie de 2,500 à 5,000 habitants, 605 chefs-lieux de canton de 2,500 à 5,000 âmes et 507 communes d'une population de 2,500 à 13,000 habitants, ne sont pas encore éclairés au gaz en France. On voit qu'il reste à cette industrie beaucoup à faire pour se développer à la hauteur des besoins.

(*b*) **Industries dérivant du règne végétal.**

Industrie alimentaire. — Les industries alimentaires sont répandues par toute la France. L'industrie de la *meunerie,* appelée *minoterie* dans le midi, est parvenue à une grande perfection dans beaucoup d'établissements, surtout au voisinage de la Beauce et de la Brie. Cette industrie s'exerce tantôt dans des usines plus ou moins importantes qui achètent le blé pour le transformer en farine, tantôt dans des moulins où chacun va porter son blé et où il est réduit en farine moyennant une certaine redevance. Ce dernier mode devient chaque jour moins important. La meunerie française, qui a une si grande importance, comprend 13 cantons principaux savoir : Meunerie ou minoterie.

1° La *meunerie du rayon de Paris*, qui est la plus perfectionnée, et qui embrasse la Beauce, la Brie et l'Ile-de-France;

2° La *meunerie normande,* qui s'alimente principalement avec les blés du pays de Caux et du Vexin normand;

3° La *meunerie du Maine,* s'alimentant des blés de l'Anjou, du Maine, du Perche et des plaines d'Alençon ;

4° La *meunerie nantaise*, travaillant les blés des terres schisteuses et granitiques de la haute Bretagne, de la Vendée, de l'Anjou et des plaines du Poitou;

5° La *meunerie bordelaise*, alimentée par les blés de la Guyenne, du Périgord, de la Saintonge, du Poitou et parfois par des blés étrangers;

6° La *meunerie de Nérac*, faisant d'excellentes farines avec les blés des plaines du haut Languedoc, de l'Armagnac, du Quercy et de l'Albigeois;

7° La *meunerie provençale*, moulant les blés blancs du Comtat et de la Provence, et les blés de l'Archipel, de la mer Noire, de l'Algérie et de Bombay;

8° La *meunerie de la Limagne*, livrant à la consommation des farines moins blanches que celles de la Provence et du rayon de Paris, mais très-alimentaires et aussi riches en gluten que les belles farines de Nérac;

9° La *meunerie lyonnaise*, travaillant les blés du Lyonnais, du Forez, du Dauphiné et du Bourbonnais;

10° La *meunerie de Gray*, alimentée par les blés de la Franche-Comté, de la haute Bourgogne et de la Bresse;

11° La *meunerie champenoise*, s'alimentant en Champagne et en Picardie;

12° La *meunerie du nord*, employant les blés de la Picardie, de l'Artois et de la Flandre;

13° La *meunerie du pays Messin*, transformant en farine les blés de la Lorraine, de la haute Champagne et de la basse Alsace. Cette dernière région nous a été en grande partie ravie par la guerre.

Les villes où la meunerie est le plus développée sont : Lille, Corbeil (Seine-et-Oise), au confluent de l'Essonne et de la Seine, Meaux, Essonnes (Seine-et-Oise), Saint-Maur (Seine), Rouen, le Havre, Nantes, Bordeaux, Nérac, Poitiers, Moissac (Tarn-et-Garonne), Montauban, Agen, Toulouse, Dijon, Gray, Héricourt (Haute-Saône), Voujaucourt (Doubs), Pont-d'Ain, Marseille, Aix, Berre, la Fare, Gardanne, Géménos, Arles, où se trouve l'usine Saint-Victor, l'une des plus considérables du midi. Il y a à Laubardemont (Gironde), sur l'Isle, une grande minoterie exploitée en participation entre patrons et ouvriers. Elle possède 12 paires de meules et peut moudre près de 400 hectolitres par jour; la valeur moyenne annuelle de sa production s'élève à 3 millions de francs. Cette minoterie peut être considérée comme une des plus belles du sud-ouest de la France.

Ces minoteries expédient des farines sur tous les marchés de la France et de l'étranger.

Pâtes alimentaires.

Les *pâtes alimentaires*, comme vermicelles, semoules, macaronis, nouilles, etc., sont fabriquées à Paris, à Marseille, à Lyon, Clermont-Ferrand, Poitiers, Nancy et Aix, qui fabrique des pâtes de Gênes. Chambéry et Saint-Michel (Savoie) ont aussi des fabriques de pâtes alimentaires. Bordeaux fabrique d'excellentes pâtes alimentaires avec les blés durs de la province de Valence (Espagne) et de l'Algérie ; cette ville fabrique aussi annuellement environ 1,200,000 kilogrammes de biscuits de mer.

Bordeaux possède un atelier spécial de fabrication de sasseurs mécaniques pour la fabrication de la semoule ; on les appelle sasseurs Cabanes, du nom de l'inventeur.

Décorticage et glaçage du riz.

Bordeaux, Nantes, le Havre, Paris, Marseille, ont des usines importantes pour le décorticage du riz ; Bordeaux, qui est le plus grand marché de France pour les riz, a trois usines de décorticage et de glaçage. Les pays de production qui alimentent ce marché de riz sont, par rang d'importance, Akyab, Rangoun, Bassein (Birmanie anglaise), Saïgon, Bankok, Madagascar, Pondichéry, Calcutta et la Caroline. On estime que Bordeaux reçoit annuellement à l'état brut de 10 à 15 millions de kilogrammes de riz.

Confiserie.

La *confiserie* est, en général, l'industrie des grandes villes : Paris, Lyon, Marseille, Bordeaux, Rouen, qui est connu pour son sucre de pomme, Lille, Montpellier et Strasbourg, sont remarquables pour ce genre d'industrie. Verdun a ses dragées, Bar-le-Duc, ses confitures de groseilles, Commercy, ses madeleines, Orléans, sa gelée de coing, Clermont, ses pâtes d'abricots, Montélimart, ses nougats, Aix, des dragées et des nougats estimés.

Chocolaterie.

Le *chocolat* est fabriqué à Paris, à Noisiel (Seine-et-Marne), à Orléans, à Bordeaux, à Bayonne, à Roquefavour, à Marseille, à Sallanches (Savoie), et dans le Nord ; il est mieux fabriqué qu'en aucune autre contrée. La consommation annuelle de la France est d'environ 12 millions et demi de kilogrammes.

Condiments.

Parmi les *condiments*, le vinaigre est fabriqué à Orléans, dans les Charentes, à Neuville, près Poitiers. Bordeaux compte 20 fabriques de vinaigre de vin de bonne qualité, produisant 40,000 hectolitres de vinaigre au prix moyen de 25 francs l'hectolitre. Ce sont les vins de l'Entre-deux-Mers et du Cubzadais qu'on transforme en vinaigre.

On estime la fabrication de toute la France à 8 millions d'hectolitres.

La *moutarde* est fabriquée à Dijon, à Paris et à Strasbourg.

Huiles d'olive.

L'extraction des huiles d'olive est très-importante dans nos départements du midi, dans le Roussillon, la Provence, le bas Languedoc, le comté de Nice. Aix, Marseille, Grasse sont les centres les plus renommés de cette fabrication.

Huiles de graines.

Les huiles de *colza*, de *cameline*, d'*œillette*, de *lin*, sont fabriquées dans les départements du nord. La fabrication des huiles de colza, établie depuis un démi-siècle dans les environs de Caen et à Caen même, absorbe les graines oléagineuses de la contrée, et importe des quantités considérables de graines d'Afrique, des Indes et des diverses parties de l'Europe. Les tourteaux produits sont absorbés par la culture locale ou envoyés dans les départements du nord.

L'huile de *noix* est fabriquée dans la Charente, dans la Dordogne, la Savoie et l'Alsace; l'huile de *navette* ou *rabette*, aux environs de Caen et dans la Franche-Comté; l'huile de *chènevis*, dans la Lorraine, la Champagne et le Maine; l'huile de *résine*, dans les Landes et l'usine de Saint-Ouen (Seine); les huiles d'*amandes douces* et *amères* et de *noisette*, dans la région du midi; les huiles de *sésame*, d'arachide, de lin, de ravison, de palme, etc., se préparent surtout dans les huileries de Marseille.

On fabrique près de 800,000 kilogrammes d'huile de noix comestible, valant près d'un million de francs, en Savoie. Sallanches a une fabrique d'huile de noix.

La fabrication des huiles de graines, plus spécialement des graines d'arachides, emploie 83 presses hydrauliques à Bordeaux, et triture annuellement environ 13 millions de kilogrammes de graines (arachides surtout) produisant environ 4 millions de kilogrammes d'huile et 6 millions de kilogrammes de tourteaux décortiqués. Ces graines produisent des huiles de table, en grande partie expédiées à Paris, dans le sud-ouest et l'est de la France et en Angleterre. Les tourteaux décortiqués sont expédiés dans le nord de la France pour être employés à la nourriture des bestiaux ou à l'engrais des terres.

Les usines de Bordeaux emploient exclusivement les graines d'arachides de choix venant de la côte occidentale d'Afrique.

La production des huiles de graines en France s'élève environ à 60 millions de kilogrammes.

Raffineries de sucre et fabriques de sucre indigène.

Les *raffineries* de sucres exotiques les plus importantes sont à Lille, Paris, le Havre, Nantes, Bordeaux, Orléans, Clermont-Ferrand et Marseille. Bordeaux possède cinq raffineries qui opèrent sur 25 millions de kilogrammes de sucre, valant 36 millions de francs. 11 départements renferment des raffineries au nombre de 45 : la Seine, les Bouches-du-Rhône, la Loire-Inférieure, le Nord et la Gironde sont à la tête de cette industrie, qui produit annuellement près de 3 millions de quintaux de sucre en pains (2,971,336 quintaux en 1873).

Les fabriques de *sucre indigène*, provenant de la betterave, sont situées dans la région du nord et du nord-ouest, où la betterave est le plus cultivée. La France compte 528 fabriques qui produisent près de 4 millions de quintaux métriques de sucre brut, et occupent plus de 73,000 ouvriers. Paris, Lille, Valenciennes, Douai, Arras, Péronne, Saint-Quentin, etc., sont les principales villes de fabrication.

Les deux départements producteurs par excellence du sucre de betterave sont le Nord et l'Aisne; viennent ensuite le Pas-de-Calais, la Somme et l'Oise; ces 5 départements fournissent les 86 °/₀ de la production totale de la France.

On évalue la consommation intérieure du sucre en France à 320 millions de kilogrammes, ce qui porte à 8 kilogrammes 820 grammes la consommation par habitant; la consommation par tête n'était que de 7 kilogrammes et demi en 1869, et d'un demi-kilogramme dans la période de 1812 à 1816.

Distilleries.

Nous avons déjà dit que la fabrication des eaux-de-vie de vin se fait en grand dans les deux Charentes, à Cognac, à Angoulême et à Saintes; dans l'Hérault, à Cette et à Montpellier; dans le Gers et le Lot-et-Garonne. Les eaux-de-vie produites par les vins blancs de la Gironde, celles de l'Entre-deux-Mers surtout, sont très-estimées.

Dans le nord de la France, on extrait l'alcool et l'eau-de-vie de la bière ou des grains, de la betterave, de la pomme de terre, du cidre, etc. Les départements du Nord, du Pas-de-Calais, de la Somme et du Calvados se livrent à cette fabrication. Il y a à Bordeaux une grande fabrique d'alcools que l'on extrait de la mélasse et du maïs; le maïs rend 30 °/₀ d'alcool pur; cette fabrique produit par jour environ 100 hectolitres d'alcool à 95° et 2,500 kilogrammes de potasse brute, représentant ensemble une valeur annuelle de 2,500,000 francs. Les mélasses de betterave employées par cette usine viennent d'Allemagne, de Hollande et de Belgique; les maïs viennent des Landes, de la vallée de la Garonne et de l'Amérique.

Liqueurs et fruits confits.

Les *liqueurs*, composées d'eau-de-vie diversement aromatisée, se font à Paris, Lyon, Marseille, Bordeaux, la Grande-Chartreuse (Isère). Le vermouth se fabrique à Chambéry, à Cette, à Marseille, etc.; l'anisette, à Bordeaux, le kirsch, dans les Vosges et la Haute-Saône; l'absinthe, à Pontarlier (Doubs) et à Lunel. Les liqueurs représentent une valeur commerciale d'environ 40 millions de francs.

L'industrie des fruits confits et des liqueurs est très-importante dans la Gironde et fort ancienne à Bordeaux. 52 maisons dans le département, dont 12 de premier ordre, s'occupent de cette industrie dont la valeur annuelle des produits est évaluée à 10 millions de francs pour ce département. Les fruits, préparés soit au sucre, soit à l'eau-de-vie, sont traités dans 30 maisons au moins. La prune d'ente d'Agen et de la Réole a un intérêt local très-grand. C'est le Lot-et-Garonne et plusieurs cantons de l'arrondissement de la Réole qui produisent cette espèce de prune, dont la vente annuelle atteint près de 16 millions de francs, partagés à peu près également entre les marchés de Bordeaux et d'Agen.

Brasseries.

Les *brasseries* se trouvent principalement dans le nord et l'est, en Flandre, en Alsace, dans les Vosges, à Paris et à Lyon. Marseille en a aussi de très-importantes. Les bières de Nancy, des frères Tourtel, que l'on connaît sous le nom de Tantonville, celles de Maxéville, luttent avantageusement sur le marché français avec les bières allemandes et autrichiennes. La brasserie Peters, à Puteaux, est très-remarquable. Il y a aussi des brasseries à Chambéry et à Annecy.

La production de la France peut être évaluée à 7 millions d'hectolitres de bière; l'Alsace-Lorraine en produit environ 836,000 hectolitres. Strasbourg envoie beaucoup de bière à Paris, à Lyon, à Marseille, à Nantes et à d'autres grandes villes. La France importe des bières étrangères venant d'Allemagne, de l'Autriche, des Pays-Bas, de la Belgique et de l'Angleterre. L'importation s'élève à 270,000 hectolitres environ, dont 230,000 de l'Allemagne et de l'Autriche.

Caoutchouc.

Produits chimiques. — Le *caoutchouc* et la *gutta-percha* sont travaillés à Paris, à Clermont-Ferrand, à Bezons (Seine-et-Oise) et à Langlée, près Montargis, qui possède une usine de caoutchouc fondée en 1853.

Poudres médicinales et produits chimiques végétaux.

Noisiel (Seine-et-Marne) a une immense usine destinée aux poudres médicinales. Le sulfate de quinine compte trois grandes fabriques : l'une au Havre, une autre à Nogent-sur-Marne et la troisième à Paris; celle de Paris a produit, en 1873, 14,000 kilogrammes de sulfate de quinine représentant environ 400,000 kilogrammes de bois de quinquina.

Aiguebelle, près de Saint-Jean-de-Maurienne, la Bridoire (arrondissement de Chambéry), Saint-Genix, Rumilly (Haute-Savoie), ont des fabriques d'acide gallique, extrait du bois de châtaignier.

Résine.

Bordeaux prépare des bois de teinture dans trois usines à vapeur. Bordeaux manipule aussi et prépare 60,000 barriques de 250 litres chacune de gemme brut, valant 3 millions de francs et récoltées sur les 300,000 hectares de pins de la Gironde; on extrait de ces gemmes l'essence de térébenthine, la colophane, les brais, la résine jaune et la poix. Le goudron végétal qui se rattache à cette industrie est le produit de la combustion en vase clos des parties de l'arbre pin soumises pendant de longues années à l'action du résinage. Beaucoup de ces produits sont expédiés en Angleterre, en Belgique, en Hollande et en Allemagne. On fabrique une huile très-éclairante avec la séve du pin à Mont-de-Marsan.

Industrie du bois. — La *tonnellerie* est surtout développée dans les pays vignobles. Le département de la Gironde compte 732 ateliers de tonnellerie plus ou moins importants, dont 141 sont établis dans la ville de Bordeaux. Plus de 4,000 ouvriers sont occupés une grande partie de l'année dans le département à la fabrication des barriques. Le chiffre annuel de la fabrication atteint, dans ce département, 1,200,000 barriques valant 17 millions de francs. Les merrains ou bois de chêne employés pour les douves de ces barriques proviennent du pays ou de l'étranger. Les merrains du pays sont tirés de l'Auvergne, de l'Armagnac, du Périgord, du Limousin et de l'Angoumois ; les merrains étrangers proviennent des bords de la Baltique, de la Bosnie, des bords de la mer Adriatique, de l'Amérique septentrionale. Tonnellerie.

Bandol (Var), Marseille, Cette, sont aussi de grands centres de tonnellerie.

Bordeaux fabrique en grand des caisses en bois de pin des Landes pour le transport des vins ; on fabrique environ 4 millions de caisses par an.

Les divers bouchonniers de Bordeaux travaillent par an plus de 180,000 kilogrammes de liége, qui produisent environ 10 millions de bouchons ; cette production ne suffit pas à la consommation locale qui emploie plus de 110 millions de bouchons, qu'elle tire des départements qui travaillent le liége, savoir : les Landes, le Lot-et-Garonne, les Pyrénées-Orientales, les Basses-Pyrénées, les Bouches-du-Rhône, le Var, les Alpes-Maritimes. Bouchons.

La fabrication des *enveloppes-paille* pour bouteilles se fait à Blaye, Bazas, Langon, Pessac (Gironde), Dax et Mont-de-Marsan. Enveloppes-paille.

Marseille et différentes villes de Provence font de la *sparterie*. Sparterie.

Industrie textile. — L'*industrie textile* peut être considérée comme la plus grande industrie de notre pays. Elle n'occupe pas moins d'un million de personnes et en fait vivre directement plus de 2 millions ; l'exportation de ses produits dépasse un milliard de francs. Industrie textile.

Les industries textiles empruntent à l'étranger une grande partie de leurs matières premières ; elles sont pour la plupart concentrées dans quelques grandes villes manufacturières.

Filature et tissage du chanvre et du lin. — Les tissus de chanvre et de lin ont toujours occupé une place importante dans l'industrie française. Autrefois le lin était filé par les anciens procédés de la quenouille et du rouet ; Philippe de Girard découvrit le moyen de filer mécaniquement le chanvre et le lin, en 1810. Les événements politiques de 1814 et 1815 dé- Filature et tissage du chanvre et du lin.

tournèrent l'attention publique de cette importante découverte, et Philippe de Girard, après avoir tenté d'appliquer son procédé en France, le transporta d'abord en Autriche en 1816 ou 1817, puis à Chemnitz, en Saxe, vers 1819; son invention fut appliquée à son insu en Angleterre, où la filature mécanique s'établissait en grand de 1820 à 1824. Les Anglais s'attribuèrent le mérite de cette nouvelle invention et, en 1824, ils avaient déjà monté un grand nombre de broches, tandis que la France, dix ans plus tard, n'avait encore tiré nul parti de sa belle découverte. Ce fut seulement de 1833 à 1835 que quelques-uns de nos industriels filateurs allèrent chercher en Angleterre les machines inventées par Philippe de Girard, mais perfectionnées par les Anglais, qui en prohibaient l'exportation. On étudia sur les lieux mêmes le mouvement des métiers, on introduisit secrètement en France quelques machines et bientôt MM. Schlumberger, de Guebwiller (Haut-Rhin), Decoster, de Paris, David, de Lille, furent en mesure de fournir des machines à filer le lin; alors plusieurs industriels, notamment M. Feray, d'Essonne et M. Scrive, de Lille, s'efforcèrent d'utiliser sérieusement une invention dont les avantages étaient devenus manifestes.

Dès 1840, justice a été rendue à Philippe de Girard; le gouvernement français, en 1853, faisait voter une loi qui accordait aux héritiers de cet illustre inventeur des pensions à titre de récompense nationale.

La filature mécanique du lin et du chanvre a pris en France de très-grands développements. En 1840, elle comptait 87,000 broches; elle en avait 250,000 en 1849, 600,000 en 1866; en 1873, on en comptait 716,000 dont 663,000 actives et 53,000 inactives. La filature française file et livre à l'industrie du tissage environ 80 millions de kilogrammes de lin et de chanvre teillés, dont moitié produite par l'agriculture française et moitié importée de l'étranger.

Le tissage comptait près de 17,000 métiers mécaniques et 61,000 métiers à la main, en 1873; l'enquête de 1870 accusait 10,000 métiers mécaniques et 100,000 métiers à la main, employant ensemble 200,000 ouvriers. Le métier mécanique tend chaque jour à se substituer au métier à la main, et la production tend de plus en plus à se concentrer dans de grands établissements. Le nombre des établissements où l'on tisse le chanvre et le lin peut s'élever à 528; celui des filatures à 231.

La valeur des produits tissés en chanvre et en lin peut être évaluée à 550 millions de francs; l'enquête de 1870 la portait à 469 millions de francs.

Nous avons importé, en 1875, pour une valeur de plus de 108 millions de francs de chanvre, de lin et de jute.

L'industrie de la filature et du tissage du lin, du chanvre et du jute est surtout exercée dans la région du nord-ouest. 21 départements seulement renferment des filatures de chanvre, de lin et de jute; le Nord compte à lui seul 545,000 broches et la Somme 51,000; le Pas-de-Calais et le Calvados viennent ensuite avec 25,000. Le tissage des toiles de chanvre, de lin et de jute a son siége dans le Nord, la Somme, l'Ille-et-Vilaine, la Sarthe et Maine-et-Loire.

Quatre groupes principaux se partagent le travail mécanique, savoir :

1° Le *groupe du nord*, qui est sans rival pour la fabrication de la batiste et du linge ouvré : Cambrai, Valenciennes, Bapaume, produisent les qualités les plus fines; *Armentières* fait des toiles à draps et à chemises et surtout du linge ouvré; 37,000 ouvriers se trouvent dans la région d'Armentières. Lille, Roubaix, Lannoy, Tourcoing, Amiens, ont des filatures de lin fort importantes. Lille file et tisse, dans presque tous les genres, de la toile de ménage, de la toile bleue, des articles à bon marché. Comines, Bailleul, Dunkerque, Douai, Boulogne, Abbeville, font les mêmes articles. Le lin est la matière première la plus employée dans ce groupe.

2° Le *groupe de Normandie,* qui emploie surtout le chanvre, est le pays des cretonnes, des toiles de ménage et de literie; les produits sont fabriqués en grande partie dans les villages. Les marchés principaux sont : *Lisieux* (Calvados), *Alençon,* Vimoutiers (Orne), *Bernay* (Eure), qui font de belles toiles pour draps et serviettes, *Vire* (Calvados), qui fabrique des coutils pour ameublement et *Saint-Lô* (Manche).

3° Le *groupe de Bretagne, d'Anjou et du Maine* fait surtout des toiles fortes. La Sarthe et la Mayenne produisent de notables quantités de toiles de ménage tissées dans les campagnes et vendues le jour du marché au Mans, à Laval, à Fresnay (Sarthe). Celles de Bretagne sont portées aux marchés de Rennes, de Saint-Malo, Morlaix, Nantes, Saint-Brieuc, etc. Laval, Saint-Brieuc, Lannion, Guingamp (Côtes-du-Nord), Châteaulin, Landernau (Finistère), Rennes, Loudéac et Cholet (Maine-et-Loire), font des toiles de chanvre et de lin. La société linière du Finistère, qui a son siége à Landernau, occupe 2,400 ouvriers dans la ville et les environs et produit 1,400,000 kilogrammes de fil de lin et d'étoupes, et 1,800,000 mètres de toiles de tout genre. Cholet produit les mouchoirs en quantité considérable. Chemillé (Anjou) est aussi un centre très-important pour la fabrication des mouchoirs de lin.

4° Le *groupe du Béarn* fabrique du linge de table et du linge damassé.

En outre, Voiron, dans l'Isère, tisse des toiles estimées; Saint-Dié et Gérardmer fabriquent des toiles pour la vente de Paris, qui est le plus grand marché et aussi un lieu de production important.

Les toiles à voiles et les cordages se fabriquent sur presque tout le littoral, mais surtout à Dunkerque, Abbeville, au Havre, à Nantes, Angers, Cherbourg, Brest, Landernau, Tonneins, Bordeaux, Toulon. On fait à Toiles à voiles.

Bordeaux des voiles avec des toiles de Landernau, de Dunkerque, d'Angers et de Rennes. Bordeaux fabrique aussi des bâches. Mulhouse, Danjoutin et Strasbourg fabriquent beaucoup de cordes et de câbles. Bordeaux possède trois vastes corderies travaillant principalement les chanvres de Riga, de Saint-Pétersbourg et de Kœnigsberg, les chanvres français et les chanvres de Manille; elles produisent pour près de 2 millions de francs de cordages en grande partie consommés à Bordeaux et dans les environs.

Linge damassé.

Le linge damassé le plus beau provient de Lille, de Saint-Quentin et autres localités du Nord, des environs de Paris, des Basses-Pyrénées et de Voiron.

Bonneterie de fil.

La bonneterie de fil a son siége à Hesdin (Pas-de-Calais); Amiens et Bernay fournissent des rubans de fil.

Fabrication du jute.

Lille, Dunkerque et Amiens sont les seules villes où la fabrication des tissus de jute soit importante. Nous consommons de 30 à 36 millions de kilogrammes de jute.

Filature et tissage du coton.

Filature et tissage du coton. — La filature et le tissage du coton ne datent en France que du XVIIIe siècle; la première fabrique d'indienne fut créée à Mulhouse en 1746, et le premier tissage à Cernay en 1750. En 1790, l'Angleterre manufacturait déjà 12 millions de kilogrammes de coton et la France 4 millions. L'Angleterre appliqua la première les machines à la filature du coton et y réalisa des bénéfices considérables. Deux industriels français, Richard et Lenoir-Dufresne, introduisirent ces machines en France, et créèrent plus de 40 filatures de coton. Lorsque Lenoir-Dufresne mourut, en 1806, Richard continua l'œuvre commune et ajouta à son nom celui de son associé. L'industrie mécanique du coton se développa rapidement, et elle filait déjà plus de 8 millions de kilogrammes lorsque l'invasion étrangère vint fondre sur la France. Les étoffes de coton de l'Angleterre pénétrèrent en France sans payer de droits; tels de nos tissus tombèrent du jour au lendemain de 3 francs à 1f,50 et même 1f,20. La plupart de nos filateurs ne purent résister à la tempête, et le plus célèbre, Richard-Lenoir, qui possédait 7 filatures et occupait 11,000 ouvriers, se trouva complétement ruiné. La nouvelle industrie répara ses pertes peu à peu : en 1817, elle travaillait 12 millions de kilogrammes; ses progrès furent considérables de 1820 à 1836.

Consommation du coton en France.

Les quantités de coton livrées à la consommation dans nos manufactures ont été de 30 millions de kilogrammes en 1830, de 115 millions en

1860, de 99 millions en 1866, de 96 millions en 1869, de 80 millions en 1872, de 92 millions en 1874 et de 99 millions et demi en 1875.

Importance de l'industrie cotonnière.

Il y a peu d'industries manufacturières comparables en importance à celle du coton; c'est ainsi qu'avant la guerre de sécession, les États-Unis livraient aux fabricants des deux mondes près de 600 millions de kilogrammes de coton brut. L'Amérique du Sud, les Indes-Orientales, le bassin de la Méditerranée, en fournissaient 200 millions de kilogrammes; à ces chiffres connus venaient se joindre les quantités énormes de coton que récolte l'Asie, en dehors de toute constatation régulière. On évaluait à 1,800 millions de kilogrammes la totalité de la production. En Europe, où la consommation dépassait 700 millions de kilogrammes, le tissu fabriqué représentait au moins, en moyenne, 5 francs par kilogramme; en supposant le dixième environ de la matière brute perdu en déchets de filature ou de tissage, il restait encore, comme résultat final, une valeur de plus de 3 milliards de francs.

Nombre des broches dans le monde.

En 1873, on comptait, dans le monde, près de 70 millions de broches de filature de coton, savoir :

Angleterre...	41.000.000	Autriche.....	1.700.000	Espagne.....	700.000
Etats-Unis...	11.000.000	Russie......	1.600.000	Italie........	300.000
France......	6.000.000	Suisse.......	1.400.000	Autres pays..	200.000
Allemagne...	4.000.000	Belgique.....	800.000		

Sur le continent européen, la France est le pays où l'industrie du coton est le plus développée; elle y occupe environ 600,000 ouvriers, la plupart travaillant en atelier et à la tâche, et 200,000 seulement travaillant chez eux, au foyer domestique. Le nombre des broches en activité est d'environ 6 millions; il était de 6,500,000 en 1860 et de 6,800,000 avant l'annexion de l'Alsace, qui possédait environ 1,600,000 broches, soit à peu près le quart. La France en aurait aujourd'hui près de 8 millions sans l'annexion de l'Alsace-Lorraine, qui possédait, en 1872, 1,490,000 broches dont 1,280,000 dans le Haut-Rhin, et 210,000 dans le Bas-Rhin.

Pour le tissage, la France possède près de 80,000 métiers mécaniques et environ 200,000 métiers à bras. La statistique officielle de 1873 donne 62,000 métiers mécaniques et 83,000 métiers à bras; ces renseignements ne doivent être considérés que comme approximatifs.

Valeur des produits de l'industrie cotonnière.

La valeur des produits est estimée par les uns à 800 millions de francs, et par les autres à 700 millions. Les filatures de coton ne se rencontrent que dans 35 départements; les plus gros numéros se filent en Normandie; les Vosges font surtout les numéros moyens; l'Alsace, avant la guerre, filait les numéros fins et dans quelques filatures les très-fins. Aujourd'hui, (1876) la filature des numéros fins se meurt en Alsace, parce que le tarif douanier des filés est fort bas et uniforme pour tous les numéros, ce qui ne permet pas aux numéros au delà de 30 ou 34 de se filer avec quelque chance de bénéfice, et rend impossible la fabrication de tout numéro au delà de 40 environ. D'ici à peu d'années, toute la fabrication des numéros fins aura disparu d'Alsace ; c'est du reste l'opinion de M. Auguste Dollfus, l'illustre président de la Société industrielle de Mulhouse. Les numéros extra-fins se fabriquent à Lille et aux environs.

L'industrie cotonnière, répandue aujourd'hui dans toute la France, peut néanmoins être répartie en quatre groupes : le *groupe de l'est*, celui *du nord*, celui *de l'ouest* et celui *du centre*.

Groupe cotonnier de l'est.

1° *Groupe de l'est.* — Le groupe de l'est nous a été enlevé en grande partie par la guerre ; il comprenait le Haut-Rhin, le Bas-Rhin, les Vosges, la Haute-Saône et le Doubs, qui comptaient 1,700,000 broches, soit le quart de la totalité et la moitié des métiers mécaniques. Sa production était estimée à plus de 300 millions de mètres de tissus et 85,000 ouvriers étaient occupés par cette industrie. Mulhouse était la métropole du groupe de l'est; les autres villes où se travaille aussi le coton sont Wesserling, Guebwiller, Colmar, Thann, Munster, Sainte-Marie-aux-Mines, Massevaux, dans le Haut-Rhin ; Uttenheim, Haguenau et Bischwiller, dans le Bas-Rhin. Le Haut-Rhin comptait 54 filatures de coton avec 1,280,000 broches et plus de 12,000 ouvriers fileurs, recevant un salaire annuel de 7,244,000 francs et produisant plus de 18,410,000 kilogrammes de fils. Au Logelbach, près de Colmar, la filature Herzog et Cie, qui date de 1819, a 120,000 broches, un tissage et une retorderie. Elle travaille 1,400,000 kilogrammes de coton et de laine valant 4,200,000 francs; elle tisse 124,000 pièces valant 6 millions de francs et occupe 2,400 ouvriers. Le Bas-Rhin compte 12 filatures de coton occupant 2,200 ouvriers, avec 210,000 broches produisant 3,069,000 kilogrammes de filés valant 11,195,000 francs.

Le Bas-Rhin compte aussi 10 établissements de tissage de coton occupant 2,300 ouvriers et produisant plus de 18 millions de mètres ou 1,516,000 kilogrammes de tissus. Haguenau fabrique des fils simples et retors, des tissus unis et façonnés, des velours unis et côtelés. Tout ce groupe si important a été enlevé à la France et a dû trouver en Allemagne de nouveaux débouchés en transformant sa fabrication et l'appropriant aux besoins du nouveau marché qu'il devait exploiter. Il reste à la France, dans le groupe de l'est, Giromagny (Haut-Rhin), Héricourt (Haute-Saône), Montbéliard, Colombier-Fontaine (Doubs), et les nouveaux établissements qu'on a créés dans le département des Vosges depuis 1870 ; à cette époque, il n'existait dans les Vosges ni un marché ni même une seule maison où se traitassent des affaires de filés et de tissus, dont les cours étaient réglés par les cotes de la bourse de Mulhouse; depuis ce temps on a travaillé à reconstituer un centre industriel et commercial semblable à Mulhouse sur le versant occidental des Vosges, et il est probable que la ville d'Épinal recueillera dans un avenir prochain la succession malheureusement ouverte de Mulhouse. Le nombre des broches introduites dans la filature du département depuis la guerre jusqu'en 1875 dépasse 50,000, de telle sorte que ce département compte environ 430,000 broches. Les calicots produits dans les Vosges représentent, en 1876, plus d'un million de pièces de 100 mètres d'une valeur totale de 35 à 40 millions, se concentrant dans des magasins vosgiens où ils sont vendus à l'état écru, blanc ou teint par l'intermédiaire de huit maisons de commerce ou de commission transférées de Mulhouse à Épinal, et entre les mains desquelles passent aussi une grande partie des filés avant d'arriver au tissage. Les villes de Saint-Dié, Senones, le Thillot, Remiremont, Charmes, etc., deviennent remarquables par leurs fabriques de coton. Bar-le-Duc fait le tissage à la main dans les articles courants, Nancy fabrique des fils pour broderie et Troyes fabrique les gros tissus croisés.

2° *Groupe du nord.* — Le groupe du nord a pour métropoles Lille et Roubaix, Amiens et Saint-Quentin, et compte plus de 1,500,000 broches, dont 1,200,000 pour le département du Nord seul. Les produits de ce groupe sont très-variés; Lille produit surtout des fils de coton en numéros fins pour les articles de Saint-Quentin et de Tarare, ainsi que pour les tulles et dentelles de Calais et de Saint-Pierre-lès-Calais; ses fils de trames sont supérieurs aux trames anglaises. Il existe aujourd'hui à Lille 30 filatures dont le nombre de broches est de 527,500, près de la moitié des broches de tout le département. Lille file les cotons longue soie et les algériens.

Groupe cotonnier du nord.

Roubaix produit principalement les articles mélangés de coton, de laine et de fil pour robes, pantalons et gilets. Ses articles à bas prix ont fait une concurrence redoutable aux indiennes. Les numéros inférieurs alimentent la fabrication de Roubaix. Amiens fabrique avec une grande supériorité les velours de coton de bonne qualité pour vêtements et pour meubles et peut rivaliser avec l'Angleterre. Amiens en fabrique plus de 100,000 pièces par an, valant plus de 18 millions de francs.

Auchy-lès-Hesdin (Pas-de-Calais) et Ourscamp (Oise) ont des filatures de coton. Dunkerque fait de fortes cotonnades. Tourcoing et Lille font des étoffes mélangées de coton et de laine.

On fabrique dans l'arrondissement de Saint-Quentin et surtout dans cette ville, des mousselines et gazes pour l'ameublement, les piqués, les jaconas, nansouks, mousselines unies et celles imitant la broderie au plumetis, les étoffes plissées pour devant de chemises et la lingerie, les calicots, percales, cretonnes et basins, les jaconas brillantés, façonnés, les brochés et les tissus unis, les couvertures et les articles brochés pour rideaux à bas prix. Il se fait environ 450,000 pièces de tissus dans tous les genres et par an. La production annuelle des tissus de coton, dits articles de Saint-Quentin, est de 35 millions. La maison Ledoux-Bedu, de Saint-Quentin, la plus importante du rayon, fabrique des tissus de coton à la mécanique et à la main; elle a 250 métiers mécaniques mus par la vapeur et 1000 métiers à bras; elle occupe près de 1,500 ouvriers et produit annuellement pour 2,500,000 francs.

L'industrie cotonnière de Saint-Quentin occupe une grande partie des ouvriers des campagnes pendant huit mois, et l'agriculture pendant quatre mois. Il en est de même dans les provinces du nord.

Groupe cotonnier de Normandie.

3° *Groupe de l'ouest ou de Normandie.* — Le groupe de Normandie est le plus considérable et a pour centre *Rouen* qui à elle seule file chaque année 30 millions de kilogrammes de coton; cette ville travaille le coton dès le XVIIIe siècle. Ce groupe comprend les départements de la Seine-Inférieure (1,410,000 broches), l'Eure (480,000 broches), le Calvados (160,000) et l'Orne (103,000); c'est un groupe industriel des plus importants comptant plus de 3,200,000 broches; situé près du littoral, il reçoit la matière première dans les conditions les plus favorables. La Seine-Inférieure avec ses 75,000 ouvriers cotonniers, dont un très-grand nombre travaillent dans les campagnes avec des métiers à bras, possède un grand nombre de filatures et de tissages de coton produisant principalement les fils de gros numéros et les tissus épais ou cotonnades à bon marché. Rouen a fait depuis quelques années de sensibles progrès pour ses cotons filés, en perfectionnant ses machines et en employant utilement le coton de l'Inde; on y fait beaucoup de toiles de coton pour chemises d'ouvriers, qui trouvent un grand débouché en Algérie et sont préférées aux tissus similaires anglais. Les indiennes communes, la rouennerie et les mouchoirs imprimés sont à bas prix et d'un emploi très-général.

La fabrication des articles compris sous le nom de *rouenneries* se compose de tissus de diverses couleurs, faits aux métiers à plusieurs navettes, et justifie ce grand nombre de métiers à la main dont la production peut s'élever à la valeur de 85 millions de francs par an.

Les centres de travail après Rouen sont Darnetal, Deville, Maromme, Barentin, Doudeville, Bolbec (Seine-Inférieure), Charleval, Fleury-sur-Andelle, Radepont, Perruel, Romilly, dans la vallée de l'Andelle (Eure). *Flers* (Orne) est un grand centre de fabrication de tissus de coton; ce sont des coutils pour chaussures, coutils pour corsets, coutils à lit, ameublement, articles fantaisies pour chemises, jupons, pantalons, blouses, stores et les toiles de coton. Il s'en fabrique annuellement pour environ 40 millions de francs. Il n'existe à Flers que trois tissages mécaniques, comprenant en tout 50 métiers; le tissage à la main comprend 14,000 métiers, répartis pour la plus grande partie dans les campagnes. Le nombre d'ouvriers employés est de 30,000 au moins pour 300 fabricants. Evreux fabrique aussi d'excellents coutils. Condé-sur-Noireau (Calvados) fabrique de bonnes toiles de coton et a, ainsi que Falaise, des filatures mécaniques de coton.

Groupe cotonnier du centre.

4° *Groupe du centre.* — Le groupe du centre est le moins important et le plus disséminé. Tarare est le centre de ce groupe. Les principaux produits des fabriques de Tarare sont les mousselines unies, les tarlatanes, les gazes, les saint-galette, les tangels, les mousselines brodées au crochet pour l'ameublement et pour la lingerie, les mousselines brochées et façonnées au métier Jacquard, les cretonnes et cotonnades, les couvertures de coton unies et mélangées. Les articles se tissent à la main, sauf quelques mousselines communes; l'ouvrier tisserand reçoit du fabricant-négociant le coton nécessaire et travaille à façon; Tarare est donc plutôt un comptoir de réception de marchandises qu'une ville manufacturière; il y a néanmoins quelques filatures. Le nombre d'ouvriers et ouvrières employés par la fabrique de Tarare est de 120,000 au moins, qui partagent leur temps entre les travaux de la campagne et ceux de l'industrie; 85,000 tisseurs produisent annuellement 1,300,000 pièces de 30 à 50 mètres, soit plus de 50 millions de mètres d'étoffes; 25,000 ouvrières brodeuses s'occupent de la fabrication des rideaux brodés au crochet pour ameublement. La production totale du centre cotonnier de Tarare dépasse 60 millions de francs.

La fabrication des mousselines unies est la branche la plus importante de l'industrie de Tarare; elles sont fabriquées avec les meilleures sortes de coton et les numéros les plus fins.

Les tarlatanes, genre de tissus très-clair et très-léger, se font en toutes nuances et s'exportent en très-grandes quantités; c'est l'un des principaux articles de la fabrique de Tarare, et les prix en sont très-bas, depuis 0f,20 le mètre jusqu'à 3 francs en grande largeur. Tarare vend une grande partie de ses tarlatanes sur les marchés anglais.

L'article gaze est l'un des plus anciens de la fabrique de Tarare; c'est un article clair, léger, transparent et très-solide. La fabrique de Tarare produit, avec des numéros de coton très-élevés, des gazes unies, façonnées, lamées, blanches et en couleur, très-recherchées, surtout en Orient.

Tarare excelle dans les rideaux brochés, qui valent mieux que la broderie suisse; la broderie au crochet de Tarare pour ameublement est très-belle. Tarare fabrique le genre plumetis, qui sert à faire des bonnets de femme et divers articles de lingerie.

Il y a à Tarare de nombreuses usines très-renommées pour la prépation des tissus, pour le blanchiment, la teinture, le grillage et l'apprêt.

Les autres villes travaillant le coton sont Roanne, Villefranche et Thizy; on fabrique les tissus forts, les futaines à Villefranche et à Thizy, qui sont les grands marchés de ces étoffes communes qui ont un débit régulier dans nos provinces méridionales. Roanne produit des indiennes. Vichy fabrique les toiles de Vichy ou grivats. Annecy, Lyon, Nîmes, Reims, Troyes filent le coton et le tissent en le mélangeant avec d'autres textiles. Toulouse, dans le sud-ouest, possède des filatures de coton. A Sainte-Foix (Gironde), on fabrique des grisettes (tissu de chanvre et de coton) qui ont un cachet spécial qui les fait rechercher. Les cotons viennent de Rouen et de Mulhouse; les chanvres, du Mans, d'Alençon et d'Angers; les lins, d'Armentières, de Lille et de la Belgique. La valeur de ces produits, vendus dans les départements environnants, s'élève à 400,000 francs. Auriol (Bouches-du-Rhône) a une filature de coton. Cognin, près de Chambéry, Vovray, près d'Annecy, en Savoie, ont des fabriques de ouate. Claye (Seine-et-Marne) fabrique des tissus de coton imprimés pour ameublements, chemises et mouchoirs de couleur. Paris, avec Clichy, Puteaux, etc., tisse et surtout blanchit, apprête, teint les étoffes qui lui sont envoyées en écru. C'est dans cette ville que sont expédiés la plupart des produits de l'industrie cotonnière.

Toiles peintes et impressions.

Les toiles peintes, les indiennes sont fabriquées à Rouen, surtout les toiles peintes à bon marché, à Mulhouse et à Paris, qui impriment les toiles peintes de luxe pour vêtement et ameublement, de même que Claye. Saint-Quentin, Tarare, Paris sont particulièrement renommés pour les apprêts. Les belles impressions de l'Alsace, qui compte 18 établissements, dont 12 dans le rayon de Mulhouse, n'ont pas de similaires dans nos autres centres manufacturiers; elles occupent 8,600 ouvriers et produisent par an près de 83 millions de mètres d'impressions. Les blanchisseries de Wesserling étaient sans rivales.

La France s'approvisionne de coton aux Etats-Unis, au Brésil, aux Indes-Occidentales, dans l'Inde, en Egypte, en Algérie et dans le Levant. Les deux principaux ports d'importation de cette matière sont le Havre et Marseille. L'importation totale du coton en France a été de 141,352,000 kilogrammes en 1874 et de 143,515,000 en 1875, au commerce général, et seulement 133,527,000 kilogrammes en 1874 et 135,506,000 en 1875, valant environ 240 millions de francs, au commerce spécial.

(c). Industries dérivant du règne animal.

Laines et draps.

L'industrie de la laine est une des plus vigoureuses et des mieux constituées que la France possède, et sa réputation est bien établie sur les marchés étrangers. L'industrie des laines est l'une des plus anciennes dans le monde; mais c'est seulement vers le milieu du XVIIe siècle que fut fondée à Sedan, par Nicolas Cadeau, notre première fabrique de draps fins, façon d'Espagne et de Hollande. A peu près à la même époque, les derniers Maures expulsés d'Espagne par Philippe III établirent la manufacture de Carcassonne; quelques années plus tard, Colbert attira à Abbeville, au moyen de larges concessions, le Hollandais Gosse van Robais. Il encouragea aussi par des privilèges particuliers les développements de Louviers et d'Elbeuf. Reims, Vienne, Amiens, virent grandir leurs corporations de drapiers. La révocation de l'édit de Nantes fit malheureusement passer en Angleterre et en Allemagne une partie de nos plus habiles ouvriers. Pendant toute la durée du XVIIIe siècle, les progrès furent lents. Ils reprirent leur cours sous le premier empire; le blocus continental servit plusieurs manufactures en élargissant les débouchés de la France. Plus tard notre industrie eut à souffrir de la concurrence anglaise, qui avait perfectionné ses procédés de fabrication en appliquant l'ingénieuse machine mull-jenny à la filature de la laine. En 1833 ou 1834, M. Bonjean créa à Sedan les *draps de fantaisie*, draps de nuances mélangées, l'une des plus brillantes spécialités de la fabrication française.

Origine de l'industrie de la laine.

Consommation de la laine.

La consommation de la laine dépasse en France 110 millions de kilogrammes, et la production des manufactures de laine représente une valeur de plus d'un milliard de francs, dont 600 millions sont attribués à la consommation intérieure et 400 millions à l'exportation. Nous importons pour plus de 300 millions de francs de laine étrangère en masse. L'importation en 1866 était de 86 millions de kilogrammes de laine en masse, et en 1875 de 128 millions de kilogrammes; comme nous en avons exporté près de 10 millions de kilogrammes en 1875, il en est resté plus de 118 millions de kilogrammes pour la consommation.

L'industrie des laines peignées est très-développée; 2,899,000 broches concourent à leur fabrication. On trouve des filatures de laine dans 64 départements; ceux qui sont au premier rang pour ce genre d'industrie sont le Nord, avec 1,054,000 broches, les Ardennes (320,000), la Marne (266,000), l'Eure (162,000), l'Aisne (161,000), la Somme (126,000), le Tarn (106,000).

Groupes de fabrication des lainages.

On peut compter sept groupes de fabrication de lainages, savoir : le groupe du nord, le groupe de Normandie, le groupe des Ardennes, le groupe de l'est, le groupe de l'Isère, le groupe du midi et le groupe du centre.

Groupe du nord pour le travail de la laine.

1° *Groupe du nord.* — Les principaux siéges de l'industrie de la laine, dans le groupe du nord, sont le *Cateau* (arrondissement de Cambrai), Fourmies, Sains, Roubaix, Tourcoing, Paris, Amiens, qui font des tissus de laine peignée, tels que satins, cachemires, reps, popelines pure laine, etc. Le Cateau a 80,000 broches et 4,000 métiers à tisser mécaniques ; le rayon industriel de Fourmies compte 300 peigneuses, 500,000 broches et 1,700 métiers à tisser mécaniques. Roubaix est très-remarquable pour le tissage à la main et le tissage mécanique, et fait, ainsi que Tourcoing, des étoffes mélangées pour vêtements d'hommes et de femmes ; Roubaix compte 60,000 ouvriers, 10,000 à 12,000 métiers mécaniques, et produit pour une valeur moyenne de 200 millions de francs. *Amiens* fait les velours d'Utrecht, les popelines, les tissus nouveautés, les peluches. Cette ville possède l'industrie des poils de chèvre, dont la matière première est fournie par l'Asie-Mineure et la Russie. C'est de Bradford, en Angleterre, qu'Amiens tire cette matière ; Amiens débite pour plus de 20 millions de francs d'articles en ce genre ; le montant des affaires de cette ville s'élève à 80 millions de francs. *Saint-Quentin* et *Guise* excellent dans les tissus légers ; *Abbeville* est une de nos plus grandes fabriques de draps, et Mouy (Oise) fabrique des draps d'ameublement. Le travail de la laine peignée prédomine dans ce groupe.

Groupe de Normandie.

2° Le *groupe de Normandie* est au premier rang pour l'industrie de la laine ; les villes remarquables travaillant la laine sont : *Elbeuf* (Seine-Inférieure), qui a un rang à part dans la draperie nouveauté où elle montre une très-grande supériorité ; c'est le tissage à bras qui domine. Elbeuf, comme Sedan, se distingue dans les espèces fines, dans les noirs unis et dans les hautes nouveautés. *Louviers* est l'émule d'Elbeuf, mais sa grande fabrication se tient dans les prix intermédiaires, dans les draps légers notamment ; elle imite en cela Vienne et Bischwiller. Lisieux fabrique une grande variété de draps à bas prix et de qualités inférieures ; Vire (Calvados), Caudebec (Seine-Inférieure), les Andelys (Eure), sont remarquables par leurs gros tissus drapés à bon marché. Plusieurs fabricants de Bischwiller (Bas-Rhin) ont établi des fabriques de draps légers à Vire. Rouen fait des tissus mélangés ; Pont-Authou (Eure) possède une des plus grandes filatures de la région, et Saint-Lô fabrique des droguets. Le travail de la laine cardée domine dans ce groupe.

Groupe des Ardennes.

3° *Groupe des Ardennes ou du nord-est.* — Les deux grands centres de l'industrie de la laine du nord-est sont *Sedan* et *Reims;* les autres villes sont Rhétel et Mouzon. Sedan conserve son ancienne réputation de fabriquer les draps les plus beaux et les plus fins de France ; la draperie y est très-prospère et les genres et les procédés sont à peu près les mêmes que ceux d'Elbeuf ; les deux villes se font concurrence. Sedan fabrique des draps noirs et bleus qui ont une grande vogue ; elle fabrique aussi avec des débris de laines provenant de vieux habits effilochés des draps *renaissance* à 2 francs le mètre. Le chiffre des affaires de cette ville s'élève de 30 à 35 millions de francs.

Reims est l'un des siéges les plus considérables de l'industrie drapière ; c'est le marché le plus important des tissus de pure laine, et des *tissus ras*, qui sont fabriqués le plus ordinairement avec des fils de laine peignée ou avec des fils mixtes ; les tissus ras se divisent en deux genres bien tranchés, les étoffes en laine pure et les étoffes en laine mélangée d'autres matières. Reims fabrique des articles unis en laine peignée et de fantaisies en laine cardée à bas prix, comme des manteaux à $0^f,95$ et des flanelles pour chemises à 1 franc le mètre ; le tissage mécanique a permis de fabriquer des articles communs avec une grande perfection ; ils constituent les trois quarts des expéditions de Reims à l'étranger. Reims fabrique des flanelles tout à fait communes dont la chaîne est en coton. Les deux autres sortes principales de flanelle sont la flanelle de santé portée sur la peau et la flanelle de tartan. Les flanelles dites de santé de Reims et les flanelles pour chemises sont fines, légères, souples et meilleures que les genres anglais ; elles sont de première qualité. Les velours de laine, les ratinés, les imitations d'astrakan et de peaux de mouton, les piqués et les damassés dans les qualités fines, toutes étoffes pour confections de dames, sont sans rivales ; l'Allemagne et l'Autriche ont des similaires dans les qualités moyennes. La société des déchets de la fabrique de Reims, fondée en 1807, pour supprimer les détournements, par les ouvriers, des déchets de peignage, de filature et de tissage, qui leur avaient été abandonnés pendant longtemps, fait 5 millions d'affaires en transformant ces déchets en produits utilisables et recherchés ; de 1862 à 1872, cette société a donné aux pauvres, à divers établissements de bienfaisance, à ses pensionnaires, plus de 724,000 fr.

La ville de Reims a produit, en 1872, 792,000 pièces d'une valeur de 151 millions de francs, dans lesquels les tissus de laine peignée entrent pour les deux tiers environ. Reims a produit des mérinos simples et doubles et des cachemires d'Écosse et tissus divers en laine peignée pour 105 millions de francs ; des draperies légères, manteaux, pantalons et paletots, confections pour dames, pour 20 millions de francs ; des flanelles croisées pour 12 millions et demi, des flanelles de santé pour 11 millions, et des châles divers et des cache-nez pour 2 millions et demi de francs. La fabrique de Reims produisait en 1800 pour 11 millions de francs de tissus, pour 18 millions en 1820, pour 45 en 1840, pour 60 en 1860, pour 78 en 1863 ; en 1866, la production s'élève à 105 millons et en 1872, à 151 millions de francs. On compte dans le rayon industriel de Reims 108 établissements; 12 autres en laine cardée et 26 en laine peignée sont placés dans le département des Ardennes, mais travaillent exclusivement pour la fabrique de Reims. Le nombre des machines peigneuses, qui était en 1862 de 300, et de 536 en 1866, s'élevait, à la fin de 1872, à 709. Le nombre des broches qui travaillent pour Reims dans le département et dans celui des Ardennes est estimé à 450,000. Reims emploie 15,000 métiers à tisser, dont 7,200 à la mécanique et 7,800 à la main.

Depuis peu, la fabrication rémoise n'est plus tributaire, pour les teintures, de Puteaux et de Suresnes. Des teintureries, produisant des nuances exquises, ont été établies à proximité de la ville.

Groupe de l'est pour le travail de la laine.

4° Le *groupe de l'est*. — Dans le groupe de l'est, on remarque Nancy qui fabrique des gros draps, et Pierrepont, à 11 kilomètres de Longuyon, dans la Meurthe-et-Moselle, qui fabrique des draps pour l'armée. Avant la guerre de 1870, l'Alsace était remarquable pour l'industrie de la laine; le Haut-Rhin comptait encore, en 1872, 4 filatures de laine peignée, à Mulhouse, Guebwiller et Sainte-Marie-aux-Mines et 4 fabriques de draps, dont une à Mulhouse pour les draps blancs. Le Bas-Rhin comptait aussi 72 fabriques de draps produisant pour 16 millions de francs environ de draps légers surtout. Bischwiller en était le centre le plus important; la guerre a porté un coup funeste à cette ville si florissante qui comptait, en 1869, 11,500 habitants et qui, en 1875, n'en avait plus que 7,700; le nombre de ses fabricants est tombé de 96 à 21, celui des métiers de 2,000 à 400 et le chiffre des affaires de 20 à 3 millions.

Groupe de l'Isère et de la Savoie.

5° Le *groupe de l'Isère* comprend Vienne qui fabrique une grande quantité de draps à bon marché pour pantalons et paletots. La Savoie travaille aussi la laine; il y a une fabrique de laine renaissance à la Motte-Servolex, près de Chambéry; ces laines renaissance, provenant de vieilles étoffes de laine, servent à fabriquer les draps unis ou imprimés à l'usage de la classe ouvrière. Plusieurs fabriques font des draps renaissance à très-bas prix. Rumilly, près d'Annecy, a des filatures et tissages de laine; une partie de la laine est employée à confectionner un tissu de laine, mélangé de coton ou de lin, grossier mais solide, appelé tiretaine, ainsi que du demi-drap. Sallanches a 5 usines, filatures et tissages de laine, qui produisent des draps forts pour le pays. Il existe à Cognin, petit village distant de 3 kilomètres de Chambéry, deux fabriques de tissus de laine, où l'on fait principalement des couvertures de cheval.

Groupe du Languedoc pour la fabrication de la laine.

6° Le *groupe du midi* ou du *Languedoc,* où l'industrie des draps est très-ancienne, renferme les villes de *Lodève*, *Bédarieux* (Hérault), *Mazamet, Castres* (Tarn), *Carcassonne, Limoux* (Aude) qui sont les centres principaux de cette industrie. L'industrie de la laine du midi s'adresse aux consommations populaires et produit des draps résistants à l'usage du peuple et de l'armée. Lodève fabrique du drap de troupes et a l'État pour client; cette ville fabrique aussi des couvertures et des draps d'exportation pour les pays du Levant. *Bédarieux* a le monopole de la fabrication du drap pour casquettes et fabrique aussi pour l'exportation dans les échelles du Levant, dans nos possessions d'Afrique et dans l'Inde. *Carcassonne* fabrique des draps noirs communs. *Mazamet*, une des plus actives fabriques du midi, fabrique des draps nouveautés, des étoffes de fantaisie et à poil, des flanelles de qualité courante et fait des affaires pour 14 millions de francs par an; cette ville exporte à Paris et à Londres. Castres fait des cuirs de laine, Mende (Lozère), des serges. Saint-Chinian, Saint-Pons, Villeneuve, Clermont-l'Hérault, dans le département de l'Hérault, sont des centres moins importants de fabrication de draps. Tarascon a une fabrique de drap, Salon (Bouches-du-Rhône), une filature de laine et Géménos a des ateliers de lavage et de peignage de laine. Marseille reçoit les laines importées, les lave et les expédie aux manufactures du Languedoc, de Reims, de Roubaix et Tourcoing, de Lille, etc.

Groupes du centre et du sud-ouest.

7° Le *groupe du centre* comprend les fabriques disséminées dans le centre de la France. *Limoges* fait des flanelles, des droguets, étoffes communes pour la consommation des campagnes. Châteauroux (Indre) et Romorantin (Loir-et-Cher) fabriquent les draps destinés aux armées de terre et de mer, aux administrations publiques, aux compagnies de chemins de fer. Tours fabrique aussi des draps. La banlieue de Paris travaille beaucoup la laine, surtout à Puteaux.

Il y a une filature de laines renaissance à Saint-Seurin-sur-l'Isle (Gironde); les matières premières (vieux tissus de laine) viennent de tous les points de la France. Les pays de consommation de ces laines sont : Limoges, Castres, l'Angleterre et la Belgique. Il y a des lavoirs de laine à Saint-Médard-en-Jalle, à Bègles et à Coutras (Gironde). Ces laines sont consommées par l'industrie drapière du midi et du nord de la France, de la Suisse, de l'Italie et de l'Espagne.

L'industrie drapière occupe de 80 à 90,000 ouvriers, produisant pour 300 millions de francs de draps.

Couvertures de laine.

Les *couvertures de laine* se font principalement à Paris, Beauvais, Reims, Lodève, Montpellier, Bordeaux et à Orléans, qui possède 10 fabriques de couvertures.

Tissus d'ameublement.

Paris, Roubaix, Tourcoing, Nîmes fabriquent des tissus pour ameublement très-remarquables. La France produit la moitié environ de ce qui se fabrique en Europe dans ce genre d'industrie, soit 20 millions de francs sur 40 millions.

Châles.

Châles. — Le châle français se fait à Paris, Reims et Lyon, pour les qualités moyennes, et à Nîmes pour les qualités à bon marché.

Tapis.

Tapis. — Nulle part on ne fait mieux qu'en France le tapis d'un prix élevé. Les tapis ras de Beauvais et d'Aubusson (Creuse), nos belles moquettes haute laine, réunissent toutes les qualités propres à flatter le goût des classes riches. Ils ornent dans l'Europe entière les salons les plus somptueux. La manufacture de tapis d'Aubusson donne des primes aux ouvriers qui sont aussi admis aux bénéfices. Les tapis de pied haute laine de Nîmes sont au premier rang; mais les Anglais produisent mieux que nous en tapis de pied de haute laine, en moquette, en chenille, en jaspé et en feutre. Paris, Tourcoing (pour les moquettes), Roubaix (pour les tapis de pied), Amiens, Abbeville, Tours, Limoges, Amboise, Bordeaux sont renommés pour la fabrication des tapis. L'État possède les manufactures de tapisseries et de tapis des Gobelins, à Paris, et de Beauvais, qui ne travaillent pas pour le commerce, mais lui fournissent ses plus beaux modèles.

Teinture des étoffes de laine.

En France, la teinture des étoffes de laine constitue une industrie séparée, travaillant à façon pour le compte des filateurs ou des tisseurs. C'est pour cela que l'art du teinturier s'est élevé très-haut dans notre pays et que ses progrès, en France, ont certainement contribué à répandre dans le monde le renom de nos étoffes de fantaisie, car l'éclat des couleurs, la fermeté et le brillant de l'apprêt font ressortir la qualité des tissus de laine. Clichy, Puteaux, Reims et Roubaix sont remarquables pour la teinture des étoffes de laine.

Soieries.

Soieries. — L'industrie des soieries est la plus riche et la plus complétement française; la production en est supérieure à celle de toutes les autres nations européennes réunies. La soie grége, moulinée, ouvrée et façonnée en mille tissus est l'une des gloires industrielles et l'une des richesses de notre pays. Ce furent, dit-on, des Arabes qui apportèrent en Europe, en Sicile d'abord, l'éducation des vers-à-soie et la filature des cocons; en 1470, Louis XI établit la première manufacture de soieries à Tours, dont il fit venir les ouvriers de Gênes, de Venise, de Florence et de Grèce. Henri II fit planter des mûriers blancs; nos manufactures tombèrent en abandon durant les guerres civiles, mais Henri IV les rétablit et leur donna un nouvel essor. L'établissement des premiers métiers de Lyon ne paraît pas remonter au delà du commencement du XVe siècle; aujourd'hui c'est le siége principal de la fabrication des tissus de soie ; la division dans le travail est une des causes de la supériorité acquise et maintenue à Lyon. La fabrication des soieries alimente à Lyon et dans les campagnes du département et des départements voisins 120,000 métiers, dont 30,000 battent dans la ville même, surtout à la Croix-Rousse, qui en compte 20,000. Ces métiers, dont 5 à 6,000 sont des métiers mécaniques, occupent près de 180,000 ouvriers et consomment plus de 2,200,000 kilogrammes de soie. Le poids des soies entrées à la condition des soies de Lyon était de 3,162,000 kilogrammes en 1873 et de 4,016,000 en 1874. La production des soieries à Lyon s'élevait à 396 millions de francs en 1868, à 460 millions, en 1872, à 450 millions en 1874, et à 425 millions, en 1875. Cette production se divise de la manière suivante, en millions de francs :

	En 1868	En 1872	En 1875
Foulards écrus ou imprimés	45 millions	50 millions	40 millions
Etoffes de soie pure unies : noires	220 —	165 —	156 —
— — — couleurs	40 —	120 —	125 —
Autres tissus unis	5 —	10 —	» —
Satins de soie pure ou avec trame de coton	26 —	25 —	4 —
Velours de soie pure ou avec trame de coton	25 —	30 —	15 —
Etoffes façonnées et brochées	12 —	18 —	30 —
Tissus de soie mélangée de coton, de laine, etc.	7 —	20 —	35 —
Crêpes	9 —	8 —	8 —
Tulles unis ou damassés	7 —	14 —	6 —
Gazes	» —	» —	6 —
	396 millions	460 millions	425 millions

Lyon produit toutes les étoffes de soie, mais la fabrication des soieries unies, taffetas et failles, est devenue le principal objet des manufactures lyonnaises; le teinturier a remplacé en partie le dessinateur. Les étoffes brochées ou façonnées sont loin d'être perdues pour la fabrique lyonnaise ; on en fait encore par an pour 20 à 30 millions de francs ; en 1865, on ne faisait pas en France pour moins de 100 millions de francs de ces étoffes, et on en exportait pour plus de 72 millions. Cette industrie se divise en deux branches : l'une, la fabrique des étoffes pour robes; l'autre, celle des étoffes pour ameublement et pour ornements d'église.

Ce qui se produit à Lyon en petits articles divers, comme cravates, ceintures, rubans, résilles, etc., est beaucoup plus considérable qu'on ne le croit communément, et entre pour une large part dans la somme des exportations.

La soie se travaille en fabrique et non en manufacture.

Il y a à Lyon des ateliers de préparation et de teinture pour la soie et les soieries; 4 à 5,000 ouvriers remplissent les ateliers de teinture de soieries, et les façons s'élèvent à près de 22,000,000 de francs; la teinturerie lyonnaise teint des soies pour presque toutes les fabriques étrangères. Lyon produit exclusivement pour l'exportation des articles dorures, étoffes lamées or ou argent, gazes de soie, foulards spéciaux pour le Levant, l'Espagne et l'Amérique du Sud. La fabrication des étoffes brochées d'or ou d'argent est à peu près toute réunie à Lyon; la fabrication des foulards s'exécute presque tout entière à l'aide de moteurs mécaniques : on la trouve à Vizille, à Bourgoing, à Moirans, à Rives, à Grand-Lemps, à Voiron, dans l'Isère, mais presque toutes ces localités travaillent pour des maisons de Lyon. Les crêpes sont concentrés à Lyon dans un petit nombre de maisons; les tissus de soie pure ou façonnée se concentrent à peu près exclusivement dans la ville et les environs de Lyon. Lyon exporte environ de 350 à 375,000,000 de fr. de soieries sur une exportation totale d'un demi-milliard que fait la France. Les deux principaux débouchés des soieries lyonnaises sont l'Angleterre et les États-Unis, qui absorbent la moitié de l'exportation.

Il y a des manufactures de soieries à Jujurieux, à Renage (Isère), à Romans, à Tarare, pour les peluches. L'établissement de Jujurieux, fondé en 1835, dans l'Ain, comprend une magnanerie, une filature de 100 bassines, des ateliers de moulinage de 28,000 fuseaux, des ateliers de dévidage des soies teintes, d'ourdissage et de pliage des chaînes, etc. Il renferme 700 ouvriers parmi lesquels 650 jeunes filles, logées, nourries et surveillées dans l'établissement; de plus 500 à 600 ouvriers travaillent chez eux à Jujurieux au tissage des étoffes et au dévidage des soies teintes.

L'établissement de Renage, dans l'Isère, près de Rives, comprend des ateliers de moulinage avec 42,000 broches, et des ateliers de tissage de crêpe de soie avec 500 métiers mécaniques et 150 métiers à la main; il renferme 1,000 ouvriers et ouvrières, parmi lesquelles 740 femmes et jeunes filles sont logées. On tisse chaque année dans cette usine 2,700,000 mètres de crêpe, dont le poids en soie est de 34,300 kilogrammes.

La Savoie travaille aussi la soie; Faverges (arrondissement d'Annecy), Cognin et la Boise, près de Chambéry, ont des manufactures de soieries; celle de Faverges occupe 700 ouvriers. Giez (arrondissement d'Annecy), Fréterive, petit village à 7 kilom. de Saint-Pierre-d'Albigny, et Saint-Pierre-d'Albigny (arrond. de Chambéry), ont des fabriques de taffetas. La Calamine, à Chambéry, a une fabrique de gazes. Betton-Bettonnet, sur la rive gauche du Gelon (canton de Chamounix), a une filature de cocons; l'usine d'Hermillon, sur la rive droite de l'Arc, près de Saint-Jean-de-Maurienne, s'occupe du dévidage, purgeage, doublage et moulinage des soies, du pliage et du paquetage.

Nîmes fait des soieries légères, des tissus algériens pour 2,000,000 de francs; Tours fabrique des étoffes d'ameublement pour 10,000,000 de francs; Paris fait des façonnés châles de soie et de la passementerie. Avignon, Tarascon et Salon (Bouches-du-Rhône) ont des ateliers de tissage de soie. Géménos a une filature de soie. Saint-Rambert-de-Joux, Tenay et La Sône, sur l'Isère, ont aussi des filatures de soie.

Fils de déchets de soie.

La France compte 15 filatures produisant près de 700,000 kilogr. de fils de déchets de soie; les déchets de soie comprennent tous les cocons défectueux et les déchets que laissent le filage, le moulinage et le tissage. Cardés ou peignés, ils donnent des fils, simples ou montés à plusieurs bouts, crus ou cuits, qu'on appelle *schappes*, *fantaisies* ou *fleurets;* en France, les foulards de soie de Lyon, les tissus mélangés de Roubaix, les cordonnets pour passementeries, sont fabriqués avec les fils de déchets de soie. L'Alsace comptait 8 filatures de ce genre, à Thann, Guebwiller, Soultz, etc.

Briançon a une manufacture de peignage de bourre de soie qui occupe 1,000 ouvriers.

Les Andelys possède une manufacture de soies retorses, c'est-à-dire de soies à coudre et à broder et de celles qui sont propres à la fabrication de la passementerie, des guipures et des dentelles.

Moulinage de la soie.

Le travail de la soie brute s'exerce dans plus de 500 filatures munies de 20,000 bassines et dans 800 établissements de moulinage dans lesquels tournent 340,000 tavelles. Avignon, Alais, le Vigan, Saint-Hippolyte-du-Gard, Ganges, Aniane (Hérault), Aubenas, Largentière (Ardèche) sont les centres principaux du dévidage et du moulinage de la soie. Les soies des Cévennes, tant en grége qu'en organsin, sont nerveuses et régulières; leurs marques sont bien connues et sont recherchées dans le monde entier. L'Italie, la Suisse et l'Angleterre ont, pour l'ouvraison des soies asiatiques, des établissements où ce travail atteint une perfection que la France n'égale pas encore; proportion gardée, il y a en Italie plus de mouliniers de premier ordre qu'en France. Le Piémont a le plus d'*organsinistes,* la Lombardie le plus de *tramistes;* les grandes maisons, pour ce genre de travail, sont plus rares en France qu'en Italie.

Rubans.

L'industrie de la soie s'exerce aussi dans le bassin de la Loire, à Saint-Étienne et à Saint-Chamond : c'est la fabrication des rubans unis ou brochés, de la passementerie, des tissus élastiques et des lacets. La fabrication des rubans de soie est très-ancienne en France, plus ancienne même que celle des soieries. Elle fut établie à Saint-Chamond au XIIe siècle et plus tard à Saint-Étienne. Cette fabrication est concentrée depuis deux siècles dans l'ancienne province du Forez. Elle a été longtemps une industrie domestique à la ville et à la campagne. Les ouvriers étaient seuls propriétaires des métiers; aujourd'hui il y a des usines renfermant de nombreux métiers mus par des moteurs mécaniques, mais les métiers disséminés sont encore les plus nombreux et sont restés la propriété des ouvriers. La fabrique stéphanoise produisait, vers 1805, pour 17,000,000 de francs avec 13,850 métiers et 25,000 ouvriers; elle était arrivée en 1834 à 50,000,000 de francs. La prospérité fut grande de 1849 à 1857 et la fabrication dépassa 100,000,000 de francs; mais le délaissement des rubans brochés ou façonnés ou des rubans de satin et la guerre des États-Unis, suivie de l'établissement à l'entrée de ce pays de droits de douane de 50 à 60 °/₀ sur les rubans, contribuèrent à abaisser la production de Saint-Étienne à 55,000,000 en 1867. Les fabricants de cette ville, intelligents et tenaces, les teinturiers, les dessinateurs et les ouvriers expérimentés, ont réussi à relever cette industrie, dont la fabrication s'est élevée à 120,000,000 de francs en 1872, pour redescendre à 93,000,000 en 1873, à 85,000,000 en 1874 et remonter à 96,000,000 en 1875. Cette production se divise de la manière suivante :

	En 1872	En 1873	En 1874	En 1875
Rubans de soie pure ou mélangée....	70 millions	52 millions	46,5 mill.	51,5 mill.
Rubans de velours, pure soie ou soie et coton........	20 —	13 —	15,3 —	16 —
Galons et passementerie..........	12 —	10 —	3 —	2,5 —
Tissus élastiques..........	5 —	4 —	5 —	4 —
Lacets et tresses de Saint-Chamond...	15 —	14 —	15 —	22 —
	122 millions	93 millions	84,8 mill.	96 millions

Les deux tiers de la production sont ordinairement enlevés par les exportations. Plus de 75,000 ouvriers sont employés dans cette industrie; le nombre des métiers s'élève à plus de 25,000. 7 ou 8,000 métiers à une pièce, dont un millier au plus pour le velours, sont chez les paysans dans les montagnes de la Loire et de la Haute-Loire; c'est grâce à ces métiers qu'on peut fabriquer dans les conditions les meilleures les rubans de velours de pure soie et en grande largeur, les écharpes, les rubans façonnés, etc. Le travail des lacets est fait à Saint-Étienne au moyen de 600 fuseaux, montés dans 22 usines.

On compte à Saint-Etienne 220 fabricants, ayant chacun une spécialité bien définie, qui sont secondés par des maîtres ouvriers rompus à la pratique de la fabrication et propriétaires des métiers. Le tissage des rubans est fait à Saint-Etienne, en général, dans de petits ateliers, et la plupart de ces ateliers contiennent chacun plusieurs métiers. Les métiers appartiennent ordinairement au tisseur qui est le chef de l'atelier. Le patron ou maître ouvrier passementier est quelquefois aussi propriétaire de la maison dans laquelle les métiers sont montés. Le chef d'atelier conduit un métier, et des ouvriers *compagnons* travaillent sur les autres métiers. Le premier discute librement avec le fabricant le prix de façon des rubans qu'on lui propose de tisser dans son atelier. Il garde pour lui tout le prix de la façon de la pièce qu'il a tissée lui-même sur son métier ; il donne la moitié du prix de façon à chaque compagnon pour l'ouvrage que celui-ci a fait. La façon du tissage à la main représente, le plus souvent, de 10 à 15 °/₀ de la valeur du ruban ; elle s'élève jusqu'à 40 °/₀ pour les rubans brochés les plus riches. Le salaire moyen des ouvriers est de 4 francs par jour ; ils travaillent toujours à la tâche. A Saint-Etienne, les usines, c'est-à-dire les grands ateliers, sont l'exception.

Depuis plusieurs années, on produit principalement des rubans unis ; la plupart des rubans sont avec trame de coton. La Suisse l'emporte sur nous pour les tissus légers et à bas prix ; nous avons gardé la supériorité pour les belles qualités.

Saint-Etienne n'a pas cessé de faire des rubans brochés ou façonnés et n'a pas de rivale pour ces articles. La fabrication des rubans de velours s'est rapidement développée ; on fait surtout des velours en soie et coton ; le nombre des métiers pour les velours s'élève à 4,000 ; on fabrique peu de velours tout en soie. Les teinturiers sont parvenus à donner aux fils de coton le brillant et le toucher de la soie, et l'on obtient les meilleurs résultats du mélange des deux matières. L'industrie des lacets et tresses est concentrée à Saint-Chamond ; sa production dépasse 20 millions de francs.

La passementerie en France brille au premier rang et n'a pas de rivale dans les pays étrangers. On fabrique de la passementerie nouveauté, consistant en résilles, filets, ganses, cordons, tresses, galons, rubans, franges, lacets de soie à Saint-Chamond, à Paris, à Lyon, Nîmes, Tours et Saint-Etienne. Saint-Chamond et Nîmes font des tresses de soie et de laine. Saint-Dié-la-Sauve, dans la Haute-Loire, a une fabrique de rubans. La ville de Ganges (Hérault) possède une fabrique de bas de soie, ayant 300 ouvriers qui fabriquent pour 500,000 francs de produits.

On estime que la France produit les deux cinquièmes de la production totale des rubans de soie en Europe.

Consommation des tissus de soie.

La fabrication des tissus de soie consommés en France est évaluée par la chambre de commerce de Lyon à 120 millions de francs ; celle des rubans de Saint-Etienne à 40 millions, et celle des tresses et lacets à 3 millions, ce qui fait une consommation totale en soieries de toutes sortes de plus de 160 millions de francs.

Production totale des soieries.

On estime que la production totale de l'industrie des soieries en France, en 1875, s'élève à plus de 550 millions de francs ; on la portait, les années précédentes, à 700 millions.

Exportation des tissus de soie.

Depuis 1864, l'exportation des soieries a toujours dépassé 400 millions de francs ; elle s'élevait à 477 et à 478 millions en 1873 et 1874, dont 351 et 362 millions pour ces mêmes années en tissus de pure soie, qui forment le fond de la production lyonnaise : les principaux débouchés de nos soieries sont l'Angleterre, les Etats-Unis, la Suisse, qui absorbent plus des sept dixièmes de l'exportation, ensuite la Belgique, l'Italie, l'Allemagne, l'Espagne, le Portugal et l'Egypte. Aujourd'hui, les fabricants lyonnais envoient l'étoffe en consignation, non-seulement à New-York, mais à Londres et à Paris.

L'Allemagne et la Suisse nous ont enlevé la vente d'une notable partie des étoffes à bon marché. Les Anglais poursuivent avec vigueur la fabrication d'articles qu'ils se sont rendus familiers ; l'Italie, l'Autriche et la Russie font de grands progrès dans l'industrie des soieries ; les Etats-Unis nous font déjà concurrence. Une nouvelle période de lutte va donc s'ouvrir d'ici à peu d'années ; il faut que l'industrie française s'y prépare de longue main afin de ne pas être prise au dépourvu.

Tanneries.

Industrie des peaux et des cuirs. — La préparation et la mise en œuvre des cuirs et des peaux est une des industries les plus avancées que possède notre pays. L'industrie du tannage, qui consiste à combiner la peau avec une substance capable de former avec elle un produit imputrescible à l'eau, et particulièrement avec le tannin, est pratiquée dans toutes les parties de la France, mais les villes où elle est le plus développée sont Paris, Lyon, Bordeaux, Marseille, Nantes, Strasbourg, Metz, Givet, Provins, Château-Renault, Rouen, Bernay, Pont-Audemer, Angers, Tours, Orléans, Reims, Troyes, Moutiers, Chambéry, Annemasse, Thonon, Bonneville, Annecy, etc., etc. Les peaux de buffle et de bœuf servent à la fabrication des cuirs *forts* employés pour semelles ; les peaux de vache, de veau et de cheval, servent à la fabrication des cuirs mous.

Les cuirs destinés à d'autres usages qu'à la fabrication des semelles de chaussures subissent différentes préparations qui les assouplissent et les mettent en état de servir aux besoins de l'industrie ; c'est le *corroyeur* qui les prépare.

Corroierie.

La corroierie a donc pour but de donner de la souplesse et de l'élégance aux cuirs compacts et forts faits par le tanneur ; elle leur donne l'épaisseur voulue et la couleur noire.

Paris, Château-Renault (Indre-et-Loire), Héricourt, Sochaux (Doubs), Strasbourg, Vernon, la Suze (Sarthe), Coulommiers, etc., produisent des cuirs forts de pays. Abbeville, Givet (Ardennes), Sierck (Moselle), Dreux, Alençon, Rennes, Pont-Audemer, Saint-Saëns (Seine-Inférieure), produisent des cuirs forts étrangers ; ces villes travaillent les peaux de Buénos-Ayres et de Montevideo, qui sont les premières du monde à cause de leur compacité et de leur résistance.

On fabrique du veau mince pour filatures et pour cardes et de fortes courroies pour transmission de mécanique à Paris, Rouen, Pont-Audemer, Guise (Aisne), Valenciennes et Strasbourg. Paris et Pont-Audemer tiennent le premier rang pour la fabrication des cuirs vernis noirs, jaunes et brunis pour sellerie et carrosserie. Rouen fabrique en cuir des rouleaux pour lithographie. Les corroieries de Millau, dont les produits sont universellement connus et recherchés sous le nom de *veaux de Bordeaux* bien qu'ils se fabriquent dans l'Aveyron, celles d'Aniane (Hérault), de Montpellier, de Nantes, d'Aubusson (Creuse), de Paris, de Metz et de Lyon, sont très-distinguées. Paris, Nantes, Bordeaux, Lyon fabriquent la tige et le veau avec grand succès. Il y a 5 tanneries à Bordeaux, 5 à Langon et 3 à Bazas. Les veaux et les tiges de Bordeaux sont très-recherchés et expédiés principalement en Angleterre, en Russie, en Allemagne, en Belgique et en Orient.

La fabrication des veaux cirés en France est si considérable et si supérieure que notre pays alimente de ce produit l'Amérique du Nord et du Sud ainsi que l'Angleterre. Strasbourg et Barr (Bas-Rhin) sont renommés pour leurs cuirs forts et leurs veaux cirés. Aix, Aubagne, Marseille, Saint-Remy, Tarascon et Vauvenargues (Bouches-du-Rhône), ont des tanneries.

Mégisserie.

La tannerie et la mégisserie occupent une place importante parmi les industries du département de l'Hérault. La mégisserie a pour but de rendre les peaux imputrescibles par l'action de l'alun et du sel; les mégissiers traitent les peaux de mouton, de chevreau et de chèvre destinées à la ganterie. La mégisserie française, par l'excellence de sa fabrication, attire à elle la presque totalité des peaux de chevreau du monde entier, et les réexporte ensuite dans les lieux de production. 100 ateliers, dans l'Hérault, préparent des peaux de veau cirées, dont une partie est exportée en Italie et aux Etats-Unis ; Montpellier fabrique de très-beaux agneaux mégis pour gants ; on estime à 10 millions la production en cuirs de toutes sortes du département de l'Hérault.

Chamoiserie.

Annonay (Ardèche), Grenoble, Chambéry fabriquent de belles peaux chamoisées pour ganterie et sellerie. Le chamoiseur emploie les mêmes peaux que le mégissier et leur fait subir les mêmes premières opérations ; mais à la sortie du bain de son, il imprègne les peaux d'huile de poisson par des foulonnages répétés; cette huile remplace ainsi le mélange d'œuf, de farine, d'alun et de sel employé dans les peaux mégissées.

Maroquinerie. La France produit de beaux maroquins et moutons de couleur de toutes sortes; notre fabrication de maroquins (peaux de chèvres teintes de diverses couleurs et grainées) reste toujours la première du monde. Rien de plus varié, rien de plus éclatant, de plus élégamment préparé pour la maroquinerie, la gaînerie, la reliure, la chapellerie que les peaux fabriquées notamment à Paris, à Strasbourg, à Marseille. Le maroquin, teint par du chlorure d'étain, qui sert de mordant, et de la cochenille, est tanné avec de la poudre de sumac.

Paris et Lyon travaillent avec une grande perfection la chèvre corroyée et Marseille travaille sur une vaste échelle la chèvre tannée; la tannerie des peaux de chèvres a pris une grande extension à Marseille où elle occupe plus de 2,000 ouvriers et donne lieu à des transactions très-importantes. La préparation des peaux de chèvre a pris aussi à Bordeaux une certaine importance.

Les peaux de chèvres tannées dans les Indes, appelées peaux de chèvres anglaises, sont expédiées à Londres, où elles sont vendues à bas prix à des enchères qui ont lieu à peu près tous les mois et par quantité de 1,100,000 à 1,200,000; elles font une concurrence très-grande aux peaux de chèvres tannées en France. Les peaux de chèvres sont fournies à Marseille par le Maroc, l'Algérie, la Tunisie, la Tripolitaine, le Levant, le Cap, l'Italie méridionale, la Sardaigne, Trieste et Calcutta. Les peaux tannées s'exportent en grandes quantités en Espagne, en Italie, aux États-Unis et dans plusieurs autres pays.

Cuir factice. On fabrique du *cuir factice* à Paris au moyen de déchets provenant du drayage des cuirs tannés, qui sont mélangés de colle de pâte et pressés fortement pour leur donner de la cohésion; ils forment de grandes feuilles qui sont utilisées pour premières semelles de chaussures vendues à bon marché.

La ganterie. La France occupe toujours la première place dans la production des gants en peau de chevreau; la ganterie est l'industrie française par excellence; elle occupe environ 70,000 ouvriers et produit annuellement 24 millions de paires de gants, valant en moyenne 80 millions de francs. Les peaux employées dans la ganterie de peau sont celles de chevreau, d'agneau, de mouton, de chèvre, de chamois, de daim, de castor, de cerf, d'élan, de renne, de buffle, de chien, de chat et même de rat. La ganterie de peau est une industrie compliquée; un gant, depuis l'état de peau en poil jusqu'à celui de gant fini, passe 219 fois par les mains des ouvriers avant de passer à celles du consommateur.

La ganterie en peau a pour siéges principaux Paris et Grenoble, qui tirent des peaux de chevreau de la Saxe, du Tyrol et de la Bavière; Chaumont fabrique des gants de chevreau mégissé et travaille surtout pour l'exportation; Millau (Aveyron), Niort, Vendôme, se livrent de préférence à la fabrication des gants d'agneau, de daim, de castor et de chamois pour militaires. Lunéville, Nancy, Blois font aussi des gants. Chambéry a trois fabriques de gants de peau. Nous exportons pour 45 millions de francs environ de gants, principalement en Angleterre et aux États-Unis.

Sellerie.

Les produits de la sellerie laissaient beaucoup à désirer en France jusqu'en 1816; mais, à partir de cette époque, nos selliers rivalisèrent de zèle pour arriver à la meilleure confection, et ils le firent avec tant de succès que, dès 1825, les produits de cette industrie étaient recherchés à l'égal de ceux des Anglais. Depuis ce temps, cette industrie, qui est exercée dans un grand nombre de villes, a toujours été en progressant.

Cordonnerie et chaussures.

La cordonnerie a réalisé des progrès importants depuis quelques années; cette industrie s'exerce partout dans les villes et dans les campagnes; il n'y a que peu d'années qu'elle s'est organisée au point de vue de l'exportation sur une grande échelle; mais aujourd'hui la France possède un grand nombre de fabriques importantes réparties dans beaucoup de villes; les principales sont établies à Paris, à Arpajon (Seine-et-Oise), à Liancourt (Oise), à Lillers (Pas-de-Calais), à Blois, Angers, Romans (Isère), Nantes, Bordeaux, qui possède trois grandes fabriques de chaussures, Limoges, Marseille, etc., qui fabriquent des chaussures clouées et vissées pour l'exportation. Paris, Metz, Boulogne-sur-mer, Bordeaux, Nancy, Limoges, Marseille, Amiens, Blois, Tours, le Mans, Lyon, Nîmes, etc., font aussi des chaussures cousues. Tours fabrique des chaussures à semelles boulonnées. La cordonnerie occupe à Paris 4,660 industriels, employant 18,000 ouvriers et faisant pour 82 millions d'affaires. On estime qu'il se fabrique chaque année en France pour 620 millions de francs de chaussures, qui n'occupent pas moins de 220,000 personnes. L'industrie de la chaussure peut donc être placée parmi les plus importantes de notre pays. Nous exportons des chaussures pour 80 millions de francs dont 40 millions pour Paris. Il y a une fabrique importante de chaussures de tous genres, en caoutchouc, à l'usine de Langlée, dans le Loiret. Les débouchés pour la chaussure française sont l'Amérique du Sud, l'Amérique centrale, les Antilles, le Mexique, Java, l'Algérie, les îles Maurice et de la Réunion, l'Egypte, les villes de Smyrne, Constantinople, Bucharest, Jassi,

Odessa, Tiflis et quelques autres villes de l'Orient. L'Angleterre et la Suisse achètent nos belles qualités.

La fabrique française est toujours en première ligne, mais l'étranger fait des efforts pour l'égaler. Les fabricants français doivent conserver à la France sa juste réputation d'élégance et de bon goût; ils doivent produire beau et bon pour faire concurrence aux pays étrangers qui ne peuvent pas produire aussi bon, et comme le dit avec tant d'autorité l'un des fabricants de chaussures les plus intelligents de Paris, en même temps que l'un des plus philanthropes, M. F. Pinet, la France doit lutter autant par le bon goût que par la belle et bonne qualité : c'est ce qui la rendra invincible.

Fourrures.

Le commerce français des fourrures est en tête de celui du monde entier; la maison A. Servant, de Paris, est la première du monde pour ce commerce.

Fabrique de colle.

La colle forte et la colle de poisson sont fabriquées en Flandre, puis à Givet, à Rouen et à Paris.

Noir animal.

Bordeaux, Nantes, le Havre, Paris, Marseille ont des fabriques de noir animal; les deux établissements de Bordeaux consomment 1,200,000 kilogrammes d'os provenant de la Plata et des abattoirs de la ville; ils produisent près de 800,000 kilogrammes de noir animal, expédié surtout dans le nord de la France et en Angleterre.

Beurres et fromages.

Industries alimentaires. — La fabrication du beurre constitue une industrie très-importante et très-répandue en France. Les départements du Calvados, de l'Orne, de la Manche, de la Seine-Inférieure, d'Indre-et-Loire, de l'Oise, du Nord, du Pas-de-Calais, du Loiret, et la Bretagne sont les lieux principaux de production du beurre. Isigny, Gournay, Morlaix et la Prévalaye préparent des beurres salés. Les beurres de Normandie fournissent les trois quarts du beurre que l'on consomme à Paris. En 1874, l'exportation du beurre français s'est élevée à 37 millions de kilogrammes valant 85 millions de francs; l'exportation est à peu près la même en 1875.

La fabrication des fromages est très-importante dans plusieurs départements. Outre les fromages frais que l'on prépare partout, il existe un grand nombre d'espèces diverses de fromages qu'on peut diviser en quatre classes d'après la nature du lait employé à leur fabrication : 1° Les fromages préparés avec du lait de vache ; 2° ceux qui sont faits avec du lait de brebis ; 3° ceux qui sont préparés avec du lait de chèvre; 4° les fromages fabriqués avec des laits mélangés. Chacune de ces classes peut se subdiviser en deux catégories, les *fromages mous* (frais ou salés) et les fromages à *pâte ferme*. On distingue aussi les fromages *gras* qui sont préparés avec du lait non écrémé et quelquefois additionné d'une certaine quantité de crème, et les fromages *maigres* qu'on obtient en faisant cailler le lait écrémé.

Dans le nord, les fromages sont faits avec du lait de vache; les plus remarquables sont le fromage de *Marolles*, près de Landrecies, le fromage de *Brie*, fabriqué dans le département de Seine-et-Marne, qui en produit pour plus de 12 millions de francs par an, le *Camembert* (Orne), célèbre fromage de la Normandie, qui en produit 600,000 pains par an, celui de *Neufchâtel* (Seine-Inférieure), ceux de *Livarot* (2 millions de pains par an), de *Pont-l'Évêque*, *d'Isigny* (Calvados), et de *Compiègne*, qui proviennent des environs de cette ville.

Dans l'est, l'industrie des fromages de *Gérardmer* ou *Géromé* est répandue dans toute la partie montagneuse des Vosges et donne lieu à un commerce très-considérable. Les fromageries du Jura, dans le Jura, le Doubs et l'Ain, fabriquent les fromages de *Gruyère;* ce fromage très-estimé, fabriqué avec du lait de vache, est de trois espèces : le *fromage gras,* dans lequel on laisse toute la crème; le *mi-gras,* qui se fait avec la traite du matin et celle de la veille que l'on a écrémée; le *maigre,* qui se fabrique avec le lait écrémé; le *mi-gras* est l'espèce la plus répandue dans le commerce. La fabrication de ce fromage s'effectue par associations connues sous le nom de *fruitières*. Les cultivateurs d'une commune nomment une commission de plusieurs membres chargée de faire exécuter le règlement de l'association, et cette commission choisit un *fruitier,* c'est-à-dire l'homme chargé de fabriquer le fromage. Les fromages de *Septmoncel* (Jura) sont renommés.

Dans les Alpes, le lait des chèvres, des brebis et des vaches sert à composer le fromage de *Sassenage* (Isère) rappelant le Roquefort; on fait de même les fromages du Mont-Cenis (Savoie). Dans les Cévennes, près de Lyon, les chèvres du mont Dore donnent un bon fromage que l'on expédie par boîtes dans toute la France et à l'étranger.

Dans le centre, on trouve le gros fromage du Cantal, fait avec le lait de vache, et le fromage de *Roquefort* (Aveyron) fait avec du lait de brebis.

On estime la production annuelle du fromage en France à plus de 130,000,000 de kilogr.; nous n'en exportons que 2,500,000 kilogr. valant environ 4,000,000 de francs.

Conserves alimentaires.

Les *conserves alimentaires* qui sont des viandes ou des légumes préparés de telle sorte qu'on retrouve en eux, au bout de plusieurs années, les qualités qu'ils avaient à l'état frais, constituent une industrie très-importante dont les centres principaux sont Paris, Nantes, Bordeaux et le Mans.

On marine en grande quantité pour la France entière les sardines, en Bretagne, à Concarneau (Finistère), Port-Louis (Morbihan) et à Nantes.

Les pâtés de Chartres, les terrines de Nérac préparées avec les truffes du Périgord, les pâtés de Toulouse, les pâtés de foie gras de Strasbourg, les pâtés d'alouettes de Pithiviers, jouissent d'une grande réputation.

Les saucissons de Lyon, d'Arles, de Tarascon et de la Provence, ceux de Nîmes, les jambons de Bayonne, sont très-renommés.

On conserve à Nantes, à Bordeaux, au Mans, à Marseille, à Paris, etc. toute espèce de viande ou légumes par une demi-cuisson ou par la dessiccation. Les conserves de légumes sont fabriquées à Bordeaux dans une vingtaine de maisons, dont dix environ font aussi la conserve des viandes. 4 de ces établissements sont importants, car ils figurent à eux seuls pour près de 10,000,000 de francs dans le chiffre de la production du département, qui s'élève à 12,000,000 de francs.

(*d*) Industries mixtes, employant des matières premières appartenant à plus d'un règne.

Dentelles.

Dentelles. — La fabrication de la dentelle est une de nos industries nationales où l'étranger a pu nous imiter, mais sans nous surpasser ; elle occupe en France plus de 200,000 ouvrières, et en Europe plus de 500,000 femmes et jeunes filles, travaillant presque toutes au foyer domestique ou dans des écoles, et gagnant en moyenne de 10 à 15 centimes par heure.

L'industrie dentellière de la France peut être répartie en 6 groupes principaux : le groupe de la Normandie ou de *Bayeux;* celui d'*Alençon,* celui de *Mirecourt* et des Vosges, celui de l'Auvergne ou du *Puy,* celui de *Lille* et d'Arras et celui de *Bailleul* (Nord). Les dentelles de Caen, de Bayeux et de Chantilly sont des dentelles noires identiques en soie; leur réputation est très-grande. C'est à Bayeux que se font les produits les plus fins : c'est la première fabrique du monde pour les morceaux à mailles extra-fines, à dessins artistiques, recherchés par le monde élégant; la fabrication du Calvados et de Chantilly ne redoute aucune concurrence pour les articles de luxe.

La dentelle dite point d'*Alençon* ou point de France est la seule dentelle française qui soit entièrement travaillée à l'aiguille ; elle est d'une richesse et d'une perfection sans égales ; elle est somptueuse et d'une solidité qui défie le temps et le blanchissage ; elle est fabriquée avec du fil de lin et on l'appelle la reine des dentelles.

Il faut un temps très-long pour sa fabrication, et c'est la main-d'œuvre qui la rend si chère. Alençon est, depuis Colbert, le centre du marché; en 1855, on a importé à Bayeux le point à l'aiguille d'Alençon.

Bailleul (Nord) a hérité de Valenciennes pour le point de cè nom ; ce sont des dentelles en coton.

La fabrique de dentelles de Mirecourt est, depuis quarante ans, réputée pour ses créations nouvelles, la variété de ses genres et la bonne qualité de ses dentelles; c'est la fabrication la plus militante et la plus féconde; elle pousse aux innovations. Mirecourt a imaginé des fleurs en dentelles qui, appliquées sur tulle réseau, ont obtenu une grande vogue à Paris, en Russie, dans l'Inde et les deux Amériques. Paris fournit presque toujours les commandes et les dessins.

La fabrique du Puy, ou plutôt l'Auvergne, est celle qui, en France, occupe le plus d'ouvriers; elle s'étend dans quatre départements (Loire, Cantal, Puy-de-Dôme, Haute-Loire), et donne de l'occupation à près de 100,000 femmes et jeunes filles répandues dans les montagnes. Le centre du marché est au Puy. Les dentelles d'Auvergne sont réputées pour leur bas prix. Ce centre travaille pour l'exportation.

La fabrication des dentelles de laine (mohair) a pris un développement considérable, depuis quelques années, à Mirecourt et au Puy; cette espèce de dentelle, commune et à bas prix, se travaille aux fuseaux. Lyon fabrique des dentelles en laine à la mécanique.

Le nombre des dentellières, en France, s'élève à 200,000 femmes et jeunes filles, gagnant de 1 fr. à 1 fr. 50 par journée de 10 heures de travail.

Ces nombreuses ouvrières, répandues dans 14 départements, travaillent toutes au foyer domestique, et combinent l'œuvre des fuseaux ou de l'aiguille avec les nécessités des champs et les soins du ménage.

L'industrie de la dentelle est celle qui exige le plus d'harmonie dans l'art et dans la composition des dessins; elle donne le sentiment du beau. La supériorité de l'industrie française dans cette branche, c'est qu'elle invente des types nouveaux et crée le dessin; les étrangers le copient; l'industrie française pressent la mode et produit rapidement des genres nouveaux et avantageux, appropriés aux toilettes instables.

Tulles et dentelles à la mécanique.

On fait les tulles soit avec le coton, soit avec la laine; les tulles de coton peuvent être divisés en deux espèces principales : les tulles à dispositions et les tulles unis. Les tulles de soie, comme ceux de coton, forment deux grandes catégories : les tulles unis et les tulles façonnés. Les tulles façonnés sont connus dans le commerce sous les noms de dentelles de Cambrai, d'imitation de Chantilly, de blonde de Calais.

L'industrie des tulles et dentelles de la France a pris naissance à Calais et à Saint-Pierre-lès-Calais, vers 1822, et s'y est développée dans des proportions considérables.

Il existe aujourd'hui à Calais et à Saint-Pierre environ 1,500 machines marchant toutes par la vapeur; cette magnifique industrie possède, dans le rayon calaisien, un matériel de 50 millions de francs; 17,000 ouvriers et ouvrières sont employés à Saint-Pierre et à Calais, et, sur différents points de la France, plus de 100,000 personnes sont occupées à la broderie sur tulle, aux découpages, aux entourages en fil blanc et en soie noire. Elle livre annuellement au commerce de gros pour 50 millions de produits manufacturés en soie et en coton. Lyon et Grand-Couronne, près de Rouen, fabriquent surtout les tulles de soie et les blondes ou dentelles blanches de soie. Lille, Saint-Quentin, Douai, Roubaix, Inchy-Beaumont produisent aussi des tulles et dentelles en coton, surtout des tulles unis; mais ce sont les manufactures de Calais et de Saint-Pierre-lès-Calais qui tiennent le premier rang pour les blondes et dentelles nouveautés; leurs produits sont recherchés partout et surtout en Angleterre. Grâce aux ingénieuses fabriques de Calais, de Saint-Pierre et de Lyon, dont les produits sont accessibles aux classes les plus modestes de la société, la dentelle à la main cesse d'être désormais l'ornement privilégié des classes riches et opulentes; le luxe des dentelles est mis à la portée de tout le monde, et les blondes en soie blanche et noire de Saint-Pierre-lès-Calais imitant celles fabriquées à la main, ont des prix moindres des trois quarts.

Broderie.

La broderie à la main a pour centres principaux Nancy, Plombières et les Vosges, Saint-Quentin et les environs. La broderie mécanique s'est installée à Saint-Quentin et cherche à faire concurrence à Saint-Gall; cette ville à une école pratique de brodeurs au moyen du pantographe. Argenteuil (Seine) a une fabrique de broderie à la mécanique.

La broderie d'or et d'argent a pour siéges Paris et Lyon.

Bonneterie.

La bonneterie, qui fabrique de nombreux articles pour habillements, soit en coton, en lin, en laine ou en soie, tels que tricots de coton, de lin, de laine ou de soie faits au métier, ou bien des bas et chaussettes, des caleçons, jupons, camisoles, des articles de fantaisie, tels que coiffures, capelines, fichus, châles, cache-nez, châtelaines, etc., a pour siége Troyes et presque toute la Champagne, qui fabrique surtout la bonneterie de laine et de coton. Falaise, Romilly-sur-Seine, Moreuil, près d'Amiens, Saint-Just (Marne), font de la bonneterie de coton. A Falaise, 10,000 ouvriers, hommes, femmes et enfants, sont occupés à l'industrie de la bonneterie et sont répandus dans tout l'arrondissement; ils produisent pour 12 à 15 millions de francs d'articles divers. La bonneterie de laine a son centre le plus important à Amiens, et surtout dans le Santerre (Picardie), qui occupe

25,000 ouvriers à Villers-Bretonneux, Roye, Hangest et Harbonnières. Bapaume (Pas-de-Calais), Arras et Caen sont au second rang.

Nantes, Orléans, les Basses-Pyrénées font la grosse bonneterie pour les marins et la classe ouvrière. Le Bas-Rhin renferme 16 établissements où l'on fabrique pour plus de 4 millions de francs de bonneterie, de chaussons, de gants, etc. La bonneterie de soie a beaucoup perdu de son importance; Nîmes, le Vigan, Lyon, Paris, Troyes, Saint-Just sont les centres de cette industrie. La bonneterie de lin est fabriquée dans le Pas-de-Calais. Paris fait tous les genres. Rouen et Paris fabriquent les bretelles et jarretières.

L'industrie de la *confection des vêtements* est répandue dans toute la France ; Paris en est le centre principal. Les produits de cette industrie, qu'on exporte dans le monde entier, se chiffrent par centaines de millions. Bordeaux et Marseille sont aussi remarquables pour cette industrie. Confections.

L'industrie des *fleurs et plumes* est peut-être la plus française et, sans contredit, la plus parisienne ; c'est une industrie sans rivale. Les Allemands se servent de nos modèles presque exclusivement, ayant soin de se les procurer à Paris au commencement de chaque saison ; comme ils copient nos modèles, il faut les surveiller sous ce rapport et entretenir chez nous le culte du beau, afin que cette belle industrie soit toujours la reine de l'élégance et du goût. Après Paris, Bordeaux est la première ville de France pour la fabrication des fleurs fines. Industrie des fleurs et plumes.

Les *boutons* de passementerie constituent en France une industrie sans rivale ; nous sommes à la tête des autres nations pour le bon goût et le fini d'exécution, grâce à nos créations multiples de tous les jours. Boutons.

La *fabrication des parapluies* a lieu surtout à Paris, à Angers et dans un grand établissement à Bordeaux en même temps que dans plusieurs d'importance secondaire. La valeur totale des produits de cette industrie atteint, année moyenne, dans la Gironde, près de 4 millions de francs. Fabrication de parapluies.

La *chapellerie*, qui fabrique des chapeaux de feutre, de soie, de paille et des casquettes, a son centre principal à Paris, qui occupe le premier rang dans cette fabrication. Chapellerie.

Les chapeaux de feutre entrent aujourd'hui pour les neuf dixièmes dans la consommation annuelle ; la France en fabrique pour 80 millions de francs et en consomme pour 60 millions. Les principaux centres de fabrication des chapeaux de feutre, outre Paris, sont : Lyon, Bordeaux,

Annecy, Cognin, Thônes (Savoie), Aix, avec les laines de la Crau, les Martigues, Roman, Tarascon, Fontenay-le-Comte, etc.

Les chapeaux de soie sont fabriqués à Paris, à Lyon, Bordeaux, Douai, Rouen, Arras, Nantes, Yvetot, Essonnes, Marseille, etc. Ce sont les villes de Tarare, Lyon, Sarreguemines et Puttelange (Moselle) qui fabriquent les peluches pour ces chapeaux.

Les chapeaux de paille se fabriquent à Nancy, à Strasbourg, à Lyon et à Marseille.

Orléans, Condom, Rueil et Chatou, près Paris, font des bonnets grecs ou fez. Toulon, Limoges, Lille, font des casquettes.

Tabletterie. La *tabletterie,* qui a pour objet la fabrication des peignes, des tabatières, des jeux divers, des boites, statuettes d'ivoire, etc., s'exerce à Paris, dans les départements de la Seine, de l'Eure, d'Eure-et-Loir, de l'Oise, du Jura à Saint-Claude, de l'Ain et de la Somme à Dieppe. Ezy (Eure) et Airaines (Somme) ont des usines qui pratiquent avec succès la fabrication mécanique.

Savonnerie. La *savonnerie* fut introduite en France sous l'administration de Colbert, d'abord à Toulon; elle vint s'établir à Marseille à la fin du XVIIe siècle. Marseille possède plus de 60 fabriques de savon; elles ont produit, en 1871, de 50 à 60 millions de kilogrammes de savon, et en 1872, de 47 à 50 millions de kilogrammes dont la plus grande partie a servi à la consommation de la France; l'exportation du savon de Marseille varie entre 7 millions et 9 millions de kilogrammes; l'Algérie, les États-Unis, Maurice et la Réunion absorbent à peu près les cinq huitièmes de l'exportation du savon de Marseille. Aix, Draguignan, Bordeaux, Nantes, Rouen, le Havre, Elbeuf, Amiens, Valenciennes, Denain, Anzin, Saint-Amand (Nord), Reims, Lyon, etc., ont aussi d'importantes fabriques de savon. Les savons de toilette se font à Paris et dans la banlieue, à Neuilly, à Saint-Ouen, à Marseille et à Grasse.

Les départements qui produisent le plus de savon sont: les Bouches-du-Rhône (80 millions de kilogrammes en 1873), la Seine (49 millions), le Nord (22 millions), la Loire-Inférieure, le Rhône, le Pas-de-Calais, la Somme, la Seine-Inférieure, le Var et l'Hérault.

On évalue la production totale du savon en France à 186 millions de kilogrammes valant 175 millions de francs; on compte plus de 5,200 ouvriers employés par cette industrie qui s'exerce dans 390 fabriques. L'exportation atteint 16 millions de kilogrammes valant 9,300,000 francs (en 1875).

Fonderies de suif et bougies. Les *fonderies de suif* de Paris sont les plus importantes de la France.

Bordeaux est devenu pour le suif un marché important qui rivalise avec celui du Havre ; le suif provient de la Plata et de New-York. Les principaux centres de fabrication des *bougies stéariques* sont : Marseille, Paris, Lyon, Lille, Villodève, près Montpellier, Bordeaux, Nantes, Amiens, Arras, Elbeuf, etc. La fabrique de bougies stéariques de Villodève occupe 300 ouvriers et fait pour 5 millions de francs d'affaires. On compte, en France, 156 fabriques occupant 2,900 ouvriers et ayant produit, en 1873, 302,000 quintaux métriques de bougies, d'oléine et de glycérine, valant plus de 52 millions de francs. Le département de la Seine fabrique environ le quart de la production française ; viennent ensuite les Bouches-du-Rhône, l'Hérault, le Rhône et le Nord. L'exportation annuelle des bougies atteint 8 millions de kilogrammes, valant 8 millions de francs.

La *parfumerie* française n'a pas de rivale. La banlieue de Paris (Neuilly surtout) fabrique beaucoup de savons de toilette, exportés en quantité considérable en Europe, en Amérique, à la Havane, à la Réunion, dans les Indes et même en Chine. Lyon, Montpellier, Marseille, Grasse, Fréjus, Nice, Nantes, tiennent aussi un rang important dans cette industrie. Parfumerie.

L'invention du papier, composition faite de vieux linge, pour écrire, imprimer des livres, des gravures, etc., remonte à une époque fort reculée et est attribuée aux Chinois. Ce qui est plus certain, c'est que le plus ancien papier est le papier égyptien fabriqué avec les fibres du *cyperus papyrus*. La plus grande quantité de papier était fabriquée à Alexandrie, qui s'enrichit considérablement par cette industrie. Depuis la conquête de l'Égypte par les Arabes, en l'an 640, le commerce de ce pays avec l'Occident fut interrompu : le papier devint hors d'usage et fut remplacé par le parchemin. Au VIIIe siècle, on employa un papier de coton venu d'Orient ; les procédés de fabrication dus aux Chinois furent importés, au XIe siècle, par les Arabes, en Espagne, où s'établirent les premières papeteries, qui, vers 1300, s'étendirent en Italie, en France et en Allemagne pour y fabriquer du papier de coton. La France, du XIVe au XVIIIe siècle, a fourni l'Europe entière du produit de ses papeteries. Aujourd'hui, la papeterie est une de nos plus importantes industries ; on compte en France environ 510 fabriques de papiers ou cartons, réparties dans 71 départements. Elles occupent 26,000 ouvriers et produisent près de 135,000 tonnes de papier et de carton valant près de 100 millions de francs (1873). Papeterie.

Cinq départements tiennent la tête de cette importante fabrication ; ce sont : à l'est, l'Isère (10 millions et demi de francs) ; à l'ouest, la Charente (9 millions) ; au centre, Seine-et-Marne (6 millions un tiers), et Seine-et-Oise (5 millions et demi) ; enfin, au nord, le Pas-de-Calais (5 millions).

Les départements qui n'ont qu'une production de 4 à 2 millions de francs, sont les Vosges, l'Ardèche, le Loir-et-Cher, le Calvados, la Meuse, la Sarthe et le Nord.

Les centres importants de la papeterie sont : Rives, dans l'Isère, Annonay (Ardèche) et Angoulême, dont les produits ont une réputation européenne. Les papeteries des Vosges, dans les arrondissements d'Épinal, de Remiremont et de Saint-Dié, n'emploient pas moins de 2,000 ouvriers; celle de la Souche, près de Saint-Dié, renferme plus de 350 ouvriers et est l'une des plus importantes de France. Dans le Doubs, il y a sur l'Oignon, à 12 kilomètres de Besançon, la grande papeterie de Geneuille et Chevroz qui a sur les marchés de l'extérieur une notoriété et une réputation solidement acquises. Deluz, sur le Doubs, près de Roulans, a aussi une papeterie. Le Haut-Rhin compte quatre papeteries, dont une à l'île Napoléon, près de Mulhouse et trois dans le ressort de Colmar; elles emploient 530 ouvriers produisant environ 2,840,000 kilogrammes de papiers divers. Quatre établissements fabriquent aussi des tubes en papier pour filature. La papeterie d'Essonnes (Seine-et-Oise) est un des plus grands établissements que nous ayons; la Banque de France y fait fabriquer son papier. Prouzel (Somme), Saint-Omer, Orléans ont aussi des papeteries. Les papeteries de Normandie, dans la vallée de la Vire et de la Bresle et aux environs de Dieppe, sont importantes. Vire possède deux papeteries à la mécanique; Théel (Orne), la Flèche (Sarthe), fabriquent aussi du papier. Castres (Tarn), Auriol, Saint-Remy, Roquevaire, Salon, Ventabren, Meyrargues (Bouches-du-Rhône), ont des papeteries. Dans la Savoie, on trouve des papeteries à Cran (Haute-Savoie), à Bourdeau, à la Serraz, à la Roche-Saint-Alban et à Leysse (Savoie). La papeterie de Leysse, aux environs de Chambéry, la plus importante de la Savoie, ne fait que les papiers blancs pour papiers à lettres, registres et impressions. C'est elle qui fournit le papier sur lequel est imprimée la *Revue des Deux-Mondes*.

Gévrier, près de Chambéry, la Rochette (arrondissement de Chambéry), ont des fabriques de pâte à papier obtenue principalement avec le bois de sapin (*abies pectinata*).

Mios (Gironde) a aussi une fabrique de pâte à papier provenant du bois de pin : sa production est de 5,000 kilogrammes de pâte par jour. Montfourat-sur-Dronne, près de Coutras, a une papeterie importante qui ne produit que du papier de chiffon et rivalise avec les papeteries d'Angoulême. Bernos, Cazeneuve, Saint-Michel de Castelnau (Gironde), ont des papeteries qui ne produisent que du papier de paille; ces usines, situées sur le Ciron, emploient comme matière première les pailles de seigle récoltées dans les environs de la vallée du Ciron. Ces papiers d'emballage sont expédiés dans les principales villes de France, ainsi qu'à Calcutta, au Brésil et dans toute l'Amérique du Sud. Bordeaux possède une fabrique de cartonnage très-importante dont les produits rivalisent avec les produits similaires de l'industrie parisienne. Les produits les plus recherchés de cette fabrique sont la poche et le sac à bonbons et la boîte à prunes pour l'exportation.

Paris est le centre principal de la vente des papiers et de la fabrication des articles de bureau.

Papiers peints.

La *fabrication des papiers peints* fait l'objet d'une industrie dont on attribue l'invention aux Chinois; elle a pris naissance en France au commencement du XVIIe siècle. Les premiers essais furent faits par François de Rouen; à la fin du XVIIIe siècle, Réveillon perfectionna la fabrication des papiers peints et, depuis cette époque, elle n'a fait que progresser; aujourd'hui elle constitue pour la France l'objet d'une industrie très-importante, dans laquelle nous sommes sans rivaux, excepté pour les papiers de couleur pour la reliure. L'Angleterre et les États-Unis produisent plus que nous à cause de leur fabrication mécanique, mais la France leur est supérieure par la qualité de ses papiers peints, qui se distinguent par l'élégance du dessin, la richesse des couleurs, la variété des motifs, la perfection de l'exécution.

Cette fabrication occupe en France près de 8,000 ouvriers. Paris en est le centre, avec près de 5,000 ouvriers, répartis dans 60 fabriques produisant annuellement pour 18,000,000 de francs. Il existe aussi des fabriques importantes à Rixheim (Haut-Rhin), qui occupe 247 ouvriers, dans les Vosges à Epinal (200 ouvriers), à Metz, à Lyon, à Toulouse, à Caen et au Mans.

Imprimerie.

L'*imprimerie* s'est surtout développée à Paris où l'on trouve l'Imprimerie nationale, qui est un établissement modèle. L'imprimerie s'est répandue aux environs de Paris pour éviter les frais trop considérables qu'entraîne le séjour des ouvriers dans la capitale, et pour profiter des avantages dus au voisinage de ce grand centre. Corbeil, Saint-Germain, Puteaux, Boulogne, Saint-Cloud, Clichy, Poissy, Coulommiers ont des imprimeries remarquables. Tours (maison Mame très-considérable), Rouen, Le Havre, Lille, Lyon, Limoges, Rennes, Toulouse, Amiens, Avignon, Marseille, Strasbourg et Mulhouse impriment aussi très-bien. On estime la production annuelle à 20,000 volumes, brochures ou feuilles, dont 12,000 sont publiés à Paris. Il existe plus de 1,000 journaux dont près de 600 publiés à Paris.

Gravure et lithographie.

La *gravure* et la *lithographie* sont répandues partout. Paris en est encore le siége principal. *L'imagerie* a son siége à Epinal, à Verdun, à Metz et à Wissembourg.

Photographie. Paris, toutes les grandes villes et beaucoup de petites ont des photographes très-habiles.

Instruments de précision. Les *instruments de précision* pour astronomes, physiciens, chimistes, etc. se fabriquent à Paris, chez des opticiens renommés. Saint-Gobain (Aisne) fournit les verres d'optique.

Instruments de musique. Le siége principal de la fabrication et de la vente des instruments de musique est Paris; Château-Thierry est au second rang. Lyon, Marseille, Nancy, Toulouse, Bordeaux et Strasbourg fabriquent des pianos; Mirecourt, des violons et de la lutherie. Sainte-Suzanne-lès-Montbéliard, des boîtes à musique.

Ébénisterie. L'*ébénisterie* a son quartier général dans le faubourg Saint-Antoine à Paris. Lyon, Bordeaux, Moulins, Tarbes, Troyes, Nantes, Saint-Quentin, Strasbourg, en ont aussi d'importantes fabriques. Sainte-Foy (Gironde) est un centre de fabrication de meubles ordinaires, généralement en bois de noyer. Les Vosges fabriquent beaucoup de chaises communes.

Carrosserie. La *carrosserie* a pour siéges principaux Paris, Lyon, Bordeaux, Marseille, Toulouse et Boulogne-sur-mer, qui ont des ateliers dont les produits rivalisent avec ceux de l'Angleterre. Bordeaux est surtout renommé pour les voitures de luxe, telles que landaus, calèches, berlines, coupés et omnibus de famille. La valeur des produits de la carrosserie bordelaise atteint 3,500,000 francs année moyenne.

Résumé de l'industrie par régions industrielles.

Régions industrielles. En jetant un coup d'œil d'ensemble sur l'industrie de la France, on s'aperçoit qu'elle n'est pas répartie également entre les diverses régions du pays.

Dans la *région du nord* et *du nord-ouest*, on trouve toutes les industries, mais principalement les industries métallurgiques et textiles; l'activité industrielle de cette région est très-grande. Les centres principaux industriels sont Lille, Roubaix, Tourcoing, Amiens, Abbeville, Saint-Quentin, Sedan, Reims, Paris, Rouen, Elbeuf, etc.

Dans la *région de l'est et du nord-est*, les groupes industriels ne sont pas moins puissants, mais ils sont plus disséminés et moins variés dans leurs produits. On rencontre principalement dans cette région l'industrie du fer, l'horlogerie, l'industrie cotonnière et l'industrie de la soie. Mulhouse, le Creuzot, Saint-Dizier, Besançon, Lyon, Saint-Etienne, Rive-de-Gier, etc., sont les principales villes industrielles.

La *région du centre* est loin d'égaler les deux précédentes. Le fer et les poteries en sont les principales industries. Limoges, Nevers, Cosne, Montluçon, etc., sont les centres industriels les plus importants.

La *région du sud-est et du midi* est la plus arriérée de la France pour l'industrie si on la considère dans son ensemble. Le tissage de la soie et de la laine, la savonnerie, l'huilerie, la minoterie et les produits chimiques sont les plus importantes occupations. Les principaux centres industriels sont : Carcassonne, Bédarieux, Mazamet, Lodève, Montpellier, Cette, Alais, Toulouse, Marseille, etc.

La *région du sud-ouest* a une industrie très-peu développée ; la *région de l'ouest* a peu de centres manufacturiers ; l'industrie est presque nulle sur les plateaux granitiques du *centre* et de *la Bretagne*.

Tableau récapitulatif de l'industrie par départements.

Tableau récapitulatif de l'industrie par départements.

Ain............. Mastic bitumineux, poterie grossière, tuiles, briques, chaux grasse et hydraulique ; toiles de Saint-Rambert et d'emballage, fil de chanvre, tissage de la soie, mégisserie, chapeaux de paille ; objets de tabletterie façon de Saint-Claude ; fabriques de peignes d'Oyonnax (près Nantua) ; industrie du fer ; scieries ; fromageries.

Aisne........... Briqueteries, tuileries ; fabriques de tissus de coton, batiste, linge de table (articles de Saint-Quentin), tissus de laine ; produits chimiques, verreries, manufacture de glaces ; sucreries ; huileries ; usines à fer, fabriques de tôle ; vannerie fine ; brasseries.

Allier............ Forges et hauts-fourneaux, taillanderie ; porcelaines et poteries, verrerie, glaces ; draps, tanneries, corderies, papeteries.

Basses-Alpes.... Cire, miel, fruits secs ; forges, poteries, faïenceries, coutellerie commune ; huileries, distilleries d'eaux-de-vie et de plantes aromatiques ; fabriques de draps communs, filatures de soie, chapelleries, peausseries ; corderies ; combustible, carrière de marbre.

Hautes-Alpes.... Forges et hauts-fourneaux ; pelleteries, mégisserie ; fabriques de draps communs ; scieries de planches ; distilleries d'eau-de-vie.

Alpes-Maritimes. Cire et miel ; fabriques d'essences et de parfums ; moulins à huiles ; filatures de soie ; savonneries, tanneries ; papeterie ; ateliers de salaison de thons, d'anchois et de sardines ; fruits secs.

Ardèche......... Mégisserie, tannerie et papeterie ; moulinage de la soie ; teinturerie, ganterie ; forges et hauts-fourneaux ; draps pour papeteries.

Ardennes........ Manufactures de draps, de casimirs, de cuirs de laine, de castorines, de châles cachemires, flanelles et tissus mérinos ; hauts-fourneaux, fonderies de cuivre et de zinc, tréfileries, clouterie, ferronnerie, batterie de cuisine, chaudronnerie; pipes en terre; verreries; fabriques de céruse; brasseries; fabriques de chandelles; corroieries, tanneries, fabriques de colle-forte.

Ariége.......... Forges et hauts-fourneaux; fabriques de draps, serges; produits chimiques, verreries, faïenceries, ateliers de tabletterie, jayet; papeteries; carrières et mines; scieries de marbre.

Aube........... Fabriques considérables de bonneterie, tricots, ganterie, filatures de laine et de coton, tissus de coton; tuileries, poteries, faïenceries, verreries; corderies; sucreries, charcuterie renommée, distilleries, huileries, teintureries, minoterie.

Aude........... Fabriques importantes de draps; tonnellerie, distilleries; tanneries, mégisseries; papeteries; vert-de-gris; forges et hauts-fourneaux, acier; salines; carrières de marbre; dentelles.

Aveyron........ Forges et hauts-fourneaux, fers, fonte, alun, sulfate de fer, extraction de la houille; poterie commune, briques, tuiles, chaux; draps communs, toiles grises; bonneterie, ganterie; chapellerie; tannerie, mégisserie, chamoiserie; papeterie; tonnellerie; fromages de Roquefort.

Bouches-du-Rhône. Fabriques de savon, huileries, soude artificielle, produits chimiques; raffineries de sucre et de soufre; tanneries, minoteries, pâtes alimentaires, engrais chimiques; hauts-fourneaux et fonderies de plomb; machines à vapeur; chantiers de construction; salines; pêche du thon.

Calvados....... Filature de laine et de coton, fabrication de draps fins et communs, étoffes de coton; bonneterie; dentelles de Bayeux, blondes de Caen, toiles cretonnes pour nappes et serviettes, molletons, flanelles; produits chimiques, teintureries; brasseries; huileries; raffineries, distilleries; papeteries; tanneries, corderies, coutelleries; carrières; pêches.

Cantal......... Fromage d'Auvergne; chaudronneries; boisselleries; verreries; tanneries, parcheminerics, papeteries; étoffes grossières de laine; fabrique de café de gland doux à Aurillac.

Charente....... Distilleries d'eaux-de-vie; tonnellerie; poteries; fabriques de cordages; papeteries; filatures de chanvre et de lin, manufactures de draps; tanneries, mégisseries; forges et fabriques d'acier; carrières de plâtre, pierres de taille et pierres de liais.

Charente-Inférieure......... Distilleries d'eaux-de-vie; fabriques de vinaigre; exploitation des marais salants, des parcs d'huîtres vertes et blanches, conserve de sardines; poteries; fabriques de grosses étoffes de laine, fabriques de toiles, raffineries de sucre, tanneries, tuileries, etc.

Cher........... Fonderie nationale de canons, métallurgie, coutellerie; fabriques de porcelaine, de poterie artistique, tuilerie et briqueterie réfractaire; filatures de coton, fabriques de toiles communes; fabriques de draps communs; tanneries, huileries; instruments aratoires.

Corrèze.......... Manufacture d'armes; forges de la Grenerie; filature de coton à Brive; ardoisières; verreries; briqueteries; papeteries; tanneries; moulineries de soie; enveloppes de bouteilles; chapelleries; manufactures d'étoffes de laine du pays.

Corse............ Forges et hauts-fourneaux; carrières de marbres et de granits; minoteries, fabriques de pâtes d'Italie; tanneries; fabriques de draps à l'usage des habitants.

Côte-d'Or........ Fabriques d'excellents vinaigres, de moutarde estimée, d'eaux-de-vie de marc et de grains; sucre de betterave; forges et hauts-fourneaux; tréfileries; tuileries, poteries et faïence; papeteries, portefeuilles et objets de maroquinerie, manufacture d'albums pour photographie à Dijon (400 ouvriers); tanneries; chapelleries; fabriques de draps; fabriques de bougies, tonnelleries.

Côtes-du-Nord... Pêche maritime; fabriques de fil et de toiles, fabriques d'étoffes communes, filatures de laine; forges et hauts-fourneaux; poteries, faïenceries; tanneries; papeteries; fabriques de sucre de betterave.

Creuse........... Manufactures de tapis; verreries; papeteries; tanneries; chapelleries, brosseries.

Dordogne........ Métallurgie du fer et papeterie; distilleries; tanneries; tuileries, briqueteries; poteries de grès, faïenceries; exploitation de pierres meulières; chapelleries; coutelleries; pâtés de foie gras; minoterie; vinaigreries.

Doubs........... Horlogerie; forges et hauts-fourneaux, tréfileries; filatures et tissages du coton; chapelleries; faïenceries; tuileries; huileries; brasseries; papeteries; tanneries; salines; fromageries.

Drôme........... Filatures de soie, de coton et de laine; manufactures d'étoffes de soie, fabriques de grosses draperies; ganterie de Valence, bonneteries; papeteries; tanneries; maroquineries; huileries; distilleries; hauts-fourneaux; poteries de grès; pâtes alimentaires.

Eure............. Filature et tissage de la laine et du coton, draperies, fabriques de coutils; hauts-fourneaux et forges; fil de fer, épingles et clous d'épingles; tanneries; papeteries; fabrique d'instruments à vent.

Eure-et-Loir..... Couvertures de laine; bonneterie; filatures de coton et de laine; lavoirs de laine; papeteries; tanneries, mégisseries; minoterie.

Finistère........ Hauts-fourneaux; faïenceries; papeteries; corderies; fabriques de cire, de chandelles et de savon; huileries; tanneries; minoteries; manufactures de draps et de toiles blanches, toiles à voiles.

Gard............. Hauts-fourneaux, forges et fonderies; poteries; tuileries; verreries; produits chimiques; chaux grasse et hydraulique; filage des cocons, préparation de la soie et teinture, fabriques d'étoffes de soie, châles, bas et gants de soie, lavage des laines, tapis de pied, moquettes, étoffes pour meubles, molletons, couvertures; chapeaux de soie; tanneries; papeteries.

Haute-Garonne.. Exploitation de marbre; forges; laminoirs; clouterie, quincaillerie; acier cémenté, limes, faux, faucilles; cuirs, maroquins; chapeaux de paille; carrosserie, grosse draperie.

Gers............. Fabriques d'eaux-de-vie; crème de tartre; huile de noix; minoteries; tanneries; gros draps; scieries de marbre.

Gironde.......... Grands chantiers de construction pour les navires de commerce; fabriques de cordages; conserves alimentaires; fabriques d'essence de térébenthine, de résine et de goudron; huileries; tonnelleries; verreries; poteries; faïenceries; fabriques de produits chimiques; raffineries de sucre; tanneries; carrosserie; teintureries; chapelleries; manufactures d'indiennes; filatures de coton; hauts-fourneaux; marais salants

Hérault.... ..... Fabriques de draps communs et pour les militaires, d'étoffes de laine, filatures de coton, fabriques de spiceries; crème de tartre; produits chimiques; fabriques de vert-de-gris; distilleries; huileries; papeteries; tanneries; exploitation de marbre; marais salants; pêche de la sardine.

Ille-et-Vilaine... Fabrication de toiles fortes, de filets de pêche et de cordages; filature du lin et du chanvre; tanneries; papeteries; papiers peints; distilleries; amidonneries; forges et hauts-fourneaux.

Indre........... Fabrication de draps et production du fer, fontes fines moulées; tréfileries; fabriques de faux; fabriques de toiles de lin et de chanvre; filature de laine; poterie et porcelaine; papeteries; tanneries, corroieries, parcheminerles; chapeaux de feutre; pierres lithographiques.

Indre-et-Loire... Hauts-fourneaux; acier, faux, limes et râpes; plomb ouvré; fabrique d'étoffes de soie, soies à coudre; tanneries importantes; draperies; rubans; toiles de chanvre; papeteries; amidon; poudrerie.

Isère........... Industrie métallurgique; taillanderie, zinc, plomb laminé, cuivre laminé; térébenthine; tanneries; liqueurs; fromages; moulinage et organsinage de la soie; fils de lin et de chanvre, toiles ordinaires et à voiles; ganterie; papeteries; chapeaux de paille; scieries; draps; raffineries de sucre de betterave.

Jura............. Hauts-fourneaux; fonte, fers estimés; tréfileries; tôlerie, clouterie, faux, limes; porcelaines; travail des pierres fines et du strass; horlogerie; papeteries; tabletterie; tanneries; vinaigreries; fromages de Septmoncel; salines.

Landes.... .... Extraction de résine; verreries, faïenceries; tuileries; tanneries; toiles à voiles; fabriques de gros draps; usines à fer, fonte, gros fers.

Loir-et-Cher..... Usines à fer ; manufactures de chaussures ; fabrique de sucre de betterave ; fabriques de serges, de draps, de bonneterie, de couvertures de coton, de toiles ; vinaigreries, tanneries.

Loire........... Forges et hauts-fourneaux ; aciéries, armes de guerre et de chasse, armes blanches, quincaillerie, limes, ressorts de voitures et de wagons, serrurerie, clouterie, coutellerie ; verreries à bouteilles et à vitres ; tuileries et briqueteries ; préparation en grand de la soie, rubans, cordonnets, lacets, gros draps, filature et tissage de coton, mousselines, broderies, dentelles ; teintureries ; saboterie ; sucre de betterave ; houillères très-importantes.

Haute-Loire..... Fabriques de blondes et dentelles ; rubans ; filature de laines ; tanneries, mégisseries ; huileries ; minoteries, briqueteries ; verreries ; plomb laminé et en tuyaux ; sulfure d'antimoine ; houille.

Loire-Inférieure. Hauts-fourneaux et fonderies ; machines à vapeur pour la marine ; plomb de chasse, laminé et en tuyaux ; noir de fumée, charbon animal ; céruse, minium ; papeteries ; tanneries, mégisseries, brosseries ; raffineries ; filatures de coton, indiennes, toiles, coutils ; pâtes alimentaires ; constructions maritimes ; pêche, conserves de sardines ; marais salants ; produits chimiques ; verreries.

Loiret .... Bonneterie ; couvertures de laine ; filatures de coton et de laine ; fabriques de serges et draps communs ; fabriques de porcelaine, de faïence et de poterie ; distilleries ; vinaigreries ; chocolateries ; blanchisseries pour la cire ; papeteries, parchemineries ; tanneries ; pépinières.

Lot.............. Deux forges à la catalane et un haut-fourneau ; un martinet à cuivre ; tuileries et poteries ; tanneries ; papeteries, minoteries.

Lot-et-Garonne.. Minoteries ; corderies ; fabriques de bouchons ; fourneaux à la catalane et forges ; tanneries ; filatures de laine et de coton ; manufactures de serges ; manufacture de tabac ; instruments aratoires.

Lozère.......... Exploitation de mines de plomb, d'argent et de cuivre ; fonderie de grenaille, litharge ; fabriques de serges ; couvertures de laine ; filatures et fabriques de toiles de coton, tricots de laine ; dentelles ; papeteries ; tanneries ; parchemineries ; tuileries, poteries.

Maine-et-Loire.. Ardoisières ; tuiles et poteries ; fabrique de chapelets ; raffineries ; tanneries ; brasseries ; fabrique de coutils, linge de table, mouchoirs, toiles à voiles ; filatures de lin et de laine ; corderies.

Manche.......... Exploitation de marbres ; travail du zinc et du cuivre ; tissage du lin et du coton ; fabrication d'étoffes de fil et de coton, blondes et dentelles ; fabrication d'objets en osier ; produits chimiques.

Marne........... Filature en grand de la laine, fabrication des lainages et tissus de toute espèce ; fabriques de blanc de craie ou blanc d'Espagne ; moulins à huile ; fabriques de savon noir ; verreries, faïenceries ; corderies ; tanneries ; teintureries ; papeteries ; vins de Champagne.

Haute-Marne.... Mines de fer; fabriques de tôles, de fers, limes, pointes de Paris; ustensiles et outils de toute espèce; coutellerie de Nogent et de Langres; gants de Chaumont; fabriques d'eaux-de-vie de marc; vinaigreries; fabriques de bougies et de chandelles; tanneries; filatures de laine et de coton; papeteries.

Mayenne........ Filature du lin, tissage de la toile, coutils en fils croisés, cotonnades; usines à fer; blanchisseries, teintureries, tanneries.

Meurthe-et-Moselle.......... Verrerie, cristallerie, glaces de Cirey; faïencerie, poterie, pipes de Nancy; salines importantes; broderies, dentelles; fabriques très-importantes de chapeaux de paille, panama et palmier; tissage des toiles et calicots, fabrication des étoffes de laine; papiers marbrés et de fantaisie; cartes à jouer; tanneries; fabriques de chandelles; instruments de musique; outils en fer et en acier; hauts-fourneaux.

Meuse........... Verreries; tanneries; chamoiseries; fabriques de corsets sans coutures; faïenceries; fabriques de sucre de betterave; fabriques de cire; confitures de groseilles de Bar et Ligny; dragées et liqueurs de Verdun; hauts-fourneaux, forges et fonderies; papeteries.

Morbihan....... Établissements métallurgiques; produits chimiques; verreries; papeteries; tanneries; manufactures de draps; filatures de coton; fabriques de dentelles, de toiles; chantiers de construction; pêche de la sardine, conserves alimentaires.

Nièvre.......... Grandes usines métallurgiques; verreries, poteries, faïenceries; exploitation des mines; tanneries; sucreries; grosse draperie.

Nord............ Forges et hauts-fourneaux; fonderie nationale de canons à Douai; clouterie; scieries de marbres; porcelaine, faïence, verres, cristaux, bouteilles, gobeleterie, verres à vitres; poterie; distilleries; sucreries; produits chimiques; noir animal; filature en grand du coton, du lin, du chanvre, de la laine et de la soie; tulles, laines peignées; dentelles, fils retors; toiles communes, linge de table; teintureries; moquettes; broderie, batistes; amidonneries; moulins à huile de graines, savon; papiers; tanneries; chicorée; constructions nautiques; brasseries, minoteries.

Oise............ Feux d'affineries; tréfilerie, tôlerie, ferblanterie, limes et râpes; usines à cuivre; zinc laminé; cardes; toiles métalliques, produits chimiques; porcelaine, faïence; fabriques de draps et couvertures; tapisserie et tapis de Beauvais, tapis de pied; jarretières, passementerie; toiles demi-Hollande; dentelles et blondes, tulles, bonneteries; papeteries; tanneries; tabletterie, dominoterie, éventails; manches de fouets; bâtons d'épine et de cormier; verres et châssis de lunettes; miroiterie de Picardie; boissellerie, sabots; sucreries, brasseries; corderies.

Orne............ Hauts-fourneaux et forges; usines à cuivre et laiton, fil d'acier, aiguilles, fil de laiton, épingles, élastiques, fil à cardes, clous, quincaillerie; toiles cretonnes, coutils, mousseline simple et brodée, bougran, lacets, passementerie, dentelles point d'Alençon;

crins tissés, sacs et tamis de crin; tanneries, corroieries; plumes d'oie; chapeaux de paille; filatures de chanvre, de lin, de coton et de laine; saboteries; verreries, faïenceries, poteries, tuileries.

Pas-de-Calais... Forges et hauts-fourneaux; bouteilles; pipes de terre; plumes métalliques; huiles de graines en grand; sucre indigène en grand; savon noir; amidon; filature et tissage du lin; dentelles, tulles; draps communs et lainage; tanneries; eaux-de-vie de grains et de pommes de terre; tuileries, scieries mécaniques.

Puy-de-Dôme.... Papeterie, papier de soie et papier joseph; coutellerie à Thiers; pâtes alimentaires; pâtes d'abricots et fruits confits; quincaillerie, clouterie, tréfilerie; dentelles, blondes; bois de construction; huile de noix; fromages dits de Roche, du mont Dore, du Cantal; colle-forte, caoutchouc; tanneries; produits chimiques; sucre de betterave.

Basses-Pyrénées. Distillerie et exportation des eaux-de-vie de Chalosse et d'Armagnac; fabrique de liqueur dite eau-de-vie d'Hendaye à Hendaye; jambons et chocolat estimés de Bayonne; exploitations de carrières de marbre; fabrique d'étoffes et de couvertures de laine, filatures de lin et de coton, fabriques de toiles et mouchoirs imprimés, bonnets façon de Tunis; hauts-fourneaux, salines, tanneries.

Hautes-Pyrénées. Fabrique d'étoffes de laine, de toiles et de mouchoirs de coton; tanneries; clouteries; bois de construction pour la marine et merrain; carrières de marbre, ardoisières; papeteries, fabriques de jouets d'enfants, ustensiles de bois blanc, saboteries.

Pyrénées-Orientales.......... Usines à fer, tôle et fer-blanc; forges catalanes; fabriques de bonneterie de laine; papeterie; vannerie; pêche et préparation du thon, de la sardine et des anchois; minoteries, distilleries.

Haut-Rhin...... Filatures de coton, de laine peignée, de soie, tissage de coton, de laine et de soie; impression, blanchiment, apprêt, teinture; industrie métallurgique; papeterie, papiers peints; amidonneries; fabriques de glucose; minoterie; corderie; brasserie; gravure sur rouleaux; machines à vapeur.

Bas-Rhin....... Filature de coton et de laine; fabrication de draps; bonneterie; chaussons; fontes, fers, aciers, cuivre; machines, wagons, outils, quincaillerie; tissus métalliques, bascules; parquets, meubles; chapeaux de paille et de feutre; tannerie; maroquinerie; savon, bougies; amidon; poterie; bière; pâtés de foie gras; choucroute; scieries; produits chimiques.

Rhône.......... Fabrication de soieries, de mousselines; teintureries; filature et fabriques de toiles de fil et de coton de Thizy et d'Amplepuis; chapellerie; corroieries; verreries; papeteries; fabriques de papiers peints; charcuterie de Lyon; travail des métaux; imprimerie; produits chimiques.

Haute-Saône.... Forges et hauts-fourneaux; verreries; faïenceries; tuileries;

briqueteries; tuyaux de drainage; fabriques de chapeaux de paille; papeteries; distilleries, kirsch-wasser; tanneries; teintureries; filatures et fabriques de tissus de coton.

Saône-et-Loire... Etablissements métallurgiques nombreux; fabrication de tapis de poils et de couvertures de laine; filature et tissage du coton; verreries; tuileries; papeteries; distilleries; tanneries; fabriques de sucre de betterave; moulins à blé et à huile; scieries; chantiers de construction pour les bateaux; tonnelleries.

Sarthe.......... Filatures de chanvre, linge de table, étoffes de laine, toiles communes et d'emballage; fruits cuits et desséchés pour boisson; tanneries; gants; papeteries; blanchisseries; cire, miel, bougies; savons; briques, tuiles, fours à chaux; verreries, gobeleterie et bouteilles; forges et hauts-fourneaux; scieries mécaniques; produits chimiques.

Savoie.......... Draps; gants; gaze; éducation des vers à soie, mouiinage et tordage de la soie; filatures de laine, de coton et de chanvre; papeteries; tanneries; verreries; ardoisières; fromages et miels renommés; kirsch du Chablais; hauts-fourneaux; horlogerie.

Haute-Savoie.... Bois de construction; fabrique de fromages de Gruyère; miel renommé; fabriques d'indiennes, d'étoffes de soie; papeteries; verreries; tanneries; hauts-fourneaux; forges et fonderies; horlogerie; carrosserie, boissellerie, tonnellerie, saboterie; distilleries.

Seine............ Lavage, filage et tissage des laines; fabrication des étoffes de soie; filature et tissage du coton; fabrication des dentelles et des blondes, des gazes et des broderies, des fleurs artificielles; fabrication de tapis et tentures, de papiers peints; teintures et impressions sur étoffes; chapellerie; tannerie et mégisserie; ganterie; tissus imperméables; fabrication des armes, des outils et des instruments de toutes sortes; papeteries; arts métallurgiques; fabriques de bronze, d'orfévrerie et de plaqué; bijouterie, joaillerie; tabletterie; horlogerie; fabriques d'instruments de musique; ébénisterie, menuiserie; produits chimiques; poterie, porcelaine et cristaux; typographie, lithographie, gravure et une foule d'autres industries.

Seine-et-Marne.. Tanneries importantes; toiles peintes; la verrerie de Bagneaux, à 25 kilom. de Fontainebleau, produit des cylindres et des globes de la plus grande dimension; manufactures de poterie fine et de porcelaine à Montereau-sur-Yonne; belles papeteries au Marais, à Jouy-sur-Morin, à 16 kilom. de Coulommiers et à Courtalin, à 10 kilom. de la même ville; meules de moulin de la Ferté-sous-Jouarre et carrières de Nemours et de Château-Landon, à 32 kilom. de Fontainebleau, fournissant de très-belles pierres; filatures de coton, fabriques de lainages et de toiles peintes.

Seine-et-Oise..... Minoteries; exploitation de la tourbe dans la vallée d'Essonne; manufacture de porcelaine et de verrerie de Sèvres; produits chimiques; briqueteries; huileries; savonneries; sucreries, raffineries; salpêtrières; fonderies de suif; brasseries; papeteries; filatures de coton et de laine; fabrique de bonneterie, d'étoffes en crin, de laines filées et peignées ; fonderies de métaux ; fabriques de joujoux.

Seine-Inférieure. Filatures de coton; fabrication des tissus dits *rouenneries*; blanchiment, apprêt et impression des toiles; filature et teinture de laines; fabrication de draps, de serge, de flanelle; filature de lin et fabrication des toiles, toiles peintes; ouvrages en ivoire de Dieppe et horlogerie; faïence et verre à vitres de l'arrondissement de Neufchâtel; minoteries; raffineries de sucre; huileries; pêche maritime; papeteries, carderies; produits chimiques.

Deux-Sèvres..... Distilleries; fabriques de vinaigres et d'eaux-de-vie; huileries; tannerie, chamoiserie et ganterie; fabrication en grand de souliers; filature de laine et de coton; manufacture de crins frisés, draps, serges; papeterie; faïence et poterie; grande industrie agricole; usine métallurgique.

Somme.......... Poterie, tuiles, chaux; acides et produits chimiques; filature et tissage de coton et de laine, velours de coton et d'Utrecht, poils de chèvre, piqués-laines, peluches, etc.; draps, moquettes, tapis, ateliers de teinture et d'apprêt; batistes, toiles de chanvre et de lin; huiles de graines; savon mou et dur; papiers; sucreries; bonneterie de laine et de coton en grand; cordes et ficelles; hauts-fourneaux et usines métallurgiques; serrureries; tanneries, etc.

Tarn............ Fabriques importantes de draps et autres étoffes; filatures; fabriques de bonnets; chapellerie; forges métallurgiques, acier, martinets à cuivre; papeteries; teintureries; tanneries; minoteries; exploitation de la houille et du fer.

Tarn-et-Garonne. Minoterie; draperie; toiles; coutellerie; préparation des plumes à écrire; chapeaux de paille; fabrique de gros de Montauban et soierie, toiles à tamis; fabriques de toiles et de serges; tanneries; teintureries; trois fabriques de sucre de betterave; deux hauts-fourneaux à Bruniquel, à 32 kilom. de Montauban.

Var............ Filature et ouvraison de la soie; distilleries; fabriques de bouchons; savonneries; papeteries; tannerie; faïenceries; corderies; chantiers de construction; etc. Pêche du thon et de l'anchois.

Vaucluse....... Fabriques de soieries; teintureries; fabriques d'étoffes de laine, draperie; filature de chanvre; fabriques de toiles; garance en poudre et garancine; distillerie; papeteries; tanneries; blanchisserie de cire; produits chimiques; poteries, tuileries, faïenceries et verreries; briques réfractaires; hauts-fourneaux, forges, affineries de cuivre, laminage de cuivre et de plomb.

Vendée......... Papeteries; verreries, poteries; fabriques de sucre de betterave; tanneries; corderies; chapellerie; toile commune; pêche de la sardine à Saint-Gilles et aux Sables-d'Olonne; minoteries, brasseries.

Vienne.......... Armes blanches et coutellerie; hauts-fourneaux, fonderies; tanneries, minoteries, vinaigreries, distilleries, papeteries, carrosseries; département agricole.

Haute-Vienne. .. Exploitation de kaolin ; forges, hauts-fourneaux au bois ; tréfilerie et clouterie importantes ; porcelaine de Limoges ; minoteries, féculeries ; distillerie ; papeteries ; tanneries ; blanchisseries de cire ; cordonnerie, saboterie ; chapellerie ; librairie et reliure ; manufacture de flanelles et droguets ; filature de laine et de coton.

Vosges. .... Hauts-fourneaux, forges, acier, fer-blanc, tôle, tréfileries ; ateliers de coutellerie, clouteries ; fabriques de couverts en fer battu ; ouvrages d'acier fin et poli ; boissellerie et saboterie très-estimées ; filature et tissage des étoffes de coton ; fabrique de dentelles et blondes ; distilleries ; brasseries ; féculeries ; papeteries, imagerie d'Epinal ; verreries, faïenceries ; tanneries ; fromages de Gérard mer ; fabriques de violons, orgues et instruments de musique ; exploitation de granit et de marbre ; scieries de marbres et de planches ; fabriques de potasse et de pâte à papier.

Yonne. .... Hauts-fourneaux, forges ; poterie, tuiles et carreaux dits de Bourgogne, ciment ; verreries, gobeleterie, faïenceries ; scieries hydrauliques ; tanneries ; carrières de pierres lithographiques ; papeteries ; filature et tissage de laine, serges.

CHAPITRE V

COMMERCE INTÉRIEUR DE LA FRANCE.

Population commerciale. — Voies de communication. — Routes de terre. — Chemins de fer. — Régime des chemins de fer. — Durée des concessions. — Longueur du réseau exploité. — Résultat de l'exploitation. — Statistique des chemins de fer en 1875. — Réformes à opérer au régime des chemins de fer. — Renseignements pratiques sur les chemins de fer. — Lignes principales des chemins de fer français. — Lignes télégraphiques. — Voies navigables : Fleuves, rivières et canaux. — Tarifs des voies navigables. — Institutions propres à favoriser le commerce. — Poids, mesures et monnaies. — Grandes compagnies de commerce. — Docks. — Sociétés d'assurances. — Établissements de crédit : Banque de France. — Crédit foncier de France. — Comptoir d'escompte de Paris, etc. — Notions générales sur le service des postes en France. — Union générale des postes. — Tableau des taxes postales pour les pays non compris dans l'union des postes. — Foires et principaux marchés. — Moyens d'évaluation du commerce intérieur. — Produits des postes ; octrois. — Commerce en gros ; commerce en détail. — Marchés des régions de Paris, du nord, de l'est, du sud-est, du centre, du sud-ouest, du midi et de l'ouest. — Principaux ports de commerce français. — Conditions de place des ports de Marseille, du Havre, de Bordeaux et de Nantes. — Mouvement de la navigation au long cours des ports français. — Tableau de la population des principaux marchés français. — Tableau récapitulatif par départements des villes commerçantes de la France.

Population commerciale.

Le commerce, la banque, les transports occupent et emploient en France 1,490,000 personnes. Les familles de ces travailleurs se composent de 3,843,000 individus, soit ensemble 5,333,000 habitants, ou 15 % environ de la population française.

Routes de terre.

Routes de terre.

Les voies de terre de la France se divisent en deux catégories, savoir :

1° *La grande voirie,* comprenant les *routes nationales* et les *routes départementales ;*

2° La *petite voirie,* comprenant les *chemins de grande communication; les chemins d'intérêt commun* et les *chemins vicinaux ordinaires.*

On divise donc les voies de terre en routes nationales et départementales et en chemins vicinaux.

Les routes nationales, dont l'importance relative a diminué depuis que les chemins de fer ont pris un grand développement, sont construites, réparées, entretenues et administrées par l'État, parce qu'elles intéressent toute la France; elles ont 37,300 kilomètres de longueur (1875).

Les routes départementales sont, en général, construites et entretenues par le service des ponts et chaussées, pour le compte des départements intéressés ; elles mesurent 47,500 kilomètres de développement.

Le service de la petite voirie est confié, dans chaque département, à des agents spéciaux nommés par le préfet.

Historique des routes de terre.

Le réseau de nos grandes routes actuelles a été commencé au XVIIIe siècle, et organisé par un décret en 1811 ; le réseau des chemins vicinaux a été organisé par la loi de 1836.

Avant la conquête romaine, il n'existait dans les Gaules aucun vestige de chemins tracés de main d'homme ; mais sous la domination romaine, la Gaule fut sillonnée de grandes voies militaires admirablement construites et dont le développement atteignait au moins 15,000 kilomètres ; celui des voies secondaires était encore plus considérable.

Les Romains avaient aussi construit dans les Gaules un grand nombre de ponts en pierre, très-solides, dont quelques-uns existent encore. Après la chute de la puissance romaine, l'usage des routes fut abandonné et leur entretien délaissé. Ce n'est que vers l'époque des croisades que l'on commença à rétablir les voies de communication ; les seules ressources régulières pour cet objet étaient fournies par l'institution des *péages.*

Dès le XIIe siècle, apparaît un service de transport confié à des messagers commissionnés par l'Université de Paris et munis de certains priviléges.

Le 19 juin 1466, Louis XI institua les postes et les étendit sur toutes les voies auxquelles l'habitude avait conservé le nom de grands chemins. Quelques années plus tard, Charles VIII introduisit en France l'usage des coches et des carrosses; des véhicules de ce genre furent mis à la disposition du public. Vers 1573, la longueur totale des grandes routes était d'environ 25,000 kilomètres, mais la plus grande partie de leur parcours s'effectuait simplement en terrain naturel. Henri IV créa l'office de grand-voyer, et fit beaucoup pour l'entretien des routes; mais après sa mort, les troubles du royaume interrompirent les progrès engendrés par cette organisation.

Colbert, en 1661, fit affecter aux ponts et chaussées des allocations annuelles régulières, prises dans le trésor royal; les villes y ajoutèrent les revenus empruntés aux produits de leurs octrois; on eut recours, dans la plupart des généralités, au système féodal de la *corvée*. C'est au XVIIIe siècle que la France a été dotée de ces grandes routes alignées en longues avenues qui faisaient à cette époque l'admiration des étrangers. Louis XV créa le corps des ponts et chaussées.

La longueur des routes existant à la fin du XVIIIe siècle peut être évaluée à 40,000 kilomètres, représentant une dépense de 800 millions de livres; les trois quarts de cette dépense avaient été payés en nature par la corvée. En 1786, l'impôt de la corvée fut aboli et remplacé par des prestations en nature libérables en argent.

La révolution de 1789 mit à la charge des départements l'entretien et la construction des routes. On estime que, pendant la période 1801-1813, la dépense relative aux travaux neufs s'est élevée à 100 millions de francs pour les routes et à 25 millions pour les grands ponts.

C'est de 1811 que date la subdivision des routes en routes nationales et en routes départementales; les premières étaient alors au nombre de 229; quant aux routes départementales, elles étaient au nombre de 1165, ayant ensemble 32,000 kilomètres.

Les événements de 1814 et 1815 furent désastreux pour les routes.

Les gouvernements qui se sont succédé en France depuis cette époque, ont accru les routes nationales et départementales, et perfectionné leur construction, ce qui a permis d'augmenter successivement la vitesse des voitures à voyageurs. En effet, à la fin du XVIIe siècle, cette vitesse était de 2Km,2, tandis qu'elle est de 3Km,4 à la fin du XVIIIe siècle; elle arrive à 4Km,3 en 1814, à 6Km,5 en 1830, à 9Km,5 en 1857, et aujourd'hui elle atteint 12 kilomètres à l'heure sur les routes les mieux desservies. Le roulage s'est en même temps amélioré. Le prix du transport de la tonne kilométrique, qui dépassait 0f,40 au commencement de ce siècle, était descendu à 0f,20 en 1847.

Routes nationales.

En 1811, la France avait 229 routes nationales ayant ensemble

46,500 kilomètres de longueur; en 1815, la longueur classée se réduisait à 33,200 kilomètres; en 1870, le nombre des routes classées était de 233, et leur longueur s'élevait à 38,500 kilomètres; en 1875, cette longueur n'est plus que de 37,300 kilomètres.

Les frais d'établissement et d'amélioration peuvent s'évaluer à 29,476 francs par kilomètre. Les routes nationales sont empierrées, avec ou sans fondation, sur la plus grande partie de leur longueur; les parties pavées se rencontrent, en général, dans la traversée des villes. L'épaisseur normale de la couche de pierres cassées est de $0^m,15$ à $0^m,20$. La largeur moyenne des routes nationales est de 16 mètres. L'entretien en est confié à des cantonniers auxquels on adjoint, à certaines époques de l'année, des ouvriers auxiliaires.

La longueur d'un canton varie de 2,000 à 4,500 mètres, sauf dans le département de la Seine, où elle se réduit à 800 mètres en moyenne. La dépense d'entretien peut s'élever à 600 francs par kilomètre et par an.

Routes départementales.

La largeur moyenne des routes départementales, y compris les fossés et talus, est de 12 mètres. Les frais d'établissement et d'amélioration peuvent être évalués à 18,600 francs par kilomètre; l'entretien annuel d'un kilomètre coûte 450 francs. La longueur moyenne du canton est de 3 kilomètres.

Chemins vicinaux.

Nous donnons ici la statistique des chemins vicinaux classés en 1874 :

Chemins de grande communication.........	87.058	kilomètres.
Chemins d'intérêt commun................	76.656	—
Chemins vicinaux ordinaires................	388.644	—
Total......................	552.358	kilomètres, dont

352.000 sont à l'état d'entretien et 200.000 à exécuter.

Les chemins de grande communication ont une largeur moyenne de 10 mètres, y compris les fossés et les talus. On évalue à 310 francs par kilomètre le coût de leur entretien annuel, et à 4 kilomètres et demi la longueur moyenne du canton.

Pour les chemins d'intérêt commun, la largeur moyenne est de 8 mètres. L'entretien annuel coûte 220 francs par kilomètre; la longueur du canton est en moyenne de 6 kilomètres.

Les chemins vicinaux ordinaires ont 6 mètres de largeur; l'entretien annuel coûte 100 francs par kilomètre; la longueur moyenne du canton est de 15 kilomètres et demi.

On évalue approximativement à 12,000 francs les frais d'établissement par kilomètre des chemins de grande communication, à 6,000 francs ceux des chemins d'intérêt commun, et à 4,000 francs ceux des chemins vicinaux ordinaires.

Nous résumons en un tableau les notions ci-dessus.

NOMS DES ROUTES	LONGUEUR CLASSÉE en 1870	LONGUEUR CLASSÉE en 1874	FRAIS d'établissement par kilomètre	LARGEUR moyenne en mètres.	LONGUEUR du canton en kilomèt.	ENTRETIEN
	kilomèt.	kilomèt.	fr.	mèt.	kilomèt.	fr.
Routes nationales	38.550	37.300	29.476	16	2 à 4 1/2	600
Routes départementales	47.650	47.500	18.600	12	3	450
Chemins de grande communication	84.225	87.058	12.000	10	4 1/2	310
Chemins d'intérêt commun	79.265	76.656	6.000	8	6	220
Chemins vicinaux	385.013	388.644	4.000	6	15 1/2	100

On calcule que le tonnage kilométrique annuel de toutes nos voies de terre est de 5 milliards 300,000 tonnes kilométriques, chiffre peu inférieur à celui du transport des marchandises à petite vitesse par nos chemins de fer.

On pouvait craindre que les chemins de fer, en enlevant aux routes les transports à grande distance des voyageurs et des marchandises, ne fissent perdre à ces voies de communication leur ancienne importance.

Les routes parallèles aux voies ferrées ont en effet souffert, mais les routes transversales ont généralement vu s'accroître leur trafic. En un mot, les chemins de fer ont déplacé la circulation sur les routes sans la diminuer en moyenne.

Chemins de fer.

Chemins de fer.

Les chemins de fer peuvent être considérés comme l'œuvre la plus importante de notre siècle. Le rôle qu'ils remplissent dans la société moderne est immense et universel : relations individuelles et internationales, commerce, industrie, finance, tout ce qui intéresse le bien-être, la prospérité, la grandeur des peuples se rattache aujourd'hui à l'établissement des chemins de fer. C'est l'instrument le plus utile qu'ait inventé jusqu'ici le génie de l'homme.

Les premières voies ferrées datent de cinquante ans à peine, et déjà les rails sillonnent toutes les parties du monde ; à la fin de 1875, la longueur des chemins de fer exploitée sur le globe était de 296,000 kilomètres ; en 1830, cette longueur n'était que de 332 kilomètres; elle arrivait à

8,500 kilomètres en 1840, 38,000 en 1850, 107,000 en 1860, 222,000 en 1870 et à 283,000 en 1874.

Le premier chemin de fer qui ait été construit pour transporter à la fois les personnes et les marchandises est celui de *Stockton à Darlington*, concédé en 1821 et ouvert en 1825, en Angleterre. En France, le premier chemin de fer est celui de Saint-Etienne à Andrézieux, concédé en 1823 et ouvert en 1828.

Régime des chemins de fer en France.

L'action de l'industrie privée a été préférée à celle de l'Etat pour l'établissement du réseau français. C'est en 1837 que le gouvernement français se décida à aborder le problème des chemins de fer; il avait sous les yeux l'exemple de la Grande-Bretagne, où tout a été laissé à l'industrie privée, et l'exemple de la Belgique, où l'Etat s'était réservé la construction et l'exploitation. La France s'arrêta à un système mixte qui fut consacré par la loi de 1842. L'Etat supportait une part des frais d'établissement; l'industrie particulière devait achever la construction, fournir le matériel, et elle obtenait en échange le droit d'exploitation pendant un certain nombre d'années. A la fin de 1841, le nombre de kilomètres exploités en France était de 569 ayant coûté 165 millions de francs.

Le réseau européen était à cette époque de 9281 kilomètres. En 1848, 2222 kilomètres étaient exploités en France et avaient coûté 797 millions de francs dont 110 millions pour l'Etat. De 1848 à 1851, on ne fit rien en France, tandis que les autres pays prenaient les devants.

En 1852, le gouvernement augmenta la durée des concessions à 99 ans. En 1857, on adopta le système des fusions, qui eut pour résultat de réunir entre les mains de six *grandes compagnies* la presque totalité du réseau français. On préservait ainsi les compagnies des périls de la concurrence, mais on exigeait d'elles l'engagement d'entreprendre de nouvelles lignes, et l'on portait à plus de 16,000 kilomètres l'étendue des concessions.

En 1857, la France comptait 7,453 kilomètres en exploitation, tandis que la Grande-Bretagne avait 20,000 kilomètres concédés et 14,000 exploités.

En 1859, pour activer la construction des chemins de fer français, on créa le système de la garantie d'intérêt. D'après ce mode, l'Etat a garanti aux compagnies l'amortissement et un minimum d'intérêt pendant cinquante ans pour le capital destiné à l'établissement des lignes comprises dans le nouveau réseau. Le réseau français comprend ainsi deux parties : l'ancien réseau, que les compagnies exploitent généralement à leurs risques et périls, et le nouveau réseau, qui a été construit à l'aide d'obligations et auquel l'Etat garantit un minimum de revenu.

Le PREMIER RÉSEAU se compose de toutes les lignes concédées jusqu'en 1857 et exécutées par chaque compagnie avec ses propres ressources, moyennant l'achat des terrains et la construction par l'Etat des travaux d'art.

Le DEUXIÈME RÉSEAU se compose des lignes faites et à faire postérieurement à 1857, à charge par l'Etat d'assurer aux capitaux appelés un minimum d'intérêt de 4 %, plus 0f,65 pour l'amortissement en cinquante ans.

Les 21,928 kilomètres formant le réseau actuel construit ou en construction, coûteront 10 milliards 347 millions; l'Etat n'aura à payer directement que 1 milliard 639 millions environ. Le capital maximum qui représente la garantie de l'Etat est d'environ 4 milliards représentant une annuité d'environ 185 millions.

Les dépenses faites aujourd'hui s'élèvent à 8 milliards 452 millions de francs sur lesquels l'Etat a payé 1,010 millions. Les dépenses encore à faire s'élèvent à 2,206 millions dont 628 millions pour l'Etat.

Ainsi, en résumé, les mesures prises à l'égard des compagnies se réduisent aux suivantes :

1° Subventions directes ;

2° Prolongation des concessions ;

3° Suppressions des concurrences au moyen de la concentration des entreprises ;

4° Garantie d'un minimum d'intérêt sur une portion du capital.

Durée des concessions.

A partir de 1852, les compagnies ont une jouissance de 99 années à l'expiration desquelles la propriété des chemins de fer reviendra à l'Etat, ce qui aura lieu en 1951.

Longueur du réseau exploité.

Au commencement de 1876, le réseau construit avait une longueur de 19,802 kilomètres, dont 9,304 kilomètres pour l'ancien réseau, 8,510 pour le nouveau réseau, 186 pour le réseau spécial, et 1802 kilomètres appartenant à des compagnies diverses.

Résultats de l'exploitation.

Les chemins de fer français ont transporté, en 1856, 30 millions de voyageurs et 12 millions de tonnes de marchandises ; en 1869, 110 millions de voyageurs et 44 millions de tonnes de marchandises ; en 1874, le nombre des voyageurs a atteint 121 millions, et celui des tonnes de marchandises 57 millions.

En 1875, les recettes ont dépassé 839 millions de francs, déduction faite des détaxes et non compris les impôts sur les transports qui se sont élevés, pour la même année a plus de 91 millions de francs, dont 69 millions pour la grande vitesse et 22 millions pour la petite vitesse.

L'ancien réseau a produit 639 millions de francs, en 1875, avec une recette brute kilométrique de près de 69,000 francs; le nouveau réseau, qui a rapporté 177 millions de recettes, n'a que 21,280 francs de recettes brutes kilométriques. Les recettes brutes des compagnies diverses se sont élevées à près de 18 millions de francs, avec une recette kilométrique d'environ 11,000 francs. La recette brute moyenne kilométrique, pour toutes les compagnies, est de 43,300 francs (1875); la recette nette kilométrique peut être évaluée à 20,000 francs, de sorte que les chemins de fer français auraient produit, en 1875, un bénéfice de plus de 396 millions de francs.

Réformes à opérer au régime des chemins de fer.

La commission instituée auprès du Ministre du commerce pour s'occuper des moyens de développer le commerce français à l'étranger demande les réformes suivantes relativement au régime des chemins de fer :

1° Révision des tarifs généraux, spéciaux, différentiels et communs; adoption de tarifs clairs et uniformes;

2° Réduction des délais de la petite vitesse et création d'une vitesse spéciale pour les marchandises emballées en caisses pleines;

3° Remaniement des tarifs d'exportation, pour que les transports par chemins de fer français ne soient guère plus élevés en France que dans les pays voisins;

4° Remaniement des tarifs de transit, de manière que les marchandises partant d'un point quelconque du territoire français pour aller s'embarquer dans un de nos ports, ne soient pas astreintes à payer un prix supérieur à celui des mêmes marchandises étrangères partant de l'étranger pour être embarquées dans le même port;

5° Interdiction, pour les compagnies de chemins de fer, de relever leurs tarifs lorsqu'elles les ont abaissés pour détruire une concurrence.

Statistique des chemins de fer.

STATISTIQUE DES CHEMINS DE FER
en 1875.

NOMS des CHEMINS DE FER	LONGUEUR EXPLOITÉE en 1875								RECETTES en 1875				RECETTES KILOMÉTRIQUES en 1875			
	ANCIEN RÉSEAU		NOUVEAU RÉSEAU		RÉSEAU SPÉCIAL		COMPAGNIES DIVERSES									
	totale au 31 décembre.	moyenne pendant l'année.	totale au 31 décembre.	moyenne pendant l'année.	totale au 31 décembre.	moyenne pendant l'année.	totale au 31 décembre.	moyenne pendant l'année.	A. R.	N. R.	R. S.	C. D.	A. R.	N. R.	R. S.	C. D.
	kil.	kil.	kil.	kil.	kil.	kil.	kil.	kil.	fr.	fr.	fr.	fr.	fr.	fr.	fr.	fr.
Nord	1.151	1.151	544	477	43	28	»	»	108.364.804	12.829.595	205.678	»	94.148	26.896	7.346	»
Est	533	524	1.722	1.722	»	»	»	»	40.732.241	53.407.992	»	»	77.733	31.015	»	»
Ouest	900	900	1.649	1.649	»	»	»	»	67.430.032	32.557.830	»	»	74.922	19.744	»	»
Orléans	2.017	2.017	2.243	2.140	»	»	»	»	100.901.016	41.600.170	»	»	50.025	19.439	»	»
Paris-Lyon-Méditerranée	3.854	3.834	1.117	1.110	143	131	»	»	266.643.880	17.108.632	5.272.258	»	69.547	15.413	40.246	»
Bessége à Alais	33	33	»	»	»	»	»	»	1.989.114	»	»	»	60.276	»	»	»
Midi	796	796	1.235	1.229	»	»	»	»	48.047.826	19.692.809	»	»	60.362	16.023	»	»
Ceinture	20	20	»	»	»	»	»	»	4.863.042	»	»	»	243.152	»	»	»
Compagnies diverses	»	»	»	»	»	»	1.802	1.624	»	»	»	17.771.124	»	»	»	10.943
Totaux et moyennes.	9.304 (1)	9.275 (2)	8.510 (1)	8.327 (2)	186 (1)	159 (2)	1.802 (1)	1.624 (2)	638.971.955	177.197.028	5.477.963	17.771.124	68.892	21.280	34.433	10.943
	(1) 19.802 kilom. (2) 19.385 kilom.								839.418.070 francs.							

Renseignements pratiques sur les chemins de fer.

Conditions de vitesse.

Conditions de vitesse. — La vitesse moyenne des chemins de fer est de 45 kilomètres à l'heure, tandis que la vitesse des anciennes diligences n'était que de 10 kilomètres en France et 16 kilomètres en Angleterre.

La vitesse moyenne des trains express anglais est de 65 kilomètres à l'heure; celle des trains spéciaux transportant les malles est de 70 kilomètres, et celle des trains ordinaires varie de 40 à 45 kilomètres. La vitesse des trains de marchandises est de 45 kilomètres.

En France, la vitesse moyenne des trains express est de 65 kilomètres à l'heure; celle des trains ordinaires est de 30 à 45 kilomètres, et celle des trains de marée de 70 kilomètres.

Le train courrier de Paris à Marseille, appelé train rapide, a une vitesse de 70 kilomètres à l'heure; la durée du trajet est de seize heures. On va aussi de Marseille à Paris en vingt heures, par train express (65 kilomètres par heure).

Tarif des chemins de fer.

Tarifs des chemins de fer. — Les compagnies de chemins de fer ont trois tarifs distincts : un tarif maximum, un tarif général et un tarif spécial. Le tarif maximum est indiqué par le cahier des charges et ne peut être dépassé. Dans la pratique, les prix des Compagnies sont généralement inférieurs au tarif maximum, qui n'est guère appliqué qu'au transport des voyageurs et à celui des marchandises à très-faible distance. La réduction du tarif maximum donne lieu aux tarifs généraux et aux tarifs spéciaux. Le tarif est dit *général* ou d'application lorsque la réduction est générale, c'est-à-dire lorsqu'elle s'applique indistinctement à tous les expéditeurs qui n'ont alors à se soumettre qu'aux obligations que leur impose le cahier des charges. Le tarif *spécial* (ou *conditionnel*) est celui qui est appliqué aux expéditeurs qui se soumettent à certaines conditions particulières autres que celles du cahier des charges; les prix sont inférieurs à ceux du tarif général, mais les délais sont beaucoup plus longs. Le tarif spécial n'est jamais appliqué qu'autant que les expéditeurs en font la demande expresse. Une compagnie n'a qu'un tarif général, tandis qu'elle peut avoir un nombre illimité de tarifs spéciaux.

Tarif général.

Tarif spécial.

Les prix sont plus élevés dans le tarif général, mais le transport des marchandises est plus rapide.

Tarif proportionnel. Tarif différentiel.

Relativement à la distance, on peut distinguer le *tarif proportionnel*, qui a une base kilométrique unique pour toutes les fractions d'un parcours, et le *tarif différentiel*, qui, pour une même nature de marchandises, a une base de prix qui diminue quand les distances à parcourir augmentent ou en raison du sens dans lequel s'effectue le parcours. Les tarifs différentiels en raison de la distance sont établis d'après une base qui décroît à mesure que la distance parcourue augmente. Les tarifs différentiels, en raison du sens dans lequel le transport s'effectue, ont lieu lorsque le prix de transport pour aller d'une ville quelconque à une autre est différent de celui du retour. Les tarifs différentiels les plus importants sont les *tarifs communs*, les *tarifs internationaux*, les *tarifs d'exportation* et les *tarifs de transit*.

Tarifs de soudure.

Les *tarifs communs* ou *tarifs de soudure* sont les tarifs à prix réduits qui sont appliqués pour des transports faits sur plusieurs lignes reliées entre elles, qu'elles appartiennent ou n'appartiennent pas à la même Compagnie. L'expéditeur, qui a à envoyer des marchandises devant traverser plusieurs lignes n'appartenant pas à la même compagnie, peut réclamer le tarif commun; la marchandise voyage alors sur toutes les lignes auxquelles s'applique le tarif commun dans des conditions identiques. Pour jouir des bénéfices de ces tarifs, l'expéditeur est tenu d'en réclamer expressément l'application à son profit.

Tarif international.

Le *tarif international* est le tarif commun existant entre les compagnies françaises et une compagnie étrangère.

Tarif d'exportation.

Les *tarifs d'exportation* s'appliquent aux marchandises transportées d'un point de la France dans un pays étranger.

Tarif de transit.

Les *tarifs de transit* sont ceux qui s'appliquent aux marchandises qui transitent à travers la France.

Séries.

Séries. — Pour l'un comme pour l'autre tarif, à la petite vitesse, les marchandises sont rangées en diverses séries, qui varient suivant la nature des marchandises et suivant les compagnies. Le Lyon a établi sept séries ; le Nord, six séries ; l'Est en a cinq ; l'Orléans, quatre ; l'Ouest, six ; le Midi, cinq. Les marchandises ont été classées arbitrairement par chaque compagnie, et la composition des séries varie souvent suivant les compagnies. Il faudrait arriver à une classification uniforme pour les différentes compagnies en prenant pour base la valeur des marchandises, leur volume et les distances parcourues. En Alsace-Lorraine l'administration des chemins de fer a adopté le système de tarifs à wagon plein, qui consiste à prendre pour unité de transport le poids avec l'espace, par wagon entier, c'est-à-dire tant par tonne et par kilomètre. On a créé pour les colis isolés un tarif basé sur le poids.

Tarif maximum.

Tarif maximum. — Les prix maxima à percevoir par *tête* et par *kilomètre* pour les transports des voyageurs sont les suivants sur les six réseaux :

1re classe, $0^f,1232$; 2e classe, $0^f,0924$; 3e classe, $0^f,0677$.

Les enfants au-dessous de trois ans ne paient rien ; de trois à sept ans, ils paient demi-place et ont droit à une place distincte ; au-dessus de sept ans, ils paient place entière.

Bagages.

Bagages. — Il est accordé à chaque voyageur 30 kilogrammes de bagage, et 20 kilogrammes aux enfants qui paient demi-place.

Prix du transport.

Les marchandises, par grande vitesse, paient indistinctement $0^f,44$ par tonne et par kilomètre. La perception a lieu d'après le nombre de kilomètres parcourus.

Fraction de poids.

Fraction de poids. — Pour les excédants de bagage et les marchandises par grande vitesse, les fractions de poids sont comptées par 2 kilogrammes de 0 à 2 kilogrammes, et par 5 kilogrammes de 3 à 5, de 5 à 10 kilogrammes et ainsi de suite jusqu'à 40 kilogrammes, et par fraction indivisible de 10 kilogrammes au-dessus de 40 kilogrammes. Le prix d'une expédition quelconque ne peut être inférieur à $0^f,40$.

Les paquets ou colis pesant isolément de 0 à 40 kilogrammes inclusivement, sont taxés, *en petite vitesse*, quelle que soit la série à laquelle ils appartiennent, à raison de $0^f,2625$ par tonne et par kilomètre. La perception est effectuée par fraction indivisible de 10 kilogrammes. Ainsi, tout poids compris entre 0 et 10 paiera comme 10 kilogrammes, entre 10 et 20, comme 20 kilogrammes, etc. Au-dessus de 40 kilogrammes, les fractions de poids ne sont comptées aussi que par 10 kilogrammes.

On entend par *groupage* la réunion dans un même envoi de plusieurs colis.

Tout paquet ou colis pesant plus de 40 kilogrammes et contenant des marchandises de séries différentes, est taxé d'après le prix de la série la plus chère, à moins que l'expéditeur ne justifie de la nature et du poids des marchandises transportées ; dans ce cas, elles sont taxées séparément, suivant les séries auxquelles elles appartiennent.

Il est perçu pour frais d'enregistrement des bagages et autres marchandises, pour grande ou petite vitesse, un droit fixe de $0^f,10$ par expédition.

Magasinage. — Il est perçu, en *grande vitesse*, pour le magasinage des marchandises adressées en gare et qui ne sont pas enlevées dans les quarante-huit heures de la mise à la poste de la lettre d'avis adressée par la Compagnie au destinataire, un droit fixe de 0f,055 par fraction indivisible de 100 kilogrammes et par jour. Le minimum de la perception est fixé à 0f,10. Les mêmes frais sont applicables aux marchandises adressées à domicile et dont le destinataire serait absent ou inconnu, ou refuserait de prendre livraison. Les droits de magasinage varient du reste chaque année. Magasinage.

Pour la *petite vitesse*, les droits de magasinage des marchandises qui ne sont pas enlevées dans les quarante-huit heures de la mise à la poste de la lettre d'avis adressée par la Compagnie au destinataire, sont les suivants : 0f,0525 par fraction indivisible de 100 kilogrammes et par jour, pour les trois premiers jours, à partir de l'expiration du délai ci-dessus fixé; 0f,105 par fraction indivisible de 100 kilogrammes et par jour pour chaque jour en sus. Le minimum de la perception est fixé à 0f,10.

Droits de stationnement des wagons. — Les droits de stationnement des wagons pour les marchandises transportées par wagon complet, sont fixés comme suit : Droits de stationnement des wagons.

Au départ : Les wagons devront être chargés dans les vingt-quatre heures qui suivront leur mise à la disposition des expéditeurs; passé ce délai, il sera perçu un droit de stationnement de 5 francs par wagon et par jour de retard.

A l'arrivée : Les wagons devront être complétement déchargés dans les quarante-huit heures qui suivront la mise à la poste de la lettre d'avis adressée par la compagnie au destinataire; passé ce délai, la compagnie pourra en faire le déchargement et percevra 0f,30 par tonne, plus les droits de magasinage. La compagnie pourra laisser les marchandises sur les wagons en percevant un droit de stationnement de 5 francs par wagon et par jour pour les trois premiers jours, à partir de l'expiration du délai fixé, et 10 fr. par wagon et par jour pour chaque jour en sus.

Distance. — Tout kilomètre entamé est payé, en grande vitesse, comme s'il avait été parcouru en entier. Pour toute distance inférieure à 6 kilomètres, la perception est faite pour 6 kilomètres entiers. Distance.

Conditionnement des marchandises. — Les compagnies ne sont pas tenues d'accepter non emballées les marchandises que le commerce est dans l'usage d'emballer, ni les marchandises dans un emballage défectueux, ni celles qui présentent une trace évidente de détérioration. Conditionnement des marchandises.

Déclarations. — Toute expédition doit être accompagnée d'une déclaration, datée et signée, indiquant : Déclarations.

1° Le nom et l'adresse de l'expéditeur;

2° Le nom et l'adresse du destinataire ;

3° Le nombre, le poids et la nature des colis à expédier, les numéros, marques ou adresses ;

4° La mention à *domicile* ou en *gare* ;

5° La mention en *port dû* ou en *port payé* ;

6° La somme (en toutes lettres) à faire suivre.

En l'absence de la mention à *domicile* ou en *gare*, la marchandise sera adressée en *gare* par petite vitesse, et *à domicile* par grande vitesse.

Payements. — Les expéditions sont effectuées à la volonté de l'expéditeur, en port dû ou en port payé. — Les articles sujets à détérioration ou sans valeur ne sont admis qu'en port payé à l'avance. Paiements.

Expéditions contre remboursement. — On expédie souvent des marchandises par chemin de fer, à condition que le destinataire, avant de prendre livraison, payera le prix de ces marchandises à l'employé de la compagnie. C'est ce qu'on appelle expédier des marchandises *contre remboursement*. Expéditions contre remboursement.

Délais de transport.

Délais de transport. — La durée du trajet pour les transports à petite vitesse sera calculée à raison de vingt-quatre heures par fraction indivisible de 125 kilomètres; les bestiaux vivants ont droit à 200 kilomètres pour le même temps, de même que les marchandises de 1re et 2e série. Le jour de la remise et celui de l'arrivée ne comptent pas.

Les excédants de distance jusques et y compris 25 kilomètres ne sont pas comptés. Ainsi 150 kilomètres comptent comme 125, 275 comme 250.

Il est accordé aux compagnies un jour de délai pour la transmission d'un réseau à l'autre.

Pour la grande vitesse, le délai de transport est la durée du trajet du train, quand le trajet n'a lieu que sur un réseau; si le trajet doit avoir lieu sur plusieurs réseaux, on ajoute au délai des *délais de transmission*, trois à huit heures, selon les cas.

Vitesse des marchandises en Angleterre.

En Angleterre, les marchandises sont transportées beaucoup plus vite qu'en France. Ainsi, les tissus de coton de Manchester sont transportés jusqu'à Londres (300 kilomètres) dans l'intervalle d'une nuit et apportés le matin jusqu'à la porte du négociant dans la cité. En France, avec la petite vitesse, on met sept à huit fois plus de temps pour franchir une pareille distance. Si les marchandises faisaient 80 à 100 lieues par jour, le commerce réaliserait de grandes économies sur l'intérêt des capitaux, sur les fonds de roulement nécessaires à chaque maison et beaucoup d'avaries seraient évitées.

Responsabilité des compagnies de chemin de fer en cas de transbordement. — Lorsqu'une compagnie de chemin de fer peut, à son gré, opérer le transport d'une marchandise qui doit passer d'un réseau sur un autre pour parvenir à destination, avec ou sans transbordement, au point de jonction des deux réseaux, soit en empruntant au réseau voisin sa voie et son matériel, soit en empruntant seulement la voie sur laquelle elle fait circuler ses propres wagons, elle est responsable, à l'égard de l'expéditeur, des avaries dont le transbordement a pu être la cause, attendu qu'elle pouvait faire le transport jusqu'à destination, par le procédé le plus sûr, c'est-à-dire sans transbordement.

Action en réclamation.

L'action en réclamation contre une taxe perçue par une compagnie de chemin de fer, ne peut être intentée par l'expéditeur alors que les marchandises ont été expédiées en port dû. C'est le destinataire seul qui a qualité pour le faire, et c'est à lui seul qu'il appartient de réclamer.

Obligations du destinataire à l'arrivée des marchandises.

Le destinataire doit retirer les marchandises quand elles sont livrables en gare et payer le prix de transport. Si la compagnie n'envoyait pas de lettre de voiture quand la marchandise est livrable en gare, elle n'aurait pas droit aux frais de magasinage, ni au transport d'office des marchandises, soit au domicile du destinataire, soit dans un magasin public. Si le destinataire des marchandises livrables en gare tarde à se présenter, la compagnie peut transporter d'office les marchandises à domicile ou les garder dans ses magasins en faisant payer les droits de magasinage. D'après une décision de la cour de cassation, les compagnies ne sont pas tenues d'envoyer des avis aux destinataires; cependant elles l'ont toujours fait jusqu'à présent.

Factage.

Camionnage.

Le *factage* est le transport en dehors de la voie ferrée des marchandises expédiées par le chemin de fer en grande vitesse; ce même transport appliqué aux marchandises de la petite vitesse s'appelle *camionnage*.

Lorsque des marchandises sont arrivées en retard, le destinataire qui veut réclamer une indemnité doit faire ses réserves sur le bulletin de sortie qui lui est délivré.

Lignes principales des chemins de fer français.

L'ensemble du réseau français se divise en six réseaux partiels, exploités par six compagnies : ce sont les réseaux de l'*Ouest*, du *Nord*, de l'*Est*, du *Sud-Est* (Paris-Lyon-Méditerranée), du *Centre* et du *Sud-Ouest*, (Orléans) et du *Midi*; 1802 kilomètres de chemins de fer sont en dehors de ces réseaux et appartiennent aux compagnies des Charentes (500 kilomètres), de la Vendée (249 kilomètres), des Dombes (51 kilomètres), etc. Réseaux des chemins de fer.

Le système général des chemins de fer de France a pour but de relier Paris avec les frontières, à la Belgique, l'Allemagne, la Suisse, l'Italie, l'Espagne. Toutes les compagnies, excepté celle du Midi, ont leur tête de ligne dans Paris ; le chemin de fer de ceinture les relie entre elles.

Le RÉSEAU DE L'OUEST comprend trois grandes lignes : Réseau de l'Ouest

1° La ligne *Paris-Rouen-Le-Havre*, par Mantes ;
2° La ligne *Paris-Cherbourg*, passant par Mantes, Evreux, Lisieux, Caen, Bayeux et Valognes ; } Lignes de Normandie.

3° La ligne de *Paris à Brest* ou de *Bretagne*, passant par Versailles, Rambouillet, Chartres, Nogent-le-Rotrou, le Mans, Vitré, Laval, Rennes, Saint-Brieuc, Guingamp, Morlaix, Landerneau.

Le RÉSEAU DU NORD comprend trois grandes lignes : Réseau du Nord.

1° La ligne de *Lille* ou de *Flandre*, par Arras, Douai, Lille, Roubaix, Tourcoing, Mouscron (Bruges, Ostende), et par Valenciennes, Quièvrechain (douane française), Quiévrain (douane belge), de là à Mons, Bruxelles, Anvers.

2° Ligne d'*Amiens-Calais* par Abbeville et Boulogne. C'est la principale voie de communication entre Paris et Londres : trajet en grande vitesse, 10 heures.

3° La ligne de *Saint-Quentin* à Maubeuge, Jeumont (douane française), Erquelines (douane belge), Namur, Liége. C'est la ligne de Paris à l'Allemagne du Nord.

Le RÉSEAU DE L'EST comprend deux grandes lignes : Réseau de l'Est.

1° Ligne de *Paris à Nancy*, Avricourt, l'ancienne *ligne de Strasbourg*, par Epernay, Châlons-sur-Marne, Bar-le-Duc, Nancy, Avricourt, col de Saverne (tunnel), Strasbourg, pont du Rhin, Kehl, grand-duché de Bade (chemin de fer de France en Autriche). La ligne française finit à Avricourt, où se trouve la douane française.

2° La ligne de *Paris à Belfort*, Mulhouse, Bâle, par Troyes, Bar-sur-Aube, Chaumont, Langres, Vesoul, Belfort ; elle se sépare de la précédente à Noisy. 835 kilomètres de la ligne de l'Est ont été cédés à l'Allemagne, et constituent le réseau d'Alsace-Lorraine, administré par l'Etat allemand.

Réseau de P.-L.-M.

Le RÉSEAU DE PARIS-LYON-MÉDITERRANÉE, le plus vaste, a trois grandes lignes :

1° La ligne de *Lyon et Marseille* par Melun, Fontainebleau, Dijon, Mâcon, Lyon, Vienne, Valence, Montélimar, Orange, Avignon, Tarascon, Arles, Marseille, Toulon, Nice, Menton, chemin de fer de la Corniche, Gênes; embranchement de Tarascon, Beaucaire, Nîmes, Lunel, Montpellier, Frontignan, Cette.

2° La ligne d'*Italie* par Mâcon ou Lyon, Ambérieu, Chambéry, Modane, tunnel du Mont-Cenis (le plus long : 12 kilomètres et demi), Bardonèche, Suse, Turin en Italie; embranchement : de Lyon ou Mâcon à Culoz et Genève.

3° La ligne du *Bourbonnais*, par Melun, Fontainebleau, Montargis, Gien, Briare, Cosne, Sancerre, Nevers, Saincaize, Moulins, Saint-Germain-des-Fossés, la Palisse, Roanne, Tarare, l'Arbresle, Lyon : ou la *ligne d'Auvergne par Saint-Germain-des-Fossés*, Gannat, Riom, Clermont-Ferrand, Issoire, Brioude, Langogne, Grand'Combe, Alais et Nîmes.

Réseau d'Orléans.

Le RÉSEAU D'ORLÉANS comprend trois grandes lignes :

1° La ligne de *Paris à Bordeaux*, par Orléans, Blois, Tours, Châtellerault, Poitiers, Angoulême, Coutras et Libourne.

2° La ligne de *Bretagne*, par Tours, Saumur, Angers, Nantes, Savenay, Redon, Vannes, Quimper, Landerneau, où elle rejoint la ligne de Brest;

3° La ligne du *Centre*, par Orléans, Vierzon, Issoudun, Châteauroux, Limoges, Périgueux, Agen, où elle rencontre la ligne du Midi, ou bien Limoges, Brive, Figeac, Capdenac, Villefranche, Tessonnières et Toulouse.

Reseau du Midi.

Le RÉSEAU DU MIDI, dont la tête est à Bordeaux, comprend deux grandes lignes :

1° La ligne de *Bayonne* ou d'*Espagne*, par Dax, Bayonne, Hendaye et Irun (ligne de Madrid).

2° La ligne de *Cette*, qui suit la vallée de la Garonne et le canal du Midi, par Marmande, Tonneins, Agen, Moissac, Castel-Sarrasin, Montauban, Toulouse, Castelnaudary, Carcassonne, Narbonne, où elle se divise en deux embranchements : de Narbonne à Cette, par Béziers, Agde, les Onglous et Cette où il se soude au réseau de *P. L. M.*; de Narbonne à Port-Vendres, par Perpignan. Cette ligne rejoint les chemins espagnols de la Catalogne.

Grandes lignes et leurs embranchements.

Les chemins de fer français se dirigent de Paris :

(*a*) A la frontière de Belgique.

1° *Par Lille et Valenciennes* (chemin du Nord). Le chemin du Nord part de Paris et passe par Creil (Oise), Amiens, Arras et Douai. A Douai, il se bifurque : une branche va à Lille, et de là entre en Belgique par Mouscron; la seconde branche part de Douai, se dirige sur Valenciennes et entre en Belgique par Quiévrain.

2° *Par Maubeuge*. Cette ligne part de Creil, sur la ligne précédente, se dirige sur Maubeuge, par Compiègne et Saint-Quentin, et entre en Belgique par Erquelines; elle se relie au chemin belge de Charleroi à Verviers. C'est elle qui est la voie directe entre la France et l'Allemagne du Nord.

3° *Par Vireux* (chemin des Ardennes). Ce chemin part de Paris, passe par Soissons, Reims, Réthel, Mézières, Charleville et finit à Vireux (sur la Meuse au sud de Givet), où il se joint au réseau belge. Un embranchement part de Charleville, passe à Sedan, Montmédy et Longuyon, où il se bifurque, et va : 1° à Longwy et à Arlon; 2° à Thionville et à Luxembourg.

(*b*) A la Manche.

1° *Par Dunkerque, Calais et Boulogne.*—La communication est établie par des embranchements du chemin de fer du Nord. D'Arras, par un embranchement sur Hazebrouck, où la voie se bifurque et va sur Dunkerque et Calais. D'Amiens part une autre ligne qui passe par Abbeville et arrive à Boulogne, d'où partent des paquebots pour Douvres et Folkestone.

2° *Par le Havre, Fécamp et Dieppe.* — La communication est établie par le chemin de Paris à Rouen et par trois prolongements sur le Havre, Fécamp et Dieppe. On a construit un chemin direct de Paris à Dieppe dont le point de départ est à Pontoise; il passe par Gisors, Gournay, Forges-les-Eaux et Neufchâtel.

3° *Par Cherbourg.* — Le chemin de Cherbourg s'embranche à Mantes sur la ligne de Paris à Rouen; il passe par Evreux, Serquigny, Bernay, Lisieux, Caen, Bayeux et Valognes. A Lisieux, il y a un embranchement, qui va sur Honfleur par Pont-l'Evêque; de Pont-l'Evêque, un second embranchement conduit à Trouville.

4° *Par Granville.* — Le chemin de Paris à Granville commence à

Saint-Cyr, sur la ligne de Paris à Rennes, et passe par Dreux, Laigle, Argentan et Vire.

(c) A l'Atlantique.

1° *Par le chemin de l'Ouest,* allant de Paris à Brest, par Chartres, le Mans, Laval, Rennes, Saint-Brieuc, Morlaix et Landerneau. Il y a deux embranchements sur ce chemin : l'un de Rennes à Saint-Malo ; l'autre de Rennes à Redon ;

2° *Par le chemin de Paris à Saint-Nazaire,* passant par Orléans, Tours, Angers, Nantes et Savenay. La ligne se bifurque à Savenay et va, d'un côté à Saint-Nazaire, et de l'autre à Landerneau (près de Brest), par Redon, Vannes, Lorient, Quimperlé, Quimper et Châteaulin.

(d) A la frontière d'Espagne.

Cette grande ligne part de Paris, passe par Choisy, Juvisy, Brétigny, Châteaudun, Vendôme, Tours, Poitiers, Angoulême, Coutras, Bordeaux, Morcenx, Dax et Bayonne. Elle se prolonge par Saint-Jean-de-Luz et entre en Espagne à Irun, où elle se réunit aux chemins de fer hispano-portugais.

Trois embranchements se détachent de la ligne de Paris à Bayonne et aboutissent à l'Océan : le premier part de Poitiers, passe à Saint-Maixent, Niort, et se bifurque à Aigrefeuille pour aller à la Rochelle et à Rochefort ; le second part de Bordeaux, passe à Pauillac et arrive à Verdon, à la pointe de Grave ; le troisième finit à la Teste-de-Buch et à Arcachon.

(e) A la Méditerranée, à la frontière de Suisse et d'Italie.

La ligne de la Méditerranée part de Paris, passe par Dijon, Châlon, Mâcon, Lyon, Saint-Rambert, Valence, Avignon, Tarascon, Arles, atteint Marseille, puis Toulon, Nice, Monaco, Menton et Vintimille.

Elle joint par cinq embranchements le réseau français aux chemins de la Suisse, de l'Italie et de l'Espagne orientale ; ces cinq embranchements sont :

1° *Le chemin de Tarascon à Port-Vendres.* Cette ligne commence à Tarascon, passe par Nîmes, Montpellier, Cette, Agde, Béziers, Narbonne, Perpignan, et finit à Port-Vendres ; elle doit se relier au réseau de la Catalogne. Un embranchement s'en détache à Nîmes et va aux gîtes houillers d'Alais et de la Grand'Combe.

2° *Le chemin de Lyon à Genève,* qui passe par Ambérieu, Culoz et Seyssel.

3° *Le chemin de Paris à Genève*, qui suit la ligne de Paris à Lyon jusqu'à Mâcon, où commence une ligne de traverse, allant de Mâcon à Bourg et à Ambérieu, où elle se joint au chemin précédent.

4° *Les chemins de Lyon à Turin.*—Le premier s'embranche à Culoz, sur le chemin de Lyon à Genève, passe à Aix-les-Bains, Chambéry, Montmélian, Saint-Jean-de-Maurienne, Saint-Michel, et arrive à Modane, où commence le grand tunnel du Mont-Cenis (compris entre Modane et Bardonèche et long de 12 kilomètres et demi), au delà duquel il se joint à Suse, à la ligne de Turin et au réseau italien.

La seconde voie de Lyon à Turin passe par la Tour-du-Pin, Grand-Lemps, Rives, Voiron et Grenoble, et se joint à Montmélian, au chemin précédent.

5° *Le chemin de Paris à Turin.*—Il suit la ligne de Paris à Genève par Mâcon jusqu'à Culoz, va de Culoz à Chambéry et de là à Modane et Suse, par Montmélian et Saint-Jean-de-Maurienne (sur la première ligne de Lyon à Turin).

Deux embranchements de la ligne de Paris à la Méditerranée conduisent de Saint-Rambert et de Valence à Grenoble.

(*f*) A la frontière d'Allemagne.

1° *Par la ligne de Paris à Mulhouse.*— Cette ligne passe par Mormant, Troyes, Chaumont, Langres, Chalindrey, Port-d'Atelier, Vesoul, Lure et Belfort. A Mulhouse, un embranchement se détache, qui va se joindre au réseau suisse, à Bâle.

2° *Par la ligne de Paris à Strasbourg.* — Cette ligne passe par Meaux, Épernay, Châlons, Vitry, Blesme, Bar-le-Duc, Nancy, Blainville, Lunéville, Embermenil, Avricourt et Saverne; à Strasbourg, elle traverse le Rhin pour se joindre au réseau allemand, à Kehl. De Strasbourg, elle envoie un embranchement sur Wissembourg, où elle se joint encore au réseau allemand. Un embranchement part de Frouard, près de Nancy, et arrive à Metz, où il se bifurque et se dirige : 1° sur Thionville, où la voie se prolonge sur Luxembourg; 2° sur Forbach, où la voie se joint au réseau allemand et met les provinces françaises du nord-est en communication avec le bassin houiller de Sarrebruck.

(*g*) Communications intérieures.

Nous divisons en *sept groupes* les principales lignes servant aux communications intérieures :

1° Entre le chemin de Paris a Cherbourg et le chemin de Paris a Saint-

Nazaire. — La communication est établie par la *ligne de Mézidon à Tours*, par Argentan, Alençon, le Mans et Château-du-Loir. Un embranchement va du Mans à Angers.

2° Lignes du Centre :

Chemin d'Orléans à Coutras par Vierzon, Châteauroux, Limoges et Périgueux avec un embranchement de Périgueux à Agen.

Chemin de Lyon à Bordeaux (grand Central), par Saint-Etienne, le Puy, Brioude, Aurillac, Figeac, Brive et Périgueux, où il se joint à la ligne précédente. A Figeac commencent deux embranchements : 1° sur Rodez, par Decazeville et Saint-Aubin. Cette ligne est continuée jusqu'à Béziers, par Bédarieux ; 2° sur Montauban, par Villefranche.

3° *Chemin de Paris à Lyon par le Bourbonnais.* — Il commence à Moret (sur la ligne de Paris à la Méditerranée), passe par Montargis, Cosne, Nevers, Moulins, Saint-Germain-des-Fossés, la Palisse, Tarare et Saint-Etienne. — A Saint-Germain-des-Fossés, commence un grand embranchement qui passe par Gannat, Riom, Issoire, et se joint à Brioude, au chemin de Lyon à Bordeaux.

4° *Chemins faisant communiquer la ligne de la Méditerranée et la ligne de Paris à Mulhouse.*

Ligne de *Dijon à Belfort*, par Auxonne, Dôle, Besançon et Montbéliard ; embranchement de Montbéliard à Porrentruy (Suisse), par Audincourt.

Ligne d'*Auxonne à Vesoul*, par Gray.

Ligne de *Chalindrey* (près de Langres) *à Besançon*, par Gray.

Ligne de *Dôle à la frontière suisse*, partant de Dôle, passant par Pontarlier et se prolongeant sur Neufchâtel.

Ligne de *Lyon à Besançon,* par Ambérieu, Bourg, Lons-le-Saulnier, Poligny, Mouchard et Franois.

5° *Chemins réunissant les deux lignes de Paris à Mulhouse et de Paris à Strasbourg.*

Ligne de *Blesme à Chaumont*, par Saint-Dizier.

Ligne de *Port-d'Atelier à Blainville,* par Favernay, Saint-Loup, Aillevillers, Epinal et Charmes.

Ligne de *Mulhouse à Strasbourg,* par Colmar. (Cette ligne fait partie des chemins de fer d'Alsace-Lorraine.)

Ligne de *Molsheim à Saverne,* par Wasselonne.

Ligne d'*Obernai à Schlestadt*, par Barr.

6° *Chemin faisant communiquer la ligne de Paris à Maubeuge avec la ligne de Paris à Strasbourg.*

Ce chemin commence à Tergnier, sur la ligne de Paris à Maubeuge, passe par la Fère, Laon, Reims, et finit à Epernay, sur la ligne de Paris à Strasbourg.

7° *Chemin réunissant le chemin du Nord avec la ligne de Paris au Havre :*

Ligne d'*Amiens à Rouen*, par Poix, Clères, Darnetal.

8° Réseau du Midi. — Le réseau du Midi se compose :

De la ligne de Bordeaux à Narbonne, par Langon, La Réole, Marmande, Tonneins, Agen, Moissac, Castel-Sarrasin, Montauban, Toulouse, Villefranche, Castelnaudary et Carcassonne.

De la ligne de Bayonne à Toulouse, par Orthez, Pau, Lourdes, Tarbes, Montréjeau, Saint-Gaudens, Muret et Portet-Saint-Simon, avec trois embranchements :

1° De *Portet-Saint-Simon* (près de Toulouse) *à Foix*, par Saverdun, Pamiers (Ariége) ;

2° De *Tarbes à Agen*, par Andrest, Vic-en-Bigorre, Rabastens, Mirande, Auch, Lectoure ;

3° De *Rabastens à Mont-de-Marsan.*

Chemin de fer direct de Marseille à Calais. — Une société privée demande la concession d'un chemin de fer direct de Marseille à Calais. Ce chemin de fer aurait 131 kilomètres de moins que les lignes actuelles ; il aurait en moins 43 kilomètres entre Mâcon et Marseille, et 88 kilomètres entre Mâcon et Calais. Le raccourcissement entre le mont Cenis et Calais serait de près d'un huitième, économie énorme de temps et d'argent pour les voyageurs et les marchandises, et qui assurerait à la France la victoire dans la lutte avec la Suisse, l'Allemagne et la Belgique. Ce chemin pourrait être terminé en six ans.

Ce serait un grand avantage pour le pays que les chemins de fer fussent entre les mains de l'État qui, au lieu de réaliser de beaux dividendes, comme le font les Compagnies qui ont ce monopole, pourrait diminuer considérablement les frais de transport et mettre notre pays dans le cas de soutenir la concurrence avec les pays voisins qui ont des charges moins fortes à supporter que les nôtres. Les voies de communication ne devraient jamais être créées dans le but de rapporter des dividendes ; on dirait que la France est faite pour les chemins de fer et non ceux-ci pour le pays.

Chemins de fer vicinaux.

A côté de ces grandes lignes qui comprennent ce qu'on appelle l'ancien réseau et le nouveau réseau, se crée un troisième réseau qu'on appelle les chemins de fer vicinaux. C'est l'Alsace qui a donné l'exemple ; les Vosges, la Sarthe, le Lot et un grand nombre d'autres départements s'occupent à transformer en voies ferrées une partie de leurs chemins de grande communication.

Lignes télégraphiques.

Lignes télégraphiques.

Le réseau télégraphique de la France est le plus développé de l'Europe. Paris est rattaché à tous les points du territoire français par 4,211 bureaux télégraphiques environ. Paris comptait 55 bureaux en 1876.

Longueur des lignes : 51,700 kilomètres en 1875; celle des fils : 144,580 kilomètres. Service électro-sémaphorique : Longueur des fils : 2,091 kilomètres; câbles sous-marins : 1,291 kilomètres; tubes : 26 kilomètres, en 1874.

Nombre des dépêches intérieures et internationales reçues et envoyées : 6,898,000, ayant produit au trésor public une recette de plus de 14 millions de francs, en 1874 : en 1875, la recette était de 16,700,000 francs. Aujourd'hui les recettes de la télégraphie dépassent les dépenses.

Il y a en France :

Classement des bureaux télégraphiques.

1° Des bureaux qui ne ferment jamais et peuvent échanger des dépêches à toute heure du jour et de la nuit.

2° Des bureaux où le service de jour est prolongé jusqu'à minuit.

3° Des bureaux à service de jour complet, fermant à 9 heures du soir et ouvrant, à partir du 1er avril, à 7 heures, et à partir du 1er octobre, à 8 heures du matin.

4° Des bureaux dits « *à service limité,* » ouverts de 9 heures du matin à 7 heures du soir pendant la semaine, et de 8 à 10 heures du matin et de 3 à 6 heures du soir les dimanches et jours fériés.

5° Des bureaux à service municipal, ouverts de 9 heures du matin à midi et de 2 à 7 heures du soir pendant la semaine, et de 8 heures et demie à 9 heures et demie du matin et de 5 à 6 heures du soir les dimanches et jours fériés. Tout bureau municipal de création nouvelle ou tout bureau de cette catégorie devenu vacant, doit être confié aux receveurs des postes.

Etablissement des lignes par les particuliers.

Les particuliers peuvent faire établir un fil desservant leurs propres habitations soit à la ville, soit surtout dans les localités isolées. Les frais de construction d'une ligne télégraphique peuvent être évalués en moyenne pour le réseau principal à 400 francs par kilomètre, et les frais de pose d'un fil à 190 francs; cette dépense, pour les réseaux de moindre importance, est réduite en moyenne à 275 francs par kilomètre de ligne neuve à un fil et à 90 francs par kilomètre de fil.

(Voir taxes télégraphiques, page 174.)

Voies navigables.

Les voies navigables se composent des rivières et des canaux : ce sont les voies les plus commodes et les plus économiques pour le transport des marchandises lourdes et encombrantes, telles que combustibles divers, matériaux de construction, métaux, minéraux, vins, céréales, épiceries, drogueries, engrais, fourrages, poteries, verres et cristaux, etc. Le canal et le chemin de fer n'ont pas les mêmes aptitudes de transport, ne rendent pas les mêmes services, ne s'adressent pas à la même clientèle. Ils peuvent coexister dans la même vallée sans se nuire. Voies navigables.

La France possède 8,400 kilomètres de cours d'eau dont 8,000 navigables, qui sont très-fréquentés sur une longueur de 2,000 kilomètres. Quatre grands fleuves, la *Seine*, la *Loire*, la *Garonne* et le *Rhône* lui appartiennent dans toute l'étendue navigable de leurs cours. Longueur des voies navigables.

Les canaux de navigation ont une longueur de 5,000 kilomètres. On les divise en *canaux de jonction et en canaux latéraux*. La somme des marchandises qui parcourent les canaux est plus forte que celle des marchandises qui parcourent les voies fluviales. Les canaux ont transporté, en 1867, 2,400 millions de tonnes à un kilomètre, et, en 1874, 1,547 millions de tonnes kilométriques.

Le montant des droits a dépassé 3,750,000 francs en 1874.

L'État est propriétaire de la plupart des canaux. La somme affectée sur les fonds de l'Etat à la création des canaux et à l'amélioration de la navigation peut être évaluée pour la période de 1821 à 1868 à 900 millions de francs, non compris les subventions des départements, des communes, etc.

La SEINE, longue de 800 kilomètres, dont 600 navigables depuis *Méry*, prend sa source au nord du mont Tasselot, commune de Saint-Seine et Chanceaux (Côte-d'Or), à 435 mètres d'altitude. En 1703, la navigation commençait à Troyes. La largeur moyenne du fleuve jusqu'à Paris est de 62 mètres ; au-dessous, de 150 à 400 mètres ; la profondeur varie de $2^m,70$ à $6^m,70$; elle est de 10 mètres à Rouen. Son cours est lent, la pente moyenne est de 15 centimètres par kilomètre. Elle se jette dans la Manche par un large estuaire (12 kilomètres.) Cours d'eau navigables La Seine.

La marée, qui se fait sentir jusqu'à Pont-de-l'Arche (Eure), produit à l'entrée de la Seine le phénomène de la barre. On a fait de grands travaux pour donner une plus grande profondeur au lit de la rivière afin que la barre devînt moins sensible ; aussi l'effet ne s'en fait-il plus sentir qu'aux grandes marées. Il est question d'améliorer la navigation de la Seine, en obtenant de la mer à Paris un tirant d'eau de $3^m,50$; ce qui rendrait Paris port de mer.

La Seine est très-poissonneuse; on y pêche esturgeon, saumon, alose, anguille, carpe, brochet, goujon, éperlan.

La navigation de la Seine est très-active; elle consiste en grains, vins, bois, charbons, fers, foin, fruits, etc., qui sont transportés pour la consommation parisienne.

Cinq des *affluents* de la Seine sont navigables; sur la rive droite :

L'Aube. L'*Aube* (45 kilomètres navigables) prend sa source dans le plateau de Langres; elle a un cours rapide et long de 190 kilomètres. (La vallée de l'Aube est large et couverte de prairies.)

La Marne. La *Marne* (353 kilomètres navigables) a sa source auprès de la montagne de Langres, coule au nord-ouest, par Chaumont, Joinville, Saint-Dizier (Haute-Marne), où elle devient navigable; elle traverse Vitry-le-Français, Châlons, Epernay, Château-Thierry (Aisne), la Ferté-sous-Jouarre, Meaux et Lagny (Seine-et-Marne), et se jette dans la Seine à Charenton. Le cours de la Marne est de 450 kilomètres, dont 353 navigables. La navigation est fort active; les transports consistent en fer, bois, vins, charbons, grains, etc., destinés à la consommation de Paris.

La Marne déborde ordinairement deux fois par année, au commencement de l'hiver et à la fonte des neiges; ses inondations sont quelquefois funestes, mais généralement elles déposent un limon qui fertilise les terres inondées.

L'Oise. L'*Oise* est formée par la réunion de deux ruisseaux, dont l'un prend sa source en Belgique, près de Chimay, et l'autre en France, près de Rocroi. L'Oise coule au nord-ouest, par Guise, la Fère, Chauny (Aisne), Noyon, Compiègne, Creil (Oise), Pontoise (Seine-et-Oise), et se jette dans la Seine à Conflans, après un cours de 264 kilomètres, dont 136 navigables depuis Chauny. La navigation de l'Oise est très-active, et les transports consistent en houille, bois, charbon et grains destinés à la consommation parisienne. La largeur moyenne de cette rivière est de 100 à 140 mètres et sa profondeur de 3 à 4 mètres; ses rives sont en général basses et unies, et sa vallée très-fertile. L'Oise a pour affluent l'Aisne.

L'Aisne. L'*Aisne* a sa source dans l'Argonne, coule au nord-ouest par Sainte-Menehould (Marne), Vouziers, Attigny, Réthel (Ardennes) et Soissons (Aisne); elle se jette dans l'Oise un peu au-dessus de Compiègne; son cours est de 270 kilomètres, dont 125 navigables depuis Soissons; l'Aisne est canalisée jusqu'à Réthel.

Sur la rive gauche de la Seine :

L'*Yonne*, qui prend naissance dans les étangs de Belleperche, situés au pied du mont Beuvron, coule dans une vallée profonde et étroite jusqu'à Clamecy; au-dessous, la vallée s'élargit et la rivière arrose Auxerre, Joigny, Sens, et se termine à Montereau, après un cours de 300 kilomètres, dont 118 navigables depuis Auxerre. L'Yonne

L'Yonne amène à Paris environ 600,000 stères de bois à brûler et de bois de charpente et du charbon.

L'*Eure* a sa source dans la forêt de Longny (Orne); elle coule d'abord du nord-ouest au sud-est par Pontgouin, puis du sud au nord par Chartres, Maintenon, Ivry, Louviers et se termine aux Damps, près de Pont-de-l'Arche, après un cours de 200 kilomètres dont 90 navigables.

La Loire, le plus grand fleuve de France (1126 kilomètres dont 750 navigables), prend sa source au mont Gerbier-des-Joncs (mont du Vivarais, Ardèche), à 1420 mètres d'altitude; elle se jette dans l'Atlantique par une embouchure de 7 kilomètres de largeur, encombrée de sables charriés par le fleuve. Elle est navigable depuis Roanne. La navigation est rendue difficile soit par les crues, soit par le manque d'eau, et surtout par le déplacement des sables et la formation continuelle de nouveaux bancs. Le transport des charbons à la descente, et des denrées coloniales à la remonte, occupe surtout la navigation depuis Roanne jusqu'à Nantes. La largeur moyenne de la Loire à Roanne est de 135 mètres. En juillet, août, septembre, les eaux de la Loire sont très-basses, et le lit de la rivière, presque partout à sec, ne montre que d'immenses grèves de sable. L'époque des hautes eaux tombe au printemps et en automne, c'est-à-dire à la saison des grandes pluies; les crues peuvent atteindre 7 mètres. La marée se fait sentir jusqu'à Nantes. La Loire a quatre affluents navigables : La Loire.

Sur la rive droite :

La *Maine*, formée par la réunion du Loir, de la Mayenne et de la Sarthe; la Mayenne devient navigable à Laval; la Sarthe, au Mans. La Maine.

Sur la rive gauche :

L'*Allier*, de 370 kilomètres de longueur, dont 247 navigables, descend des monts du Vivarais, coule au nord par Brioude, où il devient navigable; il arrose la belle plaine de la Limagne, Moulins, se jette dans la Loire au-dessous de Nevers. C'est une rivière torrentueuse, guéable en été, débordant souvent en hiver; ses crues sont de 5 mètres. L'Allier.

La *Dore*, affluent de l'Allier, a 105 kilomètres de longueur; elle des- La Dore.

cend des montagnes du Forez. La navigation en est active et consiste surtout en planches et en bois de construction tirés des forêts d'Ambert et expédiés à Nantes.

Le Cher. Le *Cher* prend sa source dans les monts de la Basse-Auvergne ; il a 340 kilomètres de longueur dont 94 navigables ; sa largeur moyenne est de 100 mètres ; ses crues sont fort dangereuses et atteignent quelquefois 5 mètres ; il devient navigable à Saint-Aignan.

La Vienne. La *Vienne* prend sa source au plateau de Mille-Vaches ; elle a 360 kilomètres de longueur, et devient navigable à Chitré, à 1 kilomètre au-dessus de Châtellerault.

La Garonne. La GARONNE (580 kilomètres dont 468 navigables) prend sa source dans les Pyrénées, à la montagne de Plaine-Béret, dans le Val-d'Arran, qui est à l'Espagne ; elle entre en France à l'endroit appelé le Pont-du-Roi, après un cours de 48 kilomètres. La Garonne devient navigable à Cazères, mais la navigation ne commence réellement qu'à Toulouse. Des bancs de rochers jusqu'au confluent du Tarn, un grand nombre de moulins et le peu de profondeur du lit interrompent souvent la navigation surtout pendant la saison des basses eaux, qui dure de 4 à 5 mois et pendant laquelle le fleuve n'a que $0^m,40$ à 1 mètre d'eau dans son lit. Il y a le canal latéral de Toulouse à Castets.

Les débordements de la Garonne sont aussi dangereux que fréquents ; les plus funestes sont occasionnés par la fonte des neiges des Pyrénées. La largeur moyenne de la Garonne est de 200 mètres ; à Bordeaux, elle a 800 mètres de largeur et de 20 à 30 mètres de profondeur.

La marée y élève les eaux de 4 à 6 mètres et se fait encore sentir à Saint-Macaire.

La Gironde. La réunion de la Garonne et de la Dordogne forme la *Gironde*, large estuaire de 75 kilomètres. Le lit de la Gironde est embarrassé de bancs de sable et coupé de nombreuses îles ; la marée est très-violente ; la barre de 5 à 6 mètres de hauteur, qu'on appelle *Mascaret*, se fait sentir jusqu'à 28 ou 30 kilomètres dans la Dordogne. La Gironde commence avec une largeur de 3 kilomètres ; sa plus grande largeur est de 11 kilomètres ; elle a 5 kilomètres à son embouchure.

Trois de ses affluents sont navigables.

Sur la rive droite :

Le Tarn. Le *Tarn*, qui a 350 kilomètres de longueur dont 147 navigables, prend sa source au mont Lozère ; la navigation de cette rivière est peu considérable.

Le *Lot*, qui a 406 kilomètres de longueur, dont 306 navigables, sort des Cévennes; il est navigable depuis Entraygues; les débordements sont rares à cause de ses berges formées de rochers calcaires escarpés. La navigation est difficile depuis Entraygues jusqu'à Cahors, à cause des rochers encombrant son lit; les transports sont assez considérables. Le Lot.

La *Dordogne*, qui a 465 kilomètres de longueur dont 292 navigables, depuis Mayronnes, prend sa source au Mont-Dore, où elle se forme de deux ruisseaux, la Dore et la Dogne. La Dordogne.

Les transports de la Dordogne sont considérables. La navigation est difficile à cause des rochers qui se trouvent dans le lit de la rivière.

L'*Adour*, qui a 303 kilomètres de longueur dont 126 navigables depuis Saint-Sever, a une largeur de 326 mètres à Bayonne; cette rivière prend sa source dans les montagnes de Bigorre, au mont Tourmalet; elle coule dans la célèbre vallée de Campan et se jette dans l'océan Atlantique par le Boucaut de Bayonne, où les sables forment une barre dangereuse. L'Adour.

La marée y pénètre jusqu'à Vimport. La navigation de l'Adour est considérable dans sa partie basse, sur une longueur de 25 kilomètres, de Bayonne aux Gaves; dans cette partie de son cours, c'est une puissante rivière dont la largeur varie de 150 à 400 mètres, la profondeur de $1^m,60$ à 10 mètres. La Douze et le Midou en se réunissant à Mont-de-Marsan constituent la *Midouze*, dont la longueur jusqu'à l'Adour est de 43 kilomètres, avec une largeur de 30 à 35 mètres et une pente moyenne de $0^m,39$; c'est une rivière qui peut être rendue parfaitement navigable jusqu'à Mont-de-Marsan avec une dépense d'un demi-million de francs.

Le Rhône a sa source près du col de la Furca, au glacier de Galenstok; il sort d'une voûte de glace, traverse de l'est à l'ouest le Valais, en Suisse, coule avec une extrême rapidité dans un lit étroit et encombré de rochers; il forme le lac de Genève, où il se dépouille du limon blanchâtre dont il était chargé, et en sort à Genève avec des eaux limpides et azurées. (Lac de Genève: longueur 60 kilomètres; largeur 11 kilomètres; profondeur: 307 mètres). Le Rhône devient navigable à Parc, près de Seyssel; près d'Arles, il se divise en deux branches, qui enveloppent l'île de la Camargue : le Grand-Rhône et le Petit-Rhône. Le Grand-Rhône se divise et forme le *Vieux-Rhône*, qui n'est plus qu'un filet d'eau, tandis que tout le courant se jette dans le *Grand-Rhône*, qui entre dans la mer par diverses bouches. La branche occidentale s'appelle *Petit-Rhône* et est à peine navigable; elle forme une branche appelée le *Rhône-mort*. Le Rhône.

Le delta du Rhône s'est accru de plus de 15 kilomètres depuis 15 siècles.

Depuis Avignon les rives du Rhône sont plates, basses et marécageuses ; ce sont des terres formées par les alluvions du fleuve.

Le Rhône a un cours de 860 kilomètres, dont 520 en France ; la pente, en général, est fort rapide, surtout en Suisse ; il a sa source à 1760 mètres d'altitude ; son entrée dans le lac de Genève est à 376 mètres. Ses crues rapides, au nombre de quatre ou cinq par an, causant parfois de grands désastres, ont lieu en été et sont produites par la fonte des neiges des Alpes de la Suisse ; elles durent ordinairement 24 heures et atteignent quelquefois des proportions formidables. Le Rhône est le fleuve le plus rapide de l'Europe ; sa vitesse moyenne, de Lyon à Avignon, est de $1^m,5$ à $2^m,5$ par seconde ; elle n'est plus à Arles que de $0^m,7$.

Dans les crues, le Rhône jette à la mer, en vingt-quatre heures, 5 millions de mètres cubes de matières terreuses ; ce sont ces alluvions qui ont formé la Camargue. On croit que la mer recule chaque année de 50 à 60 mètres.

Navigation du Rhône.

La navigation du Rhône est gênée par les basses eaux, par les rochers, quelquefois par de véritables tempêtes soulevées par le mistral, et à la remonte, par la force du courant, qui ne peut être vaincu que par de puissants remorqueurs. Il est question d'améliorer la navigation du Rhône, et de comprendre ce fleuve dans un grand système de voies navigables, ininterrompu depuis la Méditerranée jusqu'à la Manche, par Paris.

Au point de vue de la navigation, on peut diviser le Rhône en trois parties : le *haut Rhône*, le *bas Rhône*, et le *Rhône maritime*.

Le *haut Rhône*, compris entre le Parc et le confluent de la Saône, a un lit assez tourmenté et fréquemment encombré de rochers ; il a une longueur de 158 kilomètres et une pente de $0^m,96$ par kilomètre. Aux époques de fonte de neiges, habituellement le printemps et l'automne, le Rhône grossit et devient navigable ; il sert alors aux transports des marchandises consistant surtout en bois, pierre de taille des belles carrières de la Vallée et matériaux analogues à destination de Lyon.

Le *bas Rhône*, de Lyon à Arles, avec une longueur de 283 kilomètres, est la partie vraiment importante du Rhône ; la pente moyenne est de $0^m,55$ par kilomètre. Il coule dans un lit de graviers tellement mobiles, qu'il suffit quelquefois de l'échouage d'un bateau pour déplacer le chenal navigable sur une grande longueur. On évalue à trois mois par an les interruptions causées par les crues, les basses eaux, les brouillards et les glaces.

Le *bas Rhône* a donc une forte pente, une grande vitesse, un débit inégal, un lit mobile et des chômages fréquents. La navigation en descente est très-laborieuse et ne peut s'effectuer qu'avec des bateaux longs et plats, montés par des mariniers habiles. La remonte ne peut se faire qu'avec de faibles chargements. Ces circonstances font que le prix du fret est fort élevé et varie de 0f,03 à 0f,06 par tonne kilométrique entre Lyon et Arles. Malgré ces hauts prix, le trafic du Rhône s'élève encore à 293,000 tonnes, dont les deux tiers pour la descente.

Le *Rhône maritime,* d'Arles à la mer, a une longueur de 48 kilomètres, et une pente kilométrique de 0m,03. La direction nord-sud de son cours et le manque absolu d'abri de ses rives nues et déboisées le soumettent au grave inconvénient du mistral, qui, lorsqu'il souffle, peut affaler les grands bateaux à la rive et faire sombrer les autres. Le fleuve possède, dans cette partie, un mouillage dépassant 2 mètres, ce qui permet aux bateaux à vapeur, aux navires de mer d'y pénétrer. M. Krantz, sénateur, pense que l'amélioration du cours du Rhône ne donnerait qu'une insuffisante satisfaction aux besoins de la batellerie et ne pourrait jamais faire du Rhône une bonne voie navigable, qu'il faut demander à un canal latéral sur la rive droite du fleuve, entre Lyon et Arles, sur une longueur de 300 kilomètres; ce canal coûterait environ 90 millions de francs. Il faudrait le continuer de Bouc à Marseille, le long du littoral, sur une longueur de 25 kilomètres, travail qui coûterait encore 5 millions de francs. Les dépenses à faire seraient donc de 95 millions de francs; mais le prix de transport par tonne kilométrique serait d'environ 0f,0335. Les dépenses qu'on a déjà faites pour l'entretien et l'amélioration du Rhône s'élèvent à 75 millions de francs.

La *Saône,* rivière très-importante (482 kilomètres de cours dont 366 navigables), a sa source dans les monts Faucilles, à Vioménil (Vosges), et devient navigable à Port-sur-Saône; elle passe à Gray, Châlon-sur-Saône, Mâcon, se jette dans le Rhône à l'extrémité méridionale de Lyon, à la Mulatière. La Saône.

La pente moyenne générale de la Saône est d'environ 0m,29 par kilomètres. Elle est assez forte aux extrémités, mais entre Verdun et Saint-Bernard, elle présente l'aspect d'un lac, sans courant sensible et avec une profondeur à peu près uniforme. Entre Vioménil et Jonvelle, la Saône a une forte pente et un faible débit, et ne peut être utilisée comme voie de transport. Entre Jonvelle et Port-sur-Saône, la pente diminue notablement, le volume des eaux s'accroît et la rivière peut déjà porter des radeaux et quelques bateaux avalants, vides pour la plupart; la navigation y est intermittente. De Port-sur-Saône à Gray, la rivière a un volume d'eau assez considérable et n'a plus qu'une pente moyenne de 0m,26 par kilomètre. La navigation n'est possible entre Port-sur-Saône et Gray qu'à l'aide de retenues faites par les usiniers et pour leur usage. A partir de Gray, la Saône devient réellement une grande rivière et sa pente n'est plus que de 0m,14 par kilomètre; elle est navigable pendant toute l'année dans ce parcours et dessert un trafic considérable. De Verdun à Saint-

Bernard, sur une longueur de 132 kilomètres, la Saône n'a plus qu'une pente kilométrique de $0^m,04$. Elle a reçu le Doubs et possède un volume d'eau considérable; elle offre pendant les deux tiers de l'année un mouillage de $1^m,60$.

La navigation, très-considérable, est facilitée par le peu de vitesse de la rivière et n'éprouve de difficulté qu'à l'époque des basses ou des hautes eaux; les crues de la Saône sont fréquentes et atteignent 5 mètres. La Saône reçoit les produits amenés par le Rhône en destination du nord et verse dans le Rhône tous ceux qu'elle transporte vers le midi. La Saône pourrait être une de nos plus utiles artères de navigation intérieure. Les dépenses faites pour améliorer la Saône se montent déjà à plus de 28 millions et demi de francs; pour améliorer complétement ce cours d'eau avec un mouillage de 2 mètres, il faut encore dépenser 17 millions et demi de francs.

Le Doubs. Le *Doubs,* qui a 453 kilomètres de longueur dont 237 sont navigables, prend sa source au mont Rixou, près de Mouthe; il traverse le lac de Saint-Point, passe à Pontarlier, Morteau, forme le saut du Doubs, cataracte de 27 mètres entre le mont Chaillexon et les Planchettes, en face des Brenets (Suisse); il coule au nord en formant la limite entre la France et la Suisse jusqu'à St-Ursanne, où il forme un coude et coule à l'ouest jusqu'à Saint-Hippolyte où il reprend une direction nord jusqu'à Audincourt, après avoir traversé Pont-de-Roide; il prend une direction sud-ouest depuis Voujaucourt, où il devient navigable; il traverse l'Isle-sur-le-Doubs, Clerval, Baume, Besançon, Fraisans, Dôle, et se jette dans la Saône à Verdun-sur-Doubs; il est canalisé de Dôle à Verdun, sur une longueur de 73 kilomètres.

L'Ain. L'*Ain,* qui se joint au Rhône à Authou, est navigable sur une longueur de 91 kilomètres; mais sa pente excessive de $1^m,50$ par kilomètre, ses rives escarpées, son lit encombré d'écueils et son mouillage de $0^m,25$ en basses eaux, font que la navigation ne s'y opère qu'en descente dans les eaux moyennes et principalement par train. Les marchandises transportées consistent en bois du Jura et en bateaux vides que l'on construit dans le haut de la rivière et qui ne remontent plus.

L'Isère. L'*Isère,* qui a 320 kilomètres de longueur, descend des glaciers du val de Tignes, arrose la vallée tortueuse de la Tarentaise et descend, après avoir reçu l'*Arc*, au sud-ouest par la pittoresque vallée du Graisivaudan. En aval de Grenoble, un torrent d'une effrayante rapidité descend en droite ligne vers la tortueuse Isère; c'est le redoutable *Drac*, dont les crues rapides sont aussi terribles que celles de l'Isère et menacent également Grenoble. L'Isère est navigable depuis la limite du département de la Savoie jusqu'au Rhône sur une longueur de 156 kilomètres ; sa pente kilométrique moyenne est de $0^{m},11$, son mouillage minimum en basses eaux, de $0^{m},30$. L'Isère roule un volume d'eau considérable aux époques de la fonte des neiges. Les marchandises transportées consistent essentiellement en bois de charpente et de chauffage.

L'*Ardèche* ne rend aucun service pour les transports ; sa pente de $0^{m},80$ par kilomètre, son débit très-inégal, ses crues soudaines et violentes, empêchent la navigation de cette rivière. L'Ardèche.

La *Durance*, de 380 kilomètres de développement, a sa source au col du mont Genèvre ; c'est une rivière trop rapide et trop capricieuse pour être navigable ; elle est embarrassée d'îles et de bancs de sable ; ses débordements sont terribles à l'époque de la fonte des neiges et à la suite des orages ; elle se jette dans le Rhône à une petite distance au-dessous d'Avignon. La Durance.

Le Rhin est un grand fleuve de 1350 kilomètres dont 900 navigables, depuis Bâle ; il descend des Alpes centrales, du Saint-Gothard, et est formé par une trentaine de petits cours d'eau appelés Rhein, qui se réunissent en trois cours principaux : le Rhin inférieur, celui du milieu et le Rhin supérieur. Le Rhin.

Il traverse le lac de Constance et forme plusieurs chutes, entre autres celle de Laufen, près de Schaffouse, qui a 22 mètres. Il fait la limite entre la Suisse, l'Alsace et le grand-duché de Bade ; il passe à Schaffouse, Bâle, Huningue, Strasbourg, Kehl, Lauterbourg, Spire, Manheim, Worms, Mayence, Bingen, Coblentz, Bonn, Cologne, Dusseldorf, Emmerich ; il se divise en Hollande en quatre bras : le *Leck* et le *Wahal* qui se jettent dans la Meuse, l'*Yssel*, dans le Zuyderzée et le *Vieux-Rhin*, dans la mer du Nord. Il renferme beaucoup d'îles d'Huningue à la Lauter. Il y a 184 kilomètres d'Huningue à Lauterbourg. Ce fleuve formait la limite de la France avant la guerre de 1870-1871. Sa largeur à Bâle est de 250 mètres ; elle atteint quelquefois 800, 2000 et 3650 mètres à cause du grand nombre d'îles couvertes de bois ou de prairies qui élargissent son lit. La largeur du grand bras du Rhin entre Kehl et Strasbourg est de 285 mètres ; celle du petit bras, de 80 mètres. La profondeur entre Bâle et Strasbourg est de 1 à 4 mètres.

Le Rhin porte des bateaux de 200 tonneaux de Bâle à Strasbourg, de 400 de Mayence à Cologne, de 200 à 500 au-dessous de Cologne.

Les crues du Rhin ont lieu au printemps après la fonte des neiges de la Suisse, ou pendant l'hiver lorsqu'il est pluvieux ; elles sont de 3 à 4 mètres ;

la crue de 1872, au mois de mai, a été de 8 mètres. Les basses eaux sont en mai et en octobre ; la vitesse moyenne du fleuve est de 91 mètres par minute.

Ce fleuve est l'une des voies de communication les plus importantes de l'Europe ; il sert aux relations commerciales d'Amsterdam et de Rotterdam avec Cologne et Mayence, et de ces villes avec le reste de l'Allemagne.

Affluents sur la rive gauche :

L'Ill. L'*Ill* passe à Mulhouse, Colmar, Strasbourg.

La Moselle. La *Moselle* a sa source au ballon d'Alsace, près du col de Bussang ; elle a 520 kilomètres de cours dont 357 navigables ; elle arrose Remiremont, Epinal, Toul, Metz, Thionville, Trèves, et se jette dans le Rhin à Coblentz. Elle devient navigable à Frouard ; son cours est très-rapide ; la largeur moyenne de la Moselle est de 160 mètres ; la profondeur de 2 mètres. Les débordements de la Moselle sont fréquents et causent de grands ravages par les ensablements qu'elle forme et les déplacements assez fréquents de son lit. Les époques des crues tombent en janvier et février ; quelquefois en juin et juillet.

La Meurthe. La *Meurthe* descend des Vosges, arrose Saint-Dié, Lunéville, Nancy, et se jette dans la Moselle au-dessous de Frouard ; son cours est de 160 kilomètres ; sa largeur moyenne de 80 mètres et sa profondeur moyenne de 0^m,80 ; elle est navigable depuis Nancy. Son lit, creusé dans le sable et le gravier, est rempli de bas-fonds et de gués.

La Meuse. La *Meuse* a sa source dans le plateau de Langres ; elle passe par le village de Meuse, où elle prend son nom, et près de Bazoilles, où elle disparaît pour ne reparaître qu'à 6 kilomètres plus loin, à Noncourt ; elle arrose Neufchâteau, Commercy, Verdun, où elle devient navigable, Sedan, Mézières, Charleville, Fumay et Givet en France ; en Belgique, Dinant, Namur et Liége ; en Hollande, Ruremonde, Dordrecht, Rotterdam ; elle se jette dans la mer du Nord, après 900 kilomètres de cours, dont 700 navigables ; 263 sont navigables en France. La largeur moyenne est de 110 à 150 mètres.

La Sambre. La *Sambre* naît dans le massif des Ardennes, arrose Landrecies et Maubeuge, en France ; Charleroi, Namur (Belgique), où elle se jette dans la Meuse. Son cours, navigable depuis Landrecies, est de 250 kilomètres. Les transports y sont considérables.

L'Escaut. L'*Escaut* a sa source près du Catelet ; il coule du sud au nord par Cambrai,

Valenciennes, Condé; il est navigable depuis Cambrai; sa longueur est de 350 kilomètres, dont 312 navigables, et 62 kilomètres navigables sur le territoire français.

La *Lys*, affluent de l'Escaut à Gand, est navigable depuis Aire.

La *Scarpe*, qui se jette aussi dans l'Escaut, arrose Arras et Douai

Ces cours d'eau sont principalement navigables en Belgique.

Canaux.

La France est divisée en deux grands versants, celui du nord ou de l'Atlantique, et celui du sud ou de la Méditerranée, et subdivisée en cinq grands bassins, ceux du Rhin (mer du Nord), de la Seine (Manche), de la Loire (océan Atlantique), de la Garonne (golfe de Gascogne), et du Rhône (Méditerranée). Canaux.

Les *canaux* de la France ont pour but de réunir ces diverses mers et d'ouvrir ainsi entre tous les bassins un système de communications faciles et économiques.

En prenant la grande ligne de la Saône et du Rhône comme l'artère principale de la France, on voit que le bassin du Rhône, ou le versant de la Méditerranée, communique directement avec les quatre autres grands bassins; d'où il résulte que les diverses mers qui baignent la France sont toutes reliées à la Méditerranée.

Nous appellerons *canaux de grande communication* ceux qui unissent ainsi deux versants ou deux bassins maritimes distincts.

1° *Jonction du Rhône avec la Garonne.* — Elle se fait par quatre canaux :

Le *canal de Beaucaire*, entre Beaucaire, sur le Rhône, et Aigues-Mortes (50 kilomètres);

Le *canal des Etangs*, entre Aigues-Mortes et Cette (39 kilomètres); l'étang de Thau;

Le *canal du Midi ou du Languedoc*, entre le port des Onglous, sur l'étang de Thau, et Toulouse, sur la Garonne (240 kilomètres); le canal du Midi passe à Agde, et là, par l'Hérault, il se joint à la Méditerranée. Ce canal achevé sous Louis XIV en 1680, par Riquet, traverse la chaîne des Corbières au col de Naurouze;

Le *canal latéral à la Garonne*, entre Toulouse et Castets (193 kilomètres).

Cette grande ligne de communication, si importante pour le commerce, joint la Méditerranée à l'océan Atlantique par Cette et Bordeaux. Il serait d'une importance capitale pour la France de la transformer en canal maritime.

2° *Jonction du Rhône avec la Loire.* — Elle se fait par deux canaux :

Le *canal du Centre,* entre Châlon, sur la Saône et Digoin (Saône-et-Loire), sur la Loire (117 kilomètres) ; il dessert la région des houillères et des forges du centre et a un trafic important;

Le *canal latéral à la Loire,* de Roanne à Briare (252 kilomètres).

3° *Jonction du Rhône avec la Seine.* — Elle se fait par :

Le *canal de Bourgogne*, entre la Roche-les-Yonne et Saint-Jean-de-Losne, sur la Saône (242 kilomètres) ;

L'*Yonne canalisée*, entre la Roche et Montereau ;

La *Seine canalisée*, entre Montereau et Paris.

4° *Jonction du Rhône avec le Rhin.* — Elle se fait par le *canal de l'Est ou du Rhône au Rhin*, entre Saint-Symphorien, sur la Saône, et Strasbourg, sur l'Ill (322 kilomètres); ce canal est continué jusqu'au Rhin, par le canal de l'Ill au Rhin, et l'embranchement de Mulhouse à Huningue. La partie alsacienne de ce canal nous a été enlevée en 1871 ; il se trouve aujourd'hui, pour nous, réduit à 192 kilomètres, de Saint-Symphorien à Montreux. Le canal du Rhône au Rhin, commencé en 1783 et terminé en 1834, après un demi-siècle d'efforts, a coûté environ 33 millions et demi de francs, soit 16 millions pour la partie restée française. Il quitte la Saône à Saint-Symphorien, à 4 kilomètres en amont de l'embouchure du canal de Bourgogne, rejoint le Doubs à Dôle, le suit sur 86 kilomètres jusqu'à Voujaucourt, et de là se dirige sur la vallée de l'Ill, par laquelle il pénètre en Alsace; son bief de partage est établi à Valdieu, à 350 mètres d'altitude. Le mouillage normal est fixé à $1^m,50$ et ne permet pas un enfoncement de plus de $1^m,30$, ce qui est insuffisant.

Après avoir réuni les quatre grands bassins à l'artère principale, c'est-à-dire au Rhône, on a réuni les bassins entre eux, à l'exception des bassins de la Garonne et de la Loire, entre lesquels la nature du sol n'a pas permis d'établir de jonction.

Entre Loire et Seine. — La *jonction* est faite par :

1° Le *canal de Briare*, entre Briare, sur la Loire, et Montargis sur le Loing (55 kilomètres) ;

Le *canal d'Orléans*, entre Orléans et Montargis (73 kilomètres) ;

Le *canal du Loing*, entre Montargis et Saint-Mammès sur la Seine (44 kilomètres) ;

2° Le *canal du Nivernais,* entre Auxerre sur l'Yonne, et Decize sur la Loire (174 kilomètres).

Entre Seine et Escaut. — La *jonction* est faite par :

L'*Oise*, *le canal latéral de l'Oise,* depuis Janville (29 kilomètres), et par le canal de Manicamp jusqu'à Chauny (5 kilomètres) ;

Le *canal Crozat*, de Chauny, sur l'Oise, à Saint-Quentin, sur la Somme, avec un embranchement sur la Fère.

Le *canal de Saint-Quentin,* de Saint-Quentin à Cambrai, sur l'Escaut. Le canal Crozat et celui de Saint-Quentin ont 93 kilomètres.

Entre Seine et Meuse. — La *jonction* est faite par :

1° Le *canal de la Sambre à l'Oise,* entre Landrecies, sur la Sambre, et la Fère, sur l'Oise, où il se relie au canal Crozat par un embranchement de ce canal (67 kilomètres) ; il amène à Paris les houilles de Mons et de Charleroi ;

2° Le *canal des Ardennes,* entre Donchery, sur la Meuse et Neufchâtel, sur l'Aisne (93 kilomètres) ; il traverse l'Argonne au défilé du Chêne-Populeux. Le canal des Ardennes est prolongé par le canal latéral à l'Aisne qui va jusqu'à Condé-sous-Vailly, et, au-dessous de cette ville, l'Aisne a été canalisée jusqu'à son confluent.

Entre Seine et Rhin. — La *jonction* est faite par :

La *Marne canalisée*, entre Paris et Dizy, le canal latéral à la Marne, entre Dizy et Vitry-le-Français, et le *canal de la Marne au Rhin*, de Vitry à Strasbourg (315 kilomètres). Toute la partie orientale, depuis la Sarre, appartient à l'Allemagne. Ce canal franchit plusieurs cours d'eau sur des ponts aqueducs ;

Le *canal des Houillères* joint la Sarre et le bassin houiller de Sarrebruck au canal de la Marne au Rhin, et amène la houille en Alsace et en Champagne ; il a été perdu en 1871.

On rétablit sur le territoire français les voies navigables interceptées par la nouvelle frontière. On joindra la Moselle et le canal du Rhône au Rhin à la mer du Nord, à la Baltique par la canalisation de la Meuse jusqu'à la frontière française, et la Meuse à la Saône par la canalisation de la Moselle sur le versant nord des Vosges et la création d'un canal sur le versant sud jusqu'à Port-sur-Saône. Les travaux sont en cours d'exécution (1877).

Après ces canaux principaux, qui établissent les grandes communications, viennent les canaux secondaires, dont les plus importants sont :

Le *canal de Nantes à Brest*, de Nantes à Port-Launay, situé à l'embouchure de l'Aulne (367 kilomètres).

Le *canal du Blavet*, entre Pontivy, à la jonction du Blavet et du canal précédent, et Hennebont ; il se compose du Blavet canalisé.

Le *canal d'Ille et Rance*, entre l'Ille et Dinan, sur la Rance (85 kilomètres) ; il communique par la Vilaine avec le canal de Nantes à Brest.

Ces trois canaux ont pour but d'assurer, en temps de guerre et malgré le blocus de nos côtes, l'approvisionnement de nos ports de Brest, de Lorient et de Saint-Malo.

Le *canal du Berry*, de la Loire à la Loire, de Montluçon à Montrichard, sur le Cher par Bourges (322 kilomètres); il supplée à la navigation du Cher; il a un trafic très-important.

Le *canal de l'Aisne à la Marne*, de Berry-au-Bac, sur l'Aisne, à Condé, sur la Marne, par Reims (58 kilomètres); il joint les canaux du Nord au canal de la Marne au Rhin, et amène les houilles de Belgique et d'Anzin au bassin métallurgique de la Haute-Marne.

Le *canal de la Somme*, depuis Saint-Simon, sur le canal de Saint-Quentin, jusqu'à Saint-Valery-sur-Somme (156 kilomètres); il est composé d'un canal latéral à la Somme, entre Saint-Simon et Froissy (53 kilomètres); de la Somme canalisée, entre Froissy et Abbeville, et d'un canal maritime, entre Abbeville et Saint-Valery.

Ligne *des canaux du nord*. — La Flandre et l'Artois sont traversés par une grande ligne de canaux, allant de Bouchain, sur l'Escaut, à Gravelines, sur la mer du Nord.

Le *canal d'Arles à Bouc*, créé pour éviter la navigation dangereuse du Rhône, n'est accessible qu'à des bâtiments de faible tonnage; il a 47 kilomètres de longueur avec un mouillage de 2 mètres. Les écluses ont 8 mètres de large sur 52 mètres de long. Il est alimenté une grande partie de l'année par les eaux des marais qu'il dessèche. Il a coûté 12 millions environ.

On a commencé, en 1864, à l'embouchure du Rhône, le canal *Saint-Louis*, long de 4 kilomètres, profond de 7 mètres et large de 60; il part de la tour Saint-Louis à 8 kilomètres au-dessus de l'embouchure du Rhône, et se termine à l'anse du Repos, dans le golfe de Foz, en face de Bouc.

Ce magnifique ouvrage a pour but de donner à la navigation le moyen d'éviter la barre du Rhône et ouvre aux bâtiments d'un fort tonnage l'accès du Rhône inférieur.

Tarif des voies navigables.

Tarif des voies navigables.

Les rivières et canaux de l'État ne connaissent plus que deux classes de marchandises; la première classe comprend les marchandises suivantes :

Sucre.	Boissons.	Soie.	Verreries.
Café.	Céréales.	Coton.	Tabletterie.
Savons.	Farines.	Laine.	Ivoire.
Epiceries.	Fécules.	Chanvre.	Nacre.
Vins.	Graines.	Lin.	Ecaille.
Eaux-de-vie.	Métaux ouvrés.	Crin.	Corne ouvrée.
Esprits.	Armes.	Tissus.	Papier.
Vinaigres.	Voitures.	Merceries.	Carton.

Livres.	Comestibles (frais et secs).	Fromage.	Colle-forte.
Cuirs.	Salaisons.	Miel et cire.	Amidon.
Fourrures.	Huiles.	Graisse.	Houblon.
Meubles.	Beurre.	Glucose.	Tabacs.
Éponges.		Gélatine.	

Toutes les autres marchandises sont comprises dans la seconde classe.

Tarif. — On paye $0^f,005$ et $0^f,002$ par tonne et par kilomètre.

Les trains et radeaux payent $0^f,0002$ le mètre cube.

Tous ces droits sont passibles de la surtaxe du double décime sur fleuves et rivières; le droit par tonne et par kilomètre est de $0^f,002$ et de $0^f,001$ suivant les classes.

Sur le canal du Midi, la navigation en transit de la Méditerranée à l'Océan paye $0^f,02$ et $0^f,025$ par tonne kilométrique; la navigation ordinaire, de $0^f,02$ à $0^f,06$; le charbon qui parcourt plus de 125 kilom. ne paye que $0^f,0188$. Sur le canal latéral à la Garonne, la première classe paye $0^f,03$ à la descente et $0^f,02$ à la remonte; la deuxième classe, $0^f,02$ et $0^f,01$.

On peut payer toute la somme des droits d'un coup au départ ou à l'arrivée, même en passant sur plusieurs lignes d'eau.

Les bateaux vides sont exempts de droits.

Les *canaux suivants* appartiennent à des *Compagnies* :

Canal de Beaucaire.	Canal de Narbonne.
— de Dunkerque à Furnes.	— de l'Ourcq.
— latéral à la Garonne.	— de Roubaix.
— du Midi.	— de la Sambre à l'Oise.

Institutions commerciales, industrielles, agricoles, financières et maritimes.

Plus de corporations, plus de restrictions en France au libre exercice de l'industrie et du commerce; plus de monopole, excepté celui de la fabrication du tabac et des poudres, que l'État s'est réservé pour des raisons d'ordre public ou dans l'intérêt du Trésor. La fabrication des allumettes chimiques est aussi l'objet d'un monopole qui est destiné à disparaître sous peu. Législation commerciale.

Les tribunaux de commerce sont composés de juges élus pour deux ans par les commerçants notables de l'arrondissement, dont la liste est dressée par le Préfet. Ils décident les contestations relatives aux transactions ou engagements entre négociants. Chacun de ces tribunaux a pour ressort un arrondissement. On compte 216 tribunaux de commerce en France sur 362 arrondissements. Dans les arrondissements où il n'en existe pas, les affaires commerciales sont jugées par le tribunal civil. Les tribunaux de commerce jugent par an environ 230,000 affaires, dont un quart en conciliation et les deux tiers en dernier ressort. Tribunaux de commerce.

Les Conseils de prud'hommes sont formés de fabricants et d'ouvriers désignés par l'élection; ils sont composés, par moitié, d'ouvriers élus par Conseils de prud'hommes.

les ouvriers, et de patrons élus par les patrons. Leur principale attribution est de concilier ou de juger les différends survenus dans l'intérieur de la fabrique entre les ouvriers seulement, ou entre les ouvriers et les patrons, à l'occasion de leurs travaux habituels. Il y a en France 80 conseils de prud'hommes. Ils jugent, en dernier ressort, jusqu'à une condamnation de 200 francs, et avec appel au tribunal de commerce au-dessus de 200 francs, les différends qui surgissent au sujet du travail entre les patrons et les ouvriers-apprentis; c'est la justice de paix de l'industrie. Ils existent dans les villes manufacturières.

Le ministère de l'agriculture et du commerce est chargé de veiller aux intérêts commerciaux et agricoles du pays.

Le *Conseil supérieur de l'agriculture* et du *commerce* l'assiste et l'éclaire pour les questions générales.

Chambres de commerce.

Les *Chambres de commerce* et les *Chambres consultatives des arts et manufactures* l'éclairent sur les questions locales.

En France, l'institution des Chambres de commerce remonte au 23 décembre 1802; celle de Paris ne date que du 25 février 1803.

Aujourd'hui la France compte 76 Chambres de commerce et l'Algérie 5, soit un total de 81. Le nombre des membres de chaque Chambre de commerce est de 15 pour les villes où la population excède 50,000 âmes et de 9 seulement pour les autres. La Chambre de Paris compte 21 membres. Le préfet, ou le maire pour les lieux qui ne sont pas chefs-lieux de préfecture, est le président né de la Chambre.

Les Chambres de commerce sont composées de membres élus par les commerçants notables, qui sont inscrits sur la liste des électeurs commerciaux. Cette liste est formée par une commission spéciale, composée de membres du Tribunal de commerce, de membres de la Chambre de commerce, de Conseillers généraux, etc.

Sont éligibles :

1° Tout commerçant ayant au moins 30 ans et exerçant le commerce ou une industrie manufacturière depuis 3 ans au moins.

2° Les anciens négociants ou manufacturiers, ayant au moins 30 ans, domiciliés dans la circonscription de la Chambre; néanmoins leur nombre ne peut excéder le tiers de celui des membres de la Chambre.

Il n'est pas nécessaire, pour être élu, d'être inscrit sur la liste des électeurs.

Chaque membre de la Chambre est élu pour 6 années ; mais il y a lieu, tous les deux ans, au renouvellement d'un tiers du personnel intégral de la Chambre. Les membres sortants sont indéfiniment rééligibles ; plusieurs associés en nom collectif ne peuvent faire partie en même temps d'une même Chambre.

Les Chambres de commerce jouissent du bénéfice de la déclaration d'établissement public. Elles fournissent au ministre, chaque année, un compte-rendu de la situation commerciale et industrielle de leur circonscription. Elles ont pour attributions de donner au gouvernement les avis et les renseignements qui leur sont demandés sur les faits industriels et commerciaux ; de présenter leurs vues sur les moyens d'accroître la prospérité de l'industrie et du commerce ; sur les améliorations à introduire dans toutes les branches de la législation commerciale, y compris les tarifs de douane et d'octroi ; sur l'exécution des travaux et l'organisation des services publics, qui peuvent intéresser le commerce et l'industrie.

Liste des chambres de commerce.

Voici, par ordre alphabétique, les noms des villes de France et d'Algérie qui ont des Chambres de commerce :

En France :	Brest.	Dunkerque.	Limoges.	Reims.	Thiers.
Abbeville.	Caen.	Elbeuf.	Lorient.	Rennes.	Toulon.
Albi.	Calais.	Epinal.	Lyon.	Roanne.	Toulouse.
Amiens.	Carcassonne.	Fécamp.	Mâcon.	Rochefort.	Tourcoing.
Angers.	Castres.	Fougères.	Marseille.	Roubaix.	Tours.
Arras.	Cette.	Granville.	Montpellier.	Rouen.	Troyes.
Avignon.	Châlon-s-Saône.	Gray.	Morlaix.	St-Brieuc.	Valenciennes.
Bar-le-Duc.	Chambéry.	Grenoble.	Nancy.	St-Dizier.	Vienne.
Bastia.	Cherbourg.	Honfleur.	Nantes.	St-Etienne.	*En Algérie :*
Bayonne.	Clermont-Fer-	La Rochelle.	Narbonne.	St-Malo.	Alger.
Beaune.	rand.	Laval.	Nice.	St-Omer.	Constantine.
Besançon.	Dieppe.	Le Havre.	Nîmes.	St-Quentin.	Bône.
Bordeaux.	Dijon.	Le Mans.	Orléans.	Sedan.	Oran.
Boulogne-s-Mer.	Douai.	Lille.	Paris.	Tarare.	Philippeville.

Les *comices agricoles* jouent le même rôle dans les questions qui intéressent l'agriculture.

Écoles de commerce.

L'initiative privée a fondé des établissements destinés à former, pour l'avenir, des générations nouvelles de commerçants ; c'est à Mulhouse qu'on a fait l'essai des véritables écoles de commerce, grâce au don généreux de 100,000 francs fait par les *MM. Jules et Jacques Siegfried* à la Société Industrielle de Mulhouse qui organisa et prit sous son patronage l'École supérieure de commerce de cette ville, fermée depuis l'annexion.

Aujourd'hui on compte des Écoles de commerce à Paris, au Havre, à Rouen, Marseille, Lyon, Lille, Bordeaux et Toulouse.

Poids, mesures et monnaies.

Poids, mesures et monnaies.

La France a le système métrique des poids et mesures que tout Français doit connaître. Les autres peuples commencent à l'adopter.

Les marins se servent du mille géographique (1852 mètres) pour mesurer les distances ; du nœud ($15^{m},43$) pour mesurer la marche d'un navire ; de la brasse ($1^{m},62$) pour mesurer les profondeurs.

Les *pièces divisionnaires en argent* ont une valeur intrinsèque quelque peu inférieure à leur valeur nominale ; titre : 835 millièmes ; le débiteur ne peut en faire accepter à son créancier pour une somme supérieure à 50 francs par chaque paiement.

Les pièces de billon, en bronze, ont une valeur très-inférieure à leur valeur nominale ; le débiteur n'en peut faire accepter pour une somme supérieure à 5 francs par paiement.

Les hôtels de monnaie de France (Paris, Bordeaux) fabriquent par an, depuis plusieurs années, 2 à 400 millions de monnaie surtout en or. La France possédait, avant la guerre de 1870-1871, environ 4 milliards et demi de monnaie ; elle possède 70 millions et demi de monnaie de bronze.

Par suite d'une convention faite en 1865, ce système des monnaies est commun à la France, à la Belgique, à la Suisse, à l'Italie et à la Grèce.

Grandes compagnies de commerce.

Grandes compagnies de commerce.

Institutions de crédit. — L'esprit d'association s'est propagé en France avec une rapidité et une puissance qui ne redoute aujourd'hui aucune comparaison.

Docks.

Compagnie de Docks. — Le but de ces compagnies est d'établir, dans les grandes places de commerce et surtout dans les ports, des magasins où les marchandises sont déposées à leur débarquement, et de se charger, pour le compte des négociants, de toutes les opérations de douane, de conservation et de réexportation de ces marchandises. Les docks sont donc de vastes magasins publics dans lesquels, moyennant des sommes très-minimes, les propriétaires, les industriels, les fabricants et les négociants peuvent déposer leurs produits ou leurs marchandises.

Placés sous la surveillance de l'État, les docks sont considérés comme des établissements publics ; ils jouissent des priviléges suivants : 1° suspension du paiement des droits de douane et d'octroi jusqu'au moment où la marchandise est vendue ; 2° faculté donnée aux directeurs de délivrer des récépissés et des warrants transmissibles par simple endossement. (Le warrant est le titre de crédit, le récépissé, le titre de vente). Les administrateurs des docks sont nommés par le chef de l'État. Ils sont responsables de la garde des marchandises, qu'ils sont obligés de remettre en nature aux déposants, quand ceux-ci en font la demande, ou au possesseur du récépissé qui se présente avec le warrant acquitté.

Les compagnies de docks sont encore peu développées en France ; nous citerons :

La compagnie des magasins généraux de Paris, la compagnie des docks et entrepôts de Marseille, la compagnie havraise des ventes publiques et des magasins généraux et la société lyonnaise des soies de Lyon, qui a des succursales à Marseille et à Avignon.

Sociétés d'assurances.

Les *sociétés d'assurances* ont fait de grands progrès en France, mais elles y sont beaucoup moins développées qu'en Angleterre. Il y a des compagnies d'assurances maritimes, sur la vie et contre l'incendie. Les valeurs assurées dans toute la France par les sociétés d'assurances contre l'incendie dépassent 60 milliards de francs. Il y a aussi des assurances contre la grêle et contre les accidents. Les meilleures sociétés d'assurance sur la vie et contre l'incendie sont la Nationale, la Générale, le Phénix et l'Union.

Etablissements de crédit. Banque de France.

Établissements de crédit et sociétés financières. — La base de nos institutions de crédit est la *Banque de France*. On sait que les banques sont des institutions de crédit destinées à favoriser le développement du commerce et de l'industrie; leur but principal est de suppléer à l'insuffisance et à l'incommodité du numéraire. On appelle banques publiques celles qui sont placées sous la surveillance de l'État; banques privées, celles qui sont affranchies de cette surveillance. La Banque de France a été fondée en 1800, au capital de 30 millions; la loi du 14 avril 1803 le porta à 45; il fut élevé à 90 millions en 1808 et porté à 182 millions et demi de francs en 1857. Elle a le privilége exclusif d'émettre des billets dits *billets de Banque*, représentant des coupures de 5,000, 1,000, 500, 200, 100, 50, 25, 20, et 5 francs en espèces. La Banque retire les petites coupures.

Trois décrets avaient limité cette émission à 452 millions; la loi du 22 décembre 1849 l'avait élevée à 525 millions; celle du 6 avril 1850 abolit la limite de cette circulation; la loi du 9 juin 1857 prorogea ce privilége jusqu'en 1897; mais la loi du 29 décembre 1871, autorisa la Banque à porter l'émission des billets à 2 milliards 800 millions, et celle du 15 juillet 1872 a élevé à 3,200 millions le maximum de circulation des billets. Le billet de banque est un billet à vue et au porteur. La valeur des billets de banque circulant au mois de janvier 1876 s'élevait à 2,498 millions de francs environ.

La haute direction de la Banque est confiée à un gouverneur et deux sous-gouverneurs nommés par le chef de l'État, quinze régents et trois censeurs nommés par l'assemblée générale des actionnaires. Le gouverneur est le représentant de l'État pour faire observer les statuts de la société.

Le mouvement de fonds annuel varie de 10 milliards et demi à 16 milliards et demi de francs. Le chiffre le plus élevé est celui de 1873, qui se montait à 16,715,331,200 francs.

Les fonds de la Banque sont déposés dans des caves fermées par des portes en fer, qui s'ouvrent au moyen de trois clefs, déposées entre les mains du gouverneur, du censeur et du caissier principal; ces caves, en cas d'incendie, peuvent être inondées en quelques instants.

La Banque de France doit avoir une succursale par département (loi du 9 juin 1857). Il y a aujourd'hui 70 (1877) succursales en plein exercice, dont les opérations varient de 5 à 6 milliards et demi de francs. Les plus importantes succursales sont :

Marseille,	dont les opérations	se sont élevées	en 1875	à 709.500.000 fr.,	et à 930.000.000 en 1874.
Lille,	—	—	—	à 525.000.000 —	et à 591.000.000 —
Bordeaux,	—	—	—	à 431.500.000 —	et à 474.000.000 —
Lyon,	—	—	—	à 359.500.000 —	et à 452.500.000 —
Le Havre,	—	—	—	à 317.250.000 —	et à 328.250.000 —

Les opérations de la Banque dépendent de la tranquillité du pays et de la marche générale des affaires commerciales. La prospérité de la Banque alla toujours en croissant jusqu'en 1812, époque de la guerre de Russie ; les affaires se ralentirent jusqu'en 1814 ; mais à cette époque le chiffre des affaires était tombé si bas que la Banque brûla ses billets, et invita ceux qui avaient des comptes-courants à retirer leurs fonds.

Les actions furent de 1,000 francs ; mais les dividendes ayant augmenté d'une manière presque continue, elles atteignirent et dépassèrent même 4,000 francs. On les dédoubla ; moyennant un versement de 1,000 francs, chaque action donna droit à deux actions nouvelles. Le cours des actions varie de 3,500 à 4,500 francs. Le dividende, pour l'année 1875, a été de 200 francs par action, répartis entre 20,797 actionnaires représentant les 182,500 actions formant le capital.

La base des opérations de la Banque est l'escompte des effets de commerce revêtus de trois signatures solvables et à une échéance de 90 jours au plus. L'escompte a lieu tous les jours non fériés. Les succursales peu importantes n'escomptent que certains jours de la semaine.

La Banque tient une caisse de dépôts volontaires pour les titres, lingots, monnaies d'or et d'argent et les diamants ; droit de garde 1/8 % pour moins de six mois et 1/4 % pour six mois et au-dessus. Elle fait des avances sur les matières d'or et d'argent, moyennant un droit de 1 % ; elle prête sur les effets publics français jusqu'à 80 % de leur valeur et sur dépôt d'actions et d'obligations de chemins de fer, de la ville de Paris et du Crédit foncier jusqu'à concurrence de 60 %. Elle peut faire des avances aux chemins de fer et au Crédit foncier. Elle prête aussi au gouvernement et le capital considérable qu'elle possède, lui permet, dans les moments de crise, de lui rendre de grands services.

Les personnes qui déposent des fonds à la Banque en comptes-courants n'en touchent aucun intérêt, mais la Banque encaisse pour elles et sans frais les effets qu'elles lui remettent.

La valeur des titres déposés à la Banque, en 1875, était de 1,209 millions de francs environ appartenant à 19,500 déposants. Le service des dépôts est organisé dans les succursales de Marseille, Lyon et Bordeaux.

Le taux auquel les effets de commerce sont escomptés dépend le plus souvent de la quantité du numéraire que la Banque possède ; il est déterminé par le conseil général de la Banque. Par la nature de ses opérations, s'il arrive que son encaisse métallique diminue d'une manière notable, le taux de l'escompte s'élève ; s'il augmente, alors le taux de l'escompte diminue.

La Banque de France offre de grands avantages au commerce, car les commerçants obtiennent par elle à peu de frais le recouvrement de leurs valeurs.

Les autres établissements de crédit sont :

Le Crédit foncier.	Capital fr.	60	millions.
Le Crédit agricole.	—	40	—
Le Crédit industriel.	—	40	—
Le Crédit mobilier.	—	60	—
Le Comptoir d'escompte.	—	40	—
Le Crédit colonial.	—	12	—
Le Sous-comptoir du chemin de fer.		6	—
Les Banques coloniales.	—	10	—
La Banque d'Algérie.	—	4	—
Le Crédit Lyonnais.	Capital fr.	75	millions.
Le Sous-Comptoir des entrepreneurs.	—	5	—
Le Comptoir de l'agriculture.	—	6	—
La Caisse des dépôts.	—	60	—
Le Crédit des halles et marchés.	—	26	—
La Société générale pour favoriser le développement du commerce et de l'industrie en France.	—	120	—

Le **Crédit foncier de France** est une institution de crédit créée par le gouvernement et destinée à venir en aide aux propriétaires en leur prêtant à des taux relativement minimes les sommes dont ils peuvent avoir besoin. Crédit foncier de France.

Fondée à Paris, en février 1852, sous le nom de *Banque foncière de Paris*, elle recevait, en même temps, le privilége exclusif d'étendre ses opérations sur les départements du ressort de la cour de Paris ; au mois de décembre de la même année, un décret lui accordait une subvention de 10 millions qui devaient lui être comptés proportionnellement aux prêts effectués. Les statuts plusieurs fois modifiés furent définitivement arrêtés par un décret de 1854, qui organisa la société sur les mêmes bases que la Banque de France.

Le *capital social* est aujourd'hui de 60 millions, divisé en 120,000 actions de 500 francs chacune, sur lesquelles il n'a été versé que 250 francs.

Les principales opérations du Crédit foncier sont : les *prêts*, les *obligations* et les *dépôts*.

Les *prêts* sont de deux natures : 1° ceux qui sont faits à longue échéance et remboursables en annuités ; 2° ceux à courte échéance et remboursables en une seule somme. Le taux de l'intérêt, pour les prêts à long terme, est supérieur au taux de l'intérêt pour les prêts à courte échéance. Lorsqu'un propriétaire veut faire un emprunt, il peut s'adresser, soit au Directeur du Crédit foncier, soit aux Receveurs particuliers des finances ; il doit désigner le notaire qui retiendra l'acte. Les prêts ne peuvent être moindres de 300 francs. La société remet à l'emprunteur non de l'argent, mais des lettres de gage ou obligations foncières pour le montant de la somme empruntée.

Les *obligations* du Crédit foncier sont de deux espèces : sans lots ou avec lots. Les obligations sans lots sont de 500 francs et donnent droit à 25 francs d'intérêt, payables par semestre, le 1er mai et le 1er novembre.

Les obligations avec lots ne donnent droit qu'à un intérêt de 3 ou 4 % payables également par semestre le 1er mai et le 1er novembre.

La somme prêtée ne peut pas dépasser la moitié de la valeur des immeubles hypothéqués. La négociation de l'obligation foncière est extrêmement facile; si elle est au porteur, la cession peut en être faite de la main à la main; si elle est nominative, elle s'opère par endossement. Ces obligations se vendent à la bourse.

Le Crédit foncier est autorisé à recevoir en dépôt soit du numéraire, soit des coupons de rente, soit des obligations de chemin de fer.

Crédit agricole.

Le *Crédit agricole* était une sorte d'annexe du crédit foncier et avait un gouverneur nommé par le chef de l'État; son objet consistait à procurer des capitaux ou des crédits à l'agriculture et aux industries qui s'y rattachent, en faisant ou en facilitant par sa garantie, l'escompte ou la négociation d'effets exigibles, au plus tard, à 90 jours. Cette société peu florissante par suite de prêts à l'Égypte, vient de se fusionner avec le *Crédit foncier* (1876).

Crédit mobilier.

Le *Crédit mobilier* a été fondé en 1852, au capital de 60 millions, divisé en 120,000 actions de 500 francs chacune; il s'occupe de la fondation de compagnies industrielles, de l'émission de leurs titres et de spéculations de bourse; il est intéressé dans un grand nombre de valeurs étrangères, telles que les chemins de fer autrichiens et russes, ceux du nord de l'Espagne, ceux de la Suisse, le crédit mobilier espagnol, la banque ottomane, etc.

De toutes les valeurs, le crédit mobilier est celle qui subit les plus grandes fluctuations. Cela tient à ce que les valeurs qu'il possède sont disséminées dans presque toutes les nations de l'Europe; c'est une société dont la situation n'est pas florissante.

La *Société générale pour favoriser le commerce et l'industrie*,

La *Société de crédit foncier colonial*,

La *Société générale algérienne* sont conçues à peu près dans le même esprit que les précédentes.

Comptoir d'escompte de Paris.

Le *Comptoir d'escompte* de Paris, créé en 1848, offre au commerce quelques avantages que la Banque de France ne lui procure pas. Ses opérations consistent : 1° à escompter sur deux signatures, tandis que la Banque en exige trois, les effets de commerce payables à Paris, dans les départements et à l'étranger, et en général, toutes sortes d'engagements à ordre et à échéance fixe, résultant de transactions commerciales et industrielles; 2° à faire des avances sur les rentes françaises et autres actions ou obligations d'entreprises industrielles ou de crédit; 3° à se charger de tous les paiements et recouvrements à Paris, dans les départements et à l'étranger; 4° à recevoir des capitaux en compte-courant, avec paiement d'intérêt; 5° à garder, moyennant un droit de garde, toute espèce de titres et valeurs.

Le Comptoir n'admet à l'escompte que des effets dont l'échéance ne dépasse pas 105 jours à Paris et 75 jours dans les départements. L'échéance dans les départements peut aller jusqu'à 90 jours là où il existe une succursale de la Banque. L'échéance des effets appuyés de connaissements peut être élevée à 180 jours de vue. Il n'est admis à l'escompte aucun effet d'une échéance de moins de 5 jours. Le Comptoir d'escompte a des succursales dans les grandes villes de France et à l'étranger.

Société générale.

La *Société générale du crédit industriel et commercial* a été fondée en 1859 par une réunion de capitalistes français et étrangers. Le capital social est de 60 millions divisé en 120,000 actions de 500 francs chacune, sur lesquelles il n'a été versé que 125 francs.

Ses principales opérations consistent à escompter les effets de commerce, les warrants délivrés par les docks surveillés par l'État, et en général toute sorte d'engagement à échéance fixe, résultant de transactions commerciales et industrielles; faire des avances sur rentes françaises, sur actions et obligations industrielles, mais seulement pour un délai qui ne dépasse pas 90 jours et jusqu'à concurrence des deux tiers de la valeur, calculée au cours de la Bourse; à faire des avances aux sociétés françaises de commerce moyennant garanties; à recevoir en compte-courant les fonds qui lui sont versés.

Notions générales sur le service des postes en France.

Timbres-poste.

Timbres-poste. — Les timbres-poste sont de 14 valeurs différentes : 1 c., 2 c., 4 c., 5 c., 10 c., 15 c., 20 c., 25 c., 30 c., 40 c., 50 c., 75 c., 1 fr. et 5 fr. Ils sont vendus dans tous les bureaux de poste, dans les débits de tabac, par les facteurs et les boîtiers des postes.

Affranchissement insuffisant des lettres.

Toute lettre pour l'intérieur, revêtue d'un timbre-poste insuffisant, est considérée comme non-affranchie et taxée comme telle, sauf déduction du prix du timbre. Ainsi, par exemple, lorsqu'une lettre pesant plus de 15 gr. et moins de 30 gr. est affranchie avec un timbre de 25 c., elle est considérée comme non-affranchie; elle doit 80 c.; en déduisant 25 c., que représente le timbre, il reste à payer 55 c. Le poids des timbres-poste est compris dans le poids des lettres sur lesquelles ils sont apposés.

TAXES DES LETTRES ORDINAIRES CIRCULANT EN FRANCE.

Taxe des lettres.

POIDS DES LETTRES	LETTRES circulant de bureau à bureau.		LETTRES nées et distribuables dans la circonscription du même bureau et de Paris pour Paris.	
	affranchies.	non affranchies.	affranchies.	non affranchies.
	fr. c.	fr. c.	fr. c.	fr. c.
Jusqu'à 15 grammes inclusivement........................	0.25	0.40	0.15	0.25
Au-dessus de 15 gr. jusqu'à 30 gr. inclusivement...............	0.50	0.80	0.30	0.50
Au-dessus de 30 gr. jusqu'à 50 gr. inclusivement...............	0.75	1.20	0.45	0.75
Au-dessus de 50 gr., augmentation par chaque 50 gr. ou fraction de 50 grammes..............	0.50	0.75	0.25	0.40

Cartes postales.

Les **cartes postales** qui circulent en France et en Algérie de bureau à bureau coûtent $0^f,15$; celles qui sont envoyées et distribuées dans la circonscription du même bureau, ainsi que de Paris pour Paris, coûtent $0^f,10$.

Imprimés, échantillons, épreuves d'imprimerie corrigées, papiers de commerce ou d'affaires. — Leur taxe est réglée à prix réduits, moyennant affranchissement préalable. Le poids des imprimés, épreuves d'imprimerie et papiers d'affaires ne doit pas dépasser 3 kilogr., celui des échantillons 300 gr. La dimension des imprimés, épreuves d'imprimerie corrigées, papiers d'affaires et échantillons d'étoffes sur carte ne doit pas excéder $0^m,45$, celle des autres échantillons $0^m,25$.

Poids et dimensions des imprimés et échantillons en France.

Les *imprimés* sont expédiés sous bandes mobiles couvrant au plus le tiers de la surface du paquet. Ils sont divisés en trois classes : les **journaux politiques,** les **publications périodiques** ne contenant pas de politique et les **circulaires.**

Taxe des journaux politiques.

1° Les *journaux politiques*, taxe $0^f,04$ par exemplaire de 40 gr. et au-dessous. Au-dessus de 40 gr., augmentation de $0^f,01$ par chaque 10 gr. ou fraction de 10 gr. excédant; moitié des prix ci-dessus, lorsque le journal est pour l'intérieur du département où il est publié ou pour les départements limitrophes. (Les journaux publiés dans les départements de la Seine et de Seine-et-Oise ne jouissent pas de la réduction pour les départements limitrophes.)

Taxe des publications périodiques.

2° Les *publications périodiques* uniquement consacrées aux lettres, aux sciences, aux arts, à l'agriculture et à l'industrie, taxe : $0^f,02$ par exemplaire de 20 gr. et au-dessous; au-dessus de 20 gr., augmentation de $0^f,01$ par chaque 10 gr. ou fraction de 10 gr. excédant. Moitié de ces prix dans les cas indiqués au paragraphe précédent.

Taxe des circulaires.

3° Les *circulaires*, prospectus, catalogues, avis divers et prix-courants, livres, gravures, lithographies en feuilles, brochés ou reliés, taxe : de 5 gr. et au-dessous, $0^f,02$; de 5 gr. à 10 gr., $0^f,03$; de 10 gr. à 15 gr., $0^f,04$; de 15 gr. à 50 gr., $0^f,05$, avec augmentation de $0^f,05$ par chaque 50 grammes ou fraction de 50 gr., à partir du poids de 50 gr. exclusivement.

Les **avis de naissance, mariages et décès,** les prospectus, catalogues, circulaires, prix-courants et avis divers sont reçus sous forme de lettres, disposés de manière à pouvoir être facilement vérifiés, ou sous enveloppes ouvertes d'un côté, taxe : 0f,05 par avis, prospectus, etc., de 10 gr. et au-dessous, pour la circonscription du bureau, et 0f,10 pour le reste de la France; augmentation de 0f,05 ou 0f,10 par chaque 10 gr. ou fraction de 10 gr. excédant.

Taxe des avis de naissance.

Les **cartes de visite** (même deux ensemble) sont reçues sous enveloppes non fermées, aux conditions ci-dessus; elles payent 0f,02 lorsqu'elles sont sous bandes.

Taxe des cartes de visite.

Le port des **échantillons** avec ou sans imprimés, des *épreuves d'imprimerie corrigées*, des *papiers de commerce* ou *d'affaires*, placés soit sous bandes mobiles, soit dans des enveloppes non fermées, ou dans des sacs faciles à ouvrir, est fixé, pour chaque paquet portant une adresse particulière, à 0f,05 par 50 gr. ou fraction de 50 gr. La présence d'une marque imprimée de marchand ou de fabricant sur les paquets ou échantillons confiés à la poste n'est plus exigible. Néanmoins les expéditeurs restent libres de la mettre, s'ils le jugent convenable. Lorsqu'ils n'ont pas été affranchis, les imprimés, échantillons, épreuves d'imprimerie, papiers de commerce ou d'affaires, sont taxés comme lettres; si l'affranchissement est insuffisant, ils sont frappés en sus d'une taxe égale au triple de l'insuffisance. Le port en est acquitté, à défaut du destinataire, par l'expéditeur, contre lequel des poursuites sont exercées en cas de refus de payement.

Port des échantillons.

Non affranchissement ou affranchissement insuffisant des imprimés.

Lettres et objets recommandés. — Le public est admis à recommander les lettres, cartes postales, échantillons, papiers de commerce et d'affaires, journaux, imprimés et généralement tous les objets qu'on peut expédier par la poste. Les objets recommandés payent, en sus de la taxe qui leur est applicable, selon la classe à laquelle ils appartiennent, un droit fixe de 0f,50 par lettre et de 0f,25 pour les autres objets. Taxe et droit fixe sont acquittés par l'expéditeur.

Lettres ou objets recommandés.

Les lettres recommandées ne sont assujetties à aucun mode spécial de fermeture. Les lettres et objets recommandés sont déposés aux guichets des bureaux de poste. L'administration en est déchargée, en ce qui concerne les lettres, par leur remise contre reçu au destinataire, ou à son fondé de pouvoir; en ce qui concerne les autres objets, par leur remise contre reçu soit au destinataire, soit à une personne attachée au service du destinataire ou demeurant avec lui.

L'administration des postes n'est tenue à aucune indemnité, soit pour détérioration, soit pour spoliation des objets recommandés. La perte, sauf le cas de force majeure, donne seule droit au profit du destinataire à une indemnité de 25 fr.

Articles d'argent. — La poste se charge, moyennant un droit de 1 °/o, du transport des sommes d'argent déposées à découvert dans ses bureaux et délivre en échange des mandats payables à tout individu résidant en France, en Algérie et dans les colonies françaises, ainsi qu'à tout militaire, marin ou employé de l'Etat aux armées, sur les bâtiments de la flotte et dans les villes du Levant, de la Chine et du Japon où la France entretient des bureaux de poste. Les envois originaires ou à destination des colonies françaises ne peuvent dépasser 300 francs.

Articles d'argent.

Mandats-poste.

Des **lettres chargées** contenant des valeurs déclarées sont admises pour l'Allemagne, la Belgique, le Luxembourg, la Suisse et les Pays-Bas. Le maximum des valeurs déclarées, pour une seule lettre, pourra atteindre 10,000 francs par rapport à l'Allemagne, à la Belgique, aux Pays-Bas et à la Suisse, et 2,000 francs par rapport au Luxembourg.

Lettres chargées pour l'étranger.

Pour l'Allemagne, la Belgique, le Luxembourg et la Suisse, 0f,30 par 15 grammes, droit fixe de 0f,50 et droit proportionnel de 0f,20 par 100 fr. ou fraction de 100 fr. déclarés.

Pour les Pays-Bas : 0f,30 par 15 grammes, et 1f,80 à titre de droit fixe et droit proportionnel réunis, lorsque les valeurs déclarées n'excéderont pas 800 fr.; dans le cas contraire, il sera perçu 0f,30 par 15 grammes, 1f,80 pour les premiers 800 fr. et un droit proportionnel de 0f,20 par 100 fr. ou fraction de 100 fr. excédant 800 fr. On peut obtenir un avis de réception de ces lettres chargées en payant préalablement un droit fixe de 0f,20.

Mandats internationaux.

Des envois d'argent peuvent également être reçus dans certains bureaux de France et d'Algérie, moyennant un droit de 0f,20 par 10 fr. ou fraction de 10 fr., à destination de la Belgique, de l'Italie, du grand-duché de Luxembourg, jusqu'à concurrence de 200 fr., de la Suisse, jusqu'à concurrence de 300 fr., de l'Angleterre, jusqu'à concurrence de 252 fr. (10 l.-st.), de l'Allemagne, jusqu'à concurrence de 375 fr. (300 marks), et des Pays-Bas, jusqu'à concurrence de 350 fr. (175 florins). Les mandats dits *internationaux* sont transmissibles par voie d'endossement.

Il n'est pas reçu de dépôt d'argent au-dessous de 0f,50. Au-dessus de 10 fr., les mandats français supportent, en outre, un droit de timbre de 0f,25. Les mandats internationaux ne sont pas soumis à la formalité du timbre.

Formalités à remplir pour faire toucher un mandat par une tierce personne.

Les bénéficiaires des mandats en France peuvent, s'ils le jugent utile, en faire toucher le montant par une tierce personne, sur acquit préalable, moyennant l'accomplissement de l'une des formalités suivantes : faire apposer, en regard de sa signature, un timbre émanant d'une autorité civile ou judiciaire; — attester la sincérité de sa propre signature par l'apposition, sur le mandat même, d'un timbre ou d'une griffe à lui appartenant; — enfin, remettre à la tierce personne, pour être présentée à l'agent payeur, une pièce authentique relatant les nom et qualité de l'ayant-droit.

Mandats-poste télégraphiques.

Le public est admis à employer la voie télégraphique pour faire payer à destination, jusqu'à concurrence de 5,000 fr. au maximum, les sommes déposées dans les bureaux de poste. Des mandats sont délivrés, transmis et payés dans les bureaux spécialement désignés à cet effet. Ils sont remis au déposant, qui reste chargé d'en requérir lui-même la transmission télégraphique dans les postes télégraphiques des localités mêmes où les mandats ont été délivrés. Les taxes sont perçues, pour le dépôt des fonds, d'après le tarif de l'administration des postes concernant les articles d'argent; pour la transmission télégraphique, d'après le tarif des dépêches ordinaires. L'expéditeur doit payer, en outre, le coût de l'avis donné par le bureau télégraphique de destination au titulaire du mandat-dépêche, lequel coût est de 0f,50, plus, s'il y a lieu, les frais d'exprès.

Le payement du mandat doit être réclamé par le destinataire dans les cinq jours qui suivent l'arrivée de ce titre. Passé ce délai, il est renvoyé à l'administration des postes, qui le rembourse comme mandat ordinaire.

Le montant des mandats d'articles d'argent non réclamés par les ayants-droit, dans un délai de huit années à partir du jour du versement des fonds, est définitivement acquis à l'Etat.

Valeurs déclarées.

Valeurs déclarées. — L'expéditeur qui veut s'assurer, en cas de perte, sauf le cas de force majeure, le remboursement des valeurs payables au porteur, insérées dans une lettre, doit faire la déclaration du montant des valeurs que cette lettre contient. La déclaration ne doit pas excéder 10,000 fr.; elle est portée en toutes lettres à la partie supérieure de la suscription de l'enveloppe et énonce, en francs et centimes, le montant des valeurs insérées. Elle doit être écrite d'avance par l'expéditeur lui-même, sans rature ni surcharge.

Une lettre contenant des valeurs déclarées est passible, outre le port de la lettre et le droit fixe de 0f,50, d'un droit de 0f,20 par 100 fr. ou fraction de 100 fr. déclarés. Ces divers droits ou taxes sont représentés par des timbres-poste apposés sur les lettres.

Les *bijoux* ou *objets précieux* acquittent le droit fixe de chargement de 0f,50 et une taxe de 1 % de leur valeur jusqu'à 100 fr. et de 0f,50 par chaque 100 fr. ou fraction de

100 fr. en plus, jusqu'à 10,000 fr., suivant la déclaration faite par l'expéditeur. Cette valeur ne peut être inférieure à 50 fr. — Ils sont déposés à la poste dans des boîtes closes d'avance, dont les parois doivent avoir une épaisseur d'au moins $0^m,008$, et dont les dimensions ne peuvent excéder $0^m,05$ de hauteur, $0^m,08$ de largeur et $0^m,10$ de longueur.

Avis de réception.

Avis de réception. — L'expéditeur d'une lettre ou d'un objet recommandé, d'une lettre ou d'une boîte contenant des valeurs déclarées, peut demander, au moment du dépôt, qu'il lui soit donné avis de la réception par le destinataire, à la charge de payer d'avance un droit de $0^f,20$ qui sera employé en timbres-poste pour le port de l'avis.

Chiffres-taxes.

Chiffres-taxes. — Les chiffres-taxes sont de petites étiquettes imprimées qui sont apposées par les soins des agents des postes sur les lettres *non affranchies*, nées et distribuables dans la circonscription postale d'un même bureau; ils sont au nombre de trois et représentent les valeurs de $0^f,25$, $0^f,40$ et $0^f,75$.

Contraventions aux lois sur la poste.

Contraventions aux lois sur la poste. — La loi interdit le transport par toute voie étrangère au service des postes : 1° des lettres cachetées ou non cachetées circulant à découvert ou renfermées dans des sacs, boîtes, paquets ou colis; 2° des journaux, ouvrages périodiques, circulaires, prospectus, catalogues et avis divers imprimés, gravés, lithographiés ou autographiés. Elle interdit, en outre, d'insérer dans les imprimés, échantillons, papiers de commerce ou d'affaires, affranchis à prix réduit, aucune lettre ou note pouvant tenir lieu de correspondance. Toute contravention est punie d'une amende de 150 à 300 fr.; en cas de récidive, d'une amende de 300 à 3,000 fr.

Par exception aux dispositions qui précèdent, les journaux et ouvrages périodiques formant un paquet dont le poids dépasse 1 kilogr. ou faisant partie d'un paquet de librairie qui dépasse le même poids, peuvent être expédiés par une autre voie que celle de la poste. Les échantillons portant, soit sur eux-mêmes, soit sur leurs étiquettes, des indications imprimées ou même manuscrites, n'ayant aucun caractère de correspondance personnelle, ont droit à la taxe réduite.

Des annotations manuscrites ou imprimées ayant le caractère de correspondance peuvent être portées sur les échantillons ou les étiquettes et imprimés qui les accompagnent et sur les papiers d'affaires et épreuves corrigées, moyennant l'acquittement préalable d'un port supplémentaire fixé d'après le tarif des cartes postales.

Il est défendu d'insérer des lettres dans les boîtes contenant des bijoux ou objets précieux confiés à la poste.

Insertion de valeurs dans les lettres.

Il est interdit : 1° d'insérer dans les lettres non chargées ni recommandées des billets de banque, bons, coupons de dividende ou d'intérêt payables au porteur; 2° d'insérer dans les lettres ordinaires et dans les lettres ou autres objets recommandés des pièces de monnaie, des matières d'or ou d'argent, des bijoux ou autres objets précieux; 3° d'insérer dans les objets recommandés, affranchis au prix du tarif réduit, des billets de banque ou valeurs payables au porteur; 4° d'expédier dans des boîtes, comme valeurs déclarées, des monnaies françaises ou étrangères. En cas d'infraction, l'expéditeur est puni d'une amende de 50 à 500 francs.

Double emploi de timbres-poste.

L'usage d'un timbre-poste ayant déjà servi à l'affranchissement d'une lettre est puni d'une amende de 50 fr. à 1,000 fr. En cas de récidive, la peine est d'un emprisonnement de cinq jours à un mois et l'amende est double.

Union générale des postes.

Union postale.

Le 9 octobre 1874, un traité a été conclu à Berne entre les divers Etats de l'Europe, l'Egypte et les Etats Unis d'Amérique, pour la création d'une union générale des postes. L'application de cette convention a eu lieu en France à partir du 1er janvier 1876, en vertu d'un décret en date du 29 octobre 1875.

Affranchissement postal pour l'étranger.

Les taxes postales dues à l'administration française pour l'affranchissement jusqu'à destination des lettres et autres objets expédiés de la France, de l'Algérie et des bureaux de poste français établis en Turquie, en Egypte, à Tunis et à Tanger à destination de tous les Etats d'Europe, de l'Egypte, de Tunis et de Tanger, sont fixées comme il suit :

Taxes d'affranchissement.

1° Pour les *lettres ordinaires*, la taxe due est : 0f,30 par 15 gr. ou fraction de 15 gr., *l'affranchissement étant facultatif;*

2° Pour les *recommandées*, la taxe est de 0f,30 par 15 gr. et un droit fixe de 0f,50;

3° Pour les *cartes postales :* 0f,15; *affranchissement obligatoire;*

4° Pour les cartes postales *recommandées :* 0f,40;

5° Pour les *papiers d'affaires*, *échantillons*, *journaux* et *autres imprimés :* 0f,05 par 50 gr. ou fraction de 50 gr.; *affranchissement obligatoire;*

6° Pour ces mêmes papiers *recommandés :* 0f,05 par 50 gr. et un droit fixe de 0f,25.

Pour les *Etats-Unis*, les taxes sont les suivantes :

1° Pour les *lettres ordinaires :* 0f,40 par 15 gr. ou fraction de 15 gr.; *l'affranchissement restant facultatif;* en plus un droit fixe de 0f,50 pour les lettres *recommandées.*

2° Pour les *cartes postales :* 0f,20; *affranchissement obligatoire;* pour les cartes postales *recommandées :* 0f,45.

3° Pour les *papiers d'affaires, échantillons, journaux* et *autres imprimés :* 0f,08 par 50 gr. ou fraction de 50 gr.; *affranchissement obligatoire;* droit fixe en plus de 0f,25 pour les papiers *recommandés;*

Ces taxes sont acquittées en timbres-poste français.

L'affranchissement des lettres à destination de la Belgique, de l'Espagne ou de la Suisse sera réduit à 0f,20 par 15 gr. ou fraction de 15 gr., lorsque la distance existant en ligne droite entre le bureau d'expédition et le bureau de destination ne dépassera pas 30 kilomètres.

Depuis le 1er juillet 1876, l'union postale est étendue à l'Algérie, aux colonies françaises et aux Indes-Orientales britanniques (Indoustan, Birmanie britannique et Aden).

Voici le tableau des taxes à percevoir pour les correspondances échangées, soit entre la France et les colonies françaises ou l'Inde britannique, soit de colonie française à colonie française, soit enfin entre les colonies françaises et les autres pays de l'Union générale des postes.

NATURE des CORRESPONDANCES	RÉGIME GÉNÉRAL	RÉGIME EXCEPTIONNEL applicable exclusivement aux correspondances échangées entre les établissements français de l'Inde, entre l'Inde française et l'Inde britannique et entre la Guadeloupe et la Martinique.
Lettres ordinaires affranchies	40 centimes par 15 grammes.	30 centimes par 15 grammes.
Lettres ordinaires non affranchies	70 centimes par 15 grammes.	60 centimes par 15 grammes.
Lettres recommandées	40 centimes par 15 grammes et droit fixe de 50 centimes.	30 centimes par 15 grammes et droit fixe de 50 centimes.
Cartes postales ordinaires	20 centimes.	15 centimes.
Cartes postales recommandées	45 centimes.	40 centimes.
Papiers d'affaires, échantillons et imprimés ordinaires	8 centimes par 50 grammes.	5 centimes par 50 grammes.
Papiers d'affaires, échantillons et imprimés recommandés	8 centimes par 50 grammes et droit fixe de 25 centimes.	5 centimes par 50 grammes et droit fixe de 25 centimes.
Avis de réception des imprimés recommandés	Droit fixe de 20 centimes.	Droit fixe de 20 centimes.

TABLEAU DES TAXES POSTALES POUR LES PAYS NON COMPRIS DANS L'UNION DES POSTES.

Correspondances de France et d'Algérie pour les pays ci-dessous :

NOMS DES PAYS DE DESTINATION	LETTRES ordinaires affranchies jusqu'au port de débarquement. Poids de la lettre : 15 gr.	LETTRES recommandées.	ÉCHANTILLONS et imprimés affranchis jusqu'au port de débarquement. Poids : 50 gr.	OBSERVATIONS.
	fr. c.	fr. c.	fr. c.	
Bolivie, Chili, Equateur, Pérou... v. de Magellan.	1	»	0.15	
Bolivie, Chili, Equateur, Pérou... v. de Panama..	1.30	»	0.20	
* Brésil........................	1	1.50	0.15	
Cap Vert (îles) (affranchissement jusqu'à Saint-Vincent).........	0.80	1.30	0.10	
* Chine : Shanghaï.. v. Marseille.	1	1.50	0.15	
* Chine : Shanghaï.. v. Brindisi..	1.10	1.60	0.20	
* Hong-Kong, Amoy, Canton, Fout-Cheou, Macao, Swatow..... v. Marseille.....	1	2	0.15	
* Hong-Kong, Amoy, Canton, Fout-Cheou, Macao, Swatow..... v. Brindisi......	1.10	2.20	0.20	
* Kalgan, Pékin, Tien-Tsin.... v. de Russie....	1.50	»	0.20	
* Urga........ v. de Russie....	0.70	»	0.15	
Toute la Chine (moins les villes ci-dessus)..... v. de Marseille.	1	»	0.15	Affranchissement jusqu'à Shanghaï ou Hong-Kong.
Toute la Chine (moins les villes ci-dessus)..... v. Brindisi....	1.10	»	0.20	Affranchissement jusqu'à Shanghaï ou Hong-Kong.
* *Colonies, possessions et établissements anglais* : Accra, Gambie, Côte-d'Or, Lagos, Sierra-Leone..	0.80	»	0.10	
* Cap de Bonne-Espérance, Natal, Sainte-Hélène...............	0.80	»	0.10	
* Ascension..................	0.80	»	0.10	
* Canada, Colombie britannique, Nouveau-Brunswick, Nouvelle-Ecosse, île du Prince-Edouard, île de Vancouver.............	0.45	1.15	0.10	
* Terre-Neuve...............	0.50	1.20	0.10	
* Iles Bermudes, îles Falkland....	0.80	1.50	0.10	
* Guyane anglaise, la Jamaïque, Sainte-Lucie, la Trinité........	1	2.	0.10	
v. anglaise....	1.40	2.10	0.10	
* Antigoa, Bahama, la Barbade, Cariacou, la Dominique, la Grenade, Montserrat, Nevis, Saint-Christophe ou Saint-Kitts, Saint-Vincent, Tabago, Tortola, Iles-Turques, Honduras anglais.............	1.40	2.10	0.10	
* Nouvelle-Galles du Sud ou Nouvelle-Zélande.... v. Marseille.	1	2	0.15	
* Nouvelle-Galles du Sud ou Nouvelle-Zélande.... v. Brindisi..	1.10	2.20	0.20	
* Ile Maurice et îles Seychelles....	1	2	0.15	
Aden, Indes orientales..........	0.40	»	0.08	
* *Possessions anglaises d'Asie* : Ceylan, établissement du détroit, Victoria, Queensland, Australie occidentale.... v. de Marseille.	1	2	0.15	
* *Possessions anglaises d'Asie* ... v. Brindisi....	1.10	2.20	0.20	
Australie méridionale, Tasmanie.. v. Marseille..	1	2	0.15	
Australie méridionale, Tasmanie.. v. Brindisi...	1.10	2.20	0.20	
Conféd. arg., Uruguay et Paraguay.	1	»	0.15	
Cuba... v. française ou anglaise.	1	»	0.15	
Cuba... *v. d'Espagne.........	0.60	1.60	0.15	

NOTA. Les astérisques indiquent l'affranchissement jusqu'à destination.

TABLEAU DES TAXES POSTALES POUR LES PAYS NON COMPRIS DANS L'UNION DES POSTES.

Correspondances de France et d'Algérie pour les pays ci-dessous :

NOMS DES PAYS DE DESTINATION	LETTRES ordinaires affranchies jusqu'au port de débarquement. Poids de la lettre : 15 gr.	LETTRES recommandées.	ÉCHANTILLONS et imprimés affranchis jusqu'au port de débarquement. Poids : 50 gr.	OBSERVATIONS.
	fr. c.	fr. c.	fr. c.	
États de l'Amérique du Centre : Costa-Rica, Guatémala, Honduras, Nicaragua	1	»	0.15	
San-Salvador. . { v. de Panama…	1.30	»	0.20	
San-Salvador. . { v. des États-Unis.	0.90	»	0.15	
Iles Fidji ou Viti	0.50	»	0.15	
* Guyane hollandaise et Curaçao	1.20	2.40	0.15	
Haïti et Saint-Domingue	1	»	0.15	
Indes orientales néerlandaises (Java, Sumatra, Célèbes, Madura, Moluques, Timor, Billiton, Bornéo, Riouw et Banca. { v. de Marseille.	1.20	2.40	0.15	
Riouw et Banca. { v. Brindisi…	1.30	2.60	0.20	
* Japon : Yokohama. { v. Marseille. .	1	1.50	0.15	
* Japon : Yokohama. { v. Brindisi…	1.10	1.60	0.20	
* Japon : Yokohama. { v. États-Unis.	1.15	2.15	0.25	
Mexique. { v. française ou anglaise.	1	»	0.15	
Mexique. { v. des États-Unis	0.75	»	0.15	
Nouvelle-Grenade ou États-Unis de Colombie : Colon-Aspinwall et Panama. . . . . {	1	»	0.15	
{ v. des États-Unis.	0.65	1.55	0.15	
Le reste de la Colombie	1	»	0.15	
v. des États-Unis.	1.05	1.95	0.60	
Côte occidentale d'Afrique : Ambrizette, Bénin, Black-Point, Bonny, Brass, Cameroons, cap Palmas, Congo, Fernando-Pô, Grand-Bassam, Half-Jack, Jellah-Coffee, Kinsembo, Landana, New-Calabar, Old-Calabar, Opobo, Whydah.	0.80	»	0.10	
Ambriz, Benguela, Loanda, Mossamèdes, île du Prince, île San-Thomé (établissements portugais de la côte occidentale d'Afrique. Voie anglaise	0.80	»	0.10	
Voie de Portugal	0.30	»	0.05	Jusqu'à Lisbonne.
Zanzibar (v. d'Aden ou anglaise)	0.40	»	0.08	
* Liberia (côte occident. d'Afrique)	0.80	1.30	0.10	
Mozambique, Mascate, Cafrerie, Annam, Labouan, Siam, Malacca, îles Mariannes, îles de la Malaisie, îles Philippines… { v. Marseille.	1	»	0.15	
{ v. Brindisi. .	1.10	»	0.20	
Porto-Rico. { v. franç. ou anglaise.	1	»	0.15	
Porto-Rico. { v. d'Espagne	0.60	1.60	0.15	
Saint-Thomas, St-Jean et Ste-Croix. . { v. française ou anglaise.	1	»	0.15	
{ v. des États-Unis	0.50	»	0.15	
* Iles Sandwich (Hawaï)	0.55	»	0.25	
* Tripoli de Barbarie. (v. d'Italie)	0.40	»	0.08	
Venezuela	1	»	0.15	

En cas d'**insuffisance d'affranchissement,** les lettres ordinaires seront expédiées comme non affranchies et taxées en conséquence, dans le pays de destination, sauf déduction de la valeur des timbres-poste. Il n'est pas donné cours aux cartes postales, journaux et imprimés non périodiques, etc., non affranchis ou insuffisamment affranchis ; mais les livres et autres imprimés de valeur, les échantillons de marchandises et les papiers d'affaires non affranchis ou insuffisamment affranchis seront expédiés comme lettres non affranchies ou insuffisamment affranchies, suivant le cas, et traités en conséquence dans le pays de destination. Insuffisance d'affranchissement.

Les *papiers d'affaires*, pour jouir de la modération de la taxe, doivent être placés sous bandes, ou de manière à être facilement vérifiés, et ne contenir aucune lettre ou note ayant le caractère de correspondance actuelle et personnelle, ou pouvant en tenir lieu. Le poids des paquets de papiers d'affaires ne doit pas dépasser 1 kilogr.

Les *échantillons de marchandises* doivent n'avoir aucune valeur vénale. Les envois de soie grége ou filée, teinte ou torse, ne peuvent être de plus de 100 gr. par paquet, portant une adresse particulière. On autorise de joindre aux pièces de soie échangées entre fabricants et ouvriers, par messageries ou chemins de fer, des étiquettes revêtues de numéros manuscrits.

Les échantillons de marchandises ne doivent être accompagnées d'aucune écriture à la main autre que le nom ou la raison sociale de l'envoyeur, le nom et l'adresse du destinataire, une marque de fabrique ou de marchand, des numéros d'ordre et des prix.

Les envois d'échantillons de marchandises ont lieu sous bandes ou dans des sacs ou boîtes faciles à ouvrir. Les paquets d'échantillons ne peuvent dépasser le poids de 250 grammes et ne doivent avoir sur aucune de leurs faces une dimension de plus de 0m,25. Poids et dimensions des échantillons pour l'étranger.

Facilités accordées. — Les facilités accordées pour les imprimés sont les suivantes : Facilités accordées.

1° Les *épreuves d'imprimerie* et de *composition musicale* peuvent porter des corrections manuscrites se rapportant au texte ou à l'impression de l'ouvrage, et il est permis d'y joindre les manuscrits.

Les *prospectus*, *circulaires* et *avis divers* peuvent être revêtus de la signature de l'envoyeur avec sa qualité, et porter l'indication manuscrite du lieu d'origine et de la date d'envoi.

Sur les *livres*, il est toléré une dédicace ou un hommage de l'auteur, inscrit à la main et suivi de sa signature.

On tolère aussi un simple trait sur *un passage d'un imprimé quelconque*, sur lequel on veut attirer l'attention.

Les *cotes et prix-courants des bourses et marchés* lithographiés ou autographiés peuvent être admis avec des prix ajoutés à la main.

Les bordereaux, factures de transports, etc., qui sont joints au groupage provenant des colis réunis ensemble et livrés aux compagnies par les commissionnaires de roulage, servant d'intermédiaires entre les expéditeurs et les chemins de fer, et qui contiennent des indications relatives aux colis à transporter et nécessaires à la reconnaissance et à la livraison de ces objets, sont admis à circuler au même titre que les étiquettes ou bordereaux joints à l'envoi d'un fabricant ou d'un marchand contenant les mêmes indications.

Port à payer pour les lettres et objets non affranchis expédiés en France par les Etats de l'Europe. — Les taxes à percevoir pour les lettres ordinaires et les objets non affranchis expédiés pour la France, l'Algérie et les bureaux de poste français établis en Turquie, en Egypte, à Tunis et à Tanger par tous les pays d'Europe et par l'Egypte, Tanger et Tunis, sont les suivantes : Port à payer pour les lettres non affranchies venant de l'étranger.

0f,60 par 15 gr. ou fraction de 15 gr.; et par les *Etats-Unis :* 0f,70 par 15 gr. ou fraction de 15 gr.

Foires et principaux marchés.

Moyens d'évaluation du commerce intérieur.

Le commerce intérieur de la France peut être évalué à une somme supérieure à 30 milliards. Le transport des marchandises par chemins de fer, par voies navigables, l'octroi des grandes villes, le service des postes, à différentes époques, peuvent donner une idée de l'accroissement de ce commerce, car la facilité des communications a pour effet de l'accroître. En 1869, le nombre de lettres a été de 365 millions environ, tandis qu'il était de 65 millions en 1830; en 1872, il a été de 342 millions, et il dépassait 350 millions en 1874; plus de 368 millions de journaux, imprimés, échantillons et papiers d'affaires, cartes postales, etc., ont été transportés par la poste en 1874. Pendant la même année, les produits réalisés par la poste ont dépassé 113,659,000 francs, dont 89,600,000 francs pour la taxe des lettres; les dépenses se sont élevées à 71,126,000 francs environ; le bénéfice de l'administration des postes a donc été de 42,532,000 francs. On comptait en France, en 1872, 1,508 communes à octroi, comprenant plus de 10,662,000 habitants; le produit brut des octrois s'approchait de 200 millions de francs, dont plus de 100 millions pour Paris. En 1823, la taxe annuelle par habitant était de 10f,32, tandis qu'en 1872 elle atteignait 18f,71.

Produits des postes.

Octrois.

Commerce en gros.

Le commerce intérieur se divise en *commerce de gros* et *commerce de détail*. Le *commerce en gros* a pour objet de former les grands approvisionnements et sert d'intermédiaire entre celui qui fournit la matière première et le fabricant qui la met en œuvre, ou entre ce fabricant et le commerçant en détail; c'est le commerce entre négociants. Le *commerce de détail* livre directement à la masse du public, soit les denrées alimentaires, soit les objets de consommation; il se fait d'ordinaire entre marchand et consommateur.

Commerce de détail.

Le commerce en gros est surtout exercé dans les centres de population et d'autant plus activement qu'il y a plus d'habitants. Le commerce de détail s'exerce partout.

Foires ou marchés.

Les centres d'échanges où le commerce se fait en grand à des époques fixes s'appellent *foires* ou *marchés*.

Les foires sont de grands marchés périodiques ouverts aux acheteurs et aux vendeurs de tous les pays. Les foires sont une institution du moyen âge, née des besoins d'une époque où la difficulté des communications et le défaut de sécurité des routes rendaient ces marchés périodiques indispensables. Aujourd'hui leur importance est très-réduite par suite de l'établissement des chemins de fer qui mettent facilement en communication directe l'acheteur avec le producteur. C'est ainsi que la foire de Beaucaire, qui a lieu du 15 au 28 juillet, est loin d'avoir son ancienne importance; au contraire, elle a beaucoup perdu.

L'agriculture a conservé ses marchés, qui sont permanents dans les grandes villes, et qui, dans les autres, se tiennent une ou plusieurs fois par semaine, quelquefois tous les mois ou tous les deux mois, suivant l'importance de la ville.

Marchés.

Il y a des *marchés locaux,* dont le nombre est infini et l'importance restreinte; des *marchés régionaux,* dont le cercle de vente et d'approvisionnement s'étend sur un espace plus ou moins considérable, et qui sont les centres principaux du commerce intérieur; des *marchés internationaux,* dont les relations embrassent à la fois le pays tout entier et les pays voisins ou rayonnent jusqu'aux extrémités du monde. Ils ont leur siége dans les grands ports maritimes, dans les villes importantes de la frontière et dans les centres de population et d'industrie.

Nous diviserons les principaux marchés de la France, au point de vue du commerce intérieur en huit régions, correspondant aux six grands réseaux de chemins de fer.

1. — Région de Paris.

Paris.

Paris, capitale de la France et siége du gouvernement, est une belle et grande ville entourée d'une enceinte bastionnée et de nombreux forts; elle occupe 7,802 hectares de superficie, dont 714 sont couverts par le lit de la Seine, qui divise la ville en deux parties, la rive droite et la rive gauche. Le périmètre actuel de Paris a un développement de 34 kilomètres, soit près de 8 lieues et demie. Le plus grand diamètre de Paris, de la porte de Saint-Cloud à la porte de Vincennes, est de 11,360 mètres; du sud au nord, c'est-à-dire de la porte de Gentilly à celle de Clignancourt, la distance, en ligne droite, est de 8,760 mètres. La ville est divisée en 20 arrondissements ou cantons et compte 1,986,748 habitants. La superficie territoriale de Paris serait suffisante pour contenir plus de trois millions et demi d'âmes. En 1841, la population de Paris n'était que de 935,261 habitants; la population va sans cesse en augmentant et les recensements quinquennaux donnent les nombres suivants, à partir de 1846:

1846 : 1.053.897 hab.	1856 : 1.174.346 hab.	1866 : 1.825.274 hab.	1876 : 1.986.748 h.
1851 : 1.053.262	1861 : 1.696.141	1872 : 1.851.792	1881 :

En 1872, Paris comptait 131,000 étrangers. Le nombre des électeurs, en 1873, était de 340,896.

On compte à Paris, 1,760,168 catholiques, soit 95,05 % de la population;
41,672 protestants, soit 2,25 % » ; et
23,434 israélites, soit 1,27 % ».

Il naît, chaque année, à Paris, de 54,000 à 56,000 enfants; la moyenne annuelle des décès est d'environ 45,000. Le nombre des mariages, par an, varie entre 17,000 et 20,000.

D'après la statistique de 1872, le nombre des enfants susceptibles de fréquenter la salle d'asile ou l'école primaire, c'est-à-dire les enfants de deux à treize ans, serait aujourd'hui de 269,649.

Paris fournit chaque année près de 12,000 conscrits, sur 14,000 que compte le département de la Seine. Cette grande ville compte plus de 100,000 indigents.

Le nombre des maisons habitées existant dans Paris était de 61,622 en 1872, comprenant 682,110 ménages, et de 71,264 maisons en 1874. Le montant du rôle des contributions foncières et des portes et fenêtres était, pour la même année, de 34,766,000 francs. Le nombre des cotes personnelles-mobilières s'élevait à 207,017, ayant produit 15,373,000 fr. Le nombre des patentes était de 144,544, avec un produit de 43,345,000 fr. environ.

Paris possède de belles promenades, de magnifiques squares et de splendides parcs. Les plus belles promenades sont :

Le bois de Vincennes, qui mesure.	9,214,592	mètres carrés.
Le bois de Boulogne.	8,730,000	—
Le parc des Buttes-Chaumont.	250,293	—
Le parc de Montsouris.	158,476	—
Le parc de Monceaux.	85,600	—
Total. . .	18,438,961	mètres carrés.

Paris est à 40 lieues de la mer, au centre de toutes nos voies de communication; c'est, après Londres et Pékin, le plus grand foyer de consommation de l'univers; c'est aussi la ville de la civilisation et des arts.

Le commerce parisien est éclairé autant qu'instruit; il compte, parmi ses représentants les plus accrédités, des hommes intelligents, fort au courant de tout ce qui touche à ses intérêts.

Paris est le plus grand marché français pour les denrées alimentaires. La valeur seule des comestibles et des liquides consommés annuellement dans la ville et aux barrières s'élève au moins à 310 millions de francs.

La halle aux blés pour les farines, les vastes entrepôts de Bercy pour les vins et spiritueux, le marché aux chevaux, les marchés aux bestiaux de la Villette, de Sceaux et de Poissy (Seine-et-Oise), exclusivement destinés à l'approvisionnement de Paris, sont des centres très-importants de transactions commerciales. Les cafés, les denrées coloniales, les sucres indigènes, les fourrages, les graines fourragères, tiennent une large place sur le marché parisien.

Paris consomme plus de 3 millions et demi d'hectolitres de vin, plus de

230,000 hectolitres de bière, 100,000 hectolitres de cidres et poirés, plus de 8 millions de kilogrammes de raisins, plus de 137 millions de kilogrammes de viande (206 millions de francs), dont près de 20 millions de kilogrammes pour la viande de porc et la charcuterie, pour 38 millions de francs de volailles et gibiers, près de 15 millions de kilogrammes de beurre, 14 millions et demi de kilogrammes d'œufs, 4 millions de kilogrammes de fromages secs, 2 millions et demi de kilogrammes d'huîtres non marinées, et plus de 25 millions de kilogrammes de poissons d'eau de mer et d'eau douce. M. A. Husson évalue la consommation du pain à Paris par tête et par jour, à 420 grammes environ, ce qui fait 153 kilogrammes environ par an par individu, et porte la consommation annuelle du pain pour la ville entière à 283 millions de kilogrammes. Les quatre cinquièmes de la production des boulangers appartiennent aux meilleures qualités.

Les départements de Maine-et-Loire, du Calvados, de la Dordogne, de la Nièvre, de l'Orne, de la Charente et de la Vendée, occupent le premier rang pour la production des bœufs destinés à la consommation de Paris. Viennent ensuite l'Allier, la Charente-Inférieure, la Mayenne, Saône-et-Loire, la Haute-Saône, le Cher, la Côte-d'Or, la Sarthe et la Creuse.

Parmi les pays étrangers, l'Italie se fait remarquer par des envois assez importants.

Les vaches arrivent surtout des départements du Puy-de-Dôme, de Seine-et-Oise, de la Nièvre, de Seine-et-Marne, du Cantal, de l'Orne, du Calvados et de la Charente.

Les veaux sont fournis principalement par les départements de Seine-et-Marne, d'Eure-et-Loir, de Seine-et-Oise, du Loiret, de la Marne, de l'Oise, de l'Eure, du Pas-de-Calais et de la Seine-Inférieure.

Les moutons sont tirés, en grande partie, de l'Aisne, de Seine-et-Oise, du Cantal, du Nord, de l'Indre, de la Nièvre, de l'Aveyron, de la Dordogne, de l'Aube et d'Eure-et-Loir. Paris en reçoit aussi de l'Algérie.

L'Allemagne (Wurtemberg, Bavière et duché de Bade), la Prusse, la Hongrie, en envoient des expéditions considérables.

Les bœufs normands, de la vallée d'Auge et du Cotentin, supérieurs à tous autres, arrivent sur le marché de Paris du milieu de juin au milieu de janvier; c'est de juillet à novembre qu'ont lieu les arrivages les plus importants.

Le bœuf cholet ou choletais, venant d'Anjou, paraît sur le marché de décembre à la fin de juin; le bœuf charolais vient en juin et jusqu'à la fin de septembre; le bœuf de la Saintonge concourt à l'approvisionnement de Paris du mois de décembre au mois de mai, mais surtout en janvier, février et mars. Dès la fin de décembre et jusqu'en mars, on expédie le bœuf manceau; lorsqu'il est engraissé en Anjou ou en Normandie, il vient sur le marché avec les bœufs de ces provenances.

On reçoit, de décembre en avril, le bœuf du Périgord ; celui de la Gascogne, de la mi-juin à la fin de septembre.

Les bœufs du Limousin arrivent de la fin de novembre à la fin d'avril ; mais c'est en décembre, janvier et février qu'ils sont plus nombreux.

Le bœuf du Nivernais contribue à alimenter le marché dès le commencement de juin et jusqu'à la fin de novembre ; le franc-comtois, devenu rare, apparaît de décembre en avril ; celui du Poitou est livré à la vente du courant de janvier aux derniers jours de mai ; de juillet à janvier, on remarque le bœuf breton, de très-bonne qualité, qui fournit à Paris un contingent assez notable.

Les bœufs du Bourbonnais sont dirigés sur la capitale du milieu de décembre à la fin de mars ; les plus forts arrivages s'effectuent de janvier à avril.

Le bœuf de la Bourgogne se présente de juin à novembre ; celui du Berry arrive toute l'année, mais abondamment de février à mai. Enfin, c'est du 25 novembre au 31 décembre que les bœufs de la Marche sont offerts en plus grande abondance sur le marché parisien.

Le mouton du Wurtemberg, de la Bavière et du grand-duché de Bade obtient la préférence sur le marché de Paris ; les arrivages les plus importants s'opèrent d'août à janvier. Après le mouton allemand, viennent ceux de la Gatine et du Poitou ; les moutons flamands et picards viennent après et paraissent sur le marché de janvier à fin mars. Le métis se vend toute l'année ; il est fourni par les départements de Seine-et-Oise, de Seine-et-Marne, de la Marne, d'Eure-et-Loir et de l'Aube.

Paris reçoit beaucoup de viande abattue de divers départements, de l'Allemagne et de la Suisse ; ces arrivages de viandes abattues hors de Paris constituent le sixième de l'approvisionnement de la capitale en viande de boucherie. Paris consomme par année plus de 120 millions de kilogrammes de viandes de boucherie.

La Sarthe, Maine-et-Loire et Indre-et-Loire sont les départements qui fournissent le plus de porcs à Paris ; viennent ensuite les Deux-Sèvres, le Calvados, la Haute-Vienne, la Loire-Inférieure et la Mayenne. Paris consomme annuellement près de 20 millions de kilogrammes de viande de porc et de charcuterie. Il y a à Paris 48 boucheries où se débitent les viandes de cheval, d'âne ou de mulet. La population parisienne ne consomme par tête et par jour que 212 grammes de viande ; or, comme la consommation moyenne doit être de 267 grammes, le déficit de la consommation rapporté au besoin physiologique est, à Paris, de 55 grammes de viande par tête et par jour.

Paris est l'un des grands débouchés de la production viticole ; cette ville absorbe, à elle seule, pour sa consommation, des quantités considérables de vins, en même temps qu'elle est, pour ce produit, le centre d'un commerce actif et fructueux, avec toutes les parties du monde. La consommation bourgeoise s'alimente aux meilleurs crus; elle emploie, pour l'usage quotidien, les bons vins ordinaires; les trois quarts sont fournis par le Mâconnais et le Beaujolais; l'autre quart se compose de vins de Bordeaux et de quelques petites quantités de vins de la Côte-d'Or. Les vins ordinaires, aussi bien que les vins fins qui sont consommés par les classes aisées, composent un ensemble qui, pour les quantités, égale les deux dixièmes environ de toute la consommation de Paris.

L'approvisionnement de la consommation des restaurants et des hôtels se fait dans les mêmes crus que ceux de la bourgeoisie; cette consommation peut correspondre, à peu près, aux trois dixièmes de la consommation totale.

Les vins vendus au détail, c'est-à-dire à la mesure, au litre ou à la bouteille, sont, sans exception, le produit d'un mélange de différents crus : ce sont des vins de coupage.

Les vins du midi, du Var, du Roussillon, du centre et les petits bordeaux, servent à faire ces coupages. La vente au détail est égale, pour les quantités, aux deux autres consommations réunies, c'est-à-dire aux cinq dixièmes du tout.

En 1873, la consommation moyenne annuelle de chaque habitant était de 215 litres 90 de vin.

Parmi les matières premières consommées ou mises en œuvre à Paris, citons le sel gris ou blanc (12,330,000 kilogrammes en 1874), les suifs, les cuirs, les huiles non comestibles; parmi les combustibles, le bois et la houille. En 1874, Paris a reçu plus de 700,000 stères de bois de chauffage, 4,705,000 hectolitres de charbon de bois et 675 millions de kilogrammes de houille. En 1875, les usines à gaz, au nombre de 10, dont 7 à l'intérieur de Paris et 3 au dehors, ont livré à la consommation un volume de gaz de 175,938,244 mètres cubes; le produit de la vente du gaz s'est élevé à 43 millions et demi de francs. Les usines à gaz qui avaient distillé 540,000 tonnes de houille, en 1873, en ont consommé plus de 610,000 en 1875. La consommation du gaz d'éclairage à Paris n'était en 1855 que de 40,774,000 mètres cubes; elle arrivait en 1865, à 116,172,000 mètres cubes.

Les usines à gaz peuvent fabriquer par jour 882,000 mètres cubes de gaz, chiffre excédant de 10 % environ les besoins présumés. La longueur totale des conduites de gaz placées sous les voies publiques dépassait, en 1875, 1,675 kilomètres.

Paris réunit dans son centre toutes les branches de l'industrie française : c'est en outre un vaste dépôt des manufactures de toute la France, et tout en restant un foyer principal de lumières, Paris tend à devenir de plus en plus un grand centre d'industrie, de commerce et d'opérations financières, et une ville de luxe et de plaisirs, où les étrangers et les provinciaux affluent sans cesse en grand nombre ; les recettes réalisées par les théâtres varient de 18 à 24 millions de francs par an. Le mouvement est très-grand dans les rues ; en 1875, 736 voitures-omnibus, servies par 9,755 chevaux, ont transporté 119,806,000 voyageurs, dont 2,057,000 dans la banlieue ; les omnibus des tramways sont compris dans ces chiffres. La moyenne journalière est de plus de 328,000 voyageurs. En 1854, le nombre des voyageurs transportés annuellement n'était que de 30 millions ; dix ans plus tard, en 1864, il avait plus que triplé et s'élevait à 93,280,000. Il y a dans Paris plus de 54,000 chevaux ; plus de 72,000 participent au mouvement parisien.

Paris est une grande ville industrielle dont les produits sont caractérisés par le goût et l'élégance ; on compte dans l'industrie parisienne 38,772 patrons et 550,000 ouvriers, dont 62,000 travaillent chez eux, seuls, en famille avec un apprenti ou un ouvrier ; ce sont les façonniers ou chefs d'atelier.

La production de l'industrie de Paris s'élève à 3 milliards et demi de francs, un peu plus du quart de la production totale de l'industrie française. En 1847, le nombre des établissements industriels était évalué à 64,000, celui des ouvriers à 340,000, et le chiffre des affaires industrielles à 1 milliard et demi ; en 1867, le nombre des établissements s'élevait à 100,000, celui des ouvriers à 416,000, et le chiffre des affaires à 3 milliards et demi. Paris a une manufacture nationale des tabacs.

C'est surtout dans les IIe, IIIe et XIe arrondissements que l'industrie est la plus active et le nombre des ouvriers le plus grand.

Paris est aussi un grand marché de capitaux et de métaux précieux. C'est la métropole de notre commerce, le centre d'où tout part et où tout revient. Le commerce du département de la Seine et des départements voisins se lie étroitement à celui de Paris. C'est ainsi que Melun, Meaux (Seine-et-Marne), Etampes, Mantes y expédient leurs grains et leurs farines ; Fontainebleau, ses raisins ; Versailles, les produits de ses jardins et de ses pépinières.

Le mouvement de cette région représente près d'un sixième de notre commerce intérieur.

La ville de Paris tire sa principale ressource de son octroi, qui lui rapporte environ 110 millions de francs, somme un peu plus élevée que celle de tous les octrois de province réunis. Près des trois cinquièmes du produit brut de l'octroi de Paris provient de la taxe sur les boissons.

Les dépenses de la ville sont estimées, pour 1876, à 308,201,000 francs, dont 204,152,000 francs pour les dépenses ordinaires.

La ville a dépensé en 1876, plus de 9,678,000 francs pour l'instruction primaire. La dette municipale exige une dépense de 97,892,000 francs pour le service des intérêts et des annuités. Elle représente un capital qui s'approche de 1,900 millions de francs.

Paris, la ville la plus savante du monde, renferme de belles bibliothèques, qui comptent 2,375,000 volumes, 442,000 manuscrits et 1,120,000 estampes, médailles, etc. Bibliothèques de Paris.

Les diverses bibliothèques de Paris sont les suivantes :

Bibliothèque de l'Arsenal, 200,000 volumes, 8,000 manuscrits;

Bibliothèque de l'Ecole de médecine, 35,000 volumes;

Bibliothèque Sainte-Geneviève, 160,000 volumes, 350,000 manuscrits:

Bibliothèque Mazarine, 200,000 volumes, 4,000 manuscrits;

Bibliothèque nationale, 1,700,000 volumes, 80,000 manuscrits, 1 million d'estampes, cartes et gravures, 120,000 médailles;

Bibliothèque de la Sorbonne, 80,000 volumes.

Les théâtres de Paris sont les suivants, par ordre de recettes :

Opéra, Comédie-Française, Gaîté, Porte-Saint-Martin, Opéra-Comique, Palais-Royal, Variétés, Châtelet, Bouffes-Parisiens, Renaissance, Gymnase, Odéon, Folies-Dramatiques, Ambigu, Vaudeville, Château-d'Eau, Lyrique-Dramatique, Cluny, Déjazet, Théâtre-des-Arts, Beaumarchais, Folies-Marigny, Grand-Théâtre-Parisien, Théâtre-Scribe. Théâtres.

Usages de la place de Paris.

Conditions générales en usage à Paris. — Tout marché passé par un courtier de commerce qui ne spécifie pas des conditions particulières, est considéré comme fait aux conditions d'escompte, tares et usages portés au tableau rédigé par les courtiers de commerce et approuvé par la chambre et le tribunal de commerce; ce tableau contient 48 pages in-4°. Usages de la place de Paris.

L'acheteur doit procéder à la reconnaissance des marchandises, au plus tard, dans le jour non férié qui suit celui où l'affaire a été conclue; ce délai expiré, la marchandise est réputée reconnue et agréée, et l'acheteur est tenu de prendre livraison aux conditions du marché.

L'acheteur doit prendre livraison de la marchandise dans les trois jours non fériés qui suivent celui où la marchandise a été agréée. Après le pesage et la livraison, on ne peut faire aucune observation.

Le paiement au comptant est exigible par le vendeur, dès que la livraison est complétée, c'est-à-dire la marchandise vérifiée, pesée ou mesurée contradictoirement, et mise à la disposition de l'acheteur.

La moindre fraction de chaque pesée de marchandises est le demi-kilogramme, s'il n'est autrement stipulé dans le tableau.

Le courtage sur toutes les marchandises est de 1 °/₀, payé moitié par l'acheteur et moitié par le vendeur. — Le courtage sur les assurances maritimes est de 7 1/2 °/₀ sur la prime, et est payé par les assureurs.

Escomptes et usages spéciaux à diverses marchandises. — Ils subissent 3 °/₀ d'escompte, se vendent avec ou sans don. Sont soumis à un don de 1 °/₀ pour aubier, les bois de Campêche, Honduras, Sainte-Marthe, Sapan jaune ou fustet, Nicaragua et les bois de teinture non dénommés; les autres se pèsent sans don, soit au kilogramme par pesée de 500 kilogrammes avec un kilogramme de trait par pesée à nu. Bois exotiques.

Pour les cafés de toutes provenances, l'escompte est de 3 °/₀. Pour le café *moka*, point de tare, chaque balle se pèse séparément, les demi-balles par deux. Cafés.

Point de tare non plus pour le café *bourbon*. Il en est de même quant aux cafés d'autres provenances, qui se vendent en futailles ou caisses. La tare est de 2 °/₀ lorsqu'ils sont sous balle de toile, chanvre, coton, etc.; elle est de 3 % lorsqu'il y a double emballage.

Au moment de la livraison, l'acheteur peut exiger la tare nette pour toute espèce d'emballage.

Les cafés se pèsent par 5 balles, excepté ceux en balle de 100 kilogrammes et les cafés moka.

Céréales.

La tare est de 1 kilogramme pour le blé, le seigle et l'orge; elle est de 2 kilogrammes pour l'avoine.

Le *blé* se vend à l'hectolitre et demi, réglé à 120 kilogrammes; le *seigle* se vend aussi à l'hectolitre et demi, réglé à 115 kilogrammes brut.

L'*orge* se vend aux 100 kilogrammes, brut pour net.

L'*avoine* se vend aux trois hectolitres réglés à 150 kilogrammes brut.

Les sacs sont fournis par l'acheteur; ils doivent peser 1 kilogramme chacun; sinon on fait la tare.

Eaux-de-vie et esprits.

Les eaux-de-vie, esprits et toutes autres liqueurs spiritueuses distillées du vin, de la betterave, de la mélasse, des grains, de la pomme de terre, etc.. sont soumis à un escompte de 2 %.

On vend les esprits et eaux-de-vie à l'hectolitre et au dépotage, opéré au dépotoir public; le litre en est la dernière fraction. Les futailles doivent être bien conditionnées, avoir quatre cercles en fer, être garnies de tous leurs cercles et barres, sans quoi l'acheteur a le droit de refuser la livraison. La reconnaissance de la qualité des esprits et eaux-de-vie a lieu avant le dépotage; la constatation du degré a lieu après le dépotage, et toutes les difficultés qui peuvent s'élever sur la qualité et le degré de la liqueur, ainsi que sur le conditionnement des futailles, sont soumises à des arbitres et jugées par eux immédiatement.

A la livraison des esprits de toute nature, l'acheteur a le droit de refuser les pièces non en goût, lorsque les arbitres auxquels elles ont été soumises prononcent une réfaction au-dessus de 3 %; si cette réfaction n'excède pas 3 %, les pièces ne peuvent être refusées.

Pour tous autres spiritueux que les esprits ou trois-six, il est loisible à l'acheteur de rejeter la livraison de toutes pièces reconnues inférieures en goût.

Les esprits distillés du vin, dits trois-six de Languedoc, sont vendus à 86 degrés centigrades de l'alcoomètre de Gay-Lussac, à la température de 15°; la surforce au-dessus de 86 degrés ne donne pas lieu à bonification; ces esprits peuvent être refusés lorsque la faiblesse excède 3 degrés; si le titre est au-dessous de 86 degrés, la réfaction se règle proportionnellement. Les esprits distillés de la betterave, de la mélasse, de la pomme de terre, etc., sont vendus à 90 degrés centigrades au tempéré; ils peuvent être refusés quand la faiblesse excède 1 degré. Si le titre est au-dessous de 90 degrés, la réfaction se règle proportionnellement et la bonification de même en cas de surforce. Les esprits mauvais goût, propres seulement à l'industrie, ne peuvent être livrés au-dessous de 90 degrés.

Les eaux-de-vie de Cognac, de Saintonge, de la Rochelle et autres, dites anciennement de 22 degrés, sont vendues au titre de 60 degrés centigrades au tempéré; elles peuvent être refusées au-dessous de 57 degrés et au-dessus de 60.

Les eaux-de-vie, dites preuve de Hollande, d'Armagnac, de Marmande, se vendent au titre de 52 degrés; elles peuvent être refusées au-dessous de 48 degrés et au-dessus de 54. Pour ces sortes d'eau-de-vie, la surforce et la réfaction se règlent proportionnellement.

Dans les livraisons d'eau-de-vie et d'esprit, le vendeur remplace toutes les pièces que l'acheteur a eu le droit de refuser.

Le délai au-delà duquel n'est plus admise aucune réclamation sur les contenances des fûts pour les liquides vendus à l'hectolitre, a été fixé à trente jours de la date de la réception par le destinataire.

Huile d'olive.

Les *huiles d'olive surfines et fines* se vendent à 7 % d'escompte, et l'on accorde une tare de 16 3/4 % en pièces et en demi-pièces.

Huile commune.

Pour l'*huile commune* on alloue avec le même escompte, une tare de 20 % en fût de 250 kilogrammes et au-dessous.

L'acheteur jouit du terme de six mois, à partir de la facture, pour représenter la pièce vendue et appeler le vendeur à sa vérification. Ce délai, ou tout autre dont on sera convenu, étant expiré, toute réclamation est prescrite.

Il n'y a pas lieu à bonification sur la tare d'une pièce d'huile d'olive pesant environ 600 kilogrammes, si la vidange n'excède pas 80 millimètres; la bonification de la tare ne se compte qu'à partir de 108 millimètres, conformément au tableau du tarif d'estimation de la vidange.

Huiles diverses.

Huiles diverses. — Celles de *chènevis* et de *lin* supportent 2 % d'escompte, celles de *colza*, de *cameline*, d'*œillette épurée*, 1 %. Pour aucune il n'est alloué de tare; elles se vendent aux 100 kilogrammes, sauf l'huile d'*œillette*, qui se vend à la tonne d'un hectolitre pesant 91 kilogrammes. Les huiles de *poisson*, de *baleine*, d'*éléphant de mer*, de *morue*, de *palme* et de *ricin* sont assujetties à l'escompte de 3 %.

La tare allouée pour l'huile de baleine est de 20 % pour les pièces au-dessous de 300 kilogrammes; la tare allouée pour l'huile de morue est de 1/5; pour l'huile de palme, la tare est de 16 % pour les fûts au-dessus de 300 kilogrammes; 18 % pour ceux au-dessous.

L'huile de *ricin* se vend *net* en barils ou avec 1 kilog. 200 de tare par estagnon, en caisse de 4 estagnons, et de 2 kilogr. 400 par caisse de 2 estagnons.

Laines.

Les *laines françaises en suint* se vendent sans emballage, nettes de tare et de don, avec un escompte de 5 %; les pesées se font ordinairement par 50 toisons.

Les *laines étrangères en suint* supportent un escompte de 6 %. La tare se fait en prenant deux ou quatre balles, et le poids des sacs sert de règle pour la partie. Les emballages appartiennent à l'acheteur.

Les *laines françaises et étrangères lavées à dos* supportent un escompte de 5 %. Il n'est pas dû de tare si les liens sont en ficelle.

Les *laines lavées à chaud* et les *écouailles* ont un escompte de 6 %; elles sont livrées emballées sans frais pour l'acheteur, nettes de tares.

Les laines *communes*, *pelures*, supportent un escompte de 5 % et se vendent nettes de tares.

Pour toutes les laines, excepté pour celles de France en suint qui sont pesées sans trait, on donne à l'acheteur 1 % de trait.

Peaux brutes.

Peaux brutes. — Les *cuirs de bœuf, de vache, de cheval, secs en poil*, provenant d'Amérique, se vendent aux 50 kilogrammes, avec escompte de 3 %; les vachettes de l'Inde n'ont que 2 % d'escompte. On accorde 1 kilogramme de trait par 500 kilogrammes. Ces cuirs se vendent exempts de piqûres et d'avaries; pour la marchandise disponible, les réfactions sont consenties de gré à gré; pour la marchandise à livrer, elles sont fixées de la manière suivante : pour la première piqûre, 5 %; pour la deuxième, 15 %; pour la troisième, 25 %. Les avaries d'eau de mer et d'eau douce sont réfactionnées par arbitres.

Les *cuirs salés, humides, de mêmes provenances*, ont un escompte de 3 % avec un don de 1 kilogramme par pesée de 500 kilog.; lorsqu'ils sont chargés de sel, on les fait déplier et secouer.

Les *cuirs de bœuf, de vache et de veau des boucheries de Paris* se vendent frais, sans escompte. Ces mêmes cuirs, *secs en poil*, supportent 2 % d'escompte. Les *cuirs salés de Paris* se vendent sans escompte; ceux des *départements*, de *Hollande* et du *nord* sont soumis à l'escompte de 2 %; on accorde une réfaction pour le sel, s'il s'en trouve.

Les *cuirs secs de France* et de *la plupart des pays d'Europe* supportent un escompte de 2 %.

Les *peaux de veaux sèches en poil* se vendent au poids ou à la pièce, avec escompte de 2 %.

Les *peaux de mouton des boucheries de Paris* se vendent fraiches ou sèches, à la pièce, sans escompte pour les fraiches et 2 % pour les sèches : pour les peaux étrangères, venant du nord ou celles provenant de Buenos-Ayres, qui se vendent à la pièce ou au poids, elles supportent un escompte de 3 %.

Les *peaux d'agneau en laine* se vendent aux 104 peaux ou au poids, avec escompte de 3 %.

Les *peaux de chèvre, en poil*, se vendent à la douzaine de recette, avec 3 % d'escompte.

Soies. Les soies de France de toutes sortes se vendent sans aucune tare avec escompte de 13 1/2 %. On livre avec la toile, qui reste à l'acheteur.

Toutes les soies sont pesées par balle entre fer avec une tolérance de 100 à 200 grammes. Les réfactions pour avaries sont réglées par arbitres.

Sucres. Le *sucre brut* français et étranger supporte un escompte de 5 %, excepté le sucre indigène en entrepôt, qui n'en supporte aucun ; quant aux tares, elles varient de la manière suivante : pour les sucres de la *Martinique*, *Guadeloupe*, *Jamaïque*, Cuba, Porto-Rico et autres Antilles :

3 % lorsqu'ils sont en sacs de simple toile ;
15 % lorsqu'ils sont en barriques ;
16 % lorsqu'ils sont en tierçons ;
17 % lorsqu'ils sont en quarts.
15 % de tare sont alloués sur le sucre brut de Cayenne en barriques.

Pour les sucres *Réunion* et *Maurice*, tare 5 kilogrammes par balle de 75 kilogrammes et au-dessous en double couffe de jonc, et 6 kilogrammes par balle au-dessus de 75 kilog. Pour ceux de *Mayotte*, 3 kilog. par balle de 60 kilog. et au-dessous en double couffe de jonc ; pour ceux de *Manille*, 3 kilog. par balle de 40 à 50 kilog. en double emballage, avec un lien de jonc ; pour ceux de l'*Inde*, 3 kilog. par balle de 75 kilog. et au-dessous en simple toile, et 5 kilog. en double toile ; 4 kilog. par balle, au-dessus de 75 kilog. en simple toile, et 6 kilog. en double toile ; pour ceux de *Cochinchine*, 3 kilog. par balle de 60 kilog., et au-dessous en simple jonc ; 4 kilog. quand elle pèse de 61 à 80 kilog. ; en double jonc, on accorde 1 kilog. de plus.

Pour le *sucre indigène à l'acquitté*, on accorde 5 % de don, et 2 % de trait, sans autre tare.

Pour le *sucre indigène à l'entrepôt*, la tare est de 1 kilog. par sac, sans trait.

Les futailles de 400 kilog. et au-dessus sont qualifiées *barriques* ; les fûts de 151 à 399 kilog. sont qualifiés *tierçons* ; les fûts de 150 kilog. et au-dessous sont des *quarts*.

Les sucres en barriques se pèsent par fût avec 1 kilog. de trait ; en tierçons et quarts avec un demi-kilog. de trait.

Les sucres du Brésil se pèsent par caisse avec 1 kilog. de trait ; ceux de la Havane, avec un demi-kilogramme ; les sucres de Réunion et Maurice se pèsent par 5 balles, avec 1 kilog. de trait. Le sucre indigène se pèse par 10 sacs, et celui des autres provenances, par pesée de 5 à 600 kilogrammes, avec 1 kilog. de trait.

Le *sucre raffiné en pains* se vend, sans papier, net de tare et à 3 % d'escompte. Les sucres destinés à l'exportation sont livrés avec du papier, au prix de la marchandise.

Suifs. Le *suif de Paris en pains* se vend net d'escompte et de tare et s'achète pour livrer à huitaine. Le fondeur livre la marchandise nue chez l'acheteur, qui lui paie pour le port

0f,20 par 100 kilogrammes. L'acheteur fournit les futailles, s'il désire emballer, et fait transporter à ses frais.

Les autres suifs se vendent également sans escompte; le suif blanc de Russie, vendu en surons, supporte 4 °/₀ de tare; le jaune, livré en futailles, en supporte 12; le *suif de Buenos-Ayres* supporte 4 °/₀ de tare en surons, et rien en futailles.

Vins.

Sont vendus au litre et à l'hectolitre les vins du Roussillon, de Saint-Gilles, de Marseille, de Bandol, de Toulon, de Bordeaux et Cahors, les vins étrangers et de liqueurs, qui supportent tous un escompte de 3 °/₀, et ceux de Saintonge, Gaillac, Mâcon, Pouilly, Sancerre, de la haute et basse Bourgogne, de Nantes, Orléans, Blois, d'Anjou, de Saumur, du Cher et de Joigny, qui sont assujettis à un escompte de 2 °/₀.

Les autres vins se vendent à la pièce. Les pièces de *Mâcon* contiennent 213 litres; celles de *Saintonge*, environ 200 litres; celles de *Marseille*, *Bandol*, *Toulon*, *Bordeaux*, *Cahors*, *Pouilly*, *Sancerre*, 220 à 228 litres; celles de la *haute Bourgogne* et *Nantes*, 228 litres; celles d'*Orléans*, *Blois*, d'*Anjou* et de *Saumur*, 228 à 236 litres; celles du *Cher*, de 243 à 250 litres. Les vins de *Joigny* et de la *basse Bourgogne* se vendent au muid de 274 litres ou en feuillettes de 137 litres.

II. — Région du nord.

Amiens.

Sur la ligne du chemin de fer *de Paris à Lille*, nous rencontrons comme place de commerce importante, la ville d'*Amiens*, à 128 kilomètres de Paris, ville de 63,747 habitants, sur la Somme et le chef-lieu du département du même nom. On va en deux heures un quart de Paris à Amiens. Amiens est un des grands marchés de la région du nord pour les laines, les bestiaux et les grains; mais le principal commerce de cette ville consiste en matières premières nécessaires à son industrie, et en fils de coton, de laine et de lin, en tissus, en sucres ou autres objets fabriqués dans le département de la Somme, dont elle est l'entrepôt; en denrées coloniales, huiles, sels, etc., que lui apportent le canal de la Somme et le chemin de fer de Boulogne. Succursale de la Banque de France.

Arras.

Arras, 26,000 habitants, sur la Scarpe, à 193 kilomètres de Paris. On y fabrique du sucre de betterave, de l'huile de colza et des dentelles dites de Picardie; grand commerce de grains; ce marché en vend chaque année plus d'un million d'hectolitres; commerce des huiles d'œillette, de colza et des sucres de betterave. Succursale de la Banque de France.

Lille.

Lille, 158,000 habitants, à 241 kilomètres de Paris, chef-lieu du département du Nord, grande et belle ville sur la Deule; un des centres les plus actifs de notre commerce intérieur, et l'un des entrepôts les plus considérables de notre commerce extérieur. Cette place est en communication avec toutes les villes par ses chemins de fer et ses canaux. Ville industrielle et commerçante, où l'on trouve de nombreuses filatures de coton et de lin, des fabriques de toiles, de coutils, de tulles, d'huile de colza et de produits chimiques, et de grands ateliers de construction de machines. Les produits de l'industrie locale, le sucre et l'alcool de betterave, fabriqués dans tous les environs, sont les principaux articles du commerce de Lille; grand commerce de céréales. Le cercle de ses opérations s'étend à toute la France, et ses principales maisons de commerce sont représentées sur tous les marchés français.

Les *principaux articles d'exportation* de Lille sont les tissus de laine, de coton, de lin, de jute, ainsi que les fils de lin et de jute, les laines peignées, les confections et lingeries, les machines et mécaniques, les sucres, les huiles d'œillette, les blés et farines, les fruits et légumes, les volailles, les alcools.

Les tissus de laine trouvent leur principal débouché en Angleterre, en Allemagne, et dans les deux Amériques; les fils de lin, en Angleterre, en Allemagne, en Italie, en Espagne, en Hollande et en Belgique; les fils de jute, en Angleterre, en Suisse et en Italie; les laines peignées, en Allemagne; les machines et mécaniques, en Russie, en Espagne et dans l'Amérique du Sud; les toiles, en Espagne et dans les colonies; la lingerie et les confections, en tous pays; les sucres, le beurre, les œufs, les blés, en Angleterre; les huiles d'œillette, en Allemagne.

Les industries textiles sont les principales branches de travail de Lille et du département du Nord. Succursale de la Banque de France. Institut industriel, agricole et commercial. Manufacture nationale des tabacs.

Roubaix. *Roubaix*, 75,987 habitants; *Tourcoing*, 43,322 habitants, remarquables par leur industrie d'articles mélangés.

Le tissage des étoffes a été la cause première de la prospérité de la ville de Roubaix; on y compte plus de 140 fabricants tisseurs, possédant 32,200 métiers, dont 8,900 travaillant mécaniquement, et 23,300 à la main. On compte 11 filatures de coton, ayant 350,000 broches et 41 filatures de laine possédant 256,500 broches à filer, et 284,000 broches à retordre. On compte en outre un certain nombre de filatures de lin, de soie ou de coton et de laine.

Roubaix importe des houilles, des laines, des cotons, des bourres de soie, des fers, des matières tinctoriales, des bois, des produits chimiques, etc. Roubaix consomme des laines mérinos venant d'Australie par le marché de Londres et des mérinos de la Plata par les marchés d'Anvers, du Havre et de Bordeaux. Les petites laines d'Afrique et des échelles du Levant, employées pour la fabrication des tissus à bas prix, arrivent à Roubaix par Marseille.

Les *principaux articles d'exportation* de Roubaix sont les laines brutes et lavées, les déchets de laine, les laines cardées, peignées et filées; les tissus de tout genre, laine pure, coton et laine, laine et soie, coton pur. Ces articles trouvent leurs principaux débouchés en Angleterre, en Allemagne, dans les deux Amériques, en Espagne, en Italie, en Belgique, en Hollande, en Suède, en Norvége, en Russie, en Turquie, au Japon.

Douai, 24,000 habitants, belle et très-forte ville, bien située sur la Scarpe, rivière navigable qui communique par le canal de la Sensée avec Cambrai, par la Deule avec Lille, Saint-Omer, Dunkerque et la mer du Nord, et par l'Escaut avec Valenciennes, Tournay, toute la Belgique et la Hollande. Cette ville, généralement bien bâtie, propre et bien percée, est à 32 kilomètres de Lille, à 202 kilomètres de Paris. La place de Douai, à cause de sa position centrale dans le pays producteur du sucre de betterave, est devenue le centre d'un grand marché de sucre, et l'entrepôt le plus important de la région du nord pour cette denrée. L'arrondissement de Douai possède 3 raffineries et 34 fabriques de sucre, 8 verreries à vitres, 4 à bouteilles, 7 fabriques d'huiles, 5 savonneries, des distilleries de mélasses pour obtenir de l'alcool, une distillerie de pommes de terre et de grains, 17 brasseries à Douai et 63 *extra-muros*, produisant 112,000 hectolitres de bière. On estime que les industries de la circonscription de Douai produisent pour plus de 158 millions de francs d'articles. Douai.

Les *principaux articles d'exportation* de Douai et du département sont : les sucres bruts et raffinés, les alcools, les blés, orges, avoines, fèves, farines, les huiles grasses, les verres à vitre, à bouteilles et dames-jeannes, les laines peignées, les fils et tissus de laine, de coton, de lin, le fer, les machines et mécaniques, le zinc laminé et ouvré.

Les sucres bruts trouvent leur principal débouché en Angleterre, les raffinés en Belgique, duché de Luxembourg, Allemagne, Suède et Norvége par Anvers. Les céréales s'exportent en Belgique, en Hollande, en Angleterre. Les huiles, en Belgique et en Allemagne; les verres à vitre, en Amérique, en Allemagne, en Italie, en Hollande, en Russie; les bouteilles et dames-jeannes, en Angleterre et dans les deux Amériques; les laines peignées, principalement en Allemagne, un peu en Belgique, en Italie et en Autriche; les fils de lin, en Angleterre, en Allemagne, en Italie, en Belgique et en Hollande; les tissus de laine en Angleterre, en Allemagne et dans les deux Amériques; le zinc laminé et ouvré, en Hollande et en Angleterre; les machines, dans l'Amérique du Sud et les Indes, en Russie et en Espagne.

Les articles d'importation de Douai sont les houilles et les sucres bruts belges, les houilles d'Angleterre, les terres et briques réfractaires de Belgique et d'Angleterre, les minerais de zinc, les zincs bruts et les manganèses d'Espagne, les cotons d'Amérique, les lins, les chanvres, les graines oléagineuses et les bois du nord, le pétrole brut de Pensylvanie. Le chiffre total des affaires de banque dans l'arrondissement de Douai est de 500 millions de francs.

Tares et usages du commerce de gros de Douai.

Les *alcools du Nord* de betterave, mélasse et grains se vendent par hectolitre à 30 jours et 2 °/₀ d'escompte sans tare.

La *farine* se vend au quintal, net, à 30 jours ou 1/2 °/₀ comptant.

Les *graines oléagineuses*, par hectolitre au comptant.

Les *huiles de graines*, par hectolitre réglé à 92 kilogr., avec tare nette et 8 °/₀ d'escompte; les fûts sont de la contenance d'un hectolitre environ. (Les fabricants ne donnent au petit commerçe que l'hectolitre de 91 kilogr.)

Les *légumes secs* se vendent à l'hectolitre.

Les *laines en suint*, par quintal, net, au comptant, avec réfaction de 4 °/₀ pour les liens.

Les *lins teillés*, dits lins bruts, se vendent par quintal, net, à 30 jours et 2 °/₀ d'escompte.

Les lins en paquets, dits *lins filés*, par quintal, net, 15 jours 5 °/₀, 60 jours 2 °/₀, suivant la convention.

Les *sucres indigènes bruts* se vendent au quintal, net, 15 jours sans escompte ou comptant 1/4 °/₀, à la volonté du vendeur.

Les *tourteaux* se vendent au quintal, net et 8 jours de place.

Saint-Quentin. Sur la ligne de Paris à Maubeuge, nous trouvons *Saint-Quentin*, 34,811 habitants, sur le canal du même nom et sur la rive droite de la Somme, à 139 kilomètres de Paris, à 50 kilomètres de Laon, chef-lieu de sous-préfecture du département de l'Aisne. Grand centre d'industrie du coton, entrepôt des fils et des tissus de laine et de coton, des sucres, des alcools que fabrique le département de l'Aisne.

Les *principaux articles d'exportation* de Saint-Quentin et du département sont : les mousselines brochées, jaconas, nansouks, piqués ; les devants de chemises ; les broderies et lingeries perfectionnées ; les tulles ; les mousselines laines, mérinos, articles de fantaisie et châles brochés ; tissus mélangés laine et soie, tissus nouveautés; la laine filée; les produits chimiques, les sucres et alcools, les graines grasses et les huiles, les tourteaux, les blés et farines et les autres céréales ; les volailles, le beurre et les œufs; la verrerie, les glaces, la savonnerie; la chaux hydraulique ; les cuirs et les instruments de musique en cuivre.

Saint-Quentin s'approvisionne de houille dans le Pas-de-Calais, à Anzin, à Aniche, à Mons et Charleroi, en Belgique.

Les autres articles principaux d'importation de Saint-Quentin et du département sont : le coton en laine qui vient, soit d'Amérique, par le Havre et par l'Angleterre ; des Indes, par l'Angleterre, et d'Egypte par Marseille ; les fils de coton d'Angleterre et de Suisse ; les laines d'Australie et de la Plata, qui s'achètent aux ventes de Londres ; les alcools d'Allemagne ; les graines oléagineuses des Indes, par l'Angleterre, de Belgique, d'Allemagne et de Russie ; les fontes d'Angleterre et de Belgique.

Les articles spéciaux de Saint-Quentin pour l'exportation sont : les lainages, les châles brochés, les devants de chemises, les rideaux et les mousselines brochés.

La société industrielle de Saint-Quentin fait beaucoup pour le développement de l'industrie de cette ville. Succursale de la Banque de France.

Sur la ligne de Paris à Laon, on trouve *Soissons* (Aisne), chef-lieu de sous-préfecture, 11,099 habitants, sur l'Aisne, un des marchés les mieux approvisionnés de la région du nord en laines, céréales, légumes, haricots, lins, bois de construction et de chauffage. Soissons.

Laon, chef-lieu du département de l'Aisne, 10,000 habitants, est le centre du commerce des verreries et des fers de Folembray, des glaces de Saint-Gobain, et fait le commerce de vins et de grains. Laon.

Dans la région du nord, on trouve les ports de Dunkerque, Gravelines, Calais, Boulogne, Saint-Valéry-sur-Somme, Abbeville.

Le cabotage de la région du nord apporte de l'Océan les graines oléagineuses, le sel marin, le tabac, les grains, les engrais, les résines, les bois exotiques, etc.; de la Méditerranée, le sel marin, les graines oléagineuses, le plomb, le vin, les huiles, etc. Il y expédie les engrais, les alcools, les graines et les farines, les légumes, les bois, les poissons, etc.

III. — Région de l'est.

La région de l'est a une activité commerciale aussi grande que celle du nord.

Sur la ligne de Paris à Strasbourg, nous rencontrons *Meaux*, 11,000 habitants, sous-préfecture de Seine-et-Marne, grand commerce de grains, de farines, de bestiaux ; centre du commerce des fromages de Brie. Meaux.

Épernay, sur la Marne, 12,927 habitants, sous-préfecture de la Marne ; commerce des vins mousseux de Champagne. Epernay.

Châlons-sur-Marne, 17,000 habitants, chef-lieu du département de la Marne, sur la Marne, enrichi par le commerce des vins et par celui des laines. École des arts et métiers. Châlons-sur-Marne.

Reims, 71,994 habitants, à 160 kilomètres de Paris, sur la Vesle; le plus puissant marché de la Champagne, celui où sont représentées à la fois toutes ses richesses naturelles et ses richesses industrielles. La valeur des transactions dont Reims est le centre peut être évaluée à plus de 250 millions. Grand centre de fabrication de flanelles, de mérinos, de châles tartans, de châles mérinos et de nouveautés pour robes, pantalons et confections. Les filatures de laine et les teintureries y sont nombreuses Reims occupe 60,000 ouvriers disséminés dans tous les bourgs et villages Reims.

de l'arrondissement. Grand commerce de vins de champagne, de biscuits et de pains d'épices; mais la vente de ses lainages constitue son principal commerce. Succursale de la Banque de France. Société industrielle.

Nancy. *Nancy* est la capitale commerciale de la riche province de Lorraine, le chef-lieu du département de Meurthe-et-Moselle : c'est une grande et belle ville de 63,400 âmes, sur la Meurthe, à 353 kilomètres de Paris. Nancy est l'entrepôt des bois, des céréales, des houblons de la Lorraine; le commerce des fleurs ne le cède qu'à celui de Paris. Centre principal de la fabrication et du commerce des broderies de Lorraine, faites dans toutes les villes et les campagnes de la province, par 40,000 ouvrières travaillant chez elles. Ces broderies sont exportées jusqu'en Amérique. On y fabrique aussi beaucoup de chaussures. Commerce de chiffons pour les papeteries des Vosges. École forestière. Manufacture nationale des tabacs. Succursale de la Banque de France.

Épinal. *Épinal,* 15,000 habitants, jolie ville située au pied des Vosges, sur la Moselle, à 378 kilomètres de Paris, chef-lieu du département des Vosges. Épinal s'est agrandie considérablement depuis la guerre; elle est devenue une ville industrielle et le centre du travail du coton dans les Vosges. Filature et tissage du coton, broderies fines et dentelles, féculeries très-importantes, fabrique renommée de glucose, pâtes alimentaires, pâte de papier de paille, papiers peints, imageries, carrosserie, marbrerie, etc.

Le département des Vosges exporte les articles suivants : de la fécule en Belgique, en Suisse, en Italie, en Espagne, en Angleterre et en Alsace-Lorraine; des pâtes alimentaires en Allemagne, en Belgique et en Hollande; du glucose en Suisse, en Italie, en Angleterre, en Amérique; des fromages en Algérie et sur le littoral de la Méditerranée; des bois de construction en Alsace-Lorraine; du kirsch en Angleterre, en Amérique et dans les autres pays; de la verrerie et cristallerie en Italie, en Égypte, et les autres contrées; des tissus de coton en Italie, en Espagne, et dans les colonies françaises; des dentelles et broderies en Angleterre, aux États-Unis, dans les Indes; du papier en Angleterre, en Amérique; des images dans le monde entier, directement en Belgique, en Suisse, en Italie; des instruments de musique en Angleterre, en Belgique, en Hollande, en Espagne, dans les colonies et l'Amérique du Nord; des chapeaux de latanier et chapeaux dits de Panama en Belgique, Hollande, Suisse Italie, Autriche, Brésil, Paraguay, Chili, Pérou; des eaux minérales, notamment de Contrexéville et de Bussang, en Alsace-Lorraine et autres pays limitrophes.

Metz. *Metz*, 55,000 habitants, grande place forte sur la Moselle et au confluent de la Seille. Metz est l'entrepôt des produits naturels et manufacturés de la Moselle : grains, farines, bois de construction, chevaux et bestiaux, cuirs, produits des usines métallurgiques, velours, chapeaux de paille, poteries, allumettes chimiques de Sarreguemines, cristaux de Saint-Louis, etc.; centre de fabrication et de commerce de broderies et de grosse draperie. Cette ville a été livrée aux Allemands en 1870, par Bazaine, qui a trahi sa patrie.

Strasbourg.

Strasbourg, 84,000 habitants, sur l'Ill et la Bruche, à 501 kilomètres de Paris. Commerce des produits du pays : graines, farines, légumes secs, graines de moutarde, de trèfle, de luzerne, amidon, fécules, graines de colza, garance, chanvres, tabacs, houblons, bois de construction, etc.

Les principales branches d'industrie sont les suivantes :

Amidonnerie, bonneterie en laine, brasserie, chaudronnerie, tannerie, cordonnerie, comestibles (charcuterie, choucroute, pâtés de foie gras); fabriques de bougies, de chapeaux de paille, de draps, de papiers peints, de pipes en racine, de produits chimiques, de toiles cirées; féculerie; grosse quincaillerie, etc. Cette ville nous a été enlevée en 1871, mais ses habitants alsaciens sont restés très-patriotes et conservent dans leur cœur l'amour de la France, que la violence ne pourra leur ravir.

Troyes.

Sur la ligne de Paris à Mulhouse nous trouvons *Troyes*, chef-lieu du département de l'Aube, 38,113 habitants, à 167 kilomètres de Paris, sur la Seine. Grand centre de fabrication de bonneterie, de tricots et de ganterie de laine, de soie, de filoselle et surtout de coton; on y fabrique aussi des doublures de coton, des finettes, coutils et piqués. Centre du commerce des laines, des céréales, des vins du midi de la Champagne. Troyes, qui était au moyen âge l'un des principaux centres de commerce de l'Europe, est encore aujourd'hui l'un de nos marchés les plus actifs.

Les principaux articles d'exportation de Troyes et du département de l'Aube sont : la bonneterie en laine, la bonneterie en coton, les métiers à fabriquer les articles se rattachant à la bonneterie, les céréales et les farines; viennent ensuite la verrerie, les corsets, les registres, les serrures pour meubles et les clefs de montre. La bonneterie est le principal article d'exportation de Troyes, mais surtout à l'intérieur du pays, car elle a jusqu'à présent trouvé peu de débouchés à l'extérieur où elle n'est pas assez connue. Comme les articles de bonneterie de Troyes ont un cachet de fabrication tout à fait spécial, ce qui fait qu'on ne peut trouver de produits semblables ni en Angleterre ni en Allemagne, il est à présumer que l'exportation pourrait prendre beaucoup plus d'importance. Les lieux principaux de l'exportation de Troyes sont : l'Amérique du Nord pour les articles de coton, bas et chaussettes (ces articles sont envoyés à New-York); l'Amérique du Sud pour les articles de laine et bas d'enfants de fantaisie; la Suisse pour les gros tricots de coton et quelques articles de laine fantaisie. Les articles anglais et allemands font concurrence à ceux de Troyes sur les marchés étrangers. Les articles que Troyes importe sont : les cotons, les laines, les charbons, les fontes, les denrées coloniales, les matières tinctoriales et les produits chimiques.

Troyes exporte des marchandises par le Havre, Boulogne et Marseille. Succursale de la Banque de France.

Chaumont. *Chaumont,* 8,600 habitants, chef-lieu de la Haute-Marne, sur la Marne, fait le commerce des grains, des cuirs, des toiles et surtout des fers et de la coutellerie; fabriques de gants.

Mulhouse. *Mulhouse*, 58,000 habitants, à 492 kilomètres est de Paris, et à 18 kilomètres ouest du Rhin, à 30 kilomètres de Colmar, est la capitale industrielle de l'Alsace; elle est située dans une île formée par l'Ill et sur le canal du Rhône au Rhin. Toute l'activité commerciale du département du Haut-Rhin est concentrée dans cette ville qui dispute à Colmar le marché des grains, des spiritueux et des denrées coloniales. Mais Mulhouse doit surtout son importance comme place de commerce au développement de son industrie.

Il y a à Mulhouse d'immenses ateliers pour la filature du coton et la fabrication des toiles de coton, du calicot et de la percale. On y imprime des tissus de coton et des étoffes de laine. Les étoffes imprimées dans cette ville sont des articles de luxe, remarquables par la beauté des dessins et l'harmonie des couleurs. On fabrique aussi à Mulhouse des papiers peints, des draps, des produits chimiques, des crayons (dits crayons cacheux), des machines et des appareils mécaniques; il y a des filatures de laine, des blanchisseries, des teintureries et des fonderies.

Mulhouse possède une bourse et un grand nombre d'établissements de crédit; une Société industrielle qui a fait faire de grands progrès à toutes les questions d'industrie, de commerce, d'économie sociale, etc., etc. Cette ville possède aussi des écoles spéciales fondées sous le patronage de la société industrielle, telles que l'école de dessin dont les cours sont gratuits, l'école de filature et de tissage, l'école de chimie, etc. Mulhouse est la première ville en France qui ait fondé une *école supérieure de commerce*, en 1866. L'auteur de cet ouvrage s'honore d'avoir été l'un des ouvriers de la première heure, attendu que toutes les autres écoles de commerce de France se sont modelées sur celle de Mulhouse, que la guerre a détruite. L'industrie cotonnière est très-compromise en Alsace depuis l'annexion, et bientôt on ne filera plus que les gros numéros.

IV. — Région du sud-est.

Sur la ligne de Paris à Lyon, nous remarquons :

Dijon, 42,573 habitants, à 315 kilomètres de Paris, chef-lieu de la Côte-d'Or, au confluent de l'Ouche et du Suzon, sur le canal de Bourgogne. Marché central de la région du sud-est, entrepôt du commerce entre le nord et le midi. Le mouvement des affaires commerciales de Dijon est évalué à plus de 90 millions de francs. Les grains y entrent pour près de 30 millions, les tissus pour 15 millions, les vins pour 6 millions, les laines, le bétail, l'épicerie, les bois de construction pour un chiffre à peu près égal. Fonderies, raffineries, tanneries, fabriques de moutarde, de vinaigre, de pain d'épice. Dijon a six foires, qui comptent parmi les plus importantes de France. Grand congrès commercial des négociants en céréales le dernier lundi du mois d'août. Dijon.

Dans ce même département, on trouve la ville commerçante de :

Saint-Jean-de-Losne, petite ville de 1,900 habitants, sur la Saône, à l'embouchure du canal de Bourgogne et près de l'embouchure du canal de l'est; c'est le centre d'une exportation considérable de bois, de fers, de grains, de foin, de charbons et de pierres, qui se fait par la Saône et par les deux canaux. Construction de bateaux; fabrique de draps.

Châlon-sur-Saône, 20,000 habitants, sur la rive droite de la Saône, à l'embouchure du canal du centre, entrepôt des grains, des vins, des chanvres de l'arrondissement dont elle est le chef-lieu. Châlon-s.-Saône.

Mâcon, chef-lieu du département de Saône-et-Loire, à 441 kilomètres de Paris, ville de 18,000 âmes sur la rive droite de la Saône. Centre du commerce des vins du Mâconnais et de Bourgogne en général, des grains et des bestiaux du département. Mâcon.

Lyon, chef-lieu du département du Rhône, grande et belle ville située sur le Rhône et sur la Saône, près de leur confluent, et peuplée de 323,417 habitants. Lyon est à 512 kilomètres de Paris et à 350 de Marseille. Métropole commerciale de la région du sud-est, le second des marchés français, Lyon est tout à la fois un vaste entrepôt commercial et un immense atelier. Son commerce s'applique, comme celui de Paris, à toutes les denrées alimentaires, à tous les objets de consommation. Mais les articles les plus importants de son marché sont les soieries, la passementerie, les machines et mécaniques, les ouvrages en fonte, les bronzes, l'orfévrerie, les meubles, les cuirs, les huiles de colza et de noix, les liqueurs, la bière, les produits chimiques, etc. Lyon est donc une ville Lyon.

d'industrie et de commerce. Le commerce de transit et de commission est très-considérable à Lyon.

Ce qui rend la fabrique de Lyon supérieure, c'est l'incomparable beauté des couleurs préparées par les teintureries lyonnaises, c'est l'habileté des tisseurs et le goût exquis des dessinateurs. Lyon possède des imprimeries et des teintureries renommées, des tanneries, des scieries mécaniques, des fonderies de fer et de cuivre, et des brasseries qui fournissent d'excellente bière aux départements du midi et à l'Algérie. La Croix-Rousse est le siége de l'industrie de la soie. Les Brotteaux, le siége de l'industrie nouvelle et de ses usines. La draperie et la toilerie sont représentées à Lyon par des maisons de premier ordre.

Lyon est l'entrepôt des charbons de la Loire, des charbons de bois de la Bourgogne, des cotons, qu'elle tire de Marseille, et qu'elle livre aux manufactures de Tarare et de Villefranche. Les fromages du Dauphiné, de la Bourgogne, du Lyonnais, de la Franche-Comté, les marrons de l'Ardèche et de la Loire, les vins et les spiritueux y sont également l'objet de transactions importantes.

La bourse de Lyon ne le cède qu'à celle de Paris, et ses foires sont encore très-importantes. Succursale de la Banque de France très-importante. Manufacture nationale des tabacs.

Bourg. Sur la ligne de Lyon à Besançon, *Bourg,* 14,000 hab. (chef-lieu de l'Ain), sur la Reyssouze, fait un commerce de grains, de bétail et de
Lons-le-Saulnier. poulardes renommées. *Lons-le-Saulnier*, chef-lieu du Jura, 10,000 hab., au pied de la première chaîne du Jura, sur la Vallière, à 444 kilomètres de Paris, fait le commerce des chevaux, du bétail, des grains, des fromages, de la boissellerie et du sel extrait de ses salines.

Dôle. *Dôle*, 11,000 hab, sur une colline baignée par le Doubs et sur le canal du Rhône au Rhin, à la jonction du double embranchement de Pontarlier et de Besançon à Dijon, doit à sa situation un commerce actif qui porte sur les grains, les vins, les fromages, les fers, les marbres du Jura, les meules de moulin. Il y a dans cette ville des scieries mécaniques, des forges, des verreries.

Le département du Doubs possède un centre commercial important :
Besançon. c'est *Besançon,* son chef-lieu, ville de 49,401 habitants, sur le Doubs et le canal de l'Est. Entrepôt de l'horlogerie, des fers, des bois, des vins que produisent le sol ou l'industrie du département. C'est le centre de la fabrication des montres dont cette ville fait un grand commerce. Ecole d'horlogerie. Succursale de la Banque de France.

La ligne de Lyon à Grenoble est le principal débouché du commerce de
Grenoble. l'Isère, dont *Grenoble* est l'entrepôt. Chef-lieu du département de l'Isère, 42,660 habitants, sur l'Isère, à 214 mètres d'altitude, dans la belle plaine du Graisivaudan, au pied du dernier escarpement du mont Rachais, sur les

deux rives de l'Isère, qui la divise en deux parties fort inégales, Grenoble est une ville forte de premier ordre, qui commande entièrement le passage de la vallée de l'Isère. C'est le centre d'une grande fabrication de gants et de liqueurs renommées ; cette ville fait le commerce des fromages de Sassenage, de la liqueur de la Grande-Chartreuse et des fers d'Allevard.

L'industrie des gants de peau, représentée par 115 fabricants, occupe 2,000 ouvriers et 20,000 couseuses dans la ville et aux environs. Elle produit annuellement 850,000 douzaines de gants, d'une valeur totale de 30 millions, et qui sont expédiés partout. Il y a à Grenoble de nombreuses fabriques de liqueurs, des ateliers de préparations de chanvre, des fabriques de chapeaux de paille, des fabriques considérables de plâtre, de chaux hydraulique et de ciment.

Sur le chemin de fer de Lyon à Roanne, on trouve *Saint-Etienne,* 110,814 habitants, chef-lieu du département de la Loire, ville industrielle, située sur le Furens. La principale industrie de Saint-Etienne est la fabrication des rubans de soie et de velours, unis et façonnés. C'est la première fabrique du monde pour les rubans façonnés, si remarquables par la beauté des couleurs et par le goût des dessins. On évalue à 95 millions de francs la production des rubans, velours et passementerie de Saint-Etienne, dont 50 millions sont exportés dans le monde entier. Saint-Etienne.

Saint-Etienne fabrique aussi de la passementerie, de la quincaillerie, des faux, faucilles, lames de scies, des armes de guerre, de chasse et de précision, de la coutellerie commune, des machines et de grands outils pour travailler les métaux. Il y a à Saint-Etienne et aux environs des fonderies, des forges et des teintureries. Le bassin houiller de Saint-Etienne, le plus important de France, fournit le meilleur charbon de forge et alimente les nombreuses forges et usines du district de Saint-Etienne. — Ecole des mineurs. Succursale de la Banque de France.

Rive-de-Gier, ville industrielle de 14,000 habitants, sur le Gier et le canal de Givors. Forges, aciéries, ateliers de fabrication pour la marine ; on y forge les pièces destinées à cuirasser les navires, et on y fabrique des roues en fer forgé pour wagons et locomotives, des chaînes, des essieux, des boulons, rivets, limes, râpes, pelles, pioches, bêches, socs de charrue, clous, creusets pour la fonte des métaux, et briques réfractaires. Importantes verreries, exploitation de houille. Près de Rive-de-Gier sont les hauts-fourneaux, forges et aciéries d'Assailly, de Firminy (9,000 habitants), et de Lorette (3,800 habitants). Rive-de-Gier.

Saint-Chamond, ville industrielle de 12,600 âmes, au confluent du Gier et du Janon ; centre d'une grande fabrication de lacets de soie, galons, ganses, tissus en caoutchouc, tresses, cordons, bordures, lisérés et soutaches ; il y a des moulins à soie et on y fabrique aussi de la clouterie et des rubans de soie ; produits chimiques, teintureries, tanneries.... Saint-Chamond.

Puy-en-Velay.

Le seul marché considérable de la Haute-Loire est le chef-lieu du département, le *Puy,* 19,000 habitants, à 3 kilomètres de la Loire, centre du commerce des bestiaux, des chevaux, des cuirs, des toiles du pays. C'est aussi le centre d'un grand commerce de dentelles blanches et noires, de tulles de fil, de blondes, de guipures et de dentelles de laine que l'on fait au Puy et dans le Velay. Il y a au Puy une école de dentelles pour les enfants pauvres. Beau musée de dentelles.

Vienne (Isère). Valence (Drôme). Montélimar.

Sur la ligne de *Lyon à la Méditerranée,* on rencontre, comme centres commerciaux, *Vienne* (26,000 habitants), au confluent de la Gère et du Rhône, avec ses manufactures de draps, ses fonderies et ses forges considérables. *Valence*, chef-lieu de la Drôme, 20,000 habitants, à 5 ou 6 kilomètres au-dessous du confluent de l'Isère. *Montélimar* (Drôme), 12,000 habitants, au confluent du Roubion et du Jabron, fait le commerce des soies et des truffes ; fabrique de nougats.

Orange.

Orange, 10,000 habitants (Vaucluse), sur le Meyne. On y file et on y mouline la soie ; on y fait le commerce de la soie, de la garance, des fruits, des truffes et du miel.

Avignon.

Avignon, 38,196 habitants, chef-lieu du département de Vaucluse, sur la rive gauche du Rhône et près du confluent de la Durance ; on y file et on y mouline la soie ; commerce de la garance, de la garancine et des chardons-cardères expédiés dans tous les pays. C'est l'un des marchés les plus importants du midi pour les soies, les garances, les huiles, les céréales, les vins, les cuirs, etc., dont le mouvement annuel dépasse 90 millions.

Annonay. Privas. Aubenas. Tournon.

Annonay, 18,000 habitants, *Privas,* 7,000 habitants, *Aubenas,* 8,000 habitants, *Largentière,* 3,000 habitants, *Tournon,* 5,000 habitants, sur le Rhône, sont toutes des villes importantes du département de l'Ardèche pour le commerce des soies.

Aix.

Aix, 30,000 habitants, chef-lieu d'arrondissement des Bouches-du-Rhône, est le centre du commerce des excellentes huiles d'olive fabriquées dans l'arrondissement ; on y fait des confitures, des fruits secs, des nougats. C'est l'entrepôt des amandes, des vins, des laines et des sels de la Provence ; sa foire aux chevaux, ses marchés de bestiaux comptent parmi les plus fréquentés du midi. Ecole des arts et métiers.

Draguignan.

Draguignan, chef-lieu du département du Var, 10,000 habitants, sur la rivière de Nartuby ou de Pis ; fabrique du savon, des cuirs ; distilleries, minoteries, teintureries, fonderies de cuivre ; commerce d'huile d'olive.

Grasse.

Grasse, 12,000 habitants, chef-lieu de sous-préfecture du département des Alpes-Maritimes, est le centre d'une grande fabrication d'essences, huiles, parfums, néroli, eau de fleurs d'oranger, eau de rose, parfumerie, pâte d'amandes, huile d'amandes douces, pommades, etc. ; grand commerce d'huile d'olive.

Les deux ports où la navigation du Rhône vient aboutir sont Arles et Beaucaire.

Arles, 26,000 habitants, chef-lieu de sous-préfecture des Bouches-du-Rhône, sur la rive gauche du Rhône, à 41 kilomètres de ses embouchures, à 28 kilomètres de la mer. Fait le commerce de laines, huiles, vins, fruits, soie, saucissons. Minoteries. Fabriques d'huiles d'olive. Arles.

Beaucaire, 9,500 habitants, sur la rive droite du Rhône, à 32 kilomètres de la mer, appartient au département du Gard. Cette ville est réunie à la mer par le canal de Beaucaire à Aigues-Mortes, à Lyon par le Rhône, que les bateaux à vapeur descendent en 10 heures. Il s'y tient des foires considérables qui perdent chaque année de leur importance. Beaucaire.

V. — Région du centre.

Sur la ligne de Paris à Tours, on rencontre *Orléans,* 48,976 habitants, chef-lieu du Loiret, sur la rive droite de la Loire, à 121 kilomètres de Paris. Commerce considérable de vins, esprits, eaux-de-vie, vinaigres, grains et farines, bois, charbon, épiceries et denrées coloniales, arbres verts et forestiers et arbres à fruits; de laines du Berry, de la Sologne et de l'Orléanais. On y fabrique des couvertures de laine, de la bonneterie de laine et de coton, de la bonneterie pour le Levant, des machines et du vinaigre. Succursale de la Banque de France. Orléans.

Tours, 43,368 habitants, à 234 kilomètres de Paris, sur la rive gauche de la Loire. Les grains, les fruits secs (pruneaux de Tours), les vins, les soieries y sont l'objet d'opérations importantes. Le principal commerce est celui du chanvre. On y fabrique des soieries riches et brochées, de la passementerie et des tapis; il faut citer encore parmi les produits de l'industrie de Tours les faïences émaillées et les poteries modelées, sculptées et vernissées; il y a à Tours une grande imprimerie de livres à bon marché et une manufacture de vitraux peints. Tours.

Sur le chemin de fer du centre, le marché le plus important est *Limoges*, 55,134 habitants, chef-lieu de la Haute-Vienne, à 400 kilomètres de Paris, sur la Vienne. Centre d'une fabrication considérable de porcelaine, de droguets et gros drap pour la Bretagne et l'ouest de la France; papeteries, coutellerie, beaucoup d'imprimeries, dont les produits représentent une valeur très-importante. Le commerce en bestiaux, en chevaux, en grains, en laines et en porcelaine est aussi considérable. Le commerce des cuirs se maintient au chiffre de 2 millions. Le commerce des vins prend de l'extension à Limoges. Limoges.

Bourges, chef-lieu du département du Cher, ville de 31,312 habitants, Bourges.

sur l'Auron ; centre d'un commerce assez actif de laines, de bestiaux, de bois, de fers et de chanvre.

Nevers. *Nevers*, chef-lieu du département de la Nièvre, 20,000 habitants, au confluent de la Nièvre et de la Loire, à 254 kilomètres de Paris. On y fabrique de la faïence commune et des faïences décoratives, du fer, de l'acier, des limes, des câbles et chaînes de fer. Les environs de Nevers sont le centre de l'industrie métallurgique dans la Nièvre ; on y trouve les grandes usines de Fourchambault (6,500 habitants, sur la Loire), de la Chaussade et d'Imphy.

Montluçon. *Montluçon* (Allier), 23,000 habitants, sur les deux rives du Cher et sur un mamelon qui domine cette rivière, à 78 kilomètres de Moulins, à 326 de Paris. Montluçon se divise en ville haute et ville basse ou ville neuve ; cette dernière renferme tous les grands établissements industriels qui ont valu à Montluçon le nom de Manchester de la France ; la ville haute est vieille et a des rues étroites, escarpées et tortueuses. L'industrie est très-développée à Montluçon, où l'on trouve des manufactures de glaces, des verreries, des hauts-fourneaux et des forges à fer.

Les principaux articles d'exportation de Montluçon sont les fontes, les fers marchands, fers de constructions, matériel roulant des chemins de fer (essieux et bandages), les tubes en fer, les glaces et les bouteilles.

Les fers s'exportent en Suisse et sur le littoral de la Méditerranée par Marseille ; le matériel roulant des chemins de fer s'exporte en Suisse et dans les colonies françaises, mais pour de faibles quantités ; les tubes en fer s'exportent en Suisse, en Italie, en Espagne et sur tout le littoral de la Méditerranée ; les glaces envoyées à l'étranger sont expédiées en Suisse, en Italie, en Espagne, en Egypte, en Turquie, dans le Brésil et l'Amérique du Nord ; cette exportation de glaces se fait par l'intermédiaire des négociants de Marseille et de Bordeaux.

Montluçon importe des quantités considérables de minerais de fer venant de l'île d'Elbe, de l'Afrique et de l'Espagne, arrivant par chemin de fer de Cette, Marseille ou la Rochelle ; les briques réfractaires viennent d'Angleterre.

Clermont-Ferrand. *Clermont-Ferrand*, chef-lieu du Puy-de-Dôme, 37,357 habitants, à 420 kilomètres de Paris ; c'est le chef-lieu commercial du Puy-de-Dôme, du Cantal, de la Lozère, de la Haute-Loire. Marché des céréales, des vins, des chanvres, des fruits, des bestiaux, du beurre et des fromages, des cuirs et des bois que produit la région agricole dont Clermont est la capitale. C'est aussi l'entrepôt de la quincaillerie d'Issoire, de la coutellerie de Thiers, de la papeterie d'Ambert.

On y fabrique des pâtes dites d'Auvergne, du vermicelle, de la semoule et des macaronis ; des pâtes d'abricots, des cafés de glands doux et de châtaignes ; il y a aussi une manufacture de vitraux peints.

VI. — Région du sud-ouest.

Angoulême, chef-lieu de la Charente, 26,000 habitants, bâtie sur un plateau au pied duquel coule la Charente, à 445 kilomètres de Paris.— Papeteries importantes, marché des eaux-de-vie de la Charente dont Cognac est le grand entrepôt, des fers du Périgord, des bois de la Haute-Vienne et des cuirs de la Dordogne. La poudrerie d'Angoulême ou de Thérouat, sur la Charente, à 5 kilomètres en aval de la ville, est l'une des plus importantes de la France; elle peut fabriquer annuellement 1,200,000 kilogrammes de poudres de diverses espèces. Angoulême.

Poitiers, chef-lieu de la Vienne, ville de 30,036 habitants, située sur une colline de 40 mètres d'altitude, au confluent du Clain et de la Boivre, qui l'entourent de trois côtés, à 332 kilomètres de Paris; ville sans industrie, mais qui fait un assez grand commerce de graines de trèfle et de luzerne, de produits agricoles et de cuirs, de chevaux, de mulets, de vins et de fromages. Poitiers.

Niort, chef-lieu des Deux-Sèvres, 21,000 habitants, sur la Sèvre-Niortaise. Chamoiseries, fabriques de gants, tanneries, corroieries, pépinières considérables; on y fait le commerce de crin, d'angélique confite, d'oignons et d'artichauts. Niort.

La confection des gants de castor et de daim, celle des gants d'ordonnance pour la cavalerie, occupent plus de 1000 ouvriers. La tannerie et la corroierie donnent lieu à un mouvement annuel d'affaires de 1,100,000 francs. La préparation des crins de toute espèce occupe 175 ouvriers; à cette industrie se rattache celle de la fabrication des brosses, qui donne du travail à 200 ouvriers. Filature de coton, fabrique de colle-forte, beaucoup de fabriques d'huiles, de fonderies, une distillerie. Niort ne fabrique plus de drap. Fabriques de blouses et de chaussures.

Saint-Maixent, 4,659 habitants, sur la Sèvre, a de belles promenades publiques. Filature de laine cardée, plusieurs fabriques de gilets de laine cardée occupant près de 500 ouvriers. Foires importantes pour le bétail. C'est à Saint-Maixent qu'est né le *colonel Denfert*, l'illustre *défenseur de Belfort* (1870-1871). Saint-Maixent.

Melle, 2,436 habitants, sur la Béronne, renferme des fabriques d'huiles; le commerce y comprend principalement les grains, les bestiaux et surtout les mulets. Melle.

Melle est le centre de la production muletière dans les Deux-Sèvres; les mulets et les ânes de son arrondissement, les plus beaux connus, s'exportent dans le reste de la France, dans toute l'Europe et surtout en Espagne.

Parthenay, 5,000 habitants; fabriques de gilets de laine et de draps communs. Parthenay.

Ces trois villes ont des foires importantes pour les mulets, les chevaux, les bestiaux, les laines et les bois destinés à la tonnellerie.

Périgueux. *Périgueux*, chef-lieu de la Dordogne, 22,000 habitants, sur la rive droite de l'Isle. Périgueux est l'entrepôt des produits naturels et fabriqués du département, vins, eaux-de-vie, farines, bois, sel, cuirs, fers, coutellerie de Nontron, gibier, volailles ; marché sans rival en France pour la vente des porcs et pour celle des truffes. Fonderie de fer et de cuivre, filatures de laine, tanneries, distilleries (anisette renommée), fabriques d'étamines.

Mont-de-Marsan. Sur la ligne de Bordeaux à Bayonne, on trouve *Mont-de-Marsan*, 8,600 habitants, sur la Midouze, le chef-lieu des Landes, à 733 kilomètres de Paris ; grand marché pour les bestiaux, les laines, les bois, les résines, les écorces de liége, les vins et les eaux-de-vie ; c'est dans les villages de l'arrondissement que l'on fabrique les résines.

Pau. *Pau*, 25,000 habitants, à 756 kilomètres de Paris ; chef-lieu des Basses-Pyrénées, sur le Gave de Pau et dans une contrée renommée pour la douceur et la salubrité de son climat. On y fabrique des toiles, du linge de table en fil damassé, des mouchoirs, de la coutellerie, d'excellents rasoirs et du chocolat. On y fait un grand commerce de mulets et de chevaux.

Les ports de cette région les plus fréquentés pour le cabotage sont : Bordeaux, Arcachon (Gironde), Bayonne, Libourne, sur la Dordogne, Blaye, le Verdon, sur la Gironde.

Marennes (Charente-Inférieure), Saint-Pierre (île d'Oléron), Tonnay-Charente et Rochefort, sur la Charente, la Rochelle et Saint-Martin (île de Ré).

Luçon, Sables d'Olonnes (Vendée), Noirmoutier (île de Noirmoutier).

VII. — Région du midi.

Ligne de Bordeaux à Toulouse et à Cette.

Toulouse. *Toulouse*, 124,852 habitants, chef-lieu du département de la Haute-Garonne, sur la Garonne et le canal du Midi, à 772 kilomètres de Paris par la ligne d'Agen à Périgueux et à 751 kilomètres par la ligne de Villefranche et Brive, à 257 kilomètres de Bordeaux et à 219 kilomètres de Cette. C'est la capitale commerciale du midi. Toulouse est l'entrepôt du transit entre l'Océan et la Méditerranée : les canaux lui apportent les vins, les céréales, les sels, les bois, les matériaux de construction, les houilles.

Toulouse est un grand centre de commerce qui fournit au midi pyrénéen les produits industriels de Paris, Lyon, Mulhouse, Rouen, Saint-Étienne, Sedan, Elbeuf, etc. La construction du chemin de fer de Bayonne en Espagne lui a enlevé son commerce avec cette contrée. Il s'y tient des foires importantes. On y fait un commerce considérable de blé, maïs et farines des départements voisins, de vins et de fer; ateliers de marbrerie, tanneries, lamineries de cuivre, minoteries, fabriques de pâtes alimentaires, de machines, de voitures et de couvertures de laine et de coton. Manufacture nationale des tabacs.

Montauban.

Montauban, 26,000 habitants, chef-lieu du Tarn-et-Garonne, sur un plateau élevé de 20 mètres, entre la rive droite du Tarn et les ruisseaux du Tescou et de Lagarrigue; commerce de cuirs, d'huile, de fruits, de mulets; Montauban cultive le chasselas ambré.

Montpellier.

Montpellier, chef-lieu de l'Hérault, ville de 57,727 habitants, sur le Lez, à 11 kilomètres de la Méditerranée, et à 775 kilomètres de Paris. Commerce considérable de vins et de trois-six, de vert-de-gris, de plantes tinctoriales et médicinales, de produits chimiques et de fruits du midi; fabriques de bougies.

Béziers.

Béziers, 31,468 habitants, sur une colline au pied de laquelle passe l'Orb, à 72 kilomètres de Montpellier; grand commerce de vins; c'est le grand marché des trois-six, et sa mercuriale règle les principales places. Commerce de grains, fourrages, bestiaux. Fabriques d'eaux-de-vie, liqueurs, crème de tartre, tuiles, mégisserie, tonnellerie, briqueterie, etc.

Narbonne (Aude)

Narbonne (Aude), 17,266 habitants, sur le canal de la Robine, qui communique à la Méditerranée par le canal du Midi et le port de la Nouvelle. Cette ville est à 8 kilomètres de la Méditerranée, à 58 kilomètres de Carcassonne, à 873 kilomètres de Paris par Brioude et Nîmes.

Narbonne produit d'excellent miel. Fabrique de vert-de-gris, fonderie de métaux, tuileries, briqueteries, bougies, toiles, chapeaux, distilleries d'eaux-de-vie, tonnelleries, minoteries, tanneries. Commerce de miel renommé, cire, blé, légumes secs, vins blancs et rouges estimés, spiritueux, sel, salpêtre, tartres, amandes, foins, luzernes, cuirs.

Les principaux articles d'*exportation* de Narbonne et de l'arrondissement sont les vins, les alcools, les verdets, les amandes en coque et cassées, les tartres, les crèmes de tartre et les graines fourragères. Les vins et les alcools s'exportent en Angleterre, en Suisse, en Allemagne et en Russie, dans les deux Amériques et en Algérie; les verdets, en Angleterre, en Allemagne, en Russie et aux États-Unis d'Amérique; les tartres et les crèmes de tartre, dans toute l'Europe et en Amérique; les amandes en coque et cassées, en Angleterre et en Allemagne; les graines fourragères, en Angleterre, en Allemagne, en Suisse et dans les Pays-Bas.

Les articles *importés* sont : les soufres bruts, tirés de Sicile; les bois merrains de chêne pour futailles, qui viennent de Trieste, d'Amérique et de Russie par la mer Noire; les bois merrains de châtaigniers, pour futailles, qui viennent d'Italie; les bois de pin et de sapin, qui viennent de la Suède, de la Norvége et de la Russie par la Baltique; les huiles d'olive, qui viennent directement d'Italie, d'Espagne, d'Algérie, de la régence de Tunis et de la Grèce; les plombs en saumon et minerai de plomb, qui viennent d'Espagne. Ces articles arrivent à Narbonne directement par les ports de Bordeaux, Marseille, Cette et la Nouvelle.

Nimes. *Nîmes,* 62,394 habitants, chef-lieu du Gard, à 725 kilomètres de Paris, grande ville industrielle et commerçante, située sur les deux rives du Vistre-de-la-Fontaine et sur le Cadereau, dans une plaine qui est une des plus riches parties du territoire français. Nîmes est le centre d'une grande fabrication de châles, d'étoffes pour ameublement, de tapis, de bonneterie de soie et de filoselle (bas, gants et bonnets), de foulards, fichus et cravates de soie, de ganterie en filet, en fil d'Écosse et en coton, de soieries pour l'Algérie (tissus lamés d'or et d'argent), de soie à coudre, de lacets, etc.; filatures de soie et teintureries. Grand commerce des produits des manufactures et du sol (graines fourragères, huile, olives, vins, eaux-de-vie, soie); second marché de la France pour les trois-six; la rivale de Lunel et de Béziers pour les vins. C'est l'entrepôt le plus important du midi pour les denrées coloniales, les grains et les farines, les rouenneries et les indiennes, les houilles de Bessèges et de la Grand'Combe, les produits des usines métallurgiques d'Alais, les soies de Ganges, d'Anduze et du Vigan.

La région du midi possède de nombreux ports de cabotage qui sont :

Port-Vendres et Collioure (Pyrénées-Orientales), La Nouvelle (Aude), Agde (Hérault), Aigues-Mortes (Gard).

Les principales marchandises qui alimentent le cabotage sont les vins, les sels, les eaux-de-vie, le bois, les farines, les houilles, les poissons, etc.

VIII. — Région de l'ouest.

Rouen. *Rouen*, 102,470 habitants, à 136 kilomètres de Paris, port situé sur la rive droite de la Seine à 122 kilomètres de son embouchure. A Rouen, la Seine admet les voiliers de 500 tonnes et les vapeurs de 800 tonneaux. Rouen est un port de commerce important et le centre d'un district manufacturier très-considérable pour les cotons, les rouenneries.

Les foires aux bestiaux et aux chevaux de Rouen sont considérables; son marché aux grains, aux laines, aux chanvres et aux lins; ses opérations sur les houilles, les denrées coloniales, les sucres, les bois de construction et la vente des produits de son industrie font de Rouen un des premiers marchés français.

Rouen entretient des relations avec l'Angleterre, la Norvége, l'Allemagne et l'Espagne.

Alençon, chef-lieu de l'Orne, 16,000 habitants, au confluent de la Sarthe et de la Briante, à 193 kilomètres de Paris. Fabrique de toiles, de dentelles en point d'Alençon; blanchisseries de toiles et de fil; grand commerce de chevaux; l'un des centres du commerce des toiles et des dentelles. Alençon.

Le Mans, 46,981 habitants, sur la Sarthe, au-dessus du confluent de l'Huisne, à 211 kilomètres de Paris; fabriques et blanchisseries de toiles; entrepôt des grains et des farines, des fers et des bois, des chanvres et des ardoises que produit le département de la Sarthe dont il est le chef-lieu; l'un des grands marchés de l'ouest pour les toiles, les bestiaux, les moutons, les volailles engraissées si connues sous le nom de poulardes du Mans. Le Mans.

Laval, chef-lieu du département de la Mayenne, 27,000 habitants, sur la Mayenne, à 301 kilomètres de Paris. Fabriques de coutils pour pantalons; commerce de marbres, de grains et de tissus fabriqués dans la ville. Laval.

Angers, 58,464 habitants, chef-lieu de Maine-et-Loire, sur la Maine, à 8 kilomètres de son confluent avec la Loire. Angers est un centre assez important de filature du lin à la mécanique et de fabrication de toiles à voiles et de cordages pour la marine; commerce considérable de chanvre pour filasse et cordages. Il y a dans les environs de grandes pépinières d'arbres à fruits et d'agrément, exportant une quantité considérable d'arbres à l'étranger, et de belles ardoisières à l'est de la ville, exploitées par 3,000 ouvriers et produisant 180 millions d'ardoises valant 4 millions de francs. Angers.

Cholet, 13,500 habitants, ville industrielle et commerçante sur la Maine; centre considérable de filature du lin à la mécanique et de fabrication de toiles, de mouchoirs et de linge de table; il se tient à Cholet de grands marchés de bœufs; son marché hebdomadaire est une véritable foire qui attire des milliers d'étrangers. Le marché de Cholet vend chaque année de 90 à 100,000 bœufs gras, 150 à 200,000 moutons, 30 à 35,000 porcs gras, 25 à 30,000 bœufs maigres envoyés du Limousin, du Poitou, de l'Angoumois. Cholet.

Rennes, 52,044 habitants, grande et belle ville, au confluent de l'Ille et de la Vilaine, à 374 kilomètres de Paris, chef-lieu de l'Ille-et-Vilaine. On y fabrique des toiles à voiles et des fils, et on y fait le commerce de beurre, cuirs, miel et volailles. Imprimeries très-importantes. Rennes.

Principaux ports de commerce français.

Définition du port.

Un port est un espace rempli d'eau, abrité par la disposition naturelle des lieux ou par des ouvrages d'art, dans lequel les navires peuvent entrer et d'où ils peuvent sortir par les vents régnants. M. L. Barret, ingénieur de la Compagnie des docks de Marseille, classe les ports de commerce en quatre catégories : 1° ports de refuge; 2° ports sanitaires; 3° ports canaux; 4° ports de stationnement et de transbordement.

Quatre catégories de ports de commerce.

Les ports de refuge servent d'abri et de ravitaillement aux navires surpris par le mauvais temps; ils sont établis dans les parages très-fréquentés de la mer.

Les ports sanitaires sont les parties avancées des ports qui sont organisées pour le service des quarantaines.

Les ports canaux sont ceux qui sont situés à l'embouchure d'un canal dans la mer.

Les ports de stationnement et de transbordement sont ceux qui sont affectés aux opérations d'embarquement et de débarquement des marchandises; ils sont construits sur les côtes, ou à l'embouchure des fleuves ou sur le cours de ces derniers dans l'intérieur des terres. Les ports les mieux favorisés, au point de vue des opérations commerciales, sont ceux dont le tonnage d'importation et celui d'exportation tendent à s'équilibrer.

Nous donnerons ici une description rapide des divers ports français; nous commencerons par *Marseille*, le premier port de France; nous décrirons successivement le Havre, le deuxième port français, Bordeaux, le troisième, Nantes et Saint-Nazaire, qui constituent le quatrième. Les ports secondaires peuvent être classés dans l'ordre suivant par rapport à leurs transactions commerciales : Boulogne, Dunkerque, Calais, Dieppe, Cette, Nice, Bayonne. Nous étudierons cette classe de ports dans l'ordre indiqué par la carte, en commençant par le nord.

Marseille.

Marseille, 312,864 habitants en 1872 et 318,742 habitants en 1876, chef-lieu du département des Bouches-du-Rhône, grande ville commerçante et industrielle, à 863 kilomètres de Paris. Sa latitude est de 43° 17′ 4″, et sa longitude de 3° 2′ 3″ E.; l'avance de cette ville sur Paris est de 12 minutes 10 secondes.

C'est au cap Pinède que commencent les ports de Marseille, dont les vastes quais couvrent toute la partie de la baie comprise entre ce cap et le fort Saint-Jean. Une jetée court parallèlement à la côte et sert d'abri à cinq bassins qui font de Marseille le port le plus vaste et le plus important de la Méditerranée. Ces bassins sont : le bassin de la gare maritime, le bassin national, les bassins d'Arenc et du Lazaret et le port de la Joliette. On construit en ce moment (1876) le bassin de la gare maritime. Le bassin national a 350 mètres de longueur sur 500 mètres de largeur, avec des fonds de 5 à 10 mètres près de la digue de l'ouest; il a une étendue de 24 hectares. Les bassins d'Arenc et du Lazaret, dont le premier a 24 hectares et le second 16, sont concédés à la Compagnie des docks et entrepôts de Marseille, qui y a ses immenses magasins. Le port de la Joliette, qui a 500 mètres de longueur sur 400 mètres de largeur et une étendue de 20 hectares, est formé par un môle qui s'appuie sur le fort Saint-Jean et borde toute la côte et par la jetée extérieure. Il y a dix mètres de fond près de la jetée extérieure diminuant à $4^{m},40$ et 5 mètres près du môle de l'est. C'est dans le port de la Joliette, et sur le large quai qui le sépare du bassin du Lazaret, que sont les importants magasins de la Compagnie des Messageries maritimes. On pénètre dans le port de la Joliette par une passe de 50 mètres de largeur ouverte entre les deux traverses dites de la Major qui sont construites à 200 mètres environ de l'extrémité du musoir de la jetée extérieure.

Les extrémités de la passe sont signalées par deux piliers en fer sur lesquels on allume pendant la nuit deux feux fixes verts. Sur l'extrémité sud de la grande jetée extérieure qui forme un avant-port commode et facile à prendre par tous les temps, on a placé une tour ronde en pierre, élevée de $21^{m},35$, sur laquelle on allume un feu lenticulaire *fixe rouge* placé à une hauteur de 23 mètres au-dessus de la mer et visible d'une distance de 8 milles avec une atmosphère claire. L'avant-port de la Joliette offre cet avantage qu'on y trouve un abri sûr contre les vents du nord-ouest.

Le Vieux-Port de Marseille, qui commence au sud du fort Saint-Jean et s'étend pendant 920 mètres dans l'est sur une largeur moyenne de 300 mètres, a 28 hectares d'étendue ; il est partout entouré de quais larges et commodes, bordés de maisons. Il y a de 6 à 7 mètres d'eau au milieu du port et 6 mètres près des quais. (Voir page 299.) Un bassin de carénage se trouve à droite en entrant dans le Vieux-Port.

La rade de Marseille est entièrement ouverte à l'ouest; les vents de nord-ouest y soufflent quelquefois avec une violence inouïe. On ne rencontre dans la rade qu'un seul écueil, appelé Canoubier, signalé aux navigateurs par une tour ronde qui le domine. Le vieux port ne peut pas recevoir de navires tirant plus de 17 pieds d'eau; les nouveaux ports en reçoivent de toute grandeur. L'étendue totale des ports aujourd'hui construits est de 112 hectares avec 9,055 mètres de quai; il en faudrait au moins 14 kilomètres.

Le mouvement des affaires à Marseille dépasse 2 milliards de francs.

Les marchandises qui sont l'objet des plus grandes transactions à l'*im-*

portation à Marseille sont les céréales et les farineux, les graines oléagineuses, les sucres, les denrées coloniales, les tabacs, les cotons, les laines, les soies et cocons, les huiles d'olive et les graisses, le bétail, les peaux et les cuirs, les bois de tonnellerie et autres, les minerais, le soufre, etc., etc. Les *principales exportations* du port de Marseille sont les céréales et les farines, les vins ordinaires et de liqueurs, les eaux-de-vie, les tissus de laine, de soie, de coton, les sucres raffinés, les huiles d'olive, les huiles d'arachide, de lin et de sésame, les tourteaux, les savons, les bougies, le sulfate de quinine, les poteries, faïences et porcelaines, les chardons-cardères, l'acide sulfurique (Russie, Italie, Algérie), les soudes, le sel marin (Brésil et Maurice), etc.

Marseille est le plus grand marché de céréales de la France et du littoral de la Méditerranée. Marseille importe, suivant les années, de quatre à huit millions d'hectolitres de blés, dont plus des cinq sixièmes sont fournis par la Russie, la Turquie et l'Algérie ; les autres pays où Marseille va chercher des blés sont, par ordre d'importance : l'Espagne, les Indes anglaises et l'Italie. Les blés des Indes anglaises, qui sont vendus sur la place de Marseille par 100 kilogrammes, comme les blés d'Espagne et les tuzelles de Provence et d'Algérie, sont des blés durs qui sont arrivés, en 1874, pour la première fois de Bombay, par la navigation du canal de Suez ; ils sont employés principalement par les fabricants de semoule, qui les apprécient beaucoup ; seulement ces blés ne permettent pas d'obtenir, en nuance et en gluten, des produits égaux à ceux obtenus avec les blés durs de Taganrog et les blés durs d'Afrique. L'importation des autres céréales, seigle, orge, avoine, maïs, varie entre 1 million et demi et 2 millions d'hectolitres. Le maïs provient de la Turquie, de l'Italie et des États-Barbaresques ; l'avoine, de la Russie ou du Danube, de l'Italie et de l'Algérie ; l'orge vient de l'Algérie et de la Turquie.

Marseille a importé, en 1874 et en 1875, 85,000 et 80,000 quintaux métriques de riz venant du Piémont, des Indes et de la Cochinchine ; les riz de l'Inde, à cause de leurs bas prix, font une très-sérieuse concurrence aux riz du Piémont. En 1872, il n'en arrivait de cette sorte à Marseille que 3,000 quintaux métriques, tandis qu'en 1873 et en 1874 il en est arrivé 30,000 et 40,000 ; mais en 1875, l'importation des riz de l'Inde n'a été que de 8,000 quintaux métriques.

Les *haricots* viennent du Danube et de Trébizonde, de Naples, de Venise et des Romagnes, en Italie ; les *pois chiches* arrivent du Maroc, de l'Algérie, de la Sardaigne et du Levant ; les *lentilles* du Maroc, d'Alexandrie et de la terre de Bari ; les *fèves* d'Égypte, de la Sicile et du Danube ; le *lupin*, de la Corse ; l'*alpiste* vient des îles Canaries, de Rodosto et d'autres contrées du Levant ; le *petit millet* vient d'Italie, d'Afrique et du Levant. Marseille importe des pommes de terre d'Algérie, d'Italie, d'Espagne et de Malte.

L'exportation des céréales varie de 1,250,000 à deux millions d'hectolitres. Les pays où Marseille écoule le plus de céréales sont la Suisse, et l'Espagne et l'Italie quand les récoltes sont mauvaises dans ces deux derniers pays.

Le transit international des céréales par le port de Marseille va malheureusement en diminuant; cette ville se voit sur le point de perdre chaque jour davantage l'important privilége de servir au transit des blés pour la Suisse et de fournir à l'Alsace-Lorraine et même aux départements du centre les produits de la mer Noire dont ces contrées pourraient avoir besoin. Depuis 1872, l'Alsace-Lorraine est devenue inaccessible pour Marseille, Anvers et Rotterdam tenant ce port en échec avec leurs taxes de transport réduites; la partie septentrionale de la Suisse profite des mêmes taxes au détriment de la place de Marseille. Les tarifs de la Compagnie autrichienne impériale de navigation à vapeur du Danube permettent au petit consommateur l'importation d'un wagon de blé aux conditions auxquelles se font par Marseille des chargements complets par voie de mer; cette société s'est entendue avec les diverses voies ferrées qui aboutissent à son rayon et a établi des tarifs directs assez bas, qu'elle offre régulièrement au commerce, et qui empêchent les produits de la Valachie, de la Moldavie et de la Bessarabie de descendre le Danube à la recherche d'un transport par mer à destination de Marseille, comme cela se passait autrefois. Aussi les produits de ces vastes greniers à blé remontent-ils le Danube pour se répandre dans tout le rayon qui fut de tout temps plus ou moins tributaire de Marseille. Le prix de transport par 100 kilogrammes de blé, de Galatz ou Ibraïla à Romanshorn (Suisse orientale) par la voie de Marseille est de 8f,27, tandis qu'il n'est que de 7f,76 par l'itinéraire de la Compagnie danubienne et de 8f,16 pour les autres stations environnantes de la Suisse orientale; ces frais de transport sont encore moindres pour les points en amont de Galatz-Ibraïla, qui sont les véritables lieux producteurs de céréales. C'est ainsi qu'on a les prix de transport suivants, par la Compagnie danubienne :

D'Oltenitza à Romanshorn..................	7f,72;
de Giurgevo-Routschouck à Romanshorn.....	7f,53;
de Kalafat-Widin-Cetate à Romanshorn......	7f,02;
de Turnu-Severin à Romanshorn...........	6f,65.

Il faut ajouter que les produits de ce rayon, en descendant le Danube pour arriver à Galatz, ont à supporter des frais de transport d'au moins 1f,25 par 100 kilogrammes, ce qui augmente d'autant le prix de revient à Marseille.

Les chemins de fer de la haute Italie et de l'Autriche méridionale, rendus attentifs par le grand commerce du transit marseillais, se donnent toutes les peines imaginables pour attirer ce trafic sur leurs lignes; les tarifs très-réduits qu'ils offrent ont eu pour effet d'attirer la Suisse orientale, le principal acheteur de Marseille, sur les ports de Venise et de Trieste. Nous notons encore ici les prix de transport suivants, par 100 kilogrammes de blé :

De Marseille à Romanshorn	4f,22;
de Venise à Romanshorn	3f,85;
d'Anvers à Romanshorn	3f,77;
de Rotterdam à Romanshorn	3f,18.

Le port de Venise, plus rapproché des contrées productrices de blé et ayant des frais de place plus réduits que ceux qui sont pratiqués à Marseille, accapare les consommateurs de la Suisse orientale, malgré la longueur du tronçon de voie ferrée qui y conduit. Gênes envoie aussi beaucoup de céréales par le Mont-Cenis et Modane et les répand en Suisse et sur les départements de l'est, au détriment de Marseille. Quand le tunnel du Saint-Gothard sera achevé, le port de Gênes fera une très-sérieuse concurrence au transit des blés par Marseille.

Le commerce des graines oléagineuses est l'un des plus importants de la place de Marseille, comme on peut s'en convaincre par le tableau suivant.

Importation des graines oléagineuses de toutes sortes et leur rendement moyen en huiles et en tourteaux.

ANNÉES	QUANTITÉS DE GRAINES en quintaux métr.	RENDEMENT MOYEN EN QUINTAUX MÉTRIQUES	
		en huiles.	en tourteaux.
1870	1.849.860	647.451	1.202.409
1871	1.732.430	608.960	1.123.470
1872	1.675.510	561.890	1.113.620
1873	1.912.330	617.390	1.294.940
1874	2.070.630	660.000	1.410.630
1875	2.228.280	792.239	1.436.041
1876	2.233.940	793.049	1.440.891
1877			

On voit que l'importation des graines oléagineuses dépasse, en 1876, 220 millions de kilogrammes, ce qui représente le chargement de 1,000 navires de 500 tonneaux chacun; toute la France n'en a importé que 400 millions de kilogrammes. L'importation de Marseille représente environ 80 millions de francs. Indépendamment des ouvriers employés directement dans les huileries, on peut admettre que 20,000 travailleurs de tout genre, tels que mécaniciens, tisseurs de scourtins ou étrindelles, tonneliers, portefaix, camionneurs, fabricants de sacs, trouvent indirectement dans les manipulations diverses des graines oléagineuses la source d'une honnête aisance.

Les principales graines oléagineuses arrivant à Marseille sont les sésames, les arachides, les lins, les graines de coton, les colzas et ravisons, les ricins, etc.

Les *sésames* proviennent du Levant (de Jaffa et de Tarsous), de l'Inde (côte de Coromandel, Calcutta, Bombay, Kurrachee, Bangkok), et de l'Afrique (Mozambique et Sénégal). L'Inde et l'Afrique fournissent à Marseille près de 800,000 quintaux métriques de graines de sésame (importation en 1875 : 797,670 quintaux métr., mais seulement 597,360 en 1876.)

Les *arachides* proviennent de la côte occidentale d'Afrique (Gambie, Bas de Côte, Sierra-Leone, Gorée, Saint-Louis), du Mozambique, de l'Espagne et du Portugal. L'importation dépasse 540,000 quintaux métriques, en 1876. En 20 ans, l'importation des arachides a presque triplé à Marseille.

Les graines de *lin* viennent de Russie, de Roumélie, de Sicile et d'Algérie. Marseille voit décroître les arrivages des graines de lin de Russie qui ont une tendance marquée à se diriger de préférence vers l'Angleterre qui leur offre des débouchés plus avantageux ; les tourteaux de lin employés pour la nourriture des bestiaux ont une plus-value telle en Angleterre que ceux mêmes qui sont fabriqués à Marseille y sont à peu près tous expédiés. Importation, en 1876 : 205,770 quintaux métriques.

L'importation des graines de coton tend à s'accroître chaque année ; elle est de 310,000 quintaux métriques en 1873, mais elle tombe à 175,000 en 1875, et à 186,000 en 1876 à cause du mauvais parti que Marseille tire des tourteaux qui en proviennent ; ces tourteaux ont leur principal débouché en Angleterre qui, dès lors, peut payer plus cher que Marseille la graine sur les lieux de production ; ces graines viennent d'Égypte et de Smyrne.

L'importation des *copras* venant d'Australie, de Mozambique et de Zanzibar, et des *palmistes* provenant du sud et du nord du cap des Palmes, se tient, depuis 1868, alors qu'elle a pris un très-grand accroissement, entre 145,000 et 177,000 quintaux métr. ; elle monte à 249,830 en 1876.

Les *colzas* du Danube et les *ravisons* de Russie et de Kustendjee arrivent en grande abondance sur la place de Marseille, soit 218,000 quintaux métriques en 1874, mais seulement 122,000 en 1875 et 134,850 en 1876.

Le port de Marseille, par suite de sa grande fabrication d'huiles, est devenu un grand marché de tourteaux ; les plus abondants sont ceux d'arachides en coque, de coton, de sésame, de colza et ravison et de lin. La production des tourteaux peut être évaluée à 65 % de la graine, ce qui donne, en 1875, 1,436,000 quintaux métriques de tourteaux, de diverses sortes, valant plus de 15,600,000 francs. Ces tourteaux servant à nourrir le bétail ou à fumer les terres, s'écoulent en Angleterre, en Italie, dans les colonies, dans le centre et le nord de la France, et dans la région méridionale, surtout dans le Languedoc.

Les importations de *sucres bruts* sont considérables; elles s'élevaient à 78 millions et demi de kilogrammes en 1875, à 71 millions en 1874 et à 87 millions en 1872; la plus forte partie de ces sucres est raffinée dans les raffineries de la ville. Les importations des sucres coloniaux et étrangers à Marseille vont en diminuant en présence de la quantité considérable de sucres de betterave que produit la France. Marseille importe du sucre des colonies françaises (Guadeloupe, Martinique, Réunion, Cayenne, etc.), de Maurice, du Brésil, de Cuba, de l'Égypte, de la Belgique et du nord de la France. L'importation des poudres blanches du nord de la France augmente d'année en année; elles facilitent le travail des raffineries en leur procurant des sucres convenables au clairçage dans de bonnes conditions.

La voie du Mont-Cenis fait à Marseille une concurrence très-grande pour l'expédition en Italie des sucres blancs indigènes, qui disputent aux raffineries de Marseille les marchés italiens.

Marseille exporte plus de 55 millions de kilogrammes de sucres raffinés. qui s'écoulent en Italie, en Turquie, en Russie, en Algérie, en Égypte, en Grèce, dans les pays barbaresques, à Rio de la Plata, dans l'Uruguay, en Espagne et à Malte.

Le commerce des *cafés* tend à prendre un grand développement à Marseille; ce port importe plus de 24 millions de kilogrammes de cafés; le Brésil, à lui seul, en fournit plus de la moitié. L'établissement des communications télégraphiques entre l'Europe et le Brésil, en 1874, a eu une heureuse influence sur le commerce des cafés, car on peut désormais demander et recevoir en 30 jours les produits du Brésil, tandis que deux mois étaient autrefois nécessaires.

Les arrivages de café des divers pays des Indes sur le marché de Marseille prennent de plus en plus d'importance; en 1868, Marseille importait seulement 100,000 kilogrammes de café des Indes; en 1874, elle en importait près de 2 millions de kilogrammes, et en 1875, plus de 5,600,000 kilogrammes. Les cafés des Indes hollandaises arrivent aussi à Marseille depuis 1874; le Java genre Demérary, le Java ordinaire, le Palembang, le Bally, le Manille, etc., font à Marseille l'objet de grandes transactions. Marseille est le principal marché des cafés moka, qui s'écoulent principalement à Paris; l'importation s'élève à près de 2 millions de kilogrammes, dont le quart est livré à la consommation intérieure. Cuba, Porto-Rico, le Vénézuéla et Haïti, etc., fournissent aussi des cafés à Marseille.

Les affaires en *cacaos* se bornent aux besoins restreints de la consommation et ont peu d'importance à Marseille. (351,000 kilogrammes en 1875.)

L'ouverture du canal de Suez a été favorable à l'importation du *poivre* à Marseille, qui s'est élevée à plus de 3,250,000 kilogrammes en 1875; les poivres arrivent principalement des Indes anglaises et hollandaises, de l'Angleterre et de la Cochinchine. Marseille semble avoir conquis le transit du *thé*. L'exportation de cette denrée par ce port s'est élevée, en 1875, à 2,986,000 kilogrammes, dont 2,933,000 à destination d'Angleterre; Marseille a reçu, cette même année, 3,078,000 kilogrammes, tandis que la France n'en a reçu en tout que 3,430,000. Le thé vient de la Chine, du Japon et des Indes.

La *vanille* vient de la Réunion, de la Chine et de Maurice.

Les *tabacs* arrivent à Marseille des États-Unis (Kentucky et Maryland), de l'Inde, de la Turquie, de la Grèce, de l'Algérie. L'Alsace, le Palatinat, la Hongrie et la Havane fournissent quelques arrivages peu importants. Argos, Lamia, Missolonghi, Volo, Salonique, la Cavale, Enos, Trébizonde, Smyrne, Lattaquié, Samsoum, sont les villes qui fournissent le tabac du Levant. Si la régie essayait des adjudications par petits lots de tabacs d'Amérique, comme elle le fait pour les tabacs du Levant, il est probable que le commerce des tabacs d'Amérique prendrait beaucoup plus d'importance sur la place de Marseille, car cela se passe ainsi à Gênes, qui a toujours un stock très-important de ces tabacs.

L'importation des *cotons* à Marseille consiste surtout dans les cotons du Levant et de l'Égypte. C'est en Suisse, en Italie et en Allemagne que Marseille trouve les principaux débouchés de ses arrivages; l'Espagne, qui y venait puiser autrefois, tend à s'en passer et va aujourd'hui chercher directement sur les lieux de production les cotons dont Barcelone a besoin.

Les principales qualités importées à Marseille sont des cotons *Jumel* blancs et beurrés, qui sont toujours de bonne qualité et d'une vente facile; les *Salonique*, qui sont toujours graineux, rarement de belle qualité et toujours mélangés, même les Salonique graines d'Amérique; les *Tarsous* et les *Idelep*, qui sont bons; les *Naplouse*, qui sont presque toujours feuillés et humides. La Grèce expédie aussi ses cotons du Pirée, qui sont de bonne qualité. Les *Smyrne* arrivent presque tous à Marseille en transbordement, à destination de Barcelone ou de Gênes. L'importation des cotons de l'Inde à Marseille augmente beaucoup. C'est de novembre à avril que les plus grands arrivages de coton ont lieu sur la place de Marseille, qui verrait sans doute son marché cotonnier devenir plus considérable si les chemins de fer abaissaient leurs tarifs pour faciliter les relations avec le nord.

TABLEAU DES IMPORTATIONS DU COTON A MARSEILLE :

	balles.		balles.		balles.		balles.		balles.
en 1867 :	111.674	1869 :	150.572	1871 :	99.395	1873 :	124.103	1875 :	107.658
1868 :	143.278	1870 :	98.884	1872 :	104.425	1874 :	120.420	1876 :	126.245

Le Havre en importe au moins quatre fois plus. L'Egypte, Smyrne et les Indes ont fourni, en 1874, près des trois quarts de l'importation.

Marseille importe du *chanvre* teillé ou peigné d'Italie et de Turquie ; du jute d'Egypte et des Indes anglaises.

Marseille est un grand marché de *laines*. Ce port en a importé plus de 175,000 balles en 1875, mais seulement 143,280 en 1876. Les laines arrivent à Marseille principalement du Levant, qui en fournit le plus, de la Syrie, de la Géorgie, du Maroc et de l'Algérie, principalement de Constantine, d'Alger et d'Oran. Les laines de Géorgie trouvent un facile écoulement sur la place, de même que les laines de Syrie ; les laines de Tunis n'arrivent à Marseille qu'en minime quantité, car elles sont peu recherchées. Les provenances de Buenos-Ayres, d'Italie, d'Espagne, des Indes et de l'Angleterre, sont peu importantes ; Marseille ne peut pas détourner à son profit les laines de la Plata, qui vont principalement à Anvers et au Havre. La majeure partie des laines d'Algérie sont enlevées à Marseille par les maisons du nord qui les vont acheter directement aux lieux de production, et les font transporter par les services des bateaux à vapeur établis à Dunkerque. Il est arrivé, en 1876, à Marseille, pour la première fois, par le canal de Suez, des laines d'Australie. La majeure partie des laines qui arrivent à Marseille est consommée dans le département du Nord.

Marseille est devenu une grande place de transit pour les *soies* asiatiques de la Chine, du Japon et du Bengale ; c'est par ce port que passent les fortes quantités de soie de la Chine, du Japon et du Bengale, que la France et Lyon particulièrement demandent à l'extrême Orient au lieu de les tirer, comme il y a quelques années seulement, des entrepôts de Londres. Le commerce français a pu détourner la moitié de ces importations au grand détriment des marchés anglais. Il est arrivé à Marseille, en 1874, plus de 58,000 balles de soies, dont près de 43,000 de la Chine, 5,700 du Japon et 4,700 du Bengale. Brousse et Andrinople, la Syrie, Salonique et la Morée, Nouka et la Perse expédient aussi des soies et des cocons à Marseille ; l'importation des cocons varie aux environs de 1 million à 1 million et demi de kilogrammes. Une partie des Nouka transite à Marseille pour Milan, dont les filateurs, avec une main-d'œuvre meilleur marché, peuvent employer plus facilement ces qualités courantes et secondaires que les filateurs français. Le port de Marseille, par sa position, devrait être l'entrepôt des soies de l'extrême Orient et du Levant.

Le commerce des *huiles* est considérable à Marseille. La culture de l'olivier, n'existant que dans les contrées voisines de la Méditerranée,

Marseille a toujours été un des plus grands entrepôts d'huiles d'olive ; elle reçoit ces huiles d'Italie, d'Espagne, des États Barbaresques, d'Algérie, de Corse, de Grèce et de Turquie ; elles sont consommées en France ou dans les pays limitrophes. Marseille exporte, par contre, les huiles comestibles de Provence pour tous pays, mais principalement pour les colonies. La plus grande partie des huiles d'olive qui arrivent à Marseille, et une forte quantité des huiles de graines produites par la fabrication marseillaise, sont absorbées par la consommation locale, pour l'alimentation, l'éclairage, la confection des savons, le graissage des machines. L'importation des huiles d'olive à Marseille varie de 15 millions à 23 millions de kilogrammes suivant les années ; plus de 4 millions de kilogrammes sont exportés principalement à la Martinique, à la Guadeloupe, en Suisse, aux États-Unis, en Allemagne, en Égypte, au Brésil, à Rio de la Plata, en Russie, en Angleterre, etc.

La production des fabriques d'huiles de graines de Marseille varie de 60 à 84 millions de kilogrammes. Marseille exporte à l'étranger et en Algérie des huiles de sésame, de lin et d'arachide, et importe des huiles de palme de la côte occidentale d'Afrique.

Marseille importe du *suif brut* et du *saindoux* des États-Unis, de la Plata et de l'Uruguay, de l'Algérie et de la Russie.

La *cire* vient principalement du Levant, de Mogador, d'Algérie, du Sénégal, de Mozambique, de Madagascar, d'Abyssinie et de Provence. (265,000 kilogrammes en 1875.)

Le commerce du *bétail*, très-important depuis quelques années, constitue une source de revenus considérables pour Marseille ; l'importation varie entre 600,000 et 800,000 têtes de bétail.

Les bestiaux qui arrivent par mer proviennent de l'Italie, de l'Espagne et surtout de l'Algérie. Ceux qui arrivent par terre viennent en très-grand nombre de la Lozère, de l'Auvergne, du Languedoc, de tous les pays du midi de la France et de l'Italie.

La consommation locale dépasse 250,000 têtes de bétail ou 22 millions de kilogrammes de viande. Le port de Marseille dirige le bétail que la ville ne consomme pas principalement sur les départements du midi, sur l'intérieur de la France et sur les provinces orientales de la Suisse et en Allemagne.

La tannerie de Marseille emploie les cuirs en poil venant de Buenos-Ayres et Montevideo, de Rio-Grande, du Brésil, du littoral de la Méditerranée, des Indes anglaises, d'Egypte, d'Italie, d'Algérie, de Turquie et les cuirs indigènes. Marseille va chercher des peaux de mouton et d'agneau à la Plata, à Buenos-Ayres, Montevideo, San-Nicolas et Rosario.

La tannerie des peaux de chèvres a pris, à Marseille, depuis un certain nombre d'années, une extension considérable. Cette industrie emploie dans la ville plus de 2,000 ouvriers, et donne lieu à des transactions très-importantes.

Les peaux de chèvres arrivent de Mogador (17,600 balles en 1875), du Levant, de Tripoli et Bengazi, d'Alger, Constantine, Tunis, Oran et Tanger, du Cap, de Naples, Sardaigne et Trieste, de Calcutta et d'Amérique.

L'importation des *cuirs* en poil, en 1875, a dépassé 925,000 pièces, dont plus du tiers provenait de Buenos-Ayres et Montevideo.

Marseille importe des bois de tonnellerie, de construction et de menuiserie de l'Adriatique, de l'Amérique, du Canada et de la Baltique, et exporte de la houille en Italie, en Egypte, en Turquie et en Espagne.

L'importation du minerai de fer à Marseille va sans cesse en augmentant depuis 1870; elle varie entre 420 et 450 millions de kilogrammes. Ces minerais de fer viennent principalement d'Espagne, d'Italie et d'Algérie. L'usine de Saint-Louis a employé, en 1874, 55 millions de kilogrammes de minerais, qui ont produit 33 millions de kilogrammes de fonte. Le solde des importations est dirigé vers l'intérieur pour alimenter les hauts-fourneaux de la Loire, du Creuzot et de la Franche-Comté.

Marseille importe aussi des minerais de plomb et du plomb en masses et en saumons d'Espagne, d'Algérie et d'Italie; cette ville importe également de l'étain, du cuivre et du minerai de cuivre.

Les autres importations moins considérables sont: les alizaris provenant de Naples; du bois de campêche de Laguna et de Saint-Domingue; du bois jaune de Maracaïbo et de la Guayra: de la cochenille des Canaries et d'Espagne; du safran d'Alicante et de Valence, transitant surtout pour l'Allemagne; du quercitron de Philadelphie et de Baltimore, des graines jaunes de Perse, des galles vertes et noires de Syrie et des galles blanches de Smyrne, du rocou de la Guadeloupe et de Cayenne, de l'orseille de Zanzibar, de Mozambique et de Madagascar, de l'indigo du Bengale et de Madras, des gommes, de l'opium, des résines d'Amérique et de Bayonne, des essences, du pétrole brut et épuré, des drogueries, des fromages de Gruyère et de Hollande, des morues de Terre-Neuve, des fruits secs, tels que raisins Malaga, Denia et Corinthe, figues Cosenza et Agropoli, Bougie et Afrique, des amandes de Provence, de Languedoc, d'Alicante, de Majorque, de Sardaigne, de Sicile, de Mogador, des noix de Grenoble et de Cahors, des noisettes de Naples et de Sicile, des noyaux de Syrie et de Tripoli, des châtaignes de Savone, des anis verts d'Espagne, de Turquie et d'Italie, du beurre frais ou fondu d'Italie et de la Suisse, du soufre non épuré de la Sicile, des métaux, des vins, etc., etc.

Marseille est un grand centre de commerce et d'exportation pour les vins et liqueurs, et pour les eaux-de-vie. Ce port exporte chaque année de 27 à 30 millions de litres de vins ordinaires, un demi-million de vins en bouteilles et plus de 2 millions de litres de vins de liqueurs. Le Brésil, le

Rio de la Plata, la Martinique, la Guadeloupe, la Réunion, Cayenne, les États-Unis, l'île Maurice, l'Égypte et la Russie sont les principaux pays de destination de ces vins. Les eaux-de-vie (4 millions de litres) sont dirigées vers l'Algérie, le Sénégal, la Turquie, l'Égypte, l'Italie, la Russie, la côte occidentale d'Afrique, etc.

Marseille est aussi un grand centre d'industrie : la minoterie, la savonnerie, l'huilerie, la raffinerie de sucre, la tannerie, la fabrication des bougies et des produits chimiques, l'amidonnerie, la semoulerie, sont les industries principales de cet immense marché. La savonnerie marseillaise a produit, en 1875, 86 millions de kilogrammes de savon d'une valeur approximative de 51,600,000 francs (droits non compris). Elle compte 85 usines d'importance diverse, employant au minimum 4,500 ouvriers à demeure, dont les salaires sont de 4 francs par jour en moyenne, soit par an 5,400,000 francs. Elle groupe autour d'elle les huileries, les fabriques de produits chimiques, de chaux, les caisseries, qui emploient à leur tour 5,600 ouvriers gagnant annuellement 6,142,000 francs, de sorte que 10,100 ouvriers, gagnant une somme de 11,542,000 francs, concourent directement ou indirectement à la fabrication des savons. La savonnerie est sans contredit le pivot d'une partie très-notable du commerce marseillais ; sans elle, l'huilerie ne pourrait exister; car la savonnerie, en consommant en totalité les huiles provenant des graines de qualité inférieure, toutes les secondes et troisièmes pressions qu'on ne pourrait écouler ailleurs, permet d'expédier avantageusement hors de Marseille une grande partie des huiles mangeables et lampantes.

L'exportation du savon varie de 7 à 9 millions de kilogrammes ; l'Algérie, les États-Unis, Maurice, la Réunion, l'Espagne et l'Italie, sont les principaux pays de destination.

L'industrie de la fabrication des semoules a pris un grand développement par l'emploi des sasseurs mécaniques. Les semoules de Marseille, produites par les blés durs d'Afrique, de Bombay, de Rodosto, de Taganrog et de Jaffa, sont employées à peu près à l'exclusion de toutes autres dans toute la vallée du Rhône, à Lyon surtout, dans tout l'est, en Suisse et en Allemagne. La fabrication des pâtes alimentaires a quintuplé ses produits depuis cinq ans.

Il y a à Marseille une manufacture nationale des tabacs.

La place de Marseille est en relations avec tous les ports de la Méditerranée, de la mer Noire, avec l'Angleterre, la côte occidentale et la côte orientale d'Afrique, l'Inde, la Chine, le Japon, les Indes hollandaises, Maurice et Réunion, les Antilles, la Plata, le Brésil, les États-Unis, etc., etc.

(Voir pages 142 à 155).

Il arrive chaque mois six à sept mille voyageurs par mer au port de Marseille. C'est le port de partance de l'émigration pour la Plata.

La navigation de Marseille est un peu moins du double de celle du Havre, le triple de celle de Bordeaux, et elle est à peu près six fois celle de Nantes et Saint-Nazaire.

Succursale très-importante de la Banque de France à Marseille.

Usages de Marseille.

Tares et usages de la place de Marseille.

Bois de Campêche, de Haïti, de la Martinique, Jaune de Cuba, de la Côte-Ferme, de Lima, de Sainte-Marthe, de Sandal, de Fernambouc, de Fustet. — Se vendent aux 100 kilog., à l'entrepôt.

Bois de construction. — Les planches de bois du nord se vendent au mètre courant à l'entrepôt; les planches de l'Adriatique dites *pajoles*, à la douzaine, à l'entrepôt; les douelles de l'Adriatique, au cent, à la consommation; les douelles pour pipes, d'Amérique, les 103, à la consommation; les poutres et madriers, au stère, à l'entrepôt.

Le mesurage des poutres se fait de un en un centimètre pour les largeur et épaisseur, et de dix en dix centimètres pour la longueur.

Brai. — Se vend aux 100 kilog. en barils. Brai sec sur poids net; brai gras sur poids brut.

Bouchons. — Se vendent au mille, à l'entrepôt.

Cacao. — Se vend aux 50 kilog. à l'entrepôt; escompte 2 °/₀ et comptant. En sacs, toile fine, tare 1 °/₀; grosse toile, tare 1 1/2 °/₀; en barils, tare nette.

Cafés. — Se vendent aux 50 kilog. à l'entrepôt, payable à 4 mois.

L'escompte est toujours de 2 °/₀ ou un terme à raison de 6 °/₀ l'an. Montre : 1/7 °/₀. Tares : 1 °/₀ pour emballage en toile fine, 1 1/2 °/₀ pour toile forte. En cas de double emballage, on accorde 1 1/2 °/₀ pour le premier sac et tare nette pour le second sac. — Tare nette pour fûts, fardes, couffes, barriques et autres emballages. La vérification de la tare nette se fait proportionnellement par épreuves.

Généralement les cafés en toile fine sont : Rio, Santos, Bahia ; les grosses toiles sont : les Haïti ou Saint-Domingue, Maracaïbo, Guayra, Costa-Rica, Porto-Rico, Ceylan, Malabar, Manille et autres des Indes. Les cafés Ceylan sont souvent en barriques tierçons et quarts, de même que les San-Yago et Martinique. Les cafés Bourbon sont en couffes. — La tare nette se fait par épreuves sur un certain nombre de colis choisis par les représentants des vendeurs et acheteurs, ou sur la totalité. Le mode est de vider le contenu et de peser le contenant.

Céréales. — Les *blés* se vendent par *charge* de 160 litres avec poids maximum et minimum à déterminer pour chaque vente. L'excédant du poids stipulé dans la vente est en bénéfice pour l'acheteur; le manquant donne droit à des bonifications ainsi réglées : pour le premier kilogramme, un kilogramme; pour le second, un autre kilogramme; au-dessous des deux premiers kilogrammes, chaque kilogramme manquant est remplacé par une bonification de deux kilogrammes.

L'acheteur peut rejeter les blés qui n'atteignent pas le poids minimum. Les blés tuzelles, l'Espagne blanc et le Bombay dur se vendent par 100 kilog.

La vente a lieu généralement au comptant; le comptant laisse d'ordinaire dix jours pour payer ; escompte 1 °/₀, à l'entrepôt, sac à fournir par l'acheteur. Les blés doivent être criblés et mesurés sur le quai. Si l'acheteur reçoit en transbordement, il a droit à une bonification de 0f,55 à 0f,70 par charge de 160 litres, suivant que l'on transborde du quai au navire ou de navire à navire.

Les blés se traitent par *marchés fermes* et par *marchés à livrer* outre les marchés simples en *disponible*.

Dans les marchés fermes, le vendeur s'engage à livrer, à des époques déterminées, des blés du bord qui peuvent être reçus par l'acheteur sur le quai ou en transbordement.

Dans les marchés à livrer, on vend la marchandise sur navire à désigner à une époque fixée et dont l'arrivée doit avoir lieu à une époque plus lointaine et qui est aussi précisée dans la convention écrite et signée par les deux parties contractantes.

Si le navire désigné dans le courant du mois qui a été signalé sur la convention, n'était pas arrivé à l'époque fixée sur le traité, l'acheteur aurait l'option ou de résilier son marché, ou d'en proroger à son gré l'exécution.

Les *seigles* se vendent aux 100 kilog. escompte 1 °/₀ à l'entrepôt.

Les *maïs* se vendent aux 100 kilog. et par charge, escompte 1 °/₀ à l'entrepôt. Lorsqu'il y a un poids déterminé pour la charge de 160 litres, l'excédant et le manquant se règlent comme pour les blés.

Les *avoines* se vendent aux 240 litres, pesant ordinairement 110 kilog., escompte 1 °/₀ à l'entrepôt. L'excédant de poids est au bénéfice de l'acheteur; le manquant se règle au pair de chaque kilogramme. L'avoine se vend aussi aux 100 kilog. Les *orges* et les *fèves* se vendent par 100 kilog.

Chanvres. — Se vendent aux 100 kilog. poids net. *Jute de Calcutta*, abaca de Manille, tare 2 °/₀, liens compris. Bonification pour la montre, 1/7 °/₀.

Charbons. — Se vendent par tonne de 1,000 kilog., tare nette payable à la fin du mois qui suit la livraison.

Chiffons. — Se vendent aux 100 kilog., en balles, poids brut pour net.

Cire jaune. — Se vend aux 50 kilog. à l'entrepôt, escompte 4 °/₀, tare nette; par kilog., sans escompte, pour la cire de Provence, qui se livre sans emballage.

Cotons. — Se vendent aux 50 kilog. nets, comptant, escompte 2 °/₀ à la consommation.

Tares :	Brésil, Jumel, Inde et Amérique	4 °/₀
Dons :	Brésil, Inde, Amérique.	1 °/₀
Id. :	Jumel, 2 kilog. par balle; autres provenances, tare nette.	

L'acheteur a toujours le droit de réclamer la tare nette.

Types du Havre pour cotons de l'Amérique et de l'Inde types de Marseille pour les provenances d'Egypte, du Levant et du bassin de la Méditerranée.

Cuirs tannés. — Se vendent au kilog. à la consommation.

Cuirs en poil non salés. — De Buenos-Ayres, Montevideo, Rio-Grande, Rio-Janeiro, Amérique, Caraque, Carthagène, Saint-Domingue, Odessa, Taganrog, Mer Noire, Cheval de Buenos-Ayres, se vendent aux 50 kilog. à l'entrepôt; ceux du Sénégal, Gorée, Gambie, Bas de Côte, Calcutta, Pondichéry, les 50 kilog. à la consommation. Escompte 3 °/₀. Bonification, 12 fr. 25 par 50 kilog. pour cuirs tarés; 50 °/₀ de moins que les bons pour cuirs pourris. — Avaries à régler par des experts nommés par les parties.

Cuirs en poil salés. — De Bahia, Fernambouc, Maragnon, Bulgarie, Valachie, Constantinople, Montevideo verts, Buenos-Ayres verts, Rio-Grande et Rio-Janeiro verts, se vendent aux 50 kilog. à l'entrepôt; ceux d'Algérie et du Maroc, aux 50 kilog. à la consommation; escompte, tare et usages de même que pour les cuirs non salés.

Drogueries. — Les drogueries se vendent par kilog. et par 100 kilog. en entrepôt. Les drogueries se traitent généralement tare nette, sauf de rares exceptions. Les marchandises pauvres se vendent poids brut pour net. L'escompte est variable. Bonification pour montre 1/7 °/₀.

Se vendent au kilog. : acides nitriques et tartriques; baumes de copahu et du Pérou, cannelle, cantharides, cochenilles, essences de bergamote, de citron, de girofle, de rose, du Portugal, de lavande, d'aspic, de thym, de romarin, gomme adragante, élastique; graines jaunes d'Andrinople, de Perse; indigos; jalap, ipécacuanha, mauve, noix muscade, opium, safran, salsepareille, sulfate de quinine; thé, vanille, vermillon.

Se vendent aux 100 kilog. : alizaris; alun, anis, céruses, crème de tartre, curcuma, cumin, encens, essence de térébenthine, galles, gambier, gingembre, girofles, gommes autres qu'adragante et élastique, huile de ricin, jus de citron, orseille, piment quercitron, résines, rhubarbes, sel de saturne, séné, suc de réglisse, verdet, vitriol bleu.

Essence de pétrole. — Se vend aux 100 kilog. à l'entrepôt, tare 22 °/₀ en barils.

Farines. — Se vendent par balles de 122 1/2 kilog. toile perdue, franco en gare ou à quai. Escompte 1 °/₀ au comptant, droits en sus.

Issues. — Se vendent par 100 kilog. sans sacs, ni escompte, pris aux usines et comptant.

Semoules. — Se vendent par 100 kilog. doubles sacs perdus, franco en gare ou à quai, escompte 1 °/₀.

Fruits secs. — Les amandes se vendent aux 50 kilog., les autres fruits aux 100 kilog. sans tares ni escompte d'usage. Excepté pour les figues, les raisins sur couches et les dattes, bonification pour montre 1/7 °/₀. Les pistaches cassées se vendent au kilog.

Graines longues ou alpistes. — Se vendent aux 100 kilog. à la consommation, poids brut pour net. Bonification pour montre 1/7 °/₀.

Graines fourragères. — Se vendent aux 100 kilog., tare nette pour emballage ordinaire, 1 °/₀ pour double emballage. Bonification pour montre 1/7 °/₀.

Graines oléagineuses. — Se vendent aux 100 kilog., poids net à la consommation, payables à 90 jours. Les règlements d'avaries sont faits par experts choisis par les parties.

Les graines ont droit à une franchise pour terre, poussière et corps étrangers de :

2 °/₀ sur arachides en coques ou décortiquées, béreffs ;
3 °/₀ sur sésames, nigers, pavots et touloucounas ;
4 °/₀ sur lins, colzas, ravisons cultivés, ricins, pulghères, moutardes, chanvres ;
5 °/₀ sur les rabettes, camelines, cotons, palmistes et criblures de lin ;
6 °/₀ sur les ravisons.

On ne déduit pour matières étrangères que ce qui excède la franchise.

Graisses. — Les suifs se vendent aux 100 kilog., tare nette à l'entrepôt de l'octroi. Les saindoux se vendent aux 100 kilog. à l'entrepôt, pour provenances étrangères avec tare nette : on accorde pour les saindoux comestibles d'Amérique une tare de 17 °/₀ pour tierçons et de 18 °/₀ pour barils. Les saindoux comestibles d'Italie se vendent tare nette.

Huiles grasses. — Se vendent aux 100 kilog.; huile de palme à l'entrepôt, tare 15 °/₀; huile de coco à l'entrepôt, tares 18 °/₀ en barils, 17 °/₀ en barriques, 15 °/₀ en grosses futailles; huile de palmistes, à la consommation, poids net; de copras, à la consommation, poids net.

Huiles de graines. — Se vendent aux 100 kilog., poids net. La futaille à rendre; le poids ordinaire de chaque futaille est de 400 kilog. net; fût perdu pour expédition éloignée. Entrepôt d'octroi et d'accise. (Octroi 5 fr. 45 et accise 15 fr. les 100 kilog.)

Huiles d'olive à fabrique. — Se vendent à la jauge, à la millerolle de 64 litres et comptant, futailles à rendre, en consommation de douane et en entrepôt d'octroi et d'accise. La capacité est déterminée par jaugeurs publics.

Les droits sont les suivants :

Droits de douane par 100 kilog. bruts, c'est-à-dire fût compris si l'huile vient des lieux d'origine et	3 fr.	par 100 kilog.
si elle vient des entrepôts d'Europe :	6 »	» » »
Droits d'octroi	5 fr. 50	par 100 kilog. nets.
Droits d'accise	15 »	» » »
d'où il suit que l'huile d'olive paie en fr.	23 50	tous droits compris,
si elle vient des lieux d'origine ou	26 50	tous droits compris,
si elle vient des entrepôts d'Europe.		

La millerolle pèse de 58 kilog. 1/2 à 58 kilog. 3/4. Ce poids est débattu en traitant, quand on convient de vendre au poids.

On compte ordinairement la millerolle à 58 3/4 kilog. pour les huiles marchandes, à 58 1/2 pour les huiles lampantes de débarquement et à 58 kilog. pour les huiles lampantes de pile. La millerolle contient 64 litres.

Huiles d'olive comestibles. — Les huiles de Provence se vendent aux 100 kilog., fût à rendre. Celles du royaume de Naples ou autres provenances, comme les espagnoles, les Tunis, etc., se vendent fût perdu à la millerolle de 58 1/2 kilog. ou aux 100 kilog. Escompte 1 °/₀ comptant, généralement en consommation de douane et d'octroi, avec indication des bonifications que l'on accorderait si la marchandise était prise en entrepôt d'octroi pour les huiles du pays, et de celles que l'on accorderait si la marchandise était prise en entrepôt de douane et d'octroi pour les étrangères.

Huiles raffinées et Ressences. — Les raffinées viennent essentiellement de Calabre; Gallipoli, Tarente, sont les ports habituels de départ. Les raffinées se vendent à la jauge et à la millerolle à 90 jours de terme ou comptant avec une réduction de 1 franc par millerolle.

Les ressences de Provence, Corse, Toscane, Port-Maurice, la rivière de Gênes, se vendent comptant et au poids de 59 kilog. 56 correspondant à l'ancien poids de 146 l. (146 livres) pour une millerolle.

Huiles de pulpe et de grignons. — Se vendent par 100 kilog., entrepôt d'octroi et d'accise.

Huiles minérales et Pétrole. — L'huile de pétrole épurée se vend en baril aux 100 kilog. en consommation ou en entrepôt. Tare 20 °/₀ pour baril. Tare nette pour huile épurée en caisses.

Essence raffinée et huile de schiste. — Par hectolitre, en consommation de douane et en entrepôt d'octroi.

Laines. — Les laines en suint et les laines pelades se vendent aux 50 kilog. nets; les laines lavées, au kilog.; le tout à la consommation, escompte 12 °/₀, payables à 90 jours. Tare nette sur toutes les provenances. Bonifications à débattre.

Métaux. — Les métaux se vendent aux 100 kilog., à l'exception du ferblanc qui se vend en caisses. Les *aciers* se vendent à l'entrepôt, escompte 5 à 8 °/₀ sur les Suède; 8 à 12 °/₀ sur les Trieste; *bronzes*, à la consommation, *cuivres* et *étains* à la consommation, escompte 3 °/₀ payables en 90 jours ou escompte 4 1/2 °/₀ comptant; *plombs* consommation ou entrepôt; *fers*, à l'entrepôt, escompte 3 °/₀; *fonte*, consommation ou entrepôt, payable à 90 jours ou comptant avec escompte 2 °/₀. *Zinc* en consommation, escompte 3 °/₀; *ferblanc* en entrepôt, escompte 3 °/₀; *régule d'antimoine*, à la consommation, escompte 3 °/₀.

Os de bétail. — Se vendent aux 100 kilog. avec escompte de 2 °/₀.

Peaux. — Les *peaux de chèvres* se vendent à la douzaine, à la consommation, escompte 3 °/₀, tare 1/2 kilog. par balle pour liens. Les *peaux de mouton* se vendent aux 50 kilog. en consommation, escompte 3 °/₀; tare 1/2 kilog. par balle pour liens.

Poivres. — Les conditions de vente des poivres sont les mêmes que pour les cafés, soit par 50 kilog. en entrepôt, escompte 2 °/₀ comptant ou 4 mois de terme à raison de 6 °/₀ l'an. Tares comme pour les cafés. Il y a une bonification pour le grabeau de 1 1/2 °/₀ sur toutes les sortes, excepté les Malabar qui n'ont pas de poussière.

Potasse. — Se vend aux 100 kilog. à la consommation, tare 10 °/₀.

Produits chimiques et soufre. — Se vendent aux 100 kilog. à la consommation, tare nette.

Riz et légumes. — Se vendent aux 100 kilog. à la consommation. Les riz se vendent toujours en sacs, toile perdue et en balles régulières de 100 kilog. pour les riz du Piémont et de 102 1/2 kilog. pour les riz de l'Inde.

Le paiement est toujours comptant, escompte 1 °/₀.

Savons. — Se vendent aux 100 kilog. emballés, tare nette, franco sur char ou à bord, sauf de rares exceptions. Les savons pour l'exportation se vendent pris en fabrique, emballage et frais d'expédition à la charge de l'acheteur.

Sel marin. — Se vend aux 1,000 kilog. à l'entrepôt. Le sel blanc, à la consommation, se traite aux 100 kilog.

Soies et Cocons. — Les soies et cocons se vendent au kilogr. à la consommation. Tare nette, escompte et terme variables.

Spiritueux. — Les trois-six se vendent à l'hectolitre, futaille perdue, à l'entrepôt de l'octroi pour trois-six français et à tout entrepôt pour étrangers. Les tafias se vendent ordinairement à la velte de 7 litres 60, à tout entrepôt pour les produits étrangers et à l'entrepôt d'octroi pour les produits des colonies françaises.

Bonification 1/2 litre par 600 litres pour tous les spiritueux.

Sucres bruts. — Les sucres bruts se vendent aux 50 kilog. payables à 4 mois à l'entrepôt, sauf les provenances de la Réunion qui se traitent à l'acquitté. Escompte 2 %. Tares : caisses Havane, 14 %; du Brésil, 18 %; barriques, 15 %; tierçons, 16 %; quarts, 17 %; sacs, 3 %; couffes, 5 kilogr. par balle.

Sucres indigènes. — La base du prix est 88° du saccharimètre; on ajoute au prix, par 100 kilog., 1f,50 par chaque degré en plus jusqu'à 92°, 1f,25 par chaque degré en plus au delà de 92°; on déduit 1f,50 par chaque degré en moins.

Sucres blancs indigènes supérieurs. — Ils sont arbitrés à la nuance sur types nos 1, 2, 3, de la Bourse de Paris; le n° 3 sert de base et l'on paie 1 fr. de moins par 100 kilog. par chaque n° d'écart; au-dessous du n° 1, les sucres rentrent dans la catégorie des 88°.

Sucres raffinés. — Les raffinés pour l'exportation se vendent aux 100 kilog., escompte 2 % ; tare nette à l'entrepôt; pour la consommation aux 100 kilog., également tare nette et escompte 2 %. Les pains habillés se vendent poids brut pour net.

Tourteaux. — Se vendent aux 100 kilog. tare nette, à la consommation.

Vins. — Les vins pour l'exportation se vendent à tant par barrique, en entrepôt d'octroi.

Contenance des barriques :	Martinique et Guadeloupe..	210 litres.
	Réunion, Maurice et Inde...	215 —
	Alexandrie...............	200 —
	Rio-Grande et Rio Janeiro..	520 —
	Buenos-Ayres et Montevideo	455 —
	Etats-Unis...............	215 —

Le Havre.

Le *Havre*, chef-lieu de sous-préfecture de la Seine-Inférieure, grand port de commerce à l'embouchure de la Seine, ville de 86,825 habitants, à 228 kilomètres de Paris et à 89 kilomètres de Rouen.

La ville, le port et les bassins du Havre occupent la partie sud-ouest d'une petite plaine basse, formée de terrain d'alluvion située au pied des coteaux d'Ingouville et de Graville. Le port du Havre comprend un immense avant-port, huit bassins à flot, qui communiquent entre eux par douze écluses; ces bassins sont, outre l'avant-port et l'arrière-port, le bassin du Roi, le bassin du Commerce, le bassin de la Barre, le bassin Vauban, le grand bassin de l'Eure, le bassin des Docks, le bassin de la Citadelle, le bassin de Floride ou de mi-marée et l'annexe de l'avant-port. L'avant-port proprement dit offre un développement de quais de 1,600 mètres linéaires, et donne accès à cinq écluses de navigation. Le Havre possède actuellement 64 hectares 51 ares de superficie affectés au séjour des navires, dont 53 hectares 30 ares appartiennent aux bassins. La longueur totale des quais est de 10,221 mètres. Le port du Havre peut recevoir en tout temps des navires de 4m,90 à 5m,20 de tirant d'eau; il n'est pas accessible pour les navires américains qui tirent 6m,50 à 7m,20 d'eau.

L'avant-port n'assèche plus en basse mer, et est accessible aux grands bâtiments du commerce dans les marées de quadrature. Les deux phares de la Hève, dont les feux peuvent être aperçus de vingt milles au large, se trouvent au sommet du cap du même nom, dont l'altitude est de 101 mètres. Les abords du Havre sont embarrassés par un amas considérable de pierres et de galets formant, en avant du rivage, une espèce de ceinture dangereuse dont les points les plus élevés sont le banc de l'Éclat, très-dangereux, les Hauts de la rade et le Haut de la petite rade. L'espace circonscrit par ces bancs et le rivage compris entre le Havre et le cap de la Hève constitue la petite rade du Havre, dont le fond est d'une tenue excellente; néanmoins, cette rade ne doit être regardée que comme un mouillage temporaire, et on n'y doit pas séjourner quand le vent est variable ; on n'y doit pas mouiller quand il vente grand frais du large. La grande rade du Havre est tout simplement un mouillage en pleine mer, où l'on est exposé à la violence des lames et des vents, depuis le nord-nord-est jusqu'au sud-ouest, en passant par l'ouest, mais la tenue y est excellente. Les grands bâtiments de commerce qui arrivent devant le Havre en morte-eau peuvent attendre les grandes marées à l'ancre dans ce mouillage, quand le vent souffle du nord-est au sud en passant par l'est.

Le port du Havre a sur tous les ports de la Manche la propriété extrêmement avantageuse que la haute mer y reste étale pendant un intervalle de temps dont la durée moyenne est de 57 minutes; ce temps peut même dépasser 2 heures.

On travaille actuellement à l'agrandissement et à l'amélioration du port; il faudra aussi plus tard prolonger le port en avant dans la mer afin d'assurer plus de tirant d'eau aux grands paquebots. Les travaux faits au port du Havre jusqu'en 1875 ont déjà coûté à l'État près de 43 millions de francs.

Le Havre est en relation facile avec tous les ports du nord de l'Europe. C'est une escale naturellement indiquée pour les lignes anglaises, belges et allemandes, qui désirent ou faire ou compléter leurs chargements avec des produits français ou en provenance de l'Europe centrale. Des services réguliers de paquebots sont établis avec Londres, Southampton, Rotterdam, Hambourg, Liverpool, Dublin, Glascow, Saint-Pétersbourg, Constantinople, Odessa, New-York, la Havane, Saint-Domingue, Vera-Cruz, les principales villes maritimes de l'Amérique du Sud, la Réunion, l'Inde, la Chine, etc. La Compagnie générale Transatlantique a un service hebdomadaire sur New-York; le Havre est le centre du commerce de la France avec les États-Unis, surtout pour les cotons ; c'est aussi le port de Paris et le grand entrepôt de nos échanges avec le nord de l'Europe et les deux

Amériques. C'est un port d'émigrants; en 1867, 22,000 émigrants se sont embarqués au Havre, tandis qu'en 1875, 17,500 seulement sont partis de ce port pour se diriger en plus grand nombre au Brésil et aux États-Unis. Le mouvement du port du Havre a atteint, en 1875, à l'entrée et à la sortie, 11,794 navires jaugeant 3,285,000 tonneaux; en 1844, il atteignait 9,962 navires jaugeant 1,281,000 tonneaux. C'est le second port français.

On évalue le commerce d'importation et d'exportation du Havre à plus d'un milliard 100 millions de francs, c'est-à-dire à plus d'un septième de celui de toute la France. Les recettes de l'octroi au Havre s'élèvent à 2,450,000 francs. Le marché du Havre est sans rival en France pour les cotons et les denrées coloniales. Il y a au Havre de grands docks qui peuvent contenir 200,000 tonnes.

Le Havre importe principalement du coton (671,000 balles en 1875 et 589,000 balles en 1874), qui provient principalement des États-Unis, de l'Amérique du Sud, des Antilles et de l'Inde; des laines (66,000 balles en 1875), provenant de l'Amérique du Sud, de Montevideo et de Buenos-Ayres: des cuirs de la Plata, de Rio-Grande, du Brésil et des Indes (plus d'un million de cuirs); du pétrole des États-Unis; de l'alcool, des cafés (48,275,000 kilogrammes en 1875) de Haïti (Cap et Gonaïves), de Port-au-Prince, de Rio et de Santos, du cacao (3,123,000 kilogrammes en 1875), du sucre, des métaux, des houilles anglaises (307,240 tonnes), des suifs de la Plata (3,450,000 kilogrammes en 1875), des bois de teinture d'Haïti, des bois d'ébénisterie, acajou, palissandre et ébène; du riz, du blé, du nitrate de soude, des gommes élastiques de Para, etc. Les bois d'acajou forment à eux seuls la moitié des importations des bois d'ébénisterie. Ces bois se vendent aux ventes publiques; les ventes de gré à gré n'ont relativement qu'une faible importance. L'acajou provient de Saint-Domingue, de Gonaïves, et du cap Haïtien; le palissandre, de Bahia et Rio-de-Janeiro. Les bois de teinture proviennent d'Haïti, de la Jamaïque et de Saint-Domingue pour les bois de campêche; de Carmen, de la Jamaïque, de Tuspan et de Sainte-Marthe pour les bois jaunes.

Les indigos viennent du Bengale et du Guatémala qui en fournissent plus des quatre cinquièmes; il en vient aussi de Java, Madras, Manille, Bombay, la Nouvelle-Grenade et Caraque. Le Havre n'importe de céréales que dans les années de mauvaises récoltes.

Le Havre sert de port de transit à une partie des articles d'exportation de la France, mais ne produit lui-même qu'un petit nombre d'articles destinés à l'exportation. Ces articles sont : les sucres raffinés, les extraits de bois, les carreaux, tuiles, briques, certains produits chimiques, des machines, des confections, de la bière, etc.

Le département exporte à peu près les mêmes articles que le Havre; il exporte, en outre, les produits du sol, en quantités variables, suivant les années et des articles manufacturés destinés à l'Algérie.

Le Havre exporte aussi des soies et des rubans, des tissus de laine, des cotonnades, de la mercerie, de la porcelaine, du sucre de betterave, des pommes de terre, du beurre, de la farine, du papier blanc, des modes, des vins, etc. Les sucres vont en Angleterre principalement, en Allemagne, en Suède, en Norvége, aux Colonies, dans l'Amérique du Sud ; les tuiles et carreaux dans l'Amérique du Sud ; les extraits de bois en Allemagne, en Russie, en Angleterre, en Espagne et dans le Portugal ; les produits du sol un peu partout, mais surtout en Angleterre.

Le Havre possède quatre magasins généraux, savoir : le dock-entrepôt, la compagnie havraise de magasins publics et de magasins généraux, les magasins Lecadre et le dock du Pont-Rouge. La valeur des marchandises déposées dans ces établissements varie entre 150 et 180 millions de francs.

Le Havre a une manufacture nationale des tabacs.

Le Havre est le port d'émigration de la France pour les États-Unis ; mais le mouvement d'émigration est en décroissance dans ce port au grand profit d'Anvers. Le mouvement général des émigrants pendant le dernier exercice (1875-1876) a été de 32,000, dont 1,800 français seulement ; celui de 1874-1875 s'était élevé à 40,000. Sur les 32,000 émigrants, plus de 17,000 n'ont fait seulement qu'escale au Havre et venaient d'Anvers, de Brême, de Hambourg et de Londres, de sorte que le nombre des passagers qui se sont embarqués directement au Havre n'a été en réalité que de 15,000. C'est toujours vers les États-Unis que se dirigent en plus grand nombre les émigrants qui s'embarquent au Havre ; le Brésil vient après. Les motifs qui contribuent à diminuer l'émigration par le Havre sont divers : d'abord la crise qui sévit aux États-Unis depuis longtemps, ensuite les tarifs élevés de nos chemins de fer et la formalité du passe-port. Beaucoup d'émigrants choisissent Anvers pour port d'embarquement, parce qu'il leur en coûte moins pour s'y rendre de l'est de la France et de l'Alsace-Lorraine, que pour aller au Havre ; puis ils ne sont pas obligés de se munir d'un passe-port, qui leur coûte 12 francs quand ils s'embarquent au Havre. Il est donc urgent de supprimer le plus tôt possible cet impôt du passe-port et de diminuer les tarifs de chemins de fer pour les émigrants afin qu'Anvers ne grandisse pas aux dépens du Havre.

Ce qui porte un grand préjudice au commerce du Havre, c'est le système d'importations directes adopté par beaucoup d'industriels et de négociants de l'intérieur ; l'élévation des tarifs des chemins de fer français est aussi nuisible au commerce de ce port ; des centres de consommation plus rapprochés du Havre que d'Anvers, par exemple, s'approvisionnent dans ce dernier port, à cause des facilités obtenues sur les chemins de fer qui y aboutissent. Les ports allemands, hollandais et belges et surtout le port d'Anvers, enlèvent de jour en jour une plus forte part du transit du Havre et ses affaires d'exportation.

Le Havre fait surtout du commerce avec l'Angleterre, l'Allemagne du Nord, les États-Unis, la Norvége, les Indes anglaises, le Brésil, le Pérou, le Chili, les Antilles, etc. Les envois du Havre pour l'Orient et pour l'Océanie se font généralement par l'intermédiaire des ports étrangers.

L'industrie possède au Havre des chantiers de constructions de navires, des corderies très-renommées, des raffineries de sucre, des verreries, des briqueteries, des moulins à blé et à riz, des fabriques de produits chimiques, de bichromate de potasse, d'extraits de bois de teinture, etc., etc.

Usages du Havre.

Usages du commerce du Havre.

1° *Conditions générales.*

Les marchandises se traitent généralement, au Havre, suivant leur nature, au terme de 3 mois et 15 jours ou de 4 mois et 15 jours, lesquels jours se comptent de la date du marché. En vente publique, le terme n'est que de deux ou trois mois, sans les 15 jours.

Le terme part du jour de l'achat pour les marchandises disponibles, et seulement de la fin de la livraison pour celles qui sont vendues à livrer au débarquement ou à une époque plus ou moins éloignée. Tout paiement par anticipation sur le terme, jouit d'un escompte à raison d'un demi pour cent par mois.

Pour les marchés à livrer, les vendeurs peuvent refuser les paiements à valoir, avant le pesage et la livraison effectués.

Les mois doivent être pris dans leur entier, et sans égard au nombre de jours dont ils sont composés; mais quand le terme a été porté à un nombre de jours déterminé, chacun des jours du mois doit être compté.

Mode et conditions de paiement.

Le vendeur est en droit d'exiger le paiement de la facture dans les 24 heures qui suivent la livraison, en espèces ou en papier sur Paris, et peut refuser, sans en déduire les motifs, tout papier qui ne serait pas à sa convenance.

Termes de livraisons.

La livraison des marchandises disponibles doit avoir lieu dans les 15 jours, à dater du jour de l'achat, et, une fois commencée, se continuer sans interruption. Lorsque les marchandises ont été vendues à livrer au débarquement ou à une époque plus ou moins éloignée, la livraison doit se prendre, dans le premier cas, aussitôt et à mesure qu'elles se trouvent disponibles, et, dans le second cas, à l'époque fixée par le marché.

La livraison des marchandises vendues publiquement a lieu immédiatement après la vente, et par ordre de lots.

Mode et conditions de livraison.

La marchandise disponible est vendue, soit vue et agréée, soit conforme aux échantillons. Dans le premier cas, l'acheteur est sans recours en ce qui concerne la qualité; dans le second cas, s'il se trouve une différence à la livraison, il y a réfaction sur le prix d'achat. L'acheteur est également obligé de prendre, moyennant réfaction, les marchandises qui n'ont pas atteint un certain degré d'avarie, et que la douane n'a pas admises à être vendues publiquement.

Après l'enlèvement de la marchandise, il n'y a plus lieu à réclamation.

Pesage des marchandises.

Le plateau qui porte la marchandise doit être mis entre fer et toucher deux fois terre. Les marchandises sorties du magasin doivent être pesées au demi-kilogramme ou au kilogramme, suivant leur nature.

Les marchandises livrées au débarquement d'un navire sont pesées au kilog. pour toute pesée atteignant ou dépassant 100 kilog., et au demi-kilog. pour toute pesée inférieure.

Commission de vente et d'achat.

La commission de vente est de 2 °/₀, et le ducroire de 1 °/₀.

La commission d'achat est de 2 °/₀ également; mais, dans le cas de présence du commettant, elle est généralement de 1 °/₀.

Courtages.

Le courtage sur les marchandises est de 1/2 °/₀, soit 1/4 °/₀ de la part du vendeur, et 1/4 °/₀ de la part de l'acheteur.

Pour les ventes publiques, le courtage de 1/2 °/₀ est entièrement à la charge du vendeur, ainsi que tous les frais de ces sortes de ventes, l'acheteur n'ayant à payer, en sus du prix d'adjudication, que 1 °/₀₀ au profit des pauvres. — Le courtage sur les négociations et effets de commerce est de 1/8 °/₀ de la part du cédant, et 1/8 °/₀ de celle du prenant.

Le courtage d'assurance est de 7 1/2 °/₀ sur la prime, payable par les assurés seulement.

2° *Tableau des usages de la place du Havre.*

Arachides : terme 4 mois; par 100 kilog. à l'acquitté, tare nette. Bonification pour la poudre au delà de 2 °/₀.

Bois d'ébénisterie : terme 4 mois; en caisses, ils se vendent tare nette. 2 °/₀ de don, excepté sur ceux de Fernambouc.

Bois de teinture effilé : 4 °/₀ simple emballage; en futailles, tare nette.

Blé : terme 2 mois; se vendant au sac de 200 kilogrammes.

Cacao : terme 4 mois; tare nette, en fût; 2 °/₀ en sac, simple emballage. On pèse par 2 sacs. Franchise 2 °/₀ pour la pousse. Prix par 50 kilog.

Café : terme 3 mois; par 50 kilog. entrepôt. On pèse par 2 sacs ou 2 balles, excepté le moka qui se pèse balle à balle. Les fûts se pèsent un à un. Tares: pour le Bourbon :

1 kilog. par balle simple, emballage en natte.

2 kilog. par balle, en double natte.
1 kilog. 1/2 par demi-balle, en double natte.
0 kilog. 3/4 par demi-balle, en simple natte.
Pour le moka :
Tare nette : don 1 kilog. par balle ; 1/2 kilog. par 1/2 balle ; et pour les ballotins 1 kilog. par 100 kilog.
Pour tous les autres cafés, 2 °/₀ en sacs. Tare nette en fûts.
Chanvre : se vend aux 100 kilog. à l'acquitté, terme 4 mois.
Chanvre de Russie, avec liens, brut pour net.
— des Etats-Unis, tare nette.
— de Pitte, tare nette.
— de Manille, tare 2 °/₀, cordes déduites.
Jute : sans emballage de toile, tare 2 °/₀.
Cotons : le coton disponible se vend au demi-kilog., qualité vue, reconnue et agréée aux conditions suivantes :
Cotons d'Amérique, des Antilles et d'Algérie : tare 4 °/₀ sans cordes, don 1/2 °/₀ pour pièces et bords ordinaires, et surdon 1/2 °/₀ pour pièces et bords extraordinaires et toute réfaction quelconque, sauf pour mouille et avaries sèches, qui seront arbitrées.
Il n'y a pas de surdon sur les Géorgie et Algérie longue-soie. Pour le coton pris au débarquement, les cordes et cercles se déduisent sur la facture elle-même ; pour le coton pris en magasin, ils sont contrepesés sur la balance et on n'en fait pas mention sur la facture.
D'Egypte (Jumel) :
Tares 4 °/₀ sans cordes, don 1 kilog. par balle, surdon 1 kilog. aussi par balle.
De l'Inde :
Tares 4 °/₀ avec cordes, don 1/2 °/₀, et surdon 1/2 °/₀.
De la Méditerranée, du Levant, de Chine, de Japon et autres :
Tare réelle.
Valeur à 4 mois et 15 jours, payable comptant, au moment de la livraison, sous escompte de 2 °/₀ pour les 4 mois, et à raison de 1/2 °/₀ par mois pour les 15 jours.
La livraison doit avoir lieu dans les 15 jours, à dater du jour de l'achat.
Avant l'enlèvement de la marchandise, les acheteurs ont le droit :
1° En renonçant au surdon sur une ou plusieurs marques entières, de faire arbitrer pour toutes choses, pièces et bords ordinaires exceptés ;
2° De réclamer la tare réelle, en abandonnant le don et le surdon, et alors de faire arbitrer pour toutes choses.
Pour le pesage des cotons, il est accordé un demi-kilog. de trait pour les balles au-dessus de 60 kilog. et rien pour les balles de 60 kilog. et au-dessous.
La tare, le don et surdon se prennent sur le brut, réfactions déduites et se déduisent simultanément en facture.
Les cotons se classent d'après les types adoptés par la Chambre de commerce, savoir :
1° Cotons des Etats-Unis :
Très-Bas, Bas, Très-ordinaire, Ordinaire, Bon ordinaire, Bonne marchandise, Choix, correspondant aux désignations anglaises respectives suivantes : Ordinary, Good ordinary, Low-middling, Middling, Good middling, Fair.
2° Cotons du Brésil :
Très-Bas, Bas, Très-ordinaire, Ordinaire, Bon ordinaire, Bonne marchandise.
3° Coton des Indes :
Très-ordinaire, Ordinaire, Bon ordinaire, Bonne marchandise correspondant au classement anglais, Middling-fair, Fair, Good-Fair, Fine.
Cuirs : terme 4 mois.
Cuirs secs en poils : se vendent au poids par pesée de 50 cuirs, tels quels, avec réfactions pour avaries d'eau de mer.
Cuirs salés secs : se vendent au poids par pesée de 50 cuirs, tels quels, avec un don de 10 kilog. par 100 cuirs pour tenir lieu de réfactions pour avarie sur cuirs non reconnus par la Douane.
Cuirs salés verts : se vendent au poids par pesée de 25 cuirs, tels quels, avec réfactions pour avarie d'eau de mer, secoués de sel, tare nette de liens.
Les cuirs de cheval se vendent au net ; l'emballage en cuir est en faveur de l'acheteur.
Farine : terme 4 mois ; se vend au baril contenant 88 kilog. de farine, sans tare, ou en sacs, brut pour net sans retenue de sacs.
Galle : terme 4 mois ; tare 2 °/₀ en balle, toile simple ; 3 °/₀ en balle de crin ; ou tare nette, au choix de l'acheteur.
Gommes : terme 4 mois : Sénégal et Galam en fûts, tare nette ; en sacs, 2 °/₀ pour simple emballage, sans don, avec réfactions pour avaries et corps étrangers.
Les gommes de Barbarie ont une tare de 6 kilog. par caffas de 125 à 150 kilog.
Les autres gommes, tare nette.
Graines oléagineuses : terme 4 mois.
Graine de lin à semer : se vend au baril et sans tare.
Graine de lin à battre : se vend aux 100 kilog. en baril ou en sac, tare nette.
Graine de moutarde : se vend aux 100 kilog., tare nette.
Graine de sésame : tare nette, arbitrable pour pousse au delà de 2 °/₀.
Guano : terme 4 mois ; se vent brut pour net.
Huiles : se vendent aux 50 kilog. à l'acquitté. Huiles d'olive, de baleine, de cachalot, de coco, de palme : terme 4 mois ; tare au 6ᵉ pour les fûts au-dessus de 250 kilog., au 5ᵉ pour les fûts de 250 kilog. et au-dessous sans plâtre ni surcharge ; réfaction pour corps étrangers.
L'arbitrage de la vidange des fûts se fait d'après un tarif d'estimation. (Voir *Almanach du commerce du Havre.*)
Les huiles d'œillettes, de colza, de rabette ou navettes se vendent sans tare, au baril.
Les huiles de ricin et de menthe, de rabette épurée, de lin, de chanvre, d'anis ont tare nette.
Indigo : terme 4 mois : tare nette ; 1 kilog. par caisse pour pousse ; surdon 1/2 kilog. par caisse pour toute réfaction, excepté l'avarie, si l'acheteur déclare avant l'ouverture des caisses renoncer à l'arbitrage. Néanmoins, si une caisse présente une différence de 10 °/₀, elle est arbitrable, et le surdon n'est pas alloué sur cette caisse. Le don et le surdon se réduisent de moitié pour les demi-caisses qui sont au-dessous de 50 kilog. nets.
Laines : terme 4 mois ; d'Allemagne, de Russie et d'Espagne, tare 3 °/₀ simple emballage, ou tare nette au choix de l'acheteur.
Laines de Romagne, de Pouille, Bohême, Hongrie, Agnelins, Berry, Roussillon, Languedoc, 6 °/₀.
Laines de Cachemire, de Mérinos, tare nette.
Peaux : terme 4 mois ; peaux sèches de cheval de la Plata et du Brésil se vendent par pièce ; les salées se vendent aux 100 kilog. poids net.
Vachettes de l'Inde, en balles, au 1/2 kilog., tare nette ; les peaux servant d'emballage réduites à moitié de la valeur.
Les autres peaux de toutes sortes se vendent sans bonification, soit aux 100 kilog., soit au nombre.
Les peaux d'agneaux, de daims, de lièvres de Russie, se vendent aux 104 peaux. Les peaux de chèvres en poil et celles de mouton se vendent à la douzaine. Les peaux de veau, au poids.
Piment : terme 3 mois ; se vend par 50 kilog., en entrepôt.
Jamaïque, en barrique, tare nette ; 2 °/₀ toile simple. Tabago, 8 °/₀ avec liens de cuir entre les 2 emballages ; 4 °/₀ sans liens, avec simple emballage ; tare nette en barrique. Bonification pour la pousse au delà de 2 °/₀.
Poivre et cubèbes : terme 3 mois ; tare 2 °/₀ simple emballage en toile ; 1 kilog. par balle pour double emballage ; tare nette en futailles. Réfaction pour la pousse lorsqu'elle excède 2 °/₀.
Potasse et perlasse : terme 3 mois ; tare 12 °/₀ pour les potasses des Etats-Unis, de Russie, de Dantzig et d'Italie ; tare nette pour celles de Hongrie, du Rhin, d'Allemagne, de Bohême ; tare 15 °/₀ pour celle de Finlande, en barils de 200 kilog. et au-dessus ; au-dessous, tare conditionnelle.

Pétrole : se vend aux 100 kilog. en entrepôt, tare au 6e pour les fûts au-dessus de 250 kilog.; au 5e pour fûts au-dessous de ce poids. L'acheteur a toujours le droit de réclamer la tare nette à ses frais.

Riz : se vend par 50 kilog.; terme 4 mois; tare 12 % en tierçons et 1/2 tierçons; 2 % en sacs simples; tare nette en barils.

Rocou : se vend par 1/2 kilog. à l'acquitté; terme 4 mois; tare 20 % en fûts, avec feuilles; 16 % en fûts, sans feuilles; tare nette en caisses et paniers.

Saindoux d'Amérique : se vend par 50 kilog.; terme 4 mois; tare nette.

Sucre brut : Haïti, Martinique, Guadeloupe, Jamaïque, Porto-Rico et Cuba; tare 15 % en barrique; 16 % en tierçons; 17 % en quarts.

Sucre brut de Bourbon et Maurice, 5 kilog. par balle de 75 kilog. et au-dessous, et 6 kilog. par balle au-dessus.

Sucre terré Martinique : Guadeloupe, tare 13 % en barrique; 14 % en tierçons; 15 % en quarts.

Sucre brut Havane et Porto-Rico; 13 % en caisses avec liens de cuir.

Sucre du Brésil : tare 17 % en caisses, avec coins en fer; en sacs 3 %.

Sucre Vera-Cruz : 6 kilog. par balle.

Sucre de l'Inde : 6 kilog. par balle de 75 kilog. et au-dessus; 5 kilog. par balle au-dessous. Balles en jonc, tare conditionnelle.

Sucre Manille : tare 8 %.

Sucre Batavia : tare 8 % en balle d'origine; 21 kilog. par canastre de 175 kilog. et au-dessus; tare à régler par ceux au-dessous.

Sucres indigènes : en sacs, poids net.

Sucres en pains : terme 4 mois; tare nette, sans don pour papier et ficelle.

Suifs : terme 4 mois; se vendent par 50 kilog. à l'acquitté de douane et en entrepôt d'octroi.

Suif de Russie, tare 12 %, barres déduites.

Suif de l'Amérique du Nord, en caisses, fûts et surons, tare nette.

Suif du pays : tare nette.

Tabac : terme 4 mois; se vend par 50 kilog. en entrepôt.

Tares : Virginie, 12 % en feuilles et en boucauts; Kentucky, Maryland, 14 %.

Haïti, Côte-Ferme et Cuba, tare nette.

Brésil, 10 % en rolle et en suron; 2 % en balles, simple emballage de toile.

Thé : terme 4 mois; se vend par kilog.; tare nette, sans don pour toutes sortes.

Vanille : terme 4 mois; se vend par kilog.; tare nette.

Les marchandises suivantes se vendent au terme de 4 mois avec tare nette :

Acier, alun, amidon, mercure, baume du Pérou, benjoin, bismuth, borax, cachou, camphre, canéfice, cardamone, caret, cascarille, céruse, cire, cochenille, colle, crème de tartre, cuivre, dents, émeri, encens, éponges, étain, fers, fils de laiton, garance, ipécacuanha, jus de citron, magnésie, manne, musc, muscades, nacre de perle, opium, orpiment, pastel, plomb, rhubarbe, safran, sandaraque, sang-dragon, sels, savons, simarouba, soies, soufre, tapioca, tartre, térébenthine, tournesol, vanille, vitriol, zinc.

Bordeaux. La capitale commerciale et le principal débouché de la région du sud-ouest est *Bordeaux*, chef-lieu de la Gironde, grande et belle ville de 194,055 habitants, sur la rive gauche de la Garonne, à 585 kilomètres de Paris (9 heures 10 minutes par le chemin de fer), à 121 kilomètres de l'Océan. Cette ville, bâtie dans une situation magnifique et très-avantageuse pour le commerce, est entourée d'eau de tous côtés : à l'est, coule la Garonne; à l'ouest et au sud, les ruisseaux de la Devise, du Peugue, de Bègles et de l'Eau-Bourde; au nord, la Jalle. La ville s'est étendue principalement sur le bord du fleuve, où elle présente un développement de 6 kilomètres environ, tandis que sa plus grande profondeur est à peine de 1,800 mètres. Elle offre donc la forme d'un croissant.

La Garonne, aux eaux jaunes, a de 500 à 750 mètres de largeur à Bordeaux, et 10 à 12 mètres de profondeur à la marée haute; le cours du fleuve y établit un bassin d'un kilomètre de largeur et d'environ 8 kilomètres de long en forme de demi-lune, où les frégates mêmes peuvent mouiller; les navires marchands du plus fort tonnage peuvent entrer dans le port, qui peut contenir de 1000 à 1,200 navires. Bordeaux communique avec la Méditerranée par le canal du Languedoc; il faudrait à Bordeaux un canal maritime jusqu'à Cette. Etablissement de la marée du port, 3 heures.

Bordeaux est une ville à la fois industrielle et commerçante; c'est le troisième port commerçant de la France. Cette ville est à la fois le siége d'un commerce maritime qui s'étend à toutes les parties du monde et d'un commerce de consommation considérable. Le commerce de Bordeaux a beaucoup profité de l'établissement de la ligne des paquebots transatlantiques, qui ont étendu ses relations avec le Brésil et la Plata.

Bordeaux *importe* principalement des produits coloniaux, sucre, café, poivre, épices, vanille; de la gomme, de la cochenille, de l'indigo, du riz, des graines oléagineuses (arachides), de la houille et de la fonte anglaise, du fer, de l'étain, du cuivre, etc.

Bordeaux est le plus grand marché de France pour les riz, dont il reçoit annuellement à l'état brut de 10 à 15 millions de kilogrammes, provenant d'Akyab, Rangoun, Bassein, Saïgon, Bangkok, Madagascar, Pondichéry, Calcutta et la Caroline.

Bordeaux importe aussi beaucoup de morue, qu'il répand dans le midi.

Bordeaux *exporte* principalement des vins (320,000 à 850,000 hectolitres), des eaux-de-vie de Cognac et d'Armagnac (80,000 hectolitres), de l'alcool (40,000 hectolitres), de la verrerie, des cristaux, des papiers, des sucres raffinés, des tissus, de l'essence de térébenthine, de la résine, des farines, des prunes d'ente, des conserves, etc., etc. Cette ville doit surtout sa richesse au commerce des vins pour lesquels son marché n'a pas de rival et qu'elle expédie dans toutes les régions de la France par le cabotage et par les voies ferrées, et aux pays étrangers.

Le commerce de Bordeaux a lieu principalement avec l'Angleterre, la Norvége, les Pays-Bas, l'Allemagne, la Belgique, le Pérou, le Brésil, le Sénégal, la Réunion, la Martinique, la Guadeloupe et nos autres colonies, quelque peu avec les Indes anglaises et peu avec les Etats-Unis.

Bordeaux est aujourd'hui tête de ligne de divers services réguliers de paquebots à vapeur et de navires à voiles pour les deux Amériques, l'Afrique, l'Inde, les ports de l'océan Atlantique, de la Manche, de la mer du Nord et de la Baltique. Les paquebots des Messageries maritimes partent de Bordeaux pour le Brésil et la Plata; les paquebots-poste français de la Compagnie générale Transatlantique relient Bordeaux aux différents ports des Antilles et à Colon et Panama. Il y a un service avec Rotterdam (tous les 20 jours), avec l'Angleterre (2 fois par semaine), avec l'Autriche (tous les 2 mois), etc., etc.

Bordeaux est aujourd'hui une ville industrielle; il faut citer ses 22 chantiers de constructions maritimes autour desquels se groupent, dans de grands établissements, toutes les industries qui concourent à l'armement des navires; forges pour tôlerie et clouterie, corderies, voileries et poulieries, menuiserie, peinture. Ces divers établissements font vivre une population de 20,000 individus environ; les chantiers de constructions seuls occupent quelquefois plus de 3,000 ouvriers. Les constructions navales de Bordeaux sont justement renommées et occupent le premier rang dans l'industrie bordelaise comme importance et comme mérite.

Parmi les autres industries, on peut citer des fonderies, des ateliers de serrurerie, des fabriques d'instruments aratoires, de la chaudronnerie, des fonderies de cuivre, des fabriques de faïence, une fabrique de porcelaines, des tuileries et briqueteries, des salpêtreries, des raffineries de pétrole, des verreries, des marbreries, des ateliers de carrosseries, des scieries mécaniques de bois pour parquets, des bois injectés et clôtures mécaniques, des ateliers d'ébénisterie, des fabriques de bouchons en liége, des fabriques de balais avec les tiges du sorgho à balais, des nattes, des toiles cirées et imperméables, des fabriques de brosses, de fleurs artificielles, de billards, des fabriques de tapis de laines et de couvertures, des lavoirs de laines, des tanneries, des fabriques de chaussures en cuir et d'espadrilles, de chapeaux de feutre et de soie, de chapeaux de paille, de parapluies, des fabriques de vinaigre, d'enveloppes-paille et de caisses pour bouteilles, de capsules métalliques, des tonnelleries, des raffineries, des distilleries, des moulins à farine, des huileries, des sécheries de morue, des fabriques de conserves alimentaires, animales et végétales, de pâtes alimentaires, de biscuits, de chocolat, d'huiles de graines, d'alcools; des fabriques de liqueurs et fruits confits, surtout d'anisette, liqueur très-renommée, des brasseries, des fabriques de savons et de chandelles, de bougies, de noir animal, des papeteries, des produits chimiques, etc. Bordeaux a une manufacture des tabacs et un hôtel des monnaies.

Le service des eaux a été inauguré à Bordeaux le 15 août 1857. Ces eaux proviennent de sources souterraines des communes d'Eyzine, du Taillan et de Saint-Médard, à 10 ou 12 kilomètres à l'ouest de Bordeaux. Un canal voûté en maçonnerie les amène à Bordeaux dans l'établissement Paulin, d'où une partie alimente par sa pente naturelle le quartier des Chartrons, tandis que le reste est élevé et refoulé, au moyen de pompes, jusqu'à la cote $21^{m},50$ au-dessus de l'étiage de la Garonne, qui est la cote des déversoirs des réservoirs construits en ville. Le rez-de-chaussée, les premiers et quelquefois les seconds étages reçoivent directement l'eau pendant le jour; quant aux étages supérieurs, ils ne peuvent être alimentés que pendant la nuit par un procédé particulier. La ville concède les eaux à robinet libre pour les ménages et certaines industries, et à compteur pour la plupart des industries. L'eau au compteur est payée $0^{f},015$ l'hectolitre. L'établissement du canal d'arrivée des réservoirs, des machines, etc., a coûté 8,400,000 francs.

Usages du commerce sur la place de Bordeaux.

Usages de Bordeaux.

Conditions générales. — Les marchandises se vendent aux 100 kilog., en entrepôt.

Elles se vendent sans escompte à 90 jours de terme, y compris les 10 premiers jours accordés pour prendre livraison. Le terme à courir sera escompté au taux de 6 °/₀ l'an. Les marchandises dont les tares ne sont pas spécifiées au tarif, se vendent à la tare réelle.

En aucun cas l'acheteur ne peut perdre à la tare.

Tableau des usages de la place de Bordeaux.

Arachides : Les arachides en coques du Sénégal se vendent aux 100 kilog., à 90 jours de terme avec escompte de 1 °/₀, ou sans escompte suivant conventions entre vendeurs et acheteurs, les 90 jours escomptables à 5 °/₀ l'an. Sans tare, puisque la marchandise arrive en grenier.

Les corps étrangers, coques, avaries, se règlent suivant les usages de Marseille.

Bois de teinture : 90 jours de terme sous escompte de 3 °/₀; le terme escomptable à 5 °/₀ l'an. On accorde 1 °/₀ de trait sur toutes les sortes.

Cacaos, cafés, poivres, riz : Ces marchandises arrivent logées en sacs et se vendent aux 50 ou aux 100 kilog. à l'entrepôt, c'est-à-dire droits de douane non compris.

Escompte 3 °/₀ et 90 jours de terme escomptables à 5 °/₀ l'an. Les tares sont réglées comme suit lorsque la marchandise est sous un simple emballage :

Sac de	60 kilog. et au-dessous	1 kilog.	de tare.
—	60, 50 à 75 kilog. —	1k,50	—
—	75, 50 à 100 — —	2 —	—
—	100, 50 et au-dessus	2k,50	de tare;

s'il y a double sac, le sac extérieur est déduit pour son poids réel.

Les cafés Martinique et Guadeloupe arrivent en barils; on les vend aux mêmes conditions de terme et d'escompte que ci-dessus, mais à l'acquitté, c'est-à-dire droits de douane compris dans le prix de vente, faculté à l'acheteur d'acquitter lui-même les droits. — Les cacaos Martinique, Guadeloupe arrivent aussi en barils et se vendent comme les cafés en barils à l'acquitté, faculté d'entrepôt. La tare des cacaos et cafés en barils est réelle proportionnelle, c'est-à-dire qu'on pèse un nombre convenu de barils et l'on prend la moyenne.

Cires : Les cires exotiques du Sénégal ou d'Amérique se vendent aux 50 ou aux 100 kilog.; 90 jours, escompte 3 °/₀; les jours escomptables à 5 °/₀ l'an. Elles arrivent sous toile, en caisses ou en barils; on déduit la tare réelle.

Les cires du pays, appelées Grandes-Landes, Petites-Landes, Saintonge, Périgord, se vendent sans emballage, comptant sans escompte.

Cornes : Se vendent généralement aux 100 kilog. pour les provenances de Calcutta, de l'île de Sumatra, de Cochinchine, et aux 104 pièces pour les autres provenances de la côte Coromandel et d'Amérique; toutefois depuis quelque temps, on sort souvent des usages et on vend tantôt aux 100 kilog., tantôt aux 104 cornes suivant convenances entre vendeurs et acheteurs.

Cuirs et peaux : Secs ou salés. Aux 50 ou aux 100 kilog., escompte 3 °/₀; 90 jours escomptables à 5 °/₀ l'an. Seuls, les chevaux secs de la Plata se vendent à la pièce.

Gomme Sénégal : Aux 50 ou aux 100 kilog., escompte 3 °/₀; 90 jours de termes escomptables à 5 °/₀ l'an. Tare 1 kilog. par sac; gomme Damar, copale, élastique, etc., mêmes conditions, mais tare nette, qu'elle soit en sacs ou en caisses ou futailles.

Indigo : 3 °/₀, 90 jours escomptables, tare nette, don de 1 kilog. par caisse ou 1/2 kilog. par suron.

Huiles de coco et d'arachides de l'Inde : Se vendent comme les articles précédents à 90 jours de terme escomptables sous escompte de 3 °/₀. Les tares sont de 18 °/₀ pour barriques de 250 kilog. et au-dessus, vide compris, et de 20 °/₀ au-dessous de 250 kilog. Toutefois pour les huiles d'arachides de l'Inde, on fait parfois la tare nette.

Huile de morue : Comptant, escompte 3 1/2 °/₀. Tare nette. Les crasses sont réfactionnées, on les calcule à tant le pouce. Il y a un tableau de gradation établi pour cela.

Nitrates de soude et de potasse : Se vendent aux 50 ou aux 100 kilog.; escompte 3 °/₀, 90 jours escomptables à 5 °/₀ l'an. Tare 3 °/₀ pour simple emballage, et 6 °/₀ pour double emballage. On fait une analyse et l'acheteur est tenu de prendre lorsque le nitrate donne 92 °/₀ de pur; au-dessous de 92 °/₀ il a la faculté de refuser la marchandise ou de se faire bonifier la différence. Entre 92 et 96 °/₀ de pur, la marchandise ne peut-être refusée, mais on bonifie la différence du pur trouvé avec 96; à 96 et au-dessus, rien à bonifier.

Pour tous les articles qui précèdent, le courtage dû au courtier qui a traité l'affaire est de 1/2 °/₀ payé en entier par l'acheteur.

Les articles suivants se vendent aux usages du Havre :

Cotons : Se vendent aux 50 ou aux 100 kilog., à 4 mois et 15 jours sans escompte, le terme escomptable à 6 °/₀ l'an. Généralement on établit les factures, valeur 16 jours, sous escompte de 2 °/₀, ce qui revient au même. On classe les cotons comme au Havre en Bon, Bon ordinaire, Ordinaire, Très-ordinaire, Bas, Très-bas. Tares 5 °/₀.

Laines en suint : Aux 100 kilog., 4 mois et 15 jours, sans escompte. Escomptables à 6 °/₀ l'an. Tare 3 °/₀, plus les cercles à déduire pour leur poids réel.

Le courtage des cotons et laines est de 1/2 °/₀ dont 1/4 payé par l'acheteur, 1/4 par le vendeur.

Sucres bruts : Comme au Havre, 4 mois et 15 jours de terme, sans escompte; escomptables à 6 °/₀ l'an. Tares : Antilles, barriques 15 °/₀; tierçons 16 °/₀; barils 17 °/₀; sacs 3 °/₀.

Bourbon et Maurice : 6 kilog. par balle de 75 kilog. et au-dessus; 3 kilog. par balle au-dessous de 75 kilog.; généralement on préfère donner régulièrement 6 °/₀.

Manille, 8 °/₀.

Havane en caisses, 13 °/₀.

Courtage 1/2 °/₀, dont 1/4 à l'acheteur, 1/4 au vendeur.

Blés : Se vendent aux 80 kilog. sans logement, comptant, 1 °/₀ d'escompte.

Vins : Le tonneau de vin de 900 litres contient 4 barriques; la barrique ou futaille bordelaise est au minimum de 225 litres; la bouteille dite de Bordeaux est au minimum de 75 centilitres.

(*Renseignements fournis par M. Rousset, de la maison Mestrezat et Cie, de Bordeaux.*)

Nantes. *Nantes*, 118,517 habitants, à 60 kilomètres de l'Océan, belle ville, située à l'extrémité d'immenses prairies, sur la rive droite de la Loire, qui s'y divise en plusieurs bras, au confluent de l'Erdre, de la Sèvre-Nantaise, de la Chézine et du Sail, à 427 kilomètres de Paris par Tours et à 396 par le Mans et Angers. Etablissement de la marée à l'embouchure de la Loire, 3 heures 45 minutes; établissement de la marée à Nantes, 6 heures.

Nantes est une des plus belles villes de France. Malheureusement le tirant d'eau de la Loire, dans les marées ordinaires, n'est que de 3^{m},30, ce qui oblige les navires d'un fort tonnage à transborder leur chargement à Paimbœuf ou à Saint-Nazaire. A Nantes, la commission d'affrétement est de 1 °/₀ du fret de sortie à la charge de l'affréteur. Si le navire s'arrête et transborde sa cargaison au bas de la Loire, et qu'un courtier de Saint-Nazaire ou de Paimbœuf intervienne, la commission est de 0^{f},60 dont 0^{f},40 pour le courtier de Nantes et 0^{f},20 pour l'autre. Le courtage de conduite, comprenant le recouvrement du fret, s'élève à 0^{f},50 par tonneau; lorsque le bâtiment sort chargé par l'armateur, le droit de 0^{f},50 par tonneau pour conduite est réduit à 0^{f},25. Les longs-courriers et les caboteurs qui viennent de l'étranger, paient à Nantes un droit fixe de 12 francs à l'entrée et à la sortie, plus 0^{f},50 par tonneau de chargement ou 0^{f},25 seulement si le navire est chargé par l'armateur.

Le port de Nantes est principalement en relation avec l'Angleterre, la Hollande, la Suède, la Norvége, l'Espagne, le Portugal, les colonies françaises, savoir : la Réunion, Martinique, Guadeloupe, Mayotte, Guyane, Cochinchine, puis Maurice, l'Inde et la Chine. C'est avec l'Angleterre que Nantes fait le plus de commerce.

Les principaux articles d'*exportation* de Nantes et du département de la Loire-Inférieure, sont les *grains et farines* pour l'Angleterre, la Suède, la Norvége, la Belgique, les Bays-Bas; les pommes de terre pour les mêmes destinations y compris Cayenne; les légumes verts et oignons, *du riz* pour Maurice, Cayenne, et la Martinique, des *salaisons* et des beurres salés pour ces mêmes pays; des poissons à l'huile (921,000 kilogrammes), et des conserves alimentaires pour l'Angleterre, le Brésil, l'Uruguay, Réunion et Cayenne; du *sucre raffiné* (10,962,000 kilogrammes) pour l'Angleterre, la Plata, le Chili, la Suède, la Norvége, la Suisse et l'Espagne; des vins, des liqueurs, des eaux-de-vie et vinaigres, à destination de l'Angleterre, de la Réunion, de Maurice, de la Guadeloupe et du Brésil; de l'huile d'olive pour les colonies françaises; des tourteaux de graines oléagineuses pour la Martinique, l'Angleterre et la Belgique ; de la chaux, des briques et des ardoises pour Maurice, la Réunion, Cayenne, Mayotte ; de la paille, du foin et du son pour la Guadeloupe, la Havane, le Brésil et Cayenne ; des *mules* (550 têtes) pour la Guadeloupe, Maurice, Mayotte et la Réunion ; des tissus de laine et des toiles de coton pour la

Réunion, Cayenne, la Guadeloupe, le Brésil et le Mexique. Les autres articles d'exportation sont les volailles, les fruits, les cordages, les cuirs tannés et vernis, les chaussures, les ouvrages métallurgiques, les machines, etc. Nantes est le port d'embarquement des blés de l'ouest et du centre.

Nantes *importe* du *sucre brut* (de 44 à 47 millions de kilogrammes) qu'elle va chercher à Maurice, aux Indes hollandaises, dans les possessions espagnoles d'Amérique, à la Guadeloupe, à la Martinique, à la Réunion et à Cayenne; du *café* provenant des Indes hollandaises, de la Nouvelle-Grenade, du Vénézuéla, du Brésil, de Haïti, de la Guadeloupe, de la Martinique et de la Réunion (de 1 à 2 millions de kilogrammes), du *cacao* (1 à 2 millions de kilogrammes) de la Nouvelle-Grenade, Brésil, Haïti, possessions espagnoles d'Amérique, Guadeloupe et Martinique; de la *vanille* (4,000 à 5,000 kilogrammes) des côtes occidentales d'Afrique, de la Guadeloupe et de la Réunion; du *riz* des Indes anglaises, d'Italie et d'Angleterre; de l'*huile d'olive* d'Espagne et d'Italie, des graines d'arachides (4,500,000 kilogrammes) de la côte d'Afrique; des graines de sésame (500,000 kilogrammes) des Indes françaises; des *houilles* d'Angleterre, (320,000 tonnes); des fers de Suède et d'Espagne, du plomb d'Italie et d'Espagne, du cuivre d'Angleterre, du zinc des Pays-Bas et d'Allemagne, des bois de construction de Russie, Suède et Norvége, des bois d'ébénisterie et de teinture de la Guadeloupe, Martinique et Haïti; du *coton* d'Angleterre, de la Nouvelle-Grenade, du Vénézuéla et des possessions espagnoles d'Amérique (775,000 kilogrammes en 1874); du chanvre de Russie et d'Allemagne (421,000 kilogrammes en 1873, 298,000 kilogrammes en 1874), du lin de Russie, d'Allemagne et d'Angleterre (820,000 kilogrammes), du jute d'Angleterre (103,000 kilogrammes en 1874), des peaux sèches et salées d'Angleterre, Guadeloupe, Martinique, Réunion, Mayotte, Mexique; du fromage de Hollande (295,000 kilogrammes); des fruits secs des Pays-Bas, du Portugal, de l'Espagne, de l'Italie et de la Turquie; des oranges et citrons du Portugal et d'Espagne; des vins et liqueurs du Portugal, d'Espagne, d'Italie et des Pays-Bas; des noirs de raffinerie et engrais (14,250,000 kilogrammes) des Pays-Bas, de l'Angleterre, de la Belgique, du Portugal et de l'Allemagne; du guano du Pérou (21,100,000 kilogrammes), des phosphates naturels du Portugal, du goudron et bitume (12,300,000 kilogrammes) d'Angleterre et des États-Unis.

Nantes fait un grand commerce maritime et d'entrepôt pour les vins de Bordeaux, d'Espagne et du Portugal.

Nantes est aussi une ville industrielle, renommée pour la construction des navires en bois et en fer: on construit du matériel d'artillerie à l'usine Voruz. Nantes fabrique des engrais, des machines à vapeur pour la navigation, et fait en grand le raffinage des sucres (6 raffineries); les raffineries de Nantes raffinent environ par année de 50 à 55 millions de kilogrammes de sucre brut, et exportent 10 millions de kilogrammes de sucre raffiné ; elles sont un des éléments de prospérité de la ville.

Nantes prépare beaucoup de conserves de légumes de tout genre, haricots, carottes, navets découpés, petits pois, etc.; l'industrie des salaisons pour la sardine et les thons, qui était très-florissante à Nantes autrefois, traverse depuis quelques années une situation difficile; les colonies de Maurice et de la Réunion consommant aujourd'hui des salaisons de provenances diverses et de qualité inférieure à celles de Nantes, et notamment des salaisons américaines, les exportations de Nantes sont moins considérables. Nantes a une manufacture de vitraux peints, des savonneries, des huileries de graines de sésame de l'Inde et de Sierra-Leone, de graines d'arachides de Sierra-Leone et de la Gambie, des fabriques de chaussures, que Vienne, en Autriche, contrefait, des corderies. Elle a aussi une manufacture nationale des tabacs, qui occupe 1,800 ouvriers, dont 1,700 femmes et 100 hommes. Cette manufacture reçoit annuellement 2,300,000 kilogrammes de tabacs en feuilles de divers crus; elle en tire net après tous déchets 2,150,000 kilogrammes de tabac fabriqué, dont 1,800,000 kilogrammes de tabac à fumer et 350,000 kilogrammes de cigares et cigarettes. Elle fabrique annuellement 60 millions de cigares.

Les recettes des douanes à Nantes varient de 27 à 36 millions de francs; elles sont plus fortes que celles du Havre et de Bordeaux.

Usages de Nantes.

Usages de la place de Nantes.

L'acheteur doit prendre livraison dans les 15 jours de la date du marché, et le vendeur, à moins de conventions contraires, doit se trouver en mesure d'opérer la livraison au moment où il en est requis par l'acheteur, ou, au plus tard, dans les 24 heures.

En raison du délai accordé à l'acheteur pour prendre livraison, les termes de paiement ne courent que du quinzième jour de la date du marché.

Le paiement des ventes faites au comptant est exigible par le vendeur dès que la livraison est complétée, c'est-à-dire la marchandise vérifiée, pesée et mise à la disposition de l'acheteur.

Le règlement, pour les ventes à terme, est exigible le quinzième jour de la date du marché.

Au moment de la remise du règlement, l'acheteur a le droit d'escompter, à raison de 6 % l'an, le terme restant à courir; mais, dans aucun cas, l'escompte ne peut excéder 2 % sur les ventes à quatre mois, et l'équivalent sur celles à différents termes. S'il n'est autrement stipulé, la moindre fraction de chaque pesée de marchandise est le demi-kilogramme.

Dans les livraisons de marchandises vendues à tare nette, cette tare est constatée par la pesée exacte, c'est-à-dire au gramme.

Dans le calcul des tares, du trait et du bon poids, l'unité principale est augmentée d'un entier, soit d'un kilogramme, toutes les fois que la fraction décimale a atteint le chiffre de 5 hectogrammes; on néglige cette fraction lorsqu'elle est inférieure au susdit chiffre.

Saint-Nazaire, 17,000 habitants, ville maritime, située à l'embouchure de la Loire et sur la rive droite, à l'extrémité d'un promontoire de gneiss qui s'avance au sud entre la Loire et l'Océan. Son importance est toute récente et date de l'établissement d'un grand bassin à flot ouvert au commerce en 1857. Ce bassin à flot occupe une surface irrégulière de 106,000 mètres carrés; le périmètre de ses quais atteint 1,650 mètres de développement. Deux écluses parallèles font communiquer le bassin avec la mer. Ce bassin à flot, dont la profondeur est de 7^m,50, peut recevoir les plus grands navires et peut facilement en renfermer 200. Un second bassin à flot, de 20 hectares, est en construction, au nord du bassin actuel. Saint-Nazaire est le port de départ des paquebots transatlantiques de la grande ligne des Antilles, du Mexique et de Cayenne. La compagnie transatlantique y a établi ses chantiers et ses usines pour la construction de ses paquebots à vapeur. Une ligne spéciale de navigation relie Saint-Nazaire à Lisbonne, Vigo et Cadix. Saint-Nazaire.

A toutes les marées, un navire calant plus de 7 mètres peut arriver à Saint-Nazaire, où s'arrêtent les gros navires. Les négociants de Nantes ont établi des comptoirs à Saint-Nazaire. Ce port fait le commerce avec l'Angleterre, le Mexique, l'Amérique espagnole, les colonies françaises. Il exporte des produits agricoles, les articles de l'industrie parisienne, des tissus, des vins, des liqueurs, etc. Il importe de l'or, de l'argent, du minerai, des denrées coloniales, de la houille, du riz, des arachides, des sésames, etc., etc.

Dunkerque, 34,350 habitants, port sur la mer du Nord, avantageusement situé à la jonction des canaux de Bergues, de Furnes et de Bourbourg; le canal de Bergues sert à la navigation entre Dunkerque, Bergues et Watten; celui de Furnes réunit directement le port de Dunkerque aux voies navigables de la Belgique, et celui de Bourbourg est une artère de navigation qui met Dunkerque en communication avec l'Aa et le réseau navigable du Nord et du Pas-de-Calais; c'est ce canal qui amène à Dunkerque des eaux potables empruntées au cours de l'Aa. Dunkerque.

La ville de Dunkerque doit son origine à Saint-Éloi, évêque de Noyon, qui, en 646, s'arrêta dans les Dunes, convertit les Diabintes, qui habitaient cette région déjà 60 ans avant Jésus-Christ; il fit bâtir une église qui fut nommée *Dune-Kercke* (église des dunes); des pêcheurs vinrent peu à peu s'établir autour de l'église des dunes et vers l'an 906, les habitants commencèrent à se livrer au commerce. C'est seulement en 1783, à la suite de la guerre des États-Unis, que la paix de Versailles affranchit définitivement Dunkerque des exigences de l'Angleterre.

La France a dépensé, depuis deux siècles, 53 millions de francs pour l'amélioration du port; cette somme dépassera 60 millions quand les travaux projetés seront exécutés.

La rade de Dunkerque s'étend depuis la frontière de Belgique jusque par le travers de Gravelines, parallèlement à la côte sur une longueur de 20 kilomètres et sur une largeur de plus d'un kilomètre. Elle présente de très-bonnes conditions de mouillage; le tirant d'eau y est de 12 à 15 mètres en basse mer. Elle est accessible par deux passes, celle de l'est et celle de l'ouest; mais le régime des courants de marée du littoral fait que les navires de plus de 200 tonneaux ne l'attaquent guère que par la passe de l'ouest. La rade est accessible en tout temps aux bâtiments du plus fort tonnage. La première partie du port de Dunkerque, en venant du large, se compose d'un chenal, d'un avant-port et d'un port d'échouage, qui sont sur toute leur étendue, soumis aux mouvements alternatifs des marées. La longueur totale du chenal, de l'avant-port et du port d'échouage pris ensemble est de 2,100 mètres; la largeur moyenne de 60 à 70 mètres. Le tirant d'eau est de 5 à 6 mètres suivant les marées. La superficie de l'avant-port susceptible d'être affectée au stationnement des navires peut être évaluée à trois hectares, et celle du port d'échouage, à quatre hectares. Dans le fond du port d'échouage, deux écluses établissent la communication entre le port d'échouage et les bassins à flot, qui sont au nombre de trois, savoir : le *bassin du commerce*, le *bassin de la marine* et le bassin de l'*arrière-port*. Le bassin du commerce a une superficie de cinq hectares et demi; celle du bassin de la marine est de trois hectares et l'arrière-port a deux hectares et demi, de telle sorte que le port contient dix-huit hectares de superficie affectée au stationnement des navires, dont onze hectares de bassin à flot et sept hectares de port d'échouage, 2,570 mètres courants de quais, 36,500 mètres carrés de superficie de quais affectée au mouvement des marchandises. Le bassin à flot peut recevoir des navires de 1,000 tonneaux. Les bateaux de canaux arrivent à Dunkerque par les trois canaux de l'intérieur, de Bourbourg, de Bergues et de Furnes.

L'établissement du port est de 12 heures 13 minutes; l'unité de hauteur, 2^{m},70 et la durée de l'étale de 15 à 30 minutes.

Dunkerque sert de port de transit pour tout le nord de la France; c'est le port français le plus rapproché de Londres. Dunkerque communique par des lignes régulières de bateaux à vapeur avec Saint-Pétersbourg, Rotterdam, le Havre, Bordeaux, Marseille et l'Algérie; ce port a un service régulier sur Londres, Hull, Liverpool et Leith (Édimbourg). Dunkerque arme pour la pêche de la morue et du hareng. Cette ville a des filatures de lin et de jute, des corderies, des savonneries. Elle est à 14 kilomètres de la frontière belge, à 86 kilomètres de Lille et à 305 kilomètres de Paris.

Gravelines. *Gravelines,* 7,700 habitants, port situé à l'embouchure de l'Aa, à 18 kilomètres à l'ouest de Dunkerque et à 18 kilomètres à l'est de Calais. Les vents d'ouest prédominent dans ce port. Le port de Gravelines se compose d'un chenal extérieur, d'un chenal intérieur, d'un port d'échouage et d'un bassin à flot en construction, qui présentera une superficie d'eau de deux hectares et demi et aura 10,000 mètres carrés de surface de quais affectée au mouvement des marchandises.

La superficie du port d'échouage susceptible d'être affectée au stationnement des navires est de 1 hectare et demi et 3,250 mètres carrés de surface de quais peuvent être affectés au mouvement des marchandises. Le chenal intérieur comprend une surface de trois hectares. Pour le moment, le port de Gravelines ne possède aucun engin pour le chargement et le déchargement des navires.

L'établissement du port est de 12 heures, l'unité de hauteur, de $2^{m},92$, et la durée de l'étale de 15 à 30 minutes.

Gravelines arme pour la grande pêche. C'est un port d'exportation des produits agricoles du nord de la France en Angleterre; il exporte des quantités considérables d'œufs et de fruits en Angleterre. Il y a des ateliers de salaison, une raffinerie de sel; commerce des bois du nord.

Calais, 11,000 habitants, port commode, situé sur le détroit du Pas de Calais, à l'entrée de la mer du Nord, pouvant recevoir des navires de 1,500 à 1,800 tonneaux et d'une entrée très-facile pour les grands navires. Calais est à 28 kilomètres nord-nord-est de Boulogne, à 28 kilomètres de Douvres, à 297 kilomètres de Paris. Calais se trouve à onze milles et demi au nord-est-quart-est du cap Gris-Nez, et n'est séparé que par quelques kilomètres du pied des collines du bas Boulonnais; il forme à peu près la limite sud-ouest de la grande plaine d'alluvion de l'Aa, composant les wateringues du Nord et du Pas-de-Calais. Plusieurs bancs de sable sont à éviter pour entrer dans le port; les vents d'ouest y sont fréquents. Le port se compose d'un chenal, d'un avant-port et port d'échouage et d'un bassin à flot de près de deux hectares. Les dépenses relatives aux ouvrages du port de Calais se montent jusqu'ici à près de 10 millions de francs. L'établissement du port est de 11 heures 30 du matin ou 11 heures 49 du soir; l'unité de hauteur de $3^{m},12$ et la durée de l'étale de 15 minutes en vive eau et 45 minutes en morte eau. Calais.

La grande pêche n'a été à Calais l'objet d'aucun effort sérieux; mais la pêche côtière (poisson frais) emploie dans ce port 103 bateaux de 3,600 tonneaux de jauge. Calais a des relations avec les pays du nord de l'Europe et l'Angleterre. Il fait un commerce considérable de bois du nord, venant de Norvége, Suède, Russie et Prusse; ces bois arrivent à Calais sous forme de poutres, madriers ou planches, y sont débités ou classés dans les scieries et chantiers de Saint-Pierre, et se distribuent généralement par les voies navigables dans le nord de la France et à Paris. Le commerce des charbons anglais est aussi important, surtout pour les usages domestiques; Calais reçoit, par un service de navires à vapeur à peu près régulier, des charbons de Shields et Newcastle, destinés à l'éclairage de la ville de Paris; ils sont immédiatement transbordés sur les wagons du chemin de fer du Nord.

La spécialité du port de Calais consiste dans le transport régulier des voyageurs et dépêches entre Calais et Douvres et vice versa. Le nombre des voyageurs qui traverse le canal s'approche de 200,000. Le service du transport des voyageurs et dépêches entre Calais et Douvres se fait quatre fois par 24 heures, à heure fixe, les navires accostant au quai de marée quand la mer est basse, au quai des Paquebots à partir de la mi-marée.

L'industrie des tulles, importée de Nottingham, s'est fixée à Calais et surtout à Saint-Pierre-lez-Calais.

Boulogne. *Boulogne-sur-Mer,* 39,700 habitants, très-belle ville maritime située à l'embouchure de la Liane, sur la côte du Pas-de-Calais, entre le cap Gris-Nez, au nord, et le cap d'Alprech au sud. La côte, dans le voisinage du port, est formée par de hautes falaises, dont les bancs marneux ou calcaires s'étendent du sud au nord jusqu'au cap Gris-Nez; ces falaises subissent, sous l'action de la mer et des gelées, des éboulements lents mais continus, qui font reculer toutes les saillies de la côte, tandis que les anses se remplissent de dépôts sablonneux. Boulogne est à 32 kilomètres de Douvres, à 28 kilomètres de Folkestone et à 254 kilomètres de Paris. La rade de ce port ne se trouve guère abritée que contre les vents d'est ou de nord-est; elle l'est fort peu ou point contre les vents d'ouest et de sud-ouest, les plus violents de tous. Les tempêtes sont fréquentes sur les côtes où se trouvent Boulogne.

Le port de Boulogne comprend un chenal accessible, en vive eau, à des navires ayant un tirant d'eau de 7 mètres, et, en morte eau, à des navires tirant 5 mètres; un port d'échouage, de 13 hectares de superficie, et de 900 mètres de longueur, un arrière-port de 2 hectares, et un bassin à flot dont la surface est de près de 7 hectares. L'établissement du port est de 11 heures 26 minutes, l'unité de hauteur 3^{m},96 et la durée de l'étale 30 minutes.

Boulogne, port très-important pour la pêche, ne peut recevoir que des navires d'un tonnage inférieur à 1,000 tonneaux et calant au plus 5^{m},60.

Il est question d'établir au sud-ouest du port actuel de Boulogne un port accessible à toute heure de marée à des bâtiments tirant moins de 5 mètres d'eau et d'un tonnage au moins égal aux steamers qui font la traversée régulière entre l'Angleterre et l'Irlande. Après deux ou trois heures de flot, le port pourrait recevoir les bâtiments du plus fort tonnage, même les plus grands bâtiments de la marine militaire française. Le port aura 400 mètres de largeur et les plus grands navires y pourront évoluer aisément. La surface d'eau que les divers ouvrages enceindront n'aura pas moins de 26 hectares. Le nouveau port sera établi sur le littoral de la Canche, au cap d'Alprech, à l'abri d'une jetée partant de la falaise au sud et s'avançant jusqu'aux profondeurs de 5 à 6 mètres en basse mer. Par l'exécution de ce projet, Boulogne, de port de cabotage, deviendrait grand port maritime et militaire.

Boulogne est placé sur la ligne la plus directe entre Paris et Londres; il est en communication journalière avec l'Angleterre, par les paquebots de la Compagnie du South-Eastern-Railway, qui font le service entre Boulogne et Folkestone en une heure et quart, et par ceux de la Compagnie générale de navigation à vapeur, qui se rendent directement à Londres par la Tamise. Le nombre des voyageurs qui traversent le détroit dépasse 110,000.

Les relations commerciales du port de Boulogne ont lieu principalement avec l'Angleterre, la Suède et la Norvége, l'Allemagne, le Danemark, la Russie, l'Espagne et le Portugal.

Les principaux objets *importés* sont : les charbons, puis les fontes brutes, les laines, les cotons, la bourre de soie, le lin teillé, les machines et mécaniques, les ardoises anglaises, les bois de la Suède et de la Norvége, les minerais de fer de l'Espagne, venant de Bilbao ou de Santander. Les objets d'*exportation* comprennent les céréales, les vins, les tissus de soie, de laine ou de coton, des œufs, des bouteilles, des articles de Paris, des fleurs artificielles, etc., le tout à destination de l'Angleterre. Les objets d'exportation pour les autres pays sont des céréales, des fontes moulées et des ciments. La pêche a été de tout temps une des principales occupations des habitants de cette côte; les pêcheurs vont pêcher la morue en Islande: ils pêchent aussi du hareng, du maquereau et des poissons de toutes espèces. Boulogne fabrique des plumes métalliques, du ciment très-renommé, de l'ébénisterie pour l'exportation. Cette ville a d'importants ateliers de marbrerie, des verreries, des fabriques de tuyaux de drainage, des huileries, des affineries, fonderies et ateliers de mécaniques.

Il n'y a à Boulogne ni chaleur ni froid excessifs, car les vents de nord et de nord-est sont moins rares en été qu'en hiver, au mois de juin qu'au mois de décembre, tandis que les vents du sud, au contraire, sont plus fréquents en hiver qu'en été. Ce sont généralement les vents de sud-ouest qui ont le plus d'intensité et qui occasionnent des tempêtes.

Le port d'*Étaples*, 2,700 habitants, est situé dans la baie de la Canche, sur la rive droite de cette rivière; son commerce est à peu près nul. Les marchandises importées consistent en houille, pierre à plâtre, terre à porcelaine venant d'Angleterre, et en bois de Norvége. Le cabotage y amène des sels. Les navires partent sur lest. Etaples.

Le port du *Crotoy* est sur la rive droite de la baie de la Somme, au sud-est du léger promontoire sur lequel se trouve la ville de 1,500 habitants, qui n'a pour industrie que la grande et la petite pêche. Le com- Le Crotoy.

merce de ce port consiste dans l'importation de quelques centaines de tonneaux de houille et de bois du nord. Le port est composé d'une plage de 80 mètres de longueur, où les navires échouent à mer basse. La navigation commerciale du Crotoy est peu importante; il y vient par an, en moyenne, sept ou huit navires chargés de houille, de bois du nord et de liquides; l'exportation est nulle. C'est essentiellement un port de pêche.

Saint-Valery-sur-Somme.

Saint-Valery-sur-Somme, 3,600 habitants, port établi au pied d'un coteau qui s'élève d'environ 25 mètres au-dessus du niveau moyen de la mer. La localité n'a pour industrie que la petite pêche ; le commerce consiste principalement, à l'*importation:* en houille, bois du nord, fontes, jute, liquides, graines, chanvre, goudron, sels, résine, etc.; à l'*exportation:* en silex, en grains et en fourrages. On y exploite la tourbe en grande quantité. Le chenal qui joint le port à la mer a une longueur de 12 kilomètres. Le port de Saint-Valery doit sa fréquentation et son commerce à sa position tout exceptionnelle à l'embouchure du canal de la Somme, qui le met en communication avec l'intérieur.

Des navires anglais, norvégiens, danois, allemands et russes y apportent chaque année de la houille, des bois du nord, du jute, des chanvres, du goudron, etc. Les marchandises qu'on exporte sont presque toutes destinées à l'Angleterre ou aux ports du Havre et de Bordeaux. La pêche est peu pratiquée à Saint-Valery. Ce port est à 195 kilomètres de Paris.

Abbeville.

Abbeville, 19,304 habitants, port et ville industrielle, sur la Somme, à 20 kilomètres de la mer, par Saint-Valery et à 175 kilomètres de Paris. Le niveau de l'eau varie dans le port entre les cotes $4^{m},50$ et $3^{m},90$; les navires tirant $3^{m},40$ d'eau et n'ayant pas plus de $8^{m},50$ de largeur peuvent arriver à Abbeville ; ce sont des bâtiments de 150 à 200 tonneaux. Le climat de cette ville est tempéré et pluvieux.

Le port d'Abbeville est fréquenté par des navires anglais, norvégiens, danois, allemands et russes, qui y apportent chaque année de la houille, des bois du Nord, des jutes, des grains, du chanvre, du goudron, de la résine, des fontes; et par des navires français qui y amènent des vins, des pommes, du sel, du coaltar, des grains, des bestiaux, des laines, etc.

L'*exportation* consiste en pommes de terre, grains, légumes, fourrages, farine, bois bruts et ouvrés, toiles et cordages qu'on envoie en Angleterre ou aux ports du Havre et de Bordeaux. La pêche n'est plus pratiquée à Abbeville depuis que la mer ne vient plus baigner les murs de cette ville.

La ville a pour industrie la fabrication des moquettes, du linge, des toiles à matelas, des toiles à voiles, des toiles écrues et d'emballage, des cordages ; on y voit en outre des savonneries, une sucrerie, des teintureries, des scieries mécaniques, des filatures de fils de lin et d'étoupes ; la carrosserie y fait des produits estimés. Entrepôt considérable de matières textiles.

Le *Tréport*, 3,800 habitants, port parfaitement sûr, sur la Manche, à l'embouchure de la Bresle, à 28 kilomètres de Dieppe (Seine-Inférieure). Les navires n'y pénètrent qu'à marée haute. On y rencontre des fabriques de filets et de cordages. La pêche côtière est la principale industrie du port. C'est avec l'Angleterre et les états Scandinaves que le Tréport a le plus de relations ; il *importe* de la houille, des bois du nord, du lin de Russie, des ardoises, et des grains ; il *exporte* de la farine, du froment, des tourteaux de graines oléagineuses, des biscuits de mer. Bains de mer renommés. Le Tréport.

Le port d'*Eu*, 4,000 habitants, situé dans un vallon agréable, sur la Bresle, à 4 kilomètres de son embouchure, est à égale distance entre Dieppe et Abbeville. Le commerce du port consiste principalement, à l'*importation :* en charbon et bois du nord ; à l'*exportation,* en farines provenant des minoteries de la localité. Cette ville a des fabriques de cordages, de toiles, de chandelles ; il y a aussi des tanneries, de la tonnellerie, de la serrurerie et une distillerie. Eu.

Dieppe, 19,600 habitants, jolie ville maritime, dans un petit golfe de la Manche, à l'embouchure de l'Arques ; c'est le port le plus sûr et le plus profond de la Manche ; il est formé de deux belles jetées et peut recevoir 200 bâtiments de 60 à 1200 tonneaux et autant de bateaux pêcheurs. Les bassins peuvent contenir 800 à 1000 navires à flot. La hauteur de la mer dans le port atteint 9^{m},50 dans les grandes marées. Dieppe.

Il n'existe devant Dieppe qu'une rade foraine et sans abri, où l'on peut rester quand la mer est calme ou lorsque le vent vient de terre, mais qu'il faut quitter dès que le vent menace de souffler avec force. Les vents régnants sont ceux du sud-ouest et de l'ouest, et sont les plus dangereux ; quand ils sont accompagnés de pluies, ils soufflent par grains violents, changent subitement de direction et rendent la mer très-grosse en quelques heures. Les dépenses totales de premier établissement du port de Dieppe s'élèvent actuellement à plus de 20 millions de francs.

Le port de Dieppe n'entretient guère de relations qu'avec l'Angleterre et les pays du nord de l'Europe. Les *importations* consistent principalement en houille anglaise pour les usines du département, en fontes du nord de l'Angleterre et du pays de Galles, en bois du nord, en filaments à ouvrer, et tissus provenant principalement des entrepôts anglais. Les *exportations* consistent surtout en céréales, boissons, articles de Paris ; le lestage emporte aussi des cailloux choisis, extraits des plages pour les fabriques de produits céramiques en Angleterre. La pêche du hareng, du maquereau et de la morue s'y fait en grand. Grandes expéditions de marée à Paris.

Un service régulier entre Dieppe et Londres par New-Haven est fait par une ligne de paquebots anglais ; ce service, qui transporte des voyageurs et des marchandises, a, en hiver, un départ tous les jours, sauf le dimanche, et deux en été. 40,000 voyageurs environ par an prennent cette voie. Un autre service régulier, affecté principalement au transport des marchandises, existe entre Dieppe et Grimsby; ce service a trois départs par semaine.

Dieppe a des fabriques d'ivoirerie, d'osserie, d'horlogerie et des corderies; scieries mécaniques de bois du nord; papeteries et dentelles. Il y a une manufacture nationale des tabacs.

Saint-Valery-en-Caux.

Saint-Valery-en-Caux, 4,600 habitants, petit port très-sûr, situé au nord de l'arrondissement d'Yvetot, à l'entrée d'un étroit vallon encaissé entre deux collines, à peu près à moitié distance entre Dieppe et Fécamp, à 15 milles de chacun de ces ports et à 180 kilomètres de Paris. Le port expédie à la pêche de la morue à Terre-Neuve et en Islande. Le commerce de Saint-Valery consiste en importations de charbons, de bois du nord pour les besoins de la région environnante, et de grains pour l'alimentation des moulins de Veules. C'est par ce port que s'exportent les produits de l'arrondissement d'Yvetot. On exporte, sous forme de lest, du galet noir pour la fabrication de la porcelaine et de la marne pour les usines anglaises. Il y a dans cette ville des corderies, des chantiers de construction, des scieries.

Fécamp.

Fécamp, 13,000 habitants, port très-sûr, situé à l'extrémité nord de l'arrondissement du Havre, à 40 kilomètres de cette ville et à 222 kilomètres de Paris. La ville est établie sur la rivière de Fécamp, au confluent de deux autres rivières, celles de Valmont et de Granzeville, qui arrosent de jolies et riches vallées; la ville, longue et étroite, s'étend sur 3 ou 4 kilomètres, dans une vallée resserrée entre le port et des collines nues et incultes. La population se livre spécialement aux armements pour la pêche de la morue, du hareng et du maquereau; la ville renferme un grand nombre d'établissements pour la préparation de ces poissons; c'est le premier port de pêche français. Les navires de Fécamp, pour la grande pêche de la morue à Terre-Neuve, et en Islande, partent en février et mars pour ne rentrer qu'en novembre et décembre.

Il y a des chantiers de construction de navires, et la ville possède un nombre assez important d'établissements industriels, tels que forges, scieries mécaniques, serrureries, filatures de coton, tissages, fabrique de filets de pêche en coton, huileries de colza, minoteries, tanneries mégisserie, savonnerie, distillerie, corderies, fabrique d'ouate, injection des bois, ateliers de salaisons et charcuterie, et une fabrique de liqueur dite Bénédictine de l'abbaye de Fécamp, liqueur qui s'exporte en Europe, dans l'Amérique du Nord, et dans quelques pays de l'Amérique du Sud.

Le commerce de Fécamp se fait principalement avec l'Angleterre et la

Norvége, et consiste en importations de charbons et de bois du nord, et en transports de grains. On exporte, sous forme de lest, du galet noir et de la marne pour les usines anglaises.

Le port d'*Etretat,* 1,825 habitants, est situé à 2 milles du cap d'Antifer, et à 7 milles de Fécamp; il est placé au fond d'une baie formée par une anfractuosité de la côte, dans un vallon ouvrant vers le nord-ouest; il est à 28 kilomètres du Havre et à 210 kilomètres de Paris. C'est une des stations de bains les plus fréquentées du littoral. Etretat.

Honfleur, 9,900 habitants, port à l'embouchure, et sur la rive gauche de la Seine, occupant l'entrée d'une belle vallée, ouverte au nord-est; le vent n'est pas assez fort pour en rendre l'entrée dangereuse. Le port comprend trois bassins à flot; il est très-fréquenté, surtout par les navires anglais, suédois et norvégiens. Il y a deux lignes régulières de bateaux à vapeur, l'une de Honfleur à Littlehampton, l'autre de Honfleur à Southampton. Le mouvement maritime de ce port, qui a triplé en moins de vingt ans, dépasse 400,000 tonnes. Honfleur.

Les articles les plus *exportés* sont les produits agricoles, spécialement les œufs (plus de 10 millions de kilogrammes), les beurres (4 millions de kilogrammes), les fruits de table (2 millions de kilogrammes), les volailles, les chevaux, les animaux de boucherie. Les céréales sont tantôt importées, tantôt exportées. Parmi les produits industriels exportés, il faut citer les huiles de graines, les papiers, la verrerie, les porcelaines. Ces marchandises sont à peu près exclusivement dirigées sur l'Angleterre, par les services réguliers de bateaux à vapeur établis entre ce port et la côte anglaise. Une partie notable des œufs est transportée par des navires à voiles appartenant aux maisons expéditrices. Une certaine quantité de cuirs, de grains et de fourrages, est expédiée dans le nord (Danemark, Suède et Norvége).

Les principaux articles d'*importation* de Honfleur sont : les bois du nord, venant de Norvége, de Suède, des ports allemands et russes de la Baltique et du Canada; les charbons anglais, les fontes, les ciments, venant d'Angleterre, les fers de Suède, les graines oléagineuses, venant ordinairement d'Allemagne. Grand entrepôt de bois du nord. Fabriques de tuyaux de drainage, de produits chimiques et d'huiles de graines; savonneries, raffinerie de sucre, scieries mécaniques, papeteries. Construction de navires.

Ce sont des lignes de navigation à vapeur anglaises qui mettent Honfleur en correspondance avec Littlehampton et Southampton. Communication journalière avec l'Angleterre par des navires à voiles.

Trouville, 5,700 habitants, port de mer, sur la rive gauche et à l'embouchure de la Seine et de la Toucque, dans le Calvados, en face le Havre, à 7 milles et demi de Honfleur; il a un bassin à flot, et reçoit des navires Trouville.

de 500 tonneaux, en morte eau, et en vive eau des navires de 14 à 16 pieds anglais. Bains très-renommés et pêche du poisson frais au chalut. Trouville est à 13 kilomètres du Havre et à 220 kilomètres de Paris.

Caen. *Caen,* 41,210 habitants, grande et belle ville, située dans un beau vallon, au confluent de l'Orne et de l'Odon, qui y forment un port de cabotage, à 14 kilomètres de la mer, et à 239 kilomètres de Paris. Les navires à voiles tirant 4^{m},30 peuvent arriver à Caen par le canal d'Ouistreham-sur-Mer à Caen. Les navires de 350 tonneaux déchargent et prennent leur cargaison le long du quai du bassin à flot. Les principaux objets du commerce de Caen sont les grains, la houille, les bois, les bestiaux et les chevaux : c'est un grand marché de chevaux de luxe. Ses foires sont les plus fréquentées de la Normandie.

Caen *exporte* des œufs, des fruits, du beurre à l'Angleterre ; il exporte aussi des pommes de terre, du bétail, de l'huile de colza, des tourteaux et des pierres. Les principales *importations* sont le sel et les bois du nord, le charbon, le fer, le ciment, l'acier, le coton, etc. Fabriques considérables de bonneterie en coton, de blondes et de dentelles; fabriques d'huile de colza. Port renommé pour la construction des navires.

Courseulles-sur-Mer. *Courseulles*, 1,700 habitants, à 18 kilomètres à l'ouest de Caen, à 242 kilomètres de Paris, petit port sur la Manche ; grand et petit cabotage, armements pour la grande pêche, nombreux parcs d'huîtres, dont il se fait un commerce considérable.

Port-en-Bessin. *Port-en-Bessin,* 1000 habitants, village à 9 kilomètres de Bayeux, ayant une petite crique formant une sorte de port, seulement abordable aux navires de 150 tonneaux. Le charbon est la principale importation. Pêche de poissons frais.

Isigny. *Isigny*, 3,000 habitants, port à l'embouchure de la Vire, capable de recevoir des navires de 300 à 400 tonneaux, d'un tirant d'eau de 2^{m},80. Les étrangers doivent employer un pilote pour y entrer.

Exportations : beurre, bestiaux.

Importations : bois de construction, grain.

Carentan. *Carentan*, 3,000 habitants, petit port, dont l'entrée est dangereuse, à 28 kilomètres de Saint-Lô. Les *exportations* consistent en bœufs gras, en œufs, en beurre et en volailles pour l'Angleterre. *Importations* de charbon de terre.

Saint-Vaast-de-la-Hougue. *Saint-Vaast*, 4,000 habitants, petit port à 13 kilomètres au sud du cap de Harfleur, et à 18 kilomètres de Valognes ; le port est accessible aux navires d'un tirant d'eau de 2^{m},70 ; la rade est sûre et commode. Le fond du port consiste en sable, gravier et vase.

Commerce de bois du nord, planches et mâts, de fruits, de cuivre, d'huiles. Beaux parcs à huîtres. Constructions maritimes. Fabrique d'huiles.

Barfleur, 1,253 habitants ; commerce considérable de poissons et d'huîtres. *Exportation* de lin, de chanvre, de beurre, d'huîtres, de bois, de cidre, d'œufs, de volailles, de légumes, de pommes de terre et d'eaux-de-vie. Barfleur.

Cherbourg, 35,580 habitants, ville forte et maritime, place de guerre de première classe, située à l'embouchure de la Divette, à l'extrémité de la presqu'île du Cotentin, au fond de la baie comprise entre le cap Levi à l'est, et le cap de la Hogue à l'ouest, à 371 kilomètres de Paris. Beau port militaire bien abrité, creusé dans le roc, à 18 mètres de profondeur au-dessous du niveau des hautes mers, et capable de recevoir les plus grands navires de guerre. Le port de commerce peut recevoir des navires d'un tirant d'eau de $5^m,70$. Établissement de la marée, 7 heures 43 minutes. Cherbourg

Le commerce d'exportation de Cherbourg, comme de tous les ports du département de la Manche, consiste principalement en produits agricoles : bestiaux, volailles, beurres (plus de 5 millions de kilogr.), œufs, pommes de terre, légumes verts, viandes abattues, porcs, moutons. L'usine des produits chimiques établie à Cherbourg fournit à l'étranger des chlorure et iodure de potassium. L'Allemagne fait une grande concurrence à cette industrie. La Hollande, la Belgique et le Danemark font concurrence à la Normandie pour les produits agricoles. C'est la consommation anglaise et le marché de Londres en particulier, qui offrent aux cultivateurs de la Normandie des débouchés toujours assurés.

Les articles d'*importation* les plus importants sont : des houilles anglaises, des bois de construction venant de Suède, Norvége, Russie et Allemagne, et parfois du sud des États-Unis, mais rarement du Canada, du ciment de la Grande-Bretagne, du sel, etc.

Les steamers qui desservent Cherbourg sont de nationalité anglaise. La rade de Cherbourg reçoit, en outre chaque semaine, plusieurs steamers transatlantiques, naviguant sous pavillon anglais et allemand, venant des États-Unis, du golfe du Mexique et des Antilles et débarquant à Cherbourg des passagers, des colis de valeurs et des métaux précieux à destination du continent.

Fabriques de produits chimiques à Cherbourg, préparation des beurres et des viandes salés, minoteries, constructions maritimes.

Granville, 15,000 habitants, ville maritime, à l'embouchure du Boscq, sur un rocher qui s'avance dans la Manche, où elle a un port sûr et commode, dont les bassins à flot peuvent contenir plus de 100 navires et peuvent en recevoir du plus fort tonnage. Les abords de Granville sont très-dangereux à la basse mer et les étrangers doivent toujours employer un pilote. Le port est à sec en partie à la basse mer. C'est le port de communication entre la Normandie et la Bretagne ; il a aussi une communication journalière avec Jersey et Guernesey ; il exporte à ces îles des bœufs, des Granville.

moutons, des œufs, et d'autres denrées agricoles. Il arme pour la pêche de la morue à Terre-Neuve, et a de grands rapports commerciaux avec Saint-Pierre et Miquelon; il arme aussi pour les colonies et fait du grand et du petit cabotage. Pêche des huîtres dites de Cancale, qu'il exporte; salaisons de poissons, lard, beurre. Construction de navires.

Vivier. *Vivier-sur-Mer* (Ille-et-Vilaine), petit port de mer, sur le Guilloul, dans la baie du Mont-Saint-Michel, à 20 kilomètres de Saint-Malo; il est seulement abordable aux petits bateaux.

Cancale. *Cancale*, 7,000 habitants, petit port principalement fréquenté par des caboteurs, à 14 kilomètres de Saint-Malo.

Saint-Malo. *Saint-Malo,* 10,600 habitants, ville forte et maritime bâtie sur un petit rocher de l'île d'Aaron, qui ne tient au continent que par une chaussée nommée le Sillon, et défendue des vents par des travaux élevés. Le port de Saint-Malo, situé au sud-est de la ville, est grand, sûr, commode et très-fréquenté, mais l'accès en est assez difficile; la marée y est très-élevée. Il est à 81 kilomètres de Rennes et à 376 kilomètres de Paris, mais à 455 par chemin de fer. Fabriques de bonneterie, de toiles de Bretagne, de filets de pêche, de cordages pour la marine, de savon, etc. Manufacture des tabacs. Chantiers de constructions. Armements pour les Indes, pour la pêche de la baleine, de la morue et le cabotage.

Importations : denrées coloniales, épices, lins, chanvres.

Exportations : blé, fruits, vin, eau-de-vie, sel, cidre, toiles, beurre, miel, poissons, provisions, etc.

Saint Servan. *Saint-Servan,* 11,000 habitants, jolie ville maritime à l'embouchure de la Rance dans l'Océan, à 2 kilomètres de Saint-Malo, avec lequel il est en communication par terre à la basse mer. Le port est sûr, quoique à sec à la basse mer. Armement pour la pêche de la morue et le cabotage. Constructions maritimes. Fabrique de bons câbles.

Erquy. *Erquy* (Côtes-du-Nord), 2,400 habitants, petit port à 35 kilomètres de Saint-Brieuc; il est seulement accessible à de petits caboteurs.

Dahouet. *Dahouet*, 134 habitants, petit port, à 18 kilomètres est de Saint-Brieuc, difficile à découvrir parce qu'il est caché par de hautes falaises, qui l'abritent du côté de la mer. Les étrangers ne doivent pas tenter d'y entrer sans pilote; l'intérieur a un bon mouillage. Il y a $1^m,50$ d'eau à la basse mer et $4^m,80$ à la haute mer. Les navires y entrent presque toujours sur lest.

Exportations : grains, farines, bois, pommes de terre. Il *importe* des vins et des eaux-de-vie.

Saint-Brieuc. *Saint-Brieuc,* 17,000 habitants, jolie ville maritime, fort agréablement située sur un plateau, sur la rive droite du Gouet, à 5 kilomètres de son embouchure dans l'Océan. Le port, qu'on nomme le Légué, est situé à 1 kilomètre de la ville; il est sûr et bordé de beaux quais. Le mouillage mesure 6 mètres au pied du quai aux plus basses eaux. Il y remonte des navires de 400 tonneaux, et le port est principalement fréquenté par des vaisseaux de 3 mètres de tirant d'eau.

Ce port arme pour la pêche de Terre-Neuve et d'Islande, pour la mer du Sud et des Antilles.

Importations : fer, planches, bois du nord.

Exportations : beurre, cidre, oignons, pommes de terre.

Fabriques de toiles; aciérie, fonderie de fer, briques, serges, commerce de chiffons, salaisons.

Binic, 2,700 habitants, petit port, à 12 kilomètres de Saint-Brieuc, dans une petite baie d'un demi-mille de largeur, ouverte à l'est; l'entrée est entre deux jetées en pierre. Il est fréquenté seulement par de petits vaisseaux de 30 à 80 tonneaux. Il exporte des pommes de terre. Binic.

Paimpol, 2,200 habitants, à 42 kilomètres nord-ouest de Saint-Brieuc. Le port, dont le fond est de vase et de sable, est à sec aux plus basses eaux. Le port est fréquenté principalement par les bateaux pêcheurs de Terre-Neuve et par de petits navires qui exportent les produits du pays et principalement des pommes de terre. Paimpol.

Tréguier, 4,000 habitants, port bien situé, accessible aux navires de 800 tonneaux; il y a 5^{m},40 d'eau à la basse mer et 9 mètres à la haute mer. La ville est à 8 kilomètres du rivage. Tréguier.

Importations : fruits, tabac, graine de lin, sel, cidre, grain.

Exportations : farine, alcool, pommes de terre, tourteaux, huiles, huîtres.

Lannion, 6,500 habitants, sur le Guer, à 9 kilomètres de son embouchure dans l'Océan à 78 kilomètres ouest-nord-ouest de Saint-Brieuc. Il y a un quai spacieux, qui ne peut être approché que par des navires de 100 tonneaux. 400 navires environ exportent orge, avoine, chanvre et chènevis, graine de lin, chevaux, bétail, beurre, graisse, suif, vins de Bordeaux, et importent vins, eau-de-vie, cidre, sel, denrées coloniales, savons, huiles, fers, bois du nord, etc. Lannion.

Roscoff, 4,500 habitants, à 26 kilomètres de Morlaix; ce port est formé par un môle d'environ 295 mètres de longueur et qui sert de quai; il est situé à l'est de l'île de Batz; il est à sec à la basse mer. Il est très-fréquenté par les caboteurs. Comme l'entrée du port est encombrée par une foule de rochers, les navires étrangers doivent employer un pilote. Grand commerce de légumes. Roscoff.

Saint-Pol-de-Léon, 6,700 habitants, sur la Manche, à 21 kilomètres de Morlaix, est un port de cabotage. Grand commerce de légumes. Usine à teiller le lin. Saint-Pol-de-Léon.

Morlaix, 14,300 habitants, à 6 kilomètres de la mer, sur la rivière du même nom dont l'entrée est difficile et au confluent du Jarlot et du Queffleut. Morlaix.

La rade de Morlaix, d'un accès difficile, est sûre et commode. Le bassin peut contenir environ 50 navires de 3 à 400 tonneaux, la mer ayant 4 mètres de profondeur dans les marées ordinaires et jusqu'à 7 mètres dans les grandes marées. Commerce considérable en grains (avoine), en beurre, porcs salés, suif, chandelles estimées, miel, cire, cuirs verts, tannés et corroyés; toiles; chevaux du pays; fils blancs et écrus; papiers pour la France et l'exportation. Commerce de lin, de chanvre, de graines oléagineuses. Grande exportation de beurres, de bestiaux et surtout de légumes de Roscoff. Importations de charbon, d'argile et de poterie. Atelier considérable de préparation du lin, fabriques de toiles, de chandelles, papeteries importantes, fabriques de pipes. Il y a une manufacture nationale des tabacs.

Brest. *Brest*, 66,272 habitants, sur la Penfeld, chef-lieu de sous-préfecture du Finistère, siége d'une préfecture maritime, est situé sur la rive septentrionale d'une magnifique rade, qui a 22 kilomètres de long sur 11 de large, avec un circuit de 36 kilomètres, et dans laquelle peuvent mouiller 500 vaisseaux de guerre. On construit au pied des rochers de la rade un port marchand. Le principal mouillage du port est à 2 kilomètres de la ville. Les quais du port sont pourvus de tramways en communication avec le chemin de fer.

C'est le port militaire où se font les grands armements de la France; il est à 623 kilomètres de Paris. La rade, l'une des plus belles et des plus sûres du monde, communique avec l'Océan par un goulet large de 1650 à 3,000 mètres, long de 5 kilomètres, défendu par de nombreuses batteries. Établissement du port, 3 heures 48 minutes. C'est le port militaire qui donne surtout le mouvement et l'animation aux transactions; Brest possède un magnifique arsenal qui emploie 8,000 à 9,000 ouvriers.

Pêche de sardines, maquereaux, fabriques de toiles imperméables. Les principales exportations consistent en céréales, les importations en denrées coloniales, en charbon et en fournitures pour la marine.

Il s'y fait un commerce de consommation considérable.

Landerneau. *Landerneau*, 7,500 habitants, jolie ville maritime à 19 kilomètres de Brest; ce port est formé par l'embouchure de la rivière Elorn, et des vaisseaux de 300 tonneaux peuvent y entrer; la rivière s'écoule dans le port de Brest.

Tanneries importantes, filature de lin; commerce très-considérable de toiles de toute sorte, toiles à carreaux, toiles à voiles, fils blancs et écrus.

Exportations : grain, froment, orge, avoine, fromage, beurre, œufs, etc.

Importations : sel, charbon, fer et acier, etc.

Camaret. *Camaret*, 1,500 habitants, petit port de refuge situé dans le sud-ouest de l'encognure de la baie du même nom, à 43 kilomètres de Châteaulin; il est seulement fréquenté par de petits navires; ceux de 150 à 200 tonneaux, tirant moins de $3^m,60$ d'eau, peuvent entrer au port, mais ne peuvent pas approcher les quais. Pêche de la sardine.

Pont-l'Abbé, 4,700 habitants, petite ville maritime située sur la rivière du même nom, à 18 kilomètres de Quimper, et à 5 kilomètres de l'Océan. Fabriques de fécules et sirops de fécules; produits chimiques; minoteries. Pont-l'Abbé.

Exportations : pommes de terre, grains, produits fabriqués.

Quimper, 13,000 habitants, ville maritime située à 17 kilomètres de l'Océan, au confluent de l'Odet et du Steïr, à 549 kilomètres de Paris et à 617 par chemin de fer. Les navires de 150 tonneaux peuvent s'approcher de la ville; les navires plus grands doivent mouiller dans la baie de Bénodet, à l'embouchure de la rivière, et dont la profondeur est de 10 à 11 mètres. Quimper.

Fabriques de poteries et tanneries, papeterie mécanique, minoteries. Commerce de chevaux, de toiles de lin et de chanvre.

Exportations : poterie, cuir, provisions de bord, sardines, poissons secs et salés, beurre, suif, bois, céréales, farines, etc.

Importations : sel, charbon, pierres, résine, engrais.

Concarneau, 4,400 habitants, à 23 kilomètres de Quimper, petit port abordable seulement aux petits navires et d'une entrée difficile. Les plus importantes manufactures de préparation de la sardine se trouvent à Concarneau, où l'on compte 20 de ces établissements que l'on peut regarder comme des usines modèles. Dans le seul arrondissement de Quimper, près de 10,000 femmes et enfants sont employés à la préparation de la sardine. La pêche de ce poisson s'exerce en grand, à partir du mois de juillet, sur les côtes de France, depuis les Sables-d'Olonne jusqu'à Douarnenez. La pêche de la sardine commence ordinairement vers le mois de mai ou de juin pour se terminer vers le mois de septembre. Des bateaux pêcheurs montés par trois ou quatre hommes rentrent généralement dans la nuit rapportant leur cargaison. Aussitôt les poissons sont portés aux manufactures où l'on confit la sardine; ils sont jetés sur une aire en ciment ou en asphalte et immédiatement décapités et vidés par des ouvriers. Ils sont ensuite plongés dans des tonneaux pleins de saumure où ils séjournent quelques heures; on les en retire pour les laver à grande eau, puis on les dispose sur des grils en fil de fer et on les sèche dans des étuves. Quand la dessiccation est opérée, on porte les grils dans des bassins remplis d'huile bouillante et on les y laisse pendant quelques minutes seulement. On met ensuite les sardines en boîtes; on les laisse égoutter, puis on remplit d'huile d'olive fraîche. On soude le couvercle de la boîte, et celle-ci, hermétiquement fermée, est soumise à l'action de l'eau bouillante, afin de détruire tous les germes de ferment qui pourraient avoir subsisté dans la conserve. Les boîtes, refroidies, sont placées dans des caisses dont la contenance est de 100 boîtes. Concarneau. Préparation des sardines.

Exportations : bois, poisson, sardines, grains.

Importations : sel, futailles.

Douarnenez. *Douarnenez,* 7,000 habitants, à 23 kilomètres de Quimper, port de mer ou les armements pour la pêche à la sardine se font sur la plus vaste échelle. Fabriques de conserves de sardines à l'huile.

Lorient. *Lorient,* 34,660 habitants, belle ville maritime et place de guerre, située sur l'Océan, à l'embouchure de la rivière de Scorff et du Blavet, à 552 kilomètres de Paris, et à 60 kilomètres de Vannes. Le port est grand, sûr, la rade est superbe et abritée, bordée de beaux quais et capable de recevoir les plus grands navires. C'est le premier port de construction navale de France. Bassin pour la réparation des vaisseaux ; atelier pour la fabrication des machines à vapeur ; fonderies, forges, fabriques considérables de boîtes à sardines. Commerce en cire, miel, beurre, conserves de sardines. Pêche de sardines.

Exportations : blé, vin, eaux-de-vie, liqueur, sardines, tissus, fer, plomb, soie, chandelles.

Port-Louis. *Port-Louis,* 3,400 habitants, ville forte et maritime, à 4 kilomètres à l'est de Lorient. Le port est assez vaste et peut recevoir des vaisseaux du plus grand tonnage ; il peut contenir plusieurs vaisseaux de guerre et un assez grand nombre de vaisseaux marchands ; il est principalement fréquenté par des navires de 100 tonneaux. Pêche et commerce de sardines.

Vannes. *Vannes,* 14,000 habitants, ville maritime située au nord-est de l'extrémité du golfe du Morbihan, à 20 kilomètres de l'Océan, auquel cette ville communique par le golfe du Morbihan. Vannes possède un petit port, bordé de beaux quais ; les bâtiments de 150 tonneaux peuvent mouiller le long des quais, mais les plus grands doivent mouiller à Conlau, à $3^{Km},6$ de Vannes, où les navires de 800 tonneaux peuvent rester en toute sûreté.

Chantier de constructions. Le cabotage fait les principales exportations, car ce port exporte peu dans les pays étrangers.

Exportations : sel, grains.

Importations : bois de Suède et de Norvége, charbon d'Angleterre, minerai de fer d'Espagne.

Commerce de miel, de cire, de suif, de beurre, de cidre, de fers, de vins de Bordeaux.

Redon. *Redon,* 6,000 habitants, jolie ville, sur la Vilaine, formant le point de jonction des deux branches du canal de Nantes à Brest, à 71 kilomètres de Rennes, à 445 kilomètres de Paris. Les vaisseaux de 200 tonneaux peuvent remonter à Redon, dont le port est excellent. On prend des pilotes à Belle-Isle pour conduire les navires à Redon. Chantiers de constructions.

Exportation considérable des châtaignes dites marrons de Redon ; entrepôt de sels et de vins de Bordeaux ; commerce de miel, cire, beurre, bois de marine, fer de Suède et poteries. Tanneries, ardoisières, instruments aratoires.

Paimbœuf, 3,000 habitants, ville maritime, située sur la rive gauche de la Loire, à 12 kilomètres de son embouchure, à 59 kilomètres de Nantes et à 486 kilomètres de Paris. Chantier renommé pour la construction des gros navires et bateaux à vapeur. Paimbœuf décroît au profit de Saint-Nazaire; sa rade s'ensable. On a établi un bassin de carénage à Paimbœuf dans l'espérance de conjurer la ruine qui menace cette ville. Armement pour la pêche de la baleine. *Importation :* bois du nord. Paimbœuf.

Le *Croisic*, 3,300 habitants, jolie ville maritime, située sur l'Océan, au fond d'un petit golfe, qui y forme un port excellent, à 26 kilomètres de Saint-Nazaire, à 20 kilomètres nord-ouest de l'entrée de la Loire; c'est un petit port à sec à la basse mer. L'entrée du port est un peu difficile et il faut prendre un pilote à Belle-Isle. Marais salants; fabrication d'engrais, de soude; construction de navires. Le Croisic.

Commerce de sel, pêche de harengs, de maquereaux, morue, gros poissons et surtout des sardines. Bains de mer renommés.

Exportations : sel, sardines.

Le *Pouliguen*, petit port, près de l'embouchure de la Loire, à 8 kilomètres de Saint-Nazaire; il est abordable aux petits navires tirant $3^m,30$ d'eau. Le canal communiquant à la ville, d'une longueur de 500 mètres, est à sec à la basse mer. Le Pouliguen.

Exportations : pommes de terre, bétail, sel.

Pornic, 1,732 habitants, petit port, situé à l'entrée de la baie de Bourgneuf, à 22 kilomètres au sud de Paimbœuf. Il y a une bonne rade avec un mouillage de $4^m,50$ à $4^m,80$. Le port a environ 300 mètres de long sur 100 de large; il assèche à la marée basse. Ce port est principalement fréquenté par les caboteurs. Pornic arme pour la pêche de la morue. Pornic.

La ville de Pornic est bâtie en amphithéâtre sur une colline et se divise en deux parties, la ville haute et la ville basse, appelée aussi *les Sables*. De grands escaliers de pierre les relient l'une à l'autre. La colline est, en général, si escarpée que plusieurs maisons ont leurs jardins au-dessus des toits. Bains de mer très-fréquentés et source d'eau ferrugineuse très-recommandée pour les maladies d'estomac.

Bourgneuf, 2,925 habitants, situé à 2 kilomètres de l'Océan, à 23 kilomètres de Paimbœuf. Un navire tirant $5^m,40$ d'eau doit mouiller à environ 5 milles du rivage. Bourgneuf-en-Retz.

La navigation étant difficile à cause des écueils de la rade, on doit employer un pilote.

L'exploitation des marais salants, la pêche du poisson frais et des huîtres, et les armements pour la pêche de Terre-Neuve sont les principales industries des habitants.

Exportations : sel, huîtres.

Noirmoutier. *Noirmoutier* (Vendée), 8,000 habitants, port situé à l'est de l'île du même nom ; ce port est abordable aux navires tirant 3 mètres d'eau ; un vaisseau de 100 tonneaux peut y entrer à la haute marée.

Exportations : sel, huîtres, froment rouge, fèves de marais, moutarde, soude de varech.

Importations : produits coloniaux, vins, bois, etc.

Sables-d'Olonne. Les *Sables d'Olonne,* 8,500 habitants, ville maritime, située au bord de l'Océan, à 6 mètres d'altitude, à l'extrémité ouest d'une longue dune, entre la mer, au sud, et le port, au nord. Le faubourg de la *Chaume*, bâti au pied de dunes d'une hauteur de 20 mètres, est séparé de la ville par le chenal du port. Le port, bassin quadrilatéral, est accessible aux navires de 330 à 400 tonneaux, seulement à la marée haute. La plage des Sables d'Olonne passe pour l'une des plus belles de la France. Pêche de gros poissons et de sardines.

Exportations : grains, sel, poisson frais et salé ; bestiaux.

Importations : vins de Bordeaux, denrées coloniales, bois du nord. Construction de navires.

Marans. *Marans,* 4,500 habitants, ville très-propre, très-bien bâtie et très-riche, sur la Sèvre-Niortaise, à 11 kilomètres en ligne droite de l'anse de l'Aiguillon, à 24 kilomètres de la Rochelle. La marée remonte la Sèvre jusqu'à 4 kilomètres au-dessus de Marans, à un point appelé le Gouffre, formé par le confluent de la Sèvre-Niortaise et de la Vendée, près de l'Isle-d'Elle.

Le port, dont les quais ont un développement utile de 700 mètres, peut recevoir des navires de 250 tonneaux ; ceux de 300 tonneaux peuvent mouiller dans le Brault, anse du fleuve située en amont de l'estuaire de l'embouchure. La navigation de Marans à la mer ne se fait pas par la Sèvre, mais par un canal maritime à grande section, qui va déboucher dans l'anse de Brault ; les deux grands canaux de la Vienne et du Clain viennent aussi y aboutir. La rade de l'Aiguillon, située à l'embouchure de la Sèvre, est un lieu de refuge pour les navires en détresse.

Marans est l'entrepôt du commerce intérieur et extérieur des grains des départements des Deux-Sèvres et de la Vendée ; c'est un des marchés régulateurs de la France ; ses foires comptent parmi les plus importantes du pays. Il exporte chaque année pour 5 millions de francs de grains.

Marans possède un dépôt de bois de construction pour la marine marchande et pour la marine de l'État, une scierie mécanique, une fonderie, des fabriques de vannerie et de chaises, de chandelles, de chaux hydraulique, etc.

Saint-Martin de-Ré. *Saint-Martin-de-Ré,* 2,000 habitants, jolie ville maritime, située presque dans le centre de l'île de Ré, sur la côte orientale, à 20 kilomètres de la Rochelle. C'est un port sûr et commode, où il y a un mouillage de 3m,70 à 5m,50. Il est principalement fréquenté par des vaisseaux de 100 tonneaux.

Ce port fait un commerce considérable de vins, eau-de-vie, sels, vinaigres, etc.

Exportations : eau-de-vie, poisson salé, etc.

La Rochelle, 19,000 habitants, ville forte et maritime, au fond d'une anse, sur le bord de la vaste rade de Basque, abritée par les îles de Ré et d'Oléron. Le port de la Rochelle, un des plus sûrs et des plus accessibles de l'Océan, peut recevoir des navires de 800 à 1100 tonneaux, et tirant jusqu'à 6 mètres d'eau. Il est divisé en quatre parties : l'avant-port, le havre d'échouage, le bassin de carénage, et le nouveau bassin à flot. L'avant-port est encore protégé par la grande *digue* bâtie par Richelieu, pendant le siége de la Rochelle, et visible seulement à marée basse. Longue de 1,454 mètres, elle est interrompue au milieu par un goulet de 100 mètres de largeur, qui sert au passage des navires. Le *havre d'échouage,* renfermé dans la ville, est un bassin de forme allongée dans lequel les vaisseaux n'entrent qu'avec le flot ; il a 6m,72 d'eau à marée haute ; mais, à marée basse, les vaisseaux reposent sur la vase. La Rochelle.

La ville est en général bien bâtie, bien percée, et offre un beau coup d'œil ; quelques-unes de ses rues sont encore bordées de *porches*, galeries en arcades, où les piétons circulent à l'abri de la pluie.

Le pavé des rues, provenant du lest apporté de tous les pays par les navires, se compose de fragments de quartz, de jaspe, de lave, de granit, de porphyre, qui présentent la plus riche variété. La Rochelle, chef-lieu de la Charente-Inférieure, est à 477 kilomètres de Paris, à 181 de Nantes.

Il y a à la Rochelle des fabriques de briquettes de houille, des usines pour la préparation des conserves alimentaires, surtout pour la sardine et le thon mariné qui y font l'objet d'un grand commerce.

Filature de chanvre et de lin, tissages de toiles, scierie mécanique, fonderies de fer et de cuivre, ateliers de mécaniciens et tonnellerie très-renommée. La Rochelle arme un grand nombre de navires pour la pêche de la morue et pêche en grand le poisson frais dans l'Océan.

Importations : bois du nord, charbons de terre d'Angleterre, denrées coloniales, coton, poissons salés, etc.

L'*exportation* comprend surtout les eaux-de-vie, les vins, les vinaigres, les sels et les grains qui sont, dans la ville, l'objet d'un commerce très-important.

Rochefort, 30,000 habitants, ville maritime, située sur la rive droite de la Charente, à 16 kilomètres de son embouchure dans l'Océan, à 32 kilomètres de la Rochelle, à 474 kilomètres de Paris. Cette ville est en partie sur le versant d'un petit coteau rocheux, en partie sur des marais des- Rochefort.

séchés ; les marais voisins de Rochefort rendent le climat insalubre. Les rues, larges et alignées, se coupant à angle droit, sont monotones et en partie bordées de maisons de chétive apparence. C'est le troisième port militaire de la France. Le port comprend le *port militaire* et le *port marchand ;* un double bassin à flot, creusé au nord de la ville, près de la gare du chemin de fer, a été ajouté au port de commerce ; ce bassin peut recevoir les plus grands navires; il a plus d'un kilomètre de quais. L'arsenal militaire occupe habituellement 5,000 à 6,000 ouvriers. Plus de 3 kilomètres de voies ferrées y ont été établies pour le service des ateliers et des magasins. La Charente, dont la barre de l'embouchure envase l'entrée de cette rivière a, à travers la ville, une profondeur de 5^{m},40 à 6 mètres à la basse marée. On a foré à Rochefort un puits artésien de 856 mètres de profondeur, l'eau qui en jaillit est à 42°.

La principale industrie de Rochefort est la construction des navires.

Fabriques de cordages, de toiles à voiles, de tuiles, tuyaux de drainage, chaux et briques ; tanneries, chocolateries, fabriques de meubles, fonderie de cuivre et de fer.

Grand commerce d'eaux-de-vie, de vins, de bois du nord et de houille, de sels et merrains, de chevaux et de bétail, de poissons salés et de denrées coloniales, de blé et de farine.

La navigation fluviale entre Rochefort et Angoulême est très-active ; elle est, en moyenne, de 60,000 tonnes par an. Service de bateaux à vapeur entre Rochefort et Saintes ; service régulier de steamers entre Tonnay-Charente, Rochefort et l'Angleterre et l'Écosse.

Tonnay-Charente. *Tonnay-Charente*, 3,800 habitants, petite ville maritime, dans une situation charmante, sur la rive droite de la Charente, à 6 kilomètres de Rochefort, au plus haut point de la Charente auquel les navires puissent arriver ; c'est un port sûr et commode, qui peut recevoir des navires de 800 tonneaux. Entrepôt des eaux-de-vie de la Saintonge et de l'Angoumois, dont la plus grande partie s'exporte en Angleterre.

Grand commerce de sels, de vins, de bois de chauffage, de cercles, de bestiaux, de fer en barres et de charbon de terre.

Marennes. *Marennes*, 4,500 habitants, jolie petite ville maritime, située à 4 kilomètres de la mer, entre le havre de Brouage et l'embouchure de la Seudre, de laquelle elle est distante de 4 kilomètres ; elle est dans une contrée insalubre, toute sillonnée de bras de mer et de canaux ; elle est à 50 kilomètres de la Rochelle et à 489 kilomètres de Paris. Le port, situé à 1200 mètres au sud de la ville, ne peut recevoir que des bâtiments de 80 tonneaux. Il fait néanmoins un commerce considérable de sels, d'eaux-de-vie recherchées, de vins rouges et blancs, première qualité, d'huîtres vertes très-renommées, de fèves de marais, de pois verts, de lentilles, de maïs, de graine de moutarde.

Fabriques de produits chimiques et soudière, fabrique de vinaigre, fabriques de sabots, corderies, chantiers de construction de bateaux.

Royan, 4,000 habitants, dans la Charente-Inférieure, à l'entrée de la Gironde, sur l'Océan, vis-à-vis de la pointe de Grave, est un port de cabotage, qui se livre à la pêche de la sardine. Bains de mer très-fréquentés. Royan.

Blaye, 4,700 habitants, ville maritime, bâtie dans une position agréable et très-avantageuse pour le commerce, sur la rive droite de la Gironde, qui a dans cet endroit près de 4 kilomètres de large, et forme une superbe rade où mouillent une partie des bâtiments qui montent ou descendent le fleuve. Blaye est à 47 kilomètres de Bordeaux, à 62 kilomètres de la tour de Cordouan, à 542 kilomètres de Paris. Blaye.

Beaucoup de navires vont à Blaye pour compléter leur chargement et prendre des provisions de bord; beaucoup de pilotes résident dans ce port. Chantiers de construction pour le grand et le petit cabotage. Fabriques de toiles, d'étoffes, distilleries, faïenceries.

Exportations : vins, eaux-de-vie, grains, huile, pommes, noix, savons, bois de construction et de charpente, merrains.

Libourne, 15,000 habitants, jolie ville, située au confluent de la Dordogne et de l'Isle, à 35 kilomètres E.-N.-E. de Bordeaux, à 543 de Paris. Libourne.

Le port, où la marée s'élève de 10 à 15 pieds, est situé sur la Dordogne, mais les navires stationnent également sur l'Isle. Le port de Libourne peut recevoir des navires de 300 tonneaux, mais il n'y vient plus guère aujourd'hui que des gabares de Bordeaux et des caboteurs de la Bretagne. Il possède environ 65 bateaux de 2,500 tonneaux.

Le commerce de Libourne consiste surtout en vins très-estimés, en eaux-de-vie, farine et bestiaux, en grains et bois de merrain pour la fabrication des barriques.

Importations : bois du nord, charbon anglais.

Fabriques d'étoffes de laine et d'objets d'équipement militaire, tanneries, corderies, clouteries, meubles, chandelles. Chantiers de construction.

Bayonne, 27,000 habitants, chef-lieu de sous-préfecture, port commerçant, au confluent de la Nive et de l'Adour, à 6 kilomètres de l'Océan, à 783 kilomètres de Paris et à 106 de Pau. La barre de l'Adour rend l'entrée de cette rivière difficile; aussi nul vaisseau ne doit entrer sans l'aide d'un pilote. Bayonne

Le port, bien protégé, peut recevoir des navires de 350 tonneaux; la profondeur est de $4^m,8$ à $5^m,7$.

Bayonne possède d'importants chantiers de construction de navires. Grande fabrique de chocolat et de liqueurs.

Exportations : toiles, draperies, soieries, étoffes de coton. Vins, eaux-de-vie, liqueurs, jambons renommés, résines, etc.

Importations : Graines, farines, pommes de terre, sel, poisson, charbon, denrées coloniales, laines d'Espagne, etc.

Son commerce extérieur peut être évalué à 30 millions de francs, dont 20 millions pour les exportations.

Bayonne est un port de grand et petit cabotage, qui entretient d'actives relations avec nos ports de l'Océan et de la Manche, avec l'Espagne, l'Angleterre et la Belgique. C'est le port d'embarquement des Basques qui émigrent pour la Plata.

Bayonne est le principal débouché de la France dans l'ouest et le centre de l'Espagne. C'est un grand entrepôt de laines fines d'Espagne.

Saint-Jean-de-Luz. *Saint-Jean-de-Luz*, 3,000 habitants, petit port sur la rive droite de la rivière Nivelle, à 23 kilomètres de Bayonne, à 807 kilomètres de Paris.

Fabriques d'espadrilles et de thon mariné.

Port-Vendres. *Port-Vendres*, 2,000 habitants, port sur la Méditerranée, pouvant recevoir les plus grands navires ; débouché du Roussillon.

La Nouvelle. *La Nouvelle*, 2,000 habitants, port de Narbonne, à 26 kilomètres de cette ville, à laquelle il communique par un canal.

Le port est formé par deux môles, et est seulement abordable par des navires d'un tirant d'eau de $2^m,10$. L'entrée est difficile et on ne doit la tenter qu'avec l'aide d'un pilote. Hauts-fourneaux, raffinerie de soufre, chantiers de construction. Port de pêche.

Agde. *Agde*, 9,000 habitants, à 20 kilomètres et demi sud-ouest de Cette, sur la rivière Hérault, à 892 kilomètres de Paris. La ville est bâtie à 4 kilomètres de l'embouchure de la rivière, au pied d'une montagne volcanique. Les navires d'un tonnage de 150 tonneaux peuvent arriver jusqu'à la ville.

Commerce de vins, farine. Pêche. Paquebot à vapeur pour Marseille et Nice : départ tous les lundis.

Cette. *Cette*, 25,000 habitants, port situé à l'embouchure du canal du Languedoc, dans la Méditerranée, entre l'étang de Thau et la mer, au pied d'une petite montagne. C'est le port de la ville de Montpellier, qui communique avec lui par un chemin de fer de 28 kilomètres de longueur. Le port de Cette, qui est à 869 kilomètres de Paris, à 476 de Bordeaux, est très-important ; c'est le second port français sur la Méditerranée.

Il tend à devenir le port principal d'importation et d'entrepôt pour les douelles ou bois merrains dans la Méditerranée ; il en importe près de 20 millions de pièces, d'une valeur de 15 millions de francs, la plupart de provenance autrichienne.

Le port de Cette est divisé en trois bassins : le vieux Bassin, le nouveau Port et le bassin en communication avec la station du chemin de fer du Midi. Le vieux bassin reçoit des navires d'un tirant d'eau de $5^m,40$, le nouveau, de $4^m,50$, et le bassin du chemin de fer admet des navires de 150 à 200 tonneaux.

La ville de Cette fabrique beaucoup de vins de liqueurs avec les vins du midi, de l'Espagne et de l'Italie, du vermouth et de l'absinthe. Salaison de poisson, sécheries de morue, tonnellerie considérable. C'est un marché important pour les vins, les trois-six et les bois.

Importations : houille, bitume, blé, avoine, bois de construction et douves, soufre (28 millions de kilogrammes), oranges, citrons, bestiaux, laine, minerai de fer.

Exportations : vins, eaux-de-vie, sel, savon, fruits, houille française.

C'est surtout avec l'Espagne, l'Italie, l'Algérie et l'Autriche que cette ville entretient des relations actives. Aussi possède-t-elle des services réguliers à vapeur pour les ports d'Algérie, d'Espagne, d'Italie et pour Marseille.

La Ciotat, 10,000 habitants, port à 29 kilomètres sud-est de Marseille. Chantiers de construction des Messageries Maritimes. La Ciotat.

Exportations : anchois, sardines, fruits secs, vin, huile d'olive.

Importations : bois, fer, sel, soufre, etc.

La Seyne, 10,000 habitants, port situé dans la rade de Toulon à 5 kilomètres de cette ville. Chantiers de constructions des forges et chantiers de la Méditerranée. La Seyne.

Importations : bois et fer.

Toulon, 69,127 habitants en 1872 et 70,509 en 1876, chef-lieu de sous-préfecture du Var, est le principal arsenal et le principal port militaire de la France sur la Méditerranée. Ville bâtie au pied de hautes collines, et au fond d'une baie dont une presqu'île ferme presque l'enceinte, à 80 kilomètres de Draguignan, à 67 de Marseille et à 930 de Paris. La ville est très-irrégulière et renferme un grand nombre de rues très-étroites. Elle possède l'une des plus belles rades de l'Europe. C'est un port secondaire sous le rapport commercial. Toulon.

Exportations : vin, sel, huile d'olive, câpres, figues, raisins, amandes, oranges, jujubes, tissus, bonneterie, savon, etc.

Importations : céréales de la mer Noire, bois, houille, salaisons.

Cannes, 9,500 habitants, à 16 kilomètres de Grasse, à 1057 kilomètres de Paris, à 11 kilomètres nord-ouest d'Antibes, et à 194 de Marseille. Port très-commerçant en anchois, sardines salées, huiles d'olive, parfumeries, savon, figues sèches, oranges et autres produits du pays. Culture abondante de fleurs pour la fabrique de matières premières de la parfumerie. Cannes.

Antibes, 6,000 habitants, petit port bien abrité, d'un accès facile, à 24 kilomètres de Grasse, à 1068 kilomètres de Paris et à 205 de Marseille. Commerce de poissons salés, d'excellents fruits, de conserves de tomates, de vins et d'huile d'olive. Antibes.

Exportations : argile, parfumerie, tuiles.

Importations : sel, poisson.

Nice. *Nice,* 52,377 habitants en 1872 et 53,397 en 1876, chef-lieu des Alpes-Maritimes, située à l'embouchure du Paillon, à 6 kilomètres de l'embouchure du Var, à 1088 kilomètres de Paris, à 225 de Marseille, avec un bon port à l'abri de tous les vents. Cette ville est dans une situation délicieuse et jouit d'un climat très-doux. Son territoire produit des huiles d'olive excellentes, des oranges et citrons, toutes sortes de bons fruits, de légumes et de fleurs. Cette ville fait du commerce avec l'Italie principalement, l'Angleterre et l'Espagne.

Exportations : huiles d'olive, biscuit, confections, parfumerie, oranges, etc.

Importations : blé, eaux-de-vie, vins, huiles, sucre, café, poisson salé, coton. Nice a une manufacture nationale des tabacs.

Menton. *Menton,* 6,600 habitants, notre port le plus oriental, au bord de la mer, à 24 kilomètres de Nice, à 1112 kilomètres de Paris et à 249 de Marseille. Excellent climat. Commerce important de citrons, oranges, huile. Distilleries d'essence de citron, d'eau de fleurs d'oranger et de violette.

Corse. *Corse.* Le commerce de la Corse se fait principalement avec la France, l'Italie et l'Espagne. Le port commerçant principal est *Bastia,* qui fait plus de la moitié du commerce de toute l'île. *Ile Rousse,* sur la côte ouest, est en possession de la moitié environ du commerce d'exportation.

Les stations ouvertes au commerce sont : les ports de Bastia, Ajaccio, Bonifacio, Ile Rousse, Calvi, Centuri, Canari, Saint-Florent, Macinaggio, Porto-Vecchio, Propriano, Sagona, Porticciolo et Cervione.

Ajaccio. *Ajaccio,* 16,500 habitants, chef-lieu de la Corse, ville agréable, bâtie en amphithéâtre sur les flancs d'une colline élevée, au fond et au nord du golfe du même nom, le plus beau de l'île et l'un des meilleurs de la Méditerranée. Il y a une profondeur de 9 mètres d'eau dans le milieu du port. Ce port est ouvert aux vents d'ouest. Le climat y est malsain de juillet à octobre.

Exportations : bois de construction et autres, vins, huiles d'olive, maïs, blés, oranges, cédrats de première qualité, citrons, châtaignes, cire, cuirs, peaux de chevreau, gibiers de toutes sortes, charbons de bois, fromages.

Importations : tabac, café, sucre, poivre, sel.

Fabriques de cigares et de pâtes d'Italie, chantiers de construction de navires. — Pêche du corail dans le golfe de Sagona.

Propriano. *Propriano,* 633 habitants, à 14 kilomètres de Sartène, à 69 kilomètres d'Ajaccio, exporte des blés, des vins, des charbons de bois, des bois de construction et de l'huile d'olive. Entrepôt du commerce de l'arrondissement de Sartène, quatrième port de la Corse. Le port, quoique peu sûr et ouvert aux vents du sud-ouest, est assez fréquenté.

Bonifacio, 3,618 habitants, à 53 kilomètres de Sartène, à 1181 kilomètres de Paris, port accessible seulement aux navires d'un tirant d'eau de 4^{m},20; il ne peut être abordé que par un bon vent; mais il est très-sûr à l'intérieur. Pêche du corail. La ville est située à 60 mètres d'altitude, sur un rocher calcaire qui s'avance dans la mer, en face de la Sardaigne. Bonifacio.

Porto-Vecchio, 2,200 habitants, port très-bien abrité, à la partie sud-est de l'île, à 82 kilomètres de Sartène. Le mouillage à l'intérieur est bon partout. La baie est une des meilleures de la Méditerranée, mais la ville est malsaine. Porto-Vecchio.

Exportations : bois et sel.

Bastia, 20,000 habitants, sur la côte nord-est de la Corse, à 153 kilomètres d'Ajaccio, à 1,166 kilomètres de Paris; la ville est bâtie en amphithéâtre. Le port est seulement abordable aux légers navires; ce n'est qu'une crique étroite et sans profondeur, d'une superficie de trois hectares, ouverte aux vents du sud-est, qui occasionnent souvent de graves sinistres. Un nouveau port, d'une superficie de 10 hectares, est en cours d'exécution dans l'anse Saint-Nicolas, au nord de la ville, non loin de l'ancien port. Les brises de terre y soufflent quelquefois violemment du nord. Bastia.

Fabriques de pâtes d'Italie. Pêche du corail et des anchois. Nombreuses tanneries, savonneries. Etablissements métallurgiques de Toga.

Exportations : huile d'olive, vins, corail, bois de construction, marbres, cédrats, citrons, légumes secs, farine de maïs et de châtaigne, poisson frais, anguilles de l'étang de Biguglia, fonte, fer, antimoine, peaux de chèvre, etc.

Calvi, 2,000 habitants, ville forte et maritime, à 96 kilomètres d'Ajaccio. Commerce de vins, huile d'olive, oranges, citrons, cédrats, amandes, cire, cuirs, peaux de chèvre. Pêche de thons et de langoustes. Calvi.

Mouvement de la navigation au long cours des ports français.

(C'est-à-dire navigation avec l'étranger, les colonies et la grande pêche.)

NOMS DES PORTS		ENTRÉE DES NAVIRES						SORTIE DES NAVIRES						TOTAUX DES ENTRÉES ET SORTIES		PAYS de provenance et de destination.
		FRANÇAIS		ÉTRANGERS		TOTAL		FRANÇAIS		ÉTRANGERS		TOTAL				
		NOMBRE	TONNAGE	NOMBRE	TONNAGE	NOMBRE	TONNAGE	NOMBRE	TONNAGE	NOMBRE	TONNAGE	NOMBRE	TONNAGE	NOMBRE	TONNAGE	
Marseille....	1872	2.288	1.034.580	3.076	698.905	5.358	1.733.485	2.169	999.546	2.142	486.359	4.311	1.485.905	9.660	3.220.390	Italie, Espagne, Turquie, Russie, Egypte, Angleterre, Indes anglaises, Colonies, Amérique du Sud.
	1873	2.323	1.804.943	3.717	888.854	6.040	1.970.797	2.270	1.069.827	1.992	503.175	4.252	1.573.002	10.074	3.465.095	
	1874	2.163	1.102.730	3.092	821.459	5.250	1.924.189	2.317	1.136.747	1.948	504.561	4.265	1.641.308	9.515	3.565.497	
	1875	2.100	1.131.145	3.151	857.657	5.251	1.988.800	2.229	1.153.725	1.898	523.742	4.136	1.677.467	9.407	3.666.207	
	1876	2.059	1.150.578	3.212	900.993	5.271	2.051.571	2.108	1.154.414	1.922	505.843	4.030	1.660.257	9.301	3.711.828	
	1877															
Le Havre.....	1872	712	251.248	1.763	920.870	2.475	1.172.118	523	223.133	964	562.935	1.487	786.068	3.962	1.958.156	Angleterre, Allemagne, Etats-Unis, Norvège, Indes anglaises, Brésil, Pérou, Chili.
	1873	638	244.906	1.812	913.629	2.450	1.158.535	477	236.642	947	479.697	1.424	716.339	3.874	1.874.874	
	1874	577	241.803	1.973	1.124.369	2.550	1.366.172	453	236.580	1.086	655.806	1.539	892.386	4.089	2.258.558	
	1875	583	294.893	1.987	1.082.255	2.570	1.377.148	468	240.852	1.068	603.301	1.536	844.153	4.106	2.221.301	
	1876	607	357.428	2.230	1.192.658	2.837	1.550.086	438	276.151	1.029	597.774	1.467	873.925	4.304	2.424.011	
	1877															
Bordeaux.....	1872	601	142.581	857	368.138	1.458	510.719	740	233.975	705	345.245	1.445	579.220	2.903	1.089.939	Angleterre, Allemagne, Indes anglaises, Brésil, Pérou, Colonies.
	1873	599	164.316	842	404.337	1.441	568.653	655	219.997	750	451.089	1.405	671.086	2.846	1.239.739	
	1874	644	180.443	827	436.906	1.471	617.349	704	224.545	700	410.116	1.404	634.661	2.875	1.252.010	
	1875	538	163.908	870	417.715	1.408	581.623	629	228.924	759	406.668	1.388	635.592	2.796	1.217.215	
	1876	579	177.862	1.023	457.722	1.602	635.584	676	234.274	757	400.540	1.433	634.814	3.035	1.270.398	
	1877															
Nantes.......	1872	629	68.118	137	24.038	766	92.156	716	97.262	181	31.102	897	118.364	1.663	210.520	Angleterre, Suède, Norvège, Pays-Bas, Espagne, Colonies.
	1873	628	64.954	128	18.423	756	83.377	463	59.903	167	25.343	630	85.266	1.386	168.741	
	1874	602	62.712	125	18.497	727	81.209	402	49.568	124	19.603	526	69.171	1.253	150.380	
	1875	608	62.464	98	16.709	706	79.173	575	69.454	116	21.033	691	90.487	1.397	169.660	
	1876	622	66.429	96	13.633	718	80.062	370	47.661	82	12.103	452	59.764	1.170	139.826	
	1877															
St-Nazaire....	1872	253	98.323	364	146.325	617	244.648	859	68.764	54	17.997	413	86.761	1.030	331.409	Angleterre, Mexique, Amérique espagnole, Colonies.
	1873	263	102.666	299	132.258	562	234.924	129	61.971	32	13.807	161	75.778	723	310.702	
	1874	299	120.975	297	123.192	596	244.167	142	63.485	39	10.574	181	74.059	777	318.226	
	1875	265	123.603	404	159.505	669	283.108	106	64.847	119	32.937	225	97.784	894	380.892	
	1876	332	150.380	393	159.955	725	310.335	165	84.452	106	28.592	271	113.044	996	423.379	
	1877															
Boulogne.....	1872	69	9.222	1.502	313.260	1.471	322.482	32	4.738	1.161	232.170	1.193	236.908	2.764	559.390	Angleterre. Suède. Norvège.
	1873	38	5.409	1.776	376.890	1.814	379.299	19	2.852	1.199	234.809	1.218	237.661	3.032	607.960	
	1874	49	7.139	1.605	338.310	1.654	345.440	23	2.662	1.310	254.211	1.332	256.873	2.986	602.313	
	1875	45	5.170	1.564	352.405	1.609	357.375	38	4.043	1.267	257.185	1.305	261.208	2.914	618.583	
	1876	79	7.736	1.628	388.214	1.707	395.950	27	3.201	1.281	270.003	1.308	273 204	3.015	669.154	
	1877															

Dieppe.......	1872	225	55.464	1.225	254.730	1.450	310.194	177	48.682	767	129.496	944	178.178	2.394	488.372	Angleterre. Suède. Norvège. Russie.
	1873	188	48.755	1.386	309.680	1.574	358.435	162	45.537	751	136.262	913	181.799	2.487	540.232	
	1874	174	47.547	1.275	279.069	1.449	326.616	152	44.963	810	139.759	962	184.722	2.411	514.338	
	1875	202	55.074	1.166	270.395	1.368	325.469	173	50.041	869	151.711	1.042	201.752	2.410	527.221	
	1876	179	50.860	1.368	348.542	1.547	399.402	156	45.595	831	161.537	987	207.132	2.534	606.534	
	1877															
Dunkerque....	1872	489	75.664	1.311	279.847	1.800	355.511	218	31.036	896	147.272	1.114	178.308	2.914	533.819	Angleterre, Russie, Suède, Norvège, Espagne, Pays-Bas.
	1873	615	100.122	1.978	486.404	2.593	586.526	168	22.794	781	132.424	949	155.218	3.488	741.744	
	1874	429	64.084	1.607	423.176	2.036	487.260	187	24.808	853	147.069	1.040	171.877	3.076	659.137	
	1875	479	78.706	1.792	524.736	2.271	603.442	176	24.625	885	156.833	1.061	181.458	3.332	784.900	
	1876	492	83.845	1.682	514.706	2.174	598.551	152	17.514	609	122.017	761	139.531	2.935	738.082	
	1877															
Calais........	1872	297	66.888	1.203	217.573	1.500	284.461	300	63.345	1.010	154.351	1.310	217.696	2.810	502.157	Angleterre. Suède. Norvège. Russie. Baltique.
	1873	302	72.972	1.520	274.083	1.822	347.055	289	69.467	974	152.377	1.263	221.844	3.085	568.899	
	1874	437	102.485	1.165	207.665	1.602	310.150	378	91.070	909	139.558	1.287	230.628	2.889	540.778	
	1875	450	104.321	1.246	298.093	1.696	402.414	398	95.438	994	207.101	1.392	302.539	3.088	704.953	
	1876	492	106.463	1.327	314.723	1.819	421.186	380	92.949	918	193.827	1.298	286.776	3.117	707.962	
	1877															
Cette.........	1872	319	61.006	862	151.617	1.181	212.623	452	115.349	557	111.545	1.009	226.894	2.190	439.517	Italie, Espagne, Autriche, Algérie, Angleterre, États-Unis, Brésil.
	1873	456	63.068	894	137.700	1.350	200.768	551	122.401	648	94.694	1.119	217.095	2.549	417.863	
	1874	475	91.932	900	176.661	1.375	268.393	508	114.341	650	114.265	1.158	228.606	2.533	496.999	
	1875	390	91.722	894	181.341	1.284	273.063	413	115.965	639	119.159	1.052	235.124	2.336	508.187	
	1876	345	74.407	1.036	184.486	1.381	258.893	493	141.680	785	116.749	1.278	258.429	2.569	517.322	
	1877															
Rouen........	1872	129	21.504	680	132.615	809	154.119	165	24.155	556	79.901	721	103.056	1.530	257.175	Angleterre, Suède, Norvège, Allemagne, Espagne.
	1873	151	27.799	727	147.218	878	175.017	151	22.391	533	82.382	684	104.773	1.563	279.790	
	1874	124	20.366	795	171.525	919	191.891	138	22.640	480	74.004	618	96.644	1.537	288.535	
	1875	68	12.132	861	207.410	929	219.542	104	14.120	573	99.315	682	113.435	1.611	332.977	
	1876	66	13.193	1.090	291.668	1.156	304.861	101	12.998	615	101.559	716	114.557	1.872	419.418	
	1877															
Nice..........	1872	112	20.582	498	54.779	610	75.361	115	21.378	288	28.975	403	50.353	1.013	125.614	Italie. Angleterre. Espagne.
	1873	72	12.348	434	43.428	506	55.776	68	11.538	174	14.107	242	25.645	748	81.421	
	1874	69	11.172	339	31.720	498	42.892	54	7.894	181	14.377	235	22.271	643	65.163	
	1875	50	8.752	393	43.226	443	51.975	66	11.482	189	13.138	255	24.620	698	76.595	
	1876	41	7.044	443	39.750	484	46.794	44	7.690	224	13.446	268	21.136	752	67.930	
	1877															
Bayonne.....	1872	62	8.673	235	19.362	297	28.035	65	11.141	253	17.885	318	29.026	615	57.061	Espagne. Angleterre. Belgique.
	1873	62	7.648	386	38.791	448	46.439	86	10.321	370	32.836	456	43.657	904	90.096	
	1874	66	8.766	389	45.347	455	54.113	146	15.104	396	42.967	542	52.071	997	106.184	
	1875	67	9.267	361	49.848	428	59.115	97	11.508	411	52.451	508	63.959	936	123.074	
	1876	47	7.373	324	42.975	371	50.348	89	11.202	358	40.689	447	51.891	818	102.239	
	1877															

Marseille, Nantes, Saint-Nazaire, sont les seuls ports où le pavillon français l'emporte sur les pavillons étrangers.

TABLEAU DE LA POPULATION DES PRINCIPAUX MARCHÉS FRANÇAIS.

VILLES AYANT PLUS DE 100.000 HABITANTS : 9.

	En 1872.	En 1876.
1. Paris	1.851.792	1.986.500
2. Lyon	323.417	324.800
3. Marseille	312.864	318.900
4. Bordeaux	194.055	215.200
5. Lille	158.117	162.700
6. Toulouse	124.852	131.600
7. Nantes	118.517	122.300
8. Saint-Etienne	110.814	126.000
9. Rouen	102.470	104.900

VILLES DE 90.000 A 100.000 HABITANTS : 0.

VILLES DE 70.000 A 90.000 HABITANTS : 3.

	En 1872.	En 1876.
10. Le Havre	86.825	90.066
11. Roubaix	75,987	83.661
12. Reims	71,994	81.328

VILLES DE 50.000 A 70.000 HABITANTS : 11.

	En 1872.	En 1876.
13. Toulon	69.127	70.509
14. Brest	66.272	
15. Amiens	63.747	66.896
16. Nimes	62,394	63.001
17. Versailles	61.686	49.847
18. Angers	58.464	57.040
19. Montpellier	57.727	
20. Limoges	55.131	59.011
21. Nancy	52,978	66.303
22. Nice	52,377	53.397
23. Rennes	52,044	57.177

VILLES DE 40,000 A 50,000 HABITANTS : 8.

	En 1872.	En 1876.
24. Besançon	49.401	
25. Orléans	48.976	
26. Le Mans	46.981	
27. Tours	43,368	48.325
28. Tourcoing	43.322	
29. Grenoble	42,660	45.426
30. Dijon	42.573	
31. Caen	41,210	

VILLES DE 30,000 A 40,000 HABITANTS : 11.

	En 1872.	En 1876.
32. Boulogne	39.700	
33. Avignon	38.196	
34. Troyes	38.113	
35. Clermont-Ferrand	37,357	
36. Cherbourg	35.580	
37. Saint-Quentin	34,811	
38. Lorient	34,660	
39. Dunkerque	34.350	
40. Béziers	31,468	
41. Bourges	31,312	
42. Poitiers	30.036	

Total des villes ayant plus de 30,000 habitants : 42.

En 1866, la France comptait 89 départ., 373 arrond., 2,941 cantons, 37,548 comm. et 38,067.094 habit.
En 1872, elle comptait 87 — 362 — 2,865 — 35,989 — 36,102,921 —
En 1876, elle compte

Nombre de communes ayant une population au-dessous de 100 habitants : 603.

De 101 à 200	3,175	De 1,501 à 2,000	1,957	De 5,001 à 10,000	281
— 201 à 300	4,574	— 2,001 à 2,500	800	— 10,001 à 20,000	117
— 301 à 400	4,488	— 2,501 à 3,000	551	— 20,001 et au-dessus	69
— 401 à 500	3,743	— 3,001 à 3,500	307		
— 501 à 1,000	10,807	— 3,501 à 4,000	211	Nombre total des communes	35,989
— 1,001 à 1,500	4,074	— 4,001 à 5,000	232		

TABLEAU RÉCAPITULATIF

PAR DÉPARTEMENTS

DES

VILLES INDUSTRIELLES & COMMERÇANTES DE LA FRANCE

AIN

Ain.

(5 arrondissements, 36 cantons, 452 communes, 7e corps d'armée.)

Chef-lieu : **Bourg**, 14,000 hab., à 422 kilom. de Paris, à 155 kilom. de Besançon, sur la rive gauche de la *Reyssouze*, dans une vallée limitée, à l'est, par les hauteurs du Revermont. Les promenades font le principal ornement de la ville : le Mail, le Bastion où l'on remarque la statue de Bichat, le créateur de la physiologie moderne, par David d'Angers. Obélisque élevé sur la place Joubert à la mémoire de ce général, né à Pont-de-Vaux, en 1769 et mort en 1799. Maison habitée par Lalande en 1792, entre le Mail et le Quinconce. A l'extrémité du faubourg Saint-Nicolas, à 800 mètres de la ville, se trouve l'église de *Brou*, célèbre par son architecture intérieure, bâtie de 1511 à 1536 par Marguerite d'Autriche, dans le style ogival. Devant le portail, se trouve un cadran solaire ou gnomon, du XVIe siècle, restauré par Lalande en 1757, et qui indique l'heure pour la personne qui se place sur la lettre représentant le mois dans lequel on se trouve. Bourg.

Bourg fait un grand commerce de graines, de volailles et de bestiaux. Marchés importants pour les grains tous les mercredis.

Sous-préfectures : Belley, 4,624 hab., à 74 kilom. de Bourg, dans la vallée fertile du Furan et à 5 kilom. du *Rhône*, agréablement située entre deux coteaux. Foires importantes pour la vente des bestiaux et des chevaux. Commerce de soie, saucissons renommés. Bois de construction. Pierres lithographiques, les meilleures de France. Tanneries. Marché le samedi. Belley.

Gex, 2,642 hab., sur le *Journan*, sur le versant oriental du Jura, d'où la vue s'étend sur le lac *Léman* et sur les montagnes de la Savoie. Tanneries, scieries mécaniques, moulins à blé et à tan, martinets; fabrication des fromages de Gex. Commerce actif avec le canton de Vaud. Gex.

Nantua, 3,776 hab., à 40 kilom. de Bourg, sur un petit torrent qui se jette dans le lac de *Nantua*, de 268 hectares de superficie. Fabrique de draps, peignes de corne, tournerie, tabatières, tanneries, scieries, tissage d'étoffes de soie et de laine. Grand commerce de fromage et de bois de sapin. Nantua.

Trévoux.

TRÉVOUX, 2,863 hab., à 49 kilom. de Bourg, sur le penchant d'une colline, sur la rive gauche de la *Saône*. Orfévrerie, bijouterie, taillanderie.

Autres localités : TREFFORT, 1,911 habitants, à 15 kilom. de Bourg, à l'extrémité de la Bresse, au pied de la première chaîne du Jura, à la source d'un affluent du *Sevron*. Poteries, tuileries, volailles grasses, clouteries. — PONT-D'AIN, 1,444 hab., sur la rive droite de l'*Ain*; pont en pierre, de six arches, sur l'*Ain*. Trois moulins à farine très-importants. — AMBÉRIEU, 3,047 hab., sur l'*Albarine*, à 30 kilom. de Bourg, au débouché de la vallée de l'Albarine dans celle de l'Ain et à la jonction des lignes de Paris et de Lyon. Pays fertile. Fabriques de drap et de toile, tanneries et papeteries. — SAINT-RAMBERT-DE-JOUX, 2,537 hab., sur la rive droite de l'*Albarine*, au confluent du *Brevon*, entre deux montagnes à pic. Filatures de soie et de laine, papeteries; fabriques de linge de table, de velours, cachemires, toiles. Grand commerce des vins du pays. — TENAY, 2,439 hab., village industriel où se trouvent des filatures de soie. — SEYSSEL, 1,234 hab., sur la rive droite du *Rhône*, qui y devient navigable, vis-à-vis de Seyssel (1,553 hab.), bourg de la Haute-Savoie, sur la rive gauche; un pont suspendu réunit ces deux communes. Vins mousseux renommés. Mines d'asphalte et de bitume, ainsi qu'à Pyrimont, située plus au nord. — OYONNAX, 3,547 hab., sur l'*Auge*, affluent de l'*Oignin*, à 17 kilom. de Nantua. Fabrique de peignes, d'objets en corne et en buis; scieries hydrauliques et à vapeur; fabrique de soierie et de draperie. Commerce de bois. — JUJURIEUX, 2,606 hab., près du *Riez*, à 2,500^m de l'*Ain*. Fabrique de soierie. — MONTLUEL, 2,981 hab., sur la *Sereine*, au pied d'une colline de 294 mètres, bordant au nord la large vallée du Rhône, à 3 kilom. du fleuve, dans une région de vignobles. Fabriques de couvertures de laine, de tapis, impressions de châles de laine, manufacture de drap pour la troupe; fabriques de charrues perfectionnées. École d'agriculture à la Saulsaie.

Aisne.

AISNE

(5 arrondissements, 37 cantons, 837 communes, 2e corps d'armée.)

Laon.

Chef-lieu : **Laon,** 10,268 hab., sur une colline de 100 mètres d'élévation, isolée, dominant l'*Ardon*, affluent de l'*Ailette*, au milieu d'une plaine vaste et fertile, à 140 kilom. de Paris. Centre du commerce des tissus de Saint-Quentin, des verreries et glaces de Saint-Gobain, des fers et tôles de Folembray. Commerce de grains et de vins. Boissellerie, chapellerie, bonneterie, manufactures de couvertures de laine et de draps communs, fabrique de sucre. Beau vignoble. Culture maraîchère, artichauts et asperges renommées.

Château-Thierry.

Sous-préfectures : CHATEAU-THIERRY, 6,519 hab., ville bâtie en amphithéâtre sur une colline, sur la rive droite de la *Marne*, à 80 kilom. de Laon, à 95 kilom. de Paris. Un beau pont en pierre de trois arches réunit la ville à son faubourg de Marne, situé sur la rive gauche de la rivière. Une jolie promenade borde la rivière. Commerce de grains, de vins, de bois, de moutons, de laines, de bestiaux et de meubles. Fabrique d'instruments de musique à vent en cuivre et en bois, d'instruments de mathématiques, d'ouvrages en cheveux. Tanneries, teintureries. Extraction de grès pour pavage et de meulière pour constructions; plâtre.

Saint-Quentin.

SAINT-QUENTIN, 34,811 hab., jolie ville sur une colline assez étendue, au bas de laquelle coule la *Somme*, à 50 kilom. de Laon, à 139 kilom. de Paris. Rues larges et bien ouvertes. Commerce de grains, lin, coton en laine et filé et articles de ses nombreuses manufactures. Fabriques considérables de tissus de coton, batistes, linge de table, etc. Construction de machines, fabriques de sucre. (Voir page 592.) La broderie à la main tend de plus en plus à disparaître, et ne forme plus comme jadis une des branches importantes de l'industrie du pays; mais, par contre, la broderie mécanique continue à se développer.

SOISSONS, 11,099 hab., ville bien bâtie, sur la rive gauche de l'*Aisne,* dans un vallon agréable et fertile, à 32 kilom. de Laon, à 105 kilom. de Paris. Grand commerce de grains et farines, de haricots de Soissons, de pois, de lin et de chanvre, de laines, de bétail, de bois et charbon. Fabriques d'instruments aratoires, de poteries, de chandelles, de chocolats; tanneries, corderies, fonderie de fer. Soissons.

VERVINS, 2,732 hab., ville située en amphithéâtre sur le penchant d'une colline et sur le *Vilpion,* à 40 kilom. de Laon. Elle fait un grand commerce de toiles de lin et de chanvre, de vannerie et de bonneterie. Fabriques de tricots de laine, tissus de fil et de coton, fabriques de toiles à sacs, blanchisseries. Vervins.

Autres localités : CHAUNY, 9,080 hab., sur l'*Oise*, à l'embranchement du canal de *Saint-Quentin*. Polissage des glaces de Saint-Gobain. — LA FÈRE, 4,984 hab., ville forte, au confluent de la *Serre* et de l'*Oise*, à 25 kilom. de Laon. Meuneries, savonneries, huileries, tanneries, limes, martinets. — Ecole d'artillerie. — FOLEMBRAY, 1,300 hab., à 2 kilom. 1/2 de la Lette, à la lisière de la forêt de Coucy; célèbre verrerie qui date de 1705. — SAINT-GOBAIN, 2,190 hab., à 26 kilom. de Laon, à 9 kilom. de la Fère; célèbre manufacture de glaces, qui produit annuellement 200,000 mètres carrés de glaces, qu'on polit à Chauny. — BOHAIN, 5,322 hab., entre le canal des *Torrents* et la forêt de Bohain, à 22 kilom. de Saint-Quentin, possède des fabriques de cachemires français et d'horloges. — FRESNOY-LE-GRAND, 4,441 hab., à 5 kilom. de Bohain; grande fabrique de gazes et de cachemires. — GUISE, 5,289 hab., sur la rive gauche de l'*Oise* et sur un canal de dérivation de cette rivière, à 23 kilom. de Vervins. Cette ville a des fabriques de châles, des filatures de coton et de laine, des fonderies de fer et de cuivre, des fabriques de sucre, de chicorée et de cuirs vernis et des tanneries. — NEUILLY-SAINT-FRONT, 1,762 hab., près de l'*Ourcq*, à 20 kilom. de Château-Thierry, sur un plateau élevé, possède plusieurs tanneries assez importantes, des bonneteries et une fabrique de sucre.

ALLIER

Allier.

(4 arrondissements, 28 cantons, 323 communes, 13e corps d'armée.)

Chef-lieu : **Moulins**, 19,890 habitants, ville mal bâtie, sur la rive droite de l'Allier que traverse un beau pont de 13 arches, et de 300 mètres de long sur 14 de large, à 313 kilomètres de Paris, dans une situation des plus riantes. Rues étroites et irrégulières, bordées de maisons construites en briques. Commerce de bois, de charbon, de houille, de fer; charcuterie, tanneries, corroierie, corderie, ébénisterie, coutellerie; fabrique de cordes d'instruments, fabriques de blanc de baryte pulvérisé. Moulins.

Sous-préfectures : GANNAT, 5,528 hab., sur l'*Andelot,* au pied de coteaux couverts de vignes et d'arbres, à 58 kilom. de Moulins; ville assez laide, aux rues mal pavées et irrégulières. Commerce de blé, de vins et de pommes de terre. Brasseries renommées. Coutellerie; fours à chaux. Gannat.

MONTLUÇON, 23,000 hab., sur les deux rives du *Cher* et sur un mamelon qui domine cette rivière, à 78 kilom. de Moulins. Usines à fer, belles fabriques de glaces, verreries, tanneries, hauts-fourneaux. (Voir page 602.) Montluçon.

La Palisse. La Palisse, 2,821 hab., ville agréablement située sur la *Bèbre,* au pied d'un coteau où s'élève l'ancien château des sires de la Palisse. Commerce de blé, chanvre, toile, bestiaux.

Autres localités. — Lurcy-Lévy, 3,684 hab., sur l'*Anduise,* dans un pays boisé, à 40 kilom. de Moulins; fabrication de briques réfractaires et manufacture de porcelaine blanche à la Rencontre. Carrières de plâtre. Fabrique de sabots. — Le Donjon, 2,048 hab., sur la *Lodde,* dans un vallon entouré de collines, à 20 kilom. de la Palisse; tuileries, huilerie. — Montcombroux, à 19 kilom. de la Palisse; exploitation de houille par la compagnie des mines de Bert. — Vichy, 5,666 hab., sur la rive droite de l'*Allier*, en amont du confluent du *Sichon,* dans une belle vallée, à 60 kilom. de Moulins, à 24 de la Palisse et à 365 kilom. de Paris. Vichy, entouré de beaux boulevards, se divise en deux parties: la vieille ville ou Vichy-la-Ville, située sur une éminence, et composée de rues étroites et tortueuses, de maisons noires et mal bâties; la ville neuve ou Vichy-les-Bains, formée presque entièrement de larges rues, de beaux boulevards, de riches hôtels, de villas splendides. Le parc, agréable promenade plantée de platanes et de tilleuls, le nouveau parc anglais, le long de la digue de l'*Allier*, le nouveau Casino, qui se compose de trois bâtiments reliés entre eux par deux arcades, embellissent la ville. Les eaux minérales de Vichy sont des eaux bicarbonatées sodiques ou bicarbonatées sodiques et ferrugineuses, qui reçoivent annuellement 20 à 25,000 visiteurs. Les environs de Vichy sont très-pittoresques. La belle *allée des Dames*, longue de 4 kilom. et bordée de peupliers, relie Vichy à *Cusset*, dont les eaux minérales sont de même nature que celles de Vichy. — Saint-Pourçain, 5,000 hab., sur la rive gauche de la *Sioule*, dans une position délicieuse, à 25 kilom. de Gannat, à 30 de Moulins. Minoterie; commerce de noix, de chanvre et de vin. Fabriques de chapeaux, filature de laine, fabrique d'huile. Distillerie dans les environs. — Commentry, 9,978 hab., à 16 kilom. de Montluçon, dans une région montagneuse et sur les bords de l'*Oeil;* forges de Châtillon et Commentry, mines de houille importantes.

Basses-Alpes.

BASSES-ALPES

(5 arrondissements, 30 cantons, 251 communes, 15e corps d'armée.)

Digne. *Chef-lieu:* **Digne,** 7,002 habitants, entre le torrent des Eaux-Chaudes, le Mardarie et la Bléone, sur le flanc d'un mamelon encaissé entre de hautes montagnes boisées, à 750 kilomètres de Paris. Les rues sont étroites, tortueuses et mal bâties. Manufacture de draps, chapeaux, teintureries, coutellerie. Commerce de fruits secs et confits, principalement de pruneaux et de pistaches. Miel, cire jaune, peaux de chevreau.

Barcelonnette. *Sous-préfectures :* Barcelonnette, 2,000 hab., à 84 kil. de Digne, sur la rive droite de l'*Ubaye,* dans une vallée que dominent de hautes montagnes. Elle passe pour la plus jolie ville des Alpes françaises; elle est formée principalement de deux rues rectilignes, dont l'une aboutit à une grande place carrée, dont le centre est décoré d'un monument élevé à Manuel, le courageux député de la Restauration, mort en 1827. Commerce de blé, de mulets, de bœufs et de moutons; fabrique de petite draperie et d'étoffes de laine.

Castellane. Castellane, 1,842 hab., sur la rive droite du *Verdon,* à 50 kilom. de Digne, entre des coteaux couverts de vignes, de figuiers et de vergers. Ville bien bâtie, qui a des rues larges et propres, et une belle place publique plantée de platanes. Fabriques de draps communs, de lainages, de chapeaux et de poteries; commerce de fruits secs et confits, surtout de pruneaux.

Forcalquier. Forcalquier, 2,841 hab., à 54 kilom. de Digne, bâtie en amphithéâtre sur le versant d'une colline qu'entourent de jolis boulevards plantés d'arbres. Cette ville fait le commerce de vins, de miel et de cire jaune, de laines, de chapeaux, d'amandes, de graines de trèfle et de luzerne. Poteries et filatures de soie.

SISTERON, 4,210 hab., à 40 kilom. de Digne, au confluent du *Buech* et de la *Durance*, au pied d'un rocher que surmonte la citadelle. Commerce de vins, de bestiaux et de grains; filature de cocons et papeterie assez importante. Sisteron.

Autres localités: BARRÊME, 1,102 hab., sur l'*Asse*, à 29 kilom. de Digne; Fabriques de toiles et d'étoffes de laine dites *cadis*; commerce considérable de prunes. — LES MÉES 2,116 hab., au confluent de la *Bléone* et de la *Durance*, fait le commerce de tous les produits du pays et surtout des vins de son territoire. — RIEZ, 2,575 hab., bâtie sur le penchant d'une montagne dont le pied est baigné par un petit torrent. Tanneries et corderies importantes; fabriques de pâtes. — SEYNE, 2,511 hab., sur le penchant d'une montagne arrondie; fabrique de toiles; commerce de bestiaux, de mulets et de plantes vulnéraires de ses environs. — VOLONNE, 1,038 hab., sur la rive gauche de la *Durance*, fait un grand commerce de bois de construction, de blé, de vins, d'huile et de fruits. — MANOSQUE, 5,919 hab., au pied d'une montagne qui domine la rive droite de la *Durance*; elle est environnée de bois d'oliviers et possède des tanneries, des filatures de cocons et des mégisseries. Elle fait un grand commerce des produits de son sol et de son industrie. — BANON, 1,172 hab., a d'importantes fabriques de tissage de laine, et produit des fromages très-estimés.

HAUTES-ALPES

Hautes-Alpes

(3 arrondissements, 24 cantons, 189 communes, 14e corps d'armée.)

Chef-lieu : **Gap,** 8,927 habitants, au milieu d'une vallée, sur les ruisseaux de Bonne et de la Luye. Les principales industries de la ville comprennent le peignage des laines communes, le tissage de la soie et du coton, les tanneries et les brasseries et la fabrication des instruments de labourage. Commerce de bestiaux, de cuirs et de laines. Gap.

Sous-préfectures : BRIANÇON, 3,579 hab., sur un plateau qui domine le confluent de la *Durance* et de la *Guisane*, au pied du Poult (1,973 m.), que domine le Saint-Chaffrey (2,570 m.). Elle est à 90 kilom. de Gap et au centre de quatre vallées, à 1,321 mètres d'altitude. Briançon n'a qu'une belle rue, qui le traverse du haut en bas. Les rues sont étroites, et tellement en pente que dans beaucoup de parties les voitures ne peuvent circuler; les maisons sont très-élevées. Carderies considérables. Grande exploitation de talc. Briançon.

EMBRUN, 4,183 hab., sur un plateau qui s'élève au milieu d'une prairie traversée par la *Durance*, à 40 kilom. de Gap; elle a des rues sombres et malpropres. Manufactures de draps; fabriques de toiles, de soie et de velours. Embrun.

Autres localités. — L'ARGENTIÈRE, 1,202 hab., située dans la vallée qui porte son nom, dû aux mines de plomb sulfuré argentifère que l'on exploite depuis longtemps sur son territoire. — LE MONÊTIER, 2,546 hab., dans la vallée de la Guisane, à 14 kilom. de Briançon, a d'importantes usines et filatures; la position de ce bourg est charmante, dans cette vallée regardée comme une merveille des Alpes, au milieu de hauteurs couronnées de sapins et de mélèzes. Miel renommé. Filatures de laine, fabrique de drap, scierie, clouteries.

Alpes-Maritimes.

ALPES-MARITIMES

(3 arrondissements, 25 cantons, 150 communes, 15e corps d'armée.)

Nice. *Chef-lieu :* **Nice**, 52,377 habitants en 1872 et 53,397 en 1876, à 1088 kilomètres de Paris, et à 6 kilomètres de l'embouchure du Var, à l'embouchure du Paillon. Station d'hiver, ayant un climat très-doux, un sol fertile ; le citronnier et l'oranger y abondent. Nice peut se diviser en trois parties distinctes : 1° le *port,* 2° la *vieille ville,* comprise entre la promenade du *Cours* et le lit du Paillon ; 3° la *ville neuve,* bien bâtie, toute composée d'hôtels, de splendides villas, de maisons à toits plats qui supportent de larges terrasses. Les promenades de la ville sont magnifiques ; la *Promenade des Anglais* est une superbe et large avenue plantée de palmiers, qui s'étend pendant 2 kilomètres sur les bords de la mer, depuis l'embouchure du Paillon jusqu'à celle du Magnan. Commerce d'huiles excellentes, d'oranges et de citrons ; bons fruits, légumes et fleurs et surtout violettes ; parfumeries et distilleries d'essences de violettes et d'eau de fleurs d'oranger.

Grasse. *Sous-préfectures :* Grasse, 12,241 hab., jolie ville, à 36 kilom. de Nice, qui s'élève en amphithéâtre sur le revers sud d'une colline arrondie, premier étage d'un mont escarpé de 700 mètres. Cette ville a des rues étroites, irrégulières, escarpées, mais propres et rafraîchies par plusieurs fontaines ; vue de la plaine, Grasse offre l'aspect le plus pittoresque par ses maisons hautes, blanches ou jaunes, étagées les unes au-dessus des autres. Lorsque le ciel est pur, on peut apercevoir de Grasse les montagnes de la Corse, distantes de 160 kilomètres. Importantes fabriques de parfumerie renommée et de savon ; nombreux moulins à huile ; figues sèches ; soie ; tanneries.

Puget-Théniers. Puget-Théniers, 1,289 hab., sur la rive gauche du *Var,* au confluent de la *Roudoule,* à 65 kilom. de Nice. Manufactures de draps, tanneries.

Ardèche.

ARDÈCHE

(3 arrondissements, 31 cantons, 339 communes, 15e corps d'armée.)

Privas. *Chef-lieu :* **Privas,** 7,204 habitants, à 667 kilomètres de Paris, au pied du mont Toulon (426 mètres), sur une colline, au confluent du Chazalon, du Mézayon et de l'Ouvèze. Fabriques de soies, couvertures et étoffes de laine, distilleries d'eau-de-vie, tanneries. Commerce de soie, bestiaux, cuirs, houille, cochons gras, beurre, gibier, fromages, châtaignes, truffes.

Largentière. *Sous-préfectures :* Largentière, 3,144 hab., à 42 kilom. de Privas, au fond d'une gorge et sur la rivière de la *Ligne.* Commerce en soie grége et ouvrée. Filatures de soie, tanneries et teintureries.

Tournon. Tournon, 5,509 hab., à 50 kilom. de Privas, sur la rive droite du *Rhône* et en face de Tain, commune du département de la Drôme, avec laquelle elle communique par deux ponts suspendus. Impression de foulards. Commerce en vins fins de la côte du Rhône, soieries, laines, draperies, bois de construction. Fabriques de tuiles et de briques; fours à chaux et à plâtre.

Autres localités. — AUBENAS, 7,694 hab., sur un coteau verdoyant qui domine la rive droite de l'*Ardèche;* elle est baignée par les eaux de l'*Ardèche* et de la *Volane.* Commerce de bestiaux, de beurre et de fromage; centre du commerce de marrons et de vins de l'Ardèche. Grand commerce de soies. — CHOMÉRAC, 2,174 hab., situé sur une hauteur qui domine la vallée de la Payre. Moulinage de la soie; exploitation de carrières de marbre. — LA VOULTE, 3,160 hab., bâtie en amphithéâtre près de la rive droite du *Rhône* sur les flancs d'un rocher. Usines métallurgiques très-importantes. — ANNONAY, 18,445 hab., ville agréablement bâtie sur deux collines au confluent de la *Déaume* et de la *Cance;* cette ville est importante par son industrie. Belles papeteries, minoteries, tanneries, mégisseries renommées pour les peaux de chevreaux et d'agneaux; soies grèges et soies blanches pour les tulles et les blondes. Annonay fait un commerce actif des bois expédiés de la Savoie et de la Suisse. — SAINT-PÉRAY, 2,710 hab., à 4 kilom. du *Rhône,* sur un ruisseau qui arrose une délicieuse vallée; près de cette ville, on exploite les pierres de taille et les marbres bleus et roses des carrières de Crussol. — VERNOUX, 3,202 hab., centre d'un commerce considérable de draps, de marrons, de chaux et de pierres de taille. — LE CHEYLARD, 3,422 hab., sur les bords de la *Dorne* et dans une étroite vallée. Fabriques de soie et de foulards, filatures de coton et tanneries.

ARDENNES

Ardennes.

(5 arrondissements, 31 cantons, 501 communes, 6e corps d'armée.)

Chef-lieu: **Mézières,** 5,818 habitants, ville forte, à 235 kilomètres de Paris, au pied d'une colline, et sur la rive droite de la Meuse qui la sépare de Charleville. C'est une ville peu spacieuse et mal bâtie. Le commerce de cette ville est peu important; fabrique de ferronnerie, fonderie, taillanderie et tannerie. Mézières.

Sous-préfectures : ROCROI, 2,998 hab., à 28 kilom. de Mézières, sur un plateau entouré de tous côtés par des marais et par la forêt des Ardennes. Commerce peu important. Forges de Saint-Nicolas; briqueteries. Rocroi.

RETHEL, 7,400 hab., à 41 kilom. de Mézières, sur une montagne, près de la rive droite de l'*Aisne* et sur le canal des Ardennes. La plupart des maisons de Rethel, dont les rues sont étroites, sont en bois. Fabriques de châles cachemires, tissus mérinos, flanelles, mousselines-laine, bonneterie, toiles; filature de laine peignée, tissages mécaniques, construction de métiers pour filatures. Rethel.

SEDAN, 15,037 hab., à 22 kilom. de Mézières, sur la rive droite de la *Meuse,* dans un terrain inégal et environné de prairies. C'est une ville bien bâtie, qui a des rues larges et propres et de belles promenades. Grand commerce de laines, de grains, de bestiaux, de chanvre, etc. Manufactures célèbres de draps fins, draps velours, nouveautés en tout genre; filatures de laine. Les principaux articles d'exportation de Sedan et du département des Ardennes sont les laines, les fils de laine, les tissus de laine pour vêtements d'hommes et de femmes. Les tissus de laine trouvent leurs débouchés principaux en Espagne, en Italie, en Angleterre, en Amérique. Sedan.

VOUZIERS, 3,073 hab., à 52 kilom. de Mézières, sur la rive gauche de l'*Aisne* et dans une contrée fertile; c'est une ville bien bâtie, qui a des fabriques de Vouziers.

vannerie et fait un commerce considérable de grains, de bestiaux, de sel, de houille et d'ardoises.

Autres localités : CHARLEVILLE, 11,244 hab., jolie ville, régulièrement bâtie, sur la *Meuse,* à 1 kilom. de Mézières, avec laquelle elle communique par un pont. Industrie très-active ; les clouteries, les ferronneries, les fonderies de fer et de cuivre sont importantes. On fabrique dans les fonderies toutes les pièces nécessaires pour la construction, l'entretien et l'exploitation des chemins de fer, les divers appareils en fonte pour chauffage domestique et industriel. Les articles de ferronnerie se vendent surtout en Autriche, en Allemagne, en Suisse, en Italie, en Espagne et quelques-uns en Amérique. — MONTHERMÉ, 2,550 hab., sur la rive droite de la *Meuse* ; industrie métallurgique et exploitation de carrières d'ardoises. — FUMAY, 4,099 hab., sur la rive gauche de la *Meuse,* au pied de superbes chaînes de rochers, à 17 kilom. de Rocroi ; importantes carrières d'ardoises ; ustensiles de ménage en fer battu. — GIVET, 5,801 hab., sur la *Meuse,* a d'importantes fabriques de colle forte, de crayons, de pipes de terre, etc. — MOUZON, 2,288 hab., sur la rive droite de la *Meuse,* a des filatures de laine, des fabriques de draps et des tanneries. — CARIGNAN, 2,051 hab., sur le *Chiers,* a des fonderies, des laminoirs, des fabriques de pointes et d'épingles.

Ariége.

ARIÉGE

(3 arrondissements, 20 cantons, 336 communes, 17e corps d'armée.)

Foix. *Chef-lieu :* **Foix**, 6,746 habitants, sur la rive gauche de l'Ariége, près de son confluent avec l'Arget, au pied des Pyrénées, à 752 kilomètres de Paris. C'est une ville irrégulièrement bâtie, dominée par un rocher élevé de 58 mètres, sur lequel on voit trois grandes tours gothiques classées parmi les monuments historiques. Marché de bestiaux et de laines du pays, de poix et de résine ; fabrique de faux et de limes.

Pamiers. *Sous-préfectures :* PAMIERS, 7,877 hab., à 19 kilom. de Foix, sur la rive droite de l'*Ariége,* au milieu d'une campagne riante entourée de coteaux fertiles. De la promenade du Castella, on domine toute la ville, qui est généralement bien bâtie. L'industrie de Pamiers comprend des fabriques d'acier, de fer, de fils de fer, de chaînes, de limes, des filatures de laine et de coton, des papeteries, des tanneries, des minoteries, des scieries, des briqueteries et fours à chaux.

Saint-Girons. SAINT-GIRONS, 4,745 hab., charmante ville située à 40 kilom. de Foix, dans un vallon sur le *Salat;* la partie ancienne de la ville s'étend sur la rive droite de la rivière et communique avec la partie moderne par deux ponts en marbre. Cette ville fait un grand commerce de laines, de porcs et de mulets avec l'Espagne. L'industrie y est active et y est représentée par des filatures de laine, des scieries de marbre, des papeteries et des moulins à farine, à huile et à tan.

Autres localités : LAVELANET, 3,033 hab., à 27 kilom. de Foix, sur la rive droite de la *Lectoure,* au milieu d'un territoire riche en céréales, en arbres à fruit et surtout en coudriers. Fabriques de draps, et filatures de laines, teintureries, moulins à foulon et scieries hydrauliques. — TARASCON, 1,513 hab., à 17 kilom. sud de Foix, sur la rive droite de l'*Ariége,* possède des tanneries et des forges. — MASSAT, 4,140 hab., à 27 kilom. de Saint-Girons, sur la rive gauche de l'*Arac,* a des filatures de laine. — LE MAZ-D'AZIL, 2,738 hab., sur l'*Arize,* à 28 kilom. de Pamiers. Il y a une filature de laines, une fabrique de peignes et une fabrique de poudre de sumac. — MIREPOIX, 4,187 hab., jolie ville, à 24 kilom. de Pamiers, sur la rive gauche du grand *Lhers.* C'est l'entrepôt des produits de la contrée et un centre de fabrication d'étoffes de laine ; fabrique de sabots. — SAVER-

DUN, 3,983 hab., à 15 kilom. de Pamiers, sur la rive gauche de l'*Ariége*, au pied d'un coteau escarpé. Orphelinat protestant.

AUBE

Aube.

(5 arrondissements, 26 cantons, 446 communes, 6e corps d'armée.)

Chef-lieu : **Troyes,** 38,113 habitants, sur la rive gauche de la Seine, à 167 kilomètres de Paris, au milieu d'une vaste plaine ; cette ville a d'admirables promenades et de beaux squares. Fabriques considérables de bonneterie de coton, tricots, ganterie, basins, coutils, filatures de laine et de coton ; nombreuses tanneries. Charcuterie renommée. Commerce de blé, de légumes secs, de laine brute, de fromages et de boissellerie. (Voir page 595.) Troyes.

Sous-préfectures : ARCIS-SUR-AUBE, 2,784 hab., sur la rive gauche de l'*Aube*, au point où cette rivière devient navigable, à 28 kilom. de Troyes. C'est une ville régulière et bien percée. Grand commerce de grains et de charbons ; fabriques importantes de bonneteries de coton. Entrepôt de la boissellerie des Vosges. Arcis-sur-Aube.

BAR-SUR-AUBE, 4,809 hab., jolie ville, à 53 kilom. de Troyes, sur la rive droite de l'*Aube*, au pied de la montagne Sainte-Germaine et dans un beau vallon environné de coteaux pittoresques couverts de vignes. Fabriques de bonneterie, de cotonnades, de toiles cirées ; distilleries, moulins, tanneries. Marché aux grains très-important et foire aux laines, le samedi avant le 24 juin. Bar-sur-Aube.

BAR-SUR-SEINE, 2,920 hab., à 33 kilom. de Troyes, sur la rive gauche de la *Seine*, à l'extrémité d'une vallée entre deux coteaux. Ville bien bâtie avec des promenades charmantes. Commerce de grains, de vins, de chanvre d'excellente qualité, de laines, de bois. Papeteries et tanneries importantes. Imprimerie ; fabrique d'eau-de-vie. Bar-sur-Seine.

NOGENT-SUR-SEINE, 3,641 hab., jolie ville située à 51 kilom. de Troyes, sur la rive gauche de la *Seine*, dans une région très-fertile. Cette ville, bien bâtie, a des promenades qui offrent des points de vue ravissants. Port d'approvisionnement de Paris, flottage du bois en trains. Le commerce de grains, de fourrages, de bestiaux et de chanvre y est très-actif. Verreries, corderies et fabriques de bonneterie. Nogent-sur-Seine.

Autres localités : CHAOURCE, 1,503 hab., située aux sources de l'*Armance*, possède des tuileries et des briqueteries très-importantes. — LES RICEYS, 3,188 hab., sur la *Laigne*, dans une région de vignobles donnant des vins d'excellente qualité. Tanneries importantes. — VENDEUVRE SUR-BARSE, 2,112 hab., à 20 kilom. de Bar-sur-Aube, aux sources de la *Barse* ; fabriques de faïence, de poterie, de tuiles, de briques réfractaires. Ateliers de sculpture très-vastes. — ROMILLY-SUR-SEINE, 4,534 hab., sur la rive gauche de la *Seine* ; grand centre de fabrication de bonneterie.

Aude.

AUDE

(4 arrondissements, 31 cantons, 436 communes, 16e corps d'armée.)

Carcassonne.

Chef-lieu : **Carcassonne,** 23,644 habitants, sur les deux rives de l'Aude et sur le canal du Midi, à 781 kilomètres de Paris. Elle se divise en haute ou vieille ville et en basse ou nouvelle ville. La vieille ville est bâtie sur une colline escarpée qui domine la rive droite de l'Aude, et est entourée de remparts qui sont un spécimen complet du système des fortifications au moyen âge. La ville basse, entre la rivière et le canal, est formée de rues larges et bien percées, arrosées par des ruisseaux d'eau vive ; elle communique à la vieille ville par un vieux pont du XIIe siècle et un pont neuf du XIVe. Fabriques de draps, de couvertures de laine et de molletons ; distilleries et mégisseries. Grand marché de grains, de vins et de fruits.

Castelnaudary.

Sous-préfectures : CASTELNAUDARY, 9,075 hab., à 36 kilom. de Carcassonne, sur une éminence au pied de laquelle passe le canal du *Midi,* qui forme un grand bassin de 1,200 mètres de tour qui lui sert de port : le long des quais sont établis les magasins des bois destinés aux réparations et à l'entretien du canal du Midi, ainsi que des chantiers pour la construction ou le radoub des bateaux. Castelnaudary fait un grand commerce de grains, de bestiaux, de laines, de betteraves renommées et de fruits. Fabriques de draps grossiers, de produits céramiques, de tuiles, de poteries en tous genres et d'instruments agricoles.

Limoux.

LIMOUX, 6,670 hab., à 30 kilom. de Carcassonne, sur les deux rives de l'*Aude,* au milieu d'un vallon ravissant et fertile. Plusieurs fontaines alimentent la ville, où elles entretiennent une grande propreté. Manufactures importantes de draps à bas prix et de chapeaux de feutre, filatures de laine, tanneries et teintureries. Grand commerce de blés, de fourrages, d'excellents vins. Commerce important de bestiaux. Entrepôt de fer des forges environnantes.

Narbonne.

NARBONNE, 17,266 hab., à 58 kilom. de Carcassonne, à 406 kilom. de Bordeaux, à 70 kilom. de Cette et à 8 kilom. de la Méditerranée, sur le canal de la *Robine,* qui divise la ville en deux parties et qui communique à la mer par le canal du *Midi* et le port de la Nouvelle. Narbonne possède des fabriques de vert-de-gris, des distilleries d'eau-de-vie, des minoteries, des tuileries, briqueteries et poteries. Elle se livre en grand au commerce des vins, du miel, des amandes, des farines, etc. (Voir page 605.)

Autres localités : MONTRÉAL, 2,829 hab., à 18 kilom. de Carcassonne, sur une colline escarpée au pied de laquelle coule le *Rebenty* ; fabriques de draps et commerce de grains. — CAUNES, 2,390 hab., sur l'*Argentdouble,* à 22 kilom. de Carcassonne. Exploitation de marbre très-renommé ; fabrique de sabots. — CHALABRE, 2,218 hab., sur le *Lhers,* le *Brau* et le *Chabriel,* à 24 kilom. de Limoux. Fabriques de draps, de bonneterie de laine et de chapeaux de feutre ; filature de laine, tanneries, moulins à farine et à foulon. — QUILLAN, 2,556 hab., sur l'*Aude,* à 28 kilom. de Limoux, au pied de montagnes couvertes de forêts. Commerce de bois de construction, figues estimées, vins et fruits de toute espèce. Forges et laminoirs importants, fabriques de draps et de chapeaux ; filature de laine cardée, scieries mécaniques, fabrique de papier à cigarettes. Carrière de marbre gris veiné de blanc et d'autres espèces. — LÉZIGNAN, 3,934 hab., à 2,500 mètres de l'*Orbieu* et à 4 kilom. de l'*Aude,* à 22 kilom. de Narbonne ; a des distilleries importantes et des tanneries. Commerce considérable de vins et de bois. — Sigean, 3,496 hab., sur une petite élévation, près de la Méditerranée, à 3 kilom. de l'étang de *Sigean*, à 21 kilom. de Narbonne. Cette petite ville est entourée de salines importantes; commerce de vins et distilleries. — Leucate, 1,612 hab., dans une presqu'île, entre l'étang du même nom et la Méditerranée, à 36 kilom. de Narbonne; c'est un petit port qui fait le commerce des vins du Roussillon; saline. — La Nouvelle, 2,000 hab., sur l'étang de *Bages* et *Sigean*, à 2 kilom. de la Méditerranée, à 26 kilom. de Narbonne. Construction de navires de 300 à 350 tonneaux. Hauts-fourneaux, fabrique de soufre.

AVEYRON

Aveyron.

(5 arrondissements, 42 cantons, 289 communes, 16e corps d'armée.)

Chef-lieu : **Rodez**, 12,037 habitants, sur l'Aveyron, à 604 kilomètres de Paris; cette ville très-ancienne est bâtie sur une éminence à 633 mètres d'altitude; elle a des rues étroites, tortueuses, fatigantes, pavées de cailloux anguleux. Les boulevards extérieurs tracés sur le remblai des vieux remparts offrent une promenade très-agréable, ombragée d'arbres magnifiques, et présentent des points de vue ravissants qui s'étendent jusque sur les montagnes du Cantal et des Cévennes. Fabriques de serges, de tricots, de couvertures de laine, filature de laine; commerce de grosse draperie, de fromages, mulets et bestiaux. Rodez.

Sous-préfectures : Espalion, 4,330 hab., ville sur le *Lot*, entre les monts Calmont et Roquelaure, à 32 kilom. de Rodez. Cette ville, assez bien bâtie, possède des tanneries, des fabriques de colle forte et des filatures. Les vins, les bois, les laines et les cuirs forment le principal objet de son commerce. Espalion.

Millau ou Milhau, 15,000 hab., à 71 kilom. de Rodez, ville mal bâtie, un peu au-dessous du confluent de la *Dourbie* et du *Tarn*, dans une région fertile qu'entourent de magnifiques coteaux; ses champs, ses vergers, ses jardins, arrosés par le Tarn et la Dourbie, sont très-beaux et forment des environs délicieux. Millau possède d'importantes fabriques de gants de peau, de draperies, des tanneries et mégisseries considérables, des chamoiseries renommées, des teintureries de peaux pour ganterie, des filatures de soie. Les habitants, qui se distinguent par leur initiative, font un commerce considérable et expédient au loin, avec les denrées du pays, telles que les laines, les bois de construction, les fromages de Roquefort, des gants de peau, des cuirs tannés et chamoisés, des draps et des soies. Millau.

Saint-Affrique, 7,300 hab., jolie ville sur la *Sorgue*, à 75 kilom. de Rodez, dans un des plus agréables vallons du département. Fabriques de draps, de tricots, de molletons; tanneries, mégisseries. Commerce considérable de laines pour les manufactures de Castres et de Carcassonne, de lainages, de cuirs et de peaux chamoisées, de fromages de Roquefort et de ganterie. Saint-Affrique.

Villefranche-de-Rouergue, 9,719 hab., ville bien bâtie, dans une situation saine et agréable, au confluent de l'*Alzou* et de l'*Aveyron*, dans un pittoresque cirque de montagnes, à 67 kilom. de Rodez. Le commerce de cette ville a pour objet les grains, le vin, les truffes, les ustensiles de cuivre. Importantes fabriques de toiles grises, chapelleries, papeteries, chaudronneries. Villefranche-de-Rouergue.

Autres localités : Marcillac, 1,990 hab., sur un affluent du *Dourdou*, à 20 kilom. de

Rodez; commerce de vin du pays; fabriques de toiles et fonderies. — RIGNAC, 1,727 hab., sur une colline; commerce important de chanvre, de châtaignes et de bestiaux. — AUBIN, 8,863 hab., remarquable par ses exploitations de houille et ses hauts-fourneaux; commerce fort actif portant sur les moutons, les châtaignes, les toiles et les produits des forges de Decazeville. — NAJAC, 2,415 hab., près de l'*Aveyron*; fabriques de serges, de toiles d'emballage; papeteries; grand commerce de jambons et de châtaignes. — LAGUIOLE, 1,996 hab., bâtie sur le penchant d'un rocher que baigne un petit affluent du *Lot*; grand commerce de bestiaux; fabriques de bas et d'étoffes de laine; fromages renommés. — SAINT-GENIEZ, 3,917 hab., petite ville manufacturière, où l'on fabrique des cadis, des tricots, des flanelles et des couvertures de laine. — ROQUEFORT, 677 hab., bourg devenu fameux dans le monde entier par ses fromages; il est bâti sur le penchant d'une colline calcaire que domine le roc de Cambalou; là se trouvent les fameuses caves naturelles ou artificielles, à l'air sec et glacial, où se font les fromages renommés dits de Roquefort. La production de ces fromages est de 1,250,000 kilogr. environ par an.

Bouches-du-Rhône.

BOUCHES-DU-RHONE

(3 arrondissements, 27 cantons, 108 communes, 15e corps d'armée.)

Marseille.

Chef-lieu: **Marseille,** 318,742 habitants, belle et grande ville sur la Méditerranée, à 863 kilomètres de Paris; cette ville est limitée par la mer à l'ouest, par le torrent de Jarret à l'est, au nord par les dernières hauteurs de la chaîne de l'Étoile et au sud par la colline de Notre-Dame-de-la-Garde.

Marseille est heureusement placée au débouché de la seule grande vallée, qui, du massif continental, aboutisse à la Méditerranée. Privée de bonnes voies navigables, Marseille perd une grande partie des avantages de sa merveilleuse situation. Avec de bonnes voies navigables, Marseille l'emportera sur les ports rivaux, car Gênes, serrée contre la mer par les Apennins; Brindisi, placé au fond de la Calabre; Venise, entourée dans ses lagunes par la ceinture des hauts reliefs de la Suisse et du Tyrol; Trieste, bloquée par les Alpes Noriques, ne peuvent être desservis que par des chemins de fer à forte pente, mais n'ont rien à attendre des canaux, c'est-à-dire des voies économiques par excellence. Marseille, avec un bon système de canaux, les dominera forcément et étendra ses relations et son influence sur tout l'occident de l'Europe. Telle est l'opinion de M. Krantz, sénateur.

Les environs de Marseille, jadis pierreux et arides, sont aujourd'hui arrosés par le canal de Marseille. Ce canal, dont la construction a été entreprise par le conseil municipal en 1836, sous la direction de l'illustre ingénieur de Montricher, a sa prise en Durance, sur la rive gauche de la rivière, près du pont suspendu de Pertuis, à 187^{m},25 d'altitude. Les travaux ont été terminés en 1848. L'ouvrage d'art le plus remarquable qu'il traverse est le pont-aqueduc de Roquefavour. Le canal envoie une dérivation vers l'est sur Aubagne avant de se jeter dans la Méditerranée au-dessous de la madrague de Montredon. La branche mère, depuis la prise en Durance jusqu'à la limite du territoire de Marseille, a une longueur de 83 kilomètres, dont 67 sont à ciel ouvert et 16 en souterrains; aux 83 kilomètres, il faut ajouter 42 kilomètres pour sa continuation dans le territoire de Marseille, depuis Saint-Antoine jusqu'à la madrague de Montredon, ce qui donne à la branche mère une longueur totale de 125 kilomètres. La longueur totale des dérivations est de 34 kilomètres, dont 6 kilomètres pour celle de Longchamp, qui amène les eaux de la Durance à Marseille. La première partie de la branche mère, qui arrive jusqu'à Saint-Antoine, où elle se divise en cinq dérivations principales pour la distribution des eaux dans le territoire et dans la ville, tout en se prolongeant elle-même jusqu'à la madrague de Montredon en diminuant successivement de section, est établie de manière à pouvoir débiter un maximum de 12 mètres cubes par seconde, avec une pente de trois dixièmes de millimètre par mètre, ou de 3 mètres par myriamètre.

Le canal de Marseille a coûté 44,820,000 francs jusqu'en 1875; ce chiffre comprend toutes les dépenses faites sans exception aucune.

Le canal de Marseille fournit de l'eau à Marseille pour la consommation de la ville et au territoire pour l'arrosage ou l'industrie. Depuis l'arrivée des eaux de la Durance, les environs de Marseille, jadis incultes et desséchés, sont abondamment arrosés, plantés d'arbres et divisés en jardins et en parcs. Les bastides ont fait place à d'élégantes villas dont le nombre est considérable. Marseille, jadis privée d'eau, en a maintenant en abondance et pourra devenir l'une des villes les plus propres et les plus saines du monde. Marseille est une ville à la fois industrielle et commerçante; c'est le premier port de la France. (Voir page 608.) Cette ville a fait de très-grands progrès dans la transformation, l'embellissement et l'assainissement de ses quartiers et de ses rues. Les tramways sillonneront bientôt toutes ses grandes artères; il est question de construire un Dock aux Catalans.

Sous-préfectures : Aix, 30,000 hab., à 28 kilom. de Marseille, ancienne cité, située dans une plaine qui domine la vallée de l'Arc. Cette ville, de forme à peu près carrée, comprend la vieille ville, la ville neuve et le quartier Saint-Louis. La première a des rues irrégulières et étroites, mais la seconde, traversée par le cours Mirabeau, décoré de fontaines et de la statue du roi René par David d'Angers, possède quelques rues régulières bordées de jolies maisons. Commerce de vins, eaux-de-vie, huiles d'olives célèbres, amandes, laines, minoteries renommées, fabrique de pâtes alimentaires, de chocolats, nougats, confiseries, de toiles peintes; chapellerie de feutre souple très-renommée, tanneries, plâtrières; tonnellerie; fonderies de fer et de cuivre. Aix.

Arles, 26,000 hab., à 86 kilom. de Marseille, sur la rive gauche du *Rhône;* cette ville a de beaux quais, quelques rues larges, mais en général irrégulières et mal pavées. Les principales industries d'Arles sont la minoterie, la fabrication de l'huile de sésame, la filature des laines et la construction des machines, Arles.

wagons et outillages des chemins de fer. Commerce de laines indigènes métis et mérinos, blé, huile d'olive fine, vins, fruits, soie, bestiaux.

Autres localités : AUBAGNE, 7,408 hab., sur l'*Huveaune*, fa . un commerce de gros draps, de poteries et de graines forestières. — LA CIOTAT, 10,000 hab., petit port situé au fond d'une anse du golfe de *Lèques*, au milieu des oliviers, des orangers et des grenadiers. (Voir page 659.) — ROQUEVAIRE, 3,635 hab., sur l'*Huveaune*, au milieu d'une région rocailleuse, fabrique des vins cuits et des raisins secs. — BERRE, 1,980 hab., bâti sur la rive orientale de l'étang du même nom ; port assez fréquenté des caboteurs de la Méditerranée ; riches salines. Les huiles d'olive, les amandes, les figues forment les principaux éléments de son commerce. — ISTRES, 3,905 hab., situé sur la rive occidentale de l'étang de l'*Olivier* dépendant de celui de Berre. Importantes fabriques de soude. — MARTIGUES, 8,000 hab., située entre l'étang de Berre et le canal qui le fait communiquer avec la mer ; elle est bâtie en partie sur les deux rives du canal de jonction et en partie sur des îlots, ce qui l'a fait surnommer la petite Venise de la Provence. Fabriques de soude, de briques, de produits chimiques. Petit port de commerce et de pêche. — SALON, 6,714 hab., dans une plaine bien arrosée que traverse le canal de *Craponne*. Grand commerce des fruits de son territoire, d'huile fine et de soie ; le tissage, le moulinage de la soie, les filatures de laine forment ses principales industries. — TARASCON, 12,500 hab., à 14 kilom. d'Arles à 100 kilom. de Marseille, sur la rive gauche du Rhône, qui la sépare de Beaucaire ; un beau pont fait communiquer Tarascon avec cette dernière ville. Corderies, tanneries, fabriques de drap, magnaneries, tissage de la soie.

Calvados.

CALVADOS

(6 arrondissements, 38 cantons, 764 communes, 3e corps d'armée.)

Caen. *Chef-lieu :* **Caen**, 41,210 habitants, belle ville, à 223 kilomètres de Paris, dans un beau vallon, au confluent de l'Orne et de l'Odon, qui y forment un port de cabotage, à 14 kilomètres de la mer, avec laquelle il communique par un canal qui débouche dans l'avant-port d'Ouistreham, sur la Manche. L'aspect de la ville est pittoresque ; les quais du port et du nouveau bassin, ses promenades, la vue de la verdoyante vallée de l'Orne, le massif lointain de la forêt de Cinglais, font de cette ville l'une des plus charmantes de la France. Plusieurs de ses rues sont larges et bien bâties. Le port de Caen est formé par une partie de l'Orne et par un bassin de 570 mètres de longueur sur 50 mètres de largeur et 4m,75 de profondeur ; il peut contenir environ 80 navires.

Fabriques considérables de bonneterie de coton, de blondes et de dentelles, de papiers peints. Commerce de graines oléagineuses, d'huiles de colza ; exportation de fruits, d'œufs et de beurres pour l'Angleterre. Importation de sel, de bois du nord, de houille, de denrées coloniales, etc.

Bayeux. *Sous-préfectures :* BAYEUX, 9,138 hab., à 27 kilom. de Caen, à 9 kilom. de la mer, sur l'*Aure*, dans une plaine fertile dont les herbages sont renommés ; ses rues sont étroites et tristes. Fabriques de dentelles renommées ; manufacture de porcelaine. Commerce en chevaux, bétail, volaille, poisson, beurre, cidre, pommes.

Falaise. FALAISE, 8,183 hab., sur l'*Ante*, à 34 kilom. de Caen ; elle se divise en trois parties : en bas, les faubourgs de la Brette, du val d'Ante et de Saint-Laurent ;

au-dessus de la plaine, la vieille et longue cité; et plus haut, Guibray, faubourg dont la foire aux chevaux est l'une des plus considérables de l'Europe. Cette ville est renommée pour la bonneterie, les teintureries, les pelleteries, la tannerie et la filature du coton. Grand commerce de chevaux.

Lisieux, 12,617 hab., sur la *Touques*, à 46 kilom. de Caen, dans une belle vallée qu'arrosent la Touques et l'Orbec. Les environs sont charmants, mais les rues sont étroites et les maisons mal bâties. Grande fabrication de toiles et de draps occupant plus de 18,000 ouvriers dans la ville et les campagnes et produisant pour une valeur annuelle de 33 millions de francs. Filatures de laines, coton et lin; tanneries. Commerce de grains, fruits, cidre, chanvre, lin, etc. Lisieux.

Pont-l'Évêque, 2,880 hab., dans une large et riante vallée, au confluent de la *Touques* et de la *Calonne*, à 44 kilom. de Caen. Cette ville ne se compose que d'une seule rue. Fabrication de dentelles; tanneries. Commerce en bestiaux, beurre, fromage, cidre, bois et grains. Pont-l'Evêque.

Vire, 6,863 hab., dans une position pittoresque, sur un rocher coupé presque à pic que la *Vire* entoure de trois côtés, à 58 kilom. de Caen. C'est une ville ancienne, dont les rues sont étroites et tortueuses. Fabriques considérables de draps, de cardes; papeteries et tanneries; carrosserie. Commerce de sabots, de granit, de sarrasin, de seigle, de froment, d'avoine, de beurre et d'œufs. Beaucoup de fabricants de Bischwiller ont établi des fabriques de draps à Vire. Vire.

Autres localités : Courseulles-sur-mer, 1,700 hab., petit port à l'embouchure de la *Seulles*; fait un important commerce de bois du nord, de charbon de terre, de dentelles, de beurre, de bestiaux. Pêche des huîtres, du maquereau et du hareng. — Isigny, 3,000 hab., situé au fond d'un golfe, à l'embouchure de la *Vire* et de l'*Aure-Inférieure*. Grand commerce de beurre. Il peut recevoir dans son port des bâtiments de 200 tonneaux. Exportation de bétail, d'œufs, de poterie et de viandes salées. — Condé-sur-Noireau, 6,643 hab., ville laide et ancienne, sur le confluent de la *Drouance* et du *Noireau*, à 25 kilom. de Vire. Filatures et tissages de coton très-importants. — Orbec, 3,219 hab., à 20 kilom. de Lisieux, dans la charmante vallée de l'Orbiquet; Fabriques de drap, filatures de laine, fabrique de chaises; papeteries et teintureries. Grand commerce de bestiaux, de chevaux, de poulains et de laines. — Honfleur, 9,900 hab., port sur la rive gauche de l'embouchure de la *Seine*, en face du Havre, et abrité des vents violents du large par un promontoire où s'élève la chapelle de Notre-Dame-de-Grâce, remarquable par les nombreux ex-voto des marins. Les rues de cette ville sont étroites, tortueuses et souvent malpropres. Honfleur est à 16 kilom. de Pont-l'Evêque et à 194 kilom. de Paris. Les navires anglais et scandinaves fréquentent beaucoup ce port et y apportent de la houille, des bois du nord, du fer. L'exportation consiste en œufs, en volailles, en beurre, en fruits, etc. (Voir page 645.)

CANTAL

Cantal.

(4 arrondissements, 23 cantons, 264 communes, 13e corps d'armée.)

Chef-lieu : **Aurillac**, 11,038 habitants, ville élégante et propre, dans un large vallon qu'arrose la Jordane, sur la rive droite de laquelle elle se trouve. Elle est située à 554 kilomètres de Paris, au point d'intersection des quatre routes de Saint-Flour, de Rodez, de Tulle et de Clermont. Ses maisons sont généralement bien bâties; ses rues larges, quoique un peu tortueuses, sont rafraîchies par des ruisseaux d'eaux limpides; ses promenades sont nombreuses. Les principales industries d'Aurillac sont la chaudronnerie, la saboterie, l'orfévrerie, la fabrication des parapluies, la Aurillac.

tannerie, la papeterie, les brasseries, et les dentelles et blondes. Commerce actif de fromages, chevaux, mulets, bestiaux et toiles.

Mauriac. *Sous-préfectures :* MAURIAC, 3,291 hab., jolie petite ville, à 36 kilom. d'Aurillac, sur le penchant d'une colline volcanique, entre l'*Auze* et la *Dordogne,* à 12 kilom. de cette dernière rivière. Les rues sont assez larges et les maisons, qui sont bâties en basalte, sont d'un aspect agréable. Le commerce de cette ville consiste en produits agricoles, en bestiaux et surtout en bêtes à cornes et en mulets renommés. Mines de houille.

Murat. MURAT, 2,666 hab., à 50 kilom. d'Aurillac, sur le versant d'une montagne basaltique et sur la rive gauche de l'*Alagnon,* à l'extrémité de la Planèze, appelée le grenier de la haute Auvergne. Les rues de cette ville sont étroites, montueuses, mal pavées et peu propres. Tanneries et fabriques de dentelles communes. Commerce de fromage du Cantal, dont l'exportation est considérable; entrepôt de grains.

Saint-Flour. SAINT-FLOUR, 5,218 hab., à 73 kilom. d'Aurillac, sur un plateau basaltique, à 100 mètres au-dessus de la vallée qu'arrose le *Dauzan,* affluent de la Trueyre. Cette ville a été surnommée la Noire, à cause de l'aspect de ses maisons construites avec le basalte des rochers et des teintes assombries des monts volcaniques qui l'entourent. Ses rues sont tortueuses, irrégulières, tristes et sombres. Fabrication de dentelles, de belles poteries, de colle-forte et surtout de chaudrons et d'ustensiles de cuisine en cuivre. Commerce de grains, de mules et de bestiaux.

Autres localités. — MAURS, 3,172 hab., au confluent de l'*Arcambie* et de la *Rance ;* tanneries, coutelleries, poteries. Commerce de toiles grises, de blé, de fruits, de châtaignes, de chevaux, de bestiaux, etc. Jambons renommés. — SALERS, 1,090 hab., près du confluent de la *Maronne* et de l'*Aspre ;* il s'y fait un grand commerce de grains et surtout de bestiaux, qui, connus sous le nom de *race de Salers,* sont les plus beaux de l'Auvergne. — CHAUDESAIGUES, 1,948 hab., sur le *Remontalou,* dans une vallée étroite, au pied des montagnes qui séparent l'Auvergne du Gévaudan. Cette ville a des eaux thermales dont la température atteint 88 degrés centigrades, qui circulent sous les maisons et servent à tous les usages de la vie. Foires importantes pour la vente des porcs.

Charente.

CHARENTE

(5 arrondissements, 29 cantons, 426 communes, 12e corps d'armée.)

Angoulême. *Chef-lieu :* **Angoulême,** 26,000 habitants, à 445 kilomètres de Paris, est située comme Poitiers sur un plateau ou promontoire (96 mètres d'altitude), entouré de trois côtés par deux cours d'eau qui se réunissent à sa base : l'Anguienne, souvent à sec, et la Charente. La ville est entourée de remparts et de jardins qui permettent d'en faire le tour et qui offrent les points de vue les plus variés sur les vallées, les prairies et les manufactures des environs. La ville se partage en vieille et en nouvelle ville ; la vieille ville, très-pittoresque, est mal bâtie et campée sur le côté nord de la montagne. Angoulême doit sa prospérité actuelle à son industrie et à son commerce d'importation et d'exportation. Elle possède des papeteries qui jouissent d'une réputation européenne et produisent plus de 4 millions de kilogrammes de papier par an, des raffineries, des distilleries, des tanneries, des filatures, des fabriques de registres, etc. Elle fait un grand commerce des eaux-de-vie, des grains et des papiers. Depuis 1834, la ville est alimentée d'eau à l'aide d'une machine hydraulique, qui élève l'eau de la Charente à près de 100 mètres; les eaux de la Touvre contribuent aussi à l'alimentation de la ville.

Sous-préfectures : BARBEZIEUX, 3,881 hab., jolie ville, à 34 kilom. d'Angoulême, sur un monticule (102 mètres d'altitude) qui domine à l'ouest le *Trèfle* et à l'est le *Condéon*. Fabriques de toiles renommées; commerce d'eaux-de-vie et de grains, grande expédition de chapons truffés; commerce de truffes, de pâtés et de fromages. Barbezieux.

COGNAC, 13,600 hab., dans une délicieuse position, sur la rive gauche de la *Charente*, à 42 kilom. d'Angoulême. Cognac est une ville aux rues tortueuses et étroites, pittoresquement établie sur une hauteur qui domine les plaines de la Charente. Commerce et entrepôts d'eaux-de-vie renommées provenant des deux Charentes, de vins rouges et blancs très-recherchés. C'est une ville très-riche. Cognac.

CONFOLENS, 2,717 hab., à 63 kilom. d'Angoulême, au confluent de la *Goire* et de la *Vienne*, est en partie bâtie en bois. Fabriques de ganses et de clouteries. Grand commerce de merrain, de bois de construction, de bœufs gras, de légumes secs, de grains, de châtaignes et de cuirs. Confolens.

RUFFEC, 3,175 hab., sur le ruisseau du *Lien*, à 43 kilom. d'Angoulême. Commerce important de grains, de graines fourragères, de bestiaux, de fromages, de truffes, de pâtés de perdreaux et de foies d'oie truffés, qui ont une renommée européenne. Distilleries et forges. Ruffec.

Autres localités. — AIGRE, 1,846 hab., a plusieurs distilleries. — JARNAC, 4,243 hab., sur la rive droite de la *Charente*, possède plusieurs distilleries et de bons vins rouges.

CHARENTE-INFÉRIEURE

Charente-Inférieure.

(6 arrondissements, 40 cantons, 479 communes, 18ᵉ corps d'armée.)

Chef-lieu : **La Rochelle**, 19,000 habitants, située sur l'océan Atlantique, au fond d'un petit golfe qui lui sert d'avant-port, à 477 kilomètres de Paris, sur des terrains d'alluvion abandonnés par la mer. Cette ville, bien bâtie, a des rues droites et larges et quelquefois garnies de portiques. Le port est sûr, commode et garanti par une jetée qui s'avance considérablement dans la mer; la rade est extrêmement sûre. Grand commerce d'eaux-de-vie, de vins, de sels, de salaisons, de denrées coloniales et de bois du nord. (Voir page 655.) La Rochelle.

Sous-préfectures : JONZAC, 3,147 hab., sur la *Seugne*, à 39 kilom. de la Rochelle. Commerce de grains, d'eaux-de-vie, de vins, de bestiaux et d'œufs; excellentes volailles pour l'approvisionnement de Bordeaux. Carrières de pierres de taille. Jonzac.

Marennes. MARENNES, 4,500 hab., sur la *Seudre*, à 4 kilom. de l'Océan; ville riche et commerçante, entourée de marais coupés de canaux. Grand commerce de sel, de bons vins rouges et blancs, d'eaux-de-vie recherchées, d'huîtres vertes très-renommées, de fèves de marais et de graine de moutarde. Fabriques de vinaigre et de produits chimiques; chantiers de construction de bateaux, fabriques de sabots, corderies.

Rochefort. ROCHEFORT, 30,000 hab., sur la rive droite de la *Charente*, à 16 kilom. de son embouchure dans l'Océan, et à 32 kilom. de la Rochelle. Rochefort est une ville toute moderne dont les rues sont régulières et bien bâties et se coupant à angles droits. Les remparts ombragés forment des promenades charmantes. Le port, très-vaste, peut contenir, à marée basse, des vaisseaux de haut bord. Immense commerce de bois du nord, de merrains, de sels, d'eaux-de-vie, de vins, de farines, de bestiaux et de poissons salés. (Voir page 655.)

Saintes. SAINTES, 12,345 hab., à 69 kilom. de la Rochelle, ancienne ville sur les flancs d'une colline, à 27 mètres d'altitude, dans une charmante position, sur la rive gauche de la *Charente*. De petits navires peuvent y remonter. La marée, très-sensible à Saintes, se fait encore sentir assez loin en amont. La ville est admirablement placée au point de vue commercial, car la *Charente* la relie, en amont, avec Cognac, Jarnac, Angoulême, et en aval, avec Taillebourg, Tonnay-Charente et Rochefort. Important commerce de grains, d'eaux-de-vie de Cognac, de bois et de cuirs; fabriques de poteries, de faïences et de briques; tanneries, mégisseries renommées, instruments agricoles; fonderies de métaux, fabrique de crème de tartre.

Saint-Jean-d'Angély. SAINT-JEAN-D'ANGÉLY, 7,023 hab., sur la rive droite de la *Boutonne*, navigable pour barques de 40 à 60 tonnes, à 26 kilom. de la Rochelle, au milieu de terrains riches en vignobles. Son commerce principal consiste en eaux-de-vie, vins, bois de construction, graines de trèfle, de luzerne, de lin et de colza. Minoteries considérables; plâtrières.

Autres localités. — MARANS, 4,534 hab., sur la *Sèvre-Niortaise*; marché de céréales très-important. — LA FLOTTE, 2,450 hab., petit port de l'île de *Ré*, au fond d'une bonne rade, peut recevoir des navires de 120 tonneaux. Il fait le commerce du sel, des bois, des vins et des eaux-de-vie. Vinaigreries et fours à chaux. — SAINT-MARTIN, 2,740 hab., dans l'île de *Ré*, au fond d'une petite baie, vers le milieu de la côte nort-est. Le port est étroit et tortueux, mais bien abrité et précédé d'une rade sûre. Saint-Martin a des chantiers de construction pour les bateaux, des corderies, corroieries, salines, vinaigreries. Le commerce du sel, des vins, des spiritueux, des vinaigres, des bois, du goudron et des grains alimente la ville et le port. Saint-Martin possède un dépôt de forçats : c'est de l'île de *Ré*, que partent les navires qui transportent les condamnés à la Nouvelle-Calédonie. — SAINT-PIERRE-D'OLÉRON, 4,968 hab., au centre de l'île d'*Oléron* ; vinaigreries, distilleries, fours à chaux; commerce de sel. — TONNAY-CHARENTE, 3,800 hab., dans une situation charmante, sur la rive droite de la *Charente*, est un port sûr et commode, spécialement pour l'expédition des eaux-de-vie de Cognac; c'est l'entrepôt des eaux-de-vie de la Saintonge et de l'Angoumois. Commerce de sel, de vins, de bois de chauffage, de cercles et de charbon de terre.

Cher.

CHER

(3 arrondissements, 29 cantons, 291 communes, 8e corps d'armée.)

Bourges. *Chef-lieu :* **Bourges**, 31,312 habitants, sur les deux versants d'un coteau, dont le sommet est occupé par la cathédrale, et au confluent de l'Auron, de l'Yèvre et de l'Yévrette, à 232 kilomètres de Paris, à 156 mètres d'altitude. Les rues assez bien percées, sont larges, mais tristes et désertes; les maisons sont peu élevées; des espaces considérables sont dépourvus de constructions. L'air y est pur et sain, ses places sont plantées de beaux arbres et ses remparts sont d'agréables promenades. La ville est entourée de prairies et de jardins. Coutellerie, commerce en grains, en vins, en fruits, en volailles, laines et chanvres, bois et fers. Confiserie, marbrerie, pointerie, toiles cirées. L'État y a établi une fonderie de canons, un arsenal, une école de pyrotechnie, un magasin à poudre et un vaste polygone.

Sous-préfectures : SAINT-AMAND, 8,757 hab., jolie ville régulièrement bâtie, au confluent de la *Marmande* et du *Cher*, sur un embranchement du canal du *Cher*, à 44 kilom. de Bourges. Commerce actif de céréales, de fourrages, de bois, de merrain, de fer, de laines, de chanvres, de bestiaux et de châtaignes. Fonderies et manufactures de porcelaines. Saint-Amand.

SANCERRE, 3,707 hab., sur une colline isolée de 130 mètres de hauteur, dont les flancs sont couverts de vignes, à 47 kilom. de Bourges, près du canal latéral à la *Loire*. C'est une ville mal bâtie, à rues étroites, roides, mal percées et impraticables aux voitures. Commerce de vins, de grains, de fourrages, de bestiaux, de laines, de fruits, de noix et de chanvre. Sancerre.

Autres localités : MEHUN-SUR-YÈVRE, 6,500 hab., sur la rive droite de l'*Yèvre*, dans un pays fertile. Fabriques de porcelaines, de droguets et de toiles d'emballage. — VIERZON, 8,296 hab., ancienne et jolie ville fort agréablement située sur le canal du *Berry*, au confluent du *Cher* et de l'*Yèvre*, partie dans la vallée, partie sur une colline. La ville proprement dite est irrégulièrement bâtie entre le chemin de fer et le canal ; mais la partie moderne, qui s'étend de la gare au canal, est bien construite et percée de larges rues. Situé à la bifurcation des chemins de fer de Paris à Périgueux et de Paris à Nevers par Bourges, et au point de raccordement de la ligne de Tours à Bourges, Vierzon s'agrandit de jour en jour. Il possède deux fabriques importantes de porcelaine, des parcheminerics, une vinaigrerie, une verrerie, des fabriques d'habillements confectionnés. Les bois, les vignes et les céréales sont les principales productions de son territoire. — VIERZON-VILLAGE, 5,716 hab., séparé de Vierzon-ville par le ruisseau de *Grossou* ; fabrique de pointes et tréfileries ; hauts-fourneaux et forges. — CHATEAUMEILLANT, 3,404 hab., sur la *Sinaise*, a des carrières de pierres à bâtir très-estimées. Grand commerce de chevaux, de bestiaux et d'eaux-de-vie. — LA GUERCHE, 3,505 hab., près du canal du *Berry*, exploite des carrières de pierres lithographiques. — HENRICHEMONT, 3,377 hab., sur une colline dominant la *Petite-Sauldre*, à 28 kilom. de Sancerre ; fabriques de serges, droguets, cotonnades, tanneries, poteries, corroieries ; commerce important de laines.

CORRÈZE

Corrèze.

(3 arrondissements, 29 cantons, 287 communes, 12e corps d'armée.)

Chef-lieu : **Tulle**, 13,681 habitants, située à 214 mètres d'altitude, en partie au fond d'une vallée étroite et profonde, en partie sur la pente des collines qui bordent cette vallée à l'ouest, au point de jonction de la Corrèze et de la Solane, et à 480 kilomètres de Paris. La ville est petite et généralement mal bâtie, les maisons vieilles et laides, excepté celles qui bordent la Corrèze; elle a de belles promenades tracées sur les bords de la rivière. La principale industrie de Tulle est la fabrication des Tulle.

armes à feu. La manufacture nationale d'armes à feu se compose de plusieurs établissements séparés, établis dans divers lieux : à Tulle, au hameau de Souillac (3 kilomètres à l'ouest), à Laguenne, à Meymac et à Treignac. Souillac est le lieu où s'unissent les canons de fusils; à Tulle et dans les autres annexes se font les bois et les autres pièces. La manufacture peut livrer annuellement jusqu'à 70,000 fusils, et compte de 1,500 à 3,000 ouvriers.

Commerce d'huiles de noix, de gibier, de chevaux, de pelleteries; fabriques de bougies, saboterie, cabas de paille.

Brive. *Sous-préfectures :* Brive, 10,750 hab., dans le joli vallon de la Corrèze, sur les bords de cette rivière qui se jette dans la Vézère, à 5 kilom. en aval de Brive, à 33 kilom. de Tulle. C'est une ville ancienne et mal percée, entourée de boulevards plantés d'ormes magnifiques. Blanchisserie de cire, fabrique de cierges, huile de noix; filature de coton; exploitation considérable d'ardoises, de meules de moulin, de minerais; forges. Commerce de truffes, de dindes truffées, de champignons en conserve, de marrons et de noix; grand commerce de laines, de bestiaux, de porcs et de vins.

Ussel. Ussel, 3,850 hab., petite ville, au milieu de montagnes arides, construite sur un coteau, ancien emplacement d'un camp romain, entre la *Diége* et la *Sarsonne,* à 61 kilom. de Tulle. Commerce de bestiaux et de chanvre; fabriques d'étoffes de laine pour le pays.

Autres localités : Argentat, 3,350 hab., dans une plaine fertile, sur la rive droite de la *Dordogne,* que traverse un pont suspendu construit aux frais de la famille de Noailles. Commerce de blé, de bois et de houille. — Treignac, 3,155 hab., sur la rive gauche de la *Vézère.* Commerce de bestiaux, de châtaignes et particulièrement de truites excellentes, pêchées dans les petits affluents de la *Vézère*; annexe de la manufacture d'armes de Tulle. — Uzerche, 3,221 hab., sur le penchant d'une colline escarpée et entourée par la *Vézère,* sur la route de Limoges à Tulle. Foires très-suivies pour la vente des chevaux. — Meymac, 3,716 hab., dans une agréable vallée sur les bords de la *Luzége*; on y fabrique des articles de laine; commerce de moutons et de bœufs. Mines de bismuth. — Lubersac, 3,826 hab., sur le sommet d'une colline; commerce de bestiaux et de gibier; entrepôt des fruits du bas Limousin. — Meyssac, 2,590 hab., exporte principalement des vins et de l'huile de noix; son territoire, assez fertile, produit du blé et du vin. — Bort, 2,712 hab., sur les bords de la *Dordogne,* est l'entrepôt du Cantal et de la Corrèze pour le commerce des grains, chevaux, bœufs, et le lieu d'expédition des toiles que l'on fabrique dans la contrée.

Corse.

CORSE

(5 arrondissements, 62 cantons, 364 communes, 15e corps d'armée.)

Ajaccio. *Chef-lieu :* **Ajaccio**, 16,500 habitants, à 1,089 kilomètres de Paris, au fond d'un golfe admirable d'un développement de plus de 50 kilomètres, et au pied d'une colline sur laquelle cette ville charmante se dispose en amphithéâtre; c'est une des villes de France les mieux situées et des plus agréables. Fabriques de cigares et de pâtes d'Italie, construction de navires, pêche du corail. Commerce de vins, huiles, blés, oranges, cédrats, citrons, châtaignes, cires, cuirs, gibier de toutes sortes, merles renommés, peaux de chevreaux et d'agneaux, etc.

Sous-préfectures : BASTIA, 20,000 hab., ville maritime, en amphithéâtre au bord de la mer, sur le littoral nord-est de l'île et sur la mer de *Toscane,* à 153 kilom. d'Ajaccio. Son aspect est tout italien; les vieilles rues sont étroites et tortueuses et pavées de larges dalles; le quartier neuf est spacieux; sa vue splendide s'étend sur la mer jusqu'aux îles de Caprera, d'Elbe et de Monté-Christo. C'est la plus importante ville de la Corse par son commerce, son industrie et sa population, mais son port ne vaut pas celui d'Ajaccio, ni comme sûreté ni comme profondeur. Fabriques de pâtes d'Italie, pêche du corail et des anchois; nombreuses tanneries et savonneries; établissements métallurgiques. Commerce de cuirs, de vins, d'huiles, de cédrats à confire, de bois de construction et de marbres. Bastia.

CALVI, 2,000 hab., place forte au fond d'un golfe peu sûr, sur la côte ouest. Commerce de vins, d'huiles d'olive, amandes, citrons, oranges; grande culture de cédratiers; pêche de thons et de langoustes. Calvi.

CORTÉ, 6,094 hab., au confluent du *Tavignano* et de la *Restonica,* au centre de l'île, à 84 kilom. d'Ajaccio. Elle se divise en deux parties : la citadelle et la ville. Fabriques de pâtes d'Italie, scieries et exploitations de marbres. Commerce de consommation en vin, blé, fruits et olives. Corté.

SARTÈNE, 4,082 hab., petite ville, bâtie à 86 kilom. d'Ajaccio, sur les deux versants d'une colline, dominant deux belles vallées; son territoire produit des vins excellents. Commerce de grains, d'huiles, de cires, de vins, de bois, de peaux de chèvres. Sartène.

Autres localités : VICO, 2,091 hab., produit du vin, du blé, des fourrages, des châtaignes et des fruits. — L'ILE-ROUSSE, 1,644 hab., port situé au nord de *Calvi :* c'est l'entrepôt du commerce de la Balogne. Elle a pris son nom d'un rocher de granit rouge qui émerge des flots à quelque distance. — BONIFACIO, 3,500 hab., au sud de la Corse, sur le détroit qui porte son nom, ville très-fortifiée, dont une partie s'avance sur un rocher profondément miné par la mer. — PORTO-VECCHIO, 2,200 hab., beau port de mer, situé au sud-est de l'île, au fond d'une vaste rade. Exportation de sel, de charbon de bois et de liége; salines. Son territoire produit du blé, des vins, des olives; on y élève du gros bétail et des chevaux de race excellente.

COTE-D'OR

Côte-d'Or.

(4 arrondissements, 36 cantons, 717 communes, 8e corps d'armée.)

Chef-lieu : **Dijon**, 42,573 habitants, belle ville arrosée par les petites rivières de l'Ouche et du Suzon, à leur confluent, au pied du mont Affrique, au milieu d'une plaine agréable et fertile et à 315 kilomètres de Paris. C'est une ville de forme ovale, aux rues larges et bien percées, bordées de maisons élégantes et de beaux hôtels. Dijon a de belles promenades, telles que celle du Parc dessinée par Le Nôtre, celle des Marronniers et ses remparts ombragés d'arbres séculaires. Fabriques de chapeaux, de liqueurs, de vinaigre, de moutarde, de pains d'épice, d'eau-de-vie de marc, de colle-forte, de draps, de couvertures de laine; brasseries, vanneries, clouteries, raffineries de salpêtre, ateliers de construction de machines. Commerce de grains, de farines, de vins, de liqueurs, de laines, d'huiles, de chanvre, etc. Dijon.

Beaune. *Sous-préfectures :* Beaune, 11,176 hab., ville bien bâtie et très-proprement entretenue, à 38 kilom. de Dijon, sur la *Bouzoise,* au pied d'un coteau fertile en excellents vins. Fabriques de vinaigre, d'eaux-de-vie de marc, de cuirs forts et d'huile; chapellerie, tonnellerie. Commerce considérable de vins de Bourgogne de première classe; pépinière renommée d'arbres à fruits.

Châtillon-sur-Seine. Chatillon-sur-Seine, 4,797 hab., jolie ville, à 83 kilom. de Dijon, en plein pays de montagnes. Commerce de bois, de laines, de cuirs, de meules à aiguiser, etc. Forges et hauts-fourneaux, papeteries, blanchisseries, moulins à blé et à foulon, fabriques de draps et de toiles.

Semur. Semur, 3,815 hab., sur l'*Armançon,* au sommet d'un rocher granitique, à 71 kilom. de Dijon. C'est l'une des villes les plus pittoresques de France. Ses rues, trop désertes, renferment des maisons de la Renaissance et des portes ogivales avec tourelles. Filatures de laines, fabriques de serges, droguets, tanneries. Commerce de grains, de chevaux, de bêtes à laine, de laines, de chanvre, de bon beurre, de beaux fruits et légumes, de miel excellent.

Autres localités : Auxonne, 5,911 hab., sur la *Saône,* qui reçoit la *Brizotte,* à 31 kilom. de Dijon. Commerce de vins, grains, farines, eaux-de-vie, bois, charbon, fer, clouterie, quincaillerie, laine, fils, toiles ; grande exportation de légumes. — Nuits, 3,656 hab., sur le *Meuzin,* à 22 kilom. de Dijon, possède des vignobles renommés ; vinaigreries, moutarde, papeterie. — Montbard, 2,808 hab., entrepôt d'une grande partie des marchandises qui prennent la voie du canal de *Bourgogne.* — Précy-sous-Thil, 838 hab., près de la rivière du *Serain,* fait un commerce d'oies très-important.

Côtes-du-Nord.

COTES-DU-NORD

(5 arrondissements, 48 cantons, 387 communes, 10e corps d'armée.)

Saint-Brieuc. *Chef-lieu :* **Saint-Brieuc**, 17,000 habitants, ancienne et jolie ville, située sur le versant de plusieurs collines inclinées doucement vers la mer, près du Gouet, à 1 kilomètre de son embouchure, à 451 kilomètres de Paris. Le port, qu'on nomme le *Légué,* est situé à 1 kilomètre de la ville; il est très-sûr, d'un abord facile et bordé de beaux quais. Fabriques de toiles, aciérie, fonderie de fer, filature de coton, fabriques de tiretaine. Commerce de grains, de suifs, de bestiaux, de légumes, de salaisons.

Dinan. *Sous-préfectures :* Dinan, 8,510 hab., ville ancienne et irrégulière, à 60 kilom. de Saint-Brieuc, sur une montagne escarpée, qui s'élève à 60 mètres au-dessus de la *Rance,* où elle a un petit port qui communique au moyen du flux avec celui de Saint-Malo, et qui est accessible aux navires de 90 tonneaux. Commerce de grains, de cidre excellent, de beurre, de cire estimée et de miel, de chanvre, de lin, de fil; il importe du sel, de la résine, du goudron, des salaisons, etc.

Guingamp. Guingamp, 6,977 hab., au milieu de vastes et belles prairies, sur le *Trieux,* à 32 kilom. de Saint-Brieuc. Filatures de lin, minoteries. Commerce de toiles.

Lannion. Lannion, 6,500 hab., jolie ville, à 65 kilom. de Saint-Brieuc, sur le *Guer,* où elle a un port d'un accès facile, peu éloigné de l'Océan. Tanneries, brasseries, exploitations de sables calcaires. Commerce assez considérable de chevaux, bestiaux, beurre, chanvre, lin, laine, graine de trèfle. Exportation de produits agricoles; importations de vins, d'eaux-de-vie et de bois du nord.

Loudéac.

LOUDÉAC, 6,000 hab., entre l'*Oust* et le *Larhon*, à 48 kilom. de Saint-Brieuc. Centre d'une fabrication très-étendue de toiles dites de Bretagne. Grand commerce de pommes à cidre.

Autres localités : LAMBALLE, 4,200 hab., jolie ville sur le penchant et au pied d'une colline, sur le *Gouëssant*, à 20 kilom. de Saint-Brieuc. Ses maisons blanches, ses jardins, les belles prairies, les vergers qui sont aux alentours, forment un paysage délicieux. Marché de grains important; tanneries, mégisseries, blanchisserie de cire. — LANVOLLON, 1,719 hab., à 23 kilom. de Saint-Brieuc, possède une usine à vapeur pour la construction des instruments d'agriculture. — PONTRIEUX, 2,300 hab., à 18 kilom. de Guingamp, petit port à l'embouchure du *Trieux*, qui exporte des grains et des farines. Teillage mécanique de lin; tanneries.

CREUSE

Creuse.

(4 arrondissements, 25 cantons, 263 communes, 12e corps d'armée.)

Guéret.

Chef-lieu : **Guéret**, 5,725 habitants, jolie ville, agréablement située sur le penchant d'une colline, à 460 mètres d'altitude, près de la Creuse et de la Gartempe, à 345 kilomètres de Paris. Les rues de Guéret sont très-irrégulières, mais ses places et ses promenades, arrosées par des fontaines d'eau vive, sont charmantes. Corroieries, tanneries, fabrique de noir animal, exploitation de carrières de pierre de taille. Commerce de beurre, de bestiaux, de bois, de cuirs, etc.

Aubusson.

Sous-préfectures : AUBUSSON, 6,500 hab., ville ancienne, située dans une gorge très-pittoresque, entourée de montagnes, sur la *Creuse*, à 42 kilom. de Guéret. Cette ville se compose d'une seule rue assez jolie. Manufacture renommée de tapis ras et veloutés, moquettes, siamoises; fabriques de draps communs, filatures de coton et de laine, teintureries. Entrepôt de Limoges et de Clermont.

Bourganeuf.

BOURGANEUF, 3,500 hab., petite ville fort ancienne, sur une éminence, dans un site agréable, à 32 kilom. de Guéret. Commerce considérable de cire; papeteries, fabrique de porcelaines, de toiles de chanvre et de droguets.

Boussac.

BOUSSAC, 1,062 hab., à 40 kilom. de Guéret, sur un rocher, au milieu d'une gorge entourée de précipices, au confluent de deux ruisseaux, la petite *Creuse* et le *Véron*. Tanneries importantes; commerce de chevaux, de bestiaux, de cuirs, de laines, de bois et de grains.

Autres localités : AHUN, 2,450 hab., à 19 kilom. de Guéret; fabrique de sabots; exploitation de houille. — LA SOUTERRAINE, 4,029 hab., à 34 kilom. de Guéret. Fabrication importante de sabots, de cercles; fabrique de toiles, de draps, filatures de laine. Commerce de fil et de chanvre, grand commerce de bestiaux. — LE GRAND-BOURG, 3,060 hab., situé près du cours de la *Gartempe*, à 19 kilom. de Guéret; fabriques de toiles, foires renommées; commerce de bestiaux et de grains. — FELLETIN, 3,210 hab., sur la *Creuse*, à 10 kilom. d'Aubusson; fabriques de cardes et de chapeaux, corroierie, filatures hydrauliques de laines, fabriques de tapis rivalisant avec ceux d'Aubusson.

DORDOGNE

Dordogne.

(5 arrondissements, 47 cantons, 582 communes, 12e corps d'armée.)

Périgueux.

Chef-lieu : **Périgueux**, 22,000 habitants, très-ancienne ville, située dans une belle vallée, et bâtie en amphithéâtre sur le penchant d'une colline que baignent les eaux de l'Isle, à 499 kilomètres de Paris. Le commerce s'exerce sur les farines, les vins, les eaux-de-vie, les cuirs, les bois, les fers, les bestiaux, le gibier, les volailles, le sel; marché pour les cochons, le plus considérable de France; commerce important de dindes et de pâtés de truffes dits pâtés de Périgueux, dont la renommée est européenne. Filature de laine, tanneries, carrosseries, moulins, distilleries (anisette renommée), fabriques d'étamines et de cadis, teintureries, fonderie de fer et de cuivre, etc.

Bergerac. *Sous-préfectures :* BERGERAC, 14,000 hab., jolie ville située au milieu d'une vaste et fertile plaine, sur la rive droite de la *Dordogne,* à 49 kilom. de Périgueux. Tonnelleries, papeteries, usines métallurgiques. Commerce de vins rouges et blancs des crus de Pécharmant et Terme-de-Roy très-estimés; spécialité de vins blancs doux de Monbazillac, d'une très-grande réputation; grande exportation de marrons en Angleterre, de grains, de truffes et de merrains; grande pêche de saumons aux barrages de Salvette; pépinières magnifiques; meules à moulins, papeteries.

Nontron. NONTRON, 3,300 hab., ville irrégulièrement construite sur deux collines, au-dessus d'une vallée qu'arrose le cours du *Bandiat.* Coutelleries, tanneries, minoteries, scieries mécaniques, fabriques de sabots, forges et pépinières. Commerce de fer et de bestiaux.

Ribérac. RIBÉRAC, 3,578 hab., jolie petite ville assez régulièrement construite, à 37 kilom. de Périgueux, sur le versant d'un vallon entouré de jolies collines, sur le *Ribéraguais,* et près de l'endroit où ce ruisseau se jette dans la *Dronne.* Cette ville ne se compose guère que d'une rue d'un kilomètre de longueur, large et bien bâtie. Les minoteries et les fabriques de chapeaux de feutre sont nombreuses dans cette localité. Sa position l'a rendue forcément le marché où les communes les plus fertiles de la vallée de la Dronne et les communes les plus déshéritées de la Double échangent leurs produits. Il s'y fait surtout un très-grand commerce de porcs; commerce de vins, grains et toiles.

Sarlat. SARLAT, 6,255 hab., ville ancienne située dans un fond resserré de toute part par des collines arides, sur le ruisseau de la *Cuje,* à 70 kilom. de Périgueux; les rues de cette ville sont étroites et les maisons mal bâties. Commerce en grand d'huile de noix, de truffes de première qualité et de bestiaux. Importantes fabriques de briques et de creusets réfractaires. Exploitation de minerai de fer carbonaté, de houille, de lignite terreux, de pierres à chaux hydraulique, de pierres meulières, d'argile à foulon et de marne calcaire.

Autres localités : EXCIDEUIL, 2,200 hab., sur un coteau que baignent les eaux de la *Loue,* à 32 kilom. de Périgueux. Fabriques de chandelle, de chapeaux et coutellerie; pâtés de foie gras truffés. — *Thiviers,* 3,017 hab., situé sur un coteau, à 32 kilom. de Nontron, est renommé pour ses faïences et ses poteries; fabriques de sabots et de chandelles : Grand marché de bestiaux; fromages renommés.

DOUBS

Doubs.

(4 arrondissements, 27 cantons, 637 communes, 7e corps d'armée.)

Chef-lieu : **Besançon,** 49,401 habitants, ville forte et ancienne, dans un petit coude du Doubs qui l'entoure presque entièrement de ses eaux, à 407 kilomètres de Paris, à 92 kilomètres de Dijon. Fabriques importantes d'horlogerie. Commerce d'épiceries, de chevaux, de bestiaux, de sel, de fromages, de grains, de vins, de fer, de fil de fer, de tôle, etc. Besançon.

Sous-préfectures : BAUME-LES-DAMES, 2,500 hab., sur le *Doubs* et sur le canal du *Rhône au Rhin*, à 32 kilom. de Besançon. Tanneries, pâtes de coings estimées ; commerce de bestiaux et de grains. Carrière de gypse très-riche. Baume-les-Dames.

MONTBÉLIARD, 8,500 hab., jolie petite ville située à la jonction de l'*Allan* et de la *Luzine,* sur le canal du *Rhône au Rhin,* où se trouve un grand bassin de déchargement au lieu dit la Petite-Hollande, à 79 kilom. de Besançon, à 485 kilom. de Paris. La ville se trouve dans un cirque de coteaux tapissé de vignes et de vergers et du haut desquels on jouit d'une magnifique vue sur les montagnes du Jura. Les rues sont bien percées, et les maisons sont régulièrement bâties. Cette ville a vu sa population s'augmenter beaucoup par suite de l'immigration des Alsaciens. Filatures et tissages de coton, fabriques de grosse et de petite horlogerie, fabrique de limes ; tuileries. Commerce de fromages, de planches de sapin, de chêne, de bois de construction, de marine et de merrain. Montbéliard.

PONTARLIER, 4,945 hab., jolie petite ville très-régulièrement bâtie à l'extrémité d'une vaste plaine, sur le *Doubs,* à 60 kilom. de Besançon, à 456 kilom. de Paris et à 887 m. d'altitude. Fabriques d'absinthe et de kirsch, scieries, moulins, fromageries, boissellerie. Commerce considérable en grains, vins, absinthe, chevaux de trait et bestiaux, cuirs, fers, etc. Commerce actif avec la Suisse. Pontarlier.

Autres localités : ORNANS, 3,448 hab., sur la *Loue*, à 25 kilom. de Besançon. Clouterie, tréfilerie, fabrique de pompes, scierie hydraulique, tanneries, fabrique de tuiles et briques. — L'ISLE-SUR-LE-DOUBS, 2,060 hab., à 26 kilom. de *Baume*, sur le *Doubs*, l'*Isle* et le ruisseau de *Magny*. Tréfilerie, fils de fer, feux d'affinerie, vis à bois et boulons, fabrique de briques, de tuiles et de chaux. Marché de grains. — AUDINCOURT, 3,170 hab., à 6 kilom. de Montbéliard, sur le *Doubs*. Forges et hauts-fourneaux, filatures de coton et tissage mécanique, fabriques de broches pour filatures de coton, lin, laine et soie, machines à coudre, scierie, fabrique de chicorée. — PONT-DE-ROIDE, 2,271 hab., à 17 kilom. de Montbéliard, sur le *Doubs*. Haut-fourneau à Bourguignon, fabrique de scies et outils divers, fabrique de limes. — VALENTIGNEY, 1,382 hab., sur le *Doubs*, à 7 kilom. de Montbéliard ; grande fabrique de scies et outils divers pour grosse quincaillerie, aciers laminés pour ressorts d'horlogerie, buscs, etc., fabrique de limes et burins. — SAINT-HIPPOLYTE, 1,200 hab., à 28 kilom. de Montbéliard, à la jonction du *Dessoubre* et du *Doubs* et dans un carrefour que forment trois petites vallées. Trituration de bois de teinture, filature de laines, scieries et fabrique de caisses, moulin, forges, tréfilerie, visserie, etc. — HÉRIMONCOURT, 1,700 hab., près du *Gland*, à 12 kilom. de Montbéliard, horlogerie, fabrique de grosse quincaillerie, teinturerie. — SELONCOURT, 1,805 hab., à 10 kilom. de Montbéliard sur le *Gland ;* fonderie de pièces mécaniques, fabriques d'horlogerie.

Drôme.

DROME

(4 arrondissements, 29 cantons, 370 communes, 14e corps d'armée.)

Valence. *Chef-lieu :* **Valence,** 20,000 habitants, très-ancienne ville, bâtie dans une situation charmante, sur la rive gauche du Rhône près du confluent de l'Isère, à 560 kilomètres de Paris. Valence est divisée en ville haute et en ville basse ; une partie de ses maisons s'étage sur le penchant d'une colline et forme un pittoresque amphithéâtre. Commerce de chevaux, de bœufs, de moutons, de soies, de cuirs tannés, de draperies, de bonneterie, de fers, de grains, de vins. Minoteries, distilleries.

Die. *Sous-préfectures :* DIE, 3,700 hab., ville ancienne située au pied du Mont-de-Glandas, près de la rive droite de la *Drôme,* à 54 kilom. de Valence, dans une vallée fertile et agréable. Fabriques de draps, filatures de soie, moulins à soie et à foulon. Commerce en soie et vins blancs mousseux excellents, dits *clairette de Die.*

Montélimar. MONTÉLIMAR, 12,000 hab., sur le penchant d'un coteau couvert de vignobles, au confluent du *Roubion* et du *Jabron,* à 45 kilom. de Valence. Fabriques de tuiles, briques, chaux hydraulique ; filatures de soie, fabrique très-importante de chapeaux de feutre ; fabrique de nougat ; maroquineries renommées. Commerce de soie grége, vins, bois de construction, truffes noires, etc.

Nyons. NYONS, 3,611 hab., ville très-ancienne bien située sur l'*Aigues,* au pied du col de Devès, à 90 kilom. de Valence. Commerce de grains, vins, huile d'olive, savons, draps, étoffes de laine.

Autres localités : ROMANS, 12,674 hab., ville propre et bien bâtie sur la rive droite de l'*Isère*, que l'on y passe sur un très-beau pont communiquant avec le Bourg-du-Péage, à 20 kilom. de Valence. Fabriques très-importantes de chaussures et galoches, chapellerie, tanneries, filatures de soie, tissus de soie et de filoselle, draps, fabriques d'huiles de noix. — CREST, 5,300 hab., à 37 kilom. de Die, sur la rive droite de la *Drôme.* Commerce de soie, de vins, de laines et de bestiaux. Fabriques de cardes, de chaises, de chandelles, de ciment, ateliers de construction de machines à vapeur fixes et locomobiles, fabriques de draps et de limousines, fabrique de papier. Terrines de grives des Alpes au genièvre, truffes en gros. — DIEU-LE-FIT, 4,147 hab., à 27 kilom. de Montélimar, dans la vallée du *Jabron.* Fabriques de draps, filatures de soie, teintureries, poterie. Commerce de soie, de vins et de céréales.

Eure.

EURE

(5 arrondissements, 36 cantons, 700 communes, 3e corps d'armée.)

Evreux. *Chef-lieu :* **Évreux,** 12,320 habitants, très-ancienne ville, à 104 kilomètres de Paris, dans une charmante vallée, fermée au nord et au sud par des coteaux, et arrosée par l'Iton, qui se partage en trois bras avant de traverser les différents quartiers de la ville. Ses rues sont larges, bien bâties et ses environs sont couverts de jardins et de vignes. Commerce de grains, de bois, de légumes, de coutils, de bonneterie. Fonderies de fer et fonderie et laminoirs de cuivre, papeteries, tanneries, scieries mécaniques, fabriques de coutils, teintureries, minoteries, etc.

Sous-préfectures : Les Andelys, 5,161 hab., à 40 kilomètres d'Evreux, sur la *Seine* et le *Gambon,* se composent de deux petites villes séparées par quelques kilomètres, le *Grand-Andely* et le *Petit-Andely.* Commerce très-actif de bestiaux, de grains, de farines, de laines, de cuirs; filatures de soie et de laine, fabriques de draps, corroieries, tanneries, moulins à blé, plâtreries, sucrerie; manufacture d'orgues; confection de perles et d'ouvrages en émail; pêche aux ablettes. Les Andelys.

Bernay, 7,500 hab., ville ancienne, fort agréablement située sur la rive gauche de la *Charentonne,* à 60 kilom. d'Evreux. Commerce de papier, de fer, de graines, de bestiaux, de chevaux, de laines, de toiles, de cuirs, de bougies, de rubans de fil et de coton. Fonderie de fer, manufactures de draps, de flanelles, de toile de lin et de coton, filatures de laine et de coton, fabriques de casquettes, rubanneries, minoteries, vannerie, saboterie. Bernay.

Louviers, 11,707 hab., ville ancienne, très-avantageusement située pour l'industrie sur plusieurs bras de l'*Eure,* qui y est navigable, à 24 kilom. d'Evreux, dans une charmante vallée, à 110 kilom. de Paris. La vieille ville est bâtie en bois; la ville neuve est régulièrement construite. Manufactures très-renommées de draps fins. Nombreuses filatures de laine, filatures de soie, teintureries importantes, blanchisserie de toile, fabrique de cardes pour laine, coton, soie, ouate et cachemire, fabrique de courroies pour filatures, clouterie, corroieries, etc. Le commerce exporte au loin les produits de son industrie et ceux de son territoire. Louviers.

Pont-Audemer, 6,182 hab., jolie petite ville dans une agréable vallée, sur deux petits ruisseaux et sur la rive gauche de la *Rille,* navigable de Pont-Audemer jusqu'à son embouchure dans la *Seine,* à 70 kilom. d'Evreux. Fabriques de colle forte, tanneries, corroieries, mégisseries, éperonneries renommées; filature de lin et de coton, papeteries, scieries, moulins à blé, etc. Commerce de draps, de toiles, de bestiaux, de cuirs, de laines, de grains, de lin, de cidres, de bois, etc. Pont-Audemer.

Autres localités : Breteuil, 2,162 hab., sur l'*Iton,* à 35 kilom. d'Evreux; haut-fourneau, fabrique de grosse quincaillerie, articles de sellerie et de bourrellerie; ferronnerie. — Conches, 2,482 hab., sur le *Routoir,* à 18 kilom. 1/2 d'Evreux, sur le bord d'un vallon et près d'une forêt, est l'une des plus jolies villes du département. Forges et hauts-fourneaux, fabrique de sabots, scierie à vapeur. — Verneuil, 4,259 hab., ville ancienne, sur l'*Avre* et sur l'*Iton.* Fonderie de cuivre, laminoirs et tréfilerie, fonderie de fer et de cuivre, machines hydrauliques et de transmissions, minoterie, fabrique de toiles. — Vernon, 7,787 hab., jolie ville sur la *Seine* et sur les ruisseaux de *Montigny* et de *Saint-Marcel,* à 35 kilom. d'Evreux. Fabrique de chocolat, de colle-forte, construction de machines agricoles, moulins à blé, fabrique de plâtre, fabrique de sabots, tanneries. Commerce de grains, de vins et de pierres de taille. — Nonancourt, 1,750 hab., sur l'*Avre,* à 28 kilom. d'Evreux; filatures de laine et de coton, fabrique de lacet drapé pour chausson, manufacture de caoutchouc, bonneterie de laine, tanneries, fabrique de fouets. — Rugles, 1,867 hab., sur la *Rille,* à 46 kilom. d'Evreux; fonderie et laminage de cuivre jaune, fabriques d'épingles en fer et en laiton de toutes qualités, aiguilles à coudre, agrafes, quincaillerie et tréfilerie de laiton. — Gisors, 3,834 hab., petite et ancienne ville, à 30 kilom. des *Andelys,* sur la *Troëne,* l'*Epte* et le *Réveillon.* Filatures de coton, manufactures d'étoffes feutrées pour chaussures et pour la sellerie, gros feutres pour enveloppes de chaudières et de tuyaux de vapeur, drap de voitures pour chemin de fer. Commerce de grains, de laines et de bestiaux. — Fleury-sur-Andelle, 1,454 hab., à 15 kilom. des *Andelys;* filatures de coton. — Pont-de-l'Arche, 1,640 hab., sur la *Seine,* que traverse un beau pont de 22 arches, à 12 kilom. de Louviers; fabriques de chaussures et de chaussons de lisière. — Quillebeuf, 1,441 hab., à 15 kilom. de Pont-Audemer, sur la rive gauche de la

Seine, petit port de mer important pour le commerce. Fabrique de dentelle; commerce considérable de foins.

Eure-et-Loir.

EURE-ET-LOIR

(4 arrondissements, 24 cantons, 426 communes, 4e corps d'armée.)

Chartres.

Chef-lieu : **Chartres,** 19,580 habitants, très-ancienne ville, à 88 kilomètres de Paris, située en amphithéâtre sur le penchant d'une colline baignée par l'Eure. La ville, sans être triste, a un aspect assez sévère; elle a des rues étroites, coupées de rampes dangereuses, qui joignent brusquement la partie haute à la partie basse. Les rues sont bordées de maisons généralement basses, et quelques-unes ont conservé leur tournure gothique du XIIIe siècle et de la Renaissance. La ville est entourée de promenades plantées d'arbres, dont la plus belle est celle qui longe les rives de l'Eure. Fabrique de bonneterie à l'aiguille, tanneries et mégisseries, fabriques de balances, de billards, de galoches, moulins à farine, fabrique de pains d'épice, fonderie de fonte, ateliers pour construction de turbines et roues hydrauliques, machines à vapeur, fabrique de pompes, etc. Chartres est le centre du commerce des grains de la Beauce; pâtés renommés.

Châteaudun.

Sous-préfectures : CHATEAUDUN, 6,552 hab., jolie ville, à 44 kilom. de Chartres, dans une charmante situation sur le penchant d'un coteau dont le *Loir* baigne la base au nord-ouest. Cette petite ville est bien construite; ses rues, qui se croisent la plupart à angle droit, aboutissent à une place centrale, décorée d'une belle fontaine du style de la Renaissance. Le 18 octobre 1870, neuf cents gardes nationaux de Châteaudun et des francs-tireurs défendirent pendant neuf heures la ville assiégée par dix mille Allemands, qui avaient avec eux vingt-sept pièces de canon. La ville fut à moitié détruite par les projectiles, puis pillée et brûlée par l'ennemi victorieux. Un monument a été érigé le 18 octobre 1871, dans le cimetière, à la mémoire des défenseurs de Châteaudun. Moulins à farine, tanneries, fabrique de couvertures de laine, clouterie. Commerce de bestiaux, de laines et de chanvres.

Dreux.

DREUX, 7,237 hab., jolie et très-ancienne ville, à 33 kilom. de Chartres, étagée sur un coteau à pente douce et entourée en partie par les eaux de la *Blaise,* qui côtoie une belle promenade et s'y divise en plusieurs bras; elle se jette un peu plus loin dans l'*Eure*. Commerce très-important en chaussures en tous genres. Bonneterie, chapellerie, fabriques de chaussures, fonderie de fer et de cuivre, tanneries.

Nogent-le-Rotrou.

NOGENT-LE-ROTROU, 7,705 hab., petite ville assez bien bâtie formée par quatre rues principales, au milieu d'une jolie vallée arrosée par l'*Huisne* et l'*Arcise,* à 56 kilom. de Chartres. Fabrique d'amidon, fabriques de chandelles, chapelleries, fabriques d'étamines, droguets et serges pour communautés religieuses, filatures de laine, meunerie mécanique, moulins à tan, fabrique de tarares. Commerce de bestiaux, de graines de trèfle, etc.

Autres localités : ILLIERS, 3,000 hab., sur la rive gauche du *Loir*, à 24 kilom. de

Chartres ; fabrique de briques, de tuiles et de chaux ; centre de l'élève des chevaux de race percheronne.

FINISTÈRE

Finistère.

(5 arrondissements, 43 cantons, 285 communes, 11e corps d'armée.)

Chef-lieu : **Quimper,** 13,000 habitants, ville ancienne et maritime, sur le penchant d'une montagne, au confluent de l'Odet et du Steyr, à 17 kilomètres de l'Océan, à 624 kilomètres de Paris. Fabriques de poteries, tanneries, papeterie mécanique. Commerce de cire, de miel, de céréales, de toiles de lin et de chanvre, de chevaux, de beurre, de suif, de sardines, de poissons secs et salés. Quimper.

Sous-préfectures : Brest, 66,272 hab., grande et forte ville maritime sur l'*Océan,* située sur le bord septentrional d'une superbe rade et à l'embouchure de la *Penfeld,* qui la divise en deux parties : Recouvrance, sur la rive droite, et Brest proprement dit, sur la rive gauche ; ces deux parties de Brest sont réunies par un pont tournant long de 257 mètres, haut de 28, qui est une des merveilles de la ville. Cette grande ville est régulièrement percée et bien bâtie, à l'exception de quelques quartiers tristes et malpropres dans le voisinage du port ; elle s'élève sur un coteau très-escarpé, au haut duquel on arrive par des rues montueuses ou même des escaliers. La rade, une des plus belles et des plus sûres du monde, n'a qu'une étroite passe, le Goulet, défendu par le fort Bertheaume. Le port militaire, le plus beau et le plus sûr de l'Europe, est formé par la *Penfeld ;* il peut contenir plus de 50 vaisseaux de guerre ; là sont les casernes, les usines, les forges, les corderies, le magasin général, etc., qui forment l'un des plus beaux arsenaux de France et occupent 9,000 ouvriers. Le port marchand, de création récente, se trouve au pied du cours d'Ajot et offre de beaux quais aux navires de tout tonnage. La rade peut contenir 500 vaisseaux et mesure 30 kilom. de circonférence ; son goulet a 1,660 mètres de large dans sa partie la plus rétrécie et la fait communiquer avec l'Océan. Brest est à 80 kilom. de Quimper et à 623 kilom. de Paris. Chocolateries, tanneries, scierie et polissage à vapeur pour granits et marbres, exploitation des granits de Brest, fabriques de fourneaux, corderies, fabrique de toiles imperméables, pêche de sardines et de maquereaux. Le commerce de Brest est encore peu développé ; commerce de céréales, de vins, d'eaux-de-vie et bière. (Voir page 650.) Brest.

Chateaulin, 3,214 hab., ancienne ville, située dans un vallon pittoresque, sur l'*Aulne* et le canal de Nantes à Brest, à 28 kilom. de Quimper. Commerce de bestiaux, de lin, de chanvre, de poisson, de grains, de beurre, d'ardoises et de fer. Exploitation d'ardoises ; pêche du saumon. Châteaulin.

Morlaix, 14,300 hab., jolie ville maritime, à 6 kilom. de la mer, à 84 kilom. de Quimper, à 563 kilom. de Paris, au confluent du *Jarlot* et du *Queffleut,* qui forment son port. Rade sûre et commode. La ville est resserrée entre deux hautes collines que réunit le magnifique viaduc du chemin de fer jeté à une hauteur de 64 mètres. Fabriques de toiles, d'huiles, manufacture des tabacs ; commerce considérable en grains, graines oléagineuses, beurres, porcs salés, suifs, chandelles estimées, miel, cire, cuirs verts, tannés et corroyés, chevaux du pays, fils blancs et écrus, toiles, lin et chanvre, papiers, etc. Morlaix.

Quimperlé. QUIMPERLÉ, 6,863 hab., petit port de mer pour les navires de 30 à 40 tonneaux, situé au milieu de montagnes élevées, au confluent de l'*Ellé* et de l'*Isole*, qui forment son petit port de cabotage, à 48 kilom. de Quimper, à 20 kilom. de Lorient. Minoteries, féculeries, tanneries, papeterie. Commerce de grains, bestiaux, cuirs, miel, cire et denrées alimentaires.

Autres localités : CONCARNEAU, 4,400 hab., à 23 kilom. de Quimper; sa principale industrie est la pêche et la préparation des sardines. (Voir page 651.) — PONT-L'ABBÉ, 4,700 hab., petite ville maritime, au bord de l'Océan sur la rivière de *Pont-l'Abbé*, à 18 kilom. de Quimper; féculeries, fabrique de produits chimiques, minoteries.

Gard.

GARD

(4 arrondissements, 40 cantons, 347 communes, 15e corps d'armée.)

Nîmes. *Chef-lieu :* **Nîmes**, 62,394 habitants, grande, belle, riche et très-ancienne ville, sur les deux rives du Vistre-de-la-Fontaine, au milieu d'une riche et fertile plaine, au pied de coteaux peu élevés couverts d'arbres fruitiers, de vignes et d'oliviers, à 725 kilomètres de Paris, à 78 kilomètres de Cette et à 127 de Marseille. La ville se compose de trois parties : tout autour, les faubourgs; au centre, les boulevards plantés d'arbres, liés entre eux par le Cours et l'immense place ou s'élève l'amphithéâtre; la ville propre qui se presse autour de la cathédrale. Commerce de céréales, de vins, d'eau-de-vie, de denrées coloniales, de rouennerie, de draperie, de corderie, de soies gréges. Fabriques de châles, foulards, gants, bonnets, lacets, tapis, soie à coudre, de tissus élastiques, etc.; fabriques importantes de bougies et de savons, fabrique d'absinthe, distilleries, fabriques de billards, fabriques de chapeaux, de chaussures, de bourrelets d'enfants, fabriques de produits chimiques, fabrique de suc de réglisse façon calabre, teintureries, tanneries, plusieurs manufactures de tapis et étoffes pour meubles, fabriques de vermicelles et de pâtes alimentaires.

Alais. *Sous-préfectures :* ALAIS, 19,900 hab., ville très-industrielle, située au pied des Cévennes, sur la rive gauche du *Gardon-d'Alais*, à 45 kilom. de Nîmes, à 674 kilom. de Paris. Commerce très-actif de soies gréges et ouvrées, de cocons, de vins, d'huiles, de cuirs, etc. Filatures de cocons, fonderies, forges et hauts-fourneaux, fabriques de produits chimiques, verreries, tanneries, fabrique de régule d'antimoine et de produits antimoniaux, fabrique de zinc et fabrique de sumac.

Uzès. UZÈS, 5,895 hab., ville très-ancienne, sur une colline et sur la rive droite de *l'Alzon*, à 24 kilom. de Nîmes. Cette ville fabrique des étoffes de laine et de soie, de la bonneterie, des chapeaux de feutre, du papier. Commerce de soie, de vins, eaux-de-vie, huile, blés, bestiaux, poteries, sucs et bois de réglisse.

Le Vigan. LE VIGAN, 5,000 hab., jolie petite ville dans une position pittoresque, sur *l'Arre*, au pied du Mont-Espérou, à 77 kilom. de Nîmes, à 676 kilom. de Paris. Bonneterie, ganterie, filatures de soie, de bourre et de déchets de soie, tanneries, tonnelleries. Commerce de soies, d'huiles, de vins, de mulets, de chevaux, etc.

Autres localités : Aigues-Mortes, 4,500 hab., jolie petite ville située à 4 kilom. de la Méditerranée, à 40 kilom. de Nîmes, à 737 kilom. de Paris. Commerce de sel, de vins, d'eaux-de-vie, de graines, de denrées coloniales. Salines importantes et tourbières. — Aigues-Vives, 1,837 hab., à 20 kilom. de Nîmes. Brasserie, fabriques de futailles, fabrique de réglisse ; grand commerce de vins. — Aramon, 2,670 hab., à 32 kilom. de Nîmes ; huiles renommées. — Beaucaire, 9,500 hab., jolie ville très-avantageusement située pour le commerce, à l'origine du canal d'*Aigues-Mortes*, sur la rive droite du *Rhône*, en face de Tarascon, avec lequel Beaucaire communique par un magnifique pont suspendu, à 21 kilom. de Nîmes, à 770 kilom. de Paris. Exploitation de pierres de taille ; fabrique de poterie commune, forges et fonderies, fabriques de saucissons, de vermicelles, filature de soie. Bois de construction. La foire de Beaucaire s'ouvre le 15 juillet et se ferme le 28 à minuit. — Sommières, 3,800 hab., à 28 kilom. de Nîmes, sur la *Vidourle ;* fabrique d'eaux-de-vie, d'essence, fabrique d'huile, trituration du soufre, tanneries, corroieries. Commerce de vins, de bois de construction, de fer et d'acier, etc. — Vauvert, 5,129 hab., à 20 kilom. de Nîmes, fait un grand commerce de vins, de spiritueux et d'huiles. — Grand'combe, 9,367 hab., à 14 kilom. d'Alais, située près du *Gardon-d'Alais*. Houillères importantes, fabrique de coke, usine à zinc et à plomb. — Anduze, 5,283 hab., à 14 kilom. d'Alais sur le *Gardon ;* fabrique de bonneterie et de bas en fil d'Ecosse, fabrique de chapeaux, fabrique de sabots, filature de soie. — Saint-Jean-du-Gard, 3,957 hab., à 27 kilom. d'Alais ; filatures de soie, serrurerie, tannerie, fabriques de chaussures, de chapeaux et de chandelles, fabrique de bonneterie de soie et de coton. — Bességes, 8,908 hab., à 32 kilom. d'Alais ; hauts-fourneaux, acier Bessemer, fonderie, ateliers de construction, mines de fer et mines de houille importantes. — Portes, 4,072 hab., à 18 kil. d'Alais ; mines de houille. — Pont-Saint-Esprit, 4,694 hab., à 39 kilom. d'Uzès, sur la rive droite du *Rhône*. Chapellerie, corderie, fabriques de chandelles, fabriques de meubles, d'huiles et de chaux hydraulique. — Saint-Hippolyte-du-Fort, 4,203 hab., à 30 kilom. du *Vigan ;* fabriques de bonneterie de coton et bourre de soie, de chapeaux souples, distillerie d'essences, filatures de soie, fabrique de velours, tanneries.

HAUTE-GARONNE

Haute-Garonne.

(4 arrondissements, 39 cantons, 584 communes, 17e corps d'armée.)

Toulouse.

Chef-lieu : **Toulouse**, 124,852 habitants, grande et très-ancienne ville, agréablement située sur la rive droite de la Garonne, à 751 kilomètres de Paris, dans une plaine, à l'embouchure des canaux du Midi, de Brienne et du canal latéral. C'est une grande ville, à rues étroites, tortueuses, irrégulières, assez mal pavées, dont les maisons construites en briques offrent peu de caractère. Belle place du Capitole, quais larges bien construits, promenades charmantes. On y trouve un grand nombre de fontaines publiques. Le faubourg de Saint-Cyprien est situé sur la rive gauche du fleuve. Commerce de céréales, de vins, de bois de construction, de marbres, de denrées coloniales, etc. Construction de calorifères, carrosserie, fabriques de cartes à jouer, de carton et de cartonnages, fabriques de casquettes, de chapeaux de paille, de chapelets, chaudronnerie, fabriques de chaussures, fabriques de chocolat, de bougies, clouteries, manufacture de corsets, filature de coton, fabriques de couvertures de laine, laminoirs de cuivre, manufacture d'engrais, fabriques de fruits confits, fabriques de gants, d'huiles, d'instruments aratoires, papeteries, fabriques de pâtes alimentaires, fabrique de porcelaine et de faïence, fabriques de maroquin, fabriques de meubles, minoteries, passementeries, pâtés de foie gras aux truffes, fabrique de sacs en papier, fabriques de savons, fabriques de soufflets de forge et de soufflets en tous genres, fabriques de tamis, de chaises, tanneries, fabriques de tiges pour bottines, tréfilerie, verreries, vinaigreries, manufacture de vitraux peints, etc.

Muret. *Sous-préfectures :* MURET, 4,050 hab., jolie ville, située dans une belle vallée, au confluent de la *Louge* et de la *Garonne,* à 20 kilom. de Toulouse, à 708 kilom. de Paris. Filature de laine, minoteries. Commerce de cuirs.

Saint-Gaudens. SAINT-GAUDENS, 5,690 hab., jolie ville, située à 2 kilom. de la *Garonne* et à 89 kilom. de Toulouse, à 773 kilom. de Paris. Fabrique de porcelaine et de faïence. Filature et tissage de laine, fabriques de rubans de fil, de gilets tricotés, minoteries, huileries, scieries, papeteries, tanneries, tuileries. Commerce de grains.

Villefranche-de-Lauragais. VILLEFRANCHE-DE-LAURAGAIS, 2,800 hab., petite ville, située dans une vaste plaine, sur l'*Hers*, près du canal du *Midi,* à 36 kilom. de Toulouse. Son territoire produit principalement du chanvre et des céréales. Minoteries et tanneries. Commerce de céréales.

Autres localités : GRENADE-SUR-GARONNE, 4,200 hab., sur la *Save* près de la *Garonne,* à 25 kilom. de Toulouse. Fabriques de chapeaux, moulins à farine, fabrique de réglisse et de vermicelle. Commerce de grains, de vins et de jambons. — BAGNÈRES-DE-LUCHON, 3,921 hab., à 48 kilom. de Saint-Gaudens, au fond d'une vallée, au confluent de la *Pique* et de l'*One*, et à l'extrémité de la vallée qui porte son nom. Carrière d'ardoises, fabrique de chocolat, clouterie. Eaux thermales sulfureuses très-fréquentées. (15,000 étrangers en moyenne.)

Gers.

GERS

(5 arrondissements, 29 cantons, 465 communes, 17e corps d'armée.)

Auch. *Chef-lieu :* **Auch,** 12,500 habitants, bâti en amphithéâtre sur la pente rapide d'un coteau, baigné à la base par le Gers, qui divise la ville en haute et basse ville, à 743 kilomètres de Paris. La ville haute communique avec la ville basse par des escaliers aux marches nombreuses et par une rampe accessible aux voitures; les rues sont étroites et mal percées. Commerce en vins, laines, eaux-de-vie d'Armagnac, céréales, bestiaux; commerce très-étendu de volailles pour l'exportation, pâtés de foie de canard très-estimés. Distilleries d'eaux-de-vie, fabriques de vinaigres, minoteries, fabriques d'étoffes de laine, faïenceries.

Condom. *Sous-préfectures :* CONDOM, 8,140 hab., ville mal bâtie, à rues étroites et tortueuses, sur la *Baïse,* dans une vallée riante, à 43 kilom. d'Auch, à 671 kilom. de Paris. Commerce de céréales, de farines, de vins, d'eaux-de-vie, de cuirs. Centre et entrepôt des eaux-de-vie de l'Armagnac. Fabriques de toiles, manufactures de sacs, minoteries, fabriques de droguets, fabrique d'alambics.

Lectoure. LECTOURE, 6,000 hab., ancienne ville, située sur le sommet d'une colline, près de la rive droite du *Gers,* à 36 kilom. d'Auch. Commerce considérable de grains, de vins, d'eaux-de-vie, de mules, de bestiaux, etc. Filature de laine, fabriques de sabots, fabrique de tuiles et de briques.

Lombez, 1,700 hab., petite ville, située au milieu d'une plaine très-fertile, sur la rive gauche de la *Save*, à 40 kilom. d'Auch, à 730 kilom. de Paris. Commerce de céréales, de mules, de bestiaux, de vins, etc. Fabriques de liqueurs, scierie mécanique. Lombez.

Mirande, 4,000 hab., jolie petite ville, située dans une position délicieuse, d'un aspect riant, sur la rive gauche de la *Baïse*, à 25 kilom. d'Auch, à 705 kilom. de Paris. Commerce de vins et eaux-de-vie, de laines estimées, de bestiaux et de chevaux, de volaille renommée, de pâtés froids et canards truffés. Tannerie, chapellerie, pâtisserie renommée, fabrique de mesures en bois. Mirande.

Autres localités : Vic-Fezensac, 4,111 hab., sur la rive gauche de la *Losse*, à 28 kilom. d'Auch ; fabrique de bascules, d'instruments aratoires, filature de lin, fabrique de produits chimiques. Commerce de céréales, de vins et d'eaux-de-vie d'Armagnac. — Fleurance, 4,516 hab., jolie petite ville, sur le *Gers*, à 10 kilom. de Lectoure. Boulangerie mécanique, fabrique de chandelle, de chaussures, de gants, de sabots, filature de laines, tanneries. Marché de grains très-important et de vins.

GIRONDE

Gironde.

(6 arrondissements, 48 cantons, 551 communes, 18e corps d'armée.)

Chef-lieu : **Bordeaux**, 194,055 habitants, grande et belle ville sur la Garonne, à 585 kilomètres de Paris, à 198 kilomètres de Bayonne, à 257 kilomètres de Toulouse, et à 476 kilomètres de Cette. Les rues sont larges et bien bâties. Entrepôt général des produits vinicoles du midi. (Voir page 630.) Bordeaux.

Sous-préfectures : Bazas, 5,000 hab., jolie ville très-ancienne, bâtie dans une situation pittoresque, sur un rocher escarpé au pied duquel coulent les eaux de la *Beune*, à 52 kilom. de Bordeaux. Commerce de bétail, bois à brûler, cuirs tannés et résine, planches de pin et merrain, cercles, plumes d'oie. Fabriques de chapeaux, et de manches à balais. Bazas.

Blaye, 4,700 hab., divisée en deux parties dont l'une occupe la croupe d'un rocher escarpé, et l'autre la cime ; cette dernière est percée de rues généralement étroites et tortueuses. Distilleries, faïenceries, fabriques d'étoffes, de toiles, chantiers de construction. Grand commerce de vins, d'eaux-de-vie, de fruits et de bois de construction pour la marine. Blaye.

Lesparre, 3,700 hab., petite ville, au fond du bas Médoc, au milieu d'un beau vignoble, à 59 kilom. de Bordeaux, sur la rive gauche d'un petit ruisseau qui va se jeter dans la *Garonne* sous le nom de chenal de *Guy*. Commerce de vins et de grains, de chevaux, de bœufs et de porcs pour la consommation de l'arrondissement. Fabriques de liqueurs, brasseries et manufactures de draps. Lesparre.

Libourne, 15,000 hab., ville bien bâtie, sur la *Dordogne*, au confluent de *l'Isle*, à 27 kilom. de Bordeaux. Les rues principales de cette ville rayonnent autour d'une large place carrée. (Voir page 657.) Libourne.

La Réole, 4,200 hab., ville ancienne, bâtie en amphithéâtre sur le flanc d'une colline escarpée, dont le pied est baigné par la *Garonne*, à 51 kilom. de Bor- La Réole.

deaux. Fabriques de peignes et de chapeaux, de billards et de chaussures, fabrique de toiles de chanvre, coutellerie. Commerce de vins, d'eaux-de-vie, de vinaigre, de céréales et de bestiaux.

Autres localités : La Teste-de-Buch, 4,463 hab., ville maritime, sur le beau bassin d'*Arcachon*, où elle a un port de cabotage, à 56 kilom. de Bordeaux, à 641 kilom. de Paris, près d'une pittoresque forêt de pins. Fabrique de térébenthine et de résine. Commerce de poissons, d'huîtres, de miel, de résine, de bois de chauffage et de construction. — Lormont, 2,962 hab., sur la *Garonne*, à 5 kilom. de Bordeaux ; importants chantiers de construction. — Pauillac, 4,222 hab., sur la rive gauche de la *Gironde*, qui y a 5 kilom. de largeur, à 21 kilom. de Lesparre. Port servant à l'exportation des célèbres vins du Médoc. Les navires y attendent le vent et en même temps y complètent leur cargaison. — Coutras, 3,789 hab., sur la *Dronne*, à 19 kilom. de Libourne. Commerce de vins, eaux-de-vie, vinaigre, céréales. Chantier de construction, minoteries, tanneries, vinaigrerie, fabriques de sabots, et fabrique de chapeaux. — Le Verdon, commune de Soulac, à 33 kilom. de Lesparre, port sur la *Gironde* servant d'abri aux navires qui attendent le vent pour mettre en mer. Ce hameau est bâti presque en face de Royan, au milieu des dunes et des marais salants, à 4 kilom. au sud de la pointe de *Grave*. Il n'y a guère aujourd'hui qu'un poste de douane, un port de refuge et un télégraphe.

Hérault.

HÉRAULT

(4 arrondissements, 36 cantons, 335 communes, 16e corps d'armée.)

Montpellier.

Chef-lieu : **Montpellier,** 57,727 habitants, ville pittoresque, mal percée, mais des mieux bâties, dans une magnifique situation, et s'étageant sur une colline en amphithéâtre, au pied de laquelle coule le Lez, à 775 kilomètres de Paris, à 50 kilomètres de Nîmes et à 11 kilomètres de la Méditerranée, à laquelle elle communique par le canal du Lez ; elle est propre, malgré ses rues étroites et tortueuses. Les environs, à plus d'une lieue de circonférence, sont embellis d'élégantes maisons de campagne, de jardins et de vergers. La place du Peyrou, vaste rectangle où s'élève un château d'eau, est l'une des plus belles promenades du monde. Fabriques de coton, de soie, de couvertures de coton et de laine ; fabriques de produits chimiques, de bougies stéariques, minoteries, fabriques de balances, de lits en fer, de liqueurs, de meubles, de moutarde, de verdets, de vermicelle. Grand commerce de vins, d'eaux-de-vie, de produits chimiques, de vert-de-gris, de fruits du pays, de bestiaux, de sel, de chanvre, etc.

Béziers.

Sous-préfectures : Béziers, 31,468 hab., jolie et très-ancienne ville, bâtie dans une position délicieuse, sur la crête d'une colline élevée, au pied de laquelle passent *l'Orb* et le canal du *Midi*, à 72 kilom. de Montpellier. Des jardins, des vignes, des vergers, entremêlés de maisons de campagne, couvrent les rives de *l'Orb*. Grand commerce de vins, d'eaux-de-vie, de grains et farines, de cuirs. (Voir page 605.)

Lodève.

Lodève, 10,571 hab., ville ancienne, agréablement située au pied des Cévennes, dans un joli vallon, au confluent de deux rivières, de l'*Ergue* et de la *Soulondres*, à 54 kilom. de Montpellier. La ville est mal percée et a des rues tortueuses. Fabriques de draps renommés pour l'habillement des troupes, corderies, filatures, savonneries, tanneries, chapellerie, chandellerie, fonderie de fer, briqueteries, produits chimiques. Commerce de bois, d'eau-de-vie, de vins, d'huile d'olive, d'amandes, de laines et de draps.

SAINT-PONS, 6,200 hab., ville ancienne, située dans le frais et joli vallon de Thomières, sur le *Jaur*, à 94 kilom. de Montpellier. Commerce de céréales, de pommes de terre, de bestiaux, de laines. Fabriques de draps, de couvertures de laine, carrières de marbre, filature de laine, tanneries, corroieries, etc. Saint-Pons.

Autres localités : CETTE, 25,000 hab., second port français de la Méditerranée, à 28 kilom. de Montpellier. CETTE est remarquable pour l'exportation des vins de l'Hérault, et pour les échanges entre le midi de la France et l'Algérie ; le commerce de ce port s'élève à plus de 165 millions de francs dont 81 millions à l'exportation. Les bois communs et les céréales tiennent la tête des importations ; viennent ensuite les vins, le soufre, le bitume, les laines, les minerais de fer et de zinc. Les exportations les plus considérables sont les vins (25 millions de francs environ), les laines et déchets de laine, les eaux-de-vie, esprits et liqueurs, les savons autres que ceux de parfumerie, les fils de lin ou de chanvre, le gibier et les volailles, les futailles vides, les bois communs, les fers et aciers, la houille, les tissus, passementerie et rubans de laine. — FRONTIGNAN, 3,000 hab., à 22 kilom. de Montpellier. Vins excellents, salines productives. — GANGES, 4,121 hab., à 45 kilom. de Montpellier ; ville industrielle qui possède des fabriques de gants et bas de soie, de bonneterie, des fabriques de briques et de poterie, des chapelleries, des fabriques de gants de peau, des filatures de soie, des tanneries. Commerce de céréales, de fruits, de vins, de fourrages, de bois de construction. — LUNEL, 7,281 hab., sur le canal du même nom, à 23 kilom. de Montpellier. Commerce très-actif de vins muscats, d'autres vins, d'eaux-de-vie, de liqueurs et de céréales. Fabrique d'absinthe, fabriques de foudres et de futailles. — AGDE, 9,000 hab., sur l'*Hérault*, à 5 kilom. de la mer. (Voir page 658.) — BÉDARIEUX, 8,985 hab., ville industrielle et commerçante, sur la rive gauche de l'*Orb*, à 52 kilom. de Béziers. Fabriques de drap fins, filatures de laine, bonneterie, quincaillerie, papeterie, fabriques d'eaux-de-vie, tannerie, mégisserie, laveries de laine. Commerce de céréales, de légumes, de bois, de laines, etc. — PÉZÉNAS, 7,574 hab., sur la rive droite de la *Peyne*, à 23 kilom. de Béziers. Vins excellents. Fabriques de produits chimiques, vert-de-gris, fabriques d'appareils de distillerie, fabriques d'absinthe, de vermouth, d'eaux-de-vie, fonderie de fer et d'autres métaux, minoteries. Grand commerce de vins, d'eaux-de-vie, de trois-six, d'amandes, de graines de trèfle et de luzerne, de verdet, de crème de tartre, de gaude, etc. Le cours du marché de Pézénas est le régulateur du prix des eaux-de-vie dans toute l'Europe. — CLERMONT-L'HÉRAULT, 6,050, hab., ville très-industrielle, sur la petite rivière de *Rhônel*, à 17 kilom. de Lodève. Fabrique de briques, de tuiles et de chaux, fabrique de chapeaux de feutre, de colle forte, corroierie, coutellerie, fabriques de drap, filatures de laine, fabrique de papier à cigarettes, exploitation de pierre de taille, fabrique de plâtre, tanneries, mégisserie. Commerce de bestiaux et de lainages.

ILLE-ET-VILAINE

Ille-et-Vilaine.

(6 arrondissements, 43 cantons, 352 communes, 10e corps d'armée.)

Chef-lieu : **Rennes**, 52,044 habitants, grande et très-ancienne ville d'un aspect agréable, située sur la croupe et au pied d'une colline, au confluent de l'Ille et de la Vilaine, sur le canal d'Ille et Rance, à 374 kilomètres de Paris. Elle est divisée en haute et basse ville ; la première est la plus considérable, la plus régulièrement bâtie ; les rues y sont larges, propres, tirées au cordeau, les constructions élégantes, les places bien ouvertes ; les promenades sont très-belles. L'industrie et le commerce y sont peu développés. Commerce en toiles, fils, lins, miel, cuirs, volailles, beurres, bestiaux, chevaux, bois de construction, etc. Fabriques d'instru- Rennes.

ments aratoires, de toiles à voiles, minoteries, amidonneries, tanneries, fabriques de chapeaux et de chaussures, blanchisseries de toiles renommées, filatures de fil, imprimeries très-importantes, fabrique de papiers peints, de pipes d'ébène et de pipes de terre, de noir animal, fabrique de rubans, de lacets et d'enveloppes de lettres.

Fougères. *Sous-préfectures :* FOUGÈRES, 9,580 hab., jolie ville au-dessus d'un frais vallon arrosé par le *Nançon,* près le confluent de cette rivière avec le *Couesnon,* à 45 kilom. de Rennes, à l'intersection de huit grandes routes. Fabriques de toiles à voiles, de toiles de chanvre dites de Saint-Georges, et d'emballage dans les campagnes; fabriques de chaussures et de galoches, bonneterie, fabrique de flanelle, filatures, fonderie, verrerie, tanneries, boissellerie en poirier. Commerce de beurre et salaison, de cuirs, de bois, de cidre, de bestiaux, de miel, de papier, etc.

Montfort. MONTFORT-SUR-MEU, 2,345 hab., ancienne ville, située sur un coteau agréable, au confluent du *Meu* et du *Garun,* à 20 kilom. de Rennes. Fabrique de toile de lin. Commerce de fil, de toiles et de cuirs.

Redon. REDON, 6,064 hab., jolie ville située à l'embouchure de la *Vilaine,* à 71 kilom. de Rennes, à 445 kilom. de Paris, avec un port assez grand et très-fréquenté, accessible aux bâtiments de long cours et aux caboteurs, et pourvu d'un bassin à flot. Commerce de céréales, de bois de construction, d'os pour le noir animal, de poteries, d'émeris, de miel, de vins, etc. Hauts-fourneaux, briqueterie, fabrique d'engrais, papeterie, tanneries.

Saint-Malo. SAINT-MALO, 10,600 hab., ville forte et maritime, bâtie sur l'île d'Aron, qui ne tient au continent que par une chaussée extrêmement forte, le Sillon, baignée deux fois le jour par la mer, à 455 kilom. de Paris, à 81 kilom. de Rennes. (Voir page 648.) Minoteries, fabriques de biscuits, corderies, fonderie de fer et de cuivre. Bateaux à vapeur de Saint-Malo à Jersey et Guernesey, puis entre Saint-Malo et Dinan.

Vitré. VITRÉ, 8,700 hab., ville ancienne, agréablement située sur la rive gauche de la *Vilaine,* à 36 kilom. de Rennes; c'est une ville d'un aspect tout féodal, qui a conservé ses vieilles murailles, ses fossés, ses châteaux forts et ses tours en poivrière du moyen âge. Fabriques de chapeaux, de tricots de laine, tanneries, etc. Commerce de blé, de cidre et de bois.

Autres localités : JANZÉ, 4,540 hab., à 26 kilom. de Rennes. Commerce de beurre et de grains; fabrique de noir animal. — SAINT-SERVAN, 11,000 hab., jolie ville maritime, sur la rive droite et à l'embouchure de la *Rance*, dans l'Océan, à 2 kilom. de Saint-Malo. C'est une charmante localité, située en bon air, et où les villas ne manquent pas. Son port, à marée haute, est accessible aux gros navires; armement pour la pêche de la morue et le cabotage. Chantiers de construction; fabriques de bons câbles. — CANCALE, 7,000 hab., petite ville maritime, avec un petit port nommé la *Houle*, fréquenté par les chaloupes de pêche, à 14 kilom. de Saint-Malo; huîtres renommées.

Indre.

INDRE

(4 arrondissements, 23 cantons, 245 communes, 9e corps d'armée.)

Châteauroux. *Chef-lieu :* **Châteauroux,** 18,670 habitants, ville ancienne, située sur une colline, au milieu d'une vaste plaine, près de la rive gauche de l'Indre, à 263 kilomètres de Paris. Au centre les rues sont étroites et tortueuses, les maisons basses et irrégulièrement construites; la ville est plus moderne aux abords de ses promenades extérieures ombragées et bordées de belles constructions. Fabriques de draps, filature de laine, fabriques de chaussures, fabriques de chocolat, tanneries, machines agricoles, manufacture des tabacs, brasseries, etc. Commerce de grains, de moutons, de laines, de cuirs, etc.

Sous-préfectures : Le Blanc, 5,800 hab., sur la *Creuse,* qui divise cette petite ville en ville haute et basse, à 56 kilom. de Châteauroux. Filature de laine, tanneries, brasseries. Commerce de fer, de bois et de laines. Le Blanc.

La Chatre, 5,100 hab., ancienne et jolie ville qui s'élève en grande partie en pente douce sur la rive gauche de l'*Indre,* à 37 kilom. de Châteauroux. Fort marché aux châtaignes et fort commerce de laines et de toiles. Blanchisseries de toiles, tanneries et corroieries importantes, fabriques de draps, d'huiles, de briques et de tuiles. La Châtre.

Issoudun, 14,261 hab., jolie ville, très-ancienne et régulièrement bâtie, sur la *Théols,* un affluent de l'*Arnon,* à 27 kilom. de Châteauroux, à 236 kilom. de Paris. Le commerce des vins et des fers, des cuirs, des bestiaux et des chevaux est important dans cette localité; grand commerce de laine et marché considérable pour le froment et autres céréales. Fabriques très-importantes en parchemin, tanneries, mégisseries, vinaigreries, coutelleries, serrurerie artistique, fabrique de moutarde, de farine de lin, minoteries, moulins à tan, etc. Issoudun.

Autres localités : Argenton, 5,200 hab., très-ancienne ville située sur la *Creuse,* que traverse un pont, à 31 kilom. de Châteauroux. Fabriques de chaussures et de lingerie, fabriques de draps, tanneries, fabrique de chaux, fabrique de caractères typographiques en bois ; carrières de pierres. Commerce de chiffons, de grains, de farines, de tan, de vins excellents, d'eaux-de-vie et de vinaigres.

INDRE-ET-LOIRE

Indre-et-Loire.

(3 arrondissements, 24 cantons, 281 communes, 9e corps d'armée.)

Chef-lieu : **Tours,** 43,368 habitants, belle ville riche et très-ancienne, fort agréablement située sur la rive gauche de la Loire, entre ce fleuve et le Cher, à 234 kilomètres de Paris, à 113 kilomètres d'Orléans, à 351 kilomètres de Bordeaux et à 193 kilomètres de Nantes. On peut dire que cette ville, par la régularité de ses rues, l'élégance de ses constructions, la gracieuse ordonnance de ses promenades, est un monument de bon goût. Tours possède des fabriques de soieries, de gros draps, de tapis, de couvertures, de vinaigre, de blanc de céruse, de bleu-d'outre-mer, de bougies stéariques, de boutons d'os, de vitraux peints, de chaussures et de poteries. L'imprimerie Mame, fondée au commencement de ce siècle et l'une des plus importantes de province, occupe 1,200 ouvriers. Commerce considérable de vins du pays, d'eaux-de-vie, de fruits secs, de pruneaux, de rillettes renommées, de cire et de chanvre. Tours.

Chinon. *Sous-préfectures :* CHINON, 6,500 hab., ancienne ville, pittoresquement située sur la rive droite de la *Vienne,* à 46 kilom. de Tours, à 279 kilom. de Paris. Grand commerce de vins, de pruneaux et de céréales; abricots recherchés, pépinières.

Loches. LOCHES, 4,964 hab., ville très-ancienne, bâtie en amphithéâtre et dominée par l'ancien château d'Agnès Sorel, sur la rive gauche de l'*Indre,* à 41 kilom. de Tours. Filatures de laine, fabriques de gros draps et de toiles, tannerie. Commerce de vins, de bois, de céréales, de bestiaux et de laine.

Autres localités : AMBOISE, 4,216 hab., ville ancienne dans une jolie position, sur la rive gauche de la *Loire,* au pied d'un rocher derrière lequel la petite rivière de l'*Amasse* vient se jeter dans le fleuve, à 23 kilom. de Tours. Fabriques de drap, de couvertures de chevaux et de voyage, étamines, limes, acier, tuiles, tanneries, brides à sabots, fabriques de chaussures, de fers à repasser, etc. Commerce de vins et de grains. — CHATEAURENAULT, 3,978 hab., au confluent de la *Brenne* et de la *Bransle,* à 28 kilom. de Tours. Tanneries très-importantes, colle-forte très-estimée, tuileries, carreaux et briques réfractaires, fabriques de chaussures, de courroies pour mécaniques. Grand commerce de cuirs. — VOUVRAY, 2,180 hab., au point de jonction de la *Cesse* et de la *Loire,* à 9 kilom. de Tours; vins blancs renommés. Le vignoble qui produit les vins blancs de Vouvray a une contenance de 1,500 hectares.

Isère.

ISÈRE

(4 arrondissements, 45 cantons, 555 communes, 14e corps d'armée.)

Grenoble. *Chef-lieu :* **Grenoble,** 42,660 habitants, ancienne, grande et forte ville très-agréablement située dans un bassin entouré de hautes et belles montagnes, sur les deux rives de l'Isère et près du confluent du Drac, à 568 kilomètres de Paris, à 121 kilomètres de Lyon, à 99 kilomètres de Valence et à 63 de Chambéry. L'Isère divise la ville en deux portions inégales : sur la rive droite se trouve la partie étroite, extrêmement resserrée entre la rivière et la montagne, et ne consistant, pour ainsi dire, qu'en une seule rue spacieuse, couronnée par les forts de Rabot et de la Bastille ; sur la rive gauche de l'Isère, se trouve l'autre partie de la ville, qui possède de fort beaux quais et des rues bien percées, pavées en moellons équarris. Centre d'une fabrication considérable et renommée de gants de peau. Commerce et fabriques de liqueurs renommées. (Voir page 598.)

Saint-Marcellin. *Sous-préfectures :* SAINT-MARCELLIN, 3,340 hab., dans une charmante position, sur la *Durance,* à 52 kilom. de Grenoble. Commerce de soie, de vins et de marrons. Fabriques de chaussures, de sabots, de chaux; poteries, distilleries, fromageries.

La Tour-du-Pin. LA TOUR-DU-PIN, 2,800 hab., sur la rive gauche de la *Bourbre,* ville irrégulière et mal bâtie, à 64 kilom. de Grenoble. Fabriques de papiers, sucrerie de betteraves, brasserie, tuilerie, fabriques de soieries.

Vienne. VIENNE, 26,000 hab., très-ancienne ville, en amphithéâtre sur la rive gauche du *Rhône,* le long duquel existe un fort beau quai, et au confluent de la *Gère* et du *Rhône* qu'un pont suspendu traverse à cet endroit. Les rues sont étroites, tortueuses et irrégulières, les maisons incommodes. La ville est à 80 kilom. de Grenoble et à 543 kilom. de Paris. Les bords de la *Gère* sont le centre de l'industrie locale : travail du fer, papiers, verre, produits chimiques, et surtout draps, étoffes de laine, toiles, cuirs et peaux. Commerce de grains très-important.

Autres localités : Voiron, 10,000 hab., sur la *Morge*, à 25 kilom. de Grenoble. Ville industrielle possédant des fabriques très-importantes de papiers, de toiles, de soieries et liqueurs ; brasseries, fabriques de chapeaux de paille, de chaussures et de galoches, fonderies, filature de laine, fabrique de linge de table, fabriques d'outils, de peignes à tisser, sparterie. Grand commerce de toiles et de liqueurs de la grande Chartreuse. — Allevard, 3,110 hab., à 40 kilom. de Grenoble. Mines de fer et usine métallurgique importante ; forges et hauts-fourneaux, aciers naturels, etc. Bel établissement d'eaux sulfureuses et iodées. — Sassenage, 1,708 hab., bourg à 6 kilom. de Grenoble, fait un grand commerce des fromages de ce nom ; fabrique de draps. — Tullins, 4,834 hab., près de la *Fure*, à 24 kilom. de Saint-Marcellin ; cette petite ville possède des fabriques de papier d'emballage, de rubans, de couvertures ; des taillanderies, des ateliers de construction de machines et d'effilochage de laine, etc. Grand commerce de noix. La plaine de Tullins est admirée à juste titre comme la plus belle, la plus riche et la plus fertile de tout le département. — Rives, 2,500 hab., joli bourg sur le *Fure*, à 30 kilom. de Saint-Marcellin, à 26 kilom. de Grenoble ; papeteries très-importantes, forges, fonderie de cuivre, fabrique de sabots, fabrique de soieries, tanneries, toiles. — Bourgoin, 4,853 hab., jolie ville sur la *Bourbre*, à 14 kilom. de la *Tour-du-Pin ;* moulinage et filature de soie, tissage mécanique, atelier de construction de machines à vapeur et hydrauliques, impressions sur soie, filatures de coton, brasseries, fabriques d'absinthe, fabrique de carton, coutellerie, chaux hydraulique. Grand commerce d'excellente farine et de chanvre.

JURA

Jura.

(4 arrondissements, 32 cantons, 584 communes, 7e corps d'armée.)

Chef-lieu : **Lons-le-Saunier**, 10,000 habitants, ville bien bâtie, sur la Vallière, à 444 kilomètres de Paris, et à 90 kilomètres de Besançon. Petite ville propre, dont les rues, régulièrement percées, sont bordées de maisons bien bâties ; sa position est très-pittoresque au fond d'une sorte de cirque fermé par des montagnes hautes de 400 mètres environ et dont les flancs inférieurs sont tapissés de vignobles. Grand commerce de grains, de farines, de vins, de bois, etc. Lons-le-Saunier.

Sous-préfectures : Dole, 11,000 hab., ville ancienne, dans une situation charmante, sur un coteau planté de vignes que baignent les eaux du *Doubs*, à 51 kilom. de Lons-le-Saunier, à 362 kilom. de Paris et à 45 kilom. de Besançon. Transit considérable entre le nord et le midi ; entrepôt de vins et de liquides, de bois, de planches, de merrains. Fabriques d'amidon, de bleus d'azur, d'outre-mer, de bleu de Prusse, fabriques de boîtes en bois, de boîtes métalliques, de bougies, bonneterie, brasserie, manufacture de chaussons, fabriques de cirage et d'encre ; fonderies, minoteries, fabriques de produits chimiques, de pompes à incendie, fabriques de tuyaux de poêle, tuileries, etc. Dôle.

Poligny, 5,024 hab., petite ville assez régulière, au pied d'une montagne, sur les ruisseaux de la *Glantine* et de l'*Orain*, à 28 kilom. de Lons-le-Saunier ; sa principale rue est bordée d'élégantes constructions et arrosée par de jolies fontaines. Tuileries, fabriques de sabots, fabriques de futailles, tanneries. Commerce de chevaux, de bestiaux, de céréales, de bois, d'objets tournés, etc. Poligny.

Saint-Claude, 6,800 hab., jolie petite ville située à la jonction de la *Bienne* et du *Tacon*, au fond d'une pittoresque vallée que bordent les montagnes du Saint-Claude.

Jura, à 60 kilom. de Lons-le-Saunier; c'est une ville régulièrement rebâtie depuis l'incendie de 1799, qui ne laissa pas une maison debout. Manufacture renommée de toutes sortes d'ouvrages en corne, en écaille, en bois, en buis, en os, en ivoire; fabriques de pipes en bruyère, de boutons, mètres en bois et en métal, etc. Grand commerce de tabletterie dite de Saint-Claude.

Autres localités : CLAIRVAUX, 1,139 hab., à 24 kilom. de Lons-le-Saunier, possède des fabriques de papier importantes, une fabrique de draps, des forges, des tanneries et des moulins. — SALINS, 6,100 hab., au pied des montagnes, sur la rive droite de la *Furieuse*, à 29 kilom, de Poligny. Commerce considérable de bois de sapin et de chêne, de planches pour construction et pour la marine, de vins excellents, de miel et de cire. Fabrique de papier, de porcelaine, de tan, salines importantes, carrières abondantes de plâtre. — ARBOIS, 5,800 hab., jolie ville sur la *Cuisance*, au milieu d'un vignoble renommé au pied des montagnes, à 12 kilom. de Poligny, à 40 de Lons-le-Saunier et à 50 de Besançon. Fabrique de papier et de carton, fabrique de plâtre, scieries hydrauliques, tanneries, tuilerie; grand commerce de vins, de grains, de bestiaux et d'huile. — CHAMPAGNOLE, 3,300 hab., à 23 kilom. de Poligny; usine métallurgique importante. — MOREZ, 5,458 hab., jolie ville, située dans les montagnes, sur la *Bienne*, près de la frontière suisse, à 25 kilom. de Saint-Claude. Fabriques importantes d'horlogerie, pignons, montres et pendules, horloges à poids et à ressorts, fabriques de lunettes et de pince-nez, de mètres en cuivre ou en métal blanc, de miroirs à alouettes, fabriques de régulateurs, de ressorts de pendules et de tournebroches, clouterie, verres de lunettes. — SEPTMONCEL, 1,302 hab., à 12 kilom. de Saint-Claude; ville renommée par ses fromages; fabrique de pierres à bijoux fines et fausses, imitation de diamants.

Landes.

LANDES

(3 arrondissements, 28 cantons, 331 communes, 18e corps d'armée.)

Mont-de-Marsan. *Chef-lieu :* **Mont-de-Marsan**, 8,600 habitants, jolie petite ville, dans une plaine bien cultivée, située au confluent de la Douze et du Midou, dont la réunion forme la Midouze, à 733 kilomètres sud-sud-ouest de Paris. Commerce de résines, de graines oléagineuses, de céréales, de haricots, de porcs, etc. Entrepôt des vins et eaux-de-vie de Bayonne, avec laquelle Mont-de-Marsan est en communication par l'Adour et le lit amélioré de la Midouze. Distilleries de résines, minoteries, ateliers de construction, huiles de résine.

Dax. *Sous-préfectures :* DAX, 9,366 hab., ville agréablement située et bien bâtie, sur la rive gauche de l'*Adour*, à 52 kilomètres de Mont-de-Marsan, est la ville la plus importante et la plus peuplée du département. Commerce considérable des productions du pays; dépôt des marchandises qui s'expédient de France en Espagne. Marchés importants de planches et de bois de pin, de résines, de bestiaux, de chevaux et de mulets. Fabriques de bouchons, de bougies, de faïence, fonderies de cloches, fabriques de sabots, salines. Bains thermaux.

Saint-Sever. SAINT-SEVER, 4,900 hab., jolie petite ville agréablement située sur un coteau élevé, dans une contrée extrêmement fertile, près de la rive gauche de l'*Adour*, à 16 kilom. de Mont-de-Marsan. Commerce de céréales, de bois, de laines, de bestiaux, d'oies grasses, de jambons, de résines, etc.

Autres localités : AIRE, 4,885 hab., sur l'*Adour*, au pied d'une montagne, à 33 kilom. de Saint Sever. Commerce de grains, de châtaignes. Fabriques de sabots, marbrerie, hauts-fourneaux et fonderie, brasserie, etc.

LOIR-ET-CHER

Loir-et-Cher.

(3 arrondissements, 24 cantons, 297 communes, 5e corps d'armée.)

Chef-lieu : **Blois,** 19,860 habitants, ancienne ville fort agréablement située en amphithéâtre sur une colline de la rive droite de la Loire, dans un des plus beaux sites de la France, à 178 kilomètres de Paris, à 57 d'Orléans; un pont construit au XVIIIe siècle met la ville en communication avec le faubourg de Vienne, construit sur la rive gauche du fleuve. La ville haute est assez mal bâtie; les rues, pour la plupart étroites, tortueuses, escarpées, désertes, renferment de vieilles maisons sculptées et de curieux hôtels de la Renaissance. Centre du commerce des eaux-de-vie dites d'Orléans; commerce de vins, de bois merrain et à brûler, de cuirs, de laines, de chevaux, de bestiaux, etc. Fabrique de vinaigre de qualité supérieure, grande fabrication de chaussures, chocolaterie, ganterie, fabrique de tapioca, tuileries, etc. La ville de Blois est environnée des trois forêts de Blois (ouest), de Boulogne (est) et de Russy (sud), renfermant, la première, 2,715 hectares, la seconde, 3,968 et la troisième, 3,207; elles rapportent chaque année environ 800,000 francs. On peut y faire d'agréables promenades. Blois.

Sous-préfectures : ROMORANTIN, 7,867 hab., jolie petite ville entourée par de charmantes promenades, sur la rive droite de la *Sauldre* et au confluent du *Morantin*, qui y baigne une promenade fort étendue, à 41 kilom. de Blois. Fabriques de draps nouveautés, ou pour billards, livrées, voitures et wagons, et pour les administrations; draps divers pour les armées étrangères; fabrique de tapis en tous genres; fabriques de pierres à feu. Romorantin.

VENDÔME, 9,800 hab., jolie ville, au pied d'un coteau, sur de nombreux bras du *Loir*, à 32 kilom. de Blois, à 177 kilom. de Paris. Commerce de grains, de fourrages et de vins. Fabriques de gants de coton pour l'armée, de gants de peau et de tissus, papeteries, tanneries et mégisseries. Vendôme.

LOIRE

Loire.

(3 arrondissements, 30 cantons, 328 communes, 13e corps d'armée.)

Chef-lieu : **Saint-Étienne,** 110,814 habitants, ville très-importante, sur le Furens, à 464 kilomètres de Paris, à 58 kilomètres de Lyon, au centre de vastes mines de houille. La vieille ville est mal bâtie, mais la nouvelle a des constructions élégantes, de vastes places plantées d'arbres, des rues bien ouvertes, dont la principale a une longueur de 6 kilomètres. C'est une ville essentiellement manufacturière. Fabriques de soieries, de rubans, de tissus élastiques pour chaussures, manufacture d'armes de guerre et de chasse, quincaillerie, serrurerie, grosses pièces de forge, faux, lames de scies, aciers, fabriques d'agglomérés, fabrique Saint-Étienne.

d'alcool de menthe anglaise, fabriques de café de glands-doux d'Espagne, fabriques de cartouches, fabriques de fer à repasser, fabriques de jarretières en caoutchouc, teintureries en soie et coton, fabriques de toiles métalliques, verreries. (Voir page 599.)

Montbrison. *Sous-préfectures :* MONTBRISON, 6,987 hab., ville ancienne bâtie sur le penchant d'un coteau volcanique, d'où l'on jouit d'une fort belle vue, sur le *Vizezy*, à 35 kilom. de Saint-Etienne, à 13 kilom. de la Loire. C'est une ville triste, à rues étroites, à maisons basses; son commerce et son industrie sont peu importants. Commerce de grains. Minoteries.

Roanne. ROANNE, 20,037 hab., sur la rive gauche de la *Loire* et sur le canal de *Digoin*, à 82 kilom. de Saint-Etienne, à 421 kilom. de Paris, à 91 kilom. de Lyon. C'est une ville bien bâtie, aux rues larges et propres. Filatures de coton, fabriques importantes de cotonnades, filatures de lin, fabriques de draps, d'indiennes, bonneterie, tanneries, tuileries, poteries, etc. Commerce de vins, de farines et de planches. Les métiers mécaniques prennent la place des métiers à la main, de telle sorte que la fabrication de Roanne se transforme.

Autres localités : RIVE-DE-GIER, 14,000 hab., ville importante, située sur le *Gier*, à la naissance du canal de *Givors*, à 20 kilom. de Saint-Etienne. Cette ville doit son importance à l'exploitation de la houille, aux verreries, aux forges et aux ateliers de construction. — SAINT-CHAMOND, 12,600 hab., ville manufacturière, au confluent du *Gier* et du *Janon*, à 10 kilom. de Saint-Etienne. Travail du fer, aciéries, fabriques de rubans, galons et lacets, fabriques de caoutchouc pour chaussures et ceintures, clouterie, fabriques de cordons de montres, tréfilerie, etc. — SAINT-GALMIER, 3,035 hab., à 20 kilom. de Montbrison, a des eaux minérales froides et gazeuses, remplaçant avantageusement les eaux de Seltz. Moulinage de soie et manufacture de vitraux peints pour églises et décoration.

Haute-Loire.

HAUTE-LOIRE

(3 arrondissements, 28 cantons, 262 communes, 13e corps d'armée.)

Le Puy. *Chef-lieu :* **Le Puy,** 19,233 habitants, ville ancienne, bâtie en amphithéâtre sur la pente méridionale du mont Anis, près de la Borne et de la Dolaison, à 556 kilomètres de Paris. Cette ville produit extérieurement un effet très-pittoresque avec ses maisons étagées les unes au-dessus des autres et dont les toits de tuiles tranchent vivement sur les flancs verts des vallées qui l'environnent; à l'intérieur, les rues sont mal percées, étroites, difficiles, malpropres, pavées de débris volcaniques et très-roides, principalement dans sa partie haute, où elles sont à peu près inaccessibles aux voitures; la lave dont on les pave et dont on construit les maisons leur donne un aspect sombre et triste. La ville est riche de monuments, d'hôtels et de maisons bien construites. Ses promenades sont nombreuses et variées; sur la place du Breuil s'élève la belle et monumentale fontaine Crozatier faite de marbre et ornée de dix-sept statues allégoriques de bronze; au sommet de la roche Corneille qui domine la ville, s'élève la statue colossale de Notre-Dame de France, dont le poids dépasse 100,000 kilogrammes, et dont la hauteur est de 16 mètres; elle a été faite en 1860, avec plus de deux cents canons pris à Sébastopol. Les maisons de la vieille noblesse se groupent autour de la cathédrale; celles de la bourgeoisie, dans la ville neuve, au pied de la colline. Fabrique très-importante de dentelles, guipures, blondes et rubans; fabriques de draps, filature de soie, tanneries, fabrique de farine de fèves, minoteries, fabriques de sabots, etc. Grand commerce de lentilles, de chevaux, de mules et mulets, de bœufs gras, de moutons et de cochons gras. Commerce de bois de construction.

Sous-préfectures : Brioude, 4,600 hab., très-ancienne ville agréablement située dans un vaste cirque de montagnes, près de la rive gauche de l'*Allier*, à 64 kilom. du Puy; c'est une ville assez mal construite, aux rues étroites et de peu d'animation. Commerce de grains, de vins, de bois et de chanvre. Fabrique de chapeaux, scierie mécanique. Brioude.

Yssingeaux, 8,270 hab., ville ancienne située sur une colline rocailleuse et élevée, à 28 kilom. du Puy; c'est une ville régulièrement bâtie, mais d'un aspect sévère. Commerce de céréales, de bestiaux, de bois de construction, de toiles et de blondes. Fabriques de blondes, de dentelles, de rubans; fabriques de faux et faucilles. Yssingeaux.

Autres localités : Craponne, 3,800 hab., située près de l'*Arzon*, à 40 kilom. du Puy. Commerce de grains, de fruits, de légumes et de bétail. Fabriques de blondes et de dentelles, tanneries. — Espaly-Saint-Marcel, 1,734 hab., à 1 kilom. du Puy, sur les deux rives de la *Borne*, au pied d'un rocher basaltique, nommé les orgues d'Espaly. Fabrique de draps, moulins pour le perlage des grains, fabrique de chaux. — Le Monastier, 3,831 hab., à 20 kilom. du Puy, sur la *Colanse*, petit affluent de la *Loire*. Commerce de bestiaux et de céréales. Fabriques de dentelles, filatures de laines, moulins à farine, fabrique de tuiles et briques. — Langeac, 3,750 hab., sur la rive gauche de l'*Allier*, à 28 kilom. de Brioude. Fabriques de dentelles, fabriques d'huiles, de perles artificielles, de sabots, tuileries et briqueteries. Exploitation de houille, de carrières de pierres de taille et de plomb argentifère. — Monistrol-sur-Loire, 4,450 hab., à 20 kilom. d'Yssingeaux; fabriques de sabots et de serrures, tuiles et briques. — Saint-Didier-la-Séauve, 4,750 hab., sur la rive droite de la *Sumène*, a des fabriques de rubans, de rubans velours, de velours, de tissus en caoutchouc; fabrique de papiers et de cartons. — Tence, 4,700 hab., sur le *Lignon*, à 18 kilom. d'Yssingeaux. Fabrique de dentelles noires, soie et poil de chèvre, fabrique de rubans de velours, moulinage de soie. Commerce de fromages, de beurre, de bestiaux et de bois.

LOIRE-INFÉRIEURE

Loire-Inférieure.

(5 arrondissements, 45 cantons, 215 communes, 11e corps d'armée.)

Chef-lieu : **Nantes,** 118,517 habitants, grande et ancienne ville maritime, très-bien bâtie, bien percée et remarquable par la régularité de ses places, la beauté de ses quais et de ses quartiers modernes, sur la Loire, qui s'y divise en plusieurs bras, au confluent de l'Erdre et de la Sèvre-Nantaise, à 427 kilomètres de Paris par Orléans et Tours et à 395 par le Mans et Angers. La promenade de la Fosse, bordée de belles maisons, va de la gare à l'extrémité du port et a 4 kilomètres de longueur. Le port de Nantes occupe le quatrième rang parmi les ports commerçants de la France. (Voir page 634). Nantes

Ancenis. *Sous-préfectures :* Ancenis, 4,358 hab., jolie petite ville agréablement située sur la rive droite de la *Loire,* que traverse un beau pont suspendu, à 33 kilom. de Nantes, à 394 kilom. de Paris. Commerce de bois de construction et de chauffage, de grains et fourrages, de bestiaux, de lins, d'engrais chimiques, de vins, de vinaigres et d'eaux-de-vie. Fabrique de tuyaux de drainage, corderies, fabrique de vinaigres et tanneries.

Châteaubriant. Chateaubriant, 5,111 hab., ville ancienne irrégulièrement bâtie, sur la *Chère,* à 65 kilom. de Nantes. Fabrique de noir animal, de machines à battre les grains, moulins à farines, fabriques de chapeaux, tanneries, poterie; on vante la menue pâtisserie de Châteaubriant et ses confitures sèches d'angélique.

Paimbœuf. Paimbœuf, 3,000 hab., ville maritime sur la rive gauche de la *Loire,* à 12 kilom. de son embouchure et à 59 kilom. de Nantes. Rade très-fréquentée, où s'arment et se désarment les vaisseaux pour la pêche de la baleine. Fabriques de biscuits de mer, fabrique de chapeaux de feutre. Chantier renommé pour la construction des gros navires et bateaux à vapeur. (Voir page 653).

Saint-Nazaire. Saint-Nazaire, 17,000 hab., ville maritime dans une situation très-avantageuse, à l'embouchure de la *Loire;* à 68 kilom. de Nantes, à 491 kilom. de Paris par Orléans et Tours et à 459 par Angers. Son bassin à flot peut contenir 200 navires de fort tonnage. (Voir page 637).

Autres localités : Montrelais, 2,061 hab., à 16 kilom. d'Ancenis; exploitation importante de houille. — Nort, 5,415 hab., sur la rive droite de l'*Erdre,* à 38 kilom. de Châteaubriant. Mines de houille, entrepôt de fonte, bois et charbon. Commerce d'engrais, de bois, etc. — Savenay, 2,860 hab., ville située en amphithéâtre sur un coteau de la rive droite de la *Loire,* à 25 kilom. de Saint-Nazaire, à 39 kilom. de Nantes, à 466 kilom. de Paris. Commerce important de bestiaux et de grains. Fabrique de chaux hydraulique naturelle et de ciment portland. — Guérande, 6,566 hab., à 7 kilom. de l'Océan, à 19 kilom. de Saint-Nazaire. Commerce de bestiaux. Exploitation de marais salants qui donnent un sel très-blanc et très-léger.

Loiret.

LOIRET

(4 arrondissements, 31 cantons, 349 communes, 5e corps d'armée.)

Orléans. *Chef-lieu :* **Orléans**, 48,976 habitants, grande et très-ancienne ville, bâtie sur la rive droite de la Loire et sur la pente modérément inclinée d'un coteau fertile; c'est une ville d'un aspect agréable, disposée en arc de cercle et appuyée sur le fleuve, large en cet endroit de 333 mètres. Elle est à 121 kilomètres de Paris, à 306 kilomètres de Nantes, à 630 kilomètres de Toulouse, à 279 kilomètres de Limoges et à 464 kilomètres de Bordeaux. La plupart des rues sont parallèles ou perpendiculaires à la Loire; beaucoup sont bien pavées, canalisées, arrosées par de nombreuses fontaines publiques. Les maisons, dans les quartiers anciens, sont généralement mal bâties, mais la plus grande partie de la ville se compose de rues larges, propres, bien percées et bordées de maisons d'une belle construction. Commerce en grand de vins, de vinaigres, eaux-de-vie de Cognac et d'Orléans, de farine, grains, sucre, safran, laines, bois de construction. Fabriques de couvertures de laine, bonneterie de coton, vinaigreries importantes, pépinières renommées. Fabriques de billards, de biscuits de Reims et de pains d'épice, fabrique de bougies, chaudronnerie, fabriques de chaussures, fabriques de chocolat, fonderie de cloches, fabriques de cristaux de tartre, d'engrais chimiques, fabriques d'épingles à cheveux, fabriques de faïence, fabriques de lits en fer, construction de machines agricoles, de machines à vapeur et de locomobiles, fabriques de noir animal et de crayons, etc.

Sous-préfectures : GIEN, 7,068 hab., petite ville d'un aspect agréable, située sur la rive droite de la Loire, à 65 kilom. d'Orléans, à 184 kilom. de Paris. Commerce de safran, de céréales, de sel, de serges, etc. Fabriques importantes de faïences et de porcelaines opaques, de boutons de porcelaine, fabrique de perles, tuileries. Gien.

MONTARGIS, 8,196 hab., très-ancienne ville située au pied d'une colline (*Mons Argis*) assez élevée, sur le *Loing*, le *Vernisson* et le canal de *Briare*, à 69 kilom. d'Orléans, à 118 kilom. de Paris. Montargis est situé près de la forêt de son nom, qui a 30 kilom. de tour. Commerce de cire, miel, safran, moutons, cuirs, céréales, bestiaux, laines, vins, etc. Tanneries, fabriques de brides à sabots et de chaussures. Montargis.

PITHIVIERS, 4,585 hab., ville mal bâtie sur la croupe et sur le penchant d'une colline au pied de laquelle coule le ruisseau de l'*Œuf*, à 45 kilom. d'Orléans, à 85 kilom. de Paris. Commerce considérable en vins, laines, miel, cire, centre du commerce de safran du Gâtinais. Exploitation de pierres de taille ; pâtés et terrines d'alouettes très-renommées ; mégisserie, fabrique de rouleaux de lits, fabrique de sucres, vannerie. Pithiviers.

Autres localités : BEAUGENCY, 4,635 hab., ville ancienne, sur la rive droite de la *Loire*, à 26 kilom. d'Orléans. Commerce de bois, de céréales, de farines, de vins, de bestiaux. Fabrique d'engrais, de phosphate fossile des Ardennes, minoteries, fabrique de poteries, faïences et tuyaux, fabriques de vannerie, tuileries. — PATAY, 1,334 hab., à 24 kilom. d'Orléans. Fabriques de fourneaux économiques, de machines agricoles, meunerie à vapeur, fabrique de sabots. — BRIARE, 4,750 hab., à 10 kilom. de Gien, sur la rive droite de la *Loire*, à l'embouchure du canal de ce nom. Commerce de vins et de bois. Fabrique de boutons et de perles lustrées.

LOT

Lot.

(3 arrondissements, 29 cantons, 321 communes, 17e corps d'armée.)

Chef-lieu : **Cahors**, 14,593 habitants, très-ancienne ville située dans une presqu'île formée par un coude du Lot et dominée de tous côtés par des montagnes, à 596 kilomètres de Paris. Commerce de vins, d'eaux-de-vie, de truffes noires, de noix et d'huile de noix, de prunes et de tabacs. Cahors.

Sous-préfectures : FIGEAC, 7,333 hab., ville agréablement située sur le bord du *Célé*, à 67 kilom. de Cahors. La position de cette ville dans une vallée profonde, au milieu de bois pittoresques et de riches vignobles, est charmante. Figeac.

Commerce de bestiaux, de laines, de cuirs et de vins. Fabriques d'étoffes de coton et de toiles, fabrique de bonneterie fantaisie, filatures de laines, tanneries, teintureries.

Gourdon. GOURDON, 5,374 hab., ancienne ville située sur un coteau, dans une situation pittoresque, près du ruisseau du *Bleu*, à 47 kilom. de Cahors. Commerce de vins, de truffes, d'huiles et de noix. Filature de laine, minoterie à vapeur, fabrique de sabots, tanneries, teintureries, tuiles et briques.

Autres localités : SOUILLAC, 3,100 hab., sur la rive droite de la *Dordogne*, que traverse un beau pont en pierre, à 24 kilom. de Gourdon. Commerce de cuirs, sels et merrains. Brasserie, carderie de laine, minoterie, tanneries et teintureries.

Lot-et-Garonne.

LOT-ET-GARONNE

(4 arrondissements, 35 cantons, 319 communes, 17e corps d'armée.)

Agen. *Chef-lieu :* **Agen,** 18,887 habitants, très-ancienne ville établie au pied d'un coteau pittoresquement couvert de maisons de campagne et de villas, sur la rive droite de la Garonne, à 651 kilomètres de Paris, à 136 kilomètres de Bordeaux et à 121 kilomètres de Toulouse. Les rues sont étroites et mal percées, les maisons sans élégance, mais les promenades sont magnifiques, entre autres celle du Gravier, et les environs délicieux. Commerce considérable de fruits, de chasselas et raisins de toutes sortes, de prunes d'Agen, de pêches et d'abricots, de vins et eaux-de-vie. Entrepôt du commerce de Bordeaux et de Toulouse. Fabriques de chaussures, de cotonnades et grisettes, fonderie de fer et de cuivre, minoteries, fabriques de rubans de fil, de toiles à sac, de toiles peintes, tanneries et tuileries.

Marmande. *Sous-préfectures :* MARMANDE, 8,515 hab., ancienne et jolie ville, bâtie en amphithéâtre sur un coteau rapide, au bord de la *Garonne,* où elle a un port commode et très-fréquenté, à 57 kilom. d'Agen, à 79 kilom. de Bordeaux. Commerce en grains, farines, vins, pruneaux, chanvre, spiritueux, etc. Fabriques de toiles et coutils, tonnellerie, tanneries, fabriques d'eaux-de-vie dans les environs.

Nérac. NÉRAC, 7,919 hab., très-ancienne ville, traversée par la *Baïse,* qui la divise en deux parties, à 26 kilom. d'Agen. La vieille ville est sombre et mal pavée ; la ville neuve est plus spacieuse et assez riante. Grand commerce de liége et bouchons de liége, de vins, d'eaux-de-vie, de chanvre, de lin, de céréales et de farines étuvées pour l'exportation. Brasseries, fabrique de droguet, fabrique d'écritoires en liége, fabrique de liqueurs, minoteries, tanneries, pâtés de foie de canard très-connus sous le nom de *terrines de Nérac,* pâtés de perdreaux aux truffes.

Villeneuve-sur-Lot. VILLENEUVE-SUR-LOT, 13,681 hab., jolie ville située dans une belle vallée, sur le *Lot,* qui la sépare en deux parties inégales, à 29 kilom. d'Agen. Les deux villes séparées par la rivière sont reliées entre elles par un beau pont roman du XIIIe siècle. Les promenades sont jolies. Grand commerce de prunes et pruneaux, de vins et de papiers et surtout d'excellentes farines. Fabriques de boutons de nacre, de briques et de chaux, fabriques de chapeaux, distilleries, minoteries, fabriques de tamis, tanneries.

Autres localités : TONNEINS, 8,000 hab., situé près de la *Garonne* que traverse un pont suspendu, à 17 kilom. de Marmande, à 96 de Bordeaux et à 40 d'Agen. Cette localité commerçante et industrielle fait un commerce considérable de cordages, de chanvre, de prunes sèches et possède une manufacture nationale de tabacs. Fabriques de cordages et de ficelles, fabrique de lainage et bonneterie de fantaisie, fabrique de poids et mesures.

LOZÈRE

Lozère.

(3 arrondissements, 24 cantons, 194 communes, 16e corps d'armée.)

Chef-lieu : **Mende**, 6,906 habitants, ville ancienne d'une forme triangulaire, fort agréablement située dans un charmant vallon entouré de montagnes, sur le bord du Lot, à 632 kilomètres de Paris, à 750 mètres d'altitude. Les rues sont étroites et mal percées, mais elles sont arrosées par plusieurs fontaines. Les environs sont très-pittoresques; de nombreuses bastides aux toits blancs animent le paysage. Les fabriques d'étoffes de laines grossières, dites serges, cadis, escots, sont les établissements industriels de Mende. Centre du commerce des serges et des cadis, connus sous le nom de serges de Mende, qui s'expédient en Espagne, en Italie, en Allemagne et dans l'intérieur de la France. Mende.

Sous-préfectures : FLORAC, 2,100 hab., petite ville agréablement située sur les flancs du Causseméjan, au point de jonction des ruisseaux du *Tarnon* et du *Mimente*, à quelques kilomètres du Tarn, dans un frais et étroit vallon entouré de belles prairies, de vignobles, d'arbres fruitiers et de rochers calcaires escarpés, d'où jaillit une magnifique source minérale, la fontaine du Pêcher. Cette source coule dans la ville et y remplit de ses eaux abondantes et limpides deux bassins superposés, dont l'un se déverse en cascade dans l'autre et se jette dans le Tarnon, après avoir servi de moteur hydraulique. La ville n'est guère qu'une longue rue, coupée par une petite place et traversée par une grande route. Elle est à 42 kilomètres de Mende. Fabrique de fécule, fabrique de faucilles, coutellerie, tannerie et teintureries. Commerce de légumes, de fruits, de céréales et de fourrages. Florac.

MARVÉJOLS, 4,750 hab., jolie ville, bâtie dans un beau et fertile vallon, sur la rive droite de la *Colagne*, à 35 kilom. de Mende. C'est une petite ville régulièrement bâtie, bien pavée, bien entretenue, ornée de fontaines et de belles promenades. Les eaux de la *Colagne* y sont utilisées comme moteur hydraulique. C'est une ville industrielle et commerçante. Fabriques de chapeaux de feutre, fabriques de serges et d'escots, de divers lainages, filatures de laine, minoteries, tanneries, teintureries. Commerce de chapellerie, de draps et étoffes de laine, de bestiaux, de chevaux, de mules, de moutons, de vins, de céréales et de fourrages. Marvéjols.

Autres localités : LANGOGNE, 3,050 hab., sur le *Langouyrou*, près de son confluent avec l'*Allier*, à 900 mètres d'altitude, à 44 kilom. de Mende, à 588 kilom. de Paris. Brasseries, filature de laine, mégisseries, minoteries, fabrique de tulles. Commerce de bestiaux et de mulets. — VIALAS, 2,300 hab., à 31 kilom. de Florac; on y exploite la principale mine de plomb argentifère du département. — SAINT-CHÉLY-D'APCHER, 1,918 hab., sur le *Chapouillet*, à 34 kilom. de Marvéjols. Commerce de laines et de parchemins. Fabriques de parchemin, de serges, escots et tissus pour communautés, teintureries.

Maine-et-Loire.

MAINE-ET-LOIRE

(5 arrondissements, 34 cantons, 380 communes, 9e corps d'armée.)

Angers. *Chef-lieu :* **Angers,** 58,464 habitants, grande et très-ancienne ville, admirablement située sur la Maine, un peu au-dessous du confluent de la Mayenne avec la Sarthe et à 8 kilomètres du confluent de la Maine avec la Loire. Elle est bâtie en amphithéâtre, sur le penchant d'un coteau s'abaissant jusqu'au bord de la rivière qui a, en cet endroit, la largeur d'un fleuve et forme un port commode et très-fréquenté, à 308 kilomètres de Paris. La ville est divisée en deux parties distinctes : la ville proprement dite, occupant, sur la rive gauche de la rivière, le sommet et le penchant d'un coteau, et le quartier nommé la *Doutre,* au delà des ponts, sur la rive droite de la Maine. La partie moderne de la ville est bien bâtie, bien percée et a des constructions régulières; la vieille ville a des rues étroites, sombres et tortueuses où l'on voit d'anciennes maisons à façades d'ardoises d'un aspect pittoresque. De longs boulevards remplacent les vieilles murailles qui entouraient la ville. La ville d'Angers fait un commerce considérable d'ardoises, de chanvres, de lins, de grains, de légumineuses, de graine de trèfle et de productions du pays. Fabriques de billards, de parquets, bonneterie de laine, fabriques de bougies, de briques, de cartes, chamoiserie, filatures de chanvre, fabriques de chapeaux de paille et autres, fabriques de chaussures, fonderie de cloches, clouteries, corderies, corroieries, fabriques de couvertures, fabriques de flanelles, fabriques d'huiles, filatures de laines et de lin, minoteries, fabriques de mouchoirs, de noir pour engrais, papeteries, fabriques de parapluies, de passementerie, pépinières très-renommées, fabriques de pompes, de robinets à clapet, tanneries, teintureries, fabriques de toiles imperméables, de toiles métalliques, de tuyaux imperméables en toile et fabriques de voitures.

Baugé. *Sous-préfectures :* BAUGÉ, 3,419 hab., ville irrégulièrement bâtie sur la rive droite du *Couesnon,* près du gouffre où se perd le petit affluent de l'*Altrée,* à 38 kilom. d'Angers. Fabrique d'huiles, minoteries, tannerie; commerce de bestiaux, de bois, de fruits verts et cuits.

Cholet. CHOLET, 13,500 hab., très-agréablement situé sur la rive droite de la *Moine,* à 58 kilom. d'Angers. Ville essentiellement manufacturière renommée pour ses fabriques de mouchoirs, de siamoises, de flanelle, de calicots et de toiles dites cholettes. Marché considérable pour la vente des bestiaux, des moutons et des porcs. (Voir page 607.)

SAUMUR, 12,552 hab., grande et belle ville, bâtie dans une charmante situation, sur la rive gauche de la *Loire,* que l'on traverse sur deux ponts magnifiques, à 48 kilom. d'Angers, à 295 kilom. de Paris. La ville haute est mal construite. Saumur fait un commerce considérable en grains, en vins blancs très-estimés, eaux-de-vie et liqueurs, vinaigres, fruits secs, pruneaux, légumes, noix, chanvre, lin. Fabriques de chapelets en coco et en verroterie, distilleries, poteries, fabriques d'huile de pieds de bœuf, de chènevis et de noix, fabrique de ressorts pour carrosserie, etc. Saumur.

SEGRÉ, 2,935 hab., jolie ville située dans un pays fertile, sur l'*Oudon* et la *Verzée,* à 35 kilom. d'Angers. Teintureries et tanneries, instruments aratoires. Commerce de bestiaux, de vins et d'eaux-de-vie. Segré.

Autres localités : CHALONNES-SUR-LOIRE, 6,505 hab., au confluent du *Layon* et du *Louet,* à 25 kilom. d'Angers. Commerce de chanvre, de graines fourragères, de vins et eaux-de-vie. Tanneries. — BEAUFORT, 5,207 hab., situé dans une vallée, à 16 kilom. de Baugé. Commerce de bois et de chanvre, de fruits secs, de céréales et de bestiaux, de toiles, de vins et liqueurs. Fabriques de conserves, corderies, fabriques d'huiles, minoteries. — BEAUPRÉAU, 3,758 hab., sur l'*Evre,* à 19 kilom. de Cholet. Grand commerce de bestiaux et de céréales. Fabriques de toiles, flanelles et siamoises; teintureries pour coton et laine, minoterie.

MANCHE

Manche.

(6 arrondissements, 48 cantons, 643 communes, 10ᵉ corps d'armée.)

Chef-lieu : **Saint-Lô**, 9,287 habitants, ville ancienne, située en partie sur un rocher qui domine la rive droite de la Vire, qui est canalisée, à 314 kilomètres de Paris. Commerce de céréales, de beurre salé, de volailles, de bestiaux, de chevaux, de cidre, de miel, etc. Fabriques de chaux, fabriques de droguets, filature de laine, papeterie, fabrique de voitures pour enfants, la plus importante de France, brasserie, quincaillerie et serrurerie. Saint-Lô.

Sous-préfectures : AVRANCHES, 8,137 hab., ville ancienne et jolie, près de la mer, dans une position aussi salubre qu'agréable, à l'extrémité d'un coteau qui domine les alentours, sur la rive gauche de la *Sée,* à 55 kilom. de Saint-Lô. Commerce de cidre, de sel, de beurre, de bestiaux, de grains et de fil blanc. Fabrique de sel blanc, blanchisserie de cire, fabrique de bougies, de chocolat, de dentelles; bonneterie, tanneries, mégisseries, brasserie et malterie, pêcherie considérable de saumons et autres poissons très-estimés. Avranches.

CHERBOURG, 35,580 hab., ville forte et maritime, sur la *Manche,* près de l'embouchure de la *Divette,* à 74 kilom. de Saint-Lô, à 371 kilom. de Paris. Beau port militaire, creusé dans le roc, à 18 mètres de profondeur au-dessous du niveau des hautes mers; il peut contenir 15 vaisseaux de ligne. Il est entouré de magasins et de chantiers propres à la construction de navires de premier rang. Le port de commerce, dont une forte digue protége l'entrée, est situé à l'embouchure de la *Divette* et communique à la mer par un chenal de 600 mètres, bordé d'une jetée en granit. Manufacture de dentelles et blondes, minoteries. fabriques de voitures, tanneries, produits chimiques, chantiers de construction, etc. (Voir page 617.) Cherbourg.

Coutances. **Coutances**, 8,027 hab., ville ancienne située au sommet et sur le penchant d'une colline, sur la *Soulle*, à 7 kilom. de la mer, avec laquelle elle communique par le canal de la *Soulle*, à 22 kilom. de Saint-Lô. Commerce de graines oléagineuses, de fourrages, de chevaux, de bestiaux, de beurre, de volailles, d'œufs, de graines d'ajonc, de trèfle, de cire jaune, de parchemins et de quincaillerie. Fabriques de coutils et siamoises, filatures et carderies de laine, mégisseries, etc.

Mortain. **Mortain**, 2,378 hab., petite ville sur la *Cance*, à 56 kilom. de Saint-Lô, dans un pays accidenté, mais stérile et d'une pauvreté proverbiale. Filatures de coton, tannerie. Commerce de chevaux, de bestiaux et de grains.

Valognes. **Valognes**, 5,584 hab., jolie ville, sur le *Merderet*, dans un vallon agréable, à 58 kilom. de Saint-Lô, à 343 kilom. de Paris. Commerce de beurre, de volailles, de plumes d'oie, de miel et de cire, de grains, de lin, de fil, de toiles. Cette ville expédie à Paris du poisson frais, des coquillages, des volailles et du gibier; elle exporte des œufs à Jersey et à Guernesey. Fabriques de dentelles et de blondes, tanneries.

Autres localités : **Carentan**, 3,000 hab., petite ville, à 28 kilom. de Saint-Lô, sur la *Douve*, au milieu de marais malsains ; commerce très-important de beurre, œufs et gibier avec l'Angleterre ; exportation de bestiaux gras. — **Granville**, 15,000 hab., place de guerre et ville maritime, bâtie à l'embouchure du *Boscq*, sur un rocher qui s'avance dans la Manche, où elle a un port sûr et commode, à 29 kilom. d'Avranches, à 327 kilom. de Paris. La ville n'a que des rues irrégulières, sales et pavées de cailloux ; le faubourg, plus considérable, est baigné par le *Boscq*. Ateliers de salaisons pour la morue, fabriques de conserves alimentaires, corderies, chantiers de construction de navires, corroieries, fabriques de noir animal et d'engrais chimiques, fonderie de fer et de cuivre, exploitation des carrières des îles Chausey. Commerce de grains, de cidre, de sels, et de soude. Grande pêche de la morue sur les bancs et les côtes de Terre-Neuve. Pêche des huîtres dites de Cancale. Port de communication entre la Normandie et la Bretagne. Exportation de bœufs, de moutons et de denrées agricoles pour les îles de Jersey et Guernesey avec lesquelles cette ville est en communication journalière. — **Sourdeval**, 3,943 hab., sur la *Sée*, à 11 kilom. de Mortain. Fabriques de papiers, fabriques de chandeliers, de pointes et de fil de fer, de faux, d'étrilles, fabriques de couverts en fer battu, en fer forgé, en étain, services de table, quincaillerie, fabriques de soufflets.

Marne.

MARNE

(5 arrondissements, 32 cantons, 665 communes, 6e corps d'armée.)

Châlons-sur-Marne. *Chef-lieu :* **Châlons-sur-Marne**, 17,000 habitants, très-ancienne ville, sur la Marne et le canal de la Marne au Rhin, entre deux belles prairies, à 173 kilomètres de Paris. C'est une ville irrégulièrement bâtie, dont les rues sont propres; on y remarque la magnifique promenade du Jard qui longe le canal de la Marne et couvre une superficie de 8 hectares, sillonnée de 36 allées et plantée de 1,800 ormes. Commerce de grains, d'avoine, de chanvre, d'huiles de navette, de laines, d'osiers et surtout de vins de Champagne. Fabriques de biscuits, de blanc d'Espagne, brasserie, fabriques de calorifères, fabriques de chaussures, de papiers peints, de pipes et articles pour bureaux de tabac, de toiles métalliques et de tamis; tonnellerie.

Sous-préfectures : EPERNAY, 12,927 hab., jolie ville, à l'entrée d'un vallon fertile et très-agréable, entouré de coteaux, sur la rive gauche de la *Marne*, à 31 kilom. de Châlons, à 142 kilom. de Paris. Cette ville est proprement entretenue, ses rues riches sont bordées d'élégantes maisons et de beaux boulevards l'entourent. C'est dans un faubourg que se trouvent les fameuses caves, taillées en labyrinthe dans la craie, et si vastes et si profondes qu'elles peuvent contenir 5 millions de bouteilles et sont une des curiosités d'Epernay. Grand commerce d'excellents vins de Champagne; commerce de fruits, de chevaux, de porcs, de chanvre et de vannerie. Epernay.

REIMS, 71,994 hab., grande et très-ancienne ville bien bâtie, située sur la rive droite de la *Vesle* et le canal de l'*Aisne* à la *Marne*, dans une plaine entourée de collines qui produisent de fort bons vins, à 43 kilom. de Châlons, à 160 kilom. de Paris. C'est une ville aux places nombreuses et aux rues larges. (Voir page 593.) Reims.

SAINTE-MENEHOULD, 4,240 hab., ancienne et jolie ville, bâtie en pierres et en briques, avec beaucoup de régularité, située entre deux rochers, sur l'*Aisne*, à 42 kilom. de Châlons. Tuileries, fabriques de cierges, fabriques de billards, tanneries, fabrique de tuyaux de drainage, tanneries, bonneterie. Ste-Menehould.

VITRY-LE-FRANÇOIS, 7,177 hab., jolie ville, sur la rive droite de la *Marne* et sur la *Saulx*, à 32 kilom. de Châlons, à 205 kilom. de Paris. Commerce de blé, bois et laine; tanneries, chapellerie, fabrique de bonneterie, brasserie, fabriques de vernis. Vitry-le-François

Autres localités : SÉZANNE, 4,197 hab., sur l'*Auge*, à 43 kilom. d'Epernay. C'est une ville industrielle qui comprend une fabrique importante de verres d'optique, des fabriques de porcelaine, de poteries, d'instruments aratoires, des tuileries, des tanneries, des fabriques d'huiles, et d'eau de javelle, des minoteries, des moulins à tan, des fabriques de pompes, etc. Commerce de grains et de bois. — SERMAIZE, 2,150 hab., à 231 kilom. de Paris, et à 26 de Vitry-le-François. Fabrique de boissellerie, cuviers et baquets en sapin, fonderie de suif, hauts-fourneaux et fonderies de fer, fabrique de ressorts de montres et de pendules, tanneries, tuilerie.

HAUTE-MARNE

Haute-Marne.

(3 arrondissements, 28 cantons, 550 communes, 7e corps d'armée.)

Chef-lieu : **Chaumont,** 8,600 habitants, ancienne et jolie ville, sur une haute colline, entre la Marne et la Suize, à 1 kilomètre de leur confluent, et à 262 kilomètres de Paris. C'est une ville assez régulièrement bâtie, dont les rues sont larges, bien entretenues, mais souvent escarpées; la partie haute est entourée de promenades bordées d'allées de tilleuls. Commerce de céréales, de bois, de laines, de cuirs, de fers, de toiles, de bonneterie. Fabriques de gants de peau renommés, fabriques de chapeaux et de chaussures, blanchisserie de cire, coutellerie, fabrique de papiers peints, tannerie. Chaumont.

Sous-préfectures : LANGRES, 9,632 hab., très-ancienne ville et place forte, sur la pointe d'un rocher, à 473 mètres d'altitude, près des sources de la *Marne*, à 35 kilom. de Chaumont, à 297 kilom. de Paris. Les rues de cette ville sont Langres.

tristes, désertes et mal bâties. Fabrique de coutellerie fort estimée; brasseries, tanneries, vinaigreries; commerce de grains, de farines, de vins, de bestiaux, de meules à aiguiser; entrepôt d'épicerie.

Vassy. VASSY, 3,112 hab., ville ancienne, agréablement située sur la *Blaise,* près de la *Marne,* entourée de nombreuses forêts, à 60 kilom. de Chaumont, à 229 kilom. de Paris. Forges et hauts-fourneaux, poteries, fabriques de pompes à incendie. Commerce de quincaillerie, de fonte, de bois et de bestiaux.

Autres localités : NOGENT-LE-ROI, ou NOGENT-HAUTE-MARNE, 3,771 hab., sur une montagne escarpée, près de la rive droite de la *Treire,* à 20 kilom. de Chaumont. Centre de la fabrication de la coutellerie du département; fabrique d'émeri et de rouge à polir. — BOURBONNE-LES-BAINS, 4,274 hab., sur les flancs d'une montagne que baignent les eaux de l'*Apance,* à 40 kilom. de Langres, à 305 kilom. de Paris. Coutellerie, taillanderie, fabriques d'instruments aratoires, fabrique de chaises, et fabrique de harnais et articles de voyages. Etablissement d'eaux minérales chlorurées sodiques souveraines contre la paralysie et les blessures d'armes à feu. — FAYS-BILLOT, 2,376 hab., situé sur une montagne, à 24 kilom. de Langres. Fabriques de chaises, de vannerie en tous genres, de poteries, de sabots et de tuiles. — ROLAMPONT, 1,300 hab., à 12 kilom. de Langres. Filature de laine, minoterie, scierie mécanique, grande tuilerie mécanique de Champagne, fabriquant annuellement pour 8 millions de produits céramiques. — SAINT-DIZIER, 11,229 hab., jolie ville sur la *Marne,* à 20 kilom. de Vassy, à 228 kilom. deParis. C'est le point le plus important de toute la Haute-Marne pour le commerce des fers, fontes et bois; c'est un marché régulateur du prix des fers. Hauts-fourneaux, forges, fonderie, tôlerie, ferronnerie, fabriques de limes, de lits en fer, et meubles pour jardins, de poids à peser, de pompes, de seaux de bois, de serrurerie, tanneries, tréfilerie et pointerie, tuilerie, construction de bateaux. — SOMMEVOIRE, 1,256 hab., à 15 kilom. de Vassy; hauts-fourneaux et fonderie; fontes d'art, d'ornements et moulages divers en fonte de fer et de cuivre; filature de laines, fabrique de tiretaines, droguets, toiles et treillis. — VAL-D'OSNE, à 17 kilom. de Vassy; hauts-fourneaux et fonderies, fonte moulée en objets d'art, fonderie de bronze. — JOINVILLE, 3,811 hab., ville ancienne sur la rive gauche de la *Marne,* au centre des usines métallurgiques de la Haute-Marne, à 17 kilom. de Vassy. Fabrique de bonneterie de laine, fonderie de cuivre, chaudronnerie, hauts-fourneaux et fonderies pour fontes moulées. — OSNE-LE-VAL, 1,520 hab., à 18 kilom. de Vassy; hauts-fourneaux et fonderies.

Mayenne.

MAYENNE

(3 arrondissements, 27 cantons, 274 communes, 4e corps d'armée.)

Laval. *Chef-lieu :* **Laval**, 27,000 habitants, ville bâtie dans une situation pittoresque, sur la pente d'un coteau dont le pied est baigné par la rive droite de la Mayenne, à 301 kilomètres de Paris, et à 90 kilomètres du Mans. C'est une ville d'un aspect assez triste; fabrication importante de toiles dites *toiles de Laval,* de croisés, de coutils, de linge de table et de mouchoirs; filatures de coton, marbreries, poteries, tanneries, teintureries, fabrique de tuyaux de drainage. Commerce de graine de trèfle, de toiles, de laines, de coutils, de calicots, de bois pour la marine et de marbres; grands marchés de grains.

Château-Gontier. *Sous-préfectures :* CHATEAU-GONTIER, 7,048 hab., ville dont l'aspect extérieur est très-pittoresque, sur la rive droite de la *Mayenne,* à 30 kilom. de Laval, à 294 kilom. de Paris. L'intérieur de la ville renferme de larges quais et de belles promenades. Fabrique de cotons et laines pour tricots, filature de laine cardée, fabriques de serges, tanneries, mégisseries, minoteries, etc. Commerce de toiles, de fil de lin, de bois, de graine de trèfle et de blé.

MAYENNE, 10,127 hab., ville ancienne, bâtie sur le penchant de deux coteaux assez escarpés qui bordent les rives de la *Mayenne*, à 30 kilom. de Laval, à 309 kilom. de Paris. La *Mayenne* commence à y être navigable. C'est un grand marché pour les bestiaux, les grains, les fils et les toiles. Fabriques considérables de coutils, de toiles, de mouchoirs de couleur, filatures de coton, minoteries, tanneries, etc. Mayenne.

Autres localités : EVRON, 5,000 hab., ville ancienne, à 33 kilom. de Laval; ville manufacturière possédant des briqueteries, des fours à chaux, des fabriques de toiles et linge de table, une tannerie, une minoterie à vapeur, une fabrique d'instruments aratoires. — ERNÉE, 5,404 hab., sur la rivière du même nom, à 25 kil. de Mayenne. Fabrique de souliers, tannerie, fonderie de cuivre. Commerce de lins et de graines fourragères.

MEURTHE-ET-MOSELLE

Meurthe-et-Moselle.

(4 arrondissements, 24 cantons, 575 communes, 6e corps d'armée.)

Chef-lieu : **Nancy**, 52,978 habitants, en 1872, et 63,400 en 1876, grande ville riche et l'une des plus belles de France, bâtie dans une situation charmante, sur la rive gauche de la Meurthe, et sur le canal de la Marne au Rhin, à 353 kilomètres de Paris, à 148 kilomètres de Strasbourg. Nancy se divise en vieille ville et en ville neuve; la vieille ville est bâtie irrégulièrement, formée de rues assez mal percées, où l'on trouve cependant de fort beaux hôtels; la ville neuve a des rues fort larges, coupées à angles droits et tirées au cordeau et d'élégantes constructions. Fabriques de broderies et de liqueurs, fabriques de brosses, de cabas en paille, de chaussures, de chaussons, de tissus pour chaussures, de chapeaux de paille, fabriques de confiseries, filatures de coton et de laine, fabriques de crins frisés, fabriques de draps, de flanelles-molletons et de couvertures de laine, fabrique de ganterie en laine et soie, huileries, fabrique d'instruments agricoles, manufacture et teinture de laines à tricoter et à broder, fabrique de tapisserie à l'aiguille, fabrique de macarons, de pains d'épices, fabrique de papiers de couleur marbrés, fabriques de pâtes alimentaires et de tapioca, fabrique de pianos et d'orgues, fabriques de poêles de faïence, de produits chimiques, tanneries et corroieries, fabrique de tissus pour pantoufles et sandales, fabriques de tissus de coton et de laine, fabrique de vernis et verrerie. (Voir page 594.) Nancy.

Sous-préfectures : BRIEY, 1,996 hab., sur le penchant d'un coteau rapide baigné par le *Woigot* ou *Mance*, à 27 kilom. de Metz, à 295 kilom. de Paris. Elle se divise en ville haute et en ville basse; les promenades sont fort belles. Brasseries dont la bière est très-estimée, tanneries, teintureries, filature de coton, fabrique de filets, hauts-fourneaux et fabrique de résilles. Cette ville dépendait de l'ancien département de la Moselle, aujourd'hui rattaché à la Meurthe. Briey.

Lunéville. LUNÉVILLE, 15,184 hab., ancienne et jolie ville, au milieu d'une belle plaine, sur la rive droite de la *Meurthe* près de son confluent avec la *Vezouze*, à 33 kilom. de Nancy, à 386 kilom. de Paris. Grand commerce de grains, de vins, d'eaux-de-vie, de bois, de chanvre, de lin, de houblon et de broderies. Fabriques de jouets, de chapeaux de paille, de verres de montre, blanchisserie de toile, ganterie, bonneterie, brosserie, faïencerie, filature de coton gros numéros.

Toul. TOUL, 6,900 hab., place forte et ancienne ville sur la rive gauche de la *Moselle,* à 33 kilom. de Nancy et à 320 kilom. de Paris. Toul a bien mérité de la patrie, en 1870, en subissant un siége de quarante-deux jours. Fabriques de broderies, filatures de laine, minoteries, brasseries, fabriques de pipes, tanneries et manufacture de faïence et de poêles en faïence à Bellevue, près Toul.

Autres localités : PONT-A-MOUSSON, 8,887 hab., jolie ville, située sur la *Moselle*, à 26 kilom. de Nancy, à 363 kilom. de Paris. Fabriques d'aiguilles et d'alènes pour cordonniers et selliers, fabriques de brosses, de galoches et sabots, fabrique de peluche, fabrique de sucre, fabrique de tabatières et objets vernis en laque, hauts-fourneaux, forges et fonderies pour tuyaux de conduite d'eau et de gaz. Commerce de bois, de houille et de céréales. — SAINT-NICOLAS, 3,800 hab., sur la *Meurthe*, à 12 kilom. de Nancy, fait un commerce assez actif. Filatures de laine et de coton, fabriques de ouate et de toiles de coton, fonderie de métaux, tanneries et teintureries. — LONGWY, 3,100 hab., place de guerre sur le *Chiers,* à 2 kilom. du Grand-Duché de Luxembourg, à 40 kilom. de Briey, à 361 kilom. de Paris. — Fabrique de faïence, hauts-fourneaux, brasseries, tannerie. — PIERREFONT, à 29 kilom. de Briey ; manufacture de drap pour les troupes, fabrique de molleton et couvertures. — BACCARAT, 5,000 hab., sur la *Meurthe*, à 25 kilom. de Lunéville. Manufacture de cristaux. — CIREY-SUR-VEZOUZE, 2,347 hab., à 39 kilom. de Lunéville. Scieries hydrauliques, manufacture de glaces coulées, fabriques de feutre et de chaussons. — PAGNY-SUR-MOSELLE, 1,057 hab., à 35 kilom. de Nancy. Fabrique spéciale de clefs en fer à la mécanique pour serrures, tannerie et spécialité de veaux cirés. — BLAMONT, 2,272 hab., très-ancienne ville sur la *Vezouze*, à 30 kilom. de Lunéville; brasseries, fabriques de calicots et percales, manufacture de taillanderie, grosse quincaillerie et outils aratoires, tanneries. — GERBÉVILLER, 2,000 hab., sur la *Mortagne*, à 13 kilom. de Lunéville. Fabriques de bonneterie de laine, de broderie et lingerie, d'horlogerie en bois, moulin anglais, exploitation de pierres de taille, tanneries. Commerce de houblon. — VANNES, à 20 kilom. de Toul, possède de belles verreries, les plus renommées de Lorraine. — THIAUCOURT, 1,400 hab., sur la *Meurthe*, à 37 kilom. de Toul. Vin renommé.

Lorraine. (*Nota.*) — Le département de la Meurthe-et-Moselle a été formé, en 1871, de la partie du département de la Meurthe et de celle du département de la Moselle qui sont restées à la France après l'annexion. Le département de la Meurthe comprenait avant l'annexion, avec son chef-lieu Nancy, les sous-préfectures de CHATEAU-SALINS, LUNÉVILLE, SARREBOURG et TOUL, et les villes importantes de Pont-à-Mousson, Dieuze et Phalsbourg. CHATEAU-SALINS, SARREBOURG, DIEUZE et PHALSBOURG, ont été cédés à l'Allemagne avec la plus grande partie du département de la Moselle. Nous décrirons ici la Lorraine allemande, dont le chef-lieu est METZ ; elle se divise en huit cercles, qui sont : Metz, Boulay, Château-Salins, Forbach, Sarrebourg, Sarreguemines et Thionville.

Metz. METZ, 55,000 habitants avant 1870 et 36,000 hab. aujourd'hui, ancienne et belle ville avantageusement située au confluent de la Moselle et de la Seille, à 392 kilom. de Paris, à 55 kilom. de Nancy. C'est une ville très-forte et imprenable quand elle n'est pas défendue par un traître comme celui qui l'a livrée ignominieusement aux Allemands en 1870. Les rues sont pour la plupart étroites et tortueuses; les places y sont nombreuses. Commerce de céréales, de farines, de bois, de peaux, de cuirs, etc. Fabriques de bonneterie, de boutons en corne, de boucles, de briques, brasseries, fabriques de broderies, de brosses et pinceaux, de caoutchouc, fabrique de chandelles, tanneries et corroieries, fabriques de corsets et ceintures, de couvertures et étoffes de laine, de peluches, de flanelles et molletons, fabriques de gants, filatures de laines, fabriques de papier, fabrique de pianos et d'orgues, de pipes en racine de bruyère, fabrique de poteries, de produits chimiques, de vernis, de vinaigre, de toiles métalliques, fabrique de cravates de soie noire, papiers peints, fabriques de chaussures.

Boulay, 2,850 hab., sur le *Katzbatch,* à 26 kilom. de Metz, à 343 kilom. de Paris. Fabrique de quincailleries, scies, limes, outils de menuiserie, aciers laminés, moulins à café, fabriques de chapeaux vernis, filature de laine, fabrique d'outils aratoires, fabrique de produits chimiques, tanneries. Boulay.

Chateau-Salins, 2,323 hab., dans une charmante vallée, sur la rive droite de la *Petite-Seille,* à 45 kilom. de Metz, à 30 kilom. de Nancy, à 363 kilom. de Paris. Commerce de toiles de chanvre et de sel. Verrerie, tanneries, moulins à plâtre. Château-Salins.

Forbach, 5,691 hab., dans une plaine délicieuse, à 20 kilom. de Sarreguemines, à 458 kilom. de Paris. Fabrique de tabatières et d'articles en papier mâché, verreries, tannerie, minoteries. Commerce de grains, de cuirs et de charbons de terre. Forbach.

Sarrebourg, 3,070 hab., ville située dans une contrée fertile, sur la rive droite de la *Sarre,* à 78 kilom. de Nancy, à 431 kilom. de Paris. Brasseries, fabriques de broderie, tanneries. Sarrebourg.

Sarreguemines, 6,802 hab., petite ville propre et régulière, sur la rive gauche de la *Sarre,* au confluent de la *Bliese,* à 80 kilom. de Metz, à 472 kilom. de Paris. Manufacture très-importante et très-renommée de faïence et de poterie façon anglaise; fabriques de velours et de peluches de soie; fabriques d'allumettes chimiques, de coffres-forts, de savons, de chandelles, de sabots, de chicorée, tanneries. Commerce de céréales, de toiles et de chanvre. Sarreguemines.

Thionville, 5,400 hab., jolie et forte ville sur la rive gauche de la *Moselle,* que traverse un beau pont de pierre, à 28 kilom. de Metz, à 394 kilom. de Paris. Les rues sont larges et belles, et les promenades, disposées sur les glacis, sont fort belles aussi. Commerce considérable de fruits, de liqueurs, de céréales, de farines, etc. Brasseries, tanneries, fabriques de filets et de gants de drap. Thionville.

Autres localités : Ars-sur-Moselle, 5,000 hab., à 10 kilom. de Metz. Forges, fabrique de pointes de fil de fer et chaînes, d'ustensiles de ménage en fer battu et étamé. — Bouzonville, 1,883 hab., sur les deux *Nied* réunies, à 30 kilom. de Thionville. Fabrique de colle forte, brasserie, tanneries, chamoiseries, tuileries, clouteries, ateliers d'ébénisterie, fours à chaux et à plâtre. — Faulquemont, 1,143 hab., sur la *Nied* allemande, à 36 kilom. de Metz; fabriques de bonneterie feutrée, brasserie, fabrique de chaux, minoteries, corroieries. — Dieuze, 3,200 hab., dans une plaine, à 21 kilom. de Château-Salins; ville importante par la saline qu'on y exploite depuis 800 ans. Fabriques de broderies, de gélatine; tanneries. — Puttelange, 2,349 hab., à 15 kilom. de Sarreguemines. Fabriques de peluches en soie, tanneries, fabriques de colle forte et de chaux. — Saint-Avold,

2,792 hab., sur la *Rosselle*, à 19 kilom. de Forbach, à 439 kilom. de Paris. Fabrique de bleu de Prusse, brasseries, tanneries, corroieries, féculerie, tuileries, moulins à farine, fabrique de colle forte. — SARRALBE, 3,383 hab., à 15 kilom. de Sarreguemines, sur la rive gauche de la *Sarre*. Fabriques de chapeaux de paille, de palmier, de panama et de latanier, manufactures de peluches, moulins, fabriques de pompes à incendie, salines de Sarralbe et de Salsbronn, tuileries. — LUTZELBOURG, 1,481 hab., sur le canal de la *Marne* au *Rhin* et sur la *Zorn*, à 16 kilom. de Sarrebourg, à 448 kilom. de Paris. Fabrique d'allumettes et de bois effilé pour allumettes, meules en grès. — PHALSBOURG, 3,483 hab., sur un plateau, à l'entrée des Vosges, à 16 kilom. de SARREBOURG, à 407 kilom. de Paris. Ses liqueurs de noyau et de kirsch sont renommées et forment une branche importante de son commerce. La ville a été démantelée par les Allemands. — TROIS-FONTAINES, à 10 kilom. de Sarrebourg, manufacture de verres de montres. — VALLERYSTHAL, 900 hab., à 9 kilom. de Sarrebourg, fabrique des verreries fines et ordinaires, taillées et moulées, blanches, coloriées et des verres de montres. — SAINT-LOUIS, à 30 kilom. de Sarreguemines, a l'une des plus importantes cristalleries de l'Europe. — HAYANGE, 3,896 hab., à 10 kilom. de Thionville. Forges et atelier de construction. — MOYEUVRE, 3,195 hab., à 13 kilom. de Thionville. Forges et hauts-fourneaux, tréfilerie, pointerie, chainerie. — OTTANGE, à 18 kilom. de Thionville. Hauts-fourneaux, fonderies, ateliers de construction, laminoirs et forges. — SIERCK, 2,226 hab., petite ville industrieuse située à 18 kilom. de Thionville, sur la rive gauche de la *Moselle*. Commerce de céréales, de vins blancs et rouges, de bois et de farines. Tannerie fort importante, cuirs forts, fabrique de faïence, fours à chaux. — BITCHE, 2,740 hab., sur la *Horn*, avec un château fort, à 34 kilom. de Sarreguemines, à 468 kilom. de Paris. Brasserie, tannerie, gants fil et soie.

Meuse.

MEUSE

(4 arrondissements, 28 cantons, 587 communes, 6e corps d'armée.)

Bar-le-Duc. *Chef-lieu :* **Bar-le-Duc,** appelé aussi *Bar-sur-Ornain*, 15,175 habitants, ancienne et jolie ville, située partie sur le sommet et partie sur le penchant et au pied d'un coteau, sur la rive gauche de l'Ornain et sur le canal de la Marne au Rhin, à 257 kilomètres de Paris. Cette ville est divisée en ville haute et en ville basse ; cette dernière, traversée par l'Ornain, est bien construite. Commerce de bonneterie, de vins rouges, de vins mousseux, d'eaux-de-vie, de fer, de bois, de cuirs, de laines du pays et de confitures de groseilles. Filatures importantes de coton, manufactures de toiles à matelas, tartanelles, draps d'été et tissus variés en laine et coton, fabrique de bonneterie de coton, de tricots, brasseries, fabriques de corsets sans couture, peinture sur verre, tanneries et teintureries.

Commercy. *Sous-préfectures :* COMMERCY, 4,191 hab., ville propre et bien bâtie, située sur la rive gauche de la *Meuse*, entourée d'une belle forêt, à 41 kilom. de Bar-le-Duc, à 295 kilom. de Paris. Son commerce porte principalement sur les chevaux, les bestiaux, les grains, les bois, les navettes, les fourrages, les broderies et la vannerie. Fabriques de broderies, de chaussons, minoteries, fabriques de pâtisseries appelées *madeleines*.

Montmédy. MONTMÉDY, 2,000 hab., petite ville forte, irrégulièrement bâtie, sur la rive gauche du *Chiers*, à 5 kilom. de la frontière et à 103 kilom. de Bar-le-Duc, à 325 kilom. de Paris. Montmédy comprend une ville haute bâtie sur un rocher et une ville basse. Commerce de vins et de céréales et surtout de cuirs, pelleteries, gants et autres objets en peaux. C'est une ville sans industrie.

Verdun. VERDUN, 10,738 hab., ancienne et forte ville, située dans un vallon évasé sur la *Meuse,* où elle commence à être navigable, à 48 kilom. de Bar-le-Duc, à 279 kilom. de Paris. La principale industrie de Verdun est la distillerie et la confiserie qui produisent des liqueurs et des dragées renommées. Fabriques de lingerie et broderie, fabriques de vinaigres, tanneries, minoteries.

Autres localités : Saint-Mihiel, 4,285 hab., sur la rive droite de la *Meuse,* dans un vallon arrosé par le *Marsouppe,* à 19 kilom. de Commercy. Fabriques de bonneterie, de broderies sur tissus et sur tulles; commerce de vins. — Vaucouleurs, 2,670 hab., sur la basse *Meuse,* à 20 kilom. de Commercy. Fabriques de toile de coton, de bas et bonnets de coton, de vannerie, de tuiles. — Stenay, 2,888 hab., sur la *Meuse,* à 14 kilom. de Montmédy. Forges, moulins, tuileries, fabriques de couleurs, brasseries. — Varennes-en-Argonne, 1,500 hab., sur l'*Aire,* et près de la forêt de l'Argonne, à 29 kilom. de Verdun. Fabriques de biscuits et de macarons, filature de laine, huilerie, fabrique de sabots, tuilerie. Commerce de vins, de grains et de farines. — Véry, à 22 kilom. de Verdun; fabrique en grand de rouets à filer.

MORBIHAN

Morbihan.

(4 arrondissements, 37 cantons, 248 communes, 11e corps d'armée.)

Chef-lieu : **Vannes,** 14,000 habitants, ville maritime, située à l'extrémité du golfe du Morbihan, à 20 kilomètres de l'Océan, auquel elle communique par le golfe du Morbihan, à 500 kilomètres de Paris. Cette ville, bâtie en amphithéâtre sur une colline et à la jonction des deux ruisseaux du Meucon et du Tréluhan, possède un petit port bordé d'assez beaux quais et d'une jolie promenade, mais qui ne reçoit que des bâtiments de 100 tonneaux. Vannes se divise en ville haute, qui est moderne, et en ville basse, d'aspect féodal, avec maisons en bois et fenêtres gothiques. Exportation de sel, de grains, de miel, de beurre, de chanvre et de fers. Construction de navires. (Voir page 652.) Vannes.

Sous-préfectures : Lorient, 34,660 hab., belle ville maritime sur l'*Océan,* au fond de la baie de Saint-Louis, à l'embouchure du *Scorff* et du *Blavet,* à 52 kilom. de Vannes, à 552 kilom. de Paris. C'est une ville régulièrement construite, dont les rues sont larges et tirées au cordeau, les places régulières et les promenades agréables. Le port est grand, sûr et commode, bordé de beaux quais et de jolies maisons. C'est le premier port de construction navale de France; parc d'artillerie et arsenal. Fabriques considérables de boîtes à sardines. Commerce en cire, miel, beurre, conserves de sardines à l'huile. Pêche active de sardines. (Voir page 652.) Lorient.

Ploermel, 5,472 hab., petite ville bien bâtie, à 42 kilom. de Vannes. Commerce de bestiaux, de laine, de miel, de chanvre et de toile. Ploermel.

Pontivy, 7,886 hab., ville ancienne située sur la rive gauche du *Blavet,* à 55 kilom. de Vannes; c'est une ville aux rues larges, propres et régulières, qui s'appelait autrefois Napoléonville. Commerce considérable de grains, de chevaux, de bestiaux, de beurre et de toiles. Minoteries, fabriques de toiles, de papier et tanneries. Pontivy.

Autres localités : Port-Louis, 3,400 hab., à 4 kilom. de Lorient, à 556 kilom. de Paris. Pêche et commerce de sardines, corderies. — Pont-Scorff, 1,677 hab., à 13 kilom. de

Lorient. Fabrique de rubans de fil, tresses, lacets et toiles. — QUIBERON, 2,230 hab., bourg maritime, à l'extrémité de la presqu'île du même nom, à 65 kilom. de Lorient. Fabrique de produits chimiques et pêche de la sardine. — HENNEBONT, 5,112 hab., jolie petite ville maritime située sur le *Blavet* et près de l'Océan, avec un petit port qui peut recevoir des navires de moyenne grandeur, à 10 kilom. de Lorient. Commerce de fer, de grains, de vins, de bois, de bestiaux, de chanvre, de cidre, de miel, de cire et de suif. Pêche du saumon. Construction de navires, forges et usines pour fer-blanc, tanneries. — AURAY, 4,542 hab., sur la rivière de ce nom, qui la divise en deux parties et forme un petit port fréquenté par les caboteurs, à 38 kilom. de Lorient. Commerce de grains, de vins, de bestiaux et chevaux, de beurre, de miel et de fruits ; expédition importante d'huîtres. — LE PALAIS, 4,852 hab., port de *Belle-Isle-en-Mer*, accessible aux navires de 300 tonneaux, avec une excellente rade foraine, à 48 kilom. de Lorient, à 523 kilom. de Paris. Fabriques de conserves de sardines, de thons et d'anchois. — ETEL, 1,361 hab., à 20 kilom. de Lorient ; petit port de commerce fort important pour la pêche de la sardine et pour les fabriques de conserves alimentaires.

Nièvre.

NIÈVRE

(4 arrondissements, 25 cantons, 313 communes, 8e corps d'armée.)

Nevers.

Chef-lieu : **Nevers**, 20,000 habitants, très-ancienne ville, bâtie en amphithéâtre sur une colline, sur la rive droite de la Loire, au confluent de la Nièvre, à 254 kilomètres de Paris. Les rues de cette ville sont mal percées et étroites et les maisons irrégulièrement construites ; le parc des ducs de Nevers est une des plus charmantes promenades de France. Fabriques de faïence, fonderie de canons, industrie métallurgique, fabriques de balances et de limes, machines agricoles, fabriques de vinaigres, tanneries, filature de laine, etc. Commerce de fer et d'acier, de bois de construction et de chauffage, de céréales, de vins et de porcelaines.

Château-Chinon.

Sous-préfectures : CHATEAU-CHINON, 2,623 hab., ancienne ville assez bien bâtie, en amphithéâtre sur une des montagnes du Morvan, à 552 mètres d'altitude, près de la rive gauche de l'*Yonne*, à 12 kilom. de sa source, et à 65 kilom. de Nevers. Entrepôt de vins de Bourgogne. Commerce de céréales, de chevaux, de bestiaux du Morvan et surtout de bois de chauffage pour l'approvisionnement de Paris.

Clamecy.

CLAMECY, 5,616 hab., ville située au pied et sur le penchant d'une colline, au confluent du *Beuvron* et de l'*Yonne* et sur le canal du Nivernais, à 73 kilom. de Nevers, à 209 kilom. de Paris. Grand commerce de bois à brûler pour l'approvisionnement de Paris, de charbons et bestiaux. Tanneries, fabriques de papier et de poteries de terre.

Cosne.

COSNE, 6,500 hab., jolie ville fort agréablement située sur la rive droite de la *Loire*, que l'on passe sur des ponts suspendus, au confluent du *Nohain*, à 58 kilom. de Nevers, à 196 kilom. de Paris. Fabriques de coutellerie, clouterie, limes, forges nationales de la marine, fabrique d'ancres et de chaînes, tanneries, minoteries sur le Nohain, filature de laine.

Autres localités : DECIZE, 4,538 hab., ancienne ville dans une île formée par la *Loire*, au confluent de la *Loire* et de l'*Aron*, à 34 kilom. de Nevers. Fabriques de briques et de tuyaux de drainage, fours à chaux, féculerie et amidonnerie, exploitation de houille, verreries, exploitation de plâtre. Commerce de bestiaux, poterie, bois, charbon, houille, fer, bouteilles, plâtres, fécule et amidon. — FOURCHAMBAULT, 6,500 hab., à 8 kilom. de Nevers.

Forges importantes et ateliers de construction, verrerie. — Guérigny, 3,016 hab., à 13 kilom. de Nevers. Forges nationales de *La Chaussade*. — Imphy, 2,213 hab., sur la rive droite de la *Loire*, à 11 kilom. de Nevers. Forges et houillères. — La Charité, 4,890 hab., sur la *Loire*, à 31 kilom. de Cosne, à 227 kilom. de Paris. Commerce de bois, de grains, de fers, de meules à aiguiser, filature de laine, fabrique de cordages et de chaussures. — Pouilly-sur-Loire, 3,330 hab., jolie petite ville, à 15 kilom. de Cosne, au pied de coteaux plantés de vignes qui donnent d'excellents vins blancs. Commerce de vins et de bois.

NORD

Nord.

(7 arrondissements, 61 cantons, 661 communes, 1er corps d'armée.)

Chef-lieu : **Lille,** 158,117 habitants, grande, belle, riche et très-forte ville, située sur la Deule, dans une plaine extrêmement fertile, à 250 kilomètres de Paris. Les rues sont larges, bien bâties et les places régulières. Ville très-industrielle et très-commerçante. (Voir page 589.) Lille.

Sous-préfectures : Avesnes, 3,600 hab., ville généralement bien bâtie, située sur l'*Helpe majeure,* qui se jette dans la *Sambre,* à 96 kilom. de Lille. Filatures de laines peignées, fabriques de brosses, brasseries. Commerce de bois, de laine, de lin, de fer, de cuir et d'ardoises. Avesnes.

Cambrai, 22,207 hab., ville ancienne très-vaste et irrégulièrement bâtie, située sur la rive gauche de l'*Escaut* et traversée par une de ses branches, à 48 kilom. de Lille, à 206 kilom. de Paris. Ville très-industrielle où l'on fabrique des linons, des batistes, des toiles fines dites *toilettes* avec le lin récolté dans le pays. Fabrique de savon, amidonneries, fabriques de sucre indigène, distillerie de betteraves et de grains, bonneterie. Grand commerce de blé, de légumineuses, de houblon, de lin, de beurre, de bestiaux, de laines, d'huile, de houille, de toiles de lin, etc. Cambrai.

Douai, 24,000 hab., belle et très-forte ville, très-avantageusement située sur la *Scarpe,* à 32 kilom. de Lille, à 218 kilom. de Paris. C'est une ville généralement bien bâtie, propre, à rues régulières et à vastes places. (Voir page 591.) Douai.

Dunkerque, 34,350 hab., grande, belle et forte ville maritime, avantageusement située pour le commerce sur le bord de la mer du Nord, à la jonction de trois canaux, ceux de *Bergues,* de *Furnes* et de *Saint-Omer,* à 78 kilom. de Lille, à 305 kilom. de Paris. C'est une des plus jolies villes de France ; elle est régulièrement bâtie ; les rues sont larges, propres et bien aérées, bien pavées et bordées de trottoirs ; les places publiques sont vastes et régulières. La ville se divise en trois parties : le port, la basse ville et la citadelle. Le port est grand, commode et très-fréquenté ; c'est le port français le plus rapproché de Londres. Pêche de la morue. (Voir page 637.) Dunkerque.

Hazebrouck, 9,435 hab., ville propre et agréable, sur la petite rivière de *Bourre,* qui communique à la *Lys,* par un canal, à 47 kilom. de Lille, à 265 kilom. de Paris. Filatures de lin, brasseries, fabrique d'huile, savonnerie, tanneries. Commerce de toiles, lin, beurre, bestiaux, blés, graines grasses, houblons et bois de construction. Hazebrouck.

Valenciennes, 24,662 hab., place forte assez bien bâtie, mais très-irrégulière, Valenciennes.

sur l'*Escaut,* au confluent de la *Rhonelle,* à 48 kilom. de Lille, à 250 kilom. de Paris. C'est une grande et riche ville pourvue d'agréables promenades et dont les rues sont larges. Commerce de charbon de terre, de bois de construction et de chauffage, de sucre de betterave, d'huiles, de chicorée et de cuirs. Hauts-fourneaux, forges, laminoirs et fonderies considérables. Filatures de laine, tissage et fabrique très-renommée de batistes et dentelles. Verreries à bouteilles et à vitres, raffineries de sucre, distillerie de betterave et de mélasse, tanneries, corroieries importantes, raffinerie de potasse et de soude, fabrique de chicorée, etc.

Autres localités : ARMENTIÈRES, 20,000 hab., jolie ville située sur la rive droite de la *Lys*, à 19 kilom. de Lille, à 269 kilom. de Paris. Place de premier ordre pour la fabrication des toiles de lin en tous genres. Commerce considérable de toiles et de linge. — ROUBAIX, 75,987 hab., jolie ville, sur le canal de la *Marcq*, à 8 kilom. de Lille, à 258 kilom. de Paris. C'est en première ligne une place de production, mais elle tend à devenir autant ville d'entrepôt que de production. Roubaix possède des fabriques de dentelles, des ateliers de construction mécanique, des brasseries, des distilleries, des filatures de coton, de lin et de soie, des peignages et filatures de laines, des filatures de laines cardées, des tissages mécaniques et à la main, des foulons, teintures et apprêts, en un mot, les industries complètes des textiles. Roubaix fait le commerce de laine brute, peignée et filée, de tissus en laine, coton, fil de lin et soie, tant pour la consommation intérieure que pour l'exportation. On estime le chiffre de production des tissus à 200 millions de francs, et le chiffre d'affaires, toutes transactions réunies, à 500 millions. Il s'est créé à Roubaix, dans ces dernières années, un bon nombre de maisons d'exportation.

Les lainages fins, les laines peignées, les tissus de laine et soie, s'exportent dans toute l'Europe et les deux Amériques, un peu en Asie, car l'extrême Orient, la Chine et le Japon, commencent à avoir des rapports directs avec Roubaix.

La contrefaçon des articles fantaisie de Roubaix se produit principalement en Angleterre et en Allemagne. Il existe à Paris des maisons de commerce dont l'unique travail est de faire connaître les nouveautés de Roubaix aux étrangers, afin qu'ils puissent les copier et les établir à meilleur marché. (Voir page 590.)

TOURCOING, 43,322 hab., à 11 kilom. de Lille, à 3 kilom. de Roubaix, à 261 kilom. de Paris. Ville très-manufacturière, comptant plusieurs filatures importantes de coton et de lin, des tissages de coutils riches et communs, des fabriques nombreuses de tapis de luxe, de tapis communs et de tapis pour pantoufles, des filatures de laine, des teintureries, des fabriques de molletons, flanelles, tartans et drap pour pantalons, etc. Grand commerce de laines. — MAUBEUGE, 12,050 hab., ville forte, propre et bien bâtie, place de guerre, sur la *Sambre*, qui y est navigable, à 18 kilom. d'Avesnes, à 229 kilom. de Paris. Hauts-fourneaux, fonderies, forges, laminoirs, tôlerie, ateliers de construction, fabrique d'outils, de limes, quincaillerie, fabrique de billards. Grand commerce de bois. — LANDRECIES, 3,990 hab., petite et très-forte ville, située au milieu de belles prairies, sur la *Sambre*, qui y est navigable, à 17 kilom. d'Avesnes, à 182 kilom. de Paris. Brasseries, fabriques de chaussures ; commerce de houblon. — LE QUESNOY, 3,569 hab., ville forte, à 34 kilom. d'Avesnes, à 197 kilom. de Paris. Brasseries, fabriques importantes de chaussures, corderies, sucrerie de betterave, tanneries. — LE CATEAU, 9,892 hab., sur la *Selle*, à 25 kilom. de Cambrai, à 200 kilom. de Paris. Brasseries, fabrique de carrelage mosaïque, fabrique de colle, filatures de laines peignées, fabrique de mérinos et de tissus de laine, minoteries, tanneries, corroieries, fabrique de sucre. — GRAVELINES, 7,700 hab., petit port situé à 2 kilom. de la mer, et à 20 kilom. de Dunkerque. Exportation de produits agricoles. (Voir page 639.) — SAINT-AMAND, 10,330 hab., ville ancienne, sur la rive gauche de la *Scarpe*, à 13 kilom. de Valenciennes. Fabrique de chaînes en fer pour touage et marine, manufactures de câbles-chaînes et clous pour la marine, fabrique de formes à sucre, fabriques d'huiles, de papiers, de pâtes à papier, de porcelaine, fabrique de sucre, fonderie de suif, saline, savonnerie, tanneries, corroieries, teintureries. — SAINT-SAULVE, 2,041 hab., à 2 kilom. de Valenciennes ; fabrique de chicorée, de produits chimiques, fabrique de sucre indigène. — VIEUX-CONDÉ, 5,160 hab., fabrique de limes, sucrerie, boulonnerie et ferronnerie. — ANZIN, 7,283 hab., à 2 kilom. de Valenciennes. Mines de houille très-importantes.

OISE

Oise.

(4 arrondissements, 35 cantons, 701 communes, 2e corps d'armée.)

Beauvais.

Chef-lieu : **Beauvais,** 15,551 habitants, très-ancienne ville irrégulièrement construite, dans un riche vallon entouré de collines boisées, à la jonction de l'Avelon et du Thérain, qui baigne une partie de son enceinte et circule dans l'intérieur de la ville, où il se divise en plusieurs branches favorables à l'exploitation d'un grand nombre de manufactures, et à 88 kilomètres de Paris. Manufacture nationale de tapis, fabriques d'étoffes de laines, de draps et de couvertures, filatures de laines cardées, corderies, corroieries, tanneries, centre de fabrication de tabletterie, etc. Commerce de céréales.

Clermont.

Sous-préfectures : CLERMONT, 5,774 hab., petite ville assez pittoresquement bâtie sur un coteau, près de la *Bresche,* à 26 kilom. de Beauvais, à 66 kilom. de Paris. Commerce de bestiaux, de chevaux, de blé, de lin et de toiles. Filatures de chanvre et de coton, fabriques de liqueurs.

Compiègne.

COMPIÈGNE, 12,281 hab., ville ancienne bien bâtie, située sur la rive gauche de l'*Oise,* à l'entrée d'une belle forêt du même nom, qui a 14,136 hectares de superficie, à 60 kilom. est de Beauvais, à 84 kilom. de Paris. Commerce de bois et de houille. Fabrique de sucre, féculerie, boissellerie, fabriques de sacs en toile, tanneries, fabriques de paillassons, de brosses, de bougies, brasseries et construction de bateaux.

Senlis.

SENLIS, 6,092 hab., ville ancienne fort agréablement située sur le penchant d'un coteau baigné par la *Nonette,* un peu au-dessus du confluent de cette rivière et de l'*Aunette,* à 52 kilom. de Beauvais, à 43 kilom. de Paris. Les rues sont étroites et tortueuses. Commerce de grains et de farines, de bois de charpente et de laines. Fabrique de chicorée, fabrique de liqueurs, féculeries, meuneries.

Autres localités : NOAILLES, 1,352 hab., joli bourg, sur le ruisseau de *Silly,* à 15 kilom. de Beauvais, à 57 kilom. de Paris. Fabriques de brosses à dents et à ongles, de carreaux de faïence, fabrique de sucre, meuneries. — BRETEUIL, 2,815 hab., petite ville à 29 kilom. de Clermont, fait un grand commerce de chaussures pour l'armée et l'exportation. — LIANCOURT, 3,112 hab., à 8 kilom. de Clermont, à 58 kilom. de Paris. Fabriques de chaussures clouées et cousues, de creusets infusibles et d'ustensiles de chimie, construction de machines agricoles. — NOYON, 6,160 hab., très-ancienne ville, située au pied d'une colline, sur la *Verse,* près de la rive droite de l'*Oise,* à 24 kilom. de Compiègne, à 108 kilom. de Paris. Commerce de grains et de légumes secs. Fabriques de chaussures, tanneries et corroieries, fabriques de liqueurs, fabrique d'eau de javelle et de bleus, fabriques de pois cassés, minoteries. — CREIL, 4,998 hab., sur la rive gauche de l'*Oise,* à 11 kilom. de Senlis, à 51 kilom. de Paris. Commerce de bestiaux et de bois. Manufacture de faïence fine, clouterie. — MONTATAIRE, 4,604 hab., jolie ville d'où l'on jouit d'une fort belle vue, sur la vallée de l'Oise, à 12 kilom. de Senlis, à 51 kilom. de Paris. Forges, fonderies et laminoirs pour fer et tôles, papeterie. — CHANTILLY, 3,478 hab., sur la *Nonette,* à 8 kilom. de Senlis, à 41 kilom. de Paris. Moulins à vapeur, filature de laine, fabrique de boutons. Courses aux chevaux trois fois par an, en mai, septembre et octobre. — MOUY, 3,071 hab., à 10 kilom. de Clermont, à 69 kilom. de Paris. Petite ville très-industrielle, où l'on trouve des fabriques de draps feutrés pour l'industrie, de draps pour meubles, de molletons et de flanelles de santé et fantaisie, des fabriques de couvertures de laine, de chaussures, de bonneterie de laine et une filature de cotons.

Orne.

ORNE

(4 arrondissements, 36 cantons, 511 communes, 4e corps d'armée.)

Alençon.

Chef-lieu : **Alençon,** 16,000 habitants, jolie ville, au confluent de la Sarthe et de la Briante, au milieu d'une plaine riante et fertile qu'entourent de hautes collines recouvertes de forêts, à 208 kilomètres de Paris, C'est une ville assez régulièrement bâtie, dont les rues sont larges et bien pavées, les promenades sont plantées de magnifiques marronniers. Commerce de cidre et de poiré. Filature de chanvre, fabriques de toiles, de mousselines et de dentelles point d'Alençon, fabriques de chaussures, tanneries.

Argentan.

Sous-préfectures : Argentan, 5,725 hab., jolie ville propre et bien percée, bâtie au milieu d'une fertile plaine, au confluent de l'*Ure* et de l'*Orne,* à 43 kilom. d'Alençon et à 197 kilom. de Paris. Commerce de chevaux, de grains et de volailles. Tanneries, corroieries, mégisseries, ganterie, dentelles, broderie, toiles estimées.

Domfront.

Domfront, 4,495 hab., petite ville bâtie dans une situation pittoresque, au sommet d'un rocher escarpé, près de la rive gauche de la *Varenne,* à 62 kilom. d'Alençon, à 254 kilom. de Paris. Les rues de cette ville sont étroites et tortueuses. Commerce de chevaux, de laines, de lin et de céréales.

Mortagne.

Mortagne, 4,836 hab., jolie ville bâtie au sommet et sur le penchant d'une colline, près de l'*Huisne,* à 38 kilom. d'Alençon, à 154 kilom. de Paris. Centre d'une fabrication considérable de toiles fortes et légères, en partie exportées aux colonies; fabriques de gants, minoteries, tanneries. Commerce de bestiaux, de chevaux, de denrées, de fruits, de beurre et d'œufs, de cotonnades et de chanvre.

Autres localités : Séez, 4,910 hab., ancienne ville, sur l'*Orne,* à 21 kilom. d'Alençon. Fabriques de gants de peau, tannerie. — Vimoutiers, 3,800 hab., sur la *Vic,* petit affluent de l'*Orne,* à 28 kilom. nord-est d'Argentan. Commerce de beurre, de cidre et de toile. Filature de lin, fabriques de toiles cretonnes, blanchissage de toiles et tanneries. — La Ferté-Macé, 9,732 hab., sur un affluent de la *Gourbe,* à 22 kilom. de Domfront; ville industrielle qui a des tissages importants de toiles et coutils; des fabriques de passementerie, de bretelles élastiques, de mèches à quinquet, de rubans, de sangles pour ameublements, de tabatières de buis, etc. — Flers, 10,678 hab., sur la *Vère,* affluent du *Noireau,* à 20 kilom. de Domfront, à 70 kilom. d'Alençon et à 243 kilom. de Paris. Fabriques de coutils et de toiles de coton, de doublures et de toiles pour stores. — Tinchebrai, 4,537 hab., sur le *Noireau,* à 27 kilom. de Domfront. Commerce de chanvre, de lin, de bestiaux, de grains et de quincaillerie. Fabriques de boutons de nacre, de chandeliers, de peignes en tous genres, de quincaillerie, de serrurerie, et d'instruments de pesage. — Laigle, 5,285 hab., jolie ville, bâtie sur le penchant de deux coteaux, près d'une belle forêt, sur la *Rille,* à 30 kilom. de Mortagne, à 141 kilom. de Paris. Fabriques très-considérables d'épingles, d'aiguilles à coudre et à tricoter, d'agrafes, dés à coudre, anneaux de rideaux en cuivre, fil de fer pour cardes, pointes en fer et en laiton, cordes à instruments, tréfilerie de gros fil de fer et de laiton, fabriques de corsets, de chaussures, de galoches et sabots, de mesures linéaires. fabriques d'élastiques en tous genres, de boites et étuis pour allumettes et tabatières, verreries. Commerce de beurre et d'œufs, de cidre, de grains et de bois. — Le Theil, 835 hab., sur la rive droite de l'*Huisne,* à 35 kilom. de Mortagne; papeterie importante.

PAS-DE-CALAIS

Pas-de-Calais.

(6 arrondissements, 44 cantons, 904 communes, 1er corps d'armée.)

Arras.

Chef-lieu : **Arras,** 26,000 habitants, belle ville, sur la Scarpe et le Crinchon, au milieu d'une plaine fertile, à 192 kilomètres de Paris. C'est une ville propre, assez bien bâtie. C'est un marché considérable de grains et de graines oléagineuses.

Béthune.

Sous-préfectures : Béthune, 8,410 hab., située sur un roc baigné par la *Brette* et les canaux de *Béthune,* de la *Lawe* et de la *Bassée,* à 38 kilom. d'Arras, à 230 kilom. de Paris. Les puits artésiens y sont très-communs et alimentent plusieurs fontaines jaillissantes. Commerce considérable en lin, toiles, fil et graines de toutes sortes. Grande exploitation de houille; tourbières. Fabriques de sucre de betterave, distilleries, blanchisserie de toiles et de laines.

Boulogne.

Boulogne, 39,700 hab., ancienne et très-belle ville maritime située à l'embouchure de la *Liane,* au pied du mont Lambert, dans le détroit du *Pas-de-Calais,* à 118 kilom. d'Arras, à 32 kilom. de Douvres, à 28 kilom. de Folkestone, à 254 kilom. de Paris. La ville se divise en haute et basse ville.

C'est une cité élégante et coquette où se réunissent pendant la belle saison un grand nombre d'étrangers venant de tous les points de la France et de l'Angleterre. On évalue à 10,000 environ le nombre des étrangers qui y résident depuis le mois de juillet jusqu'à la fin de septembre.

Le port de Boulogne comprend : un chenal d'accès déterminé par deux jetées; un port d'échouage; un arrière-port; un bassin à flot; un bassin de retenues pour les chasses avec écluses; des chantiers de construction; un gril de carénage; des magasins pour la douane et les marchandises; un entrepôt réel de douane; un magasin général pour le dépôt de marchandises acquittées et pouvant faire l'objet de warrants.

La marée monte à 7m,30 dans les vives eaux, à 5m,45 dans les mortes eaux. Le port n'a point de navires longs-courriers.

Boulogne est au premier rang parmi les ports de pêche du littoral français; les marins et les armateurs de ce port sont courageux, hardis, intelligents et ont beaucoup de connaissances nautiques. Une halle a été ouverte à Boulogne en 1867 pour la vente publique du poisson. Pendant la campagne 1875-1876, il a été vendu à Boulogne pour 7,300,000 fr. de poissons, dont 3,048,000 fr. de harengs d'automne.

Le commerce de commission et de transit est considérable à Boulogne et y est représenté par une vingtaine d'établissements, dont trois ou quatre sont de premier ordre. Boulogne entretient des relations très-suivies avec l'Angleterre à l'aide des paquebots à vapeur des compagnies anglaises, lesquels desservent les deux lignes de navigation régulière de Folkestone et de Londres. En 1875, 58,000 voyageurs sont entrés par le port de Boulogne et 55,000 en sont sortis, ce qui fait un mouvement de plus de 113,000 voyageurs.

Boulogne exporte en Angleterre des chevaux, des bœufs, des moutons, des porcs, des œufs, des volailles, des fruits et des phosphates de chaux extraits aux environs de Desvres et de Guînes. Ces exportations se font par les paquebots des compagnies anglaises de Londres et de Folkestone, qui desservent régulièrement les deux lignes de navigation par lesquelles Boulogne est relié à l'Angleterre.

On compte actuellement à Boulogne et dans les environs six usines importantes où l'on s'occupe très-activement de la fabrication des ciments romain et Portland. Boulogne a trois grandes usines pour plumes métalliques, qu'elles livrent au commerce dans des boîtes confectionnées dans leurs propres ateliers; deux d'entre elles font aussi des porte-plumes. Ces usines n'emploient que des femmes, excepté les contre-maîtres et quelques ouvriers spéciaux pour l'outillage. 1,200 à 1,500 personnes sont employées par cette industrie. Scieries de bois du nord par la vapeur; ébénisterie pour l'exportation; ateliers importants de marbrerie. Chantiers de construction. Filatures de lin, de chanvre et de jute, du n° 3 au n° 25. La fabrique de filets de coton pour la pêche n'existe plus; elle n'a pas pu soutenir la concurrence anglaise. Fabriques de pipes.

Montreuil. MONTREUIL, 3,630 hab., ville bâtie en briques, assez bien percée, à 12 kilom. de la mer, et agréablement située sur une colline, sur la rive gauche de la *Canche,* à 79 kilom. d'Arras, à 200 kilom. de Paris. Papeteries, fabrique de savon noir, tanneries, brasseries, clouterie.

Saint-Omer. SAINT-OMER, 22,381 hab., jolie et forte ville, dans une contrée marécageuse, à l'embouchure du canal de *Neuffossé,* sur l'*Aa,* à 68 kilom. d'Arras, à 65 kilom. de Boulogne, à 241 kilom. de Paris. Les rues de cette ville sont spacieuses. Centre d'un commerce important de céréales, de houilles, de tourbe, de bière, de dentelles, d'huiles, de vins et d'eaux-de-vie. Brasseries, fabriques de broderies et lingeries confectionnées, fabriques de casquettes, fabriques de chicorée, scieries de marbre, fabriques de passementerie, de cotons et laines filés, raffineries de sel, sucrerie, distillerie, tanneries, fabriques de pipes, etc.

Saint-Pol. SAINT-POL, 3,743 hab., ville ancienne, située dans un fond, près des sources de la *Ternoise,* à 33 kilom. d'Arras, à 168 kilom. de Paris. Cette ville jouit d'une salubrité remarquable. Commerce de céréales, de bestiaux et de laines; vente considérable de porcs et de moutons; exportation d'œufs et de volailles. Brasseries, tanneries, fabrique de sucre et de tuiles.

Autres localités : BAPAUME, 3,059 hab., dans une vaste plaine, à 22 kilom. d'Arras; brasseries, fabriques d'huiles, de savon, raffineries de sel, fabrique de sucre, fabriques de toiles, de baréges et de châles. — BIACHE-SAINT-VAAST, à 13 kilom. d'Arras. Fabrique de sucre, fonderie, affinage et laminage de cuivre, de zinc et de plomb. — CORBEHEM, à 21 kilom. d'Arras, à 213 de Paris. Fonderie et chaudronnerie en fer et en cuivre; fabrique de sucre, de noir animal et de potasses brutes, de produits chimiques; moulins à farine. — SAINT-LAURENT-BLANGY, 1,700 hab., à 3 kilom. d'Arras. Brasseries, construction de batteuses mécaniques, fonderie de fer, forges, etc. — LILLERS, 6,600 hab., à 13 kilom. de Béthune. Fabrique considérable de chaussures d'hommes pour l'exportation. brasseries et tanneries. — LENS, 6,700 hab., à 18 kilom. de Béthune et à 20 kilom. d'Arras, distilleries, brasseries, fabriques et raffineries de sucre, fonderies, fabrique de chicorée, de laines et molletons. — CALAIS, 12,843 hab., jolie ville maritime et place de guerre de première classe, sur la Manche, à 43 kilom. nord-nord-est de Boulogne, à 29 kilom. de Douvres, à 111 kilom. d'Arras et à 297 kil. de Paris, par Boulogne et à 327 kilom. par Hazebrouck. Commerce considérable de bois du nord. Pêche de la morue, du hareng et du maquereau. Fabriques de tulle. (Voir page 639.) — DESVRES, 2,766 hab., à 18 kilom. de Boulogne. Fabriques importantes de ciments, de carreaux de faïence et tanneries. — MARQUISE, 4,380 hab., sur le *Slack,* à 12 kilom. de Boulogne. Forges et hauts-fourneaux, ateliers de construction, raffineries de sel, tanneries et brasseries. — SAINT-PIERRE-LEZ-CALAIS, 16,821 hab., à 23 kilom. de Boulogne, à 270 kilom. de Paris. Fabriques considérables de tulles, de dentelles et de blondes, fabriques de biscuits de mer et en tous genres, fabriques de filets de pêche, filatures de soie. — AIRE-SUR-LA-LYS, 8,300 hab., jolie ville au confluent de la *Lys*, et de la Laquette, à 16 kilom. de Saint-Omer. Fabriques d'huiles, tanneries, savonneries et vannerie.

PUY-DE-DOME

Puy-de-Dôme.

(5 arrondissements, 50 cantons, 456 communes, 13e corps d'armée.)

Chef-lieu : **Clermont-Ferrand**, 37,357 habitants, très-ancienne ville, bâtie au pied de la chaîne des montagnes du Puy-de-Dôme, sur une hauteur de forme conique d'où l'on découvre les nombreux *puys* et la fertile Limagne, et au pied de laquelle coule la Tirtaine; la campagne entre de toutes parts dans la ville. Les rues sont irrégulières et étroites et les maisons, bâties en laves de Volvic, de couleur presque noire, donnent un aspect sombre et triste à la ville. (Voir page 602.) Clermont-Ferrand.

Sous-préfectures : AMBERT, 7,625 hab., petite ville agréablement située au pied des montagnes et près de la rive droite de la *Dore*, à 75 kilom. de Clermont, à 441 kilom. de Paris. Fabrique d'amidon, féculerie, fabriques de papiers et carton, de rubans en coton, en fil et en laine, teintureries, fabriques de lacets, de ceintures en coton et en laine, de tirants de bottes et bottines, fabriques de chapelets et de tabatières en corne. Commerce de bestiaux, de grains et de toiles. Ambert.

ISSOIRE, 5,876 hab., ville ancienne, dans une belle partie de la Limagne, sur la *Couze*, près de son confluent avec l'*Allier*. Commerce considérable de bestiaux, d'huile de noix, de chanvre, de blé, de vins et de pommes. Fabrique de chapeaux de paille et d'étoffes de laine. Issoire.

RIOM, 10,770 hab., jolie ville sur un coteau, aux rues larges, mais tristes, ornée de nombreuses fontaines, environnée de boulevards bien ombragés, de belles promenades, à 15 kilom. nord de Clermont. Les maisons sont construites en laves noirâtres. Commerce important de blé, pommes de terre, betteraves, fruits, vins, chanvre, fil de chanvre, cuirs, huiles de noix et de chènevis, pâtes d'abricots les plus renommées d'Auvergne. Manufacture de tabacs. Fabriques de cartes à jouer, de cuirs pour chapellerie, de pâtes alimentaires, tanneries et fabrique de soieries. Riom.

THIERS, 16,635 hab., située très-pittoresquement sur les flancs de la montagne du Besset, sur la *Durolle*. Les rues de cette ville sont tortueuses et raides, ses maisons sont noires et mal tenues. Thiers est l'un des grands centres de fabrication pour la grosse et mi-fine coutellerie; fabriques de papiers filigranés pour billets de banque, cartes à jouer, titres, papier fiduciaire; tanneries. Thiers.

Autres localités : BILLOM, 3,900 hab., très-ancienne ville, située sur une colline, à 26 kilom. de Clermont. Commerce très-important de bestiaux, de volailles, de céréales, de haricots, de fèves noires, de chanvre et de fil de chanvre. Fabriques d'huiles, sucrerie, fabrique de toiles, tuileries. — ROYAT, 2,700 hab., à 3 kilom. de Clermont. Eaux minérales carbonatées, sodiques, chlorurées, ferrugineuses. — BRASSAC, 1,900 hab., à 17 kilom. d'Issoire. Exploitation de houille, verrerie, fabriques de passementerie. — AIGUEPERSE, 2,600 hab., à 16 kilom. de Riom. Fabriques de chapeaux de feutre, fabrique de draps et de toiles. Commerce de grains et de fourrages. — PONTGIBAUD, 1,116 hab., sur la *Sioule*, à 25 kilom. de Riom, a des mines de plomb argentifère les plus productives de la France. — VOLVIC, 3,674 hab., bâti sur une masse volcanique, à 6 kilom. de Riom. Grand commerce de pierres de Volvic.

Basses-Pyrénées.

BASSES-PYRÉNÉES

(5 arrondissements, 40 cantons, 558 communes, 18e corps d'armée.)

Pau. *Chef-lieu :* **Pau,** 25,000 habitants, jolie ville située à l'extrémité d'un vaste plateau élevé de 50 mètres dominant une délicieuse vallée et au pied duquel coule le gave de Pau; cette ville très-pittoresque, de laquelle le regard peut embrasser l'un des plus beaux panoramas du monde, fermé au sud par la chaîne des Pyrénées, est au confluent de l'Ousse et de l'Hédas; ce dernier ruisseau profondément encaissé la sépare en deux parties que relient cinq ponts. Pau est une ville bien bâtie, bien percée et ornée de charmantes promenades. Elle jouit d'un climat exceptionnel qui y attire un grand nombre de malades et de convalescents; la température moyenne de l'hiver y est de 6°,75, et la température moyenne de l'année de 16°68; aussi c'est l'une des principales stations d'hiver du midi. Commerce considérable des vins de Jurançon, de toile et linge de table du Béarn. (Voir page 604.)

Bayonne. *Sous-préfectures :* Bayonne, 27,000 hab., jolie et forte ville maritime, bâtie dans le genre espagnol, au confluent de l'*Adour* et de la *Nive*, à peu de distance de l'Océan, à 104 kilom. de Pau, à 783 kilom. de Paris, à 198 kilom. de Bordeaux et à 38 kilom. de la frontière espagnole. La *Nive* coupe la ville en deux parties, le grand et le petit Bayonne. Grande fabrique de chocolat; chantiers de construction. (Voir page 657.)

Mauléon. Mauléon, 1,743 hab., sur le penchant d'une colline, près de la rive droite du gave de *Mauléon,* à 60 kilom. de Pau. Fabriques de sandales et de couvertures pour chevaux.

Oloron. Oloron, 8,783 hab., ville ancienne, située au sommet et sur le penchant d'une colline, au confluent des gaves d'*Aspe* et d'*Ossau,* à 32 kilom. de Pau, à 789 kilom. de Paris. Le gave d'*Aspe* sépare Oloron en deux parties. Grand commerce de laines du pays et de laines d'Espagne; grand entrepôt de salé pour l'Espagne et jambons dits de Bayonne; grand commerce de bestiaux et de chevaux navarrais. Fabrique de bonneterie dite de Béarn, fabriques de bérets, de chaussures, de chocolat, de couvertures de laine, filatures de laines, fabriques de peignes en buis à la mécanique, tanneries, minoteries, fabriques de toiles et tréfilerie.

Orthez. Orthez, 6,526 hab., ancienne ville située sur la rive gauche du gave de *Pau,* au fond d'une vallée, à 40 kilom. de Pau, à 776 kilom. de Paris. Grand commerce de jambons, de cuirs, de laines, de plumes d'oie, de lin, de bois de construction et de pierres de construction. Fabriques de chocolats, de sandales; minoteries, papeteries, tanneries, mégisseries; fabriques de toiles écrues et de tissus nouveautés.

Autres localités : Jurançon, 2,207 hab., à 2 kilom. de Pau; grands crus de vins rouges et blancs. — Lescar, 1,775 hab., petite et ancienne ville, à 8 kilom. de Pau. Commerce de vins. — Nay, 3,365 hab., sur la rive gauche du gave de *Pau*, à 17 kilom. sud-sud-est de Pau; petite ville industrielle possédant des fabriques de bonneterie de laine, de ceintures, de chapeaux de feutre, de couvertures de laine, de draps, cadis et droguets, des fabriques de bérets de Béarn et bonnets de marine, de tricots de diverses sortes; filatures de coton et tissage de laine, tanneries et scierie mécanique. — BIARRITZ, 3,652 hab., ville maritime, à 7 kilom. de Bayonne, à 788 kilom. de Paris. Bains de mer très-fréquentés. — SALIES-DE-BÉARN, 5,328 hab., à 16 kilom. d'Orthez, à 758 kilom. de Paris. Source salée très-abondante.

HAUTES-PYRÉNÉES

Hautes-Pyrénées.

(3 arrondissements, 26 cantons, 480 communes, 18e corps d'armée.)

Chef-lieu : **Tarbes,** 16,565 habitants, jolie et très-ancienne ville, sur la rive gauche de l'Adour, à 756 kilomètres de Paris. Elle s'étend régulièrement sur plusieurs longues rues coupées par de petites traverses qui donnent des échappées de vue sur les prairies et les montagnes; elle jouit d'une vue admirable sur une plaine fertile qui s'étend jusqu'à la chaîne des Pyrénées. Commerce de chevaux légers très-recherchés, de mulets, de bestiaux et de denrées agricoles. Fabriques de vannerie fine et ordinaire, tanneries, fabrique de tricots à la mécanique, scieries mécaniques, fabrique de sandales, de pompes, de poterie, manufactures de papier, fabrique de cuirs vernis, distilleries, fabriques de chaises, fonderies de métaux et machines agricoles. Tarbes.

Sous-préfectures : ARGELÈS, 1,658 hab., ville moderne agréablement située dans la charmante vallée de Lavedan, à l'entrée de la région montagneuse, près des confluents des gaves de *Pau* et d'*Azun,* sur la rive gauche de ce dernier, à 32 kilom. de Tarbes. Fabriques de laines. Commerce de bestiaux. Argelès.

BAGNÈRES-DE-BIGORRE, 9,964 hab., ville très-propre, sur l'*Adour,* avec des rues larges et abondamment arrosées et des promenades ravissantes, à 20 kilom. de Tarbes, à 774 kilom. de Paris. C'est un grand établissement thermal remarquable par l'abondance des eaux et le luxe de ses marbres; 15,000 baigneurs y viennent chaque année. Fabriques d'étoffes de laine, d'étamines, de tricots, de baréges, de toiles de lin; coutellerie fine, teintureries, tourneries et scieries hydrauliques. Bagnères-de-Bigorre.

Autres localités : MAUBOURGUET, 2,740 hab., au confluent de l'*Adour* et de l'*Echez,* à 27 kilom. de Tarbes; produit d'excellents vins. Fonderie de fer et fontes moulées. — RABASTENS, 1,325 hab, à 18 kilom. de Tarbes; tannerie. — LOURDES, 4,714 hab., sur le gave de *Pau,* à 12 kilom. d'Argelès. Exploitation de marbre. Fabriques de chocolat. — CAMPAN, 3,524 hab., à 6 kilom. de Bagnères, dans une magnifique vallée, sur la rive gauche de l'*Adour.* Carrières de marbres. — SARRANCOLIN, 1,114 hab., à 36 kilom. de Bagnères. Exploitation de marbres, fabrique de papier à cigarettes et mécanique.

PYRÉNÉES-ORIENTALES

Pyrénées-Orientales.

(3 arrondissements, 17 cantons, 231 communes, 16e corps d'armée.)

Chef-lieu : **Perpignan,** 27,378 habitants, ville ancienne et forte, située partie sur une colline peu élevée, et partie dans une vaste et fertile plaine, sur la rive droite de la Têt, au confluent de la Basse, à 8 kilomètres de la Méditerranée, à 846 kilomètres de Paris. C'est une ville mal Perpignan.

bâtie, divisée en ville neuve et ville vieille, dont les rues sont irrégulièrement tracées. Du haut des remparts, la vue s'étend sur une plaine magnifique, bordée de montagnes que domine vers le couchant le pic du Canigou, toujours couvert de neige. Perpignan est le centre d'un grand commerce de vins, d'eaux-de-vie, de laines, de soies, d'huiles, de bouchons et de miel. Distilleries, minoteries, fabriques de cartes à jouer, de papiers à cigarettes, de chocolats; teintureries, tanneries, conserves alimentaires et confiserie.

Céret. *Sous-préfectures :* Céret, 3,708 hab., petite ville aux rues étroites et tortueuses, située sur le versant des Albères, au pied des Pyrénées, à 31 kilom. de Perpignan, près de la rive droite du *Tech*, que l'on traverse sur un pont dont l'arcade unique (46 mètres d'ouverture) est la plus large et la plus haute de France. Commerce d'huiles, de cuirs, de manches de fouets, de fruits et de primeurs. Fabrique de bouchons de liége, de chaussures en corde, tanneries et exploitation de plâtre.

Prades. Prades, 3,208 hab., petite ville mal bâtie, mais propre, dans une situation agréable, sur la rive droite de la *Têt*, à 44 kilom. de Perpignan. Commerce de chanvres, de légumes, de fers, de fruits excellents, de chevaux et de mulets; grand commerce de détail de vins pour les muletiers de la Cerdagne. Fabriques de draps, tanneries, usine à talc.

Autres localités : Rivesaltes, 5,517 hab., sur la rive droite de l'*Agly*, à 9 kilom. de Perpignan, à 812 kilom. de Paris. Excellents vins muscats. Distilleries, moulins à huile d'olive et fabriques de futailles. — Amélie-les-Bains, 1,400 hab., à 9 kilom. de Céret, à 881 kilom. de Paris. Eaux thermales renommées. — Banyuls-sur-Mer, 3,008 hab., petit port sur la Méditerranée, à 50 kilom. de Céret. Vins de Grenache. Fabriques d'huiles, salaisons de sardines et d'anchois. — Le Boulou, 1,353 hab., à 9 kilom. de Céret. Etablissement thermal appelé Vichy du midi. Fabriques d'huiles, de bouchons et de pipes. — Collioure, 3,632 hab., petit port, à 37 kilom. de Céret, à 870 kilom. de Paris. Commerce de vins estimés; salaisons de sardines et d'anchois; distilleries et fabriques de bouchons. — Port-Vendres, 2,188 hab., ville forte et maritime, sur la Méditerranée, à 41 kilom. de Céret, à 876 kilom. de Paris. Commerce de vins. Fabriques de bouchons et de dynamite. — Prats-de-Mollo, 2,700 hab., sur le penchant d'une montagne, près de la rive gauche du *Tech*, à 30 kilom. de Céret. Fabriques de bonnets de coton, de draps communs, de sandales, de tuiles et de briques et filature de laine. — Saint-Laurent-de-Cerdans, 2,100 hab., sur la rive droite de la *Gucra*, à 29 kilom. de Céret. Forges catalanes, fabriques de sandales, de peaux de bouc et de pipes. — Mont-Louis, 500 hab., place forte, près du col de la *Perche*, à 36 kilom. de Prades, à 854 kilom. de Paris. C'est la ville de France la plus élevée; son altitude est de 1,621 mètres. Filature de laine et fabrique de bas.

Territoire de Belfort.

HAUT-RHIN (territoire de Belfort.)

(1 arrondissement, 6 cantons, 106 communes, 7e corps d'armée.)

Belfort. *Chef-lieu :* **Belfort,** 14,000 habitants, ville forte, sur la rive gauche de la Savoureuse, à 69 kilomètres sud-sud-ouest de Colmar, à 443 kilomètres de Paris. Cette ville s'est bien embellie depuis 1870 et sa population s'est considérablement augmentée par suite de l'immigration des Alsaciens qui y sont venus établir leur domicile. Commerce de bois de chêne et de sapin, de tissus en coton et en laine et de toiles. Forges, fabrique de fourneaux économiques, fabriques de savons et de bougies. Bourse commerciale. Commissariat d'émigration.

Autres localités : BEAUCOURT, 5,000 hab., à 25 kilom. de Belfort. Grande fabrique de quincaillerie, de serrurerie, d'ustensiles de ménage, d'ébauches de montres, de mouvements de pendules, de pendules et de montres finies à bon marché. — GIROMAGNY, 3,007 hab., à 12 kilom. de Belfort, sur la *Savoureuse*; filature et tissage de coton. — GRANDVILLARS, 2,300 hab., à 16 kilom. de Belfort. Fabrique de vis à bois, de vis en fer, de pitons, de crochets d'armoires, de boulons et rivets. — VALDOIE, 537 hab., à 4 kilom. de Belfort. Fabrique de laiton, fonderie et atelier de construction. Tissage mécanique. — DELLE, 1,300 hab., sur l'*Allan*, à 20 kilom. de Belfort. Grand bureau de douane pour le transit.

ALSACE.

Alsace.

Colmar.

L'ancien département du Haut-Rhin avait pour chef-lieu COLMAR, belle et très-ancienne ville de 23,669 habitants, agréablement située au confluent du ruisseau la *Lauch* et de la *Fecht*, dont les eaux font mouvoir de nombreux établissements d'industrie, vivifient de jolis jardins et se répandent dans les rues, où elles entretiennent la propreté, à 450 kilom. sud-est de Paris. La plaine où s'élève la ville est immense, fertile, magnifique avec son horizon borné au sud par les cimes du Jura, à l'ouest par les Vosges et à l'est par les montagnes de la Forêt-Noire. Les promenades de cette ville sont jolies. Commerce de céréales, de vins, de fers, de drogueries, de denrées coloniales. Filatures et tissages de coton, ateliers de construction, fabriques de tissus métalliques, de fourneaux de faïence, de ouates, de toiles peintes; brasseries, féculeries, tanneries, savonneries. Près de Colmar se trouve *Logelbach*, qui possède des filatures et tissages de coton, des fabriques d'amidon et de glucose et une fabrique d'huile. Les sous-préfectures étaient Belfort et Mulhouse. (Voir page 596.)

Les autres villes remarquables du Haut-Rhin sont : GUEBWILLER, 12,218 hab. à 32 kilom. sud-ouest de Colmar, à 471 kilom. de Paris, ville très-industrielle possédant des ateliers de construction, des filatures et tissages de coton, des fabriques de draps, des filatures de laines, une fabrique de rubans de soie, des fabriques de savons et de chandelles, des tanneries et des tuileries. Le territoire de Guebwiller produit des vins blancs très-estimés. SOULTZMATT, 2,698 h., à 18 kilom. de Guebwiller. Filature de bourre de soie, tissage et filature de coton. Eaux minérales alcalines gazeuses. — SOULTZ, 4,635 hab., à 3 kilom. de Guebwiller. Fabrique de rubans de soie, de fils retors et cordonnet, fabrique de tuiles et scierie hydraulique. — SAINTE-MARIE-AUX-MINES, 12,425 hab., ancienne et jolie ville, sur la *Liepvrette*, à 19 kilom. de Ribeauvillé, dans une des plus charmantes vallées de l'Alsace. C'est un grand centre manufacturier qui possède des fabriques de tissus de laine, coton et soie, des teintureries, des blanchisseries, des filatures de coton, et des brasseries. — RIBEAUVILLÉ, 7,338 hab., à 16 kilom. nord-nord-ouest de Colmar. Fabriques de tissus de coton et de laine et de toiles peintes. Commerce de vins estimés. — MUNSTER, 4,762 hab., sur la *Fecht*, à 19 kilom. de Colmar. Filature et tissage de coton, blanchiment et apprêt. — THANN, 5,864 hab., sur la *Thur*, à 33 kilom. nord-nord-est de Belfort. Filature et tissage de coton, filature de laine à tricoter, tissage de soie, fabriques de toiles peintes et de draps, fabrique de produits chimiques, fabrique de liqueurs, chaudronnerie, brasseries, fabrique de limes, construction de machines, fabrique de poêles en faïence. — CERNAY, 4,208 hab., sur la rive gauche de la *Thur*, à 5 kilom. de Thann. Filature et tissage de coton, fabriques de toiles peintes et de tubes en papier pour filature de soie, laine et coton. — BISCHWILLER-THANN, 2,830 hab., à 3 kilom. de Thann. Forge et fonderie, ateliers de construction pour machines diverses, tissage mécanique de coton. — DORNACH, 3,981 hab., à 3 kilom. de Mulhouse. Filatures de coton, impressions et blanchisserie, teinturerie de laines, fabriques de produits chimiques, de tuiles et de briques. — NIEDERMORSCHWILLER, 2,197 hab., à 6 kilom. de Mulhouse. Impression sur étoffes, blanchisserie de calicot et scierie mécanique. — MASSEVAUX, 3,540 hab., sur la *Doller*, à 20 kilom. de Thann. Fonderie de fer, ateliers de constructions, filatures et tissages mécaniques de coton, fabriques de siamoises, tanneries et corroieries. — SAINT-AMARIN, 2,314 hab., près de la rive gauche de la *Thurr*. Blanchissage et tissage mécanique, filature de bourre de soie, fabrique de savon et chandelles. — WESSERLING, à 13 kilom. de Thann. Filature et tissage de coton, blanchisserie et apprêts, impression sur coton et sur laine. — ALTKIRCH, 3,106 hab., à 19 kilom. de Mulhouse, sur un coteau qui domine l'*Ill*. Tissage de coton, filature de laine, fabriques de cribles, tanneries, tuileries, minoteries et fabrique de chocolat.

Bas-Rhin. Saverne. Le *Bas-Rhin*, que la guerre de 1870 nous a fait perdre en entier, avait pour chef-lieu STRASBOURG (Voir page 595) et pour sous-préfectures SAVERNE, SÉLESTADT ou SCHLESTADT et WISSEMBOURG. — SAVERNE, 5,489 hab., ville ancienne, agréablement située près d'une belle forêt, sur la *Zorn*, et le canal de la Marne au Rhin, à 43 kilom. de Strasbourg, à 458 kilom. de Paris. Grande exploitation de carrières de pierres de meules à aiguiser. Fabrique de balances et bascules, outils pour menuisiers et ébénistes, tanneries, corroieries, brasseries, tuileries, briqueteries. — Schlestadt. SÉLESTADT ou SCHLESTADT, 10,040 hab., ancienne ville agréablement située sur la rive gauche de l'*Ill*, à 45 kilom. de Strasbourg, à 440 kilom. de Paris. Fabriques de toiles et de gazes métalliques en tous genres, de papiers peints, de savon, de poêles en faïence, de colle-forte, de bonneterie en coton, tanneries et brasseries. — Wissembourg. WISSEMBOURG, 5,570 hab., ancienne ville, située au pied des Vosges, sur la *Lauter*, à 58 kilom. de Strasbourg, à 511 kilom. de Paris. Brasseries, bonneterie, imagerie, fabrique d'allumettes chimiques et de savon, fabrique de papier, scierie, tanneries, minoteries. — BOUXVILLER, 3,371 hab., dans une charmante situation, au pied des Vosges, à 15 kilom. nord-est de Saverne. Brasseries, tanneries, fabriques de cotonnades et de mouchoirs de poche, fabrique de prussiate de potasse, d'alun et de sulfate de fer, mines de lignite pyriteux.

INGWILLER, 2,229 hab. sur la *Moder*, à 20 kilom. de Saverne. Fabrique d'allumettes chimiques, brasseries, fabrique de gobeletterie et verres à vitres, de briquets et de tuiles, scieries mécaniques, moulins à blé et à tan, tanneries. — MARMOUTIER, 2,458 hab., à 5 kilom. de Saverne. Fabriques d'huiles, tuileries. — LA PETITE-PIERRE, 1,047 hab., dans un défilé des Vosges, à 24 kilom. de Saverne. Brasseries, fabriques d'huile et de savon. — PFAFFENHOFFEN, 1,459 hab., à 25 kilom. de Saverne. Fabrique d'articles de Paris en albâtre, fabrique de bas, filature de laines, brasseries, tanneries. — SAAR-UNION, 3,498 hab., sur la Sarre, à 40 kilom. de Saverne. Fabrique de chapeaux de paille, de briques et de tuiles, brasseries, tanneries, tissage d'étoffes en soie et paille, fleurs en paille, fabriques de futaine, de filets-résilles, de ouate, etc.

— Wingen, à 29 kilom. de Saverne, fabrique de pierres pour bijoux de deuil, verrerie et fabrique de verres à vitres. Commerce de bois. — Wasselonne 4,308 hab. sur la *Mossig*, à 26 kilom. ouest de Strasbourg, à 431 kilom. de Paris. Magnifiques carrières de pierres de taille, fabriques de bas, bonneterie, brasseries, fabrique de chapeaux de feutre et de chaussons de laine, filatures de laine, fabrique de tissus de coton, tanneries, fabriques d'huile, de tuyaux de drainage, de briques et de tuiles et fabriques de garance et d'alizarine. Commerce important de céréales. — Bischwiller, 7,000 hab., sur la *Moder*, à 22 kilom. de Strasbourg. Commerce de laines et de houblon. Fabriques de draps et de gants de fil, coton, filoselle et soie, brasseries. Cette ville a beaucoup perdu de son importance depuis 1870, plusieurs de ses industriels l'ayant quittée pour transporter leur industrie dans l'ouest de la France. —Haguenau, 1,043 hab., jolie ville, située près de la forêt de son nom, sur la *Moder*, à 28 kilom. de Strasbourg. Grand commerce de houblon. Savonneries, fabriques de chaussures, filature et tissage de coton, filature de laines, fabriques de sabots et galoches, fabriques d'huiles, minoteries; fabrique de faïence blanche et brune. — Molsheim, 3,560 hab., jolie petite ville, sur la *Bruche*, à 24 kil. de Strasbourg. Commerce de vins estimés. Fabrique de grosse quincaillerie et de tonnellerie. — Mutzig, 2,800 hab., sur la *Bruche*, à 24 kilom. de Strasbourg. Fabrique d'outils et de grosse quincaillerie, fabrique de papier d'emballage, tanneries. — Schirmeck, 1,376 hab., à 26 kilom. de Molsheim. Fabrique de chapeaux, filatures et tissages de coton. — Soufflenheim, 3,038 hab., à 32 kilom. de Strasbourg. Fabriques de poterie de terre et de briques réfractaires, fabriques de sabots, de pompes en bois; moulins. Commerce de bois de chauffage, de construction et de sciage. — Reichshoffen, 2,713 hab., à 42 kil., de Wissembourg. Atelier de construction pour wagons, tenders, roues de chemin de fer et machines diverses. — Mertzwiller, à 40 kilom. de Wissembourg. Haut-fourneau avec atelier de moulage. — Lauterbourg, 1,880 hab., sur la *Lauter*, à 20 kilom. de Wissembourg. Commerce de vins, de céréales et de houblon. — Niederbronn, 3,391 hab., petite ville bâtie dans une belle vallée, au pied des Vosges; forges et hauts-fourneaux du Rhin, tanneries, moulins à blé. Établissement d'eaux minérales froides, chlorurées sodiques très-fréquentées. — Lobsann, 524 hab., à 15 kilom. de Wissembourg. Exploitation de bitume et d'asphalte.—Seltz, 1,993 hab., sur le *Seltzbach*, à 24 kilom. de Wissembourg. Fabriques de sabots, moulins, huilerie et fabrique d'orgues. — Soultz-sous-Forêts, 1,667 hab., à 15 kilom de Wissembourg. Filatures de coton et de laine, fabrique de peignes, huilerie. — Woerth-sur-Sauer, 1,114 hab., à 20 kilom. de Wissembourg. Brasseries, malterie, filature de laine, tanneries, moulins à farine. — Obernai, 5,155 hab., sur l'*Ehn*, au pied du Hohenbourg, à 25 kilom. de Schlestadt, fabrique des tissus, du savon, de l'huile, et produit des vins assez estimés. Commerce de bestiaux. — Barr, 5,305 hab., à 14 kilom. de Schlestadt. Fabrique de bonneterie et de chaussons dits de Strasbourg, filatures de laines, tanneries, teintureries, fabriques de vinaigre, tuileries, moulins à tan et à farine, brasseries et fabriques de savon et chandelles. Commerce de vins. — Andlau-au-Val, 2,000 hab., sur l'*Andlau*, rivière naissant dans les Vosges, au pied du Champ-du-Feu, à 6 kilom. de Barr, à 17 kilom. de Schlestadt, à 34 kilom. de Strasbourg. Filature de laine, teinturerie, tissage de coton, scierie mécanique, moulins à blé et à huile. Exploitation de bois de sapin. Vignes estimées. — Scherwiller, 3,009 hab., à 4 kilom. de Schlestadt; fabrique d'allumettes, de colle forte, de tuiles et de chaux, tissages de coton. — STEIGE, 1,500 hab., à 21 kilom. de Schlestadt, tissages de coton, moulins, fabriques de kirschwasser. — VILLÉ, 1,275 hab., sur le Giessen, à 12 kilom. de Schlestadt. Fabrique de kirschwasser, tissages de coton, scieries, moulins à farine et à huile, tuileries. — HUTTENHEIM, 2,190 hab. à 12 kilom. de Schlestadt. Filature et tissage mécanique de coton. — BENFELD, 2,757 hab., sur l'*Ill*, à 13 kilom. de Schlestadt. Fabrique de chicorée et de cigares, minoterie, tanneries. Commerce de céréales, de tabac et de chanvre.

Rhône.

RHONE

(2 arrondissements, 29 cantons, 264 communes, 14e corps d'armée.)

Lyon.

Chef-lieu : **Lyon**, 324,800 habitants, ancienne, grande et belle ville, bâtie dans une belle situation, au confluent de la Saône et du Rhône, que l'on traverse sur plusieurs ponts remarquables. Cette ville, la seconde de France, l'une des plus riches, des plus industrielles et des plus considérables du pays, se trouve sur une presqu'île formée par le Rhône et la Saône, à 170 mètres d'altitude dans les parties les plus basses. La situation de Lyon, traversé par deux cours d'eau, est très-heureuse et a puissamment contribué à son développement industriel et commercial. Le Rhône pénètre dans la ville par le faubourg Saint-Clair et la Saône y pénètre entre l'extrémité de la Croix-Rousse et le faubourg de Vaise. Lyon est une magnifique cité dont les places sont vastes et nombreuses. La fabrique des soieries est l'industrie la plus importante de Lyon, celle qui donne à cette ville sa physionomie, celle qui a porté le plus haut et le plus au loin sa réputation. Les fabriques de produits chimiques, tinctoriaux et pharmaceutiques, la construction des machines ont fait à Lyon, dans ces dernières années, de très-grands progrès. La fabrication des pâtes alimentaires est passée au rang des grandes industries à Lyon.

Les soieries de Lyon vont dans le monde entier, mais les principaux pays consommateurs sont, en premier lieu, l'Angleterre, puis les États-Unis d'Amérique et, au troisième rang, l'Europe centrale, c'est-à-dire l'Allemagne et l'Autriche. (Voir page 597.)

Villefranche.

Sous-préfecture : VILLEFRANCHE, 12,170 hab., ville d'un aspect agréable, assez régulièrement bâtie, située près de la *Saône,* sur la rive droite de la petite rivière du *Morgon,* à 29 kilom. de Lyon. Commerce de vins du Beaujolais, de chanvre, de bestiaux, de fil, de toiles, etc. Fabriques importantes de toiles de fil, de toiles de coton et de toiles peintes.

Autres localités : L'ARBRESLE, 3,219 hab., petite ville à 28 kilom. de Lyon, au point de jonction de la *Brevenne* et de la *Tardine.* — Commerce de vins, de chanvre et de bestiaux. Fabrique de produits chimiques (sulfates de baryte et sulfates de chaux), fabriques de velours. — GIVORS, 9,957 hab., sur la rive droite du *Rhône,* à sa jonction avec le *Gier* et le canal de *Givors,* à 22 kilom. de Lyon. C'est une petite ville très-industrielle, qui sert d'entrepôt aux houilles et au coke du bassin de la Loire. Fabriques de boulons, de briques rouges et de briques réfractaires, verreries importantes et nombreuses, hauts-fourneaux et fonderies, forges et aciéries, constructions mécaniques, fabriques de fourneaux et poêles, fabrique de colle, tanneries, commerce de chanvre, de houilles et de coke, de graines fourragères. — NEUVILLE-SUR-SAÔNE, 2,600 hab., sur la *Saône*, à 17 kilom. de Lyon. Fabriques d'étoffes de gaze, fabrique de plomb de chasse, de plomb laminé et en tuyaux, de tuyaux en tôle bitumée et de produits chimiques. — AMPLEPUIS, 7,000 hab., à 46 kilom. de Villefranche. Fabriques de cotonnades, de couvertures et molletons, de foulards, filature de déchets de soie, fabrique de mousseline. — BEAUJEU, 3,800 hab., sur l'*Ardière*, à 20 kilom. de Villefranche. Grand commerce de vins d'excellente qualité. Fabrique de colle et de gélatine, moulins à farine, fabrique de papier, tanneries. — BELLEVILLE-SUR-SAÔNE, 3,200 hab., près de la *Saône*, que traverse un pont suspendu; c'est le port le plus important de la *Saône*. Grand commerce de vins du Beaujolais et du Mâconnais. Fabriques de tonneaux. — TARARE, 15,000 hab., sur la *Tardine*, à 32 kilom. de Villefranche, à 463 kilom. de Paris. Fabriques très-importantes de mousselines unies, brodées, lamées, plumetis et rideaux. Fabriques considérables de peluches et velours de soie. Fabriques de coton retors, teintureries, tanneries. — THIZY, 3,000 hab., près de la *Trambouze*, à 37 kilom. de Villefranche et à 52 kilom. de Lyon; fabriques considérables de toiles de fil et de coton, disséminées dans la montagne; teinturerie et apprêt. Commerce des articles du Beaujolais.

HAUTE-SAONE

Haute-Saône.

(3 arrondissements, 28 cantons, 583 communes, 7e corps d'armée.)

Chef-lieu : **Vesoul**, 7,716 habitants, ancienne et jolie ville, située au confluent du Durgeon, de la Colombine et du ruisseau d'Échenoz-la-Méline, dans un bassin d'une grande fertilité, au pied de la Motte, mont de forme conique, haut de 452 mètres, entièrement couvert de vignes et surmonté d'un monument dédié à la Vierge. Vesoul, qui est à 381 kilomètres de Paris, et à 64 kilomètres de Besançon, est assez régulièrement bâtie, avec des rues larges, et un aspect propre. Les promenades de la ville sont plantées d'arbres séculaires, et lui font une charmante ceinture. Vesoul est une ville peu manufacturière. Commerce de grains, de vins, de bois, de bestiaux, de fourrages, de légumes secs, de cuirs. Entrepôt important de sel. Vesoul.

Sous-préfectures : GRAY, 6,965 hab., ville ancienne, située en amphithéâtre sur une colline au pied de laquelle coule la *Saône*, qui y forme un port très-fréquenté, à 56 kilom. de Vesoul, à 48 kilom. de Dijon et à 40 de Besançon. La plupart des rues de Gray sont étroites, tortueuses et rapides. C'est un des plus riches entrepôts de l'est pour les marchandises du midi. Le commerce, très-important, consiste surtout en grains, farines, fourrages, houblon, denrées coloniales, vins, merrains, fers, etc. Marché régulateur des grains. Tanneries, magnifique moulin à blé, huileries, chantiers pour la construction des bateaux, fabrique de fourneaux économiques, hauts-fourneaux, fabrique de grosse vannerie. Gray.

LURE, 3,555 hab., jolie petite ville, située au milieu d'une plaine riche et fertile, près de la rive droite de l'*Oignon*, à 28 kilom. de Vesoul, à 411 kilom. de Paris. Cette ville ne se compose que d'une longue et large rue à laquelle aboutissent quelques petites ruelles. Fabrique de tissus, fonderie et ateliers de construction, fabrique de fourneaux économiques, de grenailles en fonte imitant le plomb pour la chasse, de peignes à tisser, de pompes à incendie, de tissus de coton et de fil, etc. Commerce de cuirs, de fers, de grains, de vins, de bois et de fromages. Lure.

Autres localités : Jussey, 3,022 hab., jolie petite ville, sur l'*Amance*, à 38 kilom. de Vesoul. Filature de laines, moulins, huileries, tannerie. — Port-sur-Saône, 1,932 hab., à 12 kilom. de Vesoul, sur la *Saône*. Fabrique de cardes, d'instruments de pesage, minoteries. Commerce de grains et de bois. — Gy, 2,168 hab., situé au milieu de coteaux tapissés de vignes, produisant les meilleurs vins du département, à 20 kilom. de Gray. Tanneries. — Pesmes, 1,785 hab., situé sur une colline que baignent les eaux de l'*Oignon*. Usine métallurgique, fabrique de sabots, tuileries, tannerie. Gisements de minerai de fer. — Ailevillers, 2,745 hab., à 36 kilom. de Lure. Forges, tréfilerie, usine à fer à la Branleuse, fabrique de meules, minoteries. — Breuches, 1,200 hab., sur le *Breuchin*, à 21 kilom. de Lure, à 4 kilom. de Luxeuil. Filature de coton, tissage à bras, minoterie, papeterie et fabriques de fécules. — Breuchotte, 564 hab., sur le *Breuchin*, à 18 kilom. de Lure, à 8 kilom. de Luxeuil. Tissage mécanique et féculerie. — Luxeuil, 3,908 hab., situé sur la rive droite du *Breuchin*, à 18 kilom. de Lure. Fabrique d'absinthe, fonderie de fonte et de cuivre, fabrique de kirsch, papeterie mécanique et fabrique de tubes pour filatures, fabrique de vinaigre, tanneries, fabriques de bonneterie, de broderies et guipures d'art. Etablissement thermal. — Saint-Loup, 2,800 hab., sur la *Semouse*, à 31 kilom. nord-ouest de Lure. Grand commerce et entrepôt d'eau de cerises et de grains. Fabriques de chaises et siéges cannés, fabrique de fécules, distillerie de kirsch, tanneries, fabriques de sabots. — Champagney, 2,260 hab., à 16 kilom. de Lure, sur le *Rahin*. Usine à fer, forge, moulins à tan et à blé; scierie, serrurerie, tuileries. Exploitation de houille. Commerce considérable de cuirs et d'écorces à tan. — Clairegoutte, 545 hab., à 12 kilom. de Lure, sur la *Clairegoutte*, torrent vif et pur qui se jette dans le *Rognon*. Fabrique de clous et d'instruments aratoires, fabrique de kirsch. Carrières de grès bigarré. — Faucogney, 1,300 hab., sur la rive gauche du *Breuchin*, à 22 kilom. de Lure. Fabriques de sabots, tanneries. Commerce d'eau de cerises. — Fougerolles, 5,200 hab., sur la *Combeauté*, à 26 kilom. de Lure. Teintureries, filature de coton, minoteries, distilleries de kirsch, fabriques de sabots. Grand commerce de kirsch. — Héricourt, 2,826 hab., sur la *Luzine* ou *Lisaine*, à 26 kilom. de Lure, à 56 kilom. de Vesoul, à 453 kilom. de Paris par chemin de fer. Filature et tissage de coton, impressions sur coton, tanneries, teintureries, minoterie. — Vauvillers, 1,400 hab., à 4 kilom. de Conev, à 45 kilom. de Lure, à 21 kilom. de Port-d'Atelier. Tannerie, féculerie, fabriques de gants de peau; belles carrières de grès rouge et de grès bigarré. Foires et marchés importants. — Villersexel, 1,500 hab., sur la rive gauche de l'*Oignon*, à 18 kilom de Lure. Fabriques de sabots, minoteries. — Melisey, 2,035 hab., sur l'*Oignon*, à 11 kilom. de Lure. Filature de laine, fabrique de toile cretonne, fabriques de sabots. — Plancher-Bas, 2,200 hab., à 24 kilom. de Lure. Commerce de bois et d'écorces. Fabrique de chaînes et de clefs de montre, moulins à blé et à tan, papeterie, tanneries. — Plancher-les-Mines, 1,887 hab., sur le *Rahin*, à 27 kilom. de Lure. Manufacture d'acier poli, fabrique de boulons, vis à lit, de clefs de montre, fonderie de cuivre, fabrique de vis à bois et en métal, de quincaillerie, d'articles de filature et d'étrilles.

Saône-et-Loire.

SAONE-ET-LOIRE

(5 arrondissements, 49 cantons, 588 communes, 8e corps d'armée.)

Mâcon. *Chef-lieu :* **Mâcon,** 18,000 habitants, très-ancienne ville fort agréablement située sur la rive droite de la Saône, que l'on y passe sur un pont de 12 arches, à la frontière du département, à 441 kilomètres de Paris, à 66 kilomètres de Lyon. La position de Mâcon, allongée sur les longues pentes d'un coteau, est très-heureuse; cette ville est entourée de belles promenades, possède de beaux quais et un port commode. Commerce de vins très-estimés du territoire, de cerceaux, de merrains, de barriques, de grains, etc. Fonderies de cuivre et de bronze, fabrique de bouchons, de bougies stéariques, de colle à clarifier les vins, fabriques de cordages, de moutarde, de sparterie, de toiles à sacs, de toiles en crin pour huileries.

Autun. *Sous-préfectures :* Autun, 11,864 hab., très-ancienne ville, sur une colline baignée par l'*Arroux,* à 106 kilom. de Mâcon. Commerce de bois, de bestiaux, de chevaux, de houille, de pierres; tanneries, distillation et épuration d'huile de schiste. Fabrique de chaussures clouées et cousues, minoteries, fabrique de vélocipèdes.

CHALON-SUR-SAÔNE, 20,427 hab., ancienne et belle ville, avantageusement située sur la rive droite de la *Saône,* et à l'embouchure du canal du *Centre,* à 58 kilom. de Mâcon, à 383 kilom. de Paris. Commerce de commission et d'entrepôt de vins très-important. Le canal du centre fait de Châlon l'entrepôt des marchandises qui, des ports de la Méditerranée et de l'Océan, sont dirigées sur l'intérieur de la France. Châlon-sur-Saône.

Commerce de vins, de céréales, de bois, de fers, de charbons, etc. Fabrique de mesures de capacité en bois et en tôle, de balances et de bascules, chantier de construction de bateaux, grosse chaudronnerie, fabrique de clous, ateliers de constructions métalliques, fabriques de cornues en terre, de produits chimiques, féculerie importante, fabrique de poterie, raffinerie de sucre, fabrique de tarares, fabriques de vinaigres de Bourgogne.

CHAROLLES, 3,361 hab., dans un vallon, au confluent de la *Semence* et de l'*Arconce,* à 51 kilom. ouest-nord-ouest de Mâcon. Commerce de bestiaux, de céréales, de vins, de bois, de fer, de houille. Fabriques de faïence et de chapeaux. Charolles.

LOUHANS, 3,913 hab., sur la rive gauche de la *Seille,* à la jonction de la *Seille* et du *Solnan,* à 57 kilom. nord-est de Mâcon. Moulins à blé et à tan, ateliers pour la construction des machines agricoles, tanneries, mégisseries, poteries, etc. Commerce considérable de grains, de chevaux, de bœufs, de porcs gras, de volailles, chapons et poulardes. Dépôt des marchandises qui passent de Lyon en Suisse. Louhans.

Autres localités : CLUNY, 4,989 hab., situé dans la vallée de la Grosne, à 24 kilom. de Mâcon. Filature de laine, grande fabrique de poterie, tuileries et tanneries. — TOURNUS, 5,553 hab., très-ancienne ville, sur la rive droite de la *Saône,* à 30 kilom. de Mâcon. Fabriques de chaises, de chapeaux, de couvertures de coton, de cristaux de soude et de savon, de poterie, sucreries, tannerie. Commerce de vins et de grains. — EPINAC, 4,200 hab., sur la rive droite de la *Drée,* à 18 kilom. d'Autun. Exploitation de houille. Verrerie considérable à bouteilles pour les vins mousseux et les grands vins de Bourgogne. — LE CREUSOT, 22,890 hab., au pied de collines de 500 mètres, dont les eaux vont à la *Bourbince* et au *Mesvrin,* à 30 kilom. d'Autun, à 40 kilom. de Châlon-sur-Saône. Cette ville doit son importance à l'usine fondée par MM. Schneider et Cie, qui consiste en hauts-fourneaux, forges, aciéries et ateliers de construction. Exploitation de houille. — BLANZY, 3,215 hab., à 40 kilom. d'Autun. Mines de houille, verrerie à bouteilles. — CHAGNY, 3,876 hab., à 17 kilom. de Châlon, sur la *Dheune* et le canal du *Centre.* Vins estimés. Verrerie, fabrique de produits chimiques (acide tartrique et crème de tartre), poterie, fours à chaux, tonnellerie, huileries, minoteries. — MONTCEAU-LES-MINES, 9,483 hab., à 62 kilom. de Châlon, sur la *Bourbince;* exploitation très-importante de houille, tuilerie. — MONTCHANIN-LES-MINES, 3,411 hab., sur le canal du *Centre* et la *Bourbince.* Exploitation de houille, tuilerie mécanique très-considérable.

SARTHE

Sarthe.

(4 arrondissements, 33 cantons, 386 communes, 4e corps d'armée.)

Chef-lieu : **Le Mans,** 46,981 habitants, très-ancienne ville, bâtie dans une situation agréable sur la croupe et le penchant d'un coteau, au pied duquel coule la Sarthe, que l'on y passe sur quatre ponts, à 1 kilomètre Le Mans.

du confluent de l'Huisne. Le Mans se divise en ville basse et ville haute; l'une a des rues étroites, tortueuses et impraticables; l'autre est mieux bâtie et de belles maisons s'y élèvent partout. Commerce de bestiaux, de graines fourragères, de plumes, de vieux linge, de toiles, de noix, de miel et de volailles. Fabrique de toiles, filatures de chanvre, tanneries, blanchisserie de cire et de toiles, fabriques de chaussures, de bâches, de balances à bascule, de chocolats, de conserves alimentaires, de cordes, et distilleries. (Voir page 607.)

La Flèche. *Sous-préfectures :* La Flèche, 9,341 hab., ville jolie et riche, bâtie dans une belle situation, au milieu d'un charmant vallon, sur la rive droite du *Loir,* à 39 kilom. du Mans. Commerce de céréales, de blés surtout, de fruits et de poulardes. Ganterie, papeteries, tanneries, fabrique de parapluies, de colle forte, moulins à farine.

Mamers. Mamers, 5,365 hab., ville ancienne, située près des sources de la *Dive,* à 45 kilom. du Mans. Cette ville possède de magnifiques promenades. Fabriques de toiles importantes, de filets et résilles; tanneries, minoteries.

Saint-Calais. Saint-Calais, 3,509 hab., petite ville située dans un bassin fertile, sur la petite rivière de l'*Anille,* à 45 kilom. du Mans. Commerce de céréales, de graines de trèfle, de bois, de bestiaux et de volailles. Fabriques de chapeaux de feutre, de draps et de serges; tannerie.

Autres localités : La Ferté-Bernard, 2,563 hab., ville ancienne, située près de l'*Huisne,* dans une magnifique situation, à 33 kilom. de Mamers, à 170 kilom. de Paris, à 41 kilom. du Mans. Fabriques de toiles jaunes, écrues et de couleur, pour les colonies; tuileries, tanneries. Commerce de bœufs gras. — Sablé, 5,589 hab., ancienne ville, située sur un coteau que baignent les eaux de la *Sarthe,* à 27 kilom. de la Flèche. Minoterie, exploitation de marbre et mines d'anthracite.

Savoie.

SAVOIE

(4 arrondissements, 29 cantons, 327 communes, 14e corps d'armée.)

Chambéry. *Chef-lieu :* **Chambéry,** 19,144 habitants, jolie ville au milieu d'une délicieuse et riante vallée fraîche et fertile, près de la Leysse et de l'Albane, à 598 kilomètres de Paris, à 269 mètres d'altitude. La Leysse est un torrent impétueux qui cause parfois de grands ravages dans la ville. L'Albane traverse la ville par des canaux souterrains qui offrent, en cas d'incendie, un secours prompt et facile. Les rues sont souvent irrégulières, étroites et sinueuses, mais calmes et silencieuses. La rue de Boigne est en partie bordée d'arcades et ressemble en petit à la rue du Pô de Turin; à l'une de ses extrémités s'élève l'ancien château des ducs de Savoie; à l'autre extrémité, a été érigée la fontaine monumentale du boulevard, appelée fontaine des éléphants. Fabriques de gaze de soie, de bougies stéariques, de bas de soie et de laine, fabrique d'horlogerie, tanneries, papeteries.

Sous-préfectures : ALBERTVILLE, 4,398 hab., dans une position charmante, sur l'*Arly,* au-dessus du confluent de l'*Isère,* et au point de réunion de cinq vallées, à 50 kilom. de Chambéry. Cette ville se compose de deux bourgs séparés par l'*Arly,* Conflans et l'Hôpital, qui ont été réunis en 1845, sous leur nom actuel par le roi Charles-Albert. Conflans est sur la colline, rive droite de l'*Arly,* et l'Hôpital, sur la rive gauche dans la plaine. La ville basse est admirablement située dans un bassin riant et fertile, entouré de charmantes montagnes. Les nouveaux quartiers offrent un aspect animé, de larges rues et des promenades variées. Albertville, situé au débouché de la vallée de Tarentaise et du val de Beaufort et sur le passage d'Annecy en Maurienne, est un centre de commerce assez actif. Fabrique de draps, tanneries, scieries, moulin à blé et à huile, fabriques de pâtes, fabriques de chaux et de briques, poteries, clouteries. Albertville.

MOUTIERS, 1,946 hab., ancienne ville, à 480 mètres d'altitude, à la jonction des vallées de la haute Isère, du Doron et de la basse Isère, à 75 kilom. de Chambéry; elle est entourée de hautes montagnes. Mines de sel très-blanc, gisements d'anthracite; tanneries. Commerce de bestiaux, de fromages et de peaux. Moutiers.

SAINT-JEAN-DE-MAURIENNE, 3,121 hab., ville très-ancienne, sur la rive gauche de l'*Arc,* au-dessus de son confluent avec l'*Arvan,* vers le milieu de la longue vallée de Maurienne, entre les montagnes de Rocheray au nord et de Villargondran au sud, à 69 kilom. de Chambéry, sur la route de Turin. Les vignobles de *Princens*, situés sur les pentes au sud de la ville, produisent le meilleur vin de la Savoie. Exploitation de mines de plomb argentifère, grandes exploitations d'ardoises. Fabriques de chaux hydraulique, de sulfate de chaux, de plâtre; hauts-fourneaux pour fonte d'acier très-estimée. Commerce de fromages. Saint-Jean-de-Maurienne.

Autres localités : AIX-LES-BAINS, 4,182 hab., jolie petite ville thermale, au milieu d'une large vallée entourée de hautes montagnes et qui se termine au lac du *Bourget ;* Aix est sur la rive orientale de ce lac, à 258 mètres d'altitude, à 32 mètres au-dessus du lac, à 584 kilom. de Paris, à 14 kilom. de Chambéry. La position de cette ville est extrêmement agréable et son climat est regardé comme l'un des plus doux de l'Europe, à tel point que le figuier et le grenadier y prospèrent en pleine terre; la température moyenne est de 10 degrés. La population est plus que doublée pendant la saison des eaux. Aix a de jolies promenades et ses environs sont couverts de délicieuses villas. Aix a deux sources thermales, sortant de terre à 100 pas environ l'une de l'autre, à l'est de la ville. L'une, appelée *fontaine de Saint-Paul* ou *eau d'alun* (46°,5), quoiqu'elle ne contienne pas d'alun, est employée en partie pour donner des douches aux animaux; l'autre, nommée *eau de soufre* (45°), s'emploie pour les douches, les bains et la boisson. Ces eaux s'emploient surtout contre les affections rhumatismales, les maladies chroniques de la peau, les névroses, les affections catarrhales chroniques, etc. — MONTMÉLIAN, 1,141 hab., sur la rive droite de l'*Isère,* à 264 mètres d'altitude, au pied d'un mamelon rocheux de 378 mètres de hauteur, à 14 kilom. de Chambéry. Les vins des environs de Montmélian sont estimés. Corroieries et tanneries, fabriques de pâtes alimentaires. — SAINT-GENIX-SUR-GUIER, 1,997 hab., sur la rive droite du *Guier*, à 46 kilom. de Chambéry. Fabrique d'acide gallique, grande fabrique de bandages en tous genres, fabrique de gants, tissage de soie. — SAINT-PIERRE-D'ALBIGNY, 3,240 hab., situé au pied des montagnes d'Epion et d'Arclusaz, à 28 kilom. de Chambéry, à 409 mètres d'altitude. Filature de soie, fabrique de chaux. — LA CHAMBRE, 617 hab., au confluent du *Bugion* et de l'*Arc,* et non loin de la vallée du Glandon, à 11 kilom. de Saint-Jean-de-Maurienne. Carrières d'ardoises, fabrique de chaux, minoterie. — MODANE, 1,599 hab., sur la rive gauche de l'*Arc*, dans un bassin fertile, à 27 kilom. de Saint-Jean-de-Maurienne, à 96 kilom. de Chambéry et à 694 kilom. de Paris. Fabrique de plâtre, albâtre et sulfate pour papeteries. Commerce de bestiaux. C'est à 2 kilom. de Modane que se trouve le *tunnel des Alpes*, appelé improprement *tunnel du Mont-Cenis*, dont il est éloigné de 27 kilom. à l'ouest. Ce tunnel a 12,223^{m},50 de longueur. Il a été commencé le 31 août 1857 par le Piémont seul, auquel la France s'associa le 7 mai 1862; il a été terminé en treize années; l'inauguration eut lieu le 17 septembre 1871. Les dépenses totales ne sont pas évaluées à moins de 75 millions de francs. La traversée se fait en 25 minutes d'Italie en France et en 45 minutes de France en Italie. L'orifice septentrional du tunnel est situé à 1,158^{m},96 d'altitude; l'orifice sud est à 1,291^{m},52 au dessus du niveau de la mer. La différence de niveau entre les deux ouvertures est de 132^{m},56. Il règne dans le souterrain un courant d'air presque continuel, et la température la plus forte n'y dépasse pas 24 degrés. — SAINT MICHEL, 2,380 hab., sur la rive droite de l'*Arc*, à 12 kilom. de Saint-Jean-de-Maurienne. Exploitation d'anthracite, fabrique de chaux hydraulique, minoteries pour farine de maïs, de riz et semoule, fabrique de pâtes alimentaires, corroierie, taillanderie.

Haute-Savoie.

HAUTE-SAVOIE

(4 arrondissements, 28 cantons, 313 communes, 14e corps d'armée.)

Annecy.

Chef-lieu : **Annecy**, 11,581 habitants, ville industrielle, dont la position à l'extrémité septentrionale du lac dont elle porte le nom est charmante. Les rives du lac, dont la longueur est de 14 kilomètres, et la plus grande largeur de 3 kilomètres et demi, avec une superficie de 2,800 hectares, sont célèbres par leur beauté. La plus grande profondeur, entre Sévrier et Veyrier, est de 62 mètres. Il nourrit assez peu de poissons; on y pêche la truite, la lotte, la perche et la carpe. La navigation est peu importante sur ce lac; ses rives sont couvertes de prairies et de vignobles au milieu desquels sont parsemés de charmants villages et de jolies villas. Les eaux du lac s'écoulant par trois canaux, appelés *Thioux,* font marcher un grand nombre d'usines et se réunissent au sortir de la ville dans un beau canal qui traverse la route de Chambéry et se déverse dans le Fier. Annecy a complétement changé d'aspect, depuis quelques années, grâce aux travaux d'assainissement opérés sur une large échelle. La position d'Annecy lui assure une grande importance commerciale; ses marchés du mardi sont très-fréquentés et on y compte parfois 6,000 personnes; mais c'est surtout une ville industrielle, importante par ses nombreuses fabriques. Filature de coton, tissage, blanchiment et teinture de tissus de coton, fabrique d'ouate, fonderies, forges et hauts-fourneaux, fonderies de cloches, fabrique de papier, tanneries et corroieries, minoteries, fabriques de pâtes alimentaires, fabrique de cuillers et fourchettes en fer battu, etc. La ville est à 624 kilomètres de Paris.

Bonneville.

Sous-préfectures : BONNEVILLE, 2,185 hab., à 445 mètres d'altitude, à la base méridionale du Môle, dans une plaine, sur la rive droite de l'*Arve,* à 35 kilom. d'Annecy. Commerce de bestiaux, de miel et fromage. Tanneries.

Saint-Julien.

SAINT-JULIEN, 1,270 hab., est situé près de la frontière de la Suisse, sur la route d'Annecy à Genève, à 33 kilom. d'Annecy. Carrières de gypse.

Thonon.

THONON, 5,272 hab., ville ancienne et ancienne capitale du Chablais, mal bâtie, sur une éminence, sur la rive méridionale du lac de *Genève,* à 69 kilom. d'Annecy. Elle est divisée en haute et basse ville; cette dernière forme le port, créé en 1860. De la place du château, qui est une terrasse plantée d'arbres, on jouit d'une très-belle vue sur le lac et la rive suisse. Les promenades et les environs sont pittoresques. Commerce très-actif de laitage, et surtout des excellents fromages dits vacherins. Tanneries et corroieries, fabrique de literie.

Autres localités : THÔNES, 2,770 hab., est agréablement situé dans une vallée pittoresque et fertile, à la jonction du *Nom* et du *Fier*, au pied de trois montagnes distinctes d'aspect et de configuration, à 19 kilom. d'Annecy. On trouve à Thônes une manufacture de tissus de coton, de nombreuses scieries, des corroieries et pelleteries, une fabrique d'horlogerie, des fabriques de kirsch. Le commerce, assez important, a pour objet l'exportation des toiles, bois, beurre et fromage renommés. — CHAMONIX, 2,495 hab., à 1,050 mètres d'altitude, au pied du Brévent, sur la rive droite de l'*Arve*, dans une magnifique vallée fameuse par ses vastes glaciers et ses beautés sauvages, à 48 kilom. de Bonneville. Les produits principaux de la vallée sont le lin et un miel renommé. On n'y peut pas cultiver les céréales d'automne; quelques mauvaises pommes et cerises y parviennent à maturité. De Chamonix on a une vue admirable du mont Blanc, et c'est dans cette ville que s'organisent les excursions pour tout le massif de cette montagne, dont la hauteur est de 4,810 mètres. Chamonix a de beaux et de vastes hôtels et un établissement de bains où les étrangers affluent pendant la belle saison. — CLUSES, 1,643 hab., situé à la base de la montagne de Châtillon, à 14 kilom. de Bonneville. Fabriques d'horlogerie importantes, tanneries, fabriques de chaussures. Ecole d'horlogerie. — ANNEMASSE, 1,203 hab., sur la rive gauche de l'*Arve*, à 16 kilom. de Saint-Julien. Tanneries et corroieries. — SEYSSEL, 1,509 hab., sur la rive gauche du *Rhône*, à 35 kilom. de Saint-Julien. Exploitation d'asphalte et de phosphates fossiles. — EVIAN-LES-BAINS, 2,476 hab., ville bâtie en amphithéâtre, dans une agréable situation, à 375 mètres d'altitude et au bord du lac de *Genève*, à 10 kilom. de Thonon. Evian possède deux sources d'eaux minérales froides, bicarbonatées, sodiques et gazeuses, très-actives sur la muqueuse de l'estomac. Brasseries, tanneries, minoteries, fabriques de fleurs artificielles, fromagerie. Service journalier de bateaux à vapeur pour Genève, Lausanne, Vevey et tous les ports du lac.

SEINE

Seine.

(3 arrondissements, 28 cantons, 72 communes.)

Chef-lieu : **Paris.** (Voir page 579.) Paris.

Sous-préfectures : SAINT-DENIS, 31,993 hab., près de la Seine et sur le canal de *Saint-Denis*, à 9 kilom. de Paris. Entrepôt pour les marchandises qui prennent la voie du canal ou du chemin de fer du Nord. Commerce de vins, de laines, de bois, de draps, de toiles et de rouenneries. Fabriques de cordes, d'amidon, de gélatine, de produits chimiques, tanneries, blanchisseries, meuneries, etc., etc. Saint-Denis.

SCEAUX, 2,287 hab., est situé sur une colline, près de la *Bièvre*, à 10 kilom. de Paris. Cette petite ville est entourée de villas et de maisons de campagne. Grand commerce de bestiaux. Exploitation de pépinières et de vergers, cultures maraîchères. Sceaux.

Ces deux sous-préfectures ont été supprimées en 1877, et un administrateur exerce sous l'autorité du préfet toutes les attributions de l'ordre purement administratif.

Autres localités : Les autres lieux remarquables sont : BATIGNOLLES, LA CHAPELLE, LA VILLETTE, VAUGIRARD, BERCY, MONTROUGE, réunis à Paris par l'annexion des banlieues à cette capitale. VINCENNES, 15,000 hab., ARCUEIL, 5,000 hab., CHATILLON, 2,300 hab., CHOISY-LE-ROI, 5,200 hab., CLAMART, 3.200 hab., CRÉTEIL, 2,500 hab., FONTENAY-AUX-ROSES, 2,200 hab., FONTENAY-SOUS-BOIS, 3,000 hab., GENTILLY, 8,800 hab., ISSY, 9,200 hab., IVRY, 10,000 hab., JOINVILLE-LE-PONT, 2,000 hab., MAISONS-ALFORT, 4,000 hab., MONTREUIL, 9,200 hab., NOGENT SUR-MARNE, 4,000 hab., SAINT-MANDÉ, 4,568 hab., SAINT-MAUR, 5,600 hab., SAINT-MAURICE, 4,900 hab., VANVES, 8,500 hab., et VITRY, 3,745 hab., dépendaient de l'arrondissement de Sceaux. Courbevoie, 9,800 hab., Neuilly, 17,500 hab., Pantin, 8,600 hab., Asnières, 5,500 hab., Aubervilliers, 9,200 hab., Boulogne, 17,300 hab., Clichy, 13,600 hab., Gennevilliers, 2,186 hab., Levallois-Perret, 15,700 hab., Nanterre, 3,900 hab., Noisy-le-Sec, 2,900 hab., Puteaux, 9,500 hab., Romainville, 4,900 hab., Saint-Ouen, 5,800 hab., Suresnes, 4,500 hab., dépendaient de l'arrondissement de Saint-Denis.

Seine-Inférieure.

SEINE-INFÉRIEURE

(5 arrondissements, 51 cantons, 759 communes, 3e corps d'armée.)

Rouen. *Chef-lieu :* **Rouen**, 102,470 habitants en 1872 et 104,902 en 1876, grande, riche et très-ancienne ville maritime, bâtie en amphithéâtre dans une belle et avantageuse situation, sur la rive droite de la Seine. Le quai offre une vue magnifique sur le cours de la Seine. La nouvelle ville est régulièrement bâtie et percée de larges rues. On y voit de beaux boulevards, des quais d'un développement de plusieurs kilomètres, de belles places publiques et de vastes promenades. La marée s'élève très-haut dans le port et y favorise l'arrivée de bâtiments de 800 à 1,000 tonneaux. Rouen est le principal centre manufacturier de la France pour la production cotonnière; il y a des manufactures importantes de tissus de coton appelés rouenneries, des fabriques d'indiennes, de mouchoirs, de nombreuses filatures de coton, des teintureries renommées, des distilleries, des fabriques de colle forte, de savon, de produits chimiques, d'amidon et de fécule, d'appareils à gaz, de caoutchouc, etc., etc. Commerce de laines, de céréales, de graines oléagineuses, d'huiles, etc.

Dieppe. *Sous-préfectures :* Dieppe, 20,000 hab., belle ville, d'un aspect grave et sérieux, à 168 kilom. de Paris, à 65 kilom. de Rouen ; pendant la saison des bains, c'est un petit Paris. Port de pêche, qui brillait autrefois au premier rang dans la pêche du hareng, mais qui n'occupe plus aujourd'hui, pour la pêche régulière, qu'une dizaine de bateaux au plus. La pêche du hareng constitue une des principales industries des bateaux pêcheurs du littoral français, depuis la pointe de Barfleur jusqu'à Boulogne; elle se pratique, du commencement de juillet à la fin d'octobre, à partir du nord de l'Ecosse jusqu'aux parages de Yarmouth (Angleterre, comté de Norfolk); elle est reprise ensuite sur les côtes de Normandie et se termine vers la fin de décembre. C'est alors, et souvent devant le port de Fécamp, que l'on perd la trace du hareng. (Voir page 643.)

Le Havre. Le Havre, 86,825 hab. en 1872 et 90,068 en 1876, grande et belle ville régulièrement bâtie, à l'embouchure de la *Seine*. (Voir page 624.)

Neufchâtel. Neufchatel-en-Bray, 3,641 hab., petite ville agréablement située, sur le penchant d'un coteau, sur la *Béthune*, à 50 kilom. de Rouen, à 131 kilom. de Paris. Excellents fromages. Commerce de volailles, de beurre, d'œufs, de fromages, etc.

Yvetot. Yvetot, 8,282 hab., ville ancienne, au milieu d'un pays fertile, mais dépourvu d'eau, à 42 kilom. de Rouen, à 178 kilom. de Paris. Fabriques de toiles, de siamoises, de reps, manufacture de chapeaux de soie et feutre. Commerce de céréales et de bestiaux.

Autres localités : Eu, 4,000 hab., sur la *Bresle.* (Voir page 643.) — Le Tréport, 3,800 hab. (Voir page 643.) — Fécamp, 1,300 hab. (Voir page 644.) — Aumale, 2,200 hab., sur la *Bresle,* à 25 kilom. de Neufchâtel. Commerce de lainages et de bestiaux. Usine à laminer les aciers, filature de laines cardées. — Forges-les-Eaux, 1,700 hab., dans un vallon agréable et dans la forêt de Bray, à 16 kilom. de Neufchâtel. Fabrique de produits chimiques, surtout de sulfate de fer. Eaux minérales froides, ferrugineuses et gazeuses; elles sont toniques et reconstituantes. — Saint-Valery-en-Caux, 4,600 hab. (Voir page 644.)

SEINE-ET-MARNE

Seine-et-Marne.

(5 arrondissements, 29 cantons, 529 communes, 5e corps d'armée.)

Chef-lieu : **Melun**, 11,130 habitants, ville agréablement située au pied d'une colline et traversée par la Seine divisée en deux bras qui se rejoignent et forment une île de l'un des quartiers de la ville. Une partie de la ville, qui occupe la rive droite du fleuve, s'étage en amphithéâtre. Les rues sont assez droites et bien bâties. La ville est à 45 kilomètres de Paris. Brasserie, fabriques de brides à sabots et galoches, manufactures de faïence et de poteries diverses, fabrique de produits chimiques, tanneries. Commerce de céréales, de farines, de bestiaux et de fromages de Brie. Melun.

Sous-préfectures : Coulommiers, 4,334 hab., petite ville d'un abord agréable, située dans une belle et fertile contrée, sur le *Grand-Morin,* à 47 kilom. de Melun, à 62 kilom. de Paris. Commerce de grains, de farines, de fourrages, de laines, de bestiaux et de fromages de Brie. Tanneries, corroieries, minoteries, fabriques de brides et dessus de sabots, tuileries et briqueteries. Coulommiers.

Fontainebleau, 10,941 hab., jolie ville, située au milieu de la vaste forêt de ce nom, à 3 kilom. de la rive gauche de la *Seine,* à 16 kilom. de Melun et à 59 kilom. de Paris. Cette ville est régulièrement bâtie, les rues sont larges, propres et bien percées, mais l'aspect est triste. La forêt de Fontainebleau a 80 kilom. de circonférence et 16,900 hectares de superficie. Commerce de grains, de fruits, de chasselas, de chevaux, de bestiaux et de grès pour le pavé de Paris. Fabriques de porcelaine et de produits chimiques, tabletterie, tannerie. École militaire d'application. Fontainebleau.

Meaux, 11,202 hab., ville ancienne, assez bien bâtie sur la *Marne* et le canal de l'*Ourcq,* à 48 kilom. de Melun, à 45 kilom. de Paris. La ville est entourée de belles promenades. Commerce considérable de fromages de Brie, de grains, de farines, de volailles, de laines, de bestiaux. Moulins importants, vermicellerie et conserves de légumes, scieries mécaniques, sucrerie, fabriques de bascules et de blutoirs. Expédition annuelle de plus de 3,200,000 kilog. de fromages de Brie. Meaux.

Provins, 7,277 hab., sur le *Durtein* et la *Voulzie,* à 48 kilom. de Melun, à 87 kilom. de Paris. Cette ancienne et jolie ville est située sur le sommet et au pied d'un coteau élevé, dans un vallon arrosé par les cours d'eau nommés plus haut. Commerce et forts marchés aux grains et aux bestiaux; grand commerce de laines. Tanneries, corroieries, fabrique de vermicelle et de semoule, fabrique de verres de lunettes. Culture des roses. Provins.

Autres localités : BRIE-COMTE-ROBERT, 2,714 hab., situé en plaine, à 18 kilom. de Melun, à 30 kilom. de Paris. Fabriques de briques et de tuiles, distillerie, exploitation de pierres de taille. Important commerce de céréales et de fromages de Brie. — MONTEREAU-FAUT-YONNE, 6,714 hab., sur la rive gauche de l'*Yonne* et sur la *Seine*, à 25 kilom de Fontainebleau et à 79 kilom. de Paris. Commerce de céréales, de vins, de bestiaux et de bois. Importante fabrique de faïence dite porcelaine opaque, carreaux blancs imprimés pour revêtement, fabriques d'instruments aratoires, de pipes, de poterie brune, de tiges de bottines, tuileries, briques réfractaires, fabrique de chaussures, tannerie et corroierie. — NEMOURS, 4,000 hab., jolie ville, dans la vallée du *Loing*, et sur le canal du même nom, à 87 kilom. de Paris. Tanneries, mégisseries, moulins à farine. Commerce de céréales, de volailles et de fruits. — LA FERTÉ-SOUS-JOUARRE, 4,500 hab., à la jonction de la *Marne* et du *Morin*, à 20 kilom. de Meaux, à 66 kilom. de Paris. Grand commerce de meules de moulin, de grains, de fers, de laines, de bois et de charbon. Fabrique de serrures et de crics. — LAGNY, 4,000 hab., sur la rive gauche de la *Marne*, à 28 kilom. de Paris. Commerce de céréales, de fromages, de chevaux et de bestiaux. Tanneries, fabriques de bretelles, imprimerie. — NANGIS, 2,400 hab., à 23 kilom. de Provins. Fabriques de chapeaux et de chaussures. Commerce de bestiaux et de volailles.

Seine-et-Oise.

SEINE-ET-OISE

(6 arrondissements, 36 cantons, 685 communes, gouvernement militaire de Paris.)

Versailles.

Chef-lieu : **Versailles**, 61,686 habitants en 1872 et 49,847 en 1876, grande et belle ville sur un plateau isolé, à 17 kilomètres ouest-sud-ouest de Paris. C'est une ville très-régulière, aux rues larges et bien tracées, mais tristes et silencieuses quand le corps législatif et le sénat n'y siégent pas. De nombreux édifices décorent cette ville, entre autres le *Palais*, construit sur les dessins de Mansard par Louis XIV (1664), qui y dépensa, dit-on, plus de 1,200 millions de francs. Fabrique de billards, de chaussures, fabrique de toiles et de vernis. Grand commerce de fourrages.

Corbeil.

Sous-préfectures : CORBEIL, 6,016 hab., petite ville agréablement située, traversée par la *Seine*, au confluent de la rivière d'*Essonne*, à 32 kilom. de Paris. Commerce de farines, de céréales et de bestiaux. Moulins à farine, tuilerie, fabriques d'huiles et de chandelles, tanneries, filature de lin, fabrique de meubles, de sabots et de plâtre.

Etampes.

ÉTAMPES, 7,789 hab., ancienne ville, assez bien percée et bien bâtie, traversée par la *Juine*, le *Juineteau*, la *Louette* et la *Chalouette*, qui y font mouvoir de nombreux moulins, à 56 kilom. de Paris et à 50 de Versailles. C'est le débouché des grains de la Beauce et du Gâtinais. Grand commerce de farines, de grains, de légumes, de laines métis lavées à chaud. Exploitation considérable de grès pour le pavage de Paris. Grande culture maraîchère, pépinières importantes, truffes estimées. Fabriques de bonneterie en laine et de noir animal pour raffineries.

Mantes.

MANTES, 5,697 hab., jolie petite ville, bâtie dans une situation charmante, sur la rive gauche de la *Seine*, à 50 kilom. de Versailles, à 58 kilom. de Paris. Commerce de vins, de blé, de fruits, de légumes, d'arbres, de cuirs, de bonneterie et de vannerie. Tannerie, fabriques de tarares et de cribles, de stores en bois, de couleurs et vernis.

Pontoise.

PONTOISE, 6,480 hab., en amphithéâtre, au confluent de l'*Oise* et de la *Viosne*, à 35 kilom. nord de Versailles, à 29 kilom. de Paris. Les rues de cette ville sont étroites et tortueuses. Commerce important de blés, de farines et de bestiaux. Minoteries, tanneries, fabrique de produits chimiques, de meubles et serrurerie artistique.

RAMBOUILLET, 4,725 hab., jolie petite ville, située près de la forêt de ce nom, à 32 kilom. sud-ouest de Versailles, à 48 kilom. de Paris. Commerce de bois, de céréales, de farines, de bestiaux et de laines. Bergerie nationale de mérinos. Savonnerie et ressorts pour grosse et petite horlogerie. Rambouillet.

Autres localités : ARGENTEUIL, 8,389 hab., très-jolie ville, bâtie dans une agréable situation, sur une petite colline plantée de vignes, qui s'abaisse jusqu'au bord de la rive droite de la *Seine*, à 20 kilom. de Versailles, à 10 kilom. de Paris. Carrière de plâtre. Commerce de vin et d'asperges. Brasserie, fabrique de carton, distillerie, fabriques d'encre, de fécule de pommes de terre, fabrique de produits chimiques, de sulfate de quinine, fabrique de veilleuses de terre. — POISSY, 5,047 hab., sur la rive gauche de la *Seine*, près de la forêt de Saint-Germain, à 20 kilom. de Versailles, et à 27 kilom. de Paris. Marché considérable pour les bestiaux. Commerce de bois. Fabriques de boutons, de crayons, fonderie de fer, fabrique de carmin safranum ou rose végétal, fabrique de tarares américains et de rouleaux pour lithographes. — SÈVRES, 7,096 hab., sur la rive gauche de la *Seine*, à 10 kilom. de Versailles, à 12 kilom. de Paris. Cette ville est entourée de villas et de maisons de campagne. Manufacture nationale de porcelaine, la première de l'Europe. Brasseries, fabriques de capsules de chasse et de produits chimiques. — SAINT-CLOUD, 4,000 hab., sur le penchant d'une colline dominant la *Seine*, à 9 kilom. de Versailles, et à 11 kilom. de Paris. Imprimerie et typographie. — SAINT-GERMAIN-EN-LAYE, 22,862 hab., ville bien bâtie, sur un plateau baigné par la rive gauche de la *Seine*, et à l'entrée d'une belle forêt, à 12 kilom. de Versailles, et à 23 kilom. de Paris. La forêt de Saint-Germain a 4,400 hectares de superficie. Brasseries, filature, retorderie, blanchisserie et teinture de coton, tanneries, distilleries, fabriques de gants, etc. — ESSONNES, 3,984 hab., joli bourg, bâti au fond d'un vallon, sur l'*Essonne*, à 2 kilom. de Corbeil, à 31 kilom. de Paris. Filature et tissage de coton et de lin, fabriques de couvertures et de tapis, fonderie de fer, atelier de construction pour moulins, papeteries et moteurs hydrauliques, fonderie et laminage de cuivre, fabrique de papier, minoteries, féculerie, fabriques de pain d'épices, fabrique de briques, de tuiles et de chaux très-renommée. — ENGHIEN-LES-BAINS, 1,400 hab., sur le bord d'un lac de 1 kilom. de longueur sur 500 mètres de largeur, dans la vallée de Montmorency, à 20 kilom. de Pontoise, à 26 kilom. de Versailles et à 12 kilom. de Paris. Grand établissement thermal et d'hydrothérapie à l'eau sulfureuse. Les eaux d'Enghien sont excitantes, toniques et reconstituantes, diurétiques et légèrement laxatives; elles agissent surtout sur les muqueuses des voies aériennes et sur la peau. — L'ISLE-ADAM, 2,600 hab., joli bourg, dans une belle situation, sur la rive gauche de l'*Oise*, à 12 kilom. de Pontoise, à 32 kilom. de Paris. — Exploitation de carrières de pierre de taille renommée. Fabriques de porcelaine, de chaux grasse et hydraulique, fabriques de chaussures, construction de calorifères et de machines à vapeur. — SAINT-OUEN-L'AUMONE, 2,057 hab., sur l'*Oise*, à 2 kilom. de Pontoise, à 29 kilom. de Paris. Fabrique d'eau de javelle, fonderie de fer et de cuivre, fabrique de machines à battre, fabrique de scies, fabrique de produits chimiques, tannerie et corroierie. Commerce de bois et de pierres à bâtir.

DEUX-SÈVRES

Deux-Sèvres.

(4 arrondissements, 31 cantons, 356 communes, 9e corps d'armée.)

Chef-lieu : **Niort**, 21,344 habitants, belle ville étagée sur les pentes de deux collines, au pied desquelles coule la Sèvre-Niortaise, à 411 kilomètres de Paris. On y arrive par de belles routes plantées d'arbres magnifiques. On y remarque la belle place de Brèche et d'assez jolies promenades extérieures. Fabriques considérables de souliers, de brosses, de ganteries, confitures d'angélique renommées. Entrepôt de bois pour la Niort.

tonnellerie. Commerce de laines, de céréales, de farine, de cuirs tannés, de peaux de mouton, de chevaux et de mulets. (Voir page 603.)

Bressuire. *Sous-préfectures :* BRESSUIRE, 3,369 hab., jolie ville élégamment construite, à rues larges et bien entretenues, bâtie sur une colline dominant le vallon du Dolo, qui prend plus bas le nom d'Argenton, à 70 kilom. de Niort, à 347 kilom. de Paris. Tuileries, briqueteries, fours à chaux, tanneries, scierie mécanique et fabrique de cardes. Commerce d'étoffes de laine fabriquées dans le pays, de denrées et de bestiaux.

Melle. MELLE, 2,436 hab., petite ville très-ancienne, mal bâtie, sur une colline escarpée, près de la *Béronne,* à 30 kilom. de Niort. Les promenades sont charmantes et l'air est sain et vif. Grand commerce de bestiaux et surtout de mules et mulets; commerce considérable en grains, graines de trèfle et de luzerne, cire jaune et laine du pays.

Parthenay. PARTHENAY, 4,778 hab., ancienne ville, bâtie sur une colline qui la divise en haute et basse ville, sur le *Thouet,* à 44 kilom. de Niort. Fabriques d'étoffes du pays, de tricots cardés et peignés et de jupons, filature de laines, fabrique de noir animal, tanneries, corroierie et minoterie.

Autres localités : SAINT-MAIXENT, 4,659 hab., ville ancienne, à 23 kilom. de Niort, sur la *Sèvre.* Filature de laines, fabrique de serges, de tricots de laine, d'engrais et noir animal, tanneries. (Voir page 603.)

Somme.

SOMME

(5 arrondissements, 41 cantons, 833 communes, 2e corps d'armée.)

Amiens. *Chef-lieu :* **Amiens,** 63,747 habitants en 1872 et 66,896 en 1876, grande, belle et très-ancienne ville sur la Somme, qui s'y divise en onze canaux et alimente un grand nombre de manufactures. Les nouveaux quartiers ont de jolies maisons en craie, en briques et en pierres. Il y a de charmantes promenades. Ville très-industrielle faisant un grand commerce. (Voir page 589.)

Abbeville. *Sous-préfectures :* ABBEVILLE, 19,304 hab., grande ville industrielle, sur la Somme, à 45 kilom. d'Amiens. Entrepôt considérable de matières textiles, commerce important de toiles à matelas, toiles à voiles, écrues et d'emballage. Manufacture nationale de tapis fondée en 1667; sucrerie importante. (Voir page 642.)

Doullens. DOULLENS, 4,749 hab., ville située au fond d'une vallée, sur la rive droite de l'*Authie,* à 30 kilom. d'Amiens. Filature de coton, fabrique de toiles d'emballage, papeteries, fabriques d'huiles et de sucre, minoteries. Commerce de grains, de lin, de chanvre et de bestiaux.

Montdidier. MONTDIDIER, 4,238 hab., ville ancienne, bâtie sur le penchant d'une colline au pied de laquelle coule la rivière du *Don,* à 36 kilom. d'Amiens, à 98 de Paris. Commerce de blé et grains, de bestiaux et de volailles. Fabrique de sucre de betteraves, tanneries et corroieries, vannerie, fabrique renommée de pâtés de canards, fabrique de bougies.

Péronne. PÉRONNE, 4,114 hab., petite ville forte, située dans une contrée marécageuse sur la rive droite de la *Somme*, à 50 kilom. d'Amiens, vers l'est, à 131 kilom. de Paris. La *Somme* la divise en haute et basse ville. Brasseries, fabriques de meubles, grosse chaudronnerie en fer et en cuivre, tanneries et corroieries. Commerce de grains, de farines et de sucre.

Autres localités : SALEUX, 1,000 hab., sur la *Celle*, à 7 kilom, d'Amiens. Filature, peignage et teinture de laine, filature de lin, de chanvre et d'étoupes, fabriques de toiles imperméables. — SALOUEL, 885 hab., à 5 kilom. d'Amiens. Fabrique d'acier poli, fabrique de bâches, fabrique de cierges et de cires, filatures de coton, minoteries. — VIGNACOURT, 3,600 hab., à 17 kilom. d'Amiens. Fabriques de toiles de Picardie pour sacs et bâches, retorderie de fils en tous genres pour sacs. — VILLERS-BRETONNEUX, 4,960 hab., à 16 kilom. d'Amiens, à 144 kilom. de Paris. Commerce considérable de bonneterie de laine. Fabrique d'aiguilles, fabriques importantes de bonneterie de laine, filatures de laines, fabrique de gilets de chasse, scierie mécanique à la vapeur. — LE CROTOY, 1,500 hab., charmant petit port de mer, à l'embouchure de la *Somme*, sur une presqu'île avancée de la baie de cette rivière, à 25 kilom. d'Abbeville. (Voir page 641.) — MOREUIL, 3,078 hab., joli bourg à 16 kilom. de Montdidier. Fabriques de bonneterie de coton, blanchisserie de coton, brasserie, tannerie, teinturerie. — ROYE, 4,000 hab., jolie petite ville, située sur l'*Avre*, à 18 kilom. de Montdidier. Fabrique de bonneterie, filature de laine, fabriques de sucre de betteraves, tanneries et corroieries. Commerce important de céréales. — HAM, 2,733 hab., petite ville dominée par un château fort, à 25 kilom. de Péronne, sur la rive droite de la *Somme*. Fabrique d'alcools, d'huiles, de chaussures, d'instruments d'agriculture, fabrique de sucre de betteraves, tanneries et vannerie.

TARN

Tarn.

(4 arrondissements, 35 cantons, 317 communes, 16e corps d'armée.)

Chef-lieu : **Albi**, 17,469 habitants, ville ancienne, bâtie sur une colline escarpée et divisée en deux parties inégales par le Tarn, au milieu d'une belle plaine, à 677 kilomètres de Paris. Les rues de la vieille ville sont irrégulières, pour la plupart étroites et tortueuses, mais la ville nouvelle est déjà considérable. Grand commerce de grains, de vins, d'anis vert, de graines de luzerne, de droguerie, de pastel, de prunes. Fabrique d'essence d'anis vert, fabriques de toiles et chapelleries, minoterie, vermicelleries, terrines de foie gras et de perdreaux aux truffes. Lapérouse est né à Albi. Albi.

Sous-préfectures : CASTRES, 23,461 hab., ville ancienne et manufacturière, sur l'*Agout*, qui la sépare en deux parties, et au confluent de la *Durenque*, à 42 kilom. d'Albi, à 733 kilom. de Paris. Cette ville, la plus importante du département, est régulièrement bâtie et a de fort belles promenades. Les fontaines sont alimentées par les eaux du *Lignon* et de l'*Agout*, qu'un magnifique aqueduc taillé presque en entier dans le roc amène d'une distance de 9 kilom. Fabriques de draps fins et communs, de draps cuir-laine, de casimirs, de péruviennes, de flanelles et de toiles, filatures de laine, papeteries, parchemineries, tanneries, mégisseries, chaudronnerie, corderies, minoterie, ateliers de construction de machines. Castres.

GAILLAC, 7,843 hab., ville ancienne, dans une situation délicieuse, dans une plaine, sur la rive droite du *Tarn*, à 21 kilom. d'Albi, à 703 kilom. de Paris. Cette ville possède de vieux quartiers, dont les rues sont étroites, obscures et mal bâties. Commerce de vins rouges et blancs de qualité supérieure, de grains, Gaillac.

d'anis vert, de coriandre, de fenu-grec, de légumes, de prunes, de graine de luzerne et de trèfle, de pois chiches et de genièvre. Minoterie, teintureries, tonnelleries, tanneries, fours à chaux.

Lavaur. LAVAUR, 7,331 hab., ancienne ville, située à 138 mètres d'altitude, sur la rive gauche de l'*Agout,* que l'on y passe sur un pont très-hardi, à 50 kilom. d'Albi, à 695 kilom. de Paris. Il y a de belles promenades plantées d'arbres. L'arrondissement de Lavaur est très-fertile en blé, maïs, légumes et mûriers. L'industrie de Lavaur consiste dans la culture du mûrier, l'élève des vers à soie, la filature du coton et de la soie. Teintureries, minoteries, brasserie, fabrique de bas de laine.

Autres localités : CARMAUX, 5,010 hab., à 16 kilom. d'Albi. Cette ville doit toute son importance à ses mines de houille, exploitées depuis plusieurs siècles. La concession s'étend sur une superficie de 80 kilom. carrés. Verrerie, tuiles et briques. — MAZAMET, 13,968 hab., sur les deux rives de l'*Arnette*, près du *Tarn* et du *Thoré*, au pied de la montagne Noire, à 18 kilom. de Castres, à 741 kilom. de Paris : C'est un des centres manufacturiers les plus prospères et les plus importants du midi ; c'est le Mulhouse du midi de la France. Mazamet possède 50 fabriques de draps fantaisie, cuir-laine, étoffes-velours, castors, flanelle et molletons. Ces draps trouvent leurs principaux débouchés dans les départements du midi, de l'est, à Paris et en Bretagne. Filatures de laine, teintureries, fours à chaux. On évalue à 15 ou 18 millions de francs le chiffre des affaires traitées annuellement sur cette place. Grand commerce de laines, provenant, en grande partie, des districts montagneux du midi de la France, de Provence, de l'Afrique et de l'Amérique du Sud. — ROQUECOURBE, 1,840 hab., sur la rive droite de l'*Agout*, à 9 kilom. de Castres. Fabriques importantes de casquettes, de bonnets pour la marine, de bonneterie en laine, de bas et chaussettes ; fabriques de draps, filatures de laine, teintureries. — RABASTENS, 5,317 hab., sur la rive droite du *Tarn*, à 17 kilom. de Gaillac. Manufacture de brosserie en tous genres, fabriques de chapeaux, fabriques de toiles de chanvre, minoteries, tannerie et corroieries. — GRAULHET, 6,346 hab., petite ville près de la rive gauche du *Dadou*, à 19 kilom. de Lavaur. Commerce de laines et de chevaux. Filatures de laines, tanneries, mégisseries, minoterie, vannerie, fabriques importantes de chapeaux.

Tarn-et-Garonne.

TARN-ET-GARONNE

(4 arrondissements, 24 cantons, 194 communes, 17e corps d'armée.)

Montauban. *Chef-lieu :* **Montauban**, 26,000 habitants, grande et belle ville, bâtie avec élégance sur un plateau qu'entourent le Tarn, le Tescou, et un profond ravin, à 633 kilomètres de Paris, à 206 kilomètres de Bordeaux, à 51 de Toulouse. Les maisons sont bâties en briques, pour la plupart, et on remarque de charmantes promenades aux panoramas splendides. Grande fabrication de toiles à tamis, de tissus de soie à bluter, filatures de soie, de laines, teintureries, tanneries, chapelleries, fabriques de savons, minoteries importantes, fabriques d'huiles de ricin et d'amandes douces, fabriques de draps, de couvertures et de chaussures. Entrepôt du commerce de plusieurs villes importantes, notamment pour les grains, la draperie commune. Commerce de fruits, de chiffons, de vins, d'eaux-de-vie et liqueurs, de prunes, de plumes d'oie et duvet, de sangsues, etc.

Castel - Sarrasin. *Sous-préfectures :* CASTEL-SARRASIN, ou Castelsarrasin, 6,514 hab., jolie ville, sur l'*Azine* et le canal latéral à la *Garonne,* à 19 kilom. de Montauban, à 187 kilom. de Bordeaux, à 70 kilom. de Toulouse. Il y a d'agréables promenades. Fabrique en grand de serges, de toiles communes, d'huiles; bonneterie, teintureries, tanneries.

MOISSAC, 9,036 hab., sur le canal latéral à la *Garonne,* et sur la rive droite du *Tarn,* que l'on traverse sur un pont monumental, à 28 kilom. de Montauban, à 178 de Bordeaux. Les rues sont pavées en cailloux et sont étroites. Commerce considérable de très-belle farine expédiée dans le Levant et les colonies, d'huiles, de vins et de laines. Fabrique de poterie et de faïence, minoteries considérables. Moissac.

Autres localités : BRUNIQUEL, 1,600 hab., sur la *Vère,* à 32 kilom. de Montauban. Hauts-fourneaux, forges et fonderies. — CAUSSADE, 4,200 hab., jolie ville bien bâtie, entourée de beaux boulevards, sur la rive gauche de la *Lère,* à 22 kilom. de Montauban. Fabriques de chapeaux de paille; minoterie, teinturerie, tannerie, exploitation de carrières de pierres. Commerce de toiles, de chiffons, de laines, de prunes, de truffes et de volailles renommées, etc. — NÉGREPELISSE, 2,898 hab., petite ville, sur la rive gauche de l'*Aveyron,* à 16 kilom. de Montauban. Commerce de céréales et de vins. Fabriques de toiles et de futaines. — BEAUMONT-DE-LIMAGNE, 4,400 hab., sur la rive gauche de la *Gimone,* à 21 kilom. de Castel-Sarrasin. Filature de laine, fabrique de faïence, minoteries, fabrique de serrurerie et articles de bâtiments, fabriques de toiles, tanneries et mégisseries, fabriques de briques, de tuiles et de tuyaux de drainage, fabriques de chapeaux. Commerce de céréales et de laines.

VAR

Var.

(3 arrondissements, 28 cantons, 145 communes, 15ᵉ corps d'armée.)

Chef-lieu : **Draguignan,** 10,000 habitants, jolie ville, au pied de la montagne de Malmont (à 656 mètres), sur la Nartubie ou rivière de Pis, dont un canal de dérivation traverse la ville et fait mouvoir un grand nombre d'usines, à 899 kilomètres de Paris. Cette ville, bien bâtie, se divise en deux parties : l'ancienne ville et la nouvelle ville, toutes deux en voie d'embellissement. Elle occupe un bassin fertile qu'entourent de hautes collines et possède de belles promenades, et un jardin botanique riche en plantes exotiques. Savonneries, tanneries et corroieries renommées, fabriques de bougies, teintureries, filatures de soie, minoteries, scieries, moulins à huiles, fonderie de cuivre, distilleries, fabriques d'eau de fleurs d'oranger, eaux de fleurs de rose et de menthe, essence de menthe. Grand commerce d'huiles d'olives, de grains, de vins et d'essences. Draguignan.

Sous-préfectures : BRIGNOLES, 5,593 hab., jolie ville, au milieu d'un pays délicieux, et d'une plaine fertile, bâtie à 230 mètres d'altitude, sur les pentes d'une colline, près de la rive gauche du *Carami,* grossi de la rivière du val de Camps, à 44 kilom. de Draguignan. La montagne de Candelon ou Candéroun, qui s'élève à une hauteur de 760 mètres, se trouve non loin au sud de la ville. La pureté de l'air qu'on y respire, la douceur et la salubrité de son climat, sa position sur le penchant d'une colline, la riche vallée du Carami, l'abondance des céréales et des vins de son territoire, la placent au rang des plus agréables résidences du département. Cette ville possède plusieurs places plantées d'arbres Brignoles.

et ornées de belles fontaines. Sur la place Carami s'élève un des plus gros arbres de la France, un orme, dont l'âge est évalué à 800 ou 900 ans. Brignoles compte un grand nombre de tanneries renommées, des distilleries d'alcool, des fabriques de chocolats, de savons, d'huiles et de chaussures. Grand commerce d'huiles d'olives, de vins, de liqueurs, d'eaux-de-vie et de prunes excellentes connues sous le nom de *prunes de Brignoles*.

Toulon. TOULON, 69,127 hab. en 1872 et 70,509 en 1876, ville maritime située sur un terrain légèrement incliné vers la mer Méditerranée, au pied de hautes collines, sur le bord d'une baie profonde, dont l'entrée est fermée par la presqu'île de Sépet, à 61 kilom. de Draguignan, à 67 kilom. de Marseille et à 930 kilom. de Paris. Les rues de Toulon, sauf celles de l'enceinte agrandie, sont en général étroites, mais assez propres; les places sont petites et irrégulières. La nouvelle ville, bâtie, à partir de 1853, sur les anciennes fortifications, contient de beaux boulevards et de beaux édifices. Le port, l'un des plus vastes de l'Europe, est situé au fond d'une rade immense, l'une des plus sûres qui existent; il comprend une *Darse vieille*, dont les deux tiers sont affectés à la marine marchande et le reste à la marine de l'État; une *Darse neuve*, entièrement réservée à la marine militaire. Un nouveau *port marchand*, créé en 1837, s'étend, en outre, à l'est de la Darse vieille, dont il est séparé par un pâté de vieilles maisons, nommé *le Parti*. Le port marchand peut recevoir des bâtiments d'un tirant d'eau de 5 mètres à 5^{m},50. Les navires chargés de vins ou de bois de construction y abordent seuls d'ordinaire, les marchands de vins et de bois ayant presque tous leurs magasins ou leurs chantiers dans le faubourg du Mourillon, près de ce port. Les autres navires dont le tirant d'eau est moindre de 5 mètres abordent dans la Darse vieille. A l'ouest de la Darse neuve se trouve la *Darse de Castigneau*, entourée par les bâtiments de l'arsenal du même nom. La rade de Toulon est signalée, pendant la nuit, par le phare du cap Sépet.

Toulon a un grand arsenal maritime, qui occupe une superficie de 270 hectares; les divers établissements qui le constituent se développent sur une ligne de 7 kilom., et ont coûté plus de 160 millions de francs. L'arsenal de Toulon occupe ordinairement 12,000 à 13,000 ouvriers. Toulon est le deuxième port militaire de la France. Commerce de vins, d'eaux-de-vie, d'huiles d'olives, de fruits secs, câpres, figues, amandes, d'oranges, de jujubes, de vins du coteau de Lamalgue d'une qualité supérieure, de grains, de légumes, de lièges, de farines et de productions du pays. Toulon importe du blé, des bois de construction, du charbon de bois, des tourteaux de graines oléagineuses, du café, du sucre, du chanvre, du fer et de la houille; il exporte des vins ordinaires, des écorces à tan, des tuiles, du plâtre, etc. Fabriques de balances, de feutres, d'étoupes, fonderie de cuivre et de zinc, fabriques d'huiles d'olive, etc. La principale activité industrielle de Toulon tient à son arsenal.

Autres localités : LES ARCS, 2,966 hab., à 10 kilom. de Draguignan, bâti près de la rive droite du *Vallat* de Sainte-Cécile, affluent de l'*Argens*. Filature de laine, fabrique de draps, filature de soie, scierie et minoterie. La coupe des bois et l'écorçage des chênes-liéges dans les vastes forêts qui s'étendent au sud des Arcs rapportent annuellement plus de 50,000 francs. — FRÉJUS, 3,052 hab., très-ancienne ville, située sur un monticule d'où l'on aperçoit la plaine et les embouchures de l'*Argens*. Cette ville est à 2 kilom. de la mer et de l'embouchure de l'*Argens*, à 20 kilom. de Draguignan. Commerce d'écorces de chêne, de liége propre à la bouchonnerie, travail de roseaux pour la tisseranderie; scierie hydraulique, fabrique de pâtes alimentaires, fabrique de pipes. Mines de schiste bitumineux et de houille grasse. — LE LUC, 3395 hab., petite ville située sur le *Riotard*, à 27 kilom. de Draguignan. Fabriques de bouchons de liége, distilleries d'eaux-de-vie, fabrique de pipes en bruyère, tanneries, fabriques de chapeaux. — SAINT-TROPEZ, 3,532 hab., petite ville maritime, dans une charmante position, sur le rivage sud du golfe de *Saint-Tropez* ou de *Grimaud*, à 58 kilom. de Draguignan. Saint Tropez jouit d'un air très-pur, mais la ville est exposée aux vents du nord et au mistral. Le port proprement dit, défendu au nord par une forte jetée contre les assauts de la haute mer, offre une superficie de plus de 10 hectares et peut recevoir de grandes corvettes et des bricks tirant de 4 à 5 mètres ; malheureusement il est exposé au mistral. Saint-Tropez, dont le territoire renferme des mines de plomb, fait un commerce assez considérable de vins, de bois, d'écorce de chêne-liége, de marrons, de miel, de bouchons et de roseaux ; chantiers de construction pour les navires. Grand et petit cabotage. Bains de mer recherchés. Les habitants se livrent aussi à la pêche du thon, de la sardine, de l'anchois et du corail. — SALERNES, 3,048 hab., petite ville occupant l'angle formé par le confluent de la *Bresque* et du torrent de la *Braque*, à 22 kilom. de Draguignan. On trouve à Salernes plusieurs fabriques de poterie et briques hexagones pour carreaux d'appartement, qu'on appelle mâlons, et une fabrique de porcelaine occupant 900 ouvriers. — BARJOLS, 3,002 hab., jolie petite ville bâtie en amphithéâtre sur le penchant d'une colline au pied de laquelle coulent la rivière de *Fouvery* et celle des *Ecrevisses*, dont les eaux vives alimentent 18 tanneries et font mouvoir un grand nombre d'usines, entre autres une belle papeterie déjà existante en 1620. Cette ville est à 21 kilom. de Brignoles. On remarque à Barjols une belle esplanade de platanes, une jolie place ornée d'une fontaine. Les environs sont si ombragés, si animés par de jolies cascatelles et des fontaines limpides, que Barjols a été surnommé le TIVOLI DE LA PROVENCE. Barjols possède plusieurs moulins à tan, des tanneries, des distilleries d'eau-de-vie, une huilerie, des fabriques de vermicelle et de pâtes d'Italie, des minoteries importantes, une filature de coton, un moulin à foulon et une fabrique de cartes à jouer. Barjols fait le commerce de vins, d'huiles, de cuirs, de papiers, de coton, de laines, etc. — RIANS, 2,579 hab., bourg à 42 kilom. de Brignoles. Fabriques d'huiles, de plâtre et de briques, minoterie. — LA ROQUEBRUSSANNE, 1,232 hab., sur l'*Issole*, au pied d'un rocher que couronnent les ruines d'un château. Fabrique d'eaux-de-vie. — SAINT-MAXIMIN, 3,337 hab., petite ville, bâtie à 337 mètres d'altitude, dans une plaine fertile, près des sources de l'*Argens*, à 19 kilom. de Brignoles. L'église de cette ville est considérée comme un des chefs-d'œuvre de l'art ogival du midi de la France. Fabrique de papiers peints, tanneries. Il se tient dans cette ville chaque lundi un marché aux grains très-important, et, le troisième lundi après Pâques, une des foires les plus considérables de la Provence. — BANDOL, 1,996 hab., est situé au fond d'un golfe, à 16 kilom. de Toulon ; le port est d'un accès facile, mais peu profond. Bandol possède un petit chantier de construction, un joli quai ombragé de mûriers et une place ornée d'une fontaine avec un jet d'eau. Bandol jouit d'un climat fort doux et se livre à la fabrication des tonneaux et au commerce des vins provenant des vignobles du Beausset, de la Cadière, du Castellet et de Saint-Cyr. Ces vins, qui supportent parfaitement la mer, sont expédiés jusque dans l'Inde, le Brésil et la Californie. — LE BEAUSSET, 2,513 hab., à 17 kilom. de Toulon, patrie du jurisconsulte Portalis. Cette ville récolte du vin, du blé, de l'huile et des câpres ; son commerce consiste en charbon de bois, goudron et savon. — CUERS, 4,004 hab., petite ville, située sur le ravin de la *Foux*, au pied d'une colline, à 23 kilom. de Toulon. Fabriques de bouchons, d'huiles, de plâtre, de tuiles et briques. Commerce de vins et d'huiles d'olive. — HYÈRES, 11,212 hab., ville ancienne occupant, à 5 kilom. de la mer, le versant méridional d'une colline escarpée, au pied de laquelle coule le *Béal*, dérivation du *Gapeau*, qui se jette dans le *Roubeau*, après avoir reçu la *Sauvette*. Hyères est à 17 kilom. de Toulon ; cette ville est connue par ses sites et par la douceur de son climat. La ville haute est généralement assez mal bâtie ; le faubourg est le quartier le plus propre et celui que préfèrent les étrangers. On y remarque de beaux hôtels et de charmantes maisons, presque toutes terminées en terrasses et entourées de grands jardins plantés d'orangers, d'oliviers, de vignes, de chênes-liéges, de pins, de palmiers et de lauriers-roses. La nouvelle ville se compose d'une rue construite en dehors de la partie méridionale de l'ancienne enceinte. Cette rue ou boulevard National, où se trouvent les hôtels et la plupart des belles maisons particulières, constitue presque seule la véritable Hyères des étrangers. La chaîne de collines des Maures, vers le nord-est, préserve la ville des courants d'air froid venus des sommités neigeuses des Alpes. A l'est, s'étend une plaine fertile, traversée du nord au sud par le *Gapeau*. Au nord et à l'ouest, les montagnes de Fourches, de Fenouillet, de Faron et des environs de Toulon, l'abritent contre les vents les plus violents, mais non tout à fait contre le mistral, dont les effets sont cependant moins sensibles à Hyères qu'à Toulon. Les montagnes de la Monière et les collines boisées de l'Almanarre protégent Hyères contre les brises de mer, soufflant du sud-ouest. Cette situation explique la douceur exceptionnelle du climat pendant les mois les plus froids de l'année. Néanmoins l'hiver est marqué par quelques journées froides ou pluvieuses; les vents y sont quelquefois très-violents; les chaleurs de l'été sont longues et continues; des orages inattendus y fondent en torrents de pluie. Des inégalités de température se manifestent souvent dans le cours de la même journée. Hyères fait un grand commerce d'huiles d'olive, de vins, de grenades, d'oranges, de citrons et a de vastes salines et une fabrique de soude. — OLLIOULES, 3,357 hab., jolie petite ville, à 9 kilom. de Toulon, dans une charmante vallée arrosée par la *Reppe*, et à la base de rochers abrupts qui la protégent contre le mistral. Cette ville est environnée de beaux jardins où l'oranger croît en pleine terre; elle cultive aussi l'immortelle et fait un commerce considérable de fruits qu'elle expédie à Paris. Fabriques d'huiles, minoteries, pâtes alimentaires. — SAINT-NAZAIRE-DU-VAR, 2,756 hab., au fond d'une petite anse et au pied d'une colline, à 13 kilom. de Toulon. Le port, précédé d'une grande rade, présente une superficie de 5 hectares et demi et peut recevoir des navires de 3m,50 de tirant d'eau; les quais ont 560 mètres de longueur. Commerce de bois de construction, de grains et de vins. Fabrique d'huiles. — LA SEYNE, 10,000 hab., à 5 kilom. de Toulon, à 925 kilom. de Paris. Le port de la Seyne a 24,000 mètres carrés de superficie; il peut recevoir les navires du plus fort tonnage, qui opèrent leur déchargement à quai et sont à l'abri de tous les vents. La Seyne est un port de construction, qui possède des chantiers importants occupant 3,000 ouvriers environ pour la construction des navires en fer, pour la France et les marines étrangères. La société des forges et chantiers de la Méditerranée y a établi certainement un des plus beaux chantiers de constructions navales qui existent en Europe. On construit aussi à la Seyne des navires en bois de toutes dimensions. Fabriques d'huiles et de briques. Commerce de vins. — SOLLIES-PONT, 2,692 hab., sur les deux rives du *Gapeau*. Fabriques d'eaux-de-vie, d'huiles, de pâtes alimentaires; tanneries, minoteries; fabriques de chapeaux. Commerce de farines, de vins et de laines.

Vaucluse.

VAUCLUSE

(4 arrondissements, 22 cantons, 150 communes, 15e corps d'armée.)

Avignon.

Chef-lieu : **Avignon**, 38,196 habitants, grande et ancienne ville, s'élevant sur la rive gauche du Rhône, dans une campagne riante, à 742 kilomètres de Paris, à 121 kilomètres de Marseille et à 230 kilomètres de Lyon. Vue de loin, Avignon offre un aspect original, mais l'intérieur ne répond pas à l'extérieur. Les rues sont étroites, mal percées, tortueuses et mal pavées. Avignon est très-exposée au mistral. Cette ville a une grande importance commerciale. (Voir page 600.) Commerce très-actif en soie, grains, vins et garance. Fonderie de fer et de cuivre, grosse quincaillerie, fabriques de savons, filatures de soies et fabriques de soieries, manufacture de toiles peintes, de fichus imprimés, fabrique de toiles métalliques, d'ustensiles de ménage, manufacture de vitraux peints, tanneries, fabriques de vermicelles et de vinaigres, brasserie, fabriques de fruits confits.

Apt.

Sous-préfectures : APT, 5,892 hab., ancienne et jolie ville, bâtie à 258 mètres d'altitude, sur la rive gauche du *Calavon,* dans une large vallée entourée d'une ceinture de coteaux couverts de vignes et d'oliviers, à 55 kilom. d'Avignon. Cette ville est irrégulièrement bâtie et percée de rues étroites. Filatures de cocons; Apt fait un grand commerce de blé et de truffes, elle fabrique d'excellentes confitures, des fruits glacés, confits et cristallisés, des nougats, du chocolat, des cierges et des bougies. Il y a aussi des manufactures de faïences jaunes, vertes et marbrées, de carreaux de faïence coloriés, des fabriques d'huiles, des minoteries, et une fabrique de soufre, qui exploite une mine de soufre, la seule exploitée en France.

Carpentras.

CARPENTRAS, 10,524 hab., très-ancienne ville, très-agréablement située à 8 kilom. du mont Ventoux, sur une colline dominant la rive gauche de l'*Auzon*, à 24 kilom. d'Avignon. Cette ville, assez bien bâtie est entourée de charmantes promenades. Carpentras possède des filatures de soies, des fabriques de poteries, des teintureries, des clouteries, des tanneries, des vermicelleries. Son commerce consiste principalement en soie, en laines, cire, miel, bestiaux, garance, fruits confits et surtout en truffes.

Orange.

ORANGE, 10,064 hab., très-ancienne ville, agréablement située, au milieu de prairies, de plantations de mûriers et de vergers, sur la petite rivière de la *Meyne*, qui fait mouvoir plusieurs usines, à 714 kilom. de Paris et à 28 d'Avignon. Orange, au milieu d'une plaine arrosée par un grand nombre de cours d'eau, est fort agréable; elle est assez bien bâtie, quoique percée de rues étroites et tortueuses; il y a de belles promenades. Orange fait un commerce assez considérable de vins, d'eaux-de-vie, de soies, de laines, de garance, de fruits, etc. Fabrique de liqueurs, minoteries, tannerie. Le territoire d'Orange est des plus fertiles et produit le blé, la vigne et le mûrier; on y voit de belles prairies dont l'herbe se coupe trois ou quatre fois par an.

Autres localités : CAVAILLON, 8,034 hab., ville mal percée et mal bâtie, située à 1 kilom. de la *Durance*, et près de l'embouchure du *Caulon*, en partie sur le versant du mont Saint-Jacques, en partie dans une magnifique plaine arrosée et semblable à un immense verger, à 25 kilom. d'Avignon. Moulins à blé, filatures de soie, tanneries, chapelleries, moulins à huile. Commerce de soies grèges, de chardons cardères, de grains et farines. Cavaillon exporte des melons très-renommés. — L'ISLE, 6,337 hab., jolie petite ville, traversée par les divers bras de la *Sorgue*, à 22 kilom. d'Avignon. Fabriques de couvertures de laine et de tapis, de draps et de cadis drapés, manufacture d'habillements confectionnés, surtout de cabans, de vestons, de vareuses et de macfarlanes, filatures de laine, minoteries, tanneries, teintureries, vermicellerie. — COURTHEZON, 3,598 hab., sur les bords de la *Seille*, à 15 kilom. d'Avignon. Commerce de vins. Fabriques de balais en paille de sorgho, et en tous genres, fabrique de garance, fileurs de cocons, minoterie; exploitation de carrières et fabrique de briques. — SORGUES, ville industrielle de 4,550 hab., située dans une belle plaine, sur la *Sorgue*, à 10 kilom. d'Avignon. Près de la plupart des habitations rurales, on remarque des plantations de cyprès en ligne droite, très-rapprochés l'un de l'autre, pour garantir les habitants contre le mistral. Fabriques d'alcools et d'éthers, d'appareils distillatoires, chaudronnerie, fabrique de chaussures, usines à garance, filature de soie. Commerce de graines de luzerne, d'huiles d'olives, et centre du commerce de la garance. — VAUCLUSE, village de 709 hab., bâti au pied de coteaux plantés d'oliviers, à 29 kilom. d'Avignon. Vaucluse est célèbre dans le monde entier par sa fontaine, qui forme la *Sorgue*, aux eaux fraîches et limpides, aux anguilles et aux truites renommées. Vaucluse possède des manufactures de couvertures de laine, de draps et feutres pour papeteries, des ateliers de constructions mécaniques, des fabriques de papier de pliage, des moulineries de soie et une trituration de bois de teinture. — VÉDÈNES, 2,161 hab., à 7 kilom. d'Avignon. Fonderies, laminoirs et martinets à cuivre, papeterie mécanique. — PERTUIS, 5,244 hab., situé près de la *Lèze*, à 3 kilom. de la *Durance*, dans l'une des contrées les plus fertiles du département de Vaucluse, à 34 kilom. d'Apt. Cette ville possède des fabriques d'éther, d'alcool de betteraves, des moulins à soie, des fabriques de draps, de faïences et poteries, des moulins à huiles, une filature de laine, des fabriques de pâtes alimentaires et de vermicelles. — BOLLÈNE, 5,703 hab., petite ville bâtie dans une plaine riche en mûriers, sur la rive gauche du *Lez*, et entourée de magnifiques platanes, à 20 kilom. d'Orange. Les environs de Bollène sont très-riches en fossiles. Bollène doit sa prospérité à ses mines de terre réfractaires, uniques en France. Les usines de Bollène fournissent à tous les hauts-fourneaux de France, soit de la matière première, soit des produits fabriqués. Fabriques d'huiles d'olive et de ricin indigène, minoterie, filatures de soie, fabriques de tuyaux en terre cuite pour conduites d'eau et de gaz; exploitation de carrières de pierres blanches. Commerce de chiffons et de vins. — MALAUCÈNE, 2,852 hab., petite ville assez mal bâtie, occupant une situation pittoresque, au pied du mont Ventoux, à l'est, à 30 kilom. d'Orange. Cette ville possède des filatures de soie, des papeteries, des laveries de laine, des minoteries et une fabrique de chaussures.

Vendée.

VENDÉE

(3 arrondissements, 30 cantons, 298 communes, 11e corps d'armée.)

La Roche-s.-Yon.

Chef-lieu : **La Roche-sur-Yon,** 8,841 habitants, ville située dans une position agréable, à 50 mètres d'altitude, sur une colline dont le pied est baigné à l'est par le ruisseau d'Yon, à 431 kilomètres de Paris. La Roche-sur-Yon a été construite sur un plan régulier, ce qui lui donne un aspect assez triste. Les rues sont larges, tirées au cordeau, bien construites, mais désertes pour la plupart. Cette ville, située près de l'extrémité occidentale de la région agricole connue sous le nom de *Bocage*, est le centre d'un commerce agricole assez animé. Ses foires aux chiens sont fréquentées. Fabrique de chaussures, tanneries, brasserie.

Fontenay-le-Comte.

Sous-préfectures : FONTENAY-LE-COMTE, 7,660 hab., ville agréablement située dans une vallée charmante et sur le penchant d'une colline dominant la rivière de la Vendée, qui y devient navigable, à 56 kilom. de la Roche-sur-Yon. C'est une ville assez bien bâtie, qui possède des faubourgs considérables. Fontenay renferme de grandes fabriques de chapeaux, des minoteries, des brasseries, des huileries, des fabriques de toiles et de draps communs. Son port exporte des blés, des bois de construction et de chauffage, des merrains, des feuillards, des charbons de bois et de terre, des cordes, du lin, du chanvre, dirigés sur Marans. Il importe des vins de Bordeaux et de Saintonge, des denrées du midi, des engrais, du noir animal, des bois du nord, etc.

Les Sables-d'Olonne.

LES SABLES-D'OLONNE, 8,500 hab. (Voir page 654.)

Autres localités : LUÇON, 6,062 hab., petite ville industrielle et commerçante, située au pied d'une colline peu élevée, sur la lisière du Marais, à l'origine du canal de *Luçon*, qui la met en communication avec la mer, à 28 kilom. de Fontenay. C'est une ville très-irrégulièrement bâtie, dont la plupart des rues sont étroites et tortueuses. Le canal de *Luçon* à l'anse de l'*Aiguillon* se termine, dans Luçon, par un port sans quai, bordé de larges berges gazonnées, qui reçoit de petits navires; son mouvement commercial est assez actif. L'exportation comprend principalement les grains, les bestiaux, les produits de la verrerie de Faymoreau; l'importation consiste en houilles anglaises, en bois du nord, en matériaux de construction et en vins. Luçon possède des fabriques de liqueurs, des huileries, des minoteries, des chapelleries, des scieries, des fabriques de draps, des brasseries, des tanneries, des tuileries et des coutelleries. — FAYMOREAU-PUY-DE-SERRE, 1,167 hab., à 19 kilom. de Fontenay. Exploitation de houille et grande verrerie à bouteilles et bocaux appartenant aux verreries de la Vendée. — VOUVANT, 1,307 hab., situé dans une vallée très-pittoresque, au confluent de la *Mère* et du *Vent*, à 13 kilom. de Fontenay. Cette ville a donné son nom à un bassin houiller assez important.

VIENNE

Vienne.

(5 arrondissements, 31 cantons, 300 communes, 9e corps d'armée.)

Poitiers.

Chef-lieu : **Poitiers,** 30,036 habitants, très-ancienne ville, dont les rues sont étroites et mal percées. (Voir page 603.) Fabrique d'amidon et de gluten, brasseries, fabriques de brosses, de chaussures, blanchisserie de cire, tanneries et corroieries, fabriques importantes de couleurs, décortication de pois verts, fonderie de fer et de cuivre, ganterie, fabriques de liqueurs (cassis et curaçao), minoteries, etc.

Châtellerault.

Sous-préfectures : Chatellerault, 15,606 hab., ville ancienne, située dans un pays charmant, sur la rive droite de la *Vienne,* que l'on traverse sur un beau pont dû à Sully, à 32 kilom. de Poitiers. Cette ville est assez irrégulièrement construite. Le principal établissement industriel de Châtellerault est la Manufacture nationale d'armes établie en 1815, dans le faubourg de Châteauneuf, sur les bords de la Vienne. Elle compte 1,800 ouvriers et fabrique toutes les armes à feu et toutes les armes blanches en usage dans nos armées de terre et de mer pour les officiers et pour la troupe. Elle peut fournir par an 60,000 armes à feu et 60,000 sabres ou baïonnettes; il s'y fabrique aussi des cuirasses, des lances, des haches d'abordage et de campement. Châtellerault possède des fabriques de coutellerie très-renommée, de diamants faux, de broderies, des tanneries, des fabriques de vinaigre, des blanchisseries de cire. Il s'y fait un important commerce de pierres meulières, qui s'exploitent à peu de distance, de pierres lithographiques, de farines, de céréales, de vins très-estimés, d'eaux-de-vie, de merrains, de graines de trèfle et de luzerne, de légumes (asperges, petits pois, haricots), de fruits (pruneaux, anis vert), de chanvre, de toiles et de bestiaux.

Civray.

Civray, 2,288 hab., située en majeure partie sur la rive droite de la *Charente,* au milieu d'un riche bassin, à 51 kilom. de Poitiers. Minoteries et tanneries. Commerce important de céréales, de fourrages, de truffes, de marrons renommés, de châtaignes, de graines de trèfle et de luzerne, de bestiaux, de chevaux et de mulets.

Loudun.

Loudun, 4,493 hab., ville ancienne, située à 98 mètres d'altitude, sur un coteau qui domine une plaine fertile, près de la Petite-Maine, à 54 kilom. de Poitiers. Cette ville est percée de larges rues un peu désertes et possède une très-jolie promenade; elle est entourée de vignobles estimés. Loudun possède des fabriques de passementerie, de tulles et de dentelles, de bougies et d'instruments agricoles. Commerce assez important de farines, de graines de toute espèce, pois, fèves, vesces, de vins blancs, d'eaux-de-vie, de truffes, de fruits cuits, de laine, de chanvre, d'huile de noix, de chènevis et de lin. Commerce très-important d'oies blanches pour peaux de cygnes.

Montmorillon.

Montmorillon, 5,010 hab., petite ville fort ancienne, pittoresquement située en amphithéâtre sur les deux rives de la *Gartempe.* Fabriques de biscuits et de macarons très-estimés, fabrique de machines à battre et de ventilateurs, usine métallurgique, tannerie et bière renommée.

Autres localités : Neuville, 3,456 hab., bourg à 16 kilom. de Poitiers. Exploitation de carrières de pierres de taille, fours à chaux, distilleries, huileries, vinaigreries, fabrique de sabots. — LUSIGNAN, 2,321 hab., petite ville bâtie dans une situation pittoresque, en partie sur une colline, en partie dans un vallon, sur la *Vonne*, à 24 kilom. de Poitiers. Lusignan possède des fabriques de grosses étoffes de laine, des tanneries, des clouteries, des fours à chaux, des minoteries. — VIVONNE, 2,290 hab., au confluent du *Clain* et de la *Vonne*, à 19 kilom. de Poitiers. Fabrique de peintures préparées en boites de fer blanc, fabriques d'huiles de noix, minoterie, tannerie, fabrique d'étoffes de laine. — CHAUVIGNY, 2,078 hab., petite ville située partie dans la vallée de la *Vienne*, partie sur le penchant d'une colline fortement escarpée du côté de l'est, à 24 kilom. de Montmorillon ; c'est une des localités les plus curieuses du Poitou. Fabriques de chaux, de poteries, tanneries, tuileries.

Haute-Vienne.

HAUTE-VIENNE

(4 arrondissements, 27 cantons, 202 communes, 12e corps d'armée.)

Limoges.

Chef-lieu : **Limoges,** 59,011 habitants, grande et très-ancienne ville, située en amphithéâtre sur une colline de la rive droite de la Vienne, qui traverse la ville du nord-est au sud-est, et que l'on y passe sur trois ponts. Cette ville est à 400 kilomètres de Paris et à 351 kilomètres de Toulouse. Limoges a des rues tortueuses, étroites, rapides et mal pavées; l'air y est vif et pur. La principale industrie de Limoges consiste dans la fabrication de la porcelaine; il y a, en effet, un très-grand nombre de manufactures importantes de porcelaine, occupant ensemble environ 2,500 ouvriers et produisant annuellement une valeur de 7 millions. On trouve aussi des filatures de laine et de coton, des fabriques de flanelles, de draps et de droguets, des fabriques de papier à écrire et de papier de paille pour emballage, des fonderies. Les filatures et les fabriques de tissus occupent en tout 700 personnes. La fabrication des tissus, qui s'exportent dans la Bretagne, l'Anjou, le Maine, la Gironde et les Landes, produit environ 3 millions de francs. La cordonnerie compte 46 établissements occupant 1,250 personnes, et produisant environ 2,700,000 francs. La saboterie de Limoges, dont la production annuelle s'élève à 800,000 francs, s'exporte principalement en Amérique. Les fabriques de chapeaux, de casquettes et de fournitures de chapellerie sont aussi importantes, de même que les imprimeries, la librairie et les fabriques de couvertures. Fonderies de fer, minoteries, fabrique d'ouate, fabrique de papiers peints, fabriques de pompes, manufactures de tapis. Le commerce de Limoges consiste principalement dans la vente des produits de l'industrie locale, des céréales, des vins et spiritueux, des chevaux et des bestiaux et du bois de flottage. Le commerce des vins et spiritueux est presque aussi considérable que celui de la porcelaine. La Vienne apporte à Limoges une grande quantité de bois flotté, qu'elle reçoit en bûches libres de tous ses affluents dans son cours supérieur, et qui est arrêté à l'entrée de la ville, à l'aide de ramiers disposés en travers de la rivière.

Bellac.

Sous-préfectures : BELLAC, 3,398 hab., petite ville, bâtie sur le flanc d'un coteau rapide, sur la rive droite du *Vincou,* près du confluent du ruisseau de Basine, à 40 kilom. de Limoges. Fabriques de toiles, de couvertures, de draps, de chapeaux, de gants, de sabots, de soufflets, de machines agricoles et de cuirs. Commerce de bois de chêne, de vins, de châtaignes, de chevaux et mulets.

ROCHECHOUART, 4,159 hab., ville bâtie au sommet et sur le versant sud d'un rocher qui semble menacer de rouler dans le vallon baigné par les eaux de la *Graine* et de la *Vayres,* à 42 kilom. de Limoges. Fabriques de faïences, de toiles, de fils, de papier paille; minoteries. Il y a des carrières de kaolin et de pétunzé et des mines d'antimoine non exploitées. Importantes foires mensuelles pour bestiaux de toute espèce et produits agricoles. Rochechouart.

SAINT-YRIEIX, 7,086 hab., ville ancienne, à 335 mètres d'altitude, sur la rive gauche de la *Loue,* à 40 kilom. de Limoges. Saint-Yrieix possède les plus anciennes carrières de kaolin qui aient été exploitées en France, et qui ont été découvertes en 1765. Manufactures de porcelaines, fabriques de toiles, tanneries, minoteries, fabriques de flanelle et de droguets, brasserie. Mine d'antimoine non exploitée et gisement de titane fournissant un principe colorant aux teinturiers et une couleur vitrifiable pour la peinture sur porcelaine. Saint-Yrieix.

Autres localités : SAINT-LÉONARD, 6,011 hab., ville ancienne, à 400 mètres d'altitude, sur une colline, à 1 kilom. de la rive droite de la *Vienne,* à 22 kilom. de Limoges. C'est une ville où l'industrie s'est beaucoup développée. On y trouve deux manufactures importantes de porcelaine, des fabriques de papier-paille, de nombreuses fabriques de cuirs et basanes, des filatures de laine, des fabriques de droguets et de feutres, des chapelleries, des fabriques de cierges, des vanneries, des martinets à cuivre, des minoteries et une exploitation de wolfram. Commerce de bestiaux. — EYMOUTIERS, 3,919 hab., sur la rive gauche de la *Vienne,* dans un vallon sauvage, mais pittoresque, à 44 kilom. de Limoges. Cette ville possède quelques établissements industriels, tels que minoteries, tanneries, corroierie, teinturerie, carderie; filature, fabriques de droguets, de cire et de chandelles. — LE DORAT, 2,847 hab., jolie petite ville, bâtie sur une colline que baigne au sud la *Seure,* à 1 kilom. de la *Bram,* à 11 kilom. de Bellac. Les bœufs et les moutons gras sont au Dorat l'objet d'un commerce important. Les environs exploitent de beaux granits. — MAGNAC-LAVAL, 3,239 hab., sur la rive droite de la *Bram,* à 18 kilom. de Bellac. Fabriques de gants, tannerie et minoterie. — SAINT-JUNIEN, 7,442 hab., ville ancienne et industrielle, située près du confluent de la *Vienne* et de la *Glane,* à 12 kilom. de Rochechouart. Fabriques de gants, mégisseries, blanchisseries de cire, fabriques de feutres pour papiers, fabriques de papiers de paille, fabriques d'huiles, filatures de laine, manufactures de porcelaine, fabrique de poterie commune, fabriques de sabots, teintureries, fabrique de boîtes à allumettes.

VOSGES

Vosges.

(5 arrondissements, 29 cantons, 531 communes, 6e corps d'armée.)

Chef-lieu : **Épinal,** 11,847 habitants, a pris beaucoup d'extension depuis la cession de l'Alsace; elle est divisée par la Moselle en trois parties: la ville, l'île et le faubourg. Les rues sont généralement étroites, irrégulières, tortueuses, mais assainies par de nombreuses fontaines; plusieurs rues nouvelles ont été percées et d'autres ont été redressées. Épinal est à 74 kilomètres de Nancy. Grand commerce de grains, de chanvre et de lin, de bestiaux, de papiers, de bois, de planches, de fils et de Épinal.

toiles, de broderies, de fécules, de glucose et d'images coloriées. (Voir page 594.)

Mirecourt. *Sous-préfectures :* Mirecourt, 5,480 hab., petite ville irrégulièrement construite, dans une situation agréable, sur le *Madon*, qui la traverse, près de collines plantées de vignes, à 32 kilom. d'Épinal. Fabrique renommée de dentelles et broderies, d'instruments de musique, violons, basses, guitares, instruments à vent, etc., boissellerie, tanneries, brasseries, bonneterie, imprimerie importante. Commerce considérable de céréales, de vins, d'eaux-de-vie et de moutons.

Neufchâteau. Neufchateau, 3,776 hab., jolie petite ville assez régulièrement construite, située sur une colline, au milieu des montagnes, sur le *Mouzon*, au confluent de cette rivière avec la *Meuse*, à 70 kilom. nord-ouest d'Épinal. Fabriques de toiles, de tissus de laine, fil et coton, fabriques d'amidon, de fécule et de pâtes alimentaires, minoteries, tanneries, fabrique de curaçao, fonderie de cuivre, fabriques de meubles, de balais en paille d'Italie et en roseaux, fabrique de chapeaux de paille. Commerce de bois, de grains et de quincaillerie.

Remiremont. Remiremont, 6,510 hab., jolie ville, bâtie dans une situation riante et très-pittoresque, au pied des Vosges, sur la rive gauche de la Moselle, à 26 kilom. sud-sud-est d'Épinal. C'est une ville fort agréable, percée de larges rues, pourvue de jolies promenades; les maisons sont propres, peu élevées et presque toutes à arcades. Commerce de céréales, de fourrages, de bestiaux, de toiles, de draps, de mousselines et de fromages façon gruyère. Fabriques de bonneterie en laine et coton, fabriques de broderies, de calicots, filatures et tissages de coton, coutellerie, fabriques de fleurs artificielles, fonderie et serrurerie artistique, fabriques de limes, de navette pour tissage, scieries, tanneries, fabriques de toiles de lin et de chanvre, vinaigrerie et vannerie.

Saint-Dié. Saint-Dié, 12,317 hab., sur la rive droite de la *Meurthe*, à 55 kilom. d'Épinal. Cette ville a de belles promenades sur les bords de la rivière. Commerce de céréales, de toiles, de fil, de bestiaux, de chanvre, de lin, de bois de construction, de pommes de terre et des produits de son industrie. Fabriques de tissus nouveautés pour robes et pantalons, de coutils, de tissus de laines, de tricots, de toiles et sarraux, de toiles-métalliques, fabriques de papiers, minoteries, tanneries, fabriques d'instruments agricoles, fonderies de fer et de cuivre, féculeries, brasseries, fabriques de bonneterie en coton et laine, et de broderie fine; scieries de bois des Vosges.

Autres localités : Bains, 2,500 hab., situé près du *Coney*, à 29 kilom. d'Epinal. Etablissements d'eaux thermales sulfatées sodiques. Fabriques de broderies, clouteries, fabrique de couverts en métal, manufacture de fer-blanc, forges, fabriques de pointes, distilleries de kirsch très-renommé. — Bruyères, 2,400 hab., situé près de la forêt de Mortagne, à 3 kilom. de la *Vologne*, entre des collines boisées, à 28 kilom. d'Epinal. Source d'eau minérale froide. Commerce considérable de toiles, de bestiaux, de beurre et d'œufs. Brasseries, féculerie, fabrique d'encre et de cirage, teintureries. — Rambervillers, 4,900 hab., sur la *Mortagne*, dans une plaine uniforme, riche en houblon, à 28 kilom. d'Epinal. Fabriques de draps et de droguets, filature de laine, féculerie, fabriques de papiers, minoteries, fabriques de poterie de terre, tanneries, teintureries, ateliers de construction. Commerce de céréales, de houblon, de chanvre, de sel et d'articles de taillanderie. — Fontenoy-le-Chateau, 2,500 hab., près du *Coney*, au pied de collines couvertes de cerisiers, à 32 kilom. d'Epinal. Fabriques considérables de couverts en fer battu, de clouteries pour chaussures, de belles broderies dites des Vosges, distillerie de kirsch, fabrique de meules à aiguiser. — Thaon, 555 hab., sur la *Moselle*, à 9 kilom. d'Epinal. Blanchisserie et teinturerie importante, féculerie. — Xertigny, 3,900 hab., sur l'*Amerey*, affluent du *Coney*, à 16 kilom. d'Epinal. Exploitation de carrières et de tourbières. Féculeries, forges, ferronnerie, moulins à farine. — Charmes, 3,000 hab., sur la rive gauche de la *Moselle*, au pied d'une colline, à 19 kilom. de Mirecourt. Commerce de bois de sapin. Fabriques de dentelles et de broderies, de boutons de nacre, brasseries, fabrique de vis, minoteries, tanneries. — Darney, 1,900 hab., près de la *Saône* naissante, à l'entrée d'une immense forêt de chênes et de hêtres, à 28 kilom. de Mirecourt. Chaudronnerie de fer et de cuivre, fabriques de couverts en fer battu, de fleurs artificielles, scierie à vapeur. — Dompaire, 1,400 hab., sur la *Gitte*, à 13 kilom. de Mirecourt. Fabriques de dentelles et broderies; tanneries. — Monthureux-sur Saône, 1,600 hab., petite ville, à 40 kilom. de Mirecourt; elle possède une importante filature de coton, une fabrique d'ouate, des scieries et une fabrique de soies à bluter, de vannerie et de boissellerie. — Portieux, 1,400 hab., sur la *Moselle*, à 24 kilom. de Mirecourt. Fabrique de broderies, verrerie, saboterie, exploitation de carrières. — Chatenois, 1,500 hab., près de la forêt de ce nom, sur une colline de 381 mètres, à 15 kilom. de Neufchâteau. Fabrique d'essieux, de quincaillerie, de vis mécaniques pour voitures et presses. — Lamarche, 1,700 hab., petite ville, sur le *Mouzon*, dans une plaine, à 39 kilom. de Neufchâteau. Commerce de bestiaux et de bois de construction. Fabrique importante de ferblanterie, zinc et tôle. — Liffol-le-Grand, 1,600 hab., bourg à 10 kilom. de Neufchâteau, sur la *Saunelle*. Fabriques de broches, de chaînes, de mors de bride, d'étrilles et de crémaillères, de limes, de potasse, de rouets, de sabots; tourneurs en bois. — Plombières, 1,700 hab., jolie petite ville, sur l'*Angronne* ou *Eaugronne*, au fond d'un ravin, à 13 kilom. de Remiremont, à 28 kilom. d'Epinal. Eaux thermales renommées. Fabriques de jouets, d'ustensiles de ménage en fer battu, outils de taillanderie et de quincaillerie, fabrique de bijouterie et objets d'art en fer oxydé, damasquiné, fabriques de broderie et de cannes. — Le Thillot, 2,100 hab., sur la *Moselle*, au débouché des vallées du Mesnil et du Vacceux, joli bourg très-commerçant et industriel, à 22 kilom. de Remiremont. Tissage de laine, fabrique de mousseline-laine, filatures, tissages de coton, fonderie de fonte 2me fusion, fabrique de limes, tannerie et corroierie. — Saulxures-sur-Moselotte, 3,700 hab., à 20 kilom. de Remiremont. Fabrication importante de fromages; filature de coton et manufacture de calicots, scierie de bois. — Le Val-d'Ajol, 7.500 hab., sur la *Combeauté*, à 16 kilom. de Remiremont. Filatures importantes de coton, filature de laine et fabrique de droguets, fabrication de moulins à café, boîtes en bois et en tôle vernies pour ménage et pour comptoirs et d'ustensiles de ménage en fer-blanc, zinc et tôle, bruts et vernis, taillanderie, tannerie, distillerie de kirsch, brasserie; fabrique de cire. — La Bresse, 3,700 hab., au confluent du *Chajoux* et de la *Vologne*, à 35 kilom. de Remiremont. Filatures et tissages mécaniques de coton, fabriques de toiles de lin et de chanvre. Commerce de fromages. — Bussang, 2,000 hab., sur la *Moselle*, à 33 kilom. de Remiremont. Filatures de soie et de bourre de soie, fabriques de calicots et de quincaillerie. Eaux minérales froides, ferrugineuses et gazeuses. — Cornimont, 4,500 hab., sur la *Moselotte*, à 27 kilom. de Remiremont. Scieries mécaniques et à vapeur, filatures et tissages de coton, fonderie. — Rupt-sur-Moselle, 4,100 hab., sur la *Moselle*, à l'entrée d'un beau vallon qui remonte vers la montagne de Longegoutte, à 12 kilom. de Remiremont. Filatures de coton, féculeries, moulins, scieries mécaniques, tissages mécaniques de calicots et de jaconas. Commerce de fromages et de vins. — Gérardmer, 6,500 hab., ville située au milieu des Vosges, à droite du lac de ce nom et sur la *Jamagne*, à 28 kilom. de Saint-Dié. Fabriques de toiles, blanchisseries, fabriques de boissellerie et de boîtes de sapin, scieries hydrauliques, fabriques de toiles de lin et de chanvre, de linge de table uni et damassé et de mouchoirs. Commerce de fromages dits de Géromé, de planches et de bois de construction. — Raon-l'Etape, 3,700 hab., sur la *Meurthe*, au pied d'un beau massif de montagnes très-boisées, à 15 kilom. de Saint-Dié. Fabriques de chapeaux de paille, de casquettes, fabrique de faïence, fonderie de fer et de cuivre, minoteries, fabrique de poterie de terre, fabrique de sacs, scieries mécaniques, tanneries, brasseries, fabrication de papiers avec du bois de tremble. Commerce de bois de construction, de sapins, de bestiaux, etc. — Senones, 2,700 hab., sur le *Rabodeau*, à 22 kilom. de Saint-Dié. Filatures de coton et tissages mécaniques, fabrique de coton à coudre et à broder, fabriques de rubans, féculeries, teintureries, saboteries, tuileries et briqueteries. — Granges, 2,700 hab., sur la *Vologne*, à 29 kilom. de Saint-Dié. Filatures et tissages de coton, fabriques de toiles, féculeries. — Brouvelieures, 557 hab., bourg à 22 kilom. de Saint-Dié, sur une colline dominant un affluent de la *Mortagne*. Féculeries, meunerie, scieries hydrauliques. Commerce de bois et de planches.

Yonne.

YONNE

(5 arrondissements, 37 cantons, 485 communes, 5e corps d'armée.)

Auxerre.

Chef-lieu : **Auxerre,** 15,631 habitants, très-ancienne ville, fort agréablement étagée sur le sommet et les pentes d'une colline, qui s'abaisse jusqu'au bord de la rive gauche de l'Yonne, qui y forme un port commerçant très-fréquenté, à 168 kilomètres sud-est de Paris. La ville est entourée de coteaux tapissés de vignobles, mais à l'intérieur, elle manque d'espace, et les rues sont généralement étroites et tortueuses; de belles promenades l'entourent. L'Yonne, animée par une navigation active, forme, devant la ville, une petite île très-pittoresque; le port est commode et le quai bordé de jolies maisons.

Le territoire d'Auxerre produit des vins excellents qui sont classés parmi les meilleurs de la basse Bourgogne. Auxerre fait un grand commerce de bois, de charbons de bois, de vins estimés, de chanvre, de tan, d'ocre, de fourrages et de bestiaux. Fabriques importantes d'ocres, vinaigreries, fabriques de couleurs et vernis, de colle forte et d'huile de pieds de bœuf, tanneries et corroieries.

Avallon.

Sous-préfectures : Avallon, 5,816 hab., ancienne et jolie petite ville, bâtie dans une situation charmante et pittoresque, sur un rocher de pur granit rouge, sur la rive droite du *Cousin,* dans une riante vallée bordée de coteaux fertiles en excellents vins, à 50 kilom. d'Auxerre. Commerce de céréales, de vins, de laines, de cuirs, de merrains, de chevaux et de bestiaux. Fabriques de fusains pour crayons de dessin, fabriques d'orgues, papeterie. Exploitation de carrières.

Joigny.

Joigny, 6,400 hab., ville ancienne, agréablement située en amphithéâtre, sur la rive droite de l'*Yonne,* à 22 kilom. d'Auxerre. Les rues sont étroites et mal percées, quelques-unes praticables au moyen de rampes en fer; mais la ville possède de nombreuses et jolies promenades. Commerce de vins, de bois, de charbons et de feuillettes, de céréales et de bestiaux.

Sens.

Sens, 11,514 hab., belle et très-ancienne ville bien bâtie, aux rues larges et propres, très-agréablement située sur la rive droite de l'*Yonne*, un peu au-dessous de son confluent avec la *Vanne,* à 57 kilom. nord-nord-ouest d'Auxerre. Commerce de vins, de céréales, de farines, de bois flotté, de charbon, de laines, de chanvre, de merrains, de cuirs estimés. Fabriques de chaussures, charcuterie fine, tanneries et corroieries, fabriques de vinaigre et fabrique de rasoirs.

Tonnerre.

Tonnerre, 5,332 hab., ancienne et jolie petite ville, au milieu de vignobles estimés, sur la rive gauche de l'*Armançon,* près du canal de Bourgogne, à 33 kilom. d'Auxerre. Grande exploitation de pierres de taille, dalles et carreaux, dites pierres de Tonnerre; fabriques de ciment, filature de laine, fabrique de chocolat, distilleries. Grand commerce de vins.

Autres localités : Chablis, 2,300 hab., petite ville sur le *Serein,* à 19 kilom. d'Auxerre. Fabriques de biscuits, scieries à vapeur, tanneries. Commerce important de vins très-estimés.

CHAPITRE VI

COMMERCE EXTÉRIEUR DE LA FRANCE.

Tableaux de l'administration des douanes. — Commission permanente des valeurs. — Valeurs officielles. — Valeurs actuelles nettes. — Valeurs en entrepôt. — Valeurs à l'acquitté. — Importance du commerce extérieur. — Pays avec lesquels la France fait le plus de commerce. — Objet des échanges. — Importations. — Marchandises importées et leur provenance. — Exportations. — Marchandises exportées et leur destination. — Marchandises les plus exportées et les plus importées. — Résumé du commerce spécial de la France, de 1863 à 1876. — Commerce de la France avec les principaux pays. — Admissions temporaires. — Transit. — Entrepôts. — Douane. — Renseignements pratiques sur les douanes. — Pays avec lesquels la France entretient le plus de relations maritimes. — Effectif de la marine marchande française. — Cabotage. — Régime douanier français. — Traités de commerce. — Liste des traités de commerce conclus par la France. — Tableau des villes étrangères où la France entretient des agents diplomatiques et consulaires.

Tableaux de douane.

Le mouvement du commerce extérieur n'est pas aussi difficile à évaluer que celui du commerce intérieur, car il est fixé par les tableaux que publie chaque année l'administration des douanes. Les droits à l'importation ou à l'exportation sont perçus tantôt au poids spécifique des marchandises, tantôt *ad valorem* ou selon leur valeur. Pour apprécier cette valeur, il a été institué auprès du ministère du commerce une commission permanente des valeurs.

Valeurs.

Le tableau du commerce extérieur présentait autrefois deux sortes de valeurs : les *valeurs officielles* et les *valeurs réelles* ou *actuelles*. Les *valeurs officielles* reposent sur des bases déterminées en 1825 à la suite d'une enquête, représentant des valeurs moyennes qui ont été approuvées par une ordonnance du 27 mars 1827. Elles servent à ramener toutes les marchandises à une unité commune, ce qui permet de totaliser et de composer sur une base uniforme, fixe, invariable, les résultats obtenus à différentes époques.

Les *valeurs actuelles* sont, au contraire, essentiellement variables, comme le cours des produits auxquels elles s'appliquent. Établies avec l'aide des chambres de commerce par les soins de la commission instituée à titre permanent près le ministère du commerce et composée des hommes les plus compétents et les plus expérimentés de la science, du commerce et de l'industrie, elles ont pour objet de déterminer, aussi exactement que possible, le prix moyen de chaque espèce ou de chaque groupe de marchandises pour l'année à laquelle se rapporte la publication du tableau du commerce dans lequel elles figurent. Elles constituent ainsi un chiffre représentatif réel des échanges faits avec l'étranger et les colonies.

Valeurs en entrepôt.

Valeurs en entrepôt. — On appelle *valeur en entrepôt* le cours ou prix des marchandises qui n'ont point acquitté les droits d'entrée et que l'on peut réexporter par mer ou faire transiter à travers le pays. Il y a des entrepôts dans tous les ports de mer et dans les principales douanes terrestres. Dans les journaux le prix en entrepôt s'indique par un E.

Valeurs à l'acquitté.

Valeur à l'acquitté. — On appelle *valeur à l'acquitté* le cours ou prix des marchandises mises en consommation et par suite ayant payé les droits d'entrée, soit à leur arrivée, soit à la sortie de l'entrepôt. Ce prix est indiqué par A et quelquefois par C (consommation). Les marchandises libres à l'entrée sont toujours indiquées prix A. — Le prix A est d'autant plus fort que les droits d'entrée qui frappent la marchandise sont plus élevés.

Importance du commerce extérieur.

Importance du commerce extérieur. — Un chiffre imposant résume le commerce extérieur : en 1876, le commerce spécial s'élève à 7,520 millions de francs, sans compter le mouvement des métaux précieux qui est de 970 millions. Les importations s'élèvent à 3,950 millions de francs et les exportations à 3,570 millions de francs.

La moyenne annuelle décennale des importations de la France, de 1866 à 1875, est d'environ 3,301 millions de francs et celle des exportations est de 3,282 millions, au commerce spécial.

En général, la France demande surtout des matières premières aux pays étrangers et leur donne en échange les produits de ses manufactures et de son sol.

Le *commerce général* de la France dépasse 9 milliards de francs ; en 1875, il dépassait 9,268 millions de francs, dont 4,462 millions à l'importation et 4,807 millions à l'exportation.

Pays avec lesquels la France fait le plus de commerce.

Dans leur commerce avec la France, les diverses parties du monde se classent ainsi : Europe, Amérique, Afrique, Asie, Océanie. Les opérations avec l'Europe comprennent environ les cinq septièmes du commerce total ; avec l'Amérique, le sixième. Le reste se partage entre l'Afrique et l'extrême Orient dont le contingent se trouve diminué par ce fait, que ses marchandises arrivent en Europe par navires britanniques ou hollandais pour la plupart, ce qui les fait attribuer à la Grande-Bretagne ou aux Pays-Bas, comme pays de provenance. Parmi les États européens, ce sont les plus voisins de la France qui font avec elle le plus d'affaires, tant à cause de leur industrie plus avancée que par les facilités même qui dérivent du voisinage. C'est avec le nord de l'Europe que la France fait le plus de commerce.

L'Angleterre, la Belgique, l'Allemagne, l'Italie, la Suisse, l'Espagne occupent les premiers rangs, où s'entremêlent les États-Unis et le Brésil, pour l'Amérique ; l'Algérie et l'Égypte, pour l'Afrique ; les Indes anglaises pour l'Asie ; la Turquie et la Russie, pour l'Europe orientale.

Le mouvement commercial de la France avec les différents pays du monde est deux fois plus important par mer que par terre.

Importations.

Importations.

TABLEAU DES IMPORTATIONS PENDANT PLUSIEURS ANNÉES. (*Commerce spécial.*)

(Valeurs actuelles en millions de francs.)

DÉSIGNATION DES OBJETS	1866	1867	1869	1872	1873	1874	1875	1876
Objets d'alimentation.	500	796	693	800	918,4	931	747,4	959
Produits naturels et matières nécessaires à l'industrie.......	1.957	1.993	2.038	1.991	2.161,3	2.268	2.153,8	2.310
Objets fabriqués.....	223	232	266	477	349	386	466,7	496
Autres marchandises.	112	134,6	156	179	171,2	163	168,5	185
Total des marchandises...........	2.792	3.155,6	3.153	3.447	3.600	3.748	3.536,4	3.950
Or, argent et billon..	1.064	849	647	400	578	951	875	812
Total général.....	3.856	4.004,6	3.800	3.847	4.178	4.699	4.411,4	4.762

TABLEAU DES IMPORTATIONS (*Suite*).

DÉSIGNATION DES OBJETS	1877	1878	1879	1880	1881	1882	1883	1884
Objets d'alimentation.								
Produits naturels et matières nécessaires à l'industrie.......								
Objets fabriqués.....								
Autres marchandises.								
Total des marchandises..........								
Or, argent et billon..								
Total général.....								

PRINCIPALES MARCHANDISES IMPORTÉES. (*Commerce spécial.*)

(Valeurs réelles en *millions* de francs.)

DÉSIGNATION DES MARCHANDISES	1862	1863	1864	1865	1866	1867	1868	1869	1870	1871	1872	1873	1874	1875	1876	1877	1878
Bestiaux	70	77	77	78	80	123	158	145	73	173	177	154	100	113	153		
Bois communs	118	132	132	151	180	173	179	189	151	199	128	156	177	156	189		
Bois exotiques	12	9	12	12	12	14	14	19	18	12	19	12	13	21	23		
Cacao	6,5	8	8,5	9	12	10	10,5	12	18	13	5	11	11	13	14		
Café	76	79	83	85	79	72	74	74	115	65	31	99	88	105	117		
Céréales (grains et farines)	157	53	23	18	49	319	338	56	186	459	147	230	331	169	228		
Chevaux	9	10	11	9	12	19	13	12	18	27	16	13	13	18	18		
Coton en laine	126	262	344	300	421	237	271	332	238	218	252	185	239	221	254		
Cuivre	35	40	46	40	48	41	40	34	34	25	34	44	48	34	56		
Etain brut	11	9	12	5	9	8	10	11	9	16	14	12	10	12	14		
Fromages et beurres	13	14	16	20	21	26	25	32	31	32	29	31	25	28	34		
Fruits oléagineux (arachides et autres)	18	19	18	23	27	31	33	38	35	38	39	38	38	39	39		
Fruits de table	17	17	15	17	21	17	19	22	13	24	33	35	29	28	35		
Fil de coton	13	7	7	11	14	9	10	13	6	27	39	22	27	42	64		
Fil de lin, chanvre, jute	6	8	5	9	9	10	14	10	10	11	8	5	5	12	10		
Graines oléagineuses	49	40	60	60	37	45	58	66	83	79	64	83	63	90	87		
Graines à ensemencer	15	16	21	31	25	26	27	32	39	40	20	4	4	6	9		
Guano et autres engrais	17	24	25	17	20	40	33	35	44	28	14	39	38	29	41		
Houille	102	100	115	118	146	147	132	119	96	100	148	242	180	183	190		
Huile d'olive	32	24	29	31	26	26	18	32	16	37	24	29	17	36	35		
Indigo	25	21	18	19	20	24	30	33	24	31	27	26	22	19	23		
Jute	4	4	7	9	9	8	9	8	8	11	13	15	10	15	11		
Laine en masse	181	219	215	236	253	229	244	212	174	295	334	333	319	337	324		
Lin	3,5	50	53	92	63	74	85	76	108	96	78	75	68	90	48		
Machines et mécaniques	11	11	11	12	15	13	13	14	11	12	25	25	29	32	36		
Minerais de toutes sortes	22	23	25	20	19	18	21	19	16	12	29	34	37	36	46		
Œufs de ver à soie	6	10	5	16	8	11	30	14	10	12	7	8	5	0,8	0,8		
Peaux brutes et pelleteries	69	111	103	99	126	137	108	130	96	95	151	162	185	203	197		
Plomb	9	9	10	17	20	17	16	19	17	15	19	19	22	22	25		
Poissons de mer et autres	14	13	21	20	24	31	23	26	26	29	35	38	33	31	33		
Riz	13	13	12	8	10	13	18	15	18	19	8	17	16	17	19		
Soies et bourre de soie	236	292	286	355	307	349	435	412	283	418	423	352	322	330	388		
Sucre	121	145	119	112	94	88	119	137	122	116	110	110	93	121	96		
Suif et saindoux	38	43	39	21	22	49	37	46	47	58	70	46	28	23	46		
Tabac en feuilles	17	19	20	19	20	17	18	18	11	21	29	27	32	21	35		
Tissus de coton	14	9	9	10	23	19	20	24	15	30	97	48	57	84	82		
Tissus de laine	41	33	32	38	43	42	54	64	57	78	100	60	66	78	79		
Tissus de lin et de chanvre	13	12	14	13	15	14	15	15	13	17	18	13	11	13	14		
Tissus de soie	4	5	7	11	14	21	23	28	27	41	40	30	33	37	39		
Viandes fraîches et salées	9	19	7	5	5	10	11	10	22	34	36	31	18	17	27		
Zinc	14	13	14	17	19	20	18	20	14	10	14	19	14	16	17		

La France importe principalement les matières destinées à l'industrie. Telles sont :

Produits les plus importés.

Les cotons.	Les matières tinctoriales.	Les bois d'ébénisterie et communs.
Les laines.	Les peaux brutes.	Les denrées coloniales.
Les soies.	Les graisses.	Les produits fabriqués.
Le lin et le chanvre.	Les graines oléagineuses.	Etc., etc.
Les huiles.	La houille.	

Les importations au commerce général dépassent 4 milliards et demi en 1876.

Les plus forts articles d'importation sont les soies, les laines en masse, les cotons en laine, les bois communs, la houille, les peaux, le café, le sucre étranger, les graines oléagineuses, etc.

Sur la totalité de nos importations, les trois quarts vivifient le travail national ; un dixième seulement peut être considéré comme lui faisant concurrence.

L'importation des *produits naturels et des matières nécessaires à l'industrie* s'élève, en 1876, à 2,310 millions de francs ; celle des *objets d'alimentation,* à 960 millions environ ; celle des *objets fabriqués,* à 496 millions et celle des autres marchandises à 185 millions ; ce qui donne pour les marchandises un total de 3,950 millions de francs, qui, ajoutés aux 812 millions d'or et d'argent, donnent 4,762 millions de francs pour l'importation totale, en 1876.

1° *Fibres textiles:*

Fibres textiles.

Les *cotons* proviennent des entrepôts anglais, des États-Unis, des Indes anglaises, de l'Égypte, de la Turquie, du Brésil, de l'Amérique du Sud, de l'Algérie, etc. Voici les quantités importées de ces divers pays :

PAYS	1867	1870	1871	1872	1873	1874	1875	1876
	kilog.	kilog.	kilog.	kilog.	kilog.	kilog.	kilog.	kilog.
Angleterre. . . .	23,000,000	7,510,000	36,944,000	13,394,000	13,861,000	16,208,000	11,587,000	8,112,000
États-Unis. . . .	37,000,000	59,882,000	31,695,000	44,654,000	41,776,000	70,241,000	74,568,000	103,969,000
Indes anglaises. .	13,000,000	16,075,000	17,342,000	26,883,000	7,152,000	25,680,000	32,802,000	27,987,000
Égypte	6,000,000	5,377,000	6,756,000	8,636,000	9,351,000	13,862,000	10,027,000	16,473,000
Turquie.	8,000,000	7,631,000	5,788,000	8,928,000	4,440,000	6,754,000	6,768,000	7,667,000
Brésil.	2,800,000	3,527,000	3,374,000	5,493,000	2,355,000	2,136,000	1,457,000	600,000
Belgique.	»	»	»	»	2,135,000	2,279,000	1,628,000	1,335,000
Italie.	»	138,000	1,204,000	369,000	189,000	450,000	62,000	43,000
Autres pays . . .	»	»	»	»	5,833,000	3,370,000	3,561,000	2,948,000
Importation totale.	96,000,000	100,080,000	103,103,000	108,357,000	87,096,000	141,351,000	143,565,000	169,140,000
Valeur en francs. .	237,000,000	238,231,000	298,193,000	202,578,000	185,741,000	239,728,000	221,262,000	254,157,000

Les principaux marchés sont le Havre, Marseille, Bordeaux et Nantes.

Les *soies* proviennent de l'Angleterre, de l'Italie, de la Turquie (Brousse et Salonique), des Indes anglaises (Bengale), de la Chine, du Japon, de l'Égypte, de la Suisse, etc. Les soies moulinées viennent d'Italie.

Les principaux marchés sont Marseille et Lyon.

Les *laines* arrivent de l'Angleterre, de l'Allemagne, de la Belgique, des Pays-Bas, de l'Espagne, de l'Italie, de la Turquie, des Etats-Barbaresques, de l'Uruguay, de Rio-de-la-Plata, de l'Algérie.

Nous importons pour plus de 300 millions de francs de laines en masse.

QUANTITÉS DE LAINES IMPORTÉES. (*Commerce général.*)

PAYS	1867	1870	1871	1872	1873	1874	1875	1876
	kilog.	kilog.	kilog.	kilog.	kilog.	kilog.	kilog.	kilog.
Angleterre. . . .	31,017,000	30,681,000	30,704,000	23,382,000	30,601,000	34,197,000	39,838,000	43,765,000
Rio-de-la-Plata . .	20,495,000	22,544,000	15,582,000	20,834,000	23,658,000	19,823,000	18,036,000	29,660,000
Turquie.	8,302,000	6,985,000	8,490,000	10,805,000	12,164,000	11,046,000	10,260,000	5,773,000
Uruguay.	8,910,000	6,649,000	4,235,000	6,995,000	6,054,000	8,101,000	5,150,000	5,508,000
Algérie.	6,382,000	2,820,000	5,099,000	9,196,000	6,260,000	7,432,000	9,215,000	7,575,000
Belgique.	5,418,000	5,807,000	17,527,000	10,701,000	25,328,000	24,515,000	26,058,000	21,050,000
Allemagne. . . .	2,993,000	1,426,000	980,000	1,602,000	1,436,000	1,386,000	1,214,000	770,000
Pays-Bas.	1,3·7,000	633,000	1,299,000	647,000	3,226,000	1,378,000	1,619,000	960,000
Espagne.	2,782,000	1,508,000	4,039,000	3,906,000	1,050,000	1,376,000	3,616,000	1,161,000
Etats barbar. . .	1,832,000	2,248,000	2,905,000	3,561,000	3,078,000	3,860,000	4,302,000	2,695,000
Autres pays. . . .	1,000,000	•	11,523,000	8,354,000	9,210,000	6,464,000	11,212,000	8,076,000
Importation totale de laine. . . .	90,478,000	81,310,000	102,383,000	100,003,000	122,089,000	115,378,000	130,515,000	126,991,000

La Belgique et l'Angleterre nous envoient des laines peignées.

Les principaux marchés sont : le Havre, Marseille, Lille, Paris (Metz et Mulhouse).

Le *lin* vient de Belgique, des Bays-Bas, de Russie, d'Angleterre, d'Algérie et d'Allemagne ; *le chanvre,* d'Italie, de Russie et d'Angleterre ; *le jute* (10 millions de francs), des Indes anglaises, de l'Angleterre et de la Belgique.

Bois. 2° Les *bois communs et de construction* viennent de Suède, de Norvége (sapins, mâts), d'Autriche (douelle), du Levant, de la Suisse, de la Russie et du Zollverein. Les principaux marchés sont Bordeaux, Marseille, Cette, le Havre, Nantes, Rouen et d'autres ports de la Manche.

Combustibles. La *houille* provient de l'Angleterre, de la Belgique et de l'Allemagne ; nous en importons pour près de 200 millions de francs.

IMPORTATIONS DE HOUILLE.

PAYS	1867	1870	1871	1872	1873	1874	1875	1876
	tonnes.	tonnes.	tonnes.	tonnes.	tonnes.	tonnes.	tonnes.	tonnes.
Angleterre. . . .	1,853,000	2,352,000	1,941,000	2,217,000	2,470,000	2,381,000	2,793,000	3,237,000
Belgique. . . .	3,552,000	2,922,000	3,306,000	4,181,000	4,038,000	3,678,000	3,864,000	3,602,000
Allemagne. . . .	1,156,000	368,000	190,000	455,000	659,000	617,000	734,000	830,000

Le *bitume*, avec les huiles de pétrole et de schiste, vient du Levant, des États-Unis, de l'Angleterre, de la Russie.

3° Les *peaux et pelleteries* (200 millions de francs) proviennent de l'Amérique du Sud (Brésil, Uruguay, Rio-de-la-Plata), de la Russie, de l'Allemagne, des Pays-Bas, de la Belgique, de l'Algérie, de la Suisse, de l'Angleterre, etc. — Les *poils*, pour près de 7 millions de francs, viennent de Russie, de Turquie, d'Allemagne, de Belgique et des États-Unis. Peaux.

Les principaux marchés sont le Havre, Marseille et Paris.

4° *Denrées coloniales :*

Le *café* provient du Brésil, de Haïti, de Cuba, de l'Angleterre, des Indes anglaises, du Vénézuéla, des Pays-Bas, de la Belgique, des Indes hollandaises et de l'Égypte. Denrées coloniales.

QUANTITÉS DE CAFÉ LIVRÉ A LA CONSOMMATION :

PAYS de provenance.	1867	1870	1871	1872	1873	1874	1875	1876
	kilog.	kilog.	kilog.	kilog.	kilog.	kilog.	kilog.	kilog.
Brésil.	12.813,000	19,553,000	11,016,000	1,536,000	9,667,000	8,914,000	11.619,000	13.748,000
Haïti.	9,432,000	15,285,000	5,947,000	5,811,000	13,094,000	11,199,000	13,057,000	14,816,000
Angleterre. . . .	6,197,000	8,070,000	7,410,000	2,150,000	6,653,000	2,242,000	3,445,000	2,911,000
Indes anglaises. .	4,351,000	12,192,000	2,753,000	2.970.000	4,052,000	5,328.000	7,520,000	6,653,000
Vénzénéla. . . .	4,394,000	4,462,000	2,278,000	1,269,000	3,317,000	3,119,000	3,862,000	4,745,000
Pays-Bas	2,735,000	3,054,000	1.145,000	286,000	702,000	498,000	683,000	1,425,000
Belgique.	1,310,000	1,845,000	2,965,000	580,000	834,000	466,000	754,000	801,000
Égypte.	»	836,000	429,000	95,000	269,000	707,000	613,000	741,000
Cuba.	»	2,594,000	343,000	52,000	427,000	674,000	907,000	1,383.000
Autres pays . . .	»	8,097,000	5,842,000	1,961,000	5,618,000	5,538,000	5,533,000	6,245,000
Totaux	47,265,000	76,008,000	40,128,000	16,710,000	44,633,000	38,705,000	47,943,000	53,468,000
Valeur en francs. .	»	114,980,000	64.741,000	31,411,000	99,530,000	88,256,000	109,438,000	117,102,000

Au commerce général, l'importation a été de plus de 86,800,000 kilog. en 1876 et de plus de 91 millions en 1875; elle n'avait été que de 64,000,000 de kilog. en 1874.

Les Indes françaises, la Guadeloupe, l'île de la Réunion, la Nouvelle-Grenade, les Philippines, le Guatémala, le Portugal, l'Espagne, etc., nous envoient aussi du café, mais en petite quantité.

Le *cacao* provient du Brésil, des possessions espagnoles d'Amérique, du Vénézuéla, de Cuba, de l'Équateur, du Pérou, de la Martinique, de la Guadeloupe, etc.

Le *sucre* (120 millions de francs) provient de la Guadeloupe, de la Martinique, de l'île de la Réunion, de Maurice, de Cayenne, de Sainte-Marie de Madagascar, des possessions espagnoles d'Amérique, de la Belgique, du Brésil, de l'Autriche, de l'Égypte, des Pays-Bas, etc.

Les *clous de girofle* viennent de l'île de la Réunion, de Cayenne, de l'Angleterre, de l'Afrique.

La *cannelle,* de l'Angleterre, de la Chine, des Pays-Bas.

Les *muscades,* de l'île de la Réunion, des Moluques par la voie des Pays-Bas.

Le *poivre,* des Indes anglaises, hollandaises (Sumatra, Bornéo, Java), et des Indes françaises, de l'Angleterre et de la Cochinchine.

Le *thé,* de l'Angleterre, de la Chine et du Bengale.

La *vanille,* de la Réunion, du Mexique (3 à 4 millions de francs).

Le *tabac* nous vient des États-Unis, de l'Autriche, de l'Algérie, des villes anséatiques, de l'Allemagne, des grandes Antilles, de la Turquie. Importation livrée à la consommation : 19,585,000 kilog. en 1872, 20,624,000 en 1873, 28,218,000 en 1874, 15,561,000 en 1875, 26,737,000 en 1876.

Les *gommes* proviennent de l'Égypte, du Sénégal (Saint-Louis), de l'Italie, de l'Angleterre et de la Turquie.

Le *quinquina,* du Mexique, du Pérou, de la Nouvelle-Grenade, des États-Unis (6 millions de francs).

Le *camphre brut* nous vient des Pays-Bas et de l'Angleterre.

Le *caoutchouc* provient de l'Angleterre, du Brésil, de la Nouvelle-Grenade, des Indes anglaises, de la côte occidentale d'Afrique et des Pays-Bas ; l'importation dépasse 6 millions de francs.

Matières tinctoriales.

5° *Les matières tinctoriales :*

La *garance* arrive d'Italie surtout et très-peu de la Turquie, de la Suisse, des Pays-Bas. (810,000 francs en 1876.)

Le *curcuma* provient de l'Angleterre, des Indes anglaises, des Pays-Bas, des villes anséatiques et de la Guadeloupe.

L'*orcanette,* des Pays-Bas, de l'Autriche et de l'Allemagne.

Le *quercitron,* des États-Unis, de l'Angleterre et des Pays-Bas.

Le *sumac,* de l'Italie, de l'Espagne, du Portugal et de l'Angleterre.

Le *safran,* de l'Espagne, de l'Allemagne (1,500,000 à 2,500,000 francs).

Le *carthame,* de l'Angleterre, des Indes anglaises.

L'*orseille,* de Zanzibar, de Nossi-Bé, de Madagascar et de l'île de la Réunion.

L'*indigo,* de l'Inde, de Java, de Guatémala, des Antilles, du Vénézuéla, de la Nouvelle-Grenade, de l'Espagne et de l'Égypte.

La *cochenille,* de l'Espagne (îles Canaries), de l'Angleterre, du Mexique, de la Nouvelle-Grenade. L'importation va en diminuant.

Le *rocou préparé,* de la Guadeloupe, de la Guyane française, de la Martinique et du Brésil.

Le *nerprun* et le *rocou* proviennent de la Turquie.

La *noix de galle,* de la Turquie, de l'Angleterre, de l'Italie, de l'Autriche, de la Chine, des Pays-Bas, de la Belgique. L'importation varie de 1 à 2 millions de francs.

Matières minérales et métaux.

6° *Les matières minérales et métaux :*

Les *marbres* proviennent d'Italie et de Belgique. (4 millions et demi de francs dont un et demi de marbres bruts.)

La *chaux,* de la Belgique, de l'Italie et de l'Allemagne.

Le *soufre,* de l'Italie. Importation de 40 à 52 millions de kilog. valant de 6 à 9 millions de francs.

Le *goudron minéral,* de l'Angleterre, de la Belgique et de la Suisse.

Le *succin* vient de l'Allemagne.

Le *minerai de fer* provient de l'Algérie, de la Belgique, de l'Italie, de l'Espagne, du Zollverein, de l'Angleterre. Importation du minerai de fer, *en tonnes de 1,000 kilog.* :

PAYS de provenance.	1867	1870	1871	1872	1873	1874	1875	1876
	kilog.	kilog.	kilog.	kilog.	kilog.	kilog.	kilog.	kilog.
Algérie.	168,613,000	165,426,000	155,603,000	251,529,000	267,331,000	336,281,000	383,787,000	348,659,000
Belgique.	125,850,000	123,555,000	92,228,000	101,677,000	120,932,000	92,933,000	132,373,000	173,195,000
Italie.	72,716,000	40,659,000	31,649,000	109,336,000	123,080,000	145,076,000	129,311,000	126,066,000
Espagne.	56,443,000	92,536,000	91,427,000	181,870,000	175,591,000	186,168,000	150,779,000	158,011,000
Zollverein. . . .	64,867,000	54,633,000	5,999,000	19,083,000	32,365,000	37,274,000	33,419,000	37,267,000
Autres pays . . .	2,978,000	»	1,666,000	6,053,000	1,206,000	3,314,000	2,922,000	5,759,000
Importation totale.	491,467,000	489,349,000	378,577,000	669,548,000	720,505,000	801,246,000	832,591,000	848,957,000
Valeur en francs. .	»	»	7,564,000	16,716,000	18,012,000	18,428,000	19,149,000	18,662,000

La *fonte brute* provient de l'Angleterre, de la Belgique, de l'Allemagne et de la Suède. (Importation pour une valeur de 8,700,000 francs en 1876.)

Le *fer* provient de la Belgique, de la Suède, de l'Angleterre et de l'Allemagne. (Importation pour 11,500,000 francs en 1876.)

L'*acier* nous vient de l'Allemagne, de la Belgique, de l'Angleterre et de l'Autriche.

Le *cuivre* (en minerai) provient de l'Algérie, du Pérou, de l'Angleterre, de la Belgique, de la Turquie et de l'Équateur. La France en importe pour une valeur de 8 à 10 millions de francs.

Le *cuivre fondu,* de l'Angleterre, de la Belgique, du Chili, de l'Espagne, des États-Unis et du Pérou. L'importation varie de 19 à 50 millions de francs.

Le *minerai de plomb,* de l'Italie, de l'Espagne, de l'Algérie, du Zollverein, de la Belgique et de la Suisse. L'importation totale varie de 3 millions et demi à 5 millions de francs.

Le *plomb métal* provient de l'Espagne, de la Belgique, du Zollverein, de l'Italie, de la Grèce, de l'Algérie. Importation totale variant de 18 à 23 millions de francs.

L'*étain* arrive de l'Angleterre, des Pays-Bas, de la Belgique, des Indes anglaises, etc. Importation variant de 10 à 14 millions de francs.

Le *zinc* provient de l'Espagne, du royaume d'Italie pour le minerai, et de la Belgique, des Pays-Bas, des villes anséatiques, du Zollverein, de l'Angleterre et de l'Espagne pour le métal. Importation totale variant de 13 millions et demi à 17 millions de francs.

Le *mercure,* de l'Espagne, de l'Angleterre et de l'Autriche (1 million et demi de francs à 3 millions).

Le *manganèse,* du Zollverein, de la Belgique, de l'Espagne, de l'Angleterre. L'importation varie de 3 à 4 millions de francs.

La *potasse* provient de la Russie, des États-Unis, de l'Angleterre, de l'Italie, du Zollverein.

Graines oléagineuses et huiles.

7° *Autres matières premières :*

La France importe des *graines oléagineuses*, comme celles de *lin,* venant de Russie, de Turquie, d'Italie, de l'Inde, de Belgique et d'Algérie ; les *colzas* et *ravisons,* de Russie, de Turquie, du Danube, d'Allemagne et d'Autriche ; les *sésames* de l'Inde, de l'Afrique, de l'Égypte, du Levant ; les *arachides,* du Sénégal, de l'Espagne, de l'Inde, du Levant ; des *graines de moutarde,* des Indes anglaises et d'Angleterre ; de *navette,* d'Allemagne ; des *graines de coton,* d'Égypte et de Syrie.

L'*huile d'olive* vient de l'Italie (18 millions de kilog.), de l'Algérie (3 millions de kilog.), des États-Barbaresques, de la Turquie (2 millions et demi de kilog.), des possessions anglaises de la Méditerranée et de l'Espagne. L'importation varie de 17 à 34 millions de francs.

L'*huile de palme* vient principalement de la côte occidentale d'Afrique et de l'Angleterre (14 millions et demi de francs en 1875).

Le *suif et saindoux,* de la Russie, des États-Unis, de l'Angleterre, de l'Italie, du Rio-de-la-Plata, de l'Uruguay. L'importation varie de 16 à 37 millions de francs.

Les *huiles grasses* viennent d'Allemagne.

Produits employés par l'agriculture.

8° *Produits employés par l'agriculture :*

Les *bestiaux* nous arrivent de l'Italie, de la Suisse, de l'Allemagne, de la Belgique et de l'Algérie.

Les *chevaux* (18 millions de francs en 1876), de la Suisse, de la Belgique, de la Hollande, de l'Angleterre et de l'Allemagne.

Les *graines à ensemencer* viennent d'Angleterre, des États-Unis, de l'Allemagne. (Pour 9,600,000 francs en 1876.)

Les *œufs de vers-à-soie,* de la Chine et du Japon. (827,000 fr. en 1876.)

Les *engrais*, comme le guano, du Pérou, du Chili, et de la Plata ; le noir animal, de la Russie, de l'Allemagne et de la Belgique.

Les *fourrages,* de l'Allemagne, de la Belgique, de l'Espagne et de l'Italie. (10 millions de francs en 1876.)

9° *Substances alimentaires :* Substances alimentaires.

Les *fromages et beurres* viennent de l'Italie, de la Suisse, de la Belgique, des Pays-Bas et de l'Angleterre. (13 millions de francs de beurre et 22 millions de francs de fromages en 1876.)

Les *poissons de mer,* de l'Angleterre, de la Hollande et de Terre-Neuve. (33 millions de francs en 1876.)

Les *fruits* viennent surtout du Levant, de l'Espagne, de l'Algérie et de l'Italie. (35 millions de francs en 1876.)

Les *légumes conservés ou secs,* de la Belgique, de l'Allemagne, de la Turquie, de l'Égypte, de l'Italie et de l'Espagne.

Le *riz* (18 millions de francs en 1876), du Piémont et de l'Italie, de l'Inde, du royaume de Siam, de la Cochinchine, des États-Unis, de l'Angleterre et de la Belgique.

La *bière* vient de l'Allemagne, de l'Angleterre, de l'Autriche, de la Belgique, des États-Unis et de l'Alsace-Lorraine. Importation de 25 à 30 millions de litres, valant de 10 à 13 millions de francs.

Le *houblon* provient de la Belgique, de l'Allemagne, des États-Unis et de la Suisse. L'importation atteint presque 2 millions et demi de kilogrammes valant plus de 15 millions de francs.

Les *vins* viennent de l'Espagne, du Portugal, de l'Italie, de la Dalmatie. Nous en avons importé pour plus de 28 millions de francs en 1876. Il a été introduit en France, en 1876, près de 100,000 hectolitres de vin de Dalmatie, qui par sa contenance alcoolique et par sa couleur foncée se prête très-bien au mélange avec certaines qualités de vins français destinés à l'exportation.

Les *liqueurs* viennent des Pays-Bas, de la Suisse, de l'Allemagne et de la Martinique.

Les *eaux-de-vie,* de l'Allemagne, de l'Espagne, de la Suisse et de l'Angleterre. (7,500,000 francs en 1876.)

La *viande salée ou fumée* nous vient de l'Italie, de l'Allemagne, de l'Angleterre, des États-Unis, de la Plata. (27 millions de fr. en 1876.) On fait en ce moment des essais d'importation de viandes fraîches de la Plata.

Les *céréales.* L'importation des céréales est très-variable ; elle peut s'élever à 300 millions en temps de disette (1871), et s'abaisser au-dessous de 30 millions dans les années d'abondance. La France les tire ordinairement de la Russie méridionale, de la Turquie, de l'Égypte, de Bombay, de l'Algérie par Marseille, des États-Unis par le Havre. (227,745,000 francs en 1876.)

Importation des produits manufacturés.

Produits manufacturés.

L'importation des produits fabriqués s'élevait à 386 millions de francs en 1874, à 484 millions en 1875 et à 496 millions en 1876.

L'importation porte principalement sur :

Les *tissus de laine,* soit draps ou étoffes mélangées en laine, venant de l'Angleterre, de la Belgique, de l'Allemagne, de l'Alsace-Lorraine. (79 millions de francs en 1876.)

Les *tissus de coton,* de l'Angleterre, de la Belgique, de la Suisse et de l'Alsace-Lorraine. (82 millions de francs en 1876.)

Les *tissus de chanvre et de lin,* de l'Angleterre, de la Belgique et de la Suisse. (14 millions de francs en 1876.)

Les *tissus de soie* viennent de la Suisse, de l'Allemagne, de l'Angleterre et de l'Italie. L'importation des soieries étrangères en France, qui s'élève à 39 millions de francs, en 1876, se compose presque exclusivement de velours de Créfeld et d'étoffes très-légères de Zurich, que l'on ne fait pas en France avec succès.

Les *tissus de poil,* de l'Angleterre, de la Belgique.

La *toile de lin ou de chanvre,* de Belgique, d'Angleterre, (Irlande).

Les *fils de laine,* de l'Angleterre, de la Belgique et de l'Allemagne.

Les *fils de coton,* d'Angleterre, de Belgique et d'Alsace-Lorraine.

Les *fils de lin et de chanvre,* de l'Angleterre et de la Belgique.

Les *fils de jute,* de l'Angleterre.

Les *chapeaux de paille* (21 millions de francs en 1876), de l'Italie, de l'Angleterre, du Pérou et du Brésil.

Les *plumes de parures,* de l'Angleterre, de l'Allemagne, d'Italie, d'Égypte, d'Algérie, de la Plata (14 millions de francs en 1876.)

Les *machines et mécaniques,* de l'Angleterre, de la Belgique et de l'Allemagne.

L'*horlogerie* vient de la Suisse, de l'Angleterre, de l'Allemagne, pour 2 millions de francs environ.

La *coutellerie,* de l'Angleterre, de la Belgique, de l'Allemagne (300 à 400,000 francs chaque année.)

La *bimbelòterie,* d'Allemagne, d'Autriche, d'Angleterre. (1,996,000 fr. en 1876.)

La valeur totale des objets manufacturés que la France demande à l'étranger ne dépasse pas un demi-milliard de francs, tandis qu'elle en exporte pour plus de deux milliards de francs.

Métaux précieux. L'importation de l'or, argent-billon et platine, s'élève à 400 millions de francs en 1872, et à 812 millions en 1876.

Exportations.

Exportations.

L'exportation de la France se partage avec moins d'inégalité entre l'industrie, qui garde son rang, et l'agriculture, dont les vins, les esprits et eaux-de-vie, le sucre raffiné, les céréales, les fromages, le beurre, les œufs, les fruits, les chevaux et bestiaux s'expédient à l'étranger en proportion d'année en année croissante.

Les exportations se sont élevées en 1876 à 3,728 millions de francs, dont 3,570 millions pour les marchandises, et 158 millions pour les métaux précieux.

Voici comment se décomposent les chiffres entre les grandes branches des exportations.

Tableau des exportations.

TABLEAU DES EXPORTATIONS PENDANT PLUSIEURS ANNÉES. (*Commerce spécial.*)

(Valeurs actuelles en *millions* de francs.)

DÉSIGNATION DES OBJETS	1866	1867	1869	1872	1873	1874	1875	1876
Objets fabriqués.....	1.819	1.781	1.756	2.056	2.250	2.173	2.139	1.932
Produits naturels, objets d'alimentation et matières nécessaires à l'industrie.......	1.263	1.084	1.186	1.441	1.470	1.492	1.528	1.449
Autres marchandises.	98	107	133	182	207	213	206	189
Total des marchandises..........	3.180	2.972	3.075	3.679	3.927	3.878	3.873	3.570
Or, argent et billon..	555	253	264	333	500	159	219	158
Total général.....	3.735	3.225	3.339	4.012	4.427	4.037	4.092	3.728

Produits naturels et substances alimentaires.

Produits naturels et substances alimentaires.

La France exporte les *viandes fraîches ou salées* en Angleterre, en Algérie, dans les autres colonies françaises, dans les possessions anglaises d'Afrique, dans la Cochinchine, aux États-Unis, etc. (10 à 15 millions de francs.)

Les *œufs,* en Angleterre, en Suisse, en Belgique. (40 à 46 millions de francs.)

Les *fromages,* en Algérie et autres colonies françaises, en Italie, en Suisse, en Angleterre, en Belgique, etc. (5 à 6 millions de francs.)

Le *beurre frais* ou *fondu,* en Algérie, en Belgique, en Allemagne, en Suisse, en Angleterre, en Égypte.

Le *beurre salé* s'exporte en Angleterre, au Brésil, dans les colonies françaises, en Norvége, en Égypte, etc. L'exportation varie de 97 à 100 millions de francs, dont plus de 80 millions pour le beurre salé et plus de 16 millions pour le beurre frais ou fondu.

Les *poissons marinés* ou *à l'huile* sont expédiés en Angleterre, aux États-Unis, dans l'Amérique du Sud, en Italie, en Grèce, en Algérie, en Russie. (19 à 30 millions de francs.)

Tableau des principales marchandises exportées.

PRINCIPALES MARCHANDISES EXPORTÉES. (*Commerce spécial.*)

(Valeurs réelles en *millions* de francs.)

DÉSIGNATION DES MARCHANDISES	1864	1865	1866	1867	1868	1869	1870	1871	1872	1873	1874	1875	1876	1877	1878	1879	1880
Bois à construire	30	31	28	30	30	32	23	16	20	31	37	30	29				
Céréales et leurs farines	56	119	178	67	67	69	34	47	24	175	139	203	141				
Confections (lingerie, etc.)	110	124	120	94	78	84	62	63	108	89	70	86	93				
Cotons en laine	57	66	68	50	45	75	94	21	61	68	72	52	82				
Coutellerie	2	2	1,5	1	1	1,5	1	1	2	2	3	3	3				
Eaux-de-vie, esprits et liqueurs	75	59	81	71	67	61	86	74	80	93	69	79	96				
Fer, fonte et acier	4	1	1	0,6	1,5	2	2	16	36	30	23	10	7,5				
Fils de coton et fils de laine	22	23	25	32	27	31	29	57	6	8	42	45	35				
Fils de lin ou de chanvre	21	11	9	6	5	6	3	8	13	15	19	12	7				
Fromages et beurres	46	65	72	67	70	78	53	49	61	82	90	96	103				
Fruits de table	17	21	24	28	30	27	31	39	33	26	48	39	30				
Garance	9	12	10	14	22	13	10	12	14	7	5	4	2				
Garancine	9	9	14	17	16	14	9	8	9	7	7	5	2,5				
Graines et fruits oléagineux	9	14	14	16	12	13	19	15	9	9	15	14	11				
Horlogerie	10	9,5	8,5	8,5	8,5	11	7,5	9	15,5	17	17	18	17				
Huile d'olive	9	9	4	5	3,5	3	3	5	5	3,5	2,5	4	4				
Laines	51	33	33	43	36	44	59	105	102	86	104	84	83				
Machines et mécaniques	9	8	8	8	10	15	12	15	26	27	26	25	23				
Orfèvrerie et bijouterie	19	19	17	17	17	20	16	25	35	50	50	60	51				
Outils et ouvrages en métaux	45	38	39	32	35	38	30	42	91	99	93	80	73				
Papier et ses applications	40	37	35	36	38	42	31	33	49	52	52	32	30				
Parfumerie	15	15	17	16	16	17	13	15	17	12	9	7	6				
Peaux brutes et pelleteries	16	14	20	24	18	24	28	37	40	35	39	41	44				
Peaux ouvrées (ouvrages en peaux)	90	87	95	71	53	99	80	91	144	136	147	173	162				
Peaux tannées, corroyées, etc.	62	61	67	68	70	81	71	77	109	95	102	89	83				
Poteries, verres et cristaux	32	33	36	31	37	40	35	41	62	60	58	60	56				
Poissons de mer et poissons marinés	15	21	23	17	21	17	17	21	29	33	26	30	29				
Produits chimiques	54	60	60	51	53	46	31	30	45	45	47	43	44				
Savons	8	6	6	8	11	10	8	10	12	9	9	10	10				
Soies en cocons, écrues, teintes, bourre de soie	101	143	107	115	146	156	181	108	134	100	96	133	135				
Sucre raffiné	74	90	70	67	65	84	83	70	119	121	138	152	133				
Tabletterie, mercerie, boutons	195	202	202	185	175	180	119	129	180	185	185	160	155				
Tissus de coton	94	93	86	57	55	74	60	57	69	77	73	81	75				
Tissus de laine	356	303	302	237	225	268	231	268	314	326	328	346	317				
Tissus de lin ou de chanvre	24	25	31	29	23	18	17	19	23	25	29	35	32				
Tissus de soie et de fleuret	408	428	468	423	452	447	485	483	437	478	415	376	297				
Vins	234	260	258	245	234	261	223	235	273	281	229	247	228				

Nous exportons :

Des *céréales,* savoir, du blé en Angleterre, en Suisse, en Belgique, en Allemagne ;

Du *seigle* en Allemagne, en Belgique, en Norvége, dans les Pays-Pas ;

Du *maïs* en Angleterre, en Algérie et en Suisse ;

De l'*orge* en Angleterre, dans les Pays-Bas, la Belgique et en Algérie ;

Du *sarrasin* en Angleterre et dans les Pays-Bas ;

De l'*avoine* en Angleterre, en Allemagne, en Belgique, puis en Suisse ;

Des *farines* en Angleterre, en Allemagne, en Belgique, en Suisse, en Algérie, dans la Guyane française. L'exportation des céréales est variable. En 1875, la France en a exporté pour 203 millions de francs, et pour 141 millions en 1876.

Nous exportons des *pommes de terre* en Angleterre, en Belgique, en Suisse, en Égypte, au Brésil, à Rio-de-la-Plata, en Algérie.

Les *légumes secs* s'exportent en Belgique, en Algérie, en Angleterre.

La France fournit des légumes et des fruits de primeur à l'Angleterre, l'Allemagne, l'Autriche et la Russie, mais les produits italiens, perfectionnés par la culture, font aux nôtres, dans ces pays, une rude concurrence.

Nous exportons beaucoup *de marrons* en Angleterre.

L'Angleterre, la Belgique, la Suisse, l'Algérie nous demandent beaucoup de *fruits de table.* (29 à 39 millions de francs.)

Les *amandes, noix, noisettes,* sont exportées en Angleterre, aux villes anséatiques, aux États-Unis, en Algérie, en Allemagne, en Russie, en Belgique, dans les Pays-Bas.

Nous exportons du *sucre* raffiné ou des sucres bruts et assimilés aux raffinés, en Angleterre, en Italie, en Turquie, en Algérie, à Rio-de-la-Plata, au Chili, en Suisse, en Grèce, en Égypte, aux États-Barbaresques, à l'Uruguay, en Russie, en Suède et Norvége, en Danemark, en Belgique, en Espagne, en Autriche, au Sénégal. La France peut devenir le plus grand pays exportateur du sucre du monde ; car dans 10 ans sa production, qui est en ce moment de 350 millions de kilogrammes, pourra facilement s'élever à 1 milliard de kilogrammes. L'exportation varie de 150 à 200 millions de francs.

Les *vins* s'exportent en Angleterre, en Belgique, en Russie, en Allemagne, aux Pays-Bas, en Italie, en Suisse, en Algérie, en Égypte, au Brésil, à l'Uruguay, à la Plata, aux États-Unis, etc. L'exportation varie de 228 à 300 millions de francs. Les vins italiens font déjà concurrence à ceux de la France.

Les *eaux-de-vie* s'exportent en Angleterre, en Algérie, sur la côte occidentale d'Afrique, dans les possessions anglaises et espagnoles d'Amérique, à la Plata, aux États-Unis, en Australie, dans les Indes anglaises, en Suisse, en Suède, en Norvége, etc. L'exportation varie de 80 à 96 millions de francs.

L'*alcool pur*, vers l'Italie, en Suisse, en Algérie, en Belgique, et en Allemagne, etc.

Les *liqueurs* vont à la Plata, dans l'Uruguay, en Algérie, en Suisse, en Angleterre. (5 à 7 millions de francs.)

Les *huiles d'olive*, en Belgique, en Angleterre, en Italie, aux États-Unis, en Suisse, en Turquie, en Égypte, dans les possessions anglaises de l'Amérique du Nord, à la Guadeloupe, à la Martinique, à la Réunion, etc. (4 millions de francs.)

Les *truffes*, à l'Allemagne, l'Angleterre, la Belgique, la Suisse et les États-Unis. (7 à 8 millions.)

Les *tourteaux*, en Angleterre, en Belgique.

Les *fourrages* s'exportent en Allemagne, en Belgique, en Angleterre, en Suisse, en Algérie, etc., (4 à 6 millions de francs.)

Les *bois de construction* s'expédient en Allemagne, en Belgique, en Angleterre, etc. (29 à 30 millions de francs.)

Nous exportons des *gommes pures exotiques* en Angleterre, en Russie, en Allemagne, aux Pays-Bas, en Belgique, en Espagne, en Italie, en Suisse, aux États-Unis. (5 millions de francs en 1876.)

Les *résines indigènes*, en Allemagne, en Belgique, en Angleterre, en Suède, aux villes anséatiques, en Suisse, en Italie, en Espagne, en Autriche, etc. (3 à 5 millions de francs.)

Le *houblon*, à la Belgique, à l'Angleterre et à l'Allemagne. (3 à 8 millions de francs.)

La France exporte aussi des bestiaux en Angleterre, en Espagne, etc. (43 à 48 millions de francs.)

Fibres textiles.

Fibres textiles.

Nous exportons de la *soie* en Suisse, en Angleterre, en Allemagne, en Espagne, en Italie, et aux États-Unis. Cette exportation dépasse 135 millions de francs en 1876.

Le *coton* s'exporte en Suisse, en Allemagne, en Espagne, en Italie. (52 à 82 millions de francs.)

La *laine* en masse s'exporte en Allemagne, en Belgique, en Angleterre, aux États-Unis, en Italie, en Suisse, dans les Pays-Bas. (80 à 85 millions de francs.)

Le *chanvre*, en Belgique; le *lin*, en Belgique, en Angleterre, en Espagne.

Produits fabriqués.

Produits fabriqués.

L'exportation des objets fabriqués s'est élevée en 1872 à 2,056 millions de francs, à 2,139 millions en 1875, et à 1,932 millions en 1876. Nos industriels ont su se créer au delà des frontières un débouché assez large pour y écouler plus de 2 milliards de francs de leurs produits, tandis que le travail étranger, y compris l'Alsace-Lorraine, ne peut écouler sur notre marché que pour un demi-milliard de produits fabriqués sur 3,950 millions d'importation (1876.)

Paris est pour l'exportation des objets manufacturés le grand marché de la France et même du continent. Ces articles trouvent leurs principaux débouchés en Europe et dans les deux Amériques; ils s'écoulent peu en Afrique et très-peu en Asie et en Océanie.

Les *tissus* principaux exportés sont :

Les *tissus de soie,* qui s'écoulent en Angleterre, en Suisse, aux États-Unis, en Allemagne, en Italie, en Belgique, en Espagne, en Algérie, en Turquie, au Brésil, etc. On voit que les soieries françaises vont dans le monde entier; mais les principaux pays consommateurs sont, en premier lieu, l'Angleterre, puis les États-Unis d'Amérique, et, au troisième rang, l'Europe centrale (Allemagne, Autriche). En 1873, l'exportation s'est élevée à 478 millions de francs; mais elle est tombée à 377 millions en 1875 et à 297 millions en 1876.

Les *tissus de laines* s'exportent en Angleterre, aux États-Unis, en Suisse, en Italie, en Turquie, dans l'Uruguay, à la Plata, au Chili, en Algérie, en Belgique, en Espagne, etc. L'exportation varie de 310 à 346 millions de francs.

Les *tissus de coton* vont en Suisse, en Angleterre, en Italie, au Brésil, en Algérie, en Belgique, en Allemagne, en Turquie, en Égypte, dans les Indes, en Chine, au Japon. (75 à 80 millions de francs.)

Les *tissus de lin* ou *de chanvre* s'écoulent en Algérie, dans les colonies françaises, en Espagne, en Italie, en Suisse, en Allemagne, en Belgique, en Angleterre. (30 à 35 millions de francs.)

Les *fils de lin, de chanvre* (7 millions), *de coton* (4,500,000 fr.), *de laine* (30 à 39 millions de francs), s'écoulent en Belgique, en Espagne, en Italie, en Suisse, en Turquie, en Allemagne, en Algérie, au Chili et au Pérou.

Articles de toilette.

Articles de toilette.

Les *confections, lingerie,* s'écoulent en Angleterre, aux Antilles, dans l'Amérique du Sud, aux États-Unis, en Égypte, etc. (86 à 94 millions de francs.)

Les *nattes* et *chapeaux* vont en Angleterre, au Brésil, à la Plata, au

Chili, en Égypte, en Turquie, en Suisse, en Espagne, en Grèce, en Italie, aux États-Unis. (27 millions de francs.)

Les *chapeaux de feutre* (10 millions de francs) s'écoulent dans les mêmes pays.

La *parfumerie* s'expédie en Belgique, en Angleterre, en Allemagne, au Brésil, dans l'Uruguay, à la Plata, au Chili, en Algérie, dans les possessions espagnoles d'Amérique. (6 à 7 millions de francs.)

Les *objets de mode* vont en Angleterre, en Allemagne, en Belgique, au Brésil, en Algérie.

Produits chimiques.

Produits chimiques.

Les *produits chimiques* s'exportent en Belgique, en Suisse, en Allemagne, etc., etc. (32 millions de francs.)

L'*acide stéarique* et *les bougies* s'expédient en Égypte, en Turquie, en Algérie, en Suisse, en Italie, en Espagne. (8 millions de francs en 1875 et 4 millions en 1876.)

L'*amidon,* en Suisse, en Allemagne, en Angleterre, en Espagne, en Égypte, en Algérie.

Les *savons* s'exportent en Belgique, dans les Pays-Bas, en Espagne, en Italie, en Suisse, en Turquie, en Égypte, dans les possessions anglaises d'Afrique, en Algérie, au Chili, au Pérou, dans les colonies françaises, aux États-Unis, etc. (9 à 12 millions de francs.)

Les *médicaments,* en Belgique, en Espagne, en Suisse, en Italie. (10 à 11 millions de francs.)

L'*indigo,* la *garance,* la *garancine,* en Belgique, en Angleterre, en Russie, en Italie, en Suisse, en Allemagne, aux États-Unis. L'exportation de la garance et de la garancine va en diminuant d'année en année. Elle était de 9 millions en 1875, mais seulement de la moitié en 1876.

Le *safran* s'exporte en Allemagne, en Suisse et aux Indes anglaises.

Les alcalis, potasses, soudes, s'exportent en Belgique, en Angleterre et en Espagne. (7 à 8 millions de francs.)

Peaux.

Peaux.

Les *peaux brutes* et les *pelleteries* vont en Angleterre, en Belgique, en Allemagne, en Italie, aux Pays-Bas. L'exportation varie de 40 à 44 millions de francs.

Les *peaux préparées* s'exportent en Angleterre, aux États-Unis, en Algérie, en Italie, en Belgique, en Allemagne, etc. (80 à 100 millions de francs.)

Les *ouvrages en peaux* ou *en cuir* s'exportent au Brésil, en Angleterre, en Egypte, au Japon, à la Plata, au Pérou, en Algérie, etc. L'exportation s'est élevée en 1875 à 173 millions de francs, et à 163 millions en 1876.

Produits de l'industrie en métaux :

Produits de l'industrie en métaux.

Les *outils* et autres ouvrages en métaux vont en Italie, en Angleterre, etc. (73 à 80 millions de francs.)

Les *machines et mécaniques* s'écoulent en Belgique, en Italie, en Espagne, en Allemagne, en Suisse, en Turquie, en Égypte, en Algérie et dans les colonies. (20 à 26 millions de francs.)

L'*orfévrerie* et la *bijouterie* s'expédient en Angleterre, en Allemagne, en Suisse, en Italie, en Espagne, aux États-Unis, au Brésil, en Turquie et en Égypte. (50 à 60 millions de francs.)

L'*horlogerie* est demandée en Angleterre, en Italie, en Espagne, en Belgique, aux États-Unis, en Algérie et dans le Levant. (15 à 18 millions de francs.)

Produits d'industries diverses :

Produits d'industries diverses.

Le *papier* s'exporte en Angleterre, en Espagne, en Turquie, dans les Indes anglaises, aux États-Unis, au Mexique, au Brésil, à la Plata, au Pérou, au Chili, dans l'Uruguay, en Algérie et aux Colonies. (27 à 33 millions de francs, dont 9 millions pour papier de tenture.)

Les *poteries, verres* et *cristaux* s'expédient en Italie, dans le Levant, en Belgique, en Angleterre, en Espagne, en Suisse, au Brésil, au Chili, dans l'Uruguay, en Algérie, aux États-Unis, etc. (30 à 35 millions de francs de verres et cristaux et 15 à 17 millions de faïences et porcelaines.)

Les *instruments de musique* vont en Angleterre, aux États-Unis, en Belgique, etc. (11 à 13 millions de francs.)

La *mercerie*, la *tabletterie* s'exportent beaucoup en Angleterre, en Belgique, en Allemagne, en Italie, en Espagne, aux États-Unis, en Turquie, en Égypte, en Algérie, à la Plata, dans l'Uruguay, au Brésil, etc. (113 à 120 millions de francs en 1875 et 1876 ; 153 millions de francs en 1873.)

La *bimbeloterie* va en Angleterre, en Espagne, aux États-Unis, etc. (20 millions de francs en 1876.)

Les *meubles* s'expédient en Angleterre, en Allemagne, en Turquie, en Algérie, au Brésil, dans l'Uruguay, à la Plata, au Chili, au Pérou, en Suisse, en Égypte, en Belgique, en Espagne, en Portugal, etc. (29 millions de francs en 1876.)

Les *meules à moudre*, aux États-Unis, en Allemagne. (5 à 6 millions de francs.)

La *chaux*, en Égypte, en Algérie, en Italie, en Espagne, en Allemagne.

La *houille*, en Italie, en Suisse, etc. (14,367,000 francs en 1876.)

Métaux précieux.

Métaux précieux.

Du 1er janvier 1863 au 1er janvier 1877,

Il est entré en France................ 9,253 millions de francs de métaux précieux,
et il en est sorti.................... 5,277 — — —

Le stock métallique s'est donc grossi en
16 ans de........................... 3,976 millions de francs.

Résumé du commerce spécial.

RÉSUMÉ DU COMMERCE SPÉCIAL DE LA FRANCE DEPUIS 1863,

en millions de francs.

ANNÉES	Importation et exportation.	Mouvement des métaux précieux.	TOTAL	ANNÉES	Importation et exportation.	Mouvement des métaux précieux.	TOTAL
1863....	5.063	1.120	6.183	1870....	6.956	677	7.633
1864....	5.452	1.391	6.843	1871....	6.258	814	7.072
1865....	5.729	1.092	6.821	1872....	7.126	733	7.859
1866....	5.973	1.618	7.591	1873....	7.342	1.079	8.421
1867....	5.851	1.101	6.952	1874....	7.209	1.111	8.320
1868....	6.092	1.051	7.143	1875....	7.409	1.094	8.503
1869....	6.228	911	7.139	1876....	7.520	970	8.490

Commerce de la France avec les principaux pays.

Commerce avec l'Angleterre.

1° Avec l'*Angleterre*. — La France va chercher en Angleterre du coton en laine, de la houille, des laines de toute sorte, de la soie et bourre de soie, de la gutta-percha et du caoutchouc bruts, du café, du cuivre pur, de l'étain, du fer, de la fonte, des fils de coton, de jute, de laine, de lin, de chanvre, de poil de chèvre, des machines, des outils, des ouvrages en peaux, des tissus de coton, des tissus de laine, de lin et de chanvre, des tissus de soie.

Elle exporte en Angleterre : des graines à ensemencer, de la soie et bourre de soie, des bestiaux, du beurre, des céréales, des eaux-de-vie et liqueurs, des fruits de table, des vins, du sucre de betterave, des sirops, confitures et bonbons, des œufs, de la mercerie, des modes, des ouvrages en cuir, des tissus de laine, des soieries, des vêtements, etc.

Le commerce entre la France et l'Angleterre dépasse 1 milliard et demi ; l'exportation de France est beaucoup plus forte que l'importation d'Angleterre.

Commerce avec la Belgique.

2° Avec la *Belgique*. — La France va chercher en Belgique du coke, de la houille, des laines, du lin teillé, des marbres, des matériaux à bâtir,

PAYS AVEC LESQUELS LA FRANCE FAIT LE PLUS DE COMMERCE

LES PAYS QUI FONT LE PLUS DE COMMERCE AVEC LA FRANCE SONT LES SUIVANTS :

(Commerce spécial. Valeurs en millions de francs.)

NOMS des pays de provenance et de destination.	ANNÉE 1869			ANNÉE 1872			ANNÉE 1873			ANNÉE 1874			ANNÉE 1875		
	Importation en France.	Exportation de France.	Total.	Import.	Export.	Total.	Import.	Export.	Total.	Import.	Export.	Total.	Import.	Export.	Total.
Angleterre	551,3	909,6	1,460,9	666,0	936,0	1,602	596,8	925,0	1,521,8	595,8	992,4	1,588,2	624	1,067	1,691
Belgique	315,8	295,0	610,8	440	478	918	474,5	470,1	944,6	409,3	523,6	932,9	439	527	966
Italie	318,4	220,9	539,3	375,2	228,9	604,1	345,9	229,8	575,7	288,9	204,2	493,1	323	219	542
Suisse	133,0	261,3	394,3	97,4	294,5	391,9	91,8	337,2	429	96,2	299,7	395,9	94	315	409
Allemagne	230,1	253,4	483,5	211,6	409,6	621,2	311,1	463,2	774,3	315,5	413,6	729,1	349	427	776
États-Unis	174,5	192,8	367,3	204,7	332,5	537,2	199,5	291,3	490,8	241,6	296,4	538	190	264	454
Espagne	103,7	96,7	200,4	123,5	112,8	236,3	141	110,1	251,1	129,9	139,2	269,1	94	141	235
Turquie	142,5	81,4	223,9	159,4	81,5	240,9	173,9	83,9	257,8	170,8	82,0	252,8	123	76	199
Indes anglaises	137,6	10,5	148,1	101,1	4,6	105,7	77,0	6,2	83,2	104,6	5,4	110	130	8	138
Russie	102,3	30,6	132,9	120,4	41,5	161,9	136,8	40,6	177,4	183,2	36,1	219,3	197	47	244
Égypte	48	50,8	98,8	48,7	40,1	88,8	46,3	44,5	90,8	52,9	39,3	92,2	37	42	79
Brésil	59	74,1	133,1	40,4	78,4	118,8	54,9	72,1	127	46,1	67,5	113,6	51	73	124
La Plata	99,2	68,9	168,1	103,8	101,3	205,1	105,1	95,8	200,9	97,5	56,5	154	91	75	166
Uruguay	53,5	35,3	88,8	49,0	46,4	95,4	41,8	36,6	78,4	37,1	23,8	60,9	40	14	54
Chine, Cochinchine, Japon et Océanie	72,1	17	89,1	92,4	24	116,4	77,6	26,1	103,7	101,5	20,5	122	117	26	143
Colonies franç.	116,0	55,8	171,8	110,6	66,2	176,8	113,6	58,8	172,4	102,8	53,2	156	106	53	159
Algérie	63,7	129,5	193,2	138,1	140,6	273,7	148,6	140,3	288,9	112,9	135,6	248,5	109	146	255

des minerais de fer, des peaux brutes, des bestiaux, du beurre, du houblon, des fils de lin et de chanvre, des fils de laine et d'alpaga, des tissus de lin et de chanvre, des tissus de laine et de coton, du zinc (8 millions et demi de francs).

La France exporte en Belgique des bois communs, du coton, des laines, du lin, des bestiaux, du beurre, des céréales, du houblon, des fruits, des vins, du papier, des fils de laine, de la mercerie, des tissus de laine et de soie.

Commerce avec l'Allemagne.

3° Avec l'*Allemagne*. — La France cherche en Allemagne des bois communs, de la houille, des laines, des peaux brutes, des pelleteries, des bestiaux, des chevaux, des tissus de soie et de laine.

La France exporte dans ce pays des bois communs et exotiques, des laines, de la soie, des céréales, du houblon, des vins ordinaires, des tissus de soie et de laine, des vêtements, de la mercerie, des fils de toute sorte, des ouvrages en peaux, etc.

Commerce avec l'Italie.

4° Avec l'*Italie*. — La France cherche en Italie de l'albâtre, du marbre, (blanc et autre), du minerai de fer, du chanvre, des bois communs, des cheveux, du coton en laine, de la soie, des cocons, du soufre brut, du sumac, du tabac, des peaux brutes, des bestiaux de la Sardaigne, des citrons et oranges, du riz en grains, des pâtes d'Italie, de l'huile d'olive, du vin, des poissons, des chapeaux de paille, du corail.

La France exporte en Italie des bois, du coton en laine, des peaux brutes, de la soie, des vins, du sucre raffiné, de la mercerie, des tissus de laine, de soie et de coton, etc.

Commerce avec la Suisse.

5° Avec la *Suisse*. — La France cherche en Suisse des bois communs, du coton en laine, des soies, des bestiaux, du beurre, des fromages, des peaux et pelleteries, de l'horlogerie, de l'orfévrerie, des tissus de soie et de coton.

Nous exportons en Suisse du coton, des soies, de la houille, des bestiaux, des céréales, des vins, du sucre raffiné, de l'orfévrerie, des tissus de soie, de laine, de coton, etc.

Commerce avec la Hollande.

6° Avec la *Hollande*. — La France importe de ce pays du café, des fromages, du poisson, de l'étain, du zinc.

Elle exporte dans les Pays-Bas du coton en laine, des céréales, des vins, des tissus de laine et de soie, etc.

Commerce avec l'Autriche.

7° Avec l'*Autriche*. — La France importe de ce pays des bois communs, des laines, des peaux brutes, du tabac, des céréales, des légumes secs.

Elle y exporte des tissus de laine et de soie, de la mercerie.

Le commerce de la France avec l'Autriche n'est pas développé ; il s'élève à environ 81 millions de francs en 1875 ; il s'est accru depuis 1873.

8° Avec les *États-Unis.* — Ces États envoient en France du coton, du tabac, du pétrole, des graisses, des blés, et la France leur expédie des tissus de soie, des vins, des tissus de laine, etc. Commerce avec les États-Unis.

9° Avec l'*Algérie.* — L'Algérie demande surtout à la France des tissus, de la passementerie et des rubans de coton, de lin, de soie et de laine, puis des vins, du sucre raffiné, des vêtements, des outils, des métaux, de la houille, etc. Commerce avec l'Algérie.

Elle envoie à la métropole des céréales, des laines en masse, des brebis et moutons, du minerai de fer et des produits agricoles de toute nature, précieux pour les industries textiles, chimiques et autres.

TABLEAU DU COMMERCE EXTÉRIEUR DE LA FRANCE. Commerce extérieur de la France.

(Valeurs actuelles exprimées en *millions de francs.*)

ANNÉES	COMMERCE GÉNÉRAL			COMMERCE SPÉCIAL		
	Importations.	Exportations.	Total.	Importations.	Exportations.	Total.
1856...	2.268	2.320	4.588	1.521	1.627	3.148
1859...	2.148	2.756	4.904	1.404	1.998	3.402
1860...	2.393	2.949	5.342	1.585	2.091	3.676
1861...	3.085,4	2.660,2	5.745,6	2.442,3	1.926,3	4.368,6
1862...	2.899,2	3.049,9	5.949,1	2.198,6	2.242,7	4.441,3
1863...	3.236,4	3.526,4	6.762,8	2.426,4	2.642,6	5.069,0
1864...	3.407,4	3.921,2	7.328,6	2.528,2	2.924,2	5.452,4
1865...	3.527,4	4.086,5	7.613,9	2.641,8	3.088,4	5.730,2
1866...	3.845,1	4.281,0	8.126,1	2.793,5	3.180,6	5.974,1
1867...	4.030,8	3.934,2	7.965,0	3.026,5	2.825,9	5.852,4
1868...	4.258,2	3.720,9	7.979,1	3.303,7	2.789,9	6.093,6
1869...	4.008,7	3.993,6	8.002,3	3.153,1	3.074,9	6.228,0
1870...	3.497,8	3.455,8	6.953,6	2.867,4	2.802,1	5.669,5
1871...	3.953,4	3.278,0	7.231,4	3.566,7	2.872,5	6.439,2
1872...	4.501,6	4.756,6	9.258,2	3.570,3	3.761,6	7.331,9
1873...	4.576,4	4.822,3	9.398,7	3.554,8	3.787,3	7.342,1
1874...	4.422,5	4.702,1	9.124,6	3.507,7	3.701,1	7.208,8
1875...	4.461,8	4.807,0	9.268,8	3.536,7	3.872,6	7.409,3
1876...						
1877...						
1878...						
1879...						
1880...						

Commerce par terre et commerce par mer.

COMMERCE PAR MER ET COMMERCE PAR TERRE. (*Commerce général.*)

(Valeurs actuelles exprimées en *millions de francs.*)

ANNÉES	COMMERCE PAR MER			COMMERCE PAR TERRE			TOTAL par terre et par mer.
	Importations.	Exportations.	Total.	Importations.	Exportations.	Total.	
1870...	2.552,2	2.572,6	5.124,8	945,6	883,2	1.828,8	6.953,6
1871...	2.795,0	2.361,4	5.156,4	1.158,4	916,6	2.075,0	7.231,4
1872...	2.905,0	3.282,0	6.187,0	1.596,6	1.474,6	3.071,2	9.258,2
1873...	2.982,6	3.169,1	6.151,7	1.593,8	1.653,2	3.247,0	9.398,7
1874...	2.912,5	3.103,5	6.016,0	1.510,0	1.598,6	3.108,6	9.124,6
1875...	2.893,2	3.206,6	6.099,8	1.568,6	1.600,4	3.169,0	9.268,8
1876...							
1877...							
1878...							
1879...							
1880...							

Importations temporaires.

Importations temporaires. — *L'admission temporaire* est la faculté de disposer, pendant un certain laps de temps, d'une marchandise étrangère sans payer les droits auxquels elle est soumise d'après les tarifs ; mais on entend plus spécialement par *admission temporaire* l'importation en franchise de certains produits étrangers destinés à être renvoyés à l'étranger après avoir subi en France ou une fabrication complète, ou simplement un complément de main-d'œuvre. C'est la loi du 5 juillet 1836 qui a introduit ce régime dans notre législation, en vue de favoriser le travail national, sans affaiblir le système protecteur.

L'exécution de l'engagement de réexporter après un temps limité le produit fabriqué est garantie par un *acquit-à-caution.*

L'acquit-à-caution (excise-bond) est un imprimé délivré par les employés des administrations des douanes, des contributions indirectes et des octrois, pour permettre de faire circuler certaines marchandises qui n'ont pas encore payé les droits ou d'en disposer temporairement moyennant l'engagement de remplir le but proposé dans un délai déterminé. L'exécution de cet engagement est garantie par une caution solidaire. Dans le cas où la réexportation ou la mise en entrepôt ne sont pas effectuées dans le délai déterminé, le soumissionnaire est tenu au paiement d'une amende égale au quadruple des droits dont les objets importés sont passibles. Les matières premières doivent toujours recevoir la destination en vue de laquelle elles ont été admises. On ne peut les déclarer pour le commerce intérieur en acquittant les droits généraux du tarif.

NOMENCLATURE DES MARCHANDISES ADMISES TEMPORAIREMENT.

PRODUITS IMPORTÉS	PRODUITS RÉEXPORTÉS	PRODUITS IMPORTÉS	PRODUITS RÉEXPORTÉS
Blé	Farine de froment.	Plomb brut	Plomb raffiné et ouvrages en plomb.
Riz à décortiquer	Riz en grains ou nettoyé.	Suif brut	Bougies, acide stéarique ouvré, acide oléique.
Chapeaux de paille	Chapeaux de paille apprêtés.	Sucre et cacao	Chocolat.
Cylindres de cuivre	Cylindres de cuivre gravés.	Toile écrue de lin ou de chanvre	Toile unie teinte de lin ou de chanvre.
Foulards en écru	Foulards imprimés.	Tissus de laine pure ou mélangée	Tissus de laine pure ou mélangée, imprimés ou teints.
Graines oléagineuses	Huiles de graines.	Essence de houille	Aniline.
Huiles brutes de graines grasses	Huiles épurées.	Iode brut	Iode raffiné, iodure de potassium.
Huile d'olive brute	Huile d'olive épurée.		
Fonte brute, fer, tôle, acier, cuivre, etc.	Machines et mécaniques, pièces détachées.		

		francs.		francs.
Il a été importé en	1866	pour 100,000,000,	et réexporté en produits manufacturés pour	209,000,000.
—	1869	— 116,000,000	— — —	181,000,000.
—	1873	— 100,000,000	— — —	144,000,000.
—	1874	— 66,000,000	— — —	105,000,000.
—	1875	— 48,610,000	— — —	
—	1876	—	— — —	

Transit. — Le transit est la faculté accordée à certaines marchandises étrangères de traverser un pays sans payer les droits d'entrée ou de sortie. Transit.

La France, par sa position, est l'intermédiaire naturel d'un grand mouvement de marchandises, dont les unes empruntent ses entrepôts pour y séjourner temporairement, dont les autres ne font que traverser son territoire. Le transport était naguère encore gêné par beaucoup de règlements. Les prohibitions étaient nombreuses, on les a réduites à ce que la prudence demande ; les doubles plombages exigés pour toute marchandise ont été supprimés ; les chevaux et les bestiaux marqués ne sont plus marqués. Le plombage n'est plus obligatoire pour les produits qui entrent sans payer de droits et n'en ont à acquitter qu'à la sortie. Au lieu d'un acquit-à-caution, un passavant suffit alors.

Un pays qui entend bien les intérêts de son commerce ne saurait trop favoriser le transit qui lui procure des profits de transports, de courtage et de commission. Le transit a lieu naturellement entre les pays qui, entourant la France, empruntent son territoire pour communiquer entre eux.

Le transit se montait en 1858 à 420 millions de francs, en 1867 à 676 millions, en 1873 à 706 millions, en 1874 à 643 millions, et à 620 millions de francs en 1875. Valeur du transit.

Les principales marchandises transitées sont les tissus de soie, de laine, de coton, de lin ou de chanvre, les soies, la bijouterie, l'horlogerie et l'or- Principales marchandises transitées.

févrerie, les nattes ou tresses de paille, les ouvrages en peau ou en cuir, les céréales, le café, etc.

Comme pays de provenance, la Suisse, l'Allemagne, la Belgique, l'Angleterre, l'Italie, l'Egypte, la Turquie, l'Espagne, figurent au premier rang. Comme pays de destination, l'Angleterre, la Suisse, l'Italie, les Etats-Unis, l'Espagne, l'Allemagne, le Brésil, la Belgique, sont en première ligne.

Entrepôts.

Entrepôts. — On nomme *entrepôt* un local où le commerce est autorisé à déposer temporairement les marchandises importées qu'il a l'intention, soit de réexporter, soit de mettre en transit, soit de ne livrer que plus tard à la consommation. Les déposants n'ont à payer les droits de douane qu'en livrant leurs marchandises à la consommation intérieure; ils ont la faculté de réexporter en franchise et ne supportent alors qu'un droit d'entrepôt ou d'emmagasinage ; dans ce cas alors, le payement des droits de douane n'a pas lieu.

Le payement des droits de douane, opéré au moment même de l'entrée des marchandises sur le territoire français, serait très-onéreux aux commerçants et leur enlèverait un capital quelquefois très-considérable dans le moment où ils en ont nécessairement besoin, puisqu'ils n'ont pas encore réalisé celui placé dans les marchandises qu'ils importent, et que cette réalisation peut souvent demander encore un long intervalle de temps. Sous ce rapport, le payement immédiat des droits de douane serait une très-grande gêne pour les négociants. L'établissement des entrepôts a eu pour but de donner au commerce toutes les facilités compatibles avec les droits de douane et de supprimer les entraves qui nuisaient à la rapidité et à la simplicité que doivent avoir les opérations commerciales. Au moyen des entrepôts, la douane opère le recouvrement des taxes seulement au moment où les marchandises sont livrées à la consommation intérieure, et dès lors quand elles ont été vendues et que leur propriétaire peut payer les droits sans se gêner.

Entrepôt réel.

Il y a deux sortes d'entrepôts : l'*entrepôt réel* et l'*entrepôt fictif*. L'entrepôt est réel quand la marchandise est déposée dans les magasins qui sont désignés pour cet objet par l'autorité. Les entrepôts réels sont donc des magasins publics placés sous la surveillance de la douane et des commerçants. Ils sont fermés à deux clefs, dont l'une est remise à un agent de la douane qui veille à la garde et à la fermeture des magasins, et l'autre à un délégué du commerce qui entretient les entrepôts, en sorte que les marchandises ne puissent sortir sans la permission de ces deux agents.

Les entrepôts ne peuvent être établis que par un décret et à la charge de fournir des magasins convenables, sûrs et réunis en un seul corps de bâtiment.

La loi fixe à trois ans le maximum de la durée du séjour des marchandises dans les entrepôts. Passé ce délai, la douane fait vendre la marchandise pour toucher les droits d'importation et de magasinage qui lui sont dus. Nous avons déjà dit et nous répétons qu'une marchandise en entrepôt est dispensée du payement des droits de douane jusqu'au moment de sa livraison à la consommation, et elle est exemptée des droits si elle est réexportée en temps opportun.

Entrepôt fictif.

L'entrepôt est *fictif* quand la marchandise est déposée dans les magasins du négociant sous la condition que ce dernier représente à toute réquisition la marchandise entreposée ou le certificat d'acquittement des droits auxquels elle est soumise. Les marchandises prohibées ne peuvent jamais être mises en entrepôt fictif. La durée de l'entrepôt fictif ne peut excéder le terme d'une année; mais l'administration de la douane peut accorder une prolongation de délai pour des causes légitimes.

Dans l'entrepôt fictif, les déchets subis par la marchandise pendant le magasinage acquittent en tous cas les droits, ce qui n'a pas lieu dans l'entrepôt réel.

Diverses sortes d'entrepôts réels

Parmi les entrepôts réels, on distingue les entrepôts dans les villes de l'intérieur et des frontières, les entrepôts du prohibé et les entrepôts spéciaux. Plus de 69 villes en France ont des entrepôts. Parmi les villes de l'intérieur qui ont des entrepôts, nous citerons les suivantes : Paris, Lyon, Lille, Valenciennes, Epinal, qui ont des entrepôts pour les marchandises tarifées et pour les marchandises prohibées. Orléans, Toulouse, Chambéry et Douai ont des entrepôts pour les marchandises tarifées.

Villes d'entrepôts.

L'entrepôt des marchandises prohibées est autorisé dans les ports de Marseille, le Havre, Bordeaux, Nantes, Saint-Nazaire, Dunkerque, Calais, Boulogne, Saint-Valery-sur-Somme, Dieppe, Honfleur, Rouen, Caen, Granville, Saint-Malo, Saint-Servan, la Rochelle, Bayonne, Cette et Nice. Marseille, le Havre, Bordeaux, Nantes, Paris, Dunkerque, Rouen, Bayonne, Lyon, Boulogne, possèdent les entrepôts les plus considérables.

On nomme aussi entrepôts de grands centres où les produits sont déposés en attendant que les besoins de la consommation viennent les y faire chercher; c'est ainsi que l'on dit que Liverpool est un grand entrepôt de coton, etc.

Marchandises entreposées.

Le premier rang pour la valeur des marchandises entreposées appartient aux denrées coloniales de consommation (cacao, café, poivre, sucre), aux farineux alimentaires, à la houille, au coton en laine, au tabac en feuilles, au riz, aux graisses, etc., etc. Il est entré dans les entrepôts, en 1875, pour une valeur de 655,853,000 francs de marchandises.

Les douanes.

On appelle *douanes* les points par lesquels entrent et sortent les marchandises du commerce extérieur et où s'acquittent les droits. Le mot désigne aussi l'administration chargée de la perception des droits à l'entrée et à la sortie du territoire, sur certaines marchandises, ainsi que de tout ce qui concerne le transit.

Les douanes sont situées à Paris, à la frontière, dans les ports pour le commerce maritime, aux premières stations de chemins de fer, des cours d'eau et des routes, pour le commerce de terre.

Toutes les marchandises importées ou exportées par terre ou par mer doivent être déclarées à leur arrivée ou à leur sortie dans les lieux où les bureaux de douane sont établis. La valeur à déclarer en douane est la valeur qu'ont les marchandises dans le lieu et au moment où elles sont présentées à la visite.

Renseignements pratiques concernant les douanes.

Il y a deux sortes de déclarations : la déclaration générale ou *manifeste,* et la déclaration de détail. Le manifeste est une déclaration générale qui contient l'état de toutes les marchandises qui se trouvent sur un navire, avec l'indication de leurs marques, nombres, espèces ou nature ainsi que celle du lieu de départ et de destination du navire.

Ce manifeste doit être remis à la douane par le capitaine du navire dans les 24 heures de son arrivée dans le port à moins que la douane ne l'exige plus tôt.

La déclaration de détail que doit faire à la douane tout conducteur de marchandises qui entre en France ou qui en sort, doit énoncer la nature, l'espèce, la qualité, le poids, le nombre, la mesure ou la valeur de ces marchandises, selon qu'elles sont imposées, le lieu du chargement et celui de destination.

Ainsi toute marchandise qui entre en France ou qui en sort doit être présentée au plus prochain bureau et déclarée en douane.

Les déclarations ne peuvent être faites par anticipation à l'arrivée des marchandises. On permet au commerce, pour lui faciliter les moyens de faire exactement ses déclarations, d'examiner au préalable les marchandises, et même d'en prélever des échantillons.

Les déclarations doivent être au moins signées par les déclarants. Elles sont affranchies du timbre et elles doivent contenir toutes les indications nécessaires pour l'application du tarif.

Les déclarations faites et déposées ne peuvent être modifiées qu'en ce qui concerne le poids, le nombre, la mesure ou la valeur. On n'a que 24 heures pour faire ces modifications.

Les employés peuvent liquider les droits sur les déclarations, sans procéder à la vérification des marchandises.

Les déclarations une fois déposées, les droits doivent être acquittés.

Toute marchandise non déclarée en détail dans les trois jours de son arrivée doit être mise au dépôt.

C'est toujours la valeur réelle, au moment de la déclaration de mise en consommation, qui doit servir de base à la liquidation des droits.

Si la valeur est contestée, la douane pourra ou préempter, ou procéder à une expertise, que l'importateur a le droit de demander aussi bien que la douane.

Les experts seront nommés, l'un par la douane, l'autre par le déclarant; s'il y a nécessité d'un tiers arbitre, celui-ci sera nommé par le président du tribunal de commerce.

Préemption.

Si la douane croit les marchandises mésestimées, elle a le droit de les retenir, en payant à l'importateur le prix porté sur la déclaration augmenté de 5 pour 100. L'importateur peut dans ce cas, réclamer par écrit, et aussitôt la reconnaissance des marchandises, l'intervention d'experts. La douane a le même droit, si elle ne veut pas préempter. La décision arbitrale doit être rendue dans les quinze jours.

Si la valeur arrêtée par les experts est reconnue exacte, ou ne fait ressortir qu'une mésestimation inférieure à 5 pour 100, la liquidation porte sur la valeur. Si l'atténuation est reconnue être de 5 pour 100 au plus, sans atteindre 10 pour 100, la douane peut préempter, ou recouvrer les droits sur la valeur reconnue; si le résultat de l'expertise accuse une mésestimation de 10 pour 100 au plus, la douane peut préempter, ou percevoir le droit sur la valeur reconnue, augmenté de 50 pour 100 à titre d'amende. Si la douane veut préempter, elle le notifiera dans les 24 heures qui suivront soit la visite, soit l'expertise. La valeur de la marchandise déclarée, et le vingtième en sus, seront payés à l'importateur quinze jours au plus tard après la préemption.

Les frais d'expertises sont supportés par le déclarant si la valeur déterminée par les experts excède celle déclarée de 5 pour 100; dans le cas contraire ils sont payés par la douane. En cas de contestation sur le chiffre de ces frais, ils seront arbitrés par le président du tribunal.

Marchandises les plus imposées à l'importation.

Les droits perçus à l'importation portent principalement sur le café, le sucre exotique, les pétroles, les tissus de coton, la houille, le cacao, les tissus de laine, le poivre, les fils de coton, les machines et mécaniques, etc.

DROITS D'ENTRÉE SUR LES PRINCIPALES MARCHANDISES.

(Valeurs exprimées en *millions de francs*.)

DÉSIGNATION DES MARCHANDISES	DROITS PERÇUS								
	1870	1871	1872	1873	1874	1875	1876	1877	1878
Café	38,9	40,1	25,0	67,6	60,7	75,0	83,5		
Sucre des colonies	29,1	28,9	31,4	37,5	32,7	37,8	31		
Sucre étranger	19,2	22,7	16,2	31,9	12,4	23,8	30		

DÉSIGNATION DES MARCHANDISES	DROITS PERÇUS 1870	1871	1872	1873	1874	1875	1876	1877	1878
Huiles et essences de pétrole.......	0,5	4,9	10.6	12,4	12,4	12,9	18		
Tissus de coton..........	2,0	3,9	7,7	6,1	7,7	11.2	10		
Houille..........	6,6	6,7	8,6	9,0	8,3	9.2	9		
Cacao..........	3,7	4,3	3,4	7,4	7,9	9,1	10		
Tissus de laine..........	5,7	7,7	8,9	5,9	6,5	7,8	8		
Poivre et piment..........	0,6	2,2	0,4	3,6	3,9	3,3	5		
Fils de coton..........	0,8	1,7	1,9	2,6	2,1	3,1	4		
Machines et mécaniques..........	0,8	0,9	1,6	1,8	1,9	2,1	2,3		
Céréales..........	2,6	6,2	2,3	2,8	4,7	1,9			
Tissus de lin ou de chanvre..........	1,3	1,7	1,7	1,3	1,2	1,4	1,5		
Fonte brute..........	0,3	0,8	1,0	1,1	0,6	1,2			
Vitrifications..........	0,3	0,3	0,9	1,1	1,3	1,1			
Outils et autres ouvrages en métaux.	0,7	0,7	1,0	1,0	1,1	1,1			

Revenus des douanes.

Les douanes et les contributions indirectes ont produit les revenus indiqués dans le tableau suivant pour diverses années :

TABLEAU DES REVENUS DES DOUANES ET DES CONTRIBUTIONS INDIRECTES

en *milliers de francs.*

Revenus des contributions indirectes.

1° SERVICE DES DOUANES.	1869	1872	1873	1874	1875	1876
Droits de douanes à l'importation..........	120,281	145,769	218,154	189,067	228,458	246,459
Droits de douanes à l'exportation..........	164	466	342	397	353	272
Droits de statistique...	»	5,672	5,500	5,408	5,845	5,940
Droits de navigation...	309	3,614	4,421	4,609	4,718	5,179
Droits et produits divers des douanes........	1,577	2,556	2,852	2,779	3,986	3,569
Taxe de consommation sur les sels.........	22,281	23,469	25,925	20,323	24,548	25,343
Total........	144,612	181,546	257,194	222,583	267,908	286,762
2° SERVICE DES CONTRIBUTIONS INDIRECTES.						
Boissons et droits de fabrication des bières...	246,074	289,345	327,464	347,163	384,412	397,362
Sels................	10,616	8,754	9,777	7,893	10,460	12,345
Sucre indigène (droit de fabrication)..........	62,550	59,674	103,463	107,300	119,333	117,879
Droits divers et recettes à différents titres.....	33,554	135,964	135,958	168,478	217,232	178,678
Vente des tabacs......	254,327	268,477	290,951	298,787	312,433	322,347
Vente des poudres.....	13,121	9,354	11,463	12,303	13,577	13,882
Total..........	620,225	771,568	879,078	941,924	1,057,447	1,042,493
Report..........	144,612	181,546	257,194	222,583	267,908	286,762
Total général des perceptions..........	764,837	953,114	1,136,272	1,164,507	1,325,355	1,329,255
A déduire les dépenses pour primes ou drawbacks..........	233	164	228	265	261	289
Reste acquis au Trésor.	764,604	952,950	1,136,044	1,164,242	1,325,094	1,328,966

Comme droit de statistique, la douane perçoit : 10 centimes par colis ; 10 centimes par 1,000 kilog. sur les marchandises en vrac ; 10 centimes par tête sur les animaux vivants ou abattus des espèces chevalines, bovines, ovines, caprines et porcines.

Droit de statistique.

Ce droit est perçu tant à l'entrée qu'à la sortie.

Les bureaux de douanes les plus importants sont ceux de Marseille, du Havre, de Nantes, de Paris, de Bordeaux, de Boulogne, de Dunkerque, de Rouen, etc.

MOUVEMENT DES MARCHANDISES

POUR CHACUNE DES PRINCIPALES DOUANES DE FRANCE

(Valeurs actuelles en *millions de francs*.)

Désignation des douanes.	1875						1876					
	COMMERCE GÉNÉRAL			COMMERCE SPÉCIAL			COMMERCE GÉNÉRAL			COMMERCE SPÉCIAL		
	Import.	Export.	Total.	Import.	Export.	Total.	Import.	Export.	Total.	Import.	Export.	Total.
Marseille..	1.020,7	786,4	1.807,1	722,1	500,3	1.222,4						
Le Havre..	761,5	774,3	1.535,8	509,2	589,8	1.099,0						
Paris......	337,2	518,5	855,7	342,6	506,3	848,9						
Boulogne..	295,5	300,0	595,5	165,4	164,7	330,1						
Bordeaux .	215,3	349,7	565,0	170,7	318,5	489,2						
Dunkerque.	236,3	80,5	316,8	227,0	69,9	296,9						
Jeumont...	83,7	59,8	143,5	77,2	43,7	120,9						
Tourcoing.	68,3	72,0	140,3	67,6	70,9	138,5						
Dieppe....	35,1	98,7	133,8	31,5	93,4	124,9						
Cette......	71,6	58,2	129,8	64,3	52,7	117,0						
St-Nazaire.	41,9	70,4	112,3	26,3	51,4	77,7						
Calais.....	65,4	45,1	110,5	62,8	40,6	103,4						
Rouen.....	59,7	47.9	107,6	66,3	46,4	112,7						
Nantes....	57,9	43.1	101,0	56,0	41,0	97,0						
Embermé-nil......	41,9	38,2	80,1	40,0	36,3	76,3						
Lille......	45,6	30,9	76,5	51,1	28,8	79,9						
Roubaix...	27,7	40,1	67,8	28,2	39,9	68,1						
Pagny.....	29,5	32,1	61,6	28,7	30,4	59,1						
Belfort....	41,4	16,3	57,7	40,6	14,2	54,8						
Nice......	44,6	2,3	46,9	22,7	1,1	23,8						
Bayonne...	10,4	29,0	39,4	6,2	22,3	28,5						
Valenciennes.....	10,7	11,0	21,7	10,2	8,1	18,3						
Lyon......	10,7	1,5	12,2	12,7	0,3	13,0						
Ile de Corse.......	2,2	4,6	6,8	3,3	4,6	7,9						
Autres douanes.....	847,0	1.296,4	2.143,4	704,0	1.097,0	1.801,0						
Totaux....	4.461,8	4,807,0	9.268,8	3.536,7	3.872,6	7.409,3						

Les pays étrangers avec lesquels la France entretient le plus de relations maritimes sont l'Angleterre, l'Italie, la Turquie, l'Espagne, la Russie, l'Egypte, les États-Unis, la Norvége, la Suède, le Brésil, les villes anséatiques, l'Autriche, les Pays-Bas, le Rio-de-la-Plata, les États-Barbaresques,

Pays avec lesquels la France entretient le plus de relations maritimes.

l'Allemagne, les Indes anglaises, la côte occidentale d'Afrique et le Pérou.

EFFECTIF DE LA MARINE MARCHANDE FRANÇAISE.

(Statistique des Douanes de 1855 à 1877).

ANNÉES	NAVIRES A VOILES		NAVIRES A VAPEUR		TOTAL	
	Navires.	Tonneaux.	Navires.	Tonneaux.	Navires.	Tonneaux
1855	14.023	826.663	225	45.493	14.248	872.156
1856	14.449	934.657	275	64.339	14.724	998.996
1857	14.845	980.465	330	72.070	15.175	1.052.535
1858	14.863	983.257	324	66.587	15.187	1.049.844
1859	14.708	960.936	324	65.006	15.032	1.025.942
1860	14.608	928.099	314	68.025	14.922	996.124
1861	14.738	910.729	327	73.267	15.065	983.996
1862	14.794	903.590	338	78.981	15.132	982.571
1863	14.747	900.317	345	84.918	15.092	985.235
1864	14.820	900.635	364	97.884	15.184	998.519
1865	14.874	899.755	385	108.328	15.259	1.008.084
1866	15.230	915.034	407	127.777	15.637	1.042.811
1867	15.182	915.521	420	133.158	15.602	1.048.679
1868	15.182	923.289	433	135.259	15.615	1.058.548
1869	15.324	931.714	454	142.942	15.778	1.074.656
1870	14.929	920.826	457	151.415	15.386	1.072.241
1871	14.786	917.333	473	160.478	15.259	1.077.811
1872	15.062	911.613	512	177.462	15.574	1.089.075
1873	15.043	882.866	516	185.165	15.559	1.068.031
1874	15.002	842.726	522	194.546	15.524	1.037.272
1875						
1876						
1877						

Pour l'importance de la marine commerciale, la France, qui fut naguère au troisième rang parmi les puissances d'Europe et d'Amérique, est de nos jours seulement la sixième ; elle vient après l'Angleterre, les États-Unis, l'Allemagne, l'Italie et la Norvége ; ces deux derniers pays l'ont dépassée depuis quelques années. La France n'a gardé sa supériorité que pour la marine à vapeur.

Cabotage. Le cabotage, cette utile navigation qui assure au commerce des transports à bas prix, a transporté en 1875 plus de 2,022,500 tonnes, chiffre supérieur de 11,500 tonnes à la moyenne quinquennale antérieure. Les principales marchandises transportées sont les matériaux de construction, les vins, le sel marin et le sel gemme, les bois communs, les grains et farines, la houille, etc.

Depuis 1860, la France est entrée dans la voie de la liberté commerciale. Les droits de transit ont été supprimés ainsi que l'échelle mobile des céréales. La surtaxe de pavillon, abolie en 1867, mais rétablie en 1872, a été de nouveau supprimée; les matières premières ont libre entrée ou payent peu de droits. Sous l'influence de ce régime libéral, le commerce extérieur de la France a pris une grande extension. Régime douanier.

Les traités de commerce conclus entre les grands pays ont pour effet d'activer les échanges. La France a des traités de commerce avec tous les pays principaux du globe. Elle est en pourparler avec plusieurs pour renouveler la plupart de ses traités les plus importants. Nous ne parlerons pas actuellement des tarifs établis destinés à être remaniés prochainement. Traités de commerce.

Voici la liste des principaux traités de commerce conclus par la France.

	DATE du traité.	DATE du renouvellement.		DATE du traité.	DATE du renouvellement.
EUROPE.			EUROPE.		
Danemark.....	23 août 1742.		Belgique.......	1er mai 1861.	
Portugal.......	9 mars 1853.		Italie...........	12 janvier 1863.	
Russie........	14 juin 1857.		Suisse..........	30 juin 1864.	
	Renouvelé en		Suède et Norvége.	14 février 1865.	
	mai 1874.		Pays-Bas.......	7 juillet 1865.	
Angleterre.....	23 janvier 1860.		Espagne........	18 juin 1865.	
Turquie.......	29 avril 1861.				
AMÉRIQUE.			AMÉRIQUE.		
Etats-Unis.....	24 juin 1822.		Chili...........	15 sept. 1846.	
Brésil.........	7 juin 1826.		Costa-Rica......	1848.	
Bolivie........	9 déc. 1834.		Confédération ar-		
Uruguay......	8 août 1836.		gentine.......	10 juillet 1853.	
Venezuela.....	25 mars 1843.		Pérou..........	9 mars 1861.	
Equateur......	6 juin 1843.				
ASIE.			ASIE.		
Perse.........	12 juillet 1845.		Japon..........	9 octobre 1859.	
Chine.........	27 juin 1858.				

Agents diplomatiques et consulaires.

Agents diplomatiques et consulaires.

La France a 230 agents consulaires répandus dans tous les centres commerciaux. Nous donnons ici le tableau des villes dans lesquelles la France entretient des agents diplomatiques et consulaires.

TABLEAU INDIQUANT LES VILLES ÉTRANGÈRES DANS LESQUELLES LA FRANCE ENTRETIENT DES AGENTS DIPLOMATIQUES ET CONSULAIRES.

ALLEMAGNE (EMPIRE D').

BERLIN	Ambassadeur.
Magdebourg	Agent vice-consul.
Stettin	Agent consulaire.
Brême	Consul.
Bremerhaven	Agent vice-consul.
Breslau	Consul.
Dantzig	Consul.
Kœnigsberg	Agent vice-consul.
Memel	*Id.*
Dusseldorf	Consul.
Cologne	Agent vice-consul.
Elberfeld	Agent consulaire.
Francfort et **Darmstadt**	Consul général.
Hambourg	Consul général.
Lubeck	Agent consulaire.
Rostock	Agent vice-consul.
Tonning	Agent consulaire.
Wyck	*Id.*
Leipzig	Consul.
Mannheim	Consul.

ANNAM.

Haï-Phong	Consul.
Hanoï	Consul.
Thin-Naï	Consul.

ARGENTINE (CONFÉDÉRATION).

Buenos-Ayres	Ministre plénipotentiaire.
Rosario	Agent consulaire.
Buenos-Ayres	Consul.
Gualeguaychu	Agent consulaire.
Mendoza	Agent vice-consul.

AUTRICHE-HONGRIE.

VIENNE	Ambassadeur.
Brünn	Agent consulaire.
Trieste	Consul général.
Lesina	Agent consulaire.
Raguse	Agent vice-consul.
Spalatro	Agent consulaire.
Zara	*Id.*
Pesth	Consul général.
Fiume	Agent vice-consul.

BAVIÈRE.

MUNICH	Chargé d'affaires.
Fürth-Nuremberg	Agent consulaire.

BELGIQUE.

BRUXELLES	Ministre plénipotentiaire.
Arlon	Agent vice-consul.
Liége	Agent vice-consul.
Anvers	Consul général.
Charleroi	Agent vice-consul.
Courtrai	Agent consulaire.
Gand	Agent vice-consul.
Louvain	Agent consulaire.
Mons	Agent vice-consul.
Namur	Agent consulaire.
Ostende	Agent vice-consul.
Tournai	*Id.*

BRÉSIL.

RIO-JANEIRO	Ministre plénipotentiaire.
Rio-Janeiro	Consul.
Barbacena	Agent consulaire.
Campos	Agent vice-consul.
Paranagua	Agent vice-consul.
Porto-Allègre	*Id.*
Rio-Grande du Sud	*Id.*
Sainte-Catherine	*Id.*
Saint-Paul	Agent consulaire.
Santos	*Id.*
Victoria	*Id.*
Bahia	Consul.
Fernambouc	Consul.
Cameta	Agent consulaire.
Ceara	*Id.*
Parahyba	*Id.*
Sainte-Marie de Belem	*Id.*
Saint-Louis de Maragnan	Agent vice-consul.
Santarem	Agent consulaire.

CENTRE-AMÉRIQUE.

GUATEMALA	Consul général et chargé d'affaires.
Grenade (Nicaragua)	Agent consulaire.
Izabal	Agent vice-consul.
La Libertad (Honduras)	*Id.*
La Union	*Id.*
Léon de Nicaragua	*Id.*
Omoa	Agent vice-consul.
Port-Cortès	Agent consulaire.
Santa-Rosa	Agent vice-consul.
San-Jose de Costa-Rica	*Id.*
San-Jose de Guatemala	*Id.*
San-Salvador	Agent consulaire.
Sonsonate	Agent vice-consul.

CHILI.

SANTIAGO DU CHILI	Ministre plénipotentiaire.
Punta-Arenas (Patagonie)	Agent consulaire.
Talcahuano	*Id.*

Valparaiso............ Consul.
Copiapo.............. Agent vice-consul.
La Serena (Coquimbo).. Agent consulaire.
San-Carlos de Chiloe... *Id.*
Valdivia.............. *Id.*

CHINE.

PÉKIN.............. Envoyé extraordinaire et Ministre plénipotentiaire.
Shanghaï............ Consul général.
Canton.............. Consul.
Swatow.............. Agent consulaire.
Fou-Tcheou.......... Consul.
Amoy.............. Agent consulaire.
Tamsuy (Formose)..... *Id.*
Hankéou.............. Consul.
Hongkong............ Consul.
Macao.............. Agent vice-consul.
Tientsin.............. Consul.
Niutchang............ Agent consulaire.
Tentaï et Tchéfou..... *Id.*

DAHOMEY.

Whydah............ Agent vice-consul.

DANEMARK.

COPENHAGUE........ Envoyé extraordinaire et Ministre plénipotentiaire.
Elseneur............ Consul.
Frederikshavn (Jutland). Agent consulaire.
Lemwig (Jutland)...... *Id.*
Niborg.............. *Id.*
Reikiavik.............. *Id.*
Rönn (Bornholm)...... Agent vice-consul.
Thisted (Jutland)...... Agent consulaire.
Saint-Thomas (Antilles). Agent vice-consul.

DOMINICAINE (République).

Porto-Plate.......... Agent consulaire.
Santo-Domingo........ Agent vice-consul.

(Ces deux agences relèvent du Consulat général à Port-au-Prince (Haïti).

ÉQUATEUR.

Quito.............. Consul général et chargé d'affaires.
Guayaquil............ Agent vice-consul.

ESPAGNE.

MADRID.............. Ambassadeur.
Saragosse............ Agent vice-consul.
Valladolid............ *Id.*
Barcelone............ Consul général.
Alicante.............. Agent vice-consul.
Benicarlo.............. *Id.*
Denia.............. *Id.*
Lerida.............. *Id.*
Mataro.............. Agent consulaire.
Palamos.............. Agent vice-consul.
Rosas.............. *Id.*
San-Carlos de la Rapita.. *Id.*
Tarragone............ *Id.*
Torrevieja............ *Id.*
Valence.............. Agent vice-consul.
Bilbao.............. Consul.
Cadix.............. Consul.
Algésiras et San-Roque. Agent vice-consul.
Ayamonte............ *Id.*
Conil.............. Agent consulaire.
Huelva.............. Agent vice-consul.
Xerez de la Frontera... Agent vice-consul.
Las Palmas (Grande Canarie)............ Agent consulaire.
Port-Sainte-Marie....... *Id.*
Rota.............. *Id.*
Sainte-Croix (Ténériffe). *Id.*
San Lucar de Barameda. Agent consulaire.
Séville.............. Agent vice-consul.
Tarifa.............. Agent consulaire.
Carthagène.......... Consul.
Las Aguilas.......... Agent vice-consul.
Mazarron............ *Id.*
Murcie.............. Agent consulaire.
Malaga.............. Consul.
Adra.............. Agent consulaire.
Almeria.............. Agent vice-consul.
Estepona............ *Id.*
Garrucha et Villaricos.. *Id.*
Grenade.............. *Id.*
Linares.............. Agent consulaire.
Marbella.............. Agent vice-consul.
Motril.............. Agent consulaire.
Palma.............. Consul.
Alcudia.............. Agent vice-consul.
Ciudadela............ *Id.*
Felanitz.............. *Id.*
Ivice.............. *Id.*
Mahon.............. *Id.*
Soller.............. *Id.*
Saint-Sébastien....... Consul.
Irun.............. Agent consulaire.
Le Passage.......... *Id.*
Pampelune.......... *Id.*
Santander.......... Consul.
Camarinas............ Agent vice-consul.
Castro Urdiales........ *Id.*
Comillas.............. Agent consulaire.
Corcubion............ Agent vice-consul.
Gijon.............. *Id.*
La Corogne.......... *Id.*
Le Ferrol............ *Id.*
Muros.............. *Id.*
Pontevedra.......... *Id.*
Rivadeo.............. Agent consulaire.
Santona.............. *Id.*
San-Vicente de la Barquera et Tinnamayor. *Id.*
Suances et la Requejada. *Id.*
Vigo.............. Agent vice-consul.
Villagarcia............ Agent consulaire.
Vivero.............. Agent vice-consul.

POSSESSIONS ESPAGNOLES D'AMÉRIQUE.

La Havane.......... Consul général.
Matanzas.............. Agent vice-consul.
Puerto-Principe....... Agent vice-consul.
Trinidad et Cienfuegos.. *Id.*
Puerto-Rico.......... Consul.
Aguadilla.............. Agent vice-consul.
Arecivo.............. *Id.*
Fajardo.............. *Id.*
Guyama.............. *Id.*
Guayanilla............ *Id.*
Humacao.............. *Id.*
Mayaguez.............. *Id.*
Naguabo.............. *Id.*
Ponce.............. *Id.*
Vieques.............. *Id.*
Santiago de Cuba...... Consul.
Guantanamo........... Agent consulaire.

POSSESSIONS ESPAGNOLES DES INDES ORIENTALES.

Manille (Philippines)... Consul.

ÉTATS-UNIS DE COLOMBIE.

Bogota.............. Consul général et chargé d'affaires.
Barranquilla.......... Agent vice-consul.
Carthagène........... Id.
Médellin............. Agent consulaire.
Rio-Hacha........... Agent vice-consul.
Sainte-Marthe........ Agent consulaire.
Panama............. Consul.
Colon ou Aspinwall (baie de Limon)..... Agent vice-consul.
David (département du Chiriqui)........... Agent consulaire.
Tumaco (sur la rivière Ancon)............ Id.

ÉTATS-UNIS DE L'AMÉRIQUE DU NORD.

WASHINGTON........ Envoyé extraordinaire et Ministre plénipotentiaire.
New-York............ Consul général.
Baltimore............ Agent vice-consul.
Boston.............. Agent consulaire.
Chicago............. Agent vice-consul.
Cincinnati........... Agent consulaire.
Newport............ Id.
Philadelphie.......... Agent vice-consul.
Charleston.......... Consul.
Louisville........... Agent vice-consul.
Memphis............. Agent consulaire.
Norfolk............ Id.
Richmond............ Agent vice-consul.
Savannah........... Id.
Wilmington.......... Agent consulaire.
La Nouvelle-Orléans... Consul.
Bâton Rouge (Louisiane) Agent vice-consul.
Galveston (Texas)..... Id.
Jacksonville (Floride)... Agent consulaire.
Key-West (Floride).... Agent consulaire.
Mobile (Alabama)...... Agent vice-consul.
Pensacola (Floride).... Id.
Saint-Louis (Missouri).. Id.
San-Francisco......... Consul général.
Columbia (Orégon).... Agent consulaire.
Los Angeles (Californie) Agent vice-consul.
Mariposa (Californie)... Agent consulaire.
Portland (Orégon)..... Id.

GRANDE-BRETAGNE ET IRLANDE.

LONDRES........... Ambassadeur.
Londres............. Consul général.
Bideford............. Agent consulaire.
Birmingham.......... Id.
Bristol.............. Id.
Cowes............... Id.
Dartmouth........... Id.
Deal................ Id.
Douvres et Folkestone.. Id.
Exeter et Teignmouth.. Id.
Falmouth............ Agent vice-consul.
Gloucester........... Agent consulaire.
Guernesey et Aurigny.. Id.
Harwich............ Id.
Jersey.............. Agent vice-consul.
Lowestoft et Yarmouth. Agent consulaire.
Newhaven et Rye...... Id.
Penzance............ Agent vice-consul.
Plymouth........... Id.
Portsmouth.......... Id.
Ramsgate et Margate... Id.
Sainte-Marie (Scilly)... Agent consulaire.
Sheerness........... Agent vice-consul.
Southampton......... Agent vice-consul.
Weymouth........... Agent consulaire.
Dublin.............. Consul.
Belfast............. Agent vice-consul.
Cork............... Id.
Drogheda et Newry.... Agent consulaire.
Galway............. Id.
Limerick........... Id.
Londonderry......... Id.
Queenstown......... Id.
Waterford.......... Id.
Wexford........... Id.
Glasgow............ Consul.
Aberdeen........... Agent vice-consul.
Androssan.......... Agent consulaire.
Berwick-sur-Tweed.... Id.
Dunbar............ Id.
Dundee............ Id.
Edimbourg et Leith.... Agent vice-consul.
Grangemouth........ Id.
Greenock.......... Id.
Lerwich........... Id.
Peterhead.......... Agent consulaire.
Liverpool.......... Consul.
Cardiff............ Agent vice-consul.
Llanelly........... Id.
Manchester......... Agent consulaire.
Milford........... Id.
Newport........... Agent vice-consul.
Swansea........... Id.
Newcastle.......... Consul.
Blyth.............. Délégué du consulat.
Bradford........... Agent consulaire.
Hartlepool......... Id.
Hull.............. Agent vice-consul.
Nottingham........ Id.
Sheffield.......... Agent consulaire.
Middlesborough....... Id.
Seaham........... Id.
Sunderland......... Agent vice-consul.

POSSESSIONS ANGLAISES D'EUROPE.

Gibraltar........... Consul.
Malte (Ile de)........ Consul.

POSSESSIONS ANGLAISES D'AFRIQUE.

Cap de Bonne-Espérance. Consul.
Port-Elisabeth........ Agent consulaire.
Sainte-Hélène (Ile)..... Id.
Simons's-Town....... Id.
Port-Louis (Ile Maurice). Consul.
Mahé (Iles Seychelles).. Agent consulaire.
Sainte-Marie de Bathurst........... Consul.
Sierra-Léone......... Agent consulaire.

POSSESSIONS ANGLAISES D'ASIE ET D'AUSTRALIE.

Bombay............. Consul.
Aden............... Agent vice-consul.
Cochin.............. Agent consulaire.

Calcutta.............. Consul général.
Akyab................ Agent consulaire.
Chittagong........... Id.
Cocanada............. Id.
Madras............... Agent vice-consul.
Principauté de Galles (Ceylan)........... Id.
Rangoun (Birmanie).... Id.
Melbourne........... Consul général.
Adélaïde............. Agent vice-consul.
Freemantle........... Agent consulaire.
Hobart-Town.......... Id.
Port-Darwin.......... Id.
Singapore........... Consul.
Pulo-Pinang.......... Agent consulaire.
Sydney.............. Consul.
Auckland (Nlle Zélande). Agent consulaire.
Brisbane (Queen's land). Id.
New-Castle (Nouvelle-Galles du Sud)....... Id.
Wellington (Nouvelle-Zélande)............. Id.

POSSESSIONS ANGLAISES D'AMÉRIQUE.

Québec (Canada)...... Consul.
Charlotte-Town....... Agent consulaire.
Chatham.............. Id.
Gaspé................ Id.
Halifax (Nlle Ecosse)... Agent vice-consul.
Montréal............. Agent consulaire.
Saint-Jean (Terre-Neuve) Agent vice-consul.
Saint-John (Nouveau-Brunswick)......... Agent consulaire.
Sydney (Cap-Breton)... Agent vice-consul.
Toronto.............. Id.
Balise (Honduras)..... Agent consulaire.
Barbade (Antilles)..... Agent vice-consul.
Bermudes (Antilles).... Agent consulaire.
Demerari (Guyane angl.). Id.
Grande-Inague (Bahama)............... Id.
Kingston (Jamaïque)... Id.
Les Escoumains....... Id.
Nassau (Nlle Providence) Agent vice-consul.
Roseau (Dominique).... Agent consulaire.
Sainte-Lucie......... Id.
Saint-Jean d'Antigoa... Id.
Trinité (Ile de la)..... Agent vice-consul.
Victoria (Vancouver)... Agent consulaire.

GRÈCE.

ATHÈNES.............. Envoyé extraordinaire et Ministre plénipotentiaire.
Calamata............. Agent vice-consul.
Nauplie.............. Id.
Navarin.............. Agent consulaire.
Patras............... Agent vice-consul.
Pirée (le)........... Id.
Corfou (Iles Ioniennes).. Consul.
Céphalonie........... Agent vice-consul.
Sainte-Maure......... Agent consulaire.
Zante................ Id.
Syra................ Consul.
Milo................. Agent vice-consul.
Naxos................ Agent consulaire.
Paros................ Id.
Santorin............. Id.
Tinos................ Id.
Zea.................. Id.

HAITI.

PORT-AU-PRINCE..... Ministre plénipotentiaire.
Acquin............... Agent consulaire.
Cap-Haïtien (Le)...... Agent vice-consul.
Cayes (Les).......... Agent consulaire.
Gonaïves (Les)....... Id.
Jacmel............... Id.
Jérémie.............. Id.
Miragoane............ Id.
Saint-Marc........... Id.

ITALIE.

ROME................. Ambassadeur.
Civita-Vecchia........ Agent vice-consul.
Corneto.............. Agent consulaire.
Fiumicino............ Id.
Montalto............. Id.
Palo................. Id.
Porto-d'Anzio........ Id.
Terracine............ Id.
Cagliari............. Consul.
Alghero.............. Agent vice-consul.
Bosa................. Agent consulaire.
Carlo-Forte.......... Agent vice-consul.
Castel-Sardo......... Agent consulaire.
Longo-Sardo.......... Id.
Maddalena (Ile de)..... Agent consulaire.
Muravera............. Id.
Oristano............. Id.
Pula................. Id.
Saint-Antioche........ Agent vice-consul.
Sassari.............. Id.
Terra-Nova........... Agent consulaire.
Tortoli.............. Id.
Florence............. Consul.
Ancône............... Agent consulaire.
Bologne.............. Id.
Fermo................ Id.
Grottamare........... Id.
Lorette.............. Agent vice-consul.
Ravenne.............. Id.
Signigaglia et Pesaro.. Agent consulaire.
Gênes................ Consul général.
Alassio.............. Agent vice-consul.
Bordighera........... Agent consulaire.
Diano................ Id.
Finalmarina.......... Id.
L'Arma............... Id.
Port-Maurice......... Agent vice-consul.
Portolino............ Agent consulaire.
San-Remo............. Agent vice-consul.
Savone............... Id.
La Spezzia et Lerici... Id.
Vintimille........... Id.
Livourne............. Consul.
Lucques.............. Agent vice-consul.
Massa et Carrare...... Agent consulaire.
Porto-Ferrajo (Ile d'Elbe) Agent vice-consul.
Porto-Longone. (Id.)... Agent consulaire.
Porto San Stefano..... Id.
Viareggio............ Agent vice-consul.
Messine.............. Consul.
Augusta.............. Agent vice-consul.
Catane............... Id.
Gioja Tauro.......... Id.
Lipari............... Agent consulaire.
Milazzo.............. Id.
Reggio............... Id.
Syracuse............. Agent vice-consul.
Milan................ Consul.

Venise.............. Agent vice-consul.
Naples.............. Consul général.
Bari.............. Agent consulaire.
Barletta.............. *Id.*
Brindisi.............. Agent vice-consul.
Castellamare.......... *Id.*
Gaëte.............. Agent consulaire.
Gallipoli.............. *Id.*
Lecce.............. *Id.*
Tarente.............. *Id.*
Tropea.............. *Id.*
Palerme.............. Consul.
Castellamare del Golfo. Agent consulaire.
Cefalu.............. *Id.*
Girgenti.............. Agent vice-consul.
Licata.............. Agent consulaire.
Marsala.............. *Id.*
Mazzara.............. *Id.*
Sciacca.............. *Id.*
Terranova.............. *Id.*
Trapani.............. Agent vice-consul.
Turin.............. Consul.
Coni.............. Agent vice-consul.

JAPON.

YÉDO.............. Ministre plénipotentiaire.
Yokohama.............. Consul.

MADAGASCAR.

Tananarive.............. Consul.
Tamatave.............. Agent vice-consul.

MAROC.

TANGER.............. Envoyé extraordinaire et Ministre plénipotentiaire.
Casablanca et Rabat... Agent vice-consul.
Larache.............. Agent vice-consul.
Tétouan.............. Agent consulaire.
Mogador.............. Consul.
Saffy.............. Agent consulaire.

MONACO.

Monaco.............. Agent vice-consul.

PARAGUAY.

Voir Confédération Argentine.

PAYS-BAS.

LA HAYE.............. Envoyé extraordinaire et Ministre plénipotentiaire.
Amsterdam.............. Consul général.
Curaçao (Antilles)..... Agent consulaire.
Egmont.............. *Id.*
Groningue.............. *Id.*
Harlingen.............. *Id.*
Le Helder.............. Agent vice-consul.
Le Texel.............. Agent consulaire.
Paramaribo (Surinam).. Agent vice-consul.
Rotterdam.............. Consul.
Brouwershaven........ Agent consulaire.
Dordrecht.............. Agent vice-consul.
Flessingue.............. Agent consulaire.
Hellevoetsluis.......... *Id.*
Maasluis.............. *Id.*
Scheveningen.......... *Id.*

POSSESSIONS HOLLANDAISES DES INDES ORIENTALES

Batavia.............. Consul général.
Chéribon.............. Agent consulaire.
Padang (Sumatra)...... *Id.*
Samarang.............. Agent consulaire
Sourabaya.............. Agent vice-consul.

PÉROU.

LIMA.............. Envoyé extraordinaire et Ministre plénipotentiaire.
Arequipa.............. Agent consulaire.
Callao (Le).............. Agent vice-consul.
Cerro de Pasco....... *Id.*
Iquique.............. Agent consulaire.
Payta.............. *Id.*
Pisco.............. *Id.*
Puno.............. *Id.*
Tacna et Arica........ *Id.*
Truxillo.............. *Id.*

PERSE.

TÉHÉRAN.............. Ministre plénipotentiaire.
Recht.............. Agent vice-consul.
Tauris.............. Consul.

PORTUGAL.

LISBONNE.............. Envoyé extraordinaire et Ministre plénipotentiaire.
Lisbonne.............. Consul.
Ambriz (Congo)........ Agent consulaire.
Angra (Terceira, Açores). Agent vice-consul.
Aveiro.............. Agent consulaire.
Belem.............. *Id.*
Bissao et Boulam (Afrique occidentale)..... *Id.*
Braga.............. *Id.*
Camina.............. *Id.*
Cascaes.............. *Id.*
Elvas.............. *Id.*
Faro, Olhão, Tavira.... *Id.*
Figueira da Foz....... *Id.*
Goa (Inde portugaise).. Agent vice-consul.
Horta (Fayal, Açores).. *Id.*
Ile du Sel (Cap Vert).. Agent consulaire.
Lagos.............. *Id.*
Loanda (Afrique Occ.).. *Id.*
Madère.............. Agent vice-consul.
Mozambique.............. Agent consulaire.
Péniche.............. *Id.*
Porto.............. Agent vice-consul.
Punta-Delgada (Saint-Michel, Açores)..... Agent consulaire.
Santa-Cruz (Flores).... Agent consulaire.
Sétubal.............. Agent vice-consul.
Valença.............. Agent consulaire.
Vallongo.............. *Id.*
Viana do Castello...... *Id.*
Villa da Praia (Cap-Vert). *Id.*
Valla do Conde........ *Id.*
Villa Nova de Gaia.... *Id.*
Villa Nova de Portimão. *Id.*
Villa-Real de São-Antonio.............. *Id.*

RUSSIE.

SAINT-PÉTERSBOURG. Ambassadeur.
Saint-Pétersbourg..... Consul.
Arkhangel.............. Agent consulaire.
Cronstadt.............. *Id.*
Helsingfors.............. *Id.*
Narva.............. *Id.*
Revel.............. *Id.*
Uleaborg.............. *Id.*
Moscou.............. Consul.
Odessa.............. Consul.

Berdiansk............ Agent consulaire.
Kherson............. Id.
Khertch............. Id.
Marioupol............ Id.
Nicolaïeff........... Id.
Taganrog............. Agent vice-consul.
Riga................ Consul.
Arensbourg........... Agent consulaire.
Libau............... Id.
Tiflis............... Consul.
Varsovie............ Consul général.

SAINT-SIÈGE.

ROME............... Ambassadeur.

SANDWICH (ILES).

Honolulu............ Consul.

SIAM (ROYAUME DE).

Bangkok............. Consul.

SUÈDE ET NORVÉGE.

STOCKHOLM .... Envoyé extraordinaire et Ministre plénipotentiaire.
Carlshamn........... Agent vice-consul.
Gelfe............... Id.
Gothembourg......... Id.
Hernösand........... Id.
Hudikswall.......... Id.
Lulea............... Agent consulaire.
Malmö............... Id.
Norköping........... Agent vice-consul.
Pitea............... Id.
Saint-Barthélemy..... Agent consulaire.
Soderhamn........... Id.
Sundswall........... Agent vice-consul.
Umea................ Id.
Westerwick.......... Id.
Wisby............... Id.
Ystad............... Id.
Christiania.......... Consul.
Aalesund............ Agent consulaire.
Arendal............. Id.
Bergen.............. Agent vice-consul.
Christiansand........ Agent consulaire.
Christiansund........ Id.
Drammen............. Agent vice-consul.
Flekkefjord.......... Agent consulaire.
Frederikshald........ Id.
Frederikstad......... Agent vice-consul.
Grimstad............ Agent consulaire.
Hammerfest.......... Id.
Langesund........... Id.
Laurig.............. Id.
Mandal.............. Id.
Molde............... Id.
Moss et Soon........ Id.
Namsos.............. Agent consulaire.
Œster-Risoër........ Id.
Porsgrund et Skien.... Id.
Sarpsborg........... Id.
Stavanger........... Agent vice-consul.
Tonsberg............ Agent consulaire.
Tromsoë............. Id.
Trondhjem........... Id.

SUISSE.

BERNE............... Ambassadeur.
Zurich.............. Agent vice-consul.
Bâle................ Consul.
Genève.............. Consul.

TURQUIE.

Turquie d'Europe.

CONSTANTINOPLE..... Ambassadeur.
Constantinople....... Consul.
Andrinople.......... Agent vice-consul.
Dardanelles......... Id.
Enos et Dédéagh...... Agent vice-consul.
Gallipoli........... Id.
Janina.............. Id.
Philippopolis........ Id.
Prevesa et Arta...... Agent consulaire.
Rodosto............. Agent consulaire.
Brousse (Turquie d'Asie) Agent vice-consul.
Djeddah............. Id.
Erzeroum............ Id.
Ismid............... Agent consulaire.
Belgrade............ Consul général.
Bosna-Seraï.......... Consul.
Mostar.............. Agent vice-consul.
La Canée............ Consul.
Candie.............. Agent vice-consul.
Retimo.............. Agent consulaire.
Routschouk.......... Consul.
Kustendje........... Agent consulaire.
Sofia............... Agent vice-consul.
Toultcha et Soulina.... Id.
Varna............... Agent consulaire.
Salonique........... Consul.
La Cavale........... Agent vice-consul.
Larisse et Volo...... Id.
Serres.............. Id.
Scutari d'Albanie...... Consul.

PRINCIPAUTÉS DANUBIENNES.

Bucharest........... Consul général.
Calarasche........... Agent consulaire.
Galatz.............. Consul.
Ibraïla............. Agent vice-consul.
Jassy............... Consul.
Berlad.............. Agent consulaire.
Roman............... Id.

Turquie d'Asie.

Alep................ Consul.
Adalia ou Satalie...... Agent consulaire.
Adana............... Agent vice-consul.
Alexandrette......... Id.
Antioche............ Agent consulaire.
Diarbekir........... Agent vice-consul.
Orfa................ Id.
Tarsous et Mersina.... Id.
Bagdad.............. Consul.
Bassorah............ Agent vice-consul.
Mossoul............. Id.
Beyrouth............ Consul général.
Acre et Caïffa....... Agent vice-consul.
Larnack (Chypre)..... Id.
Lattakié............ Id.
Limassol............ Agent consulaire.
Nazareth............ Id.
Nicosie............. Id.
Safet et Tibériade.... Id.
Saïda............... Agent vice-consul.
Tripoli de Syrie...... Id.
Damas............... Consul.
Homs et Hamah....... Agent consulaire.
Jérusalem........... Consul.
Jaffa............... Agent vice-consul.
Ramlé............... Agent consulaire.
Smyrne.............. Consul général.

Aïdin................ Agent consulaire.
Cassaba.............. *Id.*
Chio et Tchesmé...... *Id.*
Macri................ *Id.*
Magnésie............. Agent vice-consul.
Metelin et Ayvali...... *Id.*
Moughla.............. Agent consulaire.
Rhodes............... Agent vice-consul.
Samos................ Agent consulaire.
Trébizonde........... Consul.
Samsoun.............. Agent consulaire.

TRIPOLI DE BARBARIE.

Tripoli de Barbarie.... Consul général.
Bengazi.............. Agent consulaire.

EGYPTE.

Le Caire............. Consul général.
Alexandrie........... Consul.
Afté................. Agent consulaire.
Berber............... *Id.*
Damanhour............ Agent consulaire.
Damiette............. Agent vice-consul.
Jemseh............... Agent consulaire.
Keneh................ *Id.*
Khartoum............. *Id.*
Kosseïr.............. *Id.*
Mansourah............ *Id.*
Massouah............. Agent vice-consul.
Siout................ Agent consulaire.
Le Caire............. Consul.
Zagazig.............. Agent consulaire.
Port-Saïd............ Consul.
Ismaïlia............. Agent vice-consul.
Suez................. *Id.*

TUNIS.

Tunis................ Consul général et chargé d'affaires.
Bizerte.............. Agent vice-consul.
Gabès................ *Id.*
Gerbi................ Agent consulaire.
Kef (Le)............. *Id.*
La Goulette.......... Agent vice-consul.
Mehdia et Monastir.... *Id.*
Sfax................. *Id.*
Sousse............... *Id.*

URUGUAY.

Montevideo........... Consul général et chargé d'affaires.
Maldonado............ Agent vice-consul.

VENEZUELA.

Caracas.............. Consul général et chargé d'affaires.
Barcelona............ Agent vice-consul.
Carupano............. Agent consulaire.
Ciudad Bolivar........ *Id.*
Cumana............... Agent vice-consul.
La Guayra............ *Id.*
Maracaïbo............ *Id.*
Puerto-Cabello........ *Id.*

WURTEMBERG.

Stuttgart............ Consul.

ZANZIBAR.

Zanzibar............. Consul.

CHAPITRE VII

LE GOUVERNEMENT ET L'ADMINISTRATION.

§ 1. Gouvernement. — Pouvoir législatif. — Chambre des députés. — Sénat. — Pouvoir exécutif. — Nombre des ministères. — Conseil d'État. — Conseil général. — § 2. Division administrative de la France : Préfet. — Sous-Préfet. — Conseil général. — Commission départementale. — Conseil d'arrondissement. — Conseil municipal. — Nomination des maires et adjoints. — § 3. Justice. — Justices de paix. — Tribunaux de première instance. — Tribunaux de commerce. — Tableaux des villes où se trouvent des tribunaux de commerce. — Cours d'appel. — Tableau des cours d'appel. — Cour de cassation. — Cour des comptes. — Juridiction du conseil de préfecture. — Conseil des prud'hommes. — Conseils de guerre. — Tribunaux maritimes. — Conseils de discipline. — Officiers ministériels. — Notaires. — Avoués. — Commissaires-priseurs. — Huissiers. — § 4. Cultes. — Clergé. — Archevêchés et Évêchés. — Église protestante. — Culte israélite. — § 5. Instruction publique. — Seize académies. — Conseil académique. — Conseil départemental. — Enseignement supérieur. — Enseignement secondaire et enseignement primaire. — École normale supérieure. — Tableau indiquant les académies et les départements du ressort. — Institut de France. — Académie de médecine. — § 6. Armée. — Sa composition. — Volontaires d'un an. —

Composition de l'armée active. — Infanterie. — Cavalerie. — Artillerie. — Génie. — Gendarmerie. — Légions de gendarmerie. — Armée territoriale. — Régions territoriales de l'armée. — Écoles militaires. — Remonte de cavalerie. — Dépôts de remonte. — § 7. Marine. — Importance de la flotte. — Écoles de marine. — § 8. Ministère du commerce et de l'agriculture. — Chambres consultatives des arts et manufactures. — Ponts et chaussées. — Administration des mines. — § 9. Finances. — Total du budget. — Dette de la France. — Dépenses votées au budget. — Répartition des dépenses par ministère. — Recettes. — Administration des forêts. — Tableau des 32 conservations des forêts, — École forestière. — Ministère des affaires étrangères. Ambassadeurs. — § 10. Administration de l'Alsace-Lorraine. — § 11. Colonies de la France. — Tableau synoptique indiquant, pour chaque département, la superficie, la population, le nombre d'arrondissements, de cantons et de communes, le nombre des électeurs, des députés, des sénateurs, des conscrits et des volontaires d'un an. — Contributions foncière, personnelle et mobilière et des portes et fenêtres.

§ Ier. — Gouvernement.

Le gouvernement de la France est une République constitutionnelle. La proclamation de la République a eu lieu le 4 septembre 1870 ; la loi du 25 février 1875 a consacré cette forme politique telle qu'elle existait déjà depuis près de cinq années. Gouvernement.

La souveraineté de l'Etat, d'après la constitution du 25 février 1875, est représentée par trois pouvoirs : la Chambre des députés, le Sénat, le Président de la République.

Le pouvoir législatif s'exerce en France par deux assemblées : la Chambre des députés et le Sénat.

Chambre des députés. — Les députés sont nommés par le suffrage universel et au scrutin d'arrondissement, chaque arrondissement nommant au moins un député. Les circonscriptions qui comprennent plus de cent mille habitants ont droit à désigner autant de représentants qu'elles contiennent de fois cent mille habitants ; une fraction de cent mille donne également droit à un député. Chambre des députés.

(Loi électorale du 30 novembre 1875 et loi complémentaire du 24 décembre 1875 fixant les circonscriptions électorales dans les arrondissements qui ont plus de cent mille habitants.)

Tout citoyen français âgé de 25 ans et jouissant de ses droits civils et politiques peut être élu député.

Les députés sont nommés pour cinq ans ; les élections générales ont eu lieu le 20 février 1876 ; elles auront lieu à pareille époque en 1881.

L'Algérie compte 3 députés : ceux d'Alger, de Constantine et d'Oran. Les colonies en comptent 4, savoir : la Martinique, la Guadeloupe, la Réunion et l'Inde française ; les autres en sont privées.

Sénat. — Le Sénat se compose d'un nombre fixe de 300 membres, dont un quart, ou 75, ont été élus en premier lieu par l'Assemblée nationale Sénat.

et sont inamovibles ; les trois autres quarts, c'est-à-dire 225, sont élus par les départements et les colonies, par le suffrage restreint, dans les conditions déterminées par la loi du 24 février 1875.

En cas de vacance par décès, démission ou autre cause, les membres à vie sont remplacés par le Sénat lui-même, qui procède à ce remplacement dans les deux mois qui suivent la vacance. Les sénateurs nommés par l'Assemblée sont élus au scrutin de liste et à la majorité absolue des suffrages.

Les sénateurs des départements et des colonies sont élus à la majorité absolue, et, quand il y a lieu, au scrutin de liste, par un collége réuni au chef-lieu du département ou de la colonie et composé :

1° Des députés du département ; 2° des conseillers généraux ; 3° des conseillers d'arrondissement ; 4° des délégués élus, un par chaque conseil municipal, parmi les électeurs de la commune. Chaque commune, grande ou petite, fournit un délégué. Des frais de route sont payés à tous les délégués qui les réclament.

Les sénateurs des départements et des colonies sont élus pour neuf années et renouvelables par tiers tous les trois ans. Le sort désigne ceux d'entre eux qui doivent se représenter devant leurs électeurs. En effet, au début de la première session, les départements ont été divisés, d'après l'ordre alphabétique, en trois séries désignées par les lettres A, B et C, et contenant chacune un égal nombre de sénateurs. Il a été procédé, par la voie du tirage au sort, fait par le président du Sénat à la séance publique du 29 mars 1876, à la désignation des séries qui doivent être renouvelées à l'expiration de la première et de la deuxième période triennale.

Voici le tableau des trois séries.

SÉRIE A		SÉRIE B		SÉRIE C	
1. Ain............	2	1. Garonne (Haute-).	3	1. Orne..........	3
2. Aisne..........	3	2. Gers...........	2	2. Pas-de-Calais....	4
3. Allier..........	3	3. Gironde........	4	3. Puy-de-Dôme....	3
4. Alpes (Basses-)...	2	4. Hérault.........	3	4. Pyrénées (Basses-)	3
5. Alpes (Hautes-)..	2	5. Ille-et-Vilaine...	3	5. Pyrénées (Hautes-)	2
6. Alpes-Maritimes.	2	6. Indre..........	2	6. Pyrénées-Or^les...	2
7. Ardèche........	2	7. Indre-et-Loire...	2	7. Rhin (Haut-) Bel-	
8. Ardennes.......	2	8. Isère...........	3	fort.........	1
9. Ariége.........	2	9. Jura...........	2	8. Rhône.........	4
10. Aube..........	2	10. Landes........	2	9. Saône (Haute-)...	2
11. Aude..........	2	11. Loir-et-Cher....	2	10. Saône-et-Loire...	3
A reporter......	24		28		27

SÉRIE A		SÉRIE B		SÉRIE C	
Report..........	24		28		27
12. Aveyron........	3	12. Loire...........	3	11. Sarthe..........	3
13. Bouches-du-Rhône	3	13. Loire (Haute-)...	2	12. Savoie..........	2
14. Calvados........	3	14. Loire-Inférieure..	3	13. Savoie (Haute-)..	2
15. Cantal..........	2	15. Loiret..........	2	14. Seine...........	5
16. Charente........	2	16. Lot.............	2	15. Seine-Inférieure.	4
17. Charente-Inférre..	3	17. Lot-et-Garonne..	2	16. Seine-et-Marne..	2
18. Cher...........	2	18. Lozère.........	2	17. Seine-et-Oise....	3
19. Corrèze.........	2	19. Maine-et-Loire...	3	18. Sèvres (Deux-)...	2
20. Corse..........	2	20. Manche.........	3	19. Somme.........	3
21. Côte-d'Or.......	2	21. Marne..........	2	20. Tarn...........	2
22. Côtes-du-Nord...	4	22. Marne (Haute-)..	2	21. Tarn-et-Garonne.	2
23. Creuse.........	2	23. Mayenne........	2	22. Var............	2
24. Dordogne.......	3	24. Meurthe-et-Moselle	2	23. Vaucluse........	2
25. Doubs..........	2	25. Meuse..........	2	24. Vendée.........	3
26. Drôme.........	2	26. Morbihan.......	3	25. Vienne.........	2
27. Eure...........	2	27. Nièvre..........	2	26. Vienne (Haute-).	2
28. Eure-et-Loir....	2	28. Nord...........	5	27. Vosges.........	3
29. Finistère........	4	29. Oise............	3	28. Yonne..........	2
30. Gard...........	3	30. Constantine.....	1	29. Oran...........	1
31. Alger..........	1	31. La Martinique...	1	30. Indes françaises.	1
32. La Guadeloupe..	1	Total.......	75	Total.......	75
33. La Réunion.....	1				
Total.......	75				

Les sénateurs des départements de la série **B** sont renouvelables au bout de 3 ans, par conséquent en janvier 1879; ceux de la série **C** seront renouvelés au bout de 6 ans, et ceux de la série **A** au bout de 9 ans.

Les élections générales ont eu lieu le 30 janvier 1876.

(Loi organique du 2 août 1875 sur les élections des sénateurs.)

Les départements de la Seine et du Nord élisent chacun 5 sénateurs; les départements de la Seine-Inférieure, Pas-de-Calais, Rhône, Gironde, Finistère, Côtes-du-Nord, chacun 4 sénateurs. La Loire-Inférieure, Saône-et-Loire, Ille-et-Vilaine, Seine-et-Oise, Isère, Puy-de-Dôme, Somme, Bouches-du-Rhône, Aisne, Loire, Manche, Maine-et-Loire, Morbihan, Dordogne, Haute-Garonne, Charente-Inférieure, Calvados, Sarthe, Hérault, Basses-Pyrénées, Gard, Aveyron, Vendée, Orne, Oise, Vosges, Allier, chacun 3 sénateurs.

Tous les autres départements, chacun deux sénateurs. (Voir page 845.)

Le territoire de Belfort, les trois départements de l'Algérie, les quatre colonies de la Martinique, de la Guadeloupe, de la Réunion et des Indes françaises élisent chacun un sénateur.

Nul ne peut être sénateur s'il n'est Français, âgé de 40 ans au moins, et s'il ne jouit de ses droits civils et politiques.

Le Sénat a, concurremment avec la Chambre des députés, l'initiative et la confection des lois. Toutefois, les lois de finances doivent être, en premier lieu, présentées à la Chambre des députés et votées par elle.

Chef du pouvoir exécutif.

Le chef du pouvoir exécutif, qui porte le titre de Président de la République, est élu à la majorité absolue des suffrages par le Sénat et la Chambre des députés réunis en Assemblée nationale ou congrès. Il est nommé pour sept ans et peut être réélu. C'est dans la séance de l'Assemblée nationale du 20 novembre 1873 qu'il a été nommé, de sorte que ses pouvoirs expirent le 20 novembre 1880. En cas de vacance par décès ou pour toute autre cause, les deux chambres réunies procèdent immédiatement à l'élection d'un nouveau président. Dans l'intervalle, le conseil des ministres est investi du pouvoir exécutif.

Les membres du Sénat et les députés reçoivent une indemnité de 9,000 francs par an. Le président de la république a 600,000 francs de traitement et un supplément annuel de 162,400 francs pour ses dépenses extraordinaires.

Pouvoir du président de la république.

Les prérogatives du président de la république sont très-étendues. Il a l'initiative des lois, concurremment avec les membres des deux chambres. Il promulgue les lois lorsqu'elles ont été votées par les chambres; il en surveille et en assure l'exécution.

Il a le droit de faire grâce; les amnisties ne peuvent être accordées que par une loi.

Il dispose de la force armée, nomme à tous les emplois civils et militaires, négocie les traités, mais il ne peut déclarer la guerre sans l'avis des chambres. Il préside aux solennités nationales; les envoyés et les ambassadeurs des puissances étrangères sont accrédités auprès de lui. Il peut convoquer, proroger extraordinairement les chambres, et même, sur l'avis conforme du Sénat, dissoudre la Chambre des députés avant l'expiration légale de son mandat. En ce cas, les colléges électoraux sont convoqués pour de nouvelles élections dans le délai de trois mois. Le président de la république n'est responsable que dans le cas de haute trahison. Il choisit le conseil des ministres; ceux-ci sont solidairement responsables devant les chambres de la politique générale du gouvernement, et individuellement de leurs actes personnels. Ils sont au nombre de neuf : le ministre de l'intérieur, ceux de la justice et des cultes, des affaires étrangères, des finances, de la guerre, de la marine et des colonies, de l'instruction publique et des beaux-arts, de l'agriculture et du commerce, des travaux publics.

Nombre des ministères.

Chacun des actes du président de la république doit être contre-signé par un ministre.

Pendant la durée des pouvoirs conférés au président actuel, la Constitution ne peut être révisée que sur sa proposition. Les chambres auront le droit, après le 20 novembre 1880, par délibérations séparées, prises dans chacune à la majorité absolue des voix, soit spontanément, soit sur la demande du président de la république, de déclarer qu'il y a lieu de réviser les lois constitutionnelles. Après que chacune des deux chambres aura pris cette résolution, elles se réuniront en assemblée nationale pour procéder à la révision. Les délibérations portant révision des lois constitutionnelles, en tout ou en partie, devront être prises à la majorité absolue des membres du Sénat et de la Chambre des députés, réunis en assemblée nationale.

Conseil d'État. — A côté des grands pouvoirs se place le *Conseil d'État*, dont les attributions sont assez complexes. Comme partie du gouvernement, il est appelé à donner son avis sur les projets d'initiative parlementaire que l'Assemblée nationale juge nécessaire de lui envoyer, sur les lois proposées par le ministère, enfin sur toutes les questions dont il est saisi par les ministres ou le président de la république. Il statue souverainement sur les recours en matière contentieuse administrative et sur les demandes d'annulation pour excès de pouvoirs formées contre les actes des diverses autorités administratives. Conseil d'Etat.

Le Conseil d'État, présidé de droit par le ministre de la justice, est composé d'un vice-président, de 22 conseillers d'État en service ordinaire, de 15 conseillers d'État en service extraordinaire, de 24 maîtres des requêtes, d'un secrétaire général ayant titre et rang de maitre des requêtes, de vingt auditeurs de première classe, de dix auditeurs de deuxième classe et d'un secrétaire spécial du contentieux.

Le vice-président du Conseil d'État et les présidents de section sont nommés par décret du président de la république et choisis parmi les conseillers en service ordinaire.

Les conseillers d'État en service ordinaire sont nommés et révoqués par le président de la république en conseil des ministres. Ils sont renouvelés par tiers tous les trois ans. Les conseillers d'Etat doivent être âgés d'au moins 30 ans. Ils ne peuvent être pris parmi les membres de l'Assemblée.

Les conseillers d'État en service extraordinaire sont aussi nommés par le président de la république, de même que les maîtres des requêtes, mais ces derniers sur la présentation du vice-président et des présidents de section. Nul ne peut être nommé maître des requêtes s'il a moins de 27 ans.

Les auditeurs de première classe sont nommés au concours et il n'y a que ceux de deuxième classe qui soient admis au concours. La durée de leurs fonctions n'est pas limitée. Nul ne peut être nommé auditeur de première classe s'il a plus de 30 ans. Les auditeurs de seconde classe sont aussi nommés au concours. Ils ne restent en fonctions que pendant 4 ans et ne reçoivent aucune indemnité. Nul ne peut être nommé auditeur de deuxième classe s'il a moins de 21 ans et plus de 25.

Le conseil d'Etat est divisé en quatre sections, dont trois sont chargées d'examiner les affaires d'administration pure, et une de juger les recours contentieux. Ces sections sont aussi dénommées : section de l'intérieur, de la justice, de l'instruction publique, des cultes et des beaux-arts; section des finances, de la guerre, de la marine et des colonies; section des travaux publics, de l'agriculture, du commerce, et des affaires étrangères; section du contentieux. Il est question de créer une section de législation.

§ 2. — Division administrative de la France.

Chaque département est administré par un préfet, aidé par un secrétaire général de préfecture; celui de la Seine a, en outre, un préfet de police et un secrétaire général de la préfecture de police. Le préfet est nommé directement par le président de la république, sur la proposition du ministre de l'intérieur, dont il dépend et qui lui envoie ses instructions; cependant il est aussi l'agent de tous les ministres et son autorité embrasse tous les services publics. Il veille à l'exécution des lois et au maintien de l'ordre public. Comme représentant du département, il est chargé de faire exécuter les décisions du conseil général; il ordonnance les dépenses votées par ce corps électif et lui en rend compte. Il a le droit d'assister à chaque séance du conseil général et de donner son avis sur les vœux ou décisions du conseil. Il peut demander au gouvernement l'autorisation d'annuler les vœux du conseil général qui lui paraissent contraires à l'esprit de la loi.

Il y a pour chaque département un conseil général de département, un conseil de préfecture dont les membres sont nommés par le président de la république, sur la présentation du ministre de l'intérieur. Il existe également dans chaque département un conseil d'instruction publique, un directeur de l'enregistrement et des domaines, un directeur des contributions directes, un directeur des contributions indirectes, un trésorier-payeur général (la Seine excepté); un ingénieur en chef des ponts et chaussées, tous résidant au chef-lieu; un commandant militaire et un sous-intendant militaire. Il y a par arrondissement un sous-préfet nommé par le président de la république, et exerçant son autorité sous les ordres du préfet (l'arrondissement chef-lieu est administré par le préfet). Il y a, en outre, dans chaque arrondissement un conseil élu appelé conseil d'arrondissement, un tribunal de première instance, et un receveur particulier des finances. Il y a un juge de paix par canton ; dans chaque commune un maire avec un ou plusieurs adjoints et un conseil municipal.

Conseil général.

Le corps électif qui représente les intérêts spéciaux du département dans l'ensemble de l'État est le conseil général. Les membres en sont élus par le suffrage universel, un pour chaque canton ; mais le nombre de ces délégués ne doit pas dépasser trente, et là où les cantons sont plus nombreux, deux se groupent pour nommer un seul conseiller. La durée du mandat est de six ans ; la moitié du conseil est renouvelée tous les trois ans, mais les membres sortants sont indéfiniment rééligibles.

Les conseils généraux ont chaque année deux sessions ordinaires ; la première, dans laquelle sont délibérés le budget et les comptes, ne peut durer plus d'un mois ; elle commence le lundi qui suit le 15 août ; l'ouverture de l'autre session, qui ne peut excéder quinze jours, a lieu le second lundi qui suit le jour de Pâques. Les conseils généraux peuvent être réunis extraordinairement, soit par décret, soit après demande adressée au président de la république par les deux tiers des membres.

Le conseil général nomme son président, un ou plusieurs vice-présidents et des secrétaires. Il élit dans son sein une *commission départementale*, qui se réunit au moins une fois par mois et délibère sur toutes les questions qui lui sont déférées par la loi.

Le conseil général assiste le préfet pour l'administration du département. Toutes les affaires qui intéressent le département sont soumises à ses délibérations et à ses votes ; toutefois il lui est interdit de provoquer ou d'émettre des vœux politiques. Ses délibérations ne peuvent être annulées que par un décret du gouvernement.

Le conseil général répartit les contributions directes entre les arrondissements. Il vote les centimes additionnels dont la perception est autorisée par les lois et il peut voter des centimes extraordinaires dans la limite du maximum fixé annuellement par la loi des finances.

Dans le cas où la représentation nationale serait dissoute par la force, chaque conseil général doit désigner deux de ses membres comme délégués pour constituer une nouvelle assemblée chargée de prendre toutes les mesures de sûreté générale, de faire appel à la nation et s'opposer par tous les moyens possibles à l'accomplissement de l'attentat.

Conseil d'arrondissement.

Les *conseils d'arrondissement*, nommés pour six ans et renouvelables par moitié tous les trois ans, représentent les cantons respectifs dans les chefs-lieux d'arrondissement. Le nombre des membres ne peut pas dépasser neuf. Ces conseils s'assemblent deux fois par an, aux époques fixées par le gouvernement. Les présidents et secrétaires sont élus pour chaque session. Ces conseils délibèrent sur les réclamations auxquelles donne lieu la fixation du contingent de l'arrondissement dans les contributions directes et sur les demandes en réduction formées par les communes; ils répartissent entre elles les contributions et donnent leurs avis sur les divers objets d'intérêt local. Le conseil d'arrondissement assiste le sous-préfet chargé, sous la direction du préfet, d'administrer l'arrondissement.

Le canton n'a point de conseil local, ni d'administration particulière; il constitue seulement un district judiciaire.

Conseil municipal.

La commune est la plus petite unité administrative du pays. Elle gère ses intérêts par l'entremise d'un *conseil municipal,* qui se compose de 10 à 80 membres suivant l'importance de la population; il se compose de 10 membres dans les communes de 500 habitants et au-dessous; de 12 dans celles de 501 à 1,500; de 16 dans celles de 1,501 à 2,500; de 21 dans celles de 2,501 à 3,500; de 23 dans celles de 3,501 à 10,000; de 27 dans celles de 10,001 à 30,000; de 30 dans celles de 30,001 à 40,000; de 32 dans celles de 40,001 à 50,000; de 34 dans celles de de 50,001 à 60,000; de 36 dans celles de 60,001 et au-dessus; à Paris, il est de 80.

Les conseillers municipaux sont élus par l'assemblée des électeurs municipaux qui comprend tous les citoyens âgés de vingt et un ans accomplis, jouissant de leurs droit civils et politiques et ayant depuis un an au moins leur domicile réel dans la commune.

A Paris et à Lyon, les conseillers ne sont pas élus au scrutin de liste comme dans les autres communes, mais par circonscriptions distinctes, au nombre de 20 dans la capitale et de 6 à Lyon. La durée du mandat des conseillers municipaux est de cinq ans.

Nomination des maires et adjoints.

En vertu de la loi du 12 août 1876, les conseils municipaux élisent, parmi leurs membres, les maires et les adjoints dans toutes les communes qui ne sont point chefs-lieux de département, d'arrondissement ou de canton. Dans les communes chefs-lieux de département, d'arrondissement et de canton, ces fonctionnaires sont nommés par le pouvoir exécutif et pris parmi les conseillers municipaux.

Les conseils municipaux doivent être complétés avant la nomination des maires et adjoints. Il ne pourrait être procédé à l'élection si la majorité des conseillers en exercice n'était pas présente à la séance. Doivent être considérés comme assistant à la réunion les membres qui, quoique présents au moment de l'ouverture du scrutin, s'abstiennent de voter. Mais après trois convocations suivies de trois séances dans lesquelles les membres présents sont la minorité, ces membres présents, à cette troisième et dernière séance, procéderont à l'élection, quel que soit leur nombre.

La présidence de l'assemblée est dévolue formellement, par la loi du 12 août 1876, au plus âgé des membres du conseil municipal. Les fonctions de secrétaire sont remplies par un des membres du conseil nommé au scrutin secret et à la majorité des membres présents. La séance n'est pas publique; elle est consacrée exclusivement à l'élection du maire et des adjoints. L'élection du maire a lieu au scrutin secret et à la majorité absolue. Les conseillers peuvent écrire leur bulletin en séance ou hors séance; dans tous les cas, ils doivent le remettre fermé au président. Si un bulletin contenait deux ou plusieurs noms, il ne serait tenu compte que du premier.

La majorité absolue est nécessaire aux deux premiers tours de scrutin. Si, après deux scrutins, aucun candidat n'a obtenu cette majorité, il est procédé au ballotage entre les deux candidats qui ont obtenu le plus de suffrages. Les votants doivent donc limiter leur choix aux deux noms qui ont recueilli le plus de voix. Les bulletins désignant un autre candidat sont considérés comme bulletins blancs. Si les voix sont partagées également au troisième tour, la nomination est acquise au plus âgé. En ce cas, la voix du président n'est pas prépondérante. L'élection est terminée par le scrutin de ballotage; il ne doit jamais être procédé à un quatrième tour de scrutin. Aussitôt après l'élection du maire, le conseil municipal doit procéder à l'élection des adjoints.

Il y a un adjoint dans les communes de 2,500 habitants et au-dessous, deux dans celles de 2,501 à 10,000 habitants.

Les adjoints sont élus dans les mêmes formes que les maires. Lorsque la commune a droit à deux adjoints, il n'est point procédé à un scrutin de liste, mais la nomination de chacun de ces fonctionnaires doit faire l'objet d'un vote distinct.

Le procès-verbal de l'élection doit être inscrit sur le registre des délibérations du conseil municipal.

Les adjoints prennent rang selon l'ordre de leur nomination; mais si la place de premier adjoint devenait ensuite vacante, le second adjoint passerait au premier rang, et le conseil municipal aurait à élire non un premier, mais un nouvel adjoint qui prendrait le second rang.

Pour être maire ou adjoint, il faut remplir les conditions de capacité suivantes: jouir de ses droits civils et politiques, être âgé de vingt-cinq ans, et être inscrit sur la liste municipale de la commune ou y payer une des quatre contributions directes. Un conseiller municipal peut être élu maire ou adjoint dans une commune où il ne paye aucune des contributions directes, pourvu qu'il y soit électeur.

Tout conseiller municipal a le droit d'arguer de nullité les opérations auxquelles il a été procédé dans la commune pour la nomination de ces fonctionnaires. Cette faculté a été étendue à tous les électeurs municipaux, même ne faisant point partie du conseil. Les réclamations doivent être ou consignées au procès-verbal ou déposées, à peine de nullité, au secrétariat de la mairie dans le délai de cinq jours, à dater de l'élection. Le maire les adresse immédiatement au préfet par l'intermédiaire du sous-préfet. Les protestations peuvent aussi être directement déposées à la préfecture ou à la sous-préfecture dans le même délai de cinq jours; il en sera donné récépissé. Il est statué par le conseil de préfecture, sauf recours au conseil d'État.

Si le conseil de préfecture n'a pas prononcé dans le délai d'un mois, à compter de la réception des pièces à la préfecture, la réclamation est considérée comme rejetée. Les réclamants peuvent alors se pourvoir au conseil d'État dans le délai de trois mois. En cas de recours au conseil d'État, le pourvoi est jugé sans frais.

Le préfet, s'il estime que les conditions et les formes légalement prescrites n'ont pas été remplies, peut également, dans le délai de quinze jours, à dater de la réception du procès-verbal, déférer les opérations électorales au conseil de préfecture.

Le préfet doit envoyer au ministre de l'intérieur, à chaque élection générale, la liste des maires et adjoints de son département; il doit aussi transmettre à la fin de chaque trimestre, un état des mutations survenues parmi ces fonctionnaires.

Les maires et adjoints, nommés à l'élection, sont révocables par décret, et ces fonctionnaires, en cas de destitution ultérieure, ne sont pas rééligibles pendant une année.

Les maires et adjoints peuvent aussi être suspendus par arrêté du préfet; mais cet arrêté cesse d'avoir effet, s'il n'est confirmé dans le délai de deux mois par le ministre de l'intérieur.

Paris et Lyon ont des maires de quartier.

Les conseils municipaux s'assemblent en session ordinaire quatre fois l'année : au commencement de février, mai, août et novembre.

Le maire préside le conseil municipal; il est chargé de l'administration des biens et des intérêts de la commune, de la police municipale; il remplit, en outre, des fonctions comme délégué du gouvernement, comme officier de police judiciaire et comme officier de l'état civil : il fait enregistrer les naissances, les mariages et les décès. Ses fonctions sont gratuites, de même que celles des conseillers municipaux.

Justice.

§ 3. — Justice.

Tout le personnel de la magistrature dépend absolument du ministre de la justice ou garde des sceaux, sur la proposition duquel le président de la république nomme aux différents emplois.

L'ordre judiciaire comporte la juridiction civile et commerciale, la juridiction criminelle, la juridiction administrative, et certaines juridictions spéciales, telles que les conseils de guerre, les conseils de discipline, la cour des comptes.

Justices de paix.

En matière civile, chaque canton a son juge de paix, qui décide en dernier ressort sur toute contestation ne dépassant pas le chiffre de 100 francs, et à charge d'appel sur celles qui s'élèvent jusqu'à 200 francs. Il appose et lève les scellés, convoque et préside les conseils de famille ou judiciaires. Ce magistrat possède diverses autres attributions. Les juges de paix ne sont pas inamovibles. Pour être juge de paix il faut avoir trente ans accomplis. Chaque juge de paix est assisté d'un greffier qui doit être âgé de vingt-cinq ans.

Tribunaux de première instance.

Il y a un tribunal de première instance dans chaque chef-lieu d'arrondissement. Les tribunaux de première instance sont composés de juges et de juges suppléants inamovibles; de magistrats exerçant les fonctions du ministère public, sous le nom de procureurs de la république et substituts du procureur de la république; ils sont amovibles, nommés par le pouvoir et révocables à volonté; ils sont chargés de représenter la société, et comme tels, de veiller à la stricte exécution de la loi. Les tribunaux comprennent aussi un greffier et des commis-greffiers.

Pour être juge, procureur de la république, ou greffier, il faut être âgé de vingt-cinq ans; les substituts peuvent être nommés à vingt-deux ans. Les jugements ne peuvent être rendus par moins de trois juges. Le nombre des juges varie dans chaque tribunal selon la population et l'importance des villes. Il est au moins de trois.

Les tribunaux de première instance jugent en appel sur les sentences rendues par les juges de paix au-dessus de 100 francs. Ils connaissent de toutes autres contestations, sans appel, jusqu'à la valeur de 1,500 francs, et à charge d'appel au delà de cette somme.

Au-dessus d'eux, les cours d'appel ont pour mission de prononcer en dernier ressort sur les différends au sujet desquels la loi autorise l'appel.

Tribunaux de commerce.

En matière commerciale, il est institué des tribunaux de commerce dans les villes où le mouvement de l'industrie et des échanges les rend nécessaires. Les tribunaux de commerce sont composés de juges et de juges suppléants élus par des électeurs commerçants, et d'un greffier âgé au moins de vingt-cinq ans. Leur ressort est le même que celui du tribunal de première instance de l'arrondissement où ils sont établis. Chacun est composé d'un président, de deux juges au moins, de quatorze au plus. Dans les chefs-lieux d'arrondissement où il n'y a point de tribunaux de commerce, les tribunaux civils ordinaires jugent commercialement.

La liste des électeurs est dressée par une commission spéciale qui se compose : 1° du président du tribunal de commerce qui la préside, et d'un juge au tribunal de commerce; 2° du président et d'un membre de la chambre de commerce; s'il n'y a pas de chambre de commerce, du président et d'un membre de la chambre consultative des arts et manufactures, et à défaut, d'un conseiller municipal; 3° de trois conseillers généraux choisis autant que possible parmi les membres élus dans les cantons du ressort du tribunal; 4° du président du conseil des prud'hommes, et s'il y en a plusieurs, du plus âgé des présidents, et à défaut du conseil des prud'hommes, du juge de paix de la ville où siége le tribunal; 5° du maire de la ville où siége le tribunal de commerce, et à Paris, du président du conseil municipal.

Le nombre des électeurs est fixé au dixième des commerçants inscrits à la patente, sans pouvoir dépasser mille ou être inférieur à cinquante, sauf dans le département de la Seine, où il est de trois mille. On ajoute à la liste, en sus du nombre précédent, les anciens membres de la chambre et du tribunal de commerce et les anciens présidents des conseils de prud'hommes lesquels sont électeurs de plein droit.

La commission dresse la liste des électeurs parmi les commerçants recommandables par leur probité, leur esprit d'ordre et d'économie.

Elle peut aussi y comprendre les directeurs des compagnies anonymes de commerce, de finance et d'industrie; les agents de change, les capitaines au long cours et les maîtres au cabotage ayant commandé des bâtiments pendant cinq ans, et domiciliés depuis deux ans dans le ressort du tribunal.

Pour être éligible, il n'est pas nécessaire d'être électeur; il suffit d'être apte à être électeur, d'être âgé de trente ans, d'être inscrit à la patente depuis cinq ans, d'être domicilié, au moment de l'élection, dans le ressort du tribunal.

Nul ne peut être nommé juge s'il n'a été suppléant, et le président ne peut être choisi que parmi les anciens juges.

L'élection est faite au scrutin de liste pour les juges et juges suppléants, et au scrutin individuel pour le président.

Il n'y a pour les tribunaux de commerce ni ministère public, ni avoués.

Les fonctions des juges de commerce sont seulement honorifiques.

Les tribunaux de commerce connaissent : 1° de toutes les contestations relatives aux engagements et transactions entre négociants, marchands et banquiers; 2° entre toutes personnes, des contestations relatives à des actes de commerce; de toutes les contestations relatives aux faillites.

Les tribunaux de commerce jugent en dernier ressort toutes les demandes dont le principal n'excède pas 1500 francs, et au-dessus à charge d'appel.

Il y a des tribunaux de commerce dans les 214 villes suivantes :

Villes où il y a des tribunaux de commerce.

Abbeville.
Agde.
Agen.
Aix.
Ajaccio.
Alais.
Albi.
Alençon.
Ambert.
Amiens.
Anduze (Gard).
Angers.
Angoulême.
Annonay.
Antibes.
Argentan.
Arles.
Arras.
Aubenas.
Auch.
Aurillac.
Autun.
Auxerre.
Auxonne.
Avignon.
Bagnères-de-Bigorre.
Bar-le-Duc.
Bastia.
Bayeux.
Bayonne.
Beaune.
Beauvais.
Belfort.
Bergerac.
Bernay.
Besançon.
Béziers.
Billom (Puy-de-Dôme).
Blaye.
Blois.
Bordeaux.
Boulogne-sur-Mer.
Bourges.
Brest.
Brignoles.
Brioude.
Brive.
Caen.
Cahors.
Calais.
Cambrai.
Carcassonne.
Castelnaudary.
Castres.
Cette.
Châlon-s.-Saône.
Châlons-s.-Marne.
Chambéry.
Charleville.
Charolles.
Chartres.
Châteauroux.
Châtellerault.
Châtillon-s.-Seine.
Chaumont.
Chauny.
Cherbourg.
Clamecy.
Clermont (Hérault).
Clermont-Ferrand.
Cognac.
Compiègne.
Condé-s.-Noireau.
Coutances.
Dieppe.
Dijon.
Dôle.
Draguignan.
Dreux.
Dunkerque.
Elbeuf.
Epernay.
Eu et Tréport.
Evreux.
Falaise.
Fécamp.
Flers.
Fréjus.
Gournay.
Granville.
Grasse.
Gray.
Grenoble.
Honfleur.
Ile-Rousse (Corse).
Isigny.
Issoire.
Issoudun.
Joigny.
Laigle.
Langres.
La Rochelle.
Laval.
Le Havre.
Le Mans.
Le Puy.
Libourne.
Lille.
Limoges.
Limoux.
Lisieux.
Lodève.
Lons-le-Saulnier.
Lorient.
Louhans.
Louviers.
Lyon.
Mâcon.
Mamers.
Manosque.
Marennes.
Saint-Pierre (île d'Oléron).
Marmande.
Marseille.
Mayenne.
Meaux.
Millau.
Mirecourt.
Moissac.
Montargis.
Montauban.
Montereau.
Montpellier.
Morlaix.
Moulins.
Nancy.
Nantes.
Narbonne.
Nérac.
Neufchâtel.
Nevers.
Nice.
Nîmes.
Niort.
Nuits.
Oloron-Sainte-Marie (Basses-Pyrénées).
Orléans.
Paimpol.
Paris.
Pau.
Périgueux.
Perpignan.
Pézenas.
Poitiers.
Pont-Audemer.
Provins.
Quimper.
Quintin (Côtes-du-Nord).
Reims.
Rennes.
Riom.
Roanne.
Rochefort.
Rodez.
Romans.
Romorantin.
Roubaix.
Rouen.
Saint-Affrique.
Saint-Brieuc.
Saint-Dizier.
Saint-Etienne.
Saint-Flour.
Saint-Gaudens.
Saint-Geniez-d'Olt (Aveyron).
Saint-Hippolyte-du-Fort (Gard).
St-Jean-d'Angély.
St-Jean-de-Losne.
Saint-Lô.
Saint-Malo.
Saint-Martin (île de Ré).
Saint-Omer.
Saint-Pierre (île d'Oléron).
Saint-Quentin.
Saint-Tropez.
Saint-Valery-en-Caux.
St-Valery (Somme).
Saintes.
Salins.
Sarlat.
Saumur.
Sedan.
Sens.
Soissons.
Tarascon.
Tarbes.
Thiers.
Toulon.
Toulouse.
Tournus.
Tours.
Troyes.
Tulle.
Valenciennes.
Vannes.
Verdun.
Versailles.
Vervins.
Vienne (Isère).
Villefranche.
Villeneuve-s.-Lot.
Vimoutiers.
Vire.
Yvetot.

Cours d'appel.

Les *cours d'appel* ont pour mission de prononcer en dernier ressort sur les différends au sujet desquels la loi autorise l'appel.

Il y a 26 cours d'appel en France. Les magistrats qui composent ces cours sont nommés par le président de la république et prennent le titre de *conseillers*. Chaque cour a un premier président, et autant de présidents qu'elle a de chambres. Il y a dans chaque cour au moins 24 conseillers, y compris les présidents, excepté à Bastia, qui n'en a que 20. Chaque cour d'appel se compose de trois chambres : une chambre civile et quelquefois plusieurs, une chambre d'appel de police correctionnelle et une chambre des mises en accusations.

Les chambres civiles connaissent des appels des jugements des tribunaux de première instance et des tribunaux de commerce. Les chambres correctionnelles connaissent des jugements des tribunaux correctionnels. Les chambres d'accusation statuent sur le renvoi à la cour d'assises des accusés de crimes. Il y a, en outre, une chambre des vacations chargée de juger, pendant les vacances, les affaires urgentes.

Des conseillers des cours d'appel sont délégués pour composer la cour d'assises dans la ville où siége la cour d'appel et pour la présider dans les départements du ressort. Le président est nommé par le garde des sceaux. Le premier président désigne les assesseurs. Deux juges et un président composent la cour d'assises et dirigent le jury. Cette juridiction n'est pas permanente ; une session ordinaire a lieu tous les trois mois.

Le ministère public, près les cours d'appel, s'exerce par un procureur général assisté de substituts et d'avocats généraux. Devant la cour d'assises, si elle se tient dans un département où existe une cour d'appel, le siége du ministère public est occupé par le procureur général et ses substituts ou les avocats généraux ; dans les autres, par le procureur de la république et ses substituts.

Dans chaque cour d'appel, il y a un greffier en chef et des commis-greffiers. Nul ne peut être nommé conseiller ou greffier en chef s'il n'est âgé de 27 ans accomplis. Nul ne peut être nommé président ou procureur général s'il n'a 30 ans accomplis.

Voici le tableau des 26 cours d'appel avec les départements du ressort : Cours d'appel.

COURS D'APPEL	DÉPARTEMENTS DU RESSORT.	COURS D'APPEL	DÉPARTEMENTS DU RESSORT.
PARIS........ (8 pr. ; 64 cons.)	Seine, Aube, Eure-et-Loir, Marne, Seine-et-Marne, Seine-et-Oise, Yonne.	DOUAI........ (4 pr. ; 23 cons.)	Nord, Pas-de-Calais.
AGEN........ (3 pr. ; 20 cons.)	Gers, Lot, Lot-et-Garonne.	GRENOBLE..... (4 pr. ; 25 cons.)	Hautes-Alpes, Drôme, Isère.
AIX.......... (4 pr. ; 25 cons.)	Basses-Alpes, Alpes-Maritimes, Bouches-du-Rhône, Var, et les appels des tribunaux consulaires établis dans les Echelles du Levant et de Barbarie.	LIMOGES...... (3 pr. ; 20 cons.)	Corrèze, Creuse, Haute-Vienne.
		LYON.......... (4 pr. ; 23 cons.)	Ain, Loire, Rhône.
		MONTPELLIER.. (3 pr. ; 20 cons.)	Aude, Aveyron, Hérault, Pyrénées-Orientales.
AMIENS....... (3 pr. ; 20 cons.)	Aisne, Oise, Somme.	NANCY........ (4 pr. ; 25 cons.)	Meurthe-et-Moselle, Meuse, Vosges, Ardennes.
ANGERS....... (3 pr. ; 20 cons.)	Maine-et-Loire, Mayenne, Sarthe.	NIMES......... (3 pr. ; 20 cons.)	Ardèche, Gard, Lozère, Vaucluse.
BASTIA........ (3 pr. ; 17 cons.)	Corse.	ORLÉANS...... (3 pr. ; 20 cons.)	Indre-et-Loire, Loir-et-Cher, Loiret.
BESANÇON..... (3 pr. ; 20 cons.)	Doubs, Jura, Haute-Saône, Haut-Rhin.	PAU........... (4 pr. ; 20 cons.)	Landes, Basses-Pyrénées, Hautes-Pyrénées.
BORDEAUX.... (5 pr. ; 25 cons.)	Charente, Dordogne, Gironde.	POITIERS...... (4 pr. ; 20 cons.)	Charente-Inférieure, Deux-Sèvres, Vendée, Vienne.
BOURGES...... (4 pr. ; 20 cons.)	Cher, Indre, Nièvre.	RENNES....... (4 pr. ; 25 cons.)	Côtes-du-Nord, Finistère, Ille-et-Vilaine, Loire-Inférieure, Morbihan.
CAEN.......... (4 pr. ; 25 cons.)	Calvados, Manche, Orne.	RIOM.......... (4 pr. ; 25 cons.)	Allier, Cantal, Haute-Loire, Puy-de-Dôme.
CHAMBÉRY.... (3 pr. ; 20 cons.)	Savoie, Haute-Savoie.	ROUEN........ (4 pr. ; 25 cons.)	Eure, Seine-Inférieure.
DIJON........ (4 pr. ; 20 cons.)	Côte-d'Or, Haute-Marne, Saône-et-Loire.	TOULOUSE..... (4 pr. ; 25 cons.)	Ariége, Haute-Garonne, Tarn, Tarn-et-Garonne.

(Pr. : président ; cors. : conseiller).

Au-dessus de ces tribunaux d'ordre différent se trouve une cour suprême, unique, la cour de cassation, dont le siége est à Paris. Cour de cassation.

La *cour de cassation,* toutes les chambres assemblées, a droit de censure et de discipline sur les cours d'appel ; elle peut, pour causes graves, suspendre les juges de leurs fonctions, ou les mander près du ministre de la justice, pour y rendre compte de leur conduite. Elle peut aussi, sur la dénonciation du garde des sceaux, ministre de la justice, et selon la gravité des faits, déclarer les magistrats inamovibles déchus de leurs droits. Elle prononce sur les demandes en cassation contre les arrêts et les jugements en *dernier ressort* rendus par les cours et les tribunaux.

Cette cour ne connaît pas du fond des affaires ; mais elle casse les jugements et arrêts rendus sur des procédures dans lesquelles les formes ont été violées, ou qui contiennent quelque contravention expresse à la loi, et renvoie le fond du procès à la cour ou au tribunal qui doit en connaître. Le renvoi est toujours fait devant le tribunal de première instance le plus voisin ou la cour d'appel la plus voisine. Si le second tribunal juge comme le premier, la cour de cassation, toutes chambres réunies, casse à nouveau l'arrêt et le renvoie alors devant un troisième tribunal, obligé de juger conformément à l'avis de la cour suprême.

Le délai pour se pourvoir en cassation, en matière *civile,* est de *deux mois,* du jour de la signification du jugement à *personne* ou à *domicile,* pour tous ceux qui habitent en France. En *matière criminelle, correctionnelle* et de *police,* le condamné n'a que *trois jours,* après celui où son jugement lui a été prononcé, pour déclarer au greffe qu'il se pourvoit en cassation.

La cour de cassation est composée d'un premier président, de trois présidents, de 45 conseillers, qui sont nommés par le chef de l'Etat. Elle se divise en trois chambres, composées chacune d'un président et de 15 conseillers. Le premier président peut présider toutes les chambres; il siége habituellement à la chambre civile. Les trois chambres sont : la *chambre des requêtes,* qui examine la valeur des pourvois formés devant la cour, et les rejette ou les admet, suivant qu'il y a lieu ; la *chambre civile* et la *chambre criminelle,* chargées de statuer sur les pourvois dont l'admission est prononcée.

Il y a, près la cour de cassation, un procureur général, six avocats généraux, un greffier en chef, quatre greffiers et un secrétaire en chef du parquet.

Toutes les affaires sont enregistrées au greffe, par ordre de dates et de numéros, du jour qu'elles sont présentées.

Il est établi près la cour de cassation 60 avocats qui sont chargés exclusivement de l'instruction et de la défense. Il existe un bureau d'assistance judiciaire près la cour de cassation.

Cour des comptes.

La *cour des comptes* est chargée de prononcer sur les comptes de tous *ceux* qui ont le maniement des deniers publics. Elle juge les comptes des recettes et des dépenses publiques qui lui sont présentés par les trésoriers-payeurs généraux, les préposés comptables de l'enregistrement, du timbre et des domaines, les receveurs principaux des douanes, les préposés comptables des contributions indirectes, les receveurs principaux des postes, les directeurs des monnaies, le caissier payeur-central du trésor, le payeur central de la dette publique et l'agent responsable des virements de comptes. Elle juge aussi les comptes annuels des économes des lycées, des monts-de-piété, des communes, hospices et établissements de bienfaisance, ayant le revenu déterminé par les lois et règlements, etc.

Les ministres et les comptables peuvent se pourvoir devant le conseil d'Etat, dans le délai de trois mois, contre les arrêts de la cour, pour violations des formes ou de la loi. Les pourvois des ministres doivent avoir été préalablement autorisés par le Président de la République.

La cour des comptes prend rang immédiatement après la cour de cassation et jouit des mêmes honneurs et prérogatives.

Elle est composée d'un premier président, de trois présidents, de

18 conseillers maîtres, de 24 conseillers référendaires de première classe; de 60 conseillers référendaires de deuxième classe, de 15 auditeurs de première classe et de 10 auditeurs de deuxième classe. Il y a, près la cour des comptes, un procureur général, un greffier en chef et trois commis-greffiers. La cour est divisée en trois chambres.

Le *premier président* préside les chambres assemblées, et chaque chambre lorsqu'il le juge convenable. Il distribue les comptes aux conseillers référendaires et indique les chambres où s'en feront les rapports. Il a la correspondance avec les ministres.

Les *présidents* ont la direction du travail des chambres; chacun d'eux distribue aux conseillers maîtres qui composent la chambre les affaires dont ils doivent faire le rapport.

Les *conseillers maîtres* sont répartis dans les trois chambres.

Ils sont tenus de vérifier le travail des conseillers référendaires et des auditeurs rapporteurs et d'exprimer leur opinion sur les propositions faites dans ces rapports, ou qui résultent de leur examen et de la discussion.

Les *conseillers référendaires* sont chargés de la vérification des comptes, et ils peuvent entendre, à cet effet, les comptables ou leurs fondés de pouvoirs; ils en font rapport aux chambres; ils donnent leur avis, mais n'ont pas voix délibérative.

Les *auditeurs* sont adjoints par le premier président aux conseillers référendaires pour concourir, sous leur direction, aux travaux de vérification et d'instruction.

Le *procureur général* veille à ce que les comptables présentent leurs comptes dans les délais fixés par la loi, et requiert, contre ceux qui sont en retard, l'application des peines. Il s'assure si les chambres tiennent régulièrement leurs séances et si les conseillers référendaires font exactement leur service. C'est à lui que les préfets doivent adresser les comptabilités dont le règlement est contesté.

Juridiction du conseil de préfecture.

Toutes contestations entre l'Etat et les particuliers relatives aux contributions, aux marchés passés par l'Etat ou aux conventions faites avec lui pour fournitures ou travaux publics, à l'exercice des droits politiques, etc., sont soumises au conseil de préfecture, qui exerce ainsi des fonctions judiciaires et dont les décisions ne sont rendues qu'en première instance; l'appel en est porté devant le conseil d'Etat.

Conseil des prud'hommes.

Le *conseil des prud'hommes*, composé de patrons et d'ouvriers, juge les différends entre ouvriers et patrons. Il est nommé par une assemblée de membres au choix du préfet; il juge en dernier ressort jusqu'à la valeur de 100 francs, et au-dessus à charge d'appel au tribunal de commerce.

Conseils de guerre.

Les *conseils militaires* ou *conseils de guerre* sont des tribunaux spéciaux dont la compétence ordinaire ne s'applique qu'aux crimes et délits commis par des militaires sous les drapeaux; mais lorsque le pays est en état de siége, toutes les mesures d'administration ou de police sont remises entre les mains des chefs militaires, et tout citoyen peut être distrait de ses juges naturels, pour se voir traduit devant un tribunal militaire. Le conseil de guerre est composé d'un colonel ou lieutenant-colonel, président, d'un chef de bataillon ou d'escadron, de deux capitaines, d'un lieutenant, d'un sous-lieutenant et d'un sous-officier. L'instruction des affaires est aux mains d'un officier appelé capitaine rapporteur; le ministère public est exercé par un autre officier qui prend le nom de commissaire du gouvernement. Les conseils de guerre jugent en dernier ressort. Leurs décisions peuvent être déférées à un autre tribunal militaire qui, sous le nom de conseil de révision, remplit un rôle analogue à celui de la cour de cassation.

S'il casse le jugement qui lui est soumis, l'affaire est renvoyée à un autre conseil qui la juge à nouveau.

Tribunaux maritimes.

Les *tribunaux maritimes* siégent au chef-lieu des cinq circonscriptions maritimes qui sont les suivantes : *Cherbourg,* avec les sous-arrondissements de Dunkerque et du Havre; *Brest,* avec le sous-arrondissement de Saint-Servan; *Lorient,* avec le sous-arrondissement de Nantes; *Rochefort,* avec le sous-arrondissement de Bordeaux; *Toulon,* avec le sous-arrondissement de Marseille.

Les tribunaux maritimes se composent de cinq officiers de marine de divers grades et de deux juges du tribunal civil de première instance. Le ministère public y est représenté par un commissaire spécial du gouvernement. Ces tribunaux jugent expressément les délits et crimes commis dans les dépendances de la marine et ceux qui ont pour auteurs des marins en activité de service.

Conseils de discipline.

Des *conseils de discipline* existent dans certains corps constitués, comme ceux des avocats, des avoués, des notaires, etc.; ils sont chargés de juger les manquements aux règles des corps dont ils font partie, et prononcent des peines disciplinaires.

Officiers publics et ministériels.

Le nombre des *notaires* est fixé par le Gouvernement. Dans toutes les villes de 100,000 âmes et au-dessus il doit y avoir un notaire, au plus, par 6,000 habitants, et dans toutes les autres villes, bourgs et villages, il doit y avoir deux notaires, au moins, et cinq, au plus, par chaque arrondissement de justice de paix.

Notaires.

Les notaires sont assujettis à un cautionnement fixé par la loi. Ils sont autorisés à présenter leur successeur à l'agrément du chef de l'Etat.

Les notaires sont nommés à vie; ils ne peuvent être suspendus ou destitués que par des jugements rendus par les tribunaux.

Les notaires sont divisés en trois classes; ceux de la première sont dans les villes où est établie une cour d'appel; ils peuvent instrumenter dans tout le ressort de la cour en concurrence avec les autres notaires. Ceux de la deuxième classe sont placés dans les villes où il y a un tribunal de première instance; ils ont le droit d'instrumenter dans tout le ressort du tribunal. Ceux de la troisième classe sont placés dans les communes où il n'y a ni cour d'appel ni tribunal de première instance; ils ne peuvent instrumenter que dans l'étendue du canton dans lequel ils résident.

Les fonctions de notaire consistent à recevoir tous les actes et contrats, à leur conférer l'authenticité, à en assurer la date, à en conserver le dépôt, à en délivrer des grosses et expéditions.

Avoués.

Les *avoués* près les cours d'appel ou des tribunaux de première instance, ont le droit exclusif de postuler et de conclure pour les parties devant les cours et tribunaux. Nul ne peut être appelé aux fonctions d'avoué s'il n'est âgé de vingt-cinq ans, s'il n'a obtenu un certificat de capacité dans une faculté de droit, et s'il ne satisfait aux conditions de stage exigées par la loi et les règlements. Les avoués sont nommés par le chef de l'Etat, sur la présentation de la cour ou du tribunal dans lequel ils devront exercer leurs fonctions. Les avoués sont assujettis à un cautionnement; ils ont la faculté de présenter leur successeur à l'agrément du chef de l'Etat.

Commissaires-priseurs.

Il ne peut être établi de commissaires-priseurs que dans les villes chefs-lieux d'arrondissement ou siéges des tribunaux de première instance, ou enfin ayant une population de 5,000 âmes au moins. Ils sont chargés de la prisée ou estimation des meubles et des ventes publiques aux enchères d'effets mobiliers.

Pour être commissaire-priseur, la seule condition exigée est d'avoir vingt-cinq ans. Les commissaires-priseurs sont nommés par le chef de l'Etat; ils sont assujettis à un cautionnement et à une patente. Ils ont la faculté de présenter leur successeur à l'agrément du chef de l'Etat. Ils prêtent serment devant le tribunal de première instance.

Huissiers.

Les *huissiers* sont chargés d'assigner devant les cours et tribunaux, de signifier et d'exécuter les actes et jugements.

Pour être huissier, il faut être âgé de vingt-cinq ans accomplis, avoir travaillé deux ans dans une étude d'avoué, de notaire ou d'huissier, ou trois ans dans un greffe, être porteur d'un certificat de moralité et de capacité délivré par la chambre de discipline. Les huissiers ne peuvent instrumenter que dans le ressort de la cour ou du tribunal auquel ils sont attachés.

Dans les lieux où il n'y a point de commissaires-priseurs, les huissiers procèdent, concurremment avec des notaires et greffiers, aux prisées et ventes publiques de meubles et effets mobiliers.

Les huissiers présentent un successeur à l'agrément du chef de l'État.

Cultes.

§ 4. — Cultes.

Clergé.

En France, trois cultes sont reconnus par l'État, et leurs ministres ont une part au budget : le culte catholique, le culte protestant et le culte israélite. En Algérie, le culte musulman est également reconnu.

La France catholique est divisée en diocèses à la tête desquels se trouve un archevêque ou un évêque, et en paroisses dirigées par un curé. Les archevêques et évêques sont nommés par le président de la république; ils reçoivent du pape l'institution canonique; leurs bulles sont vérifiées et enregistrées au conseil d'État avant qu'ils prennent possession de leurs siéges. Le gouvernement français se réserve de contrôler tous les actes des prélats qui empiéteraient sur le pouvoir temporel et de recourir comme d'abus devant le conseil d'État.

Les évêques nomment leurs vicaires généraux pour les aider dans l'exercice de leurs fonctions, ainsi que les chanoines et les curés; ces nominations sont soumises à l'agrément du président de la république. Cet agrément n'est pas exigé par la loi pour les desservants des succursales et les vicaires. Des établissements spéciaux d'instruction, appelés séminaires, élèvent les jeunes gens qui se destinent à la prêtrise.

Il y a en France 17 archevêques et 67 évêques. Il y a aussi un archevêque à Alger et deux évêques à Constantine et à Oran.

Voici le tableau des diocèses de la France.

ARCHEVÊCHÉS. DIOCÈSES ET DÉPARTEMENTS FORMANT LA CIRCONSCRIPTION.	ÉVÊCHÉS SUFFRAGANTS. DIOCÈSES ET DÉPARTEMENTS FORMANT LA CIRCONSCRIPTION.
PARIS.	*Chartres* (Eure-et-Loir), *Meaux* (Seine-et-Marne), *Orléans* (Loiret), *Blois* (Loir-et-Cher), *Versailles* (Seine-et-Oise).
AIX, ARLES et EMBRUN. (Bouches-du-Rhône, excepté l'arrondissement de Marseille.)	*Marseille* (arrondissement de Marseille), *Fréjus et Toulon* (Var), *Digne* (Basses-Alpes), *Gap* (Hautes-Alpes), *Nice* (Alpes-Maritimes), *Ajaccio* (Corse).
ALBI. (Tarn.)	*Rodez* (Aveyron), *Cahors* (Lot), *Mende* (Lozère), *Perpignan* (Pyrénées-Orientales).
AUCH. (Gers.)	*Aire et Dax* (Landes), *Tarbes* (Hautes-Pyrénées), *Bayonne* (Basses-Pyrénées).
AVIGNON. (Vaucluse.)	*Nîmes* (Gard), *Valence* (Drôme), *Viviers* (Ardèche), *Montpellier* (Hérault).
BESANÇON. (Doubs, Haute-Saône et territoire de Belfort.)	*Verdun* (Meuse), *Belley* (Ain), *Saint-Dié* (Vosges), *Nancy* (Meurthe-et-Moselle).

ARCHEVÊCHÉS DIOCÈSES ET DÉPARTEMENTS FORMANT LA CIRCONSCRIPTION.	ÉVÊCHÉS SUFFRAGANTS. DIOCÈSES ET DÉPARTEMENTS FORMANT LA CIRCONSCRIPTION.
BORDEAUX (Gironde.)	*Agen* (Lot-et-Garonne), *Angoulême* (Charente), *Poitiers* (Deux-Sèvres et Vienne), *Périgueux* (Dordogne), *La Rochelle* (Charente-Inférieure), *Luçon* (Vendée). Les évêchés des colonies, à Saint-Denis (*Réunion*). La Basse-Terre (*Guadeloupe*), Saint-Pierre et Fort-de-France (*Martinique*), sont aussi suffragants de l'archevêché de Bordeaux.
BOURGES (Cher et Indre.)	*Clermont* (Puy-de-Dôme), *Limoges* (Haute-Vienne et Creuse), *Le Puy* (Haute-Loire), *Tulle* (Corrèze), *Saint-Flour* (Cantal).
CAMBRAI (Nord.)	*Arras* (Pas-de-Calais).
CHAMBÉRY	*Annecy* (Haute-Savoie), *Tarentaise* (Savoie), *Saint-Jean-de-Maurienne* (Savoie).
LYON et VIENNE (Rhône et Loire.)	*Autun* (Saône-et-Loire), *Langres* (Haute-Marne), *Dijon* (Côte-d'Or); *Saint-Claude* (Jura), *Grenoble* (Isère).
REIMS (arrondiss. de Reims et Ardennes.)	*Soissons* (Aisne), *Châlons-sur-Marne* (Marne, excepté arrondissement de Reims), *Beauvais* (Oise), *Amiens* (Somme).
RENNES (Ille-et-Vilaine.)	*Quimper* (Finistère), *Vannes* (Morbihan), *Saint-Brieuc et Tréguier* (Côtes-du-Nord).
ROUEN (Seine-Inférieure.)	*Bayeux* (Calvados), *Evreux* (Eure), *Séez* (Orne), *Coutances* (Manche).
SENS et AUXERRE (Yonne.)	*Troyes* (Aube), *Nevers* (Nièvre), *Moulins* (Allier).
TOULOUSE et NARBONNE (Haute-Garonne.)	*Montauban* (Tarn-et-Garonne), *Pamiers* (Ariége), *Carcassonne* (Aude).
TOURS (Indre-et-Loire.)	*Le Mans* (Sarthe), *Angers* (Maine-et-Loire), *Nantes* (Loire-Inférieure), *Laval* (Mayenne).

Cultes non catholiques. Eglises réformées.

L'Église protestante comprend deux grandes divisions : l'Église réformée et l'Église d'Augsbourg. Les Églises réformées sont régies par la loi du 18 germinal an X, et par le décret du 26 mars 1852. Il n'y a point de hiérarchie dans les Églises réformées; les pasteurs que nomme le gouvernement, sur une liste présentée par les conseils presbytéraux, sont tous égaux dans la circonscription territoriale, et le président de chacun de ces groupes n'est que le premier entre ses pairs. Les Églises réformées ont des pasteurs, des conseils presbytéraux, des consistoires, des synodes et un conseil central. Les conseils presbytéraux administrent les paroisses sous l'autorité des consistoires. Les consistoires veillent au maintien de la discipline, à l'administration des biens de l'Église et à celle des deniers provenant des aumônes. Les consistoires sont au nombre de cent environ. Tous les trois ans, les anciens ou membres laïques sont renouvelés par moitié.

Il est établi à Paris un conseil central des Églises réformées de France; il représente les Églises auprès du gouvernement. Avec l'agrément du ministre des cultes, les délégués des Églises peuvent se réunir en synodes, soit régionaux, soit généraux.

Eglise de la confession d'Augsbourg.

L'Église de la confession d'Augsbourg est régie par le décret du 26 mars 1852 et par les dispositions non contraires de la loi du 18 germinal an X. Elle est dirigée par un consistoire supérieur, siégeant à Paris et se réunissant une fois par an; mais l'administration appartient à un directoire choisi parmi les membres de ce conseil supérieur : c'est lui qui nomme les pasteurs avec l'approbation du gouvernement. Cette Église, outre ses pasteurs, a des conseils presbytéraux, des consistoires et des inspections. Les conseils presbytéraux administrent les paroisses sous l'autorité des consistoires. Tous les trois ans, les conseils presbytéraux, les consistoires, le consistoire supérieur et les députés de ce corps au directoire sont renouvelés par moitié. Il y a deux séminaires protestants : celui des réformés à Montauban et celui des luthériens à Paris. La faculté de théologie de Strasbourg a été transférée à Paris.

Culte israélite.

Le culte israélite a un consistoire central siégeant à Paris, des consistoires départementaux, des grands rabbins, des rabbins communaux et des ministres officiants.

Le consistoire central qui dirige le culte est composé d'un grand rabbin et de huit membres laïques choisis par les notables des huit circonscriptions consistoriales de France. Le grand rabbin est nommé à vie, avec l'autorisation de l'État, par le consistoire central assisté de délégués de la province. L'autorité du consistoire central et de son grand rabbin s'étend sur toutes les communautés israélites de France et d'Algérie. Le grand rabbin est chargé de la haute surveillance du culte et possède le droit de censure à l'égard des fidèles.

Chaque consistoire départemental a l'administration et la police des temples de sa circonscription. Les grands rabbins des consistoires départementaux sont élus par des assemblées de notables; ils ont droit de surveillance sur les rabbins communaux et sur les ministres officiants de leurs ressorts respectifs. Paris, Lille, Nancy, Vesoul, Lyon, Marseille, Bordeaux et Bayonne ont des grands rabbins.

Les rabbins communaux sont chargés de la prédication, de l'enseignement religieux et de la bénédiction des mariages dans les synagogues confiées à leurs soins. En général, les ministres officiants sont des chantres chargés de la célébration des offices. Le grand séminaire israélite est à Paris.

Instruction publique.

§ 5. — Instruction publique.

L'instruction est sous la direction du ministre de l'instruction publique ou grand-maître de l'Université. Un conseil supérieur de l'instruction publique, siégeant près du ministre, a sous ses ordres des inspecteurs généraux, chargés du contrôle de tout le service; ils sont au nombre de dix-neuf.

La France entière est divisée en seize circonscriptions académiques ou académies. De plus une académie est établie à Alger pour l'Algérie. Chacune des académies est administrée par un recteur, assisté d'autant d'inspecteurs d'académie qu'il y a de départements dans la circonscription.

Conseil académique.

Il y a au chef-lieu de chaque académie un *conseil académique*, qui veille au maintien des méthodes d'enseignement prescrites par le ministre en conseil supérieur de l'instruction publique, et qui doivent être suivies dans les écoles publiques d'instruction primaire, secondaire ou supérieure du ressort. Il donne son avis sur les questions d'administration, de finances ou de discipline qui intéressent les colléges communaux, les lycées et les établissements d'enseignement supérieur.

Conseil départemental.

Il y a au chef-lieu de chaque département un conseil départemental de l'instruction publique, dont le préfet est président.

Divisions de l'instruction publique.

L'instruction publique se divise en instruction supérieure, instruction secondaire et instruction primaire.

L'enseignement dit supérieur comprend l'école normale supérieure de Paris, les facultés de théologie, de médecine, de droit, des sciences et des lettres, les écoles de pharmacie, les écoles préparatoires de médecine et de pharmacie et les écoles préparatoires à l'enseignement supérieur des sciences et des lettres. Ces facultés sont établies pour la plupart aux chefs-lieux d'académie. Une école pratique des hautes études a été établie à Paris; elle comprend quatre sections : celle de mathématiques, celle de physique et de chimie, celle d'histoire naturelle et de physiologie et celle d'histoire et de philologie. Le Collége de France et le Muséum d'histoire naturelle sont destinés à l'étude de la science. L'enseignement supérieur est libre; des jurys mixtes peuvent décerner les grades de docteur et de licencié.

L'enseignement secondaire comprend les lycées et colléges et l'école normale d'enseignement spécial de Cluny.

L'enseignement primaire comprend les écoles normales primaires, les écoles primaires supérieures, les écoles de garçons et de filles et les salles d'asile. Chaque commune de 500 habitants est tenue d'avoir une école de garçons et une école de filles. Quand les rétributions scolaires sont insuffisantes pour entretenir ces écoles, elles sont à la charge du département ou de l'État. Presque tous les départements ont une école normale primaire pour former des instituteurs.

École normale supérieure.

L'École normale supérieure de Paris, qui est placée sous l'autorité immédiate du ministre de l'instruction publique, est destinée à former des professeurs dans les lettres et dans les sciences pour les établissements de l'État. Elle prépare aux grades de licencié ès lettres, de licencié ès sciences, aux divers ordres d'agrégation, et à la pratique des meilleurs procédés d'enseignement et de discipline scolaire. Les élèves sortant de l'École normale supérieure sont nommés professeurs dans les lycées. La durée du cours normal est de trois années.

Les bibliothèques et les musées sont aussi sous la direction du ministère de l'instruction publique et des beaux-arts.

Nous donnons ici un tableau indiquant les académies et les départements du ressort.

ACADÉMIES		DÉPARTEMENTS DU RESSORT
AIX	6	Bouches-du-Rhône, Basses-Alpes, Alpes-Maritimes, Corse, Var, Vaucluse.
BESANÇON	4	Doubs, Jura, Haute-Saône, Haut-Rhin.
BORDEAUX	5	Gironde, Dordogne, Landes, Lot-et-Garonne, Basses-Pyrénées.
CAEN	6	Calvados, Eure, Manche, Orne, Sarthe, Seine-Inférieure.
CHAMBÉRY	2	Savoie, Haute-Savoie.
CLERMONT	6	Puy-de-Dôme, Allier, Cantal, Corrèze, Creuse, Haute-Loire.
DIJON	5	Côte-d'Or, Aube, Haute-Marne, Nièvre, Yonne.
DOUAI	5	Nord, Aisne, Ardennes, Pas-de-Calais, Somme.
GRENOBLE	4	Isère, Hautes-Alpes, Ardèche, Drôme.
LYON	4	Rhône, Ain, Loire, Saône-et-Loire.
MONTPELLIER	5	Hérault, Aude, Gard, Lozère, Pyrénées-Orientales.
NANCY	3	Meurthe-et-Moselle, Meuse, Vosges.
PARIS	9	Seine, Cher, Eure-et-Loir, Loir-et-Cher, Loiret, Marne, Oise, Seine-et-Marne, Seine-et-Oise.
POITIERS	8	Vienne, Charente, Charente-Inférieure, Indre, Indre-et-Loire, Deux-Sèvres, Vendée, Haute-Vienne.
RENNES	7	Ille-et-Vilaine, Côtes-du-Nord, Finistère, Loire-Inférieure, Maine-et-Loire, Mayenne, Morbihan.
TOULOUSE	8	Haute-Garonne, Ariége, Aveyron, Gers, Lot, Hautes-Pyrénées, Tarn, Tarn-et-Garonne.

Institut de France.

L'Institut de France comprend les cinq Académies, savoir :

1° L'Académie française ; 2° l'Académie des inscriptions et belles-lettres, 3° l'Académie des sciences ; 4° l'Académie des beaux-arts ; 5° l'Académie des sciences morales et politiques. Chaque Académie a son régime indépendant et la libre disposition des fonds qui lui sont spécialement affectés.

Les cinq Académies tiennent une séance publique commune le 25 octobre.

L'Académie française et l'Académie des inscriptions et belles-lettres ont chacune quarante membres. L'Académie des sciences est divisée en onze sections de six membres chacune. L'Académie des beaux-arts est aussi divisée en sections, savoir : la peinture, la sculpture, l'architecture, la gravure, la composition musicale, et comprend quarante membres.

L'Académie des sciences morales et politiques comprend trente membres ; elle est divisée en cinq sections, savoir : philosophie, morale, législation ; droit public et jurisprudence, économie politique, finance et statistique, histoire générale et philosophique.

Les nominations aux places vacantes sont faites par chacune des Académies où ces places viennent à vaquer; les élections sont confirmées par le chef de l'État.

Académie de médecine

L'*Académie de médecine*, de Paris, est instituée spécialement pour répondre aux demandes du Gouvernement en tout ce qui intéresse la santé publique, et principalement sur les épidémies, les épizooties, les différents cas de médecine légale, la propagation de la vaccine, l'examen des remèdes nouveaux et des remèdes secrets, les eaux minérales naturelles ou factices.

§ 6. — Armée.

Armée.

Sa composition.

L'armée a été reconstituée par une loi du 27 juillet 1872. Elle se compose du contingent annuel formé des Français âgés de vingt ans révolus.

Plus de 280,000 jeunes gens prennent part chaque année au tirage au sort, mais plus d'un tiers restent en dehors de l'armée active, par suite de dispenses légales ou de réformes pour infirmités. Tout Français qui n'est pas déclaré impropre à tout service militaire fait partie de l'armée active pendant cinq ans, de la réserve de l'armée active pendant quatre ans, de l'armée territoriale pendant cinq ans et de la réserve de l'armée territoriale pendant six ans. La durée totale du service militaire est donc de vingt ans.

La durée du service effectif de l'infanterie dans l'armée active a été réduite à quatre ans pour la première portion et à six mois pour la deuxième portion du contingent.

Volontaires d'un an.

Les volontaires ou engagés conditionnels d'un an sont admis à contracter dans l'armée de terre des engagements conditionnels d'un an, sur présentation de leurs diplômes universitaires ou de leurs certificats d'études. Tous les jeunes gens qui, à un titre quelconque, demandent à jouir du bénéfice du volontariat, doivent déposer une demande écrite à la préfecture du département où ils veulent s'engager. Ce dépôt doit être effectué du 1er juillet au 31 août. Passé cette époque, aucune demande n'est admise.

Les jeunes gens qui ne sont pas pourvus de diplômes ou de certificats d'études doivent passer un examen devant un jury spécial siégeant au chef-lieu de département, du 15 au 30 septembre de chaque année. Les volontaires d'un an sont tenus de verser une somme de 1,500 fr., qui représente leurs frais d'entretien et d'équipement; toutefois l'État les dispense, dans certains cas, de tout ou partie de ces obligations pécuniaires.

Pour être admis à l'examen du volontariat d'un an, il faut avoir dix-huit ans accomplis et être de bonnes mœurs et de bonne constitution. Le candidat doit adresser sa demande du 1er juillet au 31 août au préfet du département où il veut s'engager. Cette demande doit être accompagnée de l'autorisation de ses parents s'il est mineur, d'un certificat de bonne vie et mœurs, de son acte de naissance et d'un certificat de bonne constitution délivré par le capitaine de recrutement du département. Si le candidat à la suite de ses examens est admis par le ministre de la guerre à contracter son engagement, il verse d'abord la somme de 1,500 francs à la caisse des dépôts et consignations, et, muni du récépissé de ce versement et de son dossier judiciaire délivré par le greffier du tribunal de l'arrondissement où il est né et sur le vu duquel le commissaire de police de son canton lui délivre un certificat de bonne vie et mœurs, il se présente, avec toutes ces pièces, chez le capitaine de recrutement pour choisir son corps, dans l'ordre qui lui est échu par le sort. Il contracte ensuite son engagement.

Les hommes présents au corps ne votent point. Rentrés dans leurs foyers, ils reprennent leurs droits de citoyens.

Les soldats en disponibilité de l'armée active et les hommes de la réserve peuvent se marier sans autorisation, mais ils restent soumis aux obligations de service imposées à leurs classes.

La France est répartie en 18 corps d'armée ; l'Algérie forme un 19e corps d'armée. Les commandants de corps d'armée exercent les fonctions attribuées auparavant aux généraux commandant les divisions territoriales. Les 18 corps d'armée de France sont partagés en 144 subdivisions pour le recrutement de l'armée active, de l'armée territoriale et de leurs réserves. Les divisions et subdivisions sont commandées par des généraux de division et des généraux de brigade.

Le commandement des départements est exercé par un des généraux de brigade placés sous les ordres du général commandant le corps d'armée.

Composition de l'armée active.

Armée active. L'armée active se compose :

1° Des corps de troupes de toutes armes, savoir : l'infanterie, la cavalerie, l'artillerie, le génie, le train des équipages militaires ;

2° Du personnel de l'état-major général et des services généraux de l'armée ;

3° Du personnel des états-majors et des services particuliers ;

4° De la gendarmerie ;

5° Du régiment de sapeurs-pompiers de la ville de Paris.

Troupes.

Infanterie. — L'infanterie comprend 144 régiments d'infanterie de ligne à 4 bataillons de 4 compagnies, plus 2 compagnies de dépôt (le régiment contient normalement 1,200 hommes); 30 bataillons de chasseurs à pied à 4 compagnies, plus une compagnie de dépôt (le bataillon comprend 1,000 hommes); 4 régiments de zouaves à 4 bataillons de 4 compagnies, plus 1 compagnie de dépôt; 3 régiments de tirailleurs algériens à 4 bataillons de 4 compagnies, plus une compagnie de dépôt; 1 régiment de légion étrangère à 4 bataillons de 4 compagnies; 3 bataillons d'infanterie légère d'Afrique; 5 compagnies de discipline, dont 1 de pionniers et 4 de fusiliers, soit environ 280,000 hommes sur pied de paix.

La *cavalerie* comprend : Cavalerie.

1° 77 régiments, savoir,	12	régiments	de cuirassiers,
	26	»	de dragons,
	32	»	de cavalerie légère, dont 20 de chasseurs et 12 de hussards,
	4	»	de chasseurs d'Afrique,
	3	»	de spahis.
	77 régiments.		

Les 70 régiments de l'intérieur sont à 5 escadrons; ils constituent 18 brigades de 2 régiments, à raison d'une brigade par corps d'armée, et un certain nombre de brigades et divisions de cavalerie indépendantes, placées en dehors du corps d'armée.

Les régiments de chasseurs d'Afrique et de spahis sont à 6 escadrons; ils sont spécialement affectés au 19e corps d'armée.

2° 19 escadrons d'éclaireurs-volontaires;

3° 8 compagnies de cavalerie de remonte.

On évalue la cavalerie à 73,000 hommes et à 65,000 chevaux.

L'*artillerie,* forte de 64,000 hommes et de 60,000 chevaux, comprend : Artillerie.

1° 38 régiments, constituant 19 brigades à 2 régiments, à raison d'une brigade par corps d'armée. Chaque régiment compte 13 batteries;

2° 2 régiments d'artillerie-pontonniers à 14 compagnies chacun;

3° 10 compagnies d'ouvriers d'artillerie;

4° 3 compagnies d'artificiers;

5° 57 compagnies du train d'artillerie, à raison de 3 par brigade d'artillerie.

Les *troupes du génie* se composent de : Troupes du génie.

4 régiments de sapeurs-mineurs; chaque régiment comprend 5 bataillons à 4 compagnies, une compagnie de dépôt, une compagnie d'ouvriers de chemins de fer, une compagnie de sapeurs-conducteurs. A chacun des 19 corps d'armée correspond un bataillon de sapeurs-mineurs, qui en porte le numéro.

Le train des équipages militaires comprend :

20 escadrons, tous stationnés en France. Chaque escadron est à 3 compagnies.

Effectif de l'armée en temps de paix.

L'effectif en temps de paix peut s'élever, non compris les gendarmes, à 470,000 hommes, dont 325,000 pour les 4 contingents de la première portion, près de 11,000 engagés conditionnels d'un an, 50,000 engagés pour 5 ans, etc. On sait que l'effectif normal du pied de paix représente le chiffre au-dessous duquel la moyenne annuelle des hommes entretenus sous les drapeaux ne peut pas être abaissée. Ce chiffre sert de base aux évaluations budgétaires annuelles. Nous donnons ici la récapitulation de l'effectif en temps de paix.

	HOMMES	CHEVAUX
Infanterie	281.600	2.650
Cavalerie	68.600	59.000
Artillerie	66.300	32.700
Génie	10.900	700
Equipages militaires	9.390	7.600
États et administrations	26.400	4.450
Gendarmerie	27.000	13.600
Total	490.190	120.700

Gardes forestiers et douaniers.

Le service des forêts composé de 4,279 gardes forestiers et celui des douanes comprenant 22,929 hommes, peuvent, en temps de guerre, donner au moins 25,000 hommes pouvant être incorporés dans les compagnies forestières et dans les bataillons de douane, les douaniers et les gardes forestiers étant tous maintenant organisés militairement.

Effectif en temps de guerre.

L'effectif de guerre peut être évalué à plus de 1,750,000 hommes, dont 880,000 pour l'armée de campagne et 560,000 pour l'armée territoriale, 240,000 de dépôt, 20,000 gardes forestiers et douaniers, et 50,000 hommes de l'armée active restant en France et en Algérie.

Gendarmerie.

La *gendarmerie* représente un effectif de 57,000 hommes.

Elle comprend : la gendarmerie départementale de l'intérieur, organisée en légions et compagnies, la gendarmerie d'Afrique, la gendarmerie mobile, la garde républicaine de Paris, et la gendarmerie coloniale.

La gendarmerie départementale comprend 31 légions. Les chef-lieux de légions sont les villes suivantes, par numéros d'ordre de légion : 1re, Paris; 2e, Lille; 3e, Amiens; 4e, Rouen; 5e, Le Mans; 6e, Orléans;

7°, Châlons-sur-Marne; 8°, Nancy; 9°, Besançon; 10°, Bourg; 11°, Bourges; 12°, Tours; 13°, Poitiers; 14°, Rennes; 15°, Nantes; 16°, Limoges; 17°, Périgueux; 18°, Clermont-Ferrand; 19°, Saint-Étienne; 20°, Lyon; 21°, Chambéry; 22°, Marseille; 23°, Nice; 24°, Bastia; 25°, Montpellier; 26°, Perpignan; 27°, Toulouse; 28°, Agen; 29°, Bordeaux; 30°, Bayonne; 31°, Alger.

A la tête de la légion se trouve un colonel ou un lieutenant-colonel de gendarmerie, qui est chef de légion.

Armée territoriale.

L'armée territoriale compte 145 régiments d'infanterie à 3 bataillons de 4 compagnies, plus 1 compagnie de dépôt; 18 régiments de cavalerie à 4 escadrons et 18 régiments d'artillerie; 18 bataillons de génie et 18 escadrons de train; elle comprend ainsi des troupes de toutes armes.

Les régiments d'infanterie n°s 1 à 8 appartiennent au 1er corps; les régiments n°s 9 à 16 au 2° corps et ainsi de suite; les n°s 137 à 144 appartenant au 18° corps : la subdivision d'Aix du 15° corps fournit encore un second régiment, le 145°.

En 1875, le personnel de l'état-major comprenait 5 maréchaux, 121 généraux de division et 200 généraux de brigade en activité de service, 81 généraux de division et 197 généraux de brigade en réserve. L'état-major des généraux se composait de 459 officiers.

Le gouvernement militaire de Paris, dont le quartier est à Paris, comprend la Seine et Seine-et-Oise.

En délimitant les régions, on a eu surtout en vue de faciliter les opérations de la mobilisation. Les recrues sont néanmoins réparties dans tout le pays et dans toute l'armée, afin d'en assurer la complète homogénéité.

La mobilisation, au contraire, a lieu de telle sorte qu'à l'aide des hommes qui se trouvent dans la région, chaque corps d'armée pourra compléter ses troupes de campagne et de dépôt, et lever les troupes de l'armée territoriale. En outre, les attelages nécessaires à la mobilisation du corps d'armée seront achetés par réquisitions forcées au-dedans des régions. Tout le matériel nécessaire devra également se trouver prêt dans les magasins de région ou de subdivision.

Un régiment d'infanterie a 16 compagnies; chaque compagnie compte 75 hommes en temps de paix et 250 hommes en temps de guerre, ce qui donne 1,200 hommes par régiment sur le pied de paix et 4,000 sur le pied de guerre.

Un bataillon de chasseurs à pied compte 1,000 hommes.

Un régiment de cavalerie, à 5 escadrons, comprend 800 hommes.

Une batterie d'artillerie compte 250 hommes.

Un bataillon du génie, 1,200 hommes.

Une compagnie du train d'artillerie, 250 hommes.

Chaque corps d'armée se compose environ de 35,000 hommes.

La France pourrait mettre actuellement en ligne, la moitié en moins de trois semaines et le reste successivement, 1,825,000 hommes, dont 1,300,000 pour l'armée active (dont 900,000 de la réserve de l'armée active),
500,000 pour l'armée territoriale, et
25,000 gardes forestiers et douaniers.

En temps de paix, le total général des combattants est de 442,000 environ.

La partie combattante de l'armée française, déduction faite des 7,000 hommes d'infanterie de marine, se recrute en temps de paix à raison de 93,000 hommes par an, qui tous sont censés rester cinq ans sous les drapeaux; mais la durée du service effectif se trouve, dans la pratique, réduite à quatre ans, par suite du délai d'environ six mois qui s'écoule avant l'appel des conscrits et par suite de ce que l'on renvoie généralement les hommes de leurs régiments six mois avant l'expiration de leur temps.

En temps de paix l'armée est donc composée de quatre fois 93,000 hommes, c'est-à-dire de 372,000 hommes, *plus* 45,000 hommes pour une année de la seconde portion du contingent, et *plus* encore 25,000 hommes déjà sous les drapeaux comme volontaires.

RÉGIONS TERRITORIALES DE L'ARMÉE.

Corps d'armée.

Nº D'ORDRE du corps d'armée.	QUARTIER GÉNÉRAL	DÉPARTEMENTS FORMANT LES RÉGIONS
Ier	LILLE..............	Nord, Pas-de-Calais. 1re *division :* Lille; 2e *division :* Arras.
IIe	AMIENS............	Aisne, Oise, Somme, Seine-et-Oise (arrondissement de Pontoise) et Seine (cantons de Saint-Denis et de Pantin, 10e, 19e et 20e arrondissements de Paris). 3e *division :* Amiens; 4e *division :* Paris.
IIIe	ROUEN..............	Calvados, Eure, Seine-Inférieure, Seine-et-Oise (arrondissements de Mantes et de Versailles) et Seine (cantons de Courbevoie et de Neuilly, 1er, 7e, 8e, 9e, 15e, 16e, 17e et 18e arrondissements de Paris). 5e *division* . Paris; 6e *division :* Rouen.
IVe	LE MANS...........	Eure-et-Loir, Mayenne, Orne, Sarthe, Seine-et-Oise (arrondissement de Rambouillet) et Seine (cantons de Villejuif et de Sceaux, 4e, 5e, 6e, 13e et 14e arrondissements de Paris). 7e *division :* Le Mans; 8e *division :* Paris.
Ve	ORLÉANS...........	Loiret, Loir-et-Cher, Seine-et-Marne, Yonne, Seine-et-Oise (arrondissements de Corbeil et d'Etampes) et Seine (cantons de Charenton et de Vincennes, 2e, 3e, 11e et 12e arrondissements de Paris). 9e *division :* Paris; 10e *division :* Orléans.
VIe	CHALONS-S.-MARNE..	Ardennes, Aube, Marne, Meurthe-et-Moselle, Meuse et Vosges. 11e *division :* Nancy; 12e *division :* Reims.
VIIe	BESANÇON..........	Ain, Doubs, Jura, Haute-Marne, Haut-Rhin, Haute-Saône et Rhône (canton de Neuville, 4e et 5e arrondissements de Lyon). 13e *division :* Langres; 14e *division :* Besançon.
VIIIe	BOURGES...........	Cher, Côte-d'Or, Nièvre, Saône-et-Loire et Rhône (arrondissement de Villefranche). 15e *division :* Dijon; 16e *division :* Bourges.
IXe	TOURS..............	Maine-et-Loire, Indre-et-Loire, Indre, Deux-Sèvres et Vienne. 17e *division :* Châteauroux; 18e *division :* Tours.
Xe	RENNES............	Côtes-du-Nord, Manche et Ille-et-Vilaine. 19e *division :* Saint-Brieuc; 20e *division :* Saint-Servan.
XIe	NANTES............	Finistère, Loire-Inférieure, Morbihan et Vendée. 21e *division :* Nantes; 22e *division :* Brest.
XIIe	LIMOGES............	Charente, Corrèze, Creuse, Dordogne et Haute-Vienne. 23e *division* : Limoges; 24e *division :* Périgueux.
XIIIe	CLERMONT-FERRAND.	Allier, Loire, Puy-de-Dôme, Haute-Loire, Cantal et Rhône (cantons de l'Arbresle, Condrieu, Limonest, Mornant, Saint-Symphorien). 25e *division :* Lyon; 26e *division :* Saint-Etienne.
XIVe	LYON...............	Hautes-Alpes, Drôme, Isère, Savoie, Haute-Savoie et Rhône (cantons de Givors, Saint-Genis-Laval, Villeurbanne, 1er, 2e, 3e et 6e arrondissements de Lyon). 27e *division :* Grenoble; 28e *division* : Lyon.
XVe	MARSEILLE.........	Basses-Alpes, Alpes-Maritimes, Ardèche, Bouches-du-Rhône, Corse, Gard, Var et Vaucluse. 29e *division :* Nice; 30e *division :* Avignon.
XVIe	MONTPELLIER.......	Aude, Aveyron, Hérault, Lozère, Tarn et Pyrénées-Orientales. 31e *division :* Montpellier; 32e *division :* Perpignan.
XVIIe	TOULOUSE..........	Ariége, Haute-Garonne, Gers, Lot, Lot-et-Garonne, Tarn-et-Garonne. 33e *division :* Montauban; 34e *division :* Toulouse.
XVIIIe	BORDEAUX..........	Charente-Inférieure, Gironde, Landes, Basses-Pyrénées, Hautes-Pyrénées. 35e *division :* Bordeaux; 36e *division :* Bayonne.
XIXe	ALGER..............	Alger, Oran, Constantine.

Les *écoles militaires* sont le prytanée militaire, à la Flèche, l'école polytechnique, à Paris, l'école spéciale militaire, à Saint-Cyr, l'école d'application de l'artillerie et du génie, à Fontainebleau, l'école d'application d'état-major, à Paris, l'école d'application de cavalerie, à Saumur, l'école de médecine et de pharmacie militaires, à Paris, l'école d'administration, à Vincennes, l'école normale de gymnastique, à Joinville-le-Pont, les écoles régionales de tir, dix-neuf écoles d'artillerie, l'école centrale de pyrotechnie militaire, quatre écoles régimentaires du génie, l'école de sous-officiers d'infanterie du camp d'Avord (à 20 kilom. de Bourges), l'école d'essai des enfants de troupe à Rambouillet. Ecoles militaires

Le *prytanée militaire,* à la Flèche, est destiné à l'éducation de fils d'officiers sans fortune ou de sous-officiers morts au champ d'honneur. Prytanée militaire.

L'Etat y entretient, à ses frais, trois cents boursiers et cent demi-boursiers. On admet au prytanée des enfants payant pension.

L'*école polytechnique* est destinée à former des élèves pour les services publics ci-après, savoir : l'artillerie de terre et de mer, le génie militaire et le génie maritime, la marine et le corps des ingénieurs hydrographes, les ponts et chaussées et les mines, le service d'état-major, le service des poudres et salpêtres, les lignes télégraphiques et l'administration des tabacs. Ecole polytechnique.

La durée du cours complet d'instruction est de deux ans.

On ne peut y être admis que par voie de concours.

L'*école spéciale militaire de Saint-Cyr* est destinée à former des officiers pour l'infanterie, la cavalerie et l'infanterie de marine. La durée du cours complet d'instruction est de deux ans. Ecole de Saint-Cyr.

L'admission à l'école n'a lieu que par voie de concours.

L'*école d'application de l'artillerie et du génie,* à Fontainebleau, n'est composée que d'élèves sortant de l'école polytechnique, destinés à devenir officiers des services de l'artillerie et du génie pour l'armée de terre et officiers d'artillerie pour l'armée de mer. École d'application de l'artillerie.

En arrivant à l'école d'application, les élèves obtiennent le grade de sous-lieutenant. Ils restent deux ans à l'école ou trois ans au plus, et sont classés définitivement dans les armes de l'artillerie et du génie, suivant leur ordre de mérite, s'ils ont satisfait aux examens de sortie.

L'*école d'application d'état-major,* à Paris, fondée en 1818, est destinée à former des officiers pour le service d'état-major. École d'application d'état-major.

La durée des études est de deux ans. Les élèves sont choisis parmi ceux de l'école spéciale militaire de Saint-Cyr et de l'école polytechnique, susceptibles d'obtenir le grade de sous-lieutenant, ainsi que parmi les sous-lieutenants de l'armée. Ils ne sont admis que par voie de concours.

École de Saumur.

L'*école d'application de cavalerie,* à Saumur, est spécialement instituée en vue de compléter et de perfectionner l'instruction des lieutenants de cavalerie.

École de médecine.

L'*école de médecine et de pharmacie militaires,* à Paris, est destinée à pourvoir au recrutement des officiers de santé de l'armée. Le séjour à l'école est de deux années.

École d'administration.

L'*école d'administration,* à Vincennes, organisée par décret du 21 juillet 1875, est destinée à former le personnel nécessaire au recrutement des officiers d'administration des bureaux de l'intendance militaire, des hôpitaux, des subsistances, de l'habillement et du campement.

École de gymnastique.

L'*école normale de gymnastique,* à Joinville-le-Pont, qui comprend la gymnastique et l'escrime est destinée à donner à un certain nombre d'officiers, de sous-officiers, de caporaux et de soldats, un enseignement spécial qu'ils puissent reporter dans les corps de troupes.

L'*école d'essai des enfants de troupe,* à Rambouillet, a pour but d'élever et de diriger vers la profession militaire les enfants qui y sont admis, et de leur donner des aptitudes nécessaires pour devenir de bons sous-officiers. Les élèves sont choisis parmi les enfants de troupe immatriculés dans les corps.

Remonte.

REMONTE DE CAVALERIE.

Les établissements de remonte sont répartis en quatre circonscriptions :

La première, qui a pour chef-lieu Caen, comprend les dépôts de Caen, de Saint-Lô, d'Alençon, du Bec-Hellouin (Eure, près de Bernay) et de Paris.

DÉPOTS	DÉPARTEMENTS EXPLORÉS
1re CIRCONSCRIPTION.	
CAEN	Calvados.
SAINT-LO	Manche.
ALENÇON	Orne, Sarthe, Mayenne, Eure-et-Loir.
BEC-HELLOUIN (LE)	Eure, Seine-Inférieure, Oise (moins l'arrondissement de Senlis), Somme et Pas-de-Calais.
PARIS	Seine, Seine-et-Marne, Seine-et-Oise, Loiret, Oise (arrondissement de Senlis), Yonne.
2e CIRCONSCRIPTION.	
FONTENAY-LE-COMTE	Vendée, Deux-Sèvres, Vienne.
SAINT-JEAN-D'ANGÉLY	Charente, Charente-Inférieure.
ANGERS	Maine-et-Loire, Indre-et-Loire, Loir-et-Cher, Loire-Inférieure.
GUINGAMP	Côtes-du-Nord, Ille-et-Vilaine, Finistère, Morbihan.
3e CIRCONSCRIPTION.	
TARBES	Basses-Pyrénées, Hautes-Pyrénées, Ariège, Haute-Garonne (arrondissement de Saint-Gaudens), Gers, Pyrénées-Orientales.

DÉPOTS	DÉPARTEMENTS
AGEN	Lot-et-Garonne, Lot, Tarn, Tarn-et-Garonne, Aude, Haute-Garonne (moins l'arrondissement de Saint-Gaudens), Gard, Bouches-du-Rhône, Var.
MÉRIGNAC	Gironde, Dordogne, Landes.
GUÉRET	Creuse, Haute-Vienne, Allier, Cher, Indre.
AURILLAC	Cantal, Puy-de-Dôme, Aveyron, Corrèze, Lozère, Haute-Loire, Loire.
4e CIRCONSCRIPTION.	
MACON	Saône-et-Loire, Ain, Rhône, Isère, Savoie, Haute-Savoie, Nièvre, Drôme, Vaucluse, Ardèche.
SAMPIGNY	Meuse, Marne, Aisne, Ardennes, Meurthe-et-Moselle, Aube, Nord.
FAVERNEY	Haute-Saône, Haute-Marne, Vosges, Côte-d'Or, Doubs, Jura.

La deuxième, dont le chef-lieu est Fontenay-le-Comte, comprend les dépôts de Fontenay-le-Comte, de Saint-Jean-d'Angély, d'Angers et de Guingamp.

La troisième circonscription, qui a pour chef-lieu Tarbes, comprend les dépôts de Tarbes, d'Agen, de Mérignac (Gironde), de Guéret et d'Aurillac.

La quatrième circonscription, chef-lieu Mâcon, a des dépôts à Mâcon, Sampigny (Meuse, à 10 kilomètres de Commercy), Faverney (Haute-Saône, à 10 kilomètres de Vesoul).

§ 7. — MARINE.

Marine.

La flotte de guerre comptait, en 1875, 464 navires, dont 57 blindés, sur lesquels il y en a 31 de réserve portant ensemble 7,057 canons; le personnel des équipages s'élevait à 28,000 hommes, sans compter 16,000 hommes d'infanterie de marine (4 régiments), 4,500 hommes d'artillerie de marine et 33,000 ouvriers et employés non-combattants. Tous les gens de mer, c'est-à-dire ceux qui se livrent à la pêche ou à la navigation, sont soumis à l'inscription maritime, de l'âge de dix-huit ans à celui de cinquante. L'effectif disponible en cas de guerre est d'environ 110,000 individus.

Les marins sont appelés au service à l'âge de vingt ans, mais ceux qui ont passé à bord plus de cinq ans ne peuvent être levés de nouveau qu'en vertu d'un décret.

La France maritime est divisée en cinq arrondissements, dont les chefs-lieux sont Cherbourg, Brest, Lorient, Rochefort et Toulon; ces arrondissements sont commandés par un vice-amiral ou préfet maritime, et se divisent en sous-arrondissements, en quartiers et sous-quartiers, dirigés par des commissaires de marine.

Chacun des cinq ports militaires a un grand arsenal.

Les établissements d'Indret, de Ruelle, de Nevers et de la Chaussade appartiennent à l'Etat et dépendent du ministère de la marine.

Le personnel de l'état-major et des officiers de la marine comprend

2 amiraux, 15 vice-amiraux, 30 contre-amiraux, 100 capitaines de vaisseau, 200 capitaines de frégate, 640 lieutenants de vaisseau, 1,028 autres officiers de marine, 500 enseignes formant un effectif d'environ 2,500 personnes.

Écoles de la marine.

La marine possède à Brest une *école navale,* des écoles d'*hydrographie* dans les principaux ports et où l'on forme les capitaines de la marine marchande. Toulon, Brest et Rochefort ont une *école de médecine navale;* Cherbourg a l'*école du génie maritime,* Toulon, celle de *pyrotechnie.* Brest et Toulon ont des *écoles de dessin.* Les différents ports militaires ont des *écoles de maistrance,* dans lesquelles on forme les officiers mariniers, c'est-à-dire des sous-officiers pour la marine. Rochefort a l'*école normale des instituteurs de la flotte,* où l'on forme des sous-officiers qui dirigent les écoles des différents ports et des bâtiments.

Ministère du commerce et de l'agriculture.

§ 8. — Industrie, commerce et agriculture.

Le ministère de l'agriculture et du commerce a sous son autorité les diverses administrations relatives à l'agriculture et au commerce, les poids et mesures, les écoles d'arts et métiers. Un *conseil supérieur du commerce et de l'industrie,* un *conseil général d'agriculture,* un *comité consultatif des arts et manufactures,* et une *commission permanente des valeurs* de douane l'assistent. Le ministère des travaux publics a sous son autorité les ponts et chaussées, la navigation intérieure, les chemins de fer et les mines; il est assisté par un *conseil général des ponts et chaussées* et un *conseil général des mines.* Des inspecteurs généraux surveillent les divers services.

Pour l'agriculture, six inspecteurs généraux visitent les campagnes; des *comices agricoles* sont organisés par les soins de l'administration, soit par arrondissement, soit par canton. Des *concours régionaux,* se tenant au mois de mai, ont lieu chaque année successivement dans chacun des chefs-lieux de département des douze régions agricoles de la France. Chaque région a donc son concours annuel.

L'agriculture fait connaître ses vœux dans la session annuelle des *chambres consultatives d'agriculture* instituées dans chaque arrondissement.

Chambres consultatives des arts et manufactures.

L'industrie fait connaître les siens par les *chambres consultatives des arts et manufactures.* Ces chambres, instituées sur la demande des conseils municipaux, sont composées de membres élus par les notables commerçants. Il en existe aujourd'hui soixante-dix-huit. Les fonctions des membres des chambres consultatives des arts et manufactures durent six années; le renouvellement a lieu par tiers, tous les deux ans. Les membres sortants sont rééligibles. Voici les villes où se trouvent ces chambres :

Allier	Montluçon. Moulins.
Ardennes	Charleville. Givet. Réthel.
Ariége	Foix.
Aude	Limoux.
Aveyron	Millau. Rodez. St-Affrique. St-Geniez.
Bouches-du-Rhône	Aix.
Calvados	Bayeux. Condé-s.-Noireau. Falaise. Lisieux. Vire.
Charente	Angoulême.
Côtes-du-Nord	Quintin.
Creuse	Aubusson.
Doubs	Montbéliard.
Drôme	Valence.
Eure	Bernay. Evreux. Louviers. Pont-Audemer.
Gard	St-Hippolyte. Sommières. Le Vigan.
Hérault	Bédarieux. Clermont. Ganges. Lodève. Saint-Pons.
Indre	Châteauroux. Issoudun.
Isère	Voiron. Bourgoin.
Jura	Morez. Saint-Claude.
Loire	Rive-de-Gier. St-Chamond.
Haute-Loire	Le Puy.
Lot-et-Garonne	Agen.
Lozère	Mende.
Maine-et-Loire	Cholet. Saumur.
Marne	Châlons.
Haute-Marne	Joinville.
Mayenne	Mayenne.
Nièvre	Nevers.
Nord	Armentières. Avesnes. Cambrai.
Oise	Beauvais.
Orne	Alençon. Flers. Laigle. La Ferté-Macé. Tinchebray. Vimoutiers.
Pas-de-Calais	St-Pierre-les-Calais.
Puy-de-Dôme	Ambert.
Basses-Pyrénées	Oloron. Pau.
Seine-et-Marne	Montereau.
Seine-Inférieure	Bolbec. Yvetot.
Deux-Sèvres	Niort. St-Maixent.
Tarn-et-Garonne	Montauban.
Var	Brignoles. Draguignan.
Vaucluse	Orange.
Vienne	Poitiers.
Vosges	Remiremont. Saint-Dié.
Yonne	Sens.

Ponts et chaussées.

Le service des routes nationales et départementales est confié à l'administration des ponts et chaussées, qui comprend les ingénieurs ordinaires, des conducteurs, dépendant tous de l'ingénieur en chef du département, qui a sa résidence au chef-lieu. Le service des chemins vicinaux et de grande communication est confié, sous l'autorité du préfet, à des *agents voyers cantonaux,* relevant des agents voyers d'arrondissement, qui dépendent eux-mêmes d'un agent voyer en chef ou de l'ingénieur du département faisant fonction d'agent voyer.

Chacun des grands cours d'eau navigables et chacun des canaux a un ingénieur en chef, assisté d'ingénieurs ordinaires et de conducteurs. Les ports ont des ingénieurs des travaux maritimes.

Les ingénieurs de département et les ingénieurs des services spéciaux sont subordonnés à des inspecteurs. Il y a en France seize inspections.

Les ingénieurs sont formés à l'*école des ponts et chaussées* qui se recrute parmi les élèves sortis de l'école polytechnique.

Administration des mines.

L'administration des mines comprend *dix-huit arrondissements* qui ont chacun un ingénieur en chef, assisté d'ingénieurs ordinaires et de gardes mines. Les dix-huit arrondissements sont groupés en *cinq divisions* à la tête de chacune desquelles est un *inspecteur général.* Les chefs-lieux d'arrondissements miniers sont Paris, Lille, Rouen, Rennes pour le nord et le nord-ouest; Troyes, Dijon, Châlon-sur-Saône, pour le nord-est; Périgueux, Nantes, Saint-Etienne et Clermont-Ferrand, pour le centre; Marseille, Chambéry, Alais, pour le sud-est; Bordeaux, Rodez et Toulouse pour le sud-ouest.

Les ingénieurs des mines sont formés à l'*école des mines* qui se recrute parmi les élèves sortis de l'école polytechnique.

Finances.

§ 9. — Finances.

Pour faire mouvoir ce vaste système administratif, il faut de l'argent : ce sont les contribuables qui le versent à l'État. Toutes les contributions sont réparties entre tous les citoyens également, en proportion de leurs facultés.

Total du budget.

L'ensemble du budget de la France, en y ajoutant les revenus départementaux et ceux des communes, forme un total prodigieux de plus de 3 milliards de francs ; néanmoins la somme annuelle des impôts ne suffit pas toujours au gouvernement ; souvent les dépenses l'emportent sur les recettes, surtout en temps de guerre, et le gouvernement, pour rétablir l'équilibre a eu souvent recours à l'emprunt.

Dette de la France.

La dette consolidée de la France, en 1876, dont le capital peut être évalué à près de 20 milliards de francs, exige un intérêt annuel ou rente de près de 748 millions de francs, payés par l'Etat aux nombreux créanciers de rentes françaises. La rente 5 °/₀ exigeait un intérêt de 346 millions et celle de 3 °/₀ une dépense de 364 millions en 1876. Le chiffre des pensions servies par l'Etat dépasse 116 millions et demi de francs, dont 67 millions pour pensions militaires ; celui des rentes viagères atteint 8 millions ; de telle sorte que la *dette viagère* du pays exige une dépense qui dépasse 124 millions et demi de francs. La France a donc à payer annuellement pour sa dette publique, consolidée ou viagère, la somme énorme de plus de 1,150 millions de francs, sur une *dépense totale de* 2,658 *millions de francs.*

Dépenses votées au budget.

Dans les chiffres de la dette ne se trouvent pas comprises les dotations, qui se composent du traitement et frais de maison du président de la république se montant à 900,000 francs, les dépenses de l'Assemblée nationale évaluées à plus de 8 millions et demi de francs, du supplément à la dotation de la Légion d'honneur (12 millions) et la subvention à la caisse des invalides de la marine (10 millions) ; ce qui donne une dépense totale de 1,182 millions de francs pour la dette publique et les dotations (en 1876). Cette somme est évaluée à 1,206 millions en 1877.

Les services généraux des ministères absorbent une somme de 1,182 millions de francs, répartie de la manière suivante, en 1877 :

Répartition des dépenses par ministère.

Ministère de la justice et des cultes. Service de la justice. . .	34.290.000
— Service des cultes. . . .	52.997.000
Ministère des affaires étrangères.	12.473.000
Ministère de l'intérieur.	104.812.000
Ministère des finances.	20.273.000
Ministère de l'instruction publique.	56.680.000
Ministère de l'agriculture et du commerce.	19.184.000
Ministère des travaux publics.	172.815.000
Ministère de la guerre.	530.135.000
Ministère de la marine et des colonies.	178.100.000
Frais de régie et de perception des impôts.	250.592.000
Remboursement et restitutions	19.557.000

Les recettes du budget, qui sont prévues pour 1877, s'élèvent à la somme de 2,659,576,975 francs, non compris les accroissements de crédit. Sur cette somme, 388 millions proviennent des contributions directes, 621 millions de l'enregistrement, timbre et domaines, et 1,041 millions des contributions indirectes. Voici le budget national adopté pour 1877 : Recettes portées au budget.

Contributions directes.	388.179.000
Enregistrement et timbre.	620.619.000
Produits des forêts et domaines.	52.545.131
Douanes et sels.	273.730.000
Contributions indirectes	1.040.767.000
Produits des postes et télégraphes.	132.786.000
Revenus divers.	150.950.844
	2.659.576.975

Les contributions directes comprennent l'impôt foncier, la cote personnelle et mobilière, la contribution des portes et fenêtres et les patentes.

Le budget de l'État est examiné par une commission de la Chambre des députés, appelée commission du budget, après avoir été préparé par les ministres. L'Assemblée en discute les articles, les modifie à son gré et les vote en séance publique. Aucune levée de contributions et aucun emprunt ne peuvent être faits s'ils ne sont autorisés par les chambres.

C'est le *ministère des finances* qui dirige les différentes administrations financières, et opère par ses agents toutes les recettes et tous les payements de l'État. Des receveurs de divers ordres perçoivent les contributions indirectes, les droits d'enregistrement, etc.; les *percepteurs* perçoivent les contributions directes; le *receveur particulier*, qui réside dans chaque chef-lieu d'arrondissement, reçoit tous les fonds perçus et les verse à son tour dans la caisse du trésorier-payeur général, qui est l'administrateur général des deniers du département, ou en dispose sur l'ordre du ministre. Le trésorier-payeur général reçoit de la caisse centrale du Trésor public, à Paris, les fonds dont son département a besoin et expédie les fonds qui lui sont demandés, quelquefois directement en espèces, ou bien par dépôt en compte-courant à une succursale de la Banque de France ou par des traites sur Paris. Ministère des finances.

L'*administration des forêts* dépend du ministère des finances. Cette administration comprend 32 *conservations* ou arrondissements forestiers administrés par des conservateurs qui ont sous leurs ordres des inspecteurs, des sous-inspecteurs et des gardes généraux. Le tableau suivant indique les résidences des conservateurs, les conservations et les départements qui en font partie. Administration des forêts.

Conservations des forêts.

CONSERVATIONS	RÉSIDENCES	DÉPARTEMENTS QUI EN FONT PARTIE
1re	PARIS	Oise, Seine, Seine-et-Marne, Seine-et-Oise.
2e	ROUEN	Eure, Seine-Inférieure.
3e	DIJON	Côte-d'Or.
4e	NANCY	Meurthe-et-Moselle.
7e	AMIENS	Aisne, Nord, Pas-de-Calais, Somme.
8e	TROYES	Aube, Yonne.
9e	ÉPINAL	Vosges.
10e	CHALONS	Ardennes, Marne.
12e	BESANÇON	Doubs, Haut-Rhin.
13e	LONS-LE-SAULNIER	Jura.
14e	GRENOBLE	Isère, Loire, Rhône.
15e	ALENÇON	Calvados, Eure-et-Loir, Manche, Mayenne, Orne, Sarthe.
16e	BAR-LE-DUC	Meuse.
17e	MACON	Ain, Rhône, Saône-et-Loire.
18e	TOULOUSE	Ariège, Haute-Garonne, Lot, Tarn-et-Garonne.
19e	TOURS	Indre-et-Loire, Loir-et-Cher, Loiret.
20e	BOURGES	Cher, Nièvre, Indre.
21e	MOULINS	Allier, Creuse, Loire, Puy-de-Dôme.
22e	PAU	Gers, Basses-Pyrénées, Hautes-Pyrénées.
23e	RENNES	Côtes-du-Nord, Finistère, Ille-et-Vilaine, Loire-Inférieure, Morbihan, Maine-et-Loire.
24e	NIORT	Charente, Charente-Inférieure, Deux-Sèvres, Vendée, Vienne.
25e	CARCASSONNE	Aude, Tarn, Pyrénées-Orientales.
26e	AIX	Basses-Alpes, Bouches-du-Rhône, Vaucluse.
27e	NIMES	Ardèche, Gard, Hérault, Lozère.
28e	AURILLAC	Cantal, Corrèze, Haute-Loire, Haute-Vienne, Aveyron.
29e	BORDEAUX	Dordogne, Gironde, Landes, Lot-et-Garonne.
30e	AJACCIO	Corse.
31e	CHAUMONT	Haute-Marne.
32e	VESOUL	Haute-Saône.
33e	CHAMBÉRY	Savoie, Haute-Savoie.
34e	NICE	Alpes-Maritimes, Var.
35e	GAP	Hautes-Alpes, Drôme.

Le Bas-Rhin, le Haut-Rhin et la Moselle formaient la 5e, la 6e et la 11e conservation.

École forestière.

Nancy possède l'*école forestière* où les jeunes gens admis au concours sont préparés à la carrière administrative des eaux et forêts.

Le ministère des affaires étrangères a sous ses ordres les ambassadeurs.

Ambassadeurs.

La France a des *ambassadeurs* dans les résidences suivantes :

Allemagne, à Berlin.
Empire d'Annam, à Hué.
Confédération argentine, à Buenos-Ayres.
Autriche-Hongrie, à Vienne.
Bavière, à Munich.
Belgique, à Bruxelles.
Brésil, à Rio-de-Janeiro.
Chili, à Santiago du Chili.
Chine, à Pékin.
Danemark, à Copenhague.
Espagne, à Madrid.
Etats-Unis de l'Amérique du Nord, à Washington.
Grande-Bretagne et Irlande, à Londres.
Grèce, à Athènes.
Haïti, à Port-au-Prince.
Italie, à Rome.
Japon, à Yeddo.
Maroc, à Tanger.
Paraguay, à Buenos-Ayres.
Pays-Bas, à la Haye.
Pérou, à Lima.
Perse, à Téhéran.
Portugal, à Lisbonne.
Russie, à Saint-Pétersbourg.
Saint-Siège, à Rome.
Suède et Norvége, à Stockholm.
Suisse, à Berne.
Turquie, à Constantinople.

§ 10. — Administration de l'Alsace-Lorraine.

Politiquement, l'Alsace-Lorraine, annexée à l'empire d'Allemagne par le traité de Francfort (mai 1871), à la suite de la funeste guerre franco-allemande de 1870-1871, forme un État de l'empire (Reichsland), et relève directement de la chancellerie impériale dont le siége est à Berlin. Administration de l'Alsace-Lorraine.

La constitution de l'empire d'Allemagne y est entrée en vigueur à partir du 1er janvier 1874.

En conséquence l'Alsace-Lorraine est représentée au parlement (Reichstag) allemand par quinze députés.

La province est divisée en *trois districts* ou départements (Regierungsbezirke); la *Haute-Alsace,* chef-lieu *Colmar;* la *Basse-Alsace,* chef-lieu *Strasbourg,* et la *Lorraine*, chef-lieu *Metz*.

Les districts sont subdivisés en 22 *cercles* ou arrondissements, savoir :

HAUTE ALSACE......	6	(Colmar, Ribeauvillé, Guebwiller, Thann, Mulhouse, Altkirch).
BASSE-ALSACE........	8	(Strasbourg (ville) Strasbourg (campagne), Erstein, Haguenau, Molsheim, Schlestadt, Wissembourg, Saverne).
LORRAINE.............	8	(Metz (ville), Metz (campagne), Thionville, Sarrebourg, Château-Salins, Boulay, Sarreguemines, Forbach).

Chaque arrondissement comprend plusieurs cantons. Dans quelques-uns la justice de paix a été supprimée et réunie à celle d'un canton voisin. (Schiltigheim et Truchtersheim; Schirmeck et Saales, etc.) Le quatrième siége de Strasbourg est supprimé. Toutefois il est question de reconstituer toutes les anciennes justices de paix.

A la tête du pouvoir administratif d'Alsace-Lorraine, se trouve le *président supérieur* (Oberpræsident), qui a son siége à Strasbourg, capitale de la province. Le département ou district est administré par le *président de district* (Bezirkspræsident), et le cercle ou arrondissement par le *directeur d'arrondissement* (Kreisdirector.)

Les attributions des anciens conseils généraux sont déférées à une députation de soixante membres élus par le suffrage universel dans les trois districts de la province. Cette délégation (Landesausschuss), dont les réunions sont annuelles et durent une quinzaine de jours, fait des vœux, probablement stériles, pour obtenir la considération et l'indépendance d'une *chambre législative*.

Les anciens conseils d'arrondissement sont devenus des diètes de cercle (Kreistage); les attributions sont restées les mêmes: la répartition des impôts par arrondissement.

La justice est rendue par les juges de paix, les tribunaux civils et correctionnels (Landgerichte) de Strasbourg, Colmar, Mulhouse, Saverne, Metz et Sarreguemines; les cours d'assises de *Metz, Strasbourg* et *Col-*

mar, et la cour d'appel de Colmar. La cour de cassation se trouve provisoirement à *Leipzig.*

Les anciens tribunaux civils de *Schlestadt, Wissembourg, Thionville, Sarrebourg* et *Vic* n'ont pas été rétablis et les tribunaux de commerce de *Strasbourg, Metz, Colmar* et *Mulhouse* viennent d'être supprimés par le parlement.

Le budget d'Alsace-Lorraine pour l'exercice 1877 se solde, dépenses et recettes par

	41.413.457 marks (1 fr. 25).
dont dépenses ordinaires..............	31.555.874
dépenses extraordinaires..............	9.857.583

Colonies françaises.

§ 11. — Colonies de la France.

La France possède hors de l'Europe :

1° Le gouvernement général d'Algérie, situé dans le nord de l'Afrique, et divisé en trois départements : ceux d'Alger, de Constantine et d'Oran. Il a une étendue à peu près comparable à celle du territoire français et une population de 3 millions d'habitants. L'Algérie a trois sénateurs, un pour chaque département. Le département d'Alger compte 95 électeurs sénatoriaux inscrits, ceux de Constantine et d'Oran chacun 73.

2° Les colonies africaines : le Sénégal et dépendances; les établissements de Guinée; l'île de la Réunion, celle de Sainte-Marie, celle de Mayotte, de Nossi-Bé. La Réunion a un sénateur et compte 40 électeurs sénatoriaux inscrits.

3° Les colonies asiatiques : les établissements de l'*Hindoustan,* chef-lieu *Pondichéry;* la *Basse-Cochinchine,* chef-lieu *Saïgon* (1 million d'habitants). Cette colonie permet à la France de surveiller ses intérêts dans l'extrême Orient, à côté de l'Angleterre et de la Russie. Les Indes françaises ont un sénateur et comptent 40 électeurs sénatoriaux inscrits.

4° Les colonies américaines : plusieurs des îles Antilles, particulièrement la *Guadeloupe* et la *Martinique;* la *Guyane française;* les îles *Saint-Pierre* et *Miquelon* près de la côte de Terre-Neuve.

5° Les colonies océaniennes : la *Nouvelle-Calédonie,* les îles *Marquises* ou *Mendana,* le protectorat des îles Taïti, des îles Touamatou et quelques autres îles voisines.

La population totale des possessions de la France hors de l'Europe est d'environ 5 millions d'habitants.

La géographie des colonies sera traitée avec celle des pays où elles sont situées.

CONTRIBUTIONS FONCIÈRE, PERSONNELLE ET MOBILIÈRE ET DES PORTES ET FENÊTRES.

Fixation du contingent de chaque département, en principal, pour 1877.

Départements.	CONTRIBUTIONS EN PRINCIPAL. Foncière.	Personnelle et mobilière.	Portes et fenêtres.
	Fr.	Fr.	Fr.
Ain	1.269.865	318.206	215.324
Aisne	2.926.763	723.359	652.269
Allier	1.438.210	373.220	255.924
Alpes (Basses-)	623.904	129.471	83.110
Alpes (Hautes-)	511.528	91.854	67.637
Alpes-Maritimes	694.225	283.200	175.818
Ardèche	945.118	263.579	178.909
Ardennes	1.380.468	386.323	275.318
Ariége	616.491	175.016	112.381
Aube	1.507.093	363.072	284.246
Aude	1.842.473	333.386	186.776
Aveyron	1.498.833	307.868	219.644
Bouches-du-Rhône	2.428.894	1.380.407	907.234
Calvados	3.930.310	755.216	639.600
Cantal	1.133.225	189.262	97.837
Charente	1.937.296	436.808	264.078
Charente-Inférieure	2.517.739	588.396	334.248
Cher	1.084.715	307.131	182.407
Corrèze	875.747	191.515	127.281
Corse	189.135	133.603	57.458
Côte-d'Or	2.731.906	534.502	339.150
Côtes-du-Nord	1.760.457	421.122	220.192
Creuse	739.967	176.751	109.607
Dordogne	2.204.815	421.433	242.145
Doubs	1.280.006	350.250	241.720
Drôme	1.275.234	338.509	221.104
Eure	3.323.053	547.394	593.466
Eure-et-Loir	2.258.903	427.111	274.291
Finistère	1.605.932	524.380	361.685
Gard	1.941.992	500.232	384.825
Garonne (Haute-)	2.434.149	608.901	531.962
Gers	1.672.473	316.862	188.836
Gironde	3.566.636	1.284.821	905.186
Hérault	2.559.147	647.015	408.722
Ille-et-Vilaine	2.060.662	535.270	320.131
Indre	1.063.599	275.692	143.975
Indre-et-Loire	1.717.712	428.669	299.244
Isère	2.514.371	545.275	377.936
Jura	1.380.482	289.965	185.396
Landes	783.454	204.355	175.102
Loir-et-Cher	1.401.425	323.561	179.221
Loire	1.755.376	546.853	561.207
Loire (Haute-)	1.056.500	231.119	151.600
Loire-Inférieure	1.835.194	683.354	472.080
Loiret	1.987.051	491.046	319.425
Lot	1.281.130	280.916	145.361
Lot-et-Garonne	2.168.946	409.099	211.162
Lozère	600.026	92.003	67.638
Maine-et-Loire	2.729.876	583.184	468.334
Manche	3.464.866	638.882	442.888
Marne	2.021.856	618.580	539.295
Marne (Haute-)	1.450.948	314.554	184.702
Mayenne	1.683.959	358.211	204.657
Meurthe-et-Moselle	1.670.354	473.990	329.453
Meuse	1.567.091	344.456	206.672
Morbihan	1.548.748	359.253	193.553
Nièvre	1.368.218	354.264	195.562
Nord	5.043.726	1.693.667	1.854.435
Oise	2.853.292	600.485	555.593
Orne	2.431.512	474.056	344.776
Pas-de-Calais	3.203.897	779.429	824.620
Puy-de-Dôme	2.427.581	534.405	314.617
Pyrénées (Basses-)	943.396	385.278	432.364
Pyrénées (Hautes-)	592.058	174.685	131.323
Pyrénées-Orientales	745.634	167.679	103.642
Rhin (Haut-) Belfort	199.815	57.779	55.534
Rhône	2.820.177	1.274.470	957.362
Saône (Haute-)	1.518.151	306.398	205.366
Saône-et-Loire	3.026.873	594.365	401.995
Sarthe	2.371.567	512.260	343.863
Savoie	602.747	164.014	95.461
Savoie (Haute-)	553.911	118.590	78.655
Seine	14.443.654	9.593.659	5.871.198
Seine-Inférieure	5.674.305	1.511.512	1.392.641
Seine-et-Marne	3.024.173	613.970	391.603
Seine-et-Oise	3.904.876	1.426.251	825.020
Sèvres (Deux-)	1.537.232	312.665	178.513
Somme	3.355.458	713.412	810.750
Tarn	1.711.95.	337.071	233.899
Tarn-et-Garonne	1.679.098	257.199	134.986
Var	1.294.772	420.556	300.094
Vaucluse	972.079	322.898	261.322
Vendée	1.654.852	336.051	194.500
Vienne	1.290.687	324.994	248.551
Vienne (Haute-)	981.984	264.707	201.442
Vosges	1.219.804	324.875	249.568
Yonne	1.869.174	464.785	301.965
Totaux	171.747.974	49.284.891	34.912.632

TABLEAU DES POSITIONS GÉOGRAPHIQUES DES DIFFÉRENTS LIEUX DE LA FRANCE.

NOMS DES LIEUX	LATITUDE	LONGITUDE en degrés.	LONGITUDE en temps.	AVANCE sur Paris.	RETARD sur Paris.
	° ′ ″	° ′ ″	h. m. s.	h. m. s.	h. m. s.
Amiens	49 53 43 N.	0 2 4 O.	0 0 8	»	0 0 8
Angers	47 28 17	2 53 34 O.	0 11 34	»	0 11 34
Bayonne	43 29 29	3 48 57 O.	0 15 16	»	0 15 16
Besançon	47 13 46	3 41 56 E.	0 14 48	0 14 48	»
Bordeaux	44 50 19	2 54 56 O.	0 14 40	»	0 14 40
Boulogne-sur-Mer	50 43 33	0 43 25 O.	0 2 54	»	0 2 54
Brest	48 23 22	6 49 42 O.	0 27 19	»	0 27 19
Caen	49 11 14	2 41 24 O.	0 10 46	»	0 10 46
Chambéry	45 33 52	3 34 57 E.	0 14 20	0 14 20	»
Cherbourg	49 38 34	3 57 39 O.	0 15 51	»	0 15 51
Clermont-Ferrand	45 46 46	0 44 57 E.	0 3 0	0 3 0	»
Dijon	47 19 19	2 41 55 E.	0 10 48	0 10 48	»
Dunkerque	51 2 11	0 2 23 E.	0 0 10	0 0 10	»
Grenoble	45 11 12	3 23 36 E.	0 13 34	0 13 34	»
Le Havre	49 29 16	2 13 45 O.	0 8 55	»	0 8 55
Lille	50 38 44	0 43 37 E.	0 2 54	0 2 54	»
Limoges	45 49 52	1 4 48 O.	0 4 19	»	0 4 19
Lyon	45 45 45	2 29 10 E.	0 9 57	0 9 57	»
Marseille	43 17 4	3 2 3 E.	0 12 8	0 12 8	»
Metz	49 7 14	3 50 23 E.	0 15 22	0 15 22	»
Montpellier	43 36 18	1 32 13 E.	0 6 10	0 6 10	»
Nancy	48 41 31	3 51 0 E.	0 15 24	0 15 24	»
Nantes	47 13 8	3 53 18 O.	0 15 33	»	0 15 33
Nice	43 41 58	4 56 32 E.	0 19 46	0 19 46	»
Nimes	43 50 36	2 0 46 E.	0 8 3	0 8 3	»
Orléans	47 54 9	0 25 35 O.	0 1 42	»	0 1 42
Paris	48 50 11	0 0 0	0 0 0	»	»
Perpignan	42 42 2	0 33 33 E.	0 2 14	0 2 14	»
Reims	49 15 15	1 41 49 E.	0 6 47	0 6 47	»
Rennes	48 6 55	4 0 40 O.	0 16 3	»	0 16 3
Rochefort	45 56 37	3 18 4 O.	0 13 12	»	0 13 12
Rouen	49 26 29	1 14 32 O.	0 4 58	»	0 4 58
Saint-Étienne	45 26 9	2 3 20 E.	0 8 13	0 8 13	»
Strasbourg	48 34 57	5 24 46 E.	0 21 39	0 21 39	»
Toulon	43 7 17	3 35 51 E.	0 14 23	0 14 23	»
Toulouse	43 36 33	0 53 44 O.	0 3 35	»	0 3 35

HAUTEUR DES PRINCIPALES MONTAGNES DE LA FRANCE AU-DESSUS DU NIVEAU DE L'OCÉAN.

	mètres.
Mont Blanc (Alpes occidentales)	4810
Pelvoux (Alpes du Dauphiné)	3954
Mont Viso (Alpes-Maritimes)	3845
Mont Cenis	3493
Maladetta, pic Néthou (Pyrénées)	3404
Mont Perdu (Pyrénées)	3352
Vignemale (Pyrénées)	3298
Pic du Midi de Bigorre (Pyrénées)	2877
Canigou (Pyrénées)	2785
Monte Cinto (Corse)	2710
Monte Rotondo (Corse)	2625
Monte Paglia d'Orba (Corse)	2525
Mont Ventoux (Alpes du Dauphiné)	1912
Puy de Sancy (Massif central de la France)	1886
Plomb du Cantal (Massif central)	1858
Mezenc (Cévennes)	1754
Reculet (Jura méridional)	1720
Mont Lozère	1600
Gerbier des Jones (Cévennes)	1562
Puy-de-Dôme (Massif central)	1465
Ballon de Guebwiller (Vosges)	1426
Ballon d'Alsace (Vosges)	1257
Mont du Gévaudan (Cévennes)	1200
Mont Tasselot	608

LIMITE DES NEIGES PERPÉTUELLES.

Pyrénées	2700
Alpes	2550

TABLEAU SYNOPTIQUE *indiquant, pour chaque département, la superficie, la population, le nombre d'arrondissements, de cantons et de communes, le nombre des électeurs, des députés, des sénateurs, des conscrits et des volontaires.*

DÉPARTEMENTS	SUPERFICIE des départements en kil. carrés.	POPULATION en 1872	POPULATION en 1876	NOMBRE des arrondissem.	NOMBRE des cantons.	NOMBRE des communes.	ÉLECTEURS politiques. en 1875.	ÉLECTEURS municipaux. en 1875.	Nombre des députés.	Nombre des sénateurs.	ÉLECTEURS sénatoriaux inscrits.	NOMBRE des conscrits en 1874.	NOMBRE de volontaires d'un an.
Ain	5.798,97	363.290		5	36	452	102.897	101.232	6	2	540	2.900	62
Aisne	7.352,00	552.439		5	37	837	151.404	148.397	8	3	926	4.279	239
Allier	7.308,37	390.812		4	28	323	107.752	105.081	6	3	386	3.309	68
Alpes (Basses-)	6.954,19	139.332		5	30	251	42.082	41.417	5	2	326	1.180	13
Alpes (Hautes-)	5.589,61	118.898		3	24	189	31.514	31.249	3	2	238	1.013	17
Alpes-Maritimes	3.839,00	199.037		3	25	150	55.140	54.697	4	2	207	1.623	43
Ardèche	5.526,65	380.277		3	31	339	109.629	108.664	6	2	405	3,583	40
Ardennes	5.232,89	320.217		5	31	501	89.812	88.937	5	2	580	2.476	183
Ariége	4.893,87	246.298		3	20	336	72.080	71.832	3	2	387	2.127	28
Aube	6.001,39	255.687		5	26	446	87.645	85.459	5	2	519	1,931	115
Aude	6.313,24	285.927		4	31	436	80.863	79.088	4	2	511	2.245	133
Aveyron	8.743,33	402.474		5	42	289	113.780	111.026	7	3	388	3.254	73
Belfort (territ.)	608,14	56.781		1	6	106	16.564	16.166	1	1	111	1.570	29
Bouches-du-Rhône	5.104,87	554.911		3	27	108	127.917	126.833	7	3	173	3.886	139
Calvados	5,520,72	454.012		6	38	764	123.282	117.898	7	3	862	3.336	153
Cantal	5.741,47	231.867		4	23	264	58.717	57.998	4	2	328	2.033	60
Charente	5.942,38	367.520		5	29	426	110.093	107.418	6	2	503	2.933	176
Charente-Inférieure	6.825,69	465.653		6	40	479	143.558	137.530	7	3	577	3.841	120
Cher	7.199,34	335.392		3	29	291	91.587	89.102	5	2	354	3.161	80
Corrèze	5.866,09	302.746		3	29	287	82.808	82.052	5	2	348	2.638	45
Corse	8.747,41	258.507		5	62	364	69.403	69.292	5	2	492	2.191	9
Côte-d'Or	8.761,16	374.510		4	36	717	114.374	110.117	6	2	797	2.945	122
Côtes-du-Nord	6.885,62	622.295		5	48	387	161.225	158.823	9	4	491	5.564	32
Creuse	5.568,30	274.663		4	25	263	75.331	74.643	5	2	328	2.224	51
Dordogne	9.182,56	480.141		5	47	582	140.753	138.241	8	3	682	4.218	68
Doubs	5.227,55	291.251		4	27	637	79.672	77.714	5	2	706	2.707	46
Drôme	6.521,55	320.417		4	29	370	96.963	94.992	5	2	439	2.621	61
Eure	5.957,65	377.874		5	36	700	112.989	110.193	6	2	786	2.783	66
Eure-et-Loir	5.874,30	282.622		4	24	426	82.205	79.989	5	2	490	2.416	106
Finistère	6 721,12	642.963		5	43	285	157.266	151.039	10	4	383	5.553	62
Gard	5.835,56	420.131		4	40	347	129.053	126.772	6	3	432	3.275	101
Garonne (Hte-)	6.289,88	479.362		4	39	584	141.236	132.167	7	3	674	3.928	151
Gers	6.280,31	284.717		5	29	465	90.466	86.383	5	2	542	2.308	54
Gironde	9.740,32	705.149		6	48	551	205.513	194.983	10	4	672	5.737	323
Hérault	6.198,00	429.878		4	36	335	134.143	129.651	6	3	420	2.837	251
Ille-et-Vilaine	6.725,83	589.532		6	43	352	150.032	143.138	8	3	460	5.497	83
Indre	6.795,30	277.693		4	23	245	78.488	77.126	5	2	308	2.537	48
Indre-et-Loire	6.113,70	317.027		3	24	281	93.923	92.380	4	2	336	2.601	73
Isère	8.289,34	575.784		4	45	555	160.919	157.807	8	3	659	4.508	92
Jura	4.994,01	287.634		4	32	584	83.626	82.347	4	2	657	2.249	46
Landes	9.321,31	300.528		3	28	331	82.396	80.696	5	2	393	3.111	41
Loir-et-Cher	6.350,92	268.801		3	24	297	76.257	74.769	4	2	351	2.298	79
Loire	4.759,62	550.611		3	30	328	146.812	133.396	7	3	396	4.768	125
Loire (Haute-)	4.962,25	308.732		3	28	262	81.191	80.806	4	2	325	2.673	32
Loire-Inférieure	6.874,56	602.206		5	45	215	155.364	150.877	8	3	323	5.243	155
Loiret	6.771,19	353.021		4	31	349	98.304	97.078	5	2	424	2.978	89
Lot	5.211,74	281.404		3	29	321	85.833	85.023	4	2	382	2.261	41
Lot-et-Garonne	5.353,95	319.289		4	35	319	102.094	99.124	4	2	394	2.439	115
Lozère	5.169,73	135.190		3	24	194	37.444	37.091	3	2	245	1.261	19
Maine-et-Loire	7.120,93	518.471		5	34	380	149.686	145.939	7	3	466	4.394	149
Manche	5.928,38	544.776		6	48	643	142.389	137.983	8	3	749	4.537	95
Marne	8.180,44	386.157		5	32	665	110.495	108.256	6	2	750	3.317	208
Marne (Haute-)	6.219,68	251.196		3	28	550	75.969	74.674	3	2	609	2 019	81
Mayenne	5.170,63	350.637		3	27	274	95.502	93.607	5	2	337	3.248	64
Meurthe-et-Moselle	5.244,35	353.065		4	24	575	111.448	109.148	5	2	666	4.495	120
Meuse	6.227,87	284.725		4	28	587	86.521	85.857	4	2	654	2.349	55
Morbihan	6.797,81	490.352		4	37	248	120.051	118,422	6	3	333	4,472	25
Nièvre	6.816,56	339,917		4	25	313	95.923	93.609	5	2	375	3,099	70
Nord	5.680,87	1.447.764		7	61	661	326.806	316.738	18	5	814	10.708	577
Oise	5.855,06	396,804		4	35	701	113.961	110.541	5	3	778	3,039	124
Orne	6.097,29	398.250		4	36	511	113,508	111.550	6	3	587	3.228	81
Pas-de-Calais	6.605,63	761.158		6	41	904	201.319	199.917	10	4	1.012	6.305	239

DÉPARTEMENTS	SUPERFICIE des départements en kil. carrés.	POPULATION en 1872	POPULATION en 1876	NOMBRE des arrondissem.	NOMBRE des cantons.	NOMBRE des communes.	ÉLECTEURS politiques en 1875.	ÉLECTEURS municipaux en 1875.	Nombre des députés.	Nombre des sénateurs.	ÉLECTEURS sénatoriaux inscrits.	NOMBRE des conscrits en 1874.	NOMBRE de volontaires d'un an.
Puy-de-Dôme. . .	7.950,51	566.463		5	50	456	168.576	167,583	7	3	574	4.463	157
Pyrénées (Basses-).	7.622,66	426.700		5	40	558	105.005	103.858	6	3	639	3,910	67
Pyrénées (Hautes-)	4.529,45	235.156		3	26	480	66.860	65.633	4	2	539	2.080	45
Pyrénées-Orientales.	4.122,11	191.856		3	17	231	52.991	52,667	3	2	277	1.646	25
Rhône.	2.790,39	670.247		2	29	264	172,078	161,166	7	4	333	4.881	457
Saône (Haute-). . .	5.339,92	303.088		3	28	583	88.771	87.372	4	2	645	2.444	32
Saône-et-Loire. . .	8.551,74	598.344		5	49	588	166.416	162,306	9	3	693	5.152	121
Sarthe.	6.206,68	446.603		4	33	386	127.428	123,321	6	3	463	3.698	106
Savoie.	5.759,20	267.958		4	29	327	67.831	67.377	5	2	401	2.250	33
Savoie (Haute-). .	4.317,15	273.027		4	28	313	73.772	73.100	4	2	382	2.445	40
Seine.	475,50	2,220.060		3	28	72	459.337	426.636	25	5	216	14.308	1,356
Seine-Inférieure. .	6.033,29	790.022		5	51	759	188.346	181,361	11	4	871	6.535	277
Seine-et-Marne. .	5.736,35	341.490		5	29	529	98,015	96,350	5	2	611	2.758	72
Seine-et-Oise. . . .	5.603,65	580.180		6	36	685	145.171	139.425	9	3	787	3.841	240
Sèvres (Deux-). . .	5.299,88	331,243		4	31	356	98.935	97.045	5	2	423	2.680	90
Somme.	6.161,20	557.015		5	41	833	162.733	159.214	8	3	933	4.600	282
Tarn.	5.742,16	352.718		4	35	317	109.476	108.043	5	2	398	2.779	76
Tarn-et-Garonne.	3.720.16	221,610		3	24	194	72.844	71.920	4	2		1.705	76
Var.	6.083,25	293.757		3	28	145	83.784	83.162	4	2	207	1.967	46
Vaucluse.	3.547,71	263.451		4	22	150	83.811	80.966	4	2	210	2,777	53
Vendée.	6,703,50	401.446		3	30	298	113.508	111.399	6	3	363	3.758	45
Vienne.	6.970,37	320.598		5	31	300	94.391	91.934	6	2	380	2.815	99
Vienne (Haute-). .	5.516,58	322.447		4	27	202	84.239	83.913	5	2	271	2,847	65
Vosges.	5.869,19	392.988		5	29	531	108.244	106.515	5	3	688	3,381	125
Yonne.	7.428,04	363.608		5	37	485	110.303	108.820	6	2	575	3.049	123
Totaux	528.573,04	36.102,921		362	2,865	35,989	9.872.739	9.605.139				296.504	10,305

INDEX ALPHABÉTIQUE

A

D

E

F

G

N

O

P

Q

R

T

U

V

W

X

Y

Z

TABLE DES MATIÈRES

LIVRE PREMIER

DESCRIPTION GÉNÉRALE DU GLOBE

CHAPITRE V

L'OCÉAN ET LES COURANTS MARINS.

§ 1. Superficie de l'Océan. — Niveau des mers. — Profondeur de la mer. — Température de la mer. — Salure des mers. — Densité de l'eau de mer. — Couleur et transparence de la mer. — Phosphorescence de la mer. — Obscurité du fond des mers. — Marées.

§ 2. Divisions de l'Océan. — Océan Glacial boréal et austral. — Océan Atlantique. — Mer de Sargasses. — Productions de l'Atlantique; ses ports. — Mer du Nord; ses productions; ses ports. — Mer Baltique. — Manche. — Mer d'Irlande. — Mer de France. — Méditerranée et les mers qu'elle forme; sa navigation; ses productions; éponges; corail; ses ports. — Mer Noire. — Mer d'Azof. — Pêche du saumon et de l'esturgeon. — Grand-Océan : les mers qu'il forme; ses productions et ses ports. — Mer des Indes; ses productions; nacre et perle; ses ports.

§ 3. Les courants marins. — Courants divers : courants généraux, courants périodiques et courants temporaires. — Vitesse des courants; causes des courants. — Trajets des courants constants. — Courants du Grand-Océan. — Courant de la mer des Indes. — Courants de l'Atlantique : courant du Brésil; courant équatorial; Gulf-stream; courant de la baie d'Hudson. — Courant de la Méditerranée. — Courant de la mer Baltique. — Courants périodiques : de la mer Rouge, de Manaar, de la mer de Chine. — Détermination des courants. — Courants accidentels. — Vagues. — Courant de Malstroëm. — Raz-de-marée. — Résultat pratique de l'étude des courants.

§ 4. Des principales routes de navigation. — Routes de New-York à la Manche *et vice versâ*. — Routes des ports d'Europe à l'Equateur. — Routes des ports des Etats-Unis à l'Equateur. — Routes d'Europe ou des Etats-Unis en Australie. — Route pour aller au cap de Bonne-Espérance. — Route pour la Chine. — Route d'Australie au cap Horn. — Difficile navigation du cap Horn. — Route des navires à vapeur.................... 83 à 130

CHAPITRE VI

MARINE MARCHANDE ET LIGNES DE NAVIGATION.

§ 1. Navigation transatlantique à voiles. — Statistique des navires à voiles en 1870 et 1875. — Pays dont la marine à voiles a diminué ou augmenté. — Etat de la marine à voiles de divers pays. — Principaux ports d'expédition de la France par navires à voiles. — Ports anglais d'expédition. — Quelques services réguliers par navires à voiles. — Lignes françaises de navires à voiles. — Lignes anglaises. — Lignes belges. — Service régulier à voiles pour l'Algérie, l'Egypte et la Turquie.

§ 2. Navigation transatlantique à vapeur. — Historique de l'invention des navires à vapeur. — Le marquis de Jouffroy. — John Fitch. — Robert Fulton, l'inventeur des bateaux à vapeur en Amérique. — Premier transport à vapeur régulier de New-York à Albany établi par Fulton. — Bateaux à vapeur introduits en Angleterre par Henry Bell et Dawson, en 1811. — Nouveaux essais de navigation à vapeur en France. — Navigation à vapeur au long cours : le *Savannah*, en 1819. — Le *Great-Western* et le *Sirius* résolvent pleinement, en 1838, le problème de la navigation à vapeur. — Perfectionnement du navire à vapeur. — La navigation à vapeur tend à pénétrer partout. — Obstacles qui l'arrêtent encore. — La vapeur occupe une place prépondérante dans le bassin de la Méditerranée. — Effectif de la marine marchande à vapeur en 1870 et 1875. — Transformation des conditions du commerce par la marine à vapeur. — Marine à voiles et à vapeur de chaque nation en 1876, d'après le bureau *Veritas*. — Les plus grands navires du monde.

§ 3. Grandes lignes de navigation à vapeur. — Lignes du Canada et de Terre-Neuve. — Lignes des Etats-Unis. — Lignes des Antilles et de Colon. — Lignes du Brésil et de la Plata. — Lignes se dirigeant sur la côte d'Afrique. — Lignes de l'Inde, Cochinchine, Chine et Japon. — Lignes de l'océan Pacifique. — Lignes du Levant, de la Méditerranée, de la mer Noire. — Lignes de l'Algérie. — Lignes d'Espagne. — Lignes d'Italie et de Corse. — Lignes du Languedoc. — Tableau de la durée de la traversée de Marseille à plusieurs ports. — Durée du trajet entre divers ports de la Méditerranée. — Lignes de la Manche, de la mer du Nord, de la Baltique, etc. — — Durée de la traversée entre les divers ports du globe.

§ 4. Le cabotage.

§ 5. Échelles du Levant et de la Barbarie.................... 131 à 158

CHAPITRE VII

RÉSEAU TÉLÉGRAPHIQUE DU MONDE.

§ 1. Télégraphe aérien. — Télégraphe électrique. — Câbles sous-marins. — Câbles de Douvres à Calais. — Câbles de Valentia à Terre-Neuve, — essais en 1857, 1858, 1865 et 1866. — Pose du câble de Brest en 1869. — Pose des câbles de la Méditerranée, en 1870 et 1874. — Câbles de l'Archipel, de la mer Noire et de Lisbonne au Brésil. — Longueur des lignes télégraphiques du globe. — Nombre des dépêches. — Société des télégraphes du Nord.

§ 2. Etat du réseau télégraphique du globe. — Communications du réseau français avec les réseaux des pays étrangers. — Tableau des câbles immergés dans chaque mer : Manche, mer d'Irlande, mer du Nord, mer Baltique, océan Atlantique, Méditerranée, océan Indien et Grand-Océan. — Lignes projetées. — Grandes lignes de terre.

§ 3. Correspondance télégraphique. — Etats signataires de la convention de Saint-Pétersbourg, en 1875. — Pays compris dans le régime européen. — Pays compris dans le régime extra-européen. — Base de la taxe. — Texte. — Langues admises dans la correspondance télégraphique. — Dépêches secrètes. — Compte des mots. — Dépêche réponse payée, — recommandée. — Accusé de réception. — Dépêche à faire suivre, — multiple. — Adresses des dépêches. — Correspondance avec l'Amérique, — avec le Cap. — Service sémaphorique. — Liste des Etats qui ont un service sémaphorique. — Taxe des dépêches sémaphoriques. — Tableau des taxes télégraphiques, au 1er janvier 1876. — Indication de l'heure aux principaux points du réseau rapportée à l'heure de Paris........ 159 à 175

LIVRE II

PRINCIPALES PRODUCTIONS DU GLOBE

CHAPITRE PREMIER

PRODUCTIONS MINÉRALES DU GLOBE.

Répartition des matières minérales du globe. *Combustibles :* Houille, sa formation, ses variétés; étendue du terrain houiller. — Anthracite. — Lignite. — Tourbe. — Historique du charbon de terre. — Tableau de la production et de la consommation de la houille dans les quatre grands pays producteurs. — Bitume. — Asphalte. — Malthe. — Pétrole. — Naphte. — Schistes bitumineux. — Ozokérite. — Soufre. — *Minerais :* Filons, gangue, amas, mine. — Minerais de fer : fer magnétique, oligiste, oxyde de fer hydraté, fer carbonaté, fer spathique, fer des houillères. — Production totale du minerai de fer. — Principaux centres de fabrication de la fonte et du fer. — Acier Bessemer. — Or, argent. — Production des métaux précieux. — Platine. — Mercure. — Cuivre. — Plomb. — Bismuth. — Etain. — Antimoine. — Zinc. — Nickel. — Cobalt. — Manganèse. — Arsenic. — Mispickel. — *Sels :* Sel gemme et sources salées. — Chlorure de potassium. — Azotate de potasse et azotate de soude. — Sulfate de soude. — Natron. — Borax. — *Terres :* Kaolin, feldspath. — Tripoli. — Alunite. — Argile. — Terre à foulon. — Marnes. — Ocres. — *Pierres :* Marbres. — Albâtre calcaire. — Onyx. — Travestin. — Craies. — Pierres lithographiques. — Granite, mica, syénite, amphibole. — Porphyre. — Grès et pierres meulières, molasse, sable, pierres à meules. — Emeri. — Ardoises. — Pierres à rasoir. — Ecume de mer. — Talc, stéatite, terre de Vérone. — Plâtre, albâtre gypseux. — *Pierres précieuses :* Diamant, corindon, topaze, émeraude, turquoise, opale, agates, jaspe, zircon, grenats, péridot, jade, lapis-lazuli, malachite........ 176 à 218

CHAPITRE II

PRODUCTIONS VÉGÉTALES DU GLOBE.

Influences des agents physiques sur la végétation. — Limites imposées aux cultures. — Influence de l'altitude sur la végétation. — Division de la flore du globe en quatre grandes zones. — I. *Flore de la zone torride.* — *Fruits :* Ananas, bananier, palmiers. — Cocotier et ses produits. — *Tubercules et fécules :* Arrow-root. — Sagou. — Tapioca. — Salep. — Igname. — Pomme de terre. — *Graines :* Coracan, maïs, millet, riz, sorgho. — *Epices :* Poivre, maniguette, piment, cannelle, muscade, clous de girofle, gingembre. — *Denrées coloniales :* Vanille, cacao, café, thé, maté, canne à sucre. — *Plantes oléagineuses :* Huile de coco et de palme, arachides, sésames, arbre à suif, touloucounas. — *Sucs végétaux, gommes, résines :* Caoutchouc, gutta-percha, gomme arabique, baumes, laque, copal, gomme-gutte, cachou, sang-dragon. — *Matières tinctoriales :* Indigo, cochenille, kermès, orseille, rocou. — *Drogueries médicinales :* Aloès, camphre, cubèbe, gomme adragante, ipéca, jalap, manne, noix vomique, quinquina, rhubarbe, salsepareille, séné, tamarin. — *Matières textiles :* Coton. — Grands centres de production et de consommation. — Jute. — Phormium tenax. — China grass ou ortie blanche. — Ramie. — Chanvre de manille. — *Bois :* Acajou, ébène, palissandre, bois de teinture. — *Narcotiques :* Tabac, opium, haschich, coca. — II. *Flore de la zone tempérée boréale.* — *Céréales.* — *Tubercules et racines :* Betteraves. — *Plantes oléagineuses :* Colza, navette, pavot, cameline, ricin. — *Plantes textiles :* Lin, chanvre. — *Plantes tinctoriales.* — Plantes à aromates. — *Vigne :* Vins des différents pays. — *Arbres fruitiers :* Oranger, olivier. — Prairies naturelles et pâturages. — Arbres forestiers et forêts. — III. *Flore de la zone tempérée australe.* — IV. *Flore de la zone glaciale boréale*...... 219 à 262

CHAPITRE III

TABLEAU DES PRODUCTIONS DU RÈGNE ANIMAL.

Généralités sur la faune du globe. — Productions utiles fournies par le règne animal. — Fourrures et commerce des pelleteries. — Laines. — Duvet de Cachemire. — Production de la laine dans les trois grands centres producteurs : Australie, cap de Bonne-Espérance, la Plata. — Soie. — Production de la soie dans le monde. — Pays d'Europe qui fabriquent la soie. — Cuirs et peaux. — Cornes. — Poils. — Ivoire. — Ivoire végétal. — Ecaille. — Nacre et perles. — Corail, sa composition, sa couleur, sa qualité. — Pêche et commerce du corail. — Eponges fines et ordinaires. — Plumes de parure. — Edredon. — Guano........ 263 à 272

LIVRE III

L'EUROPE

CHAPITRE PREMIER

DESCRIPTION GÉNÉRALE DE L'EUROPE.

Position de l'Europe. — Superficie et population. — Races européennes : races slave, germanique et latine. — Famille celtique. — Langues. — Religions. — Aspect de l'Europe. — Causes de sa supériorité sur les autres peuples. — Plaines de l'Europe. — Partie montueuse; les plateaux et les steppes. — Constitution géologique de l'Europe. — Son climat........ 273 à 278

CHAPITRE II

PRODUCTIONS NATURELLES DE L'EUROPE.

§ 1. Productions minérales : houille, fer, or, argent, platine, cuivre, plomb, zinc, nickel, antimoine, étain, mercure, manganèse, pyrites de fer, acide sulfurique, soufre, sel marin et matériaux de construction; statistique de la production de ces différents métaux.

§ 2. Productions végétales de l'Europe. — Divisions agricoles de l'Europe : région méditerranéenne, région centrale, région glaciale. — Animaux : animaux domestiques, oiseaux, reptiles, poissons, insectes........ 279 à 284

CHAPITRE III

COMMERCE EUROPÉEN ET GRANDES VOIES DE COMMUNICATIONS INTERNATIONALES.

Mouvement général du commerce européen. — Importance commerciale des fleuves de l'Europe. — Grandes voies de communications internationales. — Routes de terre et chemins de fer. — Réseau des chemins de fer du globe........ 285 à 289

LIVRE IV

LA FRANCE

CHAPITRE PREMIER

APERÇU GÉNÉRAL SUR LA FRANCE.

Bornes. — Littoral. — Superficie. — Population. — Emigration. — Religion. — Caractère. — Position commerciale. — Climat. — Aspect du pays. — Nature du sol........ 290 à 309

CHAPITRE II

PRODUCTION MINÉRALE DE LA FRANCE.

CHAPITRE III

AGRICULTURE DE LA FRANCE.

§ 1. — *Production végétale de la France.*

§ 2. — *Production animale. — Animaux domestiques.*

CHAPITRE VI

COMMERCE EXTÉRIEUR DE LA FRANCE.

CHAPITRE VII

LE GOUVERNEMENT ET L'ADMINISTRATION.

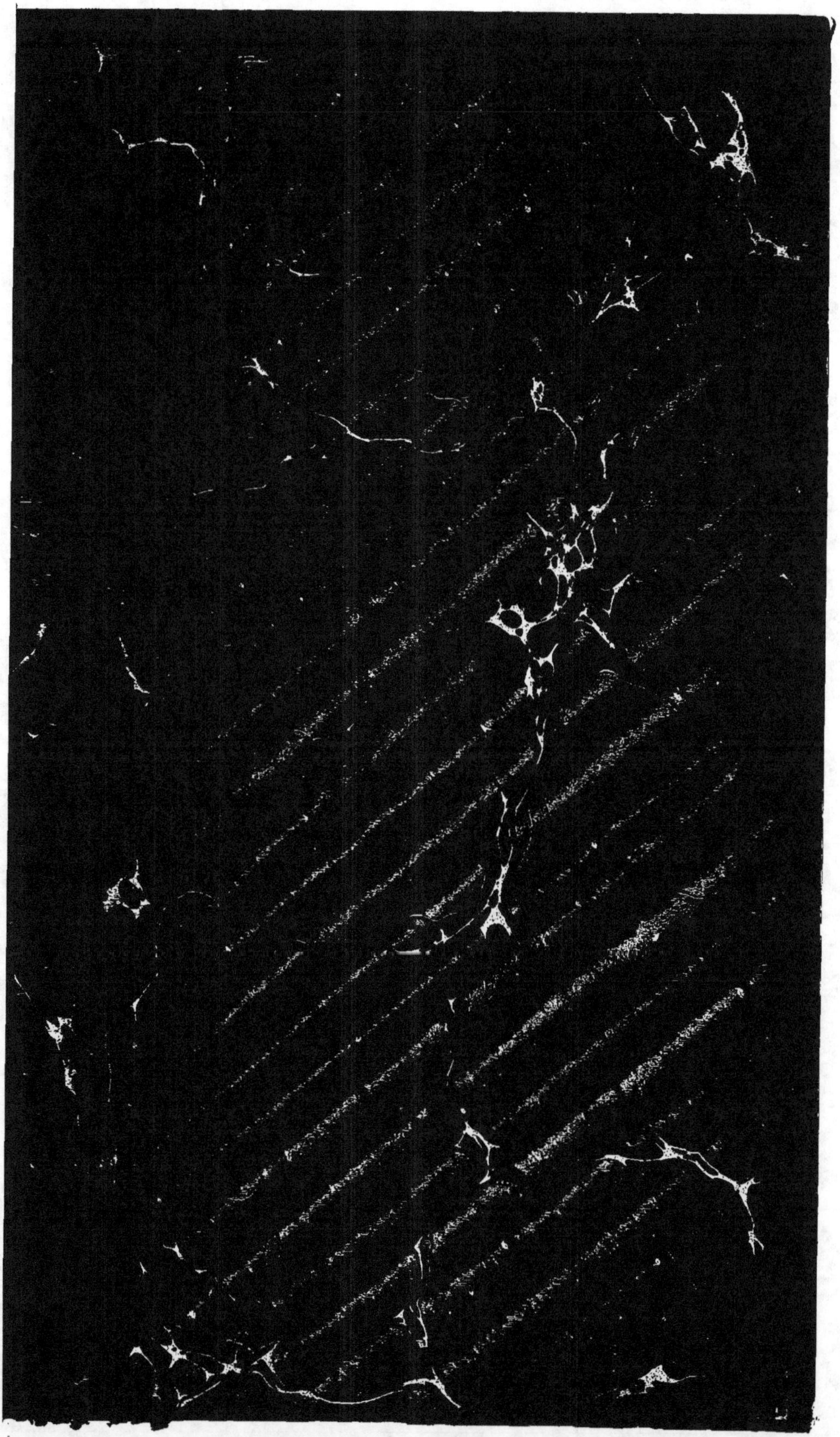

www.ingramcontent.com/pod-product-compliance
Lightning Source LLC
Chambersburg PA
CBHW070855300426
44113CB00008B/840
* 9 7 8 2 0 1 3 7 0 9 3 5 4 *